哲学理论创新与发展丛书

中国古代哲学的本体论

康中乾／著

人民出版社

目录 Contents

导论　本体论：一个有文化民族的灵魂

——如何总结和梳理中国古代哲学思想？

一、中国古代①有没有哲学？

在人类历史已跨入 21 世纪的今天，还提"中国古代有没有哲学？"这个问题，似乎是多此一举。因为，从 20 世纪初，胡适的《中国哲学史大纲》（卷上）②问世，到 20 世纪 30 年代冯友兰两卷本《中国哲学史》③的推出，到 20 世纪 60 年代任继愈主编的四卷本《中国哲学史》④的出版，再到 20 世纪 80

---

① 这里的"中国古代"一语的时限是：先秦至鸦片战争前。先秦之前的中国哲学思想属神话故事和传说，故不在"中国古代"这一时限内；而 1840 年鸦片战争后，西方近代的哲学思想和自然科学的思想成果、方法输入进来，极大地影响和改变了中国人的思维方式和哲学思想，故这一时期也不在"中国古代"的时限内。

② 该书于 1919 年 2 月由商务印书馆初版。胡适在此书的"凡例"中说："本书分上中下三卷。上卷述古代哲学，自为一册。中卷述中古哲学，下卷述近世哲学，合为一册。"但他只写出和出版了本书的上卷。

③ 该书上册由神州国光社于 1931 年 2 月初版。修改后的上、下两册由商务印书馆于 1934 年 9 月一起出版。

④ 该书是 1961 年 6 月由中宣部和教育部联合组织和领导编写的六部高等院校文科教材中的一种。这六部教材是：艾思奇主编《辩证唯物主义历史唯物主义》，金岳霖主编《形式逻辑》，王朝闻主编《美学概论》，任继愈主编《中国哲学史》，朱光潜主编《西方美学史》，任华主编《西方哲学史》〉。该书的一、二、三、四册由人民出版社分别出版于 1963 年 7 月、1963 年 12 月、1964 年 10 月、1979 年 3 月。

1

年代肖萐父、李锦全主编的两卷本《中国哲学史》①的出版,一方面中国哲学史这门课程的学科建设不断完善,其教材被逐步规范化和体系化,对中国古代哲学思想的发掘、梳理也日益广泛、深入、体系和条理了;另一方面一大批有份量的中国哲学史研究专著问世,如张岱年于20世纪30年代撰成的《中国哲学大纲》②、冯契的《中国古代哲学的逻辑发展》③、冯友兰的多卷本《中国哲学史新编》④、任继愈主编的多卷本《中国哲学发展史》⑤等的这些研究著作详尽、深入地发掘了中国古代的哲学思想,厘清了中国古代哲学思想的发展脉络。可见,不论是中国哲学史这门课程的教材建设,还是关于中国哲学思想之历史发展的研究专著,均对中国古代的哲学思想作了详尽、系统地发掘和梳理,并揭示了中国古代哲学思想随着中国古代社会经济、政治、文化等发展而演变的规律性。这就足以表明,中国古代不仅有哲学,其哲学思想不仅是广泛、深刻的,而且有自己的发展、演进轨迹和规律!

既然如此,那为什么在前段时间学界会有"关于中国哲学的合法性"问题的讨论呢? 这个问题的提出者的意思是:"哲学"这个名称是种舶来品,它本源于古希腊,作为一门学科本有自己的特有研究对象、内容、任务、性质及方式,而这些东西在中国古代是没有的,即中国古代的思想文化中没有"哲学"这样一种思想方式和学科门类;所以,若用源于古希腊的、作为西方思想文化之表现方式的"哲学"这一理念和思想来框限中国古代的思想文

---

① 该书是教育部根据1978年《高等学校文科教材编选规划》组织编写的、作为高等学校哲学系本科学生学习中国哲学史的选用教材。上、下卷由人民出版社分别出版于1982年12月、1983年10月。

② 该书撰成于1937年,1943年曾在北平私立中国大学印为讲义,1958年由商务印书馆正式出版。

③ 该书上、中、下三册,由上海人民出版社分别出版于1983年10月、1984年10月、1985年4月。

④ 该书共七册,一至六册由人民出版社分别出版于1964年6月和1982年2月、1964年6月和1984年10月、1985年3月、1986年9月、1988年1月、1989年1月;第七册名为《中国现代哲学史》,先由中华书局香港有限公司于1992年7月出版,后由广东人民出版社于1999年8月出版。

⑤ 该书计划七卷,第一卷为先秦哲学思想,第二卷为秦汉哲学思想,第三卷为魏晋南北朝哲学思想,第四卷为隋唐哲学思想,第五、六卷为宋元明清哲学思想,第七卷为近代哲学思想。前四卷已由人民出版社分别出版于1983年10月、1985年2月、1988年4月、1994年5月。

化是不合适的,即我们现在讲的"中国哲学"是缺少"合法性"的。这一问题提出者的初衷和目的不能说不良,他们是为了继承、发掘中国古代思想文化的精华,以防止把古老、丰富、渊深的中国古代思想文化变成西方文化的附庸和注脚,从而丧失掉中国古代思想文化所固有的生机而使其窒息。尽管问题提出者的初衷是良好的,但问题一旦被提出来,就必然涉及能不能用源于西方的"哲学"的理念、思想和方式、方法来梳理中国古代思想文化的问题。那么,究竟能否用西方的"哲学"思想和方法来梳理中国古代的思想文化呢? 这就要看中国古代的思想文化中究竟有没有"哲学"这种思想,如果有那当然可以梳理之,如果没有的话那这种梳理就是强奸中国古代的思想文化,自然就是非法的了。看来,前段时间学界关于中国哲学"合法性"问题的议论,所涉及的实质问题是"中国古代有没有哲学"。

中国古代究竟有没有哲学? 在此,首先要考察一下"哲学"这个概念的含义及哲学这门学科的研究对象、任务、方式等问题。

"哲学"一词是晚清学者黄遵宪从日语中引进的。而日文中的"哲学"一词则是 19 世纪的日本学者西周用来翻译英文 philosophy 一词的。这个英文词最终源于拉丁化了的希腊文"philosophia",这是由两个词组成的,即 philein 和 sophia,前者是追求、爱的意思,后者是智慧的意思。所以,在希腊语中,"哲学"的原义是追求智慧的学问。

说到追求智慧,这是各门学科共同的目标和任务。那么,哲学作为爱智之学,究竟爱的是什么"智",这种"智"的内涵又是什么呢? 我们先看看古希腊亚里士多德(Aristoteles)的一段话:

> 有一门学问,专门研究"有"本身,以及"有"凭本性具有的各种属性。这门学问与所谓特殊科学不同,因为那些科学没有一个是一般地讨论"有"本身的。它们各自割取"有"的一部分,研究这个部分的属性;例如数理科学就是这样做的。我们现在既然是在寻求本原和最初的原因,那就很明显,一定有个东西凭本性具有那些原因。如果那些寻求存在物的元素的人是在寻求这些本原,那些元素就必然应当是"有"的元素——"有"之所以具有这些元素,并非出于偶然,正是由于它是

3

"有"。因此,我们也必须掌握"有"本身的最初原因。(亚里士多德《形而上学》IV)①

　　亚里士多德是古希腊百科全书式的学者,作过多方面的研究。他根据研究的对象和目的,将科学划分为四类:①逻辑学,这是求知的工具,他称之为"分析法";②理论科学,这是以求知本身为目的的科学,它又分为第一哲学、数学、物理学(包括天文、气象、生物、生理、心理学等);③实践科学,这是探求作为行为标准的知识,包括政治学、伦理学等;④制作(生产)科学,这是寻求制作有实用价值与有艺术价值的东西的知识,如诗学等②。可见,亚里士多德所谓的"专门研究'有'本身,以及'有'凭本性具有的各种属性"的学问,是属于他的理论科学范围的,但又与别的理论科学(如数学、物理学等)不同,这种不同就在于它要"考察作为'有'的'有',以及'有'作为'有'而具有的各种属性",③即不是一般地考察自然事物的存在现象(这属于物理学等的内容),而是要探究一切事物之产生、灭亡、运动、变化的根本、原始的原因问题,这就是"第一因"。正因如此,亚里士多德称这种探索"有"本身的学问为"第一哲学"。所以,在古希腊,哲学作为"爱智"之学,所追求的是关于事物之存在及运动、变化问题的根本原因的知识。换言之,哲学所探讨的是一切现象之所是、所然的所以是和所以然问题。而探讨事物之存在的所以是、所以然问题,即探讨"'有'的本性"问题,属于超感性、非经验的研究对象,这就是所谓的"形而上学"。所以,在宽泛的意义上,哲学也叫形而上学或玄学④。

---

①　北京大学哲学系外国哲学史教研室编译《西方哲学原著选读》上卷,商务印书馆 1981 年版,第 122 页。这里的译文比较通俗,故引之。另见亚里士多德《形而上学》卷四章一,吴寿彭译,商务印书馆 1959 年版,第 58 页。

②　关于亚里士多德的知识分类,参见全增嘏主编《西方哲学史》上册,上海人民出版社 1983 年版,第 175 页。

③　亚里士多德:《形而上学》卷四章二。见《古希腊罗马哲学》,三联书店 1957 年版,第 240 页。

④　亚里士多德于公元前 322 年逝世。到了公元前 60—前 50 年,亚里士多德所讲学的吕克昂学院的第十一代继承人安德罗尼柯整理了他的遗稿。在整理时,安德罗尼柯将亚里士多德那些研究自然事物之运动变化的著作编在一起,取名为《物理学》(或称《自然哲学》),

　　研究"有"本身,即研究"有"之为"有"的问题,这是"哲学"这门学科的对象、任务和内容。那么,怎么来研究这个"'有'本身"? 即用什么方式、方法、途径才能把握住这个"'有'本身"呢? 要能研究这个"有",必须首先要有"有",即要找出这种"有",倘若连"有"这个东西都没有,连"有"这个对象都找不到,那自然就无法来研究"'有'本身"了。就荦荦大端言,可以说,古希腊的自然哲学从一开始就趋进了寻找这个"有"的途程,这就是古希腊哲学中的"始基"说。其寻找方式是从两种途径来进行和逼近的,即一种是经验直观,另一种是理性抽象。前者有泰勒斯(Thales)的"水"、赫拉克利特(Herakleitos)的"火"、德谟克里特(Demokritos)的"原子"等;后者有毕达哥拉斯(Pythagoras)的"数"、巴门尼德(Parmenides)的"存在"、柏拉图(Platon)的"理念"(或译为"理式"、"理型")等。前者是从感觉经验出发的,试图在形形色色的万物中寻找到一种东西来作为它们之存在的基础。很明显,无论是"水"还是"火",都是具体的物质形态,是可感的存在物;"原子"虽然是人的肉眼看不见的东西,似乎超越了经验直观,但实质上仍是一种具体的物质形态,故在存在性质上仍是经验直观的。后者的探索工作当然也要在现实的生活经验中进行,但他们不是从经验直观出发和立论的,而试图从形形色色的万物之存在的某种关系、性质或属性出发,理性地抽绎出某种东西来作为万物之存在的基础,"数"和"存在"、"理念"都如此。虽然这两种寻找"'有'本身"的途径有别,但所找出的东西在哲学性质上却是一致的,即都是"有"本身,亦即"'有'的'有'以及'有'作为'有'而具有的各种属性",这就是万物之存在的"本原"或"始基"。亚里士多德对此作解释说:"一样东西,万物都是由它构成的,都是首先从它产生、最后又化为它的(实体始终不变,只是变换它的形态),那就是万物的元素、万物的本原了。

　　而将亚氏讨论所谓"'有'本身"问题的、超感性和非经验对象的著作作为附录编在了《物理学》之后,取名为《物理学后诸篇》,拉丁文后来将这一名称转写为 Metaphysica,英文为 Metaphysics。后来,亚氏的这本《物理学后诸篇》著作独立成书。该书传到中国后,有人先译其为《玄学》,以示其内容与中国魏晋时期的思想有相似之处。严复则据《易传·系辞上》"形而上者谓之道,形而下者谓之器"之说,将其译为《形而上学》。

因此，他们认为，既然那样一种本体是常存的，也就没有什么东西产生和消灭了。"①既然万物都由这个"始基"构成，都从它产生并最后化归为它，而它自身始终不变，那就很明显，这个"始基"就是"'有'本身"，也就是事物的"本原"、"本体"。可见，要研究"有"之为"有"，首先就要提升出一个"有"来，"始基"即此。

但被提升出的这个"有"究竟是个什么性质的存在呢？即它到底是具体的感性存在者抑或是抽象的思想体？这也就是说，这个"有"在哲学性质上究竟是个别还是一般？因为，"有"的哲学性质不同，把握它的方式、方法自然就不同。在亚里士多德之前的古希腊哲学家那里，"有"的哲学性质还没有被明确、一致地确定下来，可以说它既有个别性又有一般性。到了亚里士多德，就对"有"的个别性和一般性作了整合和规定。亚氏说："第一哲学"是专门研究"有"本身的，而这个"有"本身就是"实体"（substance）；换言之，"实体"正是所谓"有"的核心，故也就是"第一哲学"的核心。这个"实体"究竟是什么呢？亚里士多德说："因此，那根本的、非其他意义的、纯粹的'有'，必定是实体。""我们在好几种意义上说一样东西在先，然而实体在哪个意义上都在先：在定义上、在认识程序上、在时间上全居第一位。"②显然，这个"实体"就是"有"之为"有"的"'有'本身"了。所以说，哲学研究"'有'本身"就是研究"实体"。在此，亚氏强调了"实体"的"有"的本性及其"始基"性、"本原"性、"本体"性的一面，而对"实体"究竟是怎样的一种"有"尚未作厘定。而亚里士多德在《范畴篇》中对实体作了第一和第二之分。他说："实体，就其最真正的、第一性的、最确切的意义而言，乃是那不可以用来述说一个主体、又不存在于一个主体里面的东西，例如某一个别的人或某匹马。"又说："在第二性的意义之下作为'属'而包含着第一实体的那些东西，也称为实体；还有那作为'种'而包括了'属'的东西，也称为实体。例如，个别的人是包括在'人'这个'属'里面的，而这个'属'所隶属的

① 《西方哲学原著选读》上卷，第15页。另见亚里士多德《形而上学》，吴寿彭译，商务印书馆1959年版，第7页。
② 《西方哲学原著选读》上卷，第125页。另见亚里士多德《形而上学》，吴寿彭译，商务印书馆1959年版，第128页。

'种',乃是'动物';因此这些东西,就是说,'人'这个'属'和'动物'这个'种',都被称为第二实体。"①这就表明,实体原有两种,或曰实体本有两种存在属性或存在形式,这就是"第一实体"和"第二实体"。亚氏认为,第一实体是个别存在的具体事物,是最真实存在的东西,故可以最得当地被称为实体,因为它"是其他一切东西的基础,而其他一切东西或者是被用来述说它们,或者是存在于它们里面"②的;而第二实体作为个别事物所属于的种或属,虽然也是实体,但它们的实体性不如个别事物,因为它们是可以用来表达个体的,即成为判断(或命题)的宾词,而第一实体是不能成为任何判断或命题的宾词的。但亚氏又指出,"种"和"属"作为范畴来表述第一实体与其他范畴表述第一实体是不同的,因为在所有表示第一实体的宾词中,只有"种"和"属"才能说明第一实体"是什么",而其他范畴只可说明第一实体的数量、性质、处所、状态等,故"种"与"属"仍称得上是实体③。可见,在亚里士多德这里,作为"有"之为"有"的"实体"本身就是个别性和一般性(抽象性)的统一,即具体和抽象的统一。这明显是对他之前的古希腊哲学在探讨"有"问题方面思想的整合和总结。这种整合虽然还未达到一定的思想深度和高度,即未能揭示出"实体"自身的个别与一般的矛盾运动的辩证本性,但他毕竟将其前探索"有"问题的途径和方式汇集、统一了起来,从此为古希腊哲学既奠定了探索的对象、任务、内容等,还奠定了探索的方式、方法。这种方式、方法就是:以判断或命题为根本方式,通过范畴间的逻辑关系来揭示"有"如何为"有"的问题。从亚里士多德开始,古希腊哲学就真正成了尔后整个西方哲学的滥觞和主流,这就是以探索"有"(或"存在")问题为任务和目标的、以逻辑推演的范畴体系为表现形式的"形而上学"体系。

　　相比之下,中国古代思想文化中没有发展和形成西方那样的"哲学"学科。不仅在与古希腊大体同时而共同作为世界文化发展之"轴心时代"的、作为中国传统文化之滥觞和源头而具有原创性思想的春秋战国时期没有形成"哲学"这样一种学问、学科,就是在以后的整个中国古代思想文化中也

---

① 亚里士多德:《范畴篇》。见《古希腊罗马哲学》,三联书店 1957 年版,第 309 页。
② 《古希腊罗马哲学》,三联书店 1957 年版,第 311 页。
③ 《古希腊罗马哲学》,三联书店 1957 年版,第 313、311 页。

未能发展出这样一种"哲学"形式的学问。从先秦到明清,通览先秦诸子、两汉经学、魏晋玄学、隋唐佛学、宋明理学这些中国古代思想文化的演进阶段和形式,均没有西方那种"哲学"形式的学科。具体言:

其一,中国古代没有专一的自然哲学,所以也就没有专门探讨"'有'本身"或"有"之为"有"的问题。探讨天地万物之存在的原因、根据的问题,这与对自然的观察、研究紧密相关,属于自然哲学的内容。在中国古代文化中,未能发展出一种自然哲学。《庄子·齐物论》曰:"六合之外,圣人存而不论"。六合者,天地四方也,指的就是整个宇宙。六合既已指整个宇宙,为何又要来个"之外"呢? 这是与人类社会相对而言的,"六合之外"就是指非人类社会的自然现象。对于这种纯自然的现象和问题,中国古人是"存而不论"的。这是中国古人的一种学问态度,也是一种思想文化的致思方向和原则,即中国古人和中国古代的思想文化只关心或重在关心人自身的问题,所成就的是人的圣贤人格,所解决的是人的安身立命问题。所以,中国古代没有专门探讨天地万物之存在的所以然和所以是的问题,即"'有'本身"的学问,也就自然没有类似于古希腊的那种"哲学"了。当然,这并不是说中国古人就压根不观察和思考自然问题。比如,屈原在《天问》中一口气提出了一百七十多个问题,对"冥昭瞢暗"、"冯翼惟象"、"天何所沓"、"十二焉分"、"日月安属"、"列星安陈"等的现象作了发问;《庄子·天运》一开始就提出了"天其运乎? 地其处乎?"等十五个关于宇宙万物的运行问题;《庄子》的《至乐》《知北游》篇中有关于"通天下一气耳"的气生万物问题;《老子》中有"道生一、一生二、二生三、三生万物"的宇宙生成论;还有,从汉代到明清均有关于宇宙万物之生成和构成问题的"气"论思想;这些都是类似于古希腊自然哲学的问题和内容。但这些问题和思想在中国古代思想文化中只是枝节。中国古代思想文化的主流是对"六合之外"存而不论而只论"六合之内"的社会人生问题。

其二,古代汉语中没有形成以系词"是"为特征和表现形式的"A 是 B"这样的判断句式,由此而没有形成一种概念(范畴)推演的逻辑体系,所以也就没有了西方那种"哲学"的形式。前已指出,亚里士多德整合了他以前古希腊哲学探讨"'有'本身"问题的途径和思想,提出了作为"有"的核心的"实体"说。而在存在性质上,这个"实体"有第一和第二之分,即"实体"既指个别的实存物,也指个别事物所属的种或属。这里实质上是将个别、具体与一般、抽象统一了起来。换言之,在亚氏的"实体"中,是将具体的有与"有"本身统一了起来(尽管这种统一尚不是深刻的和本质的)。既然"实体"的内涵是有与"有"的统一,那么如何将这种内涵表达、表现出来呢?这就是判断或命题这种语言和思想形式。就是说,以系词"是"(相当于英文的 to be)为中介,将主、宾词连成一个完整句子以表达一种思想。这看起来仅是个无足轻重的形式,但实质上却颇为重要,因为这里的系词"是"正好实现了具体之有与"有"一般的统一,这正是对"'有'本身"的研究和把握。但在古代汉语中,就没有这个系词"是"。在先秦,"是"字并不是系词,只是个指示代词。当时汉语中的判断句并不是以系词"是"的形式出现的,而是以"……者,……也"的句式来表现的。古汉语专家王力说:"汉语系词的真正产生,大约在公元第一世纪前后,即西汉末年或东汉初年。"①古汉语专家郭锡良也说:"应该承认系词'是'在西汉时期(或战国末期)就已经产生,但是到六朝时期这种用系词'是'的判断句新形式才在口语中取代不用系词的旧形式。"②可见,在中国古代思想文化之原创时期的先秦时代,没有出现以系词"是"为表现形式的判断或命题;即使后来"是"被用作系词了,但由于受古汉语语法形式的影响和束缚,也未能形成一种普遍以"是"为表现形式的判断或命题。正因为古汉语中未出现以"是"为表现形式的判断或命题,所以也就出现不了将有者与"有"结合、统一起来的、以对"'有'本身"作研究的那种西方"哲学"了。

其三,古代汉语中没有形成一种纯理性的逻辑推演的思辨思想体系,因此也就没有西方哲学那种以研究"'有'本身"为目的和任务的本体论(ontology)的理论内容。在以古希腊文化为滥觞的西方文化中,因为有以系词"是"(to be)为表现形式的判断或命题,故能有一种纯理性的范畴(概念)推演的逻辑体系。在此,形成了"是"与"是者",即"有"与"有者"、"存在"

---

① 王力:《汉语史稿》,中华书局 1980 年版,第 353 页。
② 郭锡良:《关于系词"是"产生时代和来源论争的几点认识》。载郭锡良:《汉语史论集》,商务印书馆 1997 年版。

与"存在者"的二元分峙,即有了"体"与"用"的两橛。在古代汉语中,没有出现以系词"是"为存在和表现形式的判断或命题,所以也就没能出现一种范畴推演的逻辑体系。这看来是个短处,但同时却成就了"是"与"是者"或"有"与"有者"的混然不分,表现在"体""用"关系上就是体用不二、体用如一、体用一源、即体即用、体在用中等的特征,这又恰是中国古代思想文化的长处。

可见,中国古代是没有源于古希腊的西方那种"哲学"的。如此言,中国古代就没有哲学了吗?当然不是。中国古代没有西方那种"哲学"形式,即没有那样一种叫作"哲学"的学科、学问,但这并不表明中国古代文化中就没有哲学思想。从哲学的本义"爱智(慧)"来说,难道中国古代就不爱、不追求智慧吗?中国古代文化中就没有智慧了吗?毫无疑问,中国古代文化中是有智慧的,中国古代的至圣先哲们的确是爱智慧的,只是他们追求智慧的方式、方法与西方人不同罢了,因而其智慧的表现形式也就不同于西方。中国古人只是不追求、研究"六合之外"的那种"'有'本身"的纯自然问题,他们对"六合之内"的人之为人的本性、本质和社会历史问题有着不懈、深刻、精湛的沉思;从而,以人和人类社会问题为基础和根基,对天地的存在本性等问题也作了深刻沉思。《论语·公冶长》记载:"子贡曰:'夫子之文章,可得而闻也;夫子之言性与天道,不可得而闻也。'"不管孔子是如何来思考"性"与"天道"问题的,也不管孔子给他的弟子们讲没讲这类问题,但孔子沉思了"性"与"天道"之类的问题却是可以肯定的。这里的"性"是人性,即人之为人的本质,"天道"就是天地万物之存在的本质。这里更重要的是,"性"与"天道"是合一或统一的,即天与人的合一和统一,这一直是中国古代思想文化的一条主流。尔后,孟子(还有《中庸》)讲的"尽心—知性—知天"(见《孟子·尽心上》),《易传》讲的"立天之道曰阴与阳,立地之道曰柔与刚,立人之道曰仁与义,兼三才而两之"(《易传·说卦》);还有老子讲的"惚兮恍兮"、"恍兮惚兮"、"窈兮冥兮"的"道"(见《老子》第二十一章),庄子讲的"莛与楹,厉与西施,恢恑憰怪,道通为一"(《庄子·齐物论》);还有西汉董仲舒讲的"王道之三纲,可求于天"(《春秋繁露·基义》)和"天人相与之际"(见《汉书·董仲舒传》);魏晋玄学中王弼讲的"无",裴頠讲的"有",郭象讲的"独化";隋唐佛学中天台宗讲的"念",唯识宗讲的"识"、华严宗讲的"理"和"事",禅宗讲的"心"和"性";直到宋明理学中理学讲的"性即理"和"理一分殊",心学讲的"心即理"及"致良知"和"知行合一",等等,都是对人性和天道问题及二者的统一性的探讨。很明显,这就是中国古代的智慧学,就是中国古人的爱智和对智慧的追求。这,难道就不能属于哲学吗?! 三国魏王弼在《周易略例·明象》中说:"是故触类可为其象,合义可为其征。义苟在健,何必马乎? 类苟在顺,何必牛乎? 爻苟合顺,何必坤乃为牛? 义苟应健,何必乾乃为马? 而或者定马于乾,案文责卦,有马无乾,则伪说滋漫,难可纪矣。"这段话虽然是讲《易》理的,但用其意思来说中国古代哲学,也是适合的。哲学是探求天地万物(包括人和人类社会)之存在之理的学问,这种学问在中、西方都有;但怎样探索,以什么为重点、中心、重心来探索,中、西方却是不一样的。如果硬要以源于古希腊的西方哲学为"哲学"的正统和唯一形式,这就如同定乾于马、定坤于牛一样,必然导致"伪说滋漫";如果这样来研究哲学,那就必定是按图索骥了。所以,我们的结论是:**中国古代是有哲学思想的,这就是中国古人的"性与天道"之学。**

二、本体论:一个有文化民族的灵魂

黑格尔在《逻辑学》"第一版序言"中说:

> 一个有文化的民族竟没有形而上学——就像一座庙,其他各方面都装饰得富丽堂皇,却没有至圣的神那样。
>
> 假如一个民族觉得它的国家法学、它的情思、它的风习和道德已变为无用时,是一件很可怪的事;那么,当一个民族失去了它的形而上学,当从事于探讨自己的纯粹本质的精神,已经在民族中不再真实存在时,这至少也同样是很可怪的。①

---

① 黑格尔:《逻辑学》上卷,杨一之译,商务印书馆1966年版,第2、1页。

形而上学,这是一个有文化民族的民族精神和民族灵魂之所在。倘若少了这个形而上学,那么这个民族就有肉而无灵,就根本算不得是有文化的、文明的民族,它也就丧失了生存的活力。古希腊民族之作为古老、文明、有文化的民族,古希腊文化哺育了灿烂的西方文化和文明而能成为整个西方思想文化的源头,正是因为古希腊民族有一种以研究"'有'本身"为目的和目标的哲学——形而上学;在近现代历史上,德意志民族历经磨难而自强不息,不能不说有德国古典哲学这种形而上学之作为民族精神的支柱是一个非常重要的因素;还有古老、文明而生生不息的中华民族,历经数千年而自强不息,是因为有一种富有生机的民族精神和民族灵魂,而不断塑铸这种民族精神和民族灵魂的要素正是古老的中国思想文化中的形而上学(本体论)思想。

前已注出,"形而上学"这个名称原是后人用来指称亚里士多德的一部著作的。亚里士多德认为,在众多的学问、学科中,有一门学科是"专门研究'有'本身,以及'有'凭本性具有的各种属性"的,他称这种学问为"第一哲学"。在亚里士多德去世后大约过了二百五六十年,安德罗尼柯在编辑、整理亚氏的遗嘱时,将其关于"第一哲学"的遗稿编辑在一起,作为附录附在亚氏的《物理学》一书之后,并取名为《物理学后诸篇》。这个希腊文名称后来被拉丁文转写为 Metaphysica,这就是英文的 Metaphysics。这里的 physics 就是"物理学";meta 乃"超越"的意思。Metaphysics 的意思是要研究那些超越了具体存在形态的东西。如果对照《易传·系辞上》所谓的"形而上者谓之道,形而下者谓之器"的说法,若将那些具体存在形态的东西称为器的话,那么这个超越了具体存在形态的东西就是"道"了,而关于这个"道"的思想、学说就是"形而上学"。可见,亚里士多德虽然自己未用过"形而上学"这个名称,但用它来指称他的"第一哲学"却是很恰当的。亚里士多德的"第一哲学"就是"形而上学"。这里对"形而上学"这个名称来源的解释,并不是无谓地重复前已注过的东西,也并非仅仅指明它就是亚氏的"第一哲学";更重要的是为了说明:形而上学是整个哲学思想的核心、主干、首脑。按目前人们对哲学的理解,哲学这门学问、学科有多个研究方面和问题,如宇宙存在问题、认识问题、伦理问题、社会政治问题、逻辑问题、审美本质问题等等，但在所有这些方面中，核心的问题就是形而上学问题，即关于"'有'本身"的问题，这也就是关于天地万物之存在的所以然、所以是的原因和根据问题。如果哲学思想中少了形而上学这一维，或者说这一维被弱化了或不突出了，那么这种哲学思想的哲学味就会被大大淡化，哲学也就成了具体科学了。可见，说到哲学，其核心和标志就在这个"形而上学"上。一般而言，各民族均有一定的哲学思想。但各民族并不一定都有形而上学。可以说，有文化民族的标志就在于有形而上学；而文化水准的高低和文明程度的优劣就表现在其形而上学的思想水平上。

形而上学，顾名思义，就是关于"形而上"之"学"，即是关于"形而上"的学问、学说、思想、理论。所以，要有形而上学的这种"学"，关键是要有这个"形而上"，倘若没有这个"形而上"，那么关于这个"形而上"的"学"也就无从说起了，形而上学也就没有了。"形而上"究竟是什么呢？按《易传·系辞上》说它就是"道"。在中国古代思想文化中，不只这个"道"，还有"心"、"有"、"无"、"独化"、"念（心念）"、"识"、"理（事）"、"心性"、"理"等均是"形而上"者。在古希腊哲学中，泰勒斯的"水"、赫拉克利特的"火"、毕达哥拉斯的"数"、巴门尼德的"存在"、德谟克里特的"原子"、柏拉图的"理念"、亚里士多德的"实体"等也都是这个"形而上"者。尔后西方哲学中的"上帝"、"宇宙"、"灵魂"、"我（自我）"、"绝对理念"、"存在"等，也都是"形而上"者。"形而上"当然是超越了形体的东西。天地万物，一切存在的东西都是有形有状的，都能为人感觉到和经验到，所以这些东西是"形而下"的，即在"形"的范围内。而"道"等等的"形而上"的东西则是无形无象的，故是超感性的和非经验的，它只能用理性抽象来把握。那么，要这种超感性、非经验的"形而上"的东西有何用呢？用处就在于用它来说明、解释天地万物这些有形东西之存在和变化的原因、根据，即揭示天地万物之存在的所以然和所以是。天地万物就那么样存在着。但它为什么会那样地存在着而不这样地存在着呢？可以肯定，它之所以要那样地而不这样地存在着，之所以能那样地存在着，之所以能是那么个样子，一定是有其如此这般存在的理由、原因、可能、根据的，倘若没有如此存在的原因、根据，那么它就不会也不能那样地存在着，其存在就可以是随便的和随意的了。古希腊早期的那些哲学家们所探寻的所谓"一样东西,万物都是由它构成的,都是首先从它产生、最后又化为它的(实体始终不变,只是变换它的形态),那就是万物的元素、万物的本原了"①的"始基"说,就是用于说明万物之如此这般存在的原因、根据问题的。亚里士多德所谓的哲学(即第一哲学)是"专门研究'有'本身的",也就是研究天地万物之产生、灭亡、运动、变化的最根本、原始的原因问题的。所以,所谓的"形而上"就是关于宇宙存在的本原、本体问题;而形而上学(Metaphysics)也正是本体论(Ontology)。②

"本体"一词源于拉丁文 on(存在、有、是)和 ontos(存在物)。"本体论"一词为德国经院哲学家郭克兰纽在 1613 年出版的《哲学辞汇》一书中首次使用,他将其解释为形而上学的同义语。至 18 世纪初,德国哲学家沃尔夫继承莱布尼茨的哲学思想,"十分彻底地排除了经院式的亚里士多德哲学,使哲学成了普遍的、属于德意志民族的科学。此外,他又给哲学作了有系统的、适当的分门别类,这种分类直到现代还被大家认为是一种权威。"③在对哲学的分类中,沃尔夫明确确定了本体论在哲学中的地位。黑格尔对沃尔夫的哲学分类作了这样的叙述:

(一)理论哲学。他首先论述的是(1)清除了经院作风的逻辑,这是经过沃尔夫系统化的理智逻辑;其次是(2)形而上学,其中包括:甲、本体论,论述各种关于"有"的抽象的、完全普遍的哲学范畴,认为"有"是唯一的、善的;其中出现了唯一者、偶性、实体、因果、现象等范畴;这是抽象的形而上学。乙、次一部分学说是宇宙论;这是关于形体、关于世界的普遍学说。这是一些关于世界的抽象形而上学命题,认为没有偶然,自然中没有飞跃,——论证了连续性的规律。他排斥博物学和自然史。丙、然后是理性灵魂学,即心灵学、灵魂哲学,论述了灵魂的单纯

---

① 亚里士多德《形而上学》卷一章三。见《西方哲学原著选读》上卷,商务印书馆 1981 年版,第 15 页。
② ontology,顾名思义,就是关于 onto 的 logy。onto 是希腊文 on(相当于英文的 being)的变形,表示的就是"有"或"存在";而 logy 就是学问、学说。所以,ontology 就是关于"有"的学问。
③ 黑格尔:《哲学史讲演录》第四卷,贺麟、王太庆译,商务印书馆 1978 年版,第 188 页。

性、不死性、非物质性。丁、自然神学，对神的存在作出证明。其中夹进了经验灵魂学。这是理论哲学。（二）实践哲学是：（1）自然法，（2）道德学，（3）国际法或政治学，（4）经济学。①

在沃尔夫看来，本体论是形而上学的一种，是形而上学这种理论哲学中最理论性的部分，即研究"有"之为"有"的理论、思想。沃尔夫对本体论的这一定位无疑是正确和深刻的。至19世纪初，德国古典哲学的集大成者黑格尔出版了《逻辑学》②一书，提出并贯彻了本体论、认识论、逻辑学相统一的原则，从"纯存在"（"纯有"）范畴出发构造了"存在"自身辩证发展的本体论逻辑体系。在现当代，西方哲学中有胡塞尔的"先验本体论"，海德格尔的"基本本体论"，哈特曼的"批判本体论"，等等。

就哲学的实质及其研究对象和内容言，本体论与形而上学是一致的，可以说本体论是形而上学的进一步体系化和理论化。在亚里士多德那里，以"'有'本身"为研究对象和目的的"第一哲学"就是形而上学；而本体论所要研究的也正是这个"有"（"存在"）本身。英文新15版《不列颠百科全书》在关于"本体论"（Ontology）条目中重复并引申了沃尔夫关于本体论的思想，说"本体论是研究 Being 本身，即一切实在性的基本特征的一种学说。这个术语尽管初创于17世纪，但它和公元前4世纪亚里士多德所规定的形而上学和'第一哲学'含义相同。由于形而上学还涉及其他的研究（如哲学的宇宙论和心理学），本体论就成了专指研究 Being 的术语。这个术语在近代哲学中的知名则是由于德国理性主义者沃尔夫，他把本体论视为导致有关 beings 的本质的必然真理的演绎法。"③可见，本体论（Ontology）原本就是关于 Being 的一种逻辑推演的演绎理论和方法，即从 Being 中演绎出 being(s)以及 being(s)之间的演绎。那么，本体论是如何来对 Being 及 being(s)

---

① 黑格尔：《哲学史讲演录》第四卷，贺麟、王太庆译，商务印书馆1978年版，第189页。
② 黑格尔的《逻辑学》分"有论"、"本质论"、"概念论"三编，前两编合称客观逻辑，分别出版于1812和1813年，第三编称主观逻辑，出版于1816年。
③ 转引自王森洋、范明生主编：《东西方哲学比较研究》，上海教育出版社1994年版，第97页。这里参考了该书第二章的有关内容，特注明。

作演绎的呢？Being 就是有、存在或是，而 being(s) 就是有者、存在者或是者。Being 本是系动词"to be"的动名词，是表示系动词"to be"在上下文中依据主词的人称、数、时态而变化的一个名称，故 Being 指称着在各种上下文中"to be"所可能具有的意义。作为哲学概念，从中世纪经院哲学起，Being 的主要含义有三：真理、本质、存在。关于存在(有)，是系动词"to be"在一些句子中直接具有的实义，例如在"There is…"句子中，系词"is"就表示存在。关于真理，是从系动词"to be"在句子中所起的作用而抽象出来的。例如，早在亚里士多德那里，就把能用系词肯定的句子(判断)称为真(真理)，而将相反的句子视为假。系词这种表达句子中主语与述语一致的作用被抽象出来后，就成了 Being 本身所具有的真理这一规定了。关于本质，在运用系词的判断句中，系词往往表达的是关于主语的"是什么"，即揭示的是关于主语事物的本质，这样本质也就被作为 Being 所具有的规定了。实事上，英文的 essence(本质)一词在词源上可追溯到拉丁文的系词 esse(相当于英文的 to be)。Being 有真理、本质、存在这样三义，故它就是哲学中的最高、最普遍的范畴，就理所当然是本体论的研究对象。那么，本体论又是如何来具体把握这一对象的呢？这就有了 Being 与 being(s) 之间的关系，或者说由 Being 向 being(s) 的推演。西语的特点表明，只要有一个主语和一个谓语就构成了一个完整的句子。例如，"A is"(甲是)就是一个句子，它表示有 A 这个东西存在，或者说有一个是 A 的东西。从哲学上来说，例如在柏拉图哲学中，既然 A 是与 is 结合在一起的，那么 A 之存在是因为有 is 存在，即 A 是"分有"了 is 的。这样，如果 is 被称为是、有、存在的话，那么这个 A 就是是者、有者、存在者了。当句子扩大为"A is B"时，B 同样也是分有 is 的是者。在西语中，如在英语中，可充当系词之后的表语的词的范围很广，大凡可用言词述说的一切都可成为表语，因此也都可成为是者(beings)。这样，就从 Being 过渡到了 being(s)。本来，在哲学中，Being 才是最高、最普遍的范畴。它本是一个系词，但当人们不自觉地把它从上下文中分立出来作为一个名词性的哲学范畴时，它本身就由是、有、存在而转化为是者、有者、存在者了。这说明，Being 本身中就有由是、有、存在转化为是者、有者、存在者的可能性。由 Being 到 being(s) 的转化，这是 Being 之演绎的第一步。还有,当有了各种是者、有者、存在者后,因为每个是者都是"分有"是的,即"是者"本来就从属于"是";这样,各个是者间就理应是统一的,即有一个共同的母体。这就如同经过通分后的分数可进行代数运算一样,基于"是"的各种是者之间就是个统一体,它们之间本来是可以进行逻辑推演的。因此,随着 Being 向 being(s)的转化,本体论原本对 Being 本身的研究就转化为对 being(s)的研究了;而各种 being(s)间就构成了一个逻辑推演的体系。这,就是西方哲学,即西方的本体论(Ontology)所特有的范畴推演的体系和理论。

相比之下,中国古代哲学中是没有这种 Ontology(本体论)的。这首先与古汉语的语言形式及相应的思维方式有关。在古汉语中,是没有系动词"是"及相应的句子的。前已指出,古汉语中系词"是"大约出现于汉代,而有系词"是"的判断句式的出现大约到了六朝时期。即使系词"是"在汉语中被使用了,但由于受传统思维方式的影响,在古汉语中也未能形成一个"是"与"是者"及各是者间的逻辑推演的理论体系。现代学者张东荪于1946 年出版《知识与文化》一书,从语言特征上对中、西哲学作了比较,认为汉语中主、谓没有明显的区分,"其影响于思想上则必致不但没有本体论,并且还是偏于现象论。"①这种看法是有道理的。

但是,中国古代所没有的只是西方本体论(Ontology)的那种体系和形式,这并不是说中国古代就没有本体论的哲学思想。黑格尔说形而上学是一个有文化民族的灵魂。这也就是说,本体论思想是一个文明的、有文化民族的灵魂。古老、文明的皇皇中华民族,在几千年的繁衍、生息中自有自己光辉灿烂的文化;也一定有关于天地万物之存在的所以是、所以然的本原、本体问题的探讨,只是探讨及表述这类问题的思想方式与西方不同罢了。英国的霍布斯曾指出:"但是有些民族,或者说肯定有些民族没有和我们的动词'is'相当的字。但是他们只用一个名字放在另一个名字之后来构成命题,比如不说'人是一种有生命的动物',而说'人,一种有生命的动物';因

---

①　转引自王森洋、范明生主编:《东西方哲学比较研究》,上海教育出版社 1994 年版,第 136页。

为这些名字的这种次序可以充分显示它们的关系；它们在哲学中是这样恰当、有用，就好像它们是用动词'is'联结了一样。"①霍布斯所谓的"用一个名字放在另一个名字后面来构成命题"的语言形式，正是中国古代典型的"……者……也"的判断句式。用此种方式，中国古人照样探讨和表达了关于天地万物（包括人在内）之存在的本原、本体的本体论问题。中国古代的"道"论无疑就是此种本体论。1940年商务印书馆出版了金岳霖的《论道》一书。在该书的"绪论"中金岳霖说："每一文化区有它底中坚思想，每一中坚思想有它底最崇高的概念，最基本的原动力。""现在这世界底大文化区只有三个：一是印度，一是希腊，一是中国。它们各有它们底中坚思想，而在它们底中坚思想中有它们底最崇高的概念与最基本的原动力。""中国思想中最崇高的概念似乎是道。所谓行道、修道、得道，都是以道为最终的目标。思想与情感两方面最基本的原动力似乎也是道。成仁赴义都是行道；凡非迫于势而又求心之所安而为之，或不得已而为之，或知其不可而为之的事，无论其直接的目的是仁是义，或是孝是忠，而间接的目标总是行道。……各家所欲言而不能尽的道，国人对之油然而生景仰之心的道，万事万物之所不得不由、不得不依，不得不归的道才是中国思想中最崇高的概念，最基本的原动力。"②中国古代哲学中有像"道"这样的形而上学、本体论的思想和问题，是确定无疑的。

三、如何总结和梳理中国古代的哲学思想

从1919年胡适的《中国哲学史大纲》（卷上）问世，到1931年和1934年冯友兰两卷本《中国哲学史》的出版，先辈学者们在浩如烟海的中国古代文献中劈榛斩莽，条分缕析，奋力开拓出了中国古代的哲学思想，梳理出了中国古代的哲学派别及思想体系，勾勒出了中国古代哲学之演化、发展的历

---

① 转引自胡适：《先秦名学史》，学林出版社1983年版，第41页。
② 金岳霖：《论道》，商务印书馆1987年版，第16页。

史线索、脉络。这是中国思想文化中一个不小的开拓性成就,从此中国古代被混含在经、史、子、集文献中的哲学思想面世了。但胡适、冯友兰等先辈学者在开拓中国古代哲学思想时所使用的武器却是西方近、现代资产阶级的哲学思想和方法。到了20世纪60年代初,任继愈主编了四卷本《中国哲学史》(其第四卷出版于70年代末),这是根据中宣部和教育部组织编写全国高等院校文科教材的计划编写的中国哲学史教材;20世纪80年代初,肖萐父、李锦全主编了两卷本《中国哲学史》,这是依据教育部关于高等学校文科教村编选规划而编写的供高等院校哲学系使用的中国哲学史教材。这两部教材当然各有特色。但一个共同的特点是以马克思主义哲学为指导,以马克思主义的哲学史观和哲学史方法论为武器,梳理了中国古代和近代哲学思想的演化脉络及各哲学流派的思想。

　　在20世纪的近百年中,以胡、冯、任、肖等为代表编写的这些中国哲学史教材,在对中国古代哲学思想的清理、发掘及对各哲学流派和思想体系的梳理方面的功绩是不可没的。但这些著作、教材由于受西方"哲学"这一学科门类的内容和分类的影响,普遍有对中国古代哲学思想作条块分割的局限,尤其在以任、肖为代表的、以马克思主义哲学为指导撰成的中哲史著作中,条块分割现象更为明显。特别是以任著为代表的、在20世纪六七十年代撰写的中哲史著作中,由于受苏联教条式的马克思主义影响,对中国古代的哲学思想作了唯物主义和唯心主义、辩证法和形而上学"两个对子"的严重条块分割;以肖著为代表的、20世纪八九十年代撰成的中哲史著作,虽然贯彻了马、恩所肯定的黑格尔关于历史与逻辑相统一的原则,通过重点对中国古代哲学概念、范畴之产生、发展和演变历程的考察,一定程度地揭示了中国古代哲学思想之演变的逻辑轨迹,但仍有条块分割的痕迹,例如仍将中国古代的哲学思想辟为世界观(即唯物、唯心之分)、认识论、方法论(即辩证法、形而上学之分)、历史观这样基本的四大块。当然,不是说不能对中国古代的哲学思想作缕析和分类。但如果这种分类是依据于西方哲学学科分类的原则和框架来人为进行的话,那就有了阉割中国古代哲学思想之嫌,因为这样做就将中国古代的哲学思想变为西方哲学思想的注脚了,中国古代的哲学思想就仅仅成了西方哲学思想的一些材料。前段时间学界关于

"中国哲学合法性"问题的论争,主要就是针对这种阉割中国哲学思想的现象而言的,问题的提出者所要的是中国自己原汁原味的哲学思想。这就向人们提出了一个很重要的问题:如何来总结和梳理中国古代的哲学思想?①

那么,究竟如何来总结和梳理中国古代的哲学思想呢? 我想,这里应当注意到这样三点原则:

其一,要以西方哲学为参照系。"哲学"这门学问、学科本来就是源于西方的,中国古代没有它。但是,中国古代虽然没有类似于古希腊以降的那种以研究"'有'本身"为对象的、以范畴间的逻辑推演为途径和方式的哲学(即本体论)形式,但却有对智慧的追求,有对天地万物之存在的所以然之理的探究,这就是中国古代的"道"学,它理应就是哲学的学科内容。所以,中国古代一定是有哲学思想的。现在的问题是,要将中国古代这种哲学思想清理出来使之成为一门学问、学科。而要做这项工作,无疑其工具是西方哲学,要以它为参照系,否则的话是清理不出中国古代的哲学思想的。这就如同如果没有镜子是看不见自己脸上的色状一样,没有西方哲学这个参照系是照不出隐藏在中国古典经、史、子、集文献中的"道"学真正面目的。所以,无论是谁来总结和梳理中国古代哲学思想,以西方哲学为参照系是必须的。这就是说,一定要用西方哲学中的一些思想和相应的概念、范畴、术语等,这些就是哲学这门学科的"行话",离了它就没有哲学这门学科了。想不用西方哲学的一些原则、概念,是万万梳理不出中国古代的哲学思想的。

其二,要有适当的门类分别。中国古代的哲学思想虽然没有形成独立的学科体系,但一定是有思想门类的。中国古人生活在世上,必然要面对形形色色的现象,会遇到人世中的各种问题;中国古人也一定要对并会对人世中的各种现象和问题作以探索,即一定有从"哲学"这一视角来探求其所以然的义理。所以,人世现象和问题的多样性就必然决定了中国古人所探求的所以然之理的多样性。现在要清理中国古代的哲学思想,当然是少不了多样性的。倘若对中国古代的哲学思想作囫囵处理,那是不会展现其真面

---

① 关于"中国哲学的合法性"问题,主要是关于中国古代哲学思想的合法性问题。至于中国近、现代的哲学,特别是中国现当代哲学,原本就是受到西方哲学思想影响的结果,其哲学思想有许多就是对西方哲学思想的传播、注释和说明,故已不存在"合法性"的问题了。

目的。而要展示中国古代哲学思想的方方面面,那就一定少不了分门别类。这也应是总结和梳理中国古代哲学思想时要遵守的一条原则和方法。

其三,要贯彻历史与逻辑相统一的原则,且要以逻辑为主。黑格尔说:"历史上的那些哲学系统的次序,与理念里那些概念规定的逻辑推演的次序是相同的。""如果我们能够对哲学史里面出现的各个系统的基本概念,完全剥掉它们的外在形态和特殊应用,我们就可以得到理念自身发展的各个不同阶段的逻辑概念了。反之,我们如果掌握了逻辑的进程,我们亦可从它里面的各个主要环节得到历史现象的进程。不过我们当然必须善于从历史形态所包含的内容里去认识这些纯粹概念。"①这就是黑格尔关于历史与逻辑相统一的原则。这一原则得到了马克思主义的改造和确认。恩格斯说:"因此,逻辑的方式是唯一适用的方式。但是,实际上这种方式无非是历史的方式,不过摆脱了历史的形式以及起扰乱作用的偶然性而已。历史从哪里开始,思想进程也应当从哪里开始,而思想进程的进一步发展不过是历史过程在抽象的、理论上前后一贯的形式上的反映;这种反映是经过修正的,然而是按照现实的历史过程本身的规律修正的,这时,每一个要素可以在它完全成熟而具有典型性的发展点上加以考察。"②这种历史与逻辑相统一的原则和方法,无疑是我们清理中国古代哲学思想时所应秉持的最重要的原则。但这里有个问题,即在这一原则中,究竟以哪一个为主呢? 是历史主导下的逻辑法抑或是逻辑主导下的历史法? 我认为应当是后者。这是因为,总结和梳理哲学思想当以哲学理念为指导,否则的话哲学史就成了材料的堆积,就只有"史"而没有"哲学"味了。一本哲学史著作的水平如何,并不在哲学史本身,即并不在那些哲学思想的材料方面,而在著者的哲学素养和哲学观上;在不同哲学观的指导下,自然对以往哲学思想的发掘、整理就不同。在哲学史上,大凡那些有价值的哲学史著作,均是在一定的哲学观统帅下写成的。这就是说,有自己哲学思想的学者写出的哲学史与没有形成自己独立的哲学思想的学者写出的哲学史是大不相同的,前者是**哲学**史而

① 黑格尔:《哲学史讲演录》第一卷,贺麟、王太庆译,商务印书馆1959年版,第34页。
② 《马克思恩格斯选集》第2卷,人民出版社1995年版,第43页。

后者只是哲学**史**。例如,黑格尔四卷本《哲学史讲演录》,并不严格吻合哲学历史的轨迹,但其哲学价值却是一流的,原因就在于黑格尔先有了《逻辑学》那样的哲学思想体系才来撰写(演讲)哲学史的,故能发掘出历史上哲学流派及其思想的内蕴。还有冯友兰,他于20世纪30年代出版了两卷本的《中国哲学史》;1947年他在美国宾夕法尼亚大学讲授中国哲学,讲稿整理后于1948年由麦克米伦公司出版了英文本,叫《中国哲学简史》(1985年北京大学出版社出版了汉译本)。简史的份量虽然比两卷本《中国哲学史》轻,更比其后的《中国哲学史新编》轻得多,但思想却相当深刻,原因就在于这本简史是他在作完"贞元六书"后写的,故有一定的哲学观为指导。所以,要总结和梳理中国古代的哲学思想,在贯彻历史与逻辑相统一的原则和方法时,要以逻辑为主来统率历史。我们以西方哲学为参照系来清理中国古代哲学思想,关键不在于要不要和能不能用它,而在于要学习、吸收西方哲学的思想精华而锻造出我们自己的哲学思想。这个工作虽然非常艰巨,但要真正总结和梳理中国古代哲学思想还是要作的。

依据以上的这三条基本原则,我们可对中国古代哲学思想作以适当的总结和梳理。具体梳理的途径和方式有二:一是分类式的横向铺开;二是逻辑式的纵向演进。所谓横向铺开就是对中国古代的哲学思想作分门别类地梳理。从一般的认识原则和方法上讲,当一件东西放在我们面前时,我们先观察到的只是一个囫囵的整体,这时当然还谈不到对该东西全面、细致、深入的认识。而要全面、细致地把握这件东西,就要对其作分门别类地认识。我们对中国古代哲学思想的梳理,亦如是。再说,中国古人对天地万物之存在的所以然之理作把握时,也绝非仅仅外在地、囫囵地予以观察,必然是从不同方面和不同角度分不同问题予以考察的。所以,对中国古代的哲学思想作分类总结、梳理是应该的。但问题在于,是如同现有的中哲史教科书那样,依西方哲学学科的内容和框架来框套中国古代的哲学思想,将其变为西方哲学的注脚呢,抑或是根据中国古代哲学思想的原有问题和方法而予以分类总结呢?我们要的分类当然是后者。那么,中国古代的哲学思想到底有哪些类型的问题呢?张岱年著有《中国哲学大纲》一书,将中国古代的哲学思想分为宇宙论、人生论、致知论三大类,宇宙论又分为本根论(包括道论、太极阴阳论、理气论、气论一、气论二、唯心论、多元论)、大化论(包括变易与常则、反复、两一、大化、终始、有无、坚白、同异)；人生论又分为天人关系论(包括人在宇宙中的位置、天人合一)、人性论(包括性善与性恶、性无善恶与性超善恶、性有善有恶与性三品、性两元论与性一元论、心之诸说)、人生理想论(包括仁、兼爱、无为、有为、诚及与天为一、与理为一、明心、践形)、人生问题论(包括义与利、命与非命、兼与独、自然与人为、损与益、动与静、欲与理、情与无情、人死与不朽)；致知论又分为知论(包括知之性质与来源、知之可能与限度、真知)、方法论(包括一般方法、名与辨)。方立天著有《中国古代哲学问题发展史》，①将中国古代哲学分为宇宙生成论、本体论、时空观、常变观、矛盾观、形神观、人性论、人生理想观、历史观九类。方克立主编《中国哲学与辩证唯物主义》②一书，将中国古代的哲学思想分为气一元论、阴阳大化、知行统一、"通古今之变"的社会历史观、成人之道五大问题。这些前辈学者对中国古代哲学思想的分类研究，无疑是深有见地和富有启发的。

受此启示，我试图对中国古代的哲学思想作如斯分类：

第一，究天人之际的思想。这可视为中国古代的形而上学、本体论思想。中国古代没有古希腊罗马那种自然哲学，没有对"'有'本身"问题的专门研究，也没有以范畴间的逻辑推演为理论形式的关于"存在"问题的本体论。但中国古人是生存于天地间的，他们头顶天脚立地，天、地、人三方并存而一体同在，所以他们一定要思考并实际地思考了关于人与天地的关系问题。他们没有将人提到天地之外，而是将人置于天地之中来考察人在天地中的地位、作用、生存方式等问题的；他们要的不是天(地)与人的分立与分离，而是天(地)与人的统一与合一，这就是"天人之际"问题。际，依《说文》乃墙之间的缝隙，它既可表示两墙之分立，也可表示两墙之结合、合一。中国古人关于"天人之际"思想所表达的是关于天(地)与人相合的问题，即"天人合一"问题。中国哲学究天人之际的问题既类似于西方哲学中形而

---

① 该书分上、下两册，中华书局 1990 年出版。
② 该书由高等教育出版社 1998 年 8 月出版。

上学、本体论的思想,但又有自己的特色。

第二,察阴阳之赜的思想。这是中国古代的辩证法思想。中国古人生存于天地间,除了要考察人在天地间的地位、作用等问题外,同时还要考察天地万物是如何存在的、存在状态及理则问题,这就是中国古代的阴阳问题和思想。中国古人认识到,世上的万事万物不是纯阳的,也不是纯阴的,而是阴与阳相辅相成、相反相成的,这就是阴阳间的"赜",即阴阳间的相反相成的矛盾性。中国古代从上古三代时的"相其阴阳"、"燮理阴阳"的朴素直观,到春秋战国时的晏婴的"同异"说、史墨的"物生有两"说、孙子的"奇正相生"说、老子的"祸福相倚"论、韩非的"矛盾"说,再到隋唐时华严宗的"六相圆融"、"一多依持"说,直到宋代张载的"一物两体"论和明清之际王夫之的"天下之变万,而要归于两端"论,这等等的思想都是关于阴阳问题的辩证法思想。中国古代虽然没有类似于黑格尔那样的逻辑推演的概念辩证法体系,但阴阳思想却是中国古代特有的辩证思想和方法。

第三,通古今之变的思想。这是中国古代的历史观。中国有浩如烟海,多达3249卷的二十四史,其中蕴含有古代丰富的历史观,有异常丰富的对历史事件的诠释,对历史之变中的民本基础、治世方略、理想目标、"理""势"规律性等问题作了探讨。在历史观方面,中国古代的思想远比西方此方面的思想丰富和厚实。

第四,乐成人之道的思想。这属于中国古代的伦理、教育思想。在中国古代哲学思想中,关于理想人格的培养占有特别重要的地位。中国古人考察天地万物的存在问题、考察阴阳之赜问题、考察古今之道问题、考察致知之方问题等,这一切都是为了教育和培养人,为了成就理想人格,即要人成为圣贤、君子。在此方面,中国古代的思想不仅丰富、突出,而且独特,既与西方哲学中的伦理思想有相同的一面,也有自己的特色。

第五,求致知之方的思想。这是中国古代的认识思想和理论。与西方哲学,特别是西方近代哲学相比,中国古代是没有那种以人的主体性为轴心的主客二分模式的认识论理论的。但中国古人生存于天地间,生活在人世上,是不能不对天地万物作认识的。其实,中国古人讲"天人之际"等问题时,这本身就是他们对天(地)、人及其关系的认识。所以,中国古代没有认识论的理论，但却有认识思想，这就是中国古代的致知论。中国古代的致知论虽然多包裹在历史观、修养论等伦理学中，但中国古人对知识的内容及致知之方等问题作了多方探讨，其思想是相当丰富的。

中国古代的哲学思想起码可分为以上五大类。这五大类问题既是中、西哲学所共同具有的一般性的哲学问题，又有中国古代哲学自己的思想特色。关于中国古代哲学这些方面的思想内容在此难于尽言，下面列出一个简要提纲①以略作陈说：

一、中国古代的究天人之际思想

（一）中国古代的天人思想

1."尽心—知性—知天"的内省察路线

2."制天命而用之"的外行动路线

3.阴阳五行的宇宙系统论路线

4."通天下一气"的宇宙生成论路线

5."道通天地"的本体论路线

（二）中国古代天人思想的特色

1.乘机之"势"

——一天人的哲学性质

2.契几之"象"

——一天人的思维方式

3.无我之"境"

——一天人的审美功能

4.浑璞之"朴"

——一天人的思想局限

二、中国古代的阴阳之赜思想

---

① 这里列出的这个提纲，已见于方克立先生主持的一个国家课题的研究成果中。方先生的课题是关于中国传统哲学的未来走向，我有幸参与了这个课题，故对中国古代哲学的一些问题在方先生的指导下作了一些思考。现在，我在此谈中国古代哲学思想的整理和分类，就参考和引用了方先生课题的研究成果。特此注明。

(一)中国古代的阴阳思想

1.将兵之"道"

①修"道"

②乘"势"

③出"奇"

④静观

⑤谋算

2.制名之"要"

①名与实的关系

②名与名的关系

③名与意的关系

3.处事之"中"

4.变易之"常"

①万物皆变

②变中有常

③常则反复

5.动静之"几"("机")

(二)中国古代阴阳思想的特色

1.善善恶恶

——道德动机和行为的统一

2.内圣外王

——伦理和政治的统一

3.燮理阴阳

——经世致用的辩证方法

4.蔽于天而不知人

——中国古代哲学中"实用(践)理性"精神的单面性

三、中国古代的古今之变思想

(一)中国古代的古今之变思想

1.民本基础

2.治世方略

3.理想目标

4.理势规律

(二)中国古代古今之变思想的特色

1."六经皆史"

——意识形态的历史底蕴

2.以史为鉴

——治世方略的历史积累

3.理依于势

——社会规律的历史表现

4.天道不变

——历史意识中的"史"和"死"

四、中国古代的成人之道思想

(一)中国古代的成人之道思想

1.心性基础

①儒家的心性论

②道家的"自然"论

③佛家的"佛性"论

2.理想人格

①儒家的"圣人"、"君子"说

②道家的"圣人"、"至人"、"神人"、"真人"说

③墨家、法家、佛家等的理想人格说

3.主体力量

①情感心理

②廉直品质

③忠信准则

④文史精神

⑤自律意识

⑥道义原则

4.修养功夫

(二)中国古代成人之道思想的特色

1.人"最为天下贵"

——中国古代哲学中的人学内容

2."敬鬼神而远之"

——中国古代哲学中的非宗教倾向

3."为天地立心,为生民立命,为往圣继绝学,为万世开太平"

——中国古代哲学中的弘道重任

4."食色,性也"

——中国古代哲学中的人有灵而少肉

五、中国古代的致知之方思想

(一)中国古代的致知之方思想

1.经验与认识

2.修养与认识

3.悟"道"与认识

4.几象与认识

(二)中国古代致知思想的特色

1."域中有四大"

——中国古代哲学思维方式的整体性

2.诚"与天地参"

——中国古代哲学思维方式的直觉性

3.道"恍兮惚兮"

——中国古代哲学思维方式的意象性

4."能必副所"

——真正的认识论必须建立在主客二分的基础上

分类式的途径和方式当然能对中国古代的哲学思想作总结和梳理。但用此种方式基本上是对中国古代哲学思想所作的静态描述和现象罗列,而难以较深入地揭示出其运动、演化的逻辑必然性。这样讲可能会遭到如斯反驳:已有的中国哲学史教材、著作,特别是 20 世纪 60 年代以来以马克思主义哲学思想为指导编撰的中国哲学史教材、著作,例如任继愈、肖萐父等主编的著作,又特别是肖著,自觉地运用和贯彻了历史与逻辑相统一的原则,不就揭示出了中国古代哲学思想从先秦到宋明清之发展、演化的逻辑历程吗? 看起来的确是这样的。但实质上这些中哲史著作仍是对中国古代哲学思想的静态描述。这是因为,当那些教材、著作运用和贯彻历史与逻辑相统一的原则时,主要是以历史来统帅逻辑的,而不是相反。所以,要能较深入地揭示中国古代哲学思想之所以然的演化历程,就要以逻辑来统帅历史。比如说,中国古代的哲学思想主要是中国封建社会的哲学思想,伴随着中国封建社会的漫长发展,中国古代的哲学思想历经了先秦诸子、两汉经学、魏晋玄学、隋唐佛学、宋明理学这样五个演变形态。那么试问:中国古代的哲学思想为什么要经历这样五种形态? 为何不多几种或少几种演进形态呢?它为什么要依如此的形态和顺序来呈现呢? 为什么不是别的什么形态呢?对这些问题,你或许会说:正因为历史事实就是如此的,我们才这样来总结和阐述的。这个回答看起来言之凿凿,但实际上仍未对问题的实质作出回答。它之所以能是这样的而不是那样的,一定有它是这样的原因、根据;倘若没有是如此这样的原因和依据,它就不会是这样子的,那它就可以随便更换了。但事实上它是不能更换的,它只能是这样子的,那它就一定有是这样子的可能、原因和根据在。现在我们正是要找出这种原因和根据来,方可窥视中国古代哲学思想之发展的所以是、所以然来。否则,任你如何描述,描述得多么全面,也任你如何仔细考察某一哲学范畴是怎样由前向后演变的,但到头来所揭示的仍是现象所在。因此,要揭示出中国古代哲学思想的内在必然性,就一定要将先秦诸子至宋明理学这样的历史坐标换成逻辑坐标。

那么,所需要的这个逻辑坐标究竟是什么呢? 实际上这就是"哲学"本身。也就是说,要总结和梳理中国古代的哲学思想,就得品出它的哲学味来。如果品出了这个哲学味,那么所总结和整理出的可能就是我们自己古代的哲学思想;否则,不管如何总结,这种总结就是西方哲学的注脚和材料,就是在为他人做嫁衣裳。那么再问:这个"哲学"味又是什么呢? 要讲这个问题,就非得用西方哲学这一参照系不可,如果没有这个参照系,谁也无法知道"哲学"味。因此,依据西方哲学的学科内容和分类,所谓哲学基本上有这样四个方面的内容,即本体论、认识论、方法论、历史观。品出"哲学"味也好,寻找逻辑坐标也好,实际上就是在哲学的这四个方面的内容中,确定究竟哪一个方面的内容才是基本的和实质的。一句话,在这里,本体论是哲学这门学科的本质、中枢、灵魂、神经,它就是这个逻辑坐标。为什么这样讲? 这是因为,其一,本体论是基础。在哲学的四个方面的内容中,认识论、方法论、历史观都要以本体论为基础。比如说,认识论是对人的认识活动的研究,它要揭示认识的本质、认识的来源及发展动力、认识活动的规律等问题。但要探讨和回答这些问题,就一定要有本体论这个基础。因为,认识活动要得以进行,必须要有主客二分的构架。既然有主、客的并存,就得问:究竟是主为本原还是客为本原? 主与客究竟是如何存在着的? 这就涉及"存在"本身的问题了。同理,方法论、历史观归根结底也要以本体论为前提和基础。其二,本体论是哲学中括不出去的最后剩余。认识论、方法论、历史观这几个方面所涉及的问题总与具体学科有关。例如认识论,它就与心理学、神经生理学、脑解剖学等具体学科有关,要真正弄清认识活动的机制,要有各门具体科学的具体探究。方法论、历史观亦然,也与具体科学密切联系。再比如说宇宙发生论,其内容实际上是天体物理学所研究和要揭示的。所以,在哲学的四个门类中,除本体论外,别的方面是可以从哲学中括出去的。但无论怎样,本体论都是括不出去的,它是哲学中的最后剩余者,少了它也就没有哲学了。其三,本体论乃人类的本性、本质的表现。为什么人类要不厌其烦地寻找本原、本体? 因为这是人这个社会存在者的本性的要求和表现。就人出现前的自然界言,即就自在之物言,原是没有一个真正的、自本自根的、绝对的本原或本体的,一切自然存在者都处在相对关联中,总是从有到有的,即其性质、本质永远是"有",只是有的形态在不断转化而已。人类就不同了。原来宇宙中是没有人类社会这个东西的,后来就是有了,这就是从"无"中产生了有;一个人在世上活了一段时间后死去了,这叫"去世",去世后他就又回到了"无",即对他而言他原来所处的社会,即那个世界就没有了,失去了,这是从"有"回到了"无"。可见,人类自己真正成就了一个世界,人把自己从自然界中提升了出来而成就了一个独一无二的人的世界。既然如此，人就要将此种本质、本性表现出来，这就是哲学上的本体论，即人一定要寻找到一个绝对的、作为一切东西之"始基"的东西。黑格尔说形而上学是一个有文化民族的灵魂。这实际上是说，本体论乃一个有文化民族的灵魂。本体论是万万少不得的，少了它人就不是人了，也就没有人的社会和人的世界了。

有了形而上学、本体论这一逻辑坐标后，我们就可探寻中国古代哲学思想之存在和演进的必然性了。就是说，中国古代的哲学思想之历经先秦诸子、两汉经学、魏晋玄学、隋唐佛学、宋明理学诸阶段和过程就是中国古代的形而上学、本体论之孕育、成熟的过程。具体言：先秦是中国古代思想文化的奠基和发源，是思想的原创期。此时诸子蜂起，出现了百家争鸣的局面。说是百家，这当然是泛称。当时有代表性的学派是儒、墨、道、法、名、阴阳、纵横、农、杂、小说这十家；但有哲学性思想的则是前六家；而这六家中具有本体论思想的是儒、道这两家。那么，儒、道是如何涉及到本体论问题的呢？又涉及到了怎样的本体论问题呢？与古希腊的自然哲学有别，中国先秦时期的哲学思想主要是社会政治哲学。就是说，有关哲学问题的提出和展现均与当时突出的社会政治问题有直接关系，哲学问题的切入点都是由社会政治的途径而引发的。由于当时深刻的社会变革和剧烈的政治动荡，各家各派都在关心着社会及人如何存在的问题，都在为建立一个有序的社会政治运转体系而努力探索着。当然，此种探索可以是、原本也正是各种各样的。政治家、军事家可以襄赞方略，建制立法；而思想家、哲学家则重在探求有序的社会政治秩序之出现和建构的可能性根据、原因问题。先秦的思想家们，特别是儒家的孔子和孟子认识到，社会是人的社会，社会是由人的活动构成的。要使社会有序，就要使社会的方方面面按照周公制定的"礼"运行，即"复礼"；而要真正恢复礼制，这不能靠外在的强制和逼迫，只能靠人自己的自觉和自愿。那么，人为什么就能自觉、自愿地来按照那个"礼"行事呢？这就只能说人有一内在的本质、本性，孔子就叫它为"仁"，孟子则叫它为"心"。这种"仁"、"心"，就是人之为人的内在根据，是人的本性，它就是原、本，就是本体，是人的一切行为的根据所在。所以，儒家孔、孟的"仁"、"心"等的提出，实际上是确定了一种心性本体。但是，只从人的本性出发来为当时的社会政治问题的解决寻找本体根据仍是不够的。因为，可以说人之为人的本性是"仁"、"心"等，也可以说不是这些，而是某种相反的东西；你说有了"仁"、"心"之本体、根据就可保证人的行为的好的结果，我为什么就不能说有了它们后可导致人的行为的坏的结果呢？你凭什么就敢保证"仁"、"心"之本性就一定会出现好的结果呢？可见，只讲心性本体，这种本体尚缺乏逻辑的必然性力量，即它们只有自愿、自觉的应当的一面，而还不具备强制性、支配性的必然的一面。而先秦的道家哲学正补足了这一面。道家的老、庄都讲"道"，当然他们对"道"的认识是有区别的。这里先不管其区别，就其共同的一面说，"道"就是自本自根的东西，就是天地万物一切东西之存在的本原、本体。"道"显然不在人的内性上，它是超越的，是人之外的东西，所以对人具有强制力和约束性，人只能受它的支配，按它的要求及本性来行事，不可违背它而任意为之，故"道"具有必然性的一面。"道"有必然性这是它的长处，但这也正好是其短处。就是说，它既然是人之外的东西，为什么就能约束和强制人的行为呢？人作为人与一般动物有别，因为人有目的和意志。所以，"道"尽管具有必然性，而这个必然性还要与人的意志、目的统一起来变为人自己的自觉、自愿性才行，否则的话，它尽管具有强制性和约束力，但人宁愿受到牺牲而可以不执行那个必然性。可见，在先秦儒、道那里，各自摊出了一个关于人的本性和天的本性，我们可以称它们为心性本体和宇宙本体。但这两种本体都是不完全的。这种不完全性就表现在中国古代哲学所特有的"天人合一"问题上。一种完全意义和完整形态的本体应当是既能关涉人的自觉、自愿的应然又能关涉非如此不可的天的必然，用中国古代的哲学语言来说就是天与人的"合一"。显然，在先秦儒家那里和道家那里都并未完成这一任务。儒家讲"天人合一"，《孟子》、《中庸》、《大学》等都讲。比如，孟子就讲"尽心—知性—知天"的"天人合一"（见《孟子·尽心上》）。但很明显，在孟子这里，这个"天"实质上是人性的外化，即这个"天"被伦理化、道德化了，否则，从"尽心"、"知性"是过渡不到"知天"的。可见，说来说去，先秦儒家并未将"天"与"人"真正统一起来。道家讲"道"，要将一切都囊括其中，有如庄子言"故为是举莛与楹，厉与西施，恢恑憰怪，道通为一"（《庄子·齐物论》）。但当庄子这样说时,根本未注意到人的目的性和自觉自愿性,把人也当一般的存在物处理了,所以荀子说庄子是"蔽于天而不知人"(《荀子·解蔽》)。可见,先秦道家也未能将"天"与"人"真正统一起来。因此说,在先秦诸子这种社会政治哲学中,以儒、道为代表只是摊出了一个形而上的本体,但并未能建立起一个本体论的理论和体系。先秦哲学作为整个中国古代哲学的源头,给尔后哲学留下的任务就是:逐步地建立起一种完全意义和完整形态的形而上学、本体论的思想理论;而其完全意义和完整形态的表现就是将人的应然与天的必然统一起来,即达到天人合一。

那么,先秦以后的中国古代哲学究竟是如何来完成先秦哲学所留下的建立完全意义和完整形态的形而上学、本体论这一思想任务的呢?

先是两汉哲学明确提出了"天人之际"的问题,将先秦哲学中所孕育的本体论问题明确地展露在了天与人合一的形式上。继秦之后,汉代确立了中国封建社会的经济、政治模式。与此相一致,在思想文化上汉代也确立了中国古代哲学的形而上学、本体论的基本形式,这就是"天人相与之际"的问题。建元元年(前140年)汉武帝刘彻即位。至元光元年(前134年)雄才大略的武帝册问贤良文学之士,提出了"欲闻大道之要,至论之极"的本体论问题。董仲舒作为一个"贤良",对汉武帝的册问作了回答,这就是他提出的"天人相与之际"的问题(见《汉书·董仲舒传》)。所谓"天人相与之际",实际上就是关于人与天如何统一的问题。从哲学上讲,这就是如何将人的自觉、自愿的应然性与天运行的必然性的强制性和超越性力量统一起来。所以,汉代在经济、政治上具有雄宏的开拓气势,在哲学本体论的建构上亦如是。那么,汉代哲学是如何来建立这个"天人相与之际"的"际"(统一)的呢?它完成这一宏伟的建构任务了吗? 实际上,汉代只是完成了"天人相与之际"的一种"际"的形式,并未真正完成它。概括而言,在"天人之际"的本体论上汉代哲学有四个路向:一是董仲舒为代表的"天人感应"的目的论;一是王充为代表的"元气"自然论;一是河上公、严遵、扬雄为代表的以继承和发挥《老子》等思想为核心的本体论;一是以《淮南子》、张衡为代表的宇宙发生论。这四种理论均与形而上学、本体论思想有关,但均有缺失。董仲舒的目的论和王充的自然论是两个极端。董仲舒实际上是把人所具有的目的性、意志性转移到了人之外的"天"身上。这样,这个"天"就从本来的自然之天以及自然运行的必然性中超越出来而成为有目的、有意志的自觉、自愿性的必然性了,即天一方面是依四时运行的、合阴阳之道的必然;另一方面又是有目的和意志力的应然。很明显,这是一种特殊的"天人合一"的本体论。但在董仲舒这里,人被"天"化了,即当把人自己的目的和意志抽绎出来赋予给"天"后,人也就被外化出去成为自然存在而非人了。因此,就由董仲舒的"天人感应"的目的论一端逻辑地转到了以王充为代表的非目的性的"元气"自然论的一端了。王充讲"元气"的自然运行,他认为天就是苍苍茫茫的自然之天,人也是血气类的自然之人,都是一种必然性的存在。这就解掉了人的目的性和意志性;同时,这就把一切都导回到了人和人类社会出现之前的自然存在。所以,尽管董仲舒的目的论和王充的自然论在哲学形式上都有"天人合一"的本体论意味,但都未能完成这个"天人合一"的真"合"。而介于董、王"天人合一"的本体论思想之间的是宇宙生成论和宇宙本体论,即一方面科学家张衡等讲以气为载体的宇宙发生过程,张衡在其《灵宪》中具体讲到"溟涬"、"庞鸿"、"太元"三个宇宙发生的阶段(见《后汉书·天文志》注补引);另一方面从河上公的《道德经注》到严遵(字君平)的《老子指归》再到扬雄的《太玄》,以继承和发挥老子的"道"论思想为底线,再结合《周易》的思想形式(主要是扬雄),构筑了"玄"或"太玄"类的本体论。而在汉代的宇宙发生论和宇宙本体论中,宇宙本体论只是底流,并未真正浮上来;而真正浮上来的是宇宙发生论,可以说宇宙本体论只是宇宙发生论中所蕴涵着的一味辅料。所以,在两汉经学这种形式中,所包含的哲学本体论思想就是以董仲舒的目的论和王充的自然论为两个极端(界限)的、以宇宙本体论为暗流的宇宙发生论。宇宙发生论又往往同宇宙结构论相结合,故有汉代哲学中的以阴阳、五行、四时等为骨络的宇宙系统论理论。一句话,在中国古代哲学关于"天人合一"的本体论思想的逻辑演化过程中,汉代哲学真正成就的是一宇宙生成论。当然,这个宇宙生成论很重要,因为它建构了关于宇宙存在的一种形式,为下一步逐步拓深"天人合一"的真正本体论的探讨准备了前提条件。

接着两汉经学的宇宙发生论而来的是魏晋玄学的宇宙本体论。玄学乃究"玄"之学。这个"玄"就是关于天地万物之存在的本原、本体问题。魏晋士人认真、积极地展开了关于天地万物如何存在问题的探讨,这是由汉代的宇宙发生论而来的逻辑必然。经汉代的宇宙发生论,已经明确解释了我们这个宇宙的来源和存在的问题,即我们的宇宙已经生成了,已经来了,它就如此这般地存在着、有着。那么,我们的这个宇宙为什么要如此这般地存在和能如此这般地存在呢? 它为何要这么样地存在而不那么样地存在呢? 宇宙就如此这般地存在着,这是个事实。但它能如此这般地和要如此这般地存在,就有如此这般存在的原因和根据,否则的话它是不会如此这般存在的。魏晋人要讨论的正是这一问题。对此,王弼提出了"无"本论,裴颜提出了"有"本论,到郭象提出了"独化"论。那么,玄学中的这些学说都是些什么思想、理论呢? 它说了些什么和要说什么呢? 概言之,王弼直接继承的是老子的"道"本论,他的"无"是对老子"道"的抽象性的哲学性质的指称和定谓,故它在哲学性质上是个一般、抽象的"一"。王弼在《老子指略》中明确说:"夫物之所以生,功之所以成,必生乎无形,由乎无名。无形无名者,万物之宗也。不温不凉,不宫不商。听之不可得而闻,视之不可得而彰,体之不可得而知,味之不可得而尝。故其为物也则混成,为象也则无形,为音也则希声,为味也则无呈。故能为品物之宗主,苞通天地,靡使不经也。若温也则不能凉矣,宫也则不能商矣。"这就是说,每个具体的存在者都是有其具体状象和属性的,故甲东西就不能同时是乙东西。用古希腊的哲学语言来说,就是具体物不可作"始基",即作本体、本原。那什么才能作本体、本原呢? 王弼认为就是那个无形无象无状无名的"无",很显然,这个"无"就是"一",实际上这是对"道"的抽象性性质的一种哲学定谓。正因为它是个无名无形无象无状的"一",所以才能名一切之名,才能形一切之形,才能象一切之象,才可状一切之状,这就叫"能为品物之宗主,苞通天地,靡使不经也"。与王弼讲的这个"一"即"无"不同,裴颜讲存在的多,讲"总混群本"(见《崇有论》),认为这个总混的多种多样的"有"才是"宗极之道"。裴颜的思想比较简单,他以万物的个体存在为存在之本,这就是他的"有"论。显然,这个"有"在哲学性质上是个别。王弼提出了一般性的"无"本论,裴颜提出了个别性的"有"本论。那么,万物之存在的本原、本体到底是什么呢？至郭象，对这个问题作了分析和整合。郭象明确指出："无既无矣，则不能生有；有之未生，又不能为生。然则生生者谁哉？块然而自生耳。"（《庄子·齐物论注》）请问："夫造物者有邪？无邪？无也，则胡能造物哉；有也，则不足以物众形。故明乎众形之自物，而后始可与言造物耳。"（同上）在郭象看来，单独的"无"和单独的"有"均不可作本体，而真正的本体只能是"独化"。为什么？郭象没有明确讲，但他的思想表明，"独化"范畴自身是有结构的，这就是其"有—无"性。有了这个"有—无"性，一方面就将事物存在的一般性与个别性，即"一"与"多"统一了起来；更重要的是，另一方面就为万物的存在找到了自己存在的根据和动力。《老子》第一章讲："道可道，非常道；名可名，非常名。无，名天地之始；有，名万物之母。故常无，欲以观其妙；常有，欲以观其徼。此两者同出而异名，同谓之玄；玄之又玄，众妙之门。"这里问题提得颇不错，不仅提出了"道"这个本体，还提出了与"道"有关的"有"、"无"问题。但这个"有"、"无"究竟是"道"的什么？与"道"是什么关系以及怎样关系的？老子未再讲。到郭象这里就讲了。无论出于什么动机和目的，当郭象以"有—无"性作为"独化"的内在结构时，"有"与"无"就成为一个统一体，它们就处在了相辅相成的矛盾运动中，这就使"独化"有了内在动力，就能自我启动起来，故也就使其能真正成为自本自根的本体、本原。可见，到郭象这里，对魏晋玄学的本体论思想作了逻辑的整合，真正建构起了一个宇宙本体论——"独化"论。天地万物是"独化"的，这就是天地万物之存在的本体。我们称此为宇宙本体论，因为这里主要是对宇宙万物之存在的存在本性、本质问题的探讨，还未明确讨论人存在的本性、本质问题；在这种宇宙本体论中，人像别的存在物一样只是一个存在者而已。当然，只有宇宙本体论还不是真正"天人合一"式的形而上学、本体论，因为这里还未明确为人的存在建立一个本体论。那么，又如何来建构人存在的本体论呢？

　　接下来就是隋唐佛学关于人存在的心性本体论的建立。在隋唐时代，思想文化界的基本格局是儒、释、道三教并存。儒、释、道三方思想均为统治者所倡导和看重，且在社会上均有较深的存在根基和影响。但从哲学思想方面说，特别是从形而上学、本体论方面说，最能代表当时思想水平的是佛教的思想和理论。那么,隋唐佛教对中国古代哲学本体论的理论建构有什么贡献呢? 一句话,它建构了心性本体论。佛教是一种宗教,它的直接目的是为了引导人成佛,即让人超脱尘世的因果轮回而入不生不死的涅槃境界,以之为人生命的终极存在找到归宿。佛教要让人成佛,在理论上首先就有个成佛的可能与根据问题,即人究竟有没有成佛的可能性和依据。如果人压根就没有成佛的可能性和依据,任你说得多么好,也不管你怎么说,人还是成不了佛的,这样的话佛教就没有用了。所以,佛教肯定,人是有成佛的可能和依据的。那么,这个可能和依据是人的什么呢? 当然绝不是人的肉体之身,在此方面人与别的动物没有本质区别。人能成佛的根据就在人心,就是人的心性。对此,隋唐佛教各宗派都予以肯定。例如,天台宗的智顗说:"夫一心具十法界……此三千在一念心。若无心而已,介尔有心,即具三千。"(《摩诃止观》卷五)唯识宗的窥基说:"识性识相,皆不离心。"(《成唯识论述记》卷一)华严宗的法藏说:"明缘起者,如见尘时,此尘是自心现。尘为自心现也,离心之外,更无一法。"(《华严经义海百门》)又说:"此上诸义门(按:即十玄门)悉是此心自在作用,更无余物,名唯心转,宜思释之。"(《华严一乘教义分齐章》卷四)禅宗慧能更强调说:"心生,种种法生;心灭,种种法灭;一心不生,万法无咎。"(《坛经·般若品》)可见,人之所以能成佛,正因为人有一种"心""性"在。在中国佛教看来,这种"心""性"当然不是一般的尘心,而是自性清净心或佛心。对此,一些研究中哲史及佛教史的专家已指出。如任继愈说:"魏晋玄学把中国哲学从元气自然论推进到本体论的阶段,南北朝时期,中国哲学已由本体论发展为心性论。这一认识过程体现了人类认识规律。汉代哲学致力于宇宙万物生成的探索,魏晋玄学进而探索世界的本体。由本体论再进一步探索,即进入心性论的领域。……隋唐哲学的最突出的贡献在于把心性论研究推向新的高度。"①赖永海指出:"纵观隋唐几大佛教宗派的佛性理论,有一个共同的特点,亦即他们所说的'佛性',都是一种抽象的本体。……不管是天台的'实相',还是华严的'清净心',它们的内涵已与印度的传统佛教不尽相同,已逐

① 任继愈主编:《中国哲学发展史》(隋唐),人民出版社1994年版,第22—23页。

渐地从注重抽象的本体慢慢转向以'心'甚至以'觉心'谈佛性,如天台宗不但倡导'心是诸法之本,心即总'(《法华玄义》卷一上),认为成佛的关键在于能'反观心性'、'反观心源',而且以'觉心'释佛性;华严宗'唯心'的倾向较天台为甚,其圆融理论就是以'随心回转,即入无碍'为最后依据,至澄观甚至用'灵知之心'解释'本觉',这就使'心'更具有'具体心'的意义。"①

那么,隋唐佛学是如何来建构其心性本体论的呢? 隋唐佛教有许多宗派,但在建构心性本体论方面有所贡献而大致构成了一逻辑演进过程的是天台宗、唯识宗、华严宗、禅宗这四宗。首先,天台宗以其"一念三千"、"一心三观"等命题和理论,明确指出了一个"心"本体。在天台宗看来,三千大千世界均是由一念心构成的。在这里,"心"或"一念心"就是形形色色大千世界之存在的本或原,就是本体。如此言,天台宗不是一开始就一下子建立起了一个"心"本体了吗? 看似如此,实则不然。天台宗在隋唐佛学心性本体论建构方面的贡献只是指出了人的"心",即只从形式上建立了一个"心"本体,而并未真正完成心本论的建构任务。为什么? 原因在于,当它振振有词地讲"一念三千"时,表面看来它将三千大千世界的一切都归摄于"心","心"成了一切存在之原,当然就被本体化了。但实际上,这个看似本体化了的"心"只是个表面的死心,而非真正的活心,因为当讲"一念三千"时,必然有个正在讲着"一念三千"的心存在着,这才是个活心,才是真心,才是真本体;至于被讲的"一念三千"中的这个"念"或"心",早已被对象化出来而处在了本体心或活心的对面了,故已死去了。所以,天台宗看似建构起了一个"心"本体,实则那个真正活着的心尚未露出真面目! 现在的问题就是要让这个活心露出真面目来,即让它自我显现出来而自本自根化,这才是真正心本论的建构。可见,天台宗这一形式上的"心"本体为隋唐佛学提出的任务是:心如何把自己显现出来而自本自根化,即本体化。为完成这一任务,接着天台宗而有唯识宗(或法相宗)"八识"说的"识"论。它通过对眼、耳、鼻、舌、身、意、末那、阿赖耶这八识间的关系的分析,实际上是将天台宗那里

---

① 赖永海:《佛学与儒学》,浙江人民出版社 1992 年版,第 42 页。

的心与大千世界之间的关系内化收进了心（即识）本身中了。在这"八识"中，阿赖耶识最具根本，因为它是前七识的根源。但这个阿赖耶识自身在哲学性质上究竟是怎样的呢？即它自身是净还是染？还是这二者都有呢？事实上，它是净与染二者都有。阿赖耶识之所以如此，这乃天人关系或心物关系在"识"身上的体现，这当然是个进步，因为这样一来就把天台宗那里的主体心与对象心二分的对峙状态和形式收进了"识"（即"心"）自身中，这为进一步把握"心"本体、建构真正的心本论作了一定必要的理论准备。接着，就有华严宗"理"、"事"论的"法界"说。在华严宗处，表面看明确出现了"理"与"事"的二元分立。但这实际上是把唯识宗那里的被收摄进了"识"自身中的二元分立结构又对象化出来而放在了人心面前了，这对进一步窥视心本身的结构及本性大有益处。因为，心自己要把自己显现出来，自身就要有一种自我开启的动力，否则是无法自我显现的；无法自我显现，也就终于建构不起心本体。我们知道，华严宗的"法界"论中有一定的辩证法思想，它通过"理事无碍"论，特别是通过"事事无碍"论，较深刻地揭示了"法界"自身的矛盾结构，这也正是"心"本身的存在结构的映显。如果借用一下魏晋玄学的语言，我们也不妨说这里揭示了"心"自身的"有—无"性的性质、本质。这也就是成书于南北朝时期的《大乘起信论》所讲的"一心二门"论，即"心真如门"和"心生灭门"一体同在的思想理论。可见，先是天台宗以一种外在关系的形式厘析出了"心"的主体性与对象性的矛盾结构，接着是唯识宗将此结构收摄于"心"（"识"）自身中，再接着是华严宗又把此结构外化出来对其内在结构和本性作了辩证性地把握。经天台、唯识、华严诸宗的努力，"心"自身的"有—无"性的性质、本质和结构终于被揭示出来了。有了这个"有—无"性，心就有了自我存在的内在依据和动力，心也就能将自己开启、显现出来，这就是它的自我显现、现象。现在，所需要的就是转到"心"自身的自我显现上，使心自身的"有—无"性自我显现出来，这就是禅宗的心性理论。到了这里，一个心本论终于被建构起来了。总的来说，隋唐佛学建构起了一个心性本体。

在汉代关于天人问题的宇宙发生论的形式和开端下，魏晋玄学完成了宇宙本体论的建构，隋唐佛学完成了心性本体论的建构。前者是对天的存在本性的揭示,后者是对人的存在本性的揭示。有了对天、人存在本性的揭示,即有了关于宇宙本体论和心性本体论的建立后,现在就逻辑的有可能和需要将这两种本体整合、统一起来而建构一个完整形态的和完全意义的本体论,这就是作为中国封建社会后期意识形态的宋明理学的哲学任务。所以,理学是中国古代哲学本体论的最终建构,它是对由先秦摊出的、将天与人统一起来以建立哲学本体论这一理论任务的最终回应和完成。

宋明理学的核心范畴是"理"。那么,这个"理"在哲学实质上到底是什么? 一言以蔽之,就是人世应当与宇宙必然的统一或合一。对此,李泽厚先生以朱熹的理学为核心作了精当分析,谓:"朱熹庞大体系的根本核心在于建立这样一个观念公式:'应当'(人世伦常)= 必然(宇宙规律)。朱熹包罗万象的'理'世界是为这个公式而设:万事万物之所以然('必然')当即人们所必需('应当')崇奉、遵循、服从的规律、法则、秩序,即'天理'是也。尽管与万物同在,'理'在逻辑上先于、高于、超越于万事万物的现象世界,是它构成了万事万物的本体存在。'未有天地之先,毕竟是先有此理'(《朱子语类》卷一)。'宇宙之间,一理而已,天得之而为天,地得之而为地,而凡生于天地之间者,又各得之以为性,其张之为三纲,其纪之为五常,盖此理之流行,无所适而不在。'(《朱子文集》卷七十)'性即理也,在心唤做性,在事唤做理'(《近思录集注》卷一)……这个超越天、地、人、物、事而主宰之的'理'('必然')也就正是人世伦常的'应当':两者既相等同又可以互换。'天理流行,触处皆是:暑往寒来,川流山峙,父子有亲,君臣有义之类,无非这里。'(《朱子语类》卷四十)'事事物物皆有个极,是道理之极至,蒋元进曰,如君之仁,臣之敬,便是极。曰,此是一事一物之极,总天地万物之理,便是太极,太极本无此名,只是个表德。'(《朱子语类》卷九四)可见,这个宇宙本体的'理——太极'是社会性的,是伦理学的,'只是个表德。'它对个体来说,也就是必须遵循、服从、执行的'绝对命令':'命犹令也,性即理也,天以阴阳五行,化生万物,气以成形,而理亦赋焉,犹命令也。于是人物之生,因各得其所赋之理,以为健顺五常之德,所谓性也。'(《四书集注·中庸注》)'人物之生,同得天地之理以为性,同得天地之气以为形。其不同者,独于人其间得形气之正而能有以全其性.'(《四书集注·孟子离娄下》)"①将基于人的自觉、自愿的伦常行为的"应当"与基于宇宙存在规律的自然"必然"统统收摄于"理"中,从而将人类社会的伦理行为和关系升华到了宇宙必然的高度,同时又将宇宙运行的必然性予以伦理化和人性化,这就是以朱熹为集大成和代表的宋明理学的哲学实质,也就是宋明理学所建构完成的中国古代哲学的伦理学本体论或伦理学主体性的本体论,此乃真正的天与人的合一性存在。朱熹理学当然是宋明理学中比较正规、典型的形式。实际上,理学一开始就表现出了要将自然运行的必然与人世行为的应当统而为一的基本方向和原则。例如周敦颐,他借用道教的那个"太极图"构筑了一个无极(太极)→阴阳→五行→万物(包括人在内)的从本体到现象,和万物→五行→阴阳→无极(太极)的从现象到本体的天人一体的本体论构架。还有邵雍,他借所谓"先天象数学"的《易》二进制的逻辑必然规律,用"加一倍法"的方法,也构筑了一个"合一衍万"的本体构架,将天与人统一了起来。张载讲"气",表面看来是只有自然的必然性而没有人伦的应当性,但实际上他讲"气"的目的仍在为人类社会的应然寻找哲学本体论的依据。他说:"由太虚有天之名,由气化有道之名,合虚与气有性之名,合性与知觉有心之名。"(《正蒙·太和》)这不是明显的要由自然运行的必然向人类存在的应然过渡吗?!当然,这些理学思想在关于"天人合一"的理论阐发上尚有这样那样的不周到处。所以,在这些理学思想的基础上,经二程的"理"论,到朱熹集大成地完成了宋明理学关于"理"本论的建构任务。至于陆王"心"学的出现,主要涉及如何把握"理"的方式、方法问题,即究竟是对"理"作理论性的阐述呢还是作践履式的体悟,或曰是对"理"作理论说明抑还是让其自我显现,而在关于"应当"与"必然"的统一,即"天人合一"的根本性质和趋势上,理学与心学则是完全一致的。

　　关于理学的"应然"与"必然"的统一,即"天人合一"的思想实质和内容,不必赘言。但这里有必要再强调一点:宋明理学作为中国古代哲学本体

———————

① 李泽厚:《宋明理学片论》,见李泽厚《中国古代思想史论》,人民出版社 1986 年版,第 232—234 页。

论的完成和集成形态,它不仅在思想内容和实质上完成了天与人的合一,同时也表现在思想形式上,这就是理学思想中所表现出来的体用不二、即体即用的原则和方法。理学在构筑思想体系时,往往不再讲某一个方面,而总是将本体与现象统一、结合起来讲。比如,在讲本体问题时是理、气同在,而"理"本身又有"太极"与"无极"即"无"与"有"的统一,"气"本身也有无形之"虚"与有形之"实"的统一;在讲人性问题时有"天地之性"(或"义理之性")与"气质之性"的同在;在讲社会历史问题时有"天理"与"人欲"的同在;在讲人心时有"道心"、"人心"同在;在讲方法时有"一物两体"等的深刻思想;在讲致知问题时有"德性之知"与"见闻之知"的同在,等等。那么,理学为何要将这些相反的东西结合在一起呢? 一句话,是为了建构本体论。一说到本体,人们往往将其视为纯净的童贞女。这表面上看是突出了本体的威权性和超越性,但这样做实则泯灭、抹杀掉了本体,因为童贞女虽然蛮纯洁的,但可惜却是不可生育的,这样的本体归根到底是死的,是无法充当本体的。本体之所以为本体,它是要去"生育"现象的,故它本身就不可是绝对童贞的处女。所以,要讲真正的本体,它自身一定是有矛盾性结构的。宋明理学之所以能整合,完成中国古代哲学本体论的建构任务,正在于它将相反相成的二元性统一在了"理"本身。试看朱子的论说:"谓之'无极',正以其无方所形状,以为在无物之前,而未尝不立于有物之后;以为在阴阳之外,而未尝不行于阴阳之中;以为通贯全体,无乎不在,则又初无声臭影响之可言也。""不言'无极',则'太极'同于一物,而不足为万化之根;不言'太极',则'无极'沦于空寂,而不能为万物之根。"(《太极图说解》)"所谓理与气,此决是二物。但在物上看,则二物浑沦,不可分开,各在一处,然不容二物之各为一物也。若在理上看,则虽未有物,而已有物之理。然亦但有其理而已,未尝实有是物也。"(《朱子文集·答刘叔文》)这也就是朱子所谓的"体用一源"的本体论原则和方法:"体用一源者,自理而观,则理为体,象为用,而理中有象,是一源也。显微无间者,自象而观,则象为显,理为微,而象中有理,是无间也。"(《朱子文集·答何叔京》)正因为"理"本身有"无极—太极"或"无—有"的矛盾性的本质和结构,故它才有自我存在、自我运动、自我显现的源泉和动力,才可以启动起来。无论是对"理"作理论阐说还是让"理"自我显现,其根、源均在其矛盾性的内在本质和结构上。

以上我们以逻辑为坐标对中国古代哲学的形而上学、本体论的演化过程作了鸟瞰。现在提纲性的总结表示如下:

一、先秦诸子:中国古代本体思想的摊出;

二、两汉经学:宇宙发生论;

三、魏晋玄学:宇宙本体论;

四、隋唐佛学:心性本体论;

五、宋明理学:伦理学本体论或伦理学主体性的本体论。

四、泛论本体

前面指出,要从中国古代哲学思想的所以然方面对其作总结和梳理,就要将历史坐标换成逻辑坐标;而这种逻辑坐标就是形而上学、本体论。所以,现在有必要对有关形而上的本体问题予以论说。

(一)本体的特征

在讲哲学时,人们往往习惯于谈本体。在宽泛的意义上,本体、本原、本质等是同类层次的范畴,是与现象相对而言的,指现象赖以存在的基础和根据。"本体"一词来自拉丁文 on(存在、有、是)和 ontos(存在物)。再向前追溯,本体与古希腊亚里士多德的"实体"相当,即关于"有"("存在")本身的问题。"有"本身是相对于众有而言的,指一切有的本性、本质以及一切有之为有的基础和本原。古希腊最早的自然哲学家所寻求和讲论的"始基"就是一种本体。亚里士多德在《形而上学》一书中对"始基"的内涵和意义有一解说,曰:"那些最早的哲学研究者们,大都仅仅把物质性的本原当作万物的本原。因为在他们看来,一样东西,万物都是由它构成的,都是首先从它产生、最后又化为它的(实体始终不变,只是变换它的形态),那就是万物的元素、万物的本原了。因此,他们认为,既然那样一种本体是常存的,也就没有什么东西产生和消灭了;比方说,苏格拉底有了神采,有了文才的时候,我们并不说他是绝对地产生了;他失掉这些特色的时候,我们也不说他是绝对地消灭了,因为那个基质——苏格拉底本身——是一直在那里的。别的情形也是一样,没有什么东西产生和消灭。因为一定有某种本体存在,这本体可能只有一个,也可能不止一个,别的东西都是从本体产生出来的,本体则是长存的。"①这是说,世上形形色色东西的存在一定要有个基础和本原,而这个基础和本原本身则不再需要什么基础和本原了,这就叫"始基",即最初的那个根基,这就是本体。

所以,与形形色色的现象相比较,本体就表现出、或者说应该具备这样一些特征:

其一,绝对性和无限性。所谓"绝对",这里的意思就是没有对,即没有什么东西与之相对;所谓"无限",就是指没有别的什么来限制之,即没有限制。一个东西倘若没有任何别的东西来与之相对,也没有任何东西来限制它,那么它就是个纯自身,就是个本体。放眼世界,现象界万事万物的存在都是相对的和有限的。一物存在着时在它之外必有他物同时存在着,这个他物与这一物相对着,就限制着一物;他物相对着、限制着一物,同时一物也相对着、限制着他物。所以,世上的万事万物均是处在相互对照和相互限制之中的;也正因为此种相互对照和相互限制,才使得每一个存在者都表现出了自己的规定性,即有了大小、长短、高下、好坏、优劣等的状态和性质等的表现、呈现,才有了该存在者"是什么"的"什么"性的展示和表现,也才有了该存在者的现实存在。倘若世上仅仅有一个东西,它之外再没有任何别的东西与之相对了,没有别的什么来限制它了,那么它到底是个什么东西呢?到底是个大的还是个小的?……实际上,它就不会有任何的规定性,它自己也就根本无法现实地存在了。可见,在现实世界中,本来就是有对的和有限制的。这就是尘世,就是现象世界。但是,人们偏偏要在这样的尘世中寻找一个没有对的和没有限制的东西。这是为什么呢?一句话,就是为了给处

---

① 《西方哲学原著选读》上卷,商务印书馆 1981 年版,第 15—16 页。另见亚里士多德《形而上学》,吴寿彭译,商务印书馆 1959 年版,第 7 页。

在相对和有限制中的万事万物寻找存在的基础和本原。这个问题可以从两个方面来思考：一是从万物之生成的角度来思考；另一是从万物之存在的角度来思考。就前者言，一个东西出现了，它总有个源头，总是从什么东西来的，绝不会从虚无中突然地冒出来。就万物来说，甲的出现可追溯到乙，乙的出现可追溯到丙……这样可以无限地追下去，似乎是找不出个头的。但就整个宇宙言，特别就"我们的宇宙"言，它是有个头的，它一定是由什么东西变化、转化而来的，比如由"气"化来的，甚或由"道"、"虚霩"化来的，等等。这个化生别的东西的头就是个超越了相对的绝对者，超越了有限的无限者，这就理所当然是本体了。这就是宇宙发生论（还有宇宙构成论）中所蕴涵的形而上的本体论思想。就后者言，我们可不追问世上的每个存在者是如何来的，也不追问"我们的宇宙"这样的宇宙是怎么来的，反正这个宇宙以及宇宙中的东西都来了，都如此这般地存在了和存在着。那么，这就值得思问：宇宙及万物为什么要如此这般地存在和能如此这般地存在？它为什么就不是那样地存在而是这样地存在呢？你可以简单地说：事实上它就这样地存在了和存在着，还有为什么呢?！此话不错，但等于没说。宇宙及万物能如此这般地存在着，必有如此这般存在的原因和根据在，有这样存在的可能性在，否则的话它是不会这样地存在的。这个根据和原因就是本原、本体，即宇宙之存在的基础、依据。这就是哲学上的宇宙本体论或本体论的思想理论。但不论是哪种本体思想，只要一提到本体，它的一个基本的特征是必须具备的，这就是绝对性和无限性。

其二，永恒性和不生不灭性。本体是相对于现象言的。就现象说，是有生有灭的。现象有生有灭，所以它就不是永恒的，是处在生生灭灭的变化中的。与现象相反，本体既然是超越了相对和限制的，那它就不在现象的生灭变化中，即它本身就是不生不灭和永恒不变的。亚里士多德在解说古希腊自然哲学家的"始基"思想时所谓的"一样东西，万物都是由它构成的，都是首先从它产生、最后又化为它的（实体始终不变，只是变换它的形态），那就是万物的元素、万物的本原了"，说的就是"始基"之作为本体的永恒性和不生不灭性。巴门尼德在论述其"存在"时也认为，存在"不是产生出来的"，"也不能消灭"，"它既非过去存在，亦非将来存在，因为它整个在现在"，所以它是永恒的和不生不灭的。在巴门尼德看来，倘若"存在"不是永恒的而是被生出来的，那么这种生出的途径无非是两个：或者从存在物中生出，或者从非存在物中生出。如果是前者，说存在物产生存在物，这实质上没有真正的产生；如果是后者，说存在物从非存在物中产生，那么非存在物就变为存在物了，这是不可能的。所以，存在物既非产生的，也不可化为非存在，它总是存在的，故"存在"本身是不生不灭的和永恒的①。永恒性和不生不灭性是本体的又一基本特征。

其三，唯一性。不同的哲学派别有不同的本体论，同一哲学派别中的不同人也有不同的本体思想，所以要在世上找唯一的一个本体倒是没有的。但不论是什么哲学派别，也不论是什么哲学派别中的什么人，只要一提出本体，这个本体就是唯一的一个，即具有唯一性。就是说，不管何种本体，就其自身言，它只有一个，而不能也不会是两个或多个。倘若是两个或多个，那么这些个本体之间就有个有没有关系和如何关系的问题。如果两个或多个本体之间没有关系，那么这多个本体也就失去了意义；如果有关系，这就有一个谁先谁后、谁依赖谁的问题，归根结底还是一个本体。当然，在哲学史上，也有极少数的哲学家提出过多个本体，如笛卡儿就提出过自我（心灵）、物体、上帝这样三种"实体"即本体。但这种多元本体是贯彻不到底的，最终只能有一个。笛卡儿自己就认为只有上帝才是真正的实体即本体，而心灵和物体归根到底是依赖于上帝的。所以，在任何一个哲学体系中，本体只有一个，这是本体的唯一性的一层意思。本体的唯一性还有另一层意思，这就是任何本体之作为本体都是圆圆的、整体的、整全的，不可也不能将它自身分割开、瓜分开来而使其处在现象的多中，而是在每一现象中都有一完整的本体存在着。宋明理学中朱熹讲的"理一分殊"说的就是"理"这种本体的唯一性和整全性。佛家所讲的"月印万川"，说的也是这方面的意思。天上只有一轮明月，而这轮明月印在江、河、湖、海中，印在一碗水、一桶水、一缸水……中，都是一个完整的、圆圆的月亮，不是也不能是每个东西中只有月亮的一部分。

---

① 巴门尼德《论自然》残篇 D8。见《西方哲学原著选读》上卷，商务印书馆 1981 年版，第 32 页。

其四，自因性和自本自根性。这是本体最重要的或者说是它的本质特征。本体之所以是本体，之所以不同于现象而能作为现象的本质和根据，关键就在于现象是他因性的而本体是自因性的。所谓自因性，就是说它自己就是自己存在的原因和根据，即它存在的可能、依据皆在自身中，而不在它之外的他者那里。正因为它自己就是自己存在的原因和根据，所以它才是自足的，它的存在才不需要它之外的别的东西，它才能呈现出绝对性、无限性、唯一性、永恒性、不生不灭性等的规定和性质。倘若它不是自因的而是他因的，它的存在就是依赖于他者的，那么它的存在自然就不可能是本体了。本体的这种自因性也就是庄子在论"道"时所谓的"自本自根"（见《庄子·大宗师》）性。"道"自己就是自己存在的本，自己就是自己存在的根；有本有根，本、根自足，那这个"道"自然就是永恒的本体了。《庄子·知北游》解释"本根"时说"合彼神明至精，与彼百化，物已死生方圆，莫知其根也，扁然而万物自古以固存。六合为巨，未离其内；秋豪为小，待之成体。天下莫不沉浮，终身不顾；阴阳四时运行，各得其序。惽然若亡而存，油然不形而神，万物畜而不知。此之谓本根，可以观于天矣。"①一个东西具有"自本自根"的"本根"性，那它自然就是本体了。斯宾诺莎在讲"实体"范畴时说："实体，我理解为在自身内并通过自身而被认识的东西。换言之，形成实体的概念，可以无须借助于他物的概念。"②这里所说的"在自身内并通过自身"说的就是"实体"这种本体的自因性，即"实体不能为任何别的东西所产生"，它必定是自己产生自己，即自己是自己之存在的本和根。笛卡儿在讲"实体"时也指出，实体是"能自己存在而其存在并不需要别的事物的一种事物"③，这说的也是"实体"之作为本体的自因性。早在亚里士多德那里，他在讲"实体"的在先性时就说："我们在好几种意义上说一样东西在先，然而实体在哪个意义上都在先：在定义上、在认识程序上、在时间上全居第一位。因为其他的范畴没有一个能够独立存在，唯有实体能如此。同时，在定义上实体也占第一位，因为每样东西的定义中都必须出现它的实体的定义。

① 引文见陈鼓应：《庄子今注今译》，中华书局 1983 年版。
② 斯宾诺莎：《伦理学》，商务印书馆 1958 年版，第 3 页。
③ 笛卡儿：《哲学原理》，商务印书馆 1959 年版，第 20 页。

而且,我们认为自己对一件东西认识得最充分,是在知道它是什么——如人是什么,火是什么——的时候,而不是在知道它的性质、它的数量、它的位置的时候;而我们认识这些谓词中的某一个,也只是在知道数量是什么或性质是什么的时候。"①亚氏所说的"实体"的这种在先性或第一性,就是"实体"之作为本体的自因性。自因性是本体的本质特征。

本体除了具有以上的基本特征外,有人还说它有不动性的特征。例如巴门尼德在讲"存在"时就认为,"存在"是不动的,"被巨大的锁链捆着,无始亦无终"。被巨大的锁链捆缚着,它自然就是不动的了。另外,因为"存在"是"同一的,永远在同一个地方,居留在自身之内",是一个整体,所以它也不会有什么运动②。把不动性作为本体的一个特征,这当然可以,但有些表面化。若从外在看,本体可以视为不动的。为此,巴门尼德的弟子芝诺还专门设计了"二分辩"、"追龟辩"、"飞矢不动辩"这几个很著名的论辩来专门论述"存在"的不动性,认为动只是一种假象,不动才是"存在"的本质。芝诺论辩的诡辩手法我们暂且不谈。但当他作如斯论证时,只是将本体表面化了,即把本体的性质、内在结构单一化了,故这种本体就是静的。实质上,本体之所以是本体,之所以能自本自根地存在着,正是基于其自身的"有—无"性之矛盾性的性质、本质和结构;而正是这种矛盾性的性质、本质、结构,才给本体提供了一个内在的源泉和动力,使得它能自我启动起来而处于自我运动中。黑格尔的那个"绝对精神"就是这样。黑格尔所讲的作为其"逻辑学"开端的"纯存在"的"有"、"无"、"变"的逻辑运演,就是本体的内在运动或自我运动。所以,本体从实质上讲是动的,这才是活的本体。关于本体的运动性质和本质,我们此处暂不多谈,下面适当处再说。

本体的特征是本体之为本体的基本标志。如果本体少了这些特征的话它就不是本体了,人们也就不能把握它了。

---

① 《西方哲学原著选读》上卷,商务印书馆 1981 年版,第 125 页。另见亚里士多德《形而上学》,商务印书馆 1959 年版,第 128—129 页。
② 参见巴门尼德:《论自然》残篇 D8。见《西方哲学原著选读》上卷,商务印书馆 1981 年版,第 33 页。

(二)本体的人文本质

具有绝对性、自因性等特征的本体究竟在哪里? 就是说,在哲学思想和体系中为什么非得有本体不可? 人们为什么非得要给天地万物的存在寻找一个绝对无待的、自本自根的本原、本体呢?

其实,人们屡屡所谈和孜孜以求的本体并不在自然世界中,它只是在也只能在人的世界即人文世界中;人类之所以要有"哲学"这门以探讨"'有'本身"为目标和目的的学问,要为世界之存在寻找一"始基"或实体、本体,这正是人的存在本质的表现和反映,即人为了把自己的这个独一无二的世界表现、呈现出来。所以,形而上学、本体论乃哲学思想的核心,它是一个有文化民族的精神和灵魂所在。

一说到本体问题,人们老将眼睛盯在天地万物这些自然物的存在上,认为本体的思想和做法是在为自然物的存在寻求本原、基础、源头。古希腊早期的自然哲学家就是如此,他们就是要给天地万物的存在寻找到一个不变的、永恒的"始基"。古希腊早期的这种哲学致思方向深深影响了以后的哲学本体论的路向,即都要为自然世界的存在寻找一个本体。事实上,自然世界本身是没有本体可言的,即在自然世界中是没有绝对无待、自本自根的"本体"这种东西的。不论从何种意义上说都如此。比如说,从自然事物的现存状态来看,世上压根就没有一个独一无二的东西,即绝对的本体。世上的一切东西均处在关系和联系中,即一物之外总有个他物存在,如果说甲物之存在是依赖于乙物的话,那么乙物的存在必然是依赖于丙物的,这样可至无穷,你在哪里能寻找到或能发现一个绝对无待的、真正独立的、其存在不依赖于它之外的任何东西而自己是自己的本、自己是自己的根的所谓"本体"这样的东西呢? 假定说真的能找到这样一个东西,那么这个东西也是根本不能存在的。对此,我们不妨做这样一个思想实验:倘若将世上的一切东西都抽掉,连真空都抽掉,只留下一个东西,那这个东西就是个真正的、名副其实的绝对者,就是个其存在不依赖于任何别的东西的、自本自根的存在者,这就是个真正的本体;但很可惜这样的东西是根本无法现实存在的,因为当把一切的一切都抽掉,即把一切都变成虚无,而仅仅留下一个东西时,这个东西就只能存在于虚无中,那它还能是有,是存在吗?!所以,就自然世界的现存状态言,是没有也不可能有所谓的一个独一无二的本体的。

如果就自然世界的纵向发展来看,情况会怎么样呢?即有没有一个作为真正始点的、能充当真源头的本原或本体呢?仍是没有的!就自然世界的任一存在者言,它肯定是从别的什么东西变化、转化而来的,绝不会是从空无中生出的;当它灭亡后,只是它的存在形式的变形,但不论变为什么,总有个东西在,绝不会平白无故地蒸发掉而成为虚无。所以,要在自然世界的每一存在者身上寻找那种绝对的、自本自根的、作为真正开端点的东西——本体,是没有的。自然世界中的每一存在者是这样,整个自然世界本身亦然。例如就我们现在所处的这个宇宙言,不管它是起源于一个"奇点"的大爆炸还是什么,它总是从什么东西而来的,绝不会从空无中产生;当我们的这个宇宙存在了一段时间(比如一百亿年或更多时间)而灭亡后,它肯定就不是现在的这个样子了,但它总要有个样子在,不管它变为黑洞、白洞还是什么,总有个东西在,绝不会就此蒸发掉而成为空无。可见,无论就自然世界自身还是就其中的每一存在者言,在其纵向发展上均不会有一个真正的开端或结束,即没有一个本体、本原。话说到这里,可能会引起这样的诘问:正因为自然世界自身及其中的任一存在者都不是从无中生出的,也不会变化成为无,它总是个有,总是个存在;不论自然世界怎样变,也不论变了多少次,它总是个什么,总是存在的。而这个在变中总能保存着的什么,就是不变的,就是唯一的,就是不生不灭的,也就是绝对的和自因的了,这不正好就是"本体"吗,岂有他哉?!这样的诘问的确很有道理。目前,辩证唯物主义所讲的"物质";甚或别的唯心主义哲学所讲的"理念"、"精神"等等,就是关于天地万物之不变的本质、本体思想。但这样说时问题已有了变化,即已不是在生成论的意义上谈本体问题,而是转向了关于自然世界的现象与本质(本原、本体)的问题了,这已与人的存在和人的世界相关系了,这就是关于宇宙存在的本体论问题,而并非单纯的纯自然存在的问题了。

与宇宙生成论或宇宙发生论不同,宇宙本体论所探讨的是关于宇宙之存在的所以然、所以是的问题。不管宇宙是如何来的,也不管它是由什么构成的，反正它已经来了，已经存在了，它就这样地存在着。那就值得追问：宇宙为什么要这样存在而不那样存在？答曰：它之所以要这样存在而不那样存在，必有这样存在的理由、原因、根据，倘若没有理由、原因、根据的话那它是不会如此这样地存在的。就人类出现前的纯自然世界而言，它就那样地存在着，日出日落，月缺月圆，莺飞草长，四时交替，一切的一切都那么个样子，那样地有着、在着。你要问个为什么，它原本就没有为什么；你要在如此之存在的现象中寻找一个所以然、所以是的本质或本体，它原本就没有此种本质、本体，因为它的所以然、所以是原来就是其所然、其所是，即它之所以能这样地存在着就是因为它就这样地存在了和存在着，而它之所以能这样地存在着就是因为它就这样地存在着。所以，对纯自然世界来说，现象和本质是一体化的存在，现象的这种所然、所是正代表、显现了它的所以然、所以是；而它的所以然、所以是也正代表、显现了它的所然、所是。那么，这种情况到底说明了什么呢？这说明在人类出现以前，自然世界就那么个样子，它就那么样地存在着，是不存在本体不本体的问题的。一句话，就人和人类社会产生前的纯自然世界来说，是没有、也不需要什么本体的。

那么哲学所屡屡讲的本体究竟在哪里？就在人类社会中，即在人文世界里。哲学上的本体观念实质上表现了人之为人的人文本质，它是人自己所成就的人文世界的表现。人是什么？人是理性动物，是会说话的动物，是政治动物，是会制造和使用生产工具的动物……这等等的定义包含着关于人的存在的两个本质方面：一方面是人与动物界，即自然世界的联系；另一方面是人与动物世界的区别与超越。就前者讲，人仍是一个肉体物，它与自然世界有联系，它就是属于这个世界的。但就后者说，人却把自己提升出了自然世界而真正成就了一个人的世界——人类社会。人是从哪里来的？生物进化论及辩证唯物主义都承认，人是由类人猿演变而来的，而类人猿又是从比它更低级的东西演化来的。这样，人总是从某个东西来的，不是也绝不会是从无中生出的。宗教说人是由神造出的。例如，西方古代有一则古老的寓言说，人是女神"烦"（也译为"操心"）用一块胶泥塑造的（说见海德格尔《存在与时间》第四十二节）。中国古代有女娲"抟黄土作人"的神话（见《太平御览》卷七八引汉代《风俗通》）。《圣经·创世记·伊甸园》说："神用地上的尘土造人,将生气吹在他鼻孔里,他就成了有灵的活人,名叫亚当。"宗教神话类的这些说法,均表明神在造人时是用泥土等作为材料才造出的,绝非从虚无中造出。可见,人作为肉体来说,它并没有从根本上脱离开自然世界,他只是自然物的变形而已。但人的本质肯定不在于斯,人的出现作为宇宙中开天辟地的开创性大事件,就在于它成就了一个人类社会,即人创造了一个自己的世界——人文世界。那么,要问这个人文世界是从哪里来的?只能说它来自于"无"。因为,自然世界中原本是没有人文世界这样一个世界的,在任何地方均找不到这样一个世界的蛛丝马迹;即使承认人的世界是上帝依据他自己的世界而造出的,但上帝的世界也并不就现成地在自然世界中啊!自然世界就是自然世界,它自身中是没有任何人文世界的痕迹的。上帝可以用自然世界中的泥土来造人的肉身,但却绝不可用泥土来造就一个人文世界;即使它按自己的世界来造出了一个人文世界,那也表明自然世界中原来是根本没有人文世界的。原来没有,现在就是有了,这个人文世界现在就是出现了,它能不是来自于"无"吗?!人与别的动物有别,这正是因为人是生存于、生活于自己的人文世界中的。人一旦离开了他自己的这个人文世界,这个人文世界一旦对他来说没有了,那么他就死亡了,这就叫去世、逝世、辞世、过世、谢世等。人死去了,人的肉体还在。就是这个肉体分化了,分解成了分子、原子甚或基本粒子,还有这些东西在呀,这还是有而不是无。但人所生存的这个人文世界就不同了。人活着的时候是有这个世界的,但一个人死去后这个世界对他来说就没有了,就变成了无。人死后他生前所在的人文世界对他来说到哪里去了呢?真的转化成了上帝天国抑或丰都地狱了吗?尽管宗教神话可以对此津津乐道,但我们不知道;我们只知道一个人死后,他生前所在的人文世界对他来说就没有了,就成了无。可见,这个人文世界是真正地从"无"来的,它最终要成为"无"的。从"无"来又回到"无",这到底说明了什么问题呢?这正好说明:人所在的人文世界本身是个真正的本体。这个人文世界起于无而终于无,它的存在是没有什么别的东西来限制的,它才是个真正的绝对者,真正的唯一者,真正的自因者和自本自根者。既然它不源于任何东西,也不会变为任何东西,那么它的存在就是以自己为根据和原因的。人的世界就这么样地存在着。谁让它这样地存在呢? 是"无",即没有任何别的东西,它本身就是自足的和自洽的,一切都是由人自己来作主的。所以,人文世界即人类社会在哲学性质上来说,它是"无"而不是"有";而这个"无"的真正内涵就是无限制,即"自由";自由者,由自(己)也,即一切均是由人(类)自己作的主。这才是真正意义上的本体,即自本自根者或绝对者的意义所在。

所以,说到本体,它是在人文世界中,而不是在自然世界中。正因为人文世界的本质是"无",是"自由",这才最深刻和最深层地决定了人是需要一个本原、本体的。这个本体就是人类社会之存在的标准和标志,它代表着人类社会之应当如此并必然如此的自由本质。在人的这个人文世界中,方方面面均表现出了对本体的追求和认可。比如说,人类社会的日常生活中是有各种度量单位的,如"尺"、"斤"、"圆(元)"等。那么,这个"尺"或"一尺"究竟是多长? 它实质上没有长度,只能说它就是"一尺长"或者说就"那么长",至于它到底是多长,这是无法讲出的,也根本不需要讲出;一旦讲出了,即一旦能知道或说出"一尺"究竟是多长了,那么这个"尺"就不是长度单位,在它之外就还有个长度标准能量度它。现在在"尺"之外别无其他长度标准了,所以"尺"就是最后的、唯一的长度标准。天下的东西都以"尺"为标准来度量其长度,而"尺"自身则是无长度的长度,这就是最后的标准,就是个本体,即它以自身为存在的标准和根据。"斤"、"圆(元)"等单位莫不如是。可见,人们的日常生活中之所以离不开这些量度单位,就是为了为生活确定一个最终标准,即本体。这表现在哲学上,就是形而上的本体论思想。所以,本体论是人的世界的本质表现。有文化的民族能体悟到人文世界的这种本质并予以探求之,故是离不开本体论思想的,所以本体论就是一个有文化民族的灵魂所在。

(三)本体的两种类型

在西方哲学史上,人们对本体的人文本质的认识经历了一个相当漫长的阶段。在古希腊早期的自然哲学家那里,他们所讲的"水"、"火"等的"始基"这种本体,明显具有自然世界的性质。后来毕达哥拉斯讲"数",巴门尼德讲"存在",其本体的理性抽象形式更高、更明显了,但这些本体的性质仍是自然世界的。到柏拉图讲"理念",亚里士多德讲"实体"时,情况有了一些变化,即这些本体既具有自然世界的性质也具有人文世界的性质,但人文世界的性质还是不突出的。至近代,西方哲学突出了认识论问题,也凸显了人的"主体性"原则。笛卡儿以"我思故我在"的哲学命题和原则,开了近代西方哲学"主体性"之先河。他先从"我思"中分析出了"自我"或"心灵"这一精神实体,然后再推出了"上帝"实体以及在这一实体保证下的"物质"实体。很明显,在笛卡儿的"自我"、"上帝"、"物质"这三种实体或本体中,"自我"本体是基础和根据,这充分体现了本体的人文性本质。但是笛卡儿的这个"自我"实体的人文性质仍是有限的和不充分的,因为在此这个"自我"实际上只有精神性和逻辑性,而没有"存在"性,所以尚缺乏真正的本体性质。在确定和突出本体的人文性方面,康德无疑是有重要贡献的。1781年康德出版了《纯粹理性批判》一书,这本书是专门考察人的认识能力的。康德将人的认识能力分为感性、知性、理性三类。感性是获得经验材料的,知性是整理、统一感性知识以获得知性原理的,而理性则是用来统一、整理知性知识以获得"理念"这种无条件的绝对完整的知识的。在康德看来,人的感性和知性这两种认识能力的使用是合理合法的,即感性提供了感知的经验材料,知性用其自身的先天范畴来整理这些经验材料以形成知识。但理性就不同了,它所企求的是那种无条件的绝对完整的整体对象,即"理念";这样的理念有三个,一是作为一切精神现象的最高最完整的统一体的"灵魂",二是作为一切物理现象的最高最完整的统一体的"世界",三是作为"灵魂"和"世界"之统一的"上帝"。灵魂、世界、上帝都是"自在之物"或"物自体",显然它们都具有本体的意义。但这些最高的、绝对的、完整的"理念"本体却是"超验的"(transcendent),即它们超出了经验范畴,是经验根本无法提供的东西。既然经验无法提供出其对象,那么这些"理念"就不在自然世界中存在。那它们又是在哪里和又能在哪里存在呢?这就只能在人文世界中,用康德的话说就是在人的道德行为的"实践理性"中。从纯粹理性上来看,灵魂、世界(或宇宙)、上帝这三者都是无意义的;但从实践理性上看,即从人的道德行为上来说,这三者是道德之可能的前提和基础,它们是达到道德所必要和必须的"公设"。这不很明显地将"理念"本体放在了人文世界中了吗?! 就是说,哲学上的本体并不在自然世界中,而是在人文世界中。康德对本体之存在领域的确定无疑是很有意义和很重要的。但他仅将本体放置在了人的道德行为中,是作为道德行为之可能的假设来设定和起作用的,故其作为本体仍鲜有"存在"性。到了黑格尔,他的基本哲学原则仍是"主体性"的。他提出了"实体就是主体"的原则,说"实体在本质上即是主体,这乃是绝对即精神这句话所要表达的观念"。"一切问题的关键在于:不仅把真实的东西或真理理解和表述为实体,而且同样理解表述为主体。"在他看来,"实体"是一种独立自存的、能动的精神,它产生自己并能创立自己的对象,同时又能扬弃自己的对象而返回到自身中,所以它是一种自我发展的过程,这就是能动的或创造的主体。"实体作为主体是纯粹的简单的否定性,唯其如此,它是单一的东西的分裂为二的过程或树立对立面的双重化过程,而这种过程则又是这种漠不相干的区别及其对立的否定。"①黑格尔就是用他的"实体就是主体"这一原则来建构其庞大的哲学体系的。对此,马克思指出:"把实体了解为主体,了解为内部的过程,了解为绝对的人格。这种了解方式就是黑格尔方法的基本特征。"②很明显,黑格尔的哲学原则是"主体性"的,即他的那个"绝对理念"作为主体是有人文世界的价值和意义的。但当他将"实体就是主体"的"主体性"原则转化为方法来构筑其庞大的"逻辑学"体系时,却将自然世界和人文世界统统化归在了这个"绝对理念"的运动中,这实际上是淡化了本体的人文本质。

真正突出和表现了本体的人文本质的是西方现当代哲学中的现象学和存在论,尤其是存在论哲学。胡塞尔创立现象学的目的和目标是为了使哲学成为一门严格的科学。而要完成这一任务,他认为只有在"纯粹现象学"或"现象学的哲学"中才有可能。那么,如何才能建立一门关于纯粹现象学的科学呢? 胡塞尔吸收了其师布伦塔诺关于意识的意向性学说,提出了他

---

① 黑格尔:《精神现象学》上卷,贺麟、王玖兴译,商务印书馆1979年版,第15、10、11页。
② 《马克思恩格斯全集》第2卷,人民出版社1965年版,第75页。

的"现象学的还原"原则和方法。所谓"还原"法也就是悬括法，它意味着自然主义的终止或失败，即将一切关于某种东西"已经在那了"的预设"悬置起来"使之失效，就是说，任何一个命题如果包含了对于某种超越了自身给予范围的断定，那么这种超越的东西就要被过滤掉或"放入括弧中"括起来以使之失效。这样，"任何在'直观'中原本地[即所谓在其有血有肉的现实性中]呈现出来的东西，[对之]我们只按照它自身给与的那样，而且也只在它自身给与的界限之内来接受它。"①在这里，胡塞尔用其"现象学的还原"原则和方法，得到了被括置不出去的"意识"本身或纯"意识"。而这个纯"意识"既非物理的也非心理的对象，它本身就是非对象的纯构成性的存在。就是说，从来就没有一个像盒子那样的意识，然后才有一些现象被放进来，而是每个意识都是对某物的意识，意识本身就构成着、产生着现象，而每个现象中都有一个纯构成意义的意向性结构，即"构成边缘域"（Horizont）。所以，现象不是任何传统意义上的现成物，既非经验主义的现成物（感觉印象）也非唯理主义的现成物（理式、范畴等），而是在直观中被意向性"构成"、"充实"或本真地给与的"意向意义"和"充实意义"。人们之所以能有意义地去说那种不存在的东西，就是意识意向性地纯构成所为。通过这样一套理论，胡塞尔就在人的"意识"自身中发现和确立了作为一切科学的"阿基米德点"。所以，在胡塞尔处，"意识"自身就是本体，且这个本体的人文意义是很明显和突出的。但不足的是，当胡塞尔讲他的意识意向性的"现象"学时，仍在西方哲学的"主体性"原则的大背景和框架中，故在他的"意识"或"现象"本体中，仍是缺少本体的"存在"维度的，因此，这还不是真正具有人文本质的哲学本体论。

真正具有人文本质的哲学本体论是海德格尔的"存在"论。海德格尔认为，从柏拉图、亚里士多德一直到尼采，两千多年来西方哲学在本体论方面均未取得令人满意的结果，其根源就在于"存在之被遗忘"了；这样，以往的哲学将"存在论降低为不言而喻之事，降低为只不过有待重新加工的材

---

① 转引自张祥龙：《海德格尔思想与中国天道》，三联书店1996年版，第32页。这里参考了该书的有关内容，特此注明。

料（黑格尔就是这样）"①的，这是一种无根的存在论或本体论。海氏自己要建构一个"有根的"本体论。那么，这个"有根的"本体论的"根"在哪里？海氏认为，就在也只能在"存在"身上，即他要把被以往哲学本体论所遗忘了的"存在"找回来。怎么找呢？海德格尔说："而存在又总意味着存在者的存在，那么，在存在问题中，被问及的东西恰就是存在本身。不妨说，就是要从存在者身上来逼问出它的存在来。但若要使存在者能够不经歪曲地给出它的存在性质，就须如存在者本身所是的那样通达它。……我们应当在哪种存在者掇取存在的意义？我们应当把哪种存在者作为出发点，好让存在开展出来？出发点是随意的吗？抑或在拟定存在问题的时候，某种确定的存在者就具有优先地位？这种作为范本的存在者是什么？它在何种意义上具有优先地位？""要想解决这个问题，就要求把审视存在的方式解说清楚，要求把领会意义、从概念上把捉意义的方式解说清楚，要求把正确选择一种存在者作为范本的可能性准备好，把通达这种存在者的天然方式清理出来。……因此，彻底解答存在问题就等于说：就某种存在者——即发问的存在者——的存在，使这种存在者透彻可见。作为某种存在者的存在样式，这个问题的发问本身从本质上就是由问之所问规定的——即由存在规定的。这种存在者，就是我们自己向来所是的存在者，就是除了其他可能的存在方式以外还能够对存在发问的存在者，我们用此在［Dasein］这个术语来称呼这种存在者。"②这段话较集中和明确地表达了如何发现和寻找"存在"的方式、方法、途径和原则。一提到"存在"，人们往往将其纯概念化和抽象化，即认为它乃一切存在者所具有的一种本质属性，是被理性抽绎出来而存在于人的理性上的观念、概念。这样的概念"存在"看起来是颇为纯净的，但却不是真正的"存在"本身，因为它是个死的、具有确定性和现成性的东西，这样的东西在本质上只是存在者而并非真正的"存在"本身。真正的"存在"是离不开存在者的，它不是也不能是脱离开存在者而悬空的死东

---

① 海德格尔：《存在与时间》（修订译本），陈嘉映、王庆节合译，三联书店2006年版，第26页。

② 海德格尔：《存在与时间》（修订译本），陈嘉映、王庆节合译，三联书店2006年版，第8—9页。

西,它就活在存在者之中,即"存在"总是存在者的存在。那么,这个"存在"又怎样在存在者身上来存在呢? 它究竟是存在于哪一个存在者身上呢? 海德格尔认为,它就存在于人身上,这就叫"Dasein"。这个"Dasein"是由"Da"和"sein"组合成的。"sein"就是"存在"(有、是)。"Da"在德文中是个极为活泼的依语境而生义的词,有"那里"、"这里"、"那时"、"于是"、"但是"、"因为"、"虽然"、"那么"、"这个"等多义,而且它常与别的词一起组成复合词①。Sein 与 Da 相结合,一方面表示 sein(存在)并不是一单纯的、仅有存在者意义的死概念,它是活的,是活生生存在着的,即活在存在者中;但另一方面,这个 sein(存在)又不能只活在某个确定的存在者身上,倘若如此的话它就还是死的,终究活不成和活不了,它既活在这个存在者身上又活在那个存在者身上,既在这里活着又在那里活着,既在此时活着又在彼时活着,这就是"Da",它表示和表现的是 sein 的纯构成、生成的性质。人们一般将其译为"亲在"(如熊伟)或"此在"(如陈嘉映);也有人将其译为"缘在"(如张祥龙),这能更好地反映"Dasein"的非现成性、非确定性的随缘而构成的缘构性本质。所以,这个"Dasein"就是真正的"存在",也就是"存在"本身,关于它的理论才是有根的存在论、本体论。很明显,海德格尔"Dasein"的存在论真正揭示了本体的人文意义和本质。实际上,它以哲学本体论的语言揭示了人的有限的存在本质,即自由性。人与一般动物不同,动物是没有自由的,因为它们尚未能从自然世界中分离和提升出来而成就一个属于自己的人文世界,而人则把自己从自然世界中提升了出来,成就了一个人文世界,即由自己的世界,人是自由的;但人的自由又与神的自由不一样,神的自由是无限(制)的自由,是智的直观的自由,即神能将自己的意志自由地实现出来而予以现实化,比方说它想造人就造出来了,想喝酒就有酒出现了。而人则不然,人没有神那样的无限自由,人的自由是有限(制)的,即它不可能把自己的意志直接变显为现实,它只能在现实物身上来实现和表现自己的自由。这,恐怕就是"Dasein"这种"存在"本体的真实和真正的人文意义所在。

---

① 参见张祥龙:《海德格尔思想与中国天道》,三联书店 1996 年版,第 94 页。

以上之所以要不厌其烦地来考察西方哲学史上关于本体思想中人文意蕴的表现,其目的一方面当然是为了再次申述前面所论说过的关于本体的人文本质的思想,即真正的本体应该在也只是在人文世界中;但另一方面,本体不在自然世界中却不能不与自然世界相关。就是说,就人文世界出现前的自然世界言,它是一个完全自在的世界,当然谈不到有什么本体不本体的问题。但人文世界出现后情况就不一样了,这时的自然世界就不是也不能是纯自然意义的存在了,它被人文世界的惯性牵引着一起向前滚进。人文世界的存在当然要依赖于自然世界,人文世界绝不可能处在自然世界之外;同样,自然世界的存在也要依赖于人文世界,自然世界再也不可能像以前那样自在地存在了。《传习录》下卷的黄以方录中有一段王阳明与弟子的答问,曰:"先生[按:即王阳明]曰:'你看这个天地中间,甚么是天地的心?'对曰:'尝闻人是天地的心。'曰:'人又甚么教做心'对曰:'只是一个灵明。''可知充塞天地中间只有这个灵明,人只为形体自间隔了。我的灵明,便是天地鬼神的主宰。天没有我的灵明,谁去仰他高?地没有我的灵明,谁去俯他深?鬼神没有我的灵明,谁去辨他吉凶灾祥?天地鬼神万物离却我的灵明,便没有天地鬼神万物了,我的灵明离却天地鬼神万物,亦没有我的灵明。如此,便是一气流通的,如何与他间隔得?'"①王阳明的说法看似有点极端,故他往往被人目为十足的主观唯心论者。实际上他在此处所讲的道理却是很中肯的。在人出现以前,自然世界就是那么个样子,它自生自灭着,自然地而又必然地存在着,千万亿年来本质如此而无有什么不同。但人的世界出现后,一切都变了,自然世界再也不是也不能是自在的存在了,它是在自为的人(类)的作用下和作用中来存在和发展的。关于这一点,马克思在评述费尔巴哈的机械唯物主义思想时说:"他没有看到,他周围的感性世界决不是某种开天辟地以来就直接存在的、始终如一的东西,而是工业和社会状况的产物,是历史的产物,是世世代代活动的结果,其中每一代都立足于前一代所达到的基础上,继续发展前一代的工业和交往,并随着需要的改变而改变它的社会

---

① 《王阳明全集》上,上海古籍出版社 1992 年版,第 124 页。

制度。甚至连最简单的'感性确定性'的对象也只是由于社会发展、由于工业和商业交往才提供给他的。"①费尔巴哈试图离开人与人类社会来纯粹地把握自然世界,这根本是不可能的。

所以,尽管哲学上的真正本体并不在自然世界而只在人文世界中,但有了人和人文世界后,人们却不得不从人出发来把握自然世界,这就使得自然世界的存在也被本体化了,即也需要一个本体,否则的话是无法把握这个自然世界的。可见,在西方哲学史上,人们往往从自然世界开始来探讨本体,并往往将自然本体与人文本体混而为一,这样做虽然不是没有根据的,但却掩盖了本体的真正的人文本质。因此,问题在于要在理解本体的人文本质的基础上对本体作以区分。

怎么区分?这就是"有"本体和"无"本体。前者可叫本体I,后者可叫本体II。这两种本体显然是有质的区别的。简单说,前者是以"有"为本质的,它反映的是自然世界本身的不生不灭性的永恒性和必然性。而后者则是以"无"为本质的,它反映的是人文世界的有生有灭的、有死的自由性。

(四)本体I的本质特征、结构及存在方式

1.本体I的本质特征

本体I就是"有"本体。"有"("存在"、"是")是本体I最最本质的特征,它揭示的是自然世界本身的本质性。自然世界永恒地"有"着、"存在"着。无论是自然世界自己,还是超自然世界的人文世界的人,也还是超人世界的神,都无法动摇自然世界"有"的本质、本性。自然世界中的任何一个存在者都有着、在着;它即使从一种有的形式、形态转变为另一种有的形式、形态,但它在存在性质、本质上仍是"有",仍是"存在",自然世界自身不能将它的这一本质、本性泯灭掉!有了人文世界后,人可以创造或消灭某一存在者;但这种所谓的"创造"或"消灭"实际上表现的是人文世界的特征和本

---

① 《马克思恩格斯选集》第1卷,人民出版社1995年版,第76页。

质,就自然世界自身言仍是创造或消灭不了的。比如说,你可以用泥土捏出一个陶罐,这算是创造吧,但这个陶罐总是用泥土捏出的,它原则上只是泥土这种存在者的一种变形而已,其存在的"有"性、"存在"性仍未变;现在将这个陶罐砸碎了,把它研成了粉末而搅和进了泥土中,或掺和进别的什么东西中,但总还有这些粉末在,这些粉末绝不会变为虚无或没有。可见,人是创造不了自然世界的"存在"性、"有"性的,也根本消灭不了它。那么,超人的神行吗?否!神(上帝)尽管是全知全能的,连人都可以创造出来,但却无法创造出或消灭掉自然世界的"有"、"存在"的本性。比如说,神用泥土来造人,这看来是造了一个新东西,但实质上仍是泥土的变形,它压根就没能创造出泥土本身;它要能创造出泥土,就得从虚无中创造出来。那么,虚无在哪里呢?虚无存在着还是不存在?倘若虚无存在着,那它就仍是"有"、"存在";倘若虚无不存在,那么神如何能从虚无中作创造呢?造来造去还不是个虚无吗?!神不能真正从虚无中创造出个存在者,同样也不可能真正地把一个存在者变为虚无。比如说,神可用泥土创造出人,它也可将造出来的人消灭掉,但它能将造人时所用的泥土本身消灭掉吗?这根本不可能!它要消灭掉泥土,就只能将泥土放进虚无中。但如前所说,虚无如果存在的话它就不是虚无而是存在、有;而虚无如果不存在的话上帝也无法将泥土放进虚无中去!海德格尔在《存在与时间》中讲了一则古希腊的古老寓言,说:"从前有一次,女神 Cura['操心']在渡河之际看见一片胶土,她若有所思,从中取出一块胶泥,动手把它塑造。在她思量她所造的玩艺儿之际,朱庇特神走了过来。'操心'便请求朱庇特把精灵赋予这块成形的胶泥。朱庇特欣然从命。但当她要用自己的名子来命名她所造的形象时,朱庇特拦住了她,说应得把他的名子来称呼这个形象。两位天神正为命名之事争执不下,土地神(台鲁斯)又冒了出来,争说应该给这个形象以她的名字,因为实在是她从自己身上贡献出了泥胚。他们争论不休,请得农神来作裁判。农神的评判看来十分公正:你,朱庇特,既然你提供了精灵,你该在他死时得到他的精灵;既然你,土地,给了他身躯,你就理该得到他的身体。而'操心'最先造出了这个玩艺儿,那么,只要他活着,'操心'就可以占有他。至于大家所争的它的名称,就叫'homo'[人]吧,因为他是由 humus[泥土]

造的。"①海德格尔援引这则寓言的目的是为了说明人作为"Dasein"的操心或烦(Cura 原译为"烦",现译为"操心")的本性。但这则寓言无意中也说明,神尽管可以用泥土来造出人,但神却无法造出或消灭掉泥土这种自然世界的存在者本身,这种存在者的"有"性、"存在"性是连神都没有办法来左右的。

《庄子·齐物论》从言辩的角度也谈到自然世界"有"的本性。庄子有言:"有始也者,有未始有始也者,有未始有夫未始有始也者。有有也者,有无也者,有未始有无也者,有未始有夫未始有无也者。俄而有无矣,而未知有无之果孰有孰无也。"如果自然世界(包括其中的每个存在者)有一"开始",那么这个"开始"的意义是依赖于"没有开始",即"未始有始"而存在和言说的;但当说"未始有始"时,它本身就是个"始",而它的意义又是依赖于"没有'没有开始'",即"未始有夫未始有始"而存在和言说的,这个"未始有夫未始有始"一旦被说时它本身也就是个"始"了。所以,从"有始"到"未始有始",再到"未始有夫未始有始"……自然世界本身总是"有"性的。如果再换个考察视角,说自然世界是"有",那么这个"有"就是个开端,那它之前就是无开端,即"无";依次,就有无开端的开端、无开端的开端的开端……即"未始有无"、"未始有夫未始有无"……但无论是"有"也罢,是"无"也好,也还是"无'无'"也好,一旦是"有"、是"无",一旦说到"有"、说到"无"甚或"无'无'",这每一个都是个"有"或"存在",即在本质、本性上都是"有"性的。有人会说,这里的"有"应该是本体问题,而你援引庄子的话讲的似乎是宇宙论或宇宙生成论的问题。实际上,从本体论或宇宙本体论的角度看,情况也是一样的。如果从自然世界之存在的所是、所然的现象出发来追溯其所以是、所以然的本体,那么,不论这个本体,即现象之如此存在的原因、根据是什么,这个本体总应该在现象之中"有"着、"在"着,绝不会处在现象之外去。这表明现象自身就是其存在的依据、原因,这就进一步确证了自然世界深层的"有"本性、本质。莱布尼兹曾颇感震惊地说:"为什么存在者在而无却不在?"维特根斯坦也不无感触地说:"可惊的不是世界

---

① 海德格尔:《存在与时间》(修订译本),陈嘉映、王庆节译,三联书店 2006 年版,第 228 页。

怎样存在,而是世界竟存在。"①震惊也好,感触也罢,这都肯定了自然世界的一种最深刻的本质、本性——"有"。本体 I 就正是用来刻画自然世界的这一"有"性的。

本体 I 的"有"的本质性,表明了它的存在是必然的,即它必然地存在、必然地有! 自然世界亘古就有,也永远地有着、在着,它的形态当然是可变的也永远在变中,但变来变去总不会蒸发掉而成为虚无缥缈的非存在,它总有个什么东西在着、有着;自然世界本身如此,自然世界中的任何一个存在者亦然。这就是自然的必然,必然如此,也永远如此。

从本体 I 之"有"性、必然性的本质出发,可以进而细分出它的一些特征。这就是:

非生灭性。自然世界永恒地有着,它没有真正的生灭,它表现出的仅是其物质存在形态的变化和转化。比如说我们现在所在的宇宙——太阳系吧,它是怎么起源的呢? 古代早就有猜测性的"元气"说,近代有康德—拉普拉斯的"星云"说,现在的天体物理学有"大爆炸"说,等等。但不论怎么说,它总起源于一个什么东西,绝不会从虚无中出现。不会和不能从虚无中出现,只能从一什么东西转化而来,所以它真正来说就是无生;无生的东西当然也就不会灭,故自然世界也没有真正的死亡。要让自然世界去死,要消灭它,那是根本不可能的。人世中的一个人犯了十恶不赦的大罪,就可以用死来惩罚他。但一个物是无法使用此种方式、方法的。你想把一块石头消灭掉,想将它杀死,那是徒然的;即使将它研成了粉末,将它烧成灰,它还是存在的,还是个有,是根本死不了的。有人会说,自然世界中的动植物不是有死(也有生)吗? 是的。但这只是个现象,所谓动物、植物的死亡实质上只是物质存在形态的一种变形,原则上是没有死也不会死的。

自然世界没有生,也没有死(灭),这就同时表明了自然世界相应的另外两个特征,即非有限性和非整体性。它没有生,没有死,所以你根本无法找到它的头和尾,故不知道从哪里到哪里才是它的一个完整周期,这就是其非有限性和非整体性、非完整性。当然,就自然世界中的某一具体存在者

① 转引自陈嘉映:《海德格尔哲学概论》,三联书店 1995 年版,第 29 页。

言,它当然是有有限性和整体性的。但整个自然世界本身则没有,它非有限,故也非整体。

非时间性。自然世界本身有时间吗? 人们以为是有的。你看,这座山几个月前是光秃焦萎的,几个月后的现在就满目葱茏了;昨天我蹚过这条河时河水是浊的,等今天我返回时它就清澈了……这不是时间的表现吗? 的确如此。但这只是一种时间现象,是一种用于计算的、工具性的物理时间而已,并不是真正的时间本身。从本质上讲,自然世界是没有时间性的。这关键是因为它自身没有生灭性。它不会生也不能生,不会死也不能死,亘古如此地存在着、有着,昨天的它与今天的它一样是存在着、有着的,再向前推进、向下延伸多少个岁月,它还是存在着、有着的,它的时间性在哪里呢? 人们之所以说"天地之德不易,而天地之化日新。今日之风雷非昨日之风雷,是以知今日之日月非昨日之日月也"。"质日代而形如一,无恒气而有恒道也。江河之水,今犹古也,而非今水之即古水。灯烛之光,昨犹今也,而非昨火之即今火。水火近而易知,日月远而不察耳。爪发之日生而旧者消也,人所知也;肌肉之日生而旧者消也,人所未知也。人见形之不变而不知其质之已迁,则疑今兹之日月而为邃古之日月,今兹之肌肉为初生之肌肉,恶足以语日新之化哉!"(王夫之《思问录·外篇》)这一方面是立足于自然世界之存在的状态和表象而言;另一方面则是将人文世界自身的时间性和时间观转赋到了自然世界身上的结果。从存在状态和现象上看,自然世界是有变化的;既有变化,那当然就要经历时间和在时间中了。故将日常的庸俗时间观用在此处也能说得通。但就自然世界的存在本质、本性而言,它本身是没有时间性的,古代的天地与如今的天地都永恒地存在着,它没有变也不会变,故是没有时间性的。这一点,在自然科学上倒有所反映。例如,牛顿力学和量子力学(如薛定谔方程)所描述的运动过程都是可逆的(测量过程除外),即在这些过程中时间是反演不变的。在化学中,如果不考虑环境的因素,许多化学反应也都是可逆的。在这些科学中时间箭头没有意义。目前揭示了自然界之存在的不可逆性的科学是克劳修斯的热力学第二定律,即熵增加原理。但当人们深入一个层次来对热力学的孤立体系进行考察时,发现构成体系的微观质点,如分子,其运动过程仍是服从力学定律的,故依然是具有可逆性的。东晋的僧肇在《肇论·物不迁论》中说："然则旋岚偃岳而常静，江河竞注而不流，野马飘鼓而不动，日月历天而不周。复何怪哉？"从日常生活的现象来看，僧肇这样说还真有点怪；但如果就自然世界的"有"本质、本性言，这样讲就真不怪了。

非历史性。《说文·止部》言："历，过也。"《广韵·锡部》说："历，经历。"关于"史"，《说文》言："史，记事者也。"所以，所谓"历史"就是对已经历过的事件、事迹的记载。谁来记载过去的事件呢？当然是人。但现在说的是人出现前的自然世界。所以，要使或要让自然世界有"历史"，自然本身就得将它"记"下来。但自然本身如何来"记"自己的历史呢？其实，这个"记"或"录"或"记录"者不能是别的什么，只能是"时间"本身。有时间（性）就是有历史，就能记录下已往的足迹；若没有时间（性），就无从记下已往之迹了。所以，历史性与时间性密切相关，历史性乃时间性的进一步表现。自然世界本身是没有时间性的，所以也就表现出了非历史性的一面。但事实似乎不是像现在所说的这样，因为人们是可以写出一部部地球演化史、太阳（系）演化史、生物进化史等的。实质上，当人们这样作时只是对自然世界的现象变化的描述和记录，并不是记录着自然世界的"有"、"存在"本身。另外，这些所谓的"史"实际上是人为的结果，即人写的，它实质上是人自己的历史性的自然表现而已。总之，自然世界本身是无时间性的，也是无历史性的。

2.本体 I 的结构

本体 I 是"有"或"存在"。那么，它究竟是怎样有和怎样存在的呢？一提到本体，尤其是"有"或"存在"这种本体，人们往往将其单纯化，即视为纯质的东西，认为这个"有"就只有"有"性、只有"存在"性这样一种纯粹的、单一的质性。实则不然。本体这种东西在形态上的确是个唯一、单一的一，但它在结构上却不是也不能是清一色的"一"，因为这样的话这个本体就是个不能生育的童贞女或尼姑，它是不能存在的，更遑论其发挥本体的功能、功用而作天地万物的本原、本体了。所以，本体在性质、结构上一定不是纯粹的"一"，它肯定是有内在结构的。那它有什么结构呢？

这还得从自然世界存在者的存在状态及存在条件谈起。自然界的每个存在者都存在着。但这些千千万万的存在者是如何存在的呢？它们为什么要如此地存在着和能如此地存在着呢？这是因为它们具备了如此这般存在的条件。什么条件？这倒很简单，即每一存在者都与它之外的他个存在者同时并存着！前面我们说了一个思想实验，即如果世上只有一个存在者的话，这个唯一的、独一无二的存在者只能存在于虚无之中，它无论如何是不能实际地存在的。而一个存在者要得以实际存在，在它之外必须要有一他存在者存在，这个他存在者就是这一存在者之存在的前提条件，只有依赖于这个他存在者，一存在者方能现实地存在着。存在者之存在的如斯道理，与对存在者作认识的道理是一致的。比如说，你要认识一个东西，要把握它是什么，例如你要知道你面前的一根棍子究竟是长是短，是轻是重，是粗是细等，你就必须把这根棍子拿来与它之外的别的东西作个比较，一经比较，方可知道它的长短、轻重、粗细、大小等的状态和属性，即能知道它是个什么。倘若没有比较和没有这个作为比较者的他者，仅仅将一个东西放在面前，即使圣人复出也识别不出这个东西究竟孰大孰小。牛顿力学中那个第一定律——惯性定律，是为了把握物体的运动状态而确定的一个参照系构架。它首先是由伽利略予以确定的。1632 年，伽利略观察了在一个密闭船舱中发生的现象，写道："在这里（只要船的运动是等速的），你在一切现象中都观察不出丝毫改变，也无法根据任何现象来判断船在运动还是停在原地：当你在船板上跳跃时，你跳过的距离和你在静止的船上跳过的距离完全相同；也就是说，当你向船尾跳去时，并不会——由于船在很快地运动——比向船头跳去时跳得更远，虽然当你跳起在空中时，你下面的船板正向着相反的方向奔驰；而且，你若把一件东西抛给你的朋友，如果你的朋友靠近船头而你靠近船尾，你也不必比你俩调换位置后费更大的力气；从挂在天花板上的装水杯子中洒出的水滴，会竖直地落在船板上，而没有任何一滴水偏向船尾，虽然水滴尚在空中时船正向前进。苍蝇继续飞来飞去，在各个方向毫无不同；它们绝不会聚向船尾，情况仿佛由于追逐急驶的船只而疲于奔命。"[1]从此伽利略得出了一个力学的相对性原理：在一个封闭的系统中，无论进行怎

---

[1] 转引自《中国大百科全书·物理学》，中国大百科全书出版社 1987 年版，第 439—440 页。

样的力学实验,都不能判断一个惯性系统是处于静止状态还是在作等速直线运动。可见,要认识一个存在者的存在状态,就要借助于它之外的东西作参照系。同理,一个存在者的存在也必须、必然地要有一个他者作为前提条件。

一存在者的存在以它之外的他存在者的存在为前提条件;同时,这个他存在者的存在也正要以这个一存在者的存在为前提条件,故一存在者与他存在者的存在是互为前提条件的,这就构成了一个存在的外结构或构架,或者说自然界的每一存在者其自身就组建着、生成着一个其得以存在的外结构或构架。这里之所以用"外结构或构架"的称谓,是因为这是关于一个存在者与他个存在者之间的一种构成性的关系。自然世界有千差万别、形形色色的存在者,它们正是在相互联系中组成了一个存在的外结构或构架,所以它们各自都能存在和都存在着。

一物与他物在它们自己所组建、生成的外构架中各自存在着,这就必然表明,这时的一物和他物必定要和必定是处在相互作用中的。而当一物和他物在这种外存在构架中存在并发生相互作用时,这个外存在构架就必定会和必定要内化进每一物自身中,即在一物与他物各自自身中就有了一个内在的、内性上的结构或构架。我们不妨称每一物或每一存在者自身中的这个结构或构架为存在的内结构或构架。那么,这个内结构是什么? 我们不妨这样说:当一物与他物各自存在着时,它们各自首先都有自己的质,即有自己的"自身性";但当一物与他物相关联和作用时,它们各自自身一定要打上对方的烙印,即把对方的他性印记在自身上,我们可称这个他性为"非自身性"。于是,在存在和作用中,一物与他物各自自身中都有了自身性与非自身性之相反相成的性质和规定。现在,在存在论的意义上我们不妨称每一存在者自身的内结构为"有、无"性。

这个"有、无"性作为存在者之存在的内结构或构架,当然与存在者之存在的外结构或构架是互为前提条件的,外、内这两种存在构架之间本来就是一种结构或构架。这就是也才是自然世界中的存在者之真正存在的存在状态和存在本性、本质。这就说明,存在者自身中的"有、无"性,正是"有"本体即本体 I 的结构所在。

可见，在本体 I 这里，它并不是纯一的、光秃秃的一个"有"性，而本来就是"有"与"无"这两者，即"有、无"性的。黑格尔在其"逻辑学"体系的开端处，用抽象思辨的逻辑推演方法，厘析出了"纯有"或"纯存在"自身的"有"、"无"性，这正揭示了"有"本体自身的"有、无"性结构。这个结构非常重要，可以说是黑格尔整个"逻辑学"体系的基石所在。正是靠这个"有、无"性的内在结构和本性，"绝对理念"或"绝对精神"才有了自我存在的内在依据，它才有资格、有能力和有条件把自身架构起来和启动起来，这才会有自身的逻辑运演历程，也才是这个"绝对精神"的真正本体性的存在。

说到这里，顺便补充一点。前面我们说，在自然世界中如果只有一个存在者的话它是不能存在的，它的存在一定要有它之外的他存在者的存在，以之来构成一个存在的外结构或构架。这样说可能会引起如斯诘问：自然世界之内的存在者的存在是可以这么说的，但就自然世界自身言，即就整个宇宙言，难道也是以这样的方式、途径来存在的吗？难道在宇宙之外再去找一个别的宇宙吗？宇宙不就是指整个世界吗，还会有另一个宇宙在吗？此问有理。但我的回答是：这样诘问时只是看到了存在者存在的外结构，却没有看到存在者之存在的内结构，即"有、无"性。当我们说宇宙时，它就是一个整体、整全，就是个独一无二的一，这当然不可能再在它之外有另一个什么宇宙存在了，这时的这个宇宙实际上就是个本体，所以说起宇宙时不能从其存在之外来看问题，而必须从其存在的内在结构来审视之。若从存在者之存在的内结构来看，宇宙存在必是"有、无"性的；正是这个"有、无"性结构才决定了宇宙的自我打开、自我分化、自我演变的运动过程。中国古代有一则盘古开天辟地的神话故事，这不过是用神话的语言和方式表现的关于宇宙存在的内在结构而已。

3. 本体 I 的存在方式

以上我们分析了本体 I 的存在结构。有了这个内在的存在结构，本体 I 就能也就会依据其结构来存在，这就是它的存在方式问题。那么，本体 I 是以怎样的方式来存在的呢？

首先，本体 I 自身中的这个"有、无"性结构，逻辑地决定了它具有自我运动的源泉和动力，因此也就能自我打开、自我开启起来。当有了本体 I

后,这个本体不能也不会只静止下来而成为一种死的摆设,它原本就是要充作万物之存在的体和原的;而要作万物存在的体和原,它就要处于万物中,这就是它自身的运动过程。所以,本体原本就是动的,根本没有静的本体;如果本体有如巴门尼德所讲的"存在"那样是一个不动的东西,那么这样的本体只能是个理性抽象者,只能是个不会也不能生育的死概念,它何以能作本体呢? 本体一定是有如黑格尔所说的那样是能自我运动、自我运演的。所谓本体的运动有两层涵义,即一方面指它自身有自我运动的可能和力量、源泉,有自己启动起来的动力,而本体之自我启动的动力正是其自身的"有、无"性这种矛盾性;另一方面指本体从自身出发而超出自身到非自身的现象界,然后再返回到自身中,以此而完成自己的运动里程和历程运动的过程和程式,本体的本体性质和功能、作用就正表现、体现在其自我运动的历程中。

可见,本体非运动不可,而运动的动力和源泉就是本体 I 自身中的"有、无"性。若少了"有、无"性这一内在的源泉和动力,本体是无法运动的;即使你在本体之外给它找一个像"上帝"那样的推动者,这也是无济于事的,是根本推不动它的,因为本体自身中压根就没有自己能动的可能和因素,怎么可能从外面将推动力施加于它呢? 黑格尔的"逻辑学"之所以是个逻辑自洽的、富有深刻思想的本体论体系,正是因为他一开始就赋予了本体(即"存在")自身的"有、无"性的本性和结构。黑格尔在《逻辑学》的开篇说:"有,纯有,——没有任何更进一步的规定。……有、这个无规定的直接的东西,实际上就是无,比无恰恰不多也不少。"而"无、纯无;无是与它自身单纯的同一,是完全的空,没有规定,没有内容,在它自身中并没有区别。"但这个"无是(存在)在我们的直观或思维中;或者不如说无是空的直观和思维本身,而那个空的直观或思维也就是纯有。——所以,无与纯有是同一的规定,或不如说是同一的无规定,因而一般说来,无与纯有是同一的东西。""所以纯有与纯无是同一的东西。这里的真理既不是有,也不是无,而是已走进了——不是走向——无中之有和已走进了——不是走向——有中之无。但是这里的真理,同样也不是两者的无区别,而是两者并不同一,两者绝对有区别,但又同样绝对不曾分离,不可分离,并且每一方都直接消失于它的对方之中。所以,它们的真理是一方直接消失于另一方之中的运动,即变;在这一运动中,两者有了区别,但这区别是通过同样也立刻把自身消解掉的区别而发生的。"①"有"或"纯有"自身是"有"与"无"这两者的统一,即"有、无"性的,这个统一的过程就是"有"与"无"相互矛盾和作用的过程,因此就有了"变"即运动的出现。这样,黑格尔的"逻辑学"体系从"纯有"开端,就能自己启动起来了。

以上的说解,和援引黑格尔的"逻辑学"作的例解,道理应该说是了然的。但这样论说本体 I 的存在方式总给人一种思辨感,似乎觉得这只是想当然的臆说,不是真的本体存在方式。其实这就是真的本体存在方式,这揭示的正是自然世界的存在者之存在的本质、本体和方式。我们现在不妨以宇宙存在为例略予说明:整个宇宙究竟是如何存在的? 即它如此存在的本质、本性是什么? 正是其本身的"有、无"性。有了"有"性,宇宙当然要有和能有,即它能存在着。但宇宙绝不可只有这样一种"有"性,倘若只如此的话这个宇宙就会永远永远地有下去而一有到底,一开始是什么样子就会永远是什么样子,这就是个死宇宙,这样的宇宙是不会现实存在的。所以,当宇宙依其"有"性而有着、在着时,它同时还有一种"无"性。有了"无"性,宇宙就能无和要无,即它要由存在向非存在转化之,这就是它的变化。但宇宙又不能只有这个"无"性,因为如果仅仅有一"无"性而一无到底的话,这个宇宙就会最终蒸发掉,最终成为虚无或空无。所以,在宇宙有"无"性时它同时就有"有"性。就这样,宇宙本身既有"有"又有"无",既不是单纯的"有"又不是单纯的"无",它有而无之,无而有之,有无相生,生生不息,宇宙就这样活地存在着,这样真实而现实地存在着。

其次,本体 I 自身的"有、无"性结构决定了它的运动历程和方式。本体 I 在其自身"有、无"性的推动下能开启和要开启自身以之来运动。那么,它是如何运动的呢? 它的运动是随意的吗? 否! 它的运动过程及方式也正是由这个"有、无"性结构来决定的。这里可以从狭义和广义两个视角对此予以理解。狭义看,本体 I 的运动就是其"有、无"性结构的展开和展现;而广

① 黑格尔:《逻辑学》上卷,杨一之译,商务印书馆 1966 年版,第 69—70 页。

义看,本体Ⅰ的运动是一存在物与他存在物相并存的外结构(构架)与其自身的"有、无"性内结构(构架)共同作用和展现的结果。

如果直接看本体Ⅰ的存在,它的存在方式就是它的"有、无"性结构的表现、展现,其表现过程就是一肯定——否定——否定之否定的过程,即圆圈性或圆圈式的运动。"有"和"无"是本体Ⅰ自身的本性和结构,它不可也不能只表现和只要其中的一个性质或质性,它必须要把"有""无"这两种性质同时保存住,即两种质性同时都要,这就如同在一个空间点上同时要搁住两个东西一样。一个空间点上怎么能同时搁住两个东西?这怎么办呢?这里的唯一方式就是这个本体Ⅰ自身处在运动中。举例言:当在一个空间点上要同时搁住两个球时,无论你如何放置,但只要是静态的放置方式,就总是两个空间点的并存,不可能只是一个空间点。现在要在一个空间点上同时搁住两个球,这两个球只能交替地处在这一个点上,即当甲球在这个点上时,乙球必须和必然地要处在空中,反之亦然;这样,就如同一位要杂技的演员用一只手玩两个或三个、四个球一样,此时的这两个或三个球就构成了一个整体运动或运动整体,每一个球都只在手上待瞬刻时间,每个球都依次交替地待在手上,这样就在一个空间点上能同时搁住两个球了。本体Ⅰ的存在就其存在性质和方式言亦如此,即它必须使"有"和"无"这两者交替地待在一个点上。在这里,这个所谓的"空间点"就是本体Ⅰ自身,它用以将"有""无"性同时保住的方式就是使自身交替地显现、呈现、表现出"有"性和"无"性来;就是说,当本体Ⅰ是"有"时,或者说当它以"有"的面目出现时,它正在向"无"性转化着或者说转化成了"无",而当它以"无"的性质和面目出现时它又正在向"有"性转化着或曰转化成了"有"。就这样,这个本体Ⅰ类似于幽灵,当你把它作为"有"来看待和对待时,它就逻辑地转化成了"无",而当你把它作为"无"来看待和对待时,它又逻辑地转化成了"有",它总是有而无之,无而有之,有无相生而生生不息地运行着。《老子》第一章言:"道可道,非常道;名可名,非常名。无,名天地之始;有,名万物之母。故常无,欲以观其妙;常有,欲以观其徼。此两者同出而异名,同谓之玄,玄之又玄,众妙之门。"作为开宗明义的第一章,这里说的就是本体"道"或"道"本体的"有、无"性的存在性质和本质。"道"是甚么?它是如何存在的? 就是也只能是"有"与"无"的矛盾运动。当你说这个"道"是"有"时,它却转化成了非有,即"无",而当你说它是"无"时,它又转化成了非无,即"有",你用单一的"有"或"无"这一种质性都把握不住、定不住这个幽灵式的"道",只能在"有""无"同时存在,二者都要的前提条件下方可把握住"道"。以往人们把"道"或视为物质性的存在或视为精神性的存在,以之来定性"道"或者为唯物的或者为唯心的,这都是因为未看到"道"的"有、无"性本性、本质的缘故,即仅仅把"道"单纯"有"化或单纯"无"化了。所以,定性地来诠解本体Ⅰ的存在方式,它就是运动,即它不是也不能是空间上的并存,而只能是时间上的继起。那么,本体Ⅰ又是如何继起的呢? 当本体Ⅰ存在时,它就有着、在着,这就是它自身"有"性的展现,这是它的肯定阶段。但它不是只有这一"有"性,当它展现这种"有"性时就逻辑地有"无"性在;所以,这个"无"性要由隐到显,当"无"性表现出来后,本体Ⅰ就表现为与其前一存在状态相反的存在状态,这就是其否定阶段。否定阶段是本体Ⅰ的"无"性的展现,但它也不是只有这一"无"性,在它展现其"无"性时又逻辑地有"有"性在;因此,这个"有"性就又会表现出来,这时的本体Ⅰ就又回到了肯定,即对否定的再否定,这就是否定之否定阶段。就这样,经肯定——否定——否定之否定三个阶段的两次否定,本体Ⅰ就完成了一个存在周期,就表现出了其存在的整体性,这也就标志着其存在的运动完成。黑格尔《逻辑学》的第二部"主观逻辑"就是讲"绝对精神"这一本体之肯定——否定——否定之否定,即正——反——合的存在过程和方式的。黑格尔具体在该部分的"绝对理念"章节中详细论析了这一过程和方式。

以上是我们径直从本体Ⅰ的"有、无"性这一内结构出发来厘析的关于它的运动过程和方式。这是对本体Ⅰ的运动过程和方式的狭义审视。若广义地看,本体Ⅰ的运动过程和方式必然关乎到和涉及存在者之存在的外、内两种存在构架之间的关系和作用问题。因为,所谓本体就是现象(即存在者)的本体,没有离开现象的光秃秃的本体,也压根就没有离开现象的光秃秃的本体运动。体总要处在用中,体用本来就是如一不二的。所以,只单独地说本体Ⅰ的运动过程和方式显然是不够的,这充其量只是对本体Ⅰ的运动所作的定性把握罢了。本体Ⅰ作为自然世界的存在者之存在的本原、本体,它本来就在每一存在者之中,是与存在者的存在一体同在的。因此,讲本体 I 的运动过程和方式,本应在本体和现象(即存在者)的结合、作用中予以把握,这就必然涉及存在者之存在的外存在构架和内存在构架的作用和关系了。事实上,本体 I 的实际运动正是存在者之存在的外、内这两种存在构架相互作用的结果和表现。那么,它们是如何作用和表现的呢? 静态地或同时性地来说,自然世界的每一存在者都是不能单独存在的,任何一个存在者的存在都要以它之外的他存在者为存在的前提条件,由此而构成、组建为一外存在构架;然后,世上的一存在者与他存在者在相互组建起的这一外存在构架中现实地存在着,由此也就相互地作用着,这就必定要把这个外存在构架内化进一存在者和他存在者各自自身中,这就有了每一存在者自身中的"有、无"性的内存在构架,这个"有、无"性就是存在者之存在的本体所在。这是从现象到本体的演化。而有了"有、无"性的本体后,现在如果再来看存在者的话,它的存在就是:每一存在者在自身"有、无"性之本性、本质的决定下,必然要从"有"性向"无"性转化,这就是存在者自身的发展和变化;如果把存在者的这一自身变化搁置在一存在者和他存在者之中来看的话,这就是一存在者与他存在者之间的关系,这就展现为一个外存在构架了。就这样,从存在者的外存在构架内化为内存在构架,又从内存在构架外化、展现为外存在构架,这种往复和循环就是本体 I 的整个运动过程和方式。现在,如果动态地或历时性地审视本体 I 的这一整全运动,这就是:从存在者的现存状态和属性开始,从其存在现象进到存在本质、本性,然后再把存在者之存在的这一本质、本性融合进其存在现象中,以达到存在者的存在现象和存在本质的圆融一体,即体用如一,即体即用。这个过程也就是一个肯定——否定——否定之否定的圆圈式运动。

为了说明和例解本体 I 的整全运动,我们还是看看黑格尔《逻辑学》的全部体系结构,这对理解这个问题是有一定助益的。依我的愚见,黑格尔整部《逻辑学》的体系结构就是本体 I(即"有"本体)的运动和存在方式。黑格尔一开始讲"纯有"或"纯存在",揭示出了"纯有"的"有、无"性内性。这是他的逻辑学的一个根本原则,也是他的"绝对理念"或"绝对精神"这一本体之运动的本性和原则。确定了这个原则后,黑格尔就来具体地展现"绝对精神"的运动。怎么展现呢？他的"逻辑学"体系有三部分：有论、本质论、概念论。整个"有论"讲的是存在者在其存在状态上的存在问题，这实际上就是关于一存在者与他存在者相关系而组建成的外存在构架问题。黑格尔当然没有这样说，他讲的是质、量、度之类的问题。但实际上，事物要表现出质、量等的规定性来，就非得处在外存在构架中不可，否则的话存在者是不能现实存在的，是根本不会有什么质、量之表现的。所以可以说，黑格尔在"有论"部分讲的是一物与他物之存在的外存在构架问题，即他在此建构了一个外存在构架。有了这个外存在构架，每一存在者自身中就能有和会有"有、无"性的性质和本质。黑格尔在"本质论"中所深刻论述的相反相成、对立统一的矛盾性问题，实际上所说的和所解析的就是每一事物自身的"有、无"性问题。可见，黑格尔在"本质论"部分建构的是本体的"有、无"性这一内存在构架。有了外、内存在构架后，存在者的现实存在就一定是这两种存在构架的运作和展现，亦即它们的结合和统一。黑格尔在其逻辑学的"概念论"部分论述了这个问题，这就是"绝对精神"之肯定——否定——否定之否定，或正——反——合的圆圈式运动。至此，黑格尔的"逻辑学"体系就建构完成了，"绝对精神"的逻辑运动过程和方式也就运演完成了。

可见，本体 I 的存在方式是其自身"有、无"性的矛盾运动，即在自身"有、无"性的推动下所展开的肯定——否定——否定之否定或正——反——合的运演过程。

（五）本体 II 的本质特征、结构及存在方式

1.本体 II 的本质特征

本体 II 就是"无"本体。概言之，"无"乃人文世界的本质所在，它的真正内涵就是"自由"，即由自己也。所以，所谓"无"本体就是以"无"为自己的存在本性、本质，这正是人类社会或人文世界之存在的根本特征。

前已指出，自然世界中是没有"无"的，自然世界的本质是"有"。所以，要想将自然世界的存在者消灭掉那是绝无可能的，即使神也做不到，神尽管可以改变自然物的存在形态及质性，例如用泥土造出人，但神绝对改变不了

自然物"有"的本性、本质。物质不灭,这说的就是自然世界"有"性的本质、本性。

在各种具体科学及认识论中,也是没有"无"的。不论是什么科学,也不论是研究什么问题的,所研究的总是"有",即总有个什么东西在着、有着,绝不可能是无。即使将"无"本身让科学来研究之,那么这个"无"也就成了"有"。所以,具体科学中没有"无"。认识论中同样也没有"无"的立足之处。因为当把这个"无"搁在认识面前,或者说把它放在理性面前来审视、把握时,这个"无"就被对象化了,它在性质上就成为"有"了。黑格尔在其《逻辑学》的开端谈"无"或"纯无"。但他所讲的"无"在哲学性质上仍是"有",是对"有"的纯粹无内容性的一种规定,故在黑格尔处"无"才可参与到概念推演的逻辑运动中去。真正的"无"无论如何是不会也不能参与概念的逻辑推演的,它只能是自我显现、现象的存在。

可见,"无"不在自然世界中,也不在人文世界的各门具体科学中。那么,这个"无"究竟在哪里呢?它就在人的本性、本质中,在人自己的人文世界中,它是人的"自由"本质的体现或显现。这个问题前面已讲到了。但为了对本体Ⅱ即"无"本体作把握,这里仍要再讲几句。人是什么?人是从哪里来的?从人的身体即肉体看,人永远是属于自然世界的"有"。不论进化论怎样地讲人从类人猿而来的进化过程,也不论基督教《圣经·创世记》如何讲上帝用泥土造了人,但人的身体总是从什么材料来的,这在原则上来说就只是"有",人身绝不会从无中产生。同样,人死后身体也不会化为虚无缥缈的无,它就是化为泥土,就是分解成基本粒子甚或更原始、更基本的什么东西,它总是一种"有"。所以,从人的肉身看是没有"无"的。但是,若从人的世界即人文世界方面来看,则确确实实有"无"在,这个"无"正是人文世界的本性、本质。人把自己从自然世界中提升了出来而成就了一个人文世界,这个人文世界是独一无二的,它原本没有,在自然世界的任何地方的任何时候都找不到这个人文世界的蛛丝马迹,但现在就是有了,就是出现了、存在了,你说它到底是从何而来的呢?只能说是来源于"无"。说到这里可能会有人说,比如基督教神学家或许会说,人和人的世界是上帝依据自己的存在而创造出来的,所以它是从神的世界而来的,不是来源于"无"的。

此言听起来有理,但实际上却并未说明什么问题。即使承认人文世界真的是上帝按自己的世界"克隆"出来的,那么上帝的世界在哪里? 在自然世界中的什么地方吗? 自然世界中是没有这个上帝世界的。既然自然世界中没有一个上帝世界存在,那么,即使承认有个上帝世界,这个上帝世界在存在性质上就仍是"无"而不是"有"。所以,无论怎么说都得承认,人文世界是源于"无"的,它是从"无"中生出的。人就生活在自己的这个来源于"无"的世界中。一个人生活在这个人文世界中,他就是在世,他就活着,即"生""活"着人的人文世界。他活了一段时间后死了,这被称为去世、逝世、离世、辞世、谢世等,是说他现在离开了这个人的世界了,再也不在人文世界中生、活了,这个人文世界对他来说就没有了,即由有变成了无。文物之所以不是一般的物件,就是因为它代表着、表现和显现着它原来所在的那个人文世界。随便在什么地方挖出来的一块人骨,那只是一件极为普通的物件,算不得文物,但如果在已知确定年代和确切身份的人的墓穴中挖出了一块骨头,那就是文物了。为什么呢? 因为后者可以表现、显现一个已过去了的人的世界,而前者则不行,前者所在的那个世界真的湮灭、泯灭了,所以它自己就只是个自然世界中的存在者而已。人文世界是来源于"无"的;对每个个人来说,它最终又要回归于"无"。所以,人文世界是真正的"无"中生有,而又由有返回于"无",人文世界的本质是"无"。

人文世界的开始和归宿都是"无",这是人文世界"无"本质的一个方面含义。更重要的还有另一方面的含义,即当这个人文世界有着、在着时,它的本质仍是"无",这也就是人文世界或者人的"自由"本质。所谓自由就是由自己,即一切的一切都由人自己来作主,人所作出的一切决定、选择都是由于自己,出于自己的,不是也不能是人之外的别的什么来左右和强迫、指使的;如果人的决定、选择是由人之外的别的什么来指使、支配的,而不是出于人自己的自觉自愿地抉择的话,那么人的一切决定和选择就没有任何意义和价值了,这等于说就没有人文世界存在了。正因为人的本质是自由,即一切决定、选择均是由人自己所作出的,故道德、法律才有神圣性和绝对性,才有人的世界可言,人也才有责任、道义、义务等可讲。所以,自由乃是人的本性、本质。这,就是作为人文世界之存在本质的"无"的真义所在。这就是说,人的本质是"无",即表明人在本质上是自由的,一切均由人自己作主。所以,"无"是人的真正本体,它表明人的存在与自然世界中的存在者的存在是根本有别的,人的存在完全是由自己的,这就是自因性,就是自本自根性,这就是真正的本体。

德国古典哲学开创者康德的伟大之处就在于,他通过对人的认识能力的批判考察,将"灵魂"、"宇宙"、"上帝"这些旧哲学讲的本体搁置在了人文世界中,真正确定了其本体的地位和身份。这个贡献应该说是不小的。但康德发现和确定的本体的人文本质,是通过道德活动的"假设"来引出的,尚未对此予以正面揭示,更未正面探讨人文世界本体的本质内涵。大约过了一个半世纪,德国现代哲学家海德格尔对本体的人文本质作了认真地和颇具深度地探讨。1929 年 7 月 24 日,海德格尔在弗莱堡大学作了题为《形而上学是什么?》的教授就职讲演,就"无"的问题作了讨论。海氏说:"科学现在必须重新郑重而清醒地宣称它只过问存在者。这个'无'——对科学来说,它怎么能不是一种可厌之事与虚幻之物呢?如果科学是正确的,那末只有一件事情是确定不移的:科学不愿与闻'无'。""科学以一种高傲的无所谓的态度对待'无',把'无'当作'不有'的东西牺牲掉了。"这是说,"无"不是科学研究的对象,"无"在科学中是没有地位的,科学也根本把握不住"无"。海德格尔还说:"然而我们试图追问'无'。'无'是什么呢?刚一接触这个问题,就已显示出某种异乎寻常的东西。在这一发问中,我们自始就把'无'定为某种如此如此'存在着'的东西——作为一个存在者。但'无'却恰恰与存在者截然不同。追问'无'——问'无'是什么以及如何是——就把所问的东西变成了它的反面。这个问题本身就剥夺了它自己的对象。""因为思维在本质上总是思维某物,若竟思维'无',那就不能不违反它自己的本质来行事了。"这表明,"无"也不是一般认识论的对象,一般认识论的理论和方法是把握不住"无"的。然而,尽管科学和认识论都不愿与闻"无"和把握不住"无",但"无"却是科学和认识论的基础。海德格尔指出:"科学不愿与闻'无'。但是也仍然确实存在这样的事实,即在科学试图道出自己的本质之处,科学就乞灵于'无'。科学所抛弃的东西,科学就需要它。"科学需要"无",认识论也需要"无"。因为"按有统治权威而且简直碰不得的'逻辑'理论讲来,否定是知性的一种特殊活动。……仅仅因为有这个'不',也就是说,仅仅因为有这个否定,就有'无'吗? 或者事情是恰恰相反呢? 只是因为有'无',才有这个否定与这个'不'呢? ……我们主张:'无'比'不'与否定更原始。"可见,"无"对科学和认识论来说都是基础。"如果科学不好好地认真对待'无',那么科学号称明达与优越都将变成笑话。只是因为'无'是可以弄明白的,科学才能把存在者本身作为研究对象。"同时,"只有当这个'不'的渊源,即一般的'无'之'不'的作用,亦即'无'本身,已不复蔽而不明的时候,这个'不'才能够被显示出来。这个'不'并非由于否定而生,而否定倒是植根于由'无'之'不'的作用中产生的这个'不'上的。否定还只不过是进行'不'的活动之一种方式,也就是说,只不过是事先就以'无'之'不'的作用为依据的活动之一种方式。"因此,"'无'是否定的根源,而不是相反的情况。""无"既然如此之重要和基本,那我们怎么来得到它呢? 海德格尔认为,"须要求明确舍弃'无'的一切界说,这些界说都不是在真和'无'打交道的情况中得出来的。""'无'也决不会作为对象而被给与。""然而'无'却是通过畏并在畏中显露出来","在畏中,存在者整体离形去智同于大通了。"因为,"原来我们所曾畏与为之而畏者,竟一无所有。事实是:如此这般曾在者就是'无'本身。""体会到畏之基本情绪,我们就体会到此在之遭际了;在此在之遭际中,'无'就可被揭示出来,而且'无'必须从此在之遭际中才可得而追问。""假如此在自始就不将自身嵌入'无'中,那么,此在根本就不能和存在者打交道,也就根本不能和自己本身打交道。""于是追问'无'的问题的答案就获得了。'无'既不是一个对象,也根本不是一个存在者。'无'既不自行出现,也不依傍着它仿佛附着于其上的那个存在者出现。'无'是使存在者作为存在者对人的此在启示出来所以可能的力量。'无'并不是在有存在者之后才提供出来的相对概念,而是原始地属于本质本身。在存在者的存在中'无'之'不'就发生作用。"①海德格尔的论述有晦涩的地方,比如他说"畏启示着'无'"、"在此在之遭际中,'无'就可被揭示出来"等,在不甚了解海氏哲学思想的

———————

① 见《海德格尔选集》上,孙周兴选编,上海三联书店 1996 年版,第 135—153 页。

情况下是一时难以把握住他所说的这个"无"的含义的。但有一点却是很明确的,即"无"的的确确与"此在"(Dasein)有内在关联,也就是与人有内在关系,它实际上就是人的本质、本性,即人文世界中的人的自由性的表现和显现。

"无"即"自由",此乃本体Ⅱ的本质。从这一本质出发,本体Ⅱ就表现出如斯特征:

一是生灭性。自然世界中的存在者是无有生死的。人之外的一切存在者,包括动、植物在内,表面看来是有死亡的,但实则无有,因为这仅是其存在形态上的变化,其存在本质仍是"有",所以自然世界中是没有死的,自然世界的存在者是不会死也不能死的。神也不会死,神是永存的,想死也死不了。唯独人能死,且会死。人有生有死。生,代表着一个他自己的世界的诞生和存在,——对个体人来说,就表明他入世了,他进了人文世界中;死,则表明他自己的世界的消失,对个体言他就离开了这个人文世界,这一人的人文世界对他言就再也没有了,不存在了,即成了"无"。人有生有灭,即有死的本性,正是本体Ⅱ的一个突出特征。人会死和能死,这才真正表明了人由自己的自由本性,即自因性和自本自根性,亦即"无"的本性、本质。如果人不会死和不能死,人就永远是个"有",人的一切所作所为就都只有自然存在的必然性而已,人的行为也就没有什么意义和价值了。人文世界中的王法之所以是王法,之所以具有神圣的权威性和力量;包括伦理、道德在内的一切礼仪规范之所以是神圣的,具有超越的必然性力量,就是因为人有生有死,即生而能死和会死。倘若人无死,王法是杀不死人的,神也消灭不了人,如果这样的话人就超出了社会存在的范围,也自然就没有一个人文世界存在了。伦理道德规范之所以有神圣的超越性力量,恰恰因为人有一个自己的人文世界在,人并能离开这个世界,即死。可见,有生灭性是本体Ⅱ,即"无"本体的一个突出特征。

由此,又附带表现出了"无"本体的这样两个特征:有限性和整体性。人是有生死的,这表明人的存在是个有限的一段,是有开始和终结的,即始于"无"而终于"无",处在两个"无"中间的是"有",这就是人的有限性存在。人不能也不会无限地存在下去,人的生存是有限的,这也同时就表明人的存在是个完全的整体,即他有始有终。生,表明他进入了人的世界;死,则表明他离开了人的世界,从生到死就是完完整整的一个段,即有限的一段。相比之下,人之外的自然物就没有有限性和整体性。无论就宇宙中的某一自然存在者言或就宇宙自身言,作为自然世界,它的"生"只是某种东西的变形,无有真生;而它的"死"也仅是其存在形态上的变化,无有真死。无有真生和真死,故自然世界是表现、呈现不出自己的有限性的;没有有限性,就不能表现出一个完整的存在段,因此也就不会有整体性。

有人可能会说:人有生有灭,人要死去,这多不好呀,多令人悲伤呀;如果人不死就好了,岂不可以永远享受和占有世上的名誉、地位、权势、财富等等了吗?! 自古以来尊贵已极的帝王所梦寐以求的不就是长生不死吗?! 宗教(例如佛教)所苦口婆心教导人的不也就是让人开悟成佛以进入不生不死的涅槃境界吗?! 此种看法不是毫无道理的,但却未睹人文世界的"无"("自由")之本质。名誉、地位、金钱、权势、酒气、美色这等等的东西之所以令人留恋,对人极具诱惑力,正是因为人有一个人文世界在,如果没有了这个人文世界,名誉、地位等等的东西就都成为毫无意义的粪土。试想,人对荣誉感到高兴,猪也会感到高兴吗? 人喜欢黄金,驴子也喜欢黄金吗? 金榜题名、洞房花烛,这是人的追求,那么一根木棍也想这些或这样想吗?《庄子·齐物论》说:"民湿寝则腰疾偏死,鳅然乎哉? 木处则惴慄恂惧,猨猴然乎哉? 三者孰知正处? 民食刍豢,麋鹿食荐,蝍蛆甘带,鸱鸦嗜鼠,四者孰知正味? 猨猵狙以为雌,麋与鹿交,鳅与鱼游。毛嫱、西施,人之所美也;鱼见之深入,鸟见之高飞,麋鹿见之决骤。四者孰知天下之正色哉?"究竟谁能知"正处"、"正味"、"正色"呢? 当然是人也只有人,难道能是人之外的其他动物吗?! 那么,人何以能知"正处"等呢? 正因为人有一个人文世界在着、有着,如果离开了这个人文世界,人就是个死尸,肯定是不知道"正处"等的。人有一人文世界,而这个人文世界恰恰是在人的死中或有死中得以存在和表现的,故它的本质是"无";如果人不死和不能死,人文世界的本质就是"有",这也就没有人的世界了,人还享受什么美色名利呢?! 所以,有死是人的本质特征,死这个龛位中供奉的正是"无"这位真神。真正聪明的人不是在追求不死,这实际上是有违人的"无"之存在本性的,也是根本办不到的;而是去认识死并本然、本真地去死。真正能死和会死,这才是"长生"。所以,佛教教人进入涅槃而长生不死,而这个"涅槃"恰恰就是"死"本身。柏拉图说学习哲学是练习死亡,诚哉斯言!

二是时间性。时间性是"无"本体的另一特征。基于"无"的本性、本质,人是有死的和会死的。那么,人是怎么死的呢? 是像一般动物那样死去吗? 不是。如果这样的话,在死真正到来时人却是不知道的,这实际上就是没有死。古希腊(希腊化时期)的伊壁鸠鲁说:"你要习惯于相信死亡是一件和我们毫不相干的事,因为一切善恶吉凶都在感觉中,而死亡不过是感觉的丧失……死亡对于我们是无足轻重的,因为当我们存在时,死亡对于我们还没有来,而当死亡时,我们已经不存在了。"[1]这是典型的从感觉出发来理解死亡的。这样以来,就将死亡这一人文本质降低或还原为自然世界的一种现象了。所以,对人而言,死不是肉体的自然消亡,而是要能理解、体会、体验死,在死的存在中经验死和在经验死中存在死,这乃海德格尔所谓的提前进入死亡状态。提前进入死亡,这一方面是对死的前瞻和筹划,这是指向于"将来"的;另一方面又是对死的理解和体验,即真实地体验到死的到来和其过程,这又是指向于"过去"的。所以,对人的死来说,它既是前瞻性的筹划又是后牵性的记忆,是由将来和过去紧紧勾连在一起而生成了的"现在"的总体存在过程。那么,怎么能将人之"死"这种前瞻后延、即将来和过去的勾连一体性表现、显现出来呢? 这就是时间性。

时间是什么? 这是一个从古到今的哲学难题。古希腊亚里士多德将时间说成是"前后的运动的数"[2]。中世纪奥古斯丁作为一位经院哲学家认真沉思了时间问题,他从上帝创世的角度将时间作为是随上帝创世而产生的。近代牛顿的"绝对时间"观无疑是个典型代表,他将时间理解为一个绝对的框架,认为绝对的、真实的数学时间依其本性是均匀流逝着的,与任何外在于时间的东西无关。后来莱布尼兹提出了"关系性时间"观,对牛顿的绝对时间有所修正,但"时间"仍是作为绝对框架对待的。康德将时间作为人的

---

[1]　伊壁鸠鲁:《致美诺寇的信》。《古希腊罗马哲学》,三联书店 1957 年版,第 366 页。
[2]　亚里士多德:《物理学》,张明竹译,商务印书馆 1982 年版,第 219 页。

感性直观的内直观方式,并将时间作为先验的知性范畴与经验直观材料相沟通的"先验图式",这具有重要意义,但却被限制在了认识领域中。还有柏格森,他将时间视为人的生命存在的一种根本方式,认为"至少有这样一种实在,我们都是运用直觉从内部来把握它,而不是运用单纯的分析。这种实在就是在时间中流动的我们的人格,也就是绵延的自我。"①柏格森将"时间"与人的人格即"自我"相联系,这是有一定意义的,但尚未道出时间的本体性本质。对时间的深层把握要算海德格尔了,他认为"存在"(sein)的"何以在"就意味着"存在应如何显现"出来,而显现是一动态的过程,这就有了时间性,故时间是"存在"的根本特征,"时间是可据以对任何种在获得了解的地平线。"②海氏将"时间"作为"存在"的内在本质。海德格尔所说的"存在"就是Dasein(此在、亲在、缘在等),也就是人。这当然非人的肉体这种自然物,而是指人的人文本质,也就是人的有生有死的本性。上已指出,当人不是自然地处在死中而是"提前进入死"时,"死"这种过程就现象性地显现着人的"无"本质,也就同时表现和显现出了时间性。

三是历史性。这是本体Ⅱ即"无"本体的又一特征。历史性与时间性紧密相关,它是时间性的展开和表现。历史者,已往之事迹也,即已历经过的事件、事情等。事件、事情已经过去了,这是一种极为平常、简单的现象,不仅人类活动有此现象,自然事物的存在也是如此。但问题在于,这种已往的事情如何被保存住和何以能被保存住呢? 如果保存不住,虽有经历,但也就没有"历史"可言。那怎么保存以往的事情呢? 谁来保存它呢? 自然世界是做不到这一点的。自然世界的存在者永远是"有",尽管每个存在者在存在形态上有变化,但存在性质却没有变,即它始终是"有";由于在存在性质上只是"有"而非"无",故自然事物不能记录下它的过去,更不可理解和认识它的过去,故它是无有历史性的。人文世界则不然。人能死亡,人更能提前进入此死亡中。正因为能"提前"地"进入"死中,所以死就不是人之外的事件,它已嵌进了人的存在本性中,人活着时就能死和在死着,并时刻沉

---

① 柏格森:《形而上学导言》,商务印书馆1963年版,第4页。
② 海德格尔:《存在与时间》,见《存在主义哲学》,商务印书馆1963年版,第3页。

积着此种死,理解着这种死,即能将死的过程记录在自身的存在中,这就有了历史性。一提到历史,人们总想到金石典册。这固然是历史,但却是死的东西。而历史中真正活的东西正是人文世界,是人的"无"本质,即"自由"本质。真正的历史不是也不应是物,而应是文物,即用它来呈现已过去了的人的那个曾经在着的世界。《庄子·天道》讲了一则故事,云:"桓公读书于堂上,轮扁斫轮于堂下,释椎凿而上,问桓公曰:'敢问,公之所读者何言邪?'公曰:'圣人之言也。'曰:'圣人在乎?'公曰:'已死矣。'曰:'然则君之所读者,古人之糟魄已夫!'桓公曰:'寡人读书,轮人安得议乎!有说则可,无说则死。'轮扁曰:'臣也以臣之事观之。斫轮,徐则甘而不固,疾则苦而不入。不徐不疾,得之于手而应于心,口不能言,有数存焉于其间。臣不能以喻臣之子,臣之子亦不能受之于臣,是以行年七十而老斫轮。古之人与其不可传也死矣,然则君之所读者,古人之糟魄已夫!'"轮扁的这番话显然是有说服力的。圣人已死,这表明圣人所在的那个人文世界(世道)已不存在了。尽管用言词记下了圣人之言,但这些言词只是个符号,所反映出的只是圣人之"迹",而并非那个活的"所以迹",即已不是圣人活着时所作所为的那个世界了,所以轮扁说桓公读的仅是圣人的糟粕,这当然是有道理的。但轮扁不知道,这些言词是有活的一面的,它记载着圣人生活时的那个人文世界,问题就在于如何从言词中把这个虽已过去的世界启示出来,显示、显现出来。这个显现的过程就是历史。

可见,"无"即"自由",是本体Ⅱ的本质所在,也是本体Ⅱ的根本特征。从这一根本特征又可具体地将本体Ⅱ的特征表现为生灭性或有死性、时间性、历史性等。

2.本体Ⅱ的结构

本体Ⅰ即"有"本体的结构是"有、无"性。那么,本体Ⅱ即"无"本体的结构是什么呢?

本体的存在结构并不是随意的,它与这个本体的存在条件息息相关,是由这一本体自身的存在组建或建构而成的。本体之为本体,当然不是一抽象概念,它是相对于现象而言的,是在现象之"现"、"象"中存在和表现的,它决定着现象之所以然和所以是的呈现、显现。所以,所谓本体的存在条件与显现、现象该本体的现象存在的条件是相一致的,此乃体用一源,显微无间。因此上,我们在把握本体Ⅰ的结构时正是从考察自然世界中存在者的存在条件入手的。现在要把握本体Ⅱ的结构,同样得从考察人文世界中的存在者——人的存在状况和条件入手。那么,人是怎样存在的? 人的存在条件如何呢? 人是有如自然世界的存在者那样地存在吗? 当然不是。如果就人的肉身看,人与自然世界中的存在者是一样的,它当然首先要像自然存在者那样处在一存在者与他存在者构建而成的外存在构架中。但是,人之为人的本质、实质并不在于人的肉体,而在于人有一个自己的世界在,在于人自己构建、组建着一个属于自己的人文世界;人自己的这个人文世界在本质、本性上不是"有"而是"无",即人的这个世界源于"无"且归于"无",在两个"无"之间才是和才能是自己的存在,即"有"。所以,当人存在着时,即当人在自己的世界中生、活着时,这正是由人自己的"无"本质所组建、建构而成的。人的本质是"无",换句话讲,就是"人无自性",即人并没有天生的、先天的什么规定性,并没有个"什么"事先存在着,人一来到这个世界上,并没有带任何的"什么",它在本质、本性上是什么都没有的存在,即无有任何本性才是人自己的真正本性,所以人的本性是"无"。正因为人的本性是"无",即人无自性,人才能和才要去组建、构建自己的性,即才能和才要去生、活,在生、活中自己为自己组建起"什么"的"性"。因此说,考察本体Ⅱ即"无"本体这个人文世界的本体时,是不能从已有的和现有的、现成的人的存在出发的,即绝不能把人和人的世界当作一个现成的"什么"来予以定性和定谓,若这样做的话就把人的"无"本质转化为"有"本质了,人也就成了一个有自己先天规定性的"什么",这样的人就是自然世界的存在者了。考察本体Ⅱ即"无"本体这个人文世界的本体时,首先要从人的"无"本性出发,在这个"无"的无化中,即在由"无"生"有"的化生过程中予以考察和把握。这就是本体Ⅱ即"无"本体的存在条件。

人的本质是"无",人的存在就是这个"无"的生成和化生过程,这就是人的生活,即人自己的生和活,就是人的世界,即人世。但这里要特别注意和说明的是,当我们说人从自己的"无"本质出发来生化自己的世界时,并没有和不能有一个先已存在着的"无",如果这样的话,那么这个"无"也就不是"无"而是"有",人也就根本不是一个无有任何规定性的"无自性者",而是一个具有先天规定性的"什么"了。人的本质是"无",这表明人这个存在者天生就没有任何规定性,它是"无自性"的,压根连这个"无"本身都没有。那么,我们现在说着的这个作为人的存在本质的"无"到底还有没有呢?它到底在哪里呢?其实,它就在化生"有"的过程中,是在人自己去生活的生、活中生着和活着的。所以,人的这个"无"是自我组建、构建而成的,是在组建、构建"有"时而同时组建、构建成的。人这个"无自性"的存在者一来到世间,就组建、构建着自己的"无"本质,同时也正构建着自己的"有"本质;可以说,人的生、活的过程既是构建着自己的"无"本质的过程,也同时是构建着自己的"有"本质的过程,这是人的"有"本质和"无"本质双生双栖的过程。这,就是本体Ⅱ即"无"本体自身的结构,即"有—无"性。这个"有—无"性不同于本体Ⅰ即"有"本体的"有、无"性。在"有、无"性中,"有"与"无"虽然也是一体同在,但这个一体化是单向度的和单层次的,所以它的存在所展现出来的方式是螺旋式的、递进的圆圈。而在"有—无"性这里,"有"和"无"不仅是有机统一而一体同在,且是双向度和双层次的,因此,它的存在所呈现、显现出来的方式不是螺旋递进的单向度的线性圆圈,而是一独立、整全的显现圆圈。

作了以上的如斯诠解后,本体Ⅱ即"无"本体的存在结构问题说解清楚了吗?可以说既说解清楚了又没有说解清楚。为什么呢?因为这里要用语言来运作,一旦离开了语言是不会有人文世界存在的,那么什么思想都就没有了,就连这个本体Ⅱ即"无"本体本身也就没有了。然而,一旦用语言来运作的话,就少不了概念化和对象化,即就会将本体Ⅱ即"无"本体的这个"无"予以对象规定,使其成为了理性、思想面前的对象了,这实际上是将"无"转化为"有"了。佛家讲"物无自性",讲"性空缘起",讲"空"。但如何来把握这个"空"呢?"空"绝不能予以对象化、概念化,这样的话这个"空"就不空了,就成了实,即成了"有"了,这就是佛家所谓的"顽空"或死"空"。要把握住这个真"空"或活"空",只能将其非对象化和非概念化,这实际上只能让它自己自我显现、开显、现象出来,这就是佛家所谓的"涅槃即世间"的"顿悟"法门。佛家讲的这个思想和道理,如果用现代西方哲学现象学、存在论的思想来说,实际上就是情境反思的问题。具体科学也好,哲学也好,哲学中的什么理论、思想也好,只要有思想,有理论,就没有不用语言的,就不会不用和不能不用概念。但语言、概念却有两种运用法,即一种是概念或观念反思法,另一种是情境反思法;所谓情境反思就是从事反思的人与反思的对象一体同在地处在情境、情景中,即此时当人在说对象如何如何时就身临其境地正处在这个情境之中,这就是与流偕行的思想和思想方法。把握本体Ⅱ即"无"本体,所用的只是和只能是这个情境反思法。这个情境反思法表现、体现在本体Ⅱ即"无"本体的结构上,就是"有—无"性,这时的"有"和"无"不是二分地并存,也不是单向度地递呈,而是互为显现、现象、观照、映射地呈现之,故是双层次和双结构的显现和现象。

3.本体Ⅱ的存在方式

以上我们从人这一存在者之存在的总体存在条件出发,分析了本体Ⅱ即"无"本体的"有—无"性结构。本体Ⅱ的这一存在结构,就逻辑地决定了它的存在方式和途径。在考察本体Ⅰ即"有"本体的存在方式时,我们指出:本体Ⅰ的存在方式是肯定——否定——否定之否定的螺旋式递进圆圈。但这个"圆圈"实质上并不是一个真正的圆圈,即这个圆圈的开端点和终结点是错位的,并没能在一个点上真正合为一体。为什么会是这样和要是这样的? 这是由本体Ⅰ的"有"性本质和"有、无"性结构决定的。本体Ⅰ是关于自然界存在者之存在的本原、本体,而这种存在者在根本性质上是"有",即它只有存在形态上的变形和转化,但无论怎么变化,也不论变化多少次,它总是"有"性的,绝不能把自己从自然世界中提升、提离出来而成为"无"性的存在。本体Ⅰ这一根本的存在性质就决定了自然世界的每一存在者永远地处在自然必然的永恒流中,它不能和没有把自己从此种自然必然性中提离出来,独立出来,所以它没有自己整全、独立的自身,也没有一个完整、有限的段落。本体Ⅰ这一根本的"有"性通过自己"有、无"性的结构而在存在方式上表现、呈现出来,就是在分阶段的统一中存在和表现的肯定——否定——否定之否定;就是说,本体Ⅰ"有、无"性中"有"和"无"虽然为一体,但却是单向过渡性的和递进性的,故要表现为肯定、否定、否定之否定这样具有外在联系性质和形式的一体化过程。

与本体Ⅰ不同,本体Ⅱ即"无"本体的"有一无"性结构所要求和呈现出的存在方式不能是那种分阶段统一的肯定——否定——否定之否定式的有错位的螺旋式圆圈。那么,本体Ⅱ即"无"本体的存在方式究竟是什么呢?其一,它是个整全的一,是个开端和终结没有错位的真正的闭合住的圆圈。因为作为人文世界之存在本体的本体Ⅱ,其根本性质是"无",即它源于"无"且归于"无",在这两个"无"中成就和生成的是"有";所以,这个"有"是独立的和整全的,它已提离出了那种自然的必然性和无限性,真正成为一个独立的一。这时它在存在性质上是"无",即没有任何它之外的东西来限制、左右它,它是自本自根的,也是自由的,它的存在的一切的一切都由自己来决定和作出。其二,它是个真正独立的圆圈。就是说,在本体Ⅱ即"无"本体这里,"有"和"无"不是单向、单层的统一或合一,而是双向、双层的合一,这时的"有"和"无"已融为一体,是个独立、整全的一,是不能表现、呈现为单向过渡的线性递进的,它是也只能是一体化的呈现、显现、现象。其三,它是一有限的和有自身时间性的存在体。在本体Ⅱ即"无"本体这里,"有"是在开端和终结均是"无"的两个"无"中所生成、成就的,故本体Ⅱ的存在一定有开始和结束,它是个有限的一段,这表明它的存在不是也不能处在某种外在的时间中,它自身就有时间性,即它自己就生成、构建着时间,它的存在一定是一体化的到时。这三个方面,既是本体Ⅱ即"无"本体之存在的特征,也是它的存在方式。本体Ⅱ即"无"本体就在这三个方面的统一中存在和显现着。

德国现代哲学家海德格尔讲的"存在",就是"无"本体;他的"Dasein"(国人译为"缘在"、"亲在"、"此在"等)就是"无"本体的存在方式和显现。下面结合论述海德格尔关于 Dasein 的整体存在结构 Sorge(国人译为"牵挂"、"烦"、"操心"等)以及 Sorge 的存在论意义 Zeitlichkeit(时间性)的论说,来例解和理解一下我们所说的本体Ⅱ即"无"本体的存在方式问题。

海德格尔的哲学目的、目标是"存在"自身。究竟何为"存在"自身呢?存在是离不开存在者的,"存在"自身是在存在者身上存在和显现的。若离开了存在者单独地来考察这个"存在"的话,那么它就只是个理性的抽象体,这实质上是存在者而非"存在"自身。海氏认为,以往的西方哲学虽自称是研究"存在"问题的,但两千多年来实际上所研究的都是存在者而并非"存在"自身,这正是因为把"存在"作为一抽象体来对象化地对待和处理了。所以,海氏主张,要研究和把握"存在",首先要找到一个能通达、显现"存在"的存在者,而这个存在者就是人自己,对此他厘定和取名为 Dasein。海氏定性地分析了 Dasein 的两个本质特征,即"1.这种存在者的'本质'在于它去存在。如果竟谈得上这种存在者是什么,那么它'是什么'也必须从它怎样去是、从它的存在来理解。"这就是说"此在的'本质'在于它的生存。""2.这个存在者在其存在中对之有所作为的那个存在,总是我的存在。"这也就是说"此在总作为它的可能性来存在。""此在本质上总是它的可能性。"①定性地阐述了此在(Dasein)的本质后,海氏分析、描述了它在非本真的日常环境中的情态和存在情形。然后,他分析了此在"存在于世界之中"的种种生存形态的整体,他称之为 Sorge(烦或操心、牵挂)。他说:"我们曾把此在的存在整体性规定为操心。"②Sorge(操心)的结构就是"先行于自身已经在(世)的存在就是寓于(世内照面的存在者)的存在。"海氏又说:"我们曾用一个生存论公式来表达操心的结构:先行于自身的——已经在(世界中的)——作为寓于(世内照面的存在者)的存在。"③Sorge(操心)的这一整体性的结构是如何展现的呢? 海氏指出:"时间性绽露为本真的操心的意义。"④就是说,Sorge(操心)的存在是以时间为方式来展现的。这一具体展现的过程是将来——过去——现在的一体到时。海德格尔指出:"此在根本就能够在其最本己的可能性中来到自身,并在这样让自身来到自身之际把可能性作为可能性保持住,也就是说,此在根本就生存着。保持住别具一格的可能性而在这种可能性中让自身来到自身,这就是将来的源始现象。""此在本真地从将来而是曾在。先行达乎最极端的最本己的可能性就是有所领会地回到最本己的曾在来。只有当此在是将来的,它才能本真地是曾在。曾在以某种方式源自将来。""曾在的(更好的说法是:曾在

---

① 海德格尔:《存在与时间》(修订译本),三联书店 2006 年版,第 49、50 页。
② 海德格尔:《存在与时间》(修订译本),三联书店 2006 年版,第 368 页。
③ 海德格尔:《存在与时间》(修订译本),三联书店 2006 年版,第 222、361 页。
④ 海德格尔:《存在与时间》(修订译本),三联书店 2006 年版,第 372 页。

着的)将来从自身放出当前。"以将来为总体牵引和总体趋势,将来——曾在——当前一体到时,这就是"时间性",即"我们把如此这般作为曾在着的有所当前化的将来而统一起来的现象称作时间性。"①可见,Sorge(操心、牵挂)作为 Dasein 的整体存在结构,是以"时间性"为根本的存在方式而存在的。"操心的结构的源始统一在于时间性。"②

　　海德格尔关于 Dasein(操心或牵挂)的整体结构以及这一结构的存在方式(时间性)的分析,对我们认识和理解本体Ⅱ即"无"本体的结构和其存在方式颇富启发性。海氏所谓"操心"的"先行于自身的"、"已经在(世界中的)"、"作为寓于(世内照面的存在者)的"这三个要素或维度,和将来——已经——当前的"时间性"以及作为此时间性之绽出的时间,就是人这个此在(Dasein)之存在的存在方式,也正是我们这里所说的本体Ⅱ即"无"本体的存在方式。何以见得呢? 因为这个操心的三维度和时间性就是本体Ⅱ即"无"本体的"有—无"性结构的表现、展现或展开。"无"本体是"有—无"性的,这不同于"有"本体的"有、无"性。在"有、无"性处,"有"与"无"虽然也是统一,但它是单层的、单向的、线性的和递进性的,故"有"本体能表现和要表现为"有"——"无"——"有(无)"的三阶段和过程。而在"有—无"性这里,"有"和"无"是合而为一的和圆融的,是双层的和双向的,故不能表现、展现为"有"——"无"——"有(无)"式的三阶段和过程,它是个真正的圆、圈、环,是以自身的整体存在来展现、表现、呈现的。然而,既然是"有—无"性的结构,总要有或总要表现为"有(—无)"、"无(—有)"、"有—无"这样的三要素或维度的。

　　这个"有(—无)"的要素或维度,展现的就是"无"本体的"先行于自身"的存在性。海德格尔指出:"先于自身的存在就是向最本己的能在的存在。"③就是说,所谓"先于自身"指的是人这个 Dasein 的"存在"本性。人的实际存在首先一定是个肉身,是一存在者,这就是它的有,即"有"性。但人的这个"有"性与自然世界的存在者的"有"性有质的不同,在人的"有"的

---

①　海德格尔:《存在与时间》(修订译本),三联书店 2006 年版,第 370、371、372 页。
②　海德格尔:《存在与时间》(修订译本),三联书店 2006 年版,第 373 页。
③　海德格尔:《存在与时间》(修订译本),三联书店 2006 年版,第 223 页。

龛位中供奉、存在的是"无",即"无自性"。人一来到世上,并未先天地带有某种规定性,即无"什么"性可言,它的存在本性只是"无",即无有"自性";正是这个"无'自性'"的"无",才从根本上决定了人的存在是生存,是去生存,是在生存中组建、建构自己的存在,即"有"性的。所以,人的生存总有谋划、筹划性,总是指向未来的。维特根斯坦说:"我们说一只狗怕他的主人揍它;但不说它怕他的主人明天揍它。为什么不这样说呢?"①为什么呢?维特根斯坦只是提出此问题,而没有说究竟为什么。其实这是因为人能筹划自身而狗则不能。人之外的其他动物有感觉,且有些有远胜于人的感觉,它们也有记忆,甚或有比人强的记忆力,但就是没有对将来的筹划。所以,它们只有现在而没有未来;因为没有未来,所以也就没有真正的过去。对一只狗来说,主人现在将它揍了一顿,它是知道的;第二天它见到主人时还能马上记起昨天挨揍的情景而胆怯地躲开主人。但这只狗就是不知道,也根本不想和不会去想它的主人是否明天会揍它,它没有将来,只要眼前的危险一过去它就别无忧矣。人则是有未来的,人要谋划其未来;而且,人谋划未来并不是把未来作为一个确定的目标(即作为一个"什么")来谋划之,而是生存、生成式地谋划,也就是"先于自身"地谋划。如果人所谋划的未来是个确定的目标,是个"什么"的话,这表示这个未来已被对象化了,已经来了,这实质上也就没有真的未来了。比如说,人知道自己是要死的,但如果等人真的处在死中而死了时再作谋划的话,那么这个死就不是将来的而成了现在的确定事件和事实了,这也就没有必要作谋划了。人对自己的死的谋划是"提前进入"的,故这个死是"将来"性的。人的本性是去生存、去谋划自己,故人是永远指向将来的,是被将来牵引着的。人只是一个永远处在可能性中的生存者,他不是也不能是个"什么",他压根就没有确定性。我们常说"人是会说话的动物"、"人是政治性动物"、"人是社会动物"、"人是会制造和使用生产工具的动物"等,这些关于人的说法当然都是对的,也有一定的深刻性。但这并未能真正揭示和表达人的存在本质,因为当这样说时就将人确定为"什么"了,这就将人固定化、确定化、现成化了,这恰恰使

① 维特根斯坦:《哲学研究》,汤潮、范光棣译,三联书店 1992 年版,第 227 页。

人失去了"无'自性'"之"无"的根本性和筹划维度。人天生不是也不能是个确定的"什么",他永远只是一种可能性地生存,他肯定要是个"什么",但这个"什么"只是在他自己去存在、生存中予以呈现和确定的。这就是海德格尔将人视为 Dasein 的"Da"的意义所在。

这个"无(一有)"的要素或维度,展现的则是"无"本体的"已经在(世界中的)",即"在世"或"在世中"的存在性。海德格尔说:"操心作为源始的结构整体性在生存论上先天地处于此在的任何实际'行为'与'状况''之前',也就是说,总已经处于它们之中了。"①人的谋划不是空想,它就是人的生存本身,所以人的谋划和人的生存一起要实现、表现在世中,即人在世(界)中(In-der-welt-sein)生存,简称为"在世中"。正因为人作为 Dasein 在本性上是"无'自性'"的"无",所以它才能和才要去生存,要组建起自己的"在世中"的关系和联系之缘。这个缘不是确定的和现成的,而是由人"无'自性'"的"无"这一本性、本质所组建、构建成的,即"无(自性)"把自己组建为缘;它组建缘,当然就处于这个缘中,由此也就有了自己的实际存在,有了有。这正是本体Ⅱ即"无"本体的"无(一有)"之要素或维度的表现、展现。关于人的世界的缘构性,海德格尔指出:"'在之中'[In-Sein]说的是什么? 我们首先会把这个词补足为在'世界'之中,并倾向于把这个'在之中'领会为'在……之中'。这个用语称谓着这样一种存在者的存在方式——这种存在者在另一个存在者'之中',有如水在杯子'之中',衣服在柜子'之中'。我们用这个'之中'意指两件在空间'之中'广延着的存在者就其在这一空间之中的处所而相对具有的存在关系。水和杯子、衣服和柜子两者都以同一方式在空间'之中'处'于'某个处所。这种存在关系可以扩展开来,例如,椅子在教室之中,教室在学校之中,学校在城市之中,直至于椅子在'宇宙空间'之中。这些存在者一个在另一个'之中'。它们作为摆在世界'之内'的物,都具有现成存在的存在方式。在某个现成东西'之中'现成存在,在某种确定的处所关系的意义上同某种具有相同存在方式的东西共同现成存在,我们把这些存在论性质称为范畴性质,它们属于不具有此在式的

① 海德格尔:《存在与时间》(修订译本),三联书店 2006 年版,第 223 页。

存在方式的存在者。""反之,'在之中'意指此在的一种存在建构,它是一种生存论性质。但却不可由此以为是一个身体物(人体),在一个现成存在者'之中'现成存在。'在之中'不意味着现成的东西在空间上'一个在一个之中';就源始的意义而论,'之中'也根本不意味着上述方式的空间关系。'之中'[in]源自 innan-,居住,habitare,逗留。'an'[于]意味着:我已住下,我熟悉、我习惯、我照料;它有 colo 的如下含义;habito[我居住]和 diligo[我照料]。我们把这种含义上的'在之中'所属的存在者标识为我自己向来所是的那个存在者。而'bin'[我是]这个词又同'bei'[缘乎]联在一起,于是'我是'或'我在'复又等于说:我居住于世界,我把世界作为如此这般熟悉之所而依寓之、逗留之。若把存在领会为'我在'的不定式,也就是说,领会为生存论环节,那么存在就意味着:居而寓于……,同……相熟悉。因此,'在之中'是此在存在形式上的生存论术语,而这个此在具有在世界之中的本质性建构。"①人作为此在(Dasein),与自己的世界是一体同在和一起组建、构建而成的,人原构性地创造着自己的世界并由此而生存着。海德格尔在《艺术作品的本源》中对"世界"论述说:"世界不是数得清或数不清的、熟悉或不熟悉的现成事物的单纯聚集。但世界也不是一个仅只想象出来加到万物总和上的观念框架。世界成其世界,它比我们自以为十分亲近的那些可把捉可感知的东西存在得更加真切。世界从不是立在我们面前供我们直观的对象。只要我们在诞生和死亡、祝福与诅咒的路径上被迷狂地拥入存在,世界……就是我们臣属其下者。凡我们的历史的本质性决断降落之处,无论我们采纳它还是抛弃它、误解它还是重新寻问它,总就是世界成其世界之处。一块石头是无世界的。植物和动物也同样没有世界。"②石头之所以无世界,动、植物也之所以无世界,是因为它们只是存在者,在本性上是"有"而非"无",故它们没有生存,也就组建、构建不出一个世界来。人则能构建出一个世界,人有一个自己建构的"世界""在"。

这个"无—有"的要素或维度,展现的则是"无"本体的"寓于(世内照

---

① 海德格尔:《存在与时间》(修订译本),三联书店 2006 年版,第 63—64 页。
② 转引自陈嘉映:《海德格尔哲学概论》,三联书店 1995 年版,第 61 页。

面的存在者)的存在",即"沉沦"或"被抛"于世的存在性。海德格尔说:"作为实际的此在,此在有所领会的自身筹划总已经寓于一个被揭示的世界。此在从这个世界中——而首先是按照常人解释事情的方式——获取它的各种可能性。"①沉沦于世或被抛在世,这就是人这个 Dasein 的实际在世,就是人的现实生存、生活。人的现实世界是个花花世界,是常人的世界,这使得人把自己消沉在常人中而随波逐流,游戏风尘,且人此时是优哉游哉而乐此不倦。这时"常人展开了他的真正独裁。常人怎样享乐,我们就怎样享乐;常人对文学艺术怎样阅读怎样判断,我们就怎样阅读怎样判断;竟至常人怎样从'大众'抽身,我们也就怎样抽身;常人对什么东西愤怒,我们就对什么东西'愤怒'。"现实的人就这样现实地生活着,也就这样现实地沉沦着和被抛着。这就是人们日常存在的一种基本方式。"我们称这种基本方式为此在之沉沦。这个名称并不表示任何消极的评价,而是意味着:此在首先与通常寓于它所操劳的'世界'。这种'消散于……多半有消失在常人的公众意见中这一特征。此在首先总已从它自身脱落、即从本真的能自己存在脱落而沉沦于'世界'。"②沉沦于世或被抛在世,就是海德格尔所说的人的非本真存在。但这个非本真存在并不是作为此在之人的自身之外的存在方式,它原本就是人自己的存在方式,与人的本质存在方式一样都是源于人的"无"本性的。正因为人在本质上是"无'自性'"的"无",所以它才能入世和才要入世,倘若人的本性是"有"的话,它压根就是以"什么"的面目出现和存在的,它也就根本入不了世,根本就不会有自己的沉沦生活了;反过来说,正因为人是沉沦于世的,人才能实际地处在这个世界中并组建、建构这个世界,也才有可能和必要出离这个世界,倘若人像自然世界的存在者那样根本就不能和不会沉沦于世并组建这个世界的话,那么这个世界对人来说就是外在的,人也就真正进不了这个世界,同时也就真正出不了这个世界,人也就永远地和根本地解脱不了而最终进入唯我、真我的和本真的存在中。所以,由于本体Ⅱ即"无"本体的"有—无"性的结构维度,人的"有"和

①　海德格尔:《存在与时间》(修订译本),三联书店 2006 年版,第 225 页。
②　海德格尔:《存在与时间》(修订译本),三联书店 2006 年版,第 147、203—204 页。

"无"才是圆融一体的,才是双向的和双层次的,故这二者才是共同现象着的,即"有"显现、现象着"无"且"无"显现、现象着"有",这就是现实的人世,就是人的存在世界。

可见,海德格尔分析的关于此在之存在整体"操心"(Sorge)的三维度或三要素,实际上就是我们这里所说的本体Ⅱ,即"无"本体的"有—无"性结构的存在方式和途径。如果说海氏的"操心"(Sorge)的三维度或三要素是对 Dasein 总体存在方式的定性或静态的分析和把握的话,那么"时间性"以及作为它的绽出的时间,则是对 Dasein 总体存在方式的动态分析和把握。所以,海德格尔把"时间性"称为"操心的存在论意义"。

时间问题自古以来就是哲学的难题之一。亚里士多德在《物理学》中考察过时间。他认为,时间本身不是运动,因为运动是个别事物在个别地点的变化,而时间则与一切事物同在;另外,运动的快慢是靠所用时间的多少来测量的,而时间则无法再求助于另一时间来测定自己的快慢。时间本身虽然不是运动,但它却不可脱离运动(变化)而存在。因为人们只有在感到运动变化的时候才能感到时间的存在,即只有当人们已经感觉到了运动中的前和后以及这两个界限中间的一个间隔——现在时,才能说有时间过去了。亚里士多德说:"当我们感觉到'现在'是一个,并且,既不是作为运动中的'前'和'后',也不等同于作为一段时间的'后'和其次一段时间的'前',就没有什么时间被认为过去了,因为没有任何运动。但是,当我们感觉到'现在'有前和后时,我们就说有时间。因为时间正是这个——关于前后的运动的数。"①时间是"前后运动的数",这就是亚氏对时间的定义。黑格尔《逻辑学》中是没有时间的,时间只在"绝对理念"外化出自然阶段时才有。在《自然哲学》中黑格尔谈到时间。他说:"时间是那种存在的时候不存在、不存在的时候存在的存在,是被直观的变易。"又说:"只有现在存在,这之前和这之后都不存在;但是,具体的现在是过去的结果,并且孕育着将来。所以,真正的现在是永恒性。"②关于时间,亚里士多德和黑格尔都突出

① 转引自张祥龙:《海德格尔思想与中国天道》,三联书店 2006 年版,第 141 页。这里参考了张祥龙的一些分析,特注出。
② 转引自张祥龙:《海德格尔思想与中国天道》,三联书店 2006 年版,第 144、145 页。

它的"现在"维度。但这个"现在"的意义在他们那里却是不同的。在亚氏那里,因为将时间视为"前后的运动的数",故他的"现在"中有"过去"和"将来"的前牵后挂,即"现在"自身尚有一种境域性的缘构关系蕴含着。而在黑格尔那里,"现在"只是个光秃秃的现时确定性,"过去"、"现在"、"将来"被分开而敉平为一条单一的、阶段性的线性过程,因为"过去"已过去了而不存在,"将来"还未到来也不存在,存在着的只是"现在",这个"现在"就孤立了。所以,亚里士多德的时间观相当于海德格尔讲的"世界时间",而黑格尔的时间观则是海德格尔所谓的"庸俗时间"。海德格尔认为他们都未抓住时间的本质。

对时间本质作了深刻探讨的是海德格尔。他把"时间"与"存在"联系起来,将"时间"视为理解和把握"存在"的地平线。在他看来,"操心的结构的源始统一在于时间性。""操心之结构的表达借'先'和'已经'这样的语词提示出生存论建构与实际性的时间性意义。"他指出:"将来、曾在与当前显示出'向自身'、'回到'、'让照面'的现象性质。'向……'、'到……'、'寓于……'等现象干干脆脆地把时间性公开为 εκστατικον。时间性是源始的、自在自为的'出离自身'本身。因而我们把上面描述的将来、曾在、当前等现象称作时间性的绽出。时间性并非先是一存在者,而后才从自身中走出来;而是:时间性的本质即是在诸绽出的统一中到时。流俗领悟所通达的'时间'的种种特性之一恰恰就在于:时间被当作一种纯粹的、无始无终的现在序列,而在这种作为现在序列的时间中,源始时间性的绽出性质被敉平了。"①海德格尔将"时间"作为"操心"的三维结构的展开和显现方式,这是颇为深刻的。

在对海德格尔的存在论思想作了以上的引述和解读后,能帮助我们理解和把握本体Ⅱ即"无"本体的存在结构及存在方式吗?似乎还不能。这里仍有必要对这一问题再予以述说。要理解本体Ⅱ即"无"本体的存在结构及方式问题,要明确三点或三个问题:

其一,关于存在的本性及"性空缘起"思想。一提起存在,人们总习以

---

① 海德格尔:《存在与时间》(修订译本),三联书店 2006 年版,第 373、374—375 页。

为常地将其视为某一东西,并将这个东西视为一个确定的什么,即认为它是有确定的属性和形体、状象的东西。但实则不然。事实上,世上的存在者即物,也包括人在内,是无有自性的,即"无自性"或曰其自性是"无"或"空",因此,它不是也不能是个确切的、具体的"什么"。举个例子:我现在手上拿着一支钢笔,乍看起来,它就是一支笔嘛,真真切切,有属性,有状象,它就是个"什么"呀,有何疑哉? 但其实不然。当我用它来写字时,它的确是一支笔;但这个东西并非只能用来写字,就是说,当人们用它来写字时它是笔,它就存在着,而当它被用来做别的用途时就消失了、不存在了吗? 当然不是,它既可以用来写字,同时也可以用作别的什么用途,比如说,可以用它来压住纸张,用它来刺穿纸或布料,用它来塞住某一小洞,或用它来刺瞎某人的眼睛……当它做如斯用途时,它就不是一般意义上的钢笔了,而成了镇纸、刀具、凶器之类的东西了。所以,叫它钢笔只是人给它的一个名称,它的本性、本质并不是先天一定的"什么";当然,它能表现并要表现为"什么"的,但这个"什么"并不是它自性所带来的,而是在一定的条件和境域中被生成、被成就的,这个条件或境域就是"缘"或"因缘"。佛家讲"性空缘起",讲"物无自性",讲"空",倒是真言。把这个思想和道理放在存在者的存在问题上来说,就是我们前面已多次讲的问题,即世上如果只有一个东西的话这个东西是无法存在的,任何一个存在者的存在都一定是与它之外的他存在者处在关系中的,即在"缘"中,这个由一存在者和他存在者相关系着的缘就是我们所谓的存在者之存在的外存在构架。正因为物在本性上是空,是无,它才有条件和可能处在缘中;而正因为物能处在缘中,它在本性上才是空的、无的,物之存在的性空与缘起是内在一致的。我们前面所说的存在者的外、内存在构架问题,就是这方面的道理。

其二,关于外、内存在构架的关系问题。外构架是指一存在者与他存在者之间的联系和关系,即两个存在者的并存;内构架是指这种并存的关系和性质在并存着的两个存在者的每一个身上的积沉和内化。就存在形式说,前者是二,而后者是一,即前者是二分,后者是一体。这个问题实际上就是哲学常讲的多与一或二与一的关系问题。外、内这两个存在构架之间本来就是一构架,是互为存在的前提条件的。具体言,外构架是关于两个存在者的同时并存,这需要空间,即空间上的并存;内构架则是每一存在者自身的本性,是在这一存在者自身的运动中显现、呈现出来的,这需要时间,即时间上的继起。外、内这两种存在构架是在并存中继起和在继起中并存,故是一体同在,是一而二和二而一的统一。现在把这个思想和理论放在本体Ⅱ即"无"本体的存在结构上来看,就是所谓的双层次和双结构问题。这时这个双结构的存在方式当然不是单一的线性递进,而是双层的映照和显现、现象。

其三,关于观念或概念反思和情境反思的问题。在哲学上,一思考问题就离不开反思。而反思有两种类型,一是观念、概念式的反思,另一是情境式的反思。就前者言,是主体(人)对什么的把握,这是将所把握的什么对象化而搁置在了思想、理性面前,这就是人们惯用的概念或观念反思。这种概念式的反思有一根本症结,就是主体(人)与对象的分离。既然对象在主体之外存在着,二者是两截子的,那么主体何以能把握住对象呢? 对象究竟是如何超越了自身而到了主体之中的呢? 对此,即使用反映论、实践论等的学说都无济于事。按理说,主体要把握和能把握住对象,它必须与对象有一致性、同一性,即二者本应一体同在着,否则主体是把握不住对象的,而如果说能把握住对象这是没有道理的独断,是非法的。人们常振振有词地谈学习问题,谈从个别中抽象出一般的所谓归纳推理问题,等等。但请想想:学习何以才可能呢? 如果你对所要学的东西压根就不知道,就根本不可能知道,那你是无法去学的,是根本不可能去学的;而如果你对所学的东西已经知道了,那就不需要学了。所以,在此两种情况下都没有学习这种事情、行为发生。学习要得以可能,这种活动要得以进行,学习者必然要处于和实际地处于对所学的东西既知道又不知道,即既不是完全地知道,又不是完全地不知道,亦即既知道又不知道,既不知道又知道的情境中,这看起来是悖论,但却是事实。所谓抽象问题亦如是。当从个别中抽象出一般时,这个个别中有没有一般? 如果没有一般,你无论如何抽是抽不出来的,而如果有一般,那就不用去抽了;再说,当进行抽象时你究竟认识不认识这个抽象? 如果你不认识这个抽象,那你即使见到了它、碰到了它也不知道这就是所要抽的东西呀,那何以能有抽象这种活动的发生呢? 而如果你在抽象前或在抽象中已认识了这个抽象,那你就已知道它了,即已经有了、已经获得抽象了,那还需要再做这种抽象活动吗?可见,抽象活动与学习活动一样也是既有又无、既知道又不知道的情境。这种既在又不在,既有又无,既知又不知的情形,所表现的就正是情境反思。在这种反思中,主体与对象合二为一而一体同在,即主即客又非主非客,这就是与流偕行。

明白了以上所说的这三点道理后,关于本体 II 即"无"本体的存在结构及存在方式也就不难理解了。在本体 II 即"无"本体这里,既有"有"与"无"的二分,又有这二者的合一,是外存在构架与内存在构架的同时存在和展现,也就是一而二与二而一的同时显现、开显。这个显现不是"有"与"无"单向的交替进行,而是"有""无"的同时呈现,总是带有情境或场域的,故不是二维度的并存而是三维度的显现,这就是海德格尔所说的"存在"的"时间性"意义。

(六)把握本体的两种方式

这里所谓的把握本体是什么意思?以上对本体的泛论,对本体 I 和本体 II 的论说,不就是对本体的把握吗?凡哲学著述在言说本体问题时,不就是在把握本体吗?诚然如此。但当我们如此来作的时候,有两个前提性的先决条件:一是"我"的存在。一论说起本体,不论论说什么,也不论怎么论说,一定有个主体的"我"已事先存在了,总是这个"我"在论说,所说的任何本体都是"我"面前的对象。这就是主客二分的框架和结构。二是抽象概念的使用。只要论说本体,不论怎么论说,所用的和所能用的工具就是语言,就要使用抽象性、普遍性的概念、范畴。而抽象概念总是受事物域约束的,所表达的总是一种"什么"(关于抽象概念问题下面适当处再具体谈),所以它难以真正深入、渗入到所论述的对象本身。很明显,把握本体时的这两个先决条件对本体的把握是有很大限制的,特别是难以把握那种本体 II 即"无"本体。

《老子》开篇说:"道可道,非常道。""道"一旦被道出、说出,即一用言词、概念说出、讲出后,它为什么就不是"常道"了呢?《老子》第 48 章说:

"为学日益，为道日损。损之又损，以至于无为。""为道"就是对"道"的把握，它不是向外着落而有所增益，而是向内致力而不断减损，一直要减损到"无为"的地步。"无为"者，无所作为也。当思想到了无所作为的时候，也就自然不用思，不用想了，这当然也就不用什么言词概念了。《庄子·知北游》开篇讲了一个知北游求道的故事。说有个叫知的人北游于玄水之上，碰到一个叫无为谓的人，知就向他请教这样的问题："何思何虑则知'道'？何处何服则安'道'？何从何道则得'道'？"无为谓听后木木然毫无反应。知又向前游，碰到一个叫狂屈的人，又向他提出了同样的问题。狂屈说，好吧，让我来告诉你；但狂屈马上又说，当我想告诉你时我却不知道了。知再向前游，到了黄帝之所，他向黄帝提出了同样的问题，黄帝答曰："无思无虑始知'道'，无处无服始安'道'，无从无道始得'道'。"知听后就说，现在我和你知道了关于"道"的这些问题，而他们（无为谓、狂屈）则不知道这些问题，那么是我和你对呢还是他们对？黄帝说，最对的是那个木木然的无为谓，但狂屈也不赖；最不好的就是你和我，因为你问了"道"，我说了"道"，但我和你都没有得到"道"。这个故事颇有意思。为什么问"道"、说"道"者反而得不到它呢？就是因为当用语言概念来论说"道"时，就将"道"对象化了，"道"就与"我"对峙而二分，这当然得不到它。所以，庄子借无始之口说："道不可闻，闻而非也；道不可见，见而非也；道不可言，言而非也。知形形之不形乎！道不当名。"（《庄子·知北游》）这也就是《庄子·外物》所主张的"得意而忘言"。老、庄都意识到，言词概念是把握不住"道"的。

王国维《人间词话》说："有有我之境，有无我之境。……有我之境，物皆著我之色彩。无我之境，不知何者为我，何者为物。"又说："问'隔'与'不隔'之别，曰：渊明之诗不隔，韦、柳则稍隔矣。东坡之诗不隔，山谷则稍隔矣。'池塘生春草'、'空梁落燕泥'等句，妙处唯在不隔。词亦如是。"①王国维所说的"有我"和"无我"之境，"隔"与"不隔"的问题，虽然是关于作词的意境问题，但也正是关于把握本体的问题。在"有我"境中，"我"与本体

---

① 王国维：《人间词话》33、77。见《人间词话新注》（修订本），滕咸惠校注，齐鲁书社1986年版，第34、68页。

是二分着的,这就是"隔";在"无我"之境中,"我"与本体是圆融为一,一体同在的,这就是"不隔"。

可见,把握本体时,一旦有了"我",一旦使用了言词概念,就最终难以真正把握住它。但话又得说回来,一旦没有了"我",谁来把握本体呢? 一旦不用言词概念,就只得缄默无语,什么都不说,什么都不写了,这还能论说什么本体呢? 唐代白居易《读〈老子〉》诗曰:"言者不知知者默,此语吾闻于老君。若道老君是知者,缘何自著五千文?"①老子尽管说"道可道,非常道",但他还是要道"道"的,否则世上就不会有"道"的思想了。所以,要把握本体,不能有"我"和言词概念,也不能没有"我"和言词概念。矛盾乎? 事实矣!

可以肯定,把握本体一定是"我"在把握,一定是在用言词概念作把握。把握本体 I 用的就是此种方式。当人们一般地说到本体时,比如言"道"、"理"、"存在"、"理念"、"绝对精神"等的本体时,这个"道"等就是人这个主体之"我"面前的对象,"道"等就在"我"面前有着、在着,这时的"道"等在存在性质上就是"有",就是个"有"本体,即本体 I。正因为这个"道"等的本体在"我"面前有着、在着,它是人的思想、理性上的一个确定的对象,所以就理所当然地要用概念、范畴来定谓、描述、说解它,这自然就有了著述了。人是怎样用概念、范畴来把握"道"等的本体的呢? 其方式、方法无非是用判断的方式来作定义。比如说,对"道"这个本体就有"道是天地万物存在的本原、依据"云云。这里的格式就是"……是……"的判断式,而运思的实质则是概念的抽象性、普遍性、一般性之性质的展现。就是说,用定义式的判断来把握本体时,其实质只是把这个本体作为一个存在对象来抽绎出它的一般、普遍的存在性而已。所以,说"道是天地万物存在的本原"与说"人是会说话的动物"、"人是理性动物"、"红色是颜色"等在思想实质上是一样的。在"人是会说话的动物"这个判断中,人和动物是两个有,即两个存在着的对象,这二者之间具有种属关系,动物的内涵比人的内涵少,但它的外延却比人的外延大,所以动物可以包括人,把人这个种类包含进自身

---

① 引自钱钟书《管锥编》第 2 册,中华书局 1979 年版,第 413 页。

中;这样,当动物这个种类能存在和存在着时,人这个种类就自然能存在和存在着了,动物的存在因此也就成为人存在的依据。人们习惯认为,概念之间的这种种属包含关系一直可以进行下去,直至达到一个最后的、最一般的、最高的类概念。比如,人们从一朵玫瑰花开始,就可以说:这朵玫瑰花是红色,红色是颜色,颜色是感觉对象,感觉对象是对象,对象是存在;这就从一个具体的东西开始,最后达到了一个最一般的、最高的东西,即"存在"。人们从一朵玫瑰花开始,还可说:这朵玫瑰花是一株花树,花树是树,树是植物,植物是生物,生物是物;这个"物"就是物的一般,是一个最大的、最高的东西,它能将天地间的一切物包揽无余,即只要有了这个"物",只要这个"物"存在着,天下的一切物都能存在和都能存在着。从古希腊哲学以来,古今中外的人们都这样习以为常地来把握本体,来为天地万物的存在寻找本体和依据。

用"……是……"的判断和抽象概念的方式,的确可以把握存在者之存在的本原、本体,尤其能把握作为自然世界的存在者的存在本体,即本体Ⅰ。本体Ⅰ是"有"本体,是关于天地万物一切存在者之存在、之有的"有"性本质。当每一存在者出现时,它当然有着、在着;除非它不出现、不存在,只要它一出现,只要它存在了,就会毫无例外地有着、在着,故每一存在者在本质、本性上均是"有"。这样的"有"本体,正要用和正能用普遍、抽象、一般性的概念来定谓和把握之。因为,一方面,概念本身就是"有",即它本身就是"有"性的。相对于"我"这个主体而言,不论是什么样的概念,也不论概念的抽象程度有多么高,一旦概念出现后,它就存在于"我"面前,即它就存在于人的思想、理性上,是人思想上一个确确实实的"有"。所以,概念这种东西在存在性质上与自然世界的存在者的存在性质是一致的、统一的,故用它来把握本体Ⅰ就是当然的和有效的。还有很重要的另一方面,这就正是抽象概念或概念的抽象性、普遍性、一般性,才有充当本体的资格,也才能起到本体的效用。既然是本体,它就要有和能有统治万物的功能和作用,就是说,这个本体要去包括、囊括住天地万物的一切存在者,倘若它不能囊括、概括住天地万物一切存在者,它自然就统不住万物,也就不能是和不是本体了。很显然,具体的东西是不能统住万物的,只有抽象、一般、普遍的东西才能包揽住万物。例如,用某一具体的人是无论如何不能将古今中外的一切人都囊括住、统住的,但如果用"人"这个普遍性、抽象性概念,那自然就能将古今中外的一切人包揽无余了。"人"当然不是个抽象程度最高的概念。如果我们现在说"道"的话,它作为本体,只要它有着、在着,它就得去统住万物,就得把万物囊括无余,所以这个"道"一定要赋有、具有抽象性、普遍性、一般性的性质,否则它是作不了本体的。老、庄讲"道"时,有得"道"、与"道"一体同在的思想取向和意境在,这一点我们暂且按下。当老、庄面对天地万物而讲"道"时,或者说当把这个"道"用在天地万物的存在方面时,它就是个本体,一切个别的存在者都以这个"道"为法而"道"自己却不以它之外的一切别的东西为法,它只以自己为法,此即老子的"……天法道,道法自然"(《老子》第25章)之谓。既然它能以自己为法,能作本体和要作本体,那么它就得把天地万物统住、囊括住,它因此就必然具有和要有抽象性的性质、功能。所以,不论老子怎样讲他的"道",当我们把"道"与宇宙存在联系起来看待时,"道"就一定有抽象性在,即它是个抽象的一般。三国魏王弼在注解《老子》的"道"时,就体会到了"道"作为天地万物的存在本体所具有的抽象性这一性质。既然"道"是抽象的一般,它就不同于具体的存在者,不同于具体存在者的有形有状有象有名的规定性,它就是无形无状无象无名的,于是王弼就用"无"来指称、定谓这个"道"。因此,王弼作为魏晋时代的新道家,在继承、接过了老子的"道"本论后,把它发挥、解释成了"无",提出了"以'无'为本"的新思想。王弼在《老子指略》中说:"夫物之所以生,功之所以成,必生乎无形,由乎无名。无形无名者,万物之宗也。不温不凉,不宫不商,听之不可得而闻,视之不可得而彰,体之不可得而知,味之不可得而尝,故其为物也则混成,为象也则无形,为音也则希声,为味也则无呈。故能为品物之宗主,苞通天地,靡使不经也。若温也则不能凉矣,宫也则不能商矣。形必有所分,声必有所属。故象而形者,非大象也;音而声者,非大音也。"在王弼看来,正因为"道"在本质、本性上是无形无状无象无名的"无",所以才能去形天下的一切形,去状天下的一切状,去象天下的一切象,去名天下的一切名,这自然就是本体了。庄子在《齐物论》中说:"故为是举莛与楹,厉与西施,恢恑憰怪,道通为一。""道通为一"的"道",如果从宇宙存在论上来看待的话,它就是本体,且它是个抽象的一或一般,因为否则的话它是不能通而为一的。所以,对老、庄的"道",即本体Ⅰ意义上的"道"言,就要用和能用抽象性概念来把握。

"……是……"的主客二分式的判断形式和抽象性的概念、范畴,能用来把握本体Ⅰ即"有"本体,这是把握"有"本体的可用方式。那么,这种方式也能用来把握本体Ⅱ即"无"本体吗? 这肯定是不行的! 因为,本体Ⅱ是关于人文世界的"无"的本性、本质。这个"无"本质所要求和体现的是人自己真正独立、自由的本质性。既然人是真正独立、自由的,那么人在本质、本性上就是个"独",它是不能再处在那种二分的构架中的,此时的人是主体"我"与对象——无论是某一具体对象还是作为人自己之存在的"无"本质本身——的一体圆融同在,此时只是和只有个"一"。所以,在把握本体Ⅱ即"无"本体时,是没有"我"与"无"的二分式结构的,任何使用这种结构的操作必要失败。前面我们提到的老子关于"为道日损"的"损"法,庄子所讲的知北游求得"道"的故事以及庄子在《大宗师》中讲的"坐忘"法,都是要把握那种"无"本体意义上的"道"。这时的"道"与把握它的人即"我"融为了一体,这就是得"道";当人真的得到"道"后,"道"就根本不是自己面前(即思想上、理性上)的对象,这时的人自己不知道有个"道"在,它对这个"道"真的是无知和无言的。中国禅宗非常反感人问什么是"佛"或"佛"是什么的问题,因为这样一问时"佛"就被对象化了,就成了问者面前的对象了,问者就与这个"佛"处在了二分中;这样来对待"佛"的话,即使问上万万遍,问上亿亿年,那也无法沾上"佛"的边,更遑论成佛了。同样,对什么是"佛"的问题也是不能回答的,一回答就把"佛"对象化了;这样的话,即使是一个成了佛的有道高僧,这时也会离开佛而失去佛法的。所以,对"佛"这样的东西问和说都不对,"说似一物即不中",无论说什么,无论说得多么好和多么多,都是白搭。所以,用"……是……"的判断方式是无法把握本体Ⅱ即"无"本体的。

不仅"……是……"的这种思维形式把握不住"无"本体,与此种思维形式相配合的抽象概念的表现方法也是无法把握住"无"本体的。因为,抽象概念本身就是二分性的和二分式的,表面看来所抽象出的概念能把它面前的对象包揽住而得到一存在总体和整体,但实际上根本无法达到和取得一个真正的总体、整体。比如说，当人们说"这朵玫瑰花是红色的"、"红色是颜色"时，看起来"红色"这个概念能把一切有红颜色的存在者包揽无余，而"颜色"这个概念又能将一切的颜色包揽无余，越是抽象其概念的包揽程度就越高越大。但实际上，在这样做时所得到的这个抽象概念总是有自己的对象域、事物域的。例如，"红"就是一切具有红颜色的存在者，而"颜色"就是红、黄、蓝、绿等的一切颜色，这些抽象而成的概念、范畴根本无法脱离也没有脱离开它的对象域的束缚和限制，它与它的对象总是相对存在着的，它真正的存在意义正在于它的对象性，即它的质料。很显然，质料在存在本性上是"有"，所以受制于质料的抽象概念、范畴在本质上是"有"，这当然是不能把握住"无"本体的。

然而，人本来就是会说话，有语言的；人无论在认识、把握具体的东西，还是在寻求、把握本体，都压根离不开概念，如果根本不用概念、范畴的话，也就不可能有什么本体之思想了。再说，当人达到与"道"同体的境界时，还得定谓这个境界，还得用概念、范畴，这个境界还得在概念、范畴的思维形式中予以存在。那到底怎么办呢？在这方面，中国传统哲学老讲体悟、意会或故事式的形象描述，而缺乏哲学理论的说明。好在西方近现代哲学对此有颇为有益的探索。

康德的《纯粹理性批判》所要解决的问题是知识的可靠性和必然性何在，而解决这个问题的方式是"先天综合判断的可能性"问题。所谓知识不是那种后件蕴含在前件中的通过演绎推论而得到的东西，这种东西固然有必然性，但却不能增加新东西，最终获得不了知识，真正的知识源于经验直观；但经验直观所得到的东西却是或然的，没有可靠的必然性。所以，知识既要有经验的因素又不能只限于经验，既要有理性（比如演绎法的逻辑推理）的因素又不可只是理性的，这二者是要结合起来的，这就是所谓的先天的综合判断问题。究竟怎么实现这一判断呢？康德在《纯粹理性批判》第一版的"先验演绎"部分讲感性直观与知性范畴的通力合作问题，这两者的通力合作就是和才是真正意义上的"先天综合"。而要达到感性直观和知性范畴这两个不同来源即具有不同质的认知能力的综合统一，在康德看来，这绝非仅通过将这二者的简单并列就能实现和完成的，这种综合必须要有一个"共根",他把它称作处于感性直观和知性范畴中间的人的第三种认识能力——先验想象力。这个"先验想象力"能产生一种"先验的图型",或可称之为"纯象"或"几象"。这种"纯象"一方面具有"象"的形式,故可与由感性直观获得的现象相通;另一方面,它是一种"纯象"、"几象",已消解掉了现象的质料内容,它只是一纯形式,故能与范畴相通。康德说:这个连接感性直观与知性范畴的"第三者""一方与范畴同质,一方又与现象无殊,使前者能应用于后者明矣。此中间媒介之表象,必须为纯粹的,既无一切经验的内容,同时又必须在一方为智性的,在他方为感性的。此一种表象即先验的图型。"①康德这个由"先验想象力"所构造、组建的"先验的图型"或"纯象",它能把感性和知性连接、结合、统一起来,即它能将感性、知性的二分架构消解掉,成为一个浑然者;同时,这个"先验的图型"或"纯象"是无象之象、无物之状,它自身就是一种"象"思维的方式、方法,就是一种特殊形式的语言,即一种概念、范畴,用它可以来表达没有主客二分的"无我之境"。康德的这一思想无疑是十分重要的,在西方哲学史上具有极大的开创性和突破性。正如海德格尔的《康德书》(即《康德与形而上学问题》)所言,这个"先验想象力"才是康德思想的精华所在,是真正有价值的东西。但可惜康德自己所秉持的是当时西方哲学的主体性原则,这个"先验想象力"仅是他的权宜之举,到《纯粹理性批判》第二版时,康德就再不讲它了,而将其收归到了"先验统觉"中。

胡塞尔的现象学是西方哲学中的开创性思想。胡塞尔从布伦塔诺关于意识的"意向性"思想中受到启发,创建了他的"现象学"思想和方法。现象学的根本目的是要"回到事情本身",即从事情本身或在事情本身中来原本地认识和把握它。如何才能回到事情本身呢? 胡塞尔主张在观察、把握事物之前把一切先入为主的条件性的东西——不论是经验的还是理性的,唯物的还是唯心的——统统悬括出去,即放在括号中使其失效,然后就直接地面对事物作考察,让事物自身把自己显现、开显出来,这就是"现象"。显然,胡塞尔所主张的现象学是人如何真实地把握事物的方法、途径。没有人

---

① 康德:《纯粹理性批判》,蓝公武译,商务印书馆 1960 年版,第 142 页。

的时候,事物就那么个样子,不存在让它显现自己的问题。现在要回到事情自身,要让事物如其所是的那样来自己显现,这肯定是在人的参与、观察、认识的情形下进行的和发生着的。既然有和既然是人的参与,那么此时人对事物的认识、把握与以往的认识、把握有何不同呢? 的确是不同的。以往当人们面对着事物对其作认识、把握时,是把这个事物作为一现成的、确定的对象来对待和处理的,即把它作为一个"什么"来看待和处理。这样,人们就开始了对该事物的分析、概括、抽象活动,其结果就是获得一抽象、一般、普遍的概念,这个概念就成了这个事物的本质,人们获得了这个概念,就认为认识、把握到了这个事物。这样的认识方法显然是有严重缺陷的,因为这种方式、方法很明显是在事物之外外在地进行的,的确可以说这并不是对事物自身的真正把握。胡塞尔的现象学思想和方法,就是要扭转这种传统把握事物的方式。所以,在接过布伦塔诺关于意识的"意向性"思想后,胡塞尔认为,意识总是有意向性的,总是某物的意识,从来就不是先有一个盒子一样的意识,然后才有一些被送进来的现象,而是意识总是物的意识,或者意识总在意识着物,意识总在组建、构成着自己的对象,每一意识现象中都有一个构成纯意义的意向性结构。意识行为或意识作用是如何构成意向对象的呢? 胡塞尔提出了很重要的"构成边缘域"思想。在他看来,一切意向性的体验中都有一个围绕在显示点周围的边缘域,这个边缘域总已在暗中匿名地、非主题地准备好了下一步的显示可能性。胡塞尔在《纯粹现象学和现象学哲学的观念》第一卷第三十五节描述了对书桌上一张白纸的知觉,指出:"在作为一种知觉活动的严格意义的知觉中,我朝向对象,(例如)朝向那张纸,我把它把握为这个此时此地的存在物。把握行为是一种选出行为,任何被知觉物都有一个经验背景。在这张纸周围有书、铅笔、墨水瓶等,这些被知觉物也以某种方式在'直观场'中被知觉为在那儿;但当我朝向这张纸时,我一点也未朝向和把握它们。它们显现着,但未被抽出,未因其本身之故被设定。每一物知觉都以此方式有一背景直观的晕圈(或'背景看',如果人们已在把被朝向物包括进直观中去的话),而且这也是一种'意识体验',或者简单说,'意识',特别是'关于'一切事实上存于其一同被看的客观'背景'中的意识。但是显然,我在这样说时并未谈论那种应在可能属于被看背景的客观空间中'客观地'发现的东西,也并未谈论有效的和向前涌进的经验可能在那儿发现的一切物质物和物质事件。"①在胡塞尔看来,对某物的意识与体验的构成域是紧密相关的。通过这种域的构成,意向对象而非仅仅感觉印象才成为可能。可见,一个知觉经验从一开始就以某种隐蔽的、边缘域的、前伸后拉的方式交融为"一气",这不仅与刚过去的经验保持着相互构成的关系,而且为下一个可能有的知觉"准备下了"与已有知觉的意义上的联系。胡塞尔分析的"现象学时间"或"内在时间"就是对这样一个构成域的更原本的揭示。这个构成域已明显不是主客二分的形式,它是主客一体的域或境域。这是胡塞尔一定程度地对以往那种对象与主体二分的认识构架的消解。

另外,胡塞尔在《逻辑研究》中提出了"范畴直观"的学说。他认为,人不仅有感觉直观能力,还有范畴直观的能力,即人在直观对象和表达这种直观体验的时候,有一个"多出的意义"已被包含于这一知觉中,这个"多出的意义"就是构成某种"形式"的意向能力。例如,当人们面对某一对象而说"这是个三角形"、"这是块黄金"等时,人的感觉直观到的只是那么个东西,至于这个东西是三角形、黄金等的什么,这个"三角形"、"黄金"一定是"多出来"的"形式",它就是范畴直观。胡塞尔的这一思想表明,人的直观本身就有构成范畴形式的能力,直观本身就是"先天想象"的或意向性的。这明显不同于康德认为的直观只是感觉的,而范畴是由理智提供并加于直观经验的。胡氏的这个范畴直观,即人在经验直观时所构成的那个"多出的""形式",是直接与经验对象一体同在的,没有离开也根本就离不开经验对象。这表明,概念、范畴这类东西原本就不是像传统认识方式所作的那样被抽象、概括之而提离开对象的,而就在对象中存在和表现着,这个范畴直观的"形式"就是一种语言和工具,它本来就可形式地表示对象。胡塞尔的这些思想无疑是很深刻的,是开创性的。但遗憾的是,胡氏现象学的还原理论以及这些新思想仍在西方近代传统哲学的"主体性"大框架中运作着,故没能发挥出其应有的作用和效力。

---

① 胡塞尔:《纯粹现象学通论》,李幼蒸译,商务印书馆 1992 年版,第 103—104 页。

在探讨如何把握对象的新思想和理论方面作出贡献的还有海德格尔的师兄拉斯克(Emil Lask)。拉斯克和海德格尔先后受教于当时著名的新康德主义者里凯尔特(H.Richert),他们也都受到胡塞尔现象学的影响。依海德格尔的说法,拉斯克是协调于里凯尔特和胡塞尔之间的人。拉斯克的思想贡献有两点:一是讲人的生活体验,认为这是先于一切概念化和理论化的"投入";二是关于不同于构成性范畴的反思性范畴。人们一般认为,人作为认识者与被认识对象,这是清清楚楚的两个东西,由此才开始了人对对象的抽象式把握。拉斯克则认为,人在把握对象时是一种"投入"或"献身",这是一种最原初的生活体验,这时没有感觉的区别,也没有概念的明晰和反思,而是完全丧失在了正在进行的体验中。他这样说:"此非感官状态仅仅作为它是其所是者(前理论的某物)而出现在那里,不带有来自逻辑的陌生规定性。在这里,正是由于这种不可接触性,它必定保持在完全的非概念状态和不被照亮的状态之中,不带任何思虑。这种直接的体验将自身表现为在某种特殊的非感官状态中的纯开显,例如赤裸的(单纯的)伦理、美学和宗教的投入;这投入中没有任何超出和被意识,并在一切去建立、发现和把握明确性的反思之先。……这直接的体验是一种赤裸的'生活',丧失自身于此非感官状态中;因此也是一种非辨别的、非认知的、非折射的、并就此而言是质朴的状态,不涉及任何有关被干扰行为的'思维'和明确性;这种体验不'知道'它所'做的'或'生活着的'。"①拉斯克所说的这种完全"投入"的"生活"体验,显然是没有主与客之分的,这已消解了二分的认识方式。那么,如何来把握这种完全"投入"的生活体验呢? 拉斯克提出了一种不同于通常所用的抽象概念形式的新形式,这就是所谓的"反思性范畴"。反思性范畴是相对于构成性范畴而言的。什么是构成性范畴呢? 构成性范畴是由形式和质料的关系决定的,即这种范畴被它所规范的质料内容所限定,因此每一构成性范畴都有自己确定的内容领域即事物域——不管这种领域是感觉领域还是非感觉的抽象领域,这种范畴就被它的内容领域限制着。我

---

① 转引自张祥龙《"实际生活经验"的"形式显示"》一文。载《德国哲学论丛 1996—1997》,中国人民大学出版社 1998 年版,第 29—52 页。这里关于拉斯克思想的论述,参考了张祥龙先生的此文。特此注明。

们一般所用的抽象性概念、范畴,正是这样的。例如,玫瑰花——红花——颜色——感觉对象,这里的这些概念、范畴就是构成性的,因为它们每一个都有自己确定的对象领域,比如"颜色"这个概念就指红、黄、蓝、绿等的一切色彩,颜色就受这些色彩的限制。反思范畴是由主体与客体的关系引发的,它不直接被具体的质料内容所限制,而是发自面对客体的主体性自己。拉斯克(还有他之前的洛采、文德尔班)称其为"内在和反思的"。这种反思范畴的例子有:"有"、"某物"、"同一性"、"持存"、"区别"等。它在语言中的表现还有:"和"、"与"、"及"、"另外"、"总括"、"一"、"多"、"普遍"、"特殊"、"种"、"组"、"群"、"超出"等。反思范畴看起来好似空无所指,但其中暗含着"最少"的"范畴质料",这种范畴质料是这种范畴的纯逻辑形式本身的产物,"它是纯粹的幽灵、'普遍内容'的纯模型、纯粹的'某个东西'的纯模型。"反思范畴不是像构成范畴那样对对象作抽象、概括地把握,它已具有了某种自身的构意机能,并以一种几乎不涉及质料对象和抽象对象的方式来表达这意义。反思范畴所表达的"对象"不是一现成对象,而是与这一范畴或主体性的参与密切相关的,故在这一范畴的视野中对象就意味着"关联着主体性的'站在对面'"。因此,在一般的构成性范畴或"领域范畴"所达不到的地方,在原来认为不可说之处,反思范畴却能渗入之,能以构意的方式显示出独特的形式和意义。就是说,构成性范畴由于受事物域的限制无法表达人的投入的生活体验,但反思范畴则可以,它能以某种方式与这种独特的、非逻辑的、非辨别的、非折射的、质朴的生活体验打交道,能表述和把握此种活生生的生活体验流。显然,拉斯克的这些思想颇具新意。但在总体上说,拉斯克的思想尚不纯,他认为这种反思范畴是"寄生于"构成性范畴的,没能彰显出这种反思范畴所应有的意义和价值。

受拉斯克思想的启发,海德格尔从胡塞尔现象学阵营中走出来,创立了他的存在论哲学。海氏受拉斯克关于完全"投入"的生活体验思想之启示,认为真正的哲学或现象学的起点是人的实际生活经验。他说:"到达哲学之路的起点是实际的生活经验。"[①]这种实际生活经验处于一切主客分离之

---

① 转引自张祥龙《"实际生活经验"的"形式显示"》一文。

先,所以它从根子上是境域式的、无区别相的、混沌的、意义自发构成的。海德格尔具体描述这种实际生活经验是:无区别的和不计较的,自足的和完满的,有深意状态的东西。显然,把握这种实际生活经验不能用通常那种抽象范畴。受拉斯克反思范畴思想的影响,海德格尔发展出了"形式显示"或称"形式指引"的解释学的现象学方法。海氏的这个"形式指引"是甚么? 这里先要明确一下关于概念的形式化问题。从古希腊始,人们就知道并应用着从具体东西中经过分析、概括、抽象而获得概念的方法。但人们一直认为这种方法统统都是普遍化和形式化的。到莱布尼兹,在数学方面隐约地知道了普遍化与形式化的区分,但此种区分的意义何在还不甚清楚。胡塞尔在《逻辑研究》第一卷末章和《纯粹现象学和现象学哲学的观念》第一卷第十三节,才对概念的普遍化和形式化的区别给出了逻辑解释,并看到了这种区别的存在论意义。比如说,红是一种颜色,颜色是一种感觉性质;快乐是一种情感,情感是一种体验,等等。这种言说就是一种普遍化的过程。人们一直认为,这一普遍化过程可以不断地进行下去。比如,接着"颜色是一种感觉性质"的话题可以继续说:感觉性质是一种性质,性质是一种本质,本质是存在,即一直可以达到"存在"这一最高的普遍化。实际上,这种看法和作法是不对的。从红色到颜色再到感觉性质,的确是普遍化的。但从感觉性质到性质再到本质和存在,这已不是普遍化了,实际上这是一种"形式化"。这说明,普遍化是进行不到底的,当它进行到一定程度后就转化为形式化了,或者说普遍化就被形式化所打断。为什么呢? 因为普遍化过程是在事物域中进行的,而形式化过程则不是,形式化过程已没有了事物域的限制,即已化掉了事物的质性而使其呈现出了纯关系的形式。比如,"红"、"颜色"、"感觉性质"都有自己的事物域;而"性质"、"本质"、"存在"等看来好像有其事物域,比如可以认为"性质"是一切具体性质或个别性质的总和,但实际上却不是这样子的,因为说"性质"是从"具体性质"中抽象出来的已没有意义了,"性质"这种东西作为"一"或一般、普遍,已化掉、化去了其事物性或质性,它已回到了纯自身,已经到了"物无自性"或"性空"的"无"、"空"处,这就是本体。可见,在对事物作抽象把握时,当从事物的存在现象趋进到存在本质、本体领域时,概念的普遍化就转化为形式化了。普遍化是"事物性的",受到"事物域"层次次序的束缚;而形式化则不是,它不被事物域束缚,已提离开了事物的内容限制。所以,说"这块石头是花岗岩",这是普遍化,这里的谓词"花岗岩"是有具体内容的;而说"这块石头是一个对象",这则是形式化,这里的谓词"对象"只是个形式,它不受事物域的限制。像"对象"、"某物"、"一"、"多"、"其他"、"和"、"与"等等都是形式范畴。实际上,所谓普遍性、抽象性范畴与形式化范畴的问题,就是事物的存在条件(即缘)与事物的存在自性、本性或"性空"的问题。事物有具体域的限制,这个事物就是个"什么",是能表现出其质性的,很明显这种质性的存在和表现一定是在一存在者与他存在者的并存关系中存在的,这种并存关系就是"缘"或"因缘"。普遍性、抽象性范畴就是用以表达事物存在的这种缘或因缘的。而当事物从其缘或因缘返回到自身时,这时它就是它自己,它只是个"存在"或"是"本身,就没有"什么"可言了,这就是事物在存在本性上的"空"或"无",即佛家所谓的"性空"或"物无自性"。物的"空性"或"无自性"是其存在的真正本质、本性,因为正因其性"空"所以事物才能和才要处在缘或因缘中,倘若事物的本性是"实",那么这个事物就原本是个"什么",它就既不需要处在缘中也不可能处在缘中了。所以说,事物只有把其"什么"的质性彻底化掉而返回到本身的"空"性或性"空"中才能彻底、完全、纯粹地表现、展现出其存在的"缘"或"因缘性"。形式范畴或有如拉斯克所谓的"反思范畴"就是用以表现、表示事物之"性空"的"空"本质的。显然,形式范畴比抽象性范畴更深入、深刻地揭示了事物存在的本性。

海德格尔认同胡塞尔对概念的普遍化与形式化的区分,并在拉斯克反思范畴思想的影响下,发展出了"形式指引"这一自己的现象学方法。海德格尔认为,要把握活生生的实际生活经验,传统那种以普遍化为原则的抽象概念方法是无能为力的,而只能用形式化的概念、范畴,这就是他的"形式指引"说,即用"形式"概念来描述、指示那种物我一体、主客不分的浑然境界。这种形式范畴怎么运作呢? 因为在这里已消去了物我、主客等的二分内容和表现,只有物我一体的浑然境界,所以这种形式范畴的运作只是自身的纯关系或曰无关系之关系的展现。海氏认为,人的实际生活经验虽然是浑然的,但这并不是说它是死的,它原本活着,自身中就有其运作的"形势"、"趋势",是一种"被推动着的趋向或趋向着的推动",它的运作就是自身构成、生成性的"纯关系"之展现。形式范畴所要展现的就是这种实际生活经验自身的构成性纯关系或纯关系的构成性。形式范畴作为范畴,它当然要表达什么,这就是它的推动或运动,即"以某种方式被推动"着,但不是由"什么内容"所推动,而只是被"纯粹的姿态关系本身的关系含义"所推动。海德格尔说:"它(即"形式显示")属于现象学解释本身的方法论的方面。为什么称它为'形式的'(formale)?因为要强调这形式状态中的纯关系性。显示则意味着要事先显示出现象的关系——不过是在一种否定的意义上,可以说是一种警告!一个现象必须被这样地事先给出,以至于它的关系意义被维持在悬而未定之中。"①"形式显示"或"形式指引"实现了实际生活经验中那种纯关系姿态的意义构成含义。这一方法就是要将实际生活经验自身的构成性的纯关系姿态的意义实现在和保持在"悬而未定"的纯引发状态或非对象化的居间状态中。

海德格尔"实际生活经验"和"形式指引"的思想是在 1919—1922 年形成的;在 1920 年冬季学期的题为"宗教现象学引论"的讲稿中,海德格尔对"生活"和"形式显示"的解释学作了充分表达。在 1927 年出版的《存在与时间》中,这种"形式显示"的存在论解释学方法特征由一大组词来刻画,如"现象学"、"在世界中"、"用得称手地"、"泄露"、"揭蔽"、"生存(方式)"、"牵挂(操心)"、"解释学的形势"、"时间性"等。他用此种方法,对"存在"本身作了深刻的理解和把握。可以看出,海德格尔的实际生活经验的思想和他的"形式指引"的方法,的确有利于对"无"本体的认识和把握。

相比之下,中国哲学至今还没有如此明确的、有理论上的可理解性和可表述性、可操作性地把握"无"本体这种主体和对象浑然一体的境界存在的方式、方法。但在中国古代哲学中,类似海氏"形式指引"的思想或识度却是有的。特别是在庄子处,在其"重言"、"寓言"、"卮言"的语言表达形式中,就一定意义地展示了那种齐物我、一古今、合心物的境界自身的纯关系

---

① 转引自张祥龙《"实际生活经验"的"形式显示"》一文。

构成。《庄子·齐物论》说:"物无非彼,物无非是。自彼则不见,自是则知之。故曰彼出于是,是亦因彼。彼是方生之说也,虽然,方生方死,方死方生;方可方不可,方不可方可。因是因非,因非因是。是以圣人不由而照之于天,亦因是也。是亦彼也,彼亦是也。彼亦一是非,此亦一是非。果且有彼是乎哉? 果且无彼是乎哉? 彼是莫得其偶,谓之道枢。枢始得其环中,以应无穷。是亦一无穷,非亦一无穷也。故曰莫若以明。"彼、是(此)究竟是怎样存在的? 若用抽象概念来把握的话,彼就是彼,是就是是,它们就都是个"什么"。庄子在这里并不是讲彼、是"什么"的确定性问题,他正是要消解彼是的硬性对立和差别;而消解之法就是使彼、是处在纯关系的缘构成中,这时彼生成着是,是也生成着彼,彼是一体同在,这就是它们的构成境域,这就是"枢",也就是"环"、"中"或"环中",这也就是"道"了。人们一直觉得《齐物论》难读,总感觉进不到它的思想殿堂,总有隔膜感,这正是因为人们习惯于用抽象概念的思维方式、方法的缘故,若从海氏"形式指引"的思维方式和方法来理解《齐物论》的思想,倒有意境真感或真意境感。有学者认为"'齐物论'一章是中国古代文献中最清晰地揭示这个形势与枢机的文字,相当于龙树《中论》在印度思想中的地位。"①此言有理。

以上我们对本体作了泛论。为了更明确、有效地认识和运用本体,我们将它分为本体Ⅰ和本体Ⅱ。我们说,本体Ⅰ是"有"本体,是关于自然世界的存在者的存在本体;本体Ⅱ是"无"本体,是关于人文世界的人存在的本体。从哲学原则上说,这种分类不可谓是无理臆说。但实际上,本体Ⅰ和本体Ⅱ均可运用于自然世界和人文世界,均可用来揭示和把握存在者的存在性。如果说本体Ⅰ是对自然、人文世界的存在者之存在性的表层把握的话,那么可以说本体Ⅱ是对自然和人文世界存在者之存在性的深层把握。而究竟如何运用这两种本体来把握对象,这就是思维方式和方法问题。而思维方式、方法的表现和其作用的发挥,则离不开概念范畴;如果使用的是抽象概念,不论运作本体Ⅰ还是本体Ⅱ,其结果都将是本体Ⅰ式的,把握到的只能是人和万物的"有"性,即"什么"所在;而如果使用形式化概念的话,则运作着的

---

① 张祥龙:《海德格尔思想与中国天道》,三联书店 1996 年版,第 310 页。

就是本体Ⅱ,它能揭示和把握人和万物的"空"、"无"性。

人们往往习惯于将世上的存在者现成化、确定化,如肯定这是一棵树、那是一张桌子,等等。但实际上,存在者在存在本性上是没有这种现成性和确定性的,它之所以能表现出是什么的"什么"这种确定性、现成性,乃是由于其存在的"缘"或"缘构"性条件、境域所致。比如说,我面前的这张桌子,看起来似乎是很确定的和现成的"什么",但实则不然。这张桌子如果处在一种文化氛围中,比如将它放在教室或研究室中,它确是桌子;但如果现在门栓坏了,用这张桌子去挡门,那它就是个顶门板;如果我很困乏而躺在这张桌子上睡觉,那它就是一张床;如果现在用这张桌子来切菜、擀面,那它就是案板;如果站在它上面来修理吊在天花板上的电棒,这张桌子就是个站脚台;如果猛然间有东西袭向我而我情急之下钻在了这张桌子底下,那它就是个防身盾;假若强盗来了,我情急之下抓起这张桌子掷向强盗,那么它就是一武器;现在天寒地冻我把这张桌子劈来烧火,那它就是柴火;……这张桌子究竟是什么? 它天生并没有带一定是"什么"的规定性,它究竟是个什么是因缘而构成的,它在本性上恰恰是"空"、"无"。如果一下子将它确定化和现成化了,似乎它先天就有规定性,这恰好违背了这张桌子的"存在"真性。

人的存在也一样。一说到人,人们总要给它作定义,如说"人是社会动物"……。这样说时往往就将人框死了。人在其生存中存在着,是在不同的境域中随缘构成着的。比如说,我正在山上砍柴,那么我就是个樵夫;我坐在教室里读书,我就是个学生;我拿着武器去作战,我就是个战士;我指挥人去作战,我就是个指挥员或将军;我在给学生上课,我就是个教师;我在做买卖,我就是个生意人;我在襄赞国事,那我就是个政治家;我还可以是打家劫舍的强盗,是个经邦济世的圣人;……我究竟是什么? 我的自性、本性"空"矣! 人的本质是"无",是"自由"。海德格尔的 Dasein 讲的就是人的缘构本性。

既然物性和人性都是"无",那何不从"无"来认识、把握它们呢?! 何不在用本体Ⅰ来把握存在者的存在时,也用本体Ⅱ来审视、把握存在者呢?!

第一章　先秦儒道：中国古代哲学本体论问题的摊出

一、先秦时代与哲学

德国现代哲学家雅斯贝尔斯于 1949 年出版了《历史的起源与目标》一书,提出了"轴心时代"的概念,说从公元前 800 年至前 200 年为世界历史的"轴心时代",因为这一时期世界历史上"充满了不平常的事件"。而在思想文化方面,这个"轴心时代"的"不平常事件"就是在世界上一些古老民族中产生了有原创性的思想,这些思想是这个民族乃至全世界思想文化发展的滥觞。古希腊的思想文化就属于这个"轴心时代"。中国春秋战国时期的诸子思想亦然。

(一)春秋战国时期①的社会经济和政治

春秋战国是中国历史上变动最剧烈的时期,因为这个时期是奴隶制解

---

① 公元前 771 年,犬戎攻杀周幽王于骊山下。前 770 年,幽王之子平王继位后,放弃镐京而迁都洛邑,这标志着西周亡而东周始。东周分为前后两个时期,前期从周平王元年(前 770 年)到周敬王四十四年(前 476 年),史称"春秋"(因古文献《春秋》而得名);后期从周元王元年(前 475 年)到秦灭六国(前 221 年),史称"战国"。据《左传》记载,春秋时曾有 140 余国,其中重要的有齐、晋、楚、秦、鲁、郑、宋、卫、陈、蔡、吴、越等。春秋时的 100 余国经不断兼并,至战国初仅有十几国了,大的有齐、楚、燕、韩、赵、魏、秦,史称"战国七雄"。

体和封建制确立的社会制度的根本变革。怎么看待春秋战国时期的社会变动呢？这必须先了解当时社会生产力的发展水平。"社会生产力"或"生产力"这个概念，是对人改造自然的能力的表征。所谓生产力水平的高低，是由某一阶段生产工具状况来具体显示的。马克思说："各种经济时代的区别，不在于生产什么，而在于怎样生产，用什么劳动资料生产。劳动资料不仅是人类劳动力发展的测量器，而且是劳动借以进行的社会关系的指示器。"①劳动资料即生产工具，它的先进程度体现着当时生产力的水平。导致春秋战国时期社会制度大变革的根本原因就是当时生产力的发展。

西周时期的社会生产情况与商代基本相同，即一是以农耕为基础；二是较大规模的奴隶集体劳作于公田——井田。《诗经·周颂·噫嘻》有"十千维耦"说，《诗经·周颂·载芟》有"千耦其耘"说，这反映的就是当时奴隶集体劳作的情况；三是生产工具为木、石、蚌类。青铜冶炼技术虽然在殷末周初已达到相当高的程度，但这仅在铸鼎方面，而"青铜器的耕具在中国不曾发现过，就在全世界也不曾发现过"②。至于牛的使用，据殷人的传说，虽在其先公王亥时已服牛，但主要是用于拉车，至于是否用于耕作还不曾知。到了春秋战国时期，社会生产情况发生了根本性变化，其标志就是铁制农具和牛耕在生产中的使用。铁器在何时出现？史家有不同看法。但基本认定，西周时期尚无铁器，铁器是在春秋战国时期出现的。下面援引几则史料：

①《墨子》中有"铁镍"、"铁矢"、"铁错"、"铁篡"、"铁鈇"、"铁钜"、"铁校"、"铁锁"、"铁镳"、"铁锥"等名称。

②《尚书·禹贡》（郭沫若考定为子思的作品）说："华阳、黑水惟梁州。……厥贡璆、铁、银、镂、砮、磬、熊、罴、狐、狸。"

③《左传·昭公二十九年》记载：晋赵鞅"赋一鼓铁以铸刑鼎，著范宣子所为刑书焉。"

④《孟子·滕文公上》说："许子以釜甑爨，以铁耕乎？曰：然。"

⑤《山海经·中山经》（廖平考定为邹衍或其门徒所作）说："出铁之山，

---

① 马克思：《资本论》第一卷，人民出版社1975年版，第204页。
② 郭沫若：《十批判书》，东方出版社1996年版，第14页。

三千六百九十。"

⑥《荀子·议兵》有"铁鉇"的记载。

⑦《韩非子·内储说上》有"铁室"的记载。

⑧《战国策·韩策一》有"铁幕"的记载。

⑨《吕氏春秋·贵卒》有"铁甲"、"铁杖"之说。

⑩《越绝书》有"铁鎬"、"铁剑"之说。

⑪《管子》说："美金（铜）以铸戈剑矛戟，试诸狗马；恶金（铁）以铸斤斧鉏夷锯欘，试诸土壤。"（《国语·齐语》有类似的话）

⑫《史记·货殖列传》说邯郸郭纵、蜀卓氏、宛孔氏、曹邴氏等均以冶铁致富。

以上材料可以说明，铁器的出现当在春秋时期，战国时已趋普及。南朝的江淹在《铜剑赞序》中说："古者以铜为兵。……春秋迄于战国，战国至于秦时，攻争纷乱，兵革互兴，铜既不充给，故以铁足之。铸铜既难，求铁甚易，是故铜兵转少，铁兵转多。……二汉之时，逾见其微。"

与铁制农具一起，牛也被用于农耕。《国语·晋语九》说："宗庙之牺为畎亩之勤。"这是说，牛原来是供宗庙祭祀用的，现在却用于耕田了。

铁器和牛耕被用于农业生产，这标志着当时社会生产力有了巨大变化。随着生产力水平的提高，必然要求生产关系的变革。所谓生产关系就是人与人在生产活动中形成的社会关系，其内涵有三：一是生产资料的所有制形式，一是人与人在生产活动中的关系，再一是产品分配形式。春秋时期赋税方面的变化就是当时生产关系变革的充分表现。且看：

①前685年（鲁庄公九年），齐桓公即位，任管仲为相，对农业实行"相地而衰征。"（见《国语·齐语》）

②前645年（鲁僖公十五年），晋国作爰田、作州兵，改革土地分配制度和兵役制度。（见《左传·僖公十五年》）

③前594年（鲁宣公十五年），鲁国实行"初税亩"，承认私田的合法性。（见《左传·宣公十五年》）

④前548年（鲁襄公二十五年），楚国令尹子木整理了田制和军制。（见《左传·襄公二十五年》）

⑤前538年(鲁昭公四年),郑国子产作丘赋。(见《左传·鲁昭公四年》)

⑥前536年(鲁昭公六年),郑国子产铸刑书。(见《左传·鲁昭公六年》)

⑦前513年(鲁昭公二十九年),晋国赵鞅铸刑鼎,"著范宣子所为刑书焉。"(见《左传·鲁昭公二十九年》)

这些是赋税、甲兵方面的一些重要改革。这些改革就是生产关系上的重大变化。生产关系的变动意味着整个社会经济基础的变动,这就是当时社会制度的转型。

所以,春秋战国时期是中国历史上的剧烈变动时期,这涉及到由奴隶制走向封建制的质变。就这一质变的倾向性而言,春秋时代的变是以奴隶制的解体为主,而战国时代的变则以封建制的建立为主。例如,上列举的鲁国"初税亩"等,就是对奴隶制的井田制度的破坏。《左传·宣公十五年》专门记载说这种"初税亩"是"非礼也",即不合乎奴隶制井田法的籍法。与这种经济体制上的变动相一致,"周礼"所维系的那种奴隶制的等级制度也发生了解体,比如竟出现了鲁国的臣子季氏也享用起只有天子才有资格用的八佾舞而"舞于庭"了,孔子对此极为叹息。这就是孔子所谓的"礼乐征伐自诸侯出"的"天下无道"(见《论语·季氏》)的局势。这一切都表明当时"礼崩乐坏",奴隶制正在解体中。

接着奴隶制的解体,必然要有新的社会体制建立起来。战国时代已是新社会体制——封建制的建立。这一新体制建立的深厚经济基础当然在于社会生产力水平的提高。上已提到,铁制农具出现于春秋,至战国时已广为普及。《孟子·滕文公上》有"铁耕"之说,这表明当时耕田必用铁器。《管子·轻重乙》说:"一农之事,必有一耜一铫一镰一耨一椎一铚,然后成为农。一车必有一斤一锯一钻一凿一銶一轲,然后成为车。一女必有一刀一锥一箴一鉥,然后成为女。"没有这众多的铁制工具,农、工等行业是成不了事的。另据考古发掘材料,辽宁、河北、山东、河南、陕西、湖南等省都出土有战国时期的铁制工具,这说明当时铁器的生产和使用已普及到众多地区。铁器的使用导致了耕作技术的变化,如《孟子·梁惠王上》有"深耕易耨"说,《韩非子·外储说左上》有"耕者且深,耨者熟耘"说,《庄子·则阳》有"深其耕而熟耰之,其禾蘩以滋"说,《吕氏春秋·任地》有"大草不生,又无螟蜮"说,这说的都是深耕及其作用,这在铁器被使用前是做不到的。同时,铁器的使用还带来了施肥和人工灌溉的发展。《荀子·富国》说"多粪肥田,是农夫众庶之事",认为田土肥沃就可多出谷物。《荀子·王制》说"修堤梁,通沟浍,行水潦,安水臧,以时决塞,岁虽凶败水旱,使民有所耘艾……";《周礼·稻人》讲到如何在田中放水和蓄水。农业生产技术的提高,使得粮食产量有了较大增加,《吕氏春秋·上农》说"上田夫食九人,下田夫食五人,可以益不可以损,一人治之,十人食之。"随着农业的发展,当时的冶铁、纺织、青铜器、煮盐、漆器等手工业以及商业都有了较大发展。这种经济状况自然要求着适应这一发展的政治体制。所以,至战国时期,开始了较大规模的变法运动。比如李悝在魏国、吴起在楚国、邹忌在齐国、申不害在韩国都进行了程度不同的变法。变法最彻底的当属秦国。商鞅于秦孝公六年(前356)和十二年(前350)两次下令变法,其主要内容是废井田、开阡陌,允许土地买卖和承认土地私有,这为封建地主经济的发展奠定了基础。经商鞅变法后,秦一举成为强国。

总之,春秋战国时期是中国奴隶制解体和封建制建立的社会大变动时期。这一社会现实必然决定和影响着当时思想文化的发展。

(二)先秦哲学思想的特点及思想任务

马克思说:"哲学家的成长并不像雨后的春笋,他们是自己的时代、自己的人民的产物,人民最精致、最珍贵和看不见的精髓都集中在哲学思想里。""因为任何真正的哲学都是自己时代精神的精华,所以必然会出现这样的时代:那时哲学不仅从内部即就其内容来说,而且从外部即就其表现来说,都要和自己时代的现实世界接触并相互作用。"①哲学是时代精神的精华。任何时代的哲学都要受其时代条件的制约和影响,而它反过来又能深

① 《马克思恩格斯全集》第1卷,人民出版社1956年版,第120—121页。

刻概括和反映、表现这个时代，那种超时代的纯粹哲学思想是没有的。

中国先秦时代的哲学思想是先秦时代精神的精华。大变动的时代趋势和特征决定了先秦哲学思想的特点、性质及任务。古希腊哲学一开始是自然哲学，哲学家们要为天地万物的存在寻找一"始基"，即一存在本原、本体。中国春秋战国时代出现的哲学思想却不是这样的。《庄子·齐物论》言："六合之外，圣人存而不论。"这是先秦人基本的哲学态度和原则，即不去探讨人和人类社会之外的纯自然问题，而要探索人和社会如何存在的问题。当时的社会正处在大变动中，以前有序化的奴隶制已解体或正在解体中，而新的封建制还有待建立，当时的现实社会是无序的，即"礼崩乐坏"，"礼乐征伐自诸侯出"。社会既然是无序的，那么就应当努力使之有序化，这样才有益于社会的存在和发展。所以，谋求社会安定和有序化，是先秦时代的时代课题和时代精神。由此，先秦哲学在性质上是社会政治哲学；其特点是哲学思想围绕社会政治问题来旋转，哲学问题和思想理论从社会政治问题切入和引出；而当时哲学思想的任务就是为社会的有序化寻找基础和依据，即究竟在什么原则和基础上，人按什么准则来行动，才可使社会和谐、有序地存在。

先秦哲学是如何来完成时代所赋予它的任务的呢？当时的各家各派都纷纷登台亮相，提出了各种学说和主张，或主张恢复旧"礼"，或主张变法革新；或保守，或前进；或抨击现实，或讴歌上古；或用智于权变而争雄，或尽心于人性而内省；或游说人主以干政，或隐逸于世求逍遥；或摩顶放踵行"兼爱"于天下，或不拔一毛而专一为己；或高放言辞以论辩，或修身齐家以治国；等等。无论说了些什么和怎么说，也无论做了些什么和怎么做，当时的人们均被卷进了社会政治问题的旋涡，几乎没有什么人和什么派别能抽身于其外。像逸世逍遥的庄子，专究名言是非的惠施、公孙龙等辈，都未能真正离开社会政治问题而纯发致思之幽情。先秦各家各派都关心着和思索着社会政治问题，其思想的切线都在社会政治问题上。当然，先秦思想中也有一些探讨天道问题的，如屈原《天问》提出了170多个问题，其中就涉及到自然之天的运动规律；《庄子·天运》明确考察了"天其运乎？地其处乎？日月其争于所乎？孰主张是？孰维纲是？孰居无事而推行是？……"的问题,但这均非先秦哲学的主流。先秦哲学思想的主题是社会政治问题。

先秦哲学乃社会政治哲学,这是先秦哲学的性质,也是其特征。先秦哲学是怎样来完成时代政治所赋予它的任务的呢？这一任务的完成包括两方面的相应内容：一是关于社会政治体制问题；另一则是关于社会政治体制之存在的根据问题。表面看来,第一个方面的内容当为先秦哲学的重心,因为当时社会的无序化亟待新的社会政治体制的出现。但实际上,先秦哲学的中心和重心却在第二个方面,因为社会政治体制的存在一定有其存在的原因、根据,否则是不能出现和存在的。先秦哲学如果不解决和解决不了社会政治的存在依据问题,那么它也就失去了存在的意义。所以,总结和把握先秦哲学,应从当时的社会政治问题切入,来解析、透析它关于社会政治体制之存在依据的思想理论。

春秋时代,面对旧体制的解体,究竟应当有一种什么样的政治体制呢？一些人倾向于复古,即恢复已往的社会政治体制。例如,孔子就极力主张"复礼",认为"一日克己复礼,天下归仁焉"(《论语·颜渊》)。墨子则要"背周道而用夏政"(《淮南子·要略训》),这似乎比主张恢复周礼的孔子退得还远。老子则退得更远,他主张回到"小国寡民"、"结绳而用之"(《老子》第80章)的原始时代。至战国,思想家们则倾向于革新,要建立新社会体制。比如,法家变法革新,要建立"新圣王"体制。即使主张"仁政必自经界始"(《孟子·滕文公上》),要恢复井田制的孟子,其仁政主张中也有了"分田制禄"、"省刑罚,薄税敛,深耕易耨"、"民贵君轻"(见《孟子》之《梁惠王上》、《滕文公上》、《尽心下》等篇)等新思想内容。还有庄子,表面上他主张回到那种"其卧徐徐,其觉于于"(《庄子·应帝王》)、"其行填填,其视颠颠"(《庄子·马蹄》)的"至德之世"去,但实际上这只是他对当时社会现实不满而发的幽思,实际上他所主张的社会体制仍有新的时代内容,比如他讲的"建德之国"(见《庄子·山木》),就与"至德之世"不同,它不在上古而就在现实社会中,只不过在遥远的边陲罢了；另外,这个"建德之国"并不是一种原始的生活状态,所凸显的是人的道德和精神风貌。这表明,春秋时代以奴隶制的解体为主,新社会体制的建构尚不是时代亟务,所以当时的思想家们多主张回复旧制。至战国时代,奴隶制解体已成事实,这时新体制的建设就成了当务之急,故战国时代的思想家们都不同程度地表现出建构社会新体制的理想和要求。

就社会体制言,不论是恢复以往的旧体制还是建构时代所要求的新体制,体制属于社会存在现象,它的存在一定有内在的或深层的依据。对先秦哲学来说,所要探索和逼出的就正是这个关于社会体制之存在的依据问题。倘若不就此问题予以追究,仅关心和谈论社会体制的建构,那么先秦哲学就失去了它的存在意义和价值了,也就是说,先秦哲学就不是哲学而成了社会学或政治学了。那么,社会政治体制之存在的依据究竟在哪里?一言以蔽之,它在人这里,就是人的人文本质所在。

前面"导论"谈本体问题时,讲到了本体的人文本质。人文世界与自然世界迥然不同处在于,自然世界在本质、本性上是"有",而人文世界则是"无",人的世界起源于"无",又要终归于"无"(对个体的人言)。人文世界"无"的本质说明了人的"自由"即由自己的本性、本质所在。人的世界出现后,这个世界在本质上是独立的和自由的,它的存在依据在自身或是自身,即人的一切决定和行为均是由人自己作出的,人之外的一切,包括神仙,都不可能决定和左右人的行为。因此,人文世界才有责任、义务、道德、价值等可言。否则,如果人文世界像自然世界那样在本质上是"有",其存在不是自由的而是由它之外的什么所决定和制约的话,那么人就根本谈不上责任、道义等了,也压根就没有人的世界了。所以,人的本质是"无",即"自由",这是人和人文世界的根基所在。先秦哲学之有思想的原创性,正在于它对人的"无"即"自由"本质的发现或摊出。所以,先秦诸子,特别是儒、道两家,在论及人和社会体制问题时,不仅不是一般的社会学、政治学、伦理学等而是哲学,且有一定意义的形而上学、本体论的思想价值。

说到这里,可能会有这样的疑问:为什么至春秋战国时代,在思考、谈论人及社会体制问题时就有了哲学以及形而上学、本体论方面的意义?此前的夏、商、周时代不也有关于人及社会政治体制的问题吗,如《尚书》中就此类问题谈了不少,为什么不说在那里已有哲学以及形而上学、本体论思想呢?回答是:夏、商、周(西周)时代盛行的是"天"、"帝"、"命"等观念,还没有涉及或切入进人文世界"无"即"自由"的本质。李泽厚先生作有《说巫史传统》和《"说巫史传统"补》①两文,对中国原始社会和奴隶社会政治体制的内容及特色作了颇有价值的探讨。他认为,巫史传统是中华文明的一大源头,巫术礼仪的祭祀活动从新石器时代一直延续到了周初。巫术活动是巫君合一或政教合一的,即宗教、伦理、政治三合一的祭祀体制,它既是一种文化观念体系,也是一种社会政治体制。"这种'巫君合一'(亦即政教合一)与祖先一元神崇拜合一(亦即神人合一),实际上是同一件事情。它经由漫长过程,尽管王权日益压倒、取代神权,但二者的一致和结合却始终未曾解体。这也就是说,从远古时代的大巫师到尧、舜、禹、汤、文、武、周公,所有这些著名的远古和上古政治大人物,还包括伊尹、巫咸、伯益等人在内,都是集政治统治权(王权)与精神统治权(神权)于一身的大巫。"巫当然是人,是有相当地位和身份的人,巫本身就是一种官职;有时,一些氏族首领或王天下的君主本人也是巫。巫的特征是能沟通人与神。巫从事沟通神人的工作,它与神相交通,是通过一套仪式来进行的,这就叫"巫术礼仪"。"'巫术礼仪'是极为复杂的整套行为、容貌、姿态和语言,其中包括一系列繁细动作和高难技巧。由于它是沟通神明的圣典仪式(holy ritual),不能小有差错。因此对巫师本人、参加操作者以及整个氏族群体成员,都有十分严格的要求和规范,必须遵循,不能违背,否则便会有大灾难降临于整个群体。"后来,这种巫术礼仪通过"数"(筮、卜、易)而走向了理性化,即"演化而成为符号性的系统和系统操作","巫术的世界,变而为符号(象征)的世界、数字的世界、历史事件的世界。可见,卜筮、数、易以及礼制系统的出现,是由巫而史的关键环节。"同时,"巫术礼仪"中极为重要的情感因素也在逐渐地走向"史"化,这就是由"德"而"礼"的过程。"周金石中多见'德'字。'德'作何解……它大概最先与献身牺牲以祭祖先的巫术有关,是巫师所具有的神奇品质,继而转化成为'各氏族的习惯法规'。所谓'习惯法规',也就是由来久远的原始巫术礼仪的系统规范。'德'是由巫的神奇魔力和循行'巫术礼仪'规范等含义,逐渐转化成君王行为、品格的含义,最终才变为个体心

---

① 李泽厚的这两篇文章收在三联书店 2006 年出版的第 2 版《历史本体论 己卯五说》一书中,见该书第 156—188 页,第 370—408 页。这里的引文均出自这两文,不再单独注出。

性道德的含义。"如果说"德"由巫师所具有的神奇品质经"各氏族的习惯法规"而向内转化为人的道德品质的话,那么它向外则转化成了社会的"礼"。即"'德'的外在方面便演化为'礼'。'夫德,俭而有度,登降有数,文、物以纪之,声、明以发之,以临照百官,百官于是乎戒惧,而不敢易纪律'(《左传·桓公二年》)。这也就是'礼'。郭沫若说:'礼是由德的客观方面的节文所蜕化下来的。古代有德者的一切正当行为的方式汇集了下来便成为后代的礼。'"周公的"制礼作乐"就是基于"巫术礼仪"的由"德"而"礼"的转化过程的完成。

中国原始时代和奴隶制时代的社会政治体制源于远古时期的"巫术礼仪"活动。在"巫术礼仪"中,是有人的积极、主动因素的,且这种因素的作用和力量还是相当大的,它往往关系到与神相交通的巫术活动的成败。但在此种活动中人无论如何积极和主动,也是为人之外的"神"服务的,人的积极、主动的活动仅是手段,而最终体会和传达神意才是目标和目的。所以,在远古的"巫术礼仪"活动中,是没能发现人文世界"无"即"自由"的本质的;这时人的"无"即"自由"的本性、本质被超越、外化出去了,这就是反过来统治人的"神"、"帝"、"上帝"等。可见,在原始社会和奴隶社会里,当人们思索、谈论人和社会体制问题时,并未能将人的存在根基导入人的"无"即"自由"的本质上,而是搁置在了人之外的"神"身上。这一点从夏商周三代的"天"或"天命"观就可看出。早在原始社会就有图腾等自然崇拜现象。至母系氏族社会,人们崇拜天地之神,也崇拜日月山川之神,但这些神均是平等的,只是自然力的幻想。到了父系氏族社会,出现了祖先之神和黄帝一类神人兼备的传说人物,神开始获得了社会属性。但在原始社会,尚没有形成统摄百神的至上神,也没有"上帝"的观念。夏王朝建立后,适应奴隶主的君主制政权的需要,出现了百神之长的"天"。例如《墨子·兼爱下》引《禹誓》,禹在进攻三苗前誓师说:"济济有众,咸听朕言,非唯小子,敢行称乱,蠢兹有苗,用天之罚。若予既率尔群对(封)诸群(君),以征有苗。"至殷代,继承了夏代的"天"或"天神"观念,提出了"天命"、"上帝"观。如《尚书·汤誓》载商汤讨伐夏桀的誓辞:"格尔众庶,悉听朕言。非台小子,敢行称乱,有夏多罪,天命殛之。……夏氏有罪,予畏上帝,不敢不正。"

夏、商时代不仅崇拜"天"、"上帝"，还崇拜祖宗。祖宗崇拜起源于父系氏族社会，这当是男子成为维系氏族中坚力量的产物，故就由母系氏族社会的图腾崇拜演变成了祖先崇拜。但在夏商时代，具有至高无上地位的仍是"天"、"上帝"之类的天神，祖宗神的地位是超不过天神的。另外，在夏、商，祖宗神与天神的关系只是外在的和粗陋的，王族的祖宗神由于生前担任最高祭司（巫）的职务，故死后能服侍上天并领会和传达天神的旨意。到了周初，天神观念有了变化。这种变化主要表现在两个方面：一是天神与祖宗神密切结合起来。周人将天神说成是无限关怀人世统治的最高主宰，它和祖宗神一样是自己同类的善意的神；天神与最高统治者结成了亲密关系，把最高统治者作为自己的嫡长子，选派他们来统治疆土和臣民。因此，周代出现了"天子"和"天命"的观念。例如，《尚书·召诰》曰："皇天上帝，改厥元子兹大国殷之命。惟王受命，无疆惟休，亦无疆惟恤。呜呼！易其奈何弗敬。"这是说，上天现在取消了殷代统治者王天下的资格，另选派了姬姓的周王作嫡长子来统治臣民。那么，上天选择尘世统治者的标准是什么呢？二是强调和突出了统治者"德"的因素。《尚书·多方》说："天惟时求民主"。这是说天神时时刻刻在关心着人民，寻求着适合于作人民君主的人。由于夏人"大不克明保享于民，四胥惟虐于民"，所以上天就抛弃了它，转而命成汤来"简代夏作民主"。但到了殷纣王，"天惟五年须暇之子孙，诞作民主"，是说殷纣王虽然暴虐，但天是仁慈的，天用了五年时间等待成汤的子孙悔过自新以之能使他们继续作民主，但殷纣"罔可念听"，执迷不悟，所以上天就"简畀殷命"，选中周王来作民主了。为什么选中周王？因为周王有德！故"皇天无亲，惟德是辅；民心无常，惟惠之怀"（《尚书·蔡仲之命》）。至周初，周人有了这样的明确认识："我不可不监（鉴）于有夏，亦不可不监（鉴）于有殷。我不敢知曰，有夏服天命，惟有历年；我不敢知曰，不其延。惟不敬厥德，乃早坠厥命。我不敢知曰，有殷受天命，惟有历年；我不敢知曰，不其延。惟不敬厥德，乃早坠命。"（《尚书·召诰》）

可见，夏商周时代有一明确的"天"、"上帝"观念，这实际上是奴隶主的专制统治在人们思想观念上的政治折射。但正是这种折射说明，人们当时是把社会政治体制存在的依据搁置在人之外的"神"那里的。这个"神"无论是什么,不论它如何仁慈和关心人间疾苦,但它对人言总是个外在的东西,尚不是人自己"无"即"自由"的本质所在。尽管在周初"天命"观念有了一些变化,即强调和突出了统治者"德"的因素,但周初的"德"还不是基于人自己自觉自愿的伦理本性的道德之"德",它实际上仍是人之外的东西,即社会的习惯法规。有如李泽厚先生所言:"'德'究竟是甚么? 尚待研究。它的原义显然并非道德,而可能是各氏族的习惯法规,所以说'异姓则异德,异德则异类'(《国语·晋语》),故与'礼'联在一起。"①他又说:"周初讲的'德',处在第二个阶段上,'德'在那里指的是君王的一套行为,但不是一般的行为,而主要是祭祀、出征等重大政治行为。日久天长,它与祖先祭祀活动的巫术礼仪结合在一起,逐渐演变而成为维系氏族、部落、酋邦生存发展的一整套的社会规范、秩序、要求、习惯。也就是说,'德'首先是与'祀'、'戎'等氏族、部落、酋邦重大活动相关的非成文法规。"②作为习惯法规的"德",仍切入不到人的"无"即"自由"的本性、本质。

中国古代哲学是中国封建社会的哲学。春秋战国处在中国社会由奴隶制向封建制转化的时期,它不仅在经济、政治上完成了这一转化,也在思想文化上完成了这一转化,这就是关于人的"无"即"自由"的人性本质的发现和确立。先秦思想,尤其是先秦哲学思想之所以具有原创性,正是因为它对人的"无"即"自由"本质的发现和摊出。有了这个发现和取向,人就开始了关于自己的人文世界的建设。中国古代哲学,尤其是其形而上学、本体论思想,就是中国古人对自己的人文世界之探索和建设的思想精华。

(三)先秦诸子的思想倾向及其理论贡献

先秦哲学思想表现在先秦诸子思想中。先秦诸子思想各有倾向性,并非各派以及每一派中的每个人都从事哲学问题的研究。因此,先秦诸子在

---

① 李泽厚:《孔子再评价》中的一条注释,见李泽厚《中国古代思想史论》,人民出版社 1986 年版,第 12 页。
② 李泽厚:《说巫史传统》,见李泽厚《历史本体论 己卯五说》,三联书店 2006 年版,第 173 页。

哲学思想理论方面的贡献就不同了。

所谓"先秦诸子",指的是先秦时期的诸学派。先秦的思想派别有多少呢?人们习惯于用"百家"一语来称之,实际上当然不可能真有百家之多。班固在《汉书·艺文志》中说:

> 诸子十家,其可观者九家而已。皆起于王道既微,诸侯力政,时君世主好恶殊方;是以九家之术蠭出并作,各引一端,崇其所善,以此驰说,取合诸侯,其言虽殊,辟犹水火相灭亦相生也。仁之与义,敬之与和,相反而皆相成也。《易》曰"天下同归而殊涂,一致而有百虑"。今异家者各推所长,穷知究虑以明其指,虽有蔽短,合其要归,亦六经之支与流裔;使其人遭明王圣主,得其所折中,皆股肱之材已。

这是说,先秦诸子共有十家,但思想可观的有九家;这些家皆起于王道衰微之时,即它们出现的时代背景是一致的。但各家对先王的学说是"各行一端"而"崇其所善",按各自的需要作了引申和发挥。各家学说、思想虽异,但却可取长补短。最终,各家的思想可汇归六经,其说"亦六经之支与流裔"矣。班固的这段记述是比较全面的。

另外,班固还详细考察了诸子各家的来源及其思想倾向。《汉书·艺文志》云:

> 儒家者流,盖出于司徒之官。助人君,顺阴阳,明教化者也。游文于六经之中,留意于仁义之际;祖述尧舜,宪章文武,宗师仲尼,以重其言,于道最为高。
>
> 道家者流,盖出于史官。历记成败、存亡、祸福、古今之道,然后知秉要执本,清虚以自守,卑弱以自持,此君人南面之术也。合于尧之克攘,易之嗛嗛,一谦而四益,此其所长也。
>
> 阴阳家者流,盖出于羲和之官。敬顺昊天,历象日月星辰,敬授民时,此其所长也。
>
> 法家者流,盖出于理官。信赏必罚,以辅礼制。《易》曰"先王以明

罚饬法。"此其所长也。

名家者流,盖出于礼官。古者名位不同,礼亦异数。孔子曰"必也正名乎。名不正则言不顺,言不顺则事不成"。此其所长也。

墨家者流,盖出于清庙之守。茅屋采椽,是以贵俭;养三老五更,是以兼爱;选士大射,是以上贤;宗祀严父,是以右鬼;顺四时而行,是以非命;以孝视天下,是以上同。此其所长也。

纵横家者流,盖出于行人之官。孔子曰"诵《诗》三百,使于四方,不能专对,虽多亦奚以为?"又曰"使乎,使乎",言其当权事制宜,受命而不受辞。此其所长也。

杂家者流,盖出于议官。兼儒墨,合名法,知国体之有此,见王治之无不贯。此其所长也。

农家者流,盖出于农稷之官。播百谷,劝耕桑,以足衣食。故八政一曰食,二曰货;孔子曰:"所重民食。"此其所长也。

小说家者流,盖出于稗官。街谈巷语,道听途说者之所造也。……如或一言可采,此亦刍荛狂夫之议也。

据班固所记,先秦各家均是从王官来的。即王道式微后,原在官府的各官流落到了民间,于是就有了各思想派别。这就是所谓的"诸子出于王官"说。直到章太炎仍持此说。但胡适作有《诸子不出于王官论》①一文,认为"古者学在王官是一事,诸子之学是否出于王官又是一事。吾意以为,即令此说而信,亦不足证诸子出于王官。盖古代之王官空无学术可言。"又说:"吾意以为,诸子自老聃、孔丘至于韩非,皆忧世之乱而思有以拯济之,故其学皆应时而生,与王官无涉。"胡适认为,先秦诸子的产生是忧患时世的结果。这个看法有一定的合理性。即使诸子是从王官来的,它们也是基于对社会现实问题的思考所致;再说,王官下到民间,本来就是时世所然,这些王官如要生存,就不得不关心和解决时世问题。

---

① 胡适:《中国哲学史大纲》卷上,商务印书馆 1919 年版,1987 年上海影印厂出版了印制本。

所以,先秦诸子都是有感于当时的社会现实而发言述论的,其思想都有社会政治性,可以说都是广义上的社会政治思想。即使名家者流,也不是纯为名而名,而与"正名"这一社会政治问题有关。就是农家的"播百谷,劝耕桑"之说,也与社会政治相联系。专以"街谈巷语,道听途说"为能事的小说家,虽无思想可言,但所谈的也当为当时突出和有影响的社会政治问题。先秦诸子的思想都是从当时的社会政治问题切入的,故其思想的社会政治色彩是共同的。但表现在哲学思想方面,诸子思想就有了明显差别。这是说,它们都谈论和关心社会政治问题,但并非都关心和议论作为时代精神精华的深层的哲学问题。小说家、农家、杂家很明显就没有哲学思想。纵横家包括兵家在内,在讲用兵之道时涉及一些哲学问题,这就是兵家的辩证法思想。但这些思想的中心、重心多在权谋术变上,其哲学思想性和理论性是很有限的。再说法家,虽然有一些法哲学方面的思想和问题,但它的社会政治性极强,故法哲学的思想往往被其强烈的社会政治思想冲淡了;再说,法家的思想热点多在政治统治术上。剩下的儒、道、阴阳、名、墨这五家,是有哲学思想的,但哲学思想的理论性和深度又各不同。就墨家言,经验认识论思想很突出,但形而上学、本体论方面的思想几乎没有。就名家说,在讨论名时涉及名实关系问题,也揭示了概念自身一般与个别的矛盾性,这都有哲学意义,但这些问题多属认识论、逻辑学,其形而上学、本体论方面的思想不强。关于阴阳家,触及到阴阳之赜问题,这有一定的辩证法思想。但对阴阳家自己来说并未能揭示出阴阳之"道",阴阳多是"象日月星辰"以"授民时"的应用性技术。所以,在先秦诸子中,真正有哲学思想且有形而上学、本体论思想的学派,是儒、道两家。

儒家作为一个学派内部有不同的派别和思想倾向,这一点暂且不论。我们现在要谈的是以孔子为开端的儒学在哲学思想上的贡献。孔子要恢复周礼,就此言其思想有保守性一面,但实际上孔子复礼是使社会有序化的一种政治企望。在主张复礼方面,孔子思想的真正意义和价值在于为"礼"这种外在的社会规范找到了人性基础和人文世界的根基。《论语·阳货》有这样一段记载:"宰我[按:宰我,孔子弟子,名予,字子我]问:'三年之丧,期已久矣。君子三年不为礼,礼必坏;三年不为乐,乐必崩。旧谷既没,新谷既升,钻燧改火,期可已矣。'子曰:'食夫稻,衣夫锦,于女安乎?'曰:'安'。
'女安,则为之。夫君子之居丧,食旨不甘,闻乐不乐,居处不安,故不为也。
今女安,则为之!'宰我出。子曰:'予之不仁也! 子生三年,然后免于父母
之怀。夫三年之丧,天下之通丧也。予也有三年之爱于其父母乎!'""守丧
三年"就是当时的"礼"。宰予认为,人死后为其守丧三年时间有些长,这会
带来社会生活方面的一些不利影响,故他认为守一年就可以了。孔子没有
对这个"礼"的规定性本身作辩论,他只问宰予,当你的父母去世后你是什
么心情,这时让你吃好的、穿好的,你心里安吗? 宰予却说"安"。谈到这
里,师生二人很是话不投机,宰予就出去了。宰予走后,孔子就说:"予之不
仁也!"很明显,孔子将守丧这种"礼"与"仁"这一人性联系了起来,把"仁"
作为"礼"赖以存在的基础。为什么社会要有和能有"礼"这种规范? 就是
因为人有"仁"的本性,倘若人没有了"仁",人就失去了成为人的依据而仅
为一般动物,这也自然就不会有"礼"的问题了。在此,孔子从人的本性、本
质出发,把人与动物区别开来。动物不会有"仁"性,故它本质上属于自然
世界。人有"仁"性,是人文世界的存在者,其本性、本质是"无"即"自由",
所以人会依自己的人文价值和意义来生活、生存。所以,孔子主张复礼时发
现了人自己的人文世界,把礼仪规范这些社会制度导入了人的"无"即"自
由"的本质、本性中。孔子讲"己欲立而立人,己欲达而达人"(《论语·雍
也》)、"己所不欲,勿施于人"(《论语·卫灵公》)的"忠恕"之道,讲"我欲
仁,斯仁至矣"(《论语·述而》)、"为人由己,而由人乎哉"(《论语·颜
渊》)、"志士仁人,无求生以害仁,有杀身以成仁"(《论语·卫灵公》)的主
体人格的意志和力量,讲"今之孝者是谓能养。至于犬马,皆能有养;不敬,
何以别乎?"(《论语·为政》)"色难。有事,弟子服其劳;有酒食,先生馔,
曾是以为孝乎?"(同上)的为孝之道,讲"和而不同"、"得中行而与之"(《论
语·子路》)的"中庸"之方,等等,这都是对人的"无"即"自由"本性的确认
和发掘。这样,由孔子开其端的先秦儒学发现了人的"无"即"自由"的本
质,这为中国哲学形而上学、本体论思想的建构奠定了基础。

还有先秦道家,它以"道"的提出逼出和发现了人文世界的"无"即"自
由"本质。道家作为一个学派,有老、庄及稷下道家的不同区别。这一点这

里不谈。此处要讲的是以老子为开端的先秦道家在哲学上,尤其在形而上学、本体论上的思想贡献。道家之为道家,就在于提出和言说"道"。那么"道"是什么? 老、庄有一些不同的讲法,很难明确定谓它。《老子》第二十五章讲:"有物混成,先天地生,寂兮寥兮,独立而不改,周行而不殆,可以为天下母,吾不知其名,字之曰道,强为之名曰大。大曰逝,逝曰远,远曰反。故道大,天大,地大,王亦大,域中有四大,而王居其一焉。人法地,地法天,天法道,道法自然。"这里是"道"概念的明确提出。这表明,"道"是对"有物混成,先天地生,寂兮寥兮,独立而不改,周行而不殆,可以为天下母"的一个东西的指称、指谓。那么,这个"可以为天下母"的东西究竟是什么? 一言以蔽之,它是超越了相对的绝对者,这就是本原、本体。现象世界中的存在者其存在都是相对的,一物之外总有一他物与其相对,是没有一个"寂兮寥兮"、"独立不改"的绝对者的。当然,人可以对这些相对存在者的存在作分析概括和作超越把握,即从中厘析、抽绎出一个最后的、绝对无待的东西,"道"就是这样的绝对者。所以,不论老子(当然还有庄子)怎么论"道",也不论他提出这个"道"时的目的、意图何在,就像后世的人所理解和认识的那样,这个"道"的确可以作天地万物之存在的本原、本体。但问题是,老子为什么要提出这样一个超越了相对的绝对者——"道",他想提出它为什么就能提出呢? 这个问题的根本根基就在也只是在人的世界中,是由人和人文世界"无"即"自由"的本质、本性决定的;也就是说,这个"道"所体现、反映的是人文世界"无"即"自由"的本性、本质。所以,在道家老子这里,"道"这个自本自根的本体体现出了或者说逼出了人的"无"即"自由"的本质。老子之后,庄子讲"至人无己,神人无功,圣人无名"的"乘天地之正而御六气之辩,以游无穷"的"逍遥游",这当然是人自由的精神之游,这就更形象地标示出人的"无"即"自由"的本质。这,就是先秦道家的哲学贡献。

先秦儒家从人的"仁"性上逼出了人文世界的"无"即"自由"本质,而先秦道家则从"道法自然"的"道"本论上逼出了这一本质。所以说,在形而上学、本体论方面,先秦儒、道是殊途同归,共同发现和逼出了人文世界的"无"即"自由"的本质。这是先秦哲学思想的重大贡献。所谓先秦诸子的原创性思想,真正有哲学意义和价值的思想正在这里。

二、先秦儒道的本体思想

(一)先秦儒家的本体思想

孔子是儒学的创始人,他有弟子三千,其中贤者七十。孔子卒后,七十子之徒乃孔子思想的传播者。《史记·儒林传》说:"自孔子卒后,七十子之徒,散游诸侯,大者为师付卿相,小者友教士大夫,或隐而不见。"在传播其师思想时,就形成一些儒学派别。《韩非子·显学》说:

> 世之显学,儒墨也。儒之所至,孔丘也;墨之所至,墨翟也。自孔子之死也,有子张之儒,有子思之儒,有颜氏之儒,有孟氏之儒,有漆雕氏之儒,有仲良氏之儒,有孙氏之儒,有乐正氏之儒。自墨子之死也,有相里氏之墨,有相夫氏之墨,有邓陵氏之墨。故孔墨之后,儒分为八,墨离为三,取舍相反不同,而皆自谓真孔墨。

孔子后儒学分为八派。八派中其思想和著作传世的有子思,传说他作了《中庸》;有孟轲,有《孟子》传世;有孙氏,即荀卿,有《荀子》行世。至于别的儒家学派,其思想情况很难确知。依我们这里重在探索先秦儒学的形而上学、本体论思想的目的和目标,我们选取孔子的"仁"、孟子的"心"、荀子的"礼"、《易传》的"道"作以论析,这基本上能够涵括先秦儒家形而上学、本体论思想的内容。

[一]孔子"仁"论

孔子在中国思想文化史上的地位极高,其思想对后世影响巨深。从记载孔子一生思想、言论的《论语》一书来看,孔子的思想表现是多方面的,他说"天",说"命",说"仁",说"礼",讲"中庸",论教育,言世事,等等。但在孔子的儒学中，"仁"是最核心的，确是孔子的原创性思想。怎么把握孔子的"仁"呢？这里实际上涉及到这样三个相关的问题：一是"仁"在孔子整个思想中的地位；二是"仁"范畴的内涵；三是"仁"说的意义和价值，即它在先秦形而上学、本体论思想建设上的作用。

　　1."与命与仁"的思想体系

　　孔子有一个思想体系吗？说孔子的思想体系难免会遭到讥讽。孔子本人恐怕压根就没想过要建立什么思想体系的事，一部《论语》是孔子与弟子的问答之言，是随问而答，有感而发，因人因事说教的，何来思想体系的建构？但这只表明孔子没有自觉地建构其思想体系，并不表明孔子的整个思想就没有一个能贯统起来的中心和线索。倘若真的没有什么中心能将孔子的思想统贯起来，那么他所讲的那些话就真的是信口任舌，也就算不得有思想了，孔子也就不会和不可能创立儒家学派。可以肯定，孔子有思想且有明确的思想内容和主张。《论语·里仁》言："子曰：'参乎！吾道一以贯之。'曾子曰：'唯'。子出，门人问曰：'何谓也？'曾子曰：'夫子之道，忠恕而已矣。'"孔子认为他的学说（思想）是由一个基本的观念统贯起来的。什么观念呢？孔子自己并没有明确讲，他的弟子曾参说是"忠恕"这种"道"。这是曾子从社会伦理方面对孔子思想体系的概括。那么，从哲学方面看，孔子的思想能统贯之吗？《论语·子罕》有言：

　　　　子罕言利，与命与仁。

对这句话历来有不同的理解。例如今人杨伯峻就将此句译为"孔子很少[主动]谈到功利、命运和仁德。"[①]今人李泽厚则将此句译为"孔子很少讲利。许命，许仁。"李泽厚并作注说："《集释》史绳祖《学斋占毕》：子罕言者，独利而已。当以此四字为句作一义。曰命曰仁，皆平日所深入，此当别作一义。与如吾与点也、吾不与也等字之义。"[②]李泽厚的解释代表了一种

---

①　杨伯峻：《论语译注》，中华书局 1980 年版，第 86 页。此处参考了杨伯峻的一些解释材料，特注明。

②　李泽厚：《论语今读》，天津社会科学出版社 2007 年版，第 155 页。

普遍看法。比如清人史绳祖《学斋占毕》、今人王若虚《误谬杂辨》都认为此句应读为"子罕言利,与命,与仁。""与"者,许、赞许也。意思是说,孔子很少谈利,但却赞许"命"和"仁"。故"与命与仁",这就是孔子的哲学体系。

孔子既赞许、期许"仁",也赞许、期许"命"。那么,在孔子这里,"仁"与"命"是何关系? 二者是平列的抑还是有归属的? 若有归属,是归"命"于"仁"呢还是相反? 从"子罕言利,与命与仁"的断句和理解来看,此处的"命"与"仁"当是并列的,即"命—仁"。这个"命—仁"就是孔子哲学思想的中心和核心。从这个中心出发,孔子的思想就向两个方向辐射开来,即一方面由"命"到"天",有时孔子将"命"和"天"统一为"天命",如说"五十而知天命"(《论语·为政》。下引《论语》只注篇名)、"君子有三畏:畏天命,畏大人,畏圣人之言"(《季氏》)。孔子讲"天"时,这个"天"一方面是对夏商周三代之"天"的继承,即把"天"视为人类社会的主宰者,但另一方面,孔子毕竟受到了西周以来"德"思想观念的影响,再加上他对人的本质——"仁"的发现,所以在孔子处"天"的人格神成分已经淡出,而渗入了人的理性态度和主体力量,这就是孔子"敬鬼神而远之"(《雍也》)的"鬼神"观。这就又把"天"与"鬼神"联系了起来。至此,就形成了"仁"—"命"—"天"—"鬼神"的思想体系。另一方面,由"仁"到"礼",因为"克己复礼为仁"(《颜渊》),"仁"和"礼"是有直接关系的,在孔子看来,"礼"实际上就是人之"仁"性的社会表现。孔子讲"礼"时,认为它不仅是一种社会规范,同时还是调节、调准人行为的准则和方式,所以它有方法论的意义和价值,这就是孔子一贯倡导的得"中行"的"中庸"思想,这就由"礼"进展到"中"或"中庸"。这样,就又形成了"仁"—"礼"—"中庸"的思想体系。所以,在孔子处,以"命—仁"为思想中心,向两个方面铺开和展开,这就形成了一个总思想体系,即

天——鬼神—命—仁—礼—中庸

这就是孔子的哲学思想体系。

孔子自己虽然没有直接讲有一个思想体系,但我们却可以和能够从他

的有关思想出发，从孔子的"仁"学中分疏出或整理出一个思想体系来。这样作，并没有违背孔子的"仁"学思想，反而有利于把握"仁"思想的实质。下面依《论语》所言，试整合式地对孔子的"仁"学思想体系略予分疏。此处顺便交代一下：我们在理解孔子的"仁"学思想体系时应以"仁—命"为辐射中心，从"仁"、"命"起手；而当分疏出"天—鬼神—命—仁—礼—中庸"这一思想体系后，就要从这一思想体系的开端处起手来作论析了。

关于"天"，孔子言到：

①天何言哉？四时行焉，百物生焉。天何言哉！（《阳货》）

②巍巍乎唯天为大。（《泰伯》）

③王孙贾问曰："与其媚于奥，宁媚于灶，何谓也？"子曰："不然，获罪于天，无所祷也。"（《八佾》）

④子见南子，子路不说。夫子矢之曰："予所否者，天厌之！天厌之！"（《雍也》）

⑤子曰："天生德于予，桓魋其如予何？"（《述而》）

⑥子畏于匡，曰："文王既没，文不在兹乎？天之将丧斯文也，后死者不得与于斯文也；天之未丧斯文也，匡人其如予何？"（《子罕》）

⑦子疾病，子路使门人为臣。病间，曰："久矣哉，由之行诈也！无臣而为有臣。吾谁欺？欺天乎！"（同上）

⑧子曰："莫我知也夫！"子贡曰："何为其莫知子也？"子曰："不怨天，不尤人，下学而上达。知我者，其天乎！"（《宪问》）

孔子论"天"的这些话，后人多有不同理解。我以为，以上这八段话可大体分为三类：①②段为一类，这说的是自然之天或天的自然性。这里虽然有对天的苍茫、高远、广大之形象的赞美，但孔子是视天为自然运行着的存在者，它不言不语而春夏秋冬四时递相出现，万物适时生存而葱茏青翠，生机盎然，一切都自自然然，此即天道。第③段为一类，这说的是义理之天或天的义理性。这类天是相对于有目的、有意志的主宰之天而言的。在孔子看来，倘若获罪于天的话，就是祈祷求告也是没有用的。这说明，这时的"天"一方面没有目的意志、没有人格主宰性，否则的话人对它是能祈祷的，同时天也能同情和接受人的求告、祈祷。现在，天却不理睬人的求祷，所以表明此时的天是非主宰性、非意志性的。但这个天却有必然性，它是一种无可奈何、不可左右的必然性力量，这就叫义理之天。朱熹《四书章句集注》注这段说："天，即理也，其尊无对，非奥、灶之可比也。逆理，则获罪于天矣，岂媚于奥、灶所能祷而免乎？言但当顺理，非特不当媚灶，亦不可媚于奥也。"朱熹正是将孔子的这个"天"理解和发挥为"理"的。第④⑤⑥⑦⑧段为一类，这说的是主宰之天或命定之天。孔子"天"的这层意思是很明确的，即天是一种有目的、有意志的主宰性力量，它能主宰、左右人间的吉凶祸福、成败得失等。这种天显然有宗教性，这是孔子对夏商周以来三代之"天"的继承，或者说是传统天命思想对孔子的影响。

对孔子"天"的主宰性含义，人们没有歧义。但对孔子的第一、第二类"天"，尤其是第一类"天"，一直有不同的理解。比如说，朱熹将孔子的"天"解作"理"，就有人反对。有人认为"祷于天"并不同于"祷于理"，因为"天"多少带有情感性，"理"则没有情感，只是一种冷冰冰的外在条规。故现代新儒者熊十力说应于生活中体会宇宙，天在人，不遗人而重天（见熊十力《原儒·绪言》）。钱穆批评佛家是"有体而无用"。这些说法和看法在对待孔子的"天"方面其思路是一样的①，均认为孔子的"天"是天人合体而不隔的，即天人是体用一源、显微无间的，认为"天"并非"理"，此乃体用一源、天人合一也，如果将孔子的"天"理解为"理"，就没有天人合一的一体性了。

后世在对孔子自然之天的理解上，有更多的引申、发挥。当孔子说"天何言哉？四时行焉，百物生焉"时，这个天确是指自然界的运行。但问题正在于：如何看待天自然运作的"自然"性？老子有言："人法地，地法天，天法道，道法自然。"（《老子》第25章）"道"以"自然"为"法"，也就是"道"以自身为"法"，这就是"道"的自本自根性、自因性的本体性。如果参照老子的"自然"思想来解读孔子关于天的"自然"性思想，那么我们可以作引申说：孔子的自然之天揭示了或者说蕴含着天的必然性和应然性的统一。就是

---

① 参看李泽厚：《论语今读》，天津社会科学出版社2007年版，第303页。

说，在孔子的自然之天这里，天自然存在着就是天如此这般地必然运行着，而天如此这般地必然运行着，就是天的本性，即表明天恰恰应当这么作，所以，天必然要这么运行，也就是天应当这么运行，天的必然性和应然性是统一的。应然性，正是人文世界的特征。这样一来，在孔子的自然之天这里，就能将自然世界的必然性与人文世界的应然性合一了。所以汉儒董仲舒说："三画而连其中，谓之王。三画者，天地与人也。而连其中者，通其道也。取天地与人之中，以为贯而参通之，非王者孰能当是？是故王者唯天之法，法其时而成。"（《春秋繁露·王道通三》）如果说董仲舒是从"天人感应"的目的论来讲天人合一的话，那么宋儒朱熹则从本体论意义上来讲天人合一，他说："四时行，百物生，莫非天理发见流行之实，不待言而可见。圣人一动一静，莫非妙道精义之发，亦天而已，岂待言而显哉？"（《四书章句集注》）又说："天地生物之心是仁，人之禀赋接得此天地之心方能有生，故恻隐之心在人亦为生也。"（《朱子全集》卷四十四）这些讲法和思想，应该说是孔子自然之天的深层引申、发挥。就孔子言，他讲"天何言哉"时大概只看到了天的自然运行而已。

在孔子的天论思想中，他的"天"主要还是所继承下来的主宰性。但时代毕竟变了，所以孔子在承继已往的主宰性、意志性之天时，也不得不打上时代的烙印而有了一些变化，这就是给传统意义上的主宰之天渗入了义理性和自然性，特别是义理性的内容。这样，孔子就淡化了已往天的人格性力量，而增强了天的必然性因素，并由此反射、映照出了人的理性成分和因素。这一点，从孔子对待鬼神的态度中可看出。

关于"鬼神"，《论语》中有这样几段话：

①季路问事鬼神。子曰："未能事人，焉能事鬼。"曰："敢问死。"曰："未知生，焉知死。"（《先进》）

②樊迟问知。子曰："务民之义，敬鬼神而远之，可谓知矣。"（《雍也》）

③子不语：怪、力、乱、神。（《述而》）

④祭如在，祭神如神在。子曰："吾不与祭，如不祭。"（《八佾》）

可以看出,孔子对待鬼神的态度是冷静的和理性的。墨翟认为鬼神是能赏善罚恶的,即"鬼神之所赏,无小必赏之;鬼神之所罚,无大必罚之"(《墨子·明鬼下》)。墨翟还以为,当时社会不安定的因素之一就是人们不信鬼神的赏罚作用,"皆以疑惑鬼神之有与无之别,不明乎鬼神之能赏贤而罚暴也。"(同上)孔子对鬼神的看法不同于墨翟,他对鬼神是"敬而远之"的。孔子明确主张要将人生的事努力做好,不要去想死后的事。他自己平时就不谈论鬼神、怪诞之类的东西。孔子不讲鬼神的赏罚作用,这是积极的态度;这与他淡化"天"的主宰性思想是一致的。然而,正如孔子虽然淡化了"天"的主宰性但还是承认有主宰之"天"的存在一样,在鬼神问题上他虽然否弃了鬼神的赏罚功能,但还是承认有鬼神存在的。孔子说:"所重:民、食、丧、祭。"(《尧曰》)这个"祭"就是祭祀,其对象就是鬼神。他还说:"非其鬼而祭之,谄也。"(《为政》)"其鬼"是指自己的祖先鬼。自己的祖宗鬼也好,别的什么鬼也罢,孔子还是承认有鬼的。但他的态度却是对鬼神之类的诞妄之事"存而不论"。另外,孔子讲的鬼神,多是祭祀时人的情感表达和意境感受。《中庸》说:"子曰:'鬼神之为德,其盛矣乎! 视之而弗见,听之而弗闻,体物而不可遗。使天下之人齐[斋]明盛服,以承祭祀,洋洋乎如在其上,如在其左右。'"这不是鬼神来主宰、赏罚人,而是人与鬼神的相交通,此时的鬼神不是对象化了的存在者,而是人这个主体当场产生和构成的、与人一体同在的意境或境域,这有如原始巫术礼仪中的人神合一的一体化意境,此即孔子所谓的"祭神如神在"也。

关于"命"或"天命",《论语》有言:

①伯牛有疾,子问之,自牖执其手,曰:"亡之,命矣夫! 斯人也而有斯疾也! 斯人也而有斯疾也!"(《雍也》)

②子曰:"道之将行也与,命也;道之将废也与,命也。公伯寮其如命何!"(《宪问》)

③孔子曰:"不知命,无以为君子也。"(《尧曰》)

④子曰:"吾十有五而志于学,三十而立,四十而不惑,五十而知天命,六十而耳顺,七十而从心所欲不踰矩。"(《为政》)

⑤孔子曰："君子有三畏：畏天命，畏大人，畏圣人之言。小人不知
天命而不畏也，狎大人，侮圣人之言。"（《季氏》）

孔子承认有"命"或"天命"在。"命"到底是什么？孟子说："莫之为而为
者，天也；莫之致而至者，命也。"（《孟子·万章上》）庄子说："知其不可奈
何而安之若命，德之至也。"（《庄子·人间世》）一般说到"命"时，多指一种
无可奈何的必然性力量。"命"与"天"不一样，天虽然高高在上主宰着人
世，但人却可以与其相交通，可以祭，可以祷；命就不同了，它虽然不是有目
的、有意志地主宰人事，但却左右着人的作为，且人对它也无可奈何，不可与
之沟通。与天相比，命的必然性因素显然增强了。但问题是这种必然性究
竟是什么？是天意？是宿命？是规律？都不尽然。命这个东西还真不好把
捉。李泽厚先生将它理解为偶然性，说："'命也者，不知所以然而然者也'，
即人力所不能控制、难以预测的某种外在的力量、前景、遭遇或结果。所以，
可以说，'命'是偶然性"。又说："'命'不过是偶然性罢了，要重视、尊重甚
至崇敬这偶然，但不必去膜拜、屈从于它。"①说"命"是偶然性，有一定道
理，但似乎不全是。从人类的活动看，命确有偶然性因素。但从个人活动
看，命则是一种人力所无法左右的必然性力量。命虽然是人无可奈何的、左
右着人活动的力量，但与有目的、有意志的天相比，这毕竟突出了必然性的
一面，所以孔子由"天"进到"命"，其思想还是有进步性的。

"仁"是孔子思想的核心。关于"仁"的内涵，下面专题来谈。这里要讲
的是孔子由"命"向"仁"推进的思想理路。孔子主张"知命"、"知天命"、
"畏天命"，这显然是一种有为的积极态度。面对命这种人力所不可左右的
必然性力量，人是安服于命消极待命呢还是人为地积极进取呢？孔子主张
和选取的是后者。《论语》言："知其不可而为之"（《宪问》）；"士不可以不
弘毅，任重而道远。仁以为己任，不亦重乎？死而后已，不亦远乎？"（《泰
伯》）"人能弘道，非道弘人"（《卫灵公》）；"叶公问孔子于子路，子路不对。
子曰：'女奚不曰：其为人也，发愤忘食，乐以忘忧，不知老之将至云尔'"

① 李泽厚：《论语今读》，天津社会科学出版社 2007 年版，第 334、256 页。

（《述而》）。这里的第一句话是石门的司门人评价孔子的话，从别人口中说孔子是个"知其不可而为之"的人，更可看出孔子处世的坚强意志、坚定信心和锲而不舍的追求精神。第二句话是曾子讲的，曾子所说的"任重道远"的"弘毅"精神，也就是孔子所主张的奋勉精神。孔子这种以"弘道"为己任，发愤忘食，乐而忘忧，"不怨天、不尤人"（《宪问》）的人，自然不是一个听任命运来摆布、悲观消极的宿命论者，而是个"知命"的人。孔子有时也难免对无可奈何的时势慨叹几句，说这是"命"也，但他却没有仅听命于"命"，而是积极有为地去"弘道"。"子曰：'朝闻道，夕死可矣'。"（《里仁》）这是多么达观的人生态度和积极有为的进取精神！所以，从"命"这里孔子不是向后退，而是向前进。进到哪里？就进到了"仁"。所以，《论语·子罕》篇说孔子"与命与仁"，将"命"、"仁"同举，这是有道理的。

在孔子的"仁"学思想中，"仁"与"礼"有十分密切的关系。那么，在孔子这里，"仁"、"礼"是怎样的关系呢？即由"仁"到"礼"呢还是由"礼"到"仁"？这两方面的思想进路在孔子处都有。一方面，孔子讲"克己复礼为仁。一日克己复礼，天下归仁焉。"（《颜渊》）这表明礼是仁的前提基础，对礼的恭行践履可使人获得仁的品德，而且能使全天下都沐浴在仁的春风里。当颜渊问孔子究竟如何具体做才是"克己复礼"时，子曰："非礼勿视，非礼勿听，非礼勿言，非礼勿动。"（同上）这样唯礼是举看起来有些迂腐，但孔子是要强调一切言行都要循规蹈矩地按礼来办，这就是"复礼"，也就是"为仁"。这是由礼向仁的推进。但另一方面，孔子说："礼云礼云，玉帛云乎哉？乐云乐云，钟鼓云乎哉？"（《八佾》）在孔子看来，所谓"礼"并非仅是些玉帛之类的礼物，倘若"礼"仅是些礼物的话，礼就只会和只能关系人的自然生命，而不能和不会与人的内性、本性相关，因此"复礼"也就难以达到"为仁"了。在孔子看来，"礼"存在的人性基础是"仁"，"礼"在本质上是人的"仁"性的行为表现。所以孔子说"人而不仁，如礼何？"一个人如果没有"仁"这种品性的话，"礼"对他又有何用呢？！比如说，宰予就不愿意去履行那个"三年之丧"的"礼"，原因就在于宰予没有"三年之爱于其父母"的血缘情感性，即没有"仁"（见《阳货》）。所以，"林放问礼之本。子曰：'大哉问！礼，与其奢也，宁俭；丧，与其易也，宁戚。'"（《八佾》）礼不只是个表面形式，它是表达、表现人的真性情的方式，礼是以仁为存在的前提和基础的。这是由"仁"向"礼"的推进。可见，由"礼"向"仁"推进，是就"礼"的作用、功效而言的；由"仁"向"礼"推进，是就礼存在的根据、基础而言的。

"礼"字在《论语》中出现过 75 次（包括"礼乐"并言）。"子曰：'夏礼，吾能言之，杞不足征也；殷礼，吾能言之，宋不足征也。文献不足故也。足，则吾能征之矣'"（《八佾》）。"子曰：'殷因于夏礼，所损益可知也；周因于殷礼，所损益可知也。其或继周者，虽百世可知也。'"（《为政》）可见，孔子讲的"礼"包括夏商周三代以来所有奴隶制的礼仪规范，礼的范围是相当广泛的。但实际上，孔子要人们去自觉恢复的礼多指由周公"制礼作乐"的周礼。周礼波及到人生活的方方面面，如祭祀之礼、丧葬之礼、婚嫁之礼、宾客之礼，等等。孔子要人们按礼行事，用礼来调整、规范人的行为，以和谐人际关系。

孔子在讲"礼"时，涉及到了"中庸"问题。礼是调节人际关系的，故以礼行动就蕴含有处世方略、方法的内容。《论语》讲"中"或"中庸"的段落有：

> 有子曰："礼之用，和为贵。先王之道，斯为美；小大由之。有所不行，知和而和，不以礼节之，亦不可行也。"（《学而》）
>
> 不得中行而与之，必也狂狷乎！狂者进取，狷者有所不为也。（《子路》）
>
> 君子和而不同，小人同而不和。（同上）
>
> 子贡问："师与商也孰贤？"子曰："师也过，商也不及。"曰："然则师愈与？"子曰："过犹不及。"（《先进》）
>
> 子张问仁于孔子。孔子曰："能行五者于天下为仁矣。""请问之。"曰："恭、宽、信、敏、惠。恭则不侮，宽则得众，信则人任焉，敏则有功，惠则足以使人。"（《阳货》）
>
> 子曰："恭而无礼则劳，慎而无礼则葸，勇而无礼则乱，直而无礼则绞。君子笃于亲，而民兴于仁；故旧不遗，则民不偷。"（《泰伯》）

这里讲的"和"、"中行"、"不过不及"等都是一种处世方式,即"中"道或"中庸"之道。所谓"中"就是恰到好处,适得火候,正中时机。从哲学上说,这个"中"有"度"的意义,是一种颇具深刻性和高明性的方法和品德。孔子说:"中庸之为德也,其至矣乎! 民鲜久矣。"(《雍也》)《中庸》记载孔子的话说:"子曰:'天下国家可均也,爵禄可辞也,白刃可蹈也,中庸不可能也。'"可见,"中庸"之道的高妙和运用之难。大概"其心三月不违仁"(《雍也》)的颜回才能得到"中庸"的真谛妙法。"子曰:'回之为人也,择乎中庸。得一善,则拳拳服膺,而弗失之矣。'"(《中庸》)为什么"中庸"之道如此高妙和难以运用呢? 这是因为,从哲理上讲,中庸具有"度"的原则和品性,有"几"和"机"蕴含其中,实行起来要恰到好处,要时时处处保持在动平衡中;若从存在论上来看,中庸则是一种当场构成的情境,它是被当场构成、产生的,绝不是对象化、概念化的规定。所以,"中"或"中庸"看起来简单,说起来容易,而做起来则很难。但礼却能切中这个"中",能把人的行为引导、调节、矫正到最恰当处。孔子曰:"恭而无礼则劳,慎而无礼则葸,勇而无礼则乱,直而无礼则绞。"(《泰伯》)恭、慎、勇、直作为人的品德都是好的,但一旦实行、实现在行动上就不一定是好的了,这是因为行动有个恰当与否的问题,也有个身临其境的情境化问题;有时人的目的、初衷、动机都是不错的,但行为的结果却不理想甚或带来了严重的恶果,这就是因行动、行为不够恰当和不够适合所致。要达到动机和行为的一致,要使行为恰到好处,适得其中,就要用礼来调节之。比如说,恭敬本是一种好品德,但如果不按礼的规定和要求来做,无原则地、不分时间和场合地一味恭敬,这种恭敬不仅不会为自己赢得好结果,反而会使自己劳累不堪、迂腐蠢钝甚或滑稽可笑。慎、勇、直亦然,要使这些品德能起到实际的好作用,就要用礼来节制、调节之。所以,礼是取得、达到"中"的途径、手段和方式。按照礼行事,就可能达到和取得"中"的标准;同时,以"中"为原则和方式来为人处世,就能贯彻和实现"礼"的要求和目标。在孔子思想中,"礼"本身就有"中"的方法论意义。

以上就是孔子的"仁"学思想体系。这一思想体系是由天—鬼神—命—仁—礼—中庸的内容构成和表现的。

2."仁"的含义

在孔子的整个思想中，"仁"是核心和辐射源；孔子儒学思想的总特征就在这个"仁"上。所以，有必要对孔子"仁"的含义予以专题分疏。

"仁"观念始于何时？目前学界尚有不同的看法。或认为"仁"的观念在殷代已形成。如商承祚在《殷墟文字类编》中即收进了"仁"字。但这一看法并没有被人们普遍认可。冯友兰指出："在殷周奴隶制时代，是否有'仁'这种道德，没有足够的文献可以考查。"①或认为"仁"的观念起源于西周之世。如清代阮元认为，"仁字不见于虞、夏、商书及《诗》三颂、《易》卦爻辞之内，似周初有此言，而尚无此字。其见于《毛诗》者，则始自《诗·国风》'洵美且仁'，再溯而上则《小雅·四月》'先祖匪人，故宁忍予'，此'匪人''人'字，实是'仁'字，即人偶之意，与《论语》'人也，夺伯氏邑'同。盖周初但写人字，周官礼后始造仁字也。"②阮元的看法似较合理。《尚书》中"仁"字已五见，如《仲虺之诰》："克宽克仁，彰信兆民"；《太甲下》："民罔常怀，怀于有仁"；《泰誓中》："虽有周亲，不若仁人"；《武成》："予小子既获仁人"；《金縢》："予仁若考，能多才多艺，能事鬼神"。《诗经》中也有"仁"字，如《诗·郑风·叔于田》："不如叔也，洵美且仁"；《诗·齐风·卢令》："卢令令，其人美且仁"。还有一种看法，认为"仁"的观念到春秋时期才出现。郭沫若认为，"'仁'字是春秋时代的新名词，我们在春秋以前的真正古书里面找不出这个字，在金文和甲骨文里也找不出这个字。这个字不必是孔子所创造，但他特别强调它是事实。"③侯外庐认为，"周初发生很多道德的新思想，如敬字、穆字、恭字、懿字等。可是'仁'字是在春秋时代出现。照上面的周代世系表看，东周元王才取名为仁。因此我们可以推测仁字大约出现在东周后期，至早在齐桓公称霸以后。"④侯先生的看法似过靠后了，因为据《史记·周本纪》，周元王继位在前475年，此时孔子已去世4年了。所以，按侯先生之说，孔子《论语》中当不会大量使用"仁"字，这显然不是事

① 冯友兰：《三松堂全集》第七卷，河南人民出版社1989年版，第111页。
② 阮元：《〈论语〉论仁论》。《擘经室集》，中华书局1993年版，第179页。
③ 郭沫若：《十批判书》，东方出版社1996年版，第79页。
④ 侯外庐：《中国古代社会史论》，人民出版社1955年版，第272—273页。

实。不但《论语》中"仁"字大量被用,《左传》、《国语》中已有"仁"字。有人说《左传》中"仁"字出现 33 次(一说 39 次),《国语》中出现 24 次(一说 62 次),使用频率并不算低。现在可以确信,"仁"字当在西周时期已出现,但被作为一个有道德含义的观念广泛使用却在春秋时期。

"仁"是孔子思想的核心范畴。不论孔子以前的人怎么讲仁和怎么用仁,至孔子始把"仁"高度提升,使其成为表征人的本性的一个根本概念。《论语》中"礼"字用了 75 次(包括"礼乐"并用),"仁"字却出现了 109 次。可见,孔子虽然主张复"礼",但其思想重心却在"仁"上。可以说,"仁"这一人性是孔子的首次发现。孔子关于"仁"讲了些什么?"仁"究竟有何含义呢?

《论语》中"仁"字使用了 109 次之多,但孔子却未给"仁"作一个明确定谓,即没有把"仁"看作"什么",这正是《论语》的长处所在。"仁"没有被定义化、对象化、概念化,它是个随缘、随境而生成意义的活转,依境域而生成,在人的行为中显现、开显着和存在着,这样的"仁"是无法用概念化方式来把握的。但是,就我们现在的考察来说,还是要对"仁"作一对象化分疏的。

分疏《论语》的"仁",大体有这样几种含义:

一是情感性。当孔子说"仁"时,有一层含义是确定的,即指人的血缘亲情感。这种血缘亲情感既是人所具有的心理感受,也是人的一种心理结构,并且这种心理感受和结构已内化为人的本性、本质。且看孔子的论说:

> 有子曰:"其为人也孝弟,而好犯上者,鲜矣;不好犯上而好作乱者,未之有也。君子务本,本立而道生。孝弟也者,其为仁之本与!"(《学而》)
>
> 宰我问:"三年之丧,期已久矣。君子三年不为礼,礼必坏;三年不为乐,乐必崩。旧谷既没,新谷既升,钻燧改火,期可已矣。"子曰:"食夫稻,衣夫锦,于女安乎?"曰:"安"。"女安,则为之。夫君子之居丧,食旨不甘,闻乐不乐,居处不安,故不为也。今女安,则为之!"宰我出。
>
> 子曰:"予之不仁也! 子生三年,然后免于父母之怀。夫三年之丧,天下之通丧也。予也有三年之爱于其父母乎!"(《阳货》)

这里的第一段话是孔子弟子有若讲的，在此我们也视为孔子的思想。所谓"孝悌是仁之本"，就是说，一个人是否有"仁"这种品德，其首要的表现就是是否有孝、悌之品性。有若更突出了人的孝悌品性的社会政治功能，认为这是一个人不犯上作乱的基本的人性保证。这种"孝悌"品性与"不犯上"的社会政治行为之间有何必然联系呢？这是基于血缘宗族关系而言的。在奴隶制的宗法社会里，政治首领同时就是家族首领，政治统治和家族统治是一致的，一致的基础就是血缘关系。这说明，"仁"这种品德有极深厚的血缘根基。孔子和宰予关于"三年之丧"问题的议论，所涉及和揭示的就是"礼"这一社会规范之存在的血缘基础问题。守丧三年，这是当时的社会规定，是一种礼制。若果仅看这一礼制所起的社会作用，它当然是有限的，还会造成一些不利的社会影响。宰我问孔子能否将"三年之丧"的规定缩短为一年，就是针对"君子三年不为礼，礼必坏；三年不为乐，乐必崩"的不利的社会效果而言的。但孔子没有与宰予讨论礼的作用问题，他只是问宰予，当你的父母去世后你是个什么心情，这时候你吃好的、穿好的，心里觉得安宁吗？宰予竟然说"安"。这时孔老人家就语塞了，只能说"女安，则为之！"因为一个人在为父母守丧期间其心情是悲悽的，这时他会"食旨不甘，闻乐不乐，居处不安"，外在的物质条件和利益与这种悲悽感无关，此乃子女对父母的血缘情感，这种情感渗入了人的骨子里，是不能也无法割舍的；如果将此种心理情感割舍了，人也就沦为禽兽了。可见，作为"天下之通丧"的"三年之丧"，表面看来是一种礼制，是用来约束、规范人的行为的，但实质上这却是人性的表现。所以，礼有深厚的人性和心理情感基础，这就是"仁"。在孔子与宰予的这段对话中，孔子作出了一个重大贡献，这就是把"礼"这一外在社会规范导入到人的本性、本质上，从而为"礼"的存在找到了可靠的人性根据。

关于"仁"的情感性内涵，还可从孔子论"孝"中看出。《论语》载：

> 孟武伯问孝，子曰："父母，唯其疾之忧。"
>
> 子游问孝。子曰："今之孝者是谓能养。至于犬马，皆能有养；不敬，何以别乎？"

> 子夏问孝。子曰:"色难。有事,弟子服其劳;有酒食,先生馔,曾
> 是以为孝乎?"(均见《为政》)

孝悌是"仁"之本。从孝的行为表现就反映出一个人的品性。在赡养父母方面,怎样的行为才是孝呢? 关键就在于对父母要有一种发自内心的真感情。有人说,孝就是能养活父母。孔子认为这不对,如果只是养活父母,给他们吃喝就是孝的话,这种养活与养活你家的犬马有何区别呢? 区别的关键不在物质利益而在亲情感。养活犬马,是为了能保存它们的自然生命,好让它们为人干活。养活父母则不然,这有一种发自内心的亲情感,是以"敬"即崇敬为前提的,所以人们才常常说"孝敬",即在孝的行为中蕴含的是敬的心理情感。孔子所说的"色难",即子女对父母要有一个好脸色,也同样是"敬"的意思。子女对父母为何能敬,能有个好脸色? 归根结底是由基于血缘关系的亲情感所致。一旦缺乏这种亲情感作基础,即使你人为地表面做到了敬和表现出了一副好脸色,那也难保不是虚伪的。所以,从孔子讲"孝"就可看出"仁"的亲情感含义。

二是诚实性。孔子的"仁"还有一种含义,即诚实性、正直性。孔子认为,一个有仁德的人就是一个诚实、正直、心口如一、光明磊落的人,绝不会是一个花言巧语的伪君子。《论语》记载:

> 子曰:"刚毅木讷近仁。"(《子路》)
> 司马牛问仁。子曰:"仁者,其言也訒。"曰:"其言也訒,斯谓之仁
> 已乎?"子曰:"为之难,言之得无訒乎?"(《颜渊》)
> 子曰:"巧言令色,鲜矣仁。"(《学而》)

为什么刚强、坚毅而说话迟钝、木讷的人能接近仁德,而那种花言巧语、面带伪善的人是鲜有仁德的呢? 原因就在于前者表现、反映了一个人的正诚本性,是他的真性情的外露;而后者就不是他的正直、诚实本性的表现,他所言的并非他的心里话,言不由衷矣! 所以,在孔子看来,那种说话木讷、行为刚毅的人是有仁性的人,而那种善于伪装、心口不一的人则是没有仁性的。

可见，"仁"是人的正直、诚实的人性。

孔子对"直"的论说，间接阐发了"仁"的诚实性含义。《论语》记载：

> 子曰："人之生也直，罔之生也幸而免。"（《雍也》）
>
> 叶公语孔子曰："吾党有直躬者，其父攘羊，而子证之。"孔子曰："吾党之直者异于是：父为子隐，子为父隐。——直在其中矣。"（《子路》）
>
> 子曰："孰谓微生高直？或乞醯焉，乞诸其邻而与之。"（《公冶长》）

人生在世，靠的就是正直、诚实的本性和品行，因为这样的人才能得到别人的信任和尊重，才能更好地从事社会生活并有益于社会的存在、和谐和发展。如果一个人花言巧语，靠说谎行骗过活，他有时也会获得成功，得到好处，甚至能得到很大的好处，但那只不过是侥幸成功罢了，终究是会自食其果、咎由自取的。这里有则叶公与孔子关于"直"的对话，很耐人寻味。一个父亲牵走了人家的羊，这时儿子出来指证父亲，儿子这种行为正直不正直呢？看来非常正直，这是不徇私情，大义灭亲之举嘛，岂不直哉?! 但在孔子看来则不然，他认为儿子的此举不是真正的"直"，真正的"直"应该是"父为子隐，子为父隐。——直在其中矣"。这不是父子狼狈为奸、相互包庇吗，这算什么正直、诚实呢？实际上，孔子说得对，这正是人的正直品性的表现。为什么呢？因为这就是人的真性情的表露、表现。从父子亲情上讲，父亲总希望儿子好，哪怕是一点点有损儿子声誉的事他都会着急，都要想方设法地替儿子遮掩。正是从这种真情出发，父亲才会尽可能地为儿子开脱、隐瞒。如果你对待你儿子的行为与对待别人儿子时一样，比如说当你的儿子牵了人家的羊后你理直气壮地站出来指证，当着众人的面使你儿子声名扫地，那你还是个父亲吗？别人就会问：这人是这个孩子的父亲吗？那是他的亲生儿子吗？只有面对儿子的牵羊行为你遮遮掩掩，不想指证，才表明你是个真父亲，因为这就是血缘真情之所在呀，岂可伪装?! 做儿子的对父亲的情感也是一样的。所以，父为子隐，子为父隐，表面看来是不正直的表现，实则正是一个现实人的正直品性所在。再比如,假如你是个执法者,你儿子犯了死罪而由你来执行死刑,你这时是个什么心情? 是恨铁不成钢,但却心里割舍不下。你为了正义和社会道义,也会将你儿子斩首,但你此时内心肯定是痛苦至极的。如果你这时还若无其事,笑容满面,那你就不是个真父亲,就一定有所伪装和隐瞒,就不是"直"了! 孔子说的这种"直"颇有现实意义。如果一个人连自己的父母、妻儿都不顾而只管做对自己有利的事,那这个人就一定是个缺少仁德的伪君子,或是个包藏祸心的大奸雄,这样的人是应该特别警惕的。微生高的做法虽算不得大奸,他有点沽名钓誉,但这也不是真正的"直"。如果微生高是个正直的人,当别人向他借醋而他正好没有时,他就应实事求是地向别人说明情况,没有必要去向邻居借来醋再借给他人。总之,"直"是人的正直、诚实品性的表现。有人会说,社会关系太复杂了,人没有办法时时处处都心口如一,为了求生存人不得不装一些。这是真心话,人相信! 但在孔子看来,正因为社会关系复杂,才要求人人都正直地为人处世,这样才会有好的社会氛围和社会环境;如果人人都伪装行事,个个耍奸溜滑,那社会还能好得了吗?! 所以,孔子说:"唯仁者能好人,能恶人。"(《里仁》)有正直品性的仁人,对好人好事才能予以真心赞扬,对坏人坏事也才能给以真心批评。所以,一个人有刚、毅、木、讷等的品性,就是有"仁"性的表现。

三是爱人。"仁"在孔子处还有一个明显的含义,就是爱人,即对他人的关爱,就是做任何事时都设身处地地为别人着想。这个意义上的"仁"就是孔子讲的"忠恕"之道。《论语》有言:

> 樊迟问仁。子曰:"爱人。"(《颜渊》)
> 子曰:"参乎,吾道一以贯之。"曾子曰:"唯。"子出,门人问曰:"何谓也?"曾子曰:"夫子之道,忠恕而已矣。"(《里仁》)

孔子认为,"仁"就是"爱人",即关爱别人,不能只为自己打算和着想。如何具体做到爱他人呢? 其方就是"忠"和"恕"。对此,孔子有个解释。《论语·卫灵公》载:"子贡问曰:'有一言而可以终身行之者乎?'子曰:'其恕乎! 己所不欲,勿施于人。'"《论语·雍也》言:"子贡曰:'如有博施于民而能济众,何如?

可谓仁乎?'子曰：'何事于仁，必也圣乎! 尧舜其犹病诸! 夫仁者，己欲立而立人，己欲达而达人。能近取譬，可谓仁之方也已。'""恕"是"己所不欲，勿施于人"，就是不要把自己不愿做的事强加于人，这是要求人"不应该做什么"的原则；"忠"是"己欲立而立人，己欲达而达人"，就是要把自己愿意做的事推己及人，这是要求人"应该做什么"的原则。照"忠恕"原则为人处世，那就会由己及人，设身处地为他人着想，就做到爱人或对人的爱了。

墨翟倡导"兼爱"，即要普遍地爱一切人。这看起来很好，比孔子基于"仁"的爱人或仁爱主张更积极和广泛。但实则不然，墨翟的"兼爱"主张并没有孔子仁爱的"爱人"积极和有效。因为，墨翟的"兼爱"主张没有真实实施的人性基础，所以它只是一种美好的理想和愿望，实质上是空想，故被孟子讥为"无父"之言，此乃"禽兽也"（见《孟子·滕文公下》）。孔子的仁爱则有坚实、深厚的人性基础，这就是人的血缘情感。有了这一血缘情感，爱的实施就有了内在动力，就能迸发出现实的行为和效果。同时，孔子的仁爱在实施时是有次序差等的，它要由亲向疏、由近及远地推开，这充分展现了"仁"的情感性内涵。

四是主体性。孔子的"仁"还有一种含义，可称之为主体性。这种意义上的"仁"是一种人性和人格力量。孔子有言：

> 君子而不仁者有矣夫，未有小人而仁者也。（《宪问》）
> 我欲仁，斯仁至矣。（《述而》）
> 为仁由己，而由人乎哉? （《颜渊》）
> 有能一日用其力于仁矣乎，我未见力不足者；盖有之矣，我未之见也。（《里仁》）
> 志士仁人，无求生以害仁，有杀身以成仁。（《卫灵公》）

在孔子这里，"仁"是一种普遍而特殊的人性。说它普遍，是因为凡是人都有"仁"这一可能性，即人都内潜着"仁"这种人性；然而，尽管人人都有"仁"的可能性，但这种"仁"性不会也不能像人的自然本能那样自然而然地实施出来，它的实施、实现是有条件的，这就是人首先要能体会到、觉悟到自己的"仁"在,这样,人才能把自己的"仁"实现出来,故而"仁"这种人性又是特殊的。孔子"仁"的普遍而特殊的哲学性质,正是其"仁"的情境性表现;就是说,"仁"这种品性绝不是概念化、对象化的规定,它是也只能是实现、实施于人的所作所为的行为、行动中的,这就是情境反思,就是知行合一。那么,什么人能够觉悟到"仁"呢?孔子认为君子有这种可能。当然,不一定所有的君子都体悟到了"仁",但小人却一定都没有体悟到"仁"。但无论如何,每个人都有"仁"性这种可能性,这是人与一般动物的一条根本区别。正因如此,所以只要你有了体悟、获取"仁"的动机和愿望,你就有内在的动力来获得它并实施之。显然,这种意义上的"仁"不仅是一种人性,更是一种动机和人格力量;作为人格力量,它刚健充盈、於穆不已,能焕发出充塞天地、支撑乾坤的效用,这就是孔子所谓志士仁人"杀身成仁"的人格和意志力。有了此种人格力量,人就会视死如归,大义凛然而雄视天下。孟子有"养浩然之气"说,认为这种"浩然之气"是"至大至刚,以直养而无害,则塞于天地之间。其为气也,配义与道;无是,馁也。是集义所生者,非义袭而取之也。"(《孟子·公孙丑上》)孟子的"浩然之气"思想就是孔子"杀身成仁"的主体性原则。这一人格原则的表现就是"富贵不能淫,贫贱不能移,威武不能屈,此之谓大丈夫"(《孟子·滕文公下》)也。孔子的"杀身成仁"与孟子的"舍生取义"(《孟子·告子上》)已内化、积淀为中华民族的民族心理结构,在历史上焕发过熠熠光辉。

五是守礼性。孔子的"仁"与"礼"有内在关联。从思想理路上来说,一方面,孔子为了更好地恢复"礼",他将复礼的可能性根据导入人的内在"仁"性上,故有"人而不仁,如礼何?"(《八佾》)之说,认为如果一个没有了"仁"的本性的话,"礼"对他来说就失去了存在的意义和价值了。但另一方面,"仁"这种人性不是空的,它存在于人的生活中,即生在、活在人的具体行为中,借用现代新儒家牟宗三的话说,就是"仁"是既存有又活动的。而人的行为、活动就直接与"礼"相联系,所以孔子又说"克己复礼为仁"(《颜渊》)。当颜渊进一步问怎样才能"克己复礼"时,孔子说要"非礼勿视,非礼勿听,非礼勿言,非礼勿动"(同上)。一切都要按"礼"的标准、要求来办。唯唯诺诺地循礼而动,这看起来有些愚钝,但实际上依礼而为却正是"仁"

性的体现、表现。孔子有言："恭而无礼则劳，慎而无礼则葸，勇而无礼则乱，直而无礼则绞。君子笃于亲，而民兴于仁。"（《泰伯》）恭、慎、勇、直都是"仁"的品性的外显、表现，但这要在合"礼"的范围内运行，否则就变成劳、葸、乱、绞了，这就不是"仁"了。当子张问孔子什么是"仁"时，孔子说"能行五者于天下为仁矣"，这五者就是恭、宽、信、敏、惠（见《阳货》）。孔子还说过这样的话："好仁不好学，其蔽也愚；好知不好学，其蔽也荡；好信不好学，其蔽也贼；好直不好学，其蔽也绞；好勇不好学，其蔽也乱；好刚不好学，其蔽也狂。"（《阳货》）这里强调的是"学"。学什么呢？主要就是学礼，用礼来节制、调节人的行为，使之中规中矩，这样才会避免愚、荡、贼、乱、绞、狂之类极端行为的发生。可见，孔子的"仁"有守礼性的含义。

守礼、循礼，依礼行事，这就是一种行为方式、方法，是一种人道，即为人之"道"，这就是孔子极为赞赏的"中"或"中庸"之道。孔子讲"和为贵"（《学而》），讲"过犹不及"（《先进》），讲"君子和而不同"（《子路》），讲"君子周而不比"（《为政》）等，都是说要按"中"道行事而不可走极端。他说："不得中行而与之，必也狂狷乎？狂者进取，狷者有所不为也。"（《子路》）"狂"是激进，"狷"是狷介，这两种行为都不好，因为都是极端化表现。只有不偏不倚、不左不右的"中道"才是最好的。但"中"道说起来易，做起来却极难。这是因为，一是这里面有个"度"、"数"的原则，很难予以恰当的把握；二是在现实生活中，人总要受到一定的利益驱使，总有政治、思想倾向的引导和左右，所以很容易趋于偏颇，颇难做到中庸。故孔子感慨地说："中庸之为德也，其至矣乎！民鲜久矣。"（《雍也》）"中庸"虽然不易做到，但还是要去做，这才是君子所为，才显示出志士仁人的人格力量。"子曰：'富与贵，是人之所欲也；不以其道得之，不处也。贫与贱，是人之所恶也；不以其道得之，不去也。君子去仁，恶乎成名？君子无终食之间违仁，造次必于是，颠沛必于是。'"（《里仁》）羡富贵，恶贫贱，此乃人的自然本性，本无什么可指责处。但富贵之得，贫贱之去，要按"礼"而行，要符合"道"或道义，否则就大大不对了。这里就有"中庸"的原则、方法和"君子无终食之间违仁，造次必于是，颠沛必于是"的人格力量。

情感性、诚实性、爱人性、主体性、守礼性这五个方面，就是孔子"仁"的基本含义。当然，从这五个方面来厘析"仁"的含义，也只是为了便于理解和把握孔子的仁学思想，这并非把"仁"概念化，并不是对"仁"的概念式定义。上已指出，在《论语》中，"仁"是个随缘而生的活构成，它总是在境域中生存着的。正因为这样，"仁"是极难达到和把握的，孔子也不轻易以"仁"许人。《论语》载："孟武伯问子路仁乎？子曰：'不知也。'又问。子曰：'由也，千乘之国，可使治其赋也，不知其仁也。''求也何如？'子曰：'求也，千室之邑，百乘之家，可使为之宰也，不知其仁也。''赤也何如？'子曰：'赤也，束带立于朝，可使与宾客言也，不知其仁也。'"（《公冶长》）子路、冉求、公西赤这三人是孔子的高足，但孔子也没有以"仁"属之。在孔子眼里，有"仁"德的大概只有颜回了。"子曰：'回也，其心三月不违仁，其余则日月至焉而已矣。'"（《雍也》）颜回为何能较长时间地保持有"仁"德？"子曰：'贤哉，回也！一箪食，一瓢饮，在陋巷，人不堪其忧，回也不改其乐。贤哉，回也！'"（同上）颜回是个淡于名利，乐于心性内修的人，他有情境反思的意境，所以他才能体悟到"仁"性。

3．"仁"的结构及思想意义

孔子"仁"范畴的提出和确定，在中国古代思想史、哲学史上有重要的意义和价值。在中华上古思想文化发展中，有两个人的贡献颇大，一个是周公，再一个就是孔子。周公的贡献是"制礼作乐"。《汉书·郊祀志》说："周公相成王，王道大洽，制礼作乐，天子曰明堂辟雍，诸侯曰泮宫。郊祀后稷以配天，宗祀文王于明堂以配上帝。四海之内各以其职来助祭。天子祭天下名山大川，怀柔百神，咸秩无文。五岳视三公，四渎视诸侯。而诸侯祭其疆内名山大川，大夫祭门、户、井、灶、中霤五祀，士庶人祖考而已。各有典礼，而淫祀有禁。""所谓'制礼作乐'便是将虽有久远历史却未有定型规范的原始歌舞即巫术活动，通过以祭礼为中心，结合日常生活习俗，延蔓发展，最终造成了'经礼三百，曲礼三千'，即一整套秩序井然的非成文的法规准则。它由上而下，严密地笼罩了包罗了整个社会生活的方方面面。"①"如果说周

① 李泽厚：《"说巫史传统"补》。载李泽厚《历史本体论　己卯五说》（增订本），三联书店2006年版，第379页。

公'制礼作乐'，完成了外在巫术礼仪理性化的最终过程，孔子释'礼'归'仁'，则完成了内在巫术情感理性化的最终过程。""孔子将上古巫术礼仪中的神圣情感心态，转化性地创造为世俗生存中具有神圣价值和崇高效用的人间情谊，即夫妇、父子、兄弟、朋友、君臣之间的人际关系和人际情感，以之作为政治的根本。它既世俗又神圣，既平凡又崇高，'仁'因之成了人所以为人的内在根据。这就是孔子继周公之后所作出的重大贡献。"周公和孔子"他们两位的伟大历史地位即在于此。周孔并称，良有以也。巫术礼仪内外两方面的理性化，使中国没有出现西方科学与宗教、理性认知与情感信仰各自独立发展的局面场景。巫术礼仪理性化产生的是情理交融，合信仰、情感、直观、理知于一身的实用理性的思维方式和信念形态。"①在上古巫术礼仪的理性化方面，孔子与周公有同等贡献，周公完成了上古巫术礼仪的外在理性化，而孔子则完成了其内在理性化。就是说，孔子将周公从对巫术礼仪的整理、理性化而来的礼、乐这种具有强制性和约束力的"礼"导入人的心理情感中，从而使礼由外在的带有强制性的社会规范转化为人内在的自觉自愿的行为，因此礼的实施就有了人性基础和人格动力。

　　既然"仁"是"礼"被导入到人的心理情感上的表现、表征，是"礼"的内化，那么"仁"自身是如何涵摄"礼"的呢？这就涉及"仁"的结构问题。1980 年，李泽厚先生刊发《孔子再评价》一文，首次对孔子"仁"的结构作了分析，指出："'仁'字在《论语》中出现百次以上，其含义宽泛而多变，每次讲解并不完全一致。这不仅使两千年来从无达诂，也使后人见仁见智，提供了各种不同解说的可能。强调'仁者爱人'与强调'克己复礼为仁'，便可以实际也作出了两种对立的解释。看来，要在这百次讲'仁'中，确定那次为最根本或最准确，以此来推论其他，很难做到；在方法上也未必妥当。因为部分甚至部分之和并不能等于整体，有机整体一经构成，便获得自己的特性和生命，孔子的仁学思想似乎恰恰是这样一种整体模式。它由四个方面或因素组成，诸因素相互依存、渗透或制约，从而具有自我调节、相互转换和相对

---

① 李泽厚：《说巫史传统》，见《历史本体论　己卯五说》（增订本），三联书店 2006 年版，第181—182 页。

稳定的适应功能。正因如此,它就经常能够或消化掉或排斥掉外来的侵犯干扰,而长期自我保持延续下来,构成一个颇具特色的思想模式和文化心理结构,在塑造汉民族性格上留下了重要痕迹。构成这个思维模式和仁学结构的四因素分别是(一)血缘基础,(二)心理原则,(三)人道主义,(四)个体人格。其整体特征则是(五)实践理性。"①文章对"仁"学的这四个结构因素作了详细分析,并对"仁"学的本体特征——实践理性作了解剖。李泽厚先生的分析颇有见地,良多启发。

李泽厚对孔子"仁"结构的解析具有厚重的历史感,这种解析很重要,有助于认识和把握从巫术礼仪到礼乐文化再到仁学思想这一思想史之发展的内在逻辑。受李泽厚关于孔子"仁"结构解析的启发,笔者不揣冒昧,试图从哲学本体论的意义上就孔子"仁"范畴的结构略抒陋见。

当孔子说"人而不仁,如礼何?"(《八佾》)时,"礼"与"仁"是有明显关系的。若从存在论、本体论的视角来看,礼、仁是怎么关系的呢? 礼作为一种社会规范,不管它的内容和要求如何,其存在的基础和方式、形式一定是关于两个和两个以上的人的关联、关系。就是说,人作为一肉体存在者,与其他存在者一样,不可能单一、独立地存在,其存在一定要和一定是一人与他人的并存和相关,这就是人的存在构架,即我们前面所说的外存在构架。当把"礼"导入人的心理情感中成为"仁"后,这个"仁"必须和必然要有礼存在的那种存在构架,否则的话"仁"与"礼"就不会有关联,"仁"也就不存在了。《说文》解释"仁"字说:"仁,亲也,从人二。"清代段玉裁注曰:"亲者,密至也。从人二,相人偶也。人偶犹言尔我亲密之词。独则无偶,偶则相亲,故其字从人二。"清代阮元说:"春秋时孔门所谓仁也者,以此一人与彼一人相人偶而尽其敬礼忠恕等事之谓也。相人偶者,谓人之、偶之也。凡仁,必于身所行者验之而始见,亦必有二人而仁乃见。若一人闭户斋居瞑目静坐,虽有德理在心,终不得指为圣门所谓之仁矣。必人与人相偶而仁乃见也。"②这里所谓的"从人二"、"相人偶"、"必有二人而仁乃见"、"必人与人

---

① 李泽厚:《孔子再评价》,见《中国古代思想史论》,人民出版社1986年版,第16页。
② 阮元:《〈论语〉论仁论》,载《揅经室集》,中华书局1993年版,第176页。

相偶而仁乃见"等,很明显就是"仁"的存在结构或构架。这个结构、构架是什么呢？从本体意义上说,即就其存在性言,无非是"礼"所反映和表征的人与人的并从关系这种外存在构架在每个人身上的积淀、内化,即人性的"有、无"性之质。这里的"无"性,涉及、关涉的是人的人文世界的性质和本质,也就是人的自由、自决性,此乃孔子所谓的"为仁由己,而由人乎哉？"(《颜渊》);李泽厚先生分析"仁"结构时所说的"(二)心理原则"和"(四)个体人格",也在这一层面上。这里的"有"性,涉及、关涉的是人的存在所必需和所依赖的自然世界的本性、本质。人不是神仙,他要食人间烟火,要生存于天地中,要从自然界中索取其生存所必需的物质资料。人生存的这些方面表现在人的世界中,就是人的社会生产和活动,礼或礼制就是此方面的文化提升和表现。当孔子讲"非礼勿视"等时,实际上就涉及到了"仁"的"有、无"性结构的"有"性;李泽厚先生所谓的孔子"仁"的"(一)血缘基础"和"(三)人道主义",就在这一层面上。

就孔子"仁"的"有、无"性结构言,它在总体哲学性质上应是"有"本体,属本体Ⅰ。但是,若就"仁"是对人的本性、本质的发现、指谓言,它理应是本体Ⅱ,其总体哲学性质应是"无"本性。孔子说"仁"时,当然是出于复礼,出于调节、和谐人际关系的现实目的。但这个"仁"一旦被提出来,一旦作为人之为人的本性、本质,它就是人文世界的表征,所以它的哲学性质是"无"。"仁"作为本体Ⅱ即"无"本体,实质上是"有—无"性的结构,这一结构的展现这是当代德国哲学家海德格尔所说的作为此在(Dasein)之整体存在的操心(Sorge)的结构,即"先行于自身的——已经在……中的——作为寓于……的存在。"[1]这个三元结构的运作或展现,就是由将来所牵引的将来——已经——现在之一体到时的时间性。这显然是一个深刻、全新的哲学思想和理论。但在中国古代的文化氛围中,在孔子的时代,显然是不可能产生此种哲学思想和理论的。所以,对孔子来说,他的"仁"虽然扣住了、切中了人文世界的"无"本质,但他不可能从哲学理论上来论说它,他只是也只能下意识地在"有、无"性结构中来说解"有—无"性结构;就是说,孔子没

---

[1]　海德格尔:《存在与时间》(修订译本),三联书店2006年版,第226页。

有也不能就"无"本身来展开运作而成就一个一以贯之的思想体系,他是在"无"与"有"的结合、分立中来说解"仁"的,所以他不仅要紧紧地将"仁"与"礼"相结合,而且要"与命与仁"地将"仁"、"命"并举。"仁"作为人的人文价值和属性的表征、体现,是自由,反映、体现的是人文世界的自觉自愿的应然性;而"命"作为一种无可奈何的左右着人行为的力量,实际上反映、体现的是人之外的自然必然性。在孔子的"仁"学思想中,人的应然性和自然必然性没能得到统一。所以,从孔子开始,儒家一直有一个如何将"无"与"有"统一起来的问题,这也就是主体(人)如何把自己的人文性外化出去使之客体化的问题,即由"人"向"天"推进,或者说如何在"人"中来接引、安置"天"的问题。孔子之后的孟轲、荀况以及《易传》的作者们对此作了一些有益的探索。

[二]孟子"心"论

孟子是孔子之后先秦儒学极重要的代表。《韩非子·显学》所谓自孔子后"儒分为八"中的"孟氏之儒"即此。孟子对孔子十分景仰,说"乃所愿,则学孔子也。"(《孟子·公孙丑上》。下引《孟子》只注篇名)孟子晚年与弟子一起"述仲尼之意,作《孟子》七篇"(《史记·孟轲荀卿列传》),对儒家思想的发展作出了重要贡献,被后世尊为"亚圣"。

关于孟子的"心"学思想,依这里所谈的关于先秦哲学的形而上学、本体论问题,讲以下三点:

1.孟子"心"学的思想进路及特色

孔子所关心的是"礼",为了复"礼"他扩进到"仁"。与孔子的这一思想进路相一致,孟子是从仁政问题切入到"心"学的。在战国时代"秦用商君,富国强兵;魏楚用吴起,战胜弱敌;齐威王、宣王用孙子、田忌之徒,诸侯东面朝齐"(《史记·孟轲荀卿列传》)的情势下,孟子主张行"仁政"。他对当时各诸侯国纷纷拓疆扩土的兼并战争极为不满,指责当时的游说之士帮助诸侯国并拓疆土是助纣为虐,是"辅桀"和"富桀"(见《告子下》)。他批评梁惠王说:"不仁哉,梁惠王也!……梁惠王以土地之故,糜烂其民而战之,大败,将复之,恐不能胜,故驱其所爱子弟以殉之,是之谓以其所不爱及期所爱也。"(《尽心下》)他尖锐地指出,梁惠王的为政无异于是"率兽食人"。"庖有肥肉,厩有肥马,民有饥色,野有饿莩,此率兽而食人也。兽相食,且人恶之;为民父母,行政,不免于率兽而食人,恶在其为民父母也!"(《梁惠王上》)

　　针对当时的社会现实,孟子提出了一套治理措施。这套措施的经济方案是:"正经界",复井田(见《滕文公上》);省刑罚,薄税敛,深耕易耨(见《梁惠王上》)等,这叫"分田制禄"、"制民之产"。但孟子认为,这些经济措施尚不是最重要和关键的,最重要和关键的是政治上行"仁政"。孟子周游列国,不遗余力地宣扬他的"仁政"主张。仁政的主要内容是"以民为本"和"得民心"。孟子说:"民为贵,社稷次之,君为轻。是故得乎丘民而为天子,得乎天子为诸侯,得乎诸侯为大夫。诸侯危社稷,则变置。牺牲既成,粢盛既洁,祭祀以时,然而旱干水溢,则变置社稷。"(《尽心下》)他还说:"桀纣之失天下也,失其民也;失其民者,失其心也。得天下有道,得其民,斯得天下矣;得其民有道,得其心,斯得民矣;得其心有道,所欲,与之,聚之,所恶勿施,尔也。民之归仁也,犹水之就下,兽之走圹也。故为渊驱鱼者,獭也;为丛驱雀者,鹯也;为汤武驱民者,桀与纣也。"(《离娄上》)孟子游说梁惠王,梁惠王一见面就说:老人家,您不远千里来到我这里,一定会给我国带来利益吧!"孟子对曰:'王! 何必曰利? 亦有仁义而已矣。王曰何以利吾国,大夫曰何以利吾家,士庶人曰何以利吾身,上下交征利而国危矣。'"(《梁惠王上》)不是以利益为目的和目标,而以爱民、得民心为目的和目标,这是"仁政"的要害所在。

　　孟子要说服统治者实行仁政,那么统治者有没有实行仁政的可能性呢? 同时,天下百姓有没有接受仁政的可能性呢? 孟子肯定,每个人均有行仁政的可能性。《孟子·梁惠王上》有段对话,说:

　　　　(齐宣王)曰:"德何如则可以王矣?"曰:"保民而王,莫之能御也。"曰:"若寡人者,可以保民乎哉?"曰:"可"。曰:"何由知吾可也?"曰:"臣闻之胡龁曰,王坐于堂上,有牵牛而过堂下者,王见之,曰:牛何之? 对曰:将以衅钟。王曰:舍之,吾不忍其觳觫,若无罪而就死地。对

曰：然则废衅钟与？曰：何可废也，以羊易之。——不识有诸？"曰："有
之。"曰："是心足以王矣。百姓皆以王为爱也，臣固知王之不忍也。"

"不忍"即"不忍人之心"，就是怜悯、同情心。在孟子看来，只要是人，毫无
例外地都有此种"不忍人之心"，这是人之为人的本质，人如果没有这种
"心"，人与禽兽也就没有差别了。这种"心"哪里来的？孟子认为是人天生
就有的，像吃饭是人的自然本性一样，"不忍人之心"是人与生俱来人的本
性。正因为统治者有此"心"在，所以他能为天下苍生着想，能实行仁政；
也正由于民有这种"心"，所以他们能响应和接受统治者的仁政。统治者
和百姓都有"不忍人之心"这一共同的人性作基础，所以仁政会在全天下
推行开来的。孟子曰："人皆有不忍人之心。先王有不忍人之心，斯有不
忍人之政矣。以不忍人之心行不忍人之政，治天下可运之掌上。"(《公孙
丑上》)

可见，孟子的"心"学在哲学性质上是社会政治哲学，是从社会政治
问题切入的，这乃孟子"心"学的特色所在。在这一点上，孔、孟的思想进
路是一致的。孔子从"复礼"出发进到了"仁"，孟子则从"仁政"出发进到
了"心"。

2.孟子"心"的含义及哲学特征

孟子的"心"有"仁"、"义"、"礼"、"智"四个方面的内容。这显然是把
孔子的"仁"思想扩展了。《孟子》的下面两段文字集中阐说了"心"的
本性：

所以谓人皆有不忍人之心者，今人乍见孺子将入于井，皆有忧惕恻
隐之心——非所以内交于孺子之父母也，非所以要誉于乡党朋友也，非
恶其声而然也。由是观之，无恻隐之心，非人也；无羞恶之心，非人也；
无辞让之心，非人也；无是非之心，非人也。恻隐之心，仁之端也；羞恶
之心，义之端也；辞让之心，礼之端也；是非之心，智之端也。人之有是
四端也，犹其有四体也。有是四端而自谓不能者，自贼者也。谓其君不
能者，贼其君者也。凡有四端于我者，知皆扩而充之矣，若火之始然，泉

之始达。苟能充之，足以保四海；苟不充之，不足以事父母。(《公孙丑上》)

　　恻隐之心，人皆有之；羞恶之心，人皆有之；恭敬之心，人皆有之；是非之心，人皆有之。恻隐之心，仁也；羞恶之心，义也；恭敬之心，礼也；是非之心，智也。仁义礼智，非由外铄我也，我固有之也，弗思耳矣。故曰："求则得之，舍则失之。"(《告子上》)

"恻隐之心"、"羞恶之心"、"辞让之心"(或"恭敬之心")、"是非之心"，就是孟子"心"范畴的含义。孟子讲"心"，与孔子讲"仁"是一致的，都是就人之为人的本质、本性而言的。在孟子看来，人与禽兽的根本区别就在于人有"心"，若少了这个"心"，人与禽兽就无异了。所以，如同孔子的"仁"一样，孟子的"心"也是本体。

　　孟子肯定，人的这种"心"的本性是与生俱来的，"非由外铄我也，我固有之也"。孟子对"心"的先天性、固有性作了这样的论证：当一个孩子马上要掉到井里，你这时就在这孩子的旁边，你会毫不犹豫地拉这孩子一把。那么，你为什么要救这孩子，当时你出于什么动机？你与这孩子的父母有交情吗？你考虑到的是乡党朋友的赞誉吗？你受不了孩子惊吓声的刺激吗？这种种的外在因素、理由都被孟子一一否定了。就是说，你伸手援救这个孩子不是出于任何外在的原因和功利性的目的，完全是出于你的本心、本性，即你的同情心这种"恻隐之心"或"不忍人之心"。受这种同情心的驱使，你本然、本能地救了这个孩子。这就证明，此种"恻隐之心"是先验的，先天的，故它有神圣性，有"绝对命令"的作用和功能。孟子反复申述了人"心"的先天性。他说："口之于味也，有同耆焉；耳之于声也，有同听焉；目之于色也，有同美焉。至于心，独无所同然乎？心之所同然者何也？谓理也，义也。圣人先得我心之所同然耳。故理义之悦我心，犹刍豢之悦我口。"(《告子上》)正如人的感官有相同的作用和功能一样，人"心"也有相同的性质、作用和功能，这就是"理"、"义"。圣人与凡人都有相同的"心"，只不过圣人比常人先体察、发现了它而已。故"舜之居深山之中，与木石居，与鹿豕游，其所以异于深山之野人者，几希。及其闻一善言，见一善行，若决江河，沛然莫之能御也"(《尽心上》)；"舜明于庶物，察于人伦，由仁义行，非行仁义也。"(《离娄下》)舜是大圣人，他的圣处就在先于常人体察到了自己固有的"仁""义"本质，即"恻隐之心"等的"心"。所以，舜的行为是从自己的"仁义"本性、本质发出的，而不是人为地去行仁义。大舜有"仁义"本性，一般人也有，连孩童亦然，孟子称之为"良知"、"良能"。"人之所不学而能者，其良能也；所不虑而知者，其良知也。孩提之童，无不知爱其亲也；及其长也，无不知敬其兄也。亲亲，仁也；敬长，义也。"(《尽心上》)总之，孟子认为，人的本质就在于其"恻隐之心"等的"心"，这是人与禽兽的根本区别。

关于人的本性、本质，孔子讲了一个"仁"，孟子讲了"仁"、"义"、"礼"、"智"四个方面，这显然是将人性扩展、扩充了。这是孟子的一个贡献。但就哲学实质言，孟子的"心"与孔子的"仁"是一致的。就是说，和孔子的"仁"一样，孟子的"心"切中的是人的社会性本性，涉及的是人文世界的存在，所以这个"心"有本体意义，它是本体Ⅱ即"无"本体。再就"心"的结构来说，也与孔子"仁"的结构一致。"仁"的字义是"二人偶"，即"仁"这一心理情感和人性是在人与人(至少是两个人)的关系和联系中存在和显现的，所以作为人与人存在关系之内化的"仁"，是"有—无"性结构。孟子的"恻隐之心"等的"心"，其字义必定也是"二人偶"的，倘若世上只仅有一个人存在的话，这根本就没有"恻隐之心"之类的问题了。所以，孟子的"心"作为人与人存在关系的内化，就是"有—无"性结构。"心"的存在结构既然是"有—无"性的，故它的存在方式和途径应与孔子的"仁"一样，在哲学实质上应是有如海德格尔论述作为此在(Dasein)的存在整体性之操心(Sorge)的存在论意义——"时间性"的，即"先行于自身的——已经在……中的——作为寓于……的存在"[1]这一操心的三元一体结构，在由将来所牵引的将来——已经——现在之一体到时中来展现之。但同样和孔子一样，孟子是不能理解"心"本身的"无"本质的，因此也就根本不可能发现"心"的"有—无"性结构，不可能从这一结构出发以"时间性"为方式来揭示和展开

_____

① 海德格尔：《存在与时间》(修订译本)，三联书店2006年版，第226页。

它。孟子和孔子一样，能做到的只是将"心"的"无"本质转化为"有"本质，把"心"的"有—无"性结构转化为"有、无"性结构，这样就使这个"心"处在了主客、心物、物我、天人、理性感性、经验先验等的二分和缠绕中。于是，在孔子的"仁"学体系中，"仁"受制于"命"这个外在必然性脐带的缠绕而难以真正独立自主。同样，在孟子的"心"学体系这里，"心"也时刻受制于这一外在必然性的缠绕而难以真正显出它的独立意义和价值。李泽厚先生分析、论证孟子"心"学的特征说："但以孟子为代表的中国绝对伦理主义特点却又在于，一方面它强调道德的先验的普遍性、绝对性，所以要求无条件地履行伦理义务，在这里颇有类于康德的'绝对命令'；而另一方面，它又把这种'绝对命令'的先验普遍性与经验世界的人的情感（主要是所谓'恻隐之心'实即同情心）直接联系起来，并以它（心理情感）为基础。从而人性善的先验道德本体便是通过现实人世的心理情感被确认和证实的。超感性的先验本体混同在感性心理之中，从而普遍的道德理性不离开感性而又超越于感性，它既是先验本体同时又是经验现象。孟子说，'礼义之悦我心犹刍豢之悦我口'，'仁义礼智根于心，其生色也，睟然见于面，盎于背，施于四体，四体不言而喻。'（《孟子·尽心上》）先验道德本体竟然可以与感觉、生理、身体、生命相直接沟通联系，从而它似乎本身也是感性的或具有感性的成份、性质了。这便是中国哲学'体用不二'、'天人合一'特征在伦理学上的早期表现。"但与宋明理学的伦理本体相比，在孟子这里"人作为道德本体的存在与作为社会心理的存在还是浑然一体，没有分化的。孟子强调的只是这种先验的善作为伦理心理的统一体，乃人区别于物之所在。"[①]李泽厚先生这里所说的孟子"心"之作为道德律令的先验原则而具有的"超感性的先验本体混同在感性心理之中"、"它既是先验本体同时又是经验现象"诸特征，若从哲学性质、实质上来审视，不就是"有"本体和其"有、无"性结构吗?! 正因为这样，孟子的"心"要与"天"纠结起来，要从"心"出发达到"天"，这就是他的"尽心——知性——知天"的天人合一路线。

[①]　李泽厚：《孔子再评价》一文的"附论孟子"部分，见李泽厚：《中国古代思想史论》，人民出版社 1986 年版，第 45—46 页。

3."尽心——知性——知天"的天人合一路线

孟子不仅把孔子的"仁"学扩展、扩充为"仁"、"义"、"礼"、"智"的"心"学,他还把孔子"与命与仁"(《论语·子罕》)即"仁—命"直接并列相连的世界观改造、发展为"尽其心者,知其性也;知其性,则知天矣"(《尽心上》)的由"心"外推到"天"的"天人合一"路线。在孔子处,"仁"、"命"虽然都被"与"(赞许)之,但这毕竟是两个既成的东西,其关系明显是外在的,还未能形成一个一以贯之的思想路线。至孟子这里,他从"尽心"到"知性"再到"知天",在"心"的认知理性作用下,完成了一"心"——"性"——"天"相统一的"天人合一"的思想路线。这是孟子对先秦儒学的一个重要贡献。

孟子是如何来完成其"心"——"性"——"天"相统一的"天人合一"的思想路线的呢?他首先厘析出了"心"的理性思考、认知的性质和功能。孟子说:

> 耳目之官不思,而蔽于物,物交物,则引之而已矣。心之官则思,思则得之,不思则不得也。此天之所与我者。先立乎其大者,则其小者不能夺也。此为大人而已矣。(《告子上》)

这是孟子回答公都子"均是人也,或为大人,或为小人,何也?"问话时讲的。孟子说,大人之所以为大人,是由于他能保住"大体"即"心"。作为"大体"的"心"与作为"小体"的耳目之官是有质的不同的,这就是耳目之官不思而心之官能思。"心"有思、想的属性、作用、功能,这是孟子赋予它的又一规定性,或者说是对"心"的规定性的又一发现、确定。孟子说"心"的能思功能是"天之所与我者",这实际上是说如同"心"先天地有仁、义、礼、智等的性质、功能一样,它也本来地、先天地有思的性质、功能。在孟子看来,人先天有仁、义、礼、智之类的"心",这是人与禽兽的本质区别;同样,人有思这样的"心",这也是人与禽兽的本质区别之所在。

心之"思"的性质、功能就是人的理性认知功能。在孟子这里,心的理性认知功能不是发挥于外去认识物,而是向内反省来体察人自己的本性、本质,即人的仁、义、礼、智等的本性。孟子"思心"的提出,明确突出了人的理性自觉性。孔子讲"为仁由己,而由人乎哉?"(《论语·颜渊》)"我欲仁,斯仁至矣"(《论语·述而》),也涉及人的自觉自愿性问题。但孔子的自觉自愿性更多的是一种心理原则和情感,理性成分和力量不明确和不突出。当孟子说"心之官则思,思则得之,不思则不得也"时,这个"心"已是人的理性认知条件下的理性自觉性了。所以,孟子的"心"比孔子的"仁"更有理性性。

确定了"心"的理性认知性且将它发挥于向内反省时,就是人对自己先天的仁、义、礼、智等人性的发现和确定。仁、义、礼、智这些人的本性原是先天的,与生俱来的,但它们不同于人的自然本能性表现,而往往被人的自然本能性所掩盖、遮蔽了,所以这些善性的表现和作用的发挥是有条件的,这个条件就是"思心",即心的理性认知功能的发挥。当人尽力发挥心的理性认知功能而反思到了自己的仁、义、礼、智之类的善性后,人就在此种善性的指引下来行动,这就是善的行为。孟子说"人之所以异于禽兽者几希"。这里的"禽兽"不是单指人之外的动物类,而指的是那种没有仁、义、礼、智等人性和行为表现的野蛮类人,这就是孟子批评一味"为我"的杨朱是无君,不遗余力倡"兼爱"的墨翟是无父,"无父无君,是禽兽也"(见《滕文公下》)。孟子说大舜这位圣人居住在深山中,其外表与深山中的野人无异,但舜与野人的根本不同就在于他能自觉反省和认识到自己的善性,所以舜是大圣人。

孟子的"心"原来就有"思"和"善"两种性质和功能,思心是人的理性认知性,善心是人的伦理性。按性质、功能说,这两种心是两个东西,并非同一。但是,心的这两种性质、功能却都是同一个心所具有的,同在一个心里面,这可以称为"一心二门"或"一心二性"。正由于一心原是二性的,所以,从"心"的理性认知性转化、过渡到"心"的仁、义、礼、智等的伦理性,即从思心过渡到善心,是理所当然的,这合乎逻辑。这就是孟子的"尽心"——"知性"的思想路线。

进而,孟子还要再向前推进,要从"知性"推进到"知天"。孟子曰:

尽其心者，知其性也；知其性，则知天矣。存其心，养其性，所以事
天也。殀寿不贰，修身以俟之，所以立命也。(《尽心上》)

"知其性，则知天矣"，这是孟子"心"学的思想落脚点和最终目的、目标，也
是他的"心"学思想路线的最后完成。只尽心以知性，尚不是孟子"心"学的
最后目的；他要进而从"性"(即善性)达于"天"，这里的"天"是广义的，它
实际上是"天"和"命"的概称。在孟子看来，人只要充分地发挥心的理性思
考功能，就能体认、省察到自己所固有的善心或善性；而一旦省察到了人的
这种善心或善性，同时也就认识、发现、懂得、知晓、体会到了"天"的本性，
就与"天"或"天命"相同一。所以，人生在世所要作的、能作的和所应作的
就是存心、养性而事天、立命。孟子的"心"学要从"尽心"开始，以"知性"
为手段和中介，最终达到"知天"。这就是孟子尽心——知性——知天的天
人合一的思想路线。

从"性"到"天"，是由人的内在心性到外在的天、命或天命，这显然是超
越的。这种超越的可能性、合理性何在呢? 孟子当然没有说这个问题。他
只是作这种推进，至于这种推进的可能和依据何在，他就不予追究了。但孟
子的此种推进要能够成立，首先要确定这个"天"的性质。就是说，这里的
"天"如果是自然之天或苍茫的自然界，那么，无论如何作推进，也无论基
于什么目的和动机，从人的仁、义、礼、智等的内性是无法趋进到天的，自
然之天的运行、作为与人的作为是性质迥异的两类东西，是无法沟通的。
在怎样的情况下仁、义等人性才能与天相通呢? 这就要改变天的性质，即
把它变为和人一样的属性，这实际上就是要把人所具有的"仁"等的人性
外化、赋予给天，使天也具有人之性，这自然就能沟通人与天，就能由"知
性"推进到"知天"了。《中庸》开篇言："天命之谓性"。这个"性"就是人
的仁、义等的本性，它原是天赋予人的；天能赋给人以人性，那么天自身一
定要有此种性才行，倘若天没有"仁"等的人性，那它怎么可能给人赋予
之呢? 所以，《中庸》的"天命之谓性"说与孟子的"知性"能"知天"说虽
然推进的方向相异，但二者的思想理路是一致的，都是给天赋予了人性内
涵，这就把自然之天改造成为人文之天了。西汉董仲舒也说："仁之美者

在于天；天，仁也。"(《春秋繁露·王道通三》)这也是把"仁"这种人性赋予给了天。

把仁等人性赋予给天后，天就有了和人一样的属性，这时的天一方面就和人的人性实施一样具有了自觉、自愿的意志性、主宰性；同时，另一方面由于人性被外化出去赋予给了天，故此时的"天性"对人而言就是外在的，这就有了某种必然性和约束力，就具有了"命"的作用和意义。所以，当孟子从"知性"推进到"知天"后，他的"天"一方面显示出了和人一样的主宰性力量，另一方面又表现出了人不可左右、无可奈何的必然性力量。孟子这样讲：

> 舜发于畎亩之中，傅说举于版筑之间，胶鬲举于鱼盐之中，管夷吾举于士，孙叔敖举于海，百里奚举于市。故天将降大任于是人也，必先苦其心志，劳其筋骨，饿其体肤，空乏其身，行拂乱其所为，所以动心忍性，曾益其所不能。(《告子下》)
>
> 舜、禹、益相去久远，其子之贤不肖，皆天也，非人之所能为也。莫之为而为者，天也；莫之致而至者，命也。匹夫有天下者，德必若舜禹，而又有天子荐之者，故仲尼不有天下。(《万章上》)
>
> 口之于味也，目之于色也，耳之于声也，鼻之于臭也，四肢之于安佚也，性也，有命焉，君子不谓性也。仁之于父子也，义之于君臣也，礼之于宾主也，知之于贤者也，圣人之于天道也，命也，有性焉，君子不谓命也。(《尽心下》)
>
> 莫非命也，顺受其正。是故知命者不立乎岩墙之下，尽其道而死者，正命也；桎梏而死者，非正命也。(《尽心上》)

这四段是孟子集中论"天"、"命"的段落。第一段"天之将降大任于是人也"的"天"是有目的、有意志的主宰者。这样的天和人一样，这实际上是人自己的意志性在天身上的体现、表现。第二段说的"莫之为而为者，天也；莫之致而至者，命也"的天、命，是一种明显的必然性力量。这意思是说，没有想要去这样作为却这样作为了，这就是天；没有想让它来但却来了，这就是命。这种意义上的"天"、"命"或"天命"就是一种左右人的行为结果的必然性力量。结合这里讲的"故仲尼不有天下"来看,在孟子看来,一个人愿望的实现、事业的成功等,一方面要有自身的主观努力,如道德修养等,但另一方面还要有外在的条件和运气,如"天子荐之"之类;而这种外在条件往往具有极大的偶然性,但正是这种偶然性却恰恰表现出人力的无可奈何,使其具有了必然性的意义、作用和力量。第三段讲的是"性"、"命"关系。这里的"性"有两种,一种是人的自然属性,即"口之于味也"之类;一种是人的伦理道德本性,即"仁之于父子也"之类。在人的自然性与"命"的必然性关系方面,自然性受制、服从于必然性的命,比如"口之于味"等的自然性能否实现而被满足,这要受制于社会条件方面的必然性(命)的约束,此即"有命焉,君子不谓性也";而在人的伦理道德本性与命的必然性关系上,命这种社会必然性却是服从于人的伦理道德本性的,原因就在于人文世界的本质是"无"即"自由",在人的世界的存在和发展中,虽然会有"理"、"势"之类的必然性的"命"或"天命"在,但此种"天命"归根结底是人文世界"无"本质的表现,故实质上与人的伦理性是一致的。孟子在这里突出了人的伦理行为的自觉、自愿性。孟子有言:"居天下之广居,立天下之正位,行天下之大道;得志,与民由之;不得志,独行其道。富贵不能淫,贫贱不能移,威武不能屈,此之谓大丈夫。"(《滕文公下》)这种"大丈夫"精神多么地铿锵有力啊,哪里有"命"的味道?!孟子还说:"鱼,我所欲也,熊掌亦我所欲也;二者不可得兼,舍鱼而取熊掌者也。生亦我所欲也,义亦我所欲也;二者不可得兼,舍生而取义者也。生亦我所欲,所欲有甚于生者,故不为苟得也;死亦我所恶,所恶有甚于死者,故患有所不辟也。如使人之所欲莫甚于生,则凡可以得生者,何不用也?使人之所恶莫甚于死者,则凡可以辟患者,何不为也?由是则生而有不用也,由是则可以辟患而不为也,是故所欲有甚于生者,所恶有甚于死者。非独贤者有是心也,人皆有之,贤者能勿丧耳。一箪食,一豆羹,得之则生,弗得则死,嘑尔而与之,行道之人弗受;蹴尔而与之,乞人不屑也。"(《告子上》)这个"舍生取义"说,与孔子的"杀身成仁"说一样,高扬了人的伦理道德力量。第四段讲到"正命"问题。孟子认为,人的生存无一不受到命运这种必然性力量的左右,但人的社会、历史使命就是

"顺受其正"，即与社会、历史之命运①同向同步地存在；这也就是把人的"无"即"自由"的本质汇合、融合在社会、历史的运动中，这就是真正的人"在世中"，就是"尽其道而死者，正命也；桎梏死者，非正命也"的意义和价值。

孟子的天、命或天命是人的仁、义等的伦理本性的外化，它们一方面显示出人的意志性的主宰性成分和特征，这实际上表征、强化的是人性，是对人性的放大；另一方面又显示出超越人的必然性的成分和特征，这实际上是自然必然性的变相表现。所以，在孟子"尽心——知性——知天"的思想路线中，完成了天与人的合一。这是孟子对先秦儒学的重要贡献。

这里要注意的一点是：在孔子"与命与仁"的"仁"学思想体系和孟子"尽心——知性——知天"的"心"学思想体系中，都达到了一定意义的天人合一。之所以说是"一定意义的"，因为"仁"、"心"按其哲学性质、本质言，它们是"无"，其结构应是"有—无"性的。若从这一本质和这一结构出发，"仁"、"心"是能够打通、融贯人文世界和自然世界的，这将是类似于海德格尔此在（Dasein）的思想理论。孔、孟当然是达不到有如海氏此在的思想和理论的，在他们这里无形中就将"仁"、"心"所应有的"无"本性和"有—无"性结构转化为"有"本性和"有、无"性结构了。这样一来，实际上就转到了心物、主客、天人（自然界与人类社会）、内外等的分立中。在这种分立中，人和天的沟通、合一的确是个问题。孔、孟，特别是孟子，对这个问题的解决是以人来合天的，即把人性外化、赋予给天而达到了天与人的一致。因为是把人性赋予给了天，所以这个天就不是原本的自然界，实际上它是人的社会存在本身，故孔、孟的天人合一实际上是人的伦理性的心性与人的社会性的

---

① 命运、天命之类的东西，中国古代哲学总是将其视为一种带有盲目性的必然性力量。实际上，这是人文世界"无"即"自由"本质的社会历史表现。海德格尔有言："我们用命运来标识此在在本真决心中的源始演历；此在在这种源始演历中自由地面对死，而且借一种继承下来的、然而又是选择出来的可能性把自己承传给自己。""若命运使然的此在作为在世的存在本质上在共他人存在中生存，那么它的演历就是一种共同演历并且被规定为天命。我们用天命来标识共同体的演历、民族的演历。""命运组建着此在的源始的历史性。""我们把天命领会为此在共他人存在之际的演历。"（《存在与时间》（修订译本），三联书店2006年版，第434、435、436、437页。）

合一,或者说是人的自然性与社会性的合一,亦可谓是个人与社会的合一。这种合一当然也是一种"合"的形式和方式。然而,在"有"本性和"有、无"性结构中,真正的合必然关涉着人文世界与自然世界,天命、命运之类的盲目性的必然性也只有在自然世界中才有其本然的意义和价值。而体现这一思想维度和方向的是荀子的儒学。

[三]荀子"礼"、"天"论

荀子是孔子后先秦儒学的又一重要代表。《韩非子·显学》中所说的"儒分为八"的"孙氏之儒",就是荀子的儒学。与孟子继承、发挥孔子"仁"学思想中的心理原则和个体人格,特别是个体人格的方向不同,荀子继承、发挥了孔子"仁"学思想中的守礼性方面。但与孔子不同的是,荀子从战国时代的社会现实出发,把礼和法结合起来,要"隆礼"、"重法"即礼、法并重。如果说孟子突出的是先秦儒学中"内圣"一面的话,荀子突出的则是先秦儒学"外王"的一面。

关于荀子思想,依我们这里所谈的先秦儒学的形而上学、本体论问题,拟谈下列三点。

1.荀子"礼"论

荀子很重视"礼"。《荀子》第一篇为《劝学》,劝诫人学什么呢?曰:"学恶乎始?恶乎终?曰:其数则始乎诵经,终乎读礼。"为何要将"礼"作为一个人为学的完成标志呢?因为,"礼者,法之大分,类之纲纪也。"故"隆礼,虽未明,法士也;不隆礼,虽察辩,散儒也。"这是说,如果重礼的地位,虽然对各项礼的内容不一定完全明白,但仍可成为依法礼治国之士;若不重礼的地位,即使博学明辨,也只能是一个散漫而无用的儒生。以此荀子强调"学至乎礼而止矣"。

《荀子》第二篇为《修身》。修什么呢?怎样修?其核心内容就是学礼。荀子说:"礼者,所以正身也。"怎么正身呢?"宜于时通,利以处穷,礼信是也。凡用血气、志意、知虑,由礼则治通,不由礼则勃乱提僈;食饮、衣服、居处、动静,由礼则和节,不由礼则触陷生疾;容貌、态度、进退、趋行,由礼则雅,不由礼则夷固僻违,庸众而野。故人无礼则不生,事无礼则不成,国家无礼则不宁。"可见，礼在社会生活中有极重要的作用。"礼之于正国家也，如权衡之于轻重也，如绳墨之于曲直也。故人无礼不生，事无礼不成，国家无礼不宁。"(《荀子·大略》。下引《荀子》只注篇名)"虽王公士大夫之子孙也，不能属于礼义，则归之庶人；虽庶人之子孙也，积文学，正身行，能属于礼义，则归之卿相士大夫"(《王制》)。故礼为"治国之本"，"天下从之者治，不从者乱；从之者安，不从者危；从之者存，不从者亡。"(《礼论》)

孔、荀都重视"礼"，但"礼"的内容已有不同。孔子的"礼"是"周礼"，即周公"制礼作乐"而成的一套西周奴隶制的社会规范。到了荀子所处的战国后期，恢复"周礼"已无可能和需要了，社会需要适应时代发展的新礼制。荀子作《礼论》说："礼者，养也"、"礼者，以财物为用，以贵贱为文，以多少为异，以隆杀为要"、"礼者，谨于治生死者也"、"礼者，谨于吉凶不相厌者也"、"礼者，断长续短，损有余，益不足，达爱敬之文而滋成行义之美者也"。可以看出，荀子"礼"的范围是相当广泛的，涉及社会生活的众多方面，已不限于以俎豆、祭祀为主的孝悌方面了。这是荀子"礼"一个方面的特点。

荀子"礼"第二个方面的特点是，将礼与人的生存联系起来。孔子要复的"礼"其主要内容和作用在人的社会生活秩序方面。荀子则将礼与人的生存直接联系起来，他指出：

> 故礼者，养也。刍豢稻粱，五味调香，所以养口也；椒兰芳苾，所以养鼻也；雕琢、刻镂、黼黻、文章，所以养目也；钟鼓、管磬、琴瑟、竽笙，所以养耳也；疏房、檖额貌、越席、床第、几筵，所以养体也。故礼者，养也。(《礼论》)

"礼者，养也"，这是一个很重要的思想，这揭示了礼存在的社会生活基础。社会之所以需要礼，之所以要制定礼，从根本上讲是人生存的需要和要求。接着上引的那段话，荀子说："君子既得其养，又好其别。曷谓别？曰：贵贱有等，长幼有差，贫富轻重皆有称者也。故天子大路越席，所以养体也；侧载睪芷，所以养鼻也；前有错衡，所以养目也；和鸾之声，步中《武》《象》，趋中《韶》《護》，所以养耳也；龙旗九斿，所以养信也；寝兕、持虎、蛟韅、丝末、弥龙,所以养威也;故大路之马必倍至教顺,然后乘之,所以养安也。"(《礼论》)在一个社会中,人与人之间是有等级差别的,即"贵贱有等,长幼有差,贫富轻重皆有称",这就是"礼"。但这个礼是在"既得其养"的基础上和前提下才得以存在的。荀子在这里以天子之礼为例说明了礼的"养"的内涵。他进而考察说:"孰知夫出死要节之所以养生也,孰知夫出费用之所以养财也,孰知夫恭敬辞让之所以养安也,孰知夫礼义文理之所以养情也。故人苟生之为见,若者必死;苟利之为见,若者必害;苟怠惰偷懦之为安,若者必危;苟情说之为乐,若者必灭。故人一之于礼义,则两得之矣;一之于情性,则两丧之矣。故儒者将使人两得之者也,墨者将使人两失之者也,是儒、墨之分也。"(同上)各种礼义规范的目的和作用都是为了"养生";倘若不要礼仪规范而一味地苟且偷生,最终是难以生存的。"礼者,养也",这是礼出现和存在的物质基础。

荀子还谈到礼之"本"的问题,他这样讲:

> 礼有三本:天地者,生之本也;先祖者,类之本也;君师者,治之本也。无天地恶生? 无先祖恶出? 无君师恶治? 三者偏亡焉,无安人。故礼,上事天,下事地,尊先祖而隆君师,是礼之三本也。(《礼论》)

天地、先祖、君师,是"礼"的三个根本方面。之所以根本,是因为这关系到人的生存基本。人作为一生命体,首先得生存、生活于天地间;但人在天地间的生存不是也不能是一般动物的本能作为,人是社会存在,其生命的维持要在社会中进行,这就要对社会作治理,就要有各种礼仪规范,其最重要的方面就是"尊先祖"和"隆君师"。

荀子"礼"第三个方面的特点是对礼起源[①]的理性解说。荀子说:"凡礼,事生,饰欢也;送死,饰哀也;祭礼,饰敬也;师旅,饰威也。是百王之所同,古今之所一也,未有知其所由来者也。"(《礼论》)生、死、祭、师之事皆有

---

① 荀子关于礼起源的解说,本质上仍是经验直观,尚不能真正揭示礼这种上层建筑的起源。对此,马克思主义的劳动实践论是揭示礼起源的科学理论。

相应的礼。但这些礼究竟是如何起源的? 在荀子所处的战国时代已没有人能说得清了。礼极有可能是源于上古的巫术祭祀活动,后经周公"制礼作乐"作了大规模的整理和系统化①。至荀子之世,礼已成为文饰政事的饰物,其起源已趋于湮没。对礼真正的历史起源,荀子恐怕也难以具体而微地论说。但他对礼的起源给予了理性主义的说明。荀子指出:

> 礼起于何也? 曰:人生而有欲,欲而不得则不能无求;求而无度量分界,则不能不争;争则乱,乱则穷。先王恶其乱也,故制礼义以分之,以养人之欲,给人之求;使欲必不穷乎物,物必不屈于欲。两者相持而长,是礼之所起也。(《礼论》)

这是荀子《礼论》一开始就讲的。这里没有些许的历史考察和说明,是对礼起源的理性主义解说。在荀子看来,人首先是一个有生存欲望的肉体存在,即"目好色,耳好声,口好味,心好利,骨体肤理好愉佚,是皆生于人之情性者也,感而自然,不待事而后生之者也。"(《性恶》)欲望是人的自然本性,按说应得到满足。但由于社会财富的有限而往往难以满足人的自然欲求,于是人们就开始了争斗。无休止地争斗下去,人群共同体的社会就必陷入混乱,这时每个人都不得安生,其结果就是普遍的穷困。可见,人们的本意是为了满足自己的生存欲望,但结果却事与愿违,欲望根本就满足不了。这说明单纯从人的自然欲望出发以求生存,最终是难以生存的。这表明,人如果按照一般动物的生存方式来生存的话,终究是要灭亡的。人的生存方式与一般动物有本质之别,这就是"制礼义以分之",即人的群体是以礼义来约束和调节的有等级秩序的集团。按照礼义标准来分配有限的社会财富,才能较好和较大限度地满足各社会成员的欲望需求,人的生存才可最终得到保障。就这样,荀子对礼的起源作出了理性解说。荀子还从各方面阐发了这个问题,如说:

① 可参看李泽厚《说巫史传统》、《"说巫史传统"补》两文,载李泽厚:《历史本体论 己卯五说》,三联书店 2006 年版。

欲恶同物,欲多而物寡,寡则必争矣。故百技所成,所以养一人也。而能不能兼技,人不能兼官;离居不相待则穷,群而无分则争。穷者患也,争者祸也。救患除祸,则莫若明分使群矣。(《富国》)

人之生,不能无群,群而无分则争,争则乱,乱则穷矣。故无分者,人之大害也;有分者,天下之本利也;而人君者,所以管分之枢要也。(同上)

农分田而耕,贾分货而贩,百工分事而劝,士大夫分职而听,建国诸侯之君分土而守,三公总方而议,则天子共己而已矣。(《王霸》)

故人之所以为人者,非特以其二足而无毛也,以其有辨也。夫禽兽有父子而无父子之亲,有牝牡而无男女之别。故人道莫不有辨。辨莫大于分,分莫大于礼,礼莫大于圣王。(《非相》)

水火有气而无生,草木有生而无知,禽兽有知而无义。人有气、有生、有知亦且有义,故最为天下贵也。(人)力不若牛,走不若马,而牛马为用,何也?曰:人能群,彼不能群也。人何以能群?曰:分。分何以能行?曰:义。故义以分则和,和则一,一则多力,多力则强,强则胜物。故宫室可得而居也。故序四时,裁万物,兼利天下,无它故焉,得之分义也。故人生不能无群;群而无分则争,争则乱,乱则离,离则弱,弱则不能胜物;故宫室不可得而居也,不可少顷舍礼义之谓也。(《王制》)

这都说明,人类社会是一个有分工、有等级、有秩序的人群共同体。人与动物的区别就在于人的群有"分"而动物的群则没有;"分"的原则和表现就是"义"、"礼"。就这样,"礼"出现了。

荀子对礼甚为重视,对礼的重要性和社会作用作了诸多解说。他关于礼的起源,虽是一种理性的说明,但这一说明表明了礼的社会生活基础和作用,是不无思想意义的。特别的,荀子在讲礼时,立足点在人的现实生存、生活上,这就从孔、孟的心性论中走了出来,转到人文世界的现实运作中;而从人文世界的现实运作出发,必然要涉及自然世界的存在和运转以及自然世界与人文世界的关联和沟通问题。所以,在荀子思想中重视和谈论自然之天就是理所当然的。

2.荀子"天"论

荀子的礼既然与"养"相关,即与人的生存、生活相关;既然天地是礼的"本"之一,所以礼就逻辑地与天(天地)关联起来。可见,荀子天论是其礼论的应有内容的延伸。概言之,荀子的天论思想有这样几点内容:

一是天道自然。荀子说:

> 列星随旋,日月递炤,四时代御,阴阳大化,风雨博施,万物各得其和以生,各得其养以成。不见其事而见其功,夫是之谓神。皆知其所以成,莫知其无形,夫是之谓天。(《天论》)

在荀子看来,天就是自然界,就是星辰旋转,日月升落,四时更替,阴阳生化,风雨溥施等的自然存在现象。万物就在天的自然运行中生长着、养育着。人们能看到的是各种自然现象的变化及生长结果,至于成就了自然现象之变化的原因、力量、运作等却是难以直接看见的,这就叫"神",即自然之天运作的神妙、神奇性。荀子所说的天及神,都是自然本身的运行之道。

二是"天行有常"。荀子指出:

> 天行有常,不为尧存,不为桀亡。应之以治则吉,应之以乱则凶。
>
> 星队(坠)木鸣,国人皆恐,曰:是何也? 曰:天何也,是天地之变,阴阳之化,物之罕至者也。怪之,可也;而畏之,非也。夫日月之有蚀,风雨之不时,怪星之党(常)见,是无世而不常有之。上明而政平,则是虽并世起,无伤也;上暗而政险,则是虽无一至者,无益也。(《天论》)

这里的"常"是常道,有规律义。荀子认为,天的运行有自身的必然性、规律性,不依人的意志为转移,亘古如此。当然,自然界在运行时会出现一些怪异现象,如陨石、木鸣等。但这些现象是天运行的自然必然性的表现,只是不常见罢了;由于不常见,人们觉得奇怪是可以理解的,但如果因此而对它畏惧并祷告膜拜,那就大错了。天有自己的运行之道,即"常",它与人事无

关。故荀子说:"天不为人之恶寒也辍冬,地不为人之恶辽远也辍广","天有常道矣,地有常数矣。"(《天论》)

三是"天人相分"。荀子说:

> 不为而成,不求而得,夫是之谓天职。如是者,虽深,其人不加虑焉;虽大,不加能焉;虽精,不加察焉;夫是之谓不与天争职。天有其时,地有其财,人有其治,夫是之谓能参。舍其所以参而愿其所参,则惑矣!(《天论》)

> 强本而节用,则天不能贫;养备而动时,则天不能病;修道而不贰,则天不能祸,故水旱不能使之饥,寒暑不能使之疾,祅怪不能使之凶。本荒而用侈,则天不能使之富;养略而动罕,则天不能使之全;倍道而妄行,则天不能使之吉。故水旱未至而饥,寒暑未薄而疾,祅怪未至而凶。受时与治世同,而殃祸与治世异。不可以怨天,其道然也。故明于天人之分,则可谓至人矣。(同上)

天有天的运行之道和职能,人有人的运行之道和职能,天道与人道是两种道,天能与人能是两种能,天与人是相分的。这是荀子关于天人的一个重要思想。在他看来,天并不干涉、宰制人类的事,人世之事完全是人为的结果。所以,荀子认为人类如果重视农业生产且节制费用,那么天也无法使人贫穷。人的贫穷等全是人自为的结果,荀子叫此为"人妖"。他说:"物之已至者,人祅则可畏也。楛耕伤稼,耘耨失薉,政险失民,田薉稼恶,籴贵民饥,道路有死人,夫是之谓人祅;政令不明,举错不时,本事不理,勉力不时,则牛马相生,六畜作祅,夫是之谓人祅。礼义不修,内外无别,男女淫乱,则父子相疑,上下乖离,寇难并至,夫是之谓人祅。祅是生于乱。三者错,无安国。其说甚迩,其菑甚惨。可畏也,而不可怪也。"(《天论》)人妖才是导致社会灾难的根本原因,这与自然之天的运行是没有关系的。

四是"制天命而用之"。在天道自然、天行有常、天人相分的思想基础上,荀子提出了"制天命而用之"思想主张。他说:

　　　大天而思之,孰与物畜而制之? 从天而颂之,孰与制天命而用之?
望时而待之,孰与应时而使之? 因物而多之,孰与骋能而化之? 思物而
物之,孰与理物而勿失之也? 愿于物之所以生,孰与有物之所以成? 故
错人而思天,则失万物之情。(《天论》)

　　这是一种积极进取的精神。面对自然之天,人们不可仅去思慕它、颂扬它、
祈盼它、依靠它、祷告它,而要发挥人的能动作用和力量来控制、掌握、利用
它,使之为人类服务。人为什么能控制和利用天呢? 这就是因为人能
"群",因为人的群是在"分"、"义"的基础上产生和存在的,故它是一个有
机体,是有力量的,所以能征服、改造和利用天。这正是荀子礼论的思想内
容和目的所在。可以说,"制天命而用之"的天论思想正是荀子"明分使群"
的礼论思想的作用和表现。

　　3."制天命而用之"——荀子"天人相分"形式下的"天人合一"路线

　　春秋末子产讲"天道远,人道迩,非所及也"(《左传·昭公十八年》)。
这已有"天人相分"的思想。至荀子,明确讲"故明于天人之分,则可谓至人
矣"(《天论》)。荀子为什么要讲"天人相分"? 是为了明确天与人各自的
职能,以"不与天争职"(同上)。不与天争职,就是不人为地干预和代替天
的职能,使天按自身之道运行。这是荀子"天人相分"思想一个方面的内
容。但另一方面,人要去"知天",即"圣人清其天君,正其天官,备其天养,
顺其天政,养其天情,以全其天功。如是,则知其所为,知其所不为矣。则天
地官而万物役矣,其行曲治,其养曲适,其生不伤,夫是之谓知天。"(同上)
"知天"的目的最终是为了"参天",即"天有其时,地有其财,人有其治,夫是
之谓能参。舍其所以参而愿其所参,则惑矣。"(同上)可见,天虽然有自己
的运行之道和职能而人不可干预和代替之,但人却能掌握天时利用地力,用
自己的努力来改造天地,这就是"能参"。如果放弃了人为的努力而仅寄希
望于自然之天的运行,以等待自然之天的恩赐,那就犯糊涂了。所以,荀子
喊出了"大天而思之,孰与物畜而制之? 从天而颂之,孰与制天命而用之?"
的响亮口号,主张利用天道来为人服务。

　　人以其治来参天,利用天来为人类服务,这本身就是一种天人合一。

所以,荀子思想体现和贯彻的是"天人相分"形式下的"天人合一"路线。那么,在天人相分的形式中如何达到天人合一呢?荀子这样讲:"圣王之制也,草木荣华滋硕之时则斧斤不入山林,不夭其生,不绝其长也;鼋鼍、鱼鳖、鳅鳝孕别之时,罔罟毒药不入泽,不夭其生,不绝其长也;春耕、夏耘、秋收、冬藏四者不失时,故五谷不绝而百姓有余食也;污池、渊沼、川泽谨其时禁,故鱼鳖优多而百姓有余用也;斩伐养长不失其时,故山林不童而百姓有余材也。圣王之用也:上察于天,下错于地,塞备天地之间,加施万物之上。"(《王制》)这是说,在合天时、尽地力的前提下,通过人的生产劳动活动以达到人与天的统一;这也就是在遵循自然规律的前提下利用之,以达到自然规律与人的意志目的的统一。人之所以能做到顺天时、尽地力以达天天合一,而人之外的其他动物却做不到这一点,就是因为人能"明分使群",人的世界有礼、义在。故荀子说:"凡礼,始乎棁,成乎文,终乎悦校。故至备,情文俱尽;其次,情文代胜;其下,复情以归大一也。天地以合,日月以明,四时以序,星辰以行,江河以流,万物以昌;好恶以节,喜怒以当,以为下则顺,以为上则明;万物变而不乱,贰之则丧也。礼岂不至矣哉!"(《礼论》)在这里,礼已将天地万物与人类社会系统化起来。这实际上是说,人类通过自己的生产实践活动,以达到人与自然的合一。

不同于孟子"尽心—知性—知天"内省察式的天人合一路线,荀子所讲的人与自然的统一、合一是通过人的生产劳作活动来达到的,这是顺天时、尽地力,"制天命而用之"的外行动路线。用我们今天的话来说,这条路线就是在生产实践活动中所实现的"自然的人化"与"人的自然化"的双向相统一。人的活动有目的性、意识性,有计划、办法、方案等,这些是思想、观念性的东西,尚不是现实存在。但通过生产实践活动,人能把自己的目的等实现出来,这就是"人的自然化",即人将观念世界转化为现实世界的存在。另一方面,自然界的存在不以人的目的、意志为转移,具有必然性。但通过人的生产实践活动,人使用劳动工具作用于劳动对象(即自然界),在这个过程中就逐渐认识、把握了自然必然性、规律性,能将它们以公式、定理等理性形式积淀在人的理性中,这就是"自然的人化"。可见,人的自然化与自

然的人化①是同一个生产实践活动过程中的两个有机方面，这才是荀子所

───────────

① 对"人的自然化"与"自然的人化"作了深入研究的是当代学者李泽厚先生。1979 年李泽厚刊出《批判哲学的批判——康德述评》一书，首次将"实践"界定为以制造和使用生产工具为核心的人的劳动活动，并结合分析、批判康德哲学说明了人的智力结构（真）、意志结构（善）、审美结构（美）在劳动实践过程中的积淀和形成。20 世纪 80 年代初，李泽厚讲"主体性"问题（关于"主体性"问题，李泽厚先后发表了《康德哲学与建立主体性的哲学论纲》[1980 年，原载《论康德黑格尔哲学》一书，上海人民出版社 1981 年版]、《关于主体性的补充说明》[1983 年，原载《中国社会科学院研究生院学报》1985 年第 1 期]、《关于主体性的第三个提纲》[1985 年，原载《走向未来》1987 年第 3 期]、《第四提纲》[1989 年，原载《学术月刊》1994 年第 10 期]），指出"'主体性'概念包括有两个双重内容和含义。第一个'双重'是：它具有外在的即工艺—社会的结构面和内在的即文化心理的结构面。第二个'双重'是：它具有人类群体（又可区分为不同社会、时代、民族、阶级、阶层、集团等等）的性质和个体身心的性质。这四者相互交错渗透，不可分割。而且每一方又都是某种复杂的组合体。"（李泽厚：《关于主体性的补充说明》）1999 年，李泽厚著《己卯五说》一书（见李泽厚《历史本体论　己卯五说》，三联书店 2003 年版、2006 年版），其中有《说天人新义》一篇，从"自然的人化"与"人自然化"相统一的角度探究了天人合一问题。他将"自然的人化"分为"外在自然的人化"和"内在自然的人化"两类。"这个'外在自然'指的是人所生存的自然环境。它的'人化'又可分为'硬件'和'软件'两个部分。""'硬件'指的是人对自己生存环境的自然界的改造。例如荒山变果园、碱地成良田之类，也包括从上古时期驯服、饲养动物、发明农业，到今日科技改良动植物品种等等人类对自然事物的改造。""'外在自然的人化'有一个向来被忽视的'软件'方面。这所谓'软件'，指的是随着自然人化'硬件'的发展，自然与人的相互关系有着重要变化。""这'人化'不是观念性或主观性的（如朱光潜所认为），而是人类本体存在性的。即自然与人的客观关系有了历史性的变迁：自然成为人类存在的一个组成部分。它由恐怖或无关的自在对象，变而为与人可以有着亲切关系的自为存在。这才是人类主观意识中的自然人化（如风景画、山水诗、花鸟画）的根本客观基础。""'内在自然的人化'也可分为'硬件'与'软件'。'外在自然'指人的周围环境，'内在自然'指人的身体器官。因此，这里所谓'人化'的'硬件'，就是指如何改造作为人类自身的自然，即人的身体器官、遗传基因等等。"而"'内在自然人化'的'软件'，便是指人类所具有的内在心理状态。……经由制造使用工具和社会群体组织的漫长历史，人的心理机制和功能，有不同于动物的特异之处。这特异之处就在于，动物性与文化性已交融混合在一起：既是动物心理，又有某种文化成果积淀其中；既有社会性（文化性、理性），又有个体性（动物性、感性）。"人的认知结构、意志结构、审美结构等就是这种"内在自然人化"的"软件"表现。

所谓"'人的自然化'包含三个层次或三种内容：一是人与自然环境、自然生态的关系，人与自然界友好和睦，相互依存，不是去征服、破坏，而是把自然作为自己安居乐业、休养生息的美好环境，这是'人的自然化'的第一层（种）意思。二是指自然景物和景象作为欣赏、欢娱的对象，人的栽花养草、游山玩水、乐于景观，投身于大自然中，似乎与它合为一体，这是第二层（种）涵义。三是人通过某种学习，如吐吸吐纳，使身心节律与自然节律相吻合呼应，而达到与'天'（自然）合一的境界状态，如气功等，这是'人的自然化'的第三层（种）涵义。""'人自然化'的'硬件'，是指人的外在自然化，也就是上述引文中所提到的那三层含义和内容。……所有三项都可以与某种审美感情和心境相联系。它也是中国哲学讲的'尽性以知天'。只是这个'性'，并非伦理学中的社会（道德）性，而

讲的"制天命而用之"的天人合一外行动路线的实质所在。

荀子"制天命而用之"的"天人合一"的行动路线虽然可以从人的自然化和自然的人化相统一的意义上来理解和认识，但这一思想本身在荀子处还是很简单和原始的。参考李泽厚先生的论述，可以使我们进一步理解、引申和分析荀子"制天命而用之"思想的意义。人真正、现实的生存是在使用生产工具的劳动活动中组建和构成的，所以在对生产工具出神入化地使用中能达到人与自然的一体境界。海德格尔讲过人使用锤子的例子，说当人们非常顺手地使用锤子时，人并不觉得有自己与锤子间的关系，并不把锤子作为一个对象来对待；只有在锤子坏了，不顺手时，人才觉察到了有锤子这个对象存在。所谓顺手地使用，就是对工具的出神如化地使用，到了此时，人就在"齐物我"、"一天人"的境界中达到了人与自然的一体同在，这就是所谓审美意义的天人合一。《庄子》中讲了许多出神入化地使用工具的寓言故事，如"庖丁解牛"（使用的是刀）、"匠石运斤"（使用的是斧）、"老丈黏蝉"（使用的是竿子）等，正是通过对工具化境般的使用，才有了人与物（对象）一体化的结果和境界。荀子当然没有这样说。但他"制天命而用之"的外行动路线的天人合一中却逻辑地包含着使用工具的问题；正是在对工具的自然而日常地使用中，人类从事着、进行着自然的人化与人的自然化相统一的天人合一工作。荀子天人思想的深意大概就在于此吧。

是美学中理欲交融、难分主客、既有社会积淀又有个体自由的自然性。""'人自然化'的'软件'即是美学'问题'。它指的是本已'人化'、'社会化'了的人的心理、精神又返回到自然去，以构成为人类文化心理结构中的自由享受。"怎么个"自由享受"呢？"它已不再是理性主宰感性的伦理学，也不是理性塑造感性的认识论，而是理性与多种心理功能、因素如感知、想像、欲望、情绪以及下意识相渗透交织所形成的充分开放的个体创造性。这种创造性对认识和伦理有'以美启真'和'以美储善'的重要作用。"所谓"'以美启真'就是以直观、灵感、隐喻、显喻等并非逻辑形式的思维来启迪、引导而发现真理。"而"以美储善"则是由'集义所生'的'浩然之气'统领身心，所以是'至大至刚'，'沛然而莫之能御'的伟大人格，这也就是那保持无限可能、充分开放、'无适无莫'、'从心所欲不逾矩'的美学人格。"总之，"前面的'自然的人化'是工具本体的成果，这里的'人的自然化'是情感（心理）本体的建立。"（引文皆出自李泽厚《说天人新义》一文）这种"工具本体"与"心理本体"的有机统一，就是人在以制造和使用生产工具为核心的劳动实践活动中所建构的天人合一。

[四]《易传》"道"论

在先秦儒学中,孔、孟重心性论。这一"内圣"的思想方向至荀子有了改变。荀子讲"天人相分",明确涉及人文世界和自然世界这两个维度;他要在"天人相分"形式中通过人的社会活动来"制天命而用之",以达到天与人合一的目的和目标。所以,在荀子这里形而上学、本体论的思想内容已得以展现和确立,但这还是经验活动意义上的外行动路线,尚缺乏哲学观念和理论。荀子思想此方面的不足,由《易传》作了弥补。关于《易传》与荀子的思想关系,李泽厚先生指出:"《易传》的最大特点,我以为,便是沿袭了荀学中刚健奋斗的基本精神,舍弃了'天人相分'、'制天命而用之'的具体提法或具体命题,把它们改造为'天行健(或作'天行,乾')',君子以自强不息',赋予自然以人的品德色彩,提到'一阴一阳之谓道'的形而上学的明确高度,创造性地建构了一个完整的世界观。"①《易传》对荀子思想的改造,成就了其形上论的本体思想。

关于《易传》的形而上学、本体论思想,拟讲以下两点:

1.《易经》的"阴阳"思想

尽管《易传》与《易经》的思想形式和内容都不同,但《易传》毕竟是解释、阐发《易经》思想的著作,所以这里先要概述一下《易经》的"阴阳"思想。

《易经》是成书于西周初年的一部筮书。它在中国思想文化中的作用和影响很大。《四库总目提要》说:"易道广大,无所不包,旁及天文、地理、乐律、兵法、韵学、算术,以逮方外之炉火,皆可援易以为说,而好异者又援以入易,故易说至繁。"一部占筮书,为何具有如此广泛和强劲的影响力?我以为,《易经》之所以有如此深广的影响力与它的独特形式有关,这就是六十四卦图与其卦、爻辞的独特结合方式。假如《易经》只有六十四个卦图,而没有附着在各卦图下的那些卦、爻辞,那么这六十四个卦图就只是六十四个符号、记号,它们当然可被视为某种形式、模式,但这些形式、模式却是纯

———————————

① 李泽厚:《荀易庸记要》,载李泽厚《中国古代思想史论》一书。

形式的,缺乏应有的意义,因此也就不会有实际的作用和生命力,不会无所不包而旁及什么了。这就如若今天考古发现的原始人的某种图腾符号,这些符号当时肯定是有意义和作用的,但现在只剩下了光秃秃的纯符号,它们也就成了死东西而不可认识、不可索解了。所以,《易经》如果只是光秃秃六十四个卦图的话,它早就死了,后人不会认识它,也根本不会用以占筮和无所不包。而《易经》如果只有那些卦、爻辞的话,那么这些卦、爻辞就仅是人们远古生活经验的记录,它们充其量也只有具体的经验性意义,不可能有超经验的一般性和普遍性,并能被公式化、模式化地应用之。然而,《易经》实际上的确是"无所不包"而能"旁及天文"等,这究竟为什么? 就是因为它的六十四个卦图与那些卦、爻辞相结合的编排形式。卦图和卦、爻辞一经结合后,卦图和卦、爻辞就都发生了质的变化,即六十四个卦图就不是不可理解、认识的光秃秃的纯符号,它们成了公式、模式,是活的有意味的形式;而那些卦、爻辞也就因此而超越了具体的生活经验性和历史存在性,有了一般性、普遍性的意义和价值。就这样,这种卦图和卦、爻辞的结合使得《易经》这部筮书远远超越了占筮的功能,而有了"代数学"的功效,有了哲学意义和价值,故能居于"六经"之首。

《易经》卦图和卦爻辞的结合方式,是它具有一般性、普遍性的一个外在条件或因素,这充其量只是一必要条件。《易经》之所以能"无所不包,旁及天文"等而具有普遍性的功能和作用,主要是它的自身因素所致。什么因素呢?《庄子·天下》言:"《易》以道阴阳"。这可以理解为:《易经》①的思想实质是道说"阴阳"的,即它是关于阴阳之道的书。

那么,《易经》是如何来道"阴阳"的呢?

一道:卦图构成。《易经》的六十四个卦图,是由"– –"和"—"这两个基本符号构筑成的。这是最深刻的道"阴阳"。《易经》中的"– –"和"—"

---

① 这里的"《易》"究竟是《易经》还是《易传》? 按理说《易经》中并未出现"阴阳"这一观念,此观念在《易传》中才出现。但据《庄子·天下》所言"《诗》以道志,《书》以道事,《礼》以道行,《乐》以道和,《易》以道阴阳,《春秋》以道名分"的情况看,这里的《易》当是与《诗》、《书》、《礼》、《春秋》等齐名的"经",而并非是解说经的"传"。故"《易》以道阴阳"的《易》当为《易经》。

这两个符号究竟指什么？迄今无定说，有生殖器崇拜、数字卦、结绳记事等说法。这里取结绳记事说，即"－－"和"—"这两个符号与远古人们的记事活动有关。现在民俗学的一些研究材料表明，即使最落后、最原始的民族也有简单的记事活动。《老子》第八十章言："小国寡民……使人复结绳而用之。"老子所理想的"小国寡民"的远古时代其一项重要的社会活动和生活方式就是结绳记事。怎么来结绳记事呢？是不是记录一件事就在一根绳子上挽一个结，两件事挽两个结……？这样记当然可以，但却失去了结绳的意义和价值，因为这种与事件数量对等地挽结法并没有将事真正"记"下来，只是外在地变换了一下事件存在的形式而已。真正的"记事"是一种计数、计算活动，这里面不仅有数目（几个）问题还有单位（第几个）问题，而且数目是受制于单位的，是被单位化约了的。具体言：当有一件事时在绳子上打一个结，这一个结就代表一件事；现在如果有第二件事需要记的话，就要再打一个结。但当绳子上有了两个结后，却可以"记"下三件事，即第一个结代表一件事，第二个结代表着两件事，两个结结合起来就共代表着三件事。现在若要记第四件事，就又得打第三个结，这第三个结就代表着四。但当绳子上有三个结时，就可"记"下七件事，即第一个结代表一件，第二个结代表两件，第三个结代表四件，共七件。如果要记第八件事，就需要打第四个结了。就这样，绳子上结的数目为1、2、3、4、5、6……而所"记"下的事件数却是1、2、4、8、16、32、64……所以，结绳记事的方法是：拿一根绳子，在上面打上一串结，然后将打了结的绳子挂起来作为一个计数工具来记事。从下向上，记一件事就用第一个结，记两件事时就用第二个结，记三件事时就用第一、第二两个结，记四件事时就用第三个结，有五件事要记就用第一个、第三两个结……就这样，这根打了结的绳子就是一个记数模板。现在我们将这根绳子予以图式化，即把绳子上的结以及所能记录的数目用一种符号在平面上表示出来，这就有了《易经》由"－－"和"—"构成的不同层次和类型的卦图，即如☰、☶、☲、☳、☴……等等。如果以"－－"、"—"的图式为基式，那么"☷"、"☶"、"☲"、"☳""☴"……等等的图式就是构成式，这个构成式明显是开放的，一直可以构造下去。现在将上面的图式转换为数字语言来说，就是：如果"－－"表示的是0，"—"表示的是1，那么，☷、☳、☶、☰（分别称为老阴、少阴、少阳、老阳）这四个二画卦图式就是 00、01、10、11（从下向上；横式表示就是从右向左）；而☷☳☵☱☶☲☴☰（分别称为坤、震、坎、兑、艮、离、巽、乾）这八个三画卦图式就是 000、001、010、011、100、101、110、111；依次类推，☷☶……的六画卦图式就是 000000、000001……等等。这就是一种二进位制的记数形式。如果转换到十进制记数中，上面的记数就表示：四个二画卦的图式就是 0、1、2、3；八个三画卦的图式就是 0、1、2、3、4、5、6、7；十六个四画卦的图式就是 0—15；三十二个五画卦的图式就是 0—31；六十四个六画卦的图式就是 0—63。

可以看出，《易经》的六十四个卦图，很可能就是上古人的记事模式。这个模式的形成关键是"– –"和"—"这两个符号的确定，因为有了这两个符号后，就可以将结绳的那个"结"转换为图式；进而，人们就用这种可画在平面上的图式来表示所需要的数量了。不知"– –"和"—"这两个符号是何时、何人发明的，但它的确是个伟大的创造。而且，这两个符号以很直观的形式表现了相反相成、对立统一的思想。

二道：占筮方法。有了"– –"（阴）、"—"（阳）这两个符号，然后进行不同层次和数量的重叠组合搭配，就形成了六画卦的六十四卦，这就是《易经》的卦图；再把解说每一卦图的卦辞和该卦中每一爻的爻辞附着于该卦下，就构成了《易经》这部书，其目的和功能是占筮。由卦象和卦、爻辞组成的六十四卦，就是六十四个占筮模式。《易经》的所谓占，就是供人们在这六十四个模式中选择一个，以作为对某事作谋断的依据。人们占卜、算卦，往往起一种心理作用，即为了慰藉心灵；至于说通过占卜以断未来、定吉凶，知道某件事的将来后果，那是做不到的，因为决定某事未来结果的条件变数太多，是难以确切断言的。所以荀子说："卜筮然后决大事，非以为得求也，以文之也。故君子以为文，而百姓以为神。以为文则吉，以为神则凶也。"（《荀子·天论》）占卜实际上是一种文饰政事的手段，并非真能断定未来的结果。这就叫"善为易者不占"（《荀子·大略》）。

将《易经》的占卜活动作为一种文化现象对待，视为文饰政事的手段，这是对待《易》的理性主义态度，当然是对的。但是，《易经》毕竟是一部筮书，它的目的就是占；再说，《易经》一书的作用和意义也正是在占中得以存在和表现的。那么,怎样占呢? 上已言到,这实际上就是在六十四个卦图中选择到一个卦图模式。又如何选择呢? 难道这种选择是随意的吗? 是有如抽签那样在默默祷告中任意性地选取一个吗? 这样做当然可以,但这种选取就有偶然性和命运之类的主宰力在起作用,这就大大降低了《易经》的作用和功能,实际上是取消了它。人们之所以要占,之所以要在《易经》的六十四个卦图中选取一个卦图作依据来谋断事件的未来,就是相信或确信所选取或得到的这个卦式与所要谋断的事件是有必然性联系的,所选取的这个卦图是冥冥中的一个信号,正是它显示着、预测着某事的未来。所以,《易经》的占不是也不能像抽签式地选取卦图,它要以一种必然性方式来表现对卦图的选取,或者说对卦图的选取要表现为冥冥之中的必然性和确定性。那么,怎么才能表现出这种必然性呢?《易经》的筮法就是来解决这个问题的。筮法不同于卜法。卜法是煅烧龟甲等以其裂纹来断定吉凶的,此法明显有偶然性。筮法则是一种运算方法,即通过一定形式和一定次数地分数蓍草以得到确定的数码,再把所得到的数码还原到某一卦图上。筮法显然有一定的必然性。当然,筮法在分数蓍草时也有偶然性,比如分一把蓍草为两半时每半分多少就是任意的,但这种偶然中蕴含有必然性,或者说这是必然性以偶然来为自己开辟道路的,故分数的结果却表现出了必然性,这样选取卦式就有了较大的可信度。

《易经》本来就是一部筮书,它理所当然要有筮法,但《易经》中却没有介绍、说明此种方法。这大概是因为在用《易经》作占断的早期,人们多用的是抽签式的卜法吧? 对《易经》的筮法给予明确说明的是《易传》。《易传·系辞上》曰:

> 天一,地二,天三,地四,天五,地六,天七,地八,天九,地十。天数五,地数五,五位相得而各有合。天数二十有五,地数三十,凡天地之数五十有五,此所以成变化而行鬼神也。大衍之数五十,其用四十有九。分而为二以象两,挂一以象三,揲之以四以象四时,归奇于扐以象闰,五岁再闰,故再扐而后挂。乾之策二百一十有六,坤之策百四十有四,凡三百有六十,当期之日。二篇之策万有一千五百二十,当万物之数也。

是故四营而成易,十有八变而成卦。

这里讲了相关的三层意思。一是天地之数问题。在此将 1—10 这十个自然数分配给天和地,天占(即占有)奇数,地占偶数;天数合为二十五,地数合为三十,天地之数为五十五。五十五这个数囊括了天地间的一切变化且变化莫测,这就叫"成变化而行鬼神也"。《易传》为什么要讲这个"天地之数"?人们对此一直说不出个所以然来。高亨先生研究指出,其实这讲的是"变卦法"的问题和方法①。占筮成卦后,并不能直接据此卦来预言断事,还要对该卦作通变才可用来断事,这就要用变卦法。二是成卦法问题,即通过一定数目的运演来形成一个卦图。要用多少数来运演呢?即"大衍之数五十",用五十个数(即 50 根蓍草)来推演。在这里,为什么不用五十五这个天地之数,而要用五十?人们一直有不同的看法。之所以用五十,这可能与为了能形成卦图这一目的有关。用五十来推演,但在具体运算时却只用四十九。对此,王弼解说道:"演天地之数,所赖者五十也。其用四十有九,则其一不用也。不用而用以之通,非数而数以之成,斯易之太极也。四十有九,数之极也。夫无不可以无明,必因于有,故常于有物之极,而必明其所由之宗也。"(《易传·系辞上》韩康伯注引。下引《易传》只注篇名)在王弼看来,留下不用的这个"一"是"非数而数、不用而用"的,故具有本体"无"的意义。王弼的这个说法当然不无哲学意义和道理,但之所以用四十九的直接目的恐怕还是为了能得到卦图。用四十九个数怎么来演成一卦呢?其法就是这里的"分而为二以象两……"云云。这里要经过三变,每一变要经过四营,方可构成一爻。所谓"四营"就是分二、挂一、揲四、归奇的四个步骤和过程。而所谓"三变",是变三次,即将四十九这个数反复运演三次。为什么要运演三次?这与四十九这个数本身以及四营法的方法有关,因为只有经过三次运演后,才能得到所要的 9 或 6(包括 8、7)②。这就叫"四营而成易,十有八变而成卦"。三是六十四卦的总策数问题。《易经》总共 64

---

① 参见高亨:《周易古经今注》,中华书局 1984 年版,第 145—150 页。
② 关于《易》的具体成卦法,高亨先生有详解,参见高亨:《周易古经今注》,中华书局 1984 年版,第 141—144 页。

卦,每卦 6 爻,总共是 384 爻;在这 384 爻中,阴爻与阳爻各占一半,即各为 192 爻;阳爻的每一爻是 9 揲,每一揲是 4 策,总共为 6912 策(即 192×9×4 = 6912);阴爻的每一爻是 6 揲,每一揲是 4 策,总共为 4608 策(即 192×6×4 = 4608);阳爻的策数和阴爻的策数之和为 11520 策,这就是万物之数。

　　以上就是《易经》所道的占筮法。这个方法虽然是由《易传》道出的,但只要有《易经》这部筮书,必定会有此筮法。《易经》的占筮法,从把 1—10 这十个自然数中的奇、偶数分配于天、地,到"分二以象两"等的成卦方法,再到阴、阳爻总策数的说明,无不体现和贯彻了阴阳对立互补、相反相成的思想。

　　三道:象之"几"或曰"几象"。《易经》六十四个卦图,也就是六十四个卦象。那么,卦象是个什么"象"呢? 是实象? 是形象? 都不是。实象是器,有具体形状,此乃形象。形象这种象是靠感觉经验来把握的,《易》之卦象显然不是这种象。那它是抽象吗? 也不是。抽象是概念、范畴,是一种理性符号,它是无形无状无象的,是超感性的,只能靠理性思维来把握之。《易》的卦象显然也不是一种纯抽象符号。那它究竟是什么"象"呢? 它实质上是既是实象又是抽象且既非实象又非抽象,它是"几象",是介于实象与抽象之间的缘构成象。《易传·系辞上》说:"夫易,圣人之所以极深而研几也。"圣人之作《易》,画出卦象,就是为了极深刻地把握那个"几"。什么"几"呢? 就是关于天地万物之存在的契机或契几。这个"几"怎么存在和表现呢?《系辞上》又说:"天垂象,见吉凶,圣人象之;河出图,洛出书,圣人则之。"这是说,作为天地万物之存在契几的这个"几",原是一种"象"即"几象";天地万物的"几"是在天所垂示的"象"中得以存在和显现的。天作为一自然存在,它本就有形,那么它为什么不垂示自己的这个形体之形而要垂"象"呢? 天的形体是实象,实象是个有确定性的"什么",它是没有吉凶意义的,也不能"垂"之,所以"见"(显示、显现)不出吉凶来。那么,天垂的"象"是抽象吗? 不是。抽象是理性符号,它无"垂"可言,也没有"见"吉凶的功能。天"垂"的"象"既然能"见"吉凶,那它肯定是象而非象、非象而象的"象",这就是纯象即"几象";它有实象之象而无实象之实,有抽象之象而无抽象之抽,是活转于实象与抽象之间的、随缘而生成的,所以它才可以

"见"吉凶。说了这么多,那么这个"几象"究竟是甚么? 实际上它类似于康德讲的"先验想象力"、胡塞尔讲的意识的"边缘域",其思维形式相当于拉斯克讲的"反思性范畴"、海德格尔讲的"形式显示",等等。

当然,《易传》没有也不可能像康德、胡塞尔、海德格尔等人那样,特别是像海德格尔那样从哲学深度上有理论、有方法地论述《易经》卦象的"几象"意义。但不论怎么说,《易传》把握到了《易经》卦象的"几象"性,这是个很大的进步,有很重要的形而上的本体论意义。《易经》卦象之"象"的意义到底何在呢? 我们在此援引一段康德讲纯粹悟性概念的"图型"的话:"但纯粹悟性概念与经验的直观(实与一切感性直观),全然异质,决不能在任何直观中见及之。盖无一人谓范畴(例如因果范畴)可由感官直观之,且其自身乃包含在现象中者。然则直观如何能包摄于纯粹概念下,即范畴如何能应用于现象?""此必有第三者,一方与范畴同质,一方又与现象无殊,使前者能应用于后者明矣。此中间媒介之表象,必须为纯粹的,即无一切经验的内容,同时又必须在一方为智性的,在他方为感性的。此一种表象即先验的图型。"康德说这种"先验的图型"就是"时间"。"时间为内感所有杂多之方式的条件,因而为一切表象联结之方式的条件,包有纯粹直观中所有之先天的杂多,至时间之先验的规定,以其为普遍的而依据于先天的规律,故与构成时间统一之范畴同质。但在另一方面,因时间乃包含于'杂多之一切经验的表象'中,故又与现象无殊。是以范畴之应用于现象,乃由时间之先验的规定而成为可能者,此种时间之先验的规定乃悟性概念之图型为现象包摄于范畴下之媒介。"康德还指出,"图型自身常为想象力之所产"[①],即纯粹悟性概念的"图型"是由人的"想象力"这种能力所构造的。康德所说的"图型"就是一种"几象",这是连接纯粹悟性范畴与感性直观杂多的媒介。《易经》的卦象,在哲学性质上就类似于康德讲的"图型"。它一方面消解掉了事物的"什么"性内容,但另一方面又保存有事物之在、有的存在纯形式或纯存在形式;所以,它沟通着具体与抽象、感性与理性、主与客等。《易经》以自己所特有的"象"思维世界,深刻展现了形而上的本体界。

---

① 康德:《纯粹理性批判》,蓝公武译,商务印书馆1960年版,第142—143页。

这是《易》真正不朽的哲学价值。

四道:矛盾对立和转化。《易经》的"－－"、"—"两种符号就是对立统一思想的直观表现。《易经》中的泰卦与否卦、离卦与坎卦、乾卦与坤卦等,在卦象上就是相反相成的对立统一。另外,《易经》卦、爻辞中有许多关于事物相反相成、对立统一的论述,这涉及变化发展的观念。如《易·乾》的爻辞以龙取象,从潜龙、见龙、在渊之龙、在天之龙到亢龙,说明了事物发展变化的过程。又如《易·泰》讲"小往大来",讲"无平不陂,无往不复";《易·否》则讲"大往小来",讲"先否后喜"等,这涉及事物的矛盾运动和转化。《易·履》说:"六三,眇能视,跛能履,履虎尾,咥人,凶。""九四,履虎尾,愬愬,终吉。"同样是踩住了老虎尾巴,为何有凶有吉? 就是因为前者是"眇能视,跛能履",积极主动性不够,而后者则"愬愬"之,以积极、警惕的态度来应对之,结果当然就不一样了。这涉及矛盾转化与人的能动性问题。

《系辞下》说:"古者包牺氏之王天下也,仰则观象于天,俯则观法于地,观鸟兽之文与地之宜,近取诸身,远取诸物,于是始作八卦,以通神明之德,以类万物之情。"包牺氏就是传说中的伏羲氏,据说八卦就是他画的,后来文王演之而重为六十四卦。不管八卦是不是伏羲画的,但可以肯定上古之世有人作过画八卦之类的工作。他们是怎么作的呢? 真的是突然一日心血来潮而画出了八个卦吗? 这当然不可能。古人画八卦是有一"仰则观象于天,俯则观法于地,观鸟兽之文与地之宜,近取诸身,远取诸物"的漫长观察过程的。古人通过"近取诸身,远取诸物"的一番观察后,他们究竟发现了什么呢? 就是发现了天地万物相反相成、对立统一的矛盾性,古人将这种矛盾性用"－－"、"—"这两个符号记录、标示下来,并通过这两个符号不同层次的组合搭配,如二画卦的"四象"、三画卦的"八卦"到六画卦的"六十四卦",这就形象地展现、展开了天地万物矛盾运动的过程。所以,在《易经》这部筮书中,最核心的思想就是"道阴阳",它一旦发现并道出了"阴阳"后,实际上就道出了天地万物的存在本性、本质。《易经》所道出的"阴阳",既存在、表现于现象界的事事物物中,也存在、表现在每一事物自身中;这就是事物之存在的外、内存在构架。这样,《易经》就以一种特殊的方式揭示了天地万物之存在的本性、本质。这就是它的哲学本体论的价值和意义之所在。

2.《易传》的"道"论

《易传》是解说《易经》的书,共有十篇文章,被称为"十翼"。《易传》在解说《易经》时,阐发、引申了《易经》的什么思想呢?

其一,"一阴一阳之为道"。《易经》虽然已有了"阴阳"思想,但这一思想是以"- -"、"—"这两种符号和六十四个卦图形式来表现的,故隐而未发。到了《易传》,就明确提出了"阴阳"观念。更重要的是,《易传》的"阴阳"观已摆脱了早先"相其阴阳"(《诗经·大雅·公刘》)的朴素经验直观性,将其理性化为一种哲学思想,这就是《易传》中非常重要的"一阴一阳之谓道"(《系辞上》)之说。

《系辞上》指出:"形而上者谓之道,形而下者谓之器。"器物、器具是现实存在者,它们是有形有状有象的。这里所谓的"形而下"就是有形世界,即现象界,现象界的一切是通过感觉器官来把握的。与"器"相对的是"道"。器既然是有形有状有象的实存者,那么这个"道"就是无形无状无象的超现实存在。形而上的"道"究竟是什么?《易传》说"一阴一阳之谓道"。道是一阴一阳的结合和统一,因此道的结构就是"阴、阳"性。道的"阴、阳"性结构表明,它是阴与阳的一体同在,阴阴阳阳,阳阳阴阴,阴阳互为其根而生生不息,这就叫"阴阳不测之谓神"(《系辞上》)。这样的"道"正是天地万物的存在本体。

这里顺便交代一个问题:既然"道"就是"一阴一阳",那么"道"的结构为何是"阴、阳"性的,而不是"阴—阳"性的呢? 单从"一阴一阳之谓道"来说,"道"的结构既可是"阴、阳"性的也可是"阴—阳"性的。这里之所以说《易传》的"道"是"阴、阳"性结构,是因为这个"道"是指谓天地万物而言的,并没有将人及人的世界统一进去;即使将人统一进"道"了,有如《易传·系辞下》所谓的《易》道广大而兼天、地、人三才,但实际上这时人和人的世界仍在这个"道"之外,因为当你在说天地人三才之道时,总有个说者有着、在着,即总有一个"我"在,这个"我"并未被真正统一进去,当这个"我"被真正统一进"道"后,就成了"无我之境",这时的"道"就不可说了,这才有"道"的"阴—阳"性结构。《易传》论"一阴一阳之谓道"时,显然未能达到"道"的"阴—阳"性结构，只在其"阴、阳"性上。关于本体的"有—无"性结构及本体Ⅱ即"无"本体，先秦的孔、孟和这里的《易》，都能逼近它、涉及它，但就是真正达不到它；不仅先秦儒学仅能逼近它，先秦道家老子也只是切近了它，只有庄子一定程度地把握到了它。其实，在整个中国哲学思想中，逼近本体Ⅱ的思想不少，但真正把握住它的却几乎没有。

其二，道统天地人三界。《易传》不仅定谓了"道"的"一阴一阳"性，还指出了"道"的广大悉备，即道统天地人三界。《易传·系辞下》说：

> 《易》之为书也，广大悉备。有天道焉，有人道焉，有地道焉，兼三才而两之，故六。

《易》"道"包括天、地、人在内。天道、地道、人道乃特殊领域的特殊之道，而《易》"道"却是总体的、一般的道，它能贯通三道把它们统一起来。《易传》在此明确地连通了天、地、人三界。

从外形上看，天、地、人明显有别，当然不是连通为一的。那么，《易传》所谓的"兼三才"的《易》"道"是怎么通三道的呢？《易传·说卦传》言：

> 昔者圣人之作《易》也，将以顺性命之理，是以立天之道曰阴与阳，立地之道曰柔与刚，立人之道曰仁与义。兼三才而两之，故《易》六画而成卦。分阴分阳，迭用柔刚，故《易》六位而成章。

可见，这是从"性命之理"的层面和意义上来通、统天地人三道的。天、地、人都有什么"性命之理"呢？这就是天道之"阴阳"、地道之"柔刚"、人道之"仁义"。阴阳，乃天的存在本性；柔刚，乃地的存在本性；仁义，乃人的存在本性。一方面，阴阳、柔刚、仁义之作为天、地、人各自的存在本性，其作用、功能是一样的，都是关于三界各自存在的所以然和所当然者，这就是"性命"或"性"之"命"，故在这一层面和意义上天地人三者是相通的。同时，另一方面，就同是"性命"言，天之性命是阴阳，地之性命是柔刚，人之性命是仁义，还是有别的，何以统一呢？《易传》在此进而讲到"理"，即进一层讲到了阴阳、柔刚、仁义的共同性，这就是"理"。什么"理"呢？就是相反相成、对立统一的矛盾性。就天地的存在言，纯粹的阴或纯粹的阳，纯粹的柔或纯粹的刚，都是不行的，真实的存在总是阴与阳、柔与刚的相反相成的对立统一。人或人的世界的存在虽然与天地的存在不一样，但存在的本性应是一样的，这就是仁、义并存而统一，仁是人性，义是人行，仁与义的结合、统一才是人的现实行为和现实存在。《易传》说要"顺性命之理"，这个"顺"就是按照、依从天地人的共同之"理"来存在和行为，这当然是天地人三者的一致、统一。

《易传》从天地人存在之"理"出发，将这三界统一了起来。这样，人自己的存在既要合乎天地的存在之性和行，又要合于人自己的性和行；这就是既要遵循自然的必然性，又要展现人自觉自愿的应然性、主动性。所以，《易传》有言："天行健，君子以自强不息"（《乾·象传》）；"地势坤，君子以厚德载物"（《坤·象传》）；"日新之谓盛德，生生之谓易"（《系辞上》）等。在这里，天道和人道既有自然必然性的意义和价值，又有人世应然性的意义和价值。例如，天的高远运行本身就有"健"的属性、功能，这与人世有目的有意志地进取的价值选择是一致的；地的广大承载本身就有"坤"的属性、功能，这与人世同情他人、包涵容忍的品德是一致的。《易传》的这一思维方式、方法，与西汉董仲舒"天人感应"论的思想方式颇为相似。比如，董仲舒说"天亦有喜怒之气，哀乐之心，与人相副，以类合之，天人一也。春，喜气也，故生；秋，怒气也，故杀；夏，乐气也，故养；冬，哀气也，故藏。四者，天人同有之。"（《春秋繁露·阴阳义》）又说："是故春气暖者，天之所以爱而生之；秋气清者，天之所以严而成之；夏气温者，天之所以乐而养之；冬气寒者，天之所以哀而藏之。"（《春秋繁露·阳尊阴卑》）这里把自然的运行必然性与人世的价值目的性导通了。可以说，《易传》开了汉代"天人感应"论的思想先河。

其三，宇宙系统论的框架。《易传》以"道"为最高观念体系，将天地人统而为一。那么，天地人及万物在这个统而为"一"的大系统中是如何协调、运转的呢？《易传》在此构筑了一个宇宙系统论框架。在这一宇宙总系统中，天地人各要素相协调、和谐并相互影响、作用，共同组建起宇宙存在，此乃"道"也。《易传》说：

> 昔者圣人之作《易》也，幽赞于神明而生蓍，参天两地而倚数，观变
> 于阴阳而立卦，发挥于刚柔而生爻，和顺于道德而理于义，穷理尽性以
> 至于命。（《说卦传》）

这里将神明、天地、阴阳、刚柔、道德、性命等都囊括起来，实际上就是统一为
一个总系统。这一系统是由蓍、数、卦、爻的相互协调运作来开启、运转和维
持的。这是宇宙系统在人的文化世界的存在和表现。

《易传》还说：

> 有天地然后有万物，有万物然后有男女，有男女然后有夫妇，有夫
> 妇然后有父子，有父子然后有君臣，有君臣然后有上下，有上下然后礼
> 义有所错。（《序卦传》）

这里从天地到万物、男女、夫妇、父子、君臣、上下、礼义依次地递进转出，从
自然界的存在、运行到人类社会各种礼义规范的生成以及在这种种礼仪规
范的运作中存在着的人世，是一个总体系统。这个总系统的运作，就是自然
世界和人文世界的存在与统一。这是宇宙系统在人文世界之社会结构上的
存在和表现。

《易传》又说：

> 夫大人者，与天地合其德，与日月合其明，与四时合其序，与鬼神合
> 其吉凶。先天而天弗违，后天而奉天时；天且弗违，而况于人乎，况于鬼
> 神乎。（《乾·文言》）

大人就是圣人。圣人能合天地之德，合日月之明，合四时之序，合鬼神之吉
凶，可见圣人能与天地、日月、四时、鬼神相沟通而合一，这就是一个系统。
这个系统是协调运作的，各因素生生不息而缘生构成着。系统本身大于、高

于各元素的运转功能,故把握了这个系统的圣人能"先天而天弗违,后天而奉天时",似乎真有通天地、达鬼神之能。这是宇宙系统在人文世界之社会统治上的存在和表现。

《易传》还说:

> 《易》与天地准,故能弥纶天地之道。仰以观于天文,俯以察于地理,是故知幽明之故;原始反终,故知死生之说;精气为物,游魂为变,是故知鬼神之情状。与天地相似,故不违;知周乎万物而道济天下,故不过;旁行而不流,乐天知命,故不忧;安土敦乎仁,故能爱。范围天地之化而不过,曲成万物而不遗,通乎昼夜之道而知,故神无方而易无体。(《系辞上》)

这说的是《易》系统的总功能。《易》能弥纶天地之道,能通天文地理,能明天地变化的深刻原因,能知事情的终始,能达生死之道,能晓事物的变化契机,能懂鬼神之情;它与天地并,与万物遍,故乐于天而知于命。这样,《易》就囊括了整个天地而没有遗漏,能够各方面地成就万物而没有缺失。在这个生生不息的宇宙系统中,天地位焉,万物育焉,人文成焉,自然必然与人文应然就这样和谐起来了。

《易传》的宇宙系统论思想不仅是一个合天人的哲学观念和模式,而且是一种颇有价值的科学观。例如,成书于西汉的《黄帝内经》就把人体作为一个系统来看待,且把人与自然环境视为一总体系统来疗疾治病。这应该说是《易传》的系统思想在中医学上的表现。

其四,宇宙生成论的模式。宇宙系统论还不是本体论,它属于宇宙生成论内容。《易传》在讲合天地人于一体化的宇宙系统框架时,也自发地建构了一宇宙生成模式。《易传》这样说:

> 是故《易》有太极,是生两仪,两仪生四象,四象生八卦,八卦定吉凶,吉凶生大业。(《系辞上》)

这里直接说的是《易经》的卦图构成模式。《易》的最高观念是"太极"（其图为 ☯ ）。这个太极本来就是"－－""—"的统一，所以由它生出"－－"和"—"这阴阳"两仪"，由"两仪"组合搭配而生出"⚏"、"⚎"、"⚍"、"⚌"的"太阴"、"少阴"、"少阳"、"太阳"这"四象"，然后由"四象"再与"两仪"搭配以构成"☷"、"☳"、"☵"、"☱"、"☶"、"☲"、"☴"、""的"坤"、"震"、"坎"、"兑"、"艮"、"离"、"巽"、"乾"（分别代表地、雷、水、泽、山、火、风、天）这"八卦"。这个依次相生的过程就是：太极→两仪→四象→八卦。有了八卦就可以占断以定吉凶，从而来成就人类的事业。这里看来讲的是《易经》八卦卦图的构成过程和构成模式，但实际上是关于宇宙生成的模式。《易传》说"一阴一阳之谓道"。"道"乃阴阳统一体；而"太极"本身就有"－－""—"这"两仪"，它也是阴阳统一体。所以，《易传》的"道"与"太极"是同类性质的概念。由此，太极→两仪→四象→八卦之生成的过程，也就是被理性化、模式化了的宇宙生成过程。

单就太极→两仪→四象→八卦的生成过程看，《易传》的宇宙生成模式是先验的，是一理性构造。但结合《易传》的其他论述来看，它的宇宙生成模式是经验性的先验论。就是说，《易传》并不是直接从理性上构筑这个宇宙生成模式的，它是从经验观察开始的，当从经验观察中观察、体悟到"道"后，就以这个"道"为始基和开端来审视和构造天地万物了。且看：

> 古者包牺氏之王天下也，仰则观象于天，俯则观法于地，观鸟兽之父与地之宜，近取诸身，远取诸物，于是始作八卦，以通神明之德，以类万物之情。作结绳而为罔罟，以佃以渔，盖取诸"离"。包牺氏没，神农氏作，斫木为耜，揉木为耒，耒耨之利以教天下，盖取诸"益"。日中为市，致天下之民，聚天下之货，交易而退，各得其所，盖取诸"噬嗑"。神农氏没，黄帝、尧、舜氏作，通其变，使民不倦；神而化之，使民宜之。易，穷则变，变则通，通则久。是以自天祐之，吉无不利。黄帝、尧、舜垂衣裳而天下治，盖取诸"乾"、"坤"。刳木为舟，剡木为楫，舟楫之利以济不通，致远以利天下，盖取诸"涣"。服牛乘马，引重致远以利天下，盖取诸"随"。重门击柝以待暴客，盖取诸"豫"。断木为杵，掘地为臼，臼

杵之利，万民以济，盖取诸"小过"。弦木为弧，剡木为矢，弧矢之利以威天下，盖取诸"睽"。上古穴居而野处，后世圣人易之以宫室，上栋下宇，以待风雨，盖取诸"大壮"。古之葬者，厚衣之以薪，葬之中野，不封不树，丧期无数，后世圣人易之以棺椁，盖取诸"大过"。上古结绳而治，后世圣人易之以书契，百官以治，万民以察，盖取诸"夬"。（《系辞下》）

这一段较完整地阐发了《易》的宇宙生成论模式。"太极"也好，"道"也罢，都具有本原、本体的意义和地位，它是宇宙的本根，宇宙万物都是由它生出的。那么，"太极"或"道"这个东西是如何有的呢？这段讲得清楚，说是圣人仰观俯察的结果，也就是对生产、生活实践经验的总结。圣人从生产、生活实践中观察、分析、概括、总结出了宇宙存在之"道"，再反过来以这个"道"为准则来解释宇宙的形成，就有了"道"或"太极"化生宇宙的生成论模式了。此处所谓的"益"、"噬嗑"、"乾"、"坤"、"涣"、"随"、"豫"、"小过"、"睽"、"大壮"、"大过"、"夬"，都是《易经》的卦，现在倒要以这些卦为法则来从事生产、生活了。这就把经验的东西先验化了。

《易传》在继承《易经》"阴阳"思想的同时从哲学上对其作了引申、发挥，特别是它把《易经》的"－－""—"符号提升为"道"，将由这两种符号的不同层次和数量地组合搭配以形成四象、八卦、六十四卦的过程提升为宇宙生成论模式，这些对后世都有重要的思想影响。从形而上学、本体论视角来说，《易传》以"道"为根本，将天地人统合为一，这就把荀子那里的在生产活动中来沟通天人的经验性的外在式合一，转化和提升为"道"通天地的理性化哲学式的合一了。《易传》所开拓出的这一天人合一的思想理路和模式，对秦汉以降中国哲学形而上学、本体论思想的拓展和建构有重要意义。

（二）先秦道家的本体思想

老子是先秦道家的创始人。老子后道家思想在先秦的演变，现在学界认为其路向有三：一是以庄子为代表的庄学，重在追求绝对无待的精神自由。二是以《管子》中的《心术》上下、《白心》、《内业》这四篇为代表的稷下道家，它讲"精气"和"静因之道"的反映论。三是以郭店竹简《太一生水》所表现的宇宙生成论。《庄子·天下》在评论老子思想时说，其"建之以常无有，主之以太一"。这个"太一"是什么？不甚明了。另外，《老子》第四十章有"道生一，一生二，二生三，三生万物"的宇宙生成论模式，但这一思想在汉初《淮南子·天文训》中才有"道始于虚霩，虚霩生宇宙，宇宙生气"的讲法，而先秦道家却没有再讲它。1993年在湖北荆门郭店楚墓中出土了一批竹简，其中有《太一生水》一篇，专家考证其写作年代不迟于战国中期，是先秦道家的一篇佚文，其思想代表了道家的宇宙生成论。

　　这里依探讨先秦道家形而上学、本体论思想的目标，拟对老子和庄子的"道"论思想作一分疏。

［一］老子"道"论

《汉书·艺文志》概述道家思想特征说："道家者流，盖出于史官，历记成败、存亡、祸福、古今之道，然后知秉要知本，清虚自守，卑弱以自持，此君人南面之术也。"司马谈在《论六家之要指》中说："道家无为，又曰无不为，其实易行，其辞难知。其术以虚无为本，以因循为用。无成执，无常形，故能究万物之情；不为物先，不为物后，故能为万物主。"（《史记·太史公自序》）这都说明，老子"道"的提出是与社会政治问题相关的，"道"就是对社会历史之成败、存亡、祸福等所作的理性提升，这正合乎先秦诸子乃社会政治哲学的思想特征。所以，要认识、理解、把握老子的"道"，就要从其时的社会政治问题切入。

　　1.老子的两种处世方略及"道"观念提出的思想理路

　　老子"道"范畴的提出，是中国思想史、哲学史上的重大成就，也是整个人类思想史上的重大成就。那么，老子为何要提出"道"？他提"道"的思想动机何在？老子是周朝的守藏史，对以往成败、兴衰、祸福、存亡的历史洞悉有悟；基于历史经验和对其体悟，他对社会人生有理性地洞察和提升，这不仅使他悟出了持柔、守雌的颇富阴柔辩证法精神的处世方略，也体悟和提出了"道"的观念。

现代学者研究指出,老子思想与兵家有关①,他把兵家将兵之道的军事辩证法继承、发展为处世之道的政治辩证法。先秦兵家思想以《孙子兵法》为代表。《孙子》一个最基本的作战原则和方略是"凡战者,以正合,以奇胜。"(《孙子兵法·势篇》)这里的"正"是正兵作战,就是以常规的作战原则和方式来进行战争;而"奇"则是以奇兵取胜,这是一般作战原则和方法在具体条件和环境下的活用,军事上的所谓运筹、谋略就体现在这里。战争不是儿戏,如果不遵守一般的战争原则和方式、方法,是根本进不了战争之局的。世上的各个行当都有自己的行情、行规,你要想进入该行当,要想入局,就一定要按该行的行规办,否则是根本不行的。战争亦然。它虽然残酷、激烈、阴险而与性命攸关,但它总是一种"行当",也有自身的行规、行情,决不可任意为之,儿戏事之,要按正常、一般的战争规定、要求来办,这就叫"以正合"。但作战能否取胜却不是"以正合"的问题,而是"以奇胜"的问题。"奇"就是具体战役的特殊性,在人这方面来说就是用谋,就是充分发挥人的主观能动性,以促使战争形势向有利于自己一方转化。《孙子》曰:"兵者,诡道也。"(《孙子兵法·计篇》)这就是常言说的"兵不厌诈"。所谓将兵之道,所谓运筹帷幄,实际上就是使诈和用谋,千方百计地引诱对方上当中套。这就是《孙子》所谓的"故能而示之不能,用而示之不用,近而示之远,远而示之近。利而诱之,乱而取之,实而备之,强而避之,怒而挠之,卑而骄之,佚而劳之,亲而离之,攻其无备,出其不意"(同上)之法。这看起来有些不道德,不仗义,但这恰恰是兵家的"道"所在,是取胜之法。像宋襄公那种面对强大楚军的进攻而讲仁义行道德,只能招致送命,是蠢猪式的做法②。所以,将兵之道重在"诡",是无情感的冷静的理智筹划,完全服务、服从于取胜这一目的。

---

① 见李泽厚《孙老韩合说》一文。
② 公元前638年宋国和楚国在泓水(故道在今河南柘城西北)交战,宋军在泓水北先列成阵势,而楚军尚在渡河,这时宋襄公的庶兄目夷主张"及其未既济也请击之",宋襄公不同意;楚军渡河后还没列成阵,目夷又建议进击,宋襄公还是不同意。等楚军列好阵后,宋军才出兵,结果被楚军击败了。战后宋国人责怪宋襄公,他却说:"君子不重伤,不禽二毛。古之为军也,不以阻隘也。寡人虽亡国之余,不鼓不成列。"(见《左传》僖公二十二年)

老子作为史官，在吸取成败得失的历史经验时，借鉴了兵家将兵之道的军事辩证法思想，并将其运用于处世，从而提升出一种处世之道的政治辩证法。老子这样说：

> 以正治国，以奇用兵，以无事取天下。吾何以知其然哉？以此：天下多忌讳，而民弥贫；民多利器，国家滋昏；人多伎巧，奇物滋起；法令滋彰，盗贼多有。故圣人云："我无为而民自化，我好静而民自正，我无事而民自富，我无欲而民自朴。"（《老子》第五十七章。下引《老子》只注章次）

这就是老子把将兵之道的原则和方法运用于社会生活而得出的"君子南面之术"的一套政治辩证法。所谓"以正治国"，就是治理国家要用正法。什么是国之"正"呢？老子说："治大国若烹小鲜"（第六十章）。这就是关于"以正治国"的问题。烹调小鱼虾时要注意火候，不可随便乱翻动，否则小鱼虾就会被炸焦翻烂，不会成为佳肴。治国亦然，一是法令要平正，不能太苛也不能太弛，还不能太多太繁；二是法令、政策要稳定、连续，不能朝令夕改，随己好恶；三是法令的实施要有专司，不能越俎代庖地代大匠斫，也不能不懂装懂地断以己意。这就是治国的"正"道。与治国不同，用兵的原则和方式、方法则是"奇"。治国要靠法令，而法令的实施是要配合以仁义、诚信的，故治国既有法令的实施，也有伦理道德的作为。但用兵就不是这样了，"兵者诡道也"，伦理道德原则在这里是失效的，这里所要用和能用的就是行诈用谋而出奇制胜。像宋襄公那样在作战中讲仁义道德，是自取灭亡。治国之"正"，用兵之"奇"，是两种相反的处事原则和方略。可不可和能不能把这两种处世方略结合、统一起来呢？老子的智慧就表现、体现在这里。他正要把治国的"正"和用兵的"奇"结合起来，或者说要把用兵的"奇"引进治国的"正"中，以正使用奇而以奇激活正，使得奇正相生相成而缘构发生，这就将用兵之"奇"的军事辩证法转化为治国之"正"的政治辩证法。老子的政治辩证法就是他的处世方略，这就是他所谓的"以无事取天下"，也就是老子的"无为"之道。

无为不是什么都不做,不是一味地消极等待;它还是要做的,还是有为的,不过不是人为的有目的地去为,而是顺应"道"的"自然"本性而为之,这就是"无为而无不为"也。这显然是一种颇富辩证法精神和深意的"术",是极有哲学意味的处世方略。且看老子的论说:

曲则全,枉则直,洼则盈,敝则新,少则得,多则惑。是以圣人抱一为天下式。不自见,故明;不自是,故彰;不自我,故有功;不自矜,故长。夫唯不争,故天下莫能与之争。古之所谓"曲则全"者,岂虚言哉?诚全而归之。(第二十二章)

将欲歙之,必固张之;将欲弱之,必固强之;将欲废之,必固兴之;将欲夺之,必固与之。是谓微明,柔弱胜刚强。鱼不可脱于渊,国之利器不可以示人。(第三十六章)

甚爱必大费,多藏必厚亡。知足不辱,知止不殆,可以长久。(第四十四章)

图难于其易,为大于其细。天下难事必作于易,天下大事必作于细。是以圣人终不为大,故能成其大。夫轻诺必寡信,多易必多难,是以圣人犹难之,故终无难矣。"(第六十三章)

其安易持,其未兆易谋,其脆易泮,其微易散。为之于未有,治之于未乱。合抱之木,生于毫末;九层之台,起于累土;千里之行,始于足下。为者败之,执者失之。是以圣人无为故无事,是以圣人欲不欲,不贵难得之货;学不学,复众人之所过,以辅万物之自然而不敢为。(第六十四章)

用兵有言:"吾不敢为主而为客,不敢进寸而退尺"。是谓行无行,攘无臂,扔无敌,执无兵。祸莫大于轻敌,轻敌几丧吾宝。故抗兵相加,哀者胜矣。(第六十九章)

这已足以表明了老子的处世方略,即在退中谋进、弱中求强、以小胜大、后发制人。第三十六章讲的"将欲歙之,必固张之"等颇有权术味,这明显是用手段来引诱对方上套,然后以制伏之。这与《孙子·计篇》讲的"能而示之不能"等的用兵"诡道"如出一辙，深得兵家之道的神髓。但老子却不是在将兵，而是在谋事处世。这种"以退为进"、"后法制人"、"藏而不露"、"声东击西"等的方法权术意极强，老子要以它为处世的原则和方法，以之能在纷繁复杂的社会政治纷争中稳操胜券。

有人说老子政治辩证法的核心是一个"装"字。这种说法不无道理。问题是怎么"装"？装也有个装得像不像的问题，如果装得不像，就难以达到目的，也就失去了装的意义。所以，用一个"装"字来概括、指称老子的政治辩证法这只是一种形象的说法，装的内容、精神却是相反相成、柔克刚弱胜强的辩证法。这就是老子所主张的"处柔"法。老子曰：

> 人之生也柔弱，其死也坚强；万物草木之生也柔脆，其死也枯槁。故坚强者死之徒，柔弱者生之徒。是以兵强则灭，木强则折；坚强处下，柔弱处上。（第七十六章）
>
> 天之道，其犹张弓欤？高者抑之，下者举之，有余者损之，不足者补之。天之道损有余而补不足。人之道则不然，损不足以奉有余。孰能有余以奉天下？唯有道者。是以圣人为而不恃，功成而不处，其不欲见贤。（第七十七章）
>
> 天下莫柔弱于水，而攻坚强者莫之能胜，其无以易之。弱之胜强，柔之胜刚，天下莫不知，莫能行。是以圣人云："受国之垢，是谓社稷主，受国不祥，是为天下王。"正言若反。（第七十八章）

在老子看来，"天下之至柔，驰骋天下之至坚，无有入无间"（第四十三章），最柔弱的东西才是最不易克制的，它反而能克制比它强的东西，此即柔能克刚之谓也。老子常以水为喻，认为"上善若水。水善利万物而不争，处众人之所恶，故几于道"（第八章）。"天下莫柔弱于水，而攻坚强者莫之能胜，其无以易之"（第七十八章）。他还以婴儿为喻，认为"含德之厚，比于赤子。毒虫不螫，猛兽不据，攫鸟不搏，骨弱筋柔而握固，未知牝牡之合而朘作，精之至也"（第五十五章）。老子为什么要看中"水"、"婴儿"的柔弱？有人说这是因为他看到了原来强大的奴隶主阶级的最后灭亡，而原来弱小的新兴地主阶级的终于强大。老子是史官,不否认他有此方面的历史感受和体悟。但从哲学思想上言,老子的水、婴儿之喻触及辩证法的思想精髓。辩证法的实质和核心是对立统一的矛盾问题。事物的对立面之间既对立又统一,使得对立双方各向相反方面转化。这样,弱的、小的、柔的东西终要向强的、大的、坚的一方转化,这才是有生命力的。老子政治辩证法能抓住这一点,确是颇为深刻的。

老子这种持柔守雌、以退为进、后发制人的政治辩证法,明显是一种"有为"法,即此法的运用要用智使谋,要人为地谋划。例如,当老子说"将欲歙之,必固张之……"(第三十六章)时,明显是一种人为的权术,这里如果没有人为地谋划和积极地运作,是终难奏效的。所以,老子的"守柔"、"处弱"法是一种积极的"有为"法。

有为法当然颇有用,确是老子处世方略的政治辩证法的思想精要所在。但此种方法毕竟还不是最好、最理想的方法。因为,有为就有限,就有所不为,为此就不能为彼,这种为显然是不全面的,是有缺失的,因为"有为"中所不能被为之的那个"不为"却恰恰是有为得以存在的基础。再说,有为法是一种相对法,你的为总处在被为中。你能制人同时却总能被人所制,制人与受制是同等的"为"。所以,在老子看来,仅仅将兵家的军事辩证法转化为政治辩证法以作为处世之道,尚不是最好的和最理想的处世方略。他所理想的处世方略是要超越这种"有为"法而进到"无为"法。老子之所以是哲学家而非兵家和政治家,原因也就在于他对"有为"法的处世方略作了哲学升华,进到了"无为"法。老子有言:

> 不尚贤,使民不争;不贵难得之货,使民不为盗;不见可欲,使民心不乱。是以圣人之治,虚其心,实其腹,弱其志,强其骨,常使民无知无欲,使夫智者不敢为也。为无为,则无不治。(第三章)
>
> 天地不仁,以万物为刍狗;圣人不仁,以百姓为刍狗。天地之间,其犹橐龠乎!虚而不屈,动而愈出。多言数穷,不为守中。(第五章)
>
> 五色令人目盲,五音令人耳聋,五味令人口爽,驰骋畋猎令人心发狂,难得之货令人行妨。是以圣人为腹不为目,故去彼取此。(第

十二章）

　　绝圣弃智，民利百倍；绝仁弃义，民复孝慈；绝巧弃利，盗贼无有。此三者以为文不足，故令有所属，见素抱朴，少私寡欲。（第十九章）

　　知其雄，守其雌，为天下谿。为天下谿，常德不离，复归于婴儿。知其白，守其黑，为天下式。为天下式，常德不忒，复归于无极。知其荣，守其辱，为天下谷。为天下谷，常德乃足，复归于朴。朴散则为器，圣人用之，则为官长。故大制不割。（第二十八章）

　　道常无为而无不为，侯王若能守之，万物将自化。化而欲作，吾将镇之以无名之朴。无名之朴夫亦将不欲，不欲以静，天下将自定。（第三十七章）

这是《老子》上篇的一些论说，摘引这些已足以说明问题了。老子这里所讲的就是"无为"法。为什么要"无为"？因为无为才能无不为，不为之为才是大为，这才可立于不败之地。有为总是有限制的，为此就不能为彼。无为则是无限制的，是不为而为和为而不为的，这就是绝对之为，是为"为"本身。所以，无为已超越了为的限制和界限，它是无限的和绝对的，故"几于道"，"道常无为"。有人说老子的"无为"法是消极的，代表了没落奴隶主阶级的没落和绝望。这只是人为的表面化看法。实质上，无为并不是什么都不作，它本身就是一种作为，一点也不比有为少"为"，是比有为更有积极性和主动性的"为"，是一种大为，是合"道"之为。所以，"无为"法已趋于超越了相对的绝对，已与"道"一致和相通了。

　　"有为"和"无为"是老子的两种处世方略，即老子处世之道的两种方式。老子为什么要从"有为"推进到"无为"？有为法作为一种吸收、改造兵家辩证法的政治辩证法，确是一种颇为有用的富有权术性的处世方略，是"君人南面之术"，以此术处世可达人臣之极而遨游于宦海人生，这岂不正是人们梦寐以求的处世之道吗？既如此，那么老子为什么要从"有为"法抽身出来而趋于"无为"法呢？这里就关系到老子"道"观念之提出的思想进路问题，即老子从兵家辩证法开始将其提升为政治辩证法，通过政治辩证法这一中介，最后趋进到形而上的本体之"道"。所以，老子不是兵家，也不是政治家,而是哲学家。

这样说老子"道"观念之提出的思想进路,有思想依据吗？当然是有的。根据就在于"德"与"道"的关系。《老子》即《道德经》。现在通行本《老子》以第三十八章为界,前为道经后为德经。1973 年在长沙马王堆汉墓中出土了两种帛书本《老子》,即《老子》甲、乙本,都不分章,都是从下篇德经开始的,这倒与《韩非子·解老》的顺序一致。1993 年在湖北荆门郭店楚墓中又出土了竹简《老子》,它也与通行本有别,字数仅有通行本的 2/5,且内容多是人生、政治类问题。这些情况表明,通行本《老子》是经过后人加工整理过的,它突出了"道",是以"道"来统"德"的。而通行本之外的《老子》则重视"德",是从"德"进到"道"的。

"德"是什么？人们一般将它理解为品德、道德、德性、恩德等,指的是人的心性内容和特征。例如,"德"字在《论语》中出现了 38 次,都是在心性道德的意义上使用的。但"德"字的含义演化却远为复杂。李泽厚先生说:"'德'字在甲骨文中从直从行,与'循'字近(容庚说),'示行而视之之意'(闻一多说),《庄子·大宗师》有'以德为循'。我以为,'德'正是由此'循行''遵循'的功能、规范义转而为实体性能义,最终变为心性要求义的。"[1]他又说:"周金中多见'德'字。'德'作何解,众说不一。我以为,它大概最先与献身牺牲以祭祖先的巫术有关,是巫师所具有的神奇品质,继而转化成为'各氏族的习惯法规'。所谓'习惯法规',也就是由来久远的原始巫术礼仪的系统规范。'德'是由巫的神奇魔力和循行'巫术礼仪'规范等含义,逐渐转化成君王行为、品格的含义,最终才变为个体心性道德的含义。"[2]李泽厚具体分析指出,周初以"敬德"著称,这个"敬德"实际上包括两个方面的历史事实:一是周公的"制礼作乐",这完成了由"德"向"礼"的转化,即将原始巫术祭祀中所具有的习惯法转化为"礼",以一整套的礼仪规范确定了下来;另一则是"敬"的行为,这是对巫术活动中的迷狂心理状态的分疏化、

---

[1] 李泽厚:《孙老韩合说》,该文原载《哲学研究》1985 年第 4 期,后收入《中国古代思想史论》一书。

[2] 李泽厚:《说巫史传统》,见《历史本体论 己卯五说》,三联书店 2006 年版,第 172—173 页。

确定化和理性化，即将巫术祭祀活动中原巫师所具有的神奇品质转化为君主一整套行为。根据李泽厚先生的分析研究，"德"是起源于原始时代的巫术祭祀活动的。如果说周公的"制礼作乐"完成了"德"由巫术祭祀活动的习惯法向"礼"的转化，而孔子的"仁"则进一步完成了"德"向心性道德义的转化的话，那么老子对"德"的理解和使用则在人的行为方面，即在"德"的"实体性能义"上。

"德"的"实体性能义"是什么含义呢？一句话，就是"德"的"无为"义。兵家辩证法是一种将兵之道的原则和方法，这种方法是在主客体间即两个实体间存在和表现的。将这种兵家辩证法转化为处世之道的政治辩证法后，这种主客体的实质没有变，即处世"术"这一原则和方法仍是主客体这两个实体之间的一种效用，如果没有主客体这一实体及其关系，"术"这一政治辩证法的功效就没有了。因此，老子的政治辩证法是"有为"法。如果老子的政治辩证法到此为止，那么老子就只是个政治家，不可能是哲学家；即使算是哲学家，充其量也只可是韩非那样的法哲学家。但老子并没有到此为止，他对由兵家辩证法转化而来的政治辩证法作了再提升，即将它提升为"德"。这个"德"就是个人的行为表现，其哲学性质就是实体（个人）的性能义，其内涵就是"无为"。为什么是"无为"呢？这个道理难以一言道出，还是举例申说吧。比如说，有一根木棍，作为木棍这一实体，它与别的实体一样有大小、长短、轻重等，它与别的东西处于相互关联中，是个相对存在者。现在把这根木棍拿来当度量衡，这时它就是一把尺子，它就从别的东西中独立出来，成为一个超越了相对关系的绝对者，这时它就没有了具体的长短，它原来的那个长度就由长度特殊转化为长度一般，这个长度一般就是天下一切长短的标准，它能量度世上的任何长度，但却不能量度它自己，就是因为它是个没有长度的长度一般。比如，对一尺长的一把尺子来说，如果要问"一尺"究竟是多长，这是说不出来的，只能说"就那么长"或"一尺就是一尺长"，因为现在在尺子之外再没有别的长度标准了，故也就没有别的任何东西来量度这把尺子了。这就是一把尺子这个实体之存在的性能义。明白了这个道理，再来看"德"的"实体性能义"。当用"德"来表征个人的行为性能时，这就相当于把个人从人与人的关系实体中提升了出来，这时的人就是个没有关系的关系本身,就是个关系一般;正因为他没有关系,所以才可去关系一切关系,这在哲学观念上就是"无"或"无为"。当老子讲"德"时,"德"乃"无为"。老子说"生而不有,为而不恃,长而不宰,是谓玄德"(第十章)、"上德不德,是以有德。……上德无为而无以为"(第三十八章)、"上德若谷……广德若不足,建德若偷"(第四十一章)、"含德之厚,比于赤子"(第五十五章)等时,其"德"都有"无为"的意思。《韩非子·解老》说:"凡德者,以无为集,以无欲成,以不思安,以不用固。为之欲之,则德无舍,德无舍则不全。"这正合老子的"无为"思想。

老子那个从兵家辩证法转化而来的政治辩证法是"有为"法,这是"术";当对这种"有为"法予以"德"的洗礼和净化后,就成为"无为"法。"无为"法是无法之"法"的"法"自身,这就走向了"道"。故"孔德之容,惟道是从"(第二十一章)。

将兵家的军事辩证法改造为政治辩证法,又将政治辩证法内化为人这个实体的性能——"德",再从"德"的"无为"性趋进于"道",这就是老子"道"观念之提出的思想三部曲。

2.老子"道"的三种含义

"道"是老子思想的核心范畴。"道"是什么? 我们先看老子的一些论说:

> 天下皆知美之为美,斯恶矣;皆知善之为善,斯不善矣。故有无相生,难易相成,长短相形,高下相倾,音声相和,前后相随。是以圣人处无为之事,行不言之教,万物作焉而不为始,生而不有,为而不恃,功成而弗居;夫唯弗居,是以不去。(第二章)

> 曲则全,枉则直,洼则盈,敝则新,少则得,多则惑。是以圣人抱一为天下式。(第二十二章)

> 持而盈之,不如其已。揣而锐之,不可常保。金玉满堂,莫之能守。富贵而骄,自遗其咎。功成身退,天之道。(第九章)

> 道冲,而用之或不盈。渊兮,似万物之宗。挫其锐,解其纷,和其光,同其尘。湛兮,似或存。吾不知谁之子,象帝之先。(第四章)

如果按老子"道"观念提出的社会政治前提及其思想进路,直接从存在论的意义和视角来把握老子"道"的话,可以说"道"是超越了相对性的绝对者或绝对存在。以上引的这些段落就是老子"道"观念的存在论思想进路,这里的第一段直接讲存在者的相对性。老子认为,现实世界中的一切存在者均处在相互关系中,这个相互关系也就是我们在导论中所说的一物与他物所组建的外存在构架。由于每一存在者都是处在相互关系中的,所以它们都是相对的,都有相对性。例如,世上的美是不能单独存在的,美之所以为美,之所以能存在是由于有恶存在,倘若天下压根就没有恶,美也就不是美,就不存在了。善与不善、有与无、难与易、长与短、高与下、音与声、前与后等莫不如是。正因为每个存在者都有相对的,都有相对性,所以每一存在者都没有确定不变的自性,它是能变的和要变的。比如,就美而言,它本来就是与恶相对而在的,所以它一定要变,且要向恶转变。有、无等亦然。以上的二、三段讲的就是存在者及其性质的变化、转化情形。比如,曲之所以为曲本来就是与全相对而存在的,世上根本就没有纯粹不变的曲,因此曲一定能和一定要变,且一定要和一定会转化为全。其他如枉直、洼盈、敝新等皆然。世上的事事物物都是相对的和变化的,这是事实,也是常识,老子看到这一点实属寻常,这似乎与他要讲的"道"沾不上边。其实不然,这正是老子思想的智慧所在,他正是在对这些寻常的相对性的观察、思考中悟出了"道"。为什么这么说呢? 因为,既然一切都是相对的,那么存在者之存在的标准、依据何在;人如何处世,人处世的标准、依据何在? 老子思考着这个问题。他的思想理路当是:世上的存在者只要存在着,就一定不能没有存在的标准和依据;世人只要生活在这个世上就要处世,要处世就一定不能没有标准和依据。而这个标准和依据显然不在相对性这里,但又不能离开这个相对性。这样,就必要和必须对相对性作超越和升华。怎么来超越和升华呢? 这里仅有的一途就是由存在者的外存在构架向内存在构架内化,即把一物与他物之并存的外存在构架内化、积淀进每一存在者自身中使之成为内存在构架,这个内存在构架就是每一存在者之存在的标准、依据、根据、原因。如果从内存在构架出发来审视存在者,那么每一存在者就从那种相对性中超越出来,它就从个别升华为一般,从特殊升华为普遍,从具体升华为抽象,即从多升华为一。如果把升华了的这个存在者在思想上确定下来,表示出来,这就是"道"。以上第四段所谓的"道冲"描述的就是"道"的抽象性、一般性存在。"冲"者,盅也,即酒盅,它中间是空的;"道冲"者,言"道"像酒盅而中空也,这个"空"或"无"正是"道"的一般性、普遍性、抽象性之所在。《老子》第三十九章说:"昔之得一者:天得一以清,地得一以宁,神得一以灵,谷得一以盈,万物得一以生,侯王得一以为天下贞;其致之。"第二十二章说:"圣人抱一为天下式。"这个"一"也就是"道"。"道"是"一",是普遍、抽象、绝对、一般,所以才能"为天下式"。万事万物得到了这个"一",也就得到了"道",就有本原、本体了。

《老子》第一章开宗明义地这样说:

> 道可道,非常道;名可名,非常名。无,名天地之始;有,名万物之母。故常无,欲以观其妙;常有,欲以观其徼。此两者同出而异名,同谓之玄,玄之又玄,众妙之门。

这一章不论是出自老子之手,还是后人加工而成,其哲学思维水平都是很高的,因为这里直接讲出了"有"和"无"。"无,名天地之始;有,名万物之母。"这里的天地、万物是同层次的概念,都指的是天地万物,即大千世界;始、母也是同层次的概念,开始与母体都指的是存在者的开端,即最初的东西,故它们都是本,都有本体的意义。老子在这里说"无"论"有",当然是与"道"相关的。那么,"有"、"无"究竟是"道"的甚么? 我以为,这里说的正是"道"的结构问题,即"道"是"有、无"性结构。这个"有、无"性,不正是我们所谓的本体I的结构吗? 从这里就足以说明,老子的"道"是个超越了相对的绝对者,是个"一"。这里顺便要说明的一点是:在老子这里虽然明确提出了"有"、"无"与"道"的关连、关系,但并没真正将"有"、"无"统一为"有—无"性而作为"道"的存在结构,它们作为"道"的结构实际上是"有、无"式的,就是说,这时的"有"、"无"还没能统一为一个整体而相生成或相构成,故这里的"有"、"无"只是描述"道"的抽象性等性质的,它们还不是"道"运动的源泉和动力,故"道"还不能自己启动起来而自我运动和演化。

所以，整部《老子》并不是"道"运动的逻辑体系，而是对"道"的分散描述。

以上从存在论的视角厘析了老子"道"概念之提出的思想理路。若从这一视角来看"道"的含义，它有抽象性、普遍性、一般性。但就整部《老子》来看，"道"当有三种含义。

其一，生成义。按18世纪初的德国哲学家沃尔夫给哲学做的分类，本体论和宇宙论都属形而上学。但这二者还是有区别的，宇宙论也称宇宙生成论、宇宙结构论等，它探讨的是宇宙的产生、结构等问题；本体论有宇宙本体论，有心性本体论，探讨的是宇宙或人之如此存在的原因和根据问题。在中国先秦哲学中，宇宙生成论和宇宙本体论还没有明确分开，在谈到宇宙时有时是关于其生成、构成之类的问题，有时则是关于其如此之存在的原因、依据类问题。在老子这里就是如此。当老子提升出"道"这一绝对者后，"道"就是宇宙万物的创生者。老子用一个抽象化的模式来说明宇宙的形成过程，即：

> 道生一，一生二，二生三，三生万物；万物负阴而抱阳，冲气以为和。（第四十二章）

这个模式中的"一"、"二"、"三"各指什么？老子没有明确说。对此，后人有不同的解说。有人认为这个"一"是天地未分的混沌一体的原始宇宙，有人则以为是还未分阴阳的元气。关于这个"二"，有人说是指天地，有人说是阴阳二气。关于这个"三"，有的说是天地人，有的说是阴气阳气与由阴阳二气结合而成的合气。但不论怎么理解，这里的一、二、三都是实体存在，都是宇宙生化过程的诸阶段的实存形态。这是说，我们现在这个有天有地有人的宇宙，是从混沌一体的原始宇宙分化而来的，这个原始宇宙分化出天和地，在天地中再生出包括人在内的万物。如果以气为宇宙的构成材料，那么宇宙的演化就是从阴阳未分的元气到阴阳二气，再到由阴阳二气和合而成的合气，最后由合气生成了万物。

这里最难解的是"道生一"这一句。按理说，"道"就是"一"。如老子说"圣人抱一为天下式"（第二十二章）；"天得一以清，地得一以宁，神得一以灵,谷得一以盈,万物得一以生,侯王得一以为天下贞"。(第三十九章)既然"道"就是"一",何以要言"道生一"呢?魏王弼注此章说:"万物万形,其归一也。何由致一?由于无也。由无乃一,一可谓无。已谓之一,岂得无言乎?有言有一,非二如何?有一有二,遂生乎三。从无之有,数尽乎斯,过此以往,非道之流。故万物之生,吾知其主,虽有万形,冲气一焉。"(王弼《老子注》第四十二章)王弼从其"无"本论出发,将老子的"道"解说为"无";而"无"是"致一"的,是"一"产生的根源。在王弼看来,从"无"中生出来"一",那么这个"一"是什么呢?它只是个一,即一存在而已,还说不出来是个什么,所以它就是"无"。王弼这里的"由无乃一,一可谓无"的解释,其哲学思维的理路很有点黑格尔《逻辑学》中谈"纯有"或"纯存在"的味道。王弼所谓的"已谓之一……"云云,已不是从存在论、生成论的意义上来解释老子"一生二……"的生成过程,而转到了认识论上,即当人们说解"一"时,一定要用语言概念,就是要用一个名称来指称、表现这个"一",这就有了存在一与概念一的同时存在,这就是"二";这个"二"实际上是人用以把握对象的构架、模式,非它是无法把握对象的。所以,当在这个"二"构架中来把握对象时,就是"有一有二,遂生乎三"了。王弼的解说未必合乎老子之意,但他的理解却有道理,即在思想理路上是能通的。《庄子·天地》说:"泰初有无,无有无名,一之所起,有一而未形,物得以生,谓之德。"《易纬·乾凿度》说:"一者,形之始也,清轻者上为天,浊重者下为地。"北宋司马光注"道生一"说:"道生一,自无而有。"现在综合这些理解来看,这里的"一"当有二义:一是作存在体;二是作宇宙体,即或指未分天地的混沌宇宙,或指未分阴阳的元气。与"一"的这两种含义相一致,这个"道生一"的生成论模式就有两层意义,或者说这里实际上是混而为一的两种宇宙论思想和理论,即宇宙本体论和宇宙生成论。这就是说,就"道生一,一生二,二生三,三生万物"这个生成论模式言,宇宙生化的总开端就是"道";这个"道"现在既然是在生成论意义上存在和表现着的,那就一定有个问题在"道"身上存在着,即"道"是怎么来的,它又是谁生出的?这样,这个生成论模式根本就是没有开端的;既无开端,那么这个生成论模式本身就不可能存在了。所以,在"道生一"这里,"一"来源于"道",是由"道"生出的,而"道"

则不能和不是由别的什么生出的,"道"乃本体、本原,它是自本自根,是自因性的存在体。可见,"道生一"在表层是生成论模式,而在底层却是本体论模式。从本体论意义上来说,"道"与"一"是一体同在,"道"就是"一","一"就是"道",并非在"一"之上、之外还有一个"道"在。从生成论意义上来说,的确是"道"在先,"道"是宇宙生化的总开端,由它才生出了"一",然后就展开了具体的生化过程。

老子这里讲的"道生一……"的宇宙生成问题,只是一种看待宇宙的哲学思想,是对宇宙存在的一种看法和解释。宇宙本身真的就是这样形成的吗? 当然不是。所以,老子的这个宇宙生成论模式不是科学,是猜测。但老子讲的这个宇宙生成模式,作为一种哲学思想,却有很大的意义和价值,对后世甚有影响。

其二,抽象义。前已指出,老子的"道"就是"一"。作为"一"的"道",肯定是抽象的、普遍的、一般的存在。老子说"圣人抱一为天下式"(第二十二章),说"天得一以清,地得一以宁,神得一以灵,谷得一以盈,万物得一以生,侯王得一以为天下贞"(第三十九章)。为什么圣人得到"一"就能为"天下式"? 天、地、神、谷、万物、侯王各得到"一"就能各自显示出自己的存在本性? 是因为"一"就是"道",是本体、本原。而"道"或"一"之所以能充当本体,就是因为它是抽象、一般、普遍。它是"一",才能把一切多包揽住,否则就不行了。所以,当老子从存在者的相对性出发超越了相对而得到了绝对者的"道"后,"道"作为存在者之存在的本原、本体,就有了抽象性的含义。老子指出:

> 视之不见名曰夷,听之不闻名曰希,搏之不得名曰微。此三者不可致诘,故混而为一,其上不皦,其下不昧,绳绳不可名,复归于无物。是谓无状之状,无物之象,是谓惚恍,迎之不见其首,随之不见其后。执古之道以御今之有,能知古始,是谓道纪。(第十四章)
>
> 有物混成,先天地生。寂兮寥兮,独立不改,周行而不殆,可以为天下母。吾不知其名,字之曰道,强为之名曰大。大曰逝,逝曰远,远曰反。故道大,天大,地大,人亦大。域中有四大,而人居其一焉。人法

> 地,地法天,天法道,道法自然。(第二十五章)
>
> 道冲,而用之或不盈。渊兮,似万物之宗。挫其锐,解其纷,和其光,同其尘。湛兮,似或存。吾不知谁之子,象帝之先。(第四章)

这三章是老子比较明确地论述"道"的抽象性的文字。第十四章说,"道"这个东西看它看不见,听它听不到,摸它摸不着;它是个浑然一体的存在,它的上面不显得光亮,下面也不显得暗昧,它绵绵不绝而不可名状!这里是对"道"的抽象性作的文学性描述。"道"既然是看不见、听不到、摸不着的东西,那它肯定不是现象界的实存者;不是现象界的实存者,人们用感觉器官就把握不住它,它只能存在于人的理性上。"道"存在于人的理性上,它就只是个概念、范畴,其抽象性是昭然的。

《老子》第二十五章主要揭示的也是"道"的抽象性质。一个东西是浑然一体的,它在天地出现以前就存在了,而且它是独立存在的,不与任何别的东西为伍,是永恒的和不变的,它又生生不息而永不懈怠。这样的东西是什么?当然是本体。但问题是这样的本体在哪里存在着?在尘世的某个地方吗?否!它只能存在于人的理性上,所以是抽象的。老子在第二十五章提出了"道"这一名字。名字是表示"什么"的,有形有状有象者才可命名。"道"这个"混成"者却不是什么,它只是"是"或"存在"本身,实质上是不可命名的;但既然有这个"混成"者在,就不能不去指称它,它就不能没有名字,那就只好用一个表字来称谓之,这就叫"道"。要问这个"道"是什么?是无法确切地给出"什么"的,只能勉强地说它是个"大"。然而,一说它是个"大"就有问题了:它究竟有多大?像天那么大吗?即使像天那么大,仍是个有限的、具体的大,这就把它定死了,"道"也就不存在了,所以用有限的大是指称不了"道"的。为了能用"大"来指称"道",就要让"大"一直大下去,这就叫"逝"。但一说到"逝"又有了问题:究竟"逝"到什么时候为止?逝者,离去、退去也。到底要逝到什么时候才算个头呢?其实,这个"逝"根本就不能有确定性,因为一旦被确定就是个具体的逝,这样的"逝"是不可表征无限大的,所以就让"逝"一直逝下去吧,这就是"远"。但一说到"远"也有问题:究竟"远"到哪里呢?王弼注说:"远,极也。周无所不穷极,不偏于一逝,故曰远也。"(《老子注》第二十五章)"远"是无穷极,这实际上是用来表征"逝"的,即"逝"是无尽头的。但让"远"无休止地远下去的话也有个问题,这就是"远"就会成为无休止的无限;而这样的无限就是黑格尔所说的"坏无限",它是真正表现不了"远"的。怎么办? 这就要由"远"的坏无限向真无限发展,这就是"返"。"返"到哪里算为止呢? 显然是返回到"道"自身来。老子这里的"反"通"返"。王弼注曰:"不随于所适,其体独立,故曰反也。"(同上)"道"从自身开始又返回到自身,所以"道"的存在是个圆,这表明它是个自本自根的本体。老子在这里一连用"大"、"逝"、"远"、"返"来形容"道"的存在性,都旨在说明"道"的无限性、抽象性、一般性。实际上,"道"作为"一"乃包揽天地,咸通天人,是天地万物一切存在者之存在的原因、依据。老子说"故道大,天大,地大,人亦大。域中有四大,而人居其一焉。人法地,地法天,天法道,道法自然"。这里将道、天、地、人同视为"四大",似乎这四者是并列存在而各自独立的。但其实不然,这里是在整个宇宙存在中选取了四个极具代表性的方面,以说明"道"的本体、本原性。因为,当老子说"四大"时,这四者之间显然是有关系的,即它们是依次而"法"的,人的存在以地为法,地的存在以天为法,天的存在以道为法;"道"的存在又以谁为法呢? "道"的存在以自己为法,即"道法自然",这正是"道"的本体性之所在。

第四章说的"道冲,而用之或不盈。渊兮,似万物之宗",是对"道"的描述。描述的是"道"的什么呢? 就是其"挫其锐,解其纷,和其光,同其尘"的情形,当挫掉了锐利等的属性后,这里的存在就是"一",就是抽象、一般、普遍,这就是"道"。这样的"道"是"吾不知谁之子,象帝之先"者,就是自本自根的本体。

总之,老子的"道"作为本体是有抽象性含义的。不管老子自己是如何说解的,"道"要充当本体就不能没有抽象性这一维度和属性,否则它就囊括不住天地万物的存在之多,也就失去本体的资格和意义了。至魏晋玄学,王弼主要引申、发挥的就是老子"道"的抽象性含义,并由此而确立了其"无"本论。

其三,境界义。老子的"道"还有境界性含义。这种意义上的"道"是一种意境、境域。境域不是一确定的对象,它是建构、生成的,即当场构成,这时已没有了主体与对象的分立,故它不是思想、理性面前的对象,不能做出也不需要做出"是什么"的判断,所以它不可说,起码不能用抽象性的概念来指称之,所能有的和所需要的就是体悟、体会、体验、体察等的自我感受,这就是情境反思。老子的"道"就有此义。这就是人们经常说的"得道",得"道"者与"道"同体也,但此时却不知有"道"在。老子有言:

> 孔德之容,惟道是从。道之为物,惟恍惟惚。惚兮恍兮,其中有象;恍兮惚兮,其中有物;窈兮冥兮,其中有精;其精甚真,其中有信。自古及今,其名不去,以阅众甫。吾何以知众甫之状哉?以此。(第二十一章)

"孔德",今人多解作"大德"。但大"德"是什么德呢?仍不甚明了。魏王弼注"孔德之容,惟道是从"这句说:"孔,空也。惟以空为德,然后乃能动作从道。"这是说,空"德"的样态才能顺从于"道"。《说文·彳部》:"德,升也。从彳,悳声。"清段玉裁注曰:"升当作登。《辵部》曰:'迁,登也。'此当同之……今俗谓用力徙前曰德,古语也。""德"字的古义是迁徙向前。迁徙向前就是达到目的,是为有所得也;故"德"通"得",德者,得也。空德,即无所得也。就《老子》"德"与"道"的关系言,得于道为德。空德者,表面看就是未能得道;既未能得道,还言什么"然后乃能动作从道"?但这只是表面来看。实际上,这个"空德"恰恰能得道。因为这个空"德"所得的不是"道"的"什么",只是"道"自身,所以正是它才能和才是真正的得"道"。当老子在这里说"孔德之容,惟道是从"时,已经不是在主体与对象二分的构架中来言说"道"了,而是已转到了主客一体的构架中,这时所得到的"道"就不是作为理性对象的"什么",而是什么也不是的"道"自身,这就是人与"道"的一体同在,就是意境、境界。这时的人说不出"道"是什么,也不能用任何的状、象来指谓"道",但却有"道"本身在,即有一"纯象"或"几象"在。老子在此所说的,就是对"道"这个"象"(纯象)的描述。所谓"道之为物",并不是说"道"乃物质存在,更不是说"道"是个具体物件,而是说"'道'这个东西";"道"这个东西是个什么东西呢?它实际上是"不是东西",即它这时没有个"什么"可言,只觉得它有,但到底是"什么"有或有"什么",却根本说不出来,所以是"惟恍惟惚"也。这里的"恍"、"惚"就是意境,实际上是一种"几象",是"象"而无象,无象而"象",故似乎觉得它有,但又说不出有什么;似乎觉得它无,但又明明有种"象"在。所以老子说"惚兮恍兮,其中有象;恍兮惚兮,其中有物;窈兮冥兮,其中有精;其精甚真,其中有信"。这里的"象"、"物"、"精"、"信"都是一种"象"即"纯象"、"几象"。如果将这里的"象"、"物"等解作实象、实物,离老子之旨远矣。如若把这里的"象"、"物"等理解为概念、范畴,以此来把握"道",亦是隔靴搔痒也。老子此处所言之"象"是"几象"、"纯象",是人与"道"同体的意境、境界。

境界之"道"与概念之"道"有何区别呢? 区别的关键在于有"我"还是无"我"。"道"作为理性概念,是"我"面前的一个对象,这时一定有"我"在,否则就根本无法把握这个"道"了。但恰在此时,"道"与"我"是二分的两截子,人当然未能得"道"。所谓得"道"即与"道"融为一体,这时就没有"我",同时也就不知有个"道"了,这就是境界或意境。《庄子·知北游》开篇讲知北游以求"道"的故事,说的就是如何得"道"的问题。当真正得到了"道"后,主体"我"就与"道"合而为一,这时无"道"也无"我",这就是境界。《老子》虽未像《庄子·知北游》那样讲得"道"之境界,但也有这方面的思想。比如,老子讲到:

> 古之善为士者,微妙玄通,深不可识。夫唯不可识,故强为之容:豫焉,若冬涉川;犹兮,若畏四邻;俨兮,其若客;涣兮,若冰之将释;敦兮,其若朴;旷兮,其若谷;混兮,其若浊;澹兮,其若海;飂兮,若无止。孰能浊以静之徐清,孰能安以动之徐生。保此道者不欲盈,夫唯不盈,故能蔽而新成。(第十五章)
>
> 含德之厚,比于赤子。毒虫不螫,猛兽不据,攫鸟不搏。骨弱筋柔而握固。未知牝牡之合而朘作,精之至也。终日号而不嗄,和之至也。知和曰常,知常曰明,益生曰祥,心使气曰强。物壮则老,谓之不道,不道早已。(第五十五章)
>
> 众人熙熙,如享太牢,如春登台。我独泊兮,其未兆;沌沌兮,如

> 婴儿之未孩;傈傈兮,若无所归。众人皆有余,而我独若遗,我愚人之心也哉。俗人昭昭,我独昏昏;俗人察察,我独闷闷;澹兮,其若海;飂兮,若无止。众人皆有以,而我独顽似鄙。我独异于人,而贵食母。
>
> (第二十章)

这里不是哲理分析,不是逻辑论证,而是状摹和描述,描述的是一位得"道"者的大智若愚的状态。这个得道者没有知识、智慧、精明可言,一副傻乎乎、蠢呆呆的样子,但他却能超乎寻常,游戏于世,行为合规中矩而随心所欲,自由自在,他在入世中出世,真乃高人也!

如何理解、看待老子"道"的境界性?人们有不同看法。例如,李泽厚先生指出:"拙著《中国古代思想史论》曾将《老子》一书分为三层,即社会层面上对复归原始氏族社会的幻想,政治层面上'知白守黑'、柔弱胜刚强等来自战争经验提升的战略、权术,而哲学层面上除上述'无情辩证法'外,又仍然保存了好些非常难解和神秘的章段。如'谷神不死,是谓玄牝。玄牝之门,是为天地根。绵绵若存,用之不勤';'视之不见名曰夷,听之不闻名曰希,搏之不得名曰微。……绳绳不可名,复归于无物';'惚兮恍兮,其中有象;恍兮惚兮,其中有物';'窈兮冥兮,其中有精,其精甚真,其中有信',等等等等。所有这些,闪烁出的正是神秘的巫术礼仪的原始面貌。只有这样,也才好了解这些语言和描绘。从而,被今人释为所谓'本体实在'亦即《老子》一书中最为重要的观念'道'—'无',其真实根源仍在巫术礼仪。'无',即巫也,舞也。它是在原始巫舞中出现的神明。在巫舞中,神明降临,视之不见,听之无声,却功效自呈。它模糊而实在,涵盖一切而又并无地位;似物而非物,似神而非神,可以感受而不可言说;从而,'玄之又玄,众妙之门','自古及今,其名不去,以阅众甫。吾何以知众甫之状哉?以此。'也正是从这里,领悟而概括出'无',并扩及'当其无,有车之用','当其无,有室之用'等日常生活的哲理和智慧,并与权术、战略相衔接以服务于现实生活。"①李泽

---

① 李泽厚:《说巫史传统》,见《历史本体论 己卯五说》,三联书店 2006 年版,第 184—185 页。

厚认为老子"道"的境界义这层涵义源于上古巫术祭祀活动中的"神明"观念和形象的影响,这对理解老子"道"不无助益。如此看来,老子"道"论的思维水平并不算高,仍带有原始性;就是说,老子"道"的境界性这层含义要低于其抽象性含义,甚至也低于其生成性含义。

而张祥龙先生就不这么看。他认为,老子的"'道'不是任何意义上的实体和可概念化的规律,而是那使阴阳、有无相交合的冲虚大道。老庄用'玄'、'无'、'谷'、'水'、'风'、'柔'、'弱'、'惚恍'、'大'、'远'、'反'、'环中'……尤其是'气'来揭示此道的存在化的域性。"[①]按张祥龙所见,老子的"道"已有了现代西方哲学现象学存在论所讲的"现象"性,这当然是颇为高的思维方式。

但无论怎么理解,老子"道"有境界性这一涵义是可以肯定的。

总之,老子的"道"有生成性、抽象性、境界性三义。

3.老子把握"道"的方式及"道"的意义

老子既然提出了"道"这一概念,他就要把握它;要把握"道",当然要有方式、方法。我们现在来解析老子的"道",实际上也就是在对这个"道"作着把握。《老子》第四十八章明确讲到了把握"道"的方式,即:

为学日益,为道日损,损之又损,以至于无为。无为而无不为。

这里说到两种方法:一是为学,另一是为道;前者是"益"法,后者是"损"法。益法和损法这两种方法都是把握"道"的方法呢,拟还是只有损法是把握"道"的方法? 从老子的这段文字看,只有"损法"可把握"道"。但从老子"道"的涵义及他的一些论述来看,实际上这两种方法都可把握"道"。

就老子"道"的涵义看,"道"的生成义和抽象义是一类,这就可用为学法即"益法"来把握之;"道"的境界义是另一类,的确要用"损法"来把握。因为,生成义和抽象义的"道"本来就是对象化的存在,当老子讲到此种意义的"道"时,本来就是用理性思维来把握它的。理性抽象法虽然不同于经

---

① 张祥龙:《胡塞尔、海德格尔与东方哲学》,《中国社会科学》1993 年第 6 期。

验直观法，但这也是一种为学法，也是"日益"的，因为使用概念、范畴来作抽象式的判断和推论时，这就是增加知识，就是"益"。益法就是常用的主客两分法，无论是经验的直观还是理性的推论，都是在这种构架中来运作的。这时一定有"我"在场。而境界义的"道"就不同了，这是得"道"，是"道"与"我"的融合为一，这时是无"我"；既然无"我"，实际上也就无"道"，即这时的"道"不是也不能被对象化，所以在此时那种经验直观法和理性抽象法就统统失效了，越用这些方法反而离"道"越远，倘若减少使用这些方法的话反而会离"道"更近些。老子所谓的"为道日损，损之又损，以至于无为，无为而无不为"说的就是这个道理。

《老子》第一章说："道可道，非常道。"这里明明肯定"道"是"可道"的，即并不是"道"压根就不可道说，它是可以道说的，是能被道说的；要道说，就一定要使用名言，就一定离不开抽象概念、范畴。《老子》不就是对"道"的道说吗?！这至少表明，《老子》的"道"有可道说的一面，并非一点都不可道说。但老子自己很清楚，虽然"道"可被道说之，但这却终究得不到"道"，道说一千年，一万年，"道"只是个理性、思想上的对象，这个道说着的"我"永远不能与"道"同体。所以老子说被道说的"道"不是"常道"，即"常道"不可道说，只能体悟。

可见，在老子这里原来就有两种类型的"道"，一是可道说的"道"，二是不可道说的"常道"，我们不妨称之为"可道"和"常道"。可道当然要用抽象概念来把握，把握的具体方式就是判断。比如说，"道"是天地万物存在的本原、本体，这就是对"道"的把握。在我们导论中已讲到，用抽象概念来判断式地把握对象，本来就是与对象分离的。因为抽象概念实质上是构成性概念，这种概念总是受制于一定的事物域、对象域的，它所把握的只是"是什么"的"什么"，而把握不到"是"自身。所以很显然，用这种方法来把握"道"终究是有隔的，难以真正地得"道"。

常道当然不能用这种抽象概念来把握之。老子说要用"损"法，就是要损掉人们习以为常所接受使用的、根深蒂固的抽象概念法。老子曰："致虚极，守静笃，万物并作，吾以观复。"（第十六章）"不出户，知天下；不窥牖，见天道。其出弥远，其知弥少。是以圣人不行而知，不见而明，不为而成。"

（第四十七章）"塞其兑，闭其门，终身不勤；开其兑，济其事，终身不救。"（第五十二章）"知者不言，言者不知。塞其兑，闭其门，挫其锐，解其纷，和其光，同其尘，是谓玄同。"（第五十六章）老子主张要把思想、心灵打扫得干干净净，把抽象概念彻底清除出去，这样才有可能把握到"道"。

把抽象概念清除出思想、认识，此即"日损"法。这作为一种认识原则，作为把握常道之法，说起来容易，但实际操作起来却颇为困难。因为，其一，清除抽象概念的过程就是认识的过程、思想的过程，所以这个过程本身就在使用着概念、范畴；其二，日损法的结果是"虚极"、"静笃"，是"塞其兑，闭其门，挫其锐，解其纷，和其光，同其尘"的"玄同"。那么，当一个人的思维、思想达到了如此的状态和程度后，其思维机制是怎样的？就是说，此时这个人是活的还是死的？是能思想的活人还是不能思不能想的植物人或死人？孟子说"心之官则思"。人的思想本来就要思、要想，现在把感官塞住，把抽象概念涤除干净，这样的话这个人究竟还有没有思想？他究竟是活人还是死人？死人当然不思不想，但老子的日损法绝对不是说给死人的哲学。一个活人也可以不思不想，比如医学上的植物人，他的生命还在，他的脏器器官还能运转，但却没有了记忆，也不会思想。但老子的日损法也不能这样来实施之，即把人有意识地弄成植物人或白痴。老子的这个日损法作为把握"道"的方法，肯定是给正常人说的，所以当使用此法时人一定是个正常人，人一定正常地活着，一定能思能想且一定在思想着。一个正常活着的且正常思想着的人，如何能达到挫锐、解纷、和光、同尘的"玄同"状态？这的确颇费思量。

老子自己当然没有说怎样具体做以达到这种无思无想的"玄同"状态，他只是作比喻，用朴、素、婴儿等形象来指称这一状态；在《老子》第十五章也只是对一个得道者的外表"强为之容"地做了一番描述，说这个得道者"豫焉，若冬涉川；犹兮，若畏四邻；俨兮，其若客；涣兮，若冰之将释；敦兮，其若朴；旷兮，其若谷；混兮，其若浊；澹兮，其若海；飂兮，若无止"云云。那么，这个得道者究竟是怎么做才达到如此结果和状态的呢？老子没有讲。我以为，后世道教修炼的气功，或武侠小说上说的内功心法，和佛教坐禅时的数（动词）念珠，倒可以作老子日损法的注脚。一个正常的人一定是有正常心念的,有正常心念就当然要正常地思、想。现在的关键就是要把人的这个正常心念导入正常的思、想形式中。所谓正常的思、想形式,就是说此时的心念一定是在正常地运转,即正常地思着想着,绝没有停止;但他又不能像常人那样在思、想着"什么",而是思而不思,想而不想,不思而思,不想而想的,即有正常的思想形式而消解了思想内容。气功的修炼过程就是这样。气功修炼者当然是个正常的活人,当他在运气的时候,是心念指使着气的运行,这时心念随气自然流转,这倒可思而不思,念而不念,这就是入静的境界。佛家坐禅时的数念珠亦然。当心念随着念珠有节奏地数下去时,数着数着心念就随着念珠自然地运行了,这就是数而不数,不数而数,就是心念的自然流动,这就是有正常的思、想形式而没有其思、想的内容,这时候也就到达静境了①。

　　援引道教的气功修炼和佛家坐禅时的数念珠,倒可理解老子日损法的心理机制,对日损法也可有个初步把握。但这样做只是一种心理学的方式,还不是哲学思想和理论。那么,从哲学思想和理论上如何来论述这个日损法呢? 老子自己当然没有说,在当时的时代条件下恐怕也难以明确说出。好在现代西方哲学中的一些思想家,如胡塞尔、拉斯克、海德格尔等对这种日损法有十分有益的探讨,其思想理论颇富深刻性和启发性。胡塞尔在《逻辑研究》中提出了"范畴直观"学说,认为人不仅有感觉的直观,同时还有范畴直观的能力,即人在直观对象和表达这种直观体验时有构成某种"形式"的意向能力。例如,当人在看一个三角架时,感觉直观所能直观到的只是这么个架子,它就这么个样子,至于"三角形"这个形式是无法在感觉直观中得到的;但人们的确可以在直观这个架子的时候获得"这是个三角形架子"的认识结果,这个"三角形"就是感觉直观时多出来的"形式",它就源于人的范畴直观。胡塞尔这个范畴直观的思想理论非常重要,因为这表明在人的思想、认识活动中本来就是感性直观和范畴直观一体同在的。既如此,人就可以既从认识的感性直观方面来把握对象,也可以从认识的范

①　顺便说明一下:我在这里援引道教的气功修炼和佛家的数念珠,只是为了理解老子日损法的心理机制,并不是在探讨道、佛的修炼方法,我对道、佛的修炼绝对是外行,没有资格谈及。

畴直观方面来把握对象,前者就是关于对象的内容性,即"是什么"的"什么";后者即是关于对象的形式性,即"是什么"的"是"。这为"形式的"把握对象提供了理论可能。受胡塞尔范畴直观思想的影响,拉斯克区分了"构成性范畴"与"反思性范畴",前者受制于对象的质料内容,后者则不是,它发自面对客体的主体性,它所表达的"对象"不是一现成者,而是与主体性的参与分不开的,这时的"对象"就意味着关联着主体性地站在对面。所以,反思性范畴能够表现构成性范畴所不能表现的东西,即能以构意的方式显现主体与对象浑然一体的那个不可说的境界。海德格尔受到他的师兄拉斯克这一思想的影响,发展出了"形式显示"(或"形式指引")的解释学的现象学方法,颇为成功地表达了不可说的主客浑然一体的境界。海德格尔哲学思想的原点是人的"实际生活经验",这种经验本来就是最最原始的东西,它根本未有主与客、心与物等的区别,是个最本源的混沌者、浑然者。老子日损法所要达到的境界无非如此。要把握这种"实际生活经验",用惯常所用的抽象概念显然是无能为力的,这正要用海氏的"形式显示"法。这种方法已淡化和漠视了对象的区别,只关注于范畴或表达式的纯关系含义;所谓纯关系含义,就是实际生活经验本身的关系,即它自身的被推动着的趋向或趋向着的推动,通过对这种原始体验的朝向姿态的指示以表达思想的意义。海德格尔的《存在与时间》所用的写作、表达方法就是这种"形式显示"法,比如他所谓的"现象学"、"诠释学"、"在世中"、"用得称手地"、"泄露"、"揭蔽"、"生存"、"操心"、"时间性"等,都是用以刻划"形式显示"方法的。有了海德格尔"形式显示"的哲学方法,再来认识、解读老子的日损法,是否会有些收获呢? 我以为是有的。

老子的"道"有日益法和日损法这两种把握方法,这本身就表明了"道"的两种哲学性质和类型。用日益法即抽象概念法来把握的"道"是一种抽象的"道",这种"道"就是人们常说的和常用的从大千世界中抽象出来的普遍、一般,即"一"这个本体。这是本体 I 的"道",这种"道"在本质、本性上是"有",其结构是"有、无"性的。用日损法即"反思概念"法、"形式显示"法、情境反思法等来把握的"道"是境界之"道",在这里没有主客之分,有的只是混沌、浑然的一体境界,这就是老子以及中国传统哲学所屡屡追求的超越意境。这是本体Ⅱ之"道",这种"道"在存在本性上是"无",其结构是"有—无"性的。对老子来说,所要最终把握的就是这个本体Ⅱ的"道",或者说他所谓的不可道的"常道"、他的日损法的把握"道"的方法,都切中了本体Ⅱ之"道",这是中国古代哲学中深刻的形而上的本体思想。但是,由于时代条件所限,老子以及孔子、孟子,还有庄子,都睿智地切中了本体Ⅱ即"无"本体,但却不能在哲学思想、理论上真正成就它;他们所能成就的和成就了的只是本体Ⅰ即"有"本体。

[二]庄子"道"论

老、庄同是先秦道家的代表,他们都以"道"为思想标的。然而,老、庄的思想旨趣并不完全相同。《庄子·天下》概括老子的思想特色说"以本为精,以物为粗,以有积为不足,澹然独与神明居。古之道术有在于是者,关尹、老聃闻其风而悦之。建之以常无有,主之以太一,以濡弱谦下为表,以空虚不毁万物为实。"并阐述老子的思想倾向是:"人皆取先,已独取后,曰受天下之垢;人皆取实,已独取虚,无藏也故有余;其行身也,徐而不费,无为也而笑巧;人皆求福,已独曲全,曰苟免于咎。以深为根,以约为纪,曰坚则毁矣,锐则挫矣。常宽于物,不削于人,可谓至极。"可以看出,老子思想的旨趣在以退为进、处柔守雌的政治方略方面,或者说他将"道"落实在了处世"术"上。《庄子·天下》概括庄子的思想特色说:"芴漠无形,变化无常,死与生与,天地并与,神明往矣;芒乎何之,忽乎何适,万物毕罗,莫足以归。古之道术有在于是者,庄周闻其风而悦之。"并指出庄子的思想倾向是:"独与天地精神往来而不敖倪于万物,不谴是非,以与世俗处。……上与造物者游,而下与外死生无终始者为友。其于本也,弘大而辟,深闳而肆;其于宗也,可谓稠适而上遂矣。"可见,庄子思想的旨趣在精神自由、独立上,即"独与天地精神往来而不敖倪于万物"。

关于庄子的"道"论思想,拟谈以下三点:

1.庄子的游世态度

虽然庄子思想的旨趣在于"独与天地精神往来而不敖倪于万物"(《庄子·天下》)的绝对精神自由,庄文文风奇诡,"其言洸洋自恣以适己"(《史记·老庄申韩列传》），但庄子毕竟是现实社会中的现实人，他的思想、言论毕竟与当时的社会现实相关。因此，庄学仍属先秦社会政治哲学的范围。这是认识和理解庄子"道"思想的切入点。

庄子生逢战国时代。这时由于铁制工具和牛耕的普遍使用，生产力有了较大发展。生产力的发展深刻地推动着当时社会由奴隶制向封建制转变。为适应这一社会转变，战国各国都进行了程度不同的变法活动，尤以秦国商鞅变法最为彻底。同时，与社会经济、政治的变动相适应，战国时期开始了较大规模的兼并战争。如果说春秋时期的战争①是在周天子失势的形势下各诸侯国为争夺霸主而进行的争霸战的话，那么战国时期的战争则是以开疆拓土为目的的兼并战争②。庄子③就生活在这样一个兼并战争频仍，社会动荡不安的时代。对这个尔虞我诈、争夺激烈的社会现实，庄子不无感慨。他说：

> 今世殊死者相枕也，桁杨者相推也，刑戮者相望也。（《庄子·在宥》。下引《庄子》只注篇名）

> 圣人不死，大盗不止。虽重圣人而治天下，则是重利盗跖也。为之斗斛以量之，则并与斗斛而窃之；为之权衡以称之，则并与权衡而窃之；为之符玺以信之，则并与符玺而窃之；为之仁义以矫之，则并与仁义而窃之。何以知其然邪？彼窃钩者诛，窃国者为诸侯，诸侯之门而仁义存

①　如公元前 589 年的齐晋鞌（今山东济南）之战，前 575 年的晋楚鄢陵（今河南鄢陵）之战，前 506 年的吴楚柏举（今湖北麻城）之战，前 494 年的吴越夫椒（今江苏苏州）之战，等等。

②　战国时较大的兼并战争有：公元前 354 年魏攻赵，围邯郸；前 343 年齐败魏于马陵（今山东濮县）；前 333 年秦败魏，次年魏割阴晋（今陕西华阴）与秦；前 318 年魏联合赵、韩、燕、楚"合纵"攻秦，结果为秦所败；前 312 年秦、楚大战于丹阳（今河南淅川一带），楚败；前 316 年秦灭蜀；前 315 年齐攻燕；前 301 年齐率韩、魏攻楚，败楚于垂沙（今河南泌阳一带）；前 284 年燕联合三晋、秦、楚伐齐；前 260 年秦将白起坑杀赵兵四十万于长平（今山西高平）；前 230 年秦灭韩；前 226 年秦破燕，次年魏亡；前 223 年秦攻楚，次年楚亡；前 222 年秦灭燕、赵；前 221 年秦灭齐，天下一统。

③　关于庄子的生卒年虽然学界仍有争议，但大多数人认为他生活于前 369 年（此年是周烈王七年，魏惠王二年，楚宣王元年）至前 286 年（周赧王二十九年）。公元前 286 年齐国灭掉了宋国。《庄子》中多次提到宋国和宋王，这说明庄子在世时宋国还未亡。因此，有人就把庄子的卒年定在了前 286 年。庄子死后六十五年，天下就归于秦了。

> 焉，则是非窃仁义圣知邪？故逐于大盗，揭诸侯，窃仁义并斗斛权衡符
> 玺之利者，虽有轩冕之赏弗能劝，斧钺之威弗能禁。此重利盗跖而使不
> 可禁者，是乃圣人之过也。（《胠箧》）

当时社会乃一充满血腥味的屠戮场。桁杨，唐成玄英疏曰："桁杨者，械也，
夷脚及颈，皆名桁杨。"当时被处死的人堆积如山，戴镣铐者遍地都是，真乃
"自三代以下者，匈匈焉"（《在宥》）。在当时的情势下，斗斛、权衡、符玺等
的度量衡成了统治者手中的盗窃工具；连仁义礼智这些制度规范也成了统
治者手中的统治工具。庄子慨叹道："彼窃钩者诛，窃国者为诸侯，诸侯之
门而仁义存焉。"在这样的社会中人能怎么办呢？庄子曰："方今之时，仅免
刑焉"（《人间世》）。能苟且活着就算不错了。

面对严酷的社会现实，庄子所向往的是远古社会。他说：

> 泰氏，其卧徐徐，其觉于于；一以己为马，一以己为牛；其知情信，其
> 德甚真，而未始入于非人。（《应帝王》）

> 故至德之世，其行填填，其视颠颠。当是时也，山无蹊隧，泽无舟
> 梁；万物群生，连属其乡；禽兽成群，草木遂长。是故禽兽可系羁而游，
> 鸟鹊之巢可攀援而窥。夫至德之世，同与禽兽居，族与万物并，恶乎知
> 君子小人哉！同乎无知，其德不离；同乎无欲，是谓素朴；素朴而民性得
> 矣。及至圣人，蹩躠为仁，踶跂为义，而天下始疑矣；澶漫为乐，摘僻为
> 礼，而天下始分矣。故纯朴不残，孰为牺樽！白玉不毁，孰为珪璋！道
> 德不废，安取仁义！性情不离，安用礼乐！五色不乱，孰为文采！五声
> 不乱，孰应六律！夫残朴以为器，工匠之罪也；毁道德以为仁义，圣人之
> 过也。（《马蹄》）

"至德之世"与后世"殊死相枕"、"桁杨相推"的情形完全不同，乃一幅"其
卧徐徐，其觉于于"、"其行填填，其视颠颠"的安闲自得貌。这种社会没有
各种规范制度，没有仁义礼智那些可供统治者利用的虚伪规定，一切都合乎
人的纯朴天性。

对当时社会不满也好,对远古社会向往也罢,庄子作为一个现实的人,终归要生活于当时的社会中。人究竟如何生存呢? 庄子的处世方略和态度是游世。《庄子·山木》有一则故事说:

> 庄子行于山中,见大木,枝叶盛茂,伐木者止其旁而不取也。问其故,曰:"无所可用。"庄子曰:"此木以不材得终其天年夫!"出于山,舍于故人之家。故人喜,命竖子杀雁而烹之。竖子请曰:"其一能鸣,其一不能鸣,请奚杀?"主人曰:"杀不能鸣者。"明日,弟子问于庄子曰:"昨日山中之木,以不材得终其天年;今主人之雁,以不材死;先生将何处?"庄子笑曰:"周将处乎材与不材之间。"

"处乎材与不材之间",这就是庄子著名的处世方略。这个处世方略听起来蛮不错,但实施起来却非常困难,实际上是行不通的。

究竟如何才能处于材与不材之间呢? 其方式、方法可以有二:一就是用"术"。这就回到了老子从孙子军事辩证法转化而来的政治辩证法。这是一种权谋、诈术,用于处世也颇为有效;高明的用术者甚至连国家神器都可弄到手。但庄子对用术却不感兴趣。《庄子·秋水》载:"庄子钓于濮水,楚王使大夫二人往先焉,曰:'愿以境内累矣!'庄子持竿不顾,曰:'吾闻楚有神龟,死已三千岁矣,王以巾笥而藏之庙堂之上。此龟者,宁其死为留骨而贵乎? 宁其生而曳尾于涂中乎?'二大夫曰:'宁生而曳尾涂中。'庄子曰:'往矣! 吾将曳尾于涂中。'"司马迁在《史记·老庄申韩列传》中演义了此段记载,将它作为庄子生平的重大事迹。楚王许给卿相高位,让庄子一展身手而大施政治术,他却不去! 庄子为什么对政治辩证法的"术"不感兴趣呢?《庄子·徐无鬼》曰:

> 吴王浮于江,登乎狙之山。众狙见之,恂然弃而走,逃于深蓁。有一狙焉,委蛇攫搔,见巧乎王。王射之,敏给搏捷矢。王命相者趋射之,狙执死。王顾谓其友颜不疑曰:"之狙也,伐其巧,恃其便以敖予,以至此殛也。戒之哉! 嗟乎,无以汝色骄人哉!"

戒之哉！戒之哉！这个故事确有引以为戒的价值，这就是不可自恃才高而逞强于世。因为天外有天，人外有人，强中更有强中手，你恃才以傲人，别人也就恃才以傲你；你施权术于人，别人同样可以"以其人之道还治其人之身"地施权术于你，使诈者终被诈，役人者终被役，使用权术的结果只能是搬起石头砸自己的脚。所以，用"术"来处世最终是处不了的。当然，有的用术者也能取得成功，达到目的。但在庄子看来，即使用术成功了也是碰巧，能成功一时却不能成功一世。《庄子·列御寇》说："人有见宋王者，锡车十乘，以其十乘骄稺庄子。庄子曰：'河上有家贫恃纬萧而食者，其子没于渊，得千金之珠。其父谓其子曰："取石来锻之！夫千金之珠，必在九重之渊而骊龙颔下，子能得珠者，必遭其睡也。使骊龙而寤，子尚奚微之有哉！"今宋国之深非直九重之渊也，宋王之猛非直骊龙也，子能得车者，必遭其睡也。使宋王而寤，子为齑粉矣！'"一个孩子能从凶猛的骊龙颔下取得千金宝珠，那是适逢龙睡着了；你能从统治者那里赚得便宜，是因为统治者一时打盹了，适逢你运气好罢了，并不见得你的"术"——骗术、拍马术等就能真的有效。所以，用政治辩证法的"术"来"处于材与不材之间"，庄子没有选择这条路。

处于材与不材之间的第二种方法就是作孙子，当统治者的忠实奴仆。有人会说，当奴仆不需要"处"，更不用在材与不材之间来"处"，只要顺着统治者就行了。其实不然。做奴才恰恰需要"处"，恰恰需要在材与不材之间来周旋。因为，一个奴仆如果才华毕露，就会对统治者构成威胁，统治者就会除掉你；如果庸庸碌碌无有才能，不会办事或常常把事办砸，统治者是不会要你的。所以，作孙子，当奴仆，正有个如何处于材与不材之间的问题。那么，庄子对此种处世方法感兴趣吗？且看：

> 宋人有曹商者，为宋王使秦。其往也，得车数乘；王说之，益车百乘。反于宋，见庄子曰："夫处穷闾阨巷，困窘织屦，槁项黄馘者，商之所短也；一悟万乘之主而从车百乘者，商之所长也。"庄子曰："秦王有病召医，破痈溃痤者得车一乘，舐痔者得车五乘，所治愈下，得车愈多。子岂治其痔邪，何得车之多也？子行矣！"（《列御寇》）

曹商因能迎合统治者而得以暴富,他以此来挖苦身处陋巷,面黄肌瘦,靠织草鞋维生的庄子;庄子反唇相讥,讽刺曹商是一个为求富贵而不惜牺牲自己尊严和人格的无耻之徒。《庄子·外物》说"庄周家贫,故往贷粟于监河侯",监河侯故意挖苦庄子而不肯借粟与他,庄子就用一则"涸辙之鲋"的故事对监何侯作了针锋相对的反击。可见,庄子是个有人格的人,并非只为求富贵而不惜出卖自己的人格尊严。所以,那种低三下四,没有人格,一味当哈巴狗的为人处世方式庄子是万万不用的。

　　庄子一生所追求的是个体生命的存在意义和价值,这"才是庄子思想的实质"[1]。《庄子·齐物论》曰:"一受其成形,不化以待尽。与物相刃相靡,其行进如驰,而莫之能止,不亦悲乎! 终身役役而不见其成功,茶然疲役而不知其所归,可不哀邪! 人谓之不死,奚益! 其形化,其心与之然,可不谓大哀乎? 人之生也固若是芒乎? 其我独芒,而人亦有不芒者乎?"人活一生究竟为了什么? 就是为了"与物相刃相靡"而终日忙忙碌碌地混口饭吃吗? 这不成了行尸走肉了吗,与死何别! 在庄子看来,"自三代以下者,天下何其嚣嚣也"(《骈拇》),人们为利益、仁义等所胶着而丧失了自己为人的本性。他指出:"自三代以下者,天下莫不以物易其性矣,小人则以身殉利,士则以身殉名,大夫则以身殉家,圣人则以身殉天下。故此数子者,事业不同,名声异号,其于伤性以身为殉,一也。……伯夷死名于首阳之下,盗跖死利于东陵之上,二人者所死不同,其于残生伤性均也。奚必伯夷之是而盗跖之非乎! 天下尽殉也,彼其所殉仁义也,则俗谓之君子;其所殉货财也,则俗谓之小人。其殉一也,则有君子焉,有小人焉;若其残生损性,则盗跖亦伯夷已,又恶取君子小人于其间哉!"(同上)人们或为财货,或为仁义,或死于利,或死于名,行为方式不同但实质都是一样的,即都严重残损了人的本性。故"今世俗之君子,多危身弃生以殉物,岂不悲哉!"(《让王》)

　　用术来角逐于人生的名利场,庄子不愿这样做,认为这是自掘坟墓;迎合统治者来当哈巴狗,庄子也不愿这样做,认为这是丧失了自己的人格;像儒者那样去作一名行仁蹈义的君子,庄子还是不愿这样做,认为这是残损和

―――――――――

[1]　李泽厚:《庄玄禅宗漫述》,文载李泽厚《中国古代思想史论》一书。

牺牲人的本性。那么,面对悲哀而残酷的人生现实到底怎么办呢? 庄子说:
"材与不材之间,似之而非也,故未免乎累。若夫乘道德而浮游则不然,无
誉无訾,一龙一蛇,与时俱化而无肯专为,一上一下,以和为量,浮游乎万物
之祖,物物而不物于物,则胡可得而累邪!"(《山木》)这就叫"唯至人乃能
游于世而不僻,顺人而不失己。"(《外物》)这就是"游世"。要说庄子的处
世方略的话,就是"游世"。"游世"与"处世"有何不同? 所谓"处世"主要
是一种政治辩证法的谋略权术,这种"处"总是在"材与不材之间"运作、周
旋,这仍在相对关系中,终究未能超出社会关系的束缚和制裁而难以达到绝
对。而"游世"就不同了,因为这是"乘道德而浮游"。这里的"道德"并非
后来被确定为人的心性内涵的伦理性道德,而与《老子》的"道"、"德"涵义
一致。老子的"德"是实体的性能义概念,指的是人的行为品格,其内涵是
"无为"。《庄子》内篇中有《德充符》一篇,其中讲了许多外形残缺但品德
高尚而足以征服众人的人。这里的"德"就是人这个实体的性能,即"无为"
性。无为,就超越了为的相对关系而达到了绝对,也就达于"道"。达于
"道",故一方面可以通达那种"死生、存亡、穷达、贫富、贤与不肖、毁誉、饥
渴、寒暑,是事之变,命之行也"(《德充符》)的"命"而安于它,即"知不可奈
何而安之若命,唯有德者能之"(同上),"知其不可奈何而安之若命,德之至
也"(《人间世》);另一方面可达到"与时俱化"、"以和为量"、"浮游乎万物
之祖,物物而不物于物,则胡可得而累邪"(《山木》)的自由自得之境,这就
叫"乘天地之正而御六气之辩,以游无穷者,彼且恶乎待哉! 故曰:至人无
己,神人无功,圣人无名。"(《逍遥游》)

从庄子"游世"的人生态度和处世方略可以看出,他通过对人生现实的
体认和反思,最终是要达于"道"的。

2.庄子"道"的三种涵义

庄子的"道"是什么? 李泽厚先生指出:"'道'在庄子哲学中是一个异
常复杂的概念。哲学史家们关于它有许多争论。有的解释'道'是精神,有
的却认为是物质,有人又判断它为上帝。有的说'道'是客观的,有的说
'道'是主观的。……总之它的特征似乎是无所不在而又万古长存。它先
于天地,早于万物,高于一切,包括高于鬼神、上帝、自然、文明,它是感官所

不能感知,思辨所不能认识,语言所不能表达,而又能为人们所领会所通晓。它无意志,无愿欲,无人格,无所作为,而又无所不为。"李泽厚认为,庄子"讲的'道'并不是自然本体,而是人的本体。他把人作为本体提到宇宙高度来论说。也就是说,它提出的是人的本体存在与宇宙自然存在的同一性。""就实质说,庄子哲学即美学。他要求对整体人生采取审美观照态度:不计利害、是非、功过,忘乎物我、主客、人己,从而让自我与整个宇宙合为一体。……所以,从所谓宇宙观、认识论去说明理解庄子,不如从美学上才能真正把握住庄子哲学的整体实质。"①李泽厚的看法颇有启发性。从审美感受即从境界上来认识、理解庄子的"道",的确有助于把握它的实质含义。

庄子的"道"有审美感受的境界性,这是庄子"道"的一个突出特征,也是庄子"道"与老子"道"的明显区别。但这并不是说庄子"道"就只有和只是境界性这一个涵义。有人统计说《庄子》中"道"字出现了 320 多次②。这么多的"道"字,当然都不可能有哲学意义。作为哲学意义的"道"在《庄子》的《大宗师》、《齐物论》、《秋水》、《知北游》等篇中有较明确论述。分疏一下,庄子的"道"有三种含义。

一是生成性的道。老子的"道"有生成性涵义,老子有一个"道生一……"的典型的宇宙生成论模式。相比之下,庄子没有明确的"道"生宇宙的生成模式,但他也有这方面的思想。庄子说:

> 夫昭昭生于冥冥,有伦生于无形,精神生于道,形本生于精,而万物以形相生,故九窍者胎生,八窍者卵生。其来无迹,其往无崖,无门无旁,四达之皇皇也。(《知北游》)
>
> 泰初有无,无有无名;一之所起,有一而未形。物得以生,谓之德;未形者有分,且然无间,谓之命;留动而生物,物成生理,谓之形;形体保神,各有仪则,谓之性。性修反德,德至同于初。同乃虚,虚乃大。合喙鸣;喙鸣合,与天地为合。其合缗缗,若愚若昏,是谓玄德,同于大顺。

---

① 李泽厚:《庄玄禅宗漫述》,见《中国古代思想史论》,人民出版社 1986 年版,第 184、185、189 页。
② 见崔大华:《庄学研究》,人民出版社 1992 年版,第 118 页。

（《天地》）

这是明显的宇宙生成论思想。这里的"泰初有无,无有无名"就是"道"。由这个"道"生出来"一",但这时只有"一"而还没有形。这个"一"是什么?结合《知北游》所谓的"夫昭昭生于冥冥,有伦生于无形,精神生于道,形本生于精,而万物以形相生"的话来看,这个"一"就是精气。由道生化出还没有具体形体的精气,由此就展开了天地万物的生成过程。把由道生出的"一"解说为精气,这是从形体的角度来看宇宙生成的。如果从万物化生的性质方面来看,由道先生出"德",德也是未有形的,但它又不同于道,因为这已经从道中生出来了;虽然德已从道中生出,但是在本质上道与德又是一样的,所以叫"未形者有分,且然无间"。道与德的有分有合的一体化,就是"命"。命和德是一个东西,从人和物这一方面看,这是从道来的,故叫"德";若从道方面来看,就是道把东西给予了人和物,所以叫"命",即好似给人和物一个命令。无论从精气来说还是从德、命来说,天地万物都是从"道"生化出来的。《庄子·则阳》说:"四方之内,六合之里,万物之所生,恶起?"庄子在明确思考着天地万物的起源问题。《知北游》说:"人之生,气之聚也,聚则为生,散则为死。若死生为徒,吾又何患? 故万物一也,是其所美者为神奇,其所恶者为臭腐。臭腐复化为神奇,神奇复化为臭腐,故曰通天下一气耳。"包括人在内的天地万物,都是由气生化来的;而气最终是从道生出的,所以是道化生了天地万物。

二是本根性的道。庄子思考过宇宙生成问题,但他主要思考的是宇宙存在问题。《庄子·天运》开篇说:"天其运乎? 地其处乎? 日月其争于所乎? 孰主张是? 孰纲维是? 孰居无事而推行是? 意者其有机缄而不得已邪? 意者其运转而不能自止邪? 云者为雨乎? 雨者为云乎? 孰隆施是? 孰居无事淫乐而劝是? 风起北方,一西一东,在上彷徨,孰嘘吸是? 孰居无事而披拂是? 敢问何故?"天地万物,包括人在内,不论是由什么东西生出的,也不论是怎么生出来的,它们一旦被生出后,即一旦来了后,它们就存在,就如斯地存在着。那么,天地万物为什么能存在? 为什么要如此这般地存在? 庄子要思考的正是此类问题。他在此提出了十四个关于天动、地处等方面的问题,所要寻求的就是宇宙存在究竟"何故"的"故",这就是宇宙之存在的原因、根据问题,即本体问题。

我们在说老子"道生一……"的宇宙生成论模式时曾谈到过,在谈宇宙生成问题时,实际上就逻辑地隐含着宇宙存在的本体论问题。因为一谈到宇宙的生成,必然要有一个开端;而这个开端本身的存在就不是生成论思想所能解决的问题,这必然要逼出本体论来。所以当老子说"道生一"时,这个"道"在形式上是生成的,但它在本性、本质上却一定是本体性的,否则的话"道生一"这个模式就根本不能存在和运作了。在庄子这里也一样,当他谈宇宙生成问题时,不能不也不得不牵涉宇宙本体问题。《庄子·齐物论》说:"有始也者,有未始有始也者,有未始有夫未始有始也者。有有也者,有无也者,有未始有无也者,有未始有夫未始有无也者。俄而有无矣,而未知有无之果孰有孰无也。"这里所追寻的问题,其形式是宇宙生成论的,但问题的结果和实质却是宇宙本体论的。当你说宇宙有一个"起始"时,那这个"起始"是怎么来的,使这个"起始"得以起始的又是什么? 这样,就自然形成了起始——起始的起始——起始的起始的起始——……的无穷后退,真正的起始,即开端究竟在哪里? 这是找不出来的。同样,当你说宇宙是"存在",是"有"时,这个"有"是怎么来的,使这个"有"成为有,使这个"有"得以存在的又是什么呢? 如果说是"无",就是"无"产生了"有",那么这个"无"又是谁产生的呢? 如果说这个"无"是由无的无,即无无产生的话,那这个"无无"又是怎么来的呢? 这就会有有——无——无无——无无无——……的无穷倒退,真正的"有"究竟何在? 是无法确定的。可以看出,在宇宙生成论的思想模式中,真正的开端是找不到的。因此,庄子才说"俄而有无矣,而未知有无之果孰有孰无也"。俄而者,突然间也。在庄子看来,"始"、"有"这样的东西是追不出个头的,只能说它们就一下子、突然间地来了,出现了,存在了,如此而已。在宇宙生成论这里就逻辑地隐含着宇宙本体论思想,因为否则的话宇宙生成论是根本无法成立的。所以,庄子说"有先天地生者物邪? 物物者非物。物出不得先物也,犹其有物也。犹其有物也,无已"。(《知北游》)生出天地万物者真的是物吗? 即生天地万物的那个开端者是处在生成论的系列中吗? 当然不是这样子的,因为这样的话生成论本身就不能存在了。生物的一定是超越于这个生成系列的,这就是"物物者非物"之谓,这个"物物者"就是本体、本原。

宇宙存在的本体是什么呢? 就是"道"。这个"道"既是生成宇宙的东西,同时也是宇宙赖以存在的本原、本体。庄子有言:

> 夫道,有情有信,无为无形;可传而不可受,可得而不可见;自本自根,未有天地,自古以固存;神鬼神帝,生天生地;在太极之上而不为高,在六极之下而不为深,先天地生而不为久,长于上古而不为老。(《大宗师》)

> 合彼神明至精,与彼百化,物已死生方圆,莫知其根也,扁然而万物自古以固存。六合为巨,未离其内;秋毫为小,待之成体。天下莫不沉浮,终身不顾;阴阳四时运行,各得其序。惛然若亡而存,油然不形而神,万物畜而不知。此之谓本根,可以观于天矣。(《知北游》)

> 天不得不高,地不得不广,日月不得不行,万物不得不昌,此其道与。(同上)

这三段说的就是"道"的"自本自根"性,即本原、本体性。在庄子看来,大到整个宇宙(即六合),小到秋毫,都要以"道"为其存在的根据和原因。万物变化,生生不息;四时运行,有伦有序;宇宙万物就如此这样地存在着。它们之所以要这么存在和能这么存在,正是因为有"道"作为其存在的根据。作为宇宙万物之存在依据的"道",它自身的存在当然是不需要也没有其之外的什么原因和依据的,故它是"自然"的,庄子称之为"自本自根",即"道"自己是自己存在的本和根,它的存在以自身为原因和根据。正因为"道"是"自本自根"的,故"夫道,覆载万物者也,洋洋乎大哉"(《天地》)。"夫道,于大不终,于小不遗,故万物备。"(《天道》)"道者,万物之所由也。"(《渔父》)

庄子的"道"有本原、本体义,这是肯定的。但"道"为什么能作本体呢? 就是说,"道"究竟有什么质性才使得它能有资格充当天地万物的存在本体? 我们先看看庄子所言:

　　　　道行之而成,物谓之而然。有自也而可,有自也而不可。有自也而
　　　然,有自也而不然。恶乎然? 然于然。恶乎不然? 不然于不然。恶乎
　　　可? 可于可。恶乎不可? 不可于不可。物固有所然,物固有所可。无
　　　物不然,无物不可。故为是举莛与楹,厉与西施,恢恑憰怪,道通为一。
　　　其分也,成也;其成也,毁也。凡物无成与毁,复通为一。(《齐物论》)

　　这一段话就涉及作为本体之"道"的性质问题。"道行之而成,物谓之而然"
这句是说,世上的道路是人走出来的,同理,世上的事物也是人称谓出来的;
世上并没有一条天生的道路,同样,世上也没有某一物天生就带有名称,名
称是人给物命的。那么,人怎么来命名物呢? 难道这个命名活动是纯粹随
意、主观的吗? 当然不是。物的名称虽然是人给予的,但这个命名活动是有
事物自身的存在依据的,即天下的事物本来就有可与不可、然与不然的方方
面面,这些方面是事物存在的现象,同时也就是事物之存在的本性、本质。
事事物物之所以能如此地存在、如此地表现着,正是因为它们有如此存在和
表现的本性;它们之所以有如此存在的本性,正是因为它们能这样如此地存
在和表现着。这就是庄子所谓的"有自也而可,有自也而不可。有自也而
然,有自也而不然。恶乎然? 然于然。恶乎不然? 不然于不然。恶乎可?
可于可。恶乎不可? 不可于不可。物固有所然,物固有所可。无物不然,无
物不可"这段议论的意思。庄子在此发这样的议论究竟是什么意思? 他到
底要想表达什么思想呢? 我以为,庄子在这里说的是名称之获得的可能和
依据问题;若就哲学概念、范畴言,这里说的就是抽象概念之获得的依据和
方式、方法问题。在前面的导论中我们说过,自古以来人们在从事哲学思维
活动时总要使用抽象概念,而抽象概念的获取一定是在对存在者的存在性
的概括、提取中进行的。例如,"红"这个概念就是对所有有红色存在者的
概括和提取,其他如"颜色"、"感觉对象"等莫不如此。很明显,这种抽象概
念虽然是构成性的,要受它所在的事物域的约束和限制,但它的确具有抽象
性、普遍性、一般性的质性和特征,所以它才有资格和功能将天地万物的一
切存在(分程度地)包揽住、统辖住,所以它才能充任本体。因之,庄子在此
阐发了"物固有所然,物固有所可"的一番议论后,说"故为是举莛与楹,厉

与西施,恢恑憰怪,道通为一"。这里的这个"道"就具有抽象性、概括性、普遍性、一般性等诸特性、特征。莛者,草茎也,楹者,木柱也,厉即疠,丑癞女也,西施者,大美人也,莛、楹、厉、西施这几种存在者在外形上千差万别,分别历然,但它们在"道"这里能够通而为"一";无论现象界是多么的恢、恑、憰、怪而纷繁复杂,都能被"道"统揽、统辖住。"道"究竟有甚么质性,有甚么法力能把千差万别、形形色色的事事物物一统无余呢? 就是因为"道"有抽象性、一般性、普遍性之特性。所以,这个"道"就能充当本体,就是本体。三国魏王弼在注解老子的"道"时,所费心寻找的就是"道"的一般性、普遍性、抽象性的涵义。王弼说:"夫物之所以生,功之所以成,必生乎无形,由乎无名。无形无名者,万物之宗也。不温不凉,不宫不商。听之不可得而闻,视之不可得而彰,体之不可得而知,味之不可得而尝。故其为物也则混成,为象也则无形,为音也则希声,为味也则无呈。故能为品物之宗主,苞通天地,靡使不经也。"(王弼《老子指略》)这就是对老子"道"的抽象性的解释,由此他把老子的"道"发挥成了"无"。王弼的"无"就是一抽象、一般,它无形无象无状无名,但无形才可形天下之形,无象才可象天下之象,无状才可状天下之状,无名才可名天下之名,故"无"才是本体、本原,才可"苞通天地,靡使不经也"。王弼对老子"道"的抽象性的解释,也适合于庄子的"道"。庄子"道"的"自本自根"性,就是它的一般性、抽象性。正由于此,"道"才能有资格作本体。

三是逍遥性的道。这是境界之"道",或"道"的境界性。说生成之道和抽象之道,在思维方式、认识性质上是一致的,即都是在主客两分的思维构架中把"道"作为对象来对待、把握的。这时当然没有真正得到"道"。老、庄讲"道",目的当然是要得到它,要与"道"一体同在,融合为一。《庄子·知北游》开篇讲了一个知北游求道的故事,曰:"知北游于玄水之上,登隐弅之丘而适遭无为谓焉。知谓无为谓曰:'予欲有问乎若:何思何虑则知道? 何处何服则安道? 何从何道则得道?'三问而无为谓不答也,非不答,不知答也。知不得问,反于白水之南,登狐阕之上,而睹狂屈焉。知以之言也问乎狂屈。狂屈曰:'唉! 予知之,将语若,中欲言而忘其所欲言。'知不得问,反于帝宫,见黄帝而问焉。黄帝曰:'无思无虑始知道,无处无服始安道,无

从无道始得道。'知问黄帝曰：'我与若知之，彼与彼不知也，其孰是邪？'黄
帝曰：'彼无为谓真是也，狂屈似之；我与汝终不近也。夫知者不言，言者不
知。'"为甚么无为谓不回答知的问题？为什么黄帝说正是这个无为谓才是
真正懂得"道"的人，而他自己和知终究接近不了"道"呢？这是因为那个无
为谓得"道"了，与"道"一体同在，他这时反而不知道什么是"道"；而黄帝
和知之所以终究不得"道"，是因为知问了"道"而黄帝回答了"道"，这一问
一答的过程就把"道"对象化了，使"道"远离人而去。所以，"道不可闻，闻
而非也；道不可见，见而非也；道不可言，言而非也。知形形之不形乎！道不
当名。"（《知北游》）"道"要去体，体"道"就是得"道"，所达到的就是无物
我、主客、古今、彼此等之分的"天地与我并生，而万物与我为一"（《齐物
论》）的境界。这种境界显然不是理性概念。庄子说"道"，最终要达到的就
是得"道"的境界。所以，庄子的"道"有境界义。

庄子曰：

> 吾师乎！吾师乎！齑万物而不为义，泽及万世而不为仁，长于上古
> 而不为老，覆载天地刻雕众形而不为巧。此所游已。（《大宗师》）

这是借许由之口说的得"道"。这个得"道"之方就是"游已"，即"游夫遥荡
恣睢转徙之塗"（同上），也就是"乘天地之正而御六气之辩，以游无穷者"
（《逍遥游》）。这完全是一副"无己"、"无功"、"无名"的"恶乎待哉"（同
上）的逍遥自由状。这时的"我"不知有己，不知有物，也不知有"道"，我与
"道"一体同在，这就是"出入六合，游乎九州，独往独来，是谓独有"（《在
宥》）之化境。

这种得"道"的境界已不能用抽象性概念来表达了，只可对此作形象化
描述。庄子讲了许多"真人"、"神人"、"至人"等的形象，来状摹得"道"的
境界。庄子曰：

> 古之真人，不逆寡，不雄成，不谟士。若然者，过而弗悔，当而不自
> 得也；若然者，登高不慄，入水不濡，入火不热。是知之能登假于道者也

若此。

古之真人，其寝不梦，其觉无忧，其食不甘，其息深深，真人之息以踵，众人之息以喉。屈服者，其嗌言若哇。其耆欲深者，其天机浅。

古之真人，不知说生，不知恶死；其出不訢，其入不距；翛然而往，翛然而来而已矣。不忘其所始，不求其所终；受而喜之，忘而复之，是之谓不以心捐道，不以人助天。是之谓真人。若然者，其心忘，其容寂，其颡頯；凄然似秋，煖然似春，喜怒通四时，与物有宜而莫知其极。（《大宗师》）

真人不悦生，不恶死，随造化而往，安时处顺，哀乐不入，"与物有宜而莫知其极"；他的睡、醒、食、息也与常人不同，即睡不梦，醒不忧，食不甘，息深深；之所以能息深深，是因为他是"息之以踵"的。这样的人就"登高不慄，入水不濡，入火不热"。看似人形，实际已是超人；看在世俗社会中，实际已出世。这就是即人即神，即入世即出世，达到了与"道"一体的自由境界。

庄子有时还将这种与"道"一体的"真人"描述为神仙形象，如说"肌肤若冰雪，绰约若处子；不食五谷，吸风饮露；乘云气，御飞龙，而游乎四海之外"（《逍遥游》）；"至人神矣！大泽焚而不能热，河汉沍而不能寒，疾雷破山而不能伤，飘风振海而不能惊。若然者，乘云气，骑日月，而游乎四海之外。"（《齐物论》）后世道教的神仙思想和形象，不能不说与庄子对"神仙"的这种描述有关。但庄子的思想是道家，与道教不同。庄子讲的"真人"形象也好，"神仙"形象也罢，都是一副超脱了现实世界相对性束缚的绝对自由的形象，即得"道"者。这就是《庄子·山木》说的"若夫乘道德而浮游则不然。无誉无訾，一龙一蛇，与时俱化，而无肯专为；一上一下，以和为量，浮游乎万物之祖；物物而不物于物，则胡可得而累邪！"

"乘道德而浮游"就是乘"道"以游。这种"游"虽然被庄子形象化为"乘云气，御飞龙"的活灵活现形象，但这显然不是身游，而是心游、神游。庄子曰：

且夫乘物以游心，托不得已以养中，至矣。（《人间世》）

234

堕肢体,黜聪明,离形去知,同于大通。(《大宗师》)

不知耳目之所宜,而游心于德之和。(《德充符》)

至人之用心若镜,不将不迎,应而不藏,故能胜物而不伤。(《应帝王》)

游心于淡,合气于漠,顺物自然而无容私焉。(《应帝王》)

游心于物之初。(《田子方》)

这是精神的自由驰骋,"游于物之所不得遁而皆存"(《大宗师》),"游乎天地之一气"(同上),"游乎万物之所终始"(《达生》),"浮游乎万物之祖"(《山木》);这种"游"是"物物而不物于物"的"与道游"(同上),是"独与天地精神往来而不敖倪于万物……上与造物者游"(《天下》)。这种"游"就叫"致道者忘心矣"(《让王》),这是一种安逸恬适、自由自在的得"道"境界。我们把庄子这种境界性的"道"叫作逍遥之道。

综上所述,庄子的"道"有三种涵义:生成义、抽象义、境界义。

3.庄子把握"道"的两种方式及"道"的意义

生成性的"道"和抽象性的"道"在庄子处虽然有不同的功能和意义,但这两种"道"在哲学性质和思维方式上却是一致的,即都是对象化的"道",均可用一般的认识方法来予以说解。而境界性的"道"则不然,它是我与"道"一体同在的浑一之境,这时已无"我"可言,因此也就无"道"可言,故此种"道"超言绝相,不可用通常的认识方式来把握。在庄子这里,有明确把握两类"道"的方式、方法,这就是《庄子》讲的"齐物"法和"忘"法。

《庄子》中有《齐物论》一篇,主要论"齐物"问题。所以,"齐物论"的一层基本意思是"'齐物'论"或"论'齐物'",就是论述如何使万物齐同为"一"。万物存在本来是相对的,是有差别的,这是不齐。但庄子却要使之"齐"。怎么使之"齐"呢? 这就是"道通为一",即"莛与楹,厉与西施,恢恑憰怪,道通为一"。(《齐物论》)前已讲过,这种"道"是抽象、一般意义的存在者,它能把天地万物抽象、概括而化归为"一",这就将万物弄"齐"了。可见,庄子"齐物"的目的就是为了超越相对而达于绝对者的"道",然后以"道"作为天地万物的存在依据。这层意思的"齐物论"我们前面说到过,兹不赘言。

这里要说的是关于"齐物论"的另外两种意思，这就是"齐'物论'"和"齐'物'、'论'"。"齐物论"首要的是"'齐物'论"，即关于万物齐"一"的问题。论"齐物"，这就涉及关于"物"的种种言论、观点、思想、理论，即"物论"，这些言论、思想难免有不一致处而互相诋毁之，所以也需要"齐"之，这就有了"齐'物论'"的思想。《齐物论》指出：

> 大知闲闲，小知间间；大言炎炎，小言詹詹。其寐也魂交，其觉也形开，与接为构，日以心斗。缦者，窖者，密者。小恐惴惴，大恐缦缦。其发若机栝，其司是非之谓也；其留如诅盟，其守胜之谓也；其杀若秋冬，以言其日消也；其溺之所为之，不可使复之也；其厌也如缄，以言其老洫也；近死之心，莫使复阳也。喜怒哀乐，虑叹变慹，姚佚启态；乐出虚，蒸成菌。日夜相代乎前，而莫知其所萌。已乎，已乎！旦暮得此，其所由以生乎！

一幅多么激烈、紧张的思想斗争画面啊！这是一场钩心斗角的唇枪舌战，双方各持己见而争论不休，各逞智力、各使计谋而弄得心力交瘁。可见，"物论"的思想作用和社会影响力是蛮大的，故需"齐"之。

要"齐"哪些"物论"呢？《齐物论》说：

> 道恶乎隐而有真伪？言恶乎隐而有是非？道恶乎往而不存？言恶乎存而不可？道隐于小成，言隐于荣华。故有儒墨之是非，以是其所非而非其所是。欲是其所非而非其所是，则莫若以明。

这是对"是非"的"齐"。是与非本来就是相对的，但各家各派却将之绝对化，都以为自己是对的而别人是不对的，都将自己不是的说成是，而将别人是的说成不是，这样做的结果就是越争越激烈，越辩越迷糊；本来是要在是与非之间明"是非"的，但却是越明越非而争论愈烈，是非愈大。所以，要明是非就要超越各派的是非观，"则莫若以明"；"莫若以明"者，以空明、宁静、超然的心境来观照之也。

《齐物论》还说:

> 物无非彼,物无非是。自彼则不见,自是则知之。故曰彼出于是,是亦因彼。彼是方生之说也,虽然,方生方死,方死方生;方可方不可,方不可方可。因是因非,因非因是。是以圣人不由而照之于天,亦因是也。

> 是亦彼也,彼亦是也。彼亦一是非,此亦一是非。果且有彼是乎哉?果且无彼是乎哉?彼是莫得其偶,谓之道枢。枢始得其环中,以应无穷。是亦一无穷,非亦一无穷也。故曰莫若以明。

这是对"彼是(此)"的"齐"。现象界的东西有彼有此,彼、此总是相互对待的。有对待,这表明每一方之存在的依据是在它之外的他者那里,这当然是不行的。现在就需要超越"彼"与"此"的这种对待关系。怎么超越呢?"是以圣人不由而照之于天"。又怎么来"照之于天"呢?就是"彼是莫得其偶,谓之道枢。枢始得其环中,以应无穷"。彼、是是两端,这是明显的二分,这就如同一条线段的两个端点一样。现在,将一条线段的两个端点接合起来而为一个圆环,这就消解了线段两端点之间的二分对立。"道"就是一个圆环,它能将一切差别、对立消解为"一",这就是"道"之"枢"。所以,在"道"之"枢"中就超越了"彼"、"此"而达到了"齐"。

《齐物论》又说:

> 庸讵知吾所谓知之非不知邪?庸讵知吾所谓不知之非知邪?且吾尝试问乎汝:民湿寝则腰疾偏死,鳅然乎哉?木处则惴慄恂惧,猨猴然乎哉?三者孰知正处?民食刍豢,麋鹿食荐,蝍蛆甘带,鸱鸦嗜鼠,四者孰知正味?猨猵狙以为雌,麋与鹿交,鳅与鱼游。毛嫱、西施,人之所美也,鱼见之深入,鸟见之高飞,麋鹿见之决骤。四者孰知天下之正色哉?自我观之,仁义之端,是非之涂,樊然殽乱,吾恶能知其辩!

这是对感觉之"齐"。人的感觉是不同的。人有同样的感觉器官,但并不表示就一定会有同样的感觉;更不要说不同感觉者其感觉差异之大了。庄子在这里说的"正处"、"正味"、"正色"就是各种感觉的异。拿"正处"来说,人处在(睡在)潮湿的地方会患腰腿偏瘫症,但泥鳅就不会;人处在(爬上)高树之顶会感到目眩颤栗,而猿猴就不会。庄子在这里把人的感觉拿来与泥鳅、猿猴相比,犯了后期墨家所谓的"异类不比"(见《墨子·经下》)的逻辑错误。但庄子的思想主张的对的,即感觉有相对性。不同的人对同一个对象有不同的感觉,同一个人对同一个对象在不同的条件和环境下也有不同的感觉。既然如此,若以感觉为根据来把握事物,那就难免要出现差错,有时可能是甚大的差错。所以,就需要对感觉"齐"之。怎么"齐"呢?庄子在此借王倪之口说:"至人神矣!大泽焚而不能热,河汉沍而不能寒,疾雷破山而不能伤,飘风振海而不能惊。若然者,乘云气,骑日月,而游乎四海之外,死生无变于己,而况利害之端乎!"这里以一位"至人"的形象,超越了世俗生活的羁绊,也就超越了感觉差异的束缚,因此就"齐"感觉了。但就哲学认识论来说,要超越感觉的相对性,就要从感性认识上升到理性认识,就要抽象出理性概念,这就是由多上升为"一",这就是"齐"。

《齐物论》还说:

> 既使我与若辩矣,若胜我,我不若胜,若果是也,我果非也邪?我胜若,若不吾胜,我果是也,而果非也邪?其或是也,其或非也邪?其俱是也,其俱非也邪?我与若不能相知也,则人固受黮闇,吾谁使正之?使同乎若者正之?既与若同矣,恶能正之?使同乎我者正之?既同乎我矣,恶能正之?使异乎我与若者正之?既异乎我与若矣,恶能正之?使同乎我与若者正之?既同乎我与若矣,恶能正之?然则我与若与人俱不能相知也,而待彼也邪?

这是对"辩"之"齐"。辩论中有对有错,有是有非。那么,辩论双方中究竟谁对呢?这是难以有确定标准的,真可谓公说公有理,婆说婆有理。庄子以上所论说的就是这个道理。在两个从事着辩论的人之间是难以确定孰是孰非的。现在如果叫个第三者"他"来作裁判，他就一定能判明孰是孰非吗？未必。因为这个第三者是人而不是神，他本来就生存于、生活于人世社会中，故他在作评判前已有思想倾向性了，这自然不能评判出论辩者的孰是孰非。退一步说，请来的这个第三者真的没有思想倾向性，对论辩双方的观点都不偏向，都不感兴趣，这看起来是可以做出公正评判的；但其实不然，因为当他对论辩双方的观点都不同意时，还能做出哪个对哪个错的判断吗？可见，在论辩中无论是论辩的双方还是第三者都不能真正做出是非评判的。所以，对"辩"也要"齐"之。怎么"齐"？庄子要"和之以天倪，因之以曼衍，所以穷年也。何谓和之以天倪？曰：是不是，然不然。是若果是也，则是之异乎不是也，亦无辩；然若果然也，则然之异乎不然也亦无辩。忘年忘义，振于无竟，故寓诸无竟。"这里的"和之以天倪，因之以曼衍"，已经是一种无"我"之境了，当没有这个"我"时，对象的差别也就自然消失了，还有什么辩呢？这就叫"寓诸无竟（境）"矣。但若从哲学理论上来讲，庄子在这里讲的倒合乎现象学解释学的原则和方法。这个"和之以天倪，因之以曼衍"就是到达事情自身，这时事情自身就如其所然、如其所是地那么开显着，那么显现、现象着，此时事物是着就是是，就是异于不是，事物然着就是然，就是异于不然，自自然然，明明白白，还要什么论辩？还有什么论辩？这就自然超越了世俗观念的束缚，超越了世俗论辩中是是非非之扯不断、理还乱的羁绊了。

以上就是庄子的"齐'物论'"之论。

《齐物论》不仅有"'齐物'论"和"齐'物论'"，还要"齐'物'、'论'"。物是不齐的，要使之"齐"，这是关于对象界的"齐"；论也是不齐的，要使之"齐"，这是关于思想界的"齐"。作了这两步的"齐"之后，还有对象与主体之间的关系在。就是说，在说"'齐物'论"和"齐'物论'"时一定有"我"在，是这个"我"在说着、讲着关于物的"齐"和关于论的"齐"。所以，"'齐物'论"也好，"齐'物论'"也罢，都是在主客二分的架构中运作着的，而只要有此二分架构在，不论你谈什么，不论你如何将天地万物的一切都"齐"之为"一"即"道"，但仍有"道"与"我"的二分性存在着，这就还不是真正的"齐"！庄子当然要达到一种真正的"齐"，这就是将"物"与"论"，实际上也就是将主与客、我与物、内与外、古与今、社会与自然等的一切差别都"齐"同为"一"。到了这时,所把握到的"道"就不是也不能是有"我"之境的本根之"道",而是无"我"之境的逍遥之"道"。《齐物论》讲"道枢",讲"天钧"、"两行",讲"天府"、"葆光",讲"和之以天倪,因之以曼衍",讲"天地一指也,万物一马也"等,都有境界性在,即要通过"'齐物'论"和"齐'物论'"来将"物"与"论"最终齐同为一。《齐物论》的结尾说:

> 昔者庄周梦为蝴蝶,栩栩然蝴蝶也,自喻适志与! 不知周也。俄而觉,则蘧蘧然周也。不知周之梦为蝴蝶与,蝴蝶之梦为周与? 周与蝴蝶,则必有分矣。此之谓物化。

"庄周梦蝶"的这个结尾颇有寓意。这里以一个梦境结束了《齐物论》全篇,为什么? 就是为了达到"物化"境界,即进入"化境"。在这里,主与客、我与物等的差别都消失了,我与宇宙一体同在,我"出入六合,游乎九州,独往独来",自由自在,这就是得"道"。这就是庄子"齐物论"所论出的最终结果。

《齐物论》的结果是"齐'物'、'论'",即达到"物化"而得"道"。但"齐物论"从总体上说仍在"齐物"上,这就是使万物齐同为"一",以获得本根之"道"。当然,在说这个本根之道时也有个如何才能把握住它而与之一体同在的问题,但这个问题在这里尚是隐含的。所以,"齐物"法所达到和把握的在总体哲学性质上是本根之"道"。只把握住本根之"道"当然还不是真正的得"道",还要进一步把握逍遥之"道";或者说,要最终由本根之"道"进到逍遥之"道"。

那么,如何把握逍遥之"道"呢? 这里的途径和方法就是庄子讲的"忘"。而"忘"有两种:一种是"坐忘",另一种是"道忘"。

何为"坐忘"? 这是一种得"道"或体"道"的状态,也是一种境界。对此,《庄子·大宗师》中有一具体描述:

> 南伯子葵问乎女偊也:"子之年长矣,而色若孺子,何也?"曰:"吾闻道矣。"南伯子葵曰:"道可得学邪?"曰:"恶! 恶可! 子非其人也。

　　夫卜梁倚有圣人之才而无圣人之道，我有圣人之道而无圣人之才，吾欲以教之，庶几其果为圣人乎！不然，以圣人之道告圣人之才，亦易矣。吾犹告而守之，参日而后能外天下；已外天下矣，吾又守之，七日而后能外物；已外物矣，吾又守之，九日而后能外生；已外生矣，而后能朝彻；朝彻，而后能见独；见独，而后能无古今；无古今，而后能入于不死不生。……"

这里的"守"就是得"道"之方。"守"者持守也。持守什么呢？唐成玄英疏曰："夫上士闻道，犹藉勤行，若不勤行，道无由致。是故虽蒙教诲，必须修学，慕近玄道，决成圣人。若其不然，告示甚易，为须修守，所以成难。然女偶久闻至道，内心凝寂，今欲传告，犹自守之。况在初学，无言懈怠，假令口说耳闻，盖亦何益？是以非知之难，行之难也。"可见，守"道"的过程就是"修"、"行"的过程，即身体力行地体验、体察、体悟之；其体悟过程的具体阶段就是"外天下"、"外物"、"外生"、"朝彻"、"见独"、"无古今"、"不死不生"。

　　"体道"之"体"是一种途径、方式。那么，这种"体"的结果怎么样呢？庄子用"坐忘"一语做了概述，曰：

　　　　颜回曰："回益矣。"仲尼曰："何谓也？"曰："回忘礼乐矣。"曰："可矣，犹未也。"他日复见，曰："回益矣。"曰："何谓也？"曰："回忘仁义矣。"曰："可矣，犹未也。"他日复见，曰："回益矣。"曰："何谓也？"曰"回坐忘矣。"仲尼蹴然曰："何谓坐忘？"颜回曰："堕肢体，黜聪明，离形去知，同于大通，此谓坐忘。"仲尼曰："同则无好也，化则无常也。而果其贤乎！丘也请从而后也。"（《大宗师》）

所谓"坐忘"就是"堕肢体，黜聪明，离形去知，同于大通"。这就是忘记了自己的形体，忘记了知识，无知无识，无忧无虑，无是无非，无好无坏，一切都在"自然"地运作中，显现中。这也就是体"道"。成玄英疏曰："堕，毁废也；黜，退除也。虽聪属于耳，明关于目，而聪明之用，本乎心灵。既悟一身非有，万境皆空，故能毁废四肢百体，屏黜聪明心智者也。""大通，犹大道也。道能通生万物，故谓道为大通也。外则离析于形体，一一虚假，此解堕肢体也。内则除去心识，悗然无知，此解黜聪明也。既而枯木死灰，冥同大道，如此之益，谓之坐忘也。"成玄英的疏解倒也不错，但他将"坐忘"之"忘"解释为一种"枯木死灰"的状态，未必对。因为这样的话，人的"心"就死了；若人心死去，人就不是人了，充其量只是个植物人，何来"坐忘"之境可言？何来与"道"为一而"同于大通"呢？所以，在"坐忘"时人的"心"或"我"一定是活的，它没有也不能死去，即成为"枯木死灰"。郭象对"坐忘"的解说倒是对的，即"夫坐忘者，奚所不忘哉！既忘其迹，又忘其所以迹者，内不觉其一身，外不识有天地，然后旷然与变化为体而无不通也"。这是说，所谓"坐忘"是"既忘其迹，又忘其所以迹"的一种无知无识、与天地万物旷然一体的境界。

　　这样解说"坐忘"当然不错，但话说到这里仍使人有不明之感。"坐忘"时人的"心"到底怎样运行才能做到"忘"呢？处在"忘"中时"心"的心理机制究竟是什么呢？前面我们在说老子的"日损"法时借助道教的导气法和佛教的坐禅法对此作了解读。这里还要提到此问题。人的"心"本来就是能思能想并要思要想的，如若人为地取消了"心"的思想功能，使其真的成了枯木死灰，那也就根本不会有与"道"同体的一体境界了。要使"心"活着，使它正常运转着，但又超越了是是非非的思想，这才是"坐忘"的真正目的和结果。后世道教所说的"导气"、"养气"法，多半就是导通、疏导心念的方法，即要将人的心念收摄住而不使其驰骛于外，但又不可使"心"死去，所以就要使"心"随"气"运转。《庄子》中就有此种"导气"法。如《养生主》讲"缘督以为经"，王夫之《庄子解》云："身前之中脉曰任，身后之中脉曰督。……缘督者，以清微纤妙之气，循虚而行，止于所不可行，而行自顺，以适得其中。"这就是使心念随"气"自然运转之。还有《大宗师》说的"真人之息以踵"，《刻意》说的"吹呴呼吸，吐故纳新，熊经鸟申，为寿而已矣，此导引之士，养形之人，彭祖寿考者之所好也"，都是"导气"之法。还有后世佛教讲的"坐禅"法，也是疏导心念以达到"忘"的方法。坐禅者往往要"数"（动词）和"念"（动词），即手数念珠而口念之，数着数着，念着念着，人的

"心"就进入一种数（动词）而不知数（名词，即数目）、念（动词）而不识念（名词，即心念）的自然流中，这就是"心"无知无识的"忘"态。这时的"心"是活的，所以才有"忘"的境界在。法国现代哲学家萨特说，人在从事认识活动、反思活动时有一个更为原始、基本的前反思，它才是反思这种认识行为得以存在的基础。萨特举例说，当我在数香烟时，我只知道我所数的数目，至于所数的是什么的那个"什么"却被化解掉了；事后或者我正在数着时有人问我在干什么，我会脱口而出说在"数香烟"①。萨特这里所说的在数香烟时化解掉了所数的质而只显现、呈现出"数"的活动本身，这就是一种"忘"，这时的人显然是正常的活人。庄子所谓"坐忘"的"忘"正如此。

不否认，"坐忘"法作为一种心念导引术是颇为有效的。但是，这种"坐忘"的"忘"法是有消极后果的。因为，其一，心念的导引仍是由心念来进行的，所以一个人的心理状态和情感就对此法影响甚大；其二，心念导引所追求的是让人的"心"（精神、思想）安定下来，但要"心"安静、静谧而又不能使它死去，故导引的结果往往是产生幻觉，以形成那种"乘云气，御飞龙，而游乎四海之外"（《逍遥游》）的神仙形象，这实际上并不能真正解决精神的安顿问题；其三，"坐忘"法所达到的与"道"一体的境界，在哲学性质、本质上来说是审美，而审美是与人的活动相关的，动物的本能活动没有审美可言。那么，人与动物的根本不同在哪里呢？就在于以制造和使用生产工具为本质和核心的劳动实践上。动物只有利用自己的自然肢体来与自然界相沟通这样的本能活动，人则是靠劳动活动与自然界相导统的。所以，要真正解决人的自由问题，要使人的"心"真正达到"忘"而安顿下来，最终还要回到使用工具的劳动实践中去。《庄子》就看到了或者说涉及了这一层，这就是他的"道忘"之"忘"。

何谓"道忘"？《大宗师》曰：

> 鱼相造乎水，人相造乎道。相造乎水者，穿池而养给；相造乎道者，无事而生定。故曰鱼相忘乎江湖，人相忘乎道术。

①　参见萨特：《存在与虚无》"导言"第三节，陈宣良等译，三联书店 1987 年版，第 7—15 页。

以"道术"相"忘",此乃"道忘"。这也就是在得"道"、体"道"中做到与"道"同体而处于"忘"的境界。"人相忘乎道术"是与"鱼相忘乎江湖"相类似的。《庄子·秋水》说"儵鱼出游从容,是鱼之乐也"。鱼在适合于自己生存的水中优哉游哉地生活着,它这时根本感觉不到有"水"这个生存境域。相反,"泉涸鱼相与处于陆,相呴以湿,相濡以沫,不如相忘于江湖"。(《大宗师》)这是鱼处在不适合于自己生存的陆地上时垂死挣扎的窘迫状态。鱼一旦离开了适于其生存的境域——水,就只好靠哈气来湿润,靠吐口水来濡沫了,即只能苟延残喘。水是鱼得以生存、生活的境域、形势,在这个形势中鱼倏忽出游,自由自在,无忧无虑,不知有水,即"忘"于水矣。人的生存、生活也一样,也是要有生存之境域、形势的;只有在这个形势、境域中,人才能不知、不思虑生存且自然而然地生存着,这才有所谓的"忘"境。否则,在不适于人生存的艰难环境中,人想"忘"都"忘"不了,就只能像处在陆地上的鱼那样苦苦挣扎、苟延残喘了。人的生存境域、形势就是"道"或"道术"。

"道"与"术"相联系,颇含深意。"道"不只是一种抽象性、一般性、普遍性的概念、范畴,它本来是一种"术"。什么"术"呢？是技术,也是艺术,即生产、生活的技术和艺术。这就很值得思考:人的生产、生活的技术、艺术是什么？一句话,就是制造和使用生产工具的劳动活动。人——或人的祖先猿——正是通过制造和使用生产工具的劳动活动才最终把自身从动物世界即自然界中提升了出来而真正成就了一个属于人自己的人文世界的。有了这个人文世界后,人还是通过制造和使用生产工具的劳动活动,又把自己和自然世界联系、结合起来而使自己得以生存的,即才使人的人文世界得以存在着。人,力不若牛,走不若马,要说人的自然肢体,远比不上别的动物优越。人之外的动物是靠自己的自然肢体来把自己与自然世界联系起来的,而人则不是,人是靠生产工具来将自己与自然世界联系起来的,生产工具大大地延伸了人的自然肢体,从而使人成为自然世界的主宰者。可见,人的生存、生活的真正境域、形势就是劳动活动;而造就这一境域、形势的就是制造和使用生产工具的技术和艺术的"术"。庄子所说的"人相忘乎道术"之"术",正意味着人对生产工具出神入化地使用之技术、艺术;在出神入化地使用生产工具的劳动活动中得到"道"而与"道"一体同在。

《庄子》中有不少出神入化地使用工具的寓言故事。且看：①"庖丁解牛"（《养生主》）。这是用刀的技术。一把刀被用了十九年，解了数千头牛，但刀好像是新磨的一样。这就是对刀的出神入化的使用。当刀被用到化境时，人就与对象融为一体了，这就是"物化"。②"轮扁斫轮"（《天道》）。这是用斧、凿等的技术。一个行年七十的老头在做车轮，他深知做轮时有"不徐不疾"的"数"在，他自己正是通过斧、凿等工具的出神入化地使用来表现和把握这个"数"的；也正是在表现、把握这个"数"的时候，人与轮处在了一体同在的"物化"境界。③"痀偻承蜩"（《达生》）。这是用竿子的技术。一位驼背老人用竿子黏蝉，手到取来，比囊中取物还容易。这是将竿子用到出神入化的化境的结果。这时竿随念动，人蝉一体同在矣。④"津人操舟"（同上）。这是操舟的技术，其术达到了"操舟若神"的地步，这时人舟一体，心随意动，身随心转，身、舟一体而不可分矣。⑤"丈夫蹈水"（同上）。这是用水的技术。一丈夫在流沫四十里，连鼋鼍鱼鳖都不能游的激水中蹈水，从容自如，悠然自得，其驾驭水的技术之高世所罕见，真乃出神入化矣。这时，水已不是他面前的对象，人与水已一体同在。⑥"梓庆削鐻"（同上）。这是用刀、斧等的技术。一位工匠用木削成"鐻"这种乐器，器成后人们惊叹不已，赞为鬼斧神工。刻刀在梓庆手中能被如此地使用，真乃进入化境了。⑦"东野御车"（同上）。这是驾车的技术。一辆车在东野稷的驾驭下前后进退中绳，左右旋转中规，人与车已一体同在了，其技神矣！⑧"工倕旋指"（同上）。这是使用自己手指的技术。一位工匠用自己的手指头画圆，画出的圆比用圆规画的还标准，可见他对自己手指的神妙使用，这时的人就处在了"灵台一而不桎"的境界了。⑨"大马捶钩"（《知北游》）。这是使用刀、剪等的技术。一位大司马家中的钩带制作者，年已八十，但制作的钩带却"不失毫芒"，技术之高可见一斑。在这里，这位捶钩者通过对制钩工具的出神入化地使用，心念与钩融为了一体。⑩"匠石运斤"（《徐无鬼》）。这是使用斧的技术。一位工匠，挥动斧头砍去了一个人鼻子尖上薄如蝇翼的一滴泥水点，而该人的鼻子竟毫发无损，他用斧的技术是何等的高超啊！简直到了神化之境。这十则故事都是关于使用工具的。正是在对工具出神入化地使用中，人、工具、对象一体同在。这就是得"道"，就是进入了人的生存、生活的境域、形势中。

德国现代哲学家海德格尔说过："打交道一向是顺适于用具的,而唯有在打交道之际用具才能依其天然所是显现出来。这样的打交道,例如用锤子来锤,并不把这个存在者当成摆在那里的物进行专题把握,这种使用也根本不晓得用具的结构本身。锤不仅有着对锤子的用具特性的知,而且它还以最恰当的方式占有着这一用具。在这种使用着打交道中,操劳使自己从属于那个对当下的用具起组建作用的'为了作'。对锤子这物越少瞪目凝视,用它用的越起劲,对它的关系也就变得越源始,它也就越发昭然若揭地作为它所是的东西来照面,作为用具来照面。锤本身揭示了锤子特有的'称手',我们称用具的这种存在方式为上手状态。"① 海氏这里讲的是人"在世中"与世界一体化的存在方式。撇开海氏存在主义的语言和观念,这里关于使用锤子的思想对我们理解庄子的以使用工具的劳动活动为核心和实质的"道忘"思想有良多启示。人正是在对生产工具——例如锤子——的使用中,在自然而然地劳作中来处"世"的,来达到与世界一体同在的,这就是人的存在,人的生存,人的生活,是人这个"Dasein"的"Da"。庄子没有海氏存在论的思想和哲学语言,但他却悟到了"道忘"之"忘"。这种"忘"与那种刻意疏导心念的"坐忘"之"忘"有别,它是人在使用生产工具的劳动活动中自然而然地达到和取得的,这正是"百姓日用而不知"的实践活动的结果,具有非常深刻的社会历史价值。

这里要指出的是,庄子的"道忘"虽然有极深刻的思想意义和价值,但作为一种哲学思想和理论言,仍是缺乏思想性和理论性的。就是说,庄子这里的与"道"一体的无"我"境界,虽然从认识原则上言是不可说的,即只能体悟不可言传。但是,这毕竟是一种哲学思想,是一种哲学理论,所以还要说,要讲,即对不可说要说,或曰要说不可说。但怎么说,能说到怎样的程度,这在庄子这里就显得薄弱得很。尽管庄子有《齐物论》等篇章,对"道"与得"道"有诸多论说,比老子的论说得了很多;但还没有一种说不可说的理论和相应的话语体系。在这方面,西方现代大哲如胡塞尔、拉斯

① 海德格尔:《存在与时间》(修订译本),三联书店 2006 年版,第 81 页。

克、海德格尔等人的思想、理论倒是深刻的和颇富启示的。胡塞尔的范畴直观的思想和方法，拉斯克的反思性范畴的思想和方法，特别是海德格尔的"实际生活经验"的哲学原则和"形式显示"的现象学诠释学的方法，是在用一种"形式"的语言来理论性地表达人与对象（天地万物）一体同在的意境，这对理解、解读庄子的"齐物"、"道忘"等思想很有意义。关于海氏"形式显示"的思想和方法，在前面导言及论述老子思想的部分有述，兹不再言。

庄子把握"道"的两种方法，本来就对应着两种类型的"道"，即本根之"道"和逍遥之"道"。庄子的这两种"道"都是本体，当然是不同性质和结构的本体。庄子的本根之"道"乃本体 I 即"有"本体，其结构是"有、无"性的；而逍遥之"道"乃本体 II 即"无"本体，其结构是"有—无"性的。那么，这两种"道"在庄子这里是个什么关系呢？庄子将它们统一在一个系统的思想体系中了吗？尚未。按理说，本根之"道"是要被统进逍遥之"道"的，要从逍遥之"道"中转出本根之"道"来，这样方能达到真正的形而上的哲学本体论。但庄子没有完成这样的哲学本体论的思想理论。不仅是庄子，老子、孔子、孟子等先秦时期的思想家都未能完成真正的哲学本体论的建构；也不仅是先秦时期的老、庄、孔、孟诸家，就是整个中国古代的思想家、哲学家也终未能完成真正的"无"本体的建构任务。这是时代使然，不必多言矣。

三、先秦儒道在本体论问题上
的成就及所留下的问题

以上我们分疏了先秦儒家孔子、孟子、荀子、《易传》及先秦道家老子、庄子形而上的本体论思想。现在从总体上总结一下先秦儒、道在形而上学、本体论方面的思想贡献及所留下的问题，以便进一步探讨这方面的问题。

第一，先秦哲学在思想性质和理论形式上是社会政治哲学。当时的儒、道、墨、法、名、阴阳、纵横诸家都受其时特殊的社会政治现实的牵动和影响，其思想关注点和倾向都在社会政治问题上；诸子思想中的哲学问题的提出、引发和论述，都是从社会政治方面切入的。先秦没有像古希腊早期那样的自然哲学家，虽然也表现出一些自然哲学方面的思想和问题，比如《庄子·天运》开篇提出的"天其运乎？地其处乎?"等自然界的运行问题，但这不是先秦哲学的主要问题，不是当时的思想主流。当时的思想主流是社会政治问题，社会的有序化和相关政治体制的恢复及建构才是当时诸子思想的兴趣和兴奋点所在。如果偏离开先秦哲学的这一总体思想性质和理论形式来看待某一学派及某一学派中的某一家、某一人甚至某一人的某种哲学观点、思想，可能就会只见树木而不见森林，就难以较准确、全面地认识和把握某一哲学思想。

先秦儒、道哲学思想的社会政治色调是明显的。儒家孔子之所以要拈出"仁"这一人的存在本质，并不是因为孔子以一个哲学家的身份和哲学的致思方向和目的、目标所致，而是社会政治问题所促使、牵引、带动、逼近的结果。孔子的直接目的和目标是复"周礼"，以之使天下有道，使社会能有序地运作。孔子要恢复周公制定的那套礼制，就必定要牵涉到人的心性问题，即人有没有接受人为制定的礼制的内在基础和可能，如若没有这个可能性，礼制就根本不能存在，何谈恢复；再说，要恢复礼制，最终要依赖于人自己的自觉自愿性，如果人为地强制复礼，那终究是恢复不了的。所以，正是基于和出于恢复"周礼"的社会政治的目的和思想动机，才逼近、逼出和成就了孔子的"仁"学思想。孟子"心"学思想的提出亦然。孟子讲"善心"，讲仁义礼智的"善性"，其直接目的是为了推行他的"仁政"这一社会政治主张，即为了为他的王道政治主张寻找人性根据。荀子讲"天人相分"，讲"制天命而用之"，目的并不是为了研究自然界的运行规律而成就一自然哲学，而是为了人类社会的存在和人的生存，是为了阐发他的"明分使群"、"隆礼"、"重法"的社会政治思想。还有《易传》，它讲"形而上者谓之道"，讲"一阳一阳之谓道"，讲"天道"、"地道"、"人道"的统一，已搭建起了"天人合一"的哲学框架。但《易传》的目的和目标仍在天下"殊途同归"的社会政治问题上，故它说"天尊地卑，乾坤定矣。卑高以陈，贵贱位矣"。说"夫易，圣人所以崇德而广业也,知崇礼卑。崇效天,卑法地,天地设位而易行乎其中矣。成性存存,道义之门"。说"是故法象莫大乎天地,变通莫大乎四时,悬象著明莫大乎日月,崇高莫大乎富贵,备物致用,立成器以为天下利,莫大乎圣人……"(《易传·系辞上》)等。所以,先秦儒家哲学的思想倾向在社会政治问题上。

先秦道家亦然。老子讲"道",但他并不是以一个哲学家的身份、地位、理想、目标来从事其思想运筹的,他仍受社会政治问题的牵引、逼迫,是以寻求克敌制胜的处世方略为直接目的和思想动因的。老子的"道"与"德"息息相关,而"德"具有明显的"无为"内涵,与社会政治问题密切相联。再说,老子的"道"本身就具有以退为进、后法制人的政治谋略成分,是为社会政治服务的"君人南面之术"。庄子的"道"比老子的"道"灵妙,它是一种绝对无待的精神自由,意境性更突出。但庄子的"道"并非纯粹思辨的产物,与老子一样,庄子"道"的提出与寻求处世方略有关,即与他要"处乎材与不材之间"的处世之道相关。庄子"道"的提出仍受社会政治形势和问题的驱使,是关于社会政治问题的哲学理论。所以,先秦道家哲学思想的倾向和致思方向也在社会政治方面。

从社会政治问题切入到哲学问题,这是先秦儒、道哲学思想的特色所在。

第二,先秦儒家在形而上的本体论问题上的理论贡献主要有二:一是心性本体的摊出;二是搭建起了"天人合一"的形而上学、本体论的思想框架。先秦儒学构建心性本体,这主要是孔、孟的功绩。孔子的"仁"在中国古代思想史、哲学史上具有划时代的意义。如果说周公"制礼作乐"完成了对上古以来巫术礼仪活动的规范化、社会化、礼教化的话,那么孔子则为这种社会礼仪规范的存在建立了人性依据,这就是"仁"。周公制定的那些"礼"原是一套社会规范,是用来约束人的行为的。孔子将它导入人的心性世界,认为"人而不仁如礼何,人而不仁如乐何"(《论语·八佾》),人如果没有"仁"这种本性、本质的话,礼、乐这些东西就都失去了存在的依据,就是制定出它们也是没有什么意义和价值的。这样,孔子从复"礼"的社会政治目标出发,就逼出、发现了"仁"这一人之为人的本性、本质。"仁"就是人之存在的依据,故它有本体的意义和功用。

孟子的"心"将孔子"仁"这一人性的范围和内容推广、扩大了,即将人性扩充为仁、义、礼、智这"四端",使人的内涵更为丰腴、充实。但在哲学实质上,孟子的"心"与孔子的"仁"是一致的和同层次的心性理念,它们都是人存在的内在根据,具有本体义。在先秦儒学心性本体论的思想建构方面,孟子比孔子进了一步的地方是,他将人的内在心性外化为"天",这就是其"尽心—知性—知天"的内省察的天人合一路线。孟子之所以能完成从人的内在心性向外在之天的过渡以沟通天人,其思想理路的关键就是将天道德化了,即赋予天以伦理道德的属性和意义。那么,孟子为什么要把人的伦理道德属性赋予给天呢? 这里真实的思想动机是为了使人的心性具有必然性的超越力量。从人的心性本体出发,能够保证人的伦理道德行为的自觉自愿性,这也是人的伦理道德行为得以实施的内在动力。孟子所谓"尽其心者,知其性也"的"尽心—知性"的思想理论,就是在人心性的自觉自愿性的层面和意义上来立论的。但人的伦理道德行为在现实社会中的实施、运作,只有人心性上的自觉自愿性这一维度是不够的,这还不能保证人的伦理道德行为充分、正确地运行和实施。因为,人从自己的心性本体出发,可以自觉自愿地实施某一伦理道德行为,但也可以不自觉不自愿地实施或自觉自愿地不实施某一伦理道德行为;就是说,实施这种伦理道德行为是人自觉自愿的,不去实施它也是人自觉自愿的,有时人不仅不去实施某种伦理道德行为,还可能要自觉自愿地来抵制、破坏它。比如说忠、孝这种社会纲常,我可以自觉自愿地认可、实施它,甚至可以为其牺牲我自己的自然生命;但我也可以自觉自愿地去破坏它、践踏它、利用它,甚至为了我自己的自然生命而牺牲它。人的心性本身的自觉自愿性并不能保证、保障这种自觉自愿性就一定能和一定要实施、落实在好的伦理道德行为上。当然,你也可以这样说:因为人的心性先天就是善的,即心性的本性、本质是善的,所以才能也才会自然地发为好的伦理道德行为,否则的话还谈什么人的心性。这种说法看似有道理,其实并不能解决我们这里所提到的问题。因为,人性善的确可以保证、保障人的伦理道德行为的好效果,孟子举的那个著名的"今人乍见孺子将入于井"的伦理道德行为的例子,就是基于人心性善的本质来立论的。但人性为什么就一定会是善的呢？是谁保证了它的善呢？如果没有什么保证，那凭什么说它就一定善呢？如果有某种保证，比如说是上帝、上天给予了人的善性，那么，这个保证显然是外在的，这不就证明人的心性本身并没有这种固有的善吗？不就表明人的心性本身原是没有善与不善之分的吗？既然人心性自身原本就没有善与不善的分别，那就正好说明人心性的自觉自愿性自身并不能保证、保障人的伦理道德行为一定是好的、善的吗？既然人心性的自觉自愿性本身无法保证人的伦理道德行为一定是好的，那就证明人的伦理道德行为的好和坏都有人心性上的自觉自愿性的依据。这样一来，实际上就取消了人的伦理道德行为的存在，这也就取消了人类社会、人文世界的存在。所以，当发现、厘定出了人心性的自觉自愿性后，还只是单向度、单维度地为人的伦理道德行为的存在找到了内在依据，这还不足以保证、保障人的伦理道德行为的必然性、可靠性。孟子认识到了这一点，或者说他朦胧地察觉到了这一点，亦或者说他受到伦理道德行为本身的可靠性、必然性、正确性要求的驱使，使他要把人的心性外化出去，使内在心性与天同体，即大的像天一样大，高的像天一样高，这样就使得人心性的自觉自愿性的应然性获得了必然性，从而能为人的伦理行为的存在建立起可靠的人性根据。这就是孟子为什么要从"知性"向"知天"推进的思想原因和理路。也正是从"性"向"天"的推进，孟子的"心"学就扩充、完善了孔子的"仁"学，使儒家的"仁"、"心"这种心性有了形而上的本体论意义。这是先秦儒学在哲学本体论方面的一个思想贡献。

先秦儒学在哲学本体论方面的另一个思想贡献是由荀子做出的，或者更准确些说是由荀子和《易传》共同做出的。孔子发现了"仁"，但这个"仁"从哲学本质和原则上来说只是人的心理情感，它尽管已有了人心性的自觉自愿性的性质和功能，但仅有这一维度还不是和不能是人存在的本原、本体，原因就在于它只能提供和保障人的伦理道德行为的应然性而不能同时提供必然性。而当人的伦理道德行为仅有应然性而缺少必然性维度时，伦理道德行为实际上是不能现实存在的；人的伦理道德行为不能现实地存在，这就等于说人和人的社会、人的世界不能现实地存在。所以，孔子的"仁"严格来说是一个准本体。至孟子不仅把"仁"的内容扩充了，还有了

"尽心—知性—知天"的思想路线,这就把人的心性从内外化、提升到了外,即到了天那里,从而沟通、导通了天与人,这就使他的"心"成了人存在的本原、本体。但很明显,孟子的这个"天"是有问题的,因为它并不是真正的天或天地,它虽有天的形式,但并没有真正天的内容,它只是人心性的承载体,实质上是心性性、伦理性的。这就表明,在哲学实质上,孟子的"心"本体与孔子的"仁"本体是一致的,都只在人的内在心性的层面和维度上运作着,还没能真正关涉到人之外的自然世界这个现实的天。很明显,人的现实存在不是也不能只是心性化的,而是在与自然世界的交互作用和过程中得以存在的,故人的存在本体必须要在涉及自然存在的前提下和氛围中来建构之。这就转到了荀子的儒学。可见,从形而上的本体论这个视野来看,先秦儒学从孔子到孟子再到荀子是有其演进的思想必然性的。

荀子在儒学本体论建构方面的贡献就是直接把自然之天引入人的行为和活动中。上已指出,荀子儒学的这一外王路向是颇为重要的,它把人的活动与自然天的活动关连起来,也就是把人的自觉自愿的应然性与自然之天存在的必然性结合起来,使人的应然性有了真正的必然性内容和限制。孔子讲"仁"时老要与那个"命"连上,孟子讲"心"时亦然,老要与"天"、"命"搭伴,这种连孔、孟自己都未必能说明白的思想表现和做法,其真正的思想原因就在于"仁"、"心"作为本体只有和只表现为自觉自愿的应然性维度,但既然是本体,既然来充当本体,"仁"、"心"就不可没有必然性的维度,所以才不得不带着"命"、"天"或"天命"等必然性的外在尾巴。至荀子,孔、孟那里的带有某种神秘性、必然性的"天"、"命"就转向了自然天,这才是真正的必然性所在。荀子既然转到了自然天方面,那么他沟通人与天的方式、理路就不是和不能是孔、孟那样的心性论,而是人的行动,即人的社会实践活动。当然,荀子不可能从制造和实用生产工具这一社会实践的本质出发来沟通人与自然之天,他重视和看到的是人的社会组织以及作为其存在表现的礼、法。他理性地解释了礼法的来源,说明了人文世界存在的历史表现。同时,不是依赖于、依靠于人心性的自觉自愿性,而是依赖、依靠人的社会组织和人的活动性,人把自己和自然世界连通起来,并能改造和利用自然世界来为人服务。无疑,荀子哲学思想的这一方向和主张在先秦儒学本体论建构方面是很重要的,他搭起的人与自然之天相连通的构架是哲学本体论之建构的必由之路。

荀子的本体论思想也有明显不足,这就是他虽然搭建起了天与人连通的框架,但却没有一个总的体系来表述、展现这一连通。他用以连接、导通天人的是人的社会活动,而不是一种哲学思想和理论。所以,严格说来,荀子思想的社会性、政治性色彩较浓重,而哲学色彩,尤其是形而上的本体论思想色彩显得更淡些,故后世不大重视荀子的哲学思想是当然的。好在在先秦儒学发展中,荀子天人论的本体论思想上的不足得到了《易传》一定程度的弥补。《易传》首先将隐含于《易经》中的"- -""—"(阴阳)思想提升出来,确定为"一阴一阳之谓道"的"道"体原则;然后将"阴阳"之"天道"扩而充之,与"刚柔"之"地道"、"仁义"之"人道"相统一,在理论上构建了一个天、地、人一体的形而上的本体论体系。这个以"道"来统辖、统帅天地人的思想构架,对后世中国哲学本体论思想的提出与建构有重要影响。《易传》在宋明时代倍受重视,成为理学思想的重要源头之一,这不能不说与它这种以"道"统帅天人的思想体系有关。但也应该看到,《易传》所建构完成的只是儒学本体论的理论形式,至于其丰富的人文伦理的内容它并未建构完成。就是说,它只将"天道"、"地道"、"人道"这三种道以"道"的形式统一了起来,至于天道之"阴阳"、地道之"柔刚"、人道之"仁义"这三种不同的存在性质是如何样统一起来的?《易传》未说,恐怕在当时也说不出来。

第三,先秦道家在哲学本体论问题上的思想贡献就是提出了"道"。抛开枝节就整体言,道家的"道"首先是个超越了相对的绝对者,是个"一"。《庄子·齐物论》所谓的"故为是举莛与楹,厉与西施,恢诡憰怪,道通为一",典型地概括、表述了"道"的一般性、抽象性、普遍性的特性。"道"作为一个绝对者的"一",它的存在是"自本自根"的,它就是本体。

这种本根之"道"显然是本体Ⅰ,其本质是"有"。用本根"道"当然可以对对象世界作把握,但却是有缺陷的,因为这种把握始终是在主客二分的架构中进行的,所以这只能对对象作抽象化处理,总是深入不到对象自身。另外,老、庄讲"道"的目的是为了得"道",是为了与"道"一体同在。这就需要把"道"从"我"面前的对象转化到"我"自身,这就是意境、境界的构成,这时已消解了主与客的分立,是融物我、一多、天地、古今等于一体的存在,此乃逍遥之"道"。逍遥"道"乃本体Ⅱ,其本质是"无"。

提出了本根"道"和逍遥"道"这两种"道",或者说老、庄"道"思想中有本根"道"和逍遥"道"这两种类型的"道",这是先秦道家在哲学本体论思想方面的重要贡献。但关于这两种"道"各自的意义、价值、结构以及它们的关系问题,老、庄都不甚清楚,或者说就根本不清楚,他们甚至连有本根"道"和逍遥"道"这两种"道"都不明白,他们只是笼统地称"道"而已。这就大大削弱了"道"论的哲学本体论意义和价值。人生存、生活于天地间,总要对自己所在的那个天地(自然界)以及人自己的所做所为作考察和把握。怎么考察和把握呢?这首先要确定标准和尺度,而哲学上的本体就是这种考察的标准和尺度。确定的标准和尺度不同,所把握到的对象就不同。因此,人们老讲本体,哲学老提本体问题,这既是人们生存和考察世界的需要,同时也是人和人文世界的本性使然。当人们确立出的是本体Ⅰ时,就把一切存在都予以对象化,然后对它们作抽象的概念化把握。老、庄本根之"道"就是这样。用本根"道"显然是有缺陷的,因为这最终深入不到事物自身,只能有距离、有间隔地把握事物。这表现在人身上,用本体Ⅰ总把握不到人自己的真性,总难识自己的存在真面目,用佛家的话说就是人总是难以得到解脱。所以,人们在确立哲学本体时,时不时地就逼近、牵涉到了本体Ⅱ即"无"本体。老、庄的逍遥之"道"就是这种本体。本体Ⅱ即"无"本体已追溯到人与对象浑然一体的最最原始的存在性,所以它能深层、原始地把握事物,能切中事物"无自性"之性。对人的存在来说,用本体Ⅱ能切中人的"无自性"的真性,用佛家的话说就是能得到解脱而超脱轮回,这也就是庄子所谓的绝对无待的精神自由之境。老、庄思想中有本根"道"和逍遥"道"这两种本体,特别是有逍遥"道"这种本体Ⅱ,这是极重要的思想贡献。但可惜老、庄自己都不识真货,往往用把握本体Ⅰ的方式来把握和论说本体Ⅱ,这就大大降低了他们"道"论的哲学本体论价值。

第四,先秦儒家逼出了或者说摊出了人的心性本体,先秦道家发现了或者说摊出了"道"本体,这就开了中国古代哲学形而上的本体论思想先河,这是以儒、道为代表的先秦诸子最有意义和价值的原创性思想。然而,无论是先秦儒家还是道家,都只是逼出了或者说摊出了形而上的本体论问题,尚未建构起一个本体论的哲学思想的理论体系。那么,在先秦儒、道这里究竟怎么做和做什么才可以建构起一个本体论的哲学理论呢?就儒家说,孔孟逼向了"仁"、"心"这一人的心性,就哲学思想来说,这是直接回归到了人文世界自身;而人文世界的真正本质是"无"即"自由",它出于"无"并归于"无",在两个无中成就了自己的有即存在。所以,当孔孟切中了人文世界后,理应从这个世界的"无"本质出发,把"仁"、"心"建构为"无"本体,即从其"有—无"性的结构出发,缘构成地组建、建构起人的存在。这才是自身圆融、体用如一、即体即用的形而上的本体论思想和理论。但是,很明显,孔、孟都未能完成也不能完成关于"仁"、"心"的"无"本体的建构。他们不自觉地自觉把"仁"、"心"这种本应是的"无"本体转化为了"有"本体,即要不自觉地自觉在"有、无"性结构中来操作"仁"、"心",其结果就是总使得这个"仁"、"心"受制于"天"、"命"或"天命"等某一外在必然性的羁绊而不能真正独立自主地存在和显现。既然是把"仁"、"心"这种本应是的"无"本体转化为"有"本体,既然要在"有"本体的意义上来建构本体论,其必然的思想理路就是由人的心性转向外在的存在,就不能使"仁"、"心"只在自身中来运作,而要在也只能在人的伦理行为和自然存在(即天地万物)之间来运作,这实际上就是在人的活动的行为层面上如何来沟通、导通自然世界与人文世界的问题,也就是如何将人世存在的应然性与自然存在的必然性整合、统一起来的问题。这就是先秦儒家所摊出的心性本体论思想留给后世的哲学任务。

先秦道家所摊出的"道"本论情况又如何呢?其实与儒家所摊出的心性本体论的思想走向是一致的。当老子讲日损,讲素朴,讲婴儿,讲水等时,他是要得到"道"的,要与"道"合而为一、一体同在的,这就是无"我"之境。庄子在这个方向上表现得更自觉了些,他要与"道"同在、同游,这就是人们常说的庄子的绝对无待的精神自由。所以,老庄所要和所应达到的真"道"是逍遥之"道"。这个"道"当然是本体,且是"无"本体,它的结构是"有—无"性的。从"道"的"无"本质和其"有—无"性结构出发,所成就的一定是原发构成的"道",是"道"在空灵境界中的自我化生和构成。这当然是最最原始和本真的存在,是天地万物一切存的真正的本性。老庄哲学如能构建起这样一种"道"本论,不仅其思想理论自身是融洽一贯的,对人类思想的贡献也是巨大的。但话只能这么说说而已。老庄是没有也不能建构"无"本体的"道"本论的。与孔孟一样,老庄不自觉地自觉把本应是"无"的"道"本论转化为"有"的"道"本论了,即在"有"本体及其"有、无"性结构中来运转、操作"道",这就是用抽象概念及其方法来把握"道",使"道"以其抽象性、普遍性、一般性的特性来充任天地万物的存在本体。既然转到了"道"的抽象性、一般性存在上,就理所当然关涉到人与对象的存在关系问题,就在自然世界和人文世界的关系中来运作了。那么,究竟如何来打通自然世界与人文世界的关节呢?这两个具有不同存在质性的世界到底如何沟通,用什么样的哲学思想和理论来沟通呢?这就是先秦道家的"道"论留给后世的哲学任务。

所以,先秦儒、道的思想重心和致思方向、理路虽然不同,但在形而上的本体论上却可殊途同归。它们一是为后世哲学开启了形而上的本体论方向,二是为后世留下了本体论建构的问题和任务。这个任务就是:建立完全、完整的本体论思想理论。而建构完全意义的本体论所要解决的相应的哲学问题是:其一,在天人相关的框架中探索天(宇宙)的起源问题,以解决宇宙的产生、它的构成因素、它的存在结构等问题。一句话,探索和解决包括人在内的整个宇宙是怎么来的问题。这就是哲学中的宇宙生成论。其二,接着宇宙生成论要探索的是宇宙本体论。这一理论所要探讨、解决的问题是:我们的宇宙如此这般地存在的原因、根据何在?宇宙生成论解决的是宇宙如何来的问题。现在,宇宙已经来了,它已经存在了。那么,这个宇宙为什么要如此存在和为什么能如此存在?这话听起来有点别扭。宇宙既然已经来了,既然已经存在了,它不就那样地存在着嘛,你还要问它为什么要如此存在和为什么能如此存在,岂不听起来别扭?其实不然,这恰恰是值得问的哲学问题。这么问的意思是说,宇宙如此这样地存在,它这样地有着、在着,一定有它这样存在的原因和依据,倘若没有如此存在的依据、原因,那么宇宙就可以随便存在了,宇宙的观察者想让宇宙怎么存在它就可以怎么存在,这当然是绝不可能的。这就说明,宇宙如此地存在一定有其存在的原因和依据。探讨宇宙存在原因、依据的问题就是宇宙存在论或宇宙本体论。其三,接着宇宙本体论所要考察的是人的问题,即要建构心性本体论。当我们考察宇宙的起源和它存在的原因、依据时,我们把人和人的世界也笼统地归结到这个"宇宙"中了。但实际上,人的世界是个独特的世界,人尽管要生存、生活于自然世界中,但人毕竟有一个属于自己的世界,即人文世界。所以,一般地探索宇宙的起源及其存在原因、依据尚不够,还得就人的存在问题专门地或专题地探讨。当然,人的存在问题不在于人的肉体,而在于人的心性。其四,当对宇宙的来源、宇宙的存在、人的存在都做了分别的专题把握后,最后所需要的就是在本体的层面和意义上把宇宙(天)与人统一起来,完成一个完整、完全的形而上的本体论的思想和理论。

那么,先秦儒道或者说先秦哲学所展示和留下的这些有关形而上的本体论问题究竟在后世哲学中是如何来探讨和解决的呢?

第二章　两汉经学:宇宙发生论和宇宙系统论

一、两汉时代与哲学

经学是两汉思想文化的学术形式①。那么,这种学术形式中所包裹的思想内容是什么? 特别从哲学视角来看,两汉经学中有什么样的哲学思想和理论呢? 它对中国古代形而上学、本体论的发展、建构有何意义和价值呢? 下面我们考察一下汉代的社会经济、政治和思想文化情况。

---

① 两汉学术是儒家经学。汉武帝建元元年(前140),刚即位的武帝采纳了丞相卫绾罢黜"治申、商、韩非、苏秦、张仪之言"(《汉书·武帝纪》)的贤良奏议;同年,董仲舒在举贤良对策中提出"诸不在六艺之科、孔子之术者,皆绝其道勿使并进"(《汉书·董仲舒传》)的建议。但由于武帝祖母、崇尚黄老之学的窦太后力加反对,这一"尊儒术"的主张未能立即奏效。武帝建元六年(前135)窦太后死,武帝起用好儒术的田蚡为相,蚡将不治儒家五经的太常博士一律罢黜,排斥黄老刑名百家之言于官学之外,并优崇延揽儒生数百人,遂形成"罢黜百家,独尊儒术"的学术局面。从此,儒学成为汉代的统治思想,也成为整个中国封建社会占统治地位的意识形态。

儒学既然成为社会的指导思想,那么一切思想理论就均要在它之中寻找根据。这就有了对儒家《诗》、《书》、《易》、《礼》、《春秋》诸经的披览和解释,遂有了读经、注经、解经,一切思想言论都以"经"为依据的"经学"。至西汉末经学形成三大支派,即今文经学、古文经学、纬书经学。东汉章帝建初四年(79年)的白虎观会议后,神学经学成为权威,经学从此僵化,失去了学术生命力。

（一）汉代社会的经济、政治和思想文化

公元前 221 年，秦王嬴政最后灭掉齐国统一了全国，建立了中国历史上第一个中央集权制的封建大帝国①。但秦王朝的法制思想和实践不合天下一统后的时宜，在陈胜、吴广农民起义军的打击下很快灭亡了。公元前 206 年，刘邦一统天下，西汉始②。汉承秦制，汉王朝也是中央集权制的封建大帝国。

社会生产力的发展，是促使社会进步的最终决定因素。某一国家政权的巩固，归根结底就是看它是否能适应并促进其时社会生产力的发展。春秋战国时期，奴隶制之所以要解体、封建制之所以要建立，正是由于社会生产力发展的结果。秦王朝在创立之时，适应了社会生产力发展的历史潮流，废分封而建郡县，建立了中国历史上第一个封建制国家。但秦王朝后来所奉行的法家路线却不能适应一统后的社会时势，不能更好地保护和促进新生产力的发展，所以很快就灭亡了，这个教训是非常深刻的。汉初著名政治家贾谊总结秦亡的教训说："然秦以区区之地致万乘之势，序八州而朝同列，百有余年矣。然后以六合为家，崤函为宫。一夫作难而七庙隳，身死人手，为天下笑者，何也？仁义不施，而攻守之势异也。"（《过秦论》上）贾谊所说的是秦王朝的政治方针问题，即攻天下时要用严刑峻法、奖励耕战的法家

① 秦始皇废除了原来的分封制，在全国实行郡县制，将全国分为三十六郡（以后陆续增至四十余郡），建立了第一个中央集权制的封建大帝国。这个专制制度在中央设丞相、太尉、御史大夫及分掌具体政务的诸卿，在地方设郡县，其主要官吏由中央任免和调动。又在秦献公十年（前 375）实行的"户籍相伍"（《史记·秦始皇本纪》）制基础上，于秦始皇十六年（前 231）"令男子书年"，三十一年（前 216）"使黔首自实田"（同上），在农民户籍中增加了年纪和土地占有状况，从此户籍制成为封建国家把农民束缚在土地上来对其进行统治的依据。秦始皇又统一了文字、货币、度量衡，为封建国家整齐了制度。一个与原来的分封制完全不同的封建大帝国在中国历史上第一次建立起来了。

② 秦王朝由于坚持"以吏为师"、"以法为教"的严酷的法家路线，薄义少恩，很快就激起了农民起义。公元前 209 年 7 月，陈胜、吴广揭竿而起。前 207 年 10 月秦王子婴向刘邦投降，秦亡。公元前 206 年 4 月，项羽分封天下，分了十八路诸侯王，加他自己的西楚霸王，共十九路。被封为汉王的刘邦于前 206 年 8 月进入关中，楚汉战争开始。前 202 年 12 月，项羽兵败垓下后在乌江自刎，刘邦统治了天下。

思想,但守天下却要实行德政,要用倡导仁义的儒家思想,因为这有利于更好地巩固社会秩序和发展生产。

汉承秦制后,面临着与秦王朝一样的根本的政治任务,这就是如何巩固和发展其时的社会生产力①。西汉刚立国,统治者们就注意恢复和发展社会生产。史载,经秦末农民战争和楚汉战争后,生产受到了严重破坏,社会一片凋敝。城市人口减少,商业萧条;农民大量流亡,不得耕作,有的人为生活所迫还自卖为奴。当时物价踊贵,一石米值万钱,一匹马达百金,"自天子不能具钧驷,而将相或乘牛车,齐民无藏盖"(《史记·平准书》)。在这种情况下,西汉初年以黄老之学的"无为而治"为指导思想,实行"与民休息"的政策②。至文帝和景帝时期,社会经济得到了一定发展,使西汉迎来了第一个繁荣局面,史称"文景之治"。到汉武帝刘彻于建元元年(前140年)即位时,西汉的社会经济已得到了全面恢复和发展。史载其时"都鄙廪庾皆满,而府库余货财。京师之钱累巨万,贯朽而不可校。太仓之粟陈陈相因,充溢露积于外,至腐败不可食"(《史记·平准书》)。这样,汉王朝得以巩

---

① 秦汉时代,社会生产力已有了较大发展。西汉初年,铁制农具已推广到中原以外的很多地区。汉武帝时冶铁铸造为国家所有,铁器的传播更为迅速。当时最大的铧宽达42厘米。耕犁在汉代得到了普及(汉代耕犁已具备了犁辕、犁箭、犁床、犁梢、犁壁等部件,犁已趋于成熟定型。犁壁是翻土、碎土的重要装置,这是耕犁史上的重大成就,是耕犁走向成熟的标志。汉代的犁有两种类型:一类是长床犁或框形犁的有床犁;另一类是犁床与犁梢连为一体,看不出明显犁床的无床犁。但这两类犁都是直辕犁)。当时的马耕和牛耕在中原地区已普遍化。耕作法有二牛三人的耦犁法,还有二牛一人的长直辕犁法和一牛一人的短直辕犁法。与犁耕技术传播的同时,播种用的耧也开始使用。至武帝末年,赵过又推行代田法,增加了亩产量。这时期,关中还开凿了许多渠道,形成了一个水利灌溉网。由于铁制农具和牛耕的普遍使用,水利的发达,农业生产技术的进步,西汉的农业生产已提高到一个新水平。农业是封建社会的立国之本。汉代农业生产的发达与进步,为汉帝国的存在和发展奠定了坚实基础。除农业外,汉代在冶铁、丝织、煮盐、制陶、造船、造车、酿造等方面都也有所发展,其生产规模和技术超过了前代。商业也有了较大发展,西汉时期全国已形成了若干个经济区域,每个区域都有大都会,是货物出售的主要场所。

② 这些政策措施有这样几点:一是"兵皆罢归家"、"以有功劳行田宅"(《汉书·高祖纪》);二是号召流亡之人各归本土,恢复故爵、田宅;三是因饥饿自卖为奴婢的人一律免为庶人;四是抑制商人,不许他们做官,加倍征收其算赋,以限制他们对农民的兼并;五是减轻田租,十五税一;六是由萧何制定九章律,以代替高祖入关时临时颁行的"约法三章"。这些措施很明显有益于发展社会生产。至文帝和景帝统治时期(公元前179—141年),继续实行"与民休息"的政策。文帝很重视农业,于前元十三年(前167年)下诏全免田租。景帝于前元元年(前156年)复收田租之半,即三十税一,这从此成为汉朝的定制。

固,从而为中国封建社会的延续和发展起好了步①。

　　生产力的发展水平是一个社会存在和发展的根基。但生产力水平的实际表现,即生产的进行,则与社会的经济结构(即经济基础)和阶级结构有直接关系。汉代的经济结构是封建制,是以一家一户为单位的小农经济。在这个经济结构中,土地这一主要的生产资料归地主阶级所有,它包括皇帝、贵族、官僚及一般地主,它们是封建统治阶级;与地主阶级对立的是农民阶级,它包括自耕农、佃农、雇农,还包括经济地位相当于农民的手工业者,它们是被统治阶级。除这两个阶级外,还有数量颇大的奴婢,其身份和经济地位最为低下,但它不是汉代的基本阶级。我们前面说巩固和发展社会生产力是某一社会根本的政治任务。而这个政治任务在封建社会的具体表现则是如何处理地主阶级与农民阶级的对立和斗争这一社会的主要矛盾,以及围绕这一主要矛盾所展开的种种社会矛盾。

　　西汉王朝在立国初面临着哪些社会矛盾呢?贾谊在给文帝上的《治安策》中说:"臣窃惟事势,可为痛哭者一,可为流涕者二,可为长太息者六。若其他背理而伤道者,难遍以疏举。"(《汉书·贾谊传》)这里指出了三方面的社会矛盾:一是"可为痛哭者"的主要矛盾;二是"可为流涕者"的重要矛盾;三是"可为长太息者"的一般矛盾。

　　汉初的主要矛盾就是当时颇为棘手的中央政权和诸侯王割据之间的矛盾。秦始皇的最大历史功绩是废分封而立封建,这是历史的进步。秦亡后,项羽逆历史潮流而动,对天下实行了分封。刘邦打败项羽一统天下后,汉承秦制,建立的是中央集权的封建制,这是顺乎历史潮流的。但因楚汉战争的

①　这里顺便说一个问题,即中国封建社会的时间为什么会很漫长,从秦汉到清朝,朝代多变,但无论如何变,中国社会的性质都是封建社会,这是为什么?关键原因就在于社会生产力的发展水平。从战国至秦汉,特别到了汉武帝时代,铁制农具与牛耕已被普遍化,这是中国封建社会生产力水平的根本标志。耕犁的使用就是这一标志的一个充分表现。犁在汉代已普及,到唐代有一次大的改进,此后就一直被延续下来,直到20世纪80年代的中国农村还是牛拉犁的农耕方式。正因为从汉至清生产力水平没有发生质的变化,所以中国社会的社会性质就不可能发生变化,不可能由哪位"圣人"人为地变某一朝代为封建制之外的什么社会。西汉末年的王莽于始建国元年(公元9年)下诏恢复"井田圣制"(见《汉书·王莽传》),但很快就失败了,这就是明证。

特殊情况,汉初也封了七个异姓王①。这些异姓王拥兵自重,专制一方,是中央集权的严重障碍。刘邦采取断然手段,接连消灭了楚、韩、赵、梁、淮南、燕六王;长沙王由于其封国僻远,又地处汉与南越之间,可起缓冲作用,故直到文帝时才因无后而废除。在消灭异姓王的过程中,刘邦"惩秦孤立而亡"的教训,又分封自己的子弟为王以藩屏汉室,这就是同姓王。同姓王辖地共达三十九郡,而中央直辖的土地只有十五郡。针对此种情况,贾谊向汉文帝上策,主张"欲天下之治安,莫若众建诸侯而少其力。力少则易使以义,国小则亡邪心"(《汉书·贾谊传》)。贾谊的建议当时并未受到文帝重视。但贾谊死后四年,即文帝十六年(前164年),文帝分齐国之地为六,分淮南国之地为三,实行了"众建诸侯而少其力"的方针。继贾谊后,晁错屡向文帝建议削夺诸王封土。景帝时,晁错针对吴国的跋扈之行,上"削藩策"。景帝三年(前154年)用晁错之策,削楚王东海郡、赵王常山郡、胶西王六县。此时,吴王濞就联合楚、赵、胶西、胶东、淄川、济南六国发动叛乱,史称"七国之乱"。叛乱在三个月内被平定后,景帝损黜王国官制及职权,降低其权力,规定诸侯王不再治民。从此,诸侯王强大难治的局面得以控制。到汉武帝时,有的王国仍然"连城数十,地方千里"(《史记·主父偃列传》),威胁着中央政权。武帝元朔二年(前127年),采纳主父偃的建议,下推恩诏。推恩诏下后,王国纷请分邑子弟,于是诸王"支庶毕侯"(《汉书·王子侯表序》)。《汉书·诸侯王表序》说:"文帝采贾生之议,分齐赵;景帝用晁错之计割吴楚;武帝施主父偃之策,下推恩之命,使诸侯王不行黜陟而藩国自析。……景遭七国之难,折损诸侯,减黜其官。武有衡山、淮南之谋,作左官之律,设附益之法,诸侯唯得衣食租税,不与政事。"诸侯王与朝廷的矛盾基本解决了。

汉初社会的重要矛盾有二:其一是豪商地主的土地兼并与小农经济急需巩固的问题。贾谊针对当时的情况说:"且试观事理,夫百人作之,不能衣一人也,欲天下之无寒,胡可得也? 一人耕之,十人聚而食之,欲天下之无饥,胡可得也? 饥寒切于民之饥肤,欲其无为奸邪盗贼,不可得也。"(《新

---

① 即楚王韩信,梁王彭越,淮南王英布,韩王信,赵王张敖,燕王臧荼,长沙王吴芮。

书·孽产子》)看来当时的问题是相当严重的。封建社会的主要生产资料是土地。但土地不会自己生长出粮食来,土地只有与农民结合起来才能产生财富;农民也只有与土地结合起来,方可创造出财富。封建国家的财政收入全靠土地上的出产,所以如何使土地与农民更好地结合起来,是关系到汉王朝长治久安的根本任务(也是事关历代封建王朝长治久安的根本任务)。对解决土地兼并与小农经济急需巩固的矛盾,贾谊自己除强调"重本抑末"、驱民归农外,只提出一个积蓄粮食的空想办法。倒是汉王朝在汉初六七十年的生产实践中,探索出了一个切实可行的国策——"孝弟力田"①。这一政策一是用"孝悌"的方式加强家庭的协和与和谐;二是用"力田"方式加强农民与土地的结合。因为封建社会是小农经济,一家一户就是基本的生产单位,所以就应首先加强家庭的团结、和谐,使家庭组织得到巩固,只有这样才可有效地进行生产。因此,"孝弟力田"这一方针是解决封建社会中高度集中的中央政治与高度分散的小农经济之矛盾的有效国策②。

其二是当时匈奴对汉朝的"嫚侮侵掠"问题。这个问题贾谊只提出"建三表"、"设五饵",以"德胜"的空想办法。倒是到汉武帝时,经元朔二年

---

① 比如,惠帝四年(前 191 年)"举民孝弟力田者复其身"。高后元年(前 187 年)"初置孝弟力田二千石者一人"。文帝前元十二年(前 168 年)诏曰:"孝弟,天下之大顺也;力田,为生之本也。……以户口率置三老孝弟力田常员,令各率其意以道民焉。"(均见《汉书》本纪)

② 《论语》第一篇的第二章说:"有子曰:'其为人也孝弟,而好犯上者,鲜矣;不好犯上,而好作乱者,未之有也。君子务本,本立而道生。孝弟也者,其为仁之本矣!'"这是有若的话,也可视为是孔子的基本思想主张。就这一章所说的字面意思看,是颇费疏解的。因为,孝悌是一种伦理原则和行为,而犯上则是政治问题和行为,这两种行为之间没有直接的逻辑关系。比如说,一伙占山为王的大盗,其所作所为就是犯上作乱,但他们却可以做到孝悌,他们可以很孝顺父母,很友爱兄弟。既如此,那孔子为什么要说"其为人也孝弟,而好犯上者,鲜矣"之类的话呢? 在孔子这里,或者说在儒家处,究竟凭什么能说和要说这样的思想主张呢? 但如果从"孝弟力田"这一封建社会的基本生产方针看,提出和论说"其为人也孝弟,而好犯上者,鲜矣"之类主张就是顺理成章的了。因为,当推行孝弟而和谐、强化了家庭这个基本的生产单位后,就能使社会生产得以正常进行;能进行正常的社会生产,一般小农(即世人、民)就可得以安居乐业,就达到了孟子所谓的"制民之产";当民能有产可制时,他们是不会铤而走险的,是不会去犯上作乱的。我们知道,儒家的书曾遭秦火,是汉初的人凭记忆等把它们再造出的,这或多或少就反映了当时社会的一些形势、风气。《论语》的这一章,大概就是汉初人的加工结果吧? 吾不敢言,仅有此猜想而已。

(前127年)卫青的出击、元狩二年(前121年)霍去病的远征、元狩四年(前119年)卫青和霍去病的进击,匈奴力量大为削弱,边防才得到了巩固。

汉初还有一系列"长太息"的矛盾。对此,贾谊主要谈了"礼"与"法"或"德"与"刑"的问题。他认为"夫礼者,禁于将然之前;而法者,禁于已然之后。是故法之所用易见,而礼之所为难知也。……人主之所积,在其取舍。以礼义治之者积礼义,以刑罚治之者积刑罚。刑罚积而民怨背,礼义积而民和亲。……或道之以德教,或驱之以法令。道之以德教者,德教洽而民气乐;驱之以法令者,法令极而民风衰"。(《汉书·贾谊传》)贾谊在这里提出了一个很重要的问题,即治国的方略问题究竟是用"法"还是用"礼"? 其实,早在秦王朝建国之前,《吕氏春秋》就开始了对此问题的探讨。它以阴阳家的宇宙图式为构架骨骼,却以经过法家思想改造了的儒学为实体主干,实行了道、法(或道法)、阴阳、儒家的合流。这是第一个思想里程碑。第二个里程碑就是《淮南子》,它以道家思想为主干,也吸收了阴阳、法、儒的思想。《淮南子》的思想精要有二:一是在道家的"无为"思想中渗入了儒家的"有为"思想,这里的思想实质是"如何把遵循客观自然法则(道家、阴阳家所注重)与发挥主观能动力量(儒家、法家所注重)结合起来,倒正是汉代思想所要处理的一个要害问题。于是,在当时情况下,讲天文历数规律的阴阳家和强调遵循自然法则的道家成为建构人事政治体系的外在骨架,就是很自然的事情"①了。二是它强调了"天人感应","在当时历史条件下,企图把天文、地理、气象、季候、草木鸟兽、人事制度、法令政治以及形体精神等万事万物都纳入一个统一的、相互联系和彼此影响并遵循普遍规律的'类'别的宇宙图式中,从总体角度来加以认识和把握"。"《淮南鸿烈》以其宏伟的世界图景,丰富的经验知识和阔大气派,使这个宇宙论的系统建构达到了成熟的境地。"②接下来的第三个里程碑就是董仲舒的《春秋繁露》,它在基本精神上完成了融儒、阴阳、五行、法思想为一的、天人一体的"天人感应"论模式,终于为汉代的政治统治提供了指导思想。

---

① 李泽厚:《秦汉思想简议》。见《中国古代思想史论》,人民出版社1986年版,第143页。
② 李泽厚:《秦汉思想简议》。人民出版社1986年版,第144页。

《中庸》第二十八章说:"子曰:'愚而好自用,贱而好自专;生乎今之世,反古之道;如此者,灾及其身者也。'非天子,不议礼,不制度,不考文。今天下车同轨,书同文,行同伦。虽有其位,苟无其德,不敢作礼乐焉;虽有其德,苟无其位,亦不敢作礼乐焉。子曰:'吾说夏礼,杞不足征也;吾学殷礼,有宋存焉。吾学周礼,今用之,吾从周。'"关于《中庸》一书的时代与作者,冯友兰先生说,据"今天下车同轨,书同文,行同伦"这几句看,它是秦统一天下后的作品;但后到何时呢?"照这几句话的语气看,作者对同轨、同文、同伦等情况觉得很新鲜,这些情况大概是出现在离作者不远的事。所以它的时代也不能太晚,大概是汉朝初年的作品。"且"这篇文章的作者是一个儒家的人",因为"他在这篇文章里边讲了很多赞美孔丘的话"①。作于汉初的《中庸》为什么要讲这一章? 这一章的开始和结束都引孔子的话,都说要以当今的事务为重,那么要重什么事务呢? 这就是"非天子,不议礼,不制度,不考文"之事。"议礼"是关于社会的制度规范及道德规范之类的东西;"制度"是关于社会法律类的东西;"考文"就是关于文学、艺术等思想文化方面的东西。这三方面都属于社会上层建筑。如果说这里的第二方面关系到社会政治体制问题,是属于社会政治上层建筑的话,那么,第一、第三方面则是社会的观念上层建筑。这三部分合称为"礼乐",从事这方面的活动就是"制礼作乐"。这正是汉初所亟需解决的思想任务。但这一重大的任务并不是谁都可以来做的,一定要由有特定身份和地位的人来做。这里说的"虽有其位,苟无其德,不敢作礼乐焉",大概说的是秦始皇。他身为始皇帝,位是够高够尊的了,但却少德寡恩,故终未能建构成与封建社会的经济基础相适应的社会上层建筑,他所尊崇的法家事实证明是不成功的。这里所谓的"虽有其德,苟无其位,亦不敢作礼乐焉",这大概说的是孔子。孔子有"素王"之称,被认为其德已足以王天下了,但他毕竟是个平民,所以还不可公开的、名正言顺的来为新王朝定法,即建构新的社会上层建筑,故孔子作《春秋》也只能以"微言大义"的方式为汉代立法。而真正既有其德又有其位的人就只能是汉朝的皇帝了,具体说大概非汉武帝莫属。汉武帝也真

---

① 冯友兰:《中国哲学史新编》中册,人民出版社 1998 年版,第 46 页。

的不负众望,他雄才大略,于建元元年(前140年)刚一即位,就令群臣选举"贤良文学"之士,他把他们召集起来,亲自提问题("册问"),要他们回答("对策")。当时回答最好的是董仲舒,"天子览其对而异焉"(《汉书·董仲舒传》)。

汉武帝和董仲舒究竟问答了些什么问题呢?汉武帝一共册问了三次:第一次问的问题是:"朕……永惟万事之统……欲闻大道之要,至论之极。"这是一个总问题,另外还有三个分问题,即"三代受命,其符安在?灾异之变,何缘而起?性命之情,或夭或寿,或仁或鄙,习闻其号,未烛厥理"。第二次问的问题是:"或曰良玉不瑑,又曰非文无以辅德,二端异焉。"第三次问的问题是:"盖闻善言天者必有征于人,善言古者必有验于今。故朕垂问乎天人之应。"

对汉武帝提出的这三方面的问题,董仲舒一一作了回答。第一问和第三问中涉及汉代思想中的一个纲领性问题,即"天人关系"问题,这在汉武帝看来是"大道之要"的根本问题。董仲舒对这一问题作了这样的回答:"以观天人相与之际,甚可畏也。国家将有失道之败,而天乃先出灾害以谴告之;不知自省,又出怪异以警惧之;尚不知变,而伤败乃至。以此见天心之仁,爱人君而欲止其乱也。"又说:"天者,群物之祖也,故遍覆包函而无所殊。建日月风雨以和之,经阴阳寒暑以成之,故圣人法天而立道,亦溥爱而亡私:布德施仁以厚之,设谊立礼以导之。春者天之所以生也,仁者君之所以爱也;夏者天之所以长也,德者君之所以养也;霜者天之所以杀也,刑者君之所以罚也。由此言之,天人之征,古今之道也。"董仲舒在此提出了著名的"天人感应"问题。这是一种天人一体的系统论思想形式,人与天在这个系统中得以导通而相互影响着,人类社会的礼仪制度均源于天。这就为汉代的上层建筑建立了神圣的存在根据,这在当时是有进步意义的。

第二个问题涉及的是汉初以来一直在争论的"有为"还是"无为"的问题。汉初的指导思想是黄老之学的"无为"之道,这的确为稳定社会形势,恢复生产起了重要作用。但"无为"不可奉为长久国策,因为一个强大的汉帝国总要建设,总要开拓,总要发展,倘若一味地无为下去,这无异于自取灭亡。所以,经汉初六七十年的"无为"而治后,至武帝时期就要"有为"了。

董仲舒回答说:"帝王之条贯同然而劳逸异者,所遇之时异也。"这是说,古代的帝王或"无为"或"有为",或"逸"或"劳",是因时代不同所然,不可一概而定。他还说:"臣闻制度文采玄黄之饰,所以明尊卑,异贵贱,而劝有德也。"这是说,有些表面上看起来是"奢"的、虚的东西,实际上是很有用处的,是社会教化之需,不可或缺。

在第三次对策中,董仲舒更向汉武帝提出了"不在六艺之科,孔子之术者,皆绝其道,勿使并进"(以上均见《汉书·董仲舒传》)的建议,汉武帝采纳了这个建议,从此儒学成为封建社会占统治地位的指导思想。就这样,经汉武帝之问和董仲舒之答,合乎汉代经济基础的上层建筑被构造出来了。

(二)汉代经学与哲学

汉武帝既然将儒学定为一尊,使其成为统治阶级的统治思想,所以当时社会的一切观念、主张、学说、思想、理论等要能得以在社会上正当流行的话就必须从儒家经典——五经中找到立论的根据;特别是汉武帝立五经博士,以通经作为进选人才的标准后,尊经、治经、讲经、注经、解经遂成为当时的社会风尚。就这样,中国学术继先秦诸子后步入了两汉经学的时代。

儒学虽然是在汉武帝时被定于一尊的,但由于当时对匈奴的用兵和民族矛盾的暂时突出,故不是儒术,而实际上是申、商、韩非之术是政治政策的指导思想,儒学只是名义上的"独尊"。儒学真正取得政治上、思想上的独尊地位,是在西汉宣帝(前73—前49年在位)和元帝(前48—前33年在位)时期。由于当时对内、对外较为和平的环境,加之经学经过几十年的发展,治经士族成为社会的巨大力量,这就使儒学在宣、元时期真正成了统治思想。章帝甘露三年(前51年),为"平定"五经同异,在未央宫石渠阁"诏诸儒讲五经同异"(《后汉书·章帝纪》),参加者有《易》学博士施雠等二十二人。会上又增立梁丘《易》、大小夏侯《尚书》、《谷梁春秋》博士。这次会议实现了政教合一,经学的地位达到了极致。到了西汉末的哀帝(前6—前1年在位)和平帝(1—5年在位)时期,儒家经学被神学化,经学蜕化为谶纬神学了。至东汉章帝建初四年(79年),"下太常、将、大夫、博士、议郎、郎官及诸生、诸儒会白虎观,讲议五经同异……帝亲称制临决,如孝宣甘露石渠故事,作《白虎议奏》"。(《后汉书·章帝纪》)会后班固奉命整理讲议记录,成《白虎通义》一书,它是董仲舒以来今文经学派经义的总汇,同时也标志着东汉经学与神学的进一步结合,使谶纬正式成为钦定法典。至此,儒家经学的生命力也就完结了。

汉代经学特重师法、家法,形成了世代相传、"累世经学"的现象。每一个经师都门徒众多而代代相传,他们门规森严,党同伐异,在社会上形成了一个特殊的势力,这有如知识的"行帮"。到西汉宣帝时期,经学形成了自己的传授系列和宗派。至东汉后期,此种现象更甚。这时士大夫中出现了累世专攻一经的家族,他们的弟子有数百甚至数千;这些人以经学入仕,又形成了一些累世公卿的家族。例如,世传欧阳《尚书》学的弘农杨氏,自杨震后四世皆为三公;世传孟氏《易》学的汝南袁氏,自袁安以后四世中居三公者至五人。这些人都是大地主,他们世居高位,门生、故吏遍天下,因而又是士大夫的领袖。就这样,东汉后期在大地主中发展起了一个特殊阶层——门阀士族。门阀士族,这是前期中国封建社会的特殊现象和重要标志。

经学是汉代学术思想的主流,这是就汉代学术思想的表现形式而言的。如果就汉代学术思想的内容言,它包括文学、艺术、宗教、哲学、政治等方方面面。我们这里关心的是汉代经学中的哲学问题,尤其是形而上学、本体论方面的问题。就是说,在经学这种学术形式中,汉代究竟探讨了什么样的哲学问题?它为什么要探讨这样一些哲学问题?这些问题在中国古代形而上学、本体论思想的发展中有什么价值和意义?

汉代经学中一个明显而突出的哲学问题就是"天人关系"问题。汉武帝"册问"贤良们的第一个问题就是"大道之要,至论之极"。这就是带有根本性的关于宇宙论的哲学问题,也就是人与天的关系问题。董仲舒的"对策"对这一问题这样回答:"天人相与之际,甚可畏也";"天者,群物之祖也,故遍覆包函而无所殊"。(《汉书·董仲舒传》)在董仲舒看来,天与人是相连通的,天以其阴阳之变、四时之序显示了某种目的和意志,而人类社会的一切法度也正是依天的运行来建立的。董仲舒的"天人"论有明显的目的论色彩。但他讲这一套理论的目的是为了为汉王朝的上层建筑制定理论方向和法规,即为汉代封建专制的政治体制及相应的礼仪规范确立一个形上根据,使其具有必然性和神圣性。

董仲舒"天人感应"的目的论是一种关于"天人关系"的思想理论。同样,东汉王充的"元气自然"论也是一种关于天人关系的思想理论。董仲舒赋予"天"以目的性和主宰性,认为"天"通过春、夏、秋、冬的四时运行来表达它的目的和意志。王充则反对这种目的论,认为天是一种自然存在物,"夫天者,体也,与地同。天有列星,地有宅舍,宅舍附地之体,列宿著天之形"。(《论衡·祀义》)天与地一样都是物体。运行于天地之间的是"气"或"元气","天地,含气之自然也"。(《论衡·谈天》)气在天地间运行就产生了万物。"天地合气,万物自生。"(《论衡·自然》)"万物自生,皆禀元气。"(《论衡·言毒》)王充的自然论与董仲舒的目的论正好形成对立。那么,怎么看待这两种关于"天人关系"的思想理论呢? 其实,王充的"天人关系"论是一种倒退,即实际上是将人倒退到了动物的水平了,故不如董仲舒的"天人关系"论有价值。董仲舒讲"天"的目的和意志,这实际上是在讲人类自己的目的和意志,只是他将人的目的、意志外化给了"天"而已。人之所以为人,人类社会之所以是一个人文世界,就是因为人将自己从动物世界(自然世界)中提升了出来而成就了一个人文世界,而人的目的、意志实质上正是人和人文世界的自由本质的体现、表现。现在,王充将"天"的目的性、意志性消解掉了,这也就意味着他将人自己的目的性、意志性消解掉了,这不就是将人倒退到了一般动物的水平了吗? 这样的作为一般动物意义上的人当然与自然之天是一样的,但这却不是人类所需要的。

董仲舒的"天人关系"论和王充的"天人关系"论是汉代哲学关于天人问题的两个极端。在这两个极端之间,还有和要有其他的"天人关系"思想。因为,董、王这两种极端的天人思想并未能真正说明和揭示天与人的关系问题。我们这里先说董仲舒的"天人感应"论。天与人能感应、沟通,这只是一种思想原则。天与人究竟如何样来导通呢? "天"究竟是怎样将自己的目的性、意志性传达给人的呢? 要传达就总得有传达的"媒介"吧,倘若什么媒介都没有,什么途径、方式都不要,那么这种传达就成了纯粹的信仰,这里就没有哲学而成了宗教。董仲舒的"天人感应"论有神学的意味,也有发展为谶纬迷信的可能,但它本身不是神学,不是宗教,它仍属于哲学。是哲学,就得讲道理,就得讲出一番关于"天"是如何将它的目的和意志通达给人的道理来。董仲舒的确是讲了,这就是他吸收了当时广为流传的阴阳、五行学说,建构了一个"天人合一"的宇宙系统论理论构架。在这里,天、地是大轮廓,五行是这个轮廓的骨架,阴、阳是运行于其中的两种力量。这个构架是一个整体,这个整体自身连同构成这个整体的各元素一起在运行着,元素与元素之间、整体与部分(元素)之间是相互导通着的。这就是宇宙系统论思想,这在汉代是很突出的,也是很独特的。当董仲舒振振有辞地讲"是故春气暖者,天之所以爱而生之;秋气清者,天之所以严而成之;夏气温者,天之所以乐而养之;冬气寒者,天之所以哀而藏之"(《春秋繁露·阳尊阴卑》)时,他正是在天、人、四时、阴阳等所组建的系统中来看问题的。如若离开这个宇宙系统,单从天、人的实体方面言,人与天是无法沟通的。董仲舒是从哲学上讲这个问题。而成书于汉代的《黄帝内经》则从医学科学上详细讲论了人与外在环境的系统论思想。所以,与董仲舒的"天人感应"论相联系的是宇宙系统论思想。

那么,王充的"元气"自然论又是如何来沟通天、人的呢?这种沟通的媒介、途径又是什么呢?王充既然用"元气"的自然运行消解掉了"天"的目的性、意志性,并同时消解掉了人自己的目的性、意志性而将人的存在还原为万物中的一物,那么,在王充这里,所谓天与人的沟通实际上只是物与物的存在问题,也就是自然世界自身的存在问题。关于这个问题,本来是可以从两个角度来作回答的,即或者是宇宙本体论的,或者是宇宙生成论的。但从汉代哲学的总体水平来看,当时尚不具备对自然世界的存在作本体论探讨,故当时所形成的主要是宇宙生成论的思想和理论,即自然世界(宇宙)是如何样生成和形成的。这是汉代关于天人问题的重点。汉代哲学所真正成就的、对中国古代形而上学、本体论之发展有重要意义和作用的,正是这个宇宙生成论。这在《淮南子》中有比较完整的论述,即"道始于虚霩,虚霩生宇宙,宇宙生气,气有涯垠,清阳者薄靡而为天,重浊者凝滞而为地。……天地之袭精为阴阳,阴阳之专精为四时,四时之散精为万物"(《淮南子·天文训》)。东汉张衡有《灵宪》一篇,更系统地阐发了宇宙的生成过程。他认为宇宙是由气生成的,具体的生成过程分为三个阶段。第一个阶段叫"溟涬",这是"无"的阶段,是道的根本;第二个阶段叫"庞鸿",这是道的主干;第三个阶段叫"太元",这是道的果实,这时天在外面建成了,地在里面定下了,天地之精集聚配合而生育出了万物。从科学的角度来看,宇宙生成论都是不科学的,都是一种猜测,是关于宇宙产生的一种解说框架。但这种思想在哲学上却是很重要和很有意义的,因为它毕竟解说了宇宙起源的问题和天、地、人、万物的形成问题。所以,与王充的"元气"自然论相一致的还有宇宙生成论思想。

宇宙生成问题是个具体的自然科学问题,哲学是解决不了这个问题的。而哲学真正能解决的,即真正属于哲学的宇宙论问题是宇宙本体论,即如此这般存在着的宇宙之如此这般存在的原因、根据、可能何在。所以,汉代哲学在探讨宇宙形成问题时,就孕含着关于宇宙本体论的思想和问题,这就是两汉四百余年中一直隐而未断的道家思想这一暗流。道家思想在汉初表现为黄老之学,它主要是一种社会政治理论,这对汉初社会的稳定、生产的恢复和发展起了重要作用。至汉武帝将儒学定于一尊后,表面上是罢黜了儒家之外的百家,但实际上法、道思想一直未中断过。就道家说,两汉研习《老子》的有五十余家。据《汉书·艺文志》载,西汉关于《老子》的注释性著作有《老子傅氏经说》三十七篇,《老子徐氏经说》六篇,刘向《说老子》四篇,但这些著作都亡佚了。现在流传下来的有作于西汉的《老子河上公章句》,和作于西汉成、哀之世的严遵《道德指归》①。这些著作中有对老子之"道"的阐释,这就有关于宇宙本体论方面的思想。至西汉哀帝(前6—前1年在位)时,"少时从(严遵)游学"的扬雄(见《汉书·王吉等传序》),仿《周易》体例,著成《太玄经》,以"玄"为天地万物的存在本原、本体,认为"玄也者,天道也,地道也,人道也。兼三道而天名之"(《太玄·玄图》)。"玄者,幽摛万类而不见其形者也"(《太玄·玄摛》)。扬雄的《太玄经》虽是仿儒

---

① 关于汉代对《老子》注解及《老子河上公章句》等的成书年代,见金春峰《汉代思想史》,中国社会科学出版社 2006 年版,第 334、344、351 页等。

家经典《周易》作的,但却是汉代道家思想发展的一个重要结果,它代表了汉代本体论思想的发展水平。

可见,汉代关于天人问题实际上有这样五种思想理论,即"天人感应"论、"元气"自然论、宇宙系统论、宇宙生成论、宇宙本体论。在这五种理论中,董仲舒的"天人感应"论和王充的"元气"自然论是两个极端,代表着汉代哲学关于天人问题的两种理论、方向和目标。但是,董、王的天人论却不能说明和反映现实的天人关系问题。因为董仲舒实际上是把天予以人文化了,这其实是取消了自然之天,或者说把自然之天排除在人的世界之外了;而王充实际上则把人予以自然化了,即当他解掉了人的意识性、目的性等规定性后就把人还原到或降低到一般动物的存在水准了,这就取消了人和人的世界。所以,能真正反映和表现汉代关于天人关系问题的思想理论是宇宙生成论和宇宙系统论。至于汉代的宇宙本体论,是隐含在宇宙生成论中的,尽管它很重要,在当时只是被孕育着的,等到其降生时已到魏晋玄学了。

如果说汉代哲学的贡献及它的一个方面的特点在于为天人关系问题搭起了一个沟通框架,成就了一宇宙生成论和宇宙系统论思想理论的话,那么与这种宇宙论的思想模式相一致和相配合,汉代哲学的另一个特点和贡献就是经验思维方式。对此,李泽厚先生这样指出:"也许更重要的是这种五行图式宇宙论给人们心理结构上带来的问题。例如满足于这种封闭性的实用理性的系统,既不走向真正的科学的经验观察、实验验证,又不走向超越经验的理论思辨和抽象思维。中国的思维传统和各种科学(甚至包括数学)长久满足和停步于经验论的理性水平。这一缺陷恐怕与这种早熟型的系统论思维也有关系。因为在这种系统论里,似乎把所有经验都安排妥帖了,似乎一切问题都可以在这系统中求得解决,从而不要求思维离开当下经验去作超越的反思或思辨的抽象以更深地探求事物的本质。所以,不是中国人缺乏抽象思辨的能力和兴趣,先秦的名家、墨辩证实了相反的情况;而是思维被这种经验系统束缚住、规范住了,成了一种既定的传统习惯和心理模式;同时,也是由于注重系统整体,便自觉不自觉地相对轻视、忽略对众多事物和经验做个别地单独地深入观察和考查,具体事物的分析、剖解、实验被忽视了。就是中医,也由于满足于这个行之有效的经验系统,从而不再重视人体解剖而长久发展缓慢,很少有重大的突破和更新。应该说,这些都是这种直观的、原始的、早熟型的(因之实际上是不成熟的)宇宙论系统图式所带来的传统思维结构上的弱点与缺陷。"①金春峰先生也说:"在汉代,居于领先地位的自然科学,包括医学、天文学和音律学,在认识论上都是经验主义。它在丰富的观察资料之上,经由归纳、类比、统计而得出规律性的结论。这种方法,给予哲学的重大影响,就是使经验主义在汉代认识论中,占据了主导的地位。'由昭昭察冥冥','由近知远','由我知彼','推援事类'等,这些基本上属于经验主义的认识方法,成为汉人认识论的基本内容。""由于汉人的思想方法局限于经验和直观,因此汉人用以整理和归纳认识成果的最基本的范畴,不是类似亚里士多德提出的实体、数量、性质、关系、时间、地点、姿态等,也不是康德提出的纯时间和空间,或种种知性、理性范畴如因果关系等,而是和阴阳五行相结合的具体的时间和空间。汉人用阴阳五行作为认识模式,把一切经验资料都归入其中,由这个模式去进行推演、运算,如东方,木、生风、木味酸,在人为肝,在色为青。南方,生热,为火,味苦,在人为心,色为赤,等等。阴阳五行之间的生克关系,决定了所有经验要素之间的联系。因此,只要把一定的经验观察资料,输入这个模式之中,就能推出相应的结论。这种'推论'不是由感性上升到理性,让思想摆脱经验直观的局限,不过是感性经验经过'类比'、'推类',而被阴阳五行模式所吸收覆盖而已,总之,经学把经验主义的认识方法发展到了它的极限。"②汉代哲学的确给人以滞重和粗浅感,总觉得哲学味不够,这正是其经验、直观思维方式所致。它重经验,但又没有像以培根为代表的英国近代经验主义那样有一套经验认识的原则和方法,所以它的经验主要是直观的和类比的,故严格说来尚算不上经验主义的哲学方式。汉代的经验思维主要不是求取知识的手段和方式,而是论证天人关系的类比手法。

汉代哲学在经学形式下为什么偏重于天人关系问题的探讨? 为什么要将天人关系定格在宇宙发生论和宇宙系统论上? 这正是汉代哲学在中国古

---

① 李泽厚:《秦汉思想简议》。见李泽厚:《中国古代思想史论》,人民出版社 1986 年版,第 171—172 页。

② 金春峰:《汉代思想史》,中国社会科学出版社 2006 年版,第 8、9 页。

代形而上的本体论思想演化、发展中的独特地位和作用所在。我们说先秦儒、道各摊出了一个形而上的本体论问题，但还没有建构起一个真正的本体论的理论体系，原因就在于先秦儒、道都没能真正、真实地把人和天结合、联系、沟通起来。撇开儒、道各自的思想细节而就其卓荦大端言，以孔、孟为代表的先秦儒学拈出的是人的心性本体，真正的自然之天实质上是人之外的东西，孟子虽然有"尽心—知性—知天"的天人合一路线，但很明显孟子的"天"是伦理道德化了的存在，而并非真正的自然之天。所以，先秦儒家可以说是"蔽于人而不知天"的。以老、庄为代表的先秦道家拈出了"道"，这个"道"原则上是"恢恑憰怪，道通为一"（庄子语）的抽象性、一般性存在，是人理性上的对象；老、庄尽管要得"道"，要与"道"同体，但由于没有一套成功的哲学理论和话语方式，故得"道"的目标最终不能哲学式的表现出来，而只是"御飞龙，骑日月，以游乎四海之外"的神仙形象，现实之人是没能得到那个"道"的，人能"得"的"道"就只能是那种"通而为一"的抽象性、概念性存在。所以，先秦道家尚没有真正切中人，可谓它是"蔽于天而不知人"（荀子语）的。因此，以儒、道为代表的先秦诸子并未能真正建构起一个将天人统一起来的形而上的本体论，先秦哲学只是摊出了形而上学、本体论的问题。至汉代，情况明显发生了变化。汉代哲学要明确地考察"天人相与之际"的问题，明确地把真天与真人"际"在了一起，这是汉代哲学一个不小的思想贡献。正如汉帝国为整个中国封建社会奠定了政治、经济、文化上的存在基础和模式一样，汉代哲学以"天人之际"的恢宏气势，为整个中国古代形而上学、本体论思想的演化、发展奠定了形式。正因为汉代哲学将真天和真人结合起来探讨二者的关系，这就理所当然涉及了包括人在内的整个宇宙的起源问题。因为，先探讨完成了真个宇宙的源起问题，才能接着依次地展开关于宇宙存在的本性、本原问题，关于人存在的本性、本原问题的探讨，然后才可以把自然的天和社会的人在本体意义上沟通起来，以之形成完整意义和完全形式的形而上的本体论思想。可见，汉代哲学及其所探讨的问题，在整个中国古代哲学形而上学、本体论思想发展中有很重要的价值。

那么，汉代哲学是如何来探讨以宇宙生成论和宇宙系统论为中心的天人关系问题的呢?

二、汉代的天人思想

以经学为思想文化形式的汉代哲学,在探讨天人关系问题时,表现出五种相关的思想理论。

(一)宇宙发生论

关于宇宙的发生、起源问题,是汉代哲学很重要的思想内容。之所以重要,是因为这是中国古代形而上学、本体论思想建构过程中不可或缺的首要一环;如果少了这一环节,就不会有魏晋玄学关于宇宙本体问题的探讨了。所以,汉代的宇宙生成论是魏晋玄学宇宙本体论的必要思想准备。

汉代哲学讲宇宙生成问题,集中在汉初的《淮南子》和东汉科学家张衡的《灵宪》中。

1.《淮南子》的宇宙生成论

《淮南子·天文训》开篇说:

> 天坠未形,冯冯翼翼,洞洞灟灟,故曰太昭。道始于虚霩,虚霩生宇宙,宇宙生气。气有涯垠,清阳薄靡而为天,重浊者凝滞而为地。清妙之合未易,重浊之凝竭难,故天先成而地后定。天地之袭精为阴阳,阴阳之专精为四时,四时之散精为万物。

这是明显的宇宙生成论,即从虚霩到宇宙,从宇宙到气,从气到天、地,从天、地到阴阳,从阴阳到四时,从四时到万物,天地万物这个宇宙就这样形成了。这里的“天坠”即天地。冯、翼、洞、灟,高诱注曰:无形之貌。这四字重迭表示,形容的就是天地混沌无形的状态,此状态就叫“太昭”,亦即太始。宇宙就从这里演化起。怎么演化呢? 这个混沌一体的宇宙就是气,气是有涯垠,即有界垠的,清阳的气飞扬为天,重浊的气凝结为地;由于清阳的气容易结合,而重浊的气难以凝结,故先有天而后有地。"袭精",高诱注曰:袭,合也;精,气也。是说天地合气而有阴阳,阴阳的纯一(即"专精")之气化为四时,而阴阳的散漫(即"散精")之气化为万物。

这里在讲宇宙生成时提到了"道"。那么,《淮南子》中的"道"是什么?它与宇宙生成有何关系?《淮南子·原道训》说:

> 夫道者,覆天载地,廓四方,柝八极,高不可际,深不可测,包裹天地,禀授无形。原流泉浡,冲而徐盈,混混滑滑,浊而徐清。故植之而塞于天地,横之而弥于四海,施之无穷,而无所朝夕。舒之幎于六合,卷之不盈于一握。约而能张,幽而能明,弱而能强,柔而能刚。横四维而含阴阳,纮宇宙而章三光。甚淖而滒,甚纤而微;山以之高,渊以之深,兽以之走,鸟以之飞,日月以之明,星历以之行,麟以之游,凤以之翔。
>
> 夫太上之道,生万物而不有,成化像而弗宰。跂行喙息,蠉飞蝡动,待而后生,莫之知德;待之后死,莫之能怨;得以利者不能誉,用而败者不能非;收聚畜积而不加富,布施禀授而不益贫。旋县而不可究,纤微而不可勤;累之而不高,堕之而不下;益之而不众,损之而不寡;斫之而不薄,杀之而不残;凿之而不深,填之而不浅。忽兮怳兮,不可为象兮;怳兮忽兮,用不屈兮;幽兮冥兮,应无形兮;遂兮洞兮,不虚动兮;与刚柔卷舒兮,与阴阳俯仰兮。

这是《淮南》集中论"道"的两段文字。若单独就这两段来看,应当说的是"道"本论问题,即以"道"为天地万物存在的本原、本体。从高山到深渊,从飞禽到走兽,从日月到星辰,从麟游到凤翔,天上飞的,地上跑的,奔走的,爬行的等等,等等,莫不以"道"为存在的依据。这样的"道"究竟是个什么性质的存在呢?《淮南子》像《老子》一样用"忽兮怳兮"、"怳兮忽兮"等描述性、状摹性词语对其作了描绘。但这种描绘仍使人难以理性地把握住这个"道"。《原道训》又说:

> 夫无形者，物之大祖也。……所谓无形者，一之谓也。所谓一者，无匹合于天下者也。卓然独立，块然独处；上通九天，下贯九野；员不中规，方不中矩；大浑而为一。叶累而无根，怀囊天地，为道关门。穆忞隐闵，纯德独存；布施而不既，用之而不勤。是故视之不见其形，听之不闻其声，循之不得其身；无形而有形生焉，无声而五音鸣焉，无味而五味形焉，无色而五色成焉；是故有生于无，实出于虚。

这里就讲得具体和明确了些。这是说，"道"就是"一"，即它是个抽象的一般、普遍。正因为它是个抽象的一般，故才能有资格包揽形形色色的具体存在，才有资格成为本体、本原。这里倒涉及本体的绝对性、自本自根性、自因性等性质。就"道"说，它乃"无匹合于天下者也。卓然独立，块然独处"，即它是自本自根的本体。可以看出，《淮南子》讲的"道"确有本体性涵义。

但《淮南子》的这种"道"本论思想却没能贯彻到底。《淮南子》像《老子》一样，既讲宇宙本体论又讲宇宙生成论；而且在《淮南子》这里宇宙生成论思想是主要内容，故它讲"道"本论实际上是为其宇宙生成论思想服务的。因为，在《原道训》中将"道"讲成抽象的"一"，这是专就"道"本身而言的；但在《天文训》中就不讲和不能讲抽象的"一"了，它要讲实在的一。《天文训》曰："道日规始于一。一而不生，故分而为阴阳，阴阳合而万物生。故曰：一生二，二生三，三生万物。"这里的"日规"二字，依王念孙说应删去。这是说"道"从"一"开始。但这个"一"显然不是抽象的概念或名理性的东西，它是个实体性存在，即混沌未分的宇宙，因为由这种混沌未分的宇宙才可能向阴阳、万物分化。正因为这样，《天文训》才说"道始于虚霩，虚霩生宇宙……"。很明显，这里的"道"是从"虚霩"来的，"宇宙"也是从"虚霩"来的，故"道"与"宇宙"是一样的，应该是同一个东西，这个东西就叫"太昭"，亦即"太始"，它就是宇宙的开端。

既然《淮南子》认为"道"与"宇宙"是同类的东西，都指混沌未分的原始宇宙，那它直接用"宇宙"岂不更明白、省事，为何要抬出个"道"呢？这表面看是因为《淮南子》的宇宙生成论思想受到了老子"道"论思想的影响，而且此书就是以道家思想为标的的。但实质上这里涉及的是宇宙本体论与宇宙生成论的内在关系问题。宇宙生成论讲的是宇宙从哪里来的,是怎么来的,是由什么材料构成的等问题。但要说宇宙从何而来,肯定要给宇宙找一个开端,且这个开端不是和不能是观念的、思想的、逻辑的,而必须是实在的、实体的。所以,在讲宇宙生成论时,人们总是将宇宙的开端定为混沌未分的原始宇宙。这样做本来是对的,因为关于宇宙生成问题本来就是具体科学的问题。但是,当把实实在在的、混沌未分的原始宇宙作为宇宙生化的开端时,就有个问题存在着,即这个原始宇宙本身又是如何存在的? 宇宙生成论可以暂不管这个问题,但哲学思想不能不管这个问题。就是说,原始宇宙也是个存在呀,它就存在着! 它既然存在着,那就一定有存在的原因、可能和根据;倘若没有存在的原因、根据,那它为什么能存在和要存在呢? 为什么不是非存在呢? 而关于原始宇宙之存在的原因、根据问题,不是也不可能在宇宙生成论的系列之中,即不可能再有一个别的什么存在者来生成这个原始宇宙了,因为这样的话就会无限地追问下去,宇宙生成论也就根本不能成立了。所以,说到原始宇宙时,它一方面是宇宙演化、生成的开端,同时就是自本自根的本体,这就是"道"。可见,宇宙生成论在根底处就逻辑地内含着宇宙本体论,否则的话宇宙生成论也就不是哲学问题了。我们前面谈《老子》第四十二章"道生一,一生二,二生三,三生万物"的宇宙生成论模式时说过,这个"道生一"的"生"实质上就是以宇宙生成论形式表现出来的宇宙本体论问题。当然,老子自己对宇宙生成论中逻辑地隐含着本体论的问题这一点是不自觉的。《淮南子》亦然,它也不自觉地以"道"为原始宇宙存在的本原、本体,然后再合乎逻辑地来谈宇宙生成问题。

正因为《淮南子》将宇宙本体论与宇宙生成论搅在了一起,而这里又是拿本体论为生成论服务的,所以它在讲"道"时就不自觉地将它实在化和具体化了。比如说,《原道训》一开篇讲"道"时,说它"原流泉浡,冲而徐盈,混混滑滑,浊而徐清"。这是说"道"像泉水那样向出涌流,开始时是混浊的,后来就分化出澄清部分来。它又说"道""甚淖而滒,其纤而微"。淖是湿泥,高诱注说:"滒亦淖也,夫饘粥多沈者谓滒。"滒就是稠稀饭。这是将"道"视为稀饭汁了。可见《淮南子》讲"道"时的确与稷下道家有些相似之处,即将"道"向实体性、物质性方面引入了。当然这种引入是必要的,因为它的目的是讲宇宙生成论。

《淮南子》是如何具体地讲宇宙生成的呢?这在《天文训》、《精神训》、《俶真训》、《诠言训》、《泰族训》等篇中均有程度不同的论说,但尤在前三篇中讲得具体而翔实。《天文训》在开篇讲了"天坠未形……"那一段话后,又说:

> 积阳之热气生火,火气之精者为日;积阴之寒气为水,水气之精者为月。日月之淫为,精者为星辰。天受日月星辰,地受水潦尘埃。……天道曰圆,地道曰方;方者主幽,圆者主明。明者吐气者也,是故火曰外景;幽者含气者也,是故水曰内景。吐气者施,含气者化,是故阳施阴化。天之偏气,怒者为风;地之含气,和者为雨;阴阳相薄,感而为雷,激而为霆,乱而为雾;阳气胜则散而为雨露,阴气胜则凝而为霜雪。毛羽者,飞行之类也,故属于阳;介鳞者,蛰伏之类也,故属于阴。

这就是由气向天地万物演化的整个过程。由阴阳到水火,由水火到日月,由日月到星辰;再由阳施阴化,而有风、雨、雷、霆、雾、雨露、霜雪;一直到毛羽者的飞行类,鳞介者的蛰伏类;从天上到地上,从日月星辰到风雨雷电雨露霜雪,从飞禽走兽到鱼虾鼋鳖,天地万物就都产生出来了。

《精神训》在讲宇宙生成时一直讲到了人类。它指出:

> 古未有天地之时,惟像无形,窈窈冥冥,芒芠漠闵,澒濛鸿洞,莫知其门。有二神混生,经天营地,孔乎莫知其所终极,滔乎莫知其所止息。于是乃别为阴阳,离为八极,刚柔相成,万物乃形。烦气为虫,精气为人。是故精神天之有也,而骨骸者地之有也,精神入其门而骨骸反其根,我尚何存?

这里将宇宙的生成过程分为两个大阶段:第一个阶段是混沌未形,无有天地。这里的"窈窈冥冥"、"芒芠漠闵"、"澒濛鸿洞"都是状摹无有形体、混混沌沌的宇宙存在状态的,高诱注说这些指的都是"皆未成形之气也"。宇宙本身虽混沌未形，但却有阴阳二气在其中。高诱注说："二神，阴阳之神也。"正是由于阴阳之气的运行，就有了天地分化等的第二阶段。第二阶段是先有天地、然后有万物；在万物中，气的粗疏者化生为飞禽走兽之类的动物，而气的精华者则化生为人；再就人的精神和形体说，天的清阳之气形成精神，地的重浊之气形成躯体，人死后精神就归于天，形体就归于地。

还有《俶真训》，它一开始引了《庄子·齐物论》的"有始者，有未始有有始者，有未始有夫未始有有始者。有有者，有无者，有未始有有无者，有未始有夫未始有有无者"的话，然后借对这些阶段的诠解，论述了天地万物的演化过程。它说：

> 所谓有始者，繁愦未发，萌兆牙蘖，未有形埒垠堮，无无蝡蝡，将欲生兴而未成物类。

这是《淮南子》的作者对"有始者"的解释。高诱注说这个阶段指的是"天地开辟之始也"。但从这里的"繁愦未发"等情况看，所谓"有始者"当指万物萌动而未形之时期。然后就从这个阶段向前寻求。接着"有始者"之前的是"有未始有有始者"，这个阶段的情况是：

> 有未始有有始者，天气始下，地气始上，阴阳错合，相与优游竞畅于宇宙之间，被德含和，缤纷茏苁，欲与物接而未成兆朕。

这是万物萌动前的状态。高诱注说这是"言万物萌兆未始"。这时阴阳之气也已开始相交接，但交接刚开始，万物萌兆的几兆尚未显出来。这个阶段之前就是"有未始有夫未始有有始者"，其情况又怎么样呢？《俶真训》曰：

> 有未始有夫未始有有始者，天含和而未降，地怀气而未扬，虚无寂寞，萧条霄霓，无有仿佛气遂，而大通冥冥者也。

这是阴、阳二气尚未交接、凝合的状态。这时已有天地，但天地初剖，阴阳二气还未接,天地间乃"虚无寂寞"矣,一幅"大通冥冥"之象。

以上是《俶真训》讲的宇宙演化的三个阶段。它是从后向前讲的。如从前向后看,这三个阶段就是:混沌而阴阳未接、阴阳已接而万物尚未萌兆、万物已萌兆但尚未成形。这三个阶段当然只是宇宙演化过程中的部分情况,即从天地开辟到万物萌兆。那么,万物萌兆而成形后情况又怎么样呢?《俶真训》顺着《庄子·齐物论》讲的思想,对这方面的情况也做了考察。它说:

> 有有者,言万物掺落,根茎枝叶,青葱苓茏,萑蔰炫煌,蠉飞蝡动,跂行喙息,可切循把握而有数量。

这是宇宙"有"的状态,即现实宇宙的存在状态。如果以上的"有始者"等是在时间上从后向前推寻的话,那么这里的"有有者"则是在空间上的展开,即从宇宙现在"有"的存在状态起做考察。那么,"有"的宇宙之外是个什么状态呢?《俶真训》曰:

> 有无者,视之不见其形,听之不闻其声,扪之不可得也,望之不可极也。储与扈冶,浩浩瀚瀚,不可隐仪揆度而通光耀者。

这乃宇宙"无"的状态。这个"无"当然不是没有,而是相对于天地万物的实有来说的。如果万物是"有",那么这个"无"作为宇宙的一种存在状态就是指广阔无垠的宇宙空间,即茫茫太空,它"储与扈冶,浩浩瀚瀚"。"储与扈冶",高诱注曰:"褒大意也"。这都是指宇宙太空的浩邈广大貌。这样的太空虽然没有具体的物体,但却是实在存在着的。从"有"到"无",此乃对现实宇宙所做的横向考察。当到"无"时,就指的是整个宇宙已"至大无外"矣。所以,要再来考察宇宙之"无"时,就不能再做横向观察了,而要做纵向观照。所以,接着宇宙的"无"状态,《俶真训》说:

> 有未始有有无者,包裹天地,陶冶万物,大通混冥,深阂广大,不可

为外,析豪剖芒,不可为内;无环堵之宇,而生有无之根。

这是现实宇宙之前的一个时期。是个什么时期呢?就是个连"无"都未出现的时期。这到底是什么时期?就是个能生出"无"的时期。高诱注曰"大冥之中谓道也",近是。这反正是一种宇宙存在状态,就叫"道"吧。这个状态到头了吗?《俶真训》认为尚不是,还有个更高、更根本的状态存在着。它说:

> 有未始有夫未始有有无者,天地未剖,阴阳未判,四时未分,万物未生,汪然平静,寂然清澄,莫见其形。

前一个阶段已经是"大通混冥"的状态,但它"包裹天地,陶冶万物",尚与天地万物处在粘连中。而在这个"未始有夫未始有有无者"的状态这里,天地、阴阳、四时、万物一切的一切统统未有,只有个浑然一体的宇宙;且这时的这个宇宙是"汪然平静,寂然清澄"的。这就是宇宙的头。如果把《淮南子·俶真训》这里所讲的"有"、"无"、"未始有无"、"未始有夫未始有无"的阶段倒过来,就是《老子》第四十二章讲的"道生一,一生二,二生三,三生万物"的宇宙生成论模式。《淮南子》讲的宇宙的"生"虽然没有《老子》讲的那样正规化、模式化,但却比《老子》讲得详细、具体,亦不乏生动性。《淮南子》的宇宙生成论代表了汉代哲学关于宇宙生成论的思想水平。

2.张衡①《灵宪》的宇宙生成论

唐章怀太子李贤注《后汉书·张衡传》说:"蔡邕曰:'言天体者有三家,一曰周髀,二曰宣夜,三曰浑天。宣夜之学,绝无师法;周髀术数具存,考验天状多所违失,故史官不用;唯浑天者近得其情,今史官所用候台铜仪则其法也。'"在汉代流行的周髀、宣夜、浑天这三种天文理论中,张衡接受的是

---

① 《后汉书·张衡传》说:"张衡,字平子,南阳西鄂(即今河南南召南)人也。……年六十二,永和四年卒。""永和"是东汉顺帝的年号(时为136—141年),永和四年是139年;故张衡生年当在78年,即东汉章帝建初三年。可见,张衡是东汉早期人。他是汉代著名的天文学家和文学家。他创制了世界上最早用水力转动的天象仪(浑天仪)和测定地震的地动仪。正因为张衡是个天文学家,故他以认真、求实的科学态度和精神探讨了宇宙生成问题。所以他讲的宇宙生成论比从哲学视角所讲的更有真实性和可理解性。

浑天说。张衡于东汉安帝(107—125 年在位)时“迁为太史令,遂乃研核阴阳,妙尽琁机之正,作《浑天仪》,著《灵宪》、《算罔论》,言甚详明”(《后汉书·张衡传》)。张衡的《灵宪》说的是什么?李贤注说:“《灵宪》序曰:‘昔在先王,将步天路,用定灵轨。灵绪本元,先准之于浑体,是为正仪。故《灵宪》作兴。’衡集无《算罔论》,盖网络天地而算之,因名焉。”(同上)这是说,《算罔论》是对浑天仪在算学方面的说明,而《灵宪》是浑天仪的总说明。那么,《灵宪》说了些浑天仪的什么呢?它要说明的是天体的构成和运行规律,且是将天体的运行规律放在宇宙形成过程中来予以说明的,这就有了一个从天文学的视角提出的宇宙生成论。

张衡《灵宪》说:

昔在先王,将步天路,用之灵轨,寻绪本元,先准之于浑体,是为正仪。立度而皇极有逌建也,枢运有逌稽也,乃建乃稽,斯经天常。圣人无心,因兹以生心。故《灵宪》作兴,曰:太素之前,幽清玄静,寂寞冥默,不可为象。厥中惟灵,厥外惟无。如是者永久焉,期谓溟涬,盖乃道之根也。道根既建,自无生有,太素始萌,萌而未兆,并气同色,浑沌不分。故《道志》之言云:“有物浑成,先天地生。”其气体固未可得而形,其迟速固未可得而纪也。如是者又永久焉,斯谓庬鸿,盖乃道之干也。道干既育,有物成体,于是元气剖判,刚柔始分,清浊异位。天成于外,地定于内。天体于阳故圆以动,地体于阴故平以静;动以行施,静以合化,堙郁构精,时育庶类,斯谓太元,盖乃道之实也。在天成象,在地成形;天有九位,地有九域;天有三辰,地有三形;有象可效,有形可度。情性成殊,旁通感薄,自然相生,莫之能纪。于是人之精者作圣,实始纪纲而经纬之。八极之维径二亿三万二千三百里,南北则短,减千里;东西则广,增千里。自地至天,半于八极,则地之深亦如之,通而度之,则是浑已将覆其数。用重钩股,悬天之景,薄地之义,皆移十里而差一寸得之,过此而往者,未之或知也。未之或知者,宇宙之谓也。宇之表无极,宙之端无穷。天有两仪,以儛道中,其可睹枢星是也,谓之北极;在南者不著,故圣人弗之名焉。(《后汉书·天文志上》刘昭补注引)

张衡《灵宪》比较长，引文至此已足以说明问题。张衡将宇宙的形成分为三个阶段：溟涬、庞鸿、太元。溟涬是太素以前的情形，此时的宇宙是"幽清玄静，寂寞冥默"的，什么也没有，即"不可为象"。但这个宇宙仍在时、空中，即有"厥中"、"厥外"之分，又有"如是者永久焉"的过程。这说明，这时的宇宙虽然是"无"，但却是实体存在。庞鸿是太素始萌的状态，此时的宇宙已"自无生有"，即已在"有"的状态了，这就是"太素"。但"太素始萌，萌而未兆，并气同色，浑沌不分"，这是说，此时的宇宙虽然有了，但只是混沌未分的气，这时的气"体固未可得而形"，还没有凝结成具体形状，故其迟速还不可被确定地考察。太元是太素以后的情形，这时的宇宙是"有物成体"矣，即有了具体的实物。宇宙中的实物，即"成体"的"体"是怎么来的呢？是元气剖判的结果，即"元气剖判，刚柔始分，清浊异位，天成于外，地定于内"，元气终于分化出了天和地；天是属于阳，"故圆以动"，地是属于阴，"故平以静"，动静结合，就"埃郁构精，时育庶类"，即万物产生了。这时的宇宙是天有位、地有域；天有三辰，地有三形，是"有象可效，有形可度"的。于是，人中之精英的圣人就来度天地和纪纲万物。接着宇宙之演化的这三个阶段，张衡还详细阐述了宇宙中天的高度、地的广度等，这就是对宇宙的具体"算罔"。

张衡在讲溟涬、庞鸿、太元宇宙生成的这三个阶段时，多提到"太素"，他是以"太素之前"、"太素始萌"、太素之后来区分这三个阶段的。那么，太素是什么？这个概念源于《易纬·乾凿度》，即"太初者，气之始也；太始者，形之始也；太素者，质之始也"。《白虎通义·天地》曰："形兆既成，名曰太素。"可见，太素指的是有形质的状态。在张衡看来，宇宙开始时是一个没有什么形质的混沌体，这是"无"，就是"太素之前"；然后"自无生有"，宇宙开始了形质分化，但具体形质尚未形成，只是个"有物混成"的状态，这就是"太素始萌"；萌而有长，故有了具体的天、地、万物，这就叫"太素"。可见，张衡的"太素"是与气的运行有关。而他说的"气"不是哲学家在讲宇宙生成论时所使用的具有猜测性的名理性概念，而是宇宙演化的实际材料。故张衡的宇宙生成论是以他所接受的浑天说的天文知识为根据的。按照浑天说，天与地好似一个鸡卵，天好比卵的外壳，地好比卵黄。所以张衡将天、地都看作物体，认为天在外面建立了，地在里面就定下来了，天在外旋转而地居中不动。具体来表现和演示天地这个结构的就是张衡所造的浑天仪。

张衡在讲宇宙生成论时,还提到"道",认为溟涬阶段是"道之根",庞鸿阶段"乃道之干",太元阶段是"道之实也"。那么,如何理解这里的"道"呢? 从总体上看,张衡所说的"道"与《淮南子》的"道"相一致,都是指某种精微难见的东西,即《淮南子·原道训》所谓的"甚淖而滒,甚纤而微"也。值得思考的是,张衡将溟涬阶段的气叫作"道之根",即这种混沌一体的气是"道"的根本、根基。既然气是宇宙演化的原始材料,这里又要"道"干什么呢? 还不厌其烦地说"乃道之根"、"乃道之干"、"乃道之实也",这究竟为了什么? 关于这个问题,张衡没有说。其实,这与《淮南子》谈宇宙生成时所遇到的问题,更往上说与《老子》第四十二章讲宇宙生成模式时所遇到的问题,是相同的,即宇宙生成论中逻辑地蕴含着宇宙本体论问题。这个宇宙本体论问题对《老子》、《淮南子》及张衡来说是不自觉的,但这恰恰表明了宇宙生成论与宇宙本体论的内在关联,即宇宙生成论中必然孕育有宇宙本体论。因为,即使张衡将宇宙的源头追到"幽清玄静,寂寞冥默,不可为象"的混沌之气,但这种气总是存在,它的存在必有其根据和可能,即有本原、本体,这就是"道"。可见,不管张衡自觉与否,也不论他赋予"道"以什么规定,当他讲"道"时就逻辑地含有宇宙本体论思想。这一点,正是汉代哲学宇宙生成论思想的作用和价值所在,也是汉代哲学的宇宙发生论为魏晋玄学的宇宙本体论作思想准备之处。

(二)"天人感应"论

《淮南子》思想从总体上说属于汉初黄老之学"无为而治"的思想范围,故它所讲的宇宙生成思想在汉代影响不大。真正对汉代思想定格有重要影响的是董仲舒讲的"天人感应"论思想。

这里需要讲两方面的问题:一是董仲舒为什么要讲这种看起来在理论上比较粗糙、具有露骨的神学目的论色彩的"天人感应"论? 二是他是如何来讲这种理论的?

1.董仲舒"天人感应"论的时代意义

董仲舒为什么要讲"天人感应"论？这当然是时代的需要，即是汉代封建帝国经济、政治的要求和需要所致，而绝非董仲舒的一时心血来潮之举。事实上，董仲舒的"天人感应"论是汉代上层建筑的哲学理论形式和表现。

周公的"制礼作乐"完成了与奴隶制经济基础相适应的奴隶制上层建筑的建设任务，其功甚巨。但由于社会生产力的发展，至春秋时期以"礼"为代表的奴隶制上层建筑却要解体了。奴隶制上层建筑要解体，这一点也不奇怪。但问题是，解体以后怎么办？旧的奴隶制上层建筑解体了，那肯定要建立与新的经济基础相适应的上层建筑。如果说春秋时期的主要社会倾向表现为奴隶制上层建筑的解体的话，那么战国时期的主要社会倾向则表现为封建制上层建筑的建立。战国时期各诸侯国纷纷变法，就是用法制手段来确立封建的经济和政治体制，哪个国家确立得全面和彻底，哪个国家就获得了作新的封建制代表的资格。秦国后来者居上而能兼并六国，不能不说与它彻底的变法有根本关系。经济、政治体制可以用立法的手段来建构，但观念上层建筑，即社会意识形态却不行，这是因为意识形态虽然最终受制于社会的经济基础，但它的存在有相对独立性。所以，战国时期各国都程度不同地建立了封建制的经济和政治体制，但却没有哪一个国家能完成关于社会意识形态的建构任务。战国时代思想界有儒、道、墨、法、名、阴阳等各家，它们都不同程度地表现出了统一思想、建立新意识形态的要求和愿望，但各家当时都均未能完成这一艰巨的时代重任。

秦王朝建立后，成功地实行了封建的经济和政治体制，但它并未能相应地建立起封建的意识形态。秦国的指导思想是法家法、术、势相结合的法治理论。但实践很快就证明，这种法治理论不合乎封建社会的经济基础，因而不是和不能是占统治地位的社会意识形态。汉初的大政论家贾谊总结秦亡的教训指出，秦统一六国后本来是一个"以六合为家，崤函为宫"的牢固的大帝国，但却"一夫作难而七庙隳，身死人手"，强大的秦王朝很快就灭亡了，只落了个"为天下笑"的可悲结局，这究竟是为什么呢？贾谊说是由于"仁义不施，而攻守之势异也"（见《过秦论》上）。"仁义不施"，这说的就是秦王朝的指导思想，即它以严刑峻法、薄情寡恩的法家思想为指导。贾谊看到的和说的是法家的法治思想理论所带来的直接的社会政治结果。而这里的深层问题则是法家的法治思想不合乎封建社会的经济基础。

汉承秦制,在经济、政治体制方面汉王朝实行的都是封建制,这是秦制的延续。那么,指导思想上也延续秦制吗?当然不能。因为秦朝的法治思想路线正是导致其灭亡的根本原因,岂可再蹈覆辙!基于汉初的社会经济形势和恢复经济、发展生产的时代要求,汉初奉行的指导思想是黄老之学的"无为而治"。汉初的社会实践证明,黄老之学是适合当时的时代需要的,也的确为汉初社会的稳定和繁荣起了重大作用。

既然汉初已有了黄老之学作指导思想,而且当时的社会实践也证明了这一指导思想的正确和所发挥的作用,那么,这是否表明黄老道家思想与封建社会的经济基础相适应,它就可以成为封建社会的意识形态呢?从当时社会发展的实际情况看,问题没有这么简单。汉初在黄老之学"无为而治"思想的指导下,经济上实行"孝弟力田"的方针,政治上采取"众建诸侯而少其力"、推恩令这些方略,再配合以平定吴楚七国之乱等军事行动,到了汉武帝之时,汉王朝已较好地巩固了封建的经济、政治。换言之,封建社会的经济、政治体制至汉武帝时已经得到了确立。但恰恰是指导思想遇到了问题,即在汉初社会经济、政治的发展、稳定中起过重要作用的、实践证明是颇有用和颇为成功的社会指导思想——黄老之学,却随着汉代社会经济、政治的稳定、巩固而要退出历史舞台了。这究竟是人为的还是汉初社会发展的必然?前面我们提到过《中庸》第二十八章,据冯友兰先生说,这一章大概是汉初人作的。这一章中所说的"非天子,不议礼,不制度,不考文。……虽有其位,苟无其德,不敢作礼乐焉;虽有其德,苟无其位,亦不敢作礼乐焉",就是关乎汉代社会上层建筑的建构问题,这里的"议礼"、"制度"、"考文"就是所要建立的上层建筑的内容,其思想核心就是以什么思想为封建社会的指导思想的问题。公元前140年(汉武帝建元元年)汉武帝刚即位,就向天下的贤良文学之士提出了"册问",包括董仲舒在内的当时知识分子精英们回答了皇帝提出的问题。这一活动的社会历史意义和重大的思想文化意义就在于为封建社会的上层建筑建制立法,即建构与封建社会的经济基础相适应的社会意识形态。其结果就是"罢黜百家"而独尊儒术,儒学这时成为汉王朝的指导思想,也从此成为整个中国封建社会的指导思想。在其后的社会发展中,江山易主数人,朝代变更多次,但在封建社会的社会性质未发生根本改变的情况下,儒学一直牢牢地占据着社会统治思想的地位。从这个意义上说,汉武帝和董仲舒的功劳是巨大的。尤其是董仲舒,他以一介平民知识分子的身份为封建社会的上层建筑立了法定了规,功莫大焉!

表面看来,儒学是汉武帝和董仲舒人为地选择出来作封建社会指导思想的。但实质肯定不是这样的,倘若没有社会基础的话,这种人为的选择是最终不会成功的。难道汉初实行了近七十年的黄老之学就不是人为选择的吗,它为什么至汉武帝时代就要被人为地抛弃了呢?在汉景帝(前156—前141年在位)时,黄老之学正是朝廷尊崇的指导思想,就在这时,不就是有一位名叫辕固生的儒生当着最尊崇黄老的窦太后(她是文帝的皇后,景帝的皇太后,武帝的太皇太后)的面贬低过《老子》吗?〔窦太后对辕固生的作为很生气,就罚他去猪圈和猪斗(见《史记·儒林传》)〕这不就说明早在黄老之学作指导思想的时候就有儒生试图尊崇儒家吗?那当时为什么儒学就没有被朝廷选作社会指导思想呢?这时的人为什么就不起作用呢?其根本原因在社会方面。因为,封建社会是农业和手工业相结合的、自给自足的、以一家一户为生产单位的小农经济或曰自然经济,这一经济结构表明,家庭是最基本的生产单位,家庭的稳固、和谐是社会生产得以进行的必要条件。而主张从血缘关系基础上的亲情感出发来和谐家庭关系并以此辐射开来而放大到整个社会关系的儒家思想,正好迎合了或者说扣合住了封建社会的经济结构,适应了封建社会的经济和政治要求。所以,儒学被历史地选择出来作为封建社会的意识形态是必然的。这就说明,只要封建社会不灭亡,儒学是不会退出社会指导思想的舞台的①。这也说明,曾经作过秦王朝社会指

---

① 到现今,当封建社会早已成为历史陈迹的时候,却有现代新儒家出来要"返本开新",即要重新恢复儒学的思想统治地位,使它在资本主义时代,甚至社会主义时代再造辉煌。这个愿望不能说不美好,但可惜是美梦。因为道理很明显,当儒学赖以存在的社会经济基础已不存在时,它的恢复是没有可能的。当然,在儒学不作为社会统治思想的情况下,儒学讲的一些伦理、道德方面的原则、主张仍是可用的,因为在家庭形式和关系还没有彻底解体时,儒学所讲的从基于血缘关系的亲情感出发来调节、谐和人际关系的思想,仍是有用的。

导思想的法家之所以最终没能成功,曾经为社会的稳定、生产的发展起过重要作用的汉初黄老之学之所以最后还是退出了社会指导思想的舞台,就在于它们从根本上与封建社会的经济结构不合拍,虽然在一些条件下它们也能为社会的稳定、发展、治理等发挥作用,有时甚至是很大的作用,但它们最终是作不了封建社会的指导思想的。

可见,把儒学提升为封建社会的指导思想,表面看来是汉武帝和董仲舒的个人意愿和行为,但实际上却是社会历史的必然要求,汉武帝和董仲舒迎合了这一时代要求,所以他们为社会历史的发展做出了重要贡献。然而,将儒学独尊为封建社会的意识形态,这对汉武帝来说只不过是下个诏令的事,即以皇帝的身份和威权诏令天下实行之而已,但对董仲舒来说则没那么简单。汉武帝可以在政治上将儒学独尊起来,在思想上却不能简单地这么做。在思想上要使儒学真正的独尊起来,就只能将其本体化,即把它提升到本体的地位,使它成为独一无二的、自本自根的存在体。董仲舒所讲的那个"天人感应"的思想理论,其实做的就是这方面的工作。

那么,怎样把儒学本体化呢?怎样才能把儒学本体化呢?这种本体化最终对封建社会有什么作用和价值呢?因为儒学的鲜明特色在伦理道德上,正是这个伦理道德的思想内容才非常有益于谐和、调节以血缘关系为纽带的家庭关系,使家庭这个基本的生产单位得以稳固,从而有益于封建社会的经济建设和社会发展。所以,所谓将儒学本体化,就是把儒学讲的这种伦理关系本体化,此之谓伦理本体化或曰伦理学本体论。而伦理学本体论的内容就是:把伦理行为的自觉自愿的应然性外化、升华为宇宙存在的必然性,或者说将宇宙运行的必然性内化为人的伦理行为的应然性,使二者相等同和相导通。为什么非要作此种意义上的外化或升华呢?我们在前面讲孟子"尽心—知性—知天"的天人合一路线时曾指出,人的伦理行为虽然有自觉自愿的应然性维度,这有利于伦理行为的发动和实施,但却不能保证、保障人的伦理行为的正确性和社会的有用性;而伦理行为的正确性和社会有用性恰恰是伦理行为的生命线,是必须得以保证和保障的,否则的话也就不会有伦理行为的存在了。所以,在人的伦理行为的进行中,既要有自觉自愿的应然性的维度,同时还要有理应如此的必然性的维度,只有这两个维度的合一,才会有现实的伦理行为。当儒学在社会上、政治上被封建皇权独尊起来后,它也必须在思想文化上被独尊起来,这就是儒学伦理学的本体化。这也就是董仲舒这位儒生所要完成的哲学任务。

很明显,这个伦理学本体化的哲学任务是很大很艰巨的,因为这里实际上涉及相应的三方面必不可少的哲学思想理论的建构问题,即一是关于宇宙生成问题,必须明确和说明包括人在内的整个宇宙的来源;二是宇宙本体问题,必须明确和理解宇宙如此存在的根据和原因;三是心性本体问题,即必须明确和把握人自己如此存在的根据和原因。只有当这三方面的问题做了相应的探究后,才能从本体的层面和意义上来导通天人,这才能把人自己的应然性外化、升华为宇宙存在的必然性,这时建构儒学伦理学本体论才是可能的和现实的。身处汉初时代的董仲舒,显然没有必要的思想条件和能力来完成把儒学伦理学本体化的哲学任务。但他又不能不和不得不来做这个工作,所以,才有了那个"天人感应"思想和理论的诞生。董仲舒的"天人感应"论一方面具有很明显的神学目的论色彩,表现出了较浓重的神秘性,这实际上是把人的目的、意志和力量直接外化给了"天";另一方面他的这个思想理论不是完全的宗教内容和方式,亦非纯粹的胡诌,他在讲道理,在讲人生存、生活的道理,所以又使你感到有某种思想、某种说理的内容在,这实际上是在把自然的必然性引入了人。读《春秋繁露》,一方面总感到有某种宗教的神秘性,另一方面又觉得有某种道理在,如他所谓的"春,喜气也,故生"、"春气暖者,天之所以爱而生之"(见《春秋繁露》的《阴阳义》、《王道通三》等)云云,既觉得可理解和说明,并非胡言乱语,但又感到道理讲得有些幼稚,说理总是不充分和严密。之所以会如此,就是因为董仲舒把本应从哲学本体论上来讲的问题,予以经验化的直观和类比了。董仲舒所要完成的把儒学伦理学本体论化的任务,到宋明理学才告完成了。但董仲舒的开创之功是不可没的。

汉武帝不愧是雄才大略的帝王,刚一即位就向天下的知识分子精英们提出了"大道之要,至论之极"的形而上问题;这个问题的具体内容包括"三代受命,其符安在? 灾异之变,何缘而起?""天人之应,上嘉唐虞,下悼桀纣,浸微浸灭,浸明浸昌之道"等。这与秦始皇三十四年(前213年)始皇与李斯讨论焚书坑儒以强化法治统治而齐一化意识形态的做法形成了鲜明的对比。汉武帝问得好,问题提到了要害上,有思想深度和哲学高度。董仲舒回答得也好,他就"天人相与之际甚可畏也"、"天者群物之祖也,故遍覆包函而无所殊。建日月风雨以和之,经阴阳寒暑以成之,故圣人法天而立道,亦溥爱而无私。……由此言之,天人之征,古今之道也"(均见《汉书·董仲舒传》)的问题作了论说,"天子览其对而异焉"(同上),回答深得汉武帝的赞许。就这样,一个雄才大略的皇帝,一个专治《春秋》而"三年不窥园"的学者,共同缔造了中国封建社会的上层建筑,即为封建社会的上层建筑立了法,这就是"道之大原出于天,天不变,道亦不变"(同上)的"王道之三纲可求于天"(《春秋繁露·基义》)的封建纲常的确立。这的确不只是有汉社会重大而根本的意识形态,也是整个封建社会重大而根本的意识形态。

2.董仲舒的"天人感应"论

从社会政治层面来看,董仲舒为汉代社会的上层建筑所立的法,就是将封建社会纲常名教的存在基础归于"天",即"王道之三纲可求于天"(《春秋繁露·基义》),"道之大原出于天"(《汉书·董仲舒传》)。在董仲舒看来,封建社会君君、臣臣、父父、子子的这些政治伦理制度和思想观念,都源于神圣的"天",故它们都有神圣性、必然性和永恒性。

把封建社会纲常名教的存在根据、基础归于天,这种思想和做法并没有什么不行和不对。但这里的根本问题在于,将社会名教制度的存在根据归于天后,天是否就会接受这种归属?天如果不接受或不能接受这种归属的话,任你如何做终究是无济于事的。当然,董仲舒在这么做的时候,是肯定天会接受和能接受人的这种归属的,原因就在于天与人是可以相互感应和沟通的,天就像人一样有目的、意志,能赏善罚恶,这就叫"天人感应"。

很明显,董仲舒首先是将"天"予以人化了,即天像人一样有目的和意志,能知道并愿意知道和管理人间的善恶行为。这样做的确是沟通天人的一条捷径。但这样做了后问题并没有完,因为这还需要说明天为什么能有和要有目的和意志性,天是怎样将自己的目的和意志表现出来而传达给人的,人又是靠什么来理解和体会天的目的和意志的这等等问题。如果对这些问题不作说明和说明不了,那么这种思想、理论就是十足的神学,就根本不是儒学了。儒学是思想,是理论,是学术,不是宣扬某种宗教信仰的。董仲舒既然要独尊儒学来为封建社会的上层建筑建制立法,那么儒学就不能是宗教信仰,而一定是思想理论,且是哲学思想理论。所以,对董仲舒的新儒学言,关键的问题不在人这里,如人能否和可否接受天的示警和嘉惩,这在董仲舒看来是完全可能的;问题的关键在"天"这里,即如何将苍苍茫茫的自然之天改造、升华为有目的性和意志力的主宰之"天"。这个任务看似简单,实际上却是很艰巨的。

那么,董仲舒是如何做的呢? 第一步,他先肯定自然之天的存在和运行。不管董仲舒出于何目的,也不管他如何讲天,他毕竟能看到和要看到自然之天(自然界)的存在。董仲舒有言:

天、地、阴、阳、木、火、土、金、水,九,与人而十者,天之数毕也。(《春秋繁露·天地阴阳》。下引此书只注篇名)

天地之间,有阴阳之气,常渐人者,若水常渐鱼也,所以异于水者,可见与不可见耳,其澹澹也。然则人之居天地之间,其犹鱼之离水,一也。其无间若气而淖于水,水之比于气也,若泥之比于水也。是天地之间,若虚而实。(同上)

是故惟天地之气而精,出入无形,而物莫不应,实之至。(《循天之道》)

天之道,有序而时,有度而节,变而有常,反而有相奉,微而至远,踔而至精,一而少积蓄,广而实,虚而盈。(《天容》)

天之常道,相反之物也不得两起,故谓之一。一而不二者,天之行也。阴与阳,相反之物也,故或出或入,或左或右。春俱南,秋俱北,夏交于前,冬交于后,并行而不同路,交会而各代理,此其文与天之道有一出一入一休一伏,其度一也。(《天道无二》)

天之道,终而复始。故此方者,天之所终始也,阴阳之所合别也。冬至之后,阴俛而西入,阳仰而东出,出入之处常相反也。多少调和之适,常相顺也。有多而无溢,有少而无绝。春夏阳多而阴少,秋冬阳少而阴多,多少无常,未尝不分而相散也。以出入相损益,以多少相溉济

也。(《阴阳终结》)

当董仲舒说这些"天之道"或"天之常道"时,这里并没有什么目的性、意志性、神秘性、主宰性,天就是自然之天,天的运行规律就是自然界的必然性所在。

第二步,他赋予自然之天的运行以伦理道德属性。董仲舒指出:

> 天道大数,相反之物也不得俱出,阴阳是也。春出阳而入阴,秋出阴而入阳,夏右阳而左阴,冬右阴而左阳,阴出则阳入,阳入则阴出,阴右则阳左,阴左则阳右,是故春俱南,秋俱北,而不同道。夏交于前,冬交于后,而不同理。并引而不相乱,浇滑而各持分,此之谓天之意。(《阴阳出入》)

> 天地之行美也。是以天高其位而下其施,藏其行而见其光,序列星而近至精,考阴阳而降霜露。高其位所以为尊也,下其施所以为仁也,藏其形所以为神也,见其光所以为明也,序列星所以相承也,近至精所以为刚也,考阴阳所以成岁也,降霜露所以生杀也。为人君者其法取象于天也。(《天地之行》)

> 地卑其位而上其气,暴其形而著其情,受其死而归其功,成其事而归其功。卑其位所以事天也,上其气所以养阳也,暴其行所以为忠也,著其情所以为信也,受其死所以藏终也,献其生所以助明也,成其事所以助化也,归其功所以致义也。为人臣者其法取象于地。(同上)

当董仲舒这样说天论地时,自然之天就有了像人一样的目的和意志。但这种目的和意志并不是天直接表现出来的,因为如果这样的话天就成了宗教意义上的神了;而是以作为自然之天的一种功能、功用、功效来表现的。就自然之天的规律性、必然性言,它不是一种实体存在,而是实体的功能性表现,正如荀子言天时所说的"列星随旋,日月递炤,四时代御,阴阳大化,风雨博施,万物各得其和以生,各得其养以成,不见其事而见其功,夫是之谓神;皆知其所以成,莫知其无形,夫是之谓天"(《荀子·天论》)那样,自然之天的"列星随旋，日月递炤"等运行的规律性、必然性本身就是一种"不见其事而见其功"的"神"，即具有神妙、神奇性，同时也就有了神秘性；正是从自然之天的规律性、必然性这一实体的功能性这里，导向了天的神秘性，也就滑向了天的目的性和主宰性。这种目的性、主宰性的表现就是天像人一样有伦理道德性。

所以，就有了这里的第三步，即将已经伦理道德化了的天再予以目的化和主宰化。董仲舒认为：

> 仁之美者在于天，天，仁也。天覆育万物，既化而生之，有［又］养而成之，事功无已，终而复始，凡举归之以奉人。察于天之意，无穷极之仁也。(《王道通三》)
>
> 仁，天心，故次以天心。(《俞序》)

天本身既有与人一样的"仁"性，那也就有了人一样的目的性和意志性。即

> 天者，百神之君也。(《郊义》)
>
> 唯天子受命于天，天下受命于天子。(《为人者天》)
>
> 受命之君，天意之所予也。(《深察名号》)
>
> 王者必受命而后王。王者必改正朔，易服色，制礼乐，一统于天下，所以明易姓非继仁，通以己受之于天也。(《三代改制质文》)

至此，自然之天终于被改造完成了，它成了有目的、有意志的主宰者，成了封建社会的礼仪规范等一切制度的来源。

董仲舒将自然之天改造、升华为有目的、有意志的主宰之"天"后，天与人就有了同质性，故二者相互的导通、感应就是理所当然的。董仲舒指出：

> 君臣、父子、夫妇之义，皆与诸阴阳之道。君为阳，臣为阴；父为阳，子为阴；夫为阳，妻为阴。……阳之出也，常县于前而任事；阴之出也，常县于后而守空处；此见天之亲阳而疏阴，任德而不任刑也。是故仁义

制度之数，尽取之天。天为君而覆露之，地为臣而持载之；阳为夫而生之，阴为妇而助之；春为父而生之，夏为子而养之；秋为死而棺之，冬为痛而丧之。王道之三纲，可求于天。（《基义》）

可见，人类社会的君臣、父子、夫妇之道都是源于天的。天有目的、有意识地为封建社会的上层建筑立了大法，故封建社会上层建筑的存在就是神圣的和必然的。这终于将社会的礼仪规范超越化和形上化了，使礼仪规范的应然性维度打上了必然性印记。

前面我们指出，汉武帝和董仲舒在谋划封建社会上层建筑的建设时有三次问答对话，其中的两次就直接关涉的是天与人如何相通、相感的问题。董仲舒在第一次"对策"中说：

陛下发德音，下明诏，求天命与情性，皆非愚臣之所能及也。臣谨案《春秋》之中，视前世已行之事，以观天人相与之际，甚可畏也。国家将有失道之败，而天乃先出灾害以谴告之；不知自省，又出怪异以警惧之；尚不知变，而伤败乃至。以此见天心之仁，爱人君而欲止其乱也。自非大亡道之世者，天尽欲扶持而全安之，事在强勉而已矣。（《汉书·董仲舒传》）

"天"先用灾害以谴告人，再用怪异以警惧人；如果这些都不生效的话，就只好给人以伤败了。这既体现了天的"仁心"所在，也表现出天的神圣权威性力量。

第三次"册问"时汉武帝直接问"善言天者必有征于人"的问题，董仲舒有针对性地回答说：

臣闻：天者群物之祖也，故遍覆包函而无所殊；建日月风雨以和之，经阴阳寒暑以成之。故圣人法天而立道，亦溥爱而亡私；布德施仁以厚之，设谊立礼以导之。春者天之所以生也，仁者君之所以爱也；夏者天之所以长也，德者君之所以养也；霜者天之所以杀也，刑者君之所以罚也。由此言之，天人之征，古今之道也。孔子作《春秋》，上揆之天道，下质诸人情，参之于古，考之于今，故《春秋》之所讥，灾害之所加也；《春秋》之所恶，怪异之所施也。书邦家之过，兼灾异之变，以此见人之所为其美恶之极，乃与天地流通而往来相应，此亦言天之一端也。（同上）

这里以《春秋》内容为例，说明天与人是有"征"的，即天和人相感相应，人天是个相统一的系统。"天虽不言，其欲赡足之意可见也。古之圣人，见天意之厚于人也，故南面而君天下，必以兼利之。"（《诸侯》）

就这样，董仲舒在汉初的时代条件下完成了他的"天人感应"论。董仲舒的"天人感应"论是儒学伦理学本体论在汉代的表现形式。

（三）宇宙系统论

董仲舒的"天人感应"论实际是一宇宙系统论。它将天与人看作一个统一的宇宙总系统，人与天作为这个总系统运行中的要素，在总系统的运行过程中相互导通而感应之。所以，在董仲舒的"天人感应"论这种目的论中，就逻辑地蕴含有一种宇宙系统论的思想和理论。这个宇宙系统论既可归入"天人感应"论中而作为天人相"感应"的途径和方式，也可以独立出来成为一种单独的"天人关系"论。从整个汉代哲学所讨论的"天人关系"问题看，这个宇宙系统论是一种独立的思想理论。

下面将秦汉作为一个总体阶段，对其时的宇宙系统论思想予以简要梳理。

1.《吕氏春秋》、《淮南子》、《礼记·月令》中的宇宙系统论

将天地、五行、四时、阴阳、气象、物候、人事等搭配、组合为一个总体系统，这种思想在秦汉时期是比较普遍的。例如，在"成书的时代和《吕氏春秋》成书的时代可能差不多"①的《管子》一书中，就有这种宇宙系统论思

---

① 冯友兰：《中国哲学史新编》上卷，人民出版社1998年版，第118页。

想。《管子·幼官》①说：

> 五和时节，君服黄色，味甘味，听宫声，治和气，用五数，饮于黄后之井，以保兽之火爨，藏温濡，……。八举时节，君服青色，味酸味，听角声，治燥气，用八数，饮于青后之井，以羽兽之火爨，藏不忍，……。七举时节，君服赤色，味苦味，听羽声，治阳气，用七数，饮于赤后之井，以毛兽之火爨，藏薄纯，……。九和时节，君服白色，味辛味，听商声，治湿气，用九数，饮于白后之井，以介虫之火爨，藏恭敬，……。六行时节，君服黑色，味咸味，听徵声，治阴气，用六数，饮于黑后之井，以鳞兽之火爨，藏慈厚……。

《幼官》为什么要讲看似无意义的这一套？这里的"幼官"乃"玄宫"之误；而"玄宫"就是古代的"明堂"，即统治者所居住的地方。在古代政教合一的情况下，一个部落或国家的首领同时就是巫祝的首领，他就住在"明堂"里，这是一个包括许多房间的建筑，四面都有门，在一年四季中，每一季里统治者应住哪个房间、走哪个门、穿什么颜色的衣服、吃什么味道的饭、听什么样的音乐、发什么样的号令、行什么样子的政策等②，都有明确的规定，倘若出现差错，就会引起自然界的非常变化，会给人带来灾害。我们可以不管《幼官》讲这些的社会政治、宗教意义。从它所讲的内容可以看出，这里以"五行"为框架，将黄青赤白黑这"五色"、甘酸苦辛咸这"五味"、宫角羽商徵这"五音"、和燥阳湿阴这"五气"、五八七九六这"五数"等都统一为一个相互联系的整体；在这个整体中，各要素相互结合搭配，因此而产生了相互的影响和作用。

　　另外，《管子》的《四时》、《五行》篇中也有这种系统思想。《四时》是以"四时"为框架，将四时、四方、四德、四气等统一起来。《五行》则以"五行"为框架，将四方、四时、五钟等统一为一个整体。

---

① 　"幼官"乃"玄宫"之误。"玄宫"即"明堂"。见冯友兰：《中国哲学史新编》上卷，人民出版社 1998 年版，第 618 页。

② 　参见冯友兰：《中国哲学史新编》上卷，人民出版社 1998 年版，第 618 页。

至秦统一中国前夕吕不韦集门客作《吕氏春秋》时,就更集中和突出了天地万物为一体的宇宙系统论思想。《吕氏春秋》有《孟春纪》、《仲春纪》、《季春纪》、《孟夏纪》、《仲夏纪》、《季夏纪》、《孟秋纪》、《仲秋纪》、《季秋纪》、《孟冬纪》、《仲冬纪》、《季冬纪》这"十二纪",这十二纪就是一年的"年历",每一"纪"中对气候、天象、物候、五日、五帝、五行、五音、五祀、政令、农事、祭祀等都有论说,将它们统一、结合为一个有关联的作用系统。这里我们不妨引《孟春纪》所讲的看看:

> 孟春之月,日在营室,昏参中,旦尾中,其日甲乙,其帝太皞,其神句芒,其虫鳞,其音角,律中太蔟,其数八,其味酸,其臭膻,其祀户,祭先脾。东风解冻,蛰虫始振;鱼上冰,獭祭鱼,候雁北。天子居青阳左个,乘鸾辂,驾苍龙;载青旂,衣青衣,服青玉;食麦与羊,其器疏以达。是月也以立春……盛德在木,天子万斋。立春之日,天子亲率三公、九卿、诸侯、大夫以迎春于东郊,还乃赏卿、诸侯、大夫于朝。命相布德和令,行庆施惠,下及兆民。庆赐遂行,无有不当。……是月也,天子乃以元日祈谷于上帝;乃择元辰,天子亲载耒耜措之,参于保介之御间。……是月也,天气下降,地气上腾,天地和同,草木繁动;王布农事,命田舍东郊。……是月也,命乐正入学习舞,乃修祭典,命祀山林川泽,牺牲无用牝,禁止伐木,无覆巢,无杀孩虫胎、夭飞鸟,无麑无卵;无聚大众,无置城郭,掩骼霾髊。是月也,不可以称兵,称兵必有天殃,兵戎不起,不可以从我始。无变天之道,无绝地之理,无乱人之纪。

《吕氏春秋·孟春纪》在此所讲的,与《管子·幼官》所讲的基本思想一致,但它显然讲得具体、详尽些。它将气候——"天气下降,地气上腾"、天象——"日在宫室,昏参中,旦尾中"、物候——"东风解冻,蛰虫始振,鱼上冰,獭祭鱼,候雁北"、五日——"甲乙"、五帝——"太皞"、五神——"句芒"、五行——"木"、五方——"东"、五色——"青"、五音——"角"、十二律——"太蔟"、五虫——"鳞"、五味——"酸"、五臭——"膻"、五数——"八"、五祀——"户"、祭先——"脾"、政令、农事、祭祀——"禁止伐木,无覆巢,无杀孩虫胎、夭飞鸟,无麛无卵;无置城郭;不可以称兵"、"王布农事"、"祈谷于上帝;祀山林川泽,牺牲无用牝"等,都结合、统一起来,由这些元素、要素组合为一个整体的运行系统。这些讲法的某些地方不免带有神秘性,有某些禁忌在内。但其总体思想是明白、清楚的,即宇宙中的天地万物、气候天象、人事政教等都是协调和统一的系统。

《吕氏春秋》的《仲春纪》等其他的十一"纪"都这么讲,讲得的确细致、全面。这"十二纪"一起就构成了一幅规模相当宏大、构造相当齐备、功行相当完善的宇宙系统论模式,从天上到地上,从自然到人事,从飞禽到走兽,从天象物候到人事政令等一切都是协调、统一的,处在了系统的运行中。

《吕氏春秋》之后,《淮南子》也讲这种宇宙系统论。《淮南子》在《时则训》篇中几乎照搬了《吕氏春秋·孟春纪》中的文字。还有《淮南子·天文训》篇,在讲宇宙生成时也附带讲到了宇宙系统论,如说:"何谓九野? 中央曰钧天,其星角亢氐;东方曰苍天,其星房心尾;东北曰变天,其星箕斗牵牛;北方曰玄天,其星须女虚危营室;西北方曰幽天,其星东壁奎娄;西方曰颢天,其星胃昴毕;西南方曰朱天,其星觜嶲参东井;南方曰炎天,其星舆鬼柳七星;东南方曰阳天,其星张翼轸。何谓五星? 东方木也,其帝太皞,其佐句芒,执规而治春,其神为岁星,其兽苍龙,其音角,其日甲乙。南方火也,其帝炎帝,其佐朱明,执衡而治夏,其神为荧惑,其兽朱鸟,其音徵,其日丙丁。中央土也,其帝黄帝,其佐后土,执绳而制四方,其神为镇星,其兽黄龙,其音宫,其日戊己。西方金也,其帝少昊,其佐蓐收,执矩而治秋,其神为太白,其兽白虎,其音商,其日庚辛。北方水也,其帝颛顼,其佐玄冥,执权而治冬,其神为辰星,其兽玄武,其音羽,其日壬癸。"这里将九天、五星、五帝、五方、五音、五行、四季、四兽、五神以及十天干等都统一为一个系统。

还有《礼记·月令》,也几乎照搬了《吕氏春秋·孟春纪》的文字,将天地万物、物候人事等都组合为一个总体系统。它先将春、夏、秋、冬四时与东、南、西、北四方相配合,再把四时的变化与木、火、金、水、土五行相结合,认为四季变化就是木、火、金、水依次"相生"的结果。《月令》又将四季的变化与阴阳二气的运行联系起来,如认为五月夏至时"是月也,日长至,阴阳争,死生分",而到十一月冬至时则"是月也,日短至,阴阳争,诸生荡"。《月令》还将农业生产活动与四季的变化相统一,认为当"盛德在木"时就东风解冻,草木繁生,此时宜耕稼树艺,切忌砍伐和打猎。它还给十二月中的每一月安排了一个主宰者"神",将人们的生活与四时也联系了起来。很明显,《礼记·月令》也是一宇宙系统论思想。

可见,在秦汉之际,宇宙系统论思想是颇为丰富和普遍的。

2.董仲舒"天人感应"论的宇宙系统论

董仲舒讲的是"天人感应"论。但天与人的"感应"只是董仲舒哲学思想的一种原则和目标,尚不是天人相"感应"的具体途径和方式。所以,董仲舒哲学如果仅有"天人感应"这种原则和目标是不行的,这里的关键问题在于要为天与人的相感相应找到途径和方式,这是关系到"天人感应"论之存在和实行的根本。董仲舒自己也没有只停留在"天人感应"论的原则和目标上,他同时讲到了天人"感应"的途径和方式,这就是他"天人感应"论中的宇宙系统论思想。

董仲舒是怎样讲宇宙系统论思想的呢?

一是他将天地万物视为一总体运行系统。董仲舒说:

> 何谓之天端?曰:天有十端,十端而止已。天为一端,地为一端,阴为一端,阳为一端,火为一端,金为一端,木为一端,水为一端,土为一端,人为一端,凡十端而毕,天之数也。(《官制象天》)

天、地、阴、阳、火、金、木、水、土、人这十个东西是一个总体系统。这十个元素的每一个都既是它自身又是这个总系统的构成和表现,故这十个元素间是相沟通的。这是从结构构成上形成的一个宇宙系统。

这个宇宙系统构成后,它自身是要运转的。这一宇宙系统如何来运转呢? 董仲舒说:

> 天有五行:一曰木,二曰火,三曰土,四曰金,五曰水。木,五行之始也;水,五行之终也;土,五行之中也。此其天次之序也。(《五行之义》)

这是说,宇宙系统的运行是由作为"天次之序"的"五行"来实施和完成的。五行又是如何来做的呢？ 这就是五行间的"比相生而间相胜"(《五行相生》)。所谓"比相生"就是木、火、土、金、水的依次相生,即"木生火,火生土,土生金,金生水,水生木"(《五行之义》)。关于"间相胜",董仲舒讲得比较复杂些,他是结合官制来讲的,曰："木者,司农也。……夫木者农也,农者民也,不顺如叛,则命司徒诛其率正矣。故曰金胜木。火者,司马也。……夫火者,本朝,有邪谗荧惑其君。执法诛之,执法者水也。故曰水胜火。……夫土者,君之官也。君大奢侈过度失礼,民叛矣。其民叛,其君穷矣。故曰木胜土。……金者,司徒；司徒弱,不能使士众,则司马诛之。故曰火胜金。水者,司寇也。……夫水者,执法司寇也。执法附党不平,依法刑人,则司营诛之。故曰土胜水。"(《五行相胜》)如果撇开官制,专就木、火、土、金、水之间的关系言,所谓"间相胜"就是说：木从土中生长出,这是木胜土,但中间隔着火；火能熔化金,即火胜金,但中间隔着土；土能堵住水,即土胜水,但中间隔着金；金能砍削木,即金胜木,但中间隔着水。正是通过"五行"间的相生、相克(胜)关系,使五行运转了起来,由此而完成了或曰实现了由天、地、阴、阳、木、火、土、金、水、人而构成的宇宙系统的运动。这个运动过程就是构成该系统的各要素间的相感、相应。

二是董仲舒又将人与天合为一总体系统。在上面讲"十端"时,董仲舒已经将天与人构成为一个系统。但在那里天与人的关系还比较外在,且那个宇宙系统的运行主要体现和表现的是天的自然必然性一面,即是通过五行间的相生、相胜(克)关系来表现的。现在,董仲舒进一步谈天与人构成的系统,在这个系统中更多地或者说主要地表现了天的目的性、意志性,这实质上是体现或展现了人自身的目的性、意志性所在。董仲舒说：

> 天德施,地德化,人德义。天气上,地气下,人气在其间。春生夏长,百物以兴；秋杀冬收,百物以藏。故莫精于气,莫富于地,莫神于天。天地之精所以生物者,莫贵于人。人受命乎天也,故超然有以倚。物疢疾莫能为仁义,唯人独能为仁义；物疢疾莫能偶天地,唯人独能偶天地。人有三百六十节,偶天之数也；形体骨肉,偶地之厚也。上有耳目聪明,

日月之象也;体有空窍理脉,川谷之象也;心有哀乐喜怒,神气之类也。观人之体一,何高物之甚,而类于天也。……是故人之身,首坌员,象天容也;发,象星辰也;耳目戾戾,象日月也;鼻口呼吸,象风气也;胸中达知,象神明也;腹饱实虚,象百物也。……天地之符,阴阳之副,常设于身,身犹天也,数与之相参,故命与之相连也。天以终岁之数,成人之身,故小节三百六十六,副日数也;大节十二分,副月数也;内有五藏,副五行数也;外有四肢,副四时数也;乍视乍瞑,副昼夜也;乍刚乍柔,副冬夏也;乍哀乍乐,副阴阳也;心有计虑,副度数也;行有伦理,副天地也,此皆暗膚著身,与人俱生,比而偶之奄合。于其可数也,副数;不可数者,副类。皆当同而副天,一也。(《人副天数》)

这是从天的结构和人的身体结构上讲的天人一体的系统。董仲舒所谓的人身"小节三百六十六,副日数也"等,未免有目的论的神秘性,但他的意思是明确的,即人生天地间,人与天地本就是一总体或整体,人、天各是构成这一总体的元素不仅人的形体是副天数的,人的血气性情等也是由天化成的。董仲舒认为:

为生不能为人,为人者天也。人之人本于天,天亦人之曾祖父也。此人之所以上类天也。人之形体,化天数而成;人之血气,化天志而仁;人之德行,化天理而义;人之好恶,化天之暖清;人之喜怒,化天之寒暑;人之受命,化天之四时。人生有喜怒哀乐之答,春秋冬夏之类也。……天之副在乎人,人之情性有由天者矣。(《为人者天》)

人从形体到性情,都与天相类相合,由此而组成了一个总体系统。正因为人与天是一个总系统,故人与天的沟通就是可能的和自然的,即"唯人独能偶天地","观人之体一,何高物之甚而类于天也。"(《人副天数》)

三是董仲舒将人类社会的运行与天的运行合而为一,这是将人道与天道结合为一个系统。以上董仲舒所讲的两类宇宙系统,基本是结构式的或静态化的。而问题的关键是天与人合一的这个宇宙系统是要运行的,如果不运行的话即使组成了系统那也是没用的。那么，这个天人为一的宇宙系统是如何运行的呢？这才真正关系到董仲舒"天人感应"论所讲的天与人如何"感"、"应"的问题。董仲舒说：

> 天道之常，一阴一阳。阳者天之德也，阴者天之刑也。迹阴阳终岁之行，以观天之所亲，而任成天之功。……天亦有喜怒之气，哀乐之心，与人相副。以类合之，天人一也。春，喜气也，故生；秋，怒气也，故杀；夏，乐气也，故养；冬，哀气也，故藏。四者天人同有之。有其理而一用之，与天同者大治，与天异者大乱。故为人主之道，莫明于在身之与天同者而用之。（《阴阳义》）

> 明王正喜以当春，正怒以当秋，正乐以当夏，正哀以当冬。上下法此，以取天之道。春气爱，秋气严，夏气乐，冬气哀。爱气以生物，严气以成功，乐气以养生，哀气以丧终，天之志也。是故春气暖者，天之所以爱而生之；秋气清者，天之所以严而成之；夏气温者，天之所以乐而养之；冬气寒者，天之所以哀而藏之。春主生，夏主养，秋主收，冬主藏。生溉其乐以养，死溉其哀以藏，为人子者也，故四时之比，父子之道，天地之志，君臣之义也。（《王道通三》）

> 喜怒之祸，哀乐之义，不独在人，亦在于天；而春夏之阳，秋冬之阴，不独在天，亦在于人。人无春气，何以博爱而容众？人无秋气，何以立严而成功？人无夏气，何以盛养而乐生？人无冬气，何以哀死而恤丧？天无喜气，亦何以暖而春生育？天无怒气，亦何以清而秋就杀？天无乐气，亦何以竦阳而夏养长？天无哀气，亦何以激阴而冬闲藏？故曰天乃有喜怒哀乐之行，人亦有春秋冬夏之气者，合类之谓也。（《天辨人在》）

> 天地之行美也。是以天高其位而下其施，藏其形而见其光，序列星而近至精，考阴阳而降霜露。高其位所以为尊也，下其施所以为仁也，藏其形所以为神也，见其光所以为明也，序列星所以相承也，近至精所以为刚也，考阴阳所以成岁也，降霜露所以生杀也。为人君者其法取象于天也。（《天地之行》）

董仲舒的类似说法还有一些,但以上引文足以窥视董仲舒"天人感应"思想了。在董仲舒看来,天与人构成的宇宙总系统中,天和人是可以沟通、感应的。这个"感应"又是怎么发生的呢?是人这个形体与天这个形体之间的感应吗?比如天气有所变化时人身体的某些方面会有感觉。当然不是,因为如果是这种意义上的感应的话人就纯粹被降到一般自然物的水平了。那是人的心灵与天的意志的感应吗?比如说"天"有什么想法、意图时人能体会到,会灵犀相通。当然也不是,因为如果是这种感应的话人就与神性的"天"同质,人就成为神了;即使人这时不是神,那么这种感应也是宗教神学学说而不是哲学理论。董仲舒的"天人感应"论有神学目的论的色彩和成分,也有趋向宗教神学的可能性,尔后汉代谶纬迷信的产生就是例证。但他的"天人感应"论本身却不是宗教而是哲学。在董仲舒这里,天与人的"感应"是一种功能、功用上的作用和表现。在董仲舒看来,自然之天有春、夏、秋、冬的四季运行,这是自然必然性之所在;但同时这种运行却有功能、功用、效能上的差别和区分,这就是阴阳的性质、地位、作用的不同表现。当天的四季运行表现为阴阳的功能性后,进一步,这种功能性就可与人的目的性、意志性相导通,或者说通过阴阳的功能性,就可将人的目的性、意志性赋予给自然之天的运行,使自然之天或者说天自然运行的必然性有了目的性和意志性。到了这时,天与人的感通就是自然的了。

荀子在谈自然之天的四时运行时说:"万物各得其和以生,各得其养以成,不见其事而见其功,夫是之谓神;皆知其所以成,莫知其无形,夫是之谓天。"(《荀子·天论》)这里讲的就是自然之天这个实体运行的功能性。因为功能不是实体,而是实体所具有的功用、能力、效能等属性,故它很容易被目的化、意志化,似乎实体所表现出的此种功能是有目的地作为一样;而这种目的与人的目的又不同,因为它没有人的目的那样突出的主观性色彩,而更显得"神"些,即神奇、神妙、神奥也。董仲舒在此讲"天人感应"论,讲"春,喜气也,故生"等的"天亦有喜怒之气,哀乐之心",这种讲法从思想渊源上说正是对荀子天论思想的继承和运用。董仲舒天人一体的宇宙系统论是功能论,他的"天人感应"论的真正表现和目的就在这里。当然,董仲舒的这种感应论毕竟带有目的论色彩,尚未能成为真正哲学理论的"天人合一"论(这在宋明理学中才完成了)。但董仲舒为中国古代哲学"天人合一"论这种形而上的本体论思想搭起了框架,其功是不可没的。

3.《黄帝内经》的宇宙系统论

早在春秋战国时期,人们就试图将人体结构、各类疾病和自然界的其他因素联系起来认识和考察。如《周礼·天官》中有"以五气、五声、五色视其死生,两之以九窍之变,参之以九脏之动"之说;《左传·昭公元年》有"天有六气"、"淫生六疾"之说,并讲到卫生、保健与五色、五味、五声的关系;在《管子》的《水地》、《四时》、《幼官》等篇中,在《吕氏春秋》的《达郁》篇中,都不同程度地讲到五方、五色、五味、五音、五气、五脏、五肉、肌肤、血脉、筋骨、四时、九窍等与五行的关系。但它们所建立的这些联系还不够系统和一致,与五行、阴阳的联系也不甚明确和自觉。到了"西汉时最后写定的《黄帝内经》一书"①,这些方面的不足得到了弥补。《黄帝内经》是一部医学科学著作,它将人体结构及各种疾病与阴阳、五行结合起来,为辨症施治的中医理论奠定了基础。可以说,《黄帝内经》的医学理论是一种独特的宇宙系统论。那么,《黄帝内经》讲了些什么系统思想呢?

首先,《黄帝内经》认为,天与人是一个整体系统,人是天(自然界)的一部分,人与天是相与、相应的统一体;而天的运行规律,如阴阳相调、五行相生克等,也支配着人。所以,疾病的治疗不可孤立的就事论事,而要从天人这个整体系统出发来考虑。例如,它说:

夫自古通天者生之本,本于阴阳。天地之间,六合之内,其气九州九窍,五脏、十二节,皆通乎天气。其生五、其气三,数犯此者,则邪气伤人,此寿命之本也。(《黄帝内经·生气通天论》。下引此书只注篇名)

阴阳者,天地之道也,万物之纲纪,变化之父母,生杀之本始,神明之府也,治病必求本。……故清阳为天,浊阴为地;地气上为云,天气下为雨,雨出地气,云出天气。故清阳出上窍,浊阴出下窍;清阳发腠理,浊阴走五脏;清阳实四支,浊阴归六腑。(《阴阳应象大论》)

① 翦伯赞主编:《中国史纲要》上册,人民出版社1983年版,第242页。

夫四时阴阳者,万物之根本也。所以圣人春夏养阳,秋冬养阴,以从其根,故与万物沉浮于生长之门。逆其根,则伐其本,坏其真矣。故阴阳四时者,万物之终始也,死生之本也,逆之则灾害生,从之则苛疾不起,是谓得道。(《四气调神大论》)

这里特别突出了阴阳,认为阴阳是"天地之道",是"万物之纲纪,变化之父母,生杀之本始,"是"神明之府",总之,阴阳乃天地万物的存在本根。阴阳是天地万物存在之本,当然也是人存在之本;人要得以健康生活,就要顺阴阳之道这个"死生之本",倘若逆之,则"灾害生"矣,人就生病了。这里很明显是以阴阳为本将天与人组成了一个总体系统。

其次,《黄帝内经》将五行、五色、五味、五声等相组合而配成一个统一的整体,使这个整体处在运动中并与人的五脏、六腑相配合、对应,以说明人的疾病产生的原因等问题。《黄帝内经》有《阴阳应象大论》一篇,详细论述说:

天有四时五行,以生长收藏,以生寒暑燥湿风,人有五脏化五气,以生喜怒悲忧恐。故喜怒伤气,寒暑伤形,暴怒伤阴,暴喜伤阳。厥气上行,满脉去形;喜怒不节,寒暑过度,生乃不固。

东方生风,风生木,木生酸,酸生肝,肝生筋,筋生心,肝主目。其在天为玄,在人为道,在地为化。化生五味,道生智,玄生神。神在天为风,在地为木,在体为筋,在脏为肝,在色为苍,在音为角,在声为呼,在变动为握,在窍为目,在味为酸,在志为怒。怒伤肝,悲胜怒,风伤筋,燥胜风,酸伤筋,辛胜酸。

南方生热,热生火,火生苦,苦生心,心生血,血生脾,心主舌。其在天为热,在地为火,在体为脉,在脏为心,在色为赤,在音为徵,在声为笑,在变动为忧,在窍为舌,在味为苦,在志为喜。喜伤心,恐胜喜,热伤气,寒胜热。苦伤气,咸胜苦。

中央生湿,湿生土,土生甘,甘生脾,脾生肉,肉生肺,脾主口。其在天为湿,在地为土,在体为肉,在脏为脾,在色为黄,在音为宫,在声为歌,在变动为哕,在窍为口,在味为甘,在志为思。思伤脾,怒胜思,湿伤肉,风胜湿,甘伤肉,酸胜甘。

西方生燥,燥生金,金生辛,辛生肺,肺生皮毛,皮毛生肾,肺主鼻。其在天为燥,在地为金,在体为皮毛,在脏为肺,在色为白,在音为商,在声为哭,在变动为咳,在窍为鼻,在味为辛,在志为忧。忧伤肺,喜胜忧,热伤皮毛,寒胜热,辛伤皮毛,苦胜辛。

北方生寒,寒生水,水生咸,咸生肾,肾生骨髓,髓生肝,肾主耳。其在天为寒,在地为水,在体为骨,在脏为肾,在色为黑,在音为羽,在声为呻,在变动为栗,在窍为耳,在味为咸,在志为恐。恐伤肾,思胜恐,寒伤血,燥胜寒,咸伤血,甘胜咸。

故曰:天地者,万物之上下也;阴阳者,血气之男女也;左右者,阴阳之道路也;水火者,阴阳之征兆也;阴阳者,万物之能始也。故曰:阴在内,阳之守也,阳在外,阴之使也。

这里以五行为骨架,以阴阳为经脉,将天地物候的运行与人体结构及情性等结合、统一了起来,使之成为一总体系统,各元素均在此系统中发生着作用。为了醒目,我们不妨将《黄帝内经》所讲的这个系统简列如下:

五行:木、火、土、金、水。

五方:东、南、中、西、北。

五气:风、热、湿、燥、寒。

五动:握、忧、哕、咳、栗。

五脏:肝、心、脾、肺、肾。

五窍:目、舌、口、鼻、耳。

五体:筋、脉、肉、皮毛、骨。

五志:怒、喜、思、忧、恐。

五色:苍(青)、赤、黄、白、黑。

五味:酸、苦、甘、辛、咸。

五音:角、徵、宫、商、羽。

　　五声：呼、笑、歌、哭、呻。

另外，它还讲到五序（春、夏、长夏、秋、冬）、五腑（胆、小肠、胃、大肠、膀胱）、五谷（麦、菽、稷、麻、黍）、五时（平旦、日中、日西、日入、夜半）、五脉（弦、洪、濡、浮、沉），等等。这么些"五"相互组合、搭配就构成了一个总体系统。且这个系统是处在运行中的，在运行中五行就与五方等相配合、相作用着。中医所谓的辨症施治，所"辨"的正是这个系统，而不是头痛医头、脚痛医脚式的只注意单个的要素。这个思想无疑具有科学性。

　　最后，《黄帝内经》提出了"脉搏"说，为天人一体的宇宙系统运行输入了"信息"。《黄帝内经》讲宇宙系统，目的是为了保健和治疗疾病。但要达到这一目的，就必须能进入这个系统中，即把握住这个系统的运动规律、功能等；倘若进不到这个系统中，它讲这个宇宙系统也就没有什么作用和意义了。那么，究竟怎样来把握这个宇宙系统呢？是一个个地去分析、考察这个系统中的每一个要素吗？此路不通，因为这样做本身就违反了系统的原则和要求，这实际上是取消了系统本身。根据现代系统论、信息论等有关的思想理论，要把握系统就要从该系统的"信息"入手，以把握该系统的总体模式和其输出、输入的功能、特征。就人体言，只不过是天人一体总系统中的一些暂时的"稳定"，是不断进行新陈代谢、不停地吸收和排出物质和能量的一个信息化模式。所以，把握人体，即要了解人体与自然的关系和作用情况，就要把握人体在与自然界进行物质和能量交换过程中的运动和变化的信息模式。《黄帝内经》正以其独特的思想理论，把握到了人体运动变化的信息模式，这就是它的"脉搏"说。

　　《黄帝内经》将人体这个"器"的运动变化视为气的出入、升降的活动过程。它有《六微旨大论》一篇，论述了这一思想。说：

　　　　岐伯曰："言天者求之本，言地者求之位，言人者求之气交。"帝曰："何谓气交？"岐伯曰："上下之位，气交之中，人之居也。故曰：天枢之上，天气主之；天枢之下，地气主之；气交之分，人气从之，万物由之，此之谓也。"帝曰："其升降何如？"岐伯曰："气之升降，天地之更用也。"帝曰:"愿闻其用何如?"岐伯曰:"升已而降,降者谓天;降已而升,升者谓地。天气下降,气流于地;地气上升,气腾于天。故高下相召,升降相因,而变作矣。"岐伯曰:"出入废则神机化灭,升降息则气立孤危,故非出入,则无以生长壮老已;非升降,则无以生长化收藏。是以升降出入,无器不有。故器者生之宇,器散则分之,生化息矣。"

这是说,人体之"器"是气——物质、能量、信息——之出入、升降而取得平衡的暂时表现,一旦这个平衡被打破,人就死亡了。所以,所谓治病从实质上说就是要恢复气的出入、升降在人体内的平衡态。那么,又怎么知道"气"在人体中是否平衡的情况呢? 这就要捕捉气在人体中出入升降的信息。《黄帝内经》认为,这种信息就是人的"脉搏",通过"切脉"就可知人体中气之出入、升降的具体信息。它指出:

夫脉之小大滑涩浮沉,可以指别;五脏之象,可以类推;五脏相音,可以意识;五色微诊,可以目察。能合脉色,可以万全。赤,脉之至也,喘而坚,诊曰有积气在中,时害于食,名曰心痹,得之外疾,思虑而心虚,故邪从之。白,脉之至也,喘而浮,上虚下实,惊,有积气在胸中,喘而虚,名曰肺痹,寒热,得之醉而使内也,青,脉之至也,长而左右弹,有积气在心下肢胠,名曰肝痹,得之寒湿,与疝同法,腰痛足清头痛。黄,脉之至也,大而虚,有积气在腹中,有厥气,名曰厥疝,女子同法,得之疾使四支汗出当风。黑,脉之至也,上坚而大,有积气在小腹与阴,名曰肾痹,得之沐浴清水而卧。(《五脏生成》)

夫脉者,血之府也,长则气治,短则气病数则烦心,大则病进,上盛则气高,下盛则气胀,代则气衰,细则气少,涩则心痛,浑浑革至如涌泉。病进而色弊,绵绵其去如弦绝,死。(《脉要精微记》)

是故持脉有道,虚静为保。春日浮,如鱼之游在波;夏日在肤,泛泛乎万物有馀;秋日下肤,蛰虫将去;冬日在骨,蛰虫周密,君子居室。故曰:知内者按而纪之,知外者终而始之,此六者,持脉之大法。(同上)

有脉俱沉细数者,少阴厥也。沉细数散者,寒热也。浮而散者,为

昫仆。诸浮不躁者皆在阳，则为热；其有躁者在手。诸细而沉者皆在阴，则为骨痛；其有静者在足。（同上）

脉搏，这是人体中气运行状况的典型信息。这种"脉"的搏动，是器官但又非器官，是血流但又非血流，它是血在脉管中流动时的一种功能性表现，所以它负载的是人体气血运行情况的"信息"。人们通过"切脉"，就能掌握这种"信息"，以之来判断人体的健康状况。

脉搏说是把握人天一体宇宙系统的一种重要手段和途径。关于这种理论的来源，一是《黄帝内经》继承了以前的切脉思想，如在它所引用的二十种先秦古医籍中，属于诊脉的就有《脉变》、《揆度》、《阴阳》、《脉经》、《脉要》等。二是是对临床经验的概括总结，如《平人气象论》曰："人一呼脉再动，一吸脉亦再动，呼吸定息脉五动，闰以太息，命曰平人；平人者，不病也。""人一呼脉一动，一吸脉一动，曰少气。人一呼脉三动，一吸脉三动而躁，尺热曰病温，尺不热，脉滑曰病风，脉涩曰痹。人一呼脉四动以上曰死。"但无论是继承还是临床经验的总结，《黄帝内经》的脉搏说是有一定科学意义的。

以上我们论述了汉代的宇宙系统论思想。这个思想以前是不大讲的，一般在谈董仲舒的"天人感应"论时只被附带提到。汉代的宇宙系统论与董仲舒的"天人感应"论虽有紧密联系，但它是个单独的问题，理应作单独论述。关于汉代的宇宙系统论问题，现在再概括说两点：

一是汉代宇宙系统论所突出的是这个系统的功能性。就是说，在天地万物及人类所组成的天人合一的宇宙系统中，各要素间的沟通、导通是通过该系统在运行中所展现出的功能、功效、功用性来实现的。如果要问这种系统的功能是什么？这实际上就是人的目的性、意志性的应然性与自然运行规律的必然性的统一。即宇宙系统如此运行的功能既是必然的又是应当的。汉代哲学讲这些，其目的是为了将思想、意识、观念等提升到天的运行的必然性高度，使其具有神圣性的力量；同时，也是为了将天的必然性下降到人类社会中来，使人类社会的存在有如自然之天的运行一样确定和必然。这两种目的和目标实际上是一致的，即为了为封建社会的礼仪规范寻求形上根据,也就是建立伦理学本体论。但由于时代条件尚不成熟,汉代思想并未能从哲学上完成这一艰巨任务,这到宋明理学才告完成了。但汉代的宇宙系统论所搭建的天人一体化框架却是有用的。

　　二是汉代的宇宙系统论具有实用理性的思维特征。关于这一点,李泽厚先生在《秦汉思想简议》一文中有精到论说,不妨援引一些。李泽厚说:在汉代思想中,"阴阳作为哲学范畴,与'五行'一样,它们既不是纯抽象的思辨符号,又不是纯具体的实体(substance)或因素(elements)。它们是代表具有特定性质而相互对立又相互补充的概括的经验功能(function)和力量(forces)。……所以,它们不是思辨理性,也不是经验感性,而是某种实用理性。""这也就是说,这种与生活实际保持直接联系的实用理性,不向纵深的抽象、分析、推理的纯思辨方向发展,也不向观察、归纳、实验的纯经验论的方向发展,而是横向铺开,向事物之间相互关系、联系的整体把握方向开拓。即它由功能走向结构,按功能的接近或类似,把许许多多不同的事、物安排组织在一个系统形式中,企图从实用理性的高度来概括地把握它们,从而产生了这种原始的素朴的系统论思维的某些特征。简单说来,这些特征便是:第一,不是任何个别的功能、力量、性质或因素而是整体系统结构才是决定性的主要环节。整体不等于诸功能或因素的总和,它大于它们及其总和,即整体具有其不能等同或还原于各功能、力量、因素的自身性质。第二,不是简单的线性因果,而是这个系统中诸功能、力量的相互作用即包括反馈作用在内,才是维持系统协调生命的关键所在。第三,因此整体系统将不可能是静止不变的存在,而是处在运动变换着的功能、力量的动态平衡中,从而具有自调节的性质。第四,尽管有运动变换,却又周而复始,循环无端,并不越出或破坏这个既有系统的稳定和持久。第五,对这个系统的整体把握基本处于未经分析处理(例如不能真正运用数学)的笼统直观的原始素朴水平。"①这样一种思维方式既是汉代思想的特点,也是中国古代哲学的特征之一。

---

① 李泽厚:《中国古代思想史论》,人民出版社 1986 年版,第 162、164 页。

（四）"元气"自然论

在汉代，与董仲舒"天人感应"论相对的是王充的"元气"自然论。董仲舒为了为封建的纲常名教寻找超越的必然性依据，他抬出了有目的、有意志的"天"。王充所反对的就是董仲舒的目的论。王充认为，所谓天就是由"气"或"元气"构成的自然界，它的存在和运行是自然的，根本没有目的性。

关于王充的"元气"自然论，我们讲以下几点：

其一，王充肯定了天的实体性和自然性。王充对天的看法与当时的天文学有关，他接受的是盖天说思想①。王充说：

　　天之与地皆体也。地无下，则天无上矣。（《论衡·道虚》。下引

----

① 据《隋书·天文志》，当时"言天者有三家，一曰盖天，二曰宣夜，三曰浑天"。盖天说以为，"天似盖笠，地法覆槃。天地各中高外下，北极之下为天地之中；其地最高而滂沱四隤，三光隐映以为昼夜"。盖天说又认为，"天圆如张盖，地方如棋局。天旁转如推磨而左行；日月右行，天左转，故日月实东行，而天牵之以西没。譬之于蚁行磨石之上，磨左旋而蚁右去，磨疾而蚁迟，故不得不随磨以左迴焉"。王充接受的是盖天说。他认为宣夜说的理论不对。他说："如实论之，天体非气也。人生于天，何嫌天无气？犹有体在上，与人相远。秘传或言，天之离天下六万余里；数字计之，三百六十五度一周。天下有周度，高有里数。如天审气，气如云烟，安得里度？又以二十八宿效之，二十八宿为日月舍，犹地有邮亭为长吏廨矣。邮亭著地，亦如星舍著天也。案附书者，天有形体，所据不虚；由此考之，则无恍惚明矣。"（《论衡·谈天》）就是说，如果像宣夜说所说的那样天只是无穷的气而无固定的形体，就不可能计度天到地之间的距离，也不能将其分为若干个度数，二十八宿也就无法附着在天上了。在王充看来，宣夜说是不能正确解释天的。那么，浑天说能正确解释天吗？王充对此也予以否定。浑天说以为，天有固定的形体而包在地外，从地上看就如似一穹庐；太阳从地下升起，上升到天中，又落入地下。对这种看法，王充予以反驳。《隋书·天文志》载："汉王仲任据盖天之说，以驳浑仪云：旧说天转从地下过，今掘地一丈辄有水，天何得从水中行乎？甚不然也。日随天而转，非入地。夫人目所望不过十里，天地合矣。实非合也，远使然耳。今视日入，非入也，亦远耳。当日入西方之时，其下之人亦将谓之为中也。四方之人各以其近者为出，远者为入矣。"这是认为浑天说是不对的。王充认为只有盖天说是对的。但他的盖天说已与原来的学说不尽相同了。比如说，原来的盖天说以为"天地各中高外下"，即天与地都是中间高而外边低，北极是天的最高处。王充就反对这种说法，认为天与地基本上都是平面的，"天平正，与地无异"。（《说日》）又如，原盖天说以为"天圆如张盖"，即天像一把张开的伞，它斜靠着地。王充认为，"夫取盖倚于地不能运，立而树之然后能转。今天运转，其北际不着地者，触碍何以能行？由此言之，天不若倚盖之状，日之出入不随天高下，明矣"。（同上）

本书只注篇名)

（天）如玉石之类。（《谈天》）

夫天者,体也,与地同。天有列宿,地有宅舍;宅舍附地之体,列宿著天之形。（《祀义》）

这是说,天与地一样乃一物质实体。王充这里的天就是自然界。

天既然是自然界,故它的运行就是自然的和无目的的。王充在此从经验直观出发反驳了天的目的性、意志性思想。他说:

何以天之自然也? 以天无口目也。案有为者,口目之类也。口欲食而目欲视,有嗜欲于内,发之于外,口目求之,得以为利欲之为也。今无口目之欲,于物无所求索,夫何为乎? 何以知天无口目也? 以地知之。地以土为体,土本无口目。天地夫妇也;地体无口目,亦知天无口目也。使天体乎,宜与地同;使天气乎,气若云烟,云烟之属,安得口目? （《自然》）

天是一种物质实体,它没有如人一样的口目,所以没有生命;没有生命,也就没有意志和目的。王充对"天"的目的性的反驳显然是经验直观的。这种反驳可算得机智,但只是小聪明,这是真正反驳不倒当时以董仲舒为代表的"天"的目的性学说的,因为董仲舒的"天"是一种形而上的概念,用经验直观来反驳它只是隔靴搔痒。

当王充肯定天是玉石之类的物质实体时,这个东西是从哪里来的? 它是由什么材料构成的呢? 这就涉及王充的"元气"说。元气与天是何关系? 王充以为:

天地合气,万物自生。（《自然》）

夫天覆于上,地偃于下,下气蒸上,上气降下,万物自生其中间矣。（同上）

天地,合气之自然也。（《谈天》）

> 元气,天地之精微也。(《四讳》)
>
> 天者,普施气万物之中。(《自然》)
>
> 天之动行也,施气也;体动气乃出,物乃生矣。由人动气也,体动气乃出,子孙生也。夫人之施气也,非欲以生子,气施而子自生矣。天动不欲以生物而物自生,此则自然也;施气不欲为物而物自为,此则无为也。谓天自然无为者何? 气也,恬淡无欲,无为无事者也。(同上)
>
> 天之行也,施气自然也。施气则物自生,非故施气以生物也。不动,气不施;气不施,物不生,与人行异。日月五星之行,皆施气焉。(《说日》)

这表明,天比气(或元气)更根本。气是天地中存在的东西,当然是先有天地然后才有气和气的作为。王充认为,天在运动中将气施放出来,万物就由此而生了。

但王充并不只这样认为。他还说:

> 天禀元气,人受元精。(《超奇》)
>
> 说易者曰:"元气未分,浑沌为一。"儒书又言:"溟涬濛澒,气未分之类也;及其分离,清者为天,浊者为地。"如说易之家,儒书之言,天地始分,形体尚小,相去近也,近则或枕于不周之山,共工得折之,女娲得补之也。含气之类,无有不长,天地,含气之自然也,从始立以来,年岁甚多,则天地相去,广狭远近不可复计。儒书之言,殆有所见。(《谈天》)

照这个看法,天地都是从元气分化出来的,元气当然在天地之先,是比天地更为根本的东西。

那么,元气与天到底是个什么关系呢? 王充没有说明白,他大概就没有认真考虑过这个问题。这表明,王充的天论多是经验直观的就事论事,尚没有从思想体系上构筑关于宇宙存在的理论,更少从哲学世界观上来思考天人关系问题。

其二,王充肯定了人的实体性和自然性。他以为,天是一自然实体,人也是一自然实体。他指出:

> 人,物也,万物之中有智慧者也;其受命于天,禀气于元,与物无异。(《辨祟》)
>
> 人之生,其犹冰也,水凝而为冰,气积而为人;冰极一冬而释,人竟百岁而死。(《道虚》)
>
> 人,物也;物,亦物也。(《论死》)
>
> 夫妇人之乳子也,子含元气而出。(《四讳》)
>
> 俱禀元气,或独为人,或为禽兽。(《幸偶》)
>
> 上世之天,下世之天也;天不变易,气不改更。上世之民,下世之民也,俱禀元气;元气纯和,古今不异,则禀以为形体者何故不同?(《齐世》)

在王充看来,人是由元气构成的;就像水凝结为冰一样,气或元气凝结则为人。所以,人与万物是一样的一种物质存在者,"俱禀元气",故根本上没有什么不同。

不仅人的形体是"皆禀元气"(《言毒》),"阴阳元气,凝而为人"(《论死》),就是人的精神这类东西,在王充看来也是由气所生的。王充说:

> 夫人所以生者,阴阳气也。阴气生为骨肉,阳气生为精神。人之生也,阴阳气具,故骨肉坚、精神盛。精气为知,骨肉为强,故精神言谈,形体固守;骨肉精神,合错相持,故能常见而不灭亡也。太阳之气,盛而无阴,故徒能为象,不能为形;无骨肉,有精气,故一见恍惚,辄复灭亡也。(《订鬼》)

人的精神是阳气所为。阳气也就是精气。王充在此将气(阳气或精气)精神化了。这当然不对。但王充注意到,人的生是肉体与精神相统一的,因为人的生是"阴阳气具"的,不只有阳而无阴,也不只有阴而无阳,阴阳同具才

是现实的人,这时的人就会"骨肉坚、精气盛"。所以,他又说:

> 人之所以生者,精气也;死而精气灭。能为精气者,血脉也;人死血脉竭。
>
> 人之所以聪明智慧者,以含五常之气也。五常之气所以在人者,以五脏在形中也。五脏不伤,则人智慧;五脏有病,则人荒忽,荒忽则愚痴矣。人死,五脏腐朽,腐朽则五常无所托矣,所用藏智者已败矣,所用为智者已去矣。形须气而成,气须形而知。天下无独燃之火,世间安得有无体独知之精?(《论死》)

王充将精气视为精神(智慧)的载体,认为精神是依于物质而存在的,这是对的。但他认为"夫魂者,精气也,精气之行,与云烟等"(《纪妖》)、"夫生人之精在于身中,殆则在于身外"(《论死》)、"人之精神藏于形体之内,犹粟在囊橐之中也"(同上),这就不对了。

王充认为,即使鬼怪之类的东西也是由气构成的。他指出:

> 鬼神,阴阳之名也。(《论死》)
>
> 鬼者,人所见得病之气也。……其气像人形而见。(《订鬼》)
>
> 天地之气为妖者,太阳之气也。(同上)
>
> 鬼者,老物精也。(同上)

鬼神也是阴阳之气的存在和表现。人平时之所以说神道鬼,这多半是出于心理原因。王充认为,"人病则忧惧,忧惧见鬼出。……畏惧则存想,存想则目虚见"(《订鬼》)。所谓鬼,不过是人在疾病时所产生的幻觉罢了。这个看法是有一定道理的。

在王充看来,人既然是由元气构成的物质实体,是与万物一样的一物,故人的存在就是自然的,是没有目的性的。王充说:

> 儒者论曰:"天地故生人。"此言妄也。夫天地合气,人偶自生也;

犹夫妇合气,子则自生也。夫妇合气,非当时欲得生子,情欲动而合,合而生子矣。且夫妇不故生子,以知天地不故生人也。然则人生于天地也,犹鱼之于渊,蟣虱之于人也。因气而生,种类相产。万物生天地之间,皆一实也。(《物势》)

天并不是故意生出人类,并不是如董仲舒所说的“天”是以人作为它自己的副本的,人出生在天地间只是偶然事件,“夫天地合气,人偶自生也”。人既然是被天地合气而偶然产生的,故他(她)就像水中的鱼、人身上的虱子一样,只是一普通物,并没有什么可贵重的。

为了反对董仲舒“天人感应”的目的论,王充力辟天的目的性、意志性,将天还原为玉石之类的自然物,这有可取的一面。但他却因此也否定了人自身的目的性、意志性,将人还原为万物中的普通一物,这实际上是取消了人类社会,将人倒退到了动物世界,这就大错特错了。

其三,王充反驳了“天人感应”论。《论衡·自然》最后说:“夫寒温、谴告、变动、招致,四疑皆已论矣。谴告于天道尤诡,故重论之。论之所以难别也,说合于人事,不入于道意。从道不随事,虽违儒家之说,合黄老之义也。”这是说,他对寒温、谴告、变动、招致这四种“感应”说作了反驳;因谴告一说更为诡秘,影响也更大,所以他再次作了申论和批驳。《论衡》中有《寒温》、《谴告》、《变动》三篇,专门对这方面的感应说作了批驳;《招致》篇已佚,只在《寒温》中提到“招致”的说法。

关于“寒温”。“说寒温者曰:人君喜则温,怒则寒。何则?喜怒发于胸中,然后行出于外,外成赏罚。赏罚喜怒之效,故寒温渥盛,凋物伤人。”这就是“感应”的说法。对此,王充作了反驳:“夫寒温之代至也,在数日之间,人君未必有喜怒之气发胸中,然后渥盛于外;见外寒温,则知胸中之气也。当人君喜怒之时,胸中之气未必更寒温也。胸中之气,何以异于境内之气?胸中之气不为喜怒变,境内寒温何所生起?六国之时,秦汉之际,诸侯相伐,兵革满道,国有相攻之怒,将有相胜之志,夫有相杀之气,当时天下未必常寒也;太平之世,唐虞之时,政得民安,人君常喜,弦歌鼓舞,比屋而有,当时天下未必常温也。岂喜怒之气,为小发不为大动邪?何其不与行事相中得也?"(《寒温》)王充认为,人的喜怒情结与自然界的寒温变化是没有必然联系的,即不会有"感应"的。"变非喜怒所生,明矣";"寒温,天地节气,非人所为,明矣。"(同上)

关于"谴告"。"论灾异,谓古之人君为政失道,天用灾异谴告之也。"这是说"天"是有意志的,它用灾异来警告统治者的失德行为。针对这种说法,王充认为,"夫天道自然也,无为。如谴告人,是有为,非自然也。黄老之家,论说天道,得其实矣"(《谴告》)。这从天道自然无为的立场驳斥了"天"的谴告说。他还说:"且凡言谴告者,以人道验之也。人道,君谴告臣。上天谴告君也,谓灾异为谴告。夫人道,臣亦有谏君;以灾异为谴告,而王者亦当时有谏上天之义,其效何在?"(《自然》)这是说,主张谴告的人是用人类社会中的事来比附自然界的,把自然之天拟人化了,这当然是错误的。王充还分析了"谴告"说产生的社会历史原因,指出:在上古之时"如有灾异,不名曰谴告,何则? 时人愚蠢,不知相绳责也。末世衰微,上下相非,灾异时至,则造谴告之言矣。夫今之天,古之天也,非古之天厚而今之天薄也,谴告之言生于今者,人以心准况之也。诰誓不及五帝,要盟不及三王,交质子不及五伯。德弥薄者信弥衰,心险而行诐,则犯约而负教。教约不行,则相谴告;谴告不改,举兵相灭。由此言之,谴告之言,衰乱之语也"(《自然》)。这是说,所谓"谴告"并不是人类社会一开始就有的,而是社会发展到一定阶段的产物;它的出现是某一历史时期的人以自己的"心"为标准而造出的。

关于"变动"。"论灾异者,已疑于天用灾异谴告人矣,更说曰:灾异之至,殆人君以政动天,天动气以应之,譬之以物击鼓,以椎扣钟。鼓犹天,椎犹政,钟鼓声犹天之应也。人主为天下,则天气随人而至矣。"(《变动》)针对这种说法,王充曰:"故人在天地之间,犹蚤虱之在衣裳之内,蝼蚁之在穴隙之中。蚤虱蝼蚁为逆顺横从,能令衣裳穴隙之间气变动乎? 蚤虱蝼蚁不能,而独谓人能,不达物气之理也。"(同上)他又说:"夫人不能动地,而亦不能动天。夫寒温,天气也;天至高大,人至卑小。篙不能鸣钟,而萤火不爨鼎者,何也? 钟长而篙短,鼎大而萤小也。以七尺之细形,感皇天之大气,其无分铢之验,必也。"(同上)在王充看来,所谓"人君以政动天,天动气以应之"的"感应"说是无稽之谈。

关于"招致"。王充的《招致》篇已佚。但在《寒温》篇中却提到有关"招致"之事。他说:"或曰:以类相招致也。喜者和温,和温赏赐。阳道施予,阳气温,故温气应之。怒者愠恚,愠恚诛杀。阴道肃杀。阴气寒,故寒气应之。虎啸而谷风至,龙兴而景云起。同气共类,动相招致。故曰以形逐影,以龙致雨;雨应龙而来,影应形而去,天地之性,自然之道也。"(《寒温》)这里的"或曰"就是感应论者讲的"招致",即同类的东西是可以相互招致、影响、感应的。对此,王充指出:"夫比寒温于风云,齐喜怒于龙虎,同气共类,动相招致,可矣。……今寒温之变,并时皆然;百里用刑,千里皆寒,殆非其验。"(同上)这是说,就同类事物言,"动相招致"是可以的,但至于政治上的变化可以招致气候的寒热之变,那就是没有验证的胡言了。王充举例说:"齐鲁接境,赏罚同时;设齐赏鲁罚,所致宜殊,当时可齐国温鲁地寒乎?"(同上)这当然是不可能的事。

以上是王充从"寒温"等四个方面对"天人感应"论的批判。另外,《论衡》中有《遭虎》、《商虫》、《感类》等篇,也从各方面批驳了"天人感应"说。总之,反对"天人感应"的目的论,这是王充哲学的一个重要内容和特色。

上面三个方面的内容就是王充"元气"自然论思想。现代学者已经指出,王充的这个"元气"自然论思想是不彻底和不融洽的,其理论有矛盾的地方①。王充思想的矛盾归纳起来有以下三点:

一是天道无为和人事命定的矛盾。王充讲天道自然无为,认为"夫天道自然也,无为"。(《谴告》)这主要是针对自然之天而言的。但当他讲到人事问题时,就不承认自然无为了,而是主张命定。例如,他说:"有死生寿夭之命,亦有贵贱贫富之命","命当贫贱,虽富贵之,犹涉祸患矣;命当富贵,虽贫贱之,犹逢福善矣"。(《命禄》)不但有"人命",王充认为还有"国命",即"国之存在,在期之长短,不在政之得失"(《异虚》),"世之治乱,在时不在政;国之安危,在数不在教"(《治期》)。那么,为什么会有这种"命"呢?这正是王充从"元气"自然论得出的结果。他说:"强寿弱夭,谓禀气渥薄

---

① 见任继愈主编:《中国哲学发展史》(秦汉),人民出版社 1985 年版,第 530—535 页。这里参考、援引了该著的一些分析。特注明。

也"(《气寿》);"凡人受命,在父母施气之时,已得吉凶矣"(《命义》);"人生性命当富贵者,初禀自然之气,养育长大,富贵之命效矣"(《初禀》);"天地施气于地以生物,人转相生,精致为圣,皆因父气,不更禀取"(《奇怪》)。这就是"命",即人在出生时已被决定好了。从这种先天的"命"出发,王充认为人事的成败吉凶均是一定的。他说:"王命之当兴也,犹春气之当为夏也;其当亡也,犹秋气之发为冬也"(《异虚》);"人命禀于天,则有表侯见于体","非徒富贵贫贱有骨体也,而操行清浊亦有法理","相或在内,或在外,或在形体,或在声气"(《骨相》);"黄帝圣人,本禀贵命,故其子孙皆为帝王"(《奇怪》)。这就几乎走向有神论了。

二是否定"感应"和肯定"瑞应"的矛盾。王充反对"天人感应"说,但他却同时宣扬"瑞应",即认为贵人、盛世自有瑞物出现。他说:"凡人禀贵命于天,必有吉验见于地","或以人物,或以祯祥,或以光气"(《吉验》);"瑞出必由嘉士,祐至必依吉人也,天道自然,厥应偶合"(《验符》);"文王当兴,赤雀适来;鱼跃鸟飞,武王偶见;非天使雀至、白鱼来也。吉物动飞,而圣遇也"(《初禀》);"石之精(指黄石公)为汉兴之瑞也;犹河精为人持璧与秦使者,秦亡之征也"(《无形》);"光武皇帝产于济阳宫,凤凰集于地,嘉禾生于屋;圣人之生,奇鸟吉物之为瑞应"(《奇怪》)。总之,王充认为,在圣人出世、世道当兴之时,天就会以瑞物出现,以之作为帝王应符的征兆。王充这种"瑞应"说,比董仲舒的"天人感应"说甚至更为神学迷信化。

三是否定有鬼论和主张妖祥说的矛盾。王充有《订鬼》等篇,是否定鬼神的。但他却承认妖的存在。他认为,"天地之间,妖怪非一,言有妖,声有妖,文有妖。或妖气象人之形,或人含气为妖。象人之形,诸所见鬼是也;人含气为妖,巫之类是也"(《订鬼》);"杜伯、庄子义、厉鬼之徒皆妖也"(同上);"天地之气为妖者,太阳之气也","阳气赤,故世人尽见鬼,其色纯朱"(同上);"天地之道,人将亡,凶亦出;国将亡,妖亦见。犹人且吉,吉祥至;国且昌,昌瑞到矣。故夫瑞应妖祥,其实一也","国将亡,妖见,其亡非妖也;人将死,鬼来,其死非鬼也。亡国者兵也,杀人者病也"(同上)。可见,王充是承认妖怪存在的。否认鬼神而承认妖怪,其思想岂不矛盾!

这就是王充!这就是王充试图与以董仲舒的"天人感应"论为代表的

汉代官方思想相对立和抗衡的"元气"自然论！王充的这种"元气"自然论到底有何作用？它在汉代"感应"论盛行，特别是当这种"感应"论被官方支持而发展为谶纬迷信时，能起到清醒剂的作用，的确在思想界能一定程度地扼制谶纬迷信的蔓延。从这个意义上说，王充的"元气"自然论是有历史意义的。

至于说到"元气"自然论在哲学上的贡献，尤其在汉代哲学所普遍关心的时代问题——天人关系方面的贡献，却是难有功绩矣。因为，王充讲的"元气"论，是不同于张衡等人所讲的宇宙生成论的，他讲"气"的目的并不是以气作为材料来说明宇宙的形成，而只是为了突出"气"或"元气"的自然性和无目的性，所以他的元气论思想在宇宙生成论上没有什么贡献和价值。

那么，王充讲的"元气"自然论究竟有何用呢？表面看，其作用就在于反对和扼制董仲舒的"天人感应"论。但这种反对和扼制对汉代的哲学问题——天人关系问题有什么作用和意义呢？王充的"元气"自然论表面上是与董仲舒的"天人感应"论对立的，但实际上它却从反面补充了或曰强化了董仲舒的"天人感应"论。因为，当董仲舒讲"天人感应"时，看来是突出了"天"的目的性、意志性和主宰性，但其实这是突出了人的目的性、意志性、主宰性的力量，即这是将人的目的性外化出去而上升到了宇宙存在的高度和地位，成了一种超越的、神圣的必然性力量，这实际上就是伦理学本体论的思想表现。尽管董仲舒自己还没能建构完成这种伦理学本体论（这到宋明理学才告完成），但董仲舒的作法和思想方向却是对的，即符合儒学一尊的时代要求。王充就不然了。他以"元气"自然论立论，从而解掉了"天"的目的性、意志性。但这样做的同时，也就解掉了人自己的目的性、意志性。而当人没有了目的、意志时，人就是地地道道的一普通动物，甚至只是一普通物，这时还有人类社会存在吗？还有人的自由、选择等的本质和行为可言吗？所以，王充的"元气"自然论所论证、论出的就只是没有人类存在的自然世界。但事实上不可能没有人类，人总是存在的，总是要按自己的"无"即"自由"的本性来成就一个人文世界的，且这个人文世界本来就是与自然世界相关联的。正是人文世界和自然世界的矛盾和统一，才逼出了王充"元气"自然说中的思想矛盾，即一方面他不承认"天"的存在，认为天是没有意志和目的的；另一方面又承认某种"命"的存在，承认"命"的主宰性作用和力量。王充的"命"虽然与董仲舒的"天"在形式和内容上有区别，即"命"是一种盲目的必然性力量，而"天"则是有目的和意志的主宰性力量，但在哲学实质却是一致的。如果说董仲舒是把人的目的性、意志性提升、外化出去使其处在了天的位置上，从而置换掉了天本身的必然性力量的话，那么当王充讲"命"时，他则将自然之天的必然性力量内化给了人，从而置换掉了人自己的目的性和意志性。可见，王充的"元气"自然论和董仲舒的"天人感应"论这两种汉代天人关系思想的极端，在思想逻辑上却是互补的。董仲舒从承认人的目的性、意志性开始，最终消解了人自身的目的性、意志性而以自然之天的春夏秋冬的四时运行来展现之；王充则从承认自然之天的自然必然性开始，却最终消解了天的自然必然性，而以变了形的"命"这种目的性形式来展现之。所以，王充"元气"自然论的出现是对董仲舒"天人感应"论的一个逻辑补充。这种补充的思想实质就是要求形而上的本体论出现。这，就是潜伏在汉代"天人关系"问题中的、以道家思想为载体的宇宙本体论思想。

（五）宇宙本体论

哲学上真正的天人问题是个形而上的本体论问题。但汉代哲学还不具备直接探讨这个问题的条件，这也不是它所要完成的时代任务。为封建社会的上层建筑建制立法，这才是汉代哲学的时代课题。但如何为封建社会的上层建筑建制立法的问题在根子上却涉及"天人相与之际"的问题。董仲舒的"天人感应"论、汉代的宇宙系统论、王充的"元气"自然论等在广义上都属天人问题。但不论怎么谈天与人，这个问题的实质是一本体论问题。所以，在汉代哲学的"天人关系"论中潜伏着本体论问题。这就是作为两汉时代思想暗流的关于《老子》的研究。

两汉之世，研究《老子》的有五十余家①，其学术规模相当可观。但汉代

---

① 见金春峰：《汉代思想史》，中国社会科学出版社 2006 年版，第 334 页。

研究《老子》的书大多已佚,今存者有《老子河上公章句》(也叫《老子道德经河上公章句》)和严遵的《老子指归》(也叫《道德指归》)。下面我们对这两书及《黄老帛书》和扬雄《太玄》中有关的宇宙本体论思想予以概览。

1.《黄老帛书》关于"道"的思想

汉初的指导思想是黄老道家①。黄老道家有什么思想材料呢?《汉书·艺文志·诸子略》载有《黄帝书》数种,但东汉时已佚。所以,有关汉初黄老之学的史料一直是个问题。1973 年 12 月在长沙马王堆三号汉墓出土了与《老子》乙本合卷的帛书《经法》、《十六经》、《称》、《道原》四篇古佚书,现在学界称为《黄老帛书》。书中避邦字讳,而不避惠帝刘盈讳,这说明其书的抄写年代在惠帝至文帝初年,该书是了解汉初黄老之学的主要思想材料。

《黄老帛书》中有《道原》一篇,论到"道"的问题。"道"是什么? 它说:

> 恒无之初,迴同大虚。虚同为一,恒一而止。湿湿梦梦,未有明晦,神微周盈,精静不配(熙)。古(故)未有以,万物莫以。古(故)无有刑(形),大迴无名。天弗能复(覆),地弗能载。小以成小,大以成大。盈四海之内,又包其外。在阴不腐,在阳不焦。一度不变,能适规(蚑)侥(蛲)。鸟得而蜚(飞),鱼得而流(游),兽得而走,万物得之以生,百事行之以成,人皆以之,莫知其名,用皆用之,莫见其刑(形)。(《黄老帛书·道原》。下引此书只注篇名)

---

① 在汉初约七十年间,统治者奉行的是"无为而治"、与民休息的政策。惠帝时(前 194—前 188 年在位)曹参为齐相,"闻胶西有盖公,善治黄老言,使人厚币请之。既见盖公,盖公为言治道贵清静而民自定,推此类具言之。参于是避正堂,舍盖公焉。其治要用黄老术,故相齐九年,齐国安集,大称贤相"。(《史记·曹相国世家》)汉相萧何死后,曹参为汉相国,他继续推行"清静无为"的治国之道,"参为汉相国,清静极言合道。然百姓离秦之酷后,参与休息无为,故天下称其美矣!"(同上)继曹参后,陈平为汉相,平"本好黄帝老子之术"(《史纪·陈丞相世家》),又继续推行"无为"的治国方针。汉初的宰辅推行黄老之术的"无为"治道,皇帝也尊其术。《史记·儒林列传》曰:"孝文帝本好刑名之言。及至孝景,不任儒者,而窦太后又好黄老之术,故诸博士具官待问,未有进者。"《史纪·外戚世家》也说:"窦太后好黄帝老子言,帝及太子、诸窦不得不读黄帝、老子言,尊其术。"就这样,在汉代统治者的大力推行下,黄老之学成为汉初的统治思想,收到了良好的社会政治效果。

这段文字就是形容"道"的。这里的"迥"同"洞",形容的就是"道"作为宇宙未形成前的状态,这就是"大(太)虚"。《黄老帛书》认为,道乃宇宙发生的根源,它是广大无际的,"天弗能覆,地弗能载",天地万物都包含于道中;同时,道又是万物各种属性的总来源,"鸟得而飞,鱼得而游,兽得而走"。总之,万物由道而成。

《黄老帛书》把这样的"道"又称为"一"。它说:

> 一者,其号也。……夫为"一"而不化,得道之本,握少以知多。(《道原》)

> 一者,道其本也。……一之解,察于天地;一之理,施于四海。……夫唯一不失,一以驺(趣)化,少以知多。夫达望四海,困极上下,四乡(向)相枹(抱),各以其道。夫百言有本,千言有要,万[言]有蒽(总),万物虽多,皆阅览一空(孔)。(《十六经·成法》)

这个"一"就是"道"。"一"乃"道"之本,"总凡守一,与天地同极,乃可以知天地之祸福"(同上)。这个"一"是从杂多中概括出来的,掌握了这个"一",就可"得道之本",就可以少知多,"握少以知多"。将"道"视为"一",并从对"一"的论述来看,《黄老帛书》的"道"有抽象性、一般性的特征。正因为"道"是"一",是一般、抽象存在,所以它才超越了具体时空条件的限制,故"上道高而不可察也,深而不可则(测)也。显明弗能为名,广大弗能为刑(形),独立不偶,万物莫之能令"。(《道原》)因为"道"不受时空限制,所以才广大无际,无始无终。也正因为"道"不受时空的局限,所以它才不因自然万物的产生或消失而有所损益。即"天地阴阳,[四]时日月,星辰云气,规(蚑)行侥(蛲)重(动),戴根之徒,皆取生,道弗为益少;皆反焉,道弗为益多"(《道原》)。但应注意的是,《黄老帛书》虽然认为"道"不受时空条件的限制,故不随自然万物之变而有所损益,但这种"道"并不是虚无缥缈的东西,它是通过具体事物的存在得以体现的。所以,《称》说:"道无始而有应。其未来也,无之;其已来,如之。"《十六经·前道》还说:"道有原而无端,用者实,弗用者蘁。合之而涅于美,循之而有常。"这里的"蘁"释为

"华","涅"释为"化"。是说"道"就在自然万物中,若自然万物离开了"道"就会华而不实,只有合于"道"才可真实存在。

《黄老帛书》所讲的"道"在哲学性质上究竟是物质还是精神?它有时将"道"视为精神智慧,如《经法·名理》说:"道者,神明之原也。神明者,处于度之内而见于度之外者也。处于度之[内]者,不言而信。见于度之外者,言而不可易也。"既然"道"是"神明"之原,那么"道"就与"神明"是同质的,故这个"道"当有精神性的一面。但《黄老帛书》在大多数情况下,或者说基本上是将"道"视为物质实在的。如《道原》说"道"是"湿湿梦梦,未有明晦","湿湿"是气的存在状态,这是将"道"视为混沌之气了。《经法·道法》说:"虚无刑(形),其裻(督)冥冥,万物之所从生。"这里的"裻"即"督",指的是人体八脉之一的督脉,它居脊中。把"道"视为冥冥的督脉,这也说明了"道"的物质实在性。

《黄老帛书》对"道"的哲学性质不甚明确的论说,与汉初以道家面貌出现的《淮南子》对"道"的论说颇为一致。我们前面谈《淮南子》的宇宙生成论思想时已引述、论析过它的"道"论思想。《原道训》将"道"视为"覆天载地,廓四方,柝八极,高不可际,深不可测,包裹天地,禀授无形"的东西。仅从这种描述看,"道"当有本体的意味。但这个本体"道"是怎么存在的呢?《原道训》一方面用"忽兮怳兮"、"怳兮忽兮"、"幽兮冥兮"、"遂兮洞兮"等词语来描述"道",这似乎表明"道"是一种精神性的东西。另一方面又视"道"为"原流泉浡,冲而徐盈,混混滑滑,浊而徐清"、"甚淖而滒,甚纤而微"者,这是说"道"像泉水一样涌出,又像黏稠的稀饭一样混沌,这不就表明"道"是一种物质实在吗?其实,《淮南子》讲"道"的目的之一是为其宇宙生成论思想服务的,故它把具有本体意义的"道"在存在性质上视为物质实在,视为混沌未分的原始宇宙(即浑混之气),这正是《淮南子》宇宙生成论思想的要求和表现。

《黄老帛书》关于"道"的思想倾向与《淮南子》颇为一致。虽然它不是像《淮南子》那样要用"道"论来为宇宙生成论服务,但它讲"道"的目的却是为了为"无为而治"的政治方针服务,故它才讲"执道"、"循理"、"审时"、"守度"(见《经法·道法》、《经法·君正》、《经法·四度》和《十六经·姓争》等)的认识原则和方法,同时这也是处理社会政治问题的原则和方法。所以,与《淮南子》一样,《黄老帛书》的道本论是为其道用论服务的。

2.《老子河上公章句》的"道"论

《黄老帛书》中还不甚专门、具体的"道"本论思想,到《老子河上公章句》(以下简称《老子河上注》①)中就有了较专门的论说。《老子河上注》借阐发《老子》思想,在随句注释时,较集中、明确地发挥了老子的道本论思想。

《老子河上注》关于"道"讲了些什么呢?

其一,"道"的本体性。《老子河上注》在注《老子》时,多随文阐发了老子的道论,明确肯定"道"是"天下万物之母"。它认为:

> 无名者谓道,道无形,故不可名也。始者道本也,吐气布化,出于虚无,为天地本始也。(《老子》第一章"无名,天地之始"句注)②
>
> 道匿名藏誉,其用在中。(《老子》第四章"道冲而用之"句注)
>
> 道渊深不可知,似为万物之宗祖。(同上,"渊乎似万物之宗"句注)
>
> 道似在天帝之前,此言道乃先天地生也。(同上,"象帝之先"句注)
>
> 言道明白,如日月四达,满于天下八极之外。故日视之不见,听之

---

① 《老子河上注》成书于何时? 学界至今有不同看法。司马迁在《史记·乐毅列传》中说:"乐臣公学黄帝、老子,其本师号曰河上丈人,不知其所出。河上丈人教安期生,安期生教毛翕公,毛翕公教乐瑕公,乐瑕公教乐臣公,乐臣公教盖公。盖公教于齐高密、膠西,为曹相国师。"这是最早提到河上丈人(即河上公)的资料。据此看,河上公起码是战国时人。但关于《老子河上注》这本书,司马迁未提到,班固《汉书·艺文志》也未著录。这说明此书的成书时间当比较晚,大概不在西汉时期。现代学者王明判定该书当为东汉桓帝或灵帝时的黄老学者伪托河上公之名而作(见王明《老子河上公章句考》。文载《北京大学五十周年论文集》,1948 年)。但《隋书·经籍志》中却著录有《老子河上注》,说是"汉文帝时河上公注"。那么,这本书到底是西汉的作品还是东汉的作品? 金春峰在《汉代思想史》中考证后说,此书是西汉时的作品;具体是西汉的什么时间? 他认为严遵的《老子指归》作于西汉成帝时期,而《老子河上注》当在《老子指归》前(见金春峰:《汉代思想史》,中国社会科学出版社 2006 年版,第 343—348 页)。现在我们采此说。
② 这里所用版本为王卡点校、中华书局 1993 年出版的《老子道德经河上公章句》一书。

不闻，彰布之于十方，焕焕煌煌也。(《老子》第十章"明白四达"句注)

言虚空者乃可用盛受万物，故曰虚无能制有形。道者空也。(《老子》第十一章"无之以为用"句注)

道之于万物，独怳忽往来，而无所定也。(《老子》第二十一章"道之为物，唯怳唯忽"句注)

道唯忽怳无形，其中独有万物法象。(同上，"忽兮怳兮，其中有象"句注)

道匿功藏名，其信在中也。(同上，"其中有信"句注)

从古至今，道常在不去。(同上，"自古及今，其名不去"句注)

阅，禀也。甫，始也。言道禀与，万物始生，从道受气。(同上，"以阅众甫"句注)

以今万物皆得道[之]精气而生，动作起居，非道不然。(同上，"以此"句注)

谓道无形，混沌而成万物，乃在天地之前。(《老子》第二十五章，"有物混成，先天地生"句注)

道通行天地，无所不入，在阳不焦，讬阴不腐，无不贯穿，[而]不危殆也。(同上，"周行而不殆"句注)

我不见道[之]形容，不知当何以名之，见万物皆从道所生，故字之曰道也。(同上，"吾不知其名，字之曰道"句注)

道大者，包罗天地，无所不容也。(同上，"故道大……"句注)

道性自然，无所法也。(同上，"道法自然"句注)

道能阴能阳，能驰能张，能存能亡，故无常名也。(《老子》第三十二章，"道常无名"句注)

道朴虽小，微妙无形，天下不敢有臣使道者也。(同上，"朴虽小，天下不敢臣"句注)

始，道也。有名，万物也。道无名，能制于有名；无形，能制于有形也。(同上，"始制有名"句注)

譬言道之在天下，与人相应和，如川谷与江海相流通也。(同上，"譬道之在天下，犹川谷之与江海"句注)

言道氾氾,若浮若沉,若有若无,视之不见,说之难殊。(《老子》第三十四章,"大道氾兮"句注)

道可左[可]右,无所不宜。(同上,"其可左右"句注)

万物皆待道而生。(同上,"万物恃之而生"句注)

道出入于口,淡淡,非如五味有酸咸苦甘辛也。(《老子》第三十五章,"道之出口,淡乎其无味"句注)

道非若五音有宫商角徵羽可得听闻也。(同上,"听之不足闻"句注)

道无形,非若五色有青黄赤白黑可得见也。(同上,"视之不足见"句注)

反,本也。本者道[之]所以动,动生万物,背之则亡。(《老子》第四十章,"反者道之动"句注)

天地神明,蜎飞蠕动,皆从道生,道无形,故言生于无也。(同上,"有生于无"句注)

无有谓道也。道无形质,故能出入无间,通神[明济]群生也。(《老子》第四十三章,"无有入无间"句注)

始,道也。道为天下万物之母。(《老子》第五十二章,"天下有始,以为天下母"句注)

道为万物之藏,无所不容也。(《老子》第六十二章,"道者万物之奥"句注)

以上这三十二条注文,均表明了一个中心意思:"道"是天地万物一切存在的本原、本体,即道"为天地本始也","为万物之宗祖"也,"包罗天地,无所不容也","为天下万物之母","道为万物之藏,无所不容也"。就是说,天地万物,人类社会,一切存在者均以"道"为其存在的根据,"天地神明,蜎飞蠕动,皆从道生","万物皆得道[之]精气而生","万物皆待道而生","道无形,混沌而成万物"。这里言万物"皆从道生",大概受《老子》宇宙生成论思想的影响,故将"道"本论问题与"道"生成万物的宇宙生成论问题混为一谈了。将宇宙本体论与宇宙生成论混起来讲,这几乎是汉代言本体问题时的一个特色，如前面讲过的《淮南子·原道训》在讲"道"时就是。《老子河上注》虽然谈"道生万物"（见《老子》第十章等注），但从总体上说，它所讲的"道"是宇宙本体问题。关于这一点，可以从它讲的"道"与"一"的关系中看出。当然，《老子河上注》在讲这个问题时也有些思想混乱在里面。比如，它这样讲："道唯恍惚，其中有一；经营生化，因气立质。"（《老子》第二十一章注）如果从这里讲的这个"一"看，"一"就是"道"本身；再从"经营生化，因气立质"之说来看，这个"一"就是《老子河上注》中所讲的"元气"、"精气"或"气"（有关"元气"、"精气"之说下面再讲）。这无异于说，"道"就是"一"，也就是"气"。类似的讲法还有，如"道唯窈冥无形，其中有精实，神明相薄，阴阳交合也"。"言道精气神妙甚真，非有饰也。"（同上）这样以来，"道"就被"气"化了，这与《淮南子·原道训》将"道"说成"原流泉浡，冲而徐盈，混混滑滑，浊而徐清"、"甚淖而滒，甚纤而微"；与张衡在《灵宪》中将"元气"说成为"道之根"、"道之干"、"道之实"的思想理路就一致了，这就将"道"弄成了宇宙生成论。但这显然不是《老子河上注》论"道"的主要思想。它在论"道"与"一"的关系时这样说："道之要，要谓一也。一出布名道，讚叙明是非［也］"（《老子》第一章注）；"一者，道始所生，太和之精气也，故曰一"（《老子》第十章注）；"一，无为，道之子也"（《老子》第三十九章注）；"道始所生者，［一也］"（《老子》第四十二章注）；"子，一也。既知道已，当复知一也。"（《老子》第五十二章注）这说明，"道"是比"一"更为根本的东西，"一"是"道"之子。这里的"一"当然仍是元气或气，指的是尚未分化为阴阳之气的混沌元始之气。《老子河上注》在注《老子》第四十二章"道生一，一生二，二生三，三生万物"的宇宙生成模式时说："道所始生者［一也］。一生阴与阳也。阴阳生和、清、浊三气，分为天地人也。天地［人］共生万物也。"这说的正是先由"道"生出个"一"，再逐步地分化之而直到万物。这就值得追问：《老子河上注》说的"道生一"的"生"意味着什么？这是宇宙生成意义上的生吗？显然不是。因为，倘若是此种意义上的生的话，"道"就成了一具体存在者，这就失去了"为天下万物之母"、"为万物之藏"、"为万物之宗祖"的资格。所以，这里的"道生一"的"生"虽然用的是"生"，但实际的思想是关于宇宙本体问题，即以原始混沌之气存在着的宇宙之所以能存在和要存在一定有其存在的原因和根据,这就是"道"。可见,《老子河上注》虽讲"道生万物"的问题,但总体思想是"道"本论。

《老子河上注》以"道"为本,那么这个"道"是个什么性质的存在?人们是如何来把握它的呢?对此,《老子河上注》以"道"为一抽象范畴。比如,在上引的文字中,它认为"无名者谓道,道无形,故不可名也";"谓道无形,混沌而成万物";"道能阴能阳,能驰能张,能存能亡,故无常名也";"有名,万物也。道无名,能制于有名;无形,能制于有形也";"道……非如五味有酸咸苦甘辛也";"道非若五音有宫商角徵羽可得听闻也";"道无形,非若五色有青黄赤白黑可得见也";"道无形质,故能出入无间,通神[明济]群生也"等。这里多次提到"道"是无形无名的,它没有具体的形状,没有具体的颜色,没有具体的音声,没有具体的味道;正因为它没有具体的形质,所以才没有什么名称,故它是无形无名的东西。这就是说,"道"乃抽象概念,它存在于人的理性上。所以,"道"在哲学性质上是抽象存在。但应该看到,《老子河上注》在说"道"的这层意思时尚不够明确、集中。到了魏晋玄学的创始者王弼处,"道"的抽象性这层涵义才被他大大发掘出来了。王弼玄学以"无"为本,这个"无"实则是对"道"的抽象性、一般性本质的规定和指谓。但《老子河上注》对"道"的抽象性有所把握,却是应肯定的。

其二,"道"的自然性或无目的性。老子讲"道法自然"(《老子》第二十五章),讲"天地不仁,以万物为刍狗"(《老子》第五章),有自然无为、无目的性的思想。《老子河上注》继承了老子的这一思想,从"道"的自然本性出发,认为"道"是无目的的。它说:

> 道所施为,不恃望其报也。(《老子》第二章,"为而不恃"句注)
>
> 道常谦虚不盈满。(《老子》第四章,"或不盈"句注)
>
> 天施地化,不以仁恩,任自然也。(《老子》第五章,"天地不仁"句注)
>
> 道生万物而畜养之。(《老子》第十章,"生之畜之"句注)
>
> 道生万物,无所取有。(同上,"生而不有"句注)
>
> 道所施为,不恃望其报也。(同上,"为而不恃"句注)

道长养万物,不宰割以为器用。(同上,"长而不宰"句注)

天澹泊不动,施而不求报,生长万物,无所收取。(《老子》第二十五章,"地法天"句注)

道清静不言,阴行精气,万物自成也。(同上,"天法道"句注)

道性自然,无所法也。(同上,"道法自然"句注)

道不辞谢而逆止也。(《老子》第三十四章,"而不辞"句注)

有道不名其有功也。(同上,"功成而不名有"句注)

道虽爱养万物,不如人主有所收取。(同上,"爱养万物而不为主"句注)

万物皆归道受气,道非如人主有所禁止也。(同上,"万物归焉而不为主"句注)

道以无为为常也。(《老子》第三十七章,"道常无为而无不为"句注)

吾见道无为而万物自化成,是以知无为之有益于人也。(《老子》第四十三章,"吾是以知无为之有益"句注)

道生万物,不有所取以为利也。(《老子》第五十一章,"生而不有"句注)

道长养万物,不宰割以为利也。(同上,"长而不宰"句注)

道之所行恩德,玄闇不可得见。(同上,"是谓玄德"句注)

天道无有亲疏,唯与善人。(《老子》第七十九章,"天道无言,常与善人"句注)

以上这二十条引文足以表明《老子河上注》关于"道"自然无为的思想。它认为,"道"作为天地万物的本原,自身是"自然"的,也是"无为"的,也就是无目的、无意志的。在这里,《老子河上注》的思想与《老子》的思想有一致处。《老子》的名言是"道法自然",《老子河上注》也坚持这一思想。《老子河上注》与《老子》在"道"的"自然"、"无为"性上的一致处不必多言了。这里需要说的问题是,"道"作为本体为什么一定是"自然"、"无为"的? 一言以蔽之,这是"道"的本体性的内在要求。因为本体是"自本自根"的,是"自因"的,故它的存在就是因其自性和依其自性而然,这就是"自然"、"无为"。《老子河上注》肯定"道"的"自然"、"无为"性是对的,这很重要,因为这揭示了"道"本体的本性、本质。

其三,"道"与"气"的关系。"道"是本体、本原,这个"道"就哲学性质说是个抽象的"一",是一理性范畴。但无论怎样,"道"作为本体、本原总要与天地万物相关系,否则的话它就成了个干瘪的死概念,就根本不是本原了。那么,作为本体的"道"如何来到现象界呢?是直接由概念、范畴的形式向下跳跃吗?不是。现在这个"道"要由纯形式下到现象界,首先要变换其"质",即由无质向有质变,也就是由"无"向"有"变。这种"变"本来就是可能的,因为"道"作为本体本身就是"有—无"性结构。黑格尔的《逻辑学》开篇讲的"绝对精神"的"有"、"无"、"变"的逻辑运动,揭示的就是本体自身由"无"向"有"的转化。《老子河上注》当然不懂得这些,也不去思考这些道理,但它却要关心和解决"道"如何与万物相关系的问题,即如何从"体"下到"用"而达到体用不二或体用如一,这就是它的道气关系思想。对此,它说:

> 始者道本也,吐气布化,出于虚无,为天地本始也。(《老子》第一章,"无名,天地之始"句注)
>
> 元气生万物而不有。(《老子》第二章,"生而不有"句注)
>
> 天地之间空虚,和气流行,故万物自生。(《老子》第五章,"天地之间"句注)
>
> 根,元也。言鼻口之门,乃是通天地之元气所从往来也。(《老子》第六章,"玄牝之门,是谓天地根"句注)
>
> 一者,道始所生,太和之精气也,故曰一。一布名于天下,天得一以清,地得一以宁,侯王得一为正平。(《老子》第十章,"抱一,能无离"句注)
>
> 道唯恍忽,其中有一,经营生化,因气立质。(《老子》第二十一章,"恍兮忽兮,其中有物"句注)
>
> 道唯窈冥无形,其中有精实,神明相薄,阴阳交会也。(同上,"窈

兮冥兮，其中有精"句注）

言道精气神妙甚真，非有饰也。（同上，"其精甚真"句注）

道育养万物精气，如母之养子。（《老子》第二十五章，"可以为天下母"句注）

道清静不言，阴行精气，万物自成也。（同上，"天法道"句注）

万物皆归道受气。（《老子》第三十四章，"万物归焉而不为主"句注）

道善禀贷人精气，且成就之也。（《老子》第四十一章，"夫唯道善贷且成"句注）

万物中皆有元气，得以和柔，若胸中有藏，骨中有髓，草木中有空虚与气通，故得久生也。（《老子》第四十二章，"冲气以为和"句注）

天道与人道同，天人相通，精气相贯。人君清静，天气自正；人君多欲，天气烦浊。吉凶利害，皆由于己。（《老子》第四十七章，"不窥牖见天道"句注）

德，一也。一主布气而畜养[之]。（《老子》第五十一章，"德畜之"句注）

一为万物设形象也。（同上，"物形之"句注）

一为万物作寒暑之势以成之。（同上，"势成之"句注）

可见，道作为"天下万物之母"，其作用是通过"气"来实施的，如果没有气，道就最终发挥不了"万物之宗祖"的作用。那么，这个"气"与"道"究竟是什么关系？气是哪里来的呢？是"气"外在存在着而被"道"直接利用之，抑或是由"道"所生出的呢？《老子河上注》以为，"始者道本也，吐气布化，出于虚无，为天地本始也"；"一者，道始所生，太和之精气也，故曰一"；"道育养万物精气，如母之养子"；"道清静不言，阴得精气"；"万物皆归道受气"；"道善禀贷人精气，且成就之也"等。这就是说，"道"是"本始"，是根，它本身是"虚无"的，但却能"吐气布化"，即生出"气"来；生出的这个气叫"元气"，也叫"精气"；而这个"元气"或"精气"就是"一"，"太和之精气也，故曰一"。这里的"一"，就是混沌未分化的气。可见，"道"先生出这种混沌未分化的"太和之精气",即"一",然后"一主布气而畜养之","一为万物设形象也","一为万物作寒暑之势以成之",从此就开始了宇宙万物生生化化的过程。所以,在《老子河上注》这里,是"道"本"气"末,是由"道"生出了"气";而天地万物的真正形成是从"气"的运动开始的,这正如它注《老子》"道生一,一生二,二生三,三生万物"的宇宙生成模式时所言:"道所始生者一也。一生阴与阳也。阴阳生和、精、浊三气,分为天、地、人也。天地人共生万物也,天施地化,人长养之。"(《老子》第四十二章注)

说"道"生出"气",这就有一个问题,即"道"是从哪里生出"气"这种东西的? 这个问题似乎问得奇怪,"道"当然是从自身中生出"气"来的。但"道"与"气"不同质,"道"怎么能生出个与自己不同质的东西来呢? 再说,如果它自身中根本就没有"气"这种东西的萌芽、种子、可能性成分的话,它何以就能凭白无故地生出个"气"呢? 在这里,《老子河上注》是主张或承认,"道"本身就原有"气"在。如它说:"道唯恍忽,其中有一,经营生化,因气立质";"道唯窈冥无形,其中有精实,神明相薄,阴阳交会也"。可见,在这里,"道"中就有"一"这种"元气"或"太和之精气"的;正因为"道"本身有"一"之"气",所以才会有"道育养万物精气"、"万物皆归道受气"的可能。"道"中本有"一"这种"精气"或"元气",这当然就解决了"道"从哪里生出"气"的问题了。但这里随即又遇到了一个问题,即"道"中的"气"是个什么东西? 它在存在性质上与"道"类乎,不类乎? 若类,那这种"气"仍是"道",还叫什么"气"呢? 若不类,异质的"气"为什么能在"道"中存在? 看来,说"道"中原无"气"是个问题,说"道"中原有"气"同样是个问题。那么,这到底是个什么问题? 怎么来化解这个问题呢? 其实,这里涉及宇宙本体论与宇宙生成论的关系和转换问题。"道"作为宇宙存在的本体、本原,它当然不是"气",因为"气"无论怎么讲都是有形质的东西,而"道"才是"气"这种有形质东西得以存在的原和本。但说到现实的宇宙生成化过程,"道"就要由体转为用了,它就在用中,这时它就随"气"流转,无异于它就是"气"本身之运行的过程和表现,这时就叫"道"中有"一"或"气"。所以,我们在前面讲过,在"道生一……"的宇宙生成论中,逻辑地孕有宇宙本体论的问题。当然,在《老子河上注》这里,对宇宙生成论和宇宙本体论的关系并不明确。

3.《老子指归》的"道"论

严遵的《老子指归》①既非"老子注"，也非"老子论"，而是介于二者之间的关于《老子》的分章大意解说。严遵在解意《老子》时，谈到了有关宇宙生成论、宇宙本体论、认识论、社会政治问题以及得"道"的修养论等方面的思想。我们这里只就《老子指归》中与"道"有关的宇宙生成论及宇宙本体论思想作以疏解。

《老子指归》讲的"道"是什么？

其一，由无生有的"道"化论。这是《老子指归》依《老子》的宇宙生成论思想来讲的。《老子指归》卷一第一篇为《上德不德篇》，该篇一开始说：

> 天地所由，物类所以：道为之元，德为之始，神明为宗，太和为祖。道有深微，德有厚薄，神有清浊，和有高下。清者为天，浊者为地。（《老子指归》卷一《上德不德篇》②。下引此书只注卷次和篇名）

这是宇宙形成的四个阶段或过程，即"道"、"德"、"神明"、"太和"；从"太和"就进入现实宇宙的万事万物了。

宇宙形成的这四个阶段或过程究竟是什么样子？这样的宇宙生成论有什么特点呢？《老子指归》曰：

> 因道而动，循一而行。道之至数，一之大方：变化由反，和纤为常，起然于否，为存于亡。天地生于太和，太和生于虚冥。（卷一，《得一篇》）

这是说，宇宙生成是顺"道"而动，循"一"而行的。显然，"道"是宇宙生成

---

① 《老子指归》又叫《道德真经指归》，是生活于西汉成帝及稍后时期的蜀郡人严遵（字君平）所作。此书原有十三卷，七十二篇，另附一篇序文《说二经目》。前七卷注《老子》德经。共四十篇；后六卷注《老子》道经，共三十二篇。今本只存前七卷（《道藏》本及《怡兰堂丛书》本将前七卷的卷次列为七至十三卷），后六卷宋以后亡佚。

② 这里所用版本为王德有译注《老子指归译注》，商务印书馆 2004 年版。

的总根源，而这种生成又得由"一"来实施之。《老子指归》还说：

> 道德变化，陶冶元首，禀授性命乎太虚之域、玄冥之中，而万物混沌始焉。神明[交]（文），清浊分，太和行乎荡荡之野，纤妙之中，而万物生焉。……由此观之，天地人物，皆同元始，共一宗祖；六合之内，宇宙之表，连属一体；气化分离，纵横上下，剖而为二，判而为五；或为白黑，或为水火，或为酸咸，或为徵羽，人物同类或为牝牡。（卷二，《不出户篇》）

> 道德神明，清浊太和，天地人物，若末若根，数者相随，气化连通，逆顺昌衰，同于吉凶。（卷五，《善为道者篇》）

由"道"作根源、由"一"来实施的宇宙形成过程，原来就是"气"的运行过程，即是一个"气化分离"、"气化连通"的活动过程。所以，道—德—神明—太和—万物的形成过程，就是气或元气运行的过程。这就是宇宙形成的总体样态。

这样说当然还显得笼统。《老子指归》详细论述了道—德—神明—太和—万物的宇宙生成过程。它指出：

> 有虚之虚者，开导禀受；无然然者，而然不能然也。有虚者，陶冶变化；始生生者，而生不能生也。有无之无者，而神明不能改；造存存者，而存不能存也。有无者，纤微玄妙；动成成者，而成不能成也。故虚之虚者生虚（虚）者，无之无者生无（无）者，无者生有形者。故诸有形之徒皆属于物类。物有所宗，类有所祖；天地，物之大者，人次之矣。夫天人之生也：形因于气，气因于和，和因于神明，神明因于道德，道德因于自然，万物以存。故使天为天者非天也，使人为人者非人也。何以明之？庄子①曰：夫人形[臂]（腐），何所取之？聪明感应，何所得之？变

---

① 这里的"庄子"是严君平自称。谷神子注曰："严君平者，蜀郡成都人也。姓庄氏，故称庄子。东汉章、和之间班固作《汉书》，避明帝讳，更之为'严'。'严'、'庄'亦古今之通语。"

化终始,孰者为之? 由此观之,有生于无,实生于虚,亦以明矣。是故,无无无始,不可存在,无形无声,不可视听,禀无授有,不可言道,无无无之无,始未始之始,万物所由,性命所以,无有所名者谓之道。(卷二,《道生一篇》)

这里说的是作为产生天地万物总根源的"道"。万物属于有形者,它们的生存要依存于气;而气的存在要依于和(即太和);和的存在要依于神明;神明的存在要依于道德(即道和德)。道德就成了天地万物之生成的总根源。宇宙的生成最终依于"道"。那么,"道"又依于什么? 这就涉及"道"的根本性质是什么的问题。《老子指归》认为"道德因于自然",即"道"的本性、本质是"自然"。这就是说,"道"在性质、本质上是自然而然,它的存在不依赖于它之外的任何别的什么,它就依赖于它自身,故它是"自本自根"的,是"自因"的,所以是本体、本原。可见,严遵首先为宇宙的生成安置了一个本体之"道"。上面的这一段就是主要定谓这个本体之"道"的。为了对"道"的总体性质作出说明,严遵将其放在《老子》第四十二章讲的"道"、"一"、"二"、"三"的生成模式中予以考察和定谓。他认为,这个"三"就是"无",即"三以无,故能生万物"(卷二,《道生一篇》);而这个"二"就是"无之无","二以[无](元)之无,故能生三"(同上);而这个"一"就是"无无之无",也叫"虚","一者,道之子……故其为物也虚而实,无而有",是"无无之无,始始之始"(卷一,《得一篇》);而"道"就是"无无无之无",也叫"虚之虚","无无无之无,始未始之始,万物所由,性命所以,无有所名者谓之道"(卷二,《道生一篇》),"道,虚之虚,故能生一"(同上)。可见,"道"是最高层次的"无",即"无无无之无",也就是"始未始之始",就是没有任何开始的开始,那自然就是整个宇宙生成的总根源了。故"道之所生,天之所兴,始始于不始,生生于不生,存存于不存,亡亡于不亡"(卷三,《行于大道篇》)。这里为什么要强调"道"的至"无"或至"虚"性质呢? 就是为了突出"道"的本原性地位和作用。"故虚无无为无知无欲者,道德之心而天地之意也;清静效象,无为因应者,道德之动而天地之化也"(同上);"故道之为物,窥之无户,察之无门,揣之无体,象之无容,意不能尽而言不能通"(卷三,《道生篇》）；"故道虚德无，不失其心；天尊地卑，不违其节。……是故，知道以太虚之虚无所不禀，知德以至无之无无所不授，道以无为之为品于万方而无首，德以无设之设遂万物之形而无事，故能陶性命，［冶］（治）情意，造志欲，化万事"（同上）。正因为"道"的这种"虚"、"无"性，故它才能"为之元"（卷一，《上德不德篇》），"为元始"（同上），为天地万物之根。

为宇宙的生成找到了"道"这个总根源后，就可以开始宇宙的演化过程了。在此，《老子指归》借疏解《老子》"道生一，一生二，二生三，三生万物"的宇宙生成模式，对宇宙的生成过程做了描述。它说：

> 道，虚之虚，故能生一。有物混沌，恍惚居起；轻而不发，重而不止，阳而无表，阴而无里；既无上下，又无左右，通达无境，为道纲纪；怀壤空虚，包裹未有，无形无名，芒芒颃颃，混混沌沌，冥冥不可稽之，亡于声色，莫之与比；指之无响，搏之无有，浩洋无穷，不可论谕；潢然大同，无终无始，万物之庐，为太初首者：故谓之一。（卷二，《道生一篇》）

> 一者，道之子，神明之母，太和之宗，天地之祖；于神为无，于道为有，于神为大，于道为小。故其为物也虚而实，无而有，圆而不规，方而不矩，绳绳忽忽，无端无绪；不浮不沉，不行不止，为于不为，施于不与，合囊变化，负包分理。无无之无，始始之始，无外无内，混混沌沌，芒芒汎汎，可左可右；虚无为常，清静为主，通达万天，流行亿野；万物以然，无有形兆，宵然独存，玄妙独处；周密无间，平易不改，混冥皓天，无所不有；陶冶神明，不与之同，选化天地，不与之处；禀而不损，收而不聚，不曲不直，不先不后；高大无极，深微不测，上下不可隐议，旁流不可揆度；潢尔舒与，皓然銲生，銲生而不与之变化，变化而不与之俱生。不生也而物自生，不为也而物自成。天地之外，毫釐之内，禀气不同，殊形异类，皆得一之一以生，尽得一之化以成。故得一者，万物之所导而变化之至要也，万方之准绳而百变之权量也。一，其名也；德，其号也；无有，其舍也；无为，其事也；无形，其度也；反，其大数也；和，其归也；弱，其用也。故能知一，千变不穷，万轮不失；不能知一，时凶时吉，持国者亡，守身者没。（卷一，《得一篇》）

这是《老子指归》对"道生一"之"一"的具体、详细说明。"一"乃"道"之子，是宇宙演化的第二个阶段。"一"是没有具体形象的，所以它为"虚者"，这与"虚之虚"的"道"有类似处。但这个"一"与"道"又有区别，因为它毕竟是由"道"所生出者。所以，"一"中已含有虚与实、无与有的矛盾性，故它才是宇宙演化的起始者。《老子指归》既说"一"是"虚而实，无而有"，"有物混沌恍惚"，"有虚者，陶冶变化，始生者而生不能生也"；又说"故一者，万物之所导，而变化之至要也"，能"陶冶神明"，"造化天地"。总之，这个"一"是将"道"的本体性向"道"的生成性转化的关键环节。所以，这个"一"就其生化万物言，为"德"；就其混而未分言，为"无"或"无有"；就其能自然地生化万物言，为"无为"；就其不可度量言，为"无形"；就其能产生对立运动言，为"反"；就其归于协调言，为"和"；就其从虚能出实言，为"弱"。这个"一"还没有分出清浊，所以它比"神明"虚无；但这个"一"已比绝对虚无的"道"实有，这就叫"于神为无"而"于道为有"。"一"是相对的虚无，它的特性仍以"虚"主为。

由"道"生出"一"后，"一"就能生出"二"。何谓"二"呢?《老子指归》说:

> 一以虚，故能生二。二物并兴，妙妙纤微；生生存存，因物变化；滑潭无形，生息不衰；光耀玄冥，无响无存；包裹天地，莫觏其元；不可逐以声，不可逃以形:谓之神明。存物物存，去物物亡，智力不能接而威德不能运者，谓之二。(卷二，《道生一篇》)

这个"二"就是"神明"。它已有了清浊之分，即"神有清浊"(卷一，《上德不德篇》)。关于这个"二"或"神明"，《老子指归》卷七《生也柔弱篇》又说:"有物俱生，无有形声，既无色味，又不臭香；出入无户，往来无门，上无所蒂，下无所根；清静不改，以存其常，和潭纤微，变化无方，与物糅和而生乎三；为天地始，阴阳祖宗，在物物存，去物物亡；无以名之，号曰神明。"在这里，"神明"当指气的清浊间对立变化的妙微态。故"神明"又为"神气"。如说:"夫无形无声而使物自然者，道与神也；有形有声而使物自然者，地与天也。神道荡荡而化,天地默默而告;荡而无所不化,默而无所不告。神气相传,感动相报;反沦虚无,甚微以妙;归于自然,无所不导。"(卷六,《言甚易知篇》)但严遵又认为"神明圣智者,常生之主也;柔弱虚静者,神明之府也"。(同上)又使"神明"有了精神特征。总之,"二"或"神明"是"无之无",它仍是无形象的。

有了"二"后,就由它生出了"三"。《老子指归》说:

> 二以无之无,故能生三。三物俱生,浑浑茫茫,视之不见其形,听之不闻其声,搏之不得其绪,望之不见其门;不可揆度,不可测量,冥冥窅窅,潢洋堂堂。一清一浊,与和俱行,天人所始,未有形朕圻堮,根系于一,受命于神者,谓之三。(卷二,《道生一篇》)

"三"又称为"太和",它是"神明"之后但却是万物之前的东西,其时天地万物仍未生成,但已有了清上、浊下、和中三种状态了,但"太和"仍无具体形象,故称为"无"。《老子指归》卷七《天之道篇》又说:"天地未始,阴阳未萌,寒暑未兆,明晦未形,有物三立:一浊一清,清上浊下,和在中央。三者俱起,天地以成,阴阳以交,而万物以生,失之者败,得之者荣。……故和者,道德之用,神明之辅,天地之制,群生所处,万方之要,自然之符,百祥之门,万福之户也。"这是说,"三"或"太和"在性质上仍是"无",但却已处在万物之生的地位。

从"三"或"太和"这里就生出了具体的万物。《老子指归》说:

> 三以无,故能生万物。清浊以分,高卑以陈,阴阳始别,和气流行,三光运,群类生,有形兆可因循者,有声色可见闻者,谓之万物。(卷二,《道生一篇》)
> 夫天地之道,一阴一阳,分为四时,离为五行,流为万物,精为三光;阳气主德,阴气主刑,覆载群类,含吐异方;玄默无私,正直以公。(卷六,《勇敢篇》)

可见,由"太和"或"三"分出天地,生出阴阳,再由阴阳二气生成万物。至此,世界就离开了"无"或"虚"的阶段而进入万事万物的实有阶段。

以上就是《老子指归》讲的宇宙生成论思想。关于这个思想,我们现在只强调两点:一是这是对《老子》第四十二章"道生一……"的宇宙生成论模式的解释,它将老子那里的抽象模式充实化了,使其有了一个完整的运演过程。二是《老子指归》讲的这个运演过程仍是一种理想模式,可以说是一宇宙生成的"理式"。故这个模式的通体特性是"无"或"虚";就是那个"太和"或"三",也是"以无,故能生万物"的。所以,由"三"向上逐层推之,就有了"无之无"、"无无之无"、"无无无之无"的"神明"、"德"、"道"了。"道"作为宇宙之生成的总根源,是最大的"无"或"虚",归根结底,宇宙是从"无"中产生的。所以,"万物之生也,皆元于虚始于无。背阴向阳,归柔去刚,清静不动,心意不作,而形容修广,性命通达者,以含和柔弱而道无形也。是故虚无无形微寡柔弱者,天地之所由兴,而万物之所因生也……万物之源泉,成功之本根也"(卷二,《道生一篇》)。

其二,以无为本的"道"本论。严遵在讲疏老子"道生一……"的宇宙生成模式时为什么要说"无"?要把"三"视为"无",把"二"视为"无之无",把"一"视为"无无之无",把"道"视为"无无无之无"呢?这里实际上涉及宇宙生成论与宇宙本体论的关系问题。在"道生一"的生成论意义上"道"与"一"是一样的。但这里含有由"道"本论向"道"生论的转化。因此,《老子指归》在讲宇宙生成问题时,就表现出了以"道"为本的本体论思想。例如,它说:

　　故道之为物,窥之无户,察之无门,搏之无体,象之无容,意不能尽而言不能通。万物以生,不为之损;物皆归之,不为之盈;上下不穷,广大无涯;消息赢诎,不可度訾;游于秋毫,不以为少;包裹万天,不以为多;青紫光耀,不为易志;幽冥枯槁,不为变化;运行并施,无所爱好;禀授性命,无所不为;德流万物而不可复,恩结泽缔而不可归;赡足天下而不费,成功遂事而不衰。其于万物也,岂直生之而已哉! 生之形之,设而成之,品而流之,停而就之,终而结之,先而后之。既托其后,又在其前；神明以处，太和以存；清以上积，浊以下凝。天以之圆，地以之方；阴得以阴，阳得以阳；日月以照，星辰以行；四时以变化，五行以相胜；火以之热，水以之寒；草木以柔，金石以刚；味以甘苦，色以玄黄；音以高下，变以纵横；山陵以滞，风雨以行；鳞者以游，羽者以翔；兽以之走，人以聪明；殊类异族皆以之存，变化相背皆以之亡；万天殊状，水土异形，习俗相违，利害不同，容貌诡谬，意欲不通，阴阳所不能及、日月所不能明，皆以之始，皆以之终；开口张目，屈伸倾倾，俯仰之顷，喘息之间，神所经历，心意所存，恩爱所加，雌雄所化，无所不导，无所不为。（卷三，《道生篇》）

这里讲的就涉及"道"本问题。"道"不只是生化德、神明、太和及万物，而且它是天地万物存在、发展、变化，即各显其性、各逞其能、各顺其化、各归其宿的根据所在。所以，"道"在严遵处是有本体意义的。这里所引的这一段说的就是"道"无处不在，乃天地万物之存在的根据。《老子指归》又说：

道无不有，有无不为，体和服弱，括囊大威，生育群类，莫有能违，无有形象，为万物师。得之者安，失之者危，天地体之，久而不衰。（卷六，《用兵篇》）

"道"乃万物之师，万物均是以"道"为根据和原则来生生存存、成成长长、变变化化的。若没有了"道"，天地万物的一切存在就失去了存在的可能和根据。

《老子指归》以"道"为本，这种思想是明显的，不用再多引述了。但问题是，"道"何以能是天地万物之本原？《老子指归》认为，这是由于"道"的"自然无为"的本性、本质使然。对此，它有不少论说：

夫道以无有之有，通无间，游无理，光耀有为之室，澄清无为之府，出入无外而无圻，经历珠玉而无朕。何以劾其然也？夫有形鎌利不入无理，神明在身，出无间，入无孔，俯仰之顷经千里。由此言之，有为之

有,有废无功;无为之为,成遂无穷,天地是造,人物是兴。(卷二,《至柔篇》)

天道自卑。无律历而阴阳和,无正朔而四时节,无法度而天下宾,无赏罚而名实得,隐武藏威无所不胜,弃捐战伐无所不克;无号令而民自正,无文章而海内自明,无符玺而天下自信,无度数而万物自均。(卷二,《大成若缺篇》)

道德之化,变动虚玄,荡荡默默,汎汎无形,潢潒慌忽,浑沌无端;视之不见,听之不闻,开导禀授,无所不存,功成事遂,无所不然;无为之为,万物之根。(卷三,《为学日益篇》)

道德无形而王万天者,无心之心存也;天地无为而万物顺之者,无虑之虑运也。由此观之,无心之心,心之主也;不用之用,用之母也。(卷三,《圣人无常心篇》)

夫道之为物,无形无状,无心无意,不忘不念,无知无识,无首无向,无为无事,虚无澹泊,恍惚清静。其为化也,变于不变,动于不动,反以生覆,覆以生反,有以生无,无以生有,反覆相因,自然是守。无为为之,万物兴矣;无事事之,万物遂矣。是故无为者,道之身体而天地之始也。(卷三,《天下有始篇》)

无为微妙,周以密矣;滑淖安静,无不制矣;生息聪明,巧利察矣;通达万方,无不溉矣。故曰:有为之元,万事之母也。(同上)

道德不为智巧,故能陶冶天地,造化阴阳,而天不能欺也。……故虚无无为无知无欲者,道德之心而天地之意也;清静效象,无为因应者,道德之动而天地之化也。(卷三,《行于大道篇》)

这些均说明,"道"或"道德"其本性、本质是自然、无为、无心、无形、无欲的。正因为它无为、无心而自然,故才是天地万物之根。那么,"道"为什么作为本、原、体、根就非得无形、无为而自然? 有为、有形为何就不行呢? 对此,《老子指归》有一解释,曰:"天地之间,广大修远,殊风异俗,物类众臣,变化无穷,利害谬诡,故能不能制,而为不能为也。我为天下,而天下亦为我,彼我相遇,则彼众而我寡,以寡遇众,则众宁寡殆。故以己知立,则知夺之;以已巧立,则巧伐之;以己力主,则力威之;唯无所为,莫能败之。……由此观之,无为不能遁福,有为不能逃患。"(卷三,《善建篇》)这是从功用的角度讲的,即"我为天下,而天下亦为我"也,这样有为的做法就会导致无穷的"为"而终究为不了。从哲理上讲,这里说的实际上是现象界事物间的相对性关系,在此种关系中,每一存在者的存在根据均在它之外的他者那里,故它是无根的和不自由的。现在就要超越这种相对性而得到一绝对者,此即"道"也。所以,"道"这个绝对者是自本自根、自因性的,故必是无形、无为、无心的,亦即"自然"的。可见,"道"的"自然无为"性正是"道"的本体性的表现。

从"道"的"自然无为"性出发,《老子指归》描述了一幅天地万物自然为之的图景。它说:

> 道德不生万物,而万物自生焉;天地不含群类,而群类自讬焉;自然之物不求为王,而物自王焉。故天地亿万,而道王之;众阳赫赫,而天王之;阴气谬谬,而地王之;倮者穴处,而圣人王之;羽者翔虚,而神凤王之;毛者蹞实,而麒麟王之;鳞者水居,而神龙王之;介者泽处,而灵龟王之;百川并流,而江海王之。凡此九王,不为物主,而物自归焉;无有法式,而物自治焉;不为仁义,而物自附焉;不任知力,而物自畏焉。何故哉?体道合和,无以物为,而物自为之化。(卷五,《江海篇》)

在天地亿万、天、地、人、羽、毛、鳞、介、江川九者中,各为一类且各为一王,"道"是总王而王所有的存在者。天地中的各类存在者也好,天地万物之总宇宙的存在也罢,都是以"道"为存在根据、根源的。而"道"这个总根源、根据到底做了些什么呢?其实它什么也没有做,也不必要做什么,"自然之物不求为王,而物自王焉"。天地万物的事事物物皆自然而行,这就是"道"的存在!

以上就是《老子指归》的"道"本论思想。现在要再说明的一点是,这里的"道"其性质、特征是"无"或"虚"。这个"无"又是什么?与《老子河上注》解"道"时所讲的无形、无名、无音、无色、无状等的"无"相比,《老子指归》这里所讲的"无"不是"道"作为理性范畴的那种抽象性的"无",而是一种无形、无为、无心、无欲、无念等功能性、功用性的"无",这种"无"不是抽象概念、理式、理则,而是天地万物之存在、运行的功用、功能,是即体即用、体用如一的,表现的是万物之自为、自生、自在、自存的"自然"本性。这才真正体现、表现了"道"的"自然"本质。所以,如果说汉代老学对魏晋玄学影响的话,可以说《老子河上注》开了王弼"无"本论思想的先河,而《老子指归》则开了向秀、郭象,特别是郭象"独化"论思想的先河。

4.《太玄》的"玄"论

继严遵作《老子指归》后,有扬雄①作《太玄》。《汉书·王贡两龚鲍传》说,严遵在成都讲授《老子》,"扬雄少时从游学",严遵的道家思想对扬雄是有影响的。

扬雄的主要哲学著作是《太玄》和《法言》。尤其是《太玄》,表现了扬雄宇宙论的天人思想。该书是模仿《周易》形式而作。对此,北宋司马光说:"《易》与《太玄》,大抵道同而法异。易画有二,曰阳曰阴;玄画有三,曰一曰二曰三。易有六位,玄有四重。易以八卦相重为六十四卦,玄以一二三错于方州部家为八十一首。易每卦六爻,合为三百八十四爻;玄每首九赞,合为七百二十九赞。皆当朞以日。易有元亨利贞,玄有罔直蒙酋冥。易大衍之数五十,其用四十有九;玄天地之策各十有八,合为三十六策,地则虚三,用三十三策。易揲之以四,玄揲之以三。易有七八九六,谓之四象;玄有

---

① 《汉书·扬雄传》说,"扬雄,字子云,蜀郡成都人也。……年七十一,天凤五年卒"。即他生于西汉宣帝甘露元年,死于王莽天凤五年(前53—公元18年)。关于扬雄的出身,《汉书·扬雄传》说"有田一廛,有宅一区,世世以农桑为业。……家产不过十金,乏无儋石之储,晏如也"。晋灼注说:"《周礼》:上地夫一廛一百亩也。"可见,他出身于中小地主家庭。关于他的学术活动,《扬雄传》曰:"雄年四十余,自蜀来至游京师。……实好古而乐道,其意欲求文章成名于后世,以为经莫大于《易》,故作《太玄》……"大约以西汉哀帝(前6—前1年在位)时期为界线,其前的扬雄热衷于辞赋,后将精力转向了理论著述。本传说,"哀帝时丁、傅、董贤用事,诸附离之者或起家至二千石。时雄方草《太玄》,有以自守,泊如也"。关于作《太玄》的动机,扬雄原想学司马相如作赋,以上劝统治者,但后来发现这是没什么用的,故"辍而不复为。而大潭思浑天,参摹而四分之,极于八十一,旁则三摹九据,极之七百二十九赞,亦自然之道也"。扬雄一生基本上是个学者。他为人"简易佚荡,口吃不能剧谈,默而好深湛之思,清静亡为,少嗜欲,不汲汲于富贵,不戚戚于贫贱,不修廉隅以徼名当世"。(《汉书·扬雄传》)

一二三,谓之三摹。易有象,玄有首。易有爻,玄有赞。易有象,玄有测。易有文言,玄有文。易有系辞,玄有摛、莹、掜、图、告。易有说卦,玄有数。易有序卦,玄有冲。易有杂卦,玄有错。殊途而同归,百虑而一致。皆本于太极、两仪、三才、四时、五行,而归于道德仁义礼也。"(《太玄集注·说玄》)《太玄》虽与《周易》有如此的相似处,但这仍是形式上的,二者的实质并不同。单就二者所反映的计数模式言,《周易》是二进位制,而《太玄》则是三进位制,故《周易》用"—"和"– –"两个符号则可,而《太玄》则要用"—"、"– –"、"– – –"三个符号。至于二者所反映出的宇宙模式,也是不一样的。

从天人关系的宇宙观上来看《太玄》思想,它主要有下列内容:

一是玄"兼三道"的宇宙系统论思想。将天、地、人作为一个整体的、相互关联和作用的系统看待,这是汉代天人思想的重要方面。《太玄》也有此方面的思想。它吸收了当时的易纬及孟喜、京房等的"卦气说",还有五行学说,以"玄"为根本,以阴阳五行为骨干,以一分为三为规则,以九为度数,以罔直蒙酋冥为过程,构成了一个总括时间与空间、包容天地人为一体的世界模式。

《太玄》在形式上是模仿《周易》而成的卦象占筮系统。它与《周易》一样,有揲蓍索首之法(见《太玄·太玄数》。下引《太玄》只注篇名)。据说汉代的王莽和唐代的柳宗元都曾以《太玄》占筮过自己的命运①。《太玄》的卦象系统是如何形成的呢?《太玄图》说:

> 一玄都覆三方,方同九州,枝载庶部,分正群家。
>
> 玄有(一)[二]道:一以三起,一以三生。以三起者,方州部家也。以三生者,参分阳气以为三重,极为九营,是为同本离(生)[末],天地之经也。旁通上下,万物并也。九营周流,终始贞也。

这就是关于《太玄》卦图的构成原则和方式。这是说,一玄分而为三,因为

---

① 参见郑万耕校释:《太玄校释》,北京师范大学出版社 1989 年版,第 2 页。这里的引文均引自此书。

"夫玄也者,天道也,地道也,人道也,兼三道而天名之。君臣、父子、夫妻之道"。(《太玄图》)这种"三"名之为方,有一方,二方,三方;三方又各分为三,名之为州,每方有一州、二州、三州,三方共有九州;每州又各分为三,名之为部,每州有一部、二部、三部,九州共有二十七部;每部又各分为三,名之为家,每部有一家、二家、三家,二十七部共八十一家。这个过程就是所谓的"一玄都覆三方……"云,也就是所谓的"一以三起"。

"一以三起"后,遂有了三方、九州、二十七部、八十一家的横向展开框架。那么,方、州、部、家之间是如何关系的呢?这就用到"一以三生"的原则和方法。《太玄》将某方内的某州,某州内的某部,某部内的某家,名为"首",这就相当于《周易》之"卦"。《太玄》摹仿《周易》的爻象,用"—"表示第一方、第一州、第一部、第一家;用"– –"表示第二方、第二州、第二部、第二家;用"– – –"表示第三方、第三州、第三部、第三家。每"首"都由表示方、州、部、家的"—"、"– –"、"– – –"三个符号组合而成。例如,第一方,第一州,第一部,第一家,就是卦象☰,《太玄》叫"中",即中首;如第一方,第一州,第一部,第二家,就是☷,《太玄》叫"周",即周首;如第二方,第一州,第二部,第一家,就是☲,《太玄》叫"羡",即羡首,等等。就这样,符号"—"、"– –"、"– – –"组合搭配,以四画卦(方、州、部、家)的形式,共得八十一首,即八十一个卦象。每首都有首辞,这相当于《周易》的卦辞。每一首有九赞,分名为"初一"、"次二"、"次三"、"次四"、"次五"、"次六"、"次七"、"次八"、"上九",这相当于《周易》的爻辞。这样就得到了七百二十九赞。这就叫"参分阳气,以为三重,极为九营",就是所谓的"一以三生"。扬雄认为,这种一玄,三方,九州,二十七部,八十一家,及其所构成的八十一首(即八十一个卦象),还有七百二十九赞,就构成了一个世界图式。这个图式表示的就是天地间事物的发展和运动。因为事物都是从一个本源分化出来的,故谓"同本离末",就是"天地之经也";分化出来的事物虽有所不同,但都源于一源,是互相联系的,故叫"旁通上下,万物并也";这个图式不仅表示事物的发展变化,也表示一年四时的变化,故叫"九营同流,始终贞也"。

扬雄的方、州、部、家的世界图式,看起来是纯粹的图画组合,好像是虚构的,但实际上它是有一定自然科学依据的,这就是当时的天文历法知识。

秦至汉初,所用都是《颛顼历》,但后来发现它已与一年的季节变化不相符了。所以,在汉武帝元封七年(前104年)开始用邓平、落下闳等创制的《太初历》。后来刘歆又加以整理,并附加了一种理论,遂成《三统历》。扬雄的"太玄"图式所表示的四季运转,正与当时的《三统历》相符。《太玄图》将八十一首分为七百二十九赞,每两赞主一昼夜,共三百六十四日半,外加踦、嬴两赞,满一岁三百六十五日又一千五百三十九分日之三百八十五。这正与《三统历》合。故《太玄图》曰:"凡三百六十四日有半,踦满焉,以合岁之日而律历行。"又说:"故自子至辰,自辰至申,自申至子,冠之以甲,而章、会、统、元与月蚀俱没,玄之道也。"这说明《太玄》的图式是以《三统历》为科学依据的。故《汉书·扬雄传》叙述《太玄》说:"其用自天元推一昼一夜阴阳数度律历之纪,九九大运,与天终始。故玄三方、九州、二十七部、八十一家、二百四十三表,七百二十九赞,分为三卷,曰一二三,与《太初历》相应,亦有《颛顼》之历焉。"

《太玄》这个图式系统对天、地、人有什么用呢?换言之,《太玄》的卦图系统反映或体现了天地人之间怎样的一体化系统结构呢?一方面,扬雄将他的太玄世界模式和流行的五行说相结合,如《太玄告》曰:"五行迭王,四时不俱壮。日以昱乎昼,月以昱乎夜;昴则登乎冬,火则发乎夏。南北定位,东西通气。万物错离乎其中。玄一德而作五生,一刑而作五剋。五生不相殄,五克不相逆。不相殄乃能相继也,不相逆乃能相治也。""五行迭生"表示五行的方位转移性,"四时不俱壮"表示四时的更替,即表示时间的变化。把这两方面结合起来,就构成一个包含时间和空间的宇宙系统,万物就蕴含、生息于其中。所以,《太玄数》说:

> 三八为木,为东方,为春,日甲乙,辰寅卯,声角,色青,味酸,臭羶,形诎信,生火,胜土,时生,藏脾,侔志,性仁,情喜,事貌,用恭,撝肃,徵旱,帝太昊,神勾芒,星从其位,类为鳞,为雷,为鼓,为恢声,为新,为躁,为户,为牖,为嗣,为承,为叶,为绪,为赦,为解,为多子,为出,为予,为竹,为草,为果,为实,为鱼,为(疏)[疏]器,(为规)为田[为规],为木工,为矛,为青怪,为鼽,为狂。

> 四九为金,为西方,为秋……
>
> 二七为火,为南方,为夏……
>
> 一六为水,为北方,为冬……
>
> 五五为土,为中央,为四维……

这里相互搭配得的确很详细,但也不免牵强和烦琐。这与《吕氏春秋·十二纪》、《礼记·月令》、《淮南子·时则训》讲的五行、四时图式一样,但编入了许多新的事类,使这种五行、四时图式更全面了。

另一方面,扬雄又吸收了易纬及孟喜、京房等的"卦气说",将《太玄》的八十一首分配于一年四时之中,把一年四季的变化分为九个阶段,由此组成了一个循环系统。《太玄数》说:

> 九天:一为中天,二为羡天,三为从天,四为更天,五为睟天,六为廓天,七为减天,八为沈天,九为成天。

这里的"九天"就是一年四时的九个变化阶段。每"天"包括四十日,即所谓"始于十一月,终于十月,罗重九行,行四十日"(《太玄图》)。

《太玄》不仅讲"九天",还讲"九地"等系统。如说:"九地:一为泥沙,二为泽池,三为泚崖,四为下田,五为中田,六为上田,七为下山,八为中山,九为上山。九人:一为下人,二为平人,三为进人,四为下禄,五为中禄,六为上禄,七为失志,八为疾瘀,九为极。"还有"九体"、"九属"、"九窍"、"九序"、"九事"、"九年"等,这与"九天"、"九地"、"九人"就构成了九个"九",这也是一个系统。

还有,扬雄模仿《周易》乾卦的卦辞元亨利贞,创设了"罔、直、蒙、酋、冥"五个概念,用以说明事物发展的系统循环性。《太玄文》曰:

> 罔、直、蒙、酋、冥:罔,北方也,冬也,未有形也;直,东方也,春也,质而未有文也;蒙,南方也,夏也,物之修长也,皆可得而(载)[戴]也;酋,西方也,秋也,物皆成象而就也;有形则复于无形,故曰冥。故万物罔乎

北,直乎东,蒙乎南,酋乎西,冥乎北。故罔者有之舍也,直者文之素也,蒙者亡之主也,酋者生之府也,冥者明之藏也。罔舍其气,直触其类,蒙极其修,酋考其就,冥反其奥。罔蒙相极,直酋相敕。出冥入冥,新故更代。阴阳迭循,清浊相废。

可见,罔、直、蒙、酋、冥是阴阳消长的表现,有季节性和方位性。在扬雄看来,一切事物均是从无到有,有复归于无的运动过程。事物开始时无有形体,然后出现素朴的质体,至鼎盛时形体最大,再趋于成熟,最后形体消解。无形乃一切事物的出发点,也是事物之归宿,形体只是暂时之态,这就叫"出冥入冥"。事物就是这样一生一灭而"新故更代"的。

二是玄"摛措阴阳而发气"的宇宙生成论思想。作为由一玄、三方、九州、二十七部、八十一家、七百二十九赞所组成的"玄"卦象系统,该系统的运行就是揲蓍索首的原则和方法。那么,如果将这个"玄"卦系统还原为天地万物的宇宙系统,这个系统又是如何运行的呢? 这就是阴阳消长的原则和方法。阴阳、五行,特别是阴阳,是运行于宇宙系统中的元素和相反相成的力量;阴阳的运行过程也就是天地万物之生成消长的过程,故这里含有宇宙生成论思想。

阴阳的运行如何产生天地万物呢? 作为《太玄》开篇的《玄首都序》说:

> 驯乎,玄! 浑行无穷正象天。阴阳㘴(同"坒")参,以一阳乘一统,万物资形。方州部家,三位(踈)[疏]成,曰陈其九九,以为数生。赞上群纲,乃综乎名,八十一首,岁事咸贞。

这是说事物的变化都遵循玄道,像天一样浑行而无止境。而玄是分为阴阳的,阴阳结合为一体,其中以阳为主导,于是万物得以形成。这里的"⊇"或"坒"为比,即相配。就是说,阴阳相比相参,万物由此而生;阴阳二气消长运行,遂有万物之盛衰。"玄"本身就是阴阳混而未分之态,它周行无穷,生生不息,像天一样圆转而循环无休。所以,《太玄图》说:

　　玄有二道，一以三起，一以三生。以三起者，方州部家也。以三生者，参分阳气以为三重，极为九营，是为同本离末，天地之经也。旁通上下，万物并也。九营周流，终始贞也。始于十一月，终于十月，罗重九行，行四十日。诚有内者存乎"中"，宣而出者存乎"羡"，云行雨施存乎"从"，变节易度存乎"更"，珍光淳全存乎"睟"，虚中弘外存乎"廓"，削退消部存乎"减"，降隧幽藏存乎"沈"，孝终性命存乎"成"。是故一至九者，阴阳消息之计邪。反而陈之，子则阳生于十一月，阴终十月，可见也；午则阴生于五月，阳终于四月，可见也。生阳莫如子，生阴莫如午。西北则子美尽矣，东南则午美极矣。

　　这里的"中"等就是"九天"，即天变化过程中的九个阶段。中天，阳气潜藏于内；羡天，植物开始萌生；从天，云行雨施，滋润万物；更天，植物变化繁多；睟天，植物茂盛结实；廓天，植物变得外强中干；减天，植物逐渐衰退；沈天，植物降落潜藏；成天，万物完成并结束。在一年的循环中，阳生于子（中首，十一月，冬至，正北方），极盛于巳（四月，东南），至亥（十月，西北）完全不起作用而让位于阴，这就叫"西北则子美尽矣"。在阳气由盛转衰时，阴气则逐渐开始了作用。阴生于午（应首，五月，夏至，正南方），极盛于亥（十月，西北），至巳（四月，东南）完全不起作用，又让位于阳，此则谓"东南则午美极矣"。西北阴气最盛，东南阳气最盛，这就叫"阴酉西北，阳尚东南"（《太玄图》）。

　　在《太玄》中，从天玄的第一首即"中"首到人玄的最末首即"养"首，八十一首就是阴阳二气消长循环的过程。"中"首是"阳气潜萌于黄宫，信无不在乎中"。即阳气潜伏于地中，万物将要生长。到第十三首即"增"首，"阳气蓄息，物则增益，日宣而殖"。是说万物都因阳气而生长。到第三十六首即"强"首，"阳气纯刚乾乾，万物莫不强梁"。即阳气鼎盛，万物处于最强状态。到第四十一首即"应"首，"阳气极于上，阴信萌乎下，上下相应"。阳气开始衰退，而阴气开始发动了。到第四十九首即"逃"首，"阴气章强，阳气潜退，万物将亡"。阴气到了鼎盛，万物将要终结。到第七十八首即"将"首，"阴气济物乎上，阳信将复始之乎下"。阴气的使命完成，阳气又开始回复了。至第八十一首即"养"首，"阴彌于野，阳蓝万物，赤之于下"。即此时阴气盛极而坠下，崩坏于野，阳气在下则沤养万物，万物之根皆赤也。就这样，阴阳二气在一年中交替发生着作用，阴阳之消长运行的过程也就是天地万物之生长、循环的过程。

三是玄"资陶虚无而生乎规"的宇宙本体论思想。《太玄》说玄"摛措阴阳而发气，一判一合，天地备矣"。摛，乃舒张、开展义；措，置也。摛措，即舒张措置也。这是说，"玄"措张开阴阳，把气发布开来；阴阳二气发布出来后，二者又交合之，于是就有了天地万物。当扬雄这样说时，气就是构成宇宙万物的原始材料，也是宇宙之源，这就是宇宙生成论思想。但这里有一个问题：作为宇宙之源的"气"又从何而来？这就涉及"气"存在的本原、本体问题。所以，扬雄在谈"玄"之"摛措阴阳而发气"的宇宙生成问题时，就有本体论问题在。扬雄是如何来思考这一问题的呢？《太玄摛》说：

> 玄者，幽摛万类而不见形者也。资陶虚无而生乎规，攔神明而定摹，通同古今以开类，摛措阴阳而发气。一判一合，天地备矣。天日迴行，刚柔接矣。还复其所，终始定矣。一生一死，性命莹矣。

这是《太玄摛》的开篇话。这里说到了"摛措阴阳而发气。一判一合，天地备矣"的"玄"舒张阴阳以发气而形成宇宙的生成问题。但整段思想说的却不是这个问题，这里整段讲的是关于"玄"的本质特征。"玄"是"幽摛万类而不见形者也"。"摛"是舒张义，即施设也。"玄"施设着、安排着、支配着天地万物但却不见形，是一种"幽摛"，即超越了感性的存在。"玄"又是"资陶虚无而生乎规"的。"资"，取也；"陶"，养也，引申为造作义。这是说"玄"资养着"虚无"而从中生出"规"；这里的"规"指天道，《太玄图》曰："天道成规，地道成矩。规动周营，矩静安物。"这是说"玄"从虚无中以成就天道。"玄"又是"攔神明而定摹"的。攔，就是关联；神明，指气或阴阳二气。前面说过，严遵的《老子指归》就以"神明"为气。这是说，"玄"关联阴阳以确定其在一年四时中运行的度数（即"定摹"）。"玄"又"通同古今以开类"。通同，乃贯通；开类，即分开万物的种类。这是说"玄"既区分开万物而又把万物贯通起来。这些就是"玄"的作用，同时也是其本质特征。特别是这里所谓的"幽摛万类而不见形者也"，"资陶虚无而生乎规"，说的就是"玄"超感性的性质。这样的"玄"显然与阴阳之类的气不同，它是超越性的存在，这就是本体、本原。故《太玄》在此所讲的"玄"相当于《周易》所讲的"太极"，指玄远幽深、神妙莫测的宇宙本原。

"玄"作为天地万物的本原、本体，它是超越的，故其特性是"无"或"虚"。《太玄摛》描述说：

> 夫玄晦其位而冥其畛，深其阜而眇其根，攘其功而幽其所以然者也。故玄卓然示人远矣，旷然廓人大矣，渊然引人深矣，渺然绝人眇矣。嘿而该之者，玄也；挥而散之者，人也。
>
> 其上也县天，下也沦渊；纤也入藏，广也包畛。其道游冥而挹盈，存存而亡亡，微微而章章，始始而终终。近玄者，玄亦近之；远玄者，玄亦远之。譬若天苍苍然在于东面、南面、西面、北面，仰而无不在焉，及其俛则不见也。天岂去人哉？人自去也。

这说的都是"玄"的无形无名无状无象无为等的功用和特征。"玄"一方面是超感性的，故是"无"；但它却实实在在地起着作用，它以自己的"自然"之性成就着天地万物的存在和生息，所以它是一种功能、功用上的存在，此之谓"神"矣。

正因为"玄"作为本原、本体是功能、功用上的，而非单纯抽象概念的存在，故在扬雄的"玄"本论中体现的是体用不二、体用如一的原则。所以，《太玄摛》曰："故玄者，用之至也。……莹天功、明万物之谓阳也，幽无形、深不测之谓阴也。阳知阳而不知阴，阴知阴而不知阳，知阴知阳，知止知行，知晦知明者，其唯玄乎。""玄"就活动在阴阳中，神妙着万物而是万物存在之本。

以上乃扬雄《太玄》的天人思想。

《太玄》还有一定的辩证法思想。例如，它以阴阳的相反相成为基础，承认事物都是对立的统一体。如说："天日错行，阴阳更巡，死生相摎，万物乃缠"(《太玄摛》);"立天之经曰阴与阳,形地之纬曰纵与横,表人之行曰晦与明","阳不阴无与合其施,经不纬无以成其谊,明不晦无以别其德"(《太玄莹》);"一昼一夜,然后作一日;一阴一阳,然后生万物"(《太玄图》);"天地相对,日月相刲,山川相流,轻重相浮,阴阳相续","日有南有北,月有往有来;日不南不北则无冬无夏,月不往不来则望晦不成"(《太玄告》)等。这些说法中的一些不免是经验直观,但承认矛盾对立的思想却是明确的。另外,它还认为,矛盾的对立面之间在超过一定的限度后会向反面转化。如说:"阳不极则阴不萌,阴不极则阳不芽。极寒生热,极热生寒,信道致诎,诎道致信"(《太玄摛》);"息与消纠,贵与贱交,福至而祸逝,祸至而福逃"(《太玄图》);"阴不极则阳不生,乱不极则德不形"(《太玄告》),等等。它还看到了事物因革的规律性。《太玄莹》说:"夫道有因有循,有革有化。因而循之,与道神之;革而化之,与时宜之。故因而能革,天道乃得;革而能因,天道乃驯。夫物不因不生,不革不成。故知因而不知革,物失其则;知革而不知因,物失其均。革之匪时,物失其基;因之匪理,物丧其纪。因革乎因革,国家之矩范也;矩范之动,成败之效也。""因"是因循,是继承;"革"是革化,是创新。这说的是继承与革新的统一。

按理说,扬雄《太玄》有这样一些不错的思想,不会在当时不发生影响的。但《汉书·扬雄传》说:"自雄之殁,今四十余年,其《法言》大行,而《玄》终不显,然篇籍具存。"扬雄模仿《论语》作的《法言》获得了成功,而他模仿《周易》作的《太玄》则"终不显"矣,这是为什么?《扬雄传》引扬雄的朋友刘歆的话说:"空自苦!今学者有禄利然尚不能明《易》,又如《玄》何?吾恐后人用复酱瓿也。"刘歆大概是因《太玄》模仿、做作的形式和晦涩的思想内容,认为它不会被人们重视的。现代学者也对《太玄》之"终不显"的原因做过探讨,认为它只是模仿了《周易》符号系统的形式,而失掉了《周易》"一阴一阳之谓道"的辩证法灵魂,故失败了①。

是这方面的原因吗?我认为,关键在于《周易》的"—"和"– –"二画符号系统和《太玄》的"—"、"– –"、"– – –"三画符号系统表现的是两种不同

---

① 参见金春峰:《汉代思想史》,中国社会科学出版社 2006 年版,第 389—392 页。

性质的本体思想。《周易》用它的两画符号系统正好表述了本体的"有、无"性结构,故它能成就一"有"本体。但《太玄》模仿《周易》的三画符号系统却不足以表述其所含涵的本体思想。

《易传·系辞下》说:"古者包牺氏之王天下也,仰则观象于天,俯则观法于地;观鸟兽之文与地之宜;近取诸身,远取诸物,于是始作八卦,以通神明之德,以类万物之情。"这说的是伏羲氏画八卦的传说。有了八卦图式后,六十四卦的图式就容易形成了。从这里说的情况看,《易》之符号系统的起源并不是圣人一时的兴之所致,而是基于社会生产实践活动,即仰观俯察,从天地万物中悟出了一种"理"或"道"。这种"道"是什么呢? 就是天地间普遍存在的阴阳对立和互补的法则,这就叫"一阴一阳之谓道"(《易传·系辞上》)。现在把这种"道"转换为符号操作系统,就是《易》的由"—"和"− −"这两个基本符号六重叠而形成的六十四卦的卦图系统,这在数学上或计数上是一种二进位制。可见,《周易》的符号系统与这一系统所表达、揭示的"一阴一阳之谓道"的"道"本思想是相一致的,故才使得《易》道能弥沦天地而旁通万物。

《太玄》就不然了。它要把握的并不是宇宙间阴阳相反相成之"道"的问题,而是关于天、地、人之三"道",即"夫玄也者,天道也,地道也,人道也,兼三道而天名之;君臣、父子、夫妻之道"(《太玄图》)。就是说,《太玄》要考虑人与天、地的关系问题,即人、天、地这三者间如何能统一为一个总体,因此《太玄》才明确要以"三"作为准则。把"三"的原则符号化,就有了"—"、"− −"、"− − −"这三个基本符号。厘析出这样三个符号并不难,将这三个符号相互两重、三重、四重、五重……以形成一种符号图式——比如,将这三个符号两重的话就有九种形式——这也非难事;《太玄》的卦图用的是四重法,即得到了八十一个卦图。但这里的关键问题是,这样作时将《太玄》"三"的原则和精神表现出来了吗? 并没有! 因为这样做时实质上表达的只是"二"的原则。"三"的原则不能用这种空间化的方式来表示,而要用时间化的方式来表示之。就是说,"—"、"− −"、"− − −"这三个基元不可被作为单独、独立的符号存在,它们已是一个前牵后缠、相互缠结盘旋的整体结构了。所以,如果用我们日常生活中被庸俗化了的"过去"、"现在"、"将来"三维并列法的"庸俗时间"（海德格尔语）来处理这三种基元符号的话——扬雄的《太玄》图式正好就这样做了——实质上是将时间架构空间化了，这自然是不能成功的。依海德格尔的"时间"观，在"过去"、"现在"、"未来"时间三维中，真正起实质作用的是"未来"，它才真正反映了人之存在的"无"即"自由"的本性、本质。故人是有"未来"的，并且是提前进入未来的；而"未来"与"过去"的前牵后缠的缘生，就是"现在"。所以，"现在"并不"现""在"，即它并不现成地存在于某处，并没有一个"是什么"的"什么"样子，"现在"在本质上是缘构的，是随缘而成的活转，是当场生成的。这就是海德格尔讲的"存在"本身，即"Dasein"。如果能这样表示"三"的原则，而不是像《周易》那样用"二"的原则和方法表示，那么《太玄》的图式就有大价值了。当然，扬雄在那个时代是无法做到这一点的，也就成就不了"玄"这一真正的"无"本体。

三、汉代哲学在天人问题上的贡献及所留下的问题

在中国历史上，汉帝国占有举足轻重的地位。两千多年的中国封建社会，其经济、政治、思想文化，乃至汉民族的民族心理和习惯，都是由汉帝国奠定的。

本来，秦王朝结束了天下纷争、诸侯割据的混乱局面，顺应历史潮流而建立了郡县制这种中央集权制的封建制后，是应该在经济、政治及思想文化方面为中国封建社会创制立法的。但秦王朝由于"以吏为师"、"以法为教"的治国方略上的失误，仅仅十五年就灭亡了，未能完成为中国封建社会奠基的历史任务。这个任务就落在了承秦制的汉王朝身上。西汉王朝建立的仍是中央集权制的封建制。为了巩固和稳定这一制度，首先经汉初近七十年的休养生息政策，使社会经济得到了恢复和发展，将封建社会的生产力水平恢复和稳定在了一定程度上。与此相适应，政治上通过实施"众建诸侯而少其力"、"推恩"等方针对诸侯王势力的分化和瓦解，再配合以用中央政权的力量对异姓和同姓诸侯王势力限制、削弱和消灭，使封建制的政治体制得

到了巩固。至前 140 年(建元元年)汉武帝即位时,西汉封建王朝的经济、政治体制已得到奠定,即为中国封建社会奠了基立了法;但思想文化方面的建设任务并没有相应地得到完成。所以,汉武帝即位后有两大政治任务要做:一是对匈奴用兵,以维护封建国家的领土完整和主权独立;二是要完成封建社会上层建筑的建设任务。雄才大略的汉武帝对这两件政治任务都完成得不错。

社会上层建筑是与社会经济基础相适应的复杂系统,它包括两大部分:一部分是有关的政治、法律制度和设施方面(如军队、警察、法庭、监狱、政府各部门等);另一部分是政治、法律、道德、宗教、艺术、哲学等的思想、观念方面。前者叫政治上层建筑,后者则叫思想或观念上层建筑,亦即社会意识形态。我们这里所说的关于汉代要完成的封建社会上层建筑的建设任务,主要是就观念上层建筑而言的,即为封建社会建立什么样的指导思想和理论基础的问题。这一任务是经由汉武帝对"贤良文学"之士的"册问",和由董仲舒参与的众贤良之士的"对策",来共同确立和完成的。

汉武帝一共向"贤良文学"之士"册问"了三次,第一次"册问"最为重要和关键。他在第一次"册问"中要问的是"大道之要,至论之极"(见《汉书·董仲舒传》)的天人问题,这是带有根本性的哲学问题。围绕这个总问题,还有三个分问题,即"三代受命,其符安在? 灾异之变,何缘而起? 性命之情,或夭或寿,或仁或鄙,习闻其号,未烛厥理"。这三个分问题也颇有哲学味,与"大道之要,至论之极"的问题密切相关。董仲舒在"对策"中就此类问题做了回答,他回答的总原则和精神是"天人相与之际甚可畏也",此即董仲舒的"天人感应"论。在这里,董仲舒与汉武帝共同搭建起了"天人相与"的架子,为封建社会上层建筑的建设工作确立了纲领和方针。为什么这么说呢? 因为这里的"人"是社会的人,是处在社会关系中的现实人;有这种人,就必然要有相应的礼仪规范这类社会制度和思想观念,这就是上层建筑。礼仪制度也好,思想观念也罢,这都是人为的结果,是根据一定的社会需要制定出来的,这是其应然性的方面,反映、表现了人的自觉自愿的主体性本性。但社会礼仪制度及相应的思想观念的制定和提出并不是随心所欲的,它受制于一定的时代条件;这一时代条件归根结底就是由当时社会生产力水平所决定的社会经济基础。中国古人不明白这一点,就将它视为"天"或"命"了。所以,这里的"天"代表的是一种与人的存在息息相关的必然性力量。这样,提出"天人相与之际"的问题和构架,其哲学意义和价值就在于将封建社会的制度规范及思想观念这些人为的应然性东西必然化和神圣化,使其具有超越的必然性和约束力。这就是为封建社会的上层建筑立法。实际上,从哲学上来说,汉武帝和董仲舒要做的是把儒学的伦理学本体化,即建立起"人世应然=宇宙必然"的伦理学本体论。尽管这个任务董仲舒没能从哲学理论上予以完成,但这就是中国封建社会应该完成和必须完成的哲学思想的任务。这就是汉代哲学的天人思想,具体说就是作为有汉哲学思想之代表的董仲舒"天人感应"论对中国古代哲学的总贡献和所留下要解决的总问题。

说到这里就有个问题:为什么说到了汉代哲学才明确讲起天人关系问题? 难道先秦就没有和不讲天人问题吗? 难道荀子、《易传》就没有讲天人关系问题吗? 当然,先秦是有关于天人问题的思想理论的,荀子关于这个问题讲的还很明确。但是,先秦的天人问题不是在明确的形而上的本体论建构的意义和目的、目标上来讲的。在涉及形而上的本体论建构意义上,先秦哲学要么是立足于人的心性,试图从人的心性出发来由内向外扩张,把人的心性本质外化给自然之天的存在,以之来建立一个通贯天人的心性本体(孔、孟,尤其是孟子就如此);要么是从包括人的存在在内的整个宇宙存在出发,以一种抽象的、一般的、普遍的"一"来通贯天地万物,以之来建构一种"道"本体(老、庄就如此)。在这样做的时候,前者实则是由人来统天或取代了天,后者则是由天来统人或取代了人,故前者是蔽于人而不知天,后者则是蔽于天而不知人,所以都没能将天和人真正地、现实地关联起来。实际上,在先秦儒、道处,其哲学思想的实质都在人这里,那个真正的自然之天并没有被纳入人的存在视野中。所以,我们说先秦儒道是各自摊开了一个形而上的本体论问题,尚未能真正地来建构它。儒家的荀子虽然将真正的自然之天纳入了人的存在视野和活动中,但可惜他谈的是人的活动操作意义上的天人关系,而不是形而上的本体论建构意义上的问题。《易传》亦然,它虽然讲天道、地道、人道的三道,要用"道"来统贯这三界,这看来是一个形而上的本体论思想体系,但实际上这也是在人的活动、操作的意义和方式上来谈天人问题的,尚不是真正的形而上的本体论思想理论。

至汉代,情况就不同了。汉代哲学明显是以天人关系为思想内容的。这里的人不是以心性意志或绝对无待的精神自由为表现特征和存在方式的人,而是以伦理道德的关系和行为为存在方式和表现特征的现实人,即处在现实社会关系中的现实人;这里的天也不是伦理道德化了的天或"道通为一"的抽象意义的天,而是日月递炤、阴阳大化、风雨博施、五行生克、四时交替地在春夏秋冬中存在、运行和表现着的自然之天。这种意义上的天与人的相关系,才是真正现实的天人沟通与结合,才是真正富有哲学意义和价值的天人关系。所以,汉代哲学在思想形式上是上承荀子的天人论,但在思想内容上却超越了荀子而赋有新的时代意义。汉武帝一开始"册问"贤良文学之士时提出的"大道之要"的天人问题,和董仲舒在"对策"中回答的"天人相遇之际甚可畏也"的天人问题,的确有新时代的哲学价值。这一时代问题不仅表现在哲学思想方面,也是整个时代的思想形式和内容,例如就连司马迁那样的史学家也要以"究天人之际"为自己工作的任务和目标。可见,天人关系问题是汉代思想,尤其是哲学思想的中心和主题。

汉代哲学在此方面也的确不负时代之期望,对天人关系问题做了很丰富、全面的探索,颇有成就。我们上面所分疏的宇宙生成论、"天人感应"论、宇宙系统论、"元气"自然论、宇宙本体论五种思想理论,就是汉代哲学关于天人关系问题的具体思想。无疑,这些思想对中国古代哲学的发展,尤其对中国古代形而上的本体论思想理论的发展,有积极和重要的贡献。

当然,与中国传统哲学的总体表现和发展形式相一致,汉代哲学探讨天人关系问题也不是以明显、明确的哲学形式来进行的。就是说,当汉代的思想家们道说天人问题时,他们并不是以明确的哲学家的身份和明确的哲学问题来明确地从事这一问题研究的,这一问题仍是从社会政治问题带动出和被切入的,即建立封建社会的意识形态这一紧迫的时代任务逼近和逼出了关于天人之际这样的哲学问题。前面我们反复提到过,为封建社会的经济、政治和观念上层建筑建制立法,是秦汉王朝共同的时代重任;由于秦王朝的短命,这个任务就全部落到了汉王朝身上,尤其是落在了汉初统治者们的身上。西汉初期当封建朝廷一定程度地恢复和发展了社会经济,一定程度地稳固了中央政权的封建政治后,为封建社会上层建筑建制立法的任务就被迫摆在了统治者面前,这就是汉武帝一即位就要着手解决的紧迫问题。前面我们也已指出,这个问题的社会、政治的解决方式就是朝廷下诏"罢黜百家"而独尊儒术,将儒学定为一尊。但这只是政治上的做法,的确可以生效。这种方式、方法用在思想上就失效了,靠行政命令是在思想理论上独尊不起儒学的。要在思想上将儒学真正地"独"起来和"尊"起来,唯一的道路就是将儒学本体化。那么,又怎样把一种思想、一个学派本体化呢? 对儒学言,其核心的思想理论就是其用以谐和人际关系的伦理学。所以,在思想上要把儒学尊起来而使其独之,就是要把儒家的伦理学提高到本体地位。——正是儒家的伦理学,由于它是对从血缘情感出发的家庭关系的谐和,和从家庭关系辐射开来的社会关系的谐和,所以就迎合和切中了封建社会这个自给自足的以一家一户为基本生产单位的小农经济的经济结构,就理所当然地被历史选中来充当封建社会的指导思想。——又如何把儒家的伦理学提高到本体地位呢? 这就莫过于把伦理学中人的自觉自愿的应然性原则和方法提高到宇宙存在的必然性高度而使其具有必然和神圣的力量,也就是把人存在的应然性原则和宇宙存在的必然性原则导通和合一。这样,就从把儒学定于一尊的社会政治问题入手,触及了天人关系这一哲学问题。

定儒学为一尊,这是汉代,尤其是汉初的社会政治问题,当然这同时也是汉代的思想文化问题,但更实质的是汉代的社会政治问题。为了从思想上解决这一问题,触及了伦理学本体化问题;为了完成伦理学本体化的思想任务,带动了和切中了天人关系问题。汉代哲学的重大贡献正是在于对天人关系问题较全面、深入地探讨,尤其是它在宇宙生成论上的思想贡献尤显。

完成伦理学本体化的思想任务,使汉代哲学对天人关系问题的探讨做出了贡献。同时,也正是完成伦理学本体化的这一思想任务,是汉代哲学留给后世的重大而艰巨的任务。可以说,董仲舒的"天人感应"论是一种畸形的伦理学本体论,尚不是真正哲学化的伦理学本体论。所以,继汉代哲学之后,中国封建社会的哲学必须要完成伦理学本体论的任务,因为这关系到中国封建社会的存在问题。

那么,如何来完成伦理学本体论的任务呢? 汉代哲学实际上只是开了个头、搭了个架子,并未真正触及这个任务的要害处,因为汉代哲学真正的价值是对宇宙生成问题的探讨和贡献,尚未真正地触及本体问题。所以,要完成汉代哲学提出的任务,就必须先做完两方面的工作,即一是关于宇宙存在的问题,这就是宇宙本体论;另一是关于人存在的问题,这就是心性本体论。待此两方面的任务完成后,就是正式完成汉代哲学所提出的建立伦理学本体论任务的实际开始。这就是魏晋、隋唐、宋明时代所要依次来完成的哲学任务。

最后关于汉代哲学再说一言,这就是人为地把汉代哲学简单化的问题。时至今日,一讲到汉代哲学,人们总是只看到董仲舒的"天人感应"论和王充的"元气"自然论,且对董仲舒的思想理论多予以批评和贬低,对王充的思想理论多予以抬高和褒扬。这是极有害的做法。实际上,汉代哲学思想是很丰富的,它关于天人问题的探讨是广泛和深刻的,理应给予认真地对待和发掘。

第三章　魏晋玄学:宇宙本体论

一、魏晋时代与哲学

继两汉经学出现的是魏晋玄学。"魏晋"作为时代而言是个泛称和概称。就历史阶段而言,它应指魏晋南北朝这一时期①。就思想文化言,这一时期既有代表该时代思潮的玄学思想,还有已有一定影响的道教思想和佛教思想。我们这里主要从中国古代形而上学、本体论思想的发展视角来谈玄学思想。

---

① 这一时期的具体历史分期是:公元 220 年,曹丕在洛阳称帝,国号魏,年号黄初,魏国始;221 年,刘备在成都称帝,国号汉(世称蜀),年号章武,蜀国始;222 年孙权在建业称帝(一说孙权于 221 年接受了曹丕的封号,称吴王,至 229 年才称帝),国号吴,年号黄武,吴国始。至此,三足鼎立成。魏元帝曹奂景元四年(263 年)。这一年是蜀汉刘禅景耀六年),魏灭蜀;晋武帝咸宁六年(280 年。这一年是吴国孙皓天纪四年),晋灭吴,至此天下一统。265 年,司马炎受魏禅为帝,国号晋,年号泰始,西晋始。晋愍帝建兴四年(316 年),匈奴刘曜攻破长安,愍帝降,西晋亡。317 年,驻守建康的西晋琅琊王司马睿称帝,年号建武,东晋始。西晋末,匈奴、鲜卑、羯、氐、羌五族的上层分子先后建立了十六国政权,即五凉(前凉、后凉、南凉、西凉、北凉)、二赵(前赵、后赵)、三秦(前秦、后秦、西秦)、四燕(前燕、后燕、南燕、北燕)、夏、成汉,时从 304 年至 439 年,历时 135 年,史称"五胡十六国"。东晋以后,中国分为南、北两部分。公元 420 年,刘裕废东晋自立为帝,宋始;接着依次有齐、梁、陈。宋、齐、梁、陈是为南朝,时从 420 年至 589 年。与南朝相对的是北朝,历经北魏、东魏、西魏、北齐、北周五朝,时从 386 年至 581 年。581 年,北周大丞相杨坚代周自立为帝,国号隋,年号开皇,隋始。开皇九年(589 年),隋军南渡,一举下建康,陈亡,全国一统。

（一）魏晋时代的社会经济、政治和思想文化

铁制农具和牛耕在战国时被普及后，就一直是中国古代社会生产力发展水平的一个稳定标志。将铁制农具与牛耕紧密结合起来的方式，就是耕犁的使用和普及①。魏晋南北朝时期，耕犁和耕作技术基本上保持着东汉的水平，这是当时生产力发展水平的主要标志。此外在其他方面也有一些变化。例如，曹魏时期，北方的水利事业有了较大发展，如曹操于建安九年至十二年（204—207 年）在清水南端开白沟，在清水北端开平虏渠、泉州渠、新河；曹操、曹彪、司马懿先后在中原地区开凿了利漕渠、白马渠、鲁口渠等。这些水利工程对农业生产的恢复和发展起了积极作用。至魏文帝、明帝时，洛阳的典农部民"斫开荒莱"，"垦田特多"（《三国志·魏书·王昶传》）；洛阳以外也"四方郡守，垦田又加"（《晋书·食货志》）。当时"自寿春到京师，农官兵田，鸡犬之声，阡陌相属"（同上）。另外，在曹魏时期，利用水力鼓风冶铸的水排也得到推广；丝织业也有了发展。与此同时，蜀汉维修都江堰的水利工程，发展生产；另在火井煮盐、织锦方面都比较发达。还有东吴，永兴（今浙江萧山境）精耕细作的稻田一亩可产米三斛；三吴的丝织业也很发达②。总之，魏晋南北朝时期中国社会的生产力发展水平在总体上与秦汉时代保持一致。这种生产力水平从根本上决定了当时社会的性质和结构

① 耕犁在汉初已比较普及了。汉武帝时，赵过对犁进行过改良。《齐民要术》引东汉崔寔《政论》说："武帝以赵过为搜粟都尉，教民耕植。其法三犁共一牛，一人将之，下种挽耧，皆取备焉，日种一顷。至今三辅犹赖其利。今辽东耕犁，辕长四尺，回转相妨，既用两牛，两人牵之，一人将耕，一人下种，二人挽耧，凡用二牛六人，一日才种二十五亩，其悬绝如此。"改良过的耕犁其功效差不多是旧犁的十二倍。但西汉的犁铧接近等腰三角形，从东汉开始向牛舌状改进。北方出土的东汉铁农具有钁、锸、锄、镰、铧等，数量之多大大超过西汉。犁铧的铁刃加宽，尖部角度缩小，较过去的犁铧坚固而耐用，便于深耕。大型铧较普遍，便于中耕。另外，由二牛挽拉的回转不便的长辕犁，已在一些地方被比较轻便的一牛挽犁所代替。《齐民要术》说："长辕耕平地尚可，于山涧之间则不任用，且回转至难，费力，未若齐人蔚犁之柔便也。"这说明山东一带已出现适合在山间谷地使用的蔚犁，与长辕犁相比，这是一种操作灵便的短辕犁。这种短辕犁的出现为唐代曲辕犁的诞生奠定了基础。

② 关于魏、蜀、吴的经济情况，参看翦伯赞主编《中国史纲要》上册（人民出版社 1983 年版）有关章节。

与秦汉时期的一致性,即封建社会①。

魏晋时代的社会性质与汉代一样,即都是封建制,但魏晋社会毕竟与汉有别,这是因为魏晋时代的社会生产关系与汉代是不尽相同的。生产关系的核心是生产资料(劳动对象和劳动资料的总和)的所有制(所有权)关系,即生产资料掌握在谁手中。封建社会的主要生产资料是土地,所以所谓生产资料的所有权就是对土地的占有权。在中国封建社会,土地原则上是属于封建国家的,个人只有使用权而没有所有权。但由于某一封建政权在具体形成过程中的不同情况,就形成了个人对土地的不同占有。就中国封建社会的一般情形言,从下而上,对土地的占有情况是:一是少数的无地者;二是有少量土地的自耕农;三是有较多土地的地主;四是具有土地所有权的封建国家。对自耕农和地主言,他们占有一定的土地,要为封建国家纳税服役。对于无地的游民,封建国家尽力配给国有土地,让他们与土地相结合而进行生产,同时为封建国家负担所必需的税、役任务。一般而言,封建国家是限制地主对土地兼并的,以尽量保证民有田耕,因为这样才能尽可能地创造社会财富,使封建国家有足够的经济力量的支撑。以上这种土地占有制就是封建社会最基本的生产关系。封建社会的生产力正是与这种生产关系相结合而构成了封建社会的生产方式,它是封建社会赖以存在的基础。

在封建社会中,土地制度总是与租调之赋税制度和徭役制度相联系。天下的土地原则上属于国家所有,但个人或家族却可以以各种方式来占有,

---

① 生产力水平是社会存在和发展的自然历史标志。就是说,以劳动资料(其中主要是生产工具)为其水平高低之标志的生产力,是某一社会形态之存在的最终基础。马克思说:"各种经济时代的区别,不在于生产什么,而在于怎样生产,用什么劳动资料生产。劳动资料不仅是人类劳动力发展的测量器,而且是劳动借以进行的社会关系的指示器。"(马克思:《资本论》,人民出版社 1975 年版,第 204 页)又说:"手推磨产生的是封建主的社会,蒸汽磨产生的是工业资本家的社会。"(马克思:《哲学的贫困》,《马克思恩格斯选集》第 1 卷,人民出版社 1995 年版,第 142 页)但生产力的最终决定作用不是也不能独立发生,它作为社会生产方式的要素之一,必须与生产关系结合起来方能起作用。因此,生产力虽然决定着社会的根本性质和最终形态,但当它与生产关系结合、受生产关系的反作用影响而现实表现时,就有了不同的社会情况。就是说,从秦汉到 1840 年鸦片战争,以铁制农具和牛耕为基本标志的中国封建社会的生产力水平保持未变,故此段历史时期内中国社会的封建性质保持未变;但在不同的历史阶段中,却有朝代更替,中国封建社会的政权表现形式各有不同。

比如或通过个人开垦，或因军功所赐，或购买，当然也有个别情况下的巧取豪夺，等等；既然个人占有了土地而对其使用，那就要向封建国家缴赋纳税。例如，从秦始皇三十一年(前 216 年)的"使黔首自实田"，到汉初的十五税一和三十税一及后来的"算赋"、"更赋"等，再到东汉光武帝十五年(公元 39 年)的"度田"令，都是封建国家的赋税制度。在魏晋时期，封建赋税制有了进一步的发展。比如，曹操在统一中原的过程中实行了屯田制①，屯田法对曹魏经济的发展起到了重要作用，奠定了曹操统一北方的经济实力。晋武帝太康元年(280 年)，西晋王朝在平定东吴一统天下的情况下，颁行了户调式的新赋税政策②。当时，在魏初曾起过积极作用的屯田制，由于豪强大族的兼并和屯田制本身的军事化形式，已不再能适应生产力的发展需要了，且还逐渐带来不良作用，故晋武帝于 265 年受魏禅即位后及此前，曾两次下令罢屯田官③。这里罢的是民屯，屯田民的一部分成为由郡县管理的国家佃客，一部分成为豪族地主的私人佃客，还有一部分则成了自耕农。至于军屯则还没有废止。正是在屯田制瓦解的情况下，西晋颁行了户调式制度。它的内容包括相关的三部分：一是占田制；二是户调制；三是品官占田和荫客制(其具体规定见本页脚注)。这里的"课田"是关于农民应负担的田租土地数；而"户调"是按户丁征收的布帛量，这已将租与调结合了起来。

---

① 屯田有民屯和军屯两种形式。军屯主要是由士兵开垦荒地以耕种。民屯则由国家将在战乱中丢弃荒芜了的、属于国家的土地分给屯田民(或称屯田客)，屯田民被编制成军队形式，分种国家土地，收成按四六分(用官牛者)或对半分(不用官牛者)向国家缴租。

② 鉴于此制在历史上的重要作用，我们不妨录《晋书·食货志》的记载录下：
　　"及平吴之后……又制户调之式：丁男之户岁输绢三匹，绵三斤；女及次丁男为户者半输；其诸边郡或三分之二，远者三分之一；夷人输賨布，户一匹，远者或一丈。男子一人占田七十亩，女子三十亩。其外，丁男课田五十亩，丁女二十亩，次丁男半之，女则不课。男女年十六已上至六十为正丁；十五已下至十三，六十一已上至六十五，为次丁；十二已下，六十六已上，为老小，不事。远夷不课田者输义米，户三斛，远者五斗，极远者输算钱，人二十八文。其官品第一至于第九，各以贵贱占田。品第一者占田五十顷，第二品四十五顷……第九品十顷。而又各以品之高卑荫其亲属，多者及九族，少者三世。宗室、国宾、先贤之后及士人之子孙，亦如之。而又得荫人以为衣食客及佃客。品第六已上得衣食客三人，第七第八品二人，第九品……一人。其应有佃客者，官品第一第二者佃客无过五十户，第三品十户，第四品七户，第五品五户，第六品三户，第七品二户，第八品第九品一户。是时天下无事，赋税平均，人咸安其业而乐其事。"

③ 《三国志·魏书·陈留王奂传》载：咸熙元年(263 年)"罢屯田官以均政役，诸典农皆为太守，都尉皆为令长"。又《晋书·武帝纪》载：泰始元年(265 年)"罢农官为郡县"。

至北魏实行了"均田制",对租、调和徭役作了更具体的规定。在均田制基础上,至唐代有了较完善的租庸调法。可见,占田制和租调、徭役制等是一般封建社会最重要和基本的经济制度。

以上是关于中国封建社会,尤其是其前期阶段的一般经济制度。当然,封建社会的经济体制是在其社会运行中存在和表现的。封建制经济与奴隶制经济当然有别。在奴隶社会,最基本的生产资料——土地连带生产者都是奴隶主的私有财产;而且,"溥天之下,莫非王土;率土之滨,莫非王臣"(《诗经·小雅·北山》),"尺地莫非其有也,一民莫非其臣也"(《孟子·滕文公上》),即土地和奴隶原则上都是属于作为奴隶制国家代表的天子一人的。天子将土地及奴隶层层下封给诸侯、卿大夫、士等,他们只有享有权而没有所有权。这是奴隶制经济的基本特征。这种特征表明:其一,生产者——奴隶与土地是直接结合的,即奴隶作为会说话的工具被强制束缚在土地上;其二,天子、诸侯、卿大夫等等,从上到下都是按血缘父权制关系组织和统一起来的,血缘关系这条纽带牢牢地将各级政权与生产活动粘连在一起;其三,因此,奴隶社会的政治、经济、伦理、宗教等是合一运行的。

封建社会就不同了。封建经济是一种以农业和家庭手工业相结合为广阔背景的,以一家一户为生产单位而分散经营的、自给自足的小农经济或自然经济。这是封建经济的基本特征。在封建社会,经济活动是以一家一户为单位来进行的,这是自给自足的和高度分散的;而封建政治却是高度统一的中央集权制,这就是分散的小农经济和高度集中的中央政治之间的矛盾。如何化解这一封建社会的根本矛盾,是封建社会基本的政治任务,也是其基本的经济任务。每一封建王朝都要设法来解决这一根本矛盾,当然解决的具体方略应时代条件的变化而各有不同。但从原则上讲,要解决这一根本矛盾要有相应的三项措施:一是要加强和完善中央政权,这实际上是调整和完善统治集团内部的关系,说白了就是独揽大权的皇帝如何来驾驭群臣的御臣之道问题。这个问题如果解决不好的话将国之不国,封建经济就无法展开和进行,起码不能有序地进行。二是要有一定的选官制度,和一定数量的地主。要靠皇帝和三公九卿的中央政府来统御高度分散的小农生产,这实际上是做不到的,这就要有相当数量的各级官吏,由他们直接来管理分散的小农经济;这是封建政治体制方面的要求。同时,要把以一家一户为生产单位的、自给自足的、高度分散的小农生产从经济利益上联系起来,就要有地主这个阶层存在,这是封建经济体制方面的要求。三是要谐和家庭关系,将家庭关系牢固地稳固起来,因为一家一户是封建社会最基本的生产单位,家庭关系如果不稳固的话封建经济就失去了运行的基础。这三点既是封建经济运行的经济体制和方针,同时也是封建社会的政治和思想文化体制和方针。

强化封建的中央集权,从秦、汉到魏、晋,各统治者都很重视并投入了足够的精力,此不需赘言。关于封建社会的选官制度,从汉代的征辟制到曹魏的"九品中正"制(后到隋唐的科举制),都是颇有成效的官吏选拔制度和方式,这一点也无须赘言。至于说强化、稳固和谐和家庭关系问题,从汉武帝始儒学被定于一尊后,封建王朝就切切实实地从事着这方面的工作,且颇有成效,魏晋时代亦然,亦不用多说了。这里说一下封建地主这一阶层的存在问题,倒不无必要。

如果单就封建社会的家庭生产来说,的确实现了土地与劳动力的紧密结合,这的确能够适应于铁制工具和牛耕普遍使用这一封建时代的生产力发展水平。但家庭毕竟是社会的家庭,毕竟在社会中存在才有意义。因此,封建社会的家庭生产本来就是社会性的和社会化的,一定要被纳入到整个社会存在中来运行。那么,怎么把本来是自给自足的、农业和手工业相结合的、高度分散存在着的家庭生产纳入到社会存在呢? 从理论上而言,这里有两条渠道:一是封建国家靠政权的力量把从事社会生产的小农强行纳入一起,强行把劳动力束缚在土地上来让其生产。另一是靠经济利益,比如说靠赚钱行为和活动,通过每一家庭的个别劳动之间的转换和交换,把家庭生产社会化。很明显,这两种方式和渠道都不适合于封建社会的社会性质。前一种渠道明显是奴隶制性质的,后一种渠道则明显是资本主义性质的,这两种方式就都消灭了封建社会。封建社会之所以是封建社会,就在于这个农业与手工业相结合的、自给自足的、以家庭为基本生产单位的经济结构,倘若消灭了这个经济结构,还有什么封建社会可言呢?! 所以,这两种使家庭生产社会化的路是走不通的。有人会说,通过封建政府的税收活动,不也是将这种家庭生产纳入到了社会存在中吗？表面看来是这样的,但实际不然。因为税收活动本来就有经济前提和条件,不是单纯的政治行为。试想,封建国家能平白无故地向生产者收税吗？能像土匪、强盗那样去向生产者要钱吗？这还是国家行为吗？封建国家之所以能向农民收税,前提就是国家授给农民土地耕种。所以,税收行为本身就是经济行为。中国封建社会在前期阶段,从曹魏的屯田制到西晋的占田制,再到北魏的均田制及隋和唐初的均田制,都是封建国家将一定数量的国有土地授给农民,然后才有相应的赋税制度的实施。唐高祖武德七年(624 年)四月均田令和租庸调法的颁布,就是证明。至唐德宗建中元年(780 年)之所以要废租庸调制而实行两税法,就是因为当时均田制已无法实施了。从经济结构和经济行为出发如何来把高度分散的、自给自足的家庭生产纳入社会化呢？这一定需要一个经济上的中间环节和组织,这就是地主这个阶层的存在。地主靠把一定数量的土地集中在手中的渠道和方式,就客观地和一定程度地把高度分散的、自给自足的家庭生产社会化了。所以,地主的存在在封建社会是必然的,这是封建社会存在和发展的需要。

但在中国封建社会前期阶段,尤其在魏晋时期,却出现了豪族地主,这就是史称的"门阀士族"。魏晋时期的门阀世族是在东汉后期正式形成的①。关于世族势力在东汉时的发展,大概有这样几种途径②:一是凭借经济势力③;二

---

① 但它的萌发却在西汉时期。西汉虽然限制和消灭了异姓诸侯王和同姓诸侯王的势力,但封建经济本身却孕育出新的富贵者。马端临《文献通考·田赋考二》说:"自秦汉开阡陌以后,田即为庶人所擅,然亦惟富者贵者可得之;富者有赀可以买田,贵者有力可以占田。"这种结果就是"富者田连阡陌"(《汉书·食货志》引董仲舒语),"强者规田以千数"(《汉书·王莽传》之王莽言)。例如,南阳有个叫寗成的人,"乃贳贷陂田千余顷,假贫民,役使数千家,数年会赦,致产数千万"。(《汉书·酷吏传》)这是经济上出现的新贵。还有政治上的新贵,这就是汉代的外戚和任子。例如,孝元王氏之族"十侯五大司马"(《汉书·外戚传》下);曲阳侯王根"三世据权,五将秉政"(《汉书·元后传》)。至于任子,如西汉的汲黯、霍光、刘向、董贤等人都是任子出身,他们是由任子制而成为世官的。所以,经济上、政治上的途径,在西汉就产生了新的贵族,即世族或豪族。

② 参见蒙思明:《魏晋南北朝的社会》,上海人民出版社 2007 年版,第 10—24 页。

③ 《汉书·食货志》记载有李悝对战国时农业产量及经济收入的计算,曰:"今一夫挟五口,治田百亩,岁收亩一石半,为粟百五十石。除什一之税十五后,余百三十五石。食,人月一石半,五人终岁为粟九十石,余有四十五石。石三十,为钱千三百五十。除社闾尝新春秋之祠,用钱三百,余千五十。衣,人率用钱三百,五人终岁用千五百,不足四百五十。不

是凭借政治势力①;三是累世的经术之家③。通过这三种途径,至东汉后期

幸疾病死丧之费,及上赋敛,又未与此。此农夫所以常困,有不劝耕之心,而令糴至于甚贵者也。"这是按一亩收一石半来计算的。如果按晁错所说的"百亩之收,不过百石"(《汉书·食货志》上)来计算,那么这个"一夫挟五口"之家的所欠费用就要再加一千五百了。在这种情况下,土地兼并显然是有利可图的。西汉以来,特别是汉武帝以来,由于赵过对耕犁的改进、赵过对代田法的推广、区种法的运用、灌溉事业的提倡、水碓的发明和使用等,农业生产技术有了较大提高。农业生产技术的提高,自然会使亩产量增加。同时,国赋与私租差率却增大了。汉高祖实行的是"什伍而税一"制,景帝二年(前155)"令民众出田租,三十而税一。"(均见《汉书·食货志》上)景帝之后,三十税一成为定制。在东汉,《后汉书·光武帝纪》说,东汉初因"师旅未解,用度不足,故行什一之税",但到了建武六年(公元30年),"令军士屯田,粮储差积,其令郡国收见田租,三十税一,如旧制"。三十税一,这是汉代的国家租率。但佃户给地主的缴租率却不是这样。董仲舒说:"或耕豪民之田,见税什五。""见税什五"就是"十税其五"(见《汉书·食货志》上及注)。《汉书·王莽传》引王莽言:"豪民侵陵,分田劫假,厥名三十税一,实什税五也。"照此情况,如果一个佃户租种地主的一亩地,而亩收百斛,那么这个佃户就要向地主缴纳五十斛租子;地主也要向国家缴税,即他租出的这一亩地按亩产百斛计,要交纳租税三斛,这样这个地主就会净得四十七斛,可见租地所得报酬之丰。正是在这种情况下,导致了东汉时土地兼并的急剧发展。东汉崔寔说:"上家累巨亿之赀,斥地侔封君之土,行苞苴以乱执政,养刺客以威黔首,专杀不辜,号无市死之子,生死之奉,多拟人主。故下户踦嶇,无所跱足,乃父子低首,奴事富人,躬帅妻孥,为之服役。故富者席余而日炽,贫者蹑短而岁踧,历代为虏,犹不赡于衣食。"(《通典·食货》引崔寔《政论》)仲长统也说:"井田之变,豪人货殖,馆舍布于州郡,田亩连于方国。身无半通青纶之命,而窃三辰龙章之服;不为编户一伍之长,而有千室名邑之役。荣乐过于封君,执力侔于守令;财赂自营,犯法不坐;刺客死士,为之投命。至使弱力少智之子,被穿帷败,案死不敛,冤枉穷困,不敢自理。虽亦由网禁疏阔,盖分田无限使之然也。"(《后汉书·仲长统传》载《昌言·损益篇》)荀悦也说:"诸侯不专封,富人名田逾限,富过公侯,是自封也。大夫不专地,富人买卖由己,是专地也。"(《申鉴·时事》)就这样,以雄厚的经济实力,形成了大家豪族。

① 大凡一个新王朝建立都有一批宗室姻戚而成为新贵,这是一般情况。东汉以来所形成的门阀世族,并非这种一般情况,它有自己的特殊途径,这就是东汉的教育制度和任子制度。任子制在西汉已有,东汉继之。东汉安帝建光元年(公元121年),诏令"以公、卿、校尉、尚书子弟一人为郎舍人。"(《后汉书·安帝纪》)这是依靠父、兄的资荫,取得了与由选举而来的人同等地位。东汉的桓郁、桓焉、黄琼、黄琬、马廖、耿秉、宋均、袁敞辈,都是因任子出身而日趋显达的(见《后汉书·桓荣传》等)。至于东汉的教育制度,《后汉书·儒林传序》说:"明帝即位……复为功臣子孙,四姓末属别立校舍,搜选高能,以受其业。……本初元年,梁太后诏曰:'大将军下至六百石,悉遣子就学。'……至是游学增盛,至三万余生,然章句渐疏而多以浮华相尚,儒者之风盖衰矣。"这是以太学治学为名的仕进之阶。在任子制和教育制的保护下,就形成了类似于春秋时的世卿制现象。《后汉书·邓禹传》载,"邓氏自中兴后,累世宠贵,凡侯者二十九人,公二人,大将军以下十三人,中二千石十四人,列校二十二人,州牧郡守四十八人,其余侍中、将、大夫、郎、谒者,不可胜数"。《后汉书·耿弇传》载,"耿氏自中兴以后,迄建安之末,大将军二人,将军九人,卿十三人,尚公主三人,列侯十九人,中郎将、护羌校尉及刺史、二千石数十百人"。《后汉书·窦融传》载,"窦氏一公、两侯、三公主、四二千石,皆相与并时"。《后汉书·梁统传》附《梁冀传》说,"冀一门,前后七封侯……二大将军……其余卿、相、尹、校五十七人"。几户大姓几乎包办了国家要职。

② 两汉是经学的时代,经学大家累世传业,治学者也恪守家法,专遵师说。这样,一代大经师的后裔总是世守祖业,相传数十百年,而从学之人也成百上千。学者们往往在学术上

就正式形成了中国封建社会的门阀世族①。门阀世族不仅豪富无比,高踞上层,而且他们有自己的势力基础,这就是其大田庄②。东汉崔寔著《四民月令》一书,它是这种田庄的家历,详细记述了田庄的生产和生活情况。据此书,田庄有这样一些活动和特征:一是生产经营齐全、完备。庄园中有多种种类的谷物、蔬果、竹木、药材及其他经济作物,饲养有各种牲畜,还有养蚕、缫丝、织缣帛麻布、染色、制衣鞋、制药、酿酒、酿醋、作酱等手工业,是典型的自给自足。二是田庄中"奴婢千群,徒附万计",役使着大量的劳动者。这些劳动者是地主的宗族、亲戚、宾客等,其中宗族占主要地位。每年腊月

形成一个派系,在社会上形成一种势力,且通过经学入仕又形成了累世公卿的家族。清代赵翼在《廿二史札记·累世经学》中历述了孔、伏、桓三家传业系统。例如,伏氏自伏胜至伏无忌,历两汉约四百年。今见于史策的著名经学家有:刘淑、魏应、薛汉、周泽、甄宇、李育、马融、郑玄,他们常教授门徒数百人(见《后汉书·刘淑传》等);还有杨伦、杜抚、张玄、颍容、唐扶,他们则著录弟子各千余人(见《后汉书·杨伦传》等)。这些经学家既是学者又是公卿,他们世居高位,门生故吏遍天下,因而又是士大夫的领袖。

① 著名的门阀世族,例如宏农杨氏,杨震的八世祖杨喜,汉高祖时封为赤泉侯;杨震的四世祖杨敞,汉昭帝时为丞相;杨震及其子秉,秉子赐,赐子彪,四世相继为太尉。其后,三国时的杨修,西晋受遗诏辅政的杨骏,东晋累立军功的杨佺期,北魏世雄关中的杨播,都是这一家族的。还有会稽陆氏,其显宦是汉高祖时的大中大夫陆贾,贾的从孙建作过渤海太守,建孙恭为御史中丞,其后有光武帝时的尚书陆闳,闳孙续为扬州别驾,续的长子稠为广陵太守,中子逢为乐安太守,续孙康为东汉末的庐江太守,康子绩为吴郁林太守,康孙逊为吴丞相,其后在西晋手握重权,且以文学名世的陆机、陆云兄弟是陆逊之孙。还有琅琊王氏,王吉西汉宣帝时为谏大夫,吉子骏西汉成帝时为御史大夫,骏子崇西汉平帝时为大司空,崇子遵东汉时为中大夫,其后子仁东汉末为青州刺史,仁孙祥西晋时为太保,祥弟览为西晋宗正卿,览孙导为东晋丞相。这些都是魏晋南北朝时著名的门阀。

② 这种大田庄也叫"坞堡"、"田园",是以男耕女织的小农经济为基础的,把农、牧、渔、林等农业和手工业结合起来的,役使大量依附农民来耕作的,自给自足的封闭的自然经济结构。例如,《后汉书·樊宏传》记载,光武帝母家南阳樊氏"课役童隶,各得其宜,故能上下戮力,财利岁倍至。乃开广田土三百余顷,其所起庐舍皆有重堂高阁;陂渠灌注,又池鱼牧畜有求必给。尝欲作器物,先种梓漆,时人嗤之,然积以岁月,皆得其用,向之笑者咸求假焉,赀至巨万,而赈赡宗族,恩加乡闾"。郦道元《水经·比水注》引《续汉书》也说,南阳樊氏"治田殖至三百顷,广起庐舍,高楼连阁,波陂灌注,竹木成林,六畜放牧,鱼赢梨果,檀枣桑麻,闭门成市,兵弩器械,赀至百万"。这就是典型的自给自足的自然经济。一个庄园就是一个独立、完整的经营实体,里面男耕女织,农业与手工业紧密结合,"闭门成市",还有兵弩器械。东汉仲长统在《昌言·理乱篇》中描述这种田庄的规模说:"豪人之室,连栋数百,膏田满野,奴婢千群,徒附万计;船车贾贩,周于四方;废居积贮,满于都城。琦赂宝货,巨室不能容;马牛羊豕,山谷不能受。"(《后汉书·仲长统传》)从这里看,豪强地主也是大商人,这种庄园还有商场的作用。这足以说明田庄的经济达到了很高的自给自足程度。

地主选派人力,安排田事;春冻一解就农事开始;农闲时为地主修理沟渎等。三是田庄采取"振赡贫乏"、"存问九族"、"讲和好礼"的方式来管理,真正贯彻了"孝悌力田"的原则和思想。田庄里的农民依附于地主,他们"父子低首,奴事富人,躬率妻孥,为之服役"(崔寔《政论》),地主为了笼络徒附之心,在一定时节按不同的亲疏关系来关心他们的生活,这就大大和顺了田庄中的关系。四是田庄中还有一支私家武装,这被称为"部曲"。每当二三月青黄不接时,或八九月寒冻到来时,地主就纠集一部分农民在田庄里"警设守备","缮五兵,习战射",以保护田庄。这种私兵大大强化了豪族地主的力量,又是维持本地秩序的支柱。可见,这种田庄使得豪族地主成了一支货真价实的政治生力军。

门阀世族操纵着地方政权和选举。太守莅郡,往往要辟本郡的门阀大族为掾属,委政于他们。例如,宗资为汝南太守,就委政于本郡的范滂;成瑨为南阳太守,就委政于本郡的岑晊(见《后汉书·党锢传序》)。崔寔在《政论》中记有一歌谣,曰:"州郡记,如霹雳,得诏书,但挂壁。"可见,地方豪强的势力比皇帝诏书的力量还大。门阀世族同时还操纵着国家的选官制度。汉代实行的是"征"、"辟"选官制。建安二十五年(220 年)曹丕继为魏王后,在遵循曹操选举主张的基础上,建立了九品官人法,即"九品中正制"。它是在中央选择"贤有识鉴"的官员来兼任其本郡的"中正",负责访察与其同籍而散在各地的士人,将他们评列为九品,以作为吏部除授官职的依据。在曹芳时又增设州中正,也以籍隶本州的中央官员兼任。这种制度初行之时,也选出了一些较有才干的人士,但到后来就成了"上品无寒门,下品无世族"(《晋书·刘毅传》)。九品中正制一直实行到隋代建立科举取士制才告结束。它的实行,使门阀世族的身份地位得到了进一步巩固。《新唐书·儒学传·柳冲传》载有柳芳论氏族的话,曰:"魏氏立九品,置中正,尊世胄,卑寒士,权归右姓已,其州大中正、主薄、郡中正、功曹,皆取著姓士族为之,以定门胄,品藻人物。晋、宋固之,始尚姓已。然其分别贵贱士庶,不可易也。""贵贱士庶,不可易也",这也正是门阀世族所需求的。

门阀世族是魏晋南北朝时期最基本和最重要的社会政治、经济力量,它的政治态度和取向往往直接关系着国家政权的存亡。所以,魏晋封建社会中一般的经济、政治、思想文化体制的运作均要与这种门阀世族的作为结合起来,否则是难以运行的。我们不妨看看历史事实。就说那个取代西汉自立国号为"新"的王莽吧,他于汉孺子婴居摄三年(公元8年)自立为帝,年号为"始建国"。始建国元年(公元9年)王莽下诏改制,即变法。关于变法的项目,《汉书·王莽传》有载,如规定土田、奴婢不得自由买卖,盐铁等业收归国营,立五均、改币制等。王莽历数西汉社会土地兼并之弊说:"强者规田以千数,弱者曾无立锥之居;又置奴婢之市,与牛马同栏,制于民臣,颛断其命。"(《汉书·王莽传》)很明显,这种改革的目的是为了抑制土地兼并,按理说是对社会经济发展有好处的。但王莽终于失败了,其结果是逼出了赤眉、绿林军的大起义,反而把自己的新莽政权葬送了。这是为什么?撇开传统的关于王莽篡汉的"篡"不说,王莽改制的良好愿望之所以会带来失败的结果,关键问题就在于直接捅了豪族地主这个"马蜂窝"。他限制土田、奴婢的自由买卖政令,直接危害到豪强的利益,这就使豪强站到了他的对立面;当农民暴动一触发时,这些豪族转而投身到农民起义中,王莽不败,可乎?

如果说王莽改制因得不到豪强地主的拥护而失败了,那么刘秀能得到天下正是因为联合和笼络了豪族势力而得到他们支持的结果。刘秀本人是南阳的大地主。他参加了绿林军后,周围聚集了一批豪族势力。比如刘秀的外祖父樊宏,刘秀的姊夫邓晨,刘秀的岳父郭昌,另一岳家阴氏(均见《后汉书·樊宏传》等),这些都是豪族势力;还有"世以货殖著姓"(《后汉书·李通传》)的李通,"世为著姓"(《后汉书·寇恂传》)的寇恂,"家富给"(《后汉书·祭遵传》)的祭遵,"家累千金"(《后汉书·王丹传》)的王丹,"为郡族姓……余财数百万"(《后汉书·张堪传》)的张堪,役属数百家宾客的马援(见《后汉书·马援传》),"率宗族宾客聚兵数千人"(《后汉书·刘植传》)的刘植,"率宗族宾客二千余人"(《后汉书·耿纯传》)的耿纯,"率子弟宗族宾客千余人"(《后汉书·阴识传》)的阴识,"聚宾客招豪杰作营堑以待所归"(《后汉书·冯鲂传》)的冯鲂,等等的这些人或以世姓显尊,或以豪富称雄,或者宗强族大,或者众宾客盈门,正是依靠这些人的势力,刘秀最终取得了天下。

　　还有黄巾起义的失败,也与豪强地主的反对有关。东汉灵帝中平元年(184 年),黄巾起义爆发。黄巾起义规模之大,组织程度之高,在中国历次农民大起义中都是可属的。但它却在不到一年的时间中就被镇压了(中平元年二月起义始,到同年十月张梁、张宝败死,起义的势头已下去)。为什么呢? 与以前的起义不同,这次起义是农民孤立作战。陈胜、吴广起义后,有六国旧贵族纷纷加入;绿林军起义后,有西汉豪族势力投入;偏偏在这次黄巾起义中,豪族势力概无参与。到东汉灵帝时,东汉王朝已矛盾重重,危机四伏,豪强地主也对这个政权产生了不满,东汉后期出现的"清议"和"党锢"现象就是例证。但不满归不满,要转而推翻东汉王朝却不是豪族们的愿望,因为他们的政治、经济利益直接与这个王朝相连。所以,当黄巾起义后,豪族地主们纷纷站在朝廷一边,共同来反对起义军。大大小小的豪族地主,还凭借自己的庄园经济和部曲武装,纷纷组织成武装力量,普遍展开了对起义军的进攻。在此种形势下,黄巾起义的失败是必然的。

　　可见,在魏晋时代,门阀士族的出现是当时社会最突出的政治现象。当然,政治是经济的集中表现。门阀士族这一政治势力的出现,本身就是中国封建社会经济结构的要求和反映,它是基于封建社会的农业和手工业相结合的、以一家一户为生产单位的、自给自足的小农经济的经济基础,用以解决高度分散的中央政治和高度分散的小农经济这一社会根本矛盾的一种必要的社会力量。就整个中国封建社会言是少不了一般地主这个中间力量和阶层的。但就魏晋时代所在的中国封建社会言,就少不了门阀士族这一社会势力。我们以前看门阀士族,多看到它在政治上专断、社会上跋扈之类的消极作用,这自然是对的,但却是有偏。如果从整个中国封建社会的存在和发展来看,门阀士族的出现和存在不仅是必然的和必要的,且它适应了封建社会的发展需要,对封建社会的发展有不可替代的重要作用。对此,郑欣先生有言:"门阀地主在它的前期起什么进步作用呢? 让我们从分析生产关系入手。门阀地主所役使的劳动者主要是具有世袭农奴身份的佃客和部曲,所以,门阀地主所代表的生产关系是世袭的农奴制。佃客、部曲制度逐渐普遍于东汉,在此后的几百年时间,它一直在发展、壮大,这说明它具有适应生产力发展的一面。由两汉迄南北朝,无论在农业或手工业生产部门,都还保留有数量很多的奴隶劳动，社会上还有许多大大小小的奴隶主或奴隶主兼封建主。由于严重残存的奴隶制是封建社会进一步发展的障碍，所以两汉的政论家、思想家、一些有识见的官员、皇帝，都曾激烈地抨击过奴隶制度，这说明肃清残存的奴隶制是那时社会提出来的要求。但用哪一种生产关系来战胜、代替奴隶制度呢？当时社会上除了奴隶制生产关系以外，还有自耕农经济和包括佃客、部曲制在内的封建生产关系。自耕农经济由于太细小、不稳定、经不起风浪，它与奴隶制斗争的结果，不是自耕农吃掉奴隶制，而是造成大量自耕农的破产、流亡直至沦为奴隶。可见，自耕农经济不是肃清奴隶制的武器，相反它还是残存的奴隶制度得以延续的土壤。佃客、部曲不受封建国家的剥削，一般为 50%—60% 的实物地租，波动不大，又因为他们要'注家籍'，很难脱离门阀地主的控制，所以他们的地位是很稳定的。这种稳定的地位，使佃客、部曲制度在当时能够成为对奴隶制起肃清作用的生产关系。门阀庄园是破产农民的容纳所，当破产的自耕农一旦成为地位稳定的门阀地主的佃客、部曲以后，他们就不会再沦为奴隶了，这就在一定程度上堵塞了奴隶制发展的道路。由于佃客、部曲制很稳定，所以它在与奴隶制斗争的过程中，不是大量的佃客、部曲变为奴隶，而是许多奴隶被争夺过来，上升为佃客、部曲，这就直接减少了奴隶的数量。在东晋时期，社会上有很多'免奴为客'的劳动者，北周武帝亦曾大规模地放免奴婢为部曲、客女，这都是佃客、部曲制对奴隶制起肃清作用的表现。"①可见，魏晋时代门阀士族的出现对中国前期封建社会的稳固和发展有很重要的促使作用。

魏晋时代是封建社会，尽管这个时代有不同于两汉时期的一些表现，例如门阀士族的正式形成等，但它在总体社会性质上仍是封建制，所以，就这个时代的思想文化言，首先与汉代是一致的，这就是儒学思想的继续和强化。前面说过，儒学的思想主张是与封建社会小农经济的经济基础相适应的，故它是整个封建社会的指导思想。魏晋时代作为封建社会，当然离不开

---

① 郑欣：《门阀地主的形成、特点、作用及其崩溃》。见郑欣：《魏晋南北朝史探索》，山东大学出版社 1989 年版，第 15—16 页。

儒学这一指导思想，儒家所倡导的纲常名教，魏晋士人是信奉和维护的。表面上看当时是道家思想炽盛，大有与尼父争途之势，但实际上社会的思想主潮仍是儒家经学，只不过鉴于汉代，特别是东汉以来今文经学因与谶纬迷信相结合而式微的结果，魏晋兴起的是古文经学而已①。就是说，在魏晋时代，一般士人所读的仍是儒家五经之类的书，并不是专门谈"玄"的问题。正是为了更好更有效地维护和强化儒学思想，魏晋士人中的一些文化精英才援道入儒，才吸收、改造老庄思想来强化和刷新儒学，以之使其更有效地服务于社会。王弼、何晏、嵇康、阮籍、裴頠、郭象等等的玄学大家，他们都首先是儒家学者，都要维护儒学的思想统治地位；像嵇康和阮籍，表面看来是反对儒学的，甚至言论还很激烈，实际上他们真正反对和厌恶的是被当时龌龊的政治所利用和玷污了的伪儒学，他们骨子里还是尊崇儒学的。

(二)三国鼎立的局面与魏晋时代的政治课题

魏晋时代作为封建社会，当然有其特殊性。这就是这一时期形成了门阀士族。中国封建社会以唐末黄巢农民起义为标志可划分为前、后两大阶段。这两个阶段的根本区别就在于，前期阶段有门阀士族存在。这种士族或世族在封建国家中占有举足轻重的地位，对国家的经济、政治、思想文化体制的实施有严重影响。

汉魏之际，已形成的门阀士族确是一种关系社会稳定和发展的强大势力。如何驾驭这一势力，以求得社会的有序化，是当时最基本的政治课题。黄巾起义被平定后，这一时代课题就摆在政治家、思想家面前而亟须解决。

黄巾起义后，东汉王朝已名存实亡，社会进入无序状态。如何使社会有序化？这个问题首先是当时紧迫的政治课题。中平六年(189 年)汉灵帝死后，少帝刘辩立，大将军何进掌权。何进一方面联合豪族地主的代表袁绍，起用一批名士，并杀掉统领西园八校尉军的宦官蹇硕，还密召并州牧董卓进京。正在此时，何进被宦官所杀，袁绍又勒兵杀宦官；董卓就趁机带兵进入

---

①　对此，王国维在《观堂集林》卷四《汉魏博士考》一文中有详论，可参考。

洛阳。董卓狼子野心，朝政独揽，废少帝，立陈留王刘协为帝（汉献帝）。这时，州郡牧守各树一帜，东汉社会大乱了。怎么治理这个乱世？汉献帝初平元年（190年），"关东有义士，兴兵讨群凶"（曹操《蒿里》诗），以袁绍为盟主的一支讨卓联军进屯到洛阳周围。但这支讨卓联军只是虚张了一下声势，很快就作鸟兽散了。为什么？"初期会盟津，乃心在咸阳。军合力不齐，踌躇而雁行。势利使人争，嗣还自相戕。淮南弟称号，刻玺于北方。"（同上）这支联军在组建时，是有一个共同目的和目标的，即"乃心在咸阳"，也就是整饬封建国家政权而使封建国家有序化，重整社会秩序。为什么都这样想？因为组成这支联军的各州郡牧守，各自就是地方上的一个统治力量；但只有这种各地方上的统治是不行的，因为最终保不了单独的地方统一，而只有营造成全国性的统一，使封建国家有序化，各地方的统一才能最终被保住。这里不妨援引田畴一例看看。《三国志·魏书·田畴传》载，田畴在东汉末社会动乱的情况下，"率举宗族他附从数百人……入徐无山中，营深险平敞地而居，躬耕以养父母。百姓归之，数年间至五千余家。……畴乃为约束相杀伤、犯盗、诤讼之法，法重者至死，其次抵罪，二十余条。又制为婚姻嫁娶之礼，兴举学校讲授之业，班行其众，众皆便之，至道不拾遗。"田畴所组织的就是一个庄园经济实体，它是自给自足的自然经济，是有序化的。但他的这个有序社会本身就需要保护。所以，他先依附于幽州牧刘虞，虞为公孙瓒所害，自己也逃入徐无山中了；还有袁绍父子也不时想占这块地方。于是，田畴最后依附了曹操，总算是找到了一个靠山。这就说明，要能够使各州郡牧守这些豪强势力最终得以保住地方性的有序和统一，必先营建全国性的统一和有序。但是，全国性的有序化又得靠各州郡牧守的协调、谐和来取得。这就出现了尖锐的政治矛盾：国家的有序要依赖于各豪族势力的有序，而各豪族势力的有序又要依赖于国家的有序！到底谁依赖谁呢？这个矛盾在黄巾起义后的东汉末是一时难以解决的。但社会总要存在，矛盾总得解决。怎么办？只能在各豪族势力与国家政权之间搞折衷和平衡。就是说，一个个单个的豪强势力最终保持不了有序化，全国性的有序化又一时半会难以形成，那就只能搞局部性的组合，即一定范围内的整合与有序化。这个趋势和结果就是三国鼎力这一政治局面的出现。

魏、蜀、吴三国的建立,只是暂时将各豪族势力与统一国家的矛盾化解、转移了一下,但这种矛盾并没有因此而得到消除和最后解决。所以,在三国时代,曹魏、刘蜀、孙吴三国都面临着一个极为重要又极为棘手的政治问题:如何处理国家政治与豪强势力的关系。这实际上也就是如何来和谐各豪强势力的关系问题。这个问题必须要处理好,否则立国就不可能。就孙吴言,当孙权接管江东时已历孙坚和孙策二世,但吴国的政治形势依然严峻。《三国志·吴书·孙策传》载,孙策临死时"请张昭等谓曰:'中国方乱,夫以吴、越之众,三江之固,足以观成败。公等善相吾弟!'呼权佩以印綬,谓曰:'举江东之众,决机于两阵之间,与天下争衡,卿不如我;举贤任能,各尽其心,以保江东,我不如卿。'"孙策的嘱托有两方面用意:一是让江东的豪族势力张昭等来辅助孙权;二是为孙权规定了如何保江东的政治路线和方针。这里的"举贤任能,各尽其心,以保江东",与其说是孙策对孙权才能的肯定,还不如说是孙策为孙权谋定的保江东之道。"保江东",这是孙吴根本的政治任务。如何完成这一任务?说白了就是如何来处理孙吴政权与豪族势力的关系。《三国志·吴书·吴主传》说:"是时惟有会稽、吴郡、丹阳、豫章、庐陵,然深险之地犹未尽从,而天下英豪布在州郡,宾旅寄寓之士以安危去就为意,未有君臣之固。张昭、周瑜等谓权可与共成大业,故委心而服事焉。"孙权接管江东时形势很严峻。如何化解这一严峻形势?就是想方设法将江南原有的大族、北方南渡的大族、孙氏集团这三种力量理顺而谐和之。孙权将"以意气相投"(赵翼《廿二史札记》卷七)的个人品格融化到和谐豪族势力的政治方略中,比较成功地化解了与豪族势力的矛盾。比如,他与张昭的矛盾。张昭是江东的地方世族,但为人刚直,常当面顶撞孙权,"权不能堪,案刀而怒";这时,张昭就说:"臣虽知言不用,每竭愚忠者,诚以太后临崩呼老臣于床下,遗诏顾命之言故在耳。"张昭于是"涕泣横流",孙权也"掷刀致地,与昭对泣"(见《三国志·吴书·张昭传》)。就这样,孙权联合起了江东豪强与北方南渡豪强,稳住了江东。

还有刘蜀。建安十九年(214 年)刘备攻占了成都,也开始了政权建设。建设什么呢?实际上就是将刘备旧属、刘璋旧属、益州的土著势力协调、统一起来。《三国志·蜀书·先主传》说:"先主复领益州牧,诸葛亮为股肱,法正为谋主,关羽、张飞、马超为爪牙,许靖、麋竺、简雍为宾友。及董和、黄权、李严等本璋之所授用也,吴壹、费观等又璋之婚亲也,彭羕又璋之所排摈也,刘巴者宿昔之所忌恨也,皆处之显任,尽其器能。有志之士,无不竞劝。"看来,刘备、诸葛亮的政治方针和政策是有效的,终于将三部分势力整合在了一起。这个工作做好了,刘蜀政权的政治任务从实质上说就完成了。还要提到的一点是,刘蜀用于和顺三方势力的政治目标是"兴汉室"。与孙吴的"保江东"不同,在"兴复汉室"的旗帜下,将不同豪族的利益统一了起来。

最值得一提的当然是曹魏。曹魏政权也是由三部分构成的:一部分是汝颍地区的世族地主,一部分是谯沛地区的新官僚地主,还有一部分是于建安十三年(208 年)平荆州后参加进来的一批荆州名士①。如何将这三种集团统一起来? 这就是曹魏最大的政治。曹魏与孙吴、刘蜀不同,它既已"挟天子以令诸侯",故在政治上不会像孙吴那样以"保江东"为目的和目标来团结、吸引三方的集团力量;但它这种"挟天子以令诸侯"的做法却大大的"名不正",所以人们说曹操"名为汉相,实为汉贼",认定他是篡逆者,故曹魏政权的政治合法性是很为人们质疑的,所以它就不能像刘蜀那样以"兴汉室"为名来团结、吸引三方的集团力量。故曹魏政权的政治方针与策略与孙、刘都不同,它采取的是名法之制。这就是所谓的"魏武好法术"(《晋书·傅玄传》),或"曹操以权术相驭"(赵翼《廿二史札记》卷七)。《三国志·魏书·武帝纪》文后的评语说:"汉末天下大乱,雄豪并起,而袁绍虎眎四州,强盛莫敌。太祖运筹演谋,鞭挞宇内;擥申商之法术,该韩白之奇策,官方授材,各因其器,矫情任算,不念旧恶。终能总御皇机,克成洪业者,惟其明略最优也。抑可谓非常之人,超世之杰矣。""运筹演谋,鞭挞宇内","擥申商之法术,该韩白之奇策",这的确是曹操驾驭其统治集团的政治方针。曹操于建安八年(203 年)、十五年、十九年、二十二年,连续下"唯才是举"的令求贤,这一方面为曹魏统治集团网罗了大批人才,同时也运用申商

① 关于曹魏统治集团的组成,这里借引了任继愈主编《中国哲学发展史》(魏晋南北朝),人民出版社 1988 年版,之"魏晋玄学的产生"一章中的说法,见该书第 39 页;还有一些讲法也参考了这里的观点。特此注明。

之法、韩白之策驾驭了大批人才，这就将曹魏统治集团调和了起来。

可见，三国时魏、蜀、吴各国为了解决当时紧迫的时代政治课题，都从自己的实际情况出发做了有效的努力，可以说都取得了成功。但在三国中，曹魏的经济、政治、军事实力最强，而政治又最不稳定，矛盾最为突出；再者，如果说孙吴的"保江东"、刘蜀的"兴汉室"的政治目的和目标都是政治方略性的话，那么曹魏的"任法术"就既是一种政治目的和目标，也是一种思想政治理论，故很有政治哲学的意义。所以，从曹魏的政治策略这里很可能引发出一场新的哲学变革。情况果真如此吗？

（三）魏晋玄学的思想主题与哲学任务

对曹魏政权言，如何将汝颍世族集团、谯沛官僚集团、荆州名士集团这三股势力调和起来，组成一个统一的统治中心，这是亟迫的政治任务，这也是汉末以来紧迫的时代课题。还有，与孙吴和刘蜀所面临的具有同样性质的政治任务相比，曹魏政治任务的矛盾最为集中和激烈，且曹魏化解这一矛盾的方法不仅是政治方略性的，更是思想理论性的，这从根柢上涉及究竟以什么指导思想来治国的问题。

曹操所用的法家的法术思想主张的确能够循名责实而课群臣之能，易收到实效。但此法在非常之时用一时可以，终非长久的治国之道。秦王朝的历史教训去魏不远，实践已证明法家寡恩严刑之法是灭国之道。另外，法家说是一种法的理论和思想，但真的用起来却是一种权术。权术使用的结果就是"即以其人之道还治其人之身"，玩术者往往被术所玩。曹操用此法，大概是知道它的弊端的。即使曹操本人因当局者迷而有所不知，但曹操集团中总会有人知道的。例如曹操的谋士刘廙，他本是主张推行名法之治的，但他对名法之治的弊端却深有认识。他说："夫人君莫不愿众心之一于己也，而疾奸党之比于人也。欲得之而不知所以得之，故欲之益甚，而不可得亦甚；疾之益力，而为之者亦益勤矣。"（《群书治要》卷四十七《欲失》）又说："若多疑而自任也，则其臣不思其所以为国，而思其所以得于君，深其计而浅其事，以求其指撝。……此为天下共一人之智，以一人而独治于四海之内也。其业大,其智寡,岂不蔽哉！以一蔽主,而临不量之阿欲,能不惑其功者,未之有也。苟惑之,则人得其志矣;人得其志,则君之志失矣。君劳臣逸,上下易所,是一君为臣而万臣为君也。以一臣而事万君,鲜不用矣。"(同上书,《任臣》)"一君为臣而万臣为君",这就是实行法治的结果。显然,法治是不可用作长久的治国指导思想的。

那么,用儒家的思想主张吗？曹魏集团中正有此主张。例如桓范,他指出:"夫商鞅、申、韩之徒,其能也,贵尚谲诈,劣行苟剋,废礼义之教,任刑名之数,不师古始,败古伤化,此则伊尹、周、邵之罪人也。然其尊君卑臣,富国强兵,守法持术,有可取焉。"(同上书,《辨能》)这是明显主张用儒家来纠正法家之偏颇。故桓范主张刑德并用。他说:"夫治国之本有二,刑也,德也,二者相须而行,相待而成矣。天以阴阳成岁,人以刑德成治,故虽圣人为政,不能偏用也。故任德多,用刑少者,五帝也;刑德相半者,三王也;杖刑多,任德少者,五霸也;纯用刑,强而亡者,秦也。"(同上书,《治本》)刑德并用,礼法齐施,这本来就是历代统治者所采用的实际治国之道。桓范主张曹魏政权用此法,这看来不错,但实际上并不然。因为,一方面儒家德治本就与曹魏的法治国策不相容,另一方面儒家的德治能化解掉曹魏三大统治集团之间的矛盾吗？并不见得。儒家思想用来治民是有效的,特别是治理以血缘关系的家庭为社会生产单位的农民,成效显著。但若要真的用儒学来理顺曹魏三大统治势力之间的关系,就不怎么有效了。所以,曹操后,曹丕一方面采取了一些儒家主张,如黄初五年(224年)他下诏说:"上下相弊以文法,百姓无所措其手足",因而要"广议轻刑,以惠百姓"(《三国志·魏书·文帝纪》注引《魏书》);另一方面他并不真正用儒术,而仍以法术为主,如《三国志·魏书·高柔传》说:"文帝践阼……民间数有诽谤妖言,帝疾之,有妖言辄杀,而赏告者。"还有魏明帝曹叡,"初,诸公受遗辅导,帝皆以方任处之,政自己出。而优礼大臣,开容善直,虽犯颜极谏,无所摧残,其君人之量如此之伟也"(《三国志·魏书·明帝纪》注引孙盛语)。这表明明帝既有删汰"苛法","务从宽简"的一面,也有加强校事官制度,鼓励检举告密,以大权独揽的一面(见《三国志·魏书·明帝纪》及注)。这种情况说明,儒学主张在曹魏政治中并不适用。

那么,用墨家思想怎么样呢? 曹操本人就很注重墨家的俭德。毛玠秉承曹操的意旨,"务以俭率人,由是天下之士莫不以廉节自励,虽贵宠之臣,舆服不敢过度"(《三国志·魏书·毛玠传》)。曹操推行的这种俭德,对于除去侈靡之陋习,廉洁政治,无疑是有作用的。但若用它来治理统治集团,就显然不行了。比如和洽就这样讲过:"天下大器,在位与人,不可以一节俭也。俭素过中,自以处身则可,以此节格物,所失或多。今朝廷之议,吏有著新衣、乘好车者,谓之不清;长吏过营,形容不饰,衣裘敝坏者,谓之廉洁。至令士大夫故污辱其衣,藏其舆服;朝府大吏,或自挈壶飧以入官寺。夫立教观俗,贵处中庸,为可继也。今崇一概难堪之行以检殊途,勉而为之,必有疲瘁。古之大教,务在通人情而已。凡激诡之行,则容隐伪矣。"(《三国志·魏书·和洽传》)可见,墨家思想用以"处身则可",若用于治众是不可的;特别是用来治理曹魏政权中的三大势力,就更不行了。

经过实践探索,曹魏统治者们发现,法、儒、墨等这些思想都做不了曹魏政治的指导。那怎么办呢? 说法家之弊的那个刘廙说:"夫为政者,譬犹工匠之造屋也。广厦既成,众杙不安,则梁栋为之断折;一物不备,则千柱为之并废。善为屋者,知梁杙之不可不安,故栋梁常存;知一物之不可以不备,故众榱与之共成也。善为政者,知一事之不可阙也,故无物而不备;知一是之不可失也,故众非与之共得。其不然者,轻一事之为小,忽而阙焉,不知众物与之共多也;睹一非之为小也,轻而陷焉,不知众是与之共失也。"(《群书治要》卷四十七)主张刑德并用的那个桓范说:"御骐骥必烦辔衔,统庸臣必劳智虑。是以人君其所以济辅群下,均养小大,审核真伪,考察变态,在于幽冥窈妙之中,割毫折芒纤微之间,非天下之至精,孰能尽于此哉!"(同上书,《为君难》)这是说,君主如何驾驭群臣是一门高妙的艺术,是"幽冥窈妙之中"的事。这就有了哲学意味。还有杜恕,他提出君臣一体的思想,说:"《书》称君为元首,臣为股肱,期其一体相须而成也。而俭伪浅薄之士,有商鞅、韩非、申不害者,专饰巧辩邪伪之术,以荧惑诸侯,著法术之书,其言云'尊君而卑臣',上以尊君,取容于人主,下以卑臣,得售其奸说,此听受之端,参言之要,不可不慎。元首已尊矣,而复云尊之,是以君过乎头也;股肱已卑矣,而复曰卑之,是使其臣不及乎手足也。君过乎头,而臣不及乎手足,是离其体也。君臣离体,而望治化之洽,未之前闻也。"(《群书治要》卷四十八,《体论》)这表明,原来曹魏集团的政治家、谋士们在寻求一种具有一般性意义和方法的统治术。在他们看来,法、儒、墨等思想均属特殊,缺乏一般、普遍的意义,故指导不了曹魏的政治。在治术中寻求一般、普遍之道,这就上升到了哲学思想。

所以说,曹魏从政治方略的探索中在向哲学理论逼进。这种逼进的表现之一,是曹魏学者刘劭的《人物志》这部名理学著作中的理想君主思想。刘劭《人物志》共三卷十二篇。在《流业》中,刘劭对人才做了具体分类,即"盖人流之业十有二焉:有清节家,有法家,有术家,有国体,有器能,有臧否,有伎俩,有智意,有文章,有儒学,有口辨,有雄杰"。他结合历史上的人物,对这十二类人才作了具体论析,谓:"若夫德行高妙,容止可法,是谓清节之家,延陵、晏婴是也。建法立制,强国富人,是谓法家,管仲、商鞅是也。思通道化,策谋奇妙,是谓术家,范蠡、张良是也。兼有三材,三材皆备,其德足以厉风俗,其法足以正天下,其术足以谋庙胜,是谓国体,伊尹、吕望是也。兼有三材,三材皆微,其德足以率一国,其法足以正乡邑,其术足以权事宜,是谓器能,子产、西门豹是也。兼有三材之别,各有一流,清节之流,不能弘恕,好尚讥诃,分别是非,是谓臧否,子夏之徒是也。法家之流,不能创思远图,而能受一官之任,错意施巧,是谓伎俩,张敞、赵广汉是也。术家之流,不能创制垂则,而能遭变用权,权智有余,公正不足,是谓智意,陈平、韩安国是也。凡此八业,皆以三材为本,故虽波流分别,皆为轻事之材也。则属文著述,是谓文章,司马迁、班固是也。能传圣人之业,而不能干事施政,是谓儒学,毛公、贯公是也。辩不入道,而应对资给,是谓口辩,乐毅、曹丘生是也。胆力绝众,材略过人,是谓骁雄,白起、韩信是也。"刘劭之所以要具体分类这些人,目的是为了寻求驾驭人才之方。所以他说:"凡此十二之材,皆人臣之任也,主德不预焉。"即"主德"超越了这十二材,是在它们之上的。"主德者,聪明平淡,总达众材,而不以事自任者也。是故主道立,则十二材各得其任也。"(以上均见《人物志·流业》)可以看出,这种"主德"之材就是无材之材,就是才的一般,故能统众材。这种"主德"之材,刘劭也称为"中庸"之材,曰:"夫中庸之德,其质无名。故咸而不碱,淡而不醴,质而不缦,文而不缋;能威能怀,能辨能讷,变化无方,以达为节。"(《人物志·体别》)这种"中庸"就是材的一般,是无材之"材",这就超出了材的具体而有了一般的性质和意义。但刘劭这里的一般只是人才上的问题,还未脱开具体性。但这毕竟是向魏晋之时的哲学问题的一种逼进。

逼进的表现之二是曹魏时期流行的清静无为、与民休息的黄老思想倾向。黄老之学在汉初曾起过重要作用,至汉武帝定儒学为一尊后黄老思想就退后了。大凡在天下安定之时,人们多想起儒学的有为;而在天下多事之秋,人们倒多想起了清静无为的黄老之学。曹魏时的情况即此。虽然当时征战频繁,天下未宁,但一些思想家却倡导起了黄老之学。例如管宁,就"娱心黄老,游志六艺";杜畿治理河东时"崇宽惠,与民无为";陈群则认为"静则天下安,动则天下扰";蒋济上疏魏明帝说:"今虽有十二州,至于民数,不过汉时一大郡。二贼未诛,宿兵边陲,且耕且战,怨旷积年。宗庙宫室,百事草创,农桑者少,衣食者多,今其所急,唯当息耗百姓,不至甚弊";王肃给魏明帝上疏也说:"大魏承百王之极,生民无几,干戈未戢,诚宜息民而惠之以安静遐迩之时也。"(以上均见《三国志·魏书》各本传)提倡清静无为之道,这就自然进到了老子的"道",或者说就逼向了老子"道"的哲学理论。曹魏时,不仅大臣们有人倡黄老之道,就是统治者也有此偏向。例如曹丕,他就仰慕汉文帝的无为政治而作《太宗论》颁于天下,以示不尚征伐。黄初四年(223 年)曹丕征孙权不克,下《敕还师诏》曰:"今开江陵之围,以缓成死之禽。且休力役,罢有繇戍,畜养士民,咸使安息。"(《三国志·魏书·文帝纪》注引《魏略》)黄初五年,曹丕从广陵退军,诏三公曰:"三世为将,道家所忌;穷兵黩武,古有成戒。况连年水旱,士民损耗,而功作信于前,劳役兼于昔,进不灭贼,退不和民。夫屋漏在上,知之在下,然迷而知反,失道不远,过而能改,谓之不过。今将休息,栖备高山,沉权九渊,割除摈弃,投之画外。"(《三国志·魏书·王朗传》注引《魏书》)还有曹丕的儿子明帝曹叡,也有主张与民休息的一面。他于青龙四年(236 年)下诏曰:"有虞氏画像而民弗犯,周人刑错而不用。朕从百王之末,追望上世之风,邈乎何相去之远? 法令滋章,犯者弥多,刑罚愈众,而奸不可止。……有习其议狱缓死,务从宽简。"(《三国志·魏书·明帝纪》)曹魏君臣们倡黄老之学,虽立足于政治和社会的稳定,但却极易提升到关于"无为"之"道"的哲学问题。这是向魏晋玄学逼进的有效途径。

逼进的表现之三就是思慕玄远之学。在政治任务和时代课题的要求下,在曹魏君臣们探索超越具体的一般性政治方略的氛围中,曹魏之世逐渐产生了对超越的玄远之理的沉思。例如荀粲,《三国志·魏书·荀彧传》注引《晋阳秋》说:"何劭为粲传曰:粲字奉倩。粲诸兄并以儒术论议,而粲独好言道,常以为子贡称夫子之言性与天道,不可得闻,然则六籍虽存,固圣人之糠秕。粲兄俣难曰:'《易》亦云圣人立象以尽意,系辞焉以尽言,则微言胡为不可得而闻见哉?'粲答曰:'盖理之微者,非物象之所举也。今称立象以尽意,此非通于意外者也,系辞焉以尽言,此非言乎系表者也;斯则象外之意,系表之言,固蕴而不出矣。'及当时能言者不能屈也。"荀粲所谓的"象外之意,系表之言",就是关于"道"本问题,这种问题当然是言语难以把握的。还有夏侯玄,他讲"天地以自然运,圣人以自然用"。认为"自然者,道也。道本无名,故老氏曰'强为之名'"。(《列子·仲尼》注引何晏《无名论》)这里的"天地以自然运",就关系到天地之"道"的宇宙本体问题;"圣人以自然用",涉及的是将天"道"转化为"无为"的方法和原则问题,这表现了"道"体与"道"用的统一。还有裴徽,《三国志·魏书·钟会传》注引《王弼传》说:"时裴徽为吏部朗,弼未弱冠,往造焉。一见而异之,问弼曰:'夫无者诚万物之所资也,然圣人莫肯致言,而老子申之无已者何?'"裴徽在此明确提出了关于何为"无"的问题,这正是后来正始玄学的思想标的。还有正始玄学创始者之一的何晏,《三国志·魏书·何晏传》注引《魏氏春秋》说:"初,夏侯玄、何晏等名盛于时,司马景王亦预焉。晏尝曰:'唯深也,故能通天下之志,夏侯泰初是也;唯几也,故能成天下之务,司马子元是也;唯神也,不疾而速,不行而至,吾闻其语,未见其人。'盖欲以神况诸己也。"何晏以"神"况己,而"神"乃"不疾而速,不行而至",这明显已是形而上的本体问题了。曹魏末,所谓的"正始名士"还有王弼、钟会、傅嘏、管辂等人,他们对玄学的产生均有不同程度的思想贡献。

在三国时代背景下,围绕如何理顺和统一国家政权与豪族势力的关系这一紧迫的时代课题和政治任务,通过以上三方面的思想逼近,至曹魏正始年间终于产生了一种新的哲学思想——魏晋玄学。现在,如果从玄学的角度再来看曹魏时代的时代和政治问题,究竟是什么呢? 对此,正始玄学的创始者王弼在《老子指略》中说:"《老子》之文,欲辩而诘者,则失其旨也;欲名而责者,则违其义也。故其大归也,论太始之原以明自然之性,演幽冥之极以定惑罔之迷。因而不为,损而不施;崇本以息末,守母以存子,贱夫巧术,为在未有;无责于人,必求诸己;此其大要也。而法者尚乎齐同,而刑以检之;名者尚乎定真,而言以正之;儒者尚乎全爱,而誉以进之;墨者尚乎俭啬,而矫以立之;杂者尚乎众美,而总以行之。夫刑以检物,巧伪必生;名以定物,理恕必失,誉以进物,争尚必起;矫以立物,乖违必作;杂以行物,秽乱必兴。斯皆用其子而弃其母。物失所载,未足守也。"这里对道、法、名、儒、墨、杂六家思想的长短做了比较分析,认为只有道家才能"论太始之原以明自然之性,演幽冥之极以定惑罔之迷",达到了"崇本以息末,守母以存子";而其他各家均是"用其子而弃其母"矣。这就是说,其他各家均讲的是现象界的具体问题,这些问题本来就是相对的,为了此就不可为彼,故都是有缺陷的;而道家讲的则是超越了相对的绝对,即本体、本原、本根问题,这个问题是为而无为,有而无有的,"故能为品物之宗主,苞通天地,靡使不经也"。(《老子指略》)这就终于以道家思想为母体,孕育出了魏晋时代的新道家——魏晋玄学。

综上所述,我们对魏晋玄学这一时代思潮做以下几点总结:

其一,魏晋玄学是一种政治方略的哲学理论。就是说,它的起源是从对紧迫的时代政治课题的解决中逼出来的。以往说到魏晋玄学的产生,人们总从思想上找原因,说它的产生是对两汉经学的反动,在"一经之说,至百万余言"(《汉书·儒林传》),"说五字之文,至于二三万言……终以自蔽"(《汉书·艺文志》),即在经学烦琐不堪的情况下,应运而生了玄远、空灵的玄学。这种说法倒也合乎两汉到魏晋学术史的实际。但这却未必就是魏晋玄学产生的直接动因。经学烦琐不堪,失去了生命力,这多是指今文经学。代替这种今文经学的,尚有现成的古文经学,何必一定要连故文经学也不要,而要全新的玄学呢? 事实上,在魏晋时代经学并没有被彻底抛掉,儒学被汉武帝定为封建社会的意识形态后,儒家经学在包括魏晋时代在内的尔后各时代中一直被传习着。不过,在曹魏之时兴起的是古文经学而已。对此,王国维有《汉魏博士考》一文,说:"古文学之立于学官,盖在黄初之际。自董卓之乱,京洛为墟。献帝托命曹氏,未遑庠序之类事,博士失其官守,垂三十年。今文学日微,而民间古文之学乃日兴月盛。逮魏初复立太学博士,已无复昔人,其所以传授课试者,亦绝非曩时之学,盖不必有废置明文,而汉家四百年学官,今文之统已为古文家取而代之矣。试取魏时诸博士考之,邯郸淳传《古文尚书》者也,乐详、周生烈传《左氏春秋》者也,宗均、田琼皆亲受业于郑元,张融、马照亦私淑郑氏者也,苏林、张揖通古今字指,则亦古文学家也,余如高堂隆上书述《古文尚书》、《周官》、《左氏春秋》,赵怡、淳于峻、庾峻等亦称述郑学。……然则魏时所立诸经,已非汉代之今文学,而为贾(逵)、马(融)、郑(玄)、王(肃)之古文学矣。……蜀汉与吴亦置博士,虽员数无考,而风尚略同。"(《观堂集林》卷四)所以,在曹魏时代的思想界中,古文经学仍处主导地位。这说明,从思想文化这个角度看,当时的思想界是不要求玄学的。而玄学在当时又的确产生了,其真正的动机和原因就在时代所要求的政治课题中。

其二,魏晋玄学是一种特殊的学术思想。之所以说特殊,是因为它并没有如同汉武帝、董仲舒定儒学为一尊后儒学一统天下,从官方到民间,从政治理论家到一般学者都普遍从事儒家经学活动那样,在魏晋以至南北朝时代,谈玄者基本上是在社会上层的一部分士大夫中,这一点从《世说新语》中所记载当时士大夫清谈活动的逸闻趣事中就可看出。当时的洛阳是一个谈玄中心,谈玄活动的组织者是身居高位的曹爽、曹羲兄弟,还有何晏。《北堂书钞》卷九八引《何晏别传》云:"曹爽常大集名德,长幼莫不预会,及欲论道,曹羲乃叹曰:'妙哉平叔之论道,尽其理矣!'既而清谈雅论,辩难纷纭,不觉诸生在坐。"《世说新语·文学》说:"何晏为吏部尚书,有位望。时谈客盈坐,王弼未弱冠,往见之。"这是曹爽兄弟、何晏所组织的两次大的谈玄活动。《世说新语·言语》载:"过江诸人,每至美日,辄相邀新亭,藉卉饮宴。周侯(顗)中坐而叹曰:'风景不殊,正自有山河之异!'皆相视流泪。唯王丞相愀然变色曰:'当共戮力王室,克复神州,何至作楚囚相对?'"这是东晋时代有王导参与的一次谈玄活动。不论是曹魏正始年间的谈玄活动,还是东晋初的谈玄活动，均在社会上层的士人中。可见，玄学作为一种时代思潮是在上层士人中酝酿、传播、发展的，它并没有席卷天下。这正好说明玄学并非儒学经学那样的全社会性的意识形态，它是世族士人的一种思想倾向；世族士人何以要玄学，其原因就在于它是一种关于政治方略的哲学理论。

其三，魏晋玄学虽然是一种关于政治方略的哲学理论，它的确有很明显而丰富的政治哲学思想，比如王弼讲"守母存子"、"崇本举末"（《老子注》第三十八章）、"以寡治众"（《周易略例·明象》）；郭象讲"夫工人无为于刻木而有为于用斧，主上无为于亲事而有为于用臣。臣能亲事而主能用臣，斧能刻木而工能用斧，各当其能则天理自然，非有为也。若乃主代臣事则非主矣，臣秉主用则非臣矣。故各习其任则上下咸得，而无为之理至矣"（《庄子·天道注》）。"夫理有至极，外内相冥，未有极游外之致而不冥于内者也，未有能冥于内而不游于外者也。故圣人常游外以弘内，无心以顺有，故虽终日挥形而神气无变，俯仰万机而淡然自若。"（《庄子·大宗师注》）这些都是涵有明显政治艺术性的政治哲学思想。但是，从总体上说，从其哲学性质上言，魏晋玄学却不是政治哲学，它是关于宇宙本体的思想。就是说，它并非为政治而政治，它从时代政治课题中被逼出后，获得了一种普遍意义的方法论；同时，当它讲政治方略的哲学理论时，却将它上升到宇宙论的高度，即从宇宙存在的本体视角和意义上展开论述。所以说，魏晋玄学是关于宇宙本体论的理论。这正好接着汉代宇宙发生论的逻辑进展，即要为宇宙存在建构一形而上的根据。

二、玄学的本体论思想

玄学作为活跃于魏晋时代的一种哲学思潮，它所讨论的问题是方方面面的。比如说，有"无"、"有"、"独化"等等的本体论问题；有"言不尽意"、"得意忘言"、"冥而忘迹"等的认识论问题；有"名教"与"自然"关系的社会政治伦理问题；有圣人有情还是无情的情性或才性问题；还有"辩名析理"、

"寄言出意"的经典诠释问题,有"以寡治众"、"以一统众"、"主无为而臣有为"等的政治方略问题,以及"崇本举末"、"相因"、"玄冥"等等的本体论的方法论问题,等等。魏晋玄学的思想内容是很丰富的。与我们所探讨的关于中国古代形而上的本体论问题相一致,这里只就魏晋玄学中的本体论思想予以阐述。

(一)王弼的"无"论

24 岁就去世的王弼①是位哲学天才。他与何晏、王粲、傅嘏、夏侯玄、钟会等"正始名士"一起开创了"正始玄音"。刘勰《文心雕龙·论说》云:"魏之初霸,术兼名法,傅嘏、王粲,校练名理。迄至正始,务欲守文,何晏之徒,始盛玄论,于是聃、周当路,与尼父争途矣。"王弼通过注《老》,以发挥老子思想为途径,提出了正始玄学的"无"本论。

1.何晏、王弼的"无"本论原则

正始玄学的思想标的是"无"本原则。《晋书·王衍传》说:

> 魏正始中,何晏、王弼等祖述老庄立论,以为天地万物皆以"无"为本。"无"也者,开物成务,无往而不存者也。阴阳恃以化生,万物恃以成形,贤者恃以成德,不肖者恃以免身,故"无"之为用,无爵而贵矣。

这则史料说明了这样几个问题:一是在魏齐王曹芳正始年间(时为 240—249 年),何晏和王弼共同阐发老子思想,确立了"以'无'为本"的"无"本论原则;二是"无"乃天地万物的存在本体,从阴阳化生、万物成形的自然存在

---

① 王弼生于魏文帝黄初七年,卒于齐王曹芳正始十年,即 226—249 年,时年 24 岁。西晋人何劭著《王弼传》云:"正始中,黄门侍郎累缺,晏既用贾充、裴秀、朱整,又议用弼。时丁谧与晏争衡,致高邑王黎于曹爽。爽用黎,于是以弼补台郎。初除,觐爽,请问。爽为屏左右,而弼与论道移时,无所他及,爽以此嗤之。时爽专朝政,党与共相进用,弼通俊不治名高。寻黎无几时病亡,爽用王沈代黎,弼遂不得在门下。晏为之叹恨。弼在台既浅,事功亦雅非所长,益不留意焉。"(《三国志·魏书·钟会传》注引)王弼本人不善于谋政,终生所致力的是玄学思想的建树。

到贤者成德、不肖者免身的社会生活，都皆以"无"为其存在的原因和根据；三是"无"虽然是本，但却是不脱离用的，它要在用中得以存在和表现，这体现了体用不二、体用如一的哲学原则。

"以'无'为本"这一正始玄学的总原则，何晏、王弼都明确提出了。如何晏说：

> 有之为有，恃无以生；事而为事，由无以成。夫道之而无语，名之而无名，视之而无形，听之而无声，则道之全焉。故能昭音响而出气物，包形神而章光影，玄以之黑，素以之白，矩以之方，规以之员（圆）。员方得形而此无形，白黑得名而此无名也。（《列子·天瑞》张湛注引何晏《道论》）

王弼说：

> 凡有皆始于"无"。故未形无名之时，则为万物之始。（王弼《老子注》第一章）无形无名者，万物之宗也。（《老子指略》）

何、王都肯定，现象界的众存在者即有，都是以"无"为本的。就是说，万物之所以生、之所以有，其存在的根据、原因、依据等都由于这个"无"。可见，何、王在谈"无"时，已经抛开了天地万物是如何生成的、从哪里来的之类的宇宙生成论问题，所追问的是关于天地万物之如此存在的原因、根据这类本体、本原问题。

何晏、王弼不仅明确确立了"以'无'为本"的玄学原则，还对"无"的内涵作了定谓。"无"是什么？是没有、零、虚无、空无吗？当然不是。何、王所讲的"无"如果就是人们一般所说的"没有"或"空无"的话，那当然不能作本体，何、王也就根本不用讲了。在何晏看来，"夫道之而无语，名之而无名，视之而无形，听之而无声，则道之全焉。故能昭音响而出气物，包形神而章光影"（何晏《道论》）；在王弼看来，"道者，无之称也，无不通也，无不由也；况之曰道，寂然无体，不可为象。"（王弼《论语释疑》）"无形无名者，万物之宗也。不温不凉，不宫不商，听之不可得而闻，视之不可得而彰，体之不可得而知，味之不可得而尝。……故能为品物之宗主，苞通天地，靡使不经也"。（王弼《老子指略》）可以看出，当何、王讲"无"时，原来这个"无"与老子的"道"有关，可以说是由对老子"道"的发挥而来的。发挥了老子"道"的什么呢？就是发挥了"道"的抽象性、一般性，即"一"的性质。《老子》第十四章言："视之不见名曰夷，听之不闻名曰希，搏之不得名曰微，此三者不可致诘，故混而为一。其上不皦，其下不昧，绳绳不可名，复归于无物，是谓无状之状，无物之象，是谓惚恍。迎之不见其首，随之不见其后。执古之道以御今之有，能知古始，是谓道纪。"当老子这样论"道"时，"道"是有抽象性涵义的。对老子之"道"的抽象性、一般性涵义，汉代的河上公在注《老》时已有所发挥。比如，他说："无名者谓道，道无形，故不可名也。"（《老子河上注》第一章）"道出入于口，淡淡，非如五味有酸咸苦甘辛也"；"道非若五音有宫商角徵羽可得听闻也"；"道无形，非若五色有青黄赤白黑可得见也。"（同上书，第三十五章）这已表明，"道"是个抽象的"一"，是味而非味，音而非音，色而非色，形而非形的一般即"一"。到了魏初，何、王等也看到了老子"道"的这种抽象性、一般性的性质，并将其予以发挥、引申，认为只有这种抽象的、非具体的"一"才能囊括天下所有的事事物物，才可作本体、本原，这就叫"无形无名者，万物之宗也。……故能为品物之宗主，苞通天地，靡使不经也。"这就是说，"道"什么都不是故才能什么都是，什么都是故才什么都不是，所以它就是"无"。可见，王、何所说的"无"并非零或空无，原本是对"道"的抽象性、一般性哲学性质的定谓、指谓。

可以肯定，何晏、王弼同为正始玄学"无"本论原则的创立者。但思想史、哲学史的事实却是：王弼胜于何晏；就是说，王弼最终建起了"以'无'为本"的"无"本论玄学理论，而何晏却终未能完成这一任务。《世说新语·文学》中有两则材料说：

何平叔注《老子》始成，诣王辅嗣，见王注精奇，仍神伏曰："若斯人可与论天人之际矣！"因以所注为《道德二论》。

何晏注《老子》未毕，见王弼自说注《老子》旨，何意多所短，不复得作声,但应之,遂不复注,因作《道德论》。

这两则材料反映出两个问题:一是何晏的《道德论》到底是一书还是二书?如果是二书,这二书都叫《道德论》呢,还是一书叫《道论》而另一书叫《德论》? 目前尚无别的可靠材料来判定这个问题。冯友兰先生有个说法:"《世说新语》所说的《道德论》当即《道论》、《德论》的统称。《列子·天瑞》篇张湛注引的《道论》就是《世说新语》所说的《道论》。《仲尼》篇所引的《无名论》,可能就是《世说新语》所说的《德论》。"①今暂从冯说。

　　第二个问题就是何晏为什么神伏于王弼? 他看到王弼的《老子注》或听了王弼关于自己注《老子》的主旨后,为什么要心甘情愿地放弃自己所从事的注《老》工作? 这里实质上涉及到关于玄学体系建构的基本理论原则和方法问题,即如何将一般与个别、普遍与特殊有机地统一起来。哲学是世界观的理论体系,而所谓的"世界观"就是"观"世界,即对世界的总体看法或根本观点,这就是关于世界的本原、本体类问题。所以,构建哲学体系时总先要提出一本原、本体。何、王这里所讲的"无"即此。但是,在提出了某种本原、本体后,这种原、体必须要与现象界的具体存在(即存在者)相结合、统一,否则的话非但本体起不了作用,并且它一定会因干瘪而死亡。可见,一个哲学思想、理论的建构要作相应的两方面工作:首先从千差万别、形形色色的现象界中提升、抽象出一个本原、本体,以之作为理论总纲或思想原则;然后,必须将此种原则下贯到现象界中,以之与具体的存在相结合。只有将这两步工作完成了,一种哲学思想理论方能建构完成。相比之下,从现象界中抽象、提升出某种本原、本体作为一般原则或总纲,这种工作倒不十分难做;而困难在于如何将这种一般原则下贯到具体存在中,以之来解释具体存在。黑格尔在《哲学史讲演录》的"导言"中这样说:"每一原则在一定时间内都曾经是主导原则。当整个世界观皆据此唯一原则来解释时,——这就叫做哲学系统。我们自然必须了解这全部解释。但如果这原

---

① 冯友兰:《中国哲学史新编》中册,人民出版社 1998 年版,第 418—419 页。

则还是抽象的,不充分的,则它就不能充分地解释属于我们世界观内的各种形态。"①黑格尔所说的正是一个哲学体系之建构的从具体到抽象再从抽象到具体的过程。

何晏之所以神伏于王弼,当然不在正始玄学的"无"本原则上,因为何晏自己就有"有之为有,恃无以生;事而为事,由无以成"的"无"本原则。何晏神伏于王弼,当在如何将这个"无"本原则融贯到对具体事物存在的解释中去。从前面已引的何晏《道论》来看,他没能做到将"无"本原则下贯到具体存在中以解释其存在的问题。除《道论》外,何晏还有一篇《无名论》,说:

> 为民所誉,则有名者也;无誉,无名者也。若夫圣人,名无名,誉无誉,谓无名为道,无誉为大。则夫无名者,可以言有名矣;无誉者,可以言有誉矣。然与夫可誉可名者岂同用哉?此比于无所有,故皆有所有矣。而于有所有之中,当与无所有相从,而与夫有所有者不同。同类无远而相应,异类无近而不相违。譬如阴中之阳,阳中之阴,各以物类自相求从。夏日为阳,而夕夜远与冬日共为阴;冬日为阴,而朝昼远与夏日同为阳,皆于近而同远也。详此异同,而后无名之论可知矣。凡所以至于此者何哉?夫通者,惟无所有者也。自天地以来皆有所有矣,然犹谓之道者,以其能复用无所有也。故虽处有名之域,而没其无名之象;由以在阳之远体,而忘其自有阴之远类也。夏侯玄曰:"天地以自然运,圣人以自然用。"②自然者,道也。道本无名,故老氏曰强为之名。仲尼称尧荡荡无能名焉,下云巍巍成功,则强为之名,取世所知而称耳。岂有名而更当云无能名焉者邪?夫唯无名,故可得遍以天下之名名之,然岂其名也哉?惟此足喻而终莫悟,是观泰山崇崛而谓元气不浩芒者也。(《列子·仲尼》张湛注引)

---

① 黑格尔:《哲学史讲演录》第一卷,贺麟、王太庆译,商务印书馆1959年版,第41页。

② 这里有不同的理解。有人认为此处从"夏侯玄曰"直到段末,全为夏侯玄《本玄论》(已佚)中的话;有人说只这里的"天地以自然运,圣人以自然用"为夏侯玄《本玄论》的话,其余为何晏《无名论》中的话。今取后说。

这里所论就是"无名"问题。既然叫"无名",这不就是名吗？还论什么呢？在何晏看来,我们一般所说的"名"是对实的指称、称谓,即名是有其所指称对象的。但当现在说"无"时,"无"虽为一个名,但却没有实与之相应;"无"是对"道"的哲学性质的指称、定谓,即"道"是个"一"或一般、普遍、抽象,它类似于纯形式,是无形无状无象的,故是无名的,这就叫"夫道之而无语,名之而无名,视之而无形,听之而无声,则道之全焉"(何晏《道论》)。"道"虽然是个"一",没有什么具体的东西与之相应,但总得指称、定谓它,总得给它一个名称呀,否则的话人怎么思想它呢？"无"就是对"道"命的名,实际上是对"道"的抽象性、一般性哲学性质的称谓、表征。何晏的《无名论》讲的就是这个道理。他要人们明白,"无"是对"道"的一般性、抽象性哲学性质的定谓、指称,它与日常生活中的名是不同的。

分疏一下,何晏的《无名论》讲了三方面的思想:一是提出了"有所有"和"无所有"两个概念。所谓"有所有"是指"所有"的有,这是指天地万物,指开天辟地以来的一切存在物。这些存在物都是具体存在,是有形有状有象的和有生有灭的,故是有名的。而所谓的"无所有"就是所有的"有",也就是"有"本身,这就是"道"。自开天辟地以来,天地间就充满了存在(者),这就是所有;这些所有当然"有"着,即"有"性。"无所有"的这个"无"当然不是没有或零,既叫"无",这个"无"不就"有"着吗？所以,这个"无所有"说的是没有具体的有,即无形无状无象,故无名,这就是"道",即"谓无名为道"。何晏在此从"无名"的意义上肯定了"无"的本体原则。二是阐发了"无所有"的"无"之内涵。"有所有"是指所有之"有",即天地间的所有存在者;那么"无所有"的"无"指什么呢？实际上就是指所有之"有"的抽象性、普遍性、一般性的性质。何晏在此以"阳"、"阴"这两个名为例说明了这个问题。夏天为阳,冬天为阴,这是从四季变化来说的;无论是夏天还是冬天,总是有白天和夜晚的,夏日的夜晚就为阴,冬天的白天就为阳,这是从昼夜变化来说的。但这些阳、阴均是具体的,亦即个别的,虽然都叫阳叫阴,但各自的阳与各自的阴是不同的。现在不管这些具体性,不管是夏天的阳还是冬天里白天的阳,统统都叫"阳";不论是冬日的阴还是夏天夜晚的阴,统统都叫"阴"。这样以来,"阳"、"阴"就成了名称、概念,这个"阳"可以阳天下所有之阳但本身却无阳,即"阳"而无阳和无阳而"阳";这个"阴"可以阴天下所有之阴但本身却无阴,即"阴"而无阴和无阴而"阴"。这个作为名称、概念的"阳"、"阴"就是"无所有"之"无",即所有的"无"。"阳"、"阴"当然只是一些类名。概括天地万物一切存在的最大的名就是"道",这也就是"有"本身,同时也就是"无"。何晏在此通过讲"阳"、"阴",已涉及到了"有"与"无"的统一问题,即"有"作为一个名称只是"有"本身而空无内容,所以它就是"无";但既然说到"无",这个"无"本身就是一个名,一个(理性的)存在,它绝不是空无或虚无,所以它就是"有"。可见,何晏的《无名论》通过论"无名"而涉及到了"有"即"无"这一原则和方法,是很有哲学意义的。这与黑格尔《逻辑学》讲的作为"绝对精神"之逻辑运动开端的"有"——"无"——"变"的著名原则岂无相似? 但何晏自己却根本未能揭示出这一方面的思想内容。不仅何晏未能揭示出这一方面,就是天才哲学家王弼也未能明确揭示出这一方面;不仅作为魏晋玄学之开端的正始玄学没能揭示出这一方面,就是作为魏晋玄学之集成者和终结者的郭象玄学也只是从存在者之存在的功能性上揭示出了天地万物之存在的"有—无"性,但也终未能形成一个类似于黑格尔《逻辑学》那样的逻辑体系。这个问题这里只是有所启发而顺便说几句。三是阐述了"无"的意义和作用。何晏《无名论》论的就是"无名"问题。那么,要这种"无名"或"无"有何用呢? 何晏明确指出:"夫唯无名,故可得遍以天下之名名之"。这就是正始玄学"无"本论之"无"的作用、价值之所在。正因为"无名"的"无",才可以去"名"天下一切的名;倘若是有名,名了甲就不可名乙,就不能将天下的所有名都统一之,所以也就不是和不能是本体、本原了。现在有了这个"无",它只是个"无",即无形无状无象无名,所以才能去"形"天下一切形,去"状"天下一切状,去"象"天下一切象,去"名"天下一切名,这就叫"有之为有,恃无以生;事而为事,由无以成"也。"无"的本体意义不是昭然的吗?

在何晏这里,只是确定了一个"无"本论的纲领和原则。至于如何将这个"无"本原则下贯到现象中去以之与万物相统一、融贯起来,何晏玄学还未能做到。所以，在何晏这里只完成了正始玄学建构的第一步，即抽象出一个"无"本论原则，尚未将这个原则贯彻下去，这就决定了何晏玄学思想的不成熟性。

关于何晏玄学思想的不成熟性，除了上面已谈的方面外，我们还可从何晏的其他思想中找出证明。证明一：何晏将孔子和老子同视为圣人。《世说新语·文学》"何晏注《老子》未毕"条下刘孝标注引《文章叙录》曰："自儒者论，以老子非圣人，绝礼弃学。晏说与圣人同，著论行于世也。"将孔、老同视为圣人，看起来是个简单的学术观点，但实际上关系到当时思想界的一个极重要问题：如何调和儒、道。我们在前面讲魏晋时代的思想文化形势时说到，自汉武帝和董仲舒将儒学定为一尊后，它就一直是封建社会的指导思想，儒学已内化为人们的心理—文化模式。所以，在曹魏时期，儒学仍是思想文化的主导。但在两汉时代，儒学被经学化了，特别被今文经学化了；且自东汉章帝建初四年(79年)白虎观会议后，今文经学堂而皇之地与谶纬迷信相结合，儒学失去了它的生命力。那么，如何振兴儒学呢？这正是魏晋之际思想文化方面的紧迫任务(这一任务与如何处理国家政权与门阀世族的关系从而使社会有序化的时代政治任务是相一致的)。当时要振兴儒学，一个可行的作法就是援道入儒，这实际上是为儒学建构形而上的本体。那么，援道入儒后，儒、道是何关系呢？这就是当时人们普遍关心的孔、老孰优的问题。何晏说孔、老同为圣，这是将儒、道平列了。表现在哲学原则上，这就是将道家的"道"作为一个抽象、一般原则来对待，尚没有将这一原则融进儒学中而形成一个以"一"贯之的理论体系。相比之下，王弼就不同了。王弼认为孔子为圣人，老子尚未达到"圣"的地步。为什么呢？因为"圣人体无，无又不可以训，故言必及有。老、庄未免于有，恒训其所不足"（《世说新语·文学》。《三国志·魏书·钟会传》注引何劭《王弼传》有大体相同的记载）这就将道家的"道"融进了儒学中，也就将老子那里抽象的"道"（即何、王训释"道"时所理解的）从一般的抽象原则转化为具体的诠释方法了。《世说新语·文学》"何平叔注《老子》始成"条下刘孝标注引《魏氏春秋》说："弼论道，约美不如晏，然自然出拔过之。"《三国志·魏书·钟会传》注引何劭《王弼传》也说："其[按：指王弼]论道，附会文辞不如何晏，自然有所拔得，多晏也。"何晏在解"道"时多是附会文辞，在文辞的约取众美上做文章，未能将"道"具体下贯之以形成一个以"一"贯之的理论体系，而王弼则一定程度地做到了。

证明二：何晏的《易》学思想仍未脱离汉代象数学的影响。《三国志·魏书·管辂传》注引《辂别传》说，正始九年（248年）裴徽举管辂为秀才去京都洛阳，裴徽谓管辂，何晏"自言不解《易》九事，必当以相问"，要管辂做好思想准备。正始九年十二月二十八日，何晏召见了管辂，让他为自己占卜，并谈论了《易》之九事，"九事皆明，晏曰：君说阴阳，此世无双"。管辂是曹魏时期象数易的代表，他治《易》重在占卜，而不在义理。何晏佩服管辂论《易》，这起码说明何晏的易学思想与管辂相同或相近。何晏并未脱离汉代象数易的影响，未转到由王弼开创的义理易学上，这就大大影响了他的玄学体系的建构。

证明三：何晏将性与情分为两截。《三国志·魏书·钟会传》注引何劭《王弼传》云："何晏以为圣人无喜怒哀乐，其论甚精，钟会等述之。"这说明何晏认为圣人是无情的。何晏在《论语集解》中解说颜渊"不迁怒"句时说："凡人任情，喜怒违理。颜渊任道，怒不过分。"孔子是圣人，颜渊只是贤人，所以颜渊是有"怒"之情的，但他能以"道"行事，"怒不过分"罢了。可见，何晏是将情排除在圣人之外的。没有情的圣人看起来很纯粹、很伟大，但这却不是活生生的现实人，只是一个干瘪的"圣人"躯壳而已。王弼反对何晏的"圣人无情"说，认为"圣人茂于人者神明也，同于人者五情也"。圣人也是人，是活生生的现实人，所以他不可能没有人之情；只是"圣人之情应物而无累于物"，圣人超过常人之处就在于他有情而不为情所累罢了。王弼这里就将性与情统一起来。何、王对性情的看法，表现在玄学理论体系的建构上，就是何晏只有"以'无'为本"的"无"本原则，而并未能将这一原则下贯之以与具体现象统一起来，而王弼则将"无"原则下贯下来了。汤用彤先生指出："平叔言圣人无情，废动言静，大乖体用一如之理，辅嗣所论天道人事以及性情契合一贯，自较平叔为精密。"①诚然斯言。

---

① 汤用彤：《汤用彤学术论文集》，中华书局1983年版，第263页。

总之,何晏、王弼都提出了正始玄学"以'无'为本"的"无"本论纲领和原则,但在何晏处只有这一原则而已,还未能将其下贯到具体存在中去。而王弼就将"无"本原则下贯到具体存在中了。换言之,在何晏处体与用尚未统一,而在王弼处就体用如一或一贯了。正如汤用彤先生所言:"何晏对于体用之关系未能如王弼所体会之亲切,何氏仍犹未脱汉代之宇宙论,未有本无分为两截,故动静亦遂对立。"[①]所以,王弼最终建构了一"无"本论的玄学理论体系,遂成为正始玄学的创立者。

王弼是如何来完成"无"之体与"无"之用统一的呢?首先,王弼有明确的体用结合原则。他在《老子指略》中说:

> 无形无名者,万物之宗也。不温不凉,不宫不商。听之不可得而闻,视之不可得而彰,体之不可得而知,味之不可得而尝。故其为物也则混成,为象也则无形,为音也则希声,为味也则无呈。故能为品物之宗主,苞通天地,靡使不经也。若温也则不能凉矣,宫也则不能商矣。形必有所分,声必有所属。故象而形者,非大象也;音而声者,非大音也。然则四象不形,则大象无以畅;五音不声,则大音无以至。四象形而物无所主焉,则大象畅矣;五音声而心无所适焉,则大音至矣。故执大象则天下往,用大音则风俗易也。

这讲的就是体与用相统一的问题。首先,王弼规定了"无"的原则,也就是定谓了"无"的哲学性质,或者说规定了什么是"体"或"本"。王弼认识到,本体不能是某种具体的东西,因为具体东西总是个"什么",总是有形有状有象有名的,这样以来,它是甲就不能同时是乙,它当然就无法将天地万物都囊括住,就不能作本体了。要成为本体,就必须能将天地万物统揽无余,所以它只能是个抽象的"一"或一般,是个普遍性形式,这就叫"无",其内涵就是"无形无名",即"不温不凉,不宫不商。听之不可得而闻,视之不可得而彰……",等等。正因为它是"无","故能为品物之宗主,苞通天地,靡使

---

① 汤用彤:《汤用彤学术论文集》,中华书局1983年版,第263页。

不经也。"其次，王弼在此还规定了"无"这种体是如何存在的问题。既然确定了"无"为本，那么这个"无"如何与具体事物相结合呢？王弼说"然则四象不形，则大象无以畅；五音不声，则大音无以至。四象形而物无所主焉，则大象畅矣；五音声而心无所适焉，则大音至矣。""大象"乃无象，即"无"；但这个"大象"要在具体的四象中方可存在，倘若没有四象，"大象"就真的成了空无或虚无了。可见，"无"这个本（体）必须在用中存在和表现之。以"无"为用的原则是何晏所没有的，起码何晏没有明确地讲出它。王弼则明确讲出来了，他就比何晏高明。正始玄学的思想体系在王弼这里诞生，就是自然的了。

王弼不只提出了"以'无'为本"和"以'无'为用"这样两个相互联系的玄学思想原则，他还贯彻了正始玄学的这一原则，这就是他对《老子》和《周易》这两部经典的注释。通过对《老》、《易》的诠释性注解，王弼构筑起了正始玄学理论。《老子注》和《周易注》是王弼阐发其玄学思想的两部重要著作。关于这两个注的先后，现代学者们公认《老子注》在前而《周易注》在后。但关于此两注的具体完成时间，一说《老子注》完成于正始五年（244年）以前[①]，一说它完成于正始八年以前；而《周易注》完成于正始八年至十年之间，约在正始九年十二月前后[②]。这些说法可供参考。这里之所以要提到《老子注》和《周易注》的成书先后，是因为《老子注》偏重于讲"无"本原则，即重在讲关于"无"的理论；《周易注》则偏重于讲具体事件中的"无"，即关于"无"的贯彻、运用问题。这两部注相结合，就建构起了正始玄学"无"本论理论。

说到这里顺便指出一个问题，即王弼所建立的正始玄学的"无"本论理论实际上也只是一种原则，仍是缺乏哲学理论性和体系性的。就是说，当他讲"无形无名者，万物之宗也"等等的"以'无'为本"的原则和"然则四象不形，则大象无以畅"等等的"以'无'为用"的原则时，仍是一种直观规定，而不是一种哲学理论体系，即尚不是理性思辨和逻辑推演的思想体系。从哲

---

① 参见刘汝霖：《汉晋学术编年》卷六，上海书店 1992 年版。
② 参见王葆玹：《正始玄学》，齐鲁书社 1987 年版，第 163—166 页。

学性质上看,王弼这里的"无"很类似于黑格尔《逻辑学》开篇所讲的"有"与"无"相统一的理论和原则。就是说,当王弼屡屡说"无形无名者,万物之宗也"时,他说的不是某种具体的存在,而是一般的存在或存在一般,这实则就是"存在"或"有"本身;但因这个"有"只是个一般,即只是个一般性形式,所以它就是"无"。但这个"无"又决非空无、虚无、没有,它就在理性上有着、在着,所以它就是"有"。这样,"有"就是"无","无"就是"有","有"与"无"是一个整体,即"有、无"性的存在,这不就是黑格尔所说的"变"吗?"变"是"有"与"无"的真理,即"有"转化为"无"而"无"转化为"有"的统一过程。这里说这些是无谓的概念游戏吗? 当然不是,这正是本体的本性、结构及其存在方式之所在。当我们说"本体"时,不管它是什么,是"有",是"无",是"心",是"上帝",是"绝对精神"……,但它都必须是自因的、自本自根的存在,即它的存在根据就在自身中。那么,这个根据是本体自身的什么呢? 正是这个"有、无"性的本性、结构。本体在自身"有、无"性的矛盾推动下,它就能和就要启动起来,这就展开了运动,这一过程所展现的就是体与用的结合与统一。这才应是王弼"无"本论的玄学理论体系。但王弼未能做到这一点。我们这里不是硬要责备王弼没有做出这样的思想成绩,而只是说明他的这个"无"本论玄学思想与中国古代的其他一些思想理论一样,是缺乏理论性、逻辑性和体系性的。而指出王弼玄学缺乏理论性的目的又在于要指出:王弼所建构的正始玄学的"无"本论实际上有两点缺陷:一是内容上的缺陷,即这里只有"无"观念而没有"有"观念,更没有"有、无"性思想;二是形式上的缺陷,即由于只有"无"而没有"有",所以这个"无"的存在和运动就是单面的和畸形的,即它在体与用之间单面变换,一会儿是体,一会儿又是用,难以使体用圆融如一。王弼"无"本论的这两个缺陷当然要克服,这个克服的过程就是整个魏晋玄学思想的逻辑演进过程,即一方面玄学本体论的理论形式在演化,这就是由"无"到"自然"(竹林玄学)再到"有"(裴頠玄学)最后到"独化"(郭象玄学);另一方面玄学本体论的思想内容在充实和完善,即将"无"与"有"整合起来而成为一"有、无"性结构,而这个"有、无"性本性和结构恰恰就是作为魏晋玄学之集成和终结的郭象"独化"论的思想内容。

2. 王弼"无"范畴的涵义

王弼的"无"是什么？目前学术界有不同看法①。这一方面说明王弼"无"本论在理论上尚有不够严密的地方；另一方面也说明这个"无"内涵上的丰富性、多义性。分疏王弼《老子注》和《周易注》，特别是其《老子注》，"无"范畴基本上有三种涵义。

（1）以"无"为本或以"无"为体。正始玄学的标的是"以'无'为本"，这个纲领是由何晏、王弼确立的，特别是王弼作了比较系统的阐发。王弼在注《老子》第一章时指出：

> 凡有皆始于"无"。故未形无名之时，则为万物之始；及其有形有名之时，则长之、育之、亭之、毒之，为其母也。言"道"以无形无名始成，万物以始以成而不知其所以[然]，玄之又玄也。

"凡有皆始于'无'"，这是魏晋玄学"无"本论的基本原则。这里的"有"是指天地万物，即形形色色、各种各样的存在者，这些"有"都是有形有状有象的，故也是有名的。这里的"无"就是"道"，即"'道'以无形无名始成"（《老子注》第一章），"道者，无之称也，无不通也，无不由也；况之曰道，寂然无体，不可为象。"（《论语释疑》）"道"不是天地万物这类具体存在者，它是"一"或一般、普遍、抽象，所以是无形无状无象无名的，即它是"无"。恰恰是这个"无"之"道"，才是天地万物存在的原因、根据，此乃"凡有皆始于'无'"也。这里的"始"在字面上有开始、生出的意思。如《释名·释言语》："始，息也，言滋息也。"《礼记·檀公下》："丧礼哀戚之至也，节哀顺变也，君子念始之者也。"郑玄注曰："始，犹生也。念父母生己，不欲伤其性。"但"始"还有初始、开始义。《说文·女部》："始，女之初也。"清代段玉裁注曰："《释诂》曰：初，始也。此与为互训。"王弼这里所谓的"凡有皆始于'无'"的"始"正是初、为义，即一切有都是从"无"来的，"无"才是一切有的

---

① 关于目前学术界对王弼"无"的不同看法，笔者在拙作《有无之辨——魏晋玄学本体思想再解读》（人民出版社2003年版）和《魏晋玄学》（人民出版社2008年版）中有论列，可参考。

存在根据和原因所在,此即"万物以始以成而不知其所以[然]"也。这里的"以始以成"就是"以之始"和"以之成",其"之"就是"道"即"无"。通过对王弼注释的疏解不难看出,他所谓的"凡有皆始于'无'"的确有本体论的意义。这不像汉代的宇宙生成论那样要考察宇宙及其万物是从哪里来的之类问题,而是要考察既已如此这般存在着的这个宇宙何以是如此这般地和能是如此这般地存在,即宇宙之如此存在的原因和根据何在。这个原因、根据就是"无"。王弼在讲"凡有皆始于'无'"的宇宙本体论时还注意到,"无"作为宇宙存在的本原、本体,本来就存在、展现于天地万物一切存在者的存在过程中。所以他在指出了"凡有皆始于'无'"的本体论原则后,就马上说"故未形无名之时,则为万物之始;及其有形有名之时,则长之、育之、亭之、毒之,为其母也"。"母"也是本、原义。但"母"之本与一般泛言的本又有所不同,其不同就在于它要随万物的生存、存在而存在,这正如母亲生出孩子后不是再不管孩子了,而是要在孩子生存、成长过程中以体现和表现母之为母的存在。这里的"长之、育之、亭之、毒之"之说出自《老子》第五十一章:"故以道生之,德畜之:长之、育之、亭之、毒之、养之、覆之。"此处的"亭"、"毒"二字各有两解:一是解"亭"为"定",如《苍颉篇》曰:"亭,定也";解"毒"为"安",如《广雅·释诂》曰:"毒,安也"。二是解"亭"为"成",解"毒"为"熟",如《老子》河上公本及其他古本就将"亭之毒之"作"成之熟之"。王弼注说:"[亭谓品其形,毒]谓成其[质],各得其庇荫,不伤其体矣。"①(《老子注》第五十一章)这是说,"亭"者使万物有其形也,"毒"者使万物有其质也,"道"即"无"使万物有形有质,这就是它对万物的生存。正因为如此,"无"才是万物的本原、本体,"万物之始于'无'"(《老子注》第二十一章)也。

王弼在注《老子》时多处随文发挥了"以'无'为本"的思想。比如,他指出:

① 这里所引是楼宇烈《王弼集校释》(中华书局 1980 年版)中的文字。下引王弼著作的校释文字多出此书。

谷神，谷中央无[者]也。无形无影，无逆无违，处卑不动，宁静不衰，[物]以之成而不见其形，此至物也。处卑[守静]不可得[而]名，故谓[之玄牝]。门，玄牝之所由也。本其所由，与[太]极同体，故谓之[天地之根]也。欲言存邪，则不见其形；欲言亡邪，万物以之生。故"绵绵若存"也。无物不成而不劳也，故曰用而不勤也。（《老子注》第六章。下引此书只注章）

无状无象，无声无响，故能无所不通，无所不往。不得而知，更以我耳、目、体不知为名，故不可致诘，混而为一也。

欲言无邪，而物由以成。欲言有邪，而不见其形。故曰"无状之状，无物之象"也。无形无名者，万物之宗也。虽今古不同，时移俗易，故莫不由乎此而成其治者也。（第十四章）

以无形始物，不系成物，万物以始以成而不知其所以然。故曰"恍兮惚兮，[其中有物]；惚兮恍兮，其中有象"也。至真之极，不可得名。无名，则是其名也。自古及今，无不由此而成，故曰"自古及今，其名不去"也。（第二十一章）

"道"以无形无为成济万物。（第二十三章）

混然不可得而知，而万物由之以成，故曰"混成"也。不知其谁之子，故先天地生。寂寥无形体也。无物[匹之]，故曰"独立"也。返化终始，不失其常，故曰"不改"也。周行无所不至而[不危]殆，能生全大形也，故可以为天下母也。夫名以定形，字以称可。言"道"取于无物而不由也，是混成之中可言之称最大也。（第二十五章）

言"道"氾滥无所不适，可左右上下周旋而用，则无所不至也。万物皆由"道"而生，既生而不知其所由。故天下常无欲之时，万物各得其所，若"道"无施于物，故名于小矣。万物皆归之以生，而力使不知其所由。此不为小，故复可名于大矣。（第三十四章）

大象，天象之母也。[不炎]不寒，不温不凉，故能包统万物，无所犯伤。主若执之，则天下往也。（第三十五章）

故物，无焉，则无物不经；有焉，则不足以免其生。是以天地虽广，以"无"为心；圣王虽大，以虚为主。本在无为，母在无名。弃本捨母，而适其子,功虽大焉,必有不济;名虽美焉,伪亦必生。[万物]虽贵以"无"为用,不能捨"无"以为体也。捨"无"以为体,则失其为大矣。载之以道,统之以母,故显之而无所尚,彰之而无所竞。用夫无名,故名以笃焉;用夫无形,故形以成焉。守母以存其子,崇本以举其末,则形名俱有而邪不生,大美配天而华不作。(第三十八章)

天下之物,皆以有为生。有之所始,以"无"为本。将欲全有,必反于"无"也。(第四十章)

万物万形,其归一也。何由致一,由于"无"也。由"无"乃一,一可谓"无"。(第四十二章)

物生而后畜,畜而后形,形而后成。何由而生? 道也。何得而畜?德也。何[因]而形? 物也。何使而成? 势也。唯因也,故能无物而不形;唯势也,故能无物而不成。凡物之所以生,功之所以成,皆有所由。有所由焉,则莫不由乎"道"也。故推而极之,亦至道也。随其所因,故各有称焉。"道"者,物之所由也。(第五十一章)

母,本也;子,末也。得本以知末,不舍本以逐末也。(第五十二章)

凡物,不以其道得之,则皆邪也,邪则盗也。夸而不以其道得之,[盗夸也;贵而不以其道得之],离位也。故举非道以明,非道则皆盗夸也。(第五十三章)

以道治国则国平,以正治国则奇[兵]起也。……夫以道治国,崇本以息末;以正治国,立辟以攻末。本不立而末浅,民无所及,故必至于[以]奇用兵也。立正欲以息邪,而奇兵用;多忌讳欲以耻贫,而民弥贫;利器欲以强国者也,而国愈昏[弱];皆舍本以治末,故以致此也。(第五十七章)

以光鉴其所以迷,不以光照求其隐匿也。所谓明道若昧也。此皆崇本以息末,不攻而使复之也。(第五十八章)

以上引文已足以表明王弼"以'无'为本"的思想主旨了。王弼明确认为,天地万物以及人类社会的所作所为,均是以"无"即"道"为存在之本的。他从多方面随注文阐发了"以'无'为本"的思想,用有无、本末、母子、体用、一多等成对范畴以说明现象世界的存在是有一个本体的,这就是"无"。

王弼的"无"本论虽然不是系统的、严密的哲学理论体系,但他在注《老》时随文所发挥出的"以'无'为本"的思想还是明确、清楚的。对此不必多言了。这里要再说的还有两个问题:

一是王弼对《老子》宇宙生成论思想的改造。《老子》第四十章说"天下万物生于有,有生于无";第四十二章说"道生一,一生二,二生三,三生万物";这是明显的宇宙生成论思想。王弼在注《老》时对老子的宇宙生成论作了力所能及的改造。比如,前已提到,王弼在注《老子》第一章时说的"凡有皆始于无,故未形无名之时,则为万物之始"的"始",从字面看有开始、初生的涵义,似乎是说宇宙万物是从"无"这里生出来的。但这只是字面意思。实际上这里的"始"是"为"义,是说天地万物都是以"无"为存在根据的。所以他紧接着说:"及其有形有名之时,则长之、育之、亭之、毒之,为其母也。言'道'以无形无名始成万物。"这就表明,"道"即"无"作为"母",不仅只是生产出个孩子,还要养育他(她),使他(她)能得以生存。在注《老子》第六章"谷神不死,是谓玄牝"句时,王弼说:"谷神,谷中央无者也。无形无影,无逆无违,处卑不动,守静不衰,物以之成,而不见其形,此至物也。……欲言存邪,则不见其形;欲言亡邪,万物以之生。"这在字面上看好像有生成论的痕迹。但从整段注文可以看出,这里的"物以之成"、"万物以之生"并不是简单地指由"道"生出万物,而是说"玄牝"("道")这个天地之根是"无形无影,无逆无违"地处在万物的生存过程中,以之而成为万物存在的本原。在注《老子》第十章"生而不有,为而不恃,长而不宰,是谓玄德"句时,王弼说:"不塞其原,则物自生,何功之有? 不禁其性,则物自济,何为之恃? 物自长足,不吾宰成,有德无主,非玄而何? 凡言玄德,皆有德而不知其主,出乎幽冥。"这里提出了"自生"、"自济"、"自长足"的思想,明显有本体意义。在注《老子》第二十五章"有物混成,先天地生"句时说:"混然不可得而知,而万物由之以成";在注《老子》第三十四章"万物恃之而生而不辞"时说:"万物皆由道而生,既生而不知其所由";在注《老子》第四十二章"道生一……"时说:"万物万形,其归一也。何由致一,由于无也。由无乃一,一可谓无";在注《老子》第五十一章"道生之,德畜之,物形之,势成之"时说:"何由而生? 道也。何得而畜? 德也。""凡物之所以生,功之所以成,皆有所由。有所由焉,则莫不由乎道也。""道者,万物之所由也。"在《老子》这几章中,原文均有"生"字,生成论的思想明显。王弼在注文中都讲"由"。由,有原因、缘由、因缘、机缘、法式、凭据、践履、遵从、为等义。王弼这里的"由"至少有"因"义;而作为"因"的"由",就有根据、依据的意思①。可见,王弼在注《老》时改造了老子的宇宙生成论思想,起码是淡化了这一思想,而突出或强化了宇宙本体论思想。所以,他在注《老子》第四十章"天下万物生于有,有生于无"时就肯定地说:"有之所始,以'无'为本。"

二是王弼对"无"的本质的规定,即这个"无"实际上就是老子所讲的"道",是对"道"的一般性、抽象性、普遍性之哲学性质的指称和定谓。王弼以"无"为本,那么这个"无"到底是什么? 它肯定不是空无、虚无或没有,它一定是有。是个什么有呢? 它恰恰恰不能有"什么",因为一旦有了"什么"的话它就是个具体存在,就是有形有状有象有名的存在者了,是此形就不能同时是彼形,是甲状就不可同时是乙状,有了这个象就不能同时有那个象,是这个名就不能同时是那个名,这当然是不能作本体的。要成为本体,就只能是"有"本身,即具有抽象、普遍、一般性,这就叫无形无状无象无名,即"无"。正因为本体是无形无状无象无名的"一",所以才可去形天下一切形,状天下一切状,象天下一切象,名天下一切名,这就叫天地万物皆以"无"为本。

王弼在注《老子》时多处随文发挥了"无"的抽象性的涵义。他指出:

可道之道,可名之名,指事造形,非其常也。故不可道,不可名也。
(第一章)
言道以无形无名始成万物。(同上)
无状无象,无声无响,故能无所不通,无所不往。(第十四章)

---

① 关于王弼对老子宇宙生成论思想的改造,参看许抗生《关于玄学哲学基本特征的再研讨》(《中国哲学史》2000 年第 1 期)一文。

无形无名者,万物之宗也。虽今古不同,时移俗易,故莫不由乎此以成其治者也。(同上)

常之为物,不偏不彰,无皦昧之状,温凉之象,故曰"知常曰明"也。唯此复,乃能包通万物,无所不容。(第十六章)

至真之极,不可得名。无名,则是其名也。自古及今,无不由此而成,故曰"自古及今,其名不去"也。(第二十一章)

众甫,物之始也,以无名[阅]万物始也。(同上)

道之出言,淡兮其无味也,视之不足见,听之不足闻。然则无味不足听之言,乃是自然之至言也。(第二十三章)

吾所以字之曰"道"者,取其可言之称最大也。责其字定之所由,则系于大。[夫]有系则必有分,有分则失其极矣,故曰"强为之名曰大"。(第二十五章)

道,无形不系,常不可名。(第三十二章)

大象,天象之母也。不炎不寒,不温不凉,故能包统万物,无所犯伤。(第三十五章)

道之出言,淡然无味,视之不足见,则不足以悦其目;听之不足闻,则不足以娱其耳。若无所中然,乃用之不可穷极也。(同上)

[大音],不可得闻之音也。有声则有分,有分则不宫而商矣。分则不能统众,故有声者非大音也。(第四十一章)

有形则有分,有分者不温则凉,不炎则寒。故象而形者非大象。(同上)

凡此诸善,皆是道之所成也。在象则为大象,而大象无形;在音则为大音,而大音希声。(同上)

道有大常,理有大致。执古之道,可以御今;虽处于今,可以知古始。(第四十七章)

不皦不昧,不温不凉,此常也。(第五十五章)

可见,当王弼屡屡说"无"时,他是在对"道"作规定,即揭示的是"道"的无形无状无象无名的抽象性的性质、本质。王弼认为,"道"本是"可言之称最大也"，即它是用来指称天下一切存在的最大者；那么，天下最大的到底有多大？像天那么大吗？不然。因为，"道"若像天一样大，"则系于大"矣，"有系则必有分，有分则失其极矣。"就是说，不管说"道"是多么的大，只要这个大是个"什么"，就总是个具体的东西，具体的东西总是有分别、分际的，故它的大总是有限的，它就不可为天下最大的。天下最大的大就是"大"本身，这显然是一般，这就是"道"。王弼说"道"的无音、无状、无象、无温等，就是为了说明"道"是个"一"或一般，即"无"。正因为它是"无"，才可以是任何的有；换言之，正因为它什么都不是，所以才能什么都是，这才能有资格来充任本体。

人们称魏晋玄学为"新道家"①。那么，它"新"在何处呢？王弼把老子的"道"解释、引申为"无"，这就是一新。王弼既然注《老》，就不可能不认可、接受老子思想的核心概念——"道"；就是说，老子以"道"为天地万物存在的本原、本体，王弼亦然，他是接受老子这一思想的。王弼既以"道"为天地万物存在的本原，那他直接说"道"不就行了吗，为何要屡屡地说"无"呢？这是因为，当以"道"作为万物存在的本原时，一定有一个学理上的问题，即这个"道"能不能作本原？既然提出了这个"道"来让其作本原、本体，那它就一定要有作本体的资格，即它自身必须具备某种属性、性质、本质使其有充当本体的能力和资格，否则的话即使你把它选出来了，即使人为地把它推到了本体的宝座上，它最终还是不能胜任的，还是作不了本体的。这就如同选出谁来当皇帝，原是人为的；但选出的不论是谁，这个人一定要具备做皇帝的资质，即要有能力君临天下，如果他没有能力来君临天下、统住万民，如果统不住臣民，那他就最终做不了皇帝，你即使把他推上了皇帝的宝座也终无用处。所以，当老子把"道"作为本体时，一定要作学理上的解说，说明这个"道"何以是本体。但老子却没有这样做，没有解说"道"为什么是本体。这对初创性地提出"道"的老子来说尚可理解。但对作为"新道家"的王弼等魏晋玄学家来说，若再不对"道"何以能作本体的学理说明，就不能把

---

① 冯友兰说："'新道家'是一个新名词，指的是公元三、四世纪的'玄学'。"冯友兰：《中国哲学简史》，北京大学出版社 1985 年版，第 253 页。

"道"刷新以适应于新的时代,也就没有魏晋玄学可言了。因此,老子当时应该说但没有说或曰他没有明确说出来的思想,现在王弼就要说和就得说,用"无"来解说、定谓、指称"道",就是他对老子"道"的刷新和提升。在王弼看来,"道"要作本体,要能起到"苞通天地,靡使不经"即把天地万物包揽无余的话,它就不能是具体的存在,而必须是个"一",即必须要有抽象性、普遍性、一般性的属性、性质、本性。把这个思想、意思表达出来,就是"道"是无形无状无象无名的存在,简称为"无"。可见,王弼的"无"原是对老子"道"的哲学性质的规定、定谓、指称,即"道"是抽象的"一"。老子"道"原本就有抽象性涵义,这层意思在王弼这里被明确化了,这显然是个进步。

(2)以"无"为用。"无"是本,是天地万物的本原。既如此,这个"无"就一定得存在于天地万物中,否则的话它就失去了本体的资格。所以,不论王弼如何思索,他一定要使"无"与具体存在相结合。这,就是王弼的"以'无'为用"的思想。他指出:

> 凡有之为利,必以无为用;欲之所本,适道而后济。(第一章)
>
> 言"无"者,有之所以为利,皆赖无以为用也。(第十一章)
>
> 何以得德? 由乎道也。何以尽德? 以无为用。以无为用,则莫不载也。(第三十八章)
>
> [万物]虽贵以无为用,不能捨无以为体也。捨无以为体,则失其为大矣,所谓失道而后德也。以无为用,[则得]其母,故能己不劳焉而物无不理。(同上)
>
> 用夫无名,故名以笃焉;用夫无形,故形以成焉。守母以存其子,崇本以举其末,则形名俱有而邪不生,大美配天而华不作。(同上)
>
> 高以下为基,贵以贱为本,有以无为用,此其反也。(第四十章)
>
> 夫无不可以无明,必因于有。故常于有物之极,而必明其所由之宗也。(韩康伯《系辞注》引王弼《大衍义》)

"凡有之为利,必以无为用","有以无为用",这是王弼"无"本论玄学的又一基本原则。这个原则与"以'无'为本"的总原则同样重要。王弼的"无"

本论之所以比何晏的"无"原则高明,正是因为王弼有"以无为用"的原则而何晏没有。有了此原则,"无"这个本就下贯到了具体存在中,"无"的本体作用也就得到了贯彻和落实,否则的话,"无"就只能是一抽象原则而起不了真正的本体作用。所以,王弼在《老子指略》中说:"然则四象不形,则大象无以畅;五音不声,则大音无以至。四象形而物无所主焉,则大象畅矣;五音声而心无所适焉,则大音至矣。故执大象则天下往,用大音则风俗移也。无形畅,天下虽往,往而不能释也;希声至,风俗虽移,移而不能辩也。"就是说,如果没有具体的四象存在,虽然可以有"大象"在,但它只能是个空符号,这是没有作用和价值的;如果没有宫、商、角、徵、羽这些具体之音的话,"大音"就是空的,终究是不能存在的。从本体角度讲,虽然"执大象则天下往,用大音则风俗移",但"大象"、"大音"真正的作用一定要与具体的四象、五音结合起来才能存在,否则就只能是一些抽象原则罢了。

作为本体的"无"是无形无状无象无名的,是一般、抽象、普遍。但作为用的"无"则不是也不能是抽象、普遍,它是具体的存在或者说是在具体存在中存在的。对此,王弼通过注《老子》第十一章而作了明确阐发。他说:

> 毂所以能统三十辐者,无也。以其无能受物之故,故能以[寡]统众也。木、埴、壁所以成三者,而皆以无为用也。言无者,有之所以为利,皆赖无以为用也。

"三十辐共一毂,当其无,有车之用;埏埴以为器,当其无,有器之用;凿户牖以为室,当其无,有室之用。故有之以为利,无之以为用。"这是《老子》第十一章的名言。老子在此以车、器、室为例,说明了无或空的作用。"辐"是车轮上的直木,即辐条,它外接辋而内连毂。"毂"是车轮中心的圆孔,即插车轴的地方。《说文》曰:"毂,辐所凑也。"《六书故·工事三》曰:"轮之中为毂,空其中,轴所贯也,辐凑其外。"这里的"埏"当作"挻"。马叙伦说:"《说文》无'埏'字,当依王本作'挻',而借为'抟'。……《说文》曰:'抟,以手圜之也。'于义较当。《风俗通》曰:'俗说,天地初开辟,未有人民,女娲抟土为人。'抟土'与'抟埴'同。"①"埴"即土,《说文》曰:"埴,黏土也。"老子的意思是说,三十根辐条汇集于毂上,有了毂的中空处,才能插上车轴而有车子的行驶作用;抟土为器皿,有了器皿的中空处,才有其盛装作用;开凿门窗以成屋室,有了门窗的中空处,才有屋室的居住作用。可以看出,老子这里所讲的"无"或"空"是具体存在,它们是用感觉器官来把握的。王弼所要说的也正是这种具体的无(空)。王弼认为,车轮之所以是车轮而不是别的什么东西,就是因为有毂在;而毂之所以为毂,是因为它中空的缘故,倘若它的中间是实的,就不是毂了,只能是一个木墩。正因为有了毂的中空处,毂才是毂,最终才保证了车是车。同理,器皿、屋室皆因其中空处,才使其有了作用和价值。所以王弼说:"有之所以为利,皆赖无以为用也。"

可以看出,王弼在讲"无"的用时,是以具体存在为例来作直观描述的。这样讲当然对,能说明"无"的作用。但按理说,因为"无"是对"道"的无形无状无象无名的抽象性、一般性的定谓,故"无"本来就是理性抽象的结果,是一种理则。与此相一致,当讲"无"的用时,也应该从理则的角度来讲。但王弼却没有也未能这样做,而是径直以具体存在者为例来描述了"无"的作用。这是为什么呢?原因当然还是出在王弼"无"本论的理论上。我们前面分析王弼"无"本论原则时指出,王弼的"道"即"无"按理说其内涵应是"有、无"性的。倘若这样,这个"道"即"无"就有了自我存在和运动的内在源泉和动力,它就可以自我打开而运动,运动过程就是从其自身的抽象过渡到具体。这就是黑格尔《逻辑学》的体系和内容。但王弼不可能也未能做到这一点,他没有赋予"道"即"无"以"有、无"性内涵结构,只是将"无"作为一个单一范畴肯定了下来。所以,当他讲"以无为用"的用时,就直接落在了具体存在者身上;但这又不能是存在者的状态、状象,故就落在了存在者的存在功用、功能上,通过其功用、功能以表现出"无"的作用。因此说,王弼所讲的"以无为用"的"用"是事物的功用、功能性的。下面不妨再引王弼的一些注文看看:

---

① 转引自陈鼓应:《老子注释及评介》,中华书局1984年版,第102页。

冲而用之,用乃不能穷。满以造实,实来则溢。故冲而用之又复不盈,其为无穷亦已极矣。(第四章)

天地任自然,无为无造,万物自相治理,故不仁也。仁者必造立施化,有恩有为。造立施化,则物失其真;有恩有为,则物不具存。物不具存,则不足以备载。地不为兽生刍而兽食刍,不为人生狗而人食狗,无为于万物而万物各适其所用,则莫不赡矣。(第五章)

橐籥之中空洞,无情无为,故虚而不得穷屈,动而不可竭尽。天地之中,荡然任自然,故不可得而穷,犹若橐籥也。(同上)

橐籥而守数中,则无穷尽。弃己任物,则莫不理。若橐籥有意于为声也,则不足以其吹者之求也。(同上)

谷神,谷中央无者也。无形无影,无逆无违,处卑不动,守静不衰,物以之成而不见其形,此至物也。(第六章)

道常无为。侯王若能守,则万物[将]自化。(第十章)

不塞其原,则物自生,何功之有? 不禁其性,则物自济,何为之恃? 物自长足,不吾宰成,有德无主,非玄而何? 凡言玄德,皆有德而不知其主,出乎幽冥。(同上)

道以无形无为成济万物。(第二十三章)

朴之为物,以无为心也,亦无名。故将得道,莫若守朴。夫智者,可以能臣也;勇者,可以武使也;功者,可以事役也;力者,可以重任也。朴之为物,愦然不偏,近于无有,故曰"莫能臣"也。抱朴无为,不以物累其真,不以欲害其神,则物自宾而道自得也。(第三十二章)

天地相合,则甘露不求而自降。我守其真性无为,则民不令而自均也。(同上)

为功之母不可舍也。是以皆无用其功,恐丧其本也。(第三十九章)

虚无柔弱,无所不通。无有不可穷,至柔不可折。以此推之,故知无为之有益也。(第四十三章)

有为则有所失,故无为乃无所不为也。(第四十八章)

神则无形者也,不见天之使四时,而四时不忒;不见圣人使百姓,而百姓自服也。(《周易注·观》)

这些注文都讲的是无为而无不为的"无为"法或"自然"法,这就是"无"的运用。"无"发挥其作用的过程,实乃天地万物之自然生存的过程,它们是生而无生,无生而生,"无"的本体性作用就在于此。

王弼本来是讲以"无"为体的,现在又讲以"无"为用。那么,在王弼处这个"无"到底是体还是用呢?一方面王弼自己也没有区分清楚,因为他本来就没有抽象出"有"——"无"——"变"那样的逻辑推演理论。但另一方面,这种体、用不分正好成就了王弼"无"本论表面上的理论一贯性,即王弼的"无"论思想能将"无"本体下贯到现象中以达到体用不二、体用如一。但要明白,这里的体用如一对王弼来说尚有一定的自发性。

(3)与"道"("无")同体。当王弼说"道"时,不论将它讲成"无"还是讲成"有",说成"体"还是说成"用";当他一说"道"或"无"时,"无"就是他理性面前的一个对象,他这时与它就是两截子而不能合一;人如果与"道"或"无"不能合为一体,那就得不到"道"或"无"。所以,当王弼讲了"以无为本"和"以无为用"这些"贵无论"玄学的思想理论后,还有一个重要方面要讲,这就是人如何得到"道"或"无"而与之同体的问题,这就是王弼所说的"与道同体"(《老子注》第二十三章)。当然,王弼并不是像我们这里所说的,他先讲"以无为本",再讲"以无为用",最后自觉讲"与道同体",这些思想是他在注《老》时随文发挥的,并没有前后一贯的理论系统性。但王弼有"以无为本"、"以无为用"、"与道同体"的玄学思想,这却是无疑的。

《三国志·魏书·钟会传》注引何劭《王弼传》说:

> 时裴徽为吏部郎,弼未弱冠,往造焉。徽一见而异之,问弼曰:"夫无者诚万物之所资也,然圣人莫肯致言,而老子申之无已者何?"弼曰:"圣人体无,无又不可以训,故不说也。老子是有者也,故恒言无,所不足。"

《世说新语·文学》也说:

> 王辅嗣弱冠诣裴徽。徽问曰:"夫无者诚万物之所资,圣人莫肯致

言,而老子申无已,何邪?"弼曰:"圣人体无,无又不可以训,故言必及有。老、庄未免于有,恒训其所不足。"

这两则材料文字上少有出入,但所述事件一致,即王弼在与裴徽的对话中明确提出了"圣人体无"的思想。何劭是西晋人,他作王弼传当比《世说新语》为早。"圣人体无"的"体"是体会、体验、体察、体尝、体恤等,所谓"体无"就是与"无"同为一体,即主体"我"与"无"合一。这就是境界或意境。因此,"体无"说所讲的是"无"范畴的境界涵义。

那么,人究竟如何来体"无"或"道"呢? 这表面看来只是人的主体"我"或"心"的问题,但实际上这里却关系到客、主两个方面的条件,即一是就天地万物的存在言,使"无"之体与"无"之用达到合一;二是就人的存在言,使"我"或"心"与"无"或"道"达到一体。而这两个方面的合一又是同构的,即主体"我"或"心"在体察"无"体与"无"用合一的过程中,同构地使"我"或"心"与"无"或"道"一体同在。如果抛开"无"体与"无"用的一体化而单纯在"我"或"心"自身中来追求一体,这个"我"或"心"就会被神秘化,是不会有境界出现的。不管王弼自觉与否,他在讲"圣人体无"时注意到了客、主两个方面的情况。王弼在注《老子》第三十八章时说:

> 天地虽广,以无为心;圣王虽大,以虚为主。故曰以复而视,则天地之心见;至日而思之,则先王之至覩也。

这里的"天地虽广,以无为心"说的就是天地万物的存在本性。天地"以无为心",就是天地万物按"无为"、"自然"之本性而存在、运行,这就是"无"之体和"无"之用的统一。这里的"以复而视,则天地之心见",是王弼发挥《周易·复卦·象辞》"复,其见天地之心乎"的思想而言的。王弼注说:"复者,反本之谓也。天地以本为心者也。凡动息则静,静非对动者也;语息则默,默非对语者也。然则天地虽大,富有万物,雷动风行,运化万变,寂然至无,是其本矣。故动息地中,乃天地之心见也。若其以有为心,则异类未获具存矣。"可见,所谓天地"以无为心"也就是"以本为心",即"以无为本"。当天地万物"以无为心"时,它们是如何样存在的呢? 王弼注《老子》第五章时说:"天地任自然,无为无造,万物自相治理,故不仁也。仁者必造立施化,有恩有为。造立施化,则物失其真;有恩有为,则物不具存。物不具存,则不足以备载矣。地不为兽生刍而兽食刍,不为人生狗而人食狗。无为于万物而万物各适其所用,则莫不赡矣。若慧由己树,未足任也。"这是说,天地"以无为心"就是"天地任自然,无为无造,万物自相治理"也。没有任何东西在天地之外或之上来作为天地之存在的主宰,天地完全以自己为主宰,即依自己的"自然"本性存在之。这时,虽然说"无"是天地万物存在之本,但实质上这个"无"就是天地的"自然"本性,这就是"无为于万物而万物各适其所用,则莫不赡矣"。这样,"无"之体就活化在了"无"的功能性的用中,从而达到了体用如一。

而这里的"圣王虽大,以虚为主",说的则是主体方面的情况,即主体"我"或"心"的非认知性的体悟状态。圣王"以虚为主","虚"什么? 就是虚"心";虚"心"也就是无"心",即让"心"无之或使之无,这就是使"心"处在无思无虑、无知无识的"自然"存在和运行中,这就达到了与"道"或"无"同体。这里的"至日而思之,则先王之至覩也"是对圣王"以虚为主"的进一步解说。这里的"至日"是冬至日和夏至日,语出《周易·复卦·象辞》:"雷在地中,复。先王以至日闭关,商旅不行,后不省方。"王弼注曰:"方,事也。冬至,阴之复也;夏至,阳之复也。故为复,则至于寂然大静。先王则天地而行者也,动复则静,行复则止,事复则无事也。"此处的"先王之至覩也"的"至",当作"志"①。这是说,天地在冬至日和夏至日之时各复到阴、阳之位,以"至于寂然大静",即处在了"无为"而"自然"的状态。圣人(先王)做事取法于天地之则,"则天地而行者也",行的结果就是"以虚为主",即"无心"也。圣人之所以高于常人,就在于他能"虚其心"以按自然无为的原则行事。王弼在注《老子》第二十三章时说:"道以无形无为成济万物,故从事于道者以无为为君,不言为教,绵绵若存,而物得其真。与道同体,故曰'同于道'。""道"以无事无为无形而成济着万物,圣人从事于"道"或依"道"而行,当然要无事无为,这就叫"以无为为君",也就是以"无"为本,这样就会

---

① 参看楼宇烈:《王弼集校释》上,中华书局1980年版,第97页。

"与道同体",即达到与"道"或"无"合一的境界。这时,主体"我"或"心"的存在就与天地万物的存在一体同构并一体同在了。

王弼注《老子》时在不少地方随文发挥了这种无心无虑、无适无莫,自然无为而与"道"同体的境界性思想。例如说:

> 与天合德,体道大通,则乃至于极虚无也。(第十六章)
> 穷极虚无,得道之常,则乃至于不穷极也。(同上)
> 自然,其端兆不可得而见也,其意趣不可得而觌也。(第十七章)
> 我廓然无形之可名,无兆之可举,如婴儿之未能孩也。(第二十章)
> 我独廓然无为无欲,若遗失之也。(同上)
> 绝愚之人,心无所别析,意无所[美恶],犹然其情不可覩,我颓然若此也。(同上)
> 圣人不立形名以检于物,不造进向以殊弃不肖。辅万物之自然而不为始,故曰"无弃人"也。……常使民心无欲无惑,则无弃人矣。(第二十七章)
> 圣人达自然之[性],畅万物之情,故因而不为,顺而不施。除其所以迷,去其所以惑,故心不乱而物性自得之也。(第二十九章)
> 是以上德之人,唯道是用,不德其德,无执无用,故能有德而无不为。不求而得,不为而成,故虽有德而无德名也。(第三十八章)
> 有德而不知其主也,出乎幽冥,[故]谓之玄德也。(第五十一章)

这里所谓的"体道大通"、"得道之常"、"穷极虚无"、"廓然无为"、"达自然之性"、"畅万物之情",等等。说的都是圣人自然无为的行为。这是圣人的行为表现,也是圣人的处事方式,还是圣人的修养功夫,最终是圣人的"无心"境界。这就达到了与"道"或"无"一体同在。

总之,王弼的"贵无论"玄学以"以无为本"、"以无为用"、"与道同体"这三个方面的涵义,建构了一个"无"本论玄学理论。

3.王弼"无"范畴的内在矛盾及魏晋玄学的逻辑演化

前面我们多次说到,当王弼说"无"时,这个"无"实际上是对"道"的无形无状无象无名的一般性、普遍性、抽象性性质的指称或界定，所以这个"无"实质上是个"一"或纯形式；但只有这种抽象性或纯形式又是起不到"万物之宗"（《老子指略》）的本体作用的，要使"无"能"足以府万物"（同上）而成为万物的存在本体，它就必定要与具体事物相结合，即将自身特殊化和具体化，这样，这个"无"又要成为有形有状有象有名的具体存在。可见，"无"为了能成为本体，必须使自身抽象化；同样，"无"为了能成为本体，又必须使自身具体化。这就使得同一个"无"有了抽象性和具体性的两重规定，这就是矛盾，是"无"范畴自身的内在矛盾。不管王弼自己如何想，也不管他是否自觉认识到了这一矛盾，"无"本论中的这一矛盾却是事实。

"无"本论自身的抽象和具体的矛盾，逻辑地决定了正始玄学贵"无"论思想的发展演化历程。怎么演化呢？其途径无非是二：或者将"无"的抽象性向极端发展，使其成为绝对无待、纯粹超然的精神自由；或者将"无"的具体性向极端发展，使其完全下落到现象世界的事事物物中而成为众有。"无"本论向这两端演化，就将其自身的矛盾展现、暴露了出来。但矛盾最终是要解决的，矛盾的暴露和展现正为其解决作了必要的准备，因此就有必要和可能将"无"自身中抽象性与具体性的矛盾整合为一，这种整合本身就是一新玄学理论。这就是以王弼"无"本论为代表的正始玄学后魏晋玄学的历史发展轨迹。

魏晋玄学的历史轨迹是：接着正始玄学的是竹林玄学。竹林清音大讲"自然"论。关于这个"自然"的具体涵义，我们后面再说。但无论怎么讲，嵇康、阮籍所高喊的"越名教而任自然"的口号是竹林玄学的思想旗帜和纲领。所谓"任自然"，就是"心无措乎是非，而行不违乎道者也"，就是"越名任心"、"物情顺通"而"大道无违"（嵇康《释私论》）。这显然是要彻底抛开尘世社会的"名教"规范和束缚，进入到绝对无待、自由自在的精神境界中去。这时的"我"或"心"就从现实社会中提离开而完全独立化了。把竹林玄学的这种人生哲学问题和思想，转换为魏晋玄学的逻辑演化过程来看，它正好承接了王弼"无"本论中"无"的抽象性维度，即将这种抽象性、普遍性落实在了人的精神自由上。到了这时，正始玄学讲的"无"的抽象性一面就得到落实并被推向了极端。

竹林玄学后是西晋中朝时期裴頠的崇"有"论。裴頠以"有"为本，他说："夫总混群本，宗极之道也。"（裴頠《崇有论》）可见，裴頠的"有"不是一种理性抽象或一般，而是具体的万事万物，即"总混群本"；裴頠正是以这种具体的有为"宗极之道"的，这就是他的"有"本论。从魏晋玄学的演化过程来看，这个"有"本论正好承接了王弼"无"本论中"无"的具体性维度，使"无"的具体性得到了落实。

当竹林玄学的"自然"论和裴頠的"有"本论将王弼"无"本论中抽象与具体的矛盾分别得以落实时，一方面将"无"的矛盾充分展现了出来；另一方面也因未能将此矛盾整合起来而最终将"无"本体推向极端而使其解体了。就是说，无论是竹林玄学的"自然"论还是裴頠的"有"本论，都未能解决王弼"无"本论的矛盾，只是将矛盾暴露出来，但这一暴露为解决这个矛盾准备了必要的前提条件。所以，到了西晋中朝时期就出现了郭象的"独化"论。在现象界是没有"独"的，更遑论其"化"了。所以，"独化"范畴揭示、表征的是本体问题。作为本体的"独化"自身是有结构的，这就是其"有、无"性。可见，当郭象讲"无既无矣，则不能生有；有之未生，又不能为生，然则生生者谁哉？"（《庄子·齐物论注》）时，他客观上是将他之前的"无"和"有"整合、统一起来了。当他讲"无既无矣，则不能生有"时，这个"无"已与王弼的"无"相去有间，它就是经竹林玄学的"自然"论过滤了的"无"，即"至无"，这样的"无"的确是空无和虚无，它自然是不能生有的；当郭象讲"有之未生，又不能为生"时，这个"有"就是裴頠的"有"本论，这是接着裴頠的"自有"、"自生"论讲的。总之，郭象对魏晋玄学中的"有"论和"无"论做了一次整合，以其"独化"论使玄学思想达到了峰巅，同时也使玄学走向了终结。

（二）嵇康、阮籍的"自然"论

魏齐王曹芳正始十年（249 年）正月，司马懿发动了"高平陵政变"，曹氏集团在中央政权的势力几被消灭殆尽。在这次政变中，何晏以曹爽党被诛；这年秋天王弼病死，正始玄坛上的两颗巨星陨落了，正始玄音遂成过去。接着正始之音的是竹林清音。《世说新语·任诞》载："陈留阮籍、谯国嵇康、河内山涛三人年皆相比，康年少亚之。预此契者，沛国刘伶、陈留阮咸、河内向秀、琅琊王戎,七人常集于竹林之下,肆意酣畅,故世谓'竹林七贤'。"阮籍、嵇康、山涛、刘伶、阮咸、向秀、王戎这七个人,以嵇、阮为首,共聚林下,恣意酣畅,清言谈玄,营造了新的玄谈气氛,迎来了魏晋玄学的又一清谈高潮。这七个人虽然因意气相投而共聚林下,但他们并不是一个有组织的学术团体,只是因时代机缘而相聚畅游而已。所以,七贤的清谈并没有一个统一的中心,七人的思想倾向也不一致。大体说来,他们可分为三类:阮籍、嵇康为一类,他们有思想、有追求、有新说,面对当时的社会现实,他们有对生命存在意义的体悟,要追求精神的自由和个体人格的独立,他们是超越派。山涛、王戎为一类,他们出入官场,无玄学思想可言,人格也不怎么高尚,他们是世俗派。向秀、刘伶、阮咸为一类,他们虽然没有嵇、阮那样对生命的强烈感悟和对精神自由的执著追求,但他们或者在玄学思想上有一定建树,如向秀,或者以行为的放达高标于世,给龌龊的社会政治现实以冲击,如刘伶、阮咸,他们是介于超越派与世俗派之间的。竹林七贤的谈玄活动大约在齐王曹芳嘉平初至魏元帝曹奂景元年间,具体言当在 250—263 年间。景元三年(262 年)嵇康被杀,景元四年阮籍忧愤而卒,竹林清谈的领袖人物已去;接着,向秀应召入洛为官,山涛这时已得到司马昭的信任被委以重任,在这种情形下,竹林清音遂告结束。

1. 竹林玄学的时代背景及其思想矛盾

到竹林玄学出现的时候,曹魏政权已发生了很大变化。正始年间曹爽执政时处于蛰伏状态的司马氏集团,在正始十年(249 年)的"高平陵政变"中一举夺得了政治主导权,曹氏政权在中央的势力几被消灭殆尽。但曹氏势力并没有也不可能一下子被彻底消灭,曹氏与司马氏两大政治集团的较量并未结束,司马氏集团继续寻找机会来消灭曹氏势力①。甘露五年(260

---

① 比如说,齐王曹芳嘉平三年(215)春,司马懿以谋反罪兵讨征东将军王凌,凌饮药死,子王广被杀。嘉平六年,李丰与皇后父张缉谋诛司马师,事败,李丰、张缉、夏侯玄等被杀,并夷三族。事后,魏帝曹芳被废为齐王,立高贵乡公曹髦为帝,改年号正元。正元二年(255年),毌丘俭、文钦等"矫太后诏,罪状大将军司马景王,移诸郡国,举兵反"(《三国志·魏书·毌丘俭传》),他们集淮南军队和百姓于寿春,准备与景王司马师作战。师舆疾东征,杀毌丘俭,师亦因目疾恶化死于军中。甘露二年(257 年)和三年,司马昭平诸葛政变。自此后,曹氏集团的实力基本被消灭了。

年），魏帝曹髦见"威权日去，不胜其忿，乃诏侍中王沈、尚书王经、散骑常侍王业，谓曰：'司马昭之心，路人所知也。吾不能坐受其辱，今日当与卿自出讨之'"（《三国志·魏书·三少帝纪》之《高贵乡公纪》注引《汉晋春秋》）结果，曹髦被司马昭的亲信杀死。接着立曹奂为元帝，改年号景元。但这时的曹魏政权已徒有虚名，实权已归司马氏了。

这种政治形势给当时的名士造成了很大的生存压力。当时名士的生命直接受到威胁，例如从正始末以来，何晏、夏侯玄、李丰、王广、傅嘏、钟会等均被卷进了政治斗争的漩涡中而丢掉了性命；王弼虽不是被杀的，但也是在政治斗争的惊恐中离世的。当时真是"天下多故，名士少有全者"（《晋书·阮籍传》）。更重要的是，当时的政治环境给名士们的思想造成巨大压力。名士们从小都受儒家"名教"的教育，都秉持着传统的礼则仪轨。但司马氏集团夺取政权的所作所为却极大地破坏了传统名教；而且，他们正是以"名教"为幌子来行破坏名教之实的。例如，明明是司马师在夺取政权时废掉了魏帝曹芳，他却要太后下令说："皇帝芳春秋已长，不亲万机，耽淫内宠，沉浸女德，日延倡优，纵其丑谑，迎六宫家人留止内房，毁人伦之叙，乱男女之节，恭孝日亏，悖傲滋甚，不可以承天绪，奉宗庙。使兼太尉高柔奉策，用一元大武告于宗庙，遣芳归藩于齐，以避皇位。"（《三国志·魏书·三少帝纪》）曹髦被弑后，司马昭也让太后写了一道令，说曹髦"造作丑逆不道之言"诬谤太后，甚至"举弩遥射吾宫，祝当令中吾项"，还"赂遗吾左右人，令因吾服药，密行鸩毒，重相设计。事已觉露，直欲因际会举兵入西宫杀吾。"（同上）这正是打着"名教"反名教的勾当。名教成了司马氏集团合理、合法的政治工具，成了当时龌龊政治的遮羞布。这就给人们的思想观念，特别是给名士们的思想观念造成了很大混乱和压力。"名教"本来是用来调理人的行为和人际关系的准则，现在它却名不副实，甚至黑白颠倒了；这就使得人们的行为失去了定准，造成了人们思想观念上的无序化，且这种思想观念上的无序化比社会政治上的无序化更具深层的影响力。所以，竹林玄学所面临的思想紧张和张力要比正始玄学为甚。如果说正始时期的社会政治是平稳的，人们的精神追求（特别是名士们的精神追求）是明确的，其心灵表现是宁静的，其玄学理论的思想形式是思辨的话，那么在竹林时期，其社会的政治是诡谲的,人们的精神追求是迷惘的,其心灵表现是紧张的,所以其玄学思想的内容就转向了寻求精神超越的"自然"论,而其玄学理论的思想形式则是"师心"、"使气"(刘勰《文心雕龙·才略》)的诗文抒情了。

面对"名教"的名存实亡,人们该如何行为呢? 当然,人们可以不去管当时紧张、龌龊的政治环境所造成的名教失衡,而仍按"名教"的"名"来循规蹈矩。例如,何曾就是这样的人①。他就容不下行为有些放荡的阮籍,劝司马昭杀掉阮籍。何曾本传说:"时步兵校尉阮籍负才放诞。居丧无礼。曾面质籍于文帝座曰:'卿纵情背礼败俗之人,今忠贤执政,综校名实,若卿之曹,不可长也。'因言于帝曰:'公方以孝治天下,而听阮籍以重哀饮酒食肉于公座。宜摈四裔,无令污染华夏。'帝曰:'此子羸病若此,君不能为吾忍耶?'曾重引据,辞理甚切。帝虽不从,时人敬惮之。"《晋书·何曾传》记载这些,当然是将他作为一个维护名教的典范来颂扬的。像这样的人就没有什么名教的失衡感,不管名教染上了什么政治色彩,他照样按名教的"名"来行事。在名教变成了政治工具的情况下,不仅像何曾之类的人不觉得烦恼,有些政客也没有什么烦恼,反而会感到高兴。例如钟会之辈就是。钟会在劝司马昭杀掉吕安和嵇康时,加给他二人的罪名就是"言论放荡,非毁典谟"(《晋书·嵇康传》)。

但竹林七贤,特别是七贤中的嵇康、阮籍就不同了。他们对当时被政治化、工具化了的名教深恶痛绝,但又没有力量将名教从被政治污染了的现实中拯救出来,所以就用行为的放达来排遣思想的苦闷和以示对庸俗礼教的蔑视。《世说新语》和《晋书》中载有不少关于竹林七贤行为放达之事②。

---

① 《晋书·何曾传》说:"曾性至孝,闺门整肃,自少及长,无声乐嬖幸之好。年老之后,与妻相见,皆正衣冠,相待如宾。己南面,妻北面,再拜上酒,酬酢既毕便出。一岁如此者不过再之焉。"正是这样一个看来有些迂腐的名教之徒,不管当时的名教是否变成了统治者手中的工具,他仍对名教深信不疑,并时时处处以名教为行为准则。

② 例如嵇康,他对当时的贵公子钟会傲不为礼。《世说新语·简傲》载:"钟士季(会)精有才理,先不识嵇康。钟要于时贤俊之士俱往寻康,康方大树下锻,向子期(秀)为佐鼓排。康扬槌不辍,傍若无人,移时不交一言。钟起去。康曰:'何所闻而来,何所见而去?'钟曰:'闻所闻而来,见所见而去。'"该条下注引《文士传》曰:"康性绝巧,能锻铁。家有盛柳树,乃激水以圜之,夏天甚清凉,恒居其下傲戏,乃身自锻。家虽贫,有人就锻者,康不受直,唯亲旧以鸡酒往与共饮噉,清言而已。"又注引《魏氏春秋》曰:"钟会为大将军兄弟

他们以不合时宜的放达行为鞭打了礼法之士和当时被政治化了的"名教"。

竹林七贤中的嵇康、阮籍、刘伶、阮咸这些人，以行为的放达来蔑视世俗，鞭打名教。那么，他们真的就对儒家的名教恨之入骨了吗？其实未必。《世说新语·任诞》曰："王寿伯问王大：'阮籍何如司马相如？'王大曰：'阮籍胸中垒块，故须酒浇之。'"他们心中有解不开的郁结，才用行为的怪诞来排遣之。有什么解不开的郁结呢？当然还在这个"名教"上。他们恨名教，实则是为了爱名教；这种"恨"有点恨铁不成钢的味道。他们这些人从小受儒家名教的教育，本是相信它的；但现在名教却被政治家、野心家利用了，本来被寄于厚望的名教却不成器了，所以他们因爱生恨。可见，竹林玄学的这些名士们以行为的怪诞来反对和蔑视名教，其行为和目的与先秦时的老、庄

所暱，闻康名，三造焉。会名公子，以才能贵幸，乘肥衣轻，宾从如云，康方箕距而锻，会至不为之礼，会深衔之，后因吕安事，而遂谮康焉。"还有阮籍，他极为蔑视世俗礼法。《世说新语·任诞》载："阮籍嫂尝还家，籍见与别，或讥之，籍曰：'礼岂为我辈设也？'"又载："阮公(籍)邻家妇有美色，当垆酤酒，阮与王安丰常从妇饮酒，阮醉便眠其妇侧，夫始殊疑之，伺察终无他意。"该条下注引王隐《晋书》曰："籍邻家处子有才色，未嫁而卒。籍与无亲，生不相识，往哭尽哀而去。其达而无检，皆此类也。"又载："阮籍当葬母，蒸一肥豚，饮酒二斗，然后临诀，直言穷矣，都得一号，因吐血，废顿良久。"该条下注引邓粲《晋纪》曰："籍母将死，与人围棋如故，对者求止，籍不肯，留与决赌。既而饮酒三斗，举声一号，呕血数升，废顿久之。"又载："既步兵丧母，裴令公(楷)往吊之，阮方醉，散发坐床，箕距不哭。裴至，下席于地，哭吊喭毕便去。或问裴：'凡吊，主人哭，客乃为礼，阮既不哭，君何为哭？'裴曰：'阮方外之人，故不崇礼制，我辈俗中人，故以仪轨自居。'时人叹为两得其中。"《晋书·阮籍传》中也有这些故事。籍本传并说："籍又能为青白眼。见礼俗之士，以白眼对之。及嵇喜来吊，籍作白眼，喜不怿而退。喜弟康闻之，乃赍酒挟琴造焉，籍大悦，乃见青眼。由是礼法之士疾之若仇。"还有阮籍的侄子阮咸，也以行为放达而称于世。《世说新语·任诞》载："阮仲容(咸)步兵居道南，诸阮居道北。北阮皆富，南阮贫。七月七日北阮盛晒衣，皆纱罗锦绮，仲容家以竿挂大布犊鼻裈于中庭，人或怪之，答曰：'未能免俗，聊复尔耳。'"又载："诸阮皆能饮酒，仲容至宗人间共集，不复用常杯斟酌，以大瓮盛酒，围坐相向，大酌。时有群猪来饮，咸直接其上，便共饮之。"又载："阮仲容先幸姑家鲜卑婢，及居母丧，姑当远移，初云当留婢，既发，定将去。仲容借客驴，箸重服，自追之，累骑而返，曰：'人种不可失！'即遥集之母也。"还有那个以饮酒出名的刘伶。《晋书·刘伶传》说刘伶"不以家产有无介意，常乘鹿车，携一壶酒，使人荷锸而随之，谓曰：'死便埋我'。"他常常喝酒而不省人事，他的妻子就劝他，说："君酒太过，非摄生之道，必宜断之。"刘伶听后说："善。吾不能自禁，惟当祝鬼神自誓耳。便可具酒肉。"其妻就为他准备好了酒肉，这时刘伶就说："天生刘伶，以酒为名，一饮一斛，五斗解酲。妇儿之言，慎不可听。"说完后仍饮酒吃肉，"隗然复醉"矣。刘伶的饮酒，当然常有对世俗的不满。《世说新语·任诞》说："刘伶尝纵酒放达，或脱衣裸形在屋中，人见，讥之。伶曰：'我以天地为栋宇，屋室为≈衣，诸君何为入我中！'"将礼法之士大大地揶揄了一顿。这就是竹林七贤！

道家反对、抨击儒家礼仪规定的做法是不同的。后者反对礼教的确是要抛掉它们的,而前者以行为的怪诞来违背名教却最终是为了维护它。这就不难理解:自己"轻贱唐虞而笑大禹"(《卜疑》)、"非汤武而薄周孔"(《与山巨源绝交书》)的嵇康,于景元三年(262年)因朋友吕安的事下狱后,在狱中作了《家诫》,对当时只有十岁左右的儿子嵇绍叮咛备至,要儿子"不须作小小卑恭,当大谦裕;不须作小小廉耻,当全大让。若临朝当官,临义让生,若孔文举求代兄死,此忠臣烈士之节";"壶楂之意,束修之好,此人道所通,不须逆也。"这分明是教导儿子要循规蹈矩,按社会名教来处事做人。《晋书·山涛传》说:"康后坐事,临诛,谓子绍曰:'巨源在,汝不孤矣。'"写过《与山巨源绝交书》的嵇康,明知山涛入朝为官,是礼法之士,但死前却将幼子托付给他,这不是要儿子走礼法之路吗? 还有阮籍,也规劝儿子不要学自己的样子,要按礼法办事。《世说新语·任诞》载:"阮浑长成,风气韵度似父,亦欲作达。步兵曰:'仲容已预之,卿不得复尔。'"阮籍制止了儿子欲"作达"的想法,是要儿子做礼法之士。其实,阮籍在正始时期并不反对名教,还对名教十分推崇。如他在《通易论》中说:"《易》顺天地,序万物。方圆有正体,四时有常位,事业有所丽,鸟兽有所萃,故万物莫不一也。阴阳性生,性故有刚柔;刚柔情生,情故有爱恶。爱恶生得失,得失生悔吝,悔吝著而吉凶见。……是故圣人以建天下之位,定尊卑之制,序阴阳之适,别刚柔之节。顺之者存,逆之者亡,得之者身安,失之者身危。"阮籍后来走上放达不羁、蔑视礼法的道路,是因政治形势所迫的结果,这就在心中结起"垒块"了。鲁迅在《魏晋风度及文章与药及酒之关系》一文中说,嵇康、阮籍"因为他们生于乱世,不得已,才有这样的行为,并非他们的本态。但又于此可见魏晋的破坏礼教者,实在是相信礼教到固执之极的。"诚如斯言。

问题就出在这里,即表面上是恨名教,实际上却是为了维护和爱名教。这就在竹林名士身上,特别在嵇康、阮籍身上产生了思想上的苦闷、迷惘、彷徨,使心灵得不到平静,生命得不到安顿。因此,在嵇康、阮籍这里,倒逼向了对个体生命的真切体悟,即人的一生究竟应该如何样生活? 是浑浑噩噩、唯唯诺诺地度过一生,还是应保持人的精神自由和人格独立? 一句话,是做一个有人格的君子还是做一个无操守的小人? 嵇、阮在苦苦地思索着。于是嵇康在《卜疑》中发出了这样的叹息：

> 吾宁发愤陈诚，谠言帝庭，不屈王公乎？将卑懦委随，承旨倚廉，为面从乎？宁恺悌弘覆，施而不德乎？将进趣世利，苟容偷合乎？宁隐居行义，推至诚乎？将崇饰矫诬，养虚名乎？宁斥逐凶佞，守正不倾，明否臧乎？将傲倪滑稽，挟智任术，为智囊乎？宁与王乔、赤松为侣乎？将进伊挚而友尚父乎？宁隐鳞藏彩，若渊中之龙乎？宁舒翼扬声，若云间之鸿乎？宁外化其形，内隐其情，屈身隐时，陆沉无名，虽在人间，实处冥冥乎？将激昂为清，锐思为精，行与世异，心与俗并，所在必闻，恒营营乎？宁寥落间放，无所矜尚，彼我为一，不争不让，游心皓素，忽然坐忘，追羲农而不及，行中路而惆怅乎？将慷慨以为壮，感慨以为亮，上干万乘，下凌将相，尊严其容，高自矫抗，常如失职，怀恨怏怏乎？宁聚货千亿，击钟鼎食，枕藉芬芳，婉娈美色乎？将苦身竭力，剪除荆棘，山居谷饮，倚岩而息乎？宁如伯奋、仲堪，二八为偶，排摈共、鲧，令失所乎？将如箕山之夫，颍水之父，轻贱唐虞，而笑大禹乎？宁如泰山之隐德潜让，而不扬乎？将如季札之显节义慕，为子臧乎？宁如老聃之清净微妙，守玄抱一乎？将如庄周之齐物，变化洞达，而放逸乎？宁如夷吾之不寄束缚，而终在霸功乎？将如鲁连之轻世肆志，高谈从俗乎？宁如市南子之神勇内固，山渊其志乎？将如毛公、蔺生之龙骧虎步，慕为壮士乎？此谁得谁失，何凶何吉？

嵇康在此一连问了二十八个问题。他以"宏达先生"的口气向"太史贞父"询问，人的一生到底该怎么办？是与统治者合作，入世以猎取功名，追求富贵，甚至于昧着良心向上攀爬呢，还是保持个人的精神自由和人格独立，做一个有人格的人呢？他在苦苦地思索着。他问这些问题，没有人能回答他；即使勉强地回答了，也未必就合他的心意，因为他本来就在心灵的分裂中痛苦地呻吟着。这，就是嵇康其人。

阮籍亦然。他也苦苦地在肮脏的现实政治气候中挣扎着、呻吟着，在寻求着人生的意义和出路。阮籍在《咏怀诗》中说：

去者余不及,来者吾不留。愿登太华山,上与松子游。(其三十二)

焉见王子乔,乘云翔邓林。独有延年术,可以慰吾心。(其十)

采药无旋返,神仙志不符。逼此良可惑,令我久踌躇。(其四十一)

人言愿延年,延年欲焉之。黄鹄呼子安,千秋未可期。(其五十五)

鸿鹄相随飞,飞飞适荒裔。又翻凌长风,须臾万里逝。朝餐琅玕实,夕宿丹山际。抗身青云中,网罗孰能制。岂与乡曲士,携手共言誓。(其四十三)

鶿鸠飞桑榆,海鸟运天池。岂不识宏大,羽翼不相宜。招遥安可翔,不若栖树枝。下集蓬艾间,上游园圃篱。但尔亦自足,用子为追随。(其四十六)

这里有坚定的向往,也有失意的退却,理想与现实、出世与入世的矛盾苦苦地纠缠着阮籍的心灵世界。他到底该怎么办? 有谁可知呢,阮籍自己在挣扎着、呻吟着。阮籍在处世上与嵇康不同,嵇康的傲骨很突出,以至于最后为此付出了生命。阮籍面对无可奈何的现实和人生,他除了借酒来浇心中的"垒块"外,就是谨慎从事。《晋书·阮籍传》说他"发言玄远,口不臧否人物",这正是其应付现实的一种方式。《世说新语·德行》载:"晋文王称阮嗣宗至慎,每与之言,言皆玄远,未尝臧否人物。"嵇康在《与山巨源绝交书》中说,他自己"刚肠疾恶,轻肆直言,遇事便发,"而"阮嗣宗口不论人过,言每师之,而未能及","吾不如嗣宗之贤"。这说明阮籍的确很谨慎小心,以免惹祸上身。但当他这样做时内心好受吗? 做自己不想做和不愿做的事,能无苦闷乎? 这,就是阮籍。

总之,以嵇康、阮籍为代表的竹林名士们,是在特殊的政治背景下,以一种复杂、苦闷、彷徨、迷惘,甚至加上逆反的心情来玄谈以应对社会的。这种应对方式与正始玄学不同,正始玄音是哲理性的思辨,是将社会政治问题提升到宇宙本体的高度来为现实社会的有序化寻找根据和出路的。竹林清音则不然,它主要不是哲理性的思辨,而是内心世界的道白,是以某种文人气质来抒发内心世界的感受。刘勰在《文心雕龙·才略》中说:"嵇康师心以遣论,阮籍使气以命诗,殊声而合响,异翮而同飞。"这倒合乎嵇、阮文学家的品质。嵇、阮的文人品质以及对内心世界的抒发,是人对自身认识的深入。人们常说魏晋时代是人自觉的时代,这种自觉正表现在竹林清音中。

2.嵇康、阮籍的"越名教而任自然"论

《晋书·嵇康传》说,康"早孤、有奇才,远迈不群","恬静寡欲,含垢匿瑕,宽简有大量","学不师受,博览无不该通,长好《老》、《庄》"。《晋书·阮籍传》说,"籍容貌瑰杰,志气宏放,傲然独得,任性不羁,而喜怒不形于色。或闭户视书,累月不出;或登临山水,终日忘归。博览群籍,尤好《庄》、《老》"。心好《老》、《庄》,任性不羁的嵇康、阮籍,有一种文学家和诗人的气质、品性,他们或"师心以遣论",或"使气以命诗",对社会现实有强烈的感悟、悲怆和遣怀,因此而喊出了"越名教而任自然"的竹林玄学的时代强音。

嵇康、阮籍从他们理想的社会和人的自然之性出发,对当时已成为肮脏的政治工具的"名教"给予了揭露和鞭打。例如嵇康,他撰《难自然好学论》说:

> 夫民之性,好安而恶危,好逸而恶劳,故不扰则其愿得,不逼则其志从。洪荒之世,大朴未亏,君无文于上,民无竞于下,物全理顺,莫不自得,饱则安寝,饥则求食,怡然鼓腹,不知为至德之世也;若此,则安知仁义之端,礼律之文?

这种"大朴未亏"的洪荒之世,与《庄子·马蹄》讲的"居不知所为,行不知所之,含哺而熙,鼓腹而游"和《庄子·应帝王》讲的"其卧徐徐,其觉于于,一以己为马,一以己为牛"的上古社会是一致的,都是一种理想化了的原始时代。这种被美化了的原始社会,在嵇康看来,正是符合人的自然之性的。这时的人是一副率性而行、无忧无虑的自得之态。但随着社会的发展,人的自然之性被矫饰、扭曲了,这种"大朴未亏"的社会也随之被破坏了。故嵇康说:

　　及至人不存,大道陵迟,乃始作文墨,以传其意,区别群物,使有类族,造立仁义,以婴其心,制其名分,以检其外,劝学讲文,以神其教;故六经纷错,百家繁炽,长荣利之途,故奔骛而不觉。是以贪生之禽,食园池之粱菽,求安之士,乃诡志以从俗,操笔执觚,足容苏息,积学明经,以代稼穑;是以困而后学,学以致荣,计而后习,好而习成,有似自然,故令吾子谓之自然耳。(《难自然好学论》)

这是"大道陵迟",即"大朴"亏后的情况,其具体表现就是:造立仁义,制立名分,劝学讲文,等等。这样以来,就有了荣利之途,也有了文墨之始,所谓的"好学"就是从此时开始的。这很明显是人为的结果,哪有人的自然之性的存在呢! 在嵇康看来,儒家的"六经"正是束缚人的自然之性的东西。他指出:

　　六经以抑引为主,人性以从欲为欢。抑引则违其愿,从欲则得自然。然则自然之得,不由抑引之六经;全性之本,不须犯情之礼律。故仁义务于理伪,非养真之要术,廉让生于争夺,非自然之所出也。吾子谓六经为太阳,不学为长夜耳。今若以讲堂为丙舍,以诵讽为鬼语,以六经为芜秽,以仁义为臭腐,觌文籍则目瞧,修揖让则变伛,袭章服则转筋,谈礼典则齿龋,于是兼而弃之,与万物更始,则吾子虽好学不倦,犹将阙焉。则向之不学未必为长夜,六经未必为太阳也。(同上)

这是说,所谓作为"太阳"的"六经",原来完全是压抑人性的东西。而如今社会恰恰相反,非常尊崇"六经";但究其实,如今的讲堂则不过为坟墓,津津有味地诵读实则为鬼语,"六经"实为荒芜污秽的东西,而仁义也不过是臭腐罢了,人们读经的结果只能是目眩齿龋。嵇康在此对儒家的"六经"予以否弃。嵇康于景元元年作了《与山巨源绝交书》,其中叙述了他的性格特点和行为习惯,说他自己少"不涉经学,性复疏懒,筋弩肉缓,头面常一月十五日不洗,不大闷痒,不能沐也。每常小便而忍不起,令胞中略转乃起耳。又纵逸来久,情意傲散,简与礼相背,懒与慢相成。而为侪类见宽,不攻其过。又读庄、老,重增其放,故使荣进之心日颓,任实之情转笃"。他又说:"人伦有礼,朝廷有法,自惟至熟,有必不堪者七,甚不可者二。"这是说他自己在行为的七个方面与社会的礼法要求不相容,特别在两个方面有悖于社会礼教。嵇康这里以自己行为习惯的所作所为,说明他天生就与社会名教格格不入。

还有阮籍,对社会名教也极力唾弃之。他撰《大人先生传》盛赞远古社会,说:

> 昔者天地开辟,万物并生。大者恬其性,细者静其形。阴藏其气,阳发其精。害无所避,利无所争。放之不失,收之不盈。亡不为天,存不为寿。福无所得,祸无所咎。各从其命,以度相守。明者不以智胜,暗者不以愚败,弱者不以迫畏,强者不以力尽。盖无君而庶物定,无臣而万事理。保身修性,不违其纪。惟兹若然,故能长久。

在阮籍看来,天地开辟的上古时代,"大者恬其性,细者静其形",万物各得其性以生;就人的存在言,是"无君而庶物定,无臣而万事理",没有各种关于庶物制度的名教,也根本不需要它。但后来原始和谐的状态被破坏了,社会由此就进入了激烈的争斗中。阮籍指出:

> 今汝尊贤以相高,竞能以相尚,争势以相君,宠贵以相加,驱天下以趣之,此所以上下相残也。竭天地万物之至,以奉声色无穷之欲,此非所以养百姓也。于是惧民之知其然,故重赏以喜之,严刑以威之;财匮而赏不供,刑尽而罚不行,乃始有亡国、戮君、溃败之祸。此非汝君子之为乎?汝君子之礼法,诚天下残贼、乱危、死亡之术耳。(《大人先生传》)

阮籍认为,名教的产生不是对社会有益,而是有害。名教加剧了社会的矛盾和斗争,以至于有亡国、戮君、溃败之祸出现。阮籍对那种死抱名教的蝇营狗苟之辈深恶痛绝,对那种"唯法是修,唯礼是克","上欲三公,下不失九州牧",一心要"扬声名于后世,齐功德于往古"(《大人先生传》)的伪君子进

行了无情的鞭挞。他说:

> 且汝独不见夫虱之处于裈中乎! 逃于深缝,匿乎坏絮,自以为吉宅
> 也。行不敢离缝际,动不敢出裈裆,自以为得绳墨也。饥则吃人,自以
> 为无穷食也。然炎丘火流,焦邑灭都,群虱死于裈中而不能出。汝君子
> 之处寰区之内,亦何异夫虱之处裈中乎?(《大人先生传》)

这种钻营之辈正是一群藏匿于裤裆败絮之中的虱子,自以为食无忧而寒无
虑,但却随时有被消灭的危险。阮籍作有《猕猴赋》,将那些投机钻营的名
利之徒比喻为一群猕猴。他描述这群小丑说:

> 体多似而匪类,形乖殊而不纯。外察慧而内无度兮,故人面而兽
> 身;性褊浅而干进兮,似韩非之囚秦;扬眉额而骡呻兮,似巧言而伪真;
> 藩从后之繁众兮,犹伐树而丧邻;整衣冠而伟服兮,怀项王之思归;耽嗜
> 欲而眄视兮,有长卿之妍姿;举头吻而作态兮,动可增而自新;沐兰汤而
> 滋秽兮,匪宋朝之媚人;终蚩异而处绁兮,虽近习而不亲;多才使其何为
> 兮,固受垢而貌侵;姿便捷而好技兮,超超腾跃兮岑岩。(《猕猴赋》)

所谓的名教之徒、正人君子,原来只不过是一群上蹿下跳的猕猴,他们寡廉
鲜耻、唯利是图、摇尾乞怜、苟且偷生,分明是社会的害祸。

前面说过,嵇康、阮籍他们反对虚伪的名教,是有社会政治所造成的不
得已的苦衷,他们实际上还是想维护名教的。要维护真名教但却维护不了
和维护不成;要反对假名教但却无能力和无可奈何,所以他们就以文学家和
诗人的气质、品性,激愤地喊出了"越名教而任自然"的口号。他们主张抛
弃或放弃社会名教,去纯任"自然"。那么,任什么"自然"呢? 从嵇康在《难
自然好学论》中所说的"六经以抑引为主,人性以从欲为欢。抑引则违其
愿,从欲则得自然。然则自然之得不由抑引之六经,全性之本不须犯情之礼
律"的话看,这里的"自然"有人的自然之性的意思。所以,若一般地说,"越
名教而任自然"的"任自然",有任人的自然性的涵义。但实际上,这种任人

的自然之性的"任自然"是行不通的。因为,倘若不要社会礼仪规范而任人的自然本性和自然行为,那么人就将自己倒退回动物世界去了,人也就成为一般的动物了。所以,表层的那种任人的自然之性的"任自然"是无法实现的。嵇、阮要任的是另一种"自然"——人的绝对无待的精神自由。嵇康说:

> 夫称君子者,心无措乎是非,而行不违乎道者也。何以言之? 夫气静神虚者,心不存于矜尚;体亮心达者,情不系于所欲。矜尚不存乎心,故能越名教而任自然;情不系于所欲,故能审贵贱而通物情。物情顺通,故大道无违;越名任心,故是非无措也。是故言君子则以无措为主,以通物为美。(《释私论》)

可见,"越名教而任自然"与称为"君子"之人的品质、素质有关。什么素质呢? 这里有内、外两个方面。内在方面的素质是"心无措乎是非";外在方面的素质则是"行不违乎道者也"。所谓"心无措乎是非",就是心里无有是与非的观念,也就是超越了人类社会中的是是非非。而如何才能做到这一点呢? 这就是要做到气静神虚,使心处在自自然然、无思无虑的状态,将一切矜持和崇尚的观念、欲望都泯灭掉。而所谓"行不违乎道者",就是行为合于"道",也就是与"道"同体。又怎么与"道"同体呢? 就是要体亮心达,不为情欲所系、所累。嵇康有《答难养生论》一文,说:"故世之难得者,非财也,非荣也,患意之不足耳。意足者,虽耦耕畎亩,被褐啜菽,莫不自得。不足者,虽养以天下,委以万物,犹未惬然。则足者不须外,不足者无外之不须也。无不须,故无往而不乏;无所须,故无适而不足。不以荣华肆志,不以隐约趋俗,混乎与万物并行,不可宠辱,此真有富贵也。"这说的就是"情不系于所欲"。嵇康这里说,如果能"矜尚不存乎心",即做到了"心无措乎是非",就可达到"越名教而任自然";而能"情不系于所欲",就能"审贵贱而通物情",也就达到了"行不违乎道者也"。这里看似讲内、外两方面的问题,但实质上所讲是一回事,即如何超越人类社会的是是非非而与"道"同体,以达到一种自由自在的绝对自由境界。嵇康有一首《琴赋》,说:"凌扶摇兮憩瀛洲，要列子兮为好仇。餐沆瀣兮带朝霞，眇翩翩兮薄天游。齐万物兮超自得，委性命兮任去留。"这说的就是既"越名教而任自然"又"审贵贱而通物情"的内、外合一的自由自在的逍遥境界。

阮籍没有嵇康讲的那样具体，但也讲到超越名教以达到"任自然"的精神自由境界。他有《达庄论》一文，曰：

> 故至道之极，混一不分，同为一体，乃失无闻。伏羲氏结绳，神农教耕，逆之者死，顺之者生，又安知贪洿之为罚，而贞白之为名乎？使至德之要，无外而已。大均淳固，不贰其纪；清静寂寞，空豁以俟。善恶莫之分，是非无所争，故万物反其所而得其情也。

这是一种自然之世，也是人生存的自然境界。在这种自然之世中，"明于天人之理，达于自然之分，通于治化之体，审于大慎之训。故君臣垂拱，完太素之朴；百姓熙怡，保性命之和。"（《通老论》）自然、社会的一切都自自然然地存在着，人就在这种自然存在中怡然自得、自由自在地生活着。这，就是"越名教而任自然"。

3.嵇康、阮籍"自然"本体的空无性

具有文学家和诗人气质、品性的嵇康、阮籍，对当时龌龊的社会政治有痛切感受，对被这种政治所利用并为其服务的虚伪名教既痛惜又悲愤，故以惋惜的悲愤和悲愤的惋惜之情对当时的社会名教进行了鞭打；而鞭打社会名教的目的又在于张扬个体人格的独立和精神自由。这，就是他们所高喊的"越名教而任自然"的竹林玄学的时代强音。所以，独立地看，竹林玄学的主题在人的发现和自觉上，即人感悟了自己生命存在的意义和价值，以及对自己的人格独立和精神自由的追求与高扬，这就是它的"自然"说；这种"自然"是一种独立、自由的精神境界。

但就整个魏晋玄学的发展来看，竹林玄学的主题就不只是人的自觉和发现的问题了，而仍是宇宙本体问题。所以，当竹林玄学讲"越名教而任自然"的"自然"时，"自然"就是一种本体、本原。一方面，这里的"自然"作为人的人格独立和精神自由的境界，它是人生命存在的最终归宿，故本身就有本原、本体的作用和意义;另一方面,这个"自然"逻辑地承接着正始玄学的"无"本体,可以说它正是正始玄学的"无"本体逻辑要求的结果。这一点我们前面说过。因为王弼讲"无"时这个"无"逻辑地蕴含有抽象性与具体性两个方面,故它要在这两个方面和方向上得到展开和落实;当"无"的抽象性一维被展开和落实时,就是向人的精神领域趋进,即一直趋进到绝对无待的、纯粹自由的精神存在,这就是"越名教而任自然"。在"越名教而任自然"这一口号和纲领中,很明显是要将社会名教抛弃掉。将社会名教抛掉后,从哲学本体论这个视角来说,就是完全将社会存在抛掉了,这时的"无"就以纯粹抽象的内容和形式存在于人的精神上,使"无"的抽象性得到了落实。但这样一来也就将"无"的抽象性推到了极端,这个"无"就真的成了空无内容的"至无"、"虚无"了。尔后的裴頠和郭象,特别是郭象大讲"无既无矣,则不能生有"的"至无"、"虚无",表面上看是针对王弼的"无"本论而言的,实则关乎的就是竹林玄学的"自然"论,即被竹林玄学过滤了的空虚之"无"。

我们一再说,竹林玄学"越名教而任自然"的"自然"主要的不是人的自然之性,而是一种精神自由的境界。既是一种精神自由境界,它为什么就是"至无"、"空无"、"虚无"性质的呢?庄子讲的"出入六合,游乎九州,独往独来"(《庄子·在宥》)的"逍遥"之游,不就是境界吗,为什么就不是"至无"、"虚无"呢?为什么偏偏要说竹林玄学"任自然"的"自然"之境就是空、虚的呢?说竹林玄学的"自然"是一种独立自由的精神境界,是就它的存在方式而言,因为这时的这个"自然"的确是本原、本体,这与庄子讲的"逍遥"之境是相同的。但一说到竹林玄学"自然"的内容,显然就与庄子的"逍遥"之境不同了。因为庄学是美学①,当庄子谈绝对无待的精神自由之"逍遥"游时,这种"逍遥"就是一种主客一体或天人合一的存在,它是融心物、主客、此彼、是非、古今等等为一体的一种状态,即境界。从本体论的角度说,当这个"逍遥"以精神自由之形式存在和表现时,它看起来是纯抽象的,但却将具体统一、融入了其中。相比之下,竹林玄学讲的"越名教而任

---

① 见李泽厚《庄玄禅宗漫述》一文,文载《中国古代思想史论》一书。

自然"的"自然"论就不是这样子的。为什么？因为这里的"越名教而任自然"的口号、纲领不是美学性的和美学式的，而是政治性的和社会政治式的。所以，当竹林玄学讲"越名教而任自然"的"自然"时，这个"自然"有美学的（境界的）形式，但却不具备美学的（境界的）内容；就是说，这里的"自然"没能将主客、心物、古今、是非等等融为一体，它只是一种抛弃了社会名教后纯抽象的精神存在，这岂能不空、虚？可见，竹林玄学的"自然"作为本体，是有空虚性的。这表明，这种"自然"本体只是过渡性的，不是也不能是魏晋玄学所要求的本体论。

那么，魏晋玄学要求着什么样的本体论呢？一句话，这个本体论必须要来解决和整合王弼"无"本论中抽象与具体的矛盾。如果说竹林玄学的"自然"论将"无"本论中的抽象性一维推到了极端而使其得到了展开和落实的话，那么接下来就得逻辑地承接"无"本论中具体性的一维，也要使这一维得到展开和落实。这，就是元康时期裴頠的"有"本论。

（三）裴頠的"有"论

1.西晋社会的政治和思想形势与裴頠对名教的维护

魏元帝景元三年（262年）嵇康被杀，景元四年阮籍卒，这标志着竹林玄学的势头已去。到裴頠讲"有"本论时已到西晋惠帝（公元290—306在位）朝了。这就引出了两个问题：一是从魏元帝曹奂景元末年（"景元"共五年，即260—264年）到西晋惠帝元康（"元康"共九年，即291—299年）时期这段时间内玄学思想是如何存在和表现的？二是裴頠为什么要提倡"有"本论？这一点我们在前面说过，即"有"本论的出现是为了逻辑地承接王弼"无"本论中所内蕴的具体性一维。这是从魏晋玄学演化的逻辑角度来讲的。那么，诱发玄学之逻辑演化的时代机缘何在呢？所以，现在要谈裴頠的"有"本论，还得先对西晋时期的社会政治和思想形势作以说明。

魏元帝咸熙二年（265年），司马昭的长子司马炎受魏禅而登大宝，西晋始。到西晋武帝咸宁六年（280年）灭吴后，实现了全国大一统，西晋社会表现出了形式上的鼎兴。但西晋社会的统治基础是门阀士族。门阀士族产生于东汉后期,但其政治作用的表现却在西晋和南北朝时期。曹操和曹丕父子创立的"九品中正制"到西晋时被法律化,门阀士族的身份得到了法律保护,使其有了进一步的发展。在经济上,西晋实行的是按官品占田法和荫亲法;到晋惠帝元康时期,这种占田制和荫亲制迅速膨胀起来,土地兼并之风日盛。例如,惠帝时已为司徒的那个王戎,就"广收八方田园水碓,周遍天下"(《晋书·王戎传》)。与这种占田制和荫亲制相一致,西晋实行皇族子弟的分封制和职官制。从中央到地方,有受封的诸王,朝设八公、九卿、三十五曹,并各置属官掾吏;地方有都督、刺史、军属、台辅、宿卫,形成了一个颇为庞大的以门阀士族为中枢的官僚体制。这种官僚体制就是西晋社会的政治结构,它对西晋社会的政治形势有重要影响。

以门阀士族为社会统治基础的西晋统治集团,首先的表现是腐朽享乐。西晋立国后,门阀士族统治集团日益贪婪和奢侈,腐化之风日盛。比如说,作为西晋统治集团首领的晋武帝,就是个极为纵欲之人。《晋书·武元杨皇后传》说:"泰始中,帝博选良家以充后宫。先下书禁天下嫁娶,使宦者乘使车,给驺骑,驰传州郡,召充选者使后拣择。"《晋书·后妃传·胡贵嫔传》说:"泰始九年(273年),帝多简良家子女以充内职,自择其美者以绛纱系臂。……时帝多内宠,平吴之后复纳孙皓宫人数千,自此掖庭殆将万人。而并宠者甚众,帝莫知所适,常乘羊车,恣其所之,至便宴寝。宫人乃取竹叶插户,以盐汁洒地,而引帝车。"《宋书·五行志二》说:"(泰始九年)采择卿校诸葛冲等女,是春五十余人入殿简选,又取小将吏女数十人,母子号哭于宫中,声闻于外,行人悲酸。"皇帝本人尚如此纵欲享乐,世族贵胄岂能清廉自守?于是,西晋社会造成了一种追求享乐的世风。例如,《世说新语·汰侈》说:"石崇厕常有十余婢侍列,皆丽服藻饰,置甲煎粉,沉香汁之属,无不毕备。又与新衣,箸令出,客多羞,不能入厕。王大将军(敦)往脱故衣,箸新衣,神色傲然。"又说:"武帝常降王武子(济)家,武子供馔并用瑠璃器,婢子百余人皆绫罗袴,以手擎饮食。烝豚肥美,异于常味,帝怪而问之,答曰:'以人乳饮豚。'帝甚不平,食未毕便去。"又说:"王君夫(恺)以饴糒澳釜,石季伦(崇)用蜡烛作炊。君夫作紫丝布步障,碧绫里,四十里。石崇作锦步障五十里以敌之。石以椒为泥,王以赤石脂泥壁。"又说:"石崇与王恺争豪,并穷绮丽,以饰舆服。武帝,恺之舅也,每助恺,尝以一珊瑚树高二尺许赐恺,枝柯扶疏,世罕其比。恺以示崇,崇视讫,以铁如意击之,应手而碎。恺既惋惜,又以为疾己之宝,声色甚厉。崇曰:'不足恨,今还卿。'乃命左右悉取珊瑚树,有三尺、四尺条干绝世,光采(彩)溢目者六七枚,如恺许比甚众。恺惘然自失。"从《世说新语》的这几则记载,可见西晋门阀士族腐朽享乐之一斑。

西晋统治集团的第二种表现就是腐败的吏制。门阀士族追求享乐的世风,极大地影响了西晋社会的吏制。西晋的官僚机构庞大,官属繁多。有位生活于西晋中后期的王沉,在其《释时论》中说:

> 百辟君子,奕世相生,公门有公,卿门有卿。指秃腐骨,不简蚩儜。多士半于贵族,爵命不出闺庭。……心以利倾,智以势惛,姻党相扇,毁誉交纷。当局迷于所受,听采惑于所闻。京邑翼翼,群士千亿,奔集势门,求官买职,童仆窥其车乘,阍寺相其服饰,亲客阴参于靖室,疏宾徒步倚于门侧。时因接见,矜厉容色,心怀内荏,外诈刚直,谭道义谓之俗生,论政刑以为鄙极。高会曲宴,惟言迁除消息,官无大小,问是谁力。(《晋书·文苑传·王沉传》)

这真是一个宠大、臃肿、冗浮的官僚机构。这种官僚机构被编织在门阀士族的关系网中,"姻党相扇,毁誉交纷";"群士千亿,奔集势门","求官买职"而"官无大小,问是谁力"。西晋社会吏制之腐败可想而知。

还有更为腐败和厉害的,就是西晋统治集团的第三种表现,即疯狂的权力争夺。晋武帝为了强化统治和监督异姓功臣及吴、蜀地主,曾大封宗室为王,并允许王国置军,取消了州郡武备;他还陆续用诸王来统率中央兵马镇守要害。晋武帝的这种作法为尔后西晋社会的动荡埋下了严重隐患。太熙元年(290年)四月,晋武帝司马炎卒,炎第二子司马衷继位,是为晋惠帝。但晋惠帝天生痴呆,故朝政由皇后贾氏和惠帝外祖杨骏把持。元康元年(291年)贾后杀杨骏,征汝南王司马亮辅政,遂即开始了汝南王司马亮、楚王司马玮、赵王司马伦、齐王司马冏、成都王司马颖、河间王司马颙、长沙王司马乂、东海王司马越八王之间的相互攻杀,直到光熙元年(306年)司马越毒死晋惠帝而立怀帝,长达十六年的"八王之乱"才告结束。但这时西晋社会的元气因八王之乱的内耗而大伤,不久又是外族入侵的"永嘉之乱",西晋王朝在内忧外患的打击下灭亡了。

以门阀士族为统治基础的西晋社会的腐化世风和腐败政治,反映、折射在思想领域,就是在惠帝元康时期扇起的放达之风。《文选·晋纪总论》注引《晋阳秋》说:"太康以来,天下共尚无为,贵谈老庄,少有说事。"《晋书·应詹传》有东晋人应詹的上疏,说:"元康以来,贱经尚道,以玄虚宏放为夷达,以儒术清俭为鄙俗。永嘉之弊,未必不由此也。"《世说新语·德行》说:"王平子(澄)、胡毋彦国(辅之)诸人,皆以任放为达,或有裸体者。"该条下注引王隐《晋书》说:"魏末阮籍嗜酒荒放,露头散发,裸袒箕踞。其后,贵游子弟阮瞻、王澄、谢鲲、胡毋辅之之徒,皆祖述于籍,谓得大道之本。故去巾帻,脱衣服,露丑恶,同禽兽;甚者,名之为通,次者,名之为达也。"这些说的就是元康放达派的狂放行为和做法。这是竹林玄学的末流,将竹林七贤中嵇康、阮籍为抒发内心苦愤而以行为的放达来表现的方式世俗化和庸俗化,它为达而达,王澄、谢鲲、胡毋辅之、阮瞻诸人的所作所为就是如此。概括言,元康放达派的"作达"行为主要表现在三个方面:一是纵酒。王澄、胡毋辅之、谢鲲等都时时以纵酒为乐,"酣宴纵诞,穷欢极娱"(《晋书·王澄传》)。"昼夜酣饮,不视郡事"(《晋书·胡毋辅之传》)。有个叫毕卓的人,就经常与胡毋辅之、谢鲲等豪饮。《世说新语·任诞》载:"毕茂世(卓)云:'一手持蟹螯,一手持酒杯,拍浮酒池中,便足了一生。'"该条下注引《晋中兴书》曰:"毕卓字茂世,新蔡人。少傲达,为胡毋辅之所知。太兴末为吏部郎,尝饮酒废职。比舍郎酿酒熟,卓因醉,夜至其瓮间取饮之。主者谓是盗,执而缚之,知为吏部郎也,释之。卓遂引主人宴瓮侧,取醉而去。"这个故事在《晋书·毕卓传》中亦有。有个名叫王恭(字孝伯)的人就说:"名士不必须奇才,但使常得无事痛饮酒,熟读《离骚》,便可称名士。"(《世说新语·任诞》)二是率性。元康放达派的这些人从小就有几分放荡不羁的个性品质,再受当时世风的熏染,故长成后多有骇俗之举。例如,王澄(字平子)为荆州刺史前往赴任时,"送者倾朝。澄见树上鹊巢,便脱衣上树,探觳而弄之,神气萧然,傍若无人。"(《晋书·王澄传》)这则故事在《世说新语·简傲》中亦有。王澄之举确有几分潇洒,但也未免太过分了。三是溺色。元康放达派们多沉湎于色。比如谢鲲(字幼舆),"邻家高氏女有美色,鲲尝挑之,女投梭折其两齿。时人为之语曰:'任达不已,幼舆折齿。'鲲闻之,傲然长啸曰:'犹不废我啸。'"(《晋书·谢鲲传》)《晋书·五行志》说:"惠帝元康中,贵游子弟相与为散发裸身之饮,对弄婢妾,逆之者伤好,非之者负饥,希世之士耻不与焉。"这种"对弄婢妾"的做法就有伤风化了。东晋的葛洪在《抱朴子·外篇·疾谬》中对西晋时溺色的情况有所说明和批评,指出:"俦类饮会,或蹲或踞,暑夏之月,露首袒体,盛务唯在樗蒲弹棋,所论极于声色之间,举口不逾绮襦纨袴之侧,游步不去势利酒家之门,不闻清谈论道之言,专以丑辞嘲弄为先,以如此者为高远,以不尔者为骏野。"又写当时闺房内的情形,说:"而今俗妇人,休其蚕织之业,废其玄纮之务,……承星举火,不已于行,多将侍从,曤晔盈路,婢使吏卒,错杂如市,寻道褒谲,可憎可恶。或宿于他门,或冒夜而返,游戏佛寺。观视渔畋,登高临水,出境庆吊,开车褰帏,周章城邑,怀觞路酌,弦歌行奏,转相高尚,习非成俗,生致因缘,无所不肯,诲淫之源,不急之甚。刑于寡妻,家邦乃正,愿诸君子,少可禁绝,妇无外事,所以防微矣。"又说:"入他堂室,观人妇女,指玷修短,评论美丑,……或有不通主人,便共突前,严饰未办,不复窥听,犯门折关,逾垝穿隙,有似抄劫之至也。其或妾媵藏避不及,至搜索隐僻,就而引曳,亦怪事也。"这些都说到西晋时的放诞之风。

这种违背礼教,不顾廉耻的狂放之风,显然已危害到西晋社会的正常运转,这种不正之风当然要纠正。裴頠就是站出来纠正狂放之风以维护名教的人。他作《崇有论》的直接动机和目的就在于此。《晋书·裴頠传》说:"頠深患时俗放荡,不尊儒术,……乃著《崇有》之论,以释其敝。"《世说新语·文学》注引《晋诸公赞》说:"頠疾世俗尚虚无之理,故著《崇有》二论以折之。"《三国志·魏书·裴潜传》注引《惠帝起居注》说:"頠理甚渊博,赡于论难,著《崇有》、《贵无》二论,以矫虚诞之弊,文辞精富,为世名论。"这说明,裴頠深患当时的虚诞之风对社会秩序的危害,才著《崇有论》以矫之。但裴頠所著的《崇有论》有几篇?是一篇还是两篇?如果是两篇,这两篇都叫《崇有论》呢,还是分别叫《崇有》、《贵无》之论? 这里涉及到学术史上的一桩公案,这里暂不作考辨。在此只是指出,裴頠作《崇有论》的直接目的是为了矫正竹林玄学末流的虚诞之风。那么,他是如何来矫正的呢?

2.裴頠的"有"论

裴頠的《崇有论》载《晋书·裴頠传》中,全文共 1300 余字,分为五段。其中的第一、五段论述了"有"本论思想,而第二、三、四段分析了玄学贵"无"论产生的原委及其所产生的社会危害。第二段说,人生是有欲望的,但欲望过度的话则是有害的。有人正是针对这一点,"而睹简损之善,遂阐贵无之议,而建贱有之论。"其结果是"贱有则必外形,外形则必遗制,遗制则必忽防,忽防则必忘礼。礼制弗存,则无以为政矣"。第三段指出,人的过度欲求可以减损,但却不能彻底不要欲求;过度的用度要节制,但却不能没有用度。而一些人却走向极端,"深列有形之故,盛称空无之美",于是"辩巧之文可悦,似象之言足惑,众听眩焉,溺其成说",遂使"贵无"之说传播开来,"是以立言藉于虚无,谓之玄妙;处官不亲所司,谓之雅远;奉身散其廉操,谓之旷达;故砥砺之风弥以陵迟。……其甚者至于裸裎",造成了严重有害的社会影响。第四段指出,贵无论的思想滥觞是《老子》。而《老子》一书"表擿秽杂之弊,甄举静一之义,有以令人释然自夷,合于《易》之损、谦、艮、节之旨"。但《老子》讲"有生于无"、"以虚为主",这是"偏立一家之辞",就不对了。而后世竟将《老子》之"有生于无"的"一方之言"信为"至理","以无为宗",遂助长了"无"论的发展。虽有后世的"先贤达识"者"以非所滞",批评过《老子》的"有生于无"思想,但因"未之深论"而未能根除其影响。裴頠在此提到荀子、扬雄、班固三人。班固写过《难庄论》,批判过老庄思想,但却未能使人折服。荀子在《天论》中说:"老子有见于屈,无见于信";扬雄在《法言·问道》中说"老子之言道德,吾有取焉耳",他们对《老子》之说在"抑之"的同时又赞之,这就使《老子》之言"日以广衍",越来越盛了。裴頠说,他写《崇有论》的目的是为了"崇济先典,扶明大业,有益于时",要为当时的社会服务。

如果说《崇有论》的第二、三、四段旨在破《老子》的"无"说以及王弼"无"本论思想影响的话,那么该文的第一、五段则在于正面阐说"有"本论思想。但这两段在立"有"本论的宗旨下又有不同的思想重心。下面我们先看第一段的思想。《崇有论》第一段说：

> 夫总混群本，宗极之道也。方以族异，庶类之品也。形象著分，有生之体也。化感错综，理迹之原也。夫品而为族，则所禀则偏；偏无自足，故凭乎外资。是以生而可寻，所谓理也；理之所体，所谓有也；有之所须，所谓资也；资有攸合，所谓宜也；择乎厥宜，所谓情也。识智既授，虽出处异业，默语殊涂，所以宝生存宜，其情一也。众理并而无害，故贵贱形焉。失得由乎所接，故吉凶兆焉。是以贤人君子，知欲不可绝而交物有会。观乎往复，稽中定务。惟夫用天之道，分地之利，躬其力任，劳而后飨。居以仁顺，守以恭俭，率以忠信，行以敬让，志无盈求，事无过用，乃可济乎。故大建厥极，绥理群生，训物垂范，于是乎在，斯则圣人为政之由也。

这一段阐发的是"有"本论思想。这里主要讲了两个问题：一是以"有"为本。"夫总混群本，宗极之道也"，这是《崇有论》开宗明义的第一句，正是裴頠"有"本论的思想总纲，即总括万有之根本，就是最高的"道"。很明显，这里的"有"不是关于有的一般或对众有的抽象，而正是众有、群有，即具体之有。在裴頠看来，这形形色色，千差万别的存在者，即众有，就是最高、最大的"道"。裴頠玄学的立足点明确在具体存在上。以众有之有作为"宗极之道"，这当然可以。但问题在于，这种"道"是如何存在的，也就是众有是如何存在的、如何有的？这就涉及到这一段所讲的第二个问题，即众有的每个有都是"凭乎外资"的。我们在导论中说过，假如世上只仅仅有一个存在者的话，这个仅有的存在者是绝不能存在的！这个存在者要能现实存在的话，就必须要有一他物存在，即这个存在者与他个存在者共同存在，这时的这两个存在者就是互为存在的前提条件，因此各自才可现实地存在。现实世界中的众有之间正是如此。每个有(存在者)有自己质的规定性，这种质性保证了这个有"有什么"或"是什么"，而不能保证它"有一切"或"是一切"，这就是每个有的"偏"。正因为这种"偏"，才要求和保证了一有与他有相依赖、相结合的可能性和必要性；一有与他有相依存、相关联，这就构成了一个存在构架,这就是物物之关系。裴頠说此为"夫品而为族,则所禀者偏,偏无自足,故凭乎外资"。有了这个"凭乎外资"的"资",世上的众有就都能有,都能存在了。裴頠在此还具体讲到了如何来把握众有之"资"的问题,这就是在"化感错综"中以求事物存在之"理"。

可见,裴頠的《崇有论》在魏晋玄学思想发展中的重要贡献就在于将玄学沉思的方向由抽象导向了具体,即他所讲的存在就是众有的存在,是每个具体的有;而这个众有之能有的前提条件就是"凭乎外资",即一有与他有组成一个相互关联的存在构架。这就是裴頠"有"本论的基本思想。裴頠"有"论的最大思想贡献就在于:解决了众有如何有的问题,这就是一有与他有的并存所构成的存在构架。揭示了众有的存在构架,就理论性地解决了众有如何能有、能存在的问题,这才能将由王弼"无"论所开创的正始玄学的发展方向扭转到现实世界的具体存在上。魏晋玄学作为"新道家",王弼的"无"论是一新,裴頠的这个"有"论是又一新。

3.裴頠"有"本体的功能性及其与郭象玄学的靠近

裴頠的"有"是众有,即指每个个体存在者;这种众有之间是相互资借的,即它们组成了一个相互关系的系统或构架。这种理论近乎常识,裴頠为什么要讲它呢? 讲这种理论又有何用呢? 它为什么能构成魏晋玄学发展中的一个环节呢? 仅仅是由于"有"是与"无"相对立的范畴吗? 有此方面的因素,但这肯定不是主要原因。裴頠之所以讲众有之"有",这一方面是魏晋玄学逻辑演化的要求,即它将王弼"无"本论中所潜涵的抽象与具体的矛盾的具体性方面得以展开和落实了,故它与竹林玄学的"自然"论有异曲同工之妙。另外,裴頠不只是简单地肯定了众有之"有",他还分析、阐明了众有是如何有的问题,于是就建立了众有之有的"有"本论玄学。

但裴頠的《崇有论》讲"有"本体不只是讲到此为止,更重要的是它还讲到另一个思想,这就是他的"自生"说。这是《崇有论》第五段讲的,我们先将此段引出:

　　夫至无者无以能生,故始生者自生也。自生而必体有,则有遗而生亏矣。生以有为己分,则虚无是有之所遗者也。故养既化之有,非无用之所能全也；理既有之众，非无为之所能循也。心非事也，而制事必由于心，然不可以制事以非事，谓心为无也。匠非器也，而制器必须于匠，然不可以制器以非器，谓匠非有也。是以欲收重泉之鳞，非偃息之所能获也；陨高墉之禽，非静拱之所能捷也；审投弦饵之用，非无知之所能览也。由此而观，济有者皆有也，虚无奚益于己有之群生哉？

这一段讲到两个重要思想。一是讲到"至无"、"虚无"。所谓"至无"、"虚无"就是绝对的无、纯粹的无，也就是零或没有。当裴頠讲这样的无时，这个无已与王弼的"无"相去有间了；虽然是"无"的形式，但已不是王弼"无"本论的内容，实际上是竹林玄学"越名教而任自然"的"自然"论内容了。我们前面说过，当竹林清音要抛开"名教"而纯任"自然"时，这种"自然"虽有境界之形式，表现的是人的绝对无待的精神自由，但却没有境界之内容，即将人的精神自由完全推到了空虚的极端，这时的精神看起来很是自由、缥缈，但实则是孤魂游荡，这在哲学性质上正好就是"至无"、"虚无"。裴頠在这里讲"至无者无以能生"，不管他自觉与否，他的确揭明了不与具体有相结合的、纯粹抽象的"无"是没有意义的，是不能作本体的。裴頠讲出这一点，明显是对玄学思想有贡献的。

这一段的另一个重要思想就是讲到"始生者自生也"的"自生"。裴頠不是在《崇有论》的第一段中讲"偏无自足，故凭乎外资"的"凭"和"资"吗，有"凭"、"资"就有他者在，这是不会有"自生"的，那为什么在这里讲起了"自生"呢？这种众有间的"资"与众有各自的"自生"之间到底有何关联呢？"自生"说究竟有什么作用和价值呢？我们在这里先就"自生"的思想说明两点：一是这一思想并非裴頠首次提出，竹林七贤中的向秀就有"自生"、"自化"说，但在向秀处是偏向于王弼"无"论的；二是裴頠讲"自生"，并没有直接与其"有"本论联系起来，而是相对于"至无"来说的，他认为绝对的无是空虚的，是无法生成万物的，所以万物之生一开始就是"自生"的，即生不由"无"而由自己矣。但众有的有为什么就能生由自己呢？对于这个很有哲学理论意义的、直接涉及到"有"本论本质的问题，裴頠在此却未能加以阐发，他在第五段中只是反复强调不论是建构思想理论还是做事，均要以"有"为依据，突出了"有"的重要性而已，这不能不说是个理论上的缺憾。但这个缺憾则由郭象玄学补上了，也恰为郭象玄学留下了发挥的余地。这一点从郭象的"独化"论就可看出。

我们这里需对裴頠"自生"说应有的本体论意义作以解析。当裴頠讲"偏无自足，故凭乎外资"时，显然是不能谈"自生"的。但现在却在讲"自生"，为什么？就是说，"资"与"自生"有何联系？如何从"资（外资）"过渡到"自生"？这里的关键是涉及到存在的外构架向内构架的转化问题。因为，当众有在"资"着时，一有与他有就构成了相互的关系和作用；正是在众有的相互关系和作用中，众有的每一个有就将一有与他有间的那种"资"的外存在条件或外存在构架内化进了自身中，即在每个有自身中建构起了一内存在构架，这就是每个有的内在本性。每个有自身的内在构架或本性是什么呢？从存在论的视角来讲，就是"有"与"无"的统一，即"有、无"性。有了这个"有"性，天地万物的每个存在者都能有和要有，故都能得以现实存在；但存在者不能只有"有"这一种性质或存在性，因为这样的话它就会永远地有下去，想要有些许的变化是根本不可能的，若如此的话每个存在者就都是死的，所以在存在者有"有"性的同时它又要有"无"性。有了"无"性，每个有就要由有向无转化，即由存在向非存在转化，于是才会有事物的变化与发展。但存在者不能只有"无"性，因为如此以来它就会一无到底而变为虚无或空无了，所以在存在者有"无"性的同时它又要有"有"性。可见，每个有在"有"时有"无"，在"无"时有"有"，有无相生而生生不息，故这个"有、无"性正是每个有的内性或内构架。正是在此内存在构架的作用下，才会有和能有每个有的"自生"。这个"自生"就是真正的"有"本体。"有"本体到了这里，已超出了裴頠"有"本论的范围，而到了郭象的"独化"论了。

尽管裴頠自己未能将"有"本论与"自生"论内在地联系起来加以引申、发挥，但他既然讲到"自生"，这就使得其"有"本论得到了落实，这种落实显然是功能性的，即在每个有的"有"中以"不见其事而见其功"（荀子语）的方式来体现和展现的。因为裴頠讲的"有"是"总混群本"的众有，而不是抽象的纯"有"，故这种"有"就不可能像王弼的"无"那样抽象地存在。裴頠的"有"只是将内化进其本身的"有、无"性在其存在过程中功能式地展现之。但裴頠这种"日用而不知"的"自生"说所表现的"有"本体的功能性，正好为郭象的"独化"论作了极有利的思想铺垫。

（四）郭象的"独化"论

郭象是魏晋玄学思想的集大成者。关于他的生平事迹，《晋书·郭象传》记得很简略。现根据《世说新语》的《文学》、《赏誉》等篇，以及《晋书》的《郭象传》、《向秀传》、《庾敳传》、《苟晞传》等材料，我们大体可以知道：一、郭象为河南人。南朝梁皇侃在《论语义疏》中说郭象为颍川人；唐陆德明在《经典释文序录》中说郭象为河内人。颍川和河内均在河南，但郭象具体为何地人则不可考了。二、郭象卒于永嘉末。永嘉为西晋怀帝年号，时为307—313年，其实怀帝正式在位六年，即到312年。故现今人们将郭象的卒年确定为永嘉六年(312年)。按郭象大概活了一个甲子算，他的生年当在魏齐王曹芳嘉平四年(252年)。三、郭象辩才出众，声誉很高，人称"王弼之亚"(《世说新语·文学》注引《文士传》)，"能清言"(《晋书·郭象传》)，"语议如悬河泻水，注而不竭"(《世说新语·赏誉》)，尤其是"作《庄子注》，最有清辞遒旨"(《世说新语·文学》注引《文士传》)。他起码是魏晋玄学史上的一个大家。四、以惠帝朝为标志，郭象的一生可分为前、后两个阶段。西晋惠帝即位于太熙元年(290年)，这时的郭象大约38岁。在此前，他"常闲居，以文论自娱"，"州郡辟召，不就"(《晋书·郭象传》)，过的是隐居生活。38岁以后，他出仕为官，为司徒掾、黄门侍郎等，后来为东海王司马越主簿，且"操弄天权，刑赏由己"(《晋书·苟晞传》)，"任职当权，熏灼内外，由是素论去之"(《晋书·郭象传》)，名声不佳。郭象作《庄子注》，大概就在此段时期。今本《庄子注》究竟为向秀作还是郭象作，《晋书》的《向秀传》和《郭象传》有不同的说法。现在较多人认为，今本《庄子注》是郭象在向秀注的基础上"述而广之"(《晋书·向秀传》)的结果①。郭象的大多数

---

① 关于今本《庄子注》的著者归属问题，历来是玄学史上的一桩公案。笔者在《有无之辨——魏晋玄学本体思想再解读》(人民出版社2003年版)、《魏晋玄学》(人民出版社2008年版)拙作中有考辨，可参考。

著作已佚,故今本《庄子注》是了解郭象玄学思想的极重要材料。

关于郭象的"独化"论玄学思想,我们拟讲下列问题:

1.郭象对本体问题的自觉运思

究竟以什么作为天地万物的存在本体? 郭象之前已经有了"无"、"自然"、"有"这些本体,那么这些东西真的能作本体吗? 郭象在注《庄子》时对此作了认真的沉思。他指出:

> 无既无矣,则不能生有;有之未生,又不能为生。然则生生者谁哉? 块然而自生耳。自生耳,非我生也。我既不能生物,物亦不能生我,则我自然矣。自己而然,则谓之天然。天然耳,非为也,故以天言之。(《庄子·齐物论注》)

> 世或谓罔两待景,景待形,形待造物者。请问:夫造物者,有邪? 无邪? 无也,则胡能造物哉? 有也,则不足以物众形。故明众形之自物,而后始可与言造物耳。是以涉有物之域,虽复罔两,未有不独化于玄冥者也。故造物者无主而物各自造。物各自造而无所待焉,此天地之正也。(同上)

> 谁得先物者乎哉? 吾以阴阳为先物。而阴阳者即所谓物耳。谁又先阴阳者乎? 吾以自然为先之。而自然即物之自尔耳。吾以至道为先之矣。而至道者乃至无也,既以无矣,又奚为先? 然则先物者谁乎哉? 而犹有物,无已。明物之自然,非有使然也。(《庄子·知北游注》)

天地万物究竟有没有个"先物者"? 如果说有,这个"先物者"是什么? 或者换言之,究竟什么东西能充任这个"先物者"? 如果说这个"先物者"为阴阳,阴阳也是物;"谁又先阴阳者乎?"如果以"自然"为阴阳之先的存在,那么"自然"只不过谓物之自然而然或天然耳,它仍表示的是物,何来"先"之有? 那就以"至道"为先吧,但"至道"就是"至无"呀,既然是"至无",又怎么能作为物之存在的"先"呢? 这样追究了一番以后,郭象对他以前的玄学家所孜孜以求的"无"和"有"问题,即究竟是以"无"为本体还是以"有"为本体的问题,作了认真的思索。

在他看来,"无既无矣,则不能生有","无也,则胡能造物哉?"这是说,"无"就是没有,就是零,就是不存在;既如此,它何以能生出天地万物的有呢? 岂不谬哉! 可以看出,郭象这里所说的"无"虽然是王弼的"以'无'为本"的"无"形式,但实际上已与王弼的"无"本相去有间了。我们前面说过,王弼的"无",或正始玄学讲的本"无",实则是对老子"道"的抽象性、一般性的哲学性质的界定和指谓,故其"以'无'为本"实际上就是以"道"为本。所以,王弼的"无"不是那种绝对的"至无"、"虚无"。而郭象这里所说的"无既无矣,则不能生有"的"无"就是"至无"、"虚无",这种"无"就是裴頠讲的那种"无",也就是经竹林玄学的纯任"自然"而任出的纯粹缥缈的精神自由的"无"。这种"无"实则已与作为天地万物的有或众有没有关系了,它当然不可能生出天地万物的有。在这里,郭象对他以前的整个玄学的"无"本论——从王弼的"无"到被竹林玄学的"自然"论极端化了的"无"——作了考察和总结,其结果就是这种"至无"、"虚无"的"无"是不可以充当本体的。这实际上表明,单独的或单纯的"无"是不能作本体的。

"无"不能作本体,那么"有"呢,它能作本体吗? 郭象认为也不行,因为"有之未生,又不能为生","有也,则不足以物众形"。就是说,"有"如果作为本体,那它就要能生和要生别的东西。但这样以来就出现一个问题,即如果它能生别的东西,那它自己就一定是被别的东西生出的,如果它不是和不能被别的东西生出,它就不可能去生别的东西。然而,本体之为本体,恰恰要求不是和不能是由别的什么东西生出的,它就是它自己,是自本自根的存在。不能和不是由别的东西生出的,但却能去和要去生别的东西,这何以可能呢? 所以郭象才说"有之未生,又不能为生"。再说,当说到"有"时,往往是指具体的有,即众有。众有是有形有状有象的有,一个有与别个有是有明显区别的,一有怎么可能将众有统一起来呢? 故有是"不足以物众形"的。在这里,郭象明显是接着裴頠的众有之"有"讲的。这就考察和总结了魏晋玄学中的"有"本论,即单纯的"有"也不足以作本体。

单纯的"无"不能作本体,单纯的"有"也不能作本体,那么什么才是天地万物存在的本体呢? 郭象虽然在此明确地运思这个问题,但他却感觉到解决这个问题的理论难度。在当时条件下他不可能通过解析王弼的"无"

本论以发现"有"——"无"——"变"的逻辑体系，以建构起一个类似于19世纪初黑格尔所建立的"绝对精神"之逻辑推演的本体论体系。于是，郭象就折回到了事物之存在的现象界，在考察了"生生者谁哉"的问题后，他以一种无可奈何的心境反复说：事物都是"块然而自生耳"，"我既不能生物，物亦不能生我，则我自然矣"，"明物之自然，非有使然也"，"故明众形之自物，而后始可与言造物耳"，等等。这就是说，天地万物的一切存在都如其所是、如此这般地存在着，它们的所是就是其所以是，所然就是其所以然，这就是自然、自生、自尔、自是之谓。郭象用一个专门的玄学概念来指谓天地万物之"自然"的存在性质和状态，这就是他的"独化"说，即"是以涉有物之域，虽复罔两，未有不独化于玄冥者也。""玄冥"，唐成玄英《庄子·大宗师疏》曰："玄者，深远之名也；冥者，幽寂之称。"玄冥即指一种深幽寂静貌，这是用来形容事物"独化"状态的。即天地间的每个存在者都自然而然地那样子存在着并发展变化着，但每一存在者的这种存在及变化并不简单，而是一种深远幽寂的神妙之态。

那么，郭象所讲的"独化"到底有何玄学意义？它又有何"玄冥"之处呢？

2.郭象的"独化"论

郭象"独化"论是一种玄学本体论。郭象"独化"论的提出，明显是针对他以前的"无"本论和"有"本论而发的。他的目的就是要用"独化"论来代替以前的"无"、"有"这些本体理论。那么，郭象的"独化"论是如何来代替它们的呢？这里可以厘析出郭象"独化"论思想的运思三步曲。

第一步：确定或确立天地万物的现实存在。就是说，郭象与裴頠一样，明确肯定天地万物是有而不是无。他说：

> 言天地常存，乃无未有之时。（《庄子·知北游注》。下引只注篇名）
>
> 非唯无不得化而为有也，有亦不得化而为无矣。是以夫有之为物，虽千变万化，而不得一为无也。不得一为无，故自古无未有之时而常存也。（《知北游注》）

一无有则遂无矣。无者遂无，则有自生，明矣。（《庚桑楚注》）

殊气自有，故能常有。若本无之，而由天赐，则有时而废。（《则阳注》）

夫有不得变而为无。故一受成形，则化尽无期也。（《田子方注》）

初未有而有。故游于物初，然后明有物之不为而自有也。（同上）

自天地以及群物，皆各自得而已，不兼他饰，斯非主之以太一耶！（《天下注》）

夫无有何以能建？建之以常无有，则明有物之自建也。（同上）

郭象肯定，天地万物都是有，是存在，它们不是也不能是无，"夫有不得变而为无"，"夫有之为物，虽千变万化，而不得一为无也"。郭象认为，有与无是根本不同的东西，"非唯无不得化而为有也，有亦不得化而为无矣"，有就是有，它不会也不可能变而为无。这里可以明显看出，郭象所肯定的有，与裴頠的"夫总混群本，宗极之道也"的以"群有"、"众有"为出发点的玄学方向是一致的，他们都是从天地万物的现实存在开始的。可以说，郭象正是接着裴頠的"有"本论来讲的。那么，郭象接着裴頠讲出了些什么思想呢？

第二步："夫相因之功，莫若独化之至也。"在这一点上，郭象与裴頠的致思方向也是一致的，但郭象比裴頠认识得明确和深刻，明显是将裴頠的"夫品而为族，则所禀者偏，偏无自足，故凭乎外资"（《崇有论》）的"资"的思想明确和深化了，这就是郭象的"相因"说。

关于"相因"的"因"字，《说文·口部》说："因，就也。从口、大。"清段玉裁注曰："'就'下曰：'就，高也。'为高必因丘陵，为大必就基阯。故因从口大，就其区域而扩充之也。"即"因"就是依靠、依赖、凭借的意思。所谓"相因"，就是指相互凭借和依赖。究竟是什么相互凭借和依赖呢？郭象这里当然说的是天地万物的存在问题，即众有、群有是如何有的问题。郭象在此说，"夫相因之功，莫若独化之至也"（《大宗师注》），是说事物间"相因"的最大、最高、最后的功用、功能、功效就是达到"独化"的存在状态；换言之，事物存在的"独化"状态是以"相因"为前提条件的，"相因"的结果才是和才能是"独化"。这样讲到底为了说明和说明了什么问题呢？前面我们讲裴頠的"凭乎外资"的"资"问题时已说过,世上的每个有的确是有着、在着,但倘若世上只仅仅有一个有的话这个仅有的有就不会和不能有了;一个有为了能有和要有,必须在它之外要有一他有,一有依赖、凭借于它之外的他有方能有,当然他有此时也是依赖于一有而有的,这种一有与他有的同时并存就是一种存在构架,每一有正是在也只能在这种构架中有着。裴頠从每个有之有的状态出发,称一有与他有同存共在的这种构架为"资"。郭象则直接转到了一有与他有之共有的构架本身,这种构架就是"相因"。很明显,正因为有这种"相因"的构架存在,故才有天地万物的每个有之有。郭象说:

> 夫相因之功,莫若独化之至也。故人之所因者天也,天之所生者独化也。人皆以天为父,故昼夜之变,寒暑之节,犹不敢恶,随天安之。况乎卓尔独化,至于玄冥之境,又安得而不任之哉? (《大宗师注》)

这是说,一有与他有之"相因"的功效和结果才是"独化",即才有每个有自己是自己的"独"的存在状态和这种状态的变化。假如没有有与有间的这种"相因",每个有都就不能现实地有,所以也就没有了有之存在的"独"的状态,更遑论其变化了。可见,郭象在此明确为天地万物的存在找到了一个存在构架。由于这个存在构架是关于一有与他有之间的相依赖和依存关系,故可称为事物之存在的外构架,"相因"乃天地万物之存在的外存在构架。

郭象在不少地方,以近乎辩证法关于相互联系和作用的思想,阐发了事物间的这种"相因"性。如他说:

> 故天地万物凡所有者,不可一日而相无也。一物不具,则生者无由得生;一理不至,则天年无缘得终。(《大宗师注》)
>
> 天地阴阳,对生也;是非治乱,互有也,将奚去哉? (《秋水注》)
>
> 天下莫不相与为彼我,而彼我皆欲自为,斯东西之相反也。然彼我相与为唇齿,唇齿者未尝相为,而唇亡则齿寒。故彼之自为,济我之功

> 弘矣，斯相反而不可以相无者也。(《秋水注》)
>
> 夫竭唇非以寒齿而齿寒，鲁酒薄非以围邯郸而邯郸围，圣人生非以起大盗而大盗起，此自然相生，必至之势也。(《胠箧注》)

这是说，天地间的万事万物皆是相互依存、依赖的和相互作用、影响的。如果没有别物的存在而仅有一物的话，这个一物当然就没有依存和影响了，它因此也就不能存在了。大千世界本来就是一个相因、相依的关系网，这乃事物之存在的构架。众有之有的每一有都在这种存在构架中有着、在着，别无例外。

第三步："故彼我相因，形景俱生，虽复玄合，而非待也。明斯理也，将使万物各反其所宗于体中而不待乎外。"上已指出，虽然现实世界中众有之每个有都有着、在着，但要真正把握住这种有却不可只看到其有着、在着的状态，而要从构成这种有之有的条件入手，此条件就是"相因"。现在，如果从"相因"出发来考察天地万物的存在情况，就会得到相应的两种存在结果：一是外在的，即天地万物每个东西都在其"相因"中表现出自己是自己的存在，这就是事物之"独"的状态。这一点我们上面讲"相因之功"时已阐述过了。另一种存在结果则是内在的，这就是郭象所谓的"将使万物各反其所宗于体中而不待乎外"也。郭象曰：

> 故彼我相因，形景俱生，虽复玄合，而非待也。明斯理也，将使万物各反其所宗于体中而不待乎外。外无所谢而内无所矜，是以诱然皆生而不知所以生，同焉皆得而不知所以得也。(《齐物论注》)

这里的"彼我相因，形景俱生"，说的正是事物之间的"相因"关系。有了这种"相因"关系，就使得每一事物表现、呈现出了自己是自己的状态来，这就是其"独"。但这只是事物存在的一外在状相上的表现。同时，处在"相因"中的一有和他有是能相互作用和要相互作用的，其结果就是将一有与他有之"相因"的这种外存在构架内化到每个有各自的自身中，使其成为每个有的内在存在结构。这个内在存在结构是什么？当然可以从不同的角度来予以定谓,比如说自身性与非自身性、肯定性与否定性、同一性与差异性,等等。但如果从存在论角度看,这就是每个有自身中的"有、无"性。这种"有、无"性我们在讲裴頠的"自生"说时分析、说明过,就是表示每个实际之有存在时不可一有到底和一无到底,总是处在有而无之和无而有之、有无相生而生生不息的生存过程中的。但在裴頠处有自身的此种"有、无"性只是潜在的,现在到郭象这里就被明确确定下来,揭示出来了。当然,由于受时代条件的限制,郭象也没能解说明白这一点,他只是明确认识到,在一有与他有的"相因"中每个有都有一种"玄合"出现,即有一种幽深玄妙的结合或统一,而这种"玄合"正是每个有自身的内存在构架、结构,或叫本性,即其"有、无"性。正因为事物各自自身中均有一"有、无"性的存在结构,就决定了天地间的每个事物既能以自己是自己的"独"的状态出现,也能使其自身处在活的变化过程中,此即"独化"也。可见,"独化"范畴揭示和展现的正是事物的内在性——"有、无"性。很显然,当把有之有的外存在构架内化为有自身的"有、无"性这一内存在构架后,事物在存在本性上就自足了,即每个事物都依其自身之本性自然而然地存在着,这就叫"而非待也",就叫自本自根或自因,就是本体。黑格尔在《逻辑学》的开端处讲"有"——"无"——"变"的逻辑推演,实则就是为了为"绝对精神"确立一存在的内在构架,即"有、无"性;有了此内在构架,"绝对精神"这个本体就会自本自根地和自因地存在了,即它就必然能展开和要展开为一存在过程。郭象在此讲的"故彼我相因,形景俱生,虽复玄合,而非待也",说的正是类似于黑格尔《逻辑学》的"有"——"无"——"变"的思想和原则。但郭象讲不出黑格尔那样的道理,他却能领悟到这样的原则,所以他将其领悟的原则以描述的方法予以说明,这就是他所谓的"明斯理也,将使万物各反其所宗于体中而不待乎外。外无所谢而内无所矜,是以诱然皆生而不知所以生,同焉皆得而不知所以得也"。"明斯理也"的"斯理",就是指"彼我相因,形景俱生,虽复玄合,而非待也"的存在,亦即以上我们所解说的每个有由一有与他有的外存在构架内化为每一有自身的"有、无"性内存在构架。有了这个内存在构架,就使得"万物各反其所宗于体中而不待乎外",即万物各自的存在就是自足的和自本自根的。正因为万物的存在各自都是自足的和自本自根的,故才能"外无所谢而内无所矜",即对外无所依赖故就没有所要辞谢的,而对内是自足的故就无所惋惜;这就叫万物"诱然皆生而不知所以生,同焉皆得而不知所以得也"。世上的每个存在者都如其所是的自自然然地存在着、有着,此即"独化"也。

郭象在注《庄》时讲到不少的"性"、"自性"、"性分",说的正是事物自身的"有、无"性结构问题。郭象指出:

> 若各据其性分,物冥其极,则形大未为有余,形小不为不足。(《齐物论注》)
>
> 若以性足为大,则天下之足未有过于秋毫也;其性足者为非大,则虽大山亦可称小矣。(《齐物论注》)
>
> 苟足于天然而安其性命,故天地未足为寿而与我并生,万物未足为异而与我同得,则天地之生又何不并,万物之得又何不一哉?(《齐物论注》)
>
> 凡所谓天,皆明不为而自然。言自然则自然矣,人安能故有此自然哉?自然耳,故曰性。(《山木注》)
>
> 物各有性,性各有极,皆如年知,岂跂尚之所及哉?(《逍遥游注》)
>
> 性之所能,不得不为也;性所不能,不得强为。故圣人唯莫之制则同焉皆得,而不知所以得也。(《外物注》)

郭象所讲的这些"性",有的是讲事物之存在的内性,即内在根据问题,有的则讲的是人的社会行为的依据问题。郭象认为,任何事物的存在及其表现均是由其内"性"所决定的,事物只要依其"性"而行,才能是自由、自得的,才是逍遥自在的。郭象举例说:"苟足于其性,虽大鹏无以自贵于小鸟,小鸟无羡于天池,而荣愿有余矣。"(《逍遥游注》)"夫长者不为有余,短者不为不足,此则骈赘皆出于形性,非假物也。"(《骈拇注》)"马之真性,非辞鞍而恶乘,但无羡于荣华","若乃任驽骥之力,适迟疾之分,虽则足迹接乎八荒之表,而众马之性全矣。"(《马蹄注》)当郭象以其"自性"的思想来处理社会政治问题时,就主张"性各有分,故知者守知以待终,而愚者抱愚而至死,岂有能中易其性者也"(《齐物论注》)。这已不是在讲玄学理论,而有命定论的味道了。

总之,通过以上的思想三步曲,郭象在承接其前玄学本体论思想的同时,对其前的"无"本论和"有"本论思想作了整合,终于将它们整合进了一个统一的玄学体系中,这就是郭象的"独化"论。

郭象的"独化"论对玄学"无"本论和"有"本论所作的整合在魏晋玄学本体思想发展中有何意义呢?"独化"本体的哲学性质和存在方式是什么呢?

3.郭象"独化"论在魏晋玄学史上的地位及"独化"范畴的功能性

郭象对魏晋玄学史上的"无"本论(实际上还包括竹林玄学的"自然"论)和"有"本论作了认真沉思,他发现单纯的"无"和单纯的"有"均不能作本体,"然则先物者谁乎哉? 而犹有物,无已。"(《知北游注》)天地万物的存在看起来需要一个本体和要有一个本体,但实际上却并不需要和并没有,天地万物都自然而然地那样存在着,郭象称此为"独化"。他说:

> 故明众形之自物而后始可与言造物耳。是以涉有物之域,虽复罔两,未有不独化于玄冥者也。(《齐物论注》)
>
> 万物万情,趣舍不同,若有真宰使之然也。起索真宰之朕迹,而亦终不得,则明物皆自然,无使物然也。(《齐物论注》)
>
> 凡得之者,外不资于道,内不由于己,掘然自得而独化也。(《大宗师注》)

这是说,天地万物都是有、是存在,天地万物的每个有都如其所是的那样有着、在着,每个有都是自己而不是也不能是其他别的什么,这就是其"独"的存在状态;同时,每个有在有着、在着时并不是死的,而是处在运动变化中的,这就是其"化"的状态;天地万物的每一存在都既"独"又"化",此即"独化",此乃天地万物之现实的和真实的存在,此即本体。

郭象在讲"独化"时,的确有一种无可奈何的心情。当他对以往的"无"、"有"本体作了认真考察后,发现它们都不能作真正的本体,那么真正的本体在何处呢?他以一种无可奈何的心情说万物"独化于玄冥者也"。

但正是在这里,郭象不自觉地自觉将玄学史上的"无"本论和"有"本论吸收、整合在了一起,这就是作为"独化"之内在结构的"有、无"性。从事物之存在的外在状态上看,世上没有"独"的东西。但若从事物的内性,即内在结构上看,世上的每一个有都能"独"和"化",这就是每个事物的活生生的生存。所以,"独化"作为对事物存在状态的指谓实际上是对事物存在的"有、无"性内性的揭示和呈现。事物有"有、无"性内性,所以它是自足的,是自本自根、自因的,故就是本体。在此我们可以明确看出,郭象为魏晋玄学建构了一个真正的宇宙存在本体。天地万物的一切东西,只要存在着、有着,它就必然要有"有"性,但不可一有到底,故在"有"性时同时又要有"无"性;但也不可一"无"到底,故在有"无"性时又要有"有"性。就这样,天地万物有而无之,无而有之,有无相生而处在生生不息地处在存在过程中。这,不就是宇宙(以及宇宙中的每一存在者)的存在本质、本体吗?!

郭象"独化"论的提出,明显是对玄学"无"本论和"有"本论的整合和升华,这表明单纯的"无"本体和单纯的"有"本体都是有一定缺陷的,故都不可作本体,只有"有"与"无"的统一,即"有、无"性才可作本体。具体言,郭象对玄学本体论思想的整合表现在两个相关的方面,即一是为玄学本体论建立了一种本体形式,这就是"独化"这一范畴的提出。解析"无"本体和"有"本体可知,"无"、"有"是不适宜于充当本体形式的,因为它们往往表征和揭示的仅是本体某一方面的性质,具有单向度性。所以,从王弼的"无"开始,魏晋玄学的本体论就同时关涉到两方面的建构任务:其一就是要为玄学本体论建立一种合宜的理论形式。经过王弼的"无"、嵇、阮的"自然"、裴頠的"有"这些尝试性的本体论形式,到郭象的"独化"论就为本体建立了一个理论体系。另一更重要的是,要为玄学本体论建立合适的本体内容。我们屡屡讲"本体",所谓"本体"就是自本自根之体,即自己存在的根据和原因就在自身内而不在自身外,亦即其存在是自足的。那么,究竟什么样的东西才是"自本自根"的和"自因"的呢? 这显然不在存在者的外在存在状态上,因为在存在状态上压根是没有自本自根的,一切都在"偏无自足"而"凭乎外资"的"资"中。所以,自因者只能在存在者的存在本性、内性上,这就是其"有、无"性;这里的"有"与"无"相反相成、相辅相成而构成了存在者之存在的内在构架,故存在者能依其内在构架而自足地存在着。同时,存在者自身中的"有、无"性本来就是相反相成的对立统一,故它是一种力量和动力,正是它才能使本体自我启动起来而展开运动;有了此种展开运动,本体才能与现象相结合,体才能表现在用中,才有体用不二、体用如一的存在和展现,否则的话本体就只能是个死的躯壳。《老子》第一章讲"无,名天地之始;有,名万物之母。故常无,欲以观其妙;常有,欲以观其徼"。这里已提出了"有"与"无"这两者。这两者是否是"道"的结构呢?老子没有明言,但从全章理解,是可以将"有""无"作为"道"的存在结构的。但在老子这里,这种"有"、"无"却是一种静态的结构原则,尚未形成一动态的存在构架,原因就在于这时的"有"与"无"在存在性质上只是单一性的,而不是"有、无"性的。所以说,老子的"道"虽有"有"、"无"性的静结构,但却未能将二者统一起来以构成一内在结构。人们常说魏晋玄学是"新道家",那么它"新"在何处?新就新在它将老子"道"那种"有""无"性结构转化为"有、无"性结构;以此作为本体的结构,本体就能自我启动起来而自本自根地存在和运动了。这是继王弼、裴頠对道家的"新"之后的第三次和第三种"新",即是更高的和有整合意义的"新"。总之,郭象的"独化"论完成了魏晋玄学本体思想的逻辑演进和建构任务。郭象是魏晋玄学本体论的集成者和终结者。

在郭象"独化"论中,"无"与"有"的被整合和统一,是通过"独化"的功能性来展现的。当郭象讲"独化"时,他没有也不可能明确为"独化"范畴确立起"有、无"性内在结构,更没能让"独化"的"有、无"性结构逻辑地展开为一"有"——"无"——"变"的推演体系。但郭象却体察到了"独化"的"有、无"性结构的表现结果、效果及效能、效用,这就是他所谓的"掘然自得而独化也"(《大宗师注》)、"未有不独化于玄冥者也"(《齐物论注》)之说。

郭象讲"独化"时往往要与"玄冥"相联系。比如他指出:

> 是以神器独化于玄冥之境而源流深长也。(《庄子序》)
> 是以涉有物之域,虽复罔两,未有不独化于玄冥者也。(《齐物论注》)

卓尔独化,至于玄冥之境。(《大宗师注》)

为什么要将"独化"与"玄冥"相联系?"玄冥"到底要说明什么和说明了什么呢?迄今人们对这些问题并未有明确的认识。说到郭象的"玄冥",也是多从字面上予以解说。比如说,或以为"玄冥"是一种神秘主义世界观[1];或认为"玄冥"是最虚无的"无",是上帝的别名[2];或认为"玄冥之境"不是客观物质世界生成、变化的场所,而是一个抽象、空洞、无形无象、无迹可寻、无可奈何的"天理"、"性命"的彼岸世界模式[3];或认为"玄冥之境"虽然不包含造物主的意思,却和"以无为本"中的"无"一样,指的是绝对精神本体,"玄冥之境"是本体界,而"独化于玄冥之境"中的"独化"指的是现象界[4];或认为"玄冥"是用于说明天地万物的生成无任何东西作为其根据,即物物间的生存是没有因果关系的、一种外在的微妙默契,这种"玄冥"类似于休谟的无因论,"如果说休谟是用'习惯是人生伟大的指南'来否认因果关系的话,那么郭象则是用'独化于玄冥之境'来代替因果联系。前者以'自由'否认因果,后者则以'必然'代替因果,二者殊途同归"[5];等等。这些看法多未抓住郭象"玄冥"说的实质。郭象讲"独化"时之所以讲"玄冥",正是为了从功能上来说明和表现"独化"的"有、无"性的内在本性或内在结构。当郭象面对现象界的众有时,他明确肯定是没有"独"的,有一有就至少还要有一他有,当一有和他有同存共有时这两个有才能都有着、在着。郭象讲的"相因"问题即此。但郭象现在却讲"独"了;不仅讲"独",还讲其"化"。那么这个"独"究竟是什么?这个"独"何以要"化"和何以能"化"?这个"独"的"化"是在什么意义上来说的?一言以蔽之,这不能从众有之有的外在存在状态上来认识,而只能从每一有的内性上来把握,这就是郭象所谓的"性"、"自性"、"性分"等。他说:"若各据其性分,物冥其极,则形大未为有

[1] 任继愈主编:《中国哲学史》第二册,人民出版社 1979 年版,第 212 页。
[2] 孙叔平:《中国哲学史稿》,上海人民出版社 1980 年版,第 432 页。
[3] 楼宇烈:《郭象哲学思想剖析》,载《中国哲学》第一辑。
[4] 余敦康:《郭象》,见《中国古代著名哲学家评传》第二卷。
[5] 兰喜并:《试释郭象的"玄冥之境"》,载《中国哲学史研究》1986 年第 2 期。

余，形小不为不足"；"若以性足为大，则天下之足未有过于秋毫也"（《齐物论注》）。将天地万物"独化"的立足点放在万物的"性"上，这个方向和基点是不错的。但这个"性"又是什么？可以看出，所谓的"自足其性"的"性"，就是事物的"有、无"性的存在本性或构架。因为在这一"有、无"性中，"有"和"无"就不是各自独立的，而是一体同在的，这个一体之表现、展现就是一个前后相连的圆圈。但郭象自己对"独化"的"有、无"性内性和结构并未明确揭示出来，也未能讲出个道理来；他只是感觉到或体悟到事物都有一种"性"，这种"性"自足地存在和表现着，这才使得事物能表现出一"独化"式的存在来。因之，他就用"玄冥"来表征、形容这种"性"，说"未有不独化于玄冥者也"。"玄"是深远貌，"冥"是幽寂态，"玄冥"就是一种幽深貌。这当然是一种状摹或形容，是说"独化"是一种微妙、神妙、幽深的存在意境。可见，郭象所谓的"玄冥"或"玄冥之境"是用来指称他自己不能说清道明的"独化"的"有、无"性结构的。这是郭象讲"独化"时又讲"玄冥"，将"独化"与"玄冥"联系起来的一个方面的用意。

郭象讲"玄冥"还有一个更重要的用意，这就是为了表现"独化"的功能性。我们前面多次指出，事物之所以能"独"和能"化"即"独化"，正是其内在的"有、无"性结构的表现。在这里，这个"有"和"无"不是也不能是各自独立存在的，而是圆圈式的统一，即有无相生。这是我们从理论上讲的。现在的问题是，怎样才能表现出此种有无相生的生生呢？这里的关键就是要消解掉"有"和"无"各自的确定性和现成性，即消解掉"有"与"无"各自的"是什么"的"什么"性，因为一旦有了这个"是什么"的"什么"在，"有"和"无"就是各有界限的，就无法达到生生不息的统一，即就达不到"始得其环中"的"枢"（见《庄子·齐物论》）。那么，又如何来消解掉"有"与"无"各自的现成性、确定性的"是什么"的"什么"呢？谁来对其作消解呢？是找一个外在的什么力量来执行这一消解任务吗？否！要消解掉"有""无"各自"是什么"的"什么"性，只能依靠"有"与"无"自身。那么，"有"与"无"这二者到底要怎么做呢？古代印度龙树《中论·观因缘品第一》一开始就说："不生亦不灭，不常亦不断，不一亦不异，不来亦不出。能说是因缘，善灭诸戏论，我稽首礼佛，诸说中第一。"这就是中观学派著名的"八不"说，也就是它的"中"论。这里说的就是要消解掉生与灭、常与断、一与异、来与出这各自的确定性的"什么"性,而达到一种既生又灭、既不生又不灭的、生而无生灭而无灭的、生灭互为缘生的缘构性境界或境域。这就是说,要消解掉"生"与"灭"各自的确定性、现成性,不是也不能简单的抛弃"生"和"灭",而是让"生"与"灭"在缘构中各自消去自己的确定性以达到生灭一体的不生不灭境界。古印度龙树讲的这种"中"思想,在德国现代哲学家海德格尔的存在论中也有。海氏认为,西方传统哲学两千多年来所讲的"存在",作为一个存在于人的理性上的抽象概念,实质上只是个存在者,而并非真正的"存在"本身,所以西方传统哲学所讲的存在论是"无根的存在论"。真正的"存在"或者说"有根的"存在不是也不能是只存在于理性上的抽象概念,而是活的存在本身,他用"DaSein"这个术语来表示之。这里的"Sein"就是"存在"(或"是");"Da"在德文中是个极为活泼和依语境而生的词,有"那里"、"这里"、"那时"、"于是"、"但是"、"因为"、"虽然"、"那么"、"这个"等意义,且常与别的词一起组成复合词。所以,"Da-Sein"的"这个'Da'具有相互牵引、揭示开启、自身的当场构成,以自身的生存活动本身为目的、生存的空间和境域、与世间不可分、有限的却充满了发生的契机等意义。考虑到这些因素,中文里的'缘'字可以用来比较贴切地翻译它。"①海氏用"Dasein"这个词,是用来消解西方传统的"存在"概念的。因为"存在"作为一理性概念,实际上就是个有确定性、现成性的"什么";现在要消解掉"存在"的"什么"性,不能简单地将它抛弃,而是要将它导人存在者中,但又不可将它导人到某一具体的存在者之中而使其"什么"化,而是让"存在"(Sein)与具体存在者处在相互依赖的缘发构成中,使二者都生生不息地生成着。海氏的这些思想就是他讲的"现象学"方法。"现象"这个词源于古希腊的 phainomenon 一词,而它又是从动词 phainesthai 派生的;动词 phainesthai 的意思就是显现、让自身显现,相应的名词 phainomenon 的意思就是显现者,即自我显现者。因此,"现象学"的原始意义为"显现学"或"显示学",它把"自身显示者"如其所是的那样"显示"出来,"让人从显现的东西本身那里,如

① 张祥龙:《海德格尔思想与中国天道》,三联书店 1996 年版,第 94 页。

它从其本身所显现的东西那样来看它。"所以，"'现象学'——'显现学'并不止于'表象'，恰恰相反，它是对'表象'的一种扬弃，从'本质'的'显现'来说，现象学正是'本质论'、'本体论'。"①海德格尔的"现象学"思想，以及龙树的"中"论思想，都是关于消解掉二分对峙结构中各自的现成性、确定性以达到一种生生不息的存在境域这一本体的方法。所以，这些思想都揭示的是存在的功能性。我们在此之所以援引这些思想，正是为了例解郭象的"玄冥"说。就是说，当郭象说"独化于玄冥之境"时，实际上要说的和能说的应是"独化"的内在结构——"有—无"性；若果把握到了"独化"的这一"有—无"性，自然就能消解掉"有""无"各自"是什么"的"什么"性，而达到一种有无一体的境域性存在。但郭象未能做到如此。他不仅为达到"独化"的"有—无"性结构，就连"独化"的"有、无"性也不是真正自觉的，所以也就讲不出和讲不明"独化"之"独"和"化"的"玄冥之境"的道理了。但郭象却能体悟到"独化"所蕴涵着的"有""无"相互构成和缘生的意境、境域性，这就是"独化"的功能性之所在。郭象用一种状摹性的描述法来述说此种境界、境域。如他说："窅然丧之"（《逍遥游注》），"块然而自生"、"条畅而自得"、"诱然皆生"、"同焉皆得"、"历然莫不独见"、"畅然俱得"、"泯然无迹"、"旷然无累"、"芚然无知"、"蜕然无系"（《齐物论注》），"卓尔独化"、"掘然自得"（《大宗师注》），"荡然放物于自得之场"、"闷然若晦，玄同光尘"、"冥然以所遇为命"、"泯然与至当为一"、"泊然不为而群才自用"（《人间世注》），"扩然无不适也"（《德充符注》），"突然而自得"（《天地注》），"忽然而自尔也"（《知北游注》），"欻然自生"、"欻然自死"、"皆欻然自尔"、"有自欻生"（《庚桑楚注》），"废起皆自尔"（《则阳注》），等等。这些"窅然"、"块然"、"诱然"、"历然"、"畅然"、"泯然"、"旷然"、"芚然"、"蜕然"、"掘然"等等的状摹词，说的都是"独化"的功能性表现。

郭象讲"独化"时要与"玄冥"相联系，这实际上是为了表示"独化"的

---

① 关于海德格尔所讲的"现象学"思想和方法，参看其《存在与时间》第七章等，陈嘉映、王庆节译，三联书店 1987 年版。另外，可参看陈嘉映《海德格尔哲学概论》第二章第四节，三联书店 1995 年版；孙周兴《说不可说之神秘》第一章第一节，三联书店 1994 年版；叶秀山《世纪的困惑——中西哲学对"本体"问题之思考》，载《中国哲学史》1997 年第 1 期。

功能性或现象性的存在性质。当"独化"与"玄冥"相联系时,从"独化"这一方面说是其功能性存在表现;而从认识、把握"独化"的主体或"我"这一方面说,就是一种"我"与"独化"合一的一体同在境界。所以,郭象讲到"玄冥"或"冥"时,又与"无心"相联系。他说:

> 无心玄应,唯感之从。(《逍遥游注》)
>
> 宵然丧之而常游心于绝冥之境,虽寄坐万物之上而未始不逍遥也。(同上)
>
> 故无心者与物冥而未尝有对于天下也。(《齐物论注》)
>
> 至人之心若镜,应而不藏,故旷然无盈虚之变也。(同上)
>
> 无心而无不顺。(同上)
>
> 譬之宫商,应而无心。(《人间世注》)
>
> 冥然以所遇为命而不施心于其间,泯然与至当为一而无休戚于其中。(同上)
>
> 虽天地之大,万物之富,其所宗而师者,无心也。(《大宗师注》)
>
> 无心于物,故不夺物宜。无物不宜,故莫知其极。(同上)
>
> 浩然泊心而玄同万方,故胜负莫得厝其间也。(《应帝王注》)
>
> 夫水常无心委顺外物,故虽流之与止,鲵桓之与龙跃,常渊然自若,未始失其静默也。(同上)
>
> 无心而随物化。(同上)
>
> 动静无心,而付之阴阳也。(《刻意注》)
>
> 象天德者,无心而偕会也。(同上)
>
> 是以至人无心而应物,唯变所适。(《外物注》)

郭象讲"玄冥"时为何又要讲"无心"?一句话,是为了把握或体会这种"玄冥"之境;也就是说,使"心"本身也能达到一种"冥而忘迹"的"玄冥"状态,这样方能体会到"玄冥"之境存在。因为,当讲"独化于玄冥之境"时,"独化"尽管已以一种功能性的呈现、显现而处在了"玄冥"之境中,但这种"境"对讲这种"境"的人言则没有境和不是境,有的只是作为"心"面前的对象。

这样以来,"玄冥"与"心"显然是两截子,人虽然可以说"玄冥"但却体会不到它,因此也就没有真正把握到它。所以,为了要能体会到这种"玄冥"之境,"心"本身就要"玄冥"化。而"心"如何使自己"玄冥"化呢? 这就是使"心"无之,即"无心"。所谓"无心"不是不要心而将它抛弃掉,而是使心处在随感而应、遂顺外物的掘然自得、块然自生、睿然无为、苊然无知的自然而然状态中,这时的"心"是知而无知、无知而知的,"心"本身就是一种意境、境界。这实际上就是现代西方哲学的现象学解释学所讲的情境性反思。郭象所谓的"游心于绝冥之境"(《逍遥游注》)、"旷然无盈虚之变"、"泯然与至当为一"、"与物冥而未尝有对于天下"、"居其枢要而会其玄极以应夫无方"、"旷然无累,与物俱往而无所不应"、"荡然无蛮介于胸中"、"苊然无知"、"苊然直往而与变化为一"、"蜕然无系而玄同死生"(《齐物论注》),"闷然与至当为一"、"冥然与造化为一"(《养生主注》),"弥贯万物而玄同彼我,泯然与天下为一"(《人间世注》),"放心于天地之间,荡然无不当,而扩然无不适"、"玄鉴洞照,与物无私"(《德充符注》),"旷然无不一,冥然无不在,而玄同彼我也"、"玄同万物而与化为体"、"体天地,冥变化"(《大宗师注》)等,都是一种"玄冥"之境,这时的"心"就与"玄冥"之境的"独化"一体同在了。到了这一步,郭象"独化"论的情境反思性就出来了,其"独化"本体所应有的"有—无"性结构也就出来了。

总之,郭象玄学对魏晋玄学史上的"无"、"自然"、"有"等等的本体思想做了整合,以其"独化"论完成了魏晋玄学关于宇宙本体论的建构任务。

(五)张湛的"至虚"论

郭象"独化"论的提出,标志着魏晋玄学关于建构宇宙本体论任务的完成。所以,至东晋时,张湛的"至虚"论在本体论方面已无新的理论建树,它是魏晋玄学思潮行将结束的标志,是玄学发展的尾声。关于张湛①的"至

---

① 张湛,字处度,高平(今山东金乡西北)人。生卒年不详,大概生活于330—400年间,是东晋中后期人。

虚"论,拟讲以下两点:

1.东晋社会及其政治和思想任务

西晋立国并没有给人们带来所企望的社会鼎盛气象。从西晋惠帝元康元年(291年)到光熙元年(306年,这年也是西晋怀帝的永嘉元年),西晋社会陷入长达十六年的"八王之乱"中。这种争夺权利的疯狂斗争,不仅使中原大乱,而且引来了匈奴人刘渊与羯人石勒的叛乱。紧接着"八王之乱"的,是破坏性更大的五胡乱华的"永嘉之乱"①。在这种内外打击下,西晋王朝于316年灭亡了。318年,司马睿在建康(今南京)称帝,东晋始。

东晋立国是在特殊形势下的特殊需要,这就是如何守土偏安。东晋朝虽然有祖逖的北伐,有庾亮于咸康五年(339年)的请求"北伐",有庾翼于建元元年(343年)的请求"北伐",有永和五年和六年(349、350年)外戚褚裒和名士殷浩的北伐,特别有桓温于永和十年(354年)、十二年和太和四年(369年)的三次北伐,但都未能真的收复北方,只是起到了以攻为守的结果。所以,北伐以收复北方并不是东晋朝的中心政治任务。而稳固内部,使南方本土豪族地主与北方迁徙的豪族地主通力合作以营造一个和谐、安宁的社会环境,这才是东晋朝的首要政治任务。在东晋立国时和立国后相当一段时间内,南迁的北方之民亟盼着一个相对安定的局势。永嘉之乱使北方豪族及广大民众饱受涂炭之苦。《晋书·怀帝纪》载,永嘉五年"丁酉,刘曜、王弥入京师。帝开华林园门,出河阴藕池,欲幸长安,为曜等所追及。曜遂焚宫庙,逼辱妃后……百官士庶死者三万余人"。《晋书·东海王越传》载:"永嘉五年,(越)薨于项,……还葬东海。石勒追及于苦县宁平城,……于是数十万众,勒以骑围而射之,相践如山。王公士庶死者十余万。王弥弟璋焚其余众,并食之。"这种亡国灭种的空前浩劫,使王公贵胄尚且难保,一般平民就更不用说了。《世说新语·德行》记有一事:"邓攸始避难,于道中

---

① 永嘉二年(308年)刘渊攻占平阳(今山西临汾西南),迁都蒲子(今山西隰县),自称皇帝,国号汉。永嘉三年又迁都平阳。永嘉五年,石勒在苦县宁平城(今河南鹿邑西南)大败晋军,俘杀王衍。同年六月,汉刘曜、王弥攻入洛阳,晋怀帝被掳。永嘉七年(313年)晋怀帝被杀,逃到长安的司马邺闻凶讯后称帝,是为西晋愍帝。建兴四年(316年)11月,刘曜攻入长安,愍帝出降,西晋亡。317年,镇守建康的琅琊王司马睿自称晋王。同年,西晋愍帝被杀。

弃己子，全弟子。既过江，取一妾，甚宠爱。历年后讯其所由，妾具说是北人遭乱，忆父母姓名，乃攸之甥也。攸素有德业，言行无玷，闻之哀恨，终身遂不复畜妾。"该条下注引王隐《晋书》说："攸以路远，斫坏车，以牛马负妻子以叛［按：有的本作"逃"］，贼又掠其牛车。攸语妻曰：'吾弟早亡，唯有遗民［按：邓攸之弟的儿子名叫邓绥，遗民是其小字］。今当步走，担两儿尽死，不如弃己儿，抱遗民，吾后犹当有儿。'妇从之。《中兴书》曰：'攸弃儿于草中，儿啼呼追之，至暮复及。攸明日系儿于树而去。遂渡江，至尚书左仆射，卒。弟子绥，服攸齐衰三年。'"这则故事读来使人心酸、悲哀且悯叹不已。邓攸南渡的遭遇仅是成千上万南渡之人中较为典型的一例而已，当时北方民众之悲惨是可想而知的。在此种情势下，北方南渡之人所亟需的是安定的社会环境。据说永嘉之乱中南迁到长江流域的北方人有七十余万，还有二十余万人聚居在了山东境内。这些南迁之人背井离乡，饱经患难，在心理、生理上都要求着能安定下来。东晋初，几度北伐失利后，竟使士族忌讳"北"字。《晋书·王恭传》说，王恭让"平北将军"号时言："初，都督以'北'为号者，累有不祥，故桓冲、王坦之、刁彝之徒不受镇北之号。恭让表军号，以超受为辞，而实恶其名，于是改号前将军。"这件事充分说明了南迁的北方士人的心态。南迁的北方豪族和人民亟需一个安宁的社会环境，南方土居的豪族和人民也要求一个安宁的社会环境。大批北人南迁后，自然影响到南人的生产和生活。社会能否有序和安定，能否安于生产生活以使已有的利益不受损失？这是南方士人所关心的大事。再就东晋政权的阶级基础来说，司马睿虽然在建康登基为帝，但帝王的基业却要依靠南方的土著豪族和北方迁来的豪族，如果没有南、北豪族的团结、支持和归心，东晋政权是难以维持的。所以，东晋立国后，对统治当局来说，基本的国策并不是去收复北土，而是稳定人心，妥善处理南、北豪族间的矛盾，以达到政治上的和谐、安定，使偏安南方的东晋政权存在下来。东晋从开国到中期的淝水之战，其主要的政治任务就是加强内部团结和稳定朝野局势。

那么，如何来完成这一时代所要求的政治任务呢？这首先要有一个正确的指导思想，如果指导思想失误了，就不会有正确的政治路线和政策。东晋朝的指导思想是什么和能是什么呢？东晋时期的思想任务仍是魏晋时代的总思想任务——如何处理"名教"与"自然"的关系问题。"名教"是社会种种关系和秩序的表现和象征；"自然"表面看来是要抛弃种种社会关系的束缚以返回到自然状态，但在哲学层面上并不是简单地抛掉社会"名教"，实质上是要为必不可少的社会"名教"的存在建立起形上依据。所以，从正始玄学王弼的"无"本论开始，玄学就旨在从事本体问题的建设工作，要为社会"名教"的存在建立一形上根据。从王弼的"无"论经竹林玄学的"自然"论和裴頠的"有"论，到郭象的"独化"论；从曹魏后期到整个西晋所从事的思想工作都在为"名教"的存在建构本体依据。前面已说过，到了郭象的"独化"论，魏晋玄学已完成了关于本体论的建构工作。郭象的"独化"论表现在"名教"与"自然"的关系问题上，就是将这二者整合、统一了起来，这就是郭象的"名教"即"自然"论。所以，在东晋朝，思想任务的表现仍是关于"名教"与"自然"的关系问题，但完成这一任务的目的、重心、方式却有了重大变化。就是说，在东晋，其思想任务并不是去探索玄学理论以再建本体论的问题，而是将郭象"独化"论的玄学本体论思想理论贯彻和运用于具体的社会政治实践中以指导社会政治的问题。所以，如果说正始玄学和元康玄学重在理论建构的话，那么东晋玄学则重在理论运用，即要将郭象的"独化"论具体贯彻和运用于政治实践中。《文心雕龙·时序》说："自中朝贵玄，江左称盛，因谈余气，流成文体。"这说的正是中朝（西晋惠帝元康时期）时的玄学理论建设在江左（东晋王朝）的贯彻和运用。

可见，郭象的"独化"论，亦即他的"名教"即"自然"论正是东晋王朝的政治指导思想。又如何来具体贯彻这一指导思想呢？首先要提倡"名教"。儒家所提倡的那些纲常名教，表面看来是有违人的自然本性，有如嵇、阮所说是对人性的压抑和扭曲。但实际上，它正是对人性的保护和发扬。我们说，人的出现标志着人把自己从动物世界，亦即自然世界中提升了出来，成就了一人文世界，这就是人类社会。所以，人之所以为人，就在于他（她）是一社会存在者，他（她）的本质是社会性，不是也不能是人的本能式的自然性，人的自然性是在其社会性的支配下才得以存在的，而不是相反。既然人的本质是其社会性而非自然性，那就要有一种文化形式、方式来表现人的社会本性，这就是"名教"。可见，"名教"原来正是人的社会性的表现，它是根本不可能被抛弃掉的,如果人为地抛掉了"名教",这就等于人把自己倒退到了动物的水平了。东晋朝当时要治理社会,安稳人心,营造和谐的社会政治氛围以使人安居乐业,那就首先要大力倡导"名教",使社会共同体达到谐和、统一。例如,就拿儒家"名教"中最重要的"君道"来说,郭象说:"千人聚,不以一人为主,不散则乱。故多贤不可以多君,无贤不可以无君,此天人之道,必至之宜。"(《庄子·人间世注》)就东晋立国时的情况言,当北方大族南徙与南方大族共处之时,这种"千人聚"的局面是无论如何需要一个君主的,哪怕只是一个傀儡君主也势所必需。这说明儒家的"名教"仍是治国的基本纲常,是少不得的。所以,东晋元帝司马睿刚即位,王导就上书说:"殿下以命世之资,属阳九之运,礼乐征战,翼成中兴。诚宜经饱稽古,建明学业,以训后生,渐之教义,使文武之道坠而复兴,俎豆之议幽而更彰。"(《晋书·王导传》)

要治理社会以谋求清明的政治,提倡"名教"是一条现实的必由之路。但这里的关键问题在于,如何来提倡"名教"?郭象说过这样的话:"夫君人者,动必乘人,一怒则伏尸流血,一喜则轩冕塞路。故君人者之用国,不可轻之也。"(《庄子·人间世注》)君主不是"千人聚"的"主"吗?它的所作所为不是合理的吗?为什么会有这种或"伏尸流血"或"轩冕塞路"的现象和结果呢?郭象还说:"夫轩冕斧钺,赏罚之重者也。重赏罚以禁盗,然大盗者又逐而窃之,则反为盗用矣。所用者重,乃所以成其大盗也。大盗也者,必行以仁义,平以权衡,信心符玺,劝以轩冕,威以斧钺,盗此公器,然后诸侯可得而揭。是故仁义赏罚者,适足以诛窃钩者也。"(《庄子·胠箧注》)这是说,仁义这些社会"名教"如果被奸盗所利用了的话,情况就会更遭。"行仁义"不是治理社会所需要的吗,为什么却会"行"出不好的结果呢?这里关键有个目的和手段之分。如果将"名教"只是作为工具来使用,则出现事与愿违的结果就是必然的;而如果将"名教"作为目的来用,"名教"就是人的社会本性的自然表现和运用,就会使目的和手段协调一致,就会有良好的效果。郭象说:"夫圣人者,天下之所尚也。若乃绝其所尚而守其素朴,弃其禁令而代以寡欲,此所以掊击圣人而我素朴自全,纵舍盗贼而彼奸自息也。故古人有言曰:'闲邪存诚,不在善察;息淫去毕,不在严刑。'此之谓也。"

(《庄子·胠箧注》)"闲邪存诚"是王弼讲的。王弼讲它时目的是要将"名教"建立在"自然"的根基上,以贯彻和体现他"以'无'为本"的玄学原则。郭象在援引这个原则时,与王弼有所不同,郭象在此是将这个"闲邪存诚"作为方法来使用的,目的是要贯彻他的"独化"论原则。所以郭象说:"独能游外以冥内,任万物之自然,使天性各足而帝王道成,斯乃畸于人而侔于天也。"(《庄子·大宗师注》)这也就是郭象所谓的"夫理有至极,外内相冥,未有极游外之致而不冥于内者也,未有能冥于内而不游于外者也。故圣人常游外以弘内,无心以顺有,故虽终日挥形而神气无变,俯仰万机而淡然自若。夫见形而不反神者,天下之常累也。是故睹其与群物并行,则莫能谓之遗物而离人矣;观其体化而应务,则莫能谓之坐忘而自得矣,岂直谓圣人不然哉?"(同上)这就是"独化"本体论的运用,也正是其功能性的表现。"名教"不是也不能是以手段的方式来存在和表现,而是以功能、效用的方式按自身的本性自然地存在和表现的。到了这时,"名教"的形式就成为"自然"本质的表现方式,这时的人也就处在自然无为而无不为的境界中了。东晋政治所要的和所寻求的真正指导思想正在于此。

东晋从立国始所贯彻的就是这一指导思想。《世说新语·方正》注引《高逸沙门传》云:"晋元、明二帝,游心玄虚,托情道味。"元帝就是东晋的开国皇帝司马睿,明帝是其子司马绍。东晋初期皇帝的指导思想就是"游心玄虚",这看来是用道家的"无为"思想来处世,实则秉承的是郭象的"独化"论玄学,即在"无心以顺有"中将"名教"自然化和把"自然"名教化。后来的简文帝也是"履尚清虚,志道无倦"(《晋书·简文帝纪》),《世说新语·言语》载:"简文入华林园,顾谓左右曰:'会心处,不必在远。翳然林水,便自有濠、濮间想也,觉鸟兽禽鱼自来亲人。'"东晋几位有作为的皇帝是这样,东晋的辅弼宰臣更是这样。例如,东晋的开国宰相王导,就"迈达冲虚,玄鉴劭邈;夷淡以约其心,体仁以流其惠;棲迟务外,则名儁中夏;应期濯缨,则潜算独运"(《晋书·王导传》)。王导自己是清谈名流。《世说新语·言语》说:"过江诸人,每至美日,辄相邀新亭,藉卉饮宴。周侯(顗)中坐而叹曰'风景不殊,正自有山河之异!'皆相视流泪。唯王丞相愀然变色曰:'当共戮力王室,克复神州,何至作楚囚相对?'"王导的清谈并非忆旧思幽,暗黜前途,而是以一种积极进取的精神来鼓舞人心。他把清虚的精神贯彻在为政实践中,从而为初立的东晋朝营造了安宁的气氛。《世说新语·政事》说:"丞相末年,略不复省事,正封箓,诺之。自叹曰:'人言我愦愦,后人当思此愦愦。'"晚年的王导只在文件上签字画诺,看来有些愦愦。但其实这正是他清虚精神的老练运用。还有东晋中朝的著名宰相谢安。公元383年的秦晋淝水之战就发生在谢安辅政其间。谢安是"德政既行,文武用命,不存小察,弘以大纲,威怀外著,人皆比之王导"(《晋书·谢安传》)。偏安的东晋王朝自淝水之战后才真正得以偏安,这不能不说与谢安继续推行的清虚政治有关。

以上就是东晋社会的政治形势及其相应的政治方针和指导思想。讲这些情况是为了说明一个问题:东晋时代的玄学任务不是本体论的理论建设问题,而是如何将郭象"独化"论,亦即其"名教"即"自然"的思想贯彻运用的问题。所以,要说在东晋发展玄学思想的话,就应当放在"独化"论的运用上,即要进一步发掘"独化"论的功能性,以之将"独化"的内在结构"有—无"性转化为有、无这二者相生相息的功能表现。但东晋玄学这样做了吗?可以说,它既做了也没做。这一点,我们可从张湛的"至虚"论中看出。

2.张湛的"至虚"论

张湛的玄学思想是借注《列子》而提出的。张湛作有一《列子序》,是说《列子》一书的思想要旨的,曰:

> 其书大略:明群有以"至虚"为宗,万品以终灭为验,神惠以凝寂常全,想念以著物自丧,生觉与化梦等情,巨细不限一域,穷达无假智力,治身贵于肆任,顺性则所之皆适、水火可蹈,忘怀则无幽不照,此其旨也。然所明往往与佛经相参,大归同于老庄,属辞引类特与《庄子》相似。

这与其说是在说《列子》的思想主旨,倒不如说是张湛自己在说他的《列子注》的思想主旨。张湛认为,世上的万物终是要归灭的,人的一生如同梦幻,贫富穷达非人的智力所能强求,想托物不死终是枉然,只有顺性任情而神惠凝寂才是人生之道。在这里,张湛的玄学已没有了正始玄学那种寻求理论建设的思想动机和冲力,也没有了竹林玄学那种追求精神自由和人格独立的思想张力,亦没有了西晋中朝玄学那种寻求"名教"与"自然"之统一的理论热情和深刻沉思,它所关心的是人的现实生存,这倒符合东晋玄学的运用性特色。但人的现实生存究竟怎样来做呢?张湛提出了"明群有以'至虚'为宗"的"至虚"论。

"至虚"论如果作为一种政治方针来实施之,像王导、谢安所实行的清虚政治一样,这本身倒有功能性特点,是合乎整个东晋玄学要求的。但问题是张湛要将它作为一种理论来讲。那么,他讲的"至虚"是什么? 我们先看他的一些说法:

> 夫巨细舛错,修短殊性。虽天地之大,群品之众,涉于有生之分,关于动用之域者,存亡变化,自然之符。夫唯寂然至虚,凝一而不变者,非阴阳之所终始,四时之所迁革。(《列子·天瑞》题注)
>
> 生物而不自生者也。化物而不自化者也。不生者固生物之宗。不化者固化物之主。(《列子·天瑞注》)
>
> 生者非能生而生,化者非能化而化。直自不得不生,不得不化者也。(同上)
>
> 不生之主,岂可实而验哉? 疑其冥一而无始终也。(同上)
>
> 故生者必终而生生物者无变化也。(同上)
>
> 至无者故能为万变之宗主也。(同上)
>
> 机者,群有之始,动之所宗。故出无入有,散而反无,靡不由之也。(同上)
>
> 生者反终,形者反虚,自然之数也。(同上)
>
> 夫生生物者不生,形形物者无形,故能生形万物于我,体无变。今谓既生既形而复反于无生无形者,此故存亡之往复尔,非始终之不变者也。(同上)
>
> 生化之本,归之于无物。(《列子·周穆王注》)

张湛肯定,天地万物均是处在生生化化中的。但这些生化是如何发生、存在的呢?张湛认为,"生物而不自生","化物而不自化","生生物者不生,形形物者无形",即"生化之本,归之于无物"。这是说,在生生化化的现象之后有个不生不化的东西,这个东西才是"生物之宗"、"化物之主"。那么,这个"宗"、"主"又是什么呢?张湛曰"至无者,故能为万变之宗主也","夫唯寂然至虚,凝一而不变者,非阴阳之所终始,四时之所迁革"也。这就是张湛给万物的存在所提出的"至虚"之本。

以"至虚"或"至无"作为本体,这没有什么不可以的。但问题是,当张湛再次提这个"至虚"或"至无"时,它的内涵究竟是什么呢?张湛说:

> "有之为有,恃无以生",言生必由无,而无不生有。此运通之功必赖于无,故生动之称,因事而立耳。(《列子·天瑞注》)

"有之为有,恃无以生;事而为事,由无以成",这是何晏《道论》中的话,也是正始玄学"无"本论的主旨。张湛引了何晏的话后解说说"言生必由无,而无不生有"。这话看起来有些费解,既然万物的有是由"无"的,"无"怎么就不生有了呢?原来这里有个生成论和本体论之分。"言生必由无",这是从本体论上说的,是说天地万物的存在是以"无"为本的;"而无不生有",这是从生成论上说的,意思是说,如果"无"是生成论意义上的开端者,它能生有的话,那么它就能被别的东西生出;"无"能被生出,它就不是和不能是本体了,所以作为本体的"无"是自本自根的,它不是从有生出的,故它也不去生有。到此为至,张湛所注重的仍是天地万物存在的本体问题,他肯定这个本体就是"无"。

以"无"为本,这没有错,正始玄学大讲的就是这个理论。但这个"无"到底是什么?我们在分析王弼的"无"时说过,"无"实际上是关于"道"的抽象性、一般性的指谓,实则是说只有无形无状无象无名的一般才可统揽住有形有状有象有名的具体而作本体。现在张湛也讲"无"本,他的"无"理应也要有抽象性、一般性的内涵。张湛也的确这么说过,如他说:

> 形、声、色、味皆忽尔而生,不能自生者也。夫不能自生,则"无"为
> 之本。"无"为之本,则无留于一象,无系于一味,故能为形气之主,动
> 必由之者也。(《列子·天瑞注》)

这里所谓的"'无'为之本,则无留于一象,无系于一味",不是明确指出了
"无"的抽象性特征吗?只有这个"无留于一象,无系于一味"的"一"或一
般,才能"为形气之主",即才能成为本体。

如果张湛讲的"无"是"无"的抽象性或抽象性的"无",且以一贯地讲
下去,这说明他秉承了王弼的玄学思想,这当然是可以的。但问题就出在他
并没有一贯地将"无"的抽象性讲到底,而不时地转向了"无"的功能性。前
面我们所引张湛的话中,他在讲了"'有之为有,恃无以生',言生必由无,而
无不生有"的话后,就说"此运通之功必赖于无,故生动之称,因事而立耳",
这里又讲起了"无"的"运通之功"。这种"运通之功"明显不是"无"的抽象
性,而是"无"的功能性了。张湛说:

> 生者之不死,无者则不生。故有无之不相生,理既然矣。则有何由
> 而生?忽尔而自生。忽尔而自生,而不知其所以生。不知所以生,生则
> 本同于无。本同于无,而非无也。此明有形之自形,无形以相形者也。
> (《列子·天瑞注》)
> 生者不生而自生,故虽生而不知所以生。不知所以生,则生不可
> 绝;不知所以死,则死不可御也。(同上)
> 造物者岂有心哉?自然似妙耳。夫气质愤薄,结而成形,随化而
> 往,故未即消灭也。(《列子·周穆王注》)
> 夫生者自生,形者自形,明者自明,忽然自尔,固无所因假也。
> (《列子·汤问注》)
> 自然者,都无所假也。(同上)

这里明显讲的是"自生"、"自形"、"自然"、"自明"、"自尔"等等的问题。这
种不假外求,"忽尔而自生"的存在,就是张湛所谓"无"的"运通之功"。这

种"必赖于无"的"运通之功",哪里有"无"的抽象性味道,已老老实实是"无"的功能性了。讲"无"的功能性,无论在名称上如何讲,或者将这个"无"称为"至无"("至虚"),就都与郭象的"独化"论相接轨了。

这就是张湛的"至虚"论玄学。这种玄学显然不是独创性的理论,只是对他以前玄学思想的一个凑合,动摇于王弼"无"论和郭象"独化"论之间。这说明,张湛是不了解魏晋玄学本体思想的逻辑演化过程和结果的,不了解郭象"独化"论所取得的理论成就,也不了解东晋时代玄学的运用性特点和要求。他那个摇摆于王弼"无"论和郭象"独化"论之间的"至虚"论,正好表现了东晋玄学的任务是非理论建设性的,而是运用性的时代特征。所以,张湛"至虚"论的出现,是魏晋玄学发展的一个尾声。这个尾声的意义就在于标志着玄学思想的转向。向哪里转?梁启超在《中国佛法兴衰沿革说略》一文中说:"我国民根本思想,本酷信宇宙间有一种必然之大法则,可以范围天地而不过,曲成万物而不遗。孔子之易,老子之五千言,无非欲发明此法则而已。魏晋间学者,亦欲向此方面以事追求,故所谓'易老'之学,入此时代而忽大昌。王弼何晏辈,其最著也。正在缥缈彷徨,若无归宿之时,而此智德巍巍之佛法,忽于此时输入,则群趋之,若水归壑,因其所也。"如果我们用梁启超的话来说明以张湛《列子注》为标志的东晋玄学的思想转向,则是合适的。

(六)僧肇的"空"论

东晋张湛"至虚"论的出现标志着魏晋玄学思想的终结和转向。转向何处呢?就是转向中国化了的隋唐佛学,即由魏晋玄学的宇宙本体论向隋唐佛学的心性本体论转移。但隋唐佛学不是直接出现和形成的,印度佛教从两汉之际传入中土后在魏晋南北朝时期有一段流传和发展,正是在这一流传和对其思想"格义"、"连类"的理解过程中,才最终形成了中国化的隋唐佛学。所以,在谈到玄学思想的转向时,在这里有必要谈点魏晋南北朝时期的佛教情况。另外,我们说至东晋时玄学思想主要是以运用或实践为特征的,即要将郭象的"独化"论思想运用在社会政治和人们的生活观念中,而运用当然是要突出和表现"独化"的功能性的。但张湛玄学恰恰没能较好地揭示出这一方面,倒是以佛学形式出现的僧肇"空"论思想,借对印度佛教中观学思想的阐释,较好地阐发了"独化"论的功能性。所以,僧肇虽为僧人,讲的虽是佛学,但其"空"论的思想主旨却不像隋唐佛学那样是心性论,而仍在宇宙本体论上;事实上,僧肇的"空"论可以上承郭象"独化"论,它把郭象应该说但却没有说或没有明确说出来的"独化"的"有、无"(或"有—无")性结构用佛学的语言明确地表述出来了。鉴此,在这里谈谈僧肇的"空"论思想①是有必要的。

1.佛教的传入及在魏晋南北朝时期的流传

佛教初传入时②,中土人是把它作为一种祠祀来对待的。如《后汉书·楚王英传》说楚王刘英"为浮屠斋戒祭祀";《后汉书·襄楷传》说东汉桓帝在"宫中立黄老浮屠之祠"。这说明当时的"佛"近于神仙方术,而佛教教义则被理解为清虚无为,"省欲去奢"(《后汉书·襄楷传》),与黄老学说相似,故浮屠(佛)与老子并祭,又有"老子入夷狄为浮屠"(同上)的传说。东汉末有个叫牟子博的人著《牟子》(又称《牟子理惑论》或《理惑论》),说"佛者,谥号也。犹名三皇神,五帝圣也。佛乃道德之元祖,神明之宗绪。佛之言觉也。恍惚变化,分身散体,或存或亡,能小能大,能圆能方,能老能少,能隐能彰,蹈火不烧,履刃不伤,在污不染,在祸无殃,欲行则飞,坐则扬光。故号为佛也"。这里所理解的"佛"与中国道教的神仙形象是一样的。这是早

---

① 这里主要谈的是中国古代哲学中的本体论思想,故对魏晋南北朝时期佛教流传的历史只稍作提及,不作专门论列。

② 作为世界三大宗教之一的佛教,是公元前 6—5 世纪古印度北天竺迦毗罗卫(Kapilavastu)国(今尼泊尔境内)王子悉达多·乔答摩(Siddha(r)tha Gautama)所创。他属释迦族,创教后被称为"释迦牟尼",意为释迦族的"圣者";又被尊称为"佛"即"佛陀",意为"觉者"或觉悟了真理的"智者"。佛教传入中国大约在西汉末东汉初,其具体时间史载不一。《三国志·魏书·东夷传》注引《魏略·西戎传》说:"汉哀帝元寿元年,博士弟子景卢受大月氏王使伊存口授《浮屠经》"。西汉哀帝元寿元年是公元前 2 年。又有《后汉书·楚王英传》说,楚王刘英"晚年更喜黄老学,为浮屠(佛)斋戒祭祀"。该传又载,东汉明帝(东汉第二帝)永平八年(65 年)诏令天下有死罪者可用缣(细绢)赎罪,刘英就派郎中令奉黄缣白纨三十匹送到中央赎罪。皇帝下诏安抚刘英说:"楚王诵黄老之微言,尚浮屠(佛)之仁祠,洁斋三月,与神为誓。何嫌何疑,当有悔吝? 其还赎,以助伊蒲塞(即优婆塞,就是男居士)、桑门(即沙门,就是出家人)之盛馔"。

期对佛教的认识。

　　至三国两晋南北朝时期,特别在东晋南北朝时期,原来被视为道术之附庸的佛教得到了较大发展。这有两个方面的原因:一是民族大分裂、社会大变动的社会现实为佛教在一般士人中的传播提供了条件;二是统治者看到了佛教对人们思想的统治作用而有意提倡之①。在对佛教思想理论的理解方面,此段时期为"格义"、"连类"②阶段。那么,此时人们用"连类"、"格义"法解说了什么佛教理论,形成了什么佛教学派呢? 这就是通过对大乘佛教般若学③的解说而形成的"六家七宗"。"般若"是梵文 Prajna 的音译,

---

① 例如,十六国时期,西域僧人图澄,善神咒方伎,曾用报应说劝后赵的石勒、石虎省刑杀,帮助后赵巩固了政权。石勒、石虎对图澄礼敬有加,建佛寺 800 余所。石虎曾下书说:"朕生自边壤,……应兼从本俗,佛是戎神,正所应奉。"(《高僧传》卷一《佛图澄传》)后赵亡后,图澄的弟子道安和友人习凿齿南下襄阳传法。东晋孝武帝太元四年(379 年)前秦苻坚克襄阳,道安和习凿齿被送到长安。苻坚说:"朕以十万师取襄阳,所得唯一人半,安公一人,习凿齿半人。"(《高僧传》卷五)前秦建元十八年(382 年),苻坚遣吕光灭龟兹(今新疆库车一带),带西域高僧鸠摩罗什至凉州。苻坚亡后,后秦弘始三年(401 年)姚兴讨西域,迎鸠摩罗什至长安,待以国师之礼,请入西明阁和逍遥园主持译经。到北魏时,佛教在北方已有了较大发展,建寺三万余所,僧尼二百余万,译经一千九百余卷,迄今保存的云岗石窟、麦积山石窟、敦煌石窟都开凿于北魏。在南方,佛教也渐盛起来。宋文帝刘义隆说:"六经典文,本在济俗为政,必求性灵真奥,岂得不以佛理为指南耶? ……佛法汪汪,尤为名理,并足以开奖人意。若使率土之滨皆纯此化,则吾坐致太平夫复何事?"(《广弘明集》卷一)南朝齐竟陵王萧子良招致文人学士于西邸讲论玄、佛和经术、文章。梁武帝萧衍弃道归佛,他说:"道有九十六种,唯佛一道是为正道,其余九十五道皆为外道。朕舍外道,以事如来!"他于天监三年(504 年)宣布佛教为国教,他以护法人自居,亲自登台讲演佛理。在他的倡导下,梁朝贵族朝臣转相附和,使南朝的佛教盛达顶点。这是佛教在魏晋南北朝的发展情况。

② 所谓"格义"、"连类"是用中国原有的哲学概念和思想理论来附会、解说佛教理论。佛教刚传入时,人们对它的思想理论不了解,要了解佛理尤其是它讲的哲理,就要将它翻译成中国原有的哲学术语,并用中国已有的哲理来解说之,这就是"连类"、"格义"。例如《高僧传》卷六说,慧远向听众讲佛学的"实相义",听众不明白,于是他就用庄子的道理来解说,引"庄子义为连类",这样听众就明白了。《高僧传》卷四说,有个叫法雅的佛教学者,把佛教哲学同中国原有的哲学思想联系起来互相解释,这种方法被称为"格义"。

③ 大乘般若学是公元 1 世纪左右在印度兴起的。在中国,西域月支人支谶(全名支娄迦谶)于东汉桓帝(147—167 在位)末年到洛阳,并于东汉灵帝的光和(178—184 年)、中平(184—189 年)年间译出《般若道行品经》等 12 部,重点介绍了般若学理论。三国时名僧朱士行于高贵乡公曹髦甘露五年(260 年)亲赴西域求得梵本《大品般若经》,后由竺叔兰等译为汉文,即为《放光般若经》。稍后,月氏侨民竺法护继续去西域求学,以 40 年时间译佛经 159 部,300 余卷,以般若类经卷为主。从此,印度佛教的般若学至魏晋时昌盛起来。

亦音译为"波若"、"钵罗若"等,意译为"明"、"智"、"慧"、"智慧"等。在佛教中,Prajna 常与 Paramita 一词连用,Paramita 音译为"波罗蜜多",意为"到彼岸"或"引导到对岸"或"彻底达到"、"在……方面完美"等。"般若"的全称为 Prajnaparamita,音译为"般若波罗蜜"或"般若波罗蜜多",意为"到达最高或完美的超常智慧之彼岸"。佛教般若学的思想颇为复杂,但基本思想是关于"性空幻有"说。它认为世上的一切东西均为因缘所生,故无固定不变的自性,此即为"性空";但空非虚无,自性虽空但仍有虚幻的假象存在,此即为"幻有"。"性空"与"幻有"是相互依存而不可分离的。但对这种比较深奥的佛教哲学理论,传入中土后却未能被深入、完全地理解,中土僧人往往多用玄学的"无"论思想来"格义"、"连类"之,故形成了中土的般若学说,出现了所谓"六家七宗"①的"众论竞作"。"六家七宗"中较重要的是本无、即色、心无这三宗。关于这三宗,东晋僧肇《肇论·不真空论》中对其有一评论性批评,曰:"本无者,情尚于无多,触言以宾无。故非有,有即无;非无,无即无。寻夫立文之本旨者,直以非有非真有,非无非真无耳。何必非有无此有,非无无彼无? 此直好无之谈,岂谓顺通事实,即物之情哉?"这是说,本无宗的"无"是一无到底,将有和无统统归于那种"至无"或"虚无"了。又曰:"即色者,明色不自色,故虽色而非色也。夫言色者,但当色即色,岂待色色而后为色哉? 此直语色不自色,未领色之非色也。"这是说,即色宗看到色不自色,这是对的;但它之所以认为色不自色,是因为它以为色之后尚有个"色色"者在,这就脱离开色本身了。又曰:"心无者,无心于万物,万物未尝无。此得在于神静,失在于物虚。"这是说,心无宗只看到无心于万物,但却没有揭示出万物自身"性空"的本质。总之,"六家七宗"对印度佛教般若学的理解是欠正确的。僧肇著《肇论》就是为了一方面破中土不正确的般若学理论,另一方面以阐发佛教般若学的"性空"与"幻有"圆融不二的思想理论。

---

① 南朝宋代释昙济作《六家七宗论》,说:"论有六家,分为七宗。第一本无宗,第二本无异宗,第三即色宗,第四识含宗,第五幻化宗,第六心无宗,第七缘会宗。本有六家,第一家分为二宗,故成七宗也。"(唐元康《肇论疏》)

2.僧肇的"空"论

僧肇[①]为什么要讲"空"?"空"的内涵是什么?这里我们先要了解一下印度龙树菩萨的"中论"说,因为僧肇著《肇论》,特别是其中的《不真空论》篇,就是来阐发龙树"中观"思想的,或者说是以"中观"思想为立论基础的。

印度的大乘般若学是一种"性空"与"幻有"相统一的思想理论。但这只是般若学的一个思想原则。这里的"性空"和"幻有"到底是一种什么哲学理论?它们究竟如何来圆融统一呢?实际上,般若学的"性空"和"幻有"统一说是用来揭示天地万物的存在本性、本质的。人们确信天地万物的每一存在都是有现成性、确定性的,即它是个"什么"。比如说,桌子、椅子、这本书、这支笔……,每一个都是现成的、确定的存在。但这只是常识。原来,世上的每一存在在本性上是空的,即"性空"或"物无自性"。如果世上的存在不是"性空",即如果它的本质、本性不是"空"、"无",而是"有"的话,那么这一存在一开始就是个"什么",就有它自己的质性在;如若一存在天生就有了质性,那么它就只能是原本的自己,就没有必要和可能去与它之外的他存在相联系和关系了,这样一来,它就是个唯一的独,这却是不能存在的。世上的每一存在之所以都能存在着,都能表现出现成性、确定性的"什么"来,关键就在于一存在之外有他存在的存在,一存在要依赖和能依赖这个他存在,一存在与他存在组建起了一存在构架;正是在这一存在构架中,才有一存在和他存在的都能存在,也才有一存在和他存在各自的确定性、现成性的"什么"表现着。佛教就把一存在与他存在之相关系的这一存在构架或条件成为"因缘"。世上的存在皆有因缘,这就说明世上的存在在本性上是"空"、"无",即物"无自性"。现在不妨举个例子,来看看佛教大乘般若学的"性空"与"因缘"圆融一贯的思想理论。比如我手上现在拿着的这支毛笔,乍一看它就是一支毛笔,是个现成的、确定的东西,是个"什么"。但实

---

① 僧肇本姓张,京兆长安(今陕西西安)人。他卒于东晋安帝义熙十年(414年),但他的生年却说法不一,有的说是东晋孝武帝太元八年(383年),有的说是太元九年、太元十年,更有人说是东晋废帝太和五年(370年),今多数人认为他生于太元九年(384年)。他是鸠摩罗什的"什门四哲"之一,以擅长般若学著称于世。

际上,这支毛笔之成为毛笔,是因缘之结果。就是说,如果我将它与纸、砚、墨等相联系而用它来书写,它这时的确是支毛笔;但如果我用它来敲打我桌子上的茶杯,它就成了一枝普通竹棍;如果我用它来蘸着油漆涂抹墙壁,它就是一个刷子;如果我的门闩坏了,我用它来插在门闩孔里,它就是个栓子;……你说这支毛笔到底是什么? 它可以什么都是,但也可以什么都不是。它是什么和不是什么,是由它所处的条件——因缘来决定的,并不是它的本性使然。所以说,世上的事物是没有"本性"的,此即"性空"。倘若世上的东西都有"本性",比如拿这支毛笔来说,它就永远只是一支毛笔,即只能用来写字而不可用于别的作为,或者说用作写字时它是存在的,而用作别的什么时它就消失了,就不存在了,这可能吗? 因此,说事物的"本性"是"空",是说事物并没有天生的"什么"之确定性、现成性,而并不是说就没有事物,或者说事物是由人随便想象出来的。世上的确有千千万万、千差万别的事物存在,不过每个事物并没有"什么"的这种现成性、确定性存在,故它的存在是虚的、幻的,即"幻有"。很明显,"性空"与"幻有"是圆融统一的,"性空"之为"性空"要表现在"幻有"中,否则就没有它了;"幻有"之为"幻有"是要表现在"性空"中,否则也就没有它了。这就是大乘般若学所讲的"性空"与"幻有",或"性空"与"因缘"不二的思想理论。其实,这个理论与郭象"独化"论在哲学性质上是一致的。"性空"与"独化"的"有、无"(或"有—无")性结构相一致。

佛教般若学关于事物存在本性的理论,传到中土后并没能被中土学者所理解,他们只抓住或"性空"或"幻有"一个方面予以解说,遂有僧肇所批评的诸如"本无宗"等的思想。但这种情况到了后秦姚兴弘始(399—416年)年间有了变化,此时鸠摩罗什①译出了龙树"中观"学的佛学理论。龙树的《中论》等著作开创了佛教"中观"学。龙树主张的是缘起性空说,他认为事物在本性上是"空"的,并不待分析或法灭后才见空,所以他叫"自性

---

① 弘始三年(401年)西域龟兹的佛学大师鸠摩罗什至长安,在长安的十多年中(罗什卒于413年),他译出佛经300余卷,其中有大乘空宗的《般若经》,更有龙树等的《中论》、《百论》、《十二门论》,其中的这"三论"影响颇大。龙树是公元3世纪时人,他著有《中论》、《十二门论》、《大智度论》等,他的弟子提婆著有《百论》。

空"、"本来空"。既然事物的自性是"空"的,那么如何来把握它呢? 龙树认为要从"空"观"有"和从"有"观"空",即不执"空"以否定"有",也不执"有"以排斥"空",而是使"空""有"相即相摄,此即为"二谛"。龙树的这种方法,说白了,就是要抛掉常识用以把握事物时的那种现成性、确定性之非此即彼的二元分立法,以之在"空"("性空")与"有"("幻有")的相互缘生中以把握事物的本性。所以,《中论》开宗明义的话就是其"八不"说,即"不生亦不灭,不常亦不断,不一亦不异,不来亦不出。能说是因缘,善灭诸戏论,我稽首礼佛,诸说中第一"。如果只看到事物的生或只看到它的灭,这就将事物现成化和确定化了,就将事物弄死了,这都不是事物的真实存在;事物的真实存在,即真正本性是有生有灭的活过程,它既非生又非灭且既是生又是灭,生灭是缘发构成的。事物的常与断、一与异、来与去等等莫不如此。龙树将把握事物缘发构成性的方式予以方法论化,这就是他的"空、假、中"三谛圆融的"中道"观,他用一个"三是"偈来表示之,即《中论》曰:"众因缘生法,我说即是空,亦为是假名,亦是中道义。"不难看出,龙树的"中观"学与郭象的"独化"论有相通之处。龙树所谓的以"空"观"有"和以"有"观"空"而不执著于单纯"空"和单纯"有"的方法,实际揭示的正是事物存在的"有—无"性的本性和结构。

僧肇作为鸠摩罗什的四大弟子之一(其他三位是僧融、僧叡、道生),作《肇论·不真空论》通过论"空"来阐发龙树的"中观"思想理论。《不真空论》讲了这样一些思想:

一是关于"非有非无"的中观"空"论。《不真空论》开篇说:

> 夫至虚无生者,盖是般若玄鉴之妙趣,有物之宗极者也。自非圣明特达,何能契神于有无之间哉? ……是以圣人乘真心而理顺,则无滞而不通;审一气以观化,故所遇而顺适。无滞而不通,故能混杂致淳;所遇而顺适,故则触物而一,如此,则万象虽殊而不能自异。不能自异,故知象非真象;象非真象,故则虽象而非象。

这里的"至虚无生"就是"空"。突出"空",是大乘空宗的基本原则,也是僧肇思想的基本宗旨。《摩诃般若波罗密经》卷五说:"菩萨摩诃萨复有摩诃衍,所谓内空、外空、内外空、空空、大空、第一义空、有为空、无为空、毕竟空、无始空、散空、性空、自相空、诸法空、不可得空、无法空、有法空、无法有法空。"(《大正藏》卷八)这样地"空"下去,真是空得彻底。但问题是,如果如此一空到底,空空如也,那么世上的一切都就成了零或虚无,还讲什么"空"呢? 还有什么"般若玄鉴之妙趣"呢? 这当然不是大乘空宗的意思,也不是僧肇的主张。僧肇说的"空"是"有物之宗极者"也,必须与物或有相联系,即在"有"中识"空"和观"空"。那么,如何使"空"与"有"联系起来以把握"空"呢?《不真空论》指出:

> 《中论》云,诸法不有不无者,第一真谛也。寻夫不有不无者,岂谓涤除万物,杜塞视听,寂寥虚豁,然后为真谛者乎? 诚以即物顺通,故物莫之逆;即伪即真,故性莫之易。性莫之易,故虽无而有;物莫之逆,故虽有而无。虽有而无,所谓非有;虽无而有,所谓非无。如此,则非无物也,物非真物。物非真物,故于何而可物? 然则万物果有其所以不有,有其所以不无。有其所以不有,故虽有而非有;有其所以不无,故虽无而非无。虽无而非无,无者不绝虚;虽有而非有,有者非真有。若有不即真,无不夷迹,然则有无称异,其致一也。若应有即是有,不应言无;若应无即是无,不应言有。言有是为假有以明非无,借无以辨非有。此事一称二,其文有似不同。苟领其所同,则无异而不同。然则万法果有其所以不有,不可得而有;有其所以不无,不可得而无。何则? 欲言其有,有非真生;欲言其无,事象既形。形象不即无,非真非实有。然则不真空义显于兹矣。

在僧肇看来,"无"("空")和"有"是用以表达诸法的存在性质、本质的概念。诸法从外形上看的确是实实在在存在的,这就是有而非无。诸法是有,即表明诸法是确定的、现成的存在。但诸法的这种确定性、现成性即"有"性是怎么得以可能的呢? 是由于诸法的因缘条件才使其各自显现出了是"什么"的确定性的。所以,诸法在本性上是无有自性的"空"或"无",但在外形上却是"有"。故诸法在外形上是有而非有，而在内性上是无而非无的，这就是诸法的"性空"和"幻有"性的统一。否则，"空"就是自空而"有"就是自有；"空"若自空就会一空到底而空空如也，"有"若自有就会一有到底而终古不变，这样的话就都不是诸法，也就没有现实世界可言了。僧肇在《注维摩经》卷一中说："欲言其有，有不自生；欲言其无，缘会即形。会形非谓无，非自非谓有。且有有故有无，无有何所无？有无故有有，无无何所有？然则自有则不有，自无则不无。"这说的也是"无"与"有"的有机统一。

僧肇讲的"空"（"无"）"有"的统一，实际上与郭象"独化"范畴的"有、无"（或"有—无"）性内在结构是一致的。如果说郭象在提出"独化"论时尚有一种无可奈何的心情而还未能明确揭示出其"有、无"性内性的话，那么在僧肇这里则借佛教中观学的思想和语言为"独化"论补上了这一内性结构。就是说，当郭象以"独化"范畴来整合玄学的"有"、"无"思想时，他的确在思想原则上是将"有"、"无"统一了起来，使之成为一"有、无"性结构；但在理论表述上，在思想体系上，郭象还未能提出"有、无"性的思想、理论，或者说他还未能把"有、无"性的玄学原则明确表达、论说出来。这一不足，正是由僧肇的"空"论来补上和完成的。当然，僧肇并没有直接讲事物的"独化"问题，他讲的是诸法的存在。但诸法存在同样是"独化"的，亦即"无"（"空"）与"有"的有机统一，且是一种功能性的统一，是一种显现、呈现。

二是关于"缘起"论。"缘起"也叫"缘生"，它是佛教最基本、基础的理论之一。释迦牟尼佛祖在创立佛教理论时就创立了"因缘"论。佛教的大、小乘都讲缘起，中观学派更讲"缘起性空"说。僧肇在阐说龙树的"中观"思想以论说"非有非无"的"空"论时，还论说了"因缘"论。《不真空论》说：

> 《中观》云，物从因缘故不有，缘起故不无。寻理，即其然矣。所以然者，夫有若真有，有自常有，岂待缘而后有哉？譬彼真无，无自常无，岂待缘而后无也？若有不能自有，待缘而后有者，故知有非真有。有非真有，虽有，不可谓之有矣。不无者，夫无则湛然不动，可谓之无，万物若无，则不应起，起则非无，以明缘起，故不无也。故《摩诃衍论》云，一

切诸法,一切因缘,故应有;一切诸法,一切因缘,故不应有;一切无法,一切因缘,故应有;一切有法,一切因缘,故不应有。寻此有无之言,岂直反论而已哉?

"空"("无")、"有"问题是与"因缘"问题紧密相关的,如果没有"因缘"理论作基础,"空"、"有"说就无从讲起了。僧肇引述佛典,要说明的就是要从"因缘"出发来理解和认识诸法的"空""有"如一性。正因为世上的每一存在都是依因缘而有的,故每一存在在自性上才是没有"有"的,这就叫"性空"或性"无";同时,每一存在依因缘而有,这种有就不是自身被填死了的有,就不是亘古不变的存在,故它就是"幻有"。一切诸法因"因缘"而使其为"性空",也因"因缘"而使其为"幻有",故一切诸法本来就是"性空"和"幻有"的一而二、二而一的相即不二。僧肇在《注维摩经》卷一中说:"有亦不由缘,无亦不由缘。以法非有非无,故由因缘生。论曰:法从因缘故不有,缘起故不无。诸法皆从缘生耳。"这是说,如果一切法在本性上是"有"或是"无",那么它们就能自有和自无,就不会待因缘了。但事实不是这样的,一切法在本性上是"非有非无"的,故才有因缘;反过来,正因为有了因缘,才使得一切法既"非有非无"且"亦有亦无",这才是活的法。

三是关于"即万物之自虚"的方法论。如何来把握不离开"有"的"空"呢? 前面谈"非有非无"的"空"论和"因缘"问题时,虽然也涉及到一些方法,但那里主要谈的是僧肇"空"的思想原则和理论。在《不真空论》中,僧肇也谈到关于如何在"有"中把握"空"("无")的方法论问题,这就是他所谓的"即万物之自虚"说。《不真空论》中三次说到:

> 是以圣人通神心于无穷,穷所不能滞,极耳目于视听,声色所不能制者,岂不以其即万物之自虚,故物不能累其神明者也。
> 夫圣人之于物也,即万物之自虚,岂待宰割以求通哉?
> 是以圣人乘千万而不变,履万惑而常通者,以其即万物之自虚,不假虚而虚物也。

"即"者,不离也。"即"有就、接近、靠近的意思。《尔雅·释诂下》:"即,尼也。"郭璞注:"尼者,近也。"《诗·卫风·氓》:"匪来贸丝,来即我谋。"郑玄笺:"即,就也。"所谓"即万物之自虚",是说在万物中以观事物本性之"虚",不是也不能离开万物来奢谈事物的"虚"、"空"或"无"。僧肇的这个思想正是般若中观学的精要所在。如果不在事物中以求其"虚"("空"、"无"),而单独、纯粹地谈论"虚","虚"就只是人理性上的一个记号,它就是空的、死的,是根本不会有作用的。所以,真正的"虚"不是也不能是人理性上的死记号,它是事物本性之所在,故要在事物中来把握之。那么,怎么在事物中来把握"虚"呢? 这就是从因缘出发,看到事物的有皆是在与他物的因缘中得以存在和表现的,故事物在自性上并没有一"有"性,事物的自性、本质是"虚"的,或曰是"空"、"无"。可见,事物的性"空"原本就是在事物的幻"有"中得以存在的。僧肇的这种"即万物之自虚"的方法论,与德国现代哲学家海德格尔的"Dasein"说在学理上有相通之处。海氏认为,西方传统哲学讲的"存在"(Sein)实际上只是一种概念,而不是生存在现实存在者中的活的"存在"本身。但怎么个"活"法呢? 活"存在"要活在存在者中,一方面是要下到存在者中,但另一方面又不能下到某个确定的存在者中,故海氏用"Da"来表示"存在"既在存在者中又不在某一具体存在者中的"活"性,这就是"Da-sein";这是"存在"的活转,即随缘而生的生生不息。僧肇说的"即万物之自虚"的"自虚"之"即",就是在万物中随缘而生的活转。

四是关于"物无当名之实"、"名无得物之功"的名言论。关于"非有非无"的"空"论,本身就是一种思想理论,而要表达这一思想理论,是不能没有名言的。但名言能正确把握诸法"非有非无"的"空"性吗?《不真空论》有言:

> 夫以名求物,物无当名之实;以物求名,名无得物之功。物无当名之实,非物也;名无得物之功,非名也。是以名不当实,实不当名。名实无当,万物安在? 故《中观》云:物无彼此,而人以此为此,以彼为彼。彼亦以此为彼,以彼为此。此彼莫定乎一名,而惑者怀必然之志。然则

> 彼此初非有,惑者初非无。既悟彼此之非有,有何物而可有哉?故知万
> 物非真,假号久矣。

为了能够把握事物,人们总要给事物命名的。但应该给一个事物命怎样的名称呢?这是约定俗成的结果,并没有非得如此的必然性。所以,同一个东西可以有不同的名称,同一个名称也可以表示不同的东西,名与物之间没有绝对符合性。这是一种情况。更为重要的是,当人们给物命名时,一定要将物视为某种现成性、确定性的"什么",否则的话是命不了名的。但这样做并不合乎事物的真正本性。事物的真正本性在于它的因缘性的"性空"、"幻有"性。如果一给事物命名,名称无论如何是把握不住事物之"性空"与"幻有"的统一性的。这就叫"物无当名之实","名无得物之功";也叫"物不即名而就实,名不即物而履真"。

既然名言把握不住事物"非有非无"的"空"性,那么不要名言行否?当然不行!因为没有名言的话也就没有思想和理论了,压根就没有关于事物"非有非无"的"空"的问题了。所以,要把握事物的"空"性,既不能用名言又不能不用名言。这怎么办?僧肇说:"是以物不即名而就实,名不即物而履真。然则真谛独静于名教之外,岂曰文言之能辩哉?""然不能杜默,聊复厝言以拟之。试论之曰:《摩诃衍论》云:诸法亦非有相,亦非无相。《中云》云,诸法不有不无者,第一真谛也。寻夫不有不无者,岂谓涤除万物,杜塞视听,寂寥虚豁,然后为真谛者乎?诚以即物顺通,故物莫之逆;即伪即真,故性莫之易。性莫之易,故虽无而有;物莫之逆,故虽有而无。虽有而无,所谓非有;虽无而有,所谓非无。如此,则非无物也,物非真物;物非真物,故于何而可物?"(《肇论·不真空论》)要把握事物存在的"第一真谛",并不是要涤除万物,杜塞视听,抛弃名言,钳口不语,如果这样是根本把握不到"第一真谛"的。把握"第一真谛"还是要用名言的,还是要视要听要说的,只是不可只说那些非此即彼的、只表现事物确定性和现成性"什么"的名和言,而要用名言来揭示诸法的既有又无,既无又有,有而非有,无而非无,有无相生,生生不息的缘构成的活性,一句话,就是要把握事物"性空"与"幻有"的相即不二性。事物的此种性质本来就是一种"不见其事而见其功"(荀子

语）的神奇、神妙的功能性，具有呈现、显现的现象性特征。

僧肇的《肇论·不真空论》通过对诸法"非有非无"之"空"性的阐发，以佛学的语言形式，揭示了事物"有、无"（或"有—无"）性的功能性存在和表现。这可以说是对郭象"独化"论思想原则的理论表述。通过僧肇的"空"论论述，以郭象"独化"论为代表和终结的魏晋玄学所建构的宇宙本体论就最终完成了。

三、魏晋玄学在宇宙本体论上的贡献及所留下的问题

魏晋玄学作为一种时代思潮以及所讨论的问题，对中国古代哲学，尤其对中国古代形而上学、本体论思想的发展、演进有何意义呢？下面试作一概述。

第一，历史上人们多用"清谈误国"一语来评定魏晋玄学的地位和作用，并常援引西晋怀帝永嘉五年（311 年）石勒俘王衍并令军士推墙将王衍活埋时王衍所哀叹的"呜呼，吾曹虽不如古人，向若不祖尚浮虚，戮力以匡天下，犹可不至今日"（《晋书·王衍传》）的话以佐证之。这种看法当然是有所偏的。西晋的政治腐败及其灭亡不能归结为玄学这种思想理论。玄学这一思想理论没有也不会去腐败社会政治，恰恰相反，它的产生正是适应使社会有序化这一时代政治课题要求的。

说到魏晋玄学的产生，时至今日的主流观点仍是以为它是对两汉经学的反动，即汉代经学已烦琐不堪而难于维持之时产生了玄学这一玄远清虚思想。这种说法看似符合学术思想发展的历史事实而有道理，但实则是有偏的，因为这样说失之笼统。汉代经学到了东汉时期，特别是东汉章帝建初四年（79 年）的白虎观会议后，儒学经学被谶纬迷信化，的确是愈来愈烦琐、荒诞而失去了学术生命力。但这只是表明今文经学的没落，并未表明古文经学的没落，更未表明整个儒学经学的过时和没落。与中国封建社会以农业和家庭手工业相结合为基础的、以一家一户为生产单位的自给自足的自然经济（小农经济）这一经济基础相适应的儒学，是整个中国封建社会的意

识形态,是指导思想,只要中国封建社会不解体,儒学思想是不能也不会退出历史舞台的,儒学经学也不会轻易地被别的思想所代替而销声匿迹。魏晋时代,儒学思想仍在社会生活中起着主导作用,上至统治者的治民政策,下至平民百姓的生活观念和行为规范,都在实践着儒学思想。王国维在《汉魏博士考》一文中所论列的当时古文经学的兴起情况,就足以说明汉魏之时所衰落的只是儒学今文经学,代之而起的是古文经学,儒家经学并没有也不可能从此就不行了而要用一种全新的玄学理论来代替之。所以,如果以学术演变为主线来说明从两汉经学向魏晋玄学的转化,或者来说明魏晋玄学的产生原因,多是隔靴搔痒。魏晋玄学产生的直接动力、动机和目的是社会政治,具体言就是如何妥善处理封建国家(即中央政权)与豪强世族(门阀士族)之间的关系以之使整个社会有序化的问题。豪强世族是中国前期封建社会的社会统治基础和阶级基础,封建国家不可能不予以重视。但怎么重视呢?是像奴隶制那样分封这些豪宗强右为诸侯王吗?不行!因为这与封建化的高度集权制的中央政权相冲突,不合乎封建社会的要求。那么,是将这些豪门世族直接撇开不管吗?更不行!从王莽改制的失败,到东汉光武帝刘秀的中兴,到东汉末黄巾起义的失败,再到三国时魏、蜀、吴三国政权的建立和巩固,这些豪门世族的政治倾向对国家政权的稳定和社会秩序的有序化有举足轻重的作用,封建国家的中央政权不能无视这股强大的社会政治势力!所以,封建国家既要重视和利用豪门世族这一社会政治力量,但又要强化中央政权,这个矛盾究竟如何解决,就成了汉魏时代非常紧迫的时代政治课题。要使当时的社会有序化,说得更严重一点,为了不使当时的社会大乱以至于灭亡,就必须妥善解决中央政权与门阀士族之间的矛盾。解决的方式当然可以有多种多样,但核心是"一与多"的关系问题,即如何以"一"(这就是中央政权)来将"多"(这就是各门阀士族)驾驭、统帅住。这明显是个哲学问题,或者说解决这一问题的理论最终要上升到哲学层面上来。正始时期王弼的"无"本论作为整个魏晋玄学的开端,其政治涵义正是如何解决"以一统众"、"以寡治众"、"守母存子"、"崇本举末"等社会问题的。所以,魏晋玄学是关于如何解决中央政权与豪强世族矛盾这一紧迫的时代政治课题的哲学思想和理论。

　　解决封建的中央集权与门阀士族的矛盾这一紧迫的时代政治任务,折射、反映、表现在思想文化上,就是魏晋时代的"名教"与"自然"关系问题。这里的"名教"是儒家纲常礼教的统称,即指整个儒学的思想理论和主张;这里的"自然"是自然而然,即老子所谓"道法自然"的"自然",对人来说就是人的"自然"本性,也就是没有被社会的礼仪规范所雕饰、限制的人的本然的存在性。一提起人的"自然"性,人们往往将其归之为目欲视、耳欲听、口欲尝、身欲逸等等的生理属性,其实这是个误导,因为这样做时一开始就将人动物化了,即把人的社会性解掉而纯粹还给了人以动物性,这就在思想方向上彻底错了。人之所以是人,之所以不是一般的动物,就是因为人把自己从一般的动物世界中提离、提升了出来,而成就了一个人的世界,即人文世界或人类社会。现在,人们在说人的"自然"性时,已经是在人文世界中了,已经是在人的社会性的前提、基础和氛围中来进行的,而绝不可能只是人的目欲视等等的纯生理性。所以,真正的"自然"性就是人的社会性之本性、本质。荀子说人的力气没有牛的力气大,奔跑没有马快,人在生理条件方面远不如别的动物,但人却是万物之灵,就是因为人能成"群";而人的"群"之所以与一般动物的群不同,就在于人的"群"是在"分"、"义"、"礼"等的前提和基础上存在的。荀子在这里所说的,就涉及或突出了人的"自然"性的本性,而他所谓的人的目欲视等等的生理性、生物性,实际上是为强调、凸显人的真正的"自然"性作铺垫的。从这个意义上来说,魏晋玄学关于"名教"与"自然"的关系本来就是同质的关系,在本质上是一致的。这样,就一方面把儒家的名教提升、升华到了本体的层面;另一方面也就实现了援道入儒的思想任务和目的。从这一视角来看魏晋玄学,它与汉代经学的思想任务是一致的,即经学旨在把儒家的伦理学本体化,玄学亦然,且玄学是在本体的层面来做这一准备性工作的,玄学是本体论的思想理论。

　　第二,那么,魏晋玄学是一种什么样的本体论思想理论呢?魏晋玄学作为一种时代思潮,其思想内容是很丰富的,所涉及的问题是方方面面的,比如有关于"有"、"无"、"独化"这样的本体论问题,有关于言能否尽意的"言意"问题,有"辩名析理"等的经典诠释方法问题,有圣人有情还是无情的性情问题,有"名教"与"自然"的关系问题,有如何"以一统众"的无为而为的政治谋略问题,还有如何"体无"的境界问题,等等。但魏晋玄学作为一种哲学思想和理论,它的思想实质是本体论。我们说魏晋玄学作为两汉经学的反动,这只是学术文化上的表面表现,它的产生有很现实的社会基础,这就是如何解决封建的中央集权与门阀士族的矛盾从而使社会有序化的问题。从这个角度看,玄学是时代政治课题的哲学化,是一种社会政治哲学。我们又说封建的中央集权与门阀士族之间的这一时代矛盾反映、折射在思想文化上就是如何解决"名教"与"自然"的关系问题,即为"名教"找到其存在的"自然"基础。从这一视角来看,魏晋玄学与汉代经学相一致,是如何将儒学在思想上一尊的哲学化努力,是一种伦理学本体论的哲学本体论思想。当然,说魏晋玄学是社会政治哲学或者是伦理学本体论哲学,实质都是一样的,这都最终逼向了形而上的本体论问题。因为,作为政治哲学它要为"以一统众"、"以寡治众"的政治方略建构哲学基础,这就最终逼向了那个"一"本身,这就是本体问题了。特别就玄学作为伦理学本体论而言,它要把伦理问题提升到本体的高度,为伦理道德行为的存在奠立自本自根的形上基础。所以,魏晋玄学是一种本体论,这与两汉经学的宇宙论或宇宙发生论明显不同。

那么,魏晋玄学是一种什么样的本体论呢? 一言以蔽之,玄学是一种宇宙本体论。前面不是说玄学是伦理学本体论吗? 就此言,玄学不是有明显的心性论色彩吗? 何以不是心性本体论而是宇宙本体论呢? 这是因为,其一,玄学的伦理学本体论不是汉代董仲舒的"天人感应"论那样有明显的目的论色彩和神学成分,它是援道入儒的,即把道家老子的"自然"论引入到了儒学中。老子的"道法自然"的"自然"性本来就有宇宙存在的性质和意义。其二,要把伦理问题本体化,最终是要超越心性范围的;就是说,如果单在人的心性范围内和意义上来为人的伦理行为的存在找根据,最终会葬送掉伦理行为的存在,因为这里只有和只能有自觉自愿的应然性原则,而没有具有外在约束力的必然性原则的,如果没有必然性原则作支撑,伦理行为最终会因为个人的主观好恶而被葬送掉。先秦孔、孟的"仁"、"心"思想,就说明了这一意思。所以,玄学要接着汉代经学的历史任务而继续把伦理学本体化,就不能走孔孟的老路,也不能走董仲舒的路,而必须将伦理行为的存在向宇宙存在的必然性维度引入。因此，玄学的本体论是一种宇宙本体论。其三，魏晋玄学是接着汉代经学而来的哲学思想，经学这一学术形式中所运作的哲学问题是宇宙生成论问题，前面我们多次谈到，在宇宙生成论中逻辑地隐含有一宇宙本体论问题和思想，否则的话宇宙生成论是难以成立的。所以，接着汉代经学关于宇宙发生论的问题，就自然地有宇宙本体论问题。就是说，汉代哲学解决了宇宙是怎么来的问题；现在，当这个宇宙已经来了后，就一定有个这个宇宙为什么要这样存在和能这样存在的问题。换言之，宇宙既然已经来了，它就存在着，就那么个样子；那么，它为什么就偏偏是这么个样子，为什么不是别个样子呢？这里的思想是，宇宙是这个样子一定有是这个样子的原因、依据，否则的话宇宙就不会一定是这个样子的了，就会随便变换的。关于宇宙存在的原因、依据问题，就是宇宙本体论。

第三，魏晋玄学是如何来完成关于宇宙本体论的理论建构任务的呢？玄学思想的开端是正始玄学中王弼的"无"本论。王弼的"无"是个比较复杂的哲学概念，有多义性。但这个"无"是天地万物存在的体和原，这一点则是明确的和肯定的。但这个作为体的"无"究竟是什么呢？它在哲学性质上到底是有还是无（没有、零）呢？当然是有，是存在，这个"无"不是也不能是没有、虚无、零，因为倘若是没有的话王弼就不用费心讲了，即使讲了也没有作用和意义。那么，这个在哲学性质上是有的"无"究竟是什么呢？原来它是对"道"的指称，即指的是"道"的无形无状无象无名的抽象性、一般性、普通性的特性，即"道"是个"一"；正因为它是抽象的"一"，所以它才有资格和能力将天下的多统起来，才能作天地万物的本和原，这就叫"故能为品物之宗主，苞通天地，靡使不经也。"（王弼《老子指略》）王弼的"无"作为本体是抽象的，即它是个"一"；就是说，"无"只有具有了抽象性的品性才能充当本体。然而，本体之所以是本体，本来就是要去管现象的，要到和能到现象中去的，倘若本体不管现象和不能管现象，不到现象中去，那么这种本体就真的成了空无、虚无或零了，要这种本体是没有用的。所以，当王弼讲以"无"为本时，他同时还要讲以"无"为用。讲到"无"的用，就无论如何不能讲"无"的无形无状无象无名的抽象性、一般性了，而必须讲它的有形有状有象有名的具体性，否则的话"无"就不能处在用中了。可见，王弼的这个"无"为了能是本体,它必须是抽象的或要有抽象性;同样地,王弼的这个"无"为了能起到本体的作用,它又必须是具体的或要有具体性。这就有了矛盾,即这个"无"到底是抽象的还是具体的? 其实,王弼的"无"本论具有此种矛盾乃哲学本体论之理论必然。英国现代哲学家罗素在《西方哲学史》的"绪论"中说:"哲学,就我对这个词的理解来说,乃是某种介乎神学与科学之间的东西。""一切确切的知识——我是这样主张的——都属于科学;一切涉及超乎确切知识之外的教条都属于神学。但是介乎神学与科学之间还有一片受到双方攻击的无人之域;这片无人之域就是哲学。"①可见,哲学的天性既不能如宗教神学那样的纯抽象,也不能如科学那样的纯具体,它天生就被搅和在了抽象与具体的缠结中而苦命地挣扎着,如果少了这种挣扎和呻吟,哲学的生命也就终结了。所以,王弼的"无"论具有抽象性和具体性的矛盾,这正是"无"本论的生命力所在。魏晋玄学的逻辑演进及其所表现出的历史进程,正是由王弼"无"本论的内在矛盾性所决定的。就是说,王弼的这个"无"一方面要向纯抽象一途趋进以得以展开和落实;另一方面又要向纯具体一途趋进得以展开和落实,然后在这两方面都得到展开的基础上来对其作整合和统一,到了这时,魏晋玄学关于宇宙本体论的理论建构任务就逻辑地完成了。

承接王弼"无"本论向抽象一途趋进的是竹林玄学的"自然"论。竹林玄学的出现有其具体的时代机缘,它也有自己的思想内容和主题。但从魏晋玄学关于宇宙本体论思想的逻辑进程看,它的"越名教而任自然"的纲领口号,正好承接了正始玄学"无"本论之向纯抽象一途趋进的思想任务。因为,当抛开"名教"而纯任"自然"时,所任出的"自然"就只能是人的纯精神领域。当人彻底丢弃了社会"名教"时,其结果无非是两种:或者倒退到动物世界去而成为一般动物;或者趋进到纯粹精神领域而成就一"出入六合,游乎九州,独往独来"的绝对精神自由。这时,人的精神表面看来是一种本体境界或境界本体,但实质上并没有形成真正的境界,只是精神上的幻象世界。而正是这种虚幻的精神世界,却正好使"无"的抽象性得以落实和表

---

① 罗素:《西方哲学史》上卷,何兆武、李约瑟译,商务印书馆1963年版,第11页。

现。这样一来,这个"无"在哲学性质和内容上就真正成了空虚的东西,即成了"至无"、"虚无"或"空无"了。后来元康时期裴頠和郭象在提到"无"时都屡屡说是"至无",这已不是指王弼的"无",而正是被竹林玄学过滤了的和推向了极端的抽象化了的"无",这种"无"当然是与现实无关的"至无"、"虚无"。

而承接王弼"无"本论向具体一途趋进的是裴頠的"有"本论。裴頠"有"本论的提出也有具体的时代机缘,他讲"有"的直接目的是为了捍卫社会"名教"。但从魏晋玄学宇宙本体论思想的逻辑演进过程看,这个"有"本论正好承接了王弼"无"本论中具体性的维度。因为当裴頠在《崇有论》中讲"夫总混群本,宗极之道也"时,他的玄学思想的基点在现象界的众有或群有上。当然,裴頠并没有只讲以众有为宗的"有"本论原则,他还具体探讨了众有之如何才能有的条件问题,建立了一有与他有并存这一存在构架,这是一个不小的思想贡献。但无论如何,在玄学理论上,裴頠的"有"本体是众有。众有都是有形有状有象的具体之有,这样的有如何来统一别的有呢? 在裴頠的玄学思想理论中这一矛盾无法解决!

可见,竹林玄学的"自然"论和元康时期裴頠的"有"本论只是将正始玄学王弼"无"本论中的抽象性与具体性的矛盾各向一个极端作了推演和展开,只是将矛盾暴露了出来,并未能解决这一矛盾。当然,暴露矛盾就为解决矛盾准备了条件。所以,在竹林玄学的"自然"论和裴頠"有"本论的基础上,有了元康时期郭象的"独化"论玄学。郭象很自觉地认真考察了他之前的"无"本论和"有"本论之类的本体论,认为"无既无矣,则不能生有;有之未生,又不能为生";"请问:夫造物者有邪? 无邪? 无也,则胡能造物哉! 有也,则不足以物众形。"(《庄子·齐物论注》)这是说,单独的"无"和单独的"有"均有自身的缺陷,均不能作本体。郭象在此说的"无"已与王弼的"无"相去有间,他所谓的"无既无矣,则不能生有"的"无"实际上是被竹林玄学的"自然"论推向了极端的空无、至无。郭象所说的"有之未生,又不能为生"的"有",倒是直接针对裴頠的"有"而言的,这里具体指裴頠"自生"的"有"。已往的"无"不能作本体,"有"也不能作本体,"然则生生者谁哉?"(同上)究竟本体是什么或者说什么才能作本体呢? 郭象似乎在这里犯了难,于是他提出了万物"未有不独化于玄冥者也"(同上)、"掘然自得而独化也"(《庄子·大宗师注》)的"独化"论。"独化"到底是什么?郭象在注《庄》时多对其"自然"的功能性作了不少状摹性描述。但仔细分析可以看出,郭象玄学是接着裴頠玄学讲的,如果说裴頠以众有为立足点,为众有之"有"构建了一个一有与他有之并存的外存在构架的话,那么郭象则将这一外存在构架内化为每一有的内在本性和结构上,即为每一有的存在建构了一内存在构架,这就是每一有自身中的"有、无"性。天地万物的每一有有了"有、无"性的内性后,它就是自本自根、自因的存在了。这就是说,当每一有有了"有"性时,它就能有和要有,它就表现为现实的存在,表现为自己是自己的存在状象和特征,这就是其"独"的一面。但事物不可只有"有"这一种本性,不可一有到底,因为如此的话事物就成了永远不会变化也不能变化的死东西了;所以,在事物有"有"性的同时它又有"无"性。有了"无"性,事物就能无,即能由有向无、由存在向非存在转化,这就有了事物"化"的存在和表现。但事物也不可只有"无"性而一无到底,因为这样的话事物就会变为空无、没有或零了,就会最终被蒸发掉了;所以,在事物有"无"性的同时它又有"有"性。就这样,事物是"有"与"无"的统一,即有而无之,无而有之,有无相生而生生不息,这就是其"有、无"性。大到宇宙本身,小到宇宙中的每一存在者,无不以其"有、无"性的本性、本质而存在着。可见,郭象的"独化"论对魏晋玄学中的"无"本论和"有"本论作了整合,从而为天地万物的存在建构了一个自本自根的本体——"独化"。"独化"论是魏晋玄学本体论的理论终结。

但应看到,郭象"独化"范畴的"有、无"性内涵,是我们现在所分析的结果。郭象本人虽然对其前的"无"和"有"作了自觉考察,但并没有明确地将"有"、"无"统一为"有、无"性而作为"独化"范畴的内在结构,他甚至连"非有非无"之类的话都没有说,他的最大贡献是对"独化"的非有非无、亦有亦无、有无相生而生生不息的存在功能性作了不少的描摹,即充分表达了"独化"的功能性。到了东晋,张湛玄学讲"至虚",似乎要为天地万物的存在再铸本体。但由于他不理解郭象"独化"论应有的理论深度和历史地位,也不明白"独化"论的功能性特征,故他的"至虚"论只是动摇于王弼的"无"本论和郭象的"独化"论之间的一种思想而没有新的创造。倒是东晋的佛教学者僧肇,借阐发印度龙树"中观"学思想,将"有"与"无"明确统一了起来,既要亦有亦无,也要非有非无,使"有"与"无"在相互缘构中生生不息,这正好是一"有、无"性。所以,可以说至东晋僧肇的《不真空论》,才逻辑地为郭象的"独化"范畴补上了其"有、无"性的内在结构,也才从思想理论体系上完成了"独化"论的玄学理论建设。故东晋僧肇的"空"论虽然是佛学的内容和形式,但在哲学性质上仍属于魏晋玄学关于宇宙本体论的思想逻辑。

第四,魏晋玄学是一种宇宙本体论,就是说,它所考察的是天地万物如何存在的本体、本原问题。这正是玄学思想的重要贡献。但这也正是魏晋玄学的不足所在,即玄学尚未考察人的问题,没能为人的存在建构起一个本体。当然,玄学作为魏晋时代的一种社会思潮和理论,在内容上不会不涉及人的问题,如关于人的才性问题,关于"名教"的问题,等等。但它没有考察人的存在,即人之存在的本体、本质问题。在玄学这里,人当然是存在的,但人的存在与其他存在的存在是一样的,即都是有,这明显只是从人的肉体存在出发来对待人的,这样的人实质上就是物,与宇宙万物的存在是一样的。但我们知道,人的存在与宇宙中其他的存在不一样。宇宙中其他的存在其根本性质是"有",但人及人类社会在存在性质、本质上是个真正的"无"。宇宙中原来只有个自然世界,是没有人和人类社会这一人文世界的,后来就是有了,这就是从"无"而来;人在自己的世界中生活了一段时间后死掉了,这叫"去世"、"逝世"、"辞世"、"离世"、"谢世"等等,即人的世界对已死的人来说就消失了,就由有变为"无"了。可见,人的世界是从"无"到有又从有到"无"的,或者简称为是从"无"到"无"的。故人的真正本质不是作为人的肉体存在的"有",而是作为人的社会、人的人文世界的"无"。既然人的本质是"无",那么将人的存在纳入到整个宇宙万物的存在中予以把握,得乎?! 这,就是魏晋玄学的宇宙本体论的不足所在,也就是魏晋玄学给后世的哲学思想所留下的要解决的问题。

再从中国古代哲学本体论的思想发展来说,我们说要建构完整形态和完全意义的形而上学、本体论,就要将天与人结合起来即建立"天人合一"

的理论。但要将天与人"合"起来,就得先分别考察天和人。魏晋玄学主要完成的是对天(天地万物的总称)的考察,为天的存在建构了一宇宙本体论。接着就要考察人的问题,这显然不是考察人的肉体存在,而是要考察人的人文世界,这就关系到人的心性问题,即要为人的存在建构一心性本体。这一任务逻辑地落在了中国化了的隋唐佛学身上。

第四章　隋唐佛学:心性本体论

一、隋唐时代与哲学

按史学家对中国封建社会的分期①,隋唐②处在中国封建社会前期的

---

① 中国封建社会分为前、后两个时期,这是史学界所公认的。但关于前、后期的具体阶段划分,目前尚有不同的看法。比如侯外庐先生说:"大概地说,中国封建社会可分为前期和后期两个阶段。前期从商鞅变法起,又可以战国末秦、汉之际为过渡,两汉作为一个阶段,魏、晋、南北朝、隋为一个阶段。后期可以隋和唐初为过渡,从中唐至明代中叶为一个阶段,明代末叶,即自十六世纪中叶以后,至一八四〇年为又一个阶段。唐代则以建中两税法为转折点,以黄巢起义为枢纽,处在由前期到后期的转变过程中。"(侯外庐:《中国封建社会史论》,人民出版社 1979 年第 1 版,第 147 页)胡如雷先生则认为,中国封建社会的前期从公元前 453 年韩、赵、魏三家灭智氏起到公元 960 年北宋立国止,历时 1413 年,其中划分为四个阶段,即战国(前 453—前 221 年),历时 232 年,为第一阶段;秦汉(前 221—公元 184 年),历时 405 年,为第二阶段;魏晋南北朝(公元 184—581 年),历时 397 年,为第三阶段;隋唐五代(公元 581—960 年),历时 379 年,为第四阶段。后期则从公元 960 年北宋立国到 1840 年鸦片战争,历时 880 年,其中又划分为两个阶段,即宋辽金元(公元 960—1368 年),历时 408年,为第一阶段;明清(公元 1368—1840 年),历时 472 年,为第二阶段。(参看胡如雷:《中国封建社会形态研究》,三联书店 1979 年第 1 版,第 416—421 页)

② 东晋以后,中国分裂为南北两部分。占据南方的为宋、齐、梁、陈四朝,是为南朝;据有北方的为北魏(后又分为东魏和西魏)、北齐、北周,是为北朝。北周武帝宣政元年(578年),北周的军政大权落入外戚杨坚之手。北周静帝大定元年(581 年),杨坚强迫周静帝让位于他,隋朝始,是年为隋开皇元年。隋开皇九年(589 年),隋军渡江灭陈朝,南北一统。隋大业十四年(618 年)隋王朝的禁军将领宇文化及杀隋炀帝,隋亡;同年,李渊在长安称帝,唐朝立,是年为唐高祖武德元年。至唐哀帝天祐四年(907 年),原黄巢军将领朱温(投降唐朝后,被赐名为朱全忠),废唐朝皇帝自立为帝,都开封,唐亡;从此中国历史进入了"五代十国"时期。

最后阶段,故它具有由前期封建社会向后期过渡的某些特征。就是说,隋唐社会既具有前期封建社会的某些特征,又具有后期封建社会的某些迹象。隋唐封建社会的这一特点,是其社会思想,尤其是哲学思想得以存在和表现的社会基础。

(一)隋唐时期的社会经济、政治和思想任务

公元 581 年隋立国后,注意缓和阶段矛盾,轻徭薄赋,省刑轻罚,促进了农业生产的发展。据《隋书·食货志》载,隋文帝时,"强宗富室,家道有余",国家更是"中外仓库,无不盈积"。西京太仓,东都含嘉仓、洛口仓,华州永丰仓,陕州太原仓,所储米粟多达千万石;长安、洛阳、太原府库所积布帛有几千万匹。这些积存再加上全国各地的储积,可供隋王朝支用五、六十年。手工业方面的纺织、制瓷、造船、铸币技术都有了进一步提高。隋大业元年至四年(605—608 年)京杭大运河的开发,促进了交通运输的发展,使商品流通和商品生产也有了一定的发展。

到唐代,社会生产力水平有了进一步提高。这首先表现在生产工具有了较大的改进。生产工具是一个时代生产力水平高低的直接显示,"是人类劳动力发展的测量器,而且是劳动借以进行的社会关系的指示器"[1]。中国封建社会的主要经济领域是农业生产,相应的基本工具就是耕犁。中国的耕犁在汉代已定型,魏晋南北朝时期有了一些改进。在唐代,耕犁有了一次较大的改进。据唐人陆龟蒙《耒耜经》记载,当时的江东犁由十一个部件构成[2],这是一种曲辕犁,运用犁评来控制深耕和浅耕,犁评"进之则箭下,入地也深;退之则箭上,入地也浅",应用自如。犁辕由直辕改为曲辕后,便于转弯和回头。配合耕犁的改进,还出现了碎土、除草、碾平等一系列生产工具。《耒耜经》说:"耕而后有爬,渠疏之义也,散墢去芟者焉。爬而后有砺礋焉,有礰礋焉。自爬至砺礋皆有齿,礰礋觚棱而已。咸以木为之,坚而

---

[1] 马克思:《资本论》第一卷,人民出版社 1975 年版,第 204 页。

[2] 耕犁的铁制部件有犁镵(即犁铧)、犁壁;木制部件有犁底、压镵、策额、犁箭、犁辕、犁梢、犁评、犁建、犁槃,共十一部分。

重者良。"爬就是耙，用以碎土和除去土块中的杂草。耙地后，再用砺礋、礳碡碾平田面，以免水分蒸发太快。耕犁的改进和其他生产工具的使用，大大提高了劳动生产率，使亩产量有所增加。据《汉书·食货志》，汉代在代田法实施后，"一岁之收，常过缦田亩一斛以上，善者倍之"。即汉代实行代田法后亩产收二石到三石左右。汉量比唐量小，汉代亩产二至三石，折合为唐量就是六、七斗到一石。到唐代，据《陆宣公集》之《均节赋税恤百姓》篇说："今京畿之内，每田一亩，官税五升，而私家收租，殆有亩至一石者，是二十倍于官税也。降及中等，租犹半之，是十倍于官税也。"按当时官、私出租土地中分其产品的规定看，陆贽所说的私租每亩一石，则其产量当为二石。可见，唐代的亩产量当为一至二石，这比汉代提高了一倍多。此外，唐代在灌溉工具的改进和河渠陂塘的修筑①，在纺织品的精细化生产②，在冶铁、制

---

① 唐代在灌溉工具方面也有了较大改进。桔槔和辘轳是早有的灌溉工具，唐代使用颇为普遍。唐代科举考题中就有以桔槔、辘轳为赋题的，如仲子陵的《辘轳赋》、王契的《桔槔赋》就描写了这些工具的灌溉功能。唐代还出现了利用水力来转动的筒车和汲机。例如陈廷章的《水轮赋》（见《全唐文》卷九四八）和刘禹锡的《机汲》（见《刘禹锡文集》卷二七）就介绍和描述了这些机械的作用。还有能"并转五轮，日破麦三百斛"的水碾（见《旧唐书》卷一八四《高力士传》）等。除改进和发展灌溉工具外，唐代也很重视水利。唐中央尚书省的工部下设有水部郎中和员外郎，"掌天下川渎陂池之政令，以导达沟洫，堰决河渠，凡舟楫灌溉之利，咸总而举之。凡天下水泉三亿三万三千五百五十有九。……凡有溉灌者，碾硙不得与争其利；溉灌者又不得浸人庐舍，坏人坟墓。仲春乃命通沟洫，立堤防，孟冬而毕。"（《唐六典》卷七《尚书工部》）又有都水监的都水使者，掌河渠修理和灌溉事宜（见《唐六典》卷二三《都水监》）。唐朝的《水部式》就是关于河渠、灌溉、舟楫、桥梁、水运等事的法令。据《新唐书·地理志》等，唐朝所修之河渠陂塘堤堰等工程共有269座（其中关内25座，河南39座，河东16座，河北58座，山南9座，淮南16座，江南71座，剑南30座，岭南5座），这些水利工程无疑有益于农业生产的发展。

② 唐时河北本为丝织业发达之地。安史之乱后，浙东的丝织技术大为提高，"初，越人不工机杼。……由是越俗大化，竞添花样，绫纱妙称江左矣。"（《唐国史补》卷下）五代时丝织技术又传入湖南，即"机杼遂洁于吴越"（《十国春秋》卷七二《高郁传》）。南唐时发明了印花染色，且遍及全国。五代时又出现了一种名为"天水碧"的颜色。棉织业在唐代的南方也发展了起来。还有毛织业，出现了百鸟毛裙。在唐代皇家局作中，丝织染色的分工颇为细致。《唐六典》卷二二《少府监》说："凡织紝之作有十（布、绢、絁、纱、绫、罗、锦、绮、繝、褐），组绶之作有五（组、绶、绦、绳、缨），紬线之作有四（紬、线、弦、网），练染之作有六（青、绛、黄、白、皂、紫）。"这说明织染业的分工精细、织物质量等级的提高和种类的增加。唐代纺织业发展到一个较高水平。

瓷、造纸、印刷、建筑等方面①都有了较大的发展,商业也比前繁荣②。唐代生产力发展到一个新水平③。

隋唐时代,特别是唐代生产力的发展水平,一方面表明它比魏晋南北朝时期有了一定提高,但另一方面它又未达到后期封建社会所具有的程度。这就从根本上决定了隋唐封建社会的过渡性质,即一方面它是对前期封建社会的继承、延续和完善;另一方面又在这种继承和完善中解体着前期封建社会的社会经济、政治结构,使其向后期封建社会转化。隋唐社会的这种过渡性质和特点,在其时的经济结构中有明确表现。经济结构(或经济基础)乃生产关系的总和,而生产关系中最主要的方面是生产资料的所有制(所有权)关系。在中国封建社会,最主要的生产资料就是土地。所以,要窥视隋唐时代中国封建社会的过渡性特征,就要考察当时的土地制度,这就是隋

---

① 在唐代,据《元郡县志》卷十四记载,山西飞狐县(即今河北漆源县)利用拒马河水力来炼钢,这是冶铁技术方面的大进步。扬州所铸的"百炼镜"、"江心镜"驰名全国。瓷器方面,陆羽在《茶经》中说"邢瓷类银,越瓷类玉","邢瓷类雪,越瓷类冰"。《唐国史补》说"内邱(在定州)白瓷瓯,端溪紫石砚,天下无贵贱通用之"。可见当时制造技术之高和瓷器使用之广。关于造纸技术,据《唐六典》卷二〇《太府寺》载,当时有"益府之大小黄白麻纸,……杭、婺、衢、越、等州之上细黄白状纸,均州之大模纸,宣、衢等州之案纸、次纸,蒲州之百日油细薄白纸"等种类。如蜀纸的制造,《笺纸谱》说:"(锦)江旁凿臼为碓,上下相接,凡造纸之物,必杵之使烂,涤之使洁,然后随其广狭长短之制以造,研则为布纹,为绫绮,为人物花木,为虫鸟,为鼎彝,虽多变,亦因时之宜。"可见当时造纸技术之先进。关于雕板印刷技术,这是中国隋唐时期的发明。《少室山房笔丛》卷四说隋开皇十三年(593)"敕废象遗经,悉令雕板"。但有人认为雕板印刷没有这么早。但无论如何,雕板印刷不会迟于安史之乱。还有建筑,在隋唐时代也已达到较高水平。比如隋代造的赵州安济桥,用"空幢券法"造成,这是建筑史上的新成就。隋、唐长安城的建筑,规模之大和制造之精,都是空前的。再说造船,《唐国史补》卷下载:"江湖语云:水不载万,言大船不过八九千石。然则大历、贞元间,有俞大娘航船最大,居者养生送死嫁娶悉在其间,开巷为圃,操驾之工数百,……此则不啻载万也。"刘晏在扬州曾设立造船场十处,制造通径于运河的漕船,每船可载千石,这对唐代的漕运起了很大作用。唐时李皋吸取了前人的造船经验,发明了脚踏的轮船。《旧唐书·李皋传》说,他在荆南时"常运心巧思,为战舰,挟二轮蹈之,翔风鼓疾,若持帆席。"

② 从汉末到南北朝,多是"钱货不行"(《三国志·魏书·董卓等传》),经常"以谷帛为布",自然经济的色彩颇浓。至唐代,富商巨贾辈出,繁华城市星罗于各地,商品货币关系大为加强,故有"如见钱流地上"(《新唐书·刘晏传》)之说。邸店的增加、柜坊的出现,都反映了商品经济的发展。

③ 关于唐代社会生产力方面的材料,参考了侯外庐《中国封建社会史论》(人民出版社 1979年版)一书的一些内容。特此注明。

和唐初都推行过的均田制。

关于中国封建社会的土地占有制度,在曹魏时有屯田制,西晋时变为占田制。公元 471 年北魏的孝文帝即位,他在位期间做了一些改革。孝文帝太和九年(485 年)北魏颁布了均田令①。与这个均田令相配套的还有两项法令:一是李冲在太和九年提出并经朝廷同意推行的"三长制",即重建乡官系统,五家立一邻长,五邻立一里长,五里立一党长,选择本乡"强谨"者充当。这主要是为了代替"宗主督护"制,为国家控制一定的户口。二是李冲的另一项建议,即实行新的租调制,规定一夫一妇出帛一匹,粟二石;十五岁以上的未婚男子四人、从事耕织的奴婢八人、耕牛二十头,其租调量同于一夫一妇所交量。均男制和新的租调制以一夫一妇之户为受田纳租单位,故不再有户等之别,西晋占田制以来的"九品混通"的征收办法被废除了②。

北魏的均田制对隋、唐社会有直接影响。隋于开皇元年(581 年)立国后,于开皇二年隋文帝就颁布了均田令和租调新令③。开皇三年,隋朝又令

---

① 关于这次均田令的具体内容,在《魏书·食货志》中有载(其中的一些文字须据《通典》和《册府元龟》中有关记载来校正)。现据一般通史所述,北魏均田令内容可概括为:①十五岁以上的男子受露田(未种树者)四十亩,桑田二十亩,妇人受露田二十亩。露田加倍或加两倍授给,倍给的部分称为倍田,以备休耕,年满七十还官。桑田为世业田,不须还官,但要种上一定数量的桑、榆、枣树。家内原种了桑的私田不动,但要用来抵消应受桑田及倍田的份额。田土不宜种桑的地方,男子给麻田十亩,妇女五亩,皆从还受之法。②露田不得买卖。原有桑田超过二十亩的,超出部分可以出卖,但不足二十亩的可买至二十亩为止。③地主可按其拥有奴婢和耕牛的数量,另外获得土地。奴婢受田办法与普通民同,耕牛每头受田三十亩。④土田不足之处的居民可以向空荒处迁徙,但不能从赋役较重处迁往较轻处。⑤地方官依官职高低授给公田,刺史十五顷,下至县令、郡丞六顷。所授之田不得买卖。

② 参看翦伯赞主编:《中国史纲要》上册,人民出版社 1983 年版,第 305—307 页。

③ 隋的均田法在《隋书·食货志》中有载。现据有关通史,可将隋的均田法及相应的法令概括为:①"自诸王以下至于都督,皆给永业田各有差,多者至一百顷,少者至四十亩";"男女三岁以下为黄,十岁以下为小,十七岁以下为中,十八以上为丁,丁从课役;六十为老,乃免。""其丁男中男永业露田,皆遵后齐之制,并课树以桑榆及枣。其园宅率三口给一亩,奴婢则五口给一亩";"京官又给职分田,一品者给五顷,每品以五十亩为差,至五品则为田三顷,六品二顷五十亩,其下每品以五十亩为差,至九品为一顷。外官亦各有职分田。又给公廨田,以供公用。"(《隋书·食货志》)②一夫一妇为一床,交纳租粟三石,调绢一匹(四丈)或布一端,绵三两或麻三斤;单丁和奴婢、部曲、客女,依照半床交纳;丁男每年要为国家服役一月。开皇三年又令:成丁年龄提高为二十一岁,每年服役由一月减为二十天,调绢由一匹改为二丈,并规定不役者收庸。

州、县官吏检查隐漏户口,"大索貌阅"(即按户籍上登记的年龄和体貌,核对是否诳报年龄、诈老诈小)。通过这次检括,户籍簿上有四十万人查实为壮丁,有一百六十多万人新编入户。紧接着,隋朝又依宰相高颎的建议,实行了"输籍法"①,此法的实行使大量隐漏、逃亡的农民成为国家的编户。与均田法相结合,隋政府又实行了巩固中央政权的一些政治措施②。政治措施的实施,巩固了中央集权,结束了大族豪强对地方权力的垄断,为普通地主参加政权开辟了道路。

618 年唐朝立国后,不久也推行了均田制。唐高祖武德七年(624 年)四月颁布了均田令③和租庸调法④。唐初的均田令取消了奴婢、部曲、耕牛

① 即由中央确定划分户等之标准,名为"输籍定样",然后颁布到各州县,每年的一月五日由县令派人到乡,以三百至五百家为一团,依定样确定户等并写成定簿。
② 这方面有:①置尚书、门下、内史三省,作为中央最高政权机关。在地方,把州、郡、县三级改为州、县两级(大业三年(607)改为郡、县两级),精简了地方机构。开皇三年规定,凡九品以上的地方官皆由中央任免,每年由吏部考核;后又规定,州县佐官三年一换,不得重任。②废除了九品中正制,在地方设州、县学,原有的秀才、明经两科可由州县的生徒"升进于朝"或由诸州将人才送中央考试录用。隋炀帝时又设进士科。科举制由此始。③开皇十年(590)隋文帝对府兵制进行了改革,令"军人可悉属州县,垦田籍帐,一与民同,军府统领,宜依旧式"(《隋书·高祖纪》),即府兵一面在州县落籍,从事生产,一面保留军籍,轮番宿卫。
③ 唐代的均田法在《唐六典》卷三《户部尚书》中有载。现据有关通史,将唐的均田法内容概括为:①丁男和十八岁以上的中男,各受永业田二十亩、口分田八十亩;老男、笃疾人、废疾人各受口分田四十亩,寡妻妾各受口分田三十亩,他们或其夫原有永业田纳入户内口分田数额中计算。丁男和十八岁以上中男以外的人,凡作户主的则各受永业田二十亩、口分田三十亩。②有封爵的贵族和五品以上之官员,可依品级请受永业田五顷至一百顷。有战功受勋者可依勋级请受勋田六十亩至三十顷。③受田足的叫宽乡,不足的叫狭乡。狭乡的口分田减半授之。狭乡的人准许在宽乡遥受田亩。官人永业田和勋田只能在宽乡授给,但准许在狭乡买荫赐田充。④永业田皆传子孙,不再收还。⑤庶人有身死家贫无以供葬的,准许出卖永业田;迁往宽乡和卖充住宅、邸店、碾硙的,并准许出卖口分田。官人永业田、勋田和赐田可以出卖。买入的田数不能超过应受田限额;狭乡人买田准许依照宽乡的限额。⑥在职官员,依照内、外官品和职务性质的不同,有八十亩至十二顷的职分田,以其他地租充作俸禄的一部分。离职时要将职分田交下一任官员。内外各官署还有数量不等的公廨田,其他地租作办公费用。
④ 唐代与均田令相配合的还有租庸调法。即每丁每年向国家缴纳租粟二石,随随乡土所出,每年缴纳绢(或绫、絁)二丈,绵三两;不产丝绵的地方则纳布二丈五尺、麻三斤。每丁每年还要服役二十日,闰月加二日;如无徭役,则纳绢或布替代,每天折合绢三尺或布三尺七寸五分,叫作庸。若政府额外加役,加十五天则免调,加三十日则租调全免。加役最多不得超过三十日。租庸调法还规定出了依灾情轻重减收或免收之法。

的受田,降低了农户的受田限额,并禁止地主在狭乡"占田过限",这些都反映了均田农民(基本上是自耕农)和中小地主经济在当时已占据优势地位。唐代的租庸调是中国前期封建社会在占田、均田制形式下国家赋税制度的完善形式。同时,唐代也加强了中央集权的政治建设①。

北魏(也包括北齐、北周等)、隋、唐的均田制及租调制与曹魏的屯田制、西晋的占田制有一致性,即它们都是封建国家土地所有制的表现形式。不论是屯田、占田还是均田,其前提基础都是一样的,即封建国家拥有一定数量的土地,如果国家手中没有了土地,这些制度就都无法实行了。那么,国家手中为什么能拥有一定数量的土地? 土地在国家手中这一事实和现象说明了中国封建社会的什么实质性问题呢? 我们在谈魏晋时代时说过,封建社会一个主要和突出的矛盾就是高度集中的国家政权和高度分散的小农经济(自然经济)之间的矛盾。如何使高度分散的自然经济与高度集中的中央政权相协调? 这就需要有地主存在。因为,封建社会不能用奴隶制的方式把劳动者(奴隶)强行束缚在不同层次的分封制形式下的国有土地上,以做到劳动力与土地的直接结合;也不可能像资本主义那样以商品生产为目的和手段来把生产经营者纳入社会化的生产中,以做到劳动力和土地的直接结合。在封建社会,要达到生产力与土地的充分和较紧密的结合,以实现社会的生产和创造社会财富,就需要地主这个中间力量和环节。所以,地主,即封建地主的土地占有制,是实现农民与土地较充分结合的必由途径。就是说,在封建社会,原则上天下的田土是属于封建国家的,但封建国家却让地主占有土地,使农民成为租种地主土地的佃户,封建国家在实施对地主

---

① 这方面的举措有:①唐初有中书省、门下省、尚书省三省。中书省负责整理、陈奏来自各地方的表章,并提出初步的处理意见,起草并宣行皇帝的制诏。门下省负责审查中书省起草的制诏和尚书省拟制的奏抄。尚书省乃最高行政机关,下设吏、户、礼、兵、刑、工六部。还有御史台,是唐代的监察机关,职责是弹劾中央和地方官吏的违法行为,并参预大狱的审讯。②地方行政机构分州、县两级,州设刺史,县设县令。③完善了科举制。在隋代科举制的基础上,唐代科举制有了发展。唐科举有制举和常举两种。制举由皇帝临时定立名目,下令考选。常举每年举行,分为秀才、明经、进士、明法、明书、明算等科。通过科举考试,普通地主阶级的知识分子可入仕为官。④唐前期沿用了隋的府兵制。府兵以外,唐又有禁军负责保卫皇宫。如果说均田制和租庸调制的实行从财政上保证了中央集权制的话,而在均田制基础上实行的府兵制则从军事上保证了中央集权制。

及佃户(佃农)的租、调、役的赋税征收中以实现其中央集权制。说到这里就有一个问题,即"地主"的标准是什么? 拥有多少土地才算地主? 所谓地主,就是靠出租所拥有的土地来收取地租而生活的家庭。所以,是否是地主要有一个最低的地租量界限。而地租量与所占土地的数量有关,还与一个时期的生产力水平有关。在国家赋税标准一定、地主对佃户的剥削率(即每亩土地该缴纳地租的数量)一定的情况下,要能有一定的地租量,生产力水平愈高则所需土地量就愈小,反之就愈大。至唐代,大体以开元、天宝年间为界,此前中国封建社会的生产力水平虽然历代都有所提高,但总体水平与后期封建社会相比还是比较低的。这就从根本上决定了,在前期中国封建社会中,所谓地主一定要占有较大数量的土地,即一定是大地主,这就说明从东汉末到唐中叶为什么总有豪族大地主(即门阀士族)存在这一历史现象。当然,这种大地主的形成要有家族等方面的特殊原因和条件,其形成是不容易的,且数量是有限的和较少的,不可能普遍化。这样一来,在前期封建社会中,除了豪族大地主占有一定数量的土地外,还有未被占有的土地,这些土地就属于封建国家所有。再说劳动者,大地主占有一定的土地,当然要有人为其耕作,这些人就是佃客、部曲等荫客。但也有一些人自己占有较少土地并亲自耕作,这就是自耕农。还有一些既非荫客亦非自耕农的无地流民,前期的封建国家在实行占田、均田制时,往往要对流民予以重视而授给其土地。可见,在前期封建社会中出现门阀士族这样的大地主乃历史必然,它正是解决封建社会高度集中的中央政权与高度分散的小农经济之间矛盾的有效方式。当然,人们往往指出门阀士族对社会发展的不利作用,这是对的。按理说封建社会的地主是要广泛化和普遍化的,这些地主要将天下的田土基本占完,同时使天下的生产者大多或基本都成为地主的佃户;而豪族地主的存在显然有碍于地主的广泛化,故对中国封建社会的发展是有障碍的。这是问题的一个方面。但也应看到,正是这种豪族地主的存在,才阻碍了封建社会向奴隶社会的倒退。因为,即使在前期封建社会中也有相当数量的自耕农存在,但自耕农往往不稳定而容易走向破产,这些破产的自耕农就多数转化为豪族地主的荫客,避免了其成为封建国家的奴隶。所以,中国前期封建社会中门阀世族的存在正是封建社会逐渐地从奴隶社会中分离出来以取得独立存在和发展的方式和途径。

隋和唐初实行的都是均田制,这从经济结构上决定了隋唐属于前期封建社会。但随着社会生产力的发展和历史的进步,隋、唐的均田制,特别是唐初的均田制(及西晋的占田制、曹魏的屯田制)更加完善和进步。这也正好是唐代均田制的特点所在。这些特点可概括为:其一,受田范围的扩大和普遍化。唐代贵族官僚的受田,普及到了品官中的一切官吏,且官僚授田的办法被规定得更为周密。唐代的官僚机构是逐渐扩大的,但不论是职官、官爵、散官、勋官都可授永业田。这样以来,凡是官吏都可依法成为地主,这就和魏、晋、南北朝时期不同。同时,唐代容纳了南朝经济的发展,对庶族地主采取了兼容并包的办法,故官吏的受田就不限于旧的品级性的豪族门阀,受田的范围被大大扩大了。这种受田范围的扩大所带来的直接后果就是助长了庶族地主的势力,这同时就是对豪族地主势力的一种扼制。其二,僧尼和工商业者都可授田。唐律正式承认僧尼可占有土地。僧尼可合法地占有一定土地,再加上他们的巧取豪夺等,故寺院的占田附户日增,遂有"膏腴美业,信取其多;水碾庄园,数亦非少"(《旧唐书·狄仁杰传》)的现象,寺院经济壮大起来。关于工商业者,汉律是摈之于土地占有者之外的,在以后的各朝代中他们的身份一直低下。唐律规定可授给工商业者土地,这有利于地主与商人的结合以及商业资本转向对土地的掠夺。其三,唐代限制土地买卖的法令比前代松弛。北魏的均田令规定只限桑田的有余或不足部分才可买卖之。北齐时桑田和麻田同为世业田,使世业田的范围扩大了,可买卖的部分也就扩大了。至唐,永业田和口分田都可出卖。这一方面表明农民对自己份地占有权的属性提高了,但另一方面也为土地兼并打开了门径[①]。

唐代均田制的这些特点表明:一方面其均田制比前代更成熟、完善了;但另一方面却正好造成了对它的破坏。均田制这种中国前期封建社会成熟形式的土地制度终于在唐代解体了。这种解体具体出现在开元(713—741

[①] 关于唐代均田制的特点,这里参考了侯外庐《中国封建社会史论》(人民出版社 1979 年版)第 155—157 页所讲内容。特此注明。

年）、天宝（742—756 年）之际。唐杜佑在《通典》卷二《田制》下注说："开元之季，天宝以来，法令弛坏，兼并之弊有踰于汉成、哀之间。"唐陆贽在《均节赋税恤百姓》（见《陆宣公集》卷二二）中说："今制度弛紊，疆理隳坏，恣人相吞，无复畔限。富者兼地数万亩，贫者无容足之居。依托豪强，以为私属，贷其种食，赁其田庐，终年服劳，无日休息。"《册府元龟》卷四九五《田制》说："天宝十一载十一月己丑诏，曰：……王公百官及富豪之家，比置庄田，恣行吞并，莫惧章程。借荒者皆有熟田，因之侵夺；置牧者唯指山谷，不限多少。爰及口分永业，违法买卖，或改籍书，或云典帖，致令百姓无处安置。"百姓已到无处安置的地步，那么均田制的"均"也就没有了，均田制遭到了根本破坏。

均田制被破坏后，依均田制而制定的租庸调法也受到了破坏。开元中，唐王朝将地税改为亩收二升；户税也按户税钱，三年一大税，每年一小税。地税、户税在财政收入中份额的增加，为向两税法过渡做了准备。唐德宗建中元年（780 年），根据宰相杨炎的建议，唐政府颁布了两税法①。两税法是以财产多少为征税标准的，这扩大了赋税的承担面，成为后期中国封建社会赋税的基本形式。

随着均田制的破坏，建立在均田制上的府兵制也瓦解了。开元十一年（723 年），唐政府废弃了府兵制，招募强壮十二万人，免其征镇赋役，号长从宿卫。开元二十五年（737 年），唐政府又于诸色征行人内及客户中招募丁壮以长充边兵。此后，中央禁卫军和边镇兵全由招募来的雇佣兵组成。与此同时，唐政府在边地确立了节度使制度，先后设立了安西、北庭、河西、陇右、朔方、河东、范阳、平卢、剑南等九个节度使和岭南经略使，使各自总管一个地区的军事。募兵制和节度使制的出现，使职业兵逐渐变成了军将的工具，为尔后的藩镇割据埋下了隐患。

---

① 两税法的内容是：①由朝廷根据财政支出定出总额，各地依朝廷分配的数目向当地人户征收；②土著户和客居户，都编入现居州县的户籍，依丁壮和财产（包括田亩和杂赀财）的多少定出户等；③两税分夏秋两次征收；④租庸调和一切杂徭、杂税全部取消，但丁额不废；⑤两税依户等纳钱，依田亩纳米粟。田亩税以大历十四年的垦田数为准，均平征收；⑥无固定住处的商人，所在州县依其收入征收三十分之一的税。

　　这就是隋、唐,主要是唐代均田制的经济结构以及相应的社会政治。唐代使均田制成熟化了,但却使其由成熟走向了解体。这正好说明,唐代是处在中国封建社会由前期向后期转变的阶段。这个转变在土地占有制上的明确表现,就是庶族地主或普通地主的出现并成为封建社会政治统治的基础。前面我们说过,由于封建社会是以家庭为单位的自给自足的自然经济或小农经济,这一经济基础就决定了在解决封建社会高度集中的中央政治与高度分散的小农经济这一社会根本矛盾时,一定要有一中介体——地主存在;这个地主应当是普遍化的、数量较多的普通地主或一般地主,而不应是少数依靠特殊门径而产生的豪强大地主。因为在封建社会中这种豪强大地主一定是少数,故它们对全国土地的占有就不可能是全部的;再说,封建国家总是一定程度地限制豪强地主对土地的过量占有。因此,在前期中国封建社会中,国家手中总有一定数量的土地,所以国家才可以推行屯田、占田、均田等等的经济制度。至唐代,均田制被破坏了,国家再也不能对土地进行"均"了,这起码说明此时国家手中没有可供支配的土地了;换言之,天下的土地已基本被占用完了。而这正是封建社会所需要的结果,因为这样一来就实现了对土地较充分的使用,也使得劳动者与土地的结合更普遍和充分了。能将天下田土基本占用完,一定是具有相当数量的、各自占地数目不能太大的中小地主。所以,中小地主的形成是中国封建社会由前期走向后期的基础和标志。唐代真正的历史地位和作用正在于它促使了豪强地主的消亡和庶族地主的形成。隋末的农民大起义对豪强地主是一次沉重打击。武则天时,"先诛唐宗室贵戚数百人,次及大臣数百家,其刺史郎将以下,不可胜数。"[1]除用这些杀戮手段来打击豪强地主外,唐代主要对豪强的打击表现在两个方面:一是打破了门阀和庶族的界限。例如,在修订氏族志时唐太宗就说:"我与山东崔、卢、李、郑旧既无嫌;顾其世衰,犹恃旧地,不解人间何为重之?朕以今日冠冕为等级高下。遂以崔幹为第三等,班其书(即《氏族志》)天下。"(《旧唐书·高俭传》。《新唐书》中亦有其传)唐高宗显庆四年(659年),在武则天的主使下,高宗命重修氏族志,"以后族为第一等,其

────────────

① 转引自翦伯赞主编:《中国史纲要》上册,人民出版社1983年版,第431页。

余悉以仕唐官品高下为准,凡九等。"二是科举取仕使大量的庶族地主进入到了统治者的行列。

随着社会生产力水平的提高和均田制这一经济结构的被完善和破坏,再加上科举制等的实行,至隋唐时代,特别在唐代,庶族地主(中小地主)终于取代了豪强地主而成为封建社会的统治基础,这就是隋唐时代基本的社会政治形势,也是中国封建社会由前期向后期转变的社会政治标志。所以,与前期封建社会中主要的政治任务是如何处理国家政权与门阀士族之间的关系不同,隋唐时代乃至整个中国后期封建社会主要的政治任务是如何处理国家政权与庶族地主之间的关系。究竟如何来处理呢? 表面的方式和途径就是通过科举制将庶族地主吸收到国家各级行政管理中。这种处理法当然只是个形式,这种形式所反映出的深刻社会问题就是如何来解决高度集中的中央政治与高度分散的小农经济之间的矛盾这一封建社会的根本问题。我们一再说,要解决或化解封建社会中"两高"矛盾,一定要有一化解的中介,这就是封建社会中的地主。但地主既可以是豪族大地主也可以是庶族中小地主。所以,在中国封建社会的前、后不同时期,封建国家用以化解"两高"矛盾的方式和手段就不同。就是说,在前期中国封建社会,在解决"两高"矛盾时封建国家的政治方略是强化国家集权;这在哲学上就是"以寡治众"、"以一统众"、"崇本举末"、"守母存子"的本体思想和理论,而且这个本体不能是人的心性存在,而是具有外在超越性的宇宙本体。而在封建社会由前期向后期转变的隋唐时代,在解决"两高"矛盾时,封建国家则要用国家政权来维护广大庶族地主的存在。如何使广大的庶族地主得以充分存在呢? 这反映、表现在思想文化上,主要就是稳定、和谐家庭关系,强化家庭观念,使封建家庭能够有序化地存在和运转。从哲学上说,这仍是关于儒学伦理学本体论的问题。但这时的这个本体却不是也不能是宇宙本体,而是心性本体。因为,以血缘关系为根基、以家庭组织为辐射源的伦理体制直接关系的是人的行为和活动,这当然要以人的存在为载体;而人的存在当然不是关于人的肉体,一定是关于人的心性的。因此说,至隋唐时代,建构伦理学本体论的哲学任务就是心性本体的建立问题。

（二）隋唐时期儒、佛、道三方并存的思想格局与中国化佛教的思想贡献

隋唐时期的思想文化格局是儒、佛、道三方并存。隋唐统治者对这三种思想文化都予以支持,允许它们并存和发展。

对于儒学,隋文帝刚即位就很重视,他"超擢奇隽,厚赏诸儒,京邑达乎四方,皆启黉校。齐鲁赵魏,学者尤多,负笈追师,不远千里,讲诵之声,道路不绝。中州之盛,自汉魏以来一时而已。"(《北史·儒林传》)隋炀帝对儒学也比较重视。"炀帝即位,复开庠序,国子、郡县之学盛于开皇之初。征辟儒生,远近毕至,使相与讲论得失于东郡之下,纳言定其差次,一以闻奏焉。"(同上)唐立国后,也很重视儒学。唐太宗贞观二年(628 年),黄门侍郎王珪提出了重视儒学的建议,唐太宗对其建议"深然其言"(《贞观政要》卷一)。唐太宗于是采取了一系列措施来昌兴儒学,计有:一、在百官中对"学业优良"者大加迁升。二、在正殿旁设立弘文馆,"精选天下文儒,令以本官兼署学士,给以五品珍膳,更日宿直。"唐太宗"听朝之隙引入内殿,讨论坟典,商略政事。"其中被精选的文学之士虞世南、欧阳询等均以本官兼任弘文馆学士。又选三品以上的子孙充当弘文馆学生。三、在国学中建立孔子庙堂,"以仲尼为先圣,颜子为先师","俎豆干戚之容,始备于兹。"又于贞观二年大收天下儒士,不次擢用,只要能通一经以上,"咸得署吏"。并扩建国学学舍四百余间,于是国子、太学、四门、广文四馆均增置生员,书、算也各置博士。四、贞观四年(630 年),唐太宗"以经籍去圣久远,文字讹谬,诏前中书侍郎颜师古于秘书省考定《五经》。"完成后"复诏尚书左仆射房玄龄集诸儒重加详议。"五、"诏师古与国子祭酒孔颖达等诸儒,撰定《五经》疏义,凡一百八十卷,名曰《五经正义》,付国学施行。"六、于贞观十四年(640年)和贞观二十一年两次下诏褒扬前代和古代名儒,以为示范①。这些措施

---

① 关于唐太宗所采取的儒学措施,这里参考了任继愈主编《中国哲学发展史》(隋唐),人民出版社 1994 年版,第 72—73 页所讲。特此注明。

的采用,大大昌兴了儒学。

对于佛教,隋唐统治者都是提倡和支持的。隋文帝少时曾得尼智仙的养育,故他即帝位后每谓群臣"我兴由佛法"。他于仁寿元年(601年)以后,立舍利塔,普及天下。隋炀帝为太子时就与智顗相结纳,即位后也是支持佛教的。佛教徒也明显为炀帝的劣行辩护,如谓:"世谓炀帝禀戒学慧,而弑父代立,何智者(智顗)不予鉴耶?然能借阇王之事以比决之,则此滞自销。故观经书释之,则有二义:一者事属前因,由彼宿怨,来为父子。故阿阇世云'来生怨'。二者大权现逆,非同俗间恶逆之比。故佛言'阇王昔于毗尸佛发菩提心,未尝堕于地狱。'"(《佛祖统记》卷三九)这是说隋炀帝的弑父篡逆,与世俗之罪在性质上是不同的,这是前世夙因所造成的,是佛为了教化世人皈依佛教而有意安排的。唐立国后,对于佛教也大力支持。比如唐太宗大兴佛寺,他隆礼玄奘和奖励译经,是众人皆知的。武则天与佛教的关系尤深,她利用《大云经》作为女主受命的符谶,并将佛教的地位提升到了道教之上,给华严宗的法藏以国师礼遇。正是在隋唐统治者的利用和支持下,佛教在隋唐时期有了较大发展,形成了诸多中国化了的佛教宗派,有了自己的佛学思想和理论。

对于道教,隋唐统治者也大力支持。道教是中国土生土长的宗教。它在东汉末产生后,历代的道教代表人物如葛洪、寇谦之、陆修静、陶弘景等都拥护王权,附和儒家的宗法性伦理道德,故南北朝政权大都对道教予以扶持;尤其在北朝,"每帝即位,必受符箓,以为故事。"(《隋书·经籍志》)至隋代,"开皇初(道教)又兴","大业中,道士以术进者甚众。其所以讲经,由以《老子》为本,次讲《庄子》及《灵宝》、《升玄》之属。"(同上)以方术得到隋炀帝赏识的道士很多,炀帝曾命嵩山道士潘诞、合灵药、炼金丹。李唐立国后,受魏晋以来门阀士族社会势力的影响,要标榜皇族的高贵,自称是老子李氏的后裔。如唐太宗说"朕之本系,出自柱下","宜有解张,阐兹玄化。自今以后,斋供行立至于讲论,道士女冠可在僧尼之前";又谓:"今李家据国,李老在前;释家治化,则释门居上。"(《集古今佛道论衡》卷三)唐太宗命卢思道校订《老子》,并刻石与五经同列;又令玄奘将《老子》译为梵文介绍到国外。唐高宗于上元元年(674年)令王公以下皆习《老子》;仪凤三年

(678 年)又诏尊《道德经》为上经。唐高宗还为老子图像立庙,为老子上尊号为"太上玄元皇帝"。唐玄宗于开元二十一年(733 年)下令全国,无论士庶皆家藏《老子》一本。《老子》被尊为《道德真经》,《庄子》、《列子》、《文子》被尊为《南华真经》、《冲虚至德真经》、《通玄真经》,于是道教"四经"成为官方指定的四大经典。开元二十五年(737 年)置崇玄学,天下士人习《老》、《庄》、《列》、《文》者可参加科举,作为"明经"科一项。天宝元年(742 年)两京崇玄学置博士、助教,又置学生一百员,进一步提高了《老子》及其学的地位。在此种风气下,唐初以来有孙思邈、魏征、傅奕、成玄英、李荣等人不断为《老子》作注,于是形成了唐初的道教思想理论。

可见,在隋唐统治者的有意扶持、倡导下,当时儒、佛、道三方思想均得到了一定的发展。那么,儒、佛、道这三种思想为什么在当时能并存和要并存呢? 就儒学说,由于它历来重视以家庭血缘关系为基础的人伦关系,因之与以一家一户为基本生产单位的、自给自足的自然经济(小农经济)这一封建社会的经济基础有极深厚的联系,所以它是整个封建社会的指导思想,每个封建时代都是少不了它的,故它在隋唐时期仍被尊崇就是自然的事。而佛、道呢? 难道它们也有儒学那样深厚的社会经济基础吗? 当然不是。佛、道与儒学并驾齐驱存在于隋唐时代这个问题,与当时的思想任务有关,这就是建构心性本体论。任继愈先生指出:"魏晋玄学把中国哲学从元气自然论推进到了本体论的阶段,南北朝时期,中国哲学已由本体论发展为心性论。这一认识过程体现了人类认识规律。汉代哲学致力于宇宙万物生成的探索,魏晋玄学进而探索世界的本体。由本体论再进一步探索,即进入心性论的领域。……隋唐哲学最突出的贡献在于把心性论研究推向新的高度。"①研究心性问题,将人的心性本体化,建构一心性本体论,这就是隋唐时代的思想文化任务。如果就中国古代哲学形上本体论思想的逻辑演进来说,先秦诸子在其社会政治哲学中摊出了一个形而上的本体论问题;汉代哲学在其经学形式下探讨了宇宙生成问题,完成了一宇宙生成论和宇宙结构论;魏晋玄学建构了一宇宙本体论。现在,接着魏晋玄学的就是人的心性问

---

① 任继愈主编:《中国哲学发展史》(隋唐),人民出版社 1994 年版,第 22—23 页。

题的探讨。魏晋玄学在建构宇宙本体论时当然包括有人，但此时的人是一肉体存在，他（她）的存在与天地万物的其他存在一样都是一存在者。所以，在魏晋玄学中，是没能真正涉及人的问题的。人之为人并不在于其肉体存在，而在于人有一个属于自己的世界，即人文世界或人类社会。人的这个世界源于"无"又最终要归于"无"，所以人的存在其真正本质不是"有"而是"无"；这种"无"本质的真正意义和价值就在于：人以及人的世界是自由的，即人存在的一切都是由自己作出的，在他之外没有也根本不需要有什么根据、原因和主使者，人的存在是真正自本自根的和自因的，是真正本体性的。现在，接着魏晋玄学的宇宙本体论就是要考察人的"无"即"自由"这一人文本质，以说明人是什么的问题；这在理论内容和形式上，就是要将人的心性建构为本体。儒、佛、道三方都对人的心性问题有所涉及，故在隋唐时期都可作为候选者来承担时代所要求的哲学任务。

就儒学说，在孔、孟原始儒学中已明显有人的心性问题。孔子讲"仁"，无论这个"仁"的涵义多么丰富和活转，但有一点却是肯定的，即它是人之人为的内在本性、本质。子曰："人而不仁，如礼何？人而不仁，如乐何？"（《论语·八佾》）一个人如果没有了"仁"这种内在的本性、本质，礼、乐这些外在的东西对他就失效了；礼、乐一旦对人不起作用了和起不了作用了，人也就不是社会的人，就倒退为禽兽了。所以，孔子发现了"仁"，就是发现了人的心性本质。孟子将孔子的"仁"扩大为"仁"、"义"、"礼"、"智"，认为它们都统一于"心"，都是人"心"所应有的本质属性。所以，孟子肯定，人绝不可没有这种"心"，倘若没有了"心"，人就是地道的禽兽。可见，原始儒学的确切中了人的心性本质。

就道家说，老、庄都讲"道"，并没有直接讲人的心性问题。但实际上老庄思想中是有心性问题的。因为，当老子讲"道"时，就有个人如何来把握它的问题，这就切向了人的心性。故《老子》第四十八章有"为学日益。为道日损，损之又损，以至于无为，无为而无不为"的为"道"原则和方法。这个"为道日损"的"损"就是让"心"达到无思无虑、自然无为、随感而应的状态，这就是《老子》第十五章所谓的"古之善为士者，微妙玄通，深不可识。夫唯不可识，故强为之容：豫焉，若冬涉川；犹兮，若畏四邻；俨兮，其若客；涣兮,若冰之将释;敦兮,其若朴;旷兮,其若谷;混兮,其若浊;澹兮,其若海;飂兮,若无止"的心境或精神境界。庄子本想在"材与不材之间"来处世,但他发现"材与不材之间,似之而非也,故未免乎累。若夫乘道德而浮游则不然,无誉无訾,一龙一蛇,与时俱化,而无肯为专;一上一下,以和为量,浮游乎万物之祖,物物而不物于物;则胡可得而累耶!此神农、黄帝之法则也。"(《庄子·山木》)这是说,行为上是做不到真正自由的,能有的只是绝对无待的精神自由。这个精神的绝对自由就是庄子所谓的"逍遥"游。这种"游"显然与心有关,即"且夫乘物以游心,托不得已以养中,至矣"(《庄子·人间世》);"不知耳目之所宜,而游心乎德之和"(《庄子·德充符》);"游心于淡,合气于漠,顺物自然而无容私焉"(《庄子·应帝王》)。所谓"游心",这明显是一种心境、境界。可见,在原始道家思想中是有不少心性思想的。

有人会说,隋唐时期与儒、佛并存的是道教,而不是先秦老、庄道家。隋唐时代统治者所扶持的的确是道教。但道教之"教"的思想理论是源于先秦道家的,只不过将老庄那里,特别是庄子那里用"有神人居焉,……乘云气,御飞龙,而游乎四海之外"(《庄子·逍遥游》)的文学笔触所描写的绝对无待的精神自由境界予以神仙化了。但就道教的成神成仙言,正好切中了人的心性问题。因为,当道教宣扬让人通过修行来成仙时,就必定有人能不能成仙,成仙的根据何在的问题。当然,道教是肯定人有成仙的可能性的,这个可能性自然不是人的肉身,而是人的心性。唐初的道教学者所看重和讨论的正是人的心性问题。例如,唐初的成玄英在《老子疏》中说:"处心中正,谦和柔弱,此则长生也"(第四十二章)。所谓"处心中正",就是"体知六尘虚幻,根亦不真,内无嗜欲之心,外无可染之境"(第五十二章);这时就能"恣目之所见,极耳之所闻,无恒处道场,不乘真境"(同上),这也就叫"即心无心"(第三章)。成玄英所谓的"无心",是指心不执著,没有意念,他认为这样就会"复于本性"而"必致长生"(第二十八章)。故成玄英在《庄子·逍遥游疏》中说:"为道之要,要在忘心"。还有李荣,他在《老子注》中说:"夫生我者神,杀我者心。我杀由心,心为死地。若能灰心息虑,不拘有为,无死地也。"(第五章)这是说,人若要长生,就要"灰心息虑"而"无心";

"无心"并不是真的消灭了形神物我,而只是"不自营生"(第七章)罢了。天地"无心",故能长久,人要长生,也要"一身心"而"纯和不散"(第十章)。还有唐玄宗,他认为有一个"虚极妙本",这就是人的"真性",人修炼的目的就是为了复归这个"真性",而复归的手段就是"守静"。他在《道德真经疏》中说:"今欲令虚极妙本必自致于身者,当须守此雌静,笃厚性情,而绝欲无为。""能守静致虚,则正性归复命元而长久矣。"(第十六章)他认为所谓的"道"就是叫人"了性修心",即"欲使学者了性修心,所以字之曰道"(第一章)。总之,隋唐道教的目的是为了得道成仙,而得道成仙的根据就在人的心性上,所谓修道就是要在心性上用功,即以断妄念而达到"无心"。可见,隋唐道教是有心性思想的。

说到佛教,它本来就是一种心性论。人要成佛,首先就关涉到成佛的根据和可能性问题。那么人成佛的根据和可能性何在呢?显然不在人肉身,佛教明确认为人的皮囊身是要灭掉的,成佛的依据就在人的心性上。隋唐化的中国佛教宗派都明确肯定了人成佛的心性根据,它们所讲的佛教理论都是以心性为根据的。例如,天台宗认为"夫一心具十法界,一法界又具十法界,为百法界;一界又具三十种世间,百法界即三千种世界。此三千在一念心,若无心则已,介尔有心,即具三千"(《摩诃止观》卷五上)。唯识宗讲"万法唯识",而这种"识"是不离心的。玄奘的大弟子窥基在《成唯识论述记》卷一中说:"唯谓简别,遮无外境;识谓能了,诠有内心。识体即唯,持业释也。识性识相,皆不离心。心所心王,心识为主。归心泯相,总言唯识。唯遮境有,执有者丧其真;识简心空,滞空者乖其实。所以晦斯空有,长溺二边;悟彼有空,高履中道。"华严宗讲"法界缘起"论,认为宇宙万有是互为缘起的"幻相"。但"缘起"也是离不开心的。如认为"达无生者,谓尘是心缘,心为尘因,因缘和合,幻相方生。由从缘生,必无自性。何以故?今尘不自缘,必待于心;心不自心,亦待于缘。""尘相虚无,从心所生","离心之外,更无一法,纵见内外,但是一心所现,无别内外。"(《华严义海百门》)宗密解说华严宗的理论要旨说:"统唯一真法界,谓总该万有,即是一心;然心融万有,便成四种法界:(一)事法界:界是分义,一一差别,有分齐故。(二)理法界:界是性义,无尽事法,同一性故。(三)理事无碍法界:具性分义,性分无碍故。(四)事事无碍法界:一切分齐事法,一一如性融通,重重无尽故。"
(《法界观门》注)至于禅宗,更是突出了心性问题,如它说:"心生,种种法
生;心灭,种种法灭。一心不生,万法无咎。"(《坛经·般若》)"万法尽在自
心,何不从心中顿见真如。"(同上)"菩提只向心觅,何劳向外求玄?"(《坛
经·疑问》)"心量广大,犹如虚空,无有边畔。……世人性空,亦复如
是。……自性能含万法是大,万法在诸人性中。"(《坛经·般若》)"汝今当
信佛知见者,只汝自心,更无别佛。"(《坛经·机缘》)等等。总之,隋唐佛学
有更为突出的心性思想。

可见,儒、佛、道思想中均有关于心性的思想,这是它们之所以能在隋唐
时期并存的深厚的思想文化基础,即它们都因有一定的心性思想而能承担
起解决当时时代所要求的建立心性本体论的哲学任务。然而,究竟是儒、
佛、道这三种思想中的哪一种能更胜任建构心性本体论的工作呢?

儒学尚不足以胜任此任务。我们在第一章讲孔、孟思想时说过,孔子的
"仁"是一种心理原则和个体人格,还不是形而上的宇宙本体。就是说,如
果从"仁"这种心理原则、个体人格出发,人固然可以自觉自愿地去做圣人、
君子,但人同时也可以自觉自愿地不去做圣人、君子。所以,尽管孔子讲的
是人的"仁"这种先天的本性、本质,但"仁"在哲学性质上只是应然性的,还
缺乏神圣性、必然性。要使"仁"有神圣的必然性力量,就要将它形上化为
宇宙本体。这个工作孟子倒做了,即他要"尽心"—"知性"—"知天",以之
将人的心与天导通而达到"天人合一"。但孟子的"天"一开始就被伦理道
德化了,所以他的"天"与"心"本来就是同质的,即都是人的伦理道德本性。
所以孟子虽然表面上将人的"心"外化为客观必然性的"天",但此"天"仍
非真正形而上的宇宙本体。故孔、孟均未能建构起一心性形上本体。孔孟
后,《荀子》、《中庸》、《易传》在建构儒学的形上本体方面均有所努力,但它
们的形上本体又不是人的心性本体。因此,原始儒学中有心性思想,但却没
有心性形上本体论的理论。至于汉儒,以董仲舒为代表讲"天人感应",这
个"天"倒有形而上的本体论意义,但却是宗教神学的形式。当然,原始儒
学和汉儒没有做的工作,隋唐儒学是可以来做的,即将人的心性建构为本
体。但问题是隋唐儒者并没有和没能作此方面的工作。隋代的王通讲过天

人、道等问题,但他并未能将人的心性上升为形上本体而建构一心性本体论。唐初的孔颖达作《五经正义》,主要是对儒家五经的校订工作,而非人心性本体的建构。韩愈讲"道统",讲的是儒家"道"的传法世系,也不是人的心性本体问题。李翱讲"复性",这有心性方面的思想,但他也只讲到《中庸》关于人性的水平,也未能将心性本体化。故隋唐儒学没有直接做关于心性本体论方面的建构工作。

隋唐道教也不足以胜任建构心性本体论的任务。如上言,道教有关于心性方面的思想。但一方面道教是一种宗教,它的目的是为了成仙,使人成为"乘云气,骑日月",自由自在地在宇宙中遨游的神仙。而道教讲的这种神仙是带着肉体而飞身成仙的,这不仅在道教理论上极有困难,且这就不是心性问题了,明显是肉身问题。另一方面,固然隋唐道教倒不完全同于魏晋南北朝时期的道教,它有了心性问题,起码将成仙的根据放在了人的心性上,但它谈心性时并没有将心性本体化,而是将人的心性依附于宇宙本体上。这一点,我们从唐初道教学者成玄英的"重玄"学思想和理论中就可看出。"重玄"学是一种方法,用此法就是为了把握"道"。那么"道"是什么?成玄英在《老子疏》中说:"道者,虚通之妙理,众生之正性也。""道以虚通为义,常以湛寂得名。""至道虚通,妙绝分别,在假不假,居真不真。""至道深玄,不可涯量,非无非有,不断不常。"在成玄英看来,所谓"道"的本质就是"虚通";他所谓的"湛虚"、"妙绝"、"深玄"等,说的都是"道"的"虚通"性。他在《庄子疏》中结合郭象的注,对"道"的"虚通"性有反复申述,如说:"夫玄道妙一,常湛凝然。"(《庄子·齐物论疏》。下只注篇名)"大道虚廓,妙绝形名。"(同上)"夫至道凝然,妙绝言象,非无非有,不古不今,独往独来,绝待绝对。……故《老》经云寂寞而不改。"(《大宗师疏》)"大道广大而陽然空寂也。"(《徐无鬼疏》)这就是说,"道"是虚寂玄妙、非有非无、绝待无对的东西。这样的"道"就是个独立存在的本体,也就是"独化"。成玄英在《庄子疏》中说:"寻夫生生者谁乎? 盖无物也。故外不待乎物,内不资乎我,块然而生,独化者也。……使其自己,当分齐足,率性而动,不由心智,所谓亭之毒之,此天籁之大意者也。"(《齐物论疏》)"体夫彼此俱空,是非两幻,凝神独见而无对于天下者,可谓会其玄极,得道枢要也。"(同上)"夫绝待独化,道之本始,为学之要,故谓之枢。"(同上)可见,"道"是一种"独化"式的存在和表现。既如此,人们如何来把握这个"道"呢? 成玄英认为,这就要用"玄之又玄"的"重玄"法。他说:"有欲之人,唯滞于有;无欲之士,又滞于无;故说一玄,以遣双执。又恐学者滞于此玄,今说又玄,更祛后病。既而非但不滞于滞,亦乃不滞于不滞,此则遣之又遣,故曰玄之又玄。"(《老子疏》)这种"重玄"法就是"双遣"法或"双损"法,即"今欲治此两执,故有再损之文。既而前损损有,后损损无,二偏双遣,以至于一中之无为。"(同上)在《庄子疏》中,成玄英多次发挥了"重玄"法或"双遣"法,谓:"今论乃欲反彼世情,破兹迷执,故假且说无是无非,则用为真道。是故复言'相与为类',此则遣于无是无非也。既而遣之又遣,方至重玄也。"(《齐物论疏》)"即有即无,即寂即应,遣之又遣,故深之又深。既而穷理尽性,故能物众物也。"(《天地疏》)"遣之又遣,乃曰至无。而接物无方,随机称适,千差万品,求者即供,若悬镜高堂,物来斯照也。"(同上)成玄英在讲"重玄"或"双遣"这种把握"道"的方式、方法时,是涉及到了心性问题的,即让"心"处在无思无虑、随感而应、自然无为的"独化"状态,这的确有"心"的本体义。但很明显,这种"心"体是为"道"体服务并受制于"道"体的。这说明,在以成玄英的"重玄"论为代表的唐代道教思想中,其本体论的思想倾向仍在魏晋玄学的宇宙本体论上,并没有从哲学根本方向上由宇宙本体论转向心性本体论。所以,隋唐道教是没能完成关于心性本体的建构任务的。

接着魏晋玄学的宇宙本体论而从事心性本体论建构工作的,是隋唐佛学。上已指出,隋唐佛学各宗派都将成佛的基点放在了人的心性上;特别是禅宗,更是将心性升华为本体,建构起了一个佛学形式的心性本体论。所以,隋唐佛学代表了当时中国哲学的最高思维水平,在儒、佛、道三方并存的思想格局中佛教真正做了时代所要求的建构心性本体论的工作。

二、隋唐佛学中的心性本体思想

至隋唐,中国流传的佛教宗派有八,即三论宗、净土宗、律宗、密宗、唯识宗、天台宗、华严宗、禅宗。在这八宗中,前五宗都是从天竺搬来的;而后三宗是中国人自己创立的佛教宗派,虽说其创立是依据天竺佛典和佛学理论,但却有中国僧人自己的理解和创造。隋唐佛学的思想理论是心性论,这种心性论的目的和结果就是建构一心性本体论。现在,如果对隋唐佛教八宗的思想作以逻辑厘析,可以看出,天台宗、唯识宗、华严宗、禅宗这四宗在思想上前后相承,共同完成了隋唐佛学关于心性本体论的理论建构任务。

(一)天台宗的"一念三千"说

天台宗①的佛学思想有"佛性具恶"、"止观并重"(或"定慧双修")、"一念三千"、"三谛圆融"、"无情有性"等说教。这里我们基于形而上的本体论视角,对天台宗的"一念三千"说和相关的"三谛圆融"说予以阐说。

1."一念三千"说

"一念三千"说是天台宗的世界观,即天台宗关于世界的构成理论。湛然认为,"一念三千"说是智顗晚年的"终穷究竟极说"的思想成熟表现。他说:"大师于《觉意三昧》、《观心食法》及《诵经法》、《小止观》等诸心观文,但以自他等观推于三假,并未云一念三千具足;乃至《观心论》中亦只以三十六问责于四心,亦不涉于一念三千,唯《四念处》中略云观心十界而已。故至《止观》,正明观法,并以三千而为指南,乃是终穷究竟极说。"(《止观辅行传弘决》卷五之三)在《摩诃止观》一书中智顗正式提出了"一念三千"

---

① 天台宗的传法祖统是龙树、慧文、慧思、智顗、灌顶、智威、慧威、玄郎、湛然,共九祖。该宗虽然以印度龙树为初祖,但实则启蒙于北齐的慧文。慧文从《大智度论》解释《大品》之"道种智"、"一切智"、"一切种智"之文中悟到了三智"一心中得"的道理,又结合《中论·观四谛品》的"因缘所生法,我说即是空,亦为是假名,亦是中道义"的"三是偈",提出了一心观空、假、中的"一心三观"理论。慧思继承了慧文的思想,他结合《妙法莲华经》要义,阐发了"诸法实相"思想,并在学说倾向上兼重定慧。至智顗,经对以前思想的发挥,终于形成了以"一念三千"、"三谛圆融"为中心的独立学派。智顗著有《法华玄义》、《法华文句》、《摩诃止观》,世称天台三大部。到了湛然,以中兴天台宗为己任,对天台三大部有翔实注解,并对"三谛圆融"的义理有所发挥;他还针对华严宗、唯识宗、禅宗写了《金刚錍》、《法华五百问论》、《止观义例》等著作,提出了"无情有性"说。湛然以后,经会昌(唐武宗年号,时为841—846年)禁佛(唐武宗李炎于会昌二年、三年、五年下令禁止佛教活动)和五代之乱后,天台宗的典籍湮没殆尽,该宗遂一蹶不振。

说。智顗说：

> 夫一心具十法界，一法界又具十法界，为百法界；一界又具三十种
> 世间，百法界即三千种世间。此三千在一念心，若无心则已，介尔有心，
> 即具三千。（《摩诃止观》卷五上）

这里将一切都归为"心"。此处的"三千"指的是三千世间，是对大千世界即现象界诸存在的概称和泛称。智顗的意思是说，形形色色的大千世界之存在的根源、根据全在人"心"，人如果没有心念活动则已，只要有一点点心念，就具三千大千世界了。

那么，三千大千世界是如何得来的？在此，智顗对《法华经》中关于诸法实相的"十如是"说、《华严经》中的"十法界"说、《大智度论》中的"三种世间"说作了涵融糅合，得出了"三千世间"的结论和结果。

《法华经·方便品》说：

> 佛所成就第一希有难解之法，唯佛与佛乃能究尽诸法实相。所谓
> 诸法如是相，如是性，如是体，如是力，如是作，如是因，如是缘，如是果，
> 如果报，如是本末究竟等。

所谓"诸法实相"，就是一切诸法的真实体相。佛教认为，世间的一切事物都是因缘（条件）所组成的，所以是变化无常的，并没有永恒的、固定不变的自性，故事物的本性皆为"空"；这种"空"就是宇宙万有之"真性"，亦即诸法实相。佛教的这个思想，我们在前面讲僧肇"空"论时已说过。佛教讲的当然有道理。倘若宇宙中的万有在自性上不是"空"或"无"，而只是"有"的话，那么宇宙中的每一存在都将是永恒不变的，就都是具有现成性和确定性的东西；这样，世上的每个东西就根本不会与别的东西发生联系和关系，每个东西也就最终不能存在了。宇宙万有在本性上是"空"、"无"，所以万有压根就没有现成性和确定性，它们的存在必然是处在相互联系和关系中的，是因缘而生的，这就是宇宙万有即诸法之存在的真实体相。《法华经》

的"十如是"所阐明的就是宇宙万有存在的真实性质及状相问题。这里的"如是"就是"是这样"的意思。智顗在《法华玄义》卷二上和《摩诃止观》卷五上中对"十如是"均有解释。他在《法华玄义》中所作的"通解"是:"相以据外,觉而可别,名为相;性以据内,自分不改,名为性;主质名为体;功能为力;构造为作;习因为因;助因为缘;习果为果;报果为报;初相为本,后报为末,所归趣处为究竟等。"就是说,相就是事物的表相、相状、形相,是个体事物所表现出的差别性;性是事物的内在本性,是事物差别性的内在依据和本质;体是质体,即表象所藉以呈现的质料或实体;力是事物的功能、力用,它是作为潜在的可能性而存在的;作是作业、造作,是事物功能的实现,即力的实际施用;因是导致结果的原因;缘为助因,为原因的条件,即为导致结果的间接、次要的原因和条件;果为原因之结果;报是报应、果报,是善恶诸业所导致的后果;本末究竟等指十如是的总体,从"相"、"性"至"果"、"报",究竟平等,没有差别,即一切诸法都具十如是,无有欠缺。可见,"十如是"以"相"等十个范畴,概括了世间一切诸法的存在状相,阐明了每一个体事物与其他事物的相互关系,说明现象的存在是普遍联系、交互关涉、圆融无碍的。这里的"本末究竟等"范畴尤为重要,它揭示了诸法实相的终极内涵,即从相之本到报之末的究竟平等的同一。

"十如是"是关于诸法实相的存在状态。将"十如是"与"十法界"相互连接,则是天台宗重要的理论环节。"法界"是梵文 Dharmadhatu 的意译,音译为"达摩驮多"。它有二义:一是种类义,谓诸法一一差别,各有分界,名为"法界";二是本原义,指整个宇宙现象的本原、本质,尤指成佛的原因,与"真如"、"实相"等同义。天台宗依《华严经》所说,将整个宇宙中有情识的生物划分为十个层次,它们从高到低依次是:佛法界,指自觉觉他、觉行圆满的境界;菩萨法界,为得无上菩提修养六度万行的境界;缘觉法界,为入涅槃修十二因缘观的境界;声闻法界,为入涅槃,依佛声教修四谛观法的境界;天法界,修上品十善兼修禅定,生于天界,受静妙乐的境界;人法界,修五戒及中品十善,受人中苦乐的境界;阿修罗法界,行下品十善,得通力自在的非人境界;鬼法界,犯下品五逆十恶,受饥渴苦的境界;畜生法界,犯中品五逆十恶,受吞"敢杀戮苦"的境界;地狱法界,犯上品五逆十恶,受寒热煎熬苦的

最下境界。这十种法界,前四界称为"四圣",后六界称为"六凡"。智𫖮对这些法界解释说:

> 以十如是约十法界,谓六道四圣也。皆称法界者,其意有三:一,十数皆依法界,法界外更无复法,能所合称,故言十法界也。二,此十种法,分齐不同,因果隔别,凡圣有异,故加之以界也。三,此十皆即法界,摄一切法;一切法趣地狱,是趣不过,当体即理,更无所依,故名法界;乃至佛法界,亦复如是。(《法华玄义》卷二上)
>
> 法界者三义:十数是能依,法界是所依,能所合称,故言十法界;又此十法,各各因各各果,不相混滥,故言十法界;又此十法,一一当体,皆是法界,故言十法界。(《摩诃止观》卷五上)

这是说,说"十法界"有三层涵义:一、指一切众生(约为十数)作为能依之主体及所依存之环境的共相(能所合称)。在此十法界尽摄能所共依的一切可能的空间界域。二、指十法界中法界与法界之间有明确的分界和限隔,不相混滥。三、指就众生之"当体"立论,十法界皆当体即是法界(即"当体即理,更无所依")。这里实际上是对第一、第二义的通约,说明法界之分界虽然不可混滥,但众生之入于何种法界却不是固定不变的,故六凡与四圣的地位并非绝对不变,而是可以相互转化的,善与恶虽相对立但却处于统一之中。正是在这第三层意义上,智𫖮提出了十法界互具的思想,认为"一一法界,皆具十界"(《法华玄义》卷三上),即十法界相互具足,相互涵融,"一法界具九法界"(《法华玄义》卷二上),"一法界又具十法界"(《摩诃止观》卷五上)。这样,十法界中的任何一种法界都与其他法界相互依存,构成了一个相互涵融的整体,这就有了百法界。

十法界乃一切众生空间所处的界定,每一法界中的众生必有相、性、体、力、作、因、缘、果、报、本末究竟等的"十如是"。所以,十法界互具而有了百法界,百法界中每一法界又各具十如是,于是就有了百法界千如了。故智𫖮说:

此一法界,具十如是,十法界具百如是;又一法界具九法界,则有百法界、千如是。游心法界者,观根尘相对,一念心起,于十法界中必属一界,若属一界,即具百界千法,于一念中悉皆备足。(《法华玄义》卷二上)

关于"三种世间",《大智度论》卷四七说:"世间有三种,一者五阴世间,二者众生世间,三者国土世间。""五阴"也叫"五蕴",即色、受、想、行、识五法。"蕴"的梵文为 Khandha,意思是"堆"。五蕴是佛教从心理要素上对有情识生物的分类。这里的"色"指各种物质,包括眼、耳、鼻、舌、身五根(根就是人的感觉器官)和色、声、香、味、触五境(境就是感觉对象);"受"是感受,即感觉到苦、乐等;"想"是印象,即摄取事物的相貌,知道是青、黄、赤、白,是长、短、方、圆,是苦是乐等;"行"是思维,因为思维是推动身心活动的力量,故叫行;"识"是了别,即对所认识的对象予以判断和推理①。五阴世间为众生身心现象之别相,众生之所以有种种区分就是因其所摄受之五阴不同。故五阴世间是构成十法界的共同要素。众生世间是众生所持正报之别相,如饿鬼、人、天等。国土世间是众生所依存之环境的别相,如地狱依赤铁住、畜生依地水空住、人依地住,等等。智顗认为,这"三种世间"与百法界、千如是又是互具的。智顗指出:

夫一心具十法界,一法界又具十法界、百法界。一界具三十种世间,百法界即具三千种世间。此三千在一念心。(《摩诃止观》卷五上)

将以上的分疏总结一下,即为:

一心 = 10 法界
= 10×10 = 100 法界
= 100×10 = 1000 如是

---

① 关于"五蕴"的解说,见赵朴初:《佛教常识答问》,北京出版社 2003 年版,第 27 页。

$$= 1000 \times 3 = 3000 \text{ 世间}$$

这就是智𫖮所谓的"此三千在一念心。若无心而已,介尔有心,即具三千"说。

可以看出,智𫖮借佛教的"十如是"、"十法界"、"三种世间"的思想理论来构筑其世界观,以说明宇宙的构成和存在。这样做显得有些繁琐和啰嗦。但天台宗作为隋唐时期较早中国化了的佛教宗派,这样做却有重要的思想意义,标志着哲学思维方式上的重大转变,即由魏晋玄学那里的面向宇宙万有转向了人自己的心性自身。无论是魏晋玄学还是隋唐佛学,作为一种思想理论,特别是作为一种哲学思想理论,总要对人生存、生活于其中的世界有个看法。魏晋玄学是就宇宙万有本身来认识和说明其存在的原因和根据的,它以"无"、"有"、"独化"类的本体论为宇宙万有的存在建构了一个本原、本体。相比之下,隋唐佛学就不同了。面对宇宙万有,佛学当然也要考察、回答万有存在的本原、本质问题。但隋唐佛学没有就宇宙万有本身来考察其存在的本原、本体问题,而是将宇宙万有之存在的根据、原因引向了人的心性。这一哲学致思方向正是从天台宗这里开端的。不错,宇宙万有是存在着的,在人(人类)出现以前就存在了。但在人出现之前,肯定没有关于宇宙万有之存在的问题。人出现前的宇宙就是那个样子,就那样地存在着,其存在没有什么意义和价值,压根不需要什么本原、本体,也根本没有"它为什么要存在和为什么能存在"、"它如此这般存在的原因和根据何在"等等的问题。是人的出现,是人类的存在,才使得宇宙万有有了其何以存在等等的问题。因此,宇宙存在之类的问题看来是宇宙自身的问题,与人及其存在无关,但实际上这恰恰与人的存在内在相关,是人自己的存在才引发和提出了有关宇宙存在的问题和思想、理论。可以说,宇宙存在的真正根据就在人这里。当然这不是与人的肉身有关,因为肉体之人与宇宙万有是一样性质的存在,而是与人的"自我"即心性有关。关于人的"心",可以将它伦理化,如中国先秦儒家孔、孟之所为;也可以将它认识论化,即将其作为认识活动的主体;还可将它存在化,即把它作为宇宙万有之存在的依据。以"心"为宇宙万有之存在的根据,这话听起来是十足的主观唯心论,但却是有道理的。南宋陆九渊说:"宇宙内事乃己分内事,己分内事乃宇宙内事";又说:"宇宙便是吾心,吾心即是宇宙"(《陆九渊集》卷三十六《年谱》)。明代王阳明也说:"可知充塞天地中间只有这个灵明[引者按:即人的"心"],人只为形体自间隔了。我的灵明便是天地鬼神的主宰,天没有我的灵明,谁去仰他高? 地没有我的灵明,谁去俯他深? 鬼神没有我的灵明,谁去辨他吉凶灾祥? 天地鬼神万物离却我的灵明,便没有天地鬼神万物了,我的灵明离却天地鬼神万物,亦没有我的灵明,如此便是一气流通的,如何与他间隔得?"(《传习录》下)当天台宗智𫖮讲"一念三千"、"此三千在一念心"时,他的哲学致思理路与陆九渊、王阳明是一致的,即将宇宙万有之存在的依据由外转向了内,这就是"心"。以往一提起提起佛教天台宗的"一念三千"说,一提起陆九渊、王阳明的"心"学,就说这是主观唯心主义,这样来看待宇宙的存在是对其存在本性的歪曲。实则不然,宇宙存在的真正依据在人和人类社会中,这就是人的心性存在。至隋唐时代,为宇宙存在建构一心性本体的这一开创性工作就是由天台宗作的。这就是天台宗"一念三千"说的哲学价值所在。

2."一心三观"和"三谛圆融"说

将宇宙万有的存在依据归之心性后,理所当然就要将这个"心"本体化,要使这个"心"成为自本自根、自因的实体存在。但"心"原本是主体,如何使它成为自本自根的实体呢? 这就涉及到主体心和对象心的关系问题。"心"要作宇宙万有的存在本体,但如果它不走出自身到宇宙万有那里去,不与宇宙万有结合,只光秃秃地自存着,它当然就不是和不能作宇宙万有的本体;但如果它到了宇宙万有那里与之结合了却往而不返,那么它也就不是"心"了。这个"心"究竟怎么处? 看来它既要在自身这里又不要和不能在自身这里;既要在宇宙那里又不要和不能在宇宙那里,即这个"心"既在自身又不在自身,既不在自身又在自身。"心"的这一存在性质、本质就逻辑地要求着自身的相反相成的质性和结构,这理应就是其"有、无"性结构。所以,如何发掘"心"的"有、无"性结构,这是智𫖮"一念三千"说中所存在的问题。智𫖮对这个问题是有所察识的,他在《摩诃止观》卷五上说了"夫一心具十法界,……此三千在一念心,若无心而已,介尔有心,即具三千"的

话后,紧接着这样说:

> 亦不言一心在前,一切法在后;亦不言一切法在前,一心在后。例如八象迁物,物在象前,物不被迁;象在物前,亦不被迁。前亦不可,后亦不可,只物论象迁,只象迁论物。今心亦如是,若从一心生一切法者,此则是纵;若心一时含一切法者,此即是横。纵亦不可,横亦不可,只心是一切法,一切法是心,故非纵非横,非一非异,玄妙深绝,非识所识,非言所言,所以称为不可思议境,意在此云云。(《摩诃止观》卷五上)

这是说,就"心"与宇宙万有即三千大千世界的关系言,既不能说一念心在前而万法在后,也不能说万法在前而一念心在后,心和万法并没有时间上的次第先后,心即是法,法即是心。这好比用八头大象驮运货物,如果货物在大象前,货物就不能被驮动;如果大象在货物前,货物也不能被驮动。故大象在货物前不可,在货物后也不可,只能就货物被象驮着来说象驮物,也只能就象驮着货物来说物被象驮。心与万法的关系亦然。如果说一念"心"生出万法,那么心与万法的关系就是纵向的;如果说一念"心"含摄万法,那么心与万法的关系就是横向的。说心与万法的关系是纵向的不可,是横向的也不可,只能说心就是万法,万法就是心,心与万法的关系既非纵亦非横,既不相同也不相异。这个道理是非常玄妙高深的,非思虑所能体会,也非语言所能描述,故称它为不可思议境界。

智𫖮在此说的"心"与"法"的关系问题,实则乃"心"自身的"有""无"性的性质和关系问题。对心来说,法究竟在它之外还是在它自身?若法在它之外,它就与法无关,它何以能生法呢?若法就在它自身,那究竟是法还是它,究竟是一个存在还是两个存在?若是前种情形,心与法就只能是外在的关心,这种关系的存在和表现只是和只能是线性的递进式的替换,即要么是心,要么是法,二者依此出现之,这就是纵的关系和表现;若是后种情形,心、法就是同时并存的,这乃横的关系和表现。倘若把心与法的这种关系还原到"心"自身来看,就是"心"的性质、结构究竟是"有"还是"无"?若只是一"有"或一"无",这就只能以线性的递进方式的存在,这就是纵;若同时是

519

"有"和"无",这二者就并存着,这就是横的存在方式。很明显,前者的存在方式是时间上的继起,后者是空间上的并存。在此,"心"都未达到真正的统一。所以,智𫖮才说"若从一心生一切法者,此则是纵;若心一时含一切法者,此即是横。纵亦不可,横亦不可"。那真正的"可"是什么呢? 这只能是"心"的"有、无"性存在,这就是智𫖮所谓的"只心是一切法,一切法是心,故非纵非横,非一非异"也。在这里,智𫖮已经涉及到了"心"的"有、无"(或"有—无")性结构。这实际上已是现代西方哲学现象学所讲的情境化反思的思维方式和问题了,但智𫖮不可能明了此理,也说不清其中的哲学道理,故只好说这是一种"玄妙深绝,非识所识,非言所言"的境界,这就叫"不可思议境"。

在讲了我们前面引的"亦不言一心在前……"那段话后,智𫖮以问答的形式再论述说:

> 问:心起必托缘,为心具三千法? 为缘具? 为共具? 为离具? 若心具者,心起不用缘;若缘具者,缘具不关心;若共具者,未共各无,共时安有? 若离具者,既离心离缘,那忽心具? 四名尚不得,云何具三千法耶?
>
> 答:地人云:一切解惑、真妄,依持法性,法性持真妄,真妄依法性也。《摄大乘》云:法性不为惑所染,不为真所净,故法性非依持,言依持者,阿黎耶是也,无没无明,盛持一切种子。若从地师,则心具一切法;若从摄师,则缘具一切法,此两师各据一边。若法性生一切法者,法性非心非缘,非心故而心生一切法者,非缘故亦应缘生一切法,何得独言法性是真妄依持耶? 若言法性非依持,黎耶是依持,离法性外别有黎耶依持则不关法性,若法性不离黎耶,黎耶依持即是法性依持,何得独言黎耶是依持? 又违经。经言非内非外,亦非中间,亦不常自有。又违龙树。龙树云:诸法不自生,亦不从他生,不共不无因。更就譬检。为当依心故有梦? 依眠故有梦? 眠法合心故有梦? 离心离眠故有梦? 若依心有梦者,不眠应有梦;若依眠有梦者,死人如眠应有梦;若眠心两合而有梦者,眠人那有不梦时? 又眠心各无梦,合可有梦,各既无梦,合不应有。若离心离眠而有梦者,虚空离二,应常有梦。四句求梦尚不得,

云何于眠梦见一切事? 心喻法性,梦喻黎耶,云何偏据法性、黎耶生一切法? 当知四句求心不可得,求三千法亦不可得。既横从四句生三千法不可得者,应从一念心灭生三千法耶? 心灭尚不能生一法,云何能生三千法耶? 若从心亦灭亦不灭生三千法者,亦灭亦不灭其性相违,犹如水火,二俱不立,云何能生三千法耶? 若谓心非灭非不灭生三千法者,非灭非不灭非能非所,云何能所生三千法耶? 亦纵亦横求三千法不可得,非纵非横求三千法亦不可得,言语道断,心行处灭,故名不可思议境。(《摩诃止观》卷五上)

这里进一步详细解释了"心"与三千大千世界的关系问题。实际上进一步解释的是"心"的"有—无"性结构问题。智颉以问者的口气问到:既然心念的产生必须依赖于一定的缘即条件,那么就有了这样的问题:是一心具足了三千法,还是此缘具足了三千法,还是二者结合时具足了三千法,还是二者分离时具足了三千法? 如果说一心就具足万法,那么心念的产生(即"三千大千世界"的出现)就是不依赖于缘的;如果说此缘具足万法,那么缘具足并不表明心就具足了呀;如果说心与缘的结合才使心具足万法,那么在未结合时心与缘就都没有万法,一结合时怎么就使心具足了万法呢? 如果说心与缘分离使心具足万法,那么既然万法离开心与缘而独存着,怎么一下子就具足于心呢? 心与万法究竟是个什么关系,到底是怎样的关系呢? 针对问者的问题,智颉援引地论师(研习和宣讲世亲《十地经论》的佛教学者)和摄论师(研习和宣讲无著《摄大乘论》的佛教学者)的理论作了分析说明。地论师以"法性"为本原,认为所有的智慧与迷惑、真实与虚妄都依赖于法性,即法性摄持真与妄。而摄论师则认为万法的本原是阿赖耶识(即黎耶),它是非善非恶的"无明",其中藏有万法的种子,万法即从其产生。"法性"是梵文 Dharmadatu 的意译,一般泛指事物的性质,与"性"义同。在佛教中,"法性"与"实相"、"真如"、"法界"、"佛性"等概念的含义相似,指万法的本质、本体。智颉分析指出,地论师的"法性"本原说实际上主张的是心具足万法,而摄论师的"黎耶"本原说实则是主张缘具足万法。故这两种思想理论都是有所偏的。如果说法性能生起万法,但法性既非心又非缘呀,而万法的生起是要靠心又要靠缘的,故法性怎么能生起万法而成为真与妄的本原呢?如果说阿赖耶识是本原,那么阿赖耶识与法性有无关系?如果说无关系,在法性之外再说一个阿赖耶识这有何用?如果有关系,那么阿赖耶识与法性就都是本原,还要阿赖耶识干什么?所以,地论师与摄论师的观点与佛经有违,因为佛经上说万法的本原既不在万法内也不在万法外,也不在中间,也不是自身本有的。这两派的观点也有违龙树大师的思想,龙树认为万法既不是自己产生的,也不是由他物产生的,也不是由自身和他物共同产生的,也不是没有原因的产生的。说到这里,智𫗱举了一个人做梦的例子。他说,人睡眠时常做梦,那么是因为有了心才做梦,还是因为睡眠才做梦,还是心和睡眠结合才做梦,还是既不要心也不要睡眠就可做梦?如果说有心才可做梦,那么不睡眠的人也可以做梦了;如果说睡眠才可做梦,那么死了的人不就如睡着了吗,不也可以做梦吗?!如果说心与睡眠结合才可做梦,那么有些人睡眠时为什么不做梦呢?如果说单纯的睡眠和单纯的有心都不能做梦,二者结合时才能做梦,那么,既然心与睡眠各自独立时都不能做梦,一结合为何就能做梦了呢?如果说既不要心也不要睡眠就可做梦,那么虚空也就能做梦了。举了做梦的例子后智𫗱接着说,心可比喻法性,梦可比喻阿赖耶识,不应认为仅有法性或阿赖耶识就能生起万法。既然从纵的方面讲心生万法和从横的方面讲心含摄万法都不对,那么,能说一念心消失后能生万法吗?如果认为心念既消失又不消失时能生万法,然而心念既消失又不消失这两种状态其性质正好相反,就如同水火一样是不可同时并存的,又何谈生万法呢?如果认为心念既非消失又非不消失时能生万法,那么这种既非消失又非不消失的状态就既不是主体又不是客体,又怎么能生万法呢?可见,从心念纵的方面及横的方面都不能产生万法,从非纵非横的状态也不能产生万法,一切言语都会丧失"道",心念运行处"道"就消失,故"道"是一个不可思议的境界,是非语言所可描述的。

以上我们近乎烦琐地引了智𫗱的话,又近乎啰嗦地串讲了智𫗱的所说。为什么要这样做?就是为了理解智𫗱关于心念与万法(即三千大千世界)间关系的看法。"一念三千",这是一种世界观,是关于世界存在的本体论思想。但要能真把握住"一念"("心")与"三千"(万法)的存在关系,却并不容易。如果说"一念"生出了"三千",这就表明原来没有三千大千世界存在,它完全是由人的心念产生的,这何以可能呢? 如果说"一念"中就含摄着三千大千世界,这就表明三千大千世界原来就存在着,只是将它摄在了人的"一念"中罢了,这样的话,"一念"的作用又何在呢? 这不表明三千大千世界是有自性的存在吗? 如果说"一念"与"三千"没有关系而各各独立,那也就没有"一念三千"之说了,心念何以能关涉三千大千世界呢? 如果"一念"与"三千"是一体的,既然是一体,那就没有"一念"与"三千"的分别,就既没有"念"也没有"三千"了,何来"一念"把握"三千"呢? 可见,"一念三千"这一本体命题,真的要把握起来并非易事,用日常话语是难以说明道清的。日常语言难以道清但还要道,怎么办? 天台宗吸取了《摩诃般若经》和《大智度论》中的"三种智"思想,还吸收了《中论》中的"三是偈"思想,将它们糅合起来而形成了"一心三观"、"三谛圆融"的思想理论。

《摩诃般若波罗蜜经·序品》将佛教智慧分为三种,即道种智、一切智、一切种智。所谓"道种智",就是从具体事物出发看到它们的各种相状,并认识到这些具体相状都是不真实的,都是假相、幻相。所谓"一切智",就是从事物的总相出发,知一切法均是因缘而起均无自性的,即性空。所谓"一切种智",就是既看到事物的别相,又看到事物的总相,知一切法均是空无自性的假相。《摩诃般若波罗蜜经》认为,这三种智是有层次之分的,即在具备道种智的基础上才能具备一切智,进而再具备一切种智。

龙树在《中论·观四谛品》中有一偈云:"众因缘生法,我说即是空,亦为是假名,亦是中道义。"这就是著名的"三是偈"。这里所说的空、假、中三谛,与三种智是有对应关系的。按《大智度论》的解释,道种智就是假谛,一切智就是空谛,一切种智就是中道第一义谛。

将三种智与"三是偈"联系起来的是天台宗二祖慧文。慧文认为,人的每一心念可以对事物同时从假、空、中三个方面进行观察,因之就成为假、空、中三种观门。这样,《大智度论》所说的"三智"、"一心中得"就被发展为假、空、中三谛一心观,这就是慧文的"一心三观"说。至三祖慧思,进一步把"一心三观"归结为实相,认为三观的目的就是从不同侧面去认识诸法实相。所谓诸法实相,就是关于诸法的真实体相。佛教认为,宇宙间的一切事物都是因缘(条件)组成,所以没有永恒不变、固定不移的自体,故万法在本性上是"空",这个"空"就是宇宙万有的"真性",即诸法实相。慧思将"一心三观"与诸法实相相联系的思想进一步影响了智顗。智顗认为,人们从空、假、中三个角度观察诸法实相,就是空、假、中三谛,显然这三谛并非悬殊隔绝,而是一体的三面,故只有把三谛看成是圆融无碍的才是"妙法","圆融三谛,妙法也。"(《法华玄义》卷一上)智顗说:

> 一念心起即空即假即中者,若根若尘,并是法界,并是毕竟空,并是如来藏,并是中道。云何即空? 并从缘生,缘生即无主,无主即空。云何即假? 无主而生即是假。云何即中? 不出法性,并皆即中。当知一念即空、即假、即中,并毕竟空,并如来藏,并实相。非三而三,三而不三;非合非散,而合而散;非非合非非散,不可一异而一异。(《摩诃止观》卷一下)

> 若一法一切法,即是因缘所生法,是为假名,假观也;若一切法即一法,我说即是空,空观也;若非一非一切者,即是中道观。一空一切空,无假中而不空,总空观也;一假一切假,无空中而不假,总假观也;一中一切中,无空假而不中,总中观也。即《中论》所说不可思一心三观,历一切法亦如是。(《摩诃止观》卷五上)

在圆融的统一体中,空、假、中三者都不可能舍弃任何其他两者而独立存在,因为这时的每一谛都同时涵摄了其他二谛,于是就形成了空、假、中三谛的相即,就是即空即假即中。这样,若取空谛则假谛、中谛亦为空,若取假谛则空谛、中谛亦为假,若取中谛则假谛、空谛亦为中,三谛同时融摄而为一体存在。

可以看出,"一心三观"、"三谛圆融"是一种"观"法,它是"一念三千"这一世界观来观世界的途径和方式。由一心三观而切入了三谛圆融,这不仅证得了一切诸法之即空即假即中的圆融无碍,同时也证得了"不思议三智"的共具一心。这里的"一心三观"的"观"法并不牵涉经验意义上的认识对象,而仅是主体关于诸法实相的内心观悟与亲证,此即所谓的"圆妙观心"和"圆顿止观"。所以,天台宗的这种"观"法有现代西方哲学现象学所讲的"返回事物本身"的、"本质还原"的、"先验构造"的方法和意义。通过"一心三观"和"三谛圆融"的"观"法,的确一定程度地揭示了一念"心"与"三千大千世界"之间即体即用、体用不二的缘构成的一体活转性。这些都是天台宗思想中很有价值的思想,它已不仅触及到了"心"的"有、无"性,且亦触及到了"心"的"有一无"性的存在性质和结构了。

3."一念三千"说中所隐含的主体心与对象心的二元矛盾及其意义

"一念三千"说是天台宗的思想标的。天台宗以这一命题一方面将隋唐哲学的致思方向从宇宙万有导向了人的心性,另一方面也为隋唐佛学建构心性本体论的工作走出了很重要的第一步,这就是这一命题隐含性地揭示了心的主体性与对象性的二元矛盾,这实际上是涉及到了"心"的"有、无"性结构,而这恰恰是建构心性本体论所必不可少的因素和条件。

如果将"一念三千"说的世界观与"一心三观"、"三谛圆融"的"观"法结合起来看,天台宗是一种"圆妙观心"的"圆信"观或"圆顿观"。"云何圆信?信一切法即空即假即中,无一二三而一二三。无一二三,是遮一二三;而一二三,是照一二三。无遮无照,皆究竟清净自在。"(《摩诃止观》卷一上)"圆顿观,从初发心即现实相"(《法华玄义》卷十上),"即事而真,初发心时便成正觉。"(《法华玄义》卷八下)就是说,在这种不分次第的圆顿观中,能观之心、所观之象(三千大千世界)及观成的结果,实则是一个东西。就能观之心说,三千大千世界的一切相性即诸法实相均具足在一念心中,故一心三观的"三观"即是实相之即空即假即中的"圆融"本身的自我开显。故一心三观便是圆妙观心,即心以一切种智观照其所起之三千大千世界的即空即假即中。故智𫖮云:"以心观心,由能观心,有所观境,以观契境故,从心得解脱故。"(《法华玄义》卷一上)就所观之境说,三千世界本身是即空即假即中的三谛圆融,故圆融三谛就是诸法实相之本真存在的如是状态,是诸法实相之自我开显;而诸法实相的这种开显也同时就是一念心的"三观"表现。所以在这里主与客的划分是没有的,有的只是实相自身无遮蔽状态的显现,故无论是次第三观还是一心三观都是开显、显现、还原诸法实相之无遮蔽状态的方式、途径。因此,就一念心之观照三千大千世界的结果言,当三观圆成于一心,三谛圆融于一谛时,"心"便从无照的遮蔽状态中走出而进入了真实存在的境界,即进入了实相。这时所成就的就是心与万法之一体同在的境界。所以智顗说:"圆顿者,初缘实相,造境即中,无不真实。系缘法界,一念法界,一色一香,无非中道。"(《摩诃止观》卷一上)①

尽管就天台宗"一心三观"、"三谛圆融"思想的宗教实践来看,这里的"一念三千"说中的一念与三千大千世界达到了圆融如一、自我显现的一体同构的境界,这也正是天台宗之作为宗教所要达到的入涅槃的解脱之道。但是,就"一念三千"作为一世界观言,作为一个哲学的本体论命题来说,这里的"一念"与"三千"(大千世界)并没有达到圆融的一体同构。换言之,天台宗的"一念三千"说作为一种世界观,并没能建构起一个自本自根、自我显现的"心"本体。为什么呢? 因为在这个"一念三千"说中,"心"(心念)与"三千"(大千世界)是一并存的二元构成要素,即如果没有了"心",三千大千世界就不会被提及和认识;而如果没有了"三千",心就只是一个具有认识活动可能性的存在,它实际上是虚的和空的;"心"与"三千"同时并存,才保证了三千大千世界的被认识和把握。人们会说,在人认识和把握世界时,不都要有认识的主体(心)和认识的对象(世界)这种结构吗? 任何关于世界的思想理论,尤其是哲学理论,不也都是这么做的吗,天台宗这样讲有何不可和不对呢? 确实没有什么不可和不对的。如果作为一般哲学命题看,讲"一念三千"原是不错的,天台宗也的确讲的不错,尤其是其"三谛圆融"说讲的很不错。但如果从建构心性本体论的哲学目的和任务来看,天台宗作为隋唐佛学的一宗,讲"一念三千"就有问题了。问题就在于:这一命题所表现的思想理论没能直接将"心"的"有、无"性结构揭示出来,并在"心"的这一结构基础上使其得以运转和存在,故没能真正建构起一心性本体。以"一念"与"三千"二分式并存这一形式为思维构架,其运思结果只能是对象性的,只是对宇宙存在的思考和把握,要说这时来建构本体,也只是一宇宙本体,而不是心性本体。就"心"本身来说,当讲"一念三千"时,这

---

① 这里参考了董平《天台宗研究》,上海古籍出版社 2002 年版,第 84—85 页的一些论述。特此注明。

里的"一念"已被对象化了,这里还有一个正在讲"一念三千"的"念"或"心"在着,这个"念"或"心"正在沉思着"一念"与"三千"大千世界的关系,这个"念"或"心"才是真正的源头活水,但可惜它还没有被显现、开显出来。所以,在天台宗的"一念三千"说中,逻辑地存在着两个心:一个是与三千大千世界相对、相应的对象心,另一个则是正在沉思着心与大千世界之关系的本源心。当天台宗说"一念三千"时,表面上看的确为三千大千世界的存在找到了一心念本体,但实际上并未能将这一"心念"建构为本体,因为这时还有个真正活着的"心"没有暴露出自己的庐山真面目哩! 这个真正的活"心"不暴露出自己的真面目,不将自己显现出来,心(性)本体就建构不成。

　　然而,在"一念三千"这个命题中,却为心本论的建构作了很重要的思想准备。就是说,恰恰是主体心与对象心的二元矛盾,成为"心"本体建构所必须的第一步。为什么呢? 我们在前面讲郭象"独化"论等有关本体时多次说过,所谓本体就是自本自根、自因的存在体。而本体之所以能自本自根和自因地存在,能表现出其"独"的状态,是因为它是有内在结构的,它的内在结构决定了它的存在不需要它之外的他物,它自己就能存在,自己就能将自己启动起来,把自己既打开又敛合住。本体的这个内在结构就是其"有、无"性,这才是本体之为本体的根和源所在。从这个意义上讲,天台宗的"一念三千"说中所隐含的主体心与对象心的二元矛盾,正是建构心(性)本体所必不可少的要素。现在的问题是,如何将主体心与对象心之间的外在性的矛盾内化到心自身中而成为心的存在内性和结构。怎么来内化呢? 前面讲郭象"独化"论时讲过众有如何存在的问题,即要将存在者之存在的外存在构架内化为每一存在者自身的内性或内在结构,这就是每一有自身中的"有、无"性。现在要建构心性本体,其必要和必须的思想理路是一致的,这就是为"心"自身建构起一"有、无"性结构。但心的"有、无"性结构的建构方式却与宇宙本体的建构方式不同。在谈宇宙本体时我们可以从一有与他有的横向关系入手,但讲"心"时就不能这么横向说了,即不能就一个人的心与另一个人的心来谈关系,因为这样做时其实说的不是心,而是人的肉体关系;讲"心"要就主体心与对象心的关系来考察。这就可以明白,天台宗虽然没能直接说主体心与对象心的问题,但它的"一念三千"说中却逻辑地隐含有这一问题,这恰恰是隋唐佛学建构心性本体所必不可少的一步。所以,隐含性地揭出了主体心与对象心的二元分立,为心的存在建构了一外在存在构架,这就是天台宗在隋唐佛学中的地位和贡献。

因此,隋唐佛学建构心性本体论的逻辑理路就是:从天台宗的"一念三千"说开始,逐步把主体心与对象心这一外在性矛盾或外存在构架内化到"心"自身中,这就有了唯识宗、华严宗、禅宗的递相出现及其相应的佛学思想理论的创立。

(二)唯识宗的"八识"说

就隋唐佛学建构心性本体论的思想逻辑来说,承接天台宗"一念三千"说而作出进一步努力的,是以玄奘为代表的中国唯识宗[①]。唯识宗的思想理论有"八识"说、"五位百法"说、"三性"和"三无性"说、"种子"和"缘生"说、识体"四分"说、"转识成智"说等。这里主要从形而上的本体论角度,对其思想作一厘析。

1."一切唯识"说

唯识宗认为,世上的一切现象,不论是心还是物,均是由"识"或"内识"所变现出来的。《成唯识论》卷一说:

---

① 唯识宗的传法世系是:无著——世亲——陈那——护法——戒贤——玄奘——窥基。玄奘赴印度求法(从唐太宗贞观三年到贞观十九年,即629—645年),将戒贤传给他的印度大乘有宗的思想几乎是原封不动地搬到了中国,他糅译大乘有宗的"一本十支"("一本"为《喻伽师地论》;"十支"为《显扬圣教论》、《大乘庄严经论》、《集量论》、《摄大乘论》、《十地经论》、《分别瑜伽论》、《唯识二十论》、《观所缘缘论》、《辩中边论》、《大乘阿毗达磨集论》)各论而成《成唯识论》,奠定了唯识宗的理论基础。其后,他的弟子窥基直绍师说,并加以发扬,形成了唯识宗独立一派。窥基的弟子是慧沼,慧沼的弟子有智周,但都作为不大。到智周时,唯识宗所传已偏在河洛一隅,不久就衰落了。因为该派以"识"为宗,认为没有心外独立之境,世上的一切存在变化的现象均是由"识"所变现出来的,故名唯识宗。又因为该宗对世上的各种心、物现象作了分析,剖析了一切事物(法)的相对真实(相)和绝对真实(性),故又称为法相宗。从该宗的祖统来说,它传承的是印度佛教大乘有宗无著(也译为无着)和世亲兄弟的思想,无著一派被认为是法相学,而世亲一派被认为是唯识学,但从整个学派的思想体系上看,法相学是唯识学的开始,唯识学是法相学的继续,故该宗又被称为法相唯识宗。还因为该宗的创始者玄奘及其弟子窥基常住在大慈恩寺,故又称为慈恩宗。

"若唯有识,云何世间及诸圣教说有我法?"《颂》曰:"由假说我法,有种种相转。彼依识所变,此能变唯三:谓异熟思量,及了别境识。"论曰:世间圣教,说有我法,但由假立,非实有性。我谓主宰,法谓轨持。彼二俱有种种相转。我种种相,谓有情、命者等,预流、一来等。法种种相,谓实、德、业等,蕴、处、界等。转谓随缘施设有异。

这里拟设有提问者提问说:如果世上只有"识"而没有别的存在,那么为什么世人和各种佛教典籍要说有"我"(即人类、众生)、"法"(即万事万物)呢? 针对这一问题,这里援引《唯识三十颂》说:依据虚假的认识说"我"与"法"的存在,由此便生起了相应的种种现象("转",依《成唯识论述记》为"起",即生起)。其实,这些与"我"、"法"相应的种种现象都是由"识"所变现的;能变现现象的"识"有三类,即异熟识、思量识、了别境识。《成唯识论》的"论"进一步解说说:世人及佛典说有"我"、"法",那只是由假说而设立了"我"和"法"之名,实际上"我"与"法"均没有真实的自性,即并非真实的主体和对象。但就所设立的"我"、"法"名称言,"我"是指能独立自主地对身心起支配作用的实体,"法"则是有自己质性并能被认识的事物。由"我"、"法"这二者就产生了种种的现象,即"我"的现象有世人所说的众生、命者等,也有佛教所说的进入圣位的预流、一来等;"法"的现象有胜论所说的实(实体)、德(性质)、业(运动)等,也有佛教所说的五蕴、十二处、十八界等,这里所谓的"转"就是根据各种情况(随缘)设立不同的名称罢了。

《成唯识论》卷二说:

> 如是外道,余乘[按:指小乘等]所执离识我、法,皆非实有。故心、心所,决定不用外色等法为所缘缘,缘用必依实有体故。……由此应知,实无外境,唯有内识,似外境生。

《成唯识论》卷七说:

> 汝应谛听,若唯一识,宁有十方凡圣、尊卑、因果等别? 谁为谁说?
> 何法何求? 故唯识言,有深意趣。……如是诸法,皆不离识,总立识名。
> 唯言但遮愚夫所执定离诸识实有色等。……故定应信一切唯识。

这都是说,世人所说的众生、万有的实在,其实都不是实在的,归根结底是由"识"或"内识"变现出的,故而"一切唯识",或曰"唯识无境"。

"识"是梵文 Vijnana 的意译,指对对象作分析、分类所生起的认识作用。所以,"识"是心的一种特殊功能,与通常所说的"心"、"意"略有不同,指的是能缘之心对所缘之境有了别作用。《成唯识论》卷五云:"识以了境为自性"。唯识宗将众生和万事万物的存在皆归之为"识"的作用,这与天台宗的哲学致思方向是一致的,即都是一种心性论。窥基在《成唯识论述记》卷一中说:"唯识简别,遮无外境;识谓能了,诠有内心。识体即唯,持业释也。识性识相,皆不离心;心所心王,以识为主。归心泯相,总言唯识。唯遮境有,执有者丧其真;识简心空,滞空者乖其实。所以晦斯空有,长溺二边;悟彼有空,高履中道。"但唯识宗也有与天台宗不同的地方。天台宗在讲"一念三千"时,由"法界"、"如是"、"世间"等糅合而成的"三千"大千世界似乎是已形成了的、既定的存在,只是这种存在的意义和价值最终是要靠"心"即心念来把握的,这就在"心"与"三千"之间造成了一定的二元之嫌;而此种二元之嫌所体现的是其"心"体本身中所隐含着的主体心与对象心的分立。到了唯识宗这里,虽然也在谈"一切唯识"、"唯识无境"的"心"体或"识"体,但这里的境或法却一点也不是已形成了的、既定的存在,而是由"识"所变现出来的,"识"在这里真正成了万法的主宰者,这是"识"一元论。

说"一切唯识"、"万法唯识"、"唯识无境",这作为一种哲学原则当然是可以的。但问题是"识"怎么能变现出万法? 就是说,作为一种哲学思想和理论,这里的问题不只是提出和确立一种"一切唯识"的原则而已,更重要的是要将这一原则落实下来,即要具体说明"识"是如何变现出万法的。唯识宗作为一种宗教派别和哲学思想,对"识"如何变现万法的问题作了比较深入地探讨、说明。这种探讨包括两个方面:一是关于"识"自体如何能变现的问题,这是其"八识"理论;二是就"识"与万法的现存关系看,"识"如何变现万法的问题,这就是其"五位百法"、"三性"和"三无性"、"种子"和"缘生"、识体"四分"等理论。

从哲学原则上讲,众生和万有都是"识"的变现,即一切唯识、唯识无境。但是,说"识"变现出万法并不是说"识"能凭空生出万法,比如说原本就没有山河大地而由"识"一下子变出个山河大地来,这种变现是神话呓语,不是唯识宗所说的"识"的变现问题。所谓万法唯识,由"识"变现出万法,是说万法是有的,但万法都是因因缘而生而在的,故它们在自性上是无、空;而万法的这种"空"性正是由"识"来把握的。英国近代哲学家贝克莱说"存在就是被感知",或曰"物是感觉的复合"。这并不是说世上原来没有物而由人的感觉生出了个物,而是说物这个东西是靠人感觉的集合来把握的,如果不把各种感觉聚集在一起就不会有物这个东西存在,即物是什么人是不能知道的。唯识宗讲"一切唯识",在思想理路上与贝克莱"物是感觉的复合"的说法有些类似,是说形形色色大千世界的存在都是由"识"来把握的。"识"是如何来把握大千世界的呢? 唯识宗通过"五位百法"说、"三性"和"三无性"说、"种子"和"缘生"说、识体"四分"说等学说作了论述①。它的论述不无烦琐性,这里就不具体说了。

2."八识"说

《成唯识论》卷二说"实无外境,唯有内识,似外境生。"这是说,世上的一切现象,无论是人类自己,还是世界万法,都不是独立存在的,是由内识变现出来的;内识生起之时就变现出各种各样的类似于我与法的假相。关于假相,根据窥基的解释,原有两种,一种是根本就没有的东西而执为有,这叫"无体随情假";另一种是指事物虽有但非真实,有时也称这种非真实的事物为我、法,这叫"有体施设假"(见《成唯识论述记》卷一)。唯识宗所说的"假"就是这种"有体施设"的东西,这些都是由识或内识变现而来的。

"识"有哪些? 原始佛教将其分为六类,即眼识、耳识、鼻识、舌识、身

---

① 唯识宗所讲的"五位百法"、"三性"和"三无性"、"种子"和"缘生"、识体"四分"这些理论,论述颇为烦琐。关于唯识宗这方面的思想,有关的中国哲学史著作和唯识宗研究专著有专门介绍,可参考。

识、意识。唯识宗在这六识的基础上,增加了第七识"末那"(Manas)和第八识"阿赖耶"(Alaya)。据《大乘义章》卷三等,谓"八识之义出《楞伽经》","一者眼识,二者耳识,三者鼻识,四者舌识,五者身识,六者意识,七者阿陀那识,八者阿赖耶识。""识"是梵文 Vi(分析、分割)和 jnana(智)的合成语,即 Vijnana,意指对对象进行分析、分类所起的认识作用。所以,"识"属主观方面。这种用"识"对对象进行分析、分类以把握对象的过程就是变现对象即我、法的过程。

唯识宗所说的能变现出我、法的"识"是些什么呢?《成唯识论》卷一引《唯识三十颂》说:

> 此能变唯三,谓异熟、思量,及了别境识。

就是说,能变现出整个人类和世界的识有三种,它们是"异熟"识、"思量"识、"了别境"识。这些"识"又具体是什么呢?《成唯识论》卷二说:

> 识所变相,虽无量种,而能变识,类则唯三:一谓异熟,即第八识,多异熟性故;二谓思量,即第七识,恒审思量故;三谓了境,即前六识,了境相粗故,"及"言显六合为一种。

可见,异熟识就是阿赖耶识,因为此识"能引诸界、趣、生善、不善业异熟果故,说名异熟"(《成唯识论》卷二)。思量识就是末那识,"次第二能变,是识名末那。依彼转缘彼,思量为性相。"(《成唯识论》卷四)了别境识就是眼、耳、鼻、舌、身、意这六识,"次第三能变,差别有六种,了境为性相,善不善俱非。"(《成唯识论》卷五)所以,"异熟"、"思量"、"了别境"这三种或三类识就是八识,它们在种类上为三,在数量上为八。这说明,由眼、耳、鼻、舌、身、意、末那、阿赖耶识这八识变现出了整个大千世界。

这三类八种识又是如何具体地来变现大千世界的呢?唯识宗从高到低对"识"变现世界的可能性作了阐述。它先论"阿赖耶识",说:

　　初阿赖耶识,异熟、一切种。(《成唯识论》卷二)

　　阿赖耶识是最高的能变。作为最高能变的阿赖耶识,具有三类特征:一是"阿赖耶",这是关于第八识的自相。《成唯识论》卷二说:"初能变识,大、小乘教名阿赖耶,此识具有能藏、所藏、执藏义故。"阿赖耶是"藏"的意思。藏有三义,即能藏、所藏、执藏。阿赖耶识能含藏各类"种子";识为能藏,种子为所藏。《成唯识论》卷三引经颂说:"由摄藏诸法,一切种子识,故名阿赖耶。"是说之所以叫阿赖耶,就是因为它能够"摄藏诸法"的"一切种子"。第八识还有"执藏"义,是说第八识被第七识执之以为"我",藏此"我执",故为执藏。因为第八识有三种藏义,故叫藏识。第八识就像一座奇异的仓库,既藏有"种子",又藏有"我执"。这种藏识就是第八识的自相。

　　二是"异熟",这是关于第八识的果相。《成唯识论》卷二说:"此[按:即阿赖耶识]是能引诸界,趣生善不善业异熟果故,说名异熟。离此,命根、众同分等恒时相续胜异熟果,不可得故。此即显示初能变识所有果相。此识果相虽多位多种,异熟宽、不共,故偏说之。"这是说,由于第八识中含藏有无数的善、恶"种子",故当这些"种子"中的某些部分成熟的时候,就会招感欲、色、无色三界和天、人、阿修罗、地狱、饿鬼、傍生六道中的各种善、恶果报。所谓"异熟",有三个方面的意思:一是变异而熟,即因"种子"发生了变异,才招感成熟了果。二是异时而熟,即前世所造业,今生受果;今生所造业,来世受果;因、果是异时的。这个"异时"是就造业的时间言的,如果就"种子"言则处在因位的"种子"和处在果位的"种子"是可以同时的。三是异类而熟,即如果在人世造了善业,就可转生到好地方;如果造了恶业,就会变为畜生、饿鬼或下地狱。这里造业的地方与受报的地方是不同的。可见,"异熟识"说的是第八识的果相。

　　三是"一切种",这是关于第八识的因相。因为第八识能摄藏善、恶的"一切种子",故也叫"种子识"。作为种子识,第八识就是变现世界万法的原因。故种子识说的是第八识的因相。

　　第八识的自相、果相、因相就是它作为第一能变识的功能(作用),即它能变现世界万法的可能性,这里还不是第八识的行相。第八识是以"了别"

境相为其行相的。《成唯识论》卷三说："阿赖耶识为断为常？非断非常，以恒转故。恒谓此识无始时来，一类相续，常无间断，是界、趣、生施设本故；性坚持种，令不失故。转谓此识无始时来，念念生灭，前后变异，因灭果生，非常一故，可为转识重成种故。恒言遮断，转表非常。犹如暴流，因果法尔。……谓此识性，无始时来，刹那刹那，果生因灭，果生故非断，因灭故非常，非断非常是缘起理。故说此识，恒转如流。"这个如瀑流的"恒转如流"，说的就是阿赖耶识的行相。同时，这里的"恒转如流"也说明了阿赖耶识的"非常非断"的本性。它非常，这才保证了阿赖耶识的"无我"观；它非断，这才保证了阿赖耶识的"轮回"观。

唯识宗再论"末那识"的能变性，谓：

> 如是已说初能变相。第二能变，其相云何？颂曰："次第二能变，是识名末那。依彼转缘彼，思量为性相。"……论曰：次初异熟能变识后，应辩思量能变识相。是识圣教别名末那，恒审思量，胜余识故。（《成唯识论》卷四）

这是说，第二个能变的"识"是末那识，此识是依第八识而生起的，并以第八识为认取对象，它的特性就是"思量"，即连续不断地生起并进行明晰的思维，这些特性胜于其他识。末那识又称"我执"识，即把阿赖耶识或由其转出的今生之"我"（见分）执为"实我"，并生起"身见"、"我慢"、"我爱"、"我执"等惑念。

这里要说明的是关于末那识与意识的关系。按汉译的叫法，第六识"意"识和第七识"末那"识都叫意识。但为了避免同名误解，故第七识之名用音译（Manas），第六识之名用意译（Manovijnana）。尽管叫法不同，但这两种"识"毕竟是同名的，怎么区别它们呢？《成唯识论》卷四说：

> 此名[按：即第七识]何异第六意识？此持业释，如藏识名，识即意故。彼依主释，如眼识等，识异意故。然诸圣教，恐此滥彼，故于第七，但立意名。又标意名，为简心、识，积集、了别，劣余识故。或欲显此与

彼意识,为近所依,故但名意。

意思是说,第七识与第六识的区别就在于,第七识是就其所保持的作用来定义的("此持业释"),就像藏识也是从这一角度来建立名称一样,故第七识的作用就是意。而第六识是就其所依托的主体(即第七识)来定义的("彼依主释"),这就像眼识等前五识也是从这一角度(即从各自依托的根)来建立名称一样,所以第六识的"意识"不同于第七识的意。此外,将第七识标上意的名称,是为了区别第八识的心的名称和前六识的识的名称,因为从积聚"种子"称为心来看,第七识没有积聚的作用;又从识别事物称为识来看,第七识又不如前六识。这里表明,第七识是意"即"识,这就是"持业释";而第六识是意"之"识,这就叫"依主释";即第七识是"意"而第六识是"识"。这里特别表明的是,第七识是依靠第八识来生起的(即"转"),即"阿赖耶为依,故有末那转"(《成唯识论》卷四)。第七识恒审地思量(即经常仔细地思量)第八识为"我",这就是它的体性和行相。

唯识宗最后论说眼、耳、鼻、舌、身、意这前六识的能变性,指出:

> 如是已说第二能变。第三能变其相云何? 颂曰:"次第三能变,差别有六种,了境为性相,善不善俱非。"论曰:次中思量能变识后,应辨了境能变识相。此识差别总有六种,随六根、境种类异故,谓名眼识乃至意识,随根立名,具五义故。五谓依、发、属、助、如根。(《成唯识论》卷五)

这是说,第三能变识共包括六种不同的识,这就是眼识、耳识、鼻识、舌识、身识、意识;对六境(六种认识对象,即色、声、香、味、触、法)作辨别是六识的本性和现行活动的作用;这六种识本身是没有善、不善可言的。在这六识中,前五识实际上是人的视觉、听觉、嗅觉、味觉、触觉,而第六识类似于我们现在说的意识。

关于前五识和第六识的关系,《成唯识论》卷五说:"或名色识乃至法识,随境立名,顺识义故,谓于六境了别名识。色等五识唯了色等,法识通能了一切法，或能了别法，独得法识名。故六识名，无相滥失。"这是说，从色识到法识（即意识），都是依据对认识对象的别识而立的名称。既然如此，色识等前五识的对象也是法即事物呀，为什么它们分别叫做色识等，而不叫做法识，而只有第六识（意识）称为法识呢？回答是：因为前五识能了别的是颜色等各自的特殊对象，而第六识则能了别一切认识对象，即能辨别一切法，故以"法识"称之。所以，六识是各自独立的，其名称上并没有混淆的错误。这里突出了意识在前六识中的重要地位和作用，即在前五识起作用时要受到意识的管束。按唯识宗所说，意识的活动有两种情况：一种是单独的活动，这叫独头意识；另一种是与五识一起的活动，这叫五俱意识。故《成唯识论》卷七云："又五识身，不能思虑，唯外门转，起藉多缘，故断时多，现行时少。第六意识，能自思虑，内外门转，不藉多缘，唯除五位，常能现起，故断时少，现起时多，由斯不说此随缘现。"就是说，眼识等前五识不能思维，只是向外活动（"唯外门转"），它的生起要依赖众多的条件，所以中断的时间多而现行生起的时间少。第六识则不然，它自己能思维，能向内、外两个方面活动（"内外门转"），它的生起不需要众多的条件，所以它除了在"无想天"等五种状态下不现行生起外，在其他情况下都能现行生起，故中断的时间少而现行的时间多。

以上就是唯识宗关于八种三类的"识"所变现万法世界的理论。关于这种理论，我们现在可总结为几点：其一，在八识的三类能变中，最根本的是第八识阿赖耶识，其他两类能变识都是以第八识为根基的。《成唯识论》卷四说："阿赖耶为依，故有末那转，依止心及意，余转识得生。"这是说，前六识和第七识都是"转识"，第七识依第八识来"转"，而前六识则依第七、第八识来"转"，即"依止心及意，余转识得生"，这里的"心"指第八识，"意"指第七识，"余转识"就是前六识。所以，前七识都是从第八识"转"出的。其二，上述的三类能转识可概括为心、意、识三种。《成唯识论》卷五云："藏识说名心，思量性名意，能了诸境相，是说名为识。""心"是聚集的意思，是说阿赖耶识能够聚集一切善恶的"种子"，故叫"心"；"意"是思量的意思，是说第七识末那能恒审思量第八识为"我"，故叫"意"；"识"是了别的意思，前六识能够了别各种境相，故叫"识"。其三，在八识中，前五识直接面对特定的境而起，不具有分析、综合的能力，故窥基说它是"不深不续"（《成唯识论述记》卷一）的。第六识意识"能了一切法，或能了别法"（《成唯识论》卷五），即它对"一切法"而起，具有了别不同之法及其相互关系的功能，故窥基说"第六深而不续"（《成唯识论述记》卷一）。第七识与第六意识相比，第六识以分别外境为事，第七识则以分别人、我为事，即将第八识或由第八识转出的今生"我"执为"实我"。故窥基说"第七深而不断"（同上）。至于第八识，它是摄藏一切"种子"的根本识，"六根"及所对之"六境"均由第八识所摄藏的"种子"流转而出。故窥基说"第八不深不断"（同上），即第八识是"非常非断"的永恒流转。其四，这里所说的八识三类的能变性，说的只是八识能变现宇宙万法的可能性，即其功能、作用，并不是其现实的变现过程；现实的变现过程就是"种子"与"现行"的转换关系，这就是关于"阿赖耶缘起"的问题了。

3."阿赖耶"的净、染性及其意义

可以看出，唯识宗的思想精要是其"八识"说，它的哲学思想特色也就表现在这里。"八识"说反映了唯识宗由认识论向意志自由的趋进。如果参照德国古典哲学康德的"批判哲学"来说，唯识宗的"八识"思想与康德由"纯粹理性"进入"实践理性"的思想理路有类似处。康德由"纯粹理性"向"实践理性"逼进，是为了获得意志自由而为信仰留下场所。唯识宗讲"八识"的目的也可以说就在于此。唯识宗作为一种佛教理论，其最终目的是要进入"真如"涅槃之境，即"转识成智"。从哲学性质上说，这就是一种信仰，是一种意志自由之境。那么，人如何才能进入意志自由之境而成佛呢？其路径和理论可以有多种。但唯识宗选取的理路却是从认识论的进路来进入的。不论怎么说，人总是个现实的生命存在体，这个生命存在体是有感有思的，他（她）总要来感觉他（她）所面对的世界，也总要在感觉中思考这个世界，而思考的目的则在于弄清这个世界的真正本质、本性；而弄清这个世界的真实本性的目的又在于能超越这个世界以进入到另一个真正自由的世界。在这样做的时候，人的认识活动就是必不可少的通道和环节。如果将人的认识活动取消掉了，就将人变成植物人甚或一般的物了，这就根本谈不到成佛不成佛的问题了。唯识宗明确注意到了人的认识活动这个基本事实,并从人的认识活动出发来向人的意志自由逼进,这就是它的"八识"说。从眼、耳、鼻、舌、身这五大感觉出发,人能把握到的是色、声、香、味、触之类的存在。对这样的存在,人们总是一般地将它们执为实体,即认为一定有某种客观的实存作用到人的感觉上才产生了色等等的存在,所以唯识宗说这前五识是"唯外门转"的。但面对色等感觉存在,人也可以有另一种"转"法,即不是向外而是向内"转",这就转到了人的感觉能力上,即认识到人之所以能有色等感觉是因为人有一种感觉能力,石头等东西为什么不会有色等的感觉,就是因为它没有感觉能力的缘故。将感觉的方向由外转向了内,这就到了人的意识(广义上言),所以人的眼识等五识中就有意识在起作用,这才保证了人的感觉从根本上不同于一般动物的感觉。这就从眼识等前五识转到了第六识意识。就意识说,它既可以向外,也可以向内,即它既可以去意识颜色等等的东西而对其作了别作用,也可以来意识"颜色"等本身,即对形形色色的颜色作分析、整理、归类、综合以抽象成"颜色"的概念,并由此展开判断、推理等纯粹的意识(理性)活动。这前者就是"五俱意识",后者就是"独头意识"。所以唯识宗说第六意识是"内外门转"的。但意识不论向外转还是向内转,转来转去其总体方向总指向外,即在认识对象上,按唯识宗的说法就是在万法上,还没有转向人的"我"自身或心性自身。其实,人之所以为人,之所以能对世界万有作感觉和思考,是因为人把自己从自然世界中提离了出来而成就了一个人的世界即人文世界,这就是人类社会,这从主体这个角度讲就是有个"我"或"心""性"在,如果没有了这个"我"人就降为动物或一般物了,何来意识、感觉?!所以,在第六识意识这里有必要再"转"之,从而使人的整个认识方向由外在的万有转到人的"我"上。这是个重大的转向,转向"我"后,这个"我"就不是也不能是挟裹在从事种种认识活动的意识了,而是"自我"意识或意识"自我",这就是执行人的伦理道德实践行为等的"我",这就转到"实践理性"领域了。唯识宗所说的第七识就是如此。转到"实践理性"的领域后,人的"我"必是超越了外在对象束缚的"意志自由"或"自由意志",这时一切伦理道德行为才有价值可言。但是,在整个"八识"系统中,第七识总是受到前六识羁绊的,即这个"我"总要受认识论的思想影响而被执为对象的,即被执之为"实我"。这样以来,"我"或"自我"就貌似意志自由但实际上还是不自由的。换句话说,当说"我"如何如何时,这个"我"就被对象化了,而不是真正的、活的"我"自身。所以,到了第七识末那识这里还不行,还没有最后完成对真"我"的把握,即还未能真正把握住"我"自身,这就需要和要求再"转"之,其结果当然是转到真正的、活的、独立自由的"我"自己,这就是第八识阿赖耶识。可见,唯识宗的"八识"说与康德由"纯粹理性"向"实践理性"趋进的"批判"哲学有一致处。当然,唯识宗是倒过来讲的,即是由第八识到第七识,再到前六识的。

这里再需要说明一点的是,如果不在由"纯粹理性"向"实践理性"趋进的总过程中来说,而就作为认识活动的"纯粹理性"或"理论理性"言,前五识相当于康德讲的感性,第六识相当于他讲的知性先验范畴,而第七识则非常重要,它可以视为康德讲的将感觉与先验范畴连接起来的"先验构架"的"想象力",而其实质就是"时间"。关于这个问题,康德在《纯粹理性批判》的第一版中有所讲论,但只是作为解决如何将感性与知性导通的手段来讲的。海德格尔在1929年出版《康德与形而上学问题》(简称为《康德书》)一书时,对康德讲的"想象力"问题给予了足够的重视,视其为真正的形而上学问题。海氏在1927年出版的《存在与时间》中讲述的"Dasein"就是这个问题。

以上是我们对唯识宗"八识"说所解读出的哲学思想,这当然是对其所作的引申和发挥。现在还要谈的一个问题是:唯识宗的这个"八识"思想在隋唐佛学建构心性本体论活动中究竟有何作用和意义呢?一句话,唯识宗的"八识"说将天台宗"一念三千"说中所隐含的主体心与对象心的矛盾公开出来而收在了"心"本身中,这就是其体现在"阿赖耶"中的二重性。阿赖耶识是唯识宗的思想基石。从前面的分析、解读中可以明白,唯识宗从人的日常认识活动出发,逐步从认识对象转到了"我";又从"我"的有执性转到了无执性,即从"我"的对象性转到了"我"自身;这个"我"也就是"心",因为"识性识相,皆不离心"(《成唯识论述记》卷一)。可见,唯识宗的"阿赖耶"就是"心"自身。但这个"心"自身或自身"心"是个什么性质的存在呢?很明显是净、染二重性的,即阿赖耶识"与杂染互为缘故"、"能引诸界,趣生善、不善业异熟果故"(《成唯识论》卷二)。《大乘法苑义林章》卷一说:"末那唯染",第八为"染净本识"。唯识宗讲"有为法"与"无为法",讲"三性"与"三无性",讲"有漏种子"和"无漏种子",讲"见分"和"相分"及"自证分"和"证自证分",讲"转识成智"的"识"与"智"等等,这里都有相反相成的二重性问题。将表现、反映在其思想各方面的二重性问题最后聚集、内化在自身"心"上,这就有了"阿赖耶"的净、染性本性。建构起了"阿赖耶"自身的净、染二重性,也就是建构起了"心"自身之"有""无"性的相反相成的矛盾性。这是唯识宗的重大思想贡献,也是它在整个隋唐佛学中的重要贡献,即终于为"心"自身赋予上了"有、无"性了。

从天台宗到唯识宗,已为"心"自身建构起了二重性的矛盾性这一构架。这正如同在魏晋玄学中为宇宙万有的存在自身建构起了"有、无"性的内存在构架是最终建构起宇宙本体论的关键环节一样,在隋唐佛学中经天台宗和唯识宗的努力,现在终于使"心"自身有了二重性的矛盾性,这种矛盾性正是"心"得以本体性地存在的内在构架。接下来需要做的就是将"心"的二重性矛盾性这一内构架公开揭示、展示出来,即将其搁置在"心"面前再予以认识和把握之。谁又来做这个工作呢?

(三)华严宗的"法界"说

华严宗①是隋唐佛学的又一重要派别。"法界缘起"论是该宗的思想核心。围绕这一思想,华严宗提出并阐发了"四法界"、"六相圆融"、"十玄门"等思想理论。尤其值得注意的是,在论述"法界"思想时,华严宗通过理事、体用、本末、性相、一多、相即相入等一系列成对范畴,一定程度地揭示了本质与现象、一般与个别、同一与差别、绝对与相对、整体与部分、原因与结果等等之间的辩证关系,具有较高的思辨性的辩证法水平。现在,依据我们

---

① 华严宗奉《华严经》为宗本,故名"华严宗"。又因此宗的实际创始人法藏被武则天赐号"贤首"国师,亦称"贤首宗"。还因它以"法界缘起"思想立宗,也称为"法界宗"。该宗的传法世系是杜顺——智俨——法藏——澄观——宗密。它的实际创始人是法藏。唐武宗(840—845 年在位)于会昌五年(844 年)灭佛后,该宗遂一蹶不振。

关于隋唐佛学如何建构心性本体论的问题,拟对华严宗思想讲以下几点:

1."法界"论

华严宗是以"法界缘起"说来立宗的。它将宇宙万有,即我、法的一切现象都归为"法界",认为一切现象都是因"法界"缘生(起)的。它认为:

> 法界者,一切众生身心之本体也。从本以来,灵明廓彻,广大虚寂,惟一真境而已。无有形貌而森罗大千,无有边际而含容万有,昭昭于心目之间,而相不可睹;晃晃于色尘之内,而理不可分。非彻法之慧目,离念之明智,不能见自心如此之灵通也。(《注华严法界观门序》)
>
> 言法界,一经之玄宗,总以缘起法界不思议为宗。(《华严法界玄镜》)
>
> 统唯一真法界,谓总该万有,即是一心。(《注华严法界观门》)
>
> 夫法界缘起,如帝网赅罗,若天珠交涉。圆融、自在、无尽、难名。(《华严三宝章》)

这里说明了两层意思:一是以"法界"为体;二是重重法界不离于心。

在观世界时,华严宗首先确立了"法界"或"一真法界"的概念。何谓"法界"? 我们前面说过,它是梵文 Dharmadhatu 的意译,有二义,一是就"事"言,指诸法之各各分界;二是就"理"言,指超越言表、横亘万事万物的绝对实性,即万物之存在的本体,与"真如"、"法性"、"实相"等概念相当。华严宗在此讲"法界",在具体展开的时候,这两方面的涵义都涉及到了。但从总体上说,它这里所言的"法界"是其第二层涵义,即"法界"是作为宇宙万有之存在的本体、本原。华严宗的这个"法界"相当于哲学上的"存在"概念,它能将万千差别、形形色色的事物,无论是主观意识("心")还是客观现象("尘"),是部分("别")还是全体("总"),是个性("多")还是共性("一"),是时间的长短还是空间的大小,是佛教所说的"真"还是"妄"、是"净"还是"染",等等,等等,一切有差别的事物和现象都能统统包裹无余,使纷呈万千的现象在"法界"中相互依存、相互转化、相互蕴含、相互同一,于是宇宙万有就被看成一互为缘起的总体。在此我们不难看出,华严宗的这个"法界",在哲学性质上类似于"存在";而在哲学思想的形式上则类似于德国古典哲学中谢林的"同一哲学";但在哲学思想的内容上又有超越谢林"同一哲学"的地方,即在"六相圆融"、"一多依持"等思想形式下有较深刻的思辨辩证法,较深刻地揭示了我、法一切现象之相反相成、对立统一的内在本质。

当然,华严宗在拈出"法界"作为本体时,并没有偏离开隋唐佛学心性本体的思想主旨,即它没有使其"法界"说成为魏晋玄学那样的关于宇宙本体论的思想内容,而是属于隋唐佛学关于心性本体论的思想内容。因为,这总该万有的"一真法界"原来"即是一心";说"法界"总该万有实际上也就是"心融万有"(见密宗《注华严法界观门》)。可见,华严宗以"法界"为本与以"心"为本是一致的。对此,法藏在《华严经义海百门》中指出:

> 如见尘时,是一念心所现,此一念之心现时,全是百千大劫。何以故?以百千大劫,由本一念方成大劫。既相成立,俱无体性。由一念无体,即通大劫;大劫无体,即该一念。由念劫无体,长短之相自融,乃至远近世界,佛及众生,三世一切事物,莫不皆于一念中现。何以故?一切事法,依心而现,念既无碍,法亦随融。是故,一念即见三世一切事物显然。

这是说,百千大劫、三世之一切事物均是一念"心"的显现。这个思想与天台宗用以立宗的"一念三千"说在思想实质上是一致的。当然,在具体展开论述一念"心"与三千大千世界的关系时,华严宗与天台宗就有了区别。但就大千世界之所以存在的依据、可能说,华严宗与天台宗(甚至唯识宗)一样都以人的"心"作为根据和出发点。故法藏有言:

> 谓尘是心缘,心为尘因,因缘和合,幻相方生。由从缘生,必无自性。何以故?今尘不自缘,必待于心,心不自心,亦待于缘。由相待故,则无定属缘生,以无定属缘生,则名无生。非去缘生,说无生也。(《华严经义海百门》)

这里表面上讲的是心、尘互为条件的缘生,但实际上是为了讲无生;讲无生则是为了说明"法界缘起"的道理;讲"法界缘起"之理,最终的落脚点仍在人的"心"上。所以,法藏说:"如见尘时,此尘是自心现。由自心现,即与自心为缘。由缘现前,心法方起,故名尘为缘起法也。"又说:"明自心现者,如见此尘时,是自心现也。今尘既由心现,即还与自心为缘,终无心外法,而能为心缘。以非外故,即以尘为自心现也。离心之外,更无一法,纵见内外,但是自心所现。"(《华严经义海百门》)可见,大千世界("尘")终究是"心"所现的结果。

从根基上讲,总该万有的"统唯一真法界""即是一心"。但同时这个"一真法界"乃是一种"观法",即要用它来具体地观察世界。说到具体观察世界,就自然有了主与客之分;而将主、客之分的这种"观法"构架投射到观察对象身上,或者说在观察结果上表现出来,就有了分别。这体现在华严宗的"法界"理论上,就是其"四法界"说。例如,澄观说:

> 言法界者,一经之玄宗,总以缘起法界不思议为宗故。然法界之相,要唯有三,然总具四种:一事法界,二理法界,三理事无碍法界,四事事无碍法界。(《华严法界玄镜》)

宗密更明确地指出:

> 统唯一真法界,谓总该万有,即是一心。然心融万有,便成四种法界:一、事法界。界是分义,一一差别,有分齐故。二、理法界。界是性义,无尽事法,同一性故。三、理事无碍法界。具性、分义,性、分无碍故。四、事事无碍法界。一切分齐事法,一一如性融通,重重无尽故。(《注华严法界观门》)

就是说,一"心"将宇宙万有融于自身,具体表现出来(即在用"心"观宇宙万有时)就有了四种不同的情况:一是"事法界",这是"观"现象界的结果,看到的是各有不同,森罗万象的世界万有;二是"理法界",这是"观"事物之本性的结果，即从内性上看森罗之万有都是同一的，这也就是从本质、本体上所观察到的世界万有；三是"理事无碍法界"，这是对事物从相、性结合上所"观"的结果，即看到现象"多"与内性"一"的统一，亦即看到事物之相的"有"与性的"空"相统一；四是"事事无碍法界"，这是又返回到现象界并对现象再"观"的结果，这与在"事法界"时所"观"到的情况全然不同，那时看到的是各各差别的事物，而现在看到的则是事物间的圆融和统一，即千差万别的事物相摄、相融为一总体。到了这里，华严宗的"法界缘起"理论就得到了展开和落实。

2."理事无碍"论

华严宗讲"法界"，它将我、法一切千差万别的事物都归之其下，以其来统驭之。但这只是一种原则。"法界"或"一真法界"究竟如何来统驭千差万别的事物呢？这在哲学上必然要涉及到本体与现象的关系问题；这也就是华严宗所谓的"理法界"与"事法界"的关系问题。华严宗称此为"理事无碍法界"。在此它运用"理"和"事"、"体"和"用"、"隐"和"显"等等范畴展开了抽象思辨，较深刻地揭示了一般和个别、本质和现象等对立统一的关系问题。

华严宗所谓的"理事无碍"说，其目的就是为了论证"事法界"本身就是"理法界"的显现，"理"就融渗、显现在"事"之中，并非在"事"之外另有一个光秃秃的"理"存在着。法藏说：

> 缘起事相，必收性而方成；法界玄宗，亦依缘而现空。有有交彻，体用玄通，言事即有彻空源，谈有乃空透有表。或时双夺，纤毫之论不具；或时相成，广大之谈并见。理全收事，全夺事而为理；事非别事，物具理而为事。何方空随有现，理遂事彰，一际通观，万物可定者矣。(《华严策林》)

这就是说，缘起事相本身就渗透、体现着"理"，"理"这个本体并不在现象之外，它就在现象之中。"理"是事相存在的根据，故"空随有现，理遂事彰"，"理"与"事"是"一际通观"的，并不是分为两截子。所以，所谓的"理"是

"事"中之"理",而所谓"事"是"理"中之"事","理""事"相即不离,圆融无碍。

法藏还以大、小关系为例,具体阐述了"理"与"事"相即不离的关系。他指出:

> 大必收小,方得名大;小必容大,乃得称小。各无自性,大小所以相容;并不竟成,广狭以之齐纳。是知大是小大,小是大小。小无定性,终自遍于十方;大非定形,历劫皎于一世。则知小时正大,芥子纳于须弥;大时正小,海水纳于毛孔。若不各坏性,出入何得不备?又以皆存本形,舒卷自然无碍。(《华严策林》)

这是从现象间的"有有交彻"关系来说的"理"与"事"相即不离、圆融无碍的关系。现象界的事物是事相森然的,各有其状相,故各各差别。但这只是现象界事物存在的一种表现,这是就现象观现象的结果。如果从"理"出发来看现象界的事,事的存在就并非各各差别而界限森然,而是"有有交彻"、相互联系和作用的整体。例如大与小即如此。从单纯"事"上着眼,大与小差别历然,不相统一。但如果从"理"上看,则"各无自性,大小所以相容"也,"大是小大,小是大小。小无定性,终自遍于十方;大非定形,历劫皎于一世。"所以,"事"之为"事"本来就体现、显现着"理";"理"之为"理"本来就渗透、融摄于"事","理"与"事"本来就是圆融无碍的。

"理"与"事"既是圆融无碍的统一,所以在存在方式上必定是二者的"隐"、"显"相即而互为显现的。对此,法藏以金狮子为例,说:

> 若看师子,唯师子,无金,即师子显,金隐。若看金,唯金,无师子,即金显,师子隐。若两处看,俱隐俱显。隐则秘密,显则显著。
>
> 金与师子,或隐或显,或一或多,各无自性,由心回转,说事说理,有成有立。(《华严金师子章》)

这里的"金"喻理体,"师子"(即"狮子")喻事相。由金子铸成一个狮子相,这个狮子是由金子做成的。在此，如果说"金"时整个狮子就只不过是块金子罢了；而如果说"狮子"时整块金子就只不过是一个狮子而已；金子显时狮子隐，狮子显时金子隐，若两处看时则具显具隐矣。这就叫"金与师子，同时成立，圆满具足"（同上）。这里通过金与狮子的关系明确说明了"理"与"事"的存在方式。从而，进一步表明了"理"与"事"的圆融统一性。故法藏反复说到："入法界者，即一小尘缘起，是法；法随智显，用有差别，是界。此法以无性故，则无分齐，融无二相，同于真际，与虚空界等，遍通一切，随处显现，无不明了。……经云：'即法界无法界，法界不知法界。'若性相不存，则为理法界；不碍事相宛然，是事法界。合理事无碍，二而无二，无二即二，是为法界也。"（《华严经义海百门》）"事虽宛然，恒无所有，是故用即体也。如会百川以归于海。理虽一味，恒自随缘，是故体即用也。如举大海以明百川。由理事互融，故体用自在。"（同上）"理事无碍门者，亦有二义：一、谓一切教法举体真如，不碍事相历然差别；二、真如举体为一切法，不碍一味湛然平等。前即如波即水，不碍动相；后即如水即波，不失湿体。当然此中道理亦尔，是故理事混融无碍，唯一无住不二法门。"（《华严经探玄记》卷一）

"理"与"事"互为隐、显以显现"理"与"事"圆融无碍的存在方式，这是就具体事相的"理"与"事"关系而言的。如果就全天下的"理"、"事"关系言，"理"与"事"如何样圆融无碍地存在呢？因为这里涉及到"一"与"多"的关系问题。天下的"理"是个"一"，天下只有一个"理"；但天下的"事"却是"多"，有千差万别、各种各样的事相存在。如此一来，"理"如何与"事"圆融呢？对此，华严宗讲"理一分殊"。法藏说：

> 事无别事，全理为事。……谓诸事法，与理非异，故事随理而圆遍，遂令一尘普遍法界；法界全体遍诸法时，此一微尘亦如理性全在一切法。
>
> 能遍之理，性无分限；所遍之事，分位差别。一一事中，理皆全遍，非是分遍，何以故？以彼真理不可分故。是故一一纤尘，皆摄无边真理，无不圆足。（《华严发菩提心章》）

这是说,"理"是处在"事"中的,但并不是将一个完整的"理"瓜分开来而分给万事,如果这样的话"理"就被分割成了碎片,就不成"理"了;"理"是不能和不可分割的,它必须囫囵地处在事中,以保证其活的性质,这样,每个事中就都有一个完全的、完整的"理",这就叫"理一分殊",即"一一事中,理皆全遍,非是分遍","一一纤尘,皆摄无边真理"。

法藏还通过"一"与"一切"的关系论述了"理一"与"分殊"的关系问题。他指出:

> 事融相摄门者,亦有二义:一、相在,二、相是。初中,先一在一切中,谓如一教法不碍在事全是真理,真理遍余一切事中同理。教事亦如理遍,是故一切法中常有此一。依是义,故无一微细尘毛等处无佛说教。……二、一切在一中,谓无分齐理既不改性而全是事,是故一事摄理无不皆尽。余事如理在一事中,以理无际限不可分故,随一事处皆全摄也,是故一中常有一切。……若具通说,有其四句:初、一在一中,谓别说一切差别事中,一一各有彼一法故。二、一在一切中,谓通说一切悉有一故。三、一切在一中,谓别说一中摄一切故。四、一切在一切中,谓通说一切悉有一切故。又,此常含一切之一即复恒在彼一切中,同时自在无障无碍,"不动一方遍十方"等。皆是此义,思之可见。既一切法悉为教体,皆互相收圆融无碍,方是此经教之体性。二、相是者,先一即是一切,谓如一教事既全是真理,真理即为一切事故。是故此一即是一切,一切即一,反上应知。……良以全理之事与全事之理非一非异。由非一门故得相在也,由非异门故得相是也。深思可见。(《华严经探玄记》卷一)

这里反复说明,真如本体("理")体现于一切事物之中,一切事物无不在真如理体之中。没有差别的真如本体既不改变它的本性而又全体地体现在事物之中,所以每一事物中都包摄真如理的全体;既然真如之体全体地体现在每一事物中,而本体是没有限制而又不可分割的,所以每一事物都将真如本体包摄无余。就这样,全遍之"理"与分别之"事"圆融无碍地存在着。

华严宗讲的"理事无碍"论，特别是其"理一分殊"思想，对宋明理学中程朱理学的"理"本论颇有影响。

3."事事无碍"论

这是在"理事无碍法界"论的基础上对现象世界再作观察的结果。当人们初看现象世界时，它是千差万别、各各不同的存在，这时的每个存在都有自己的质性，都是个是什么的"什么"，即表现为自己的确定性和现成性。华严宗称此为"事法界"。但实际上，世上的一切东西都是因缘而有的，故世上的一切事法在本性、本质上并不是"是什么"的"什么"，恰恰相反，而是不是什么的"不"、"无"、"空"，即性空；从性"空"上看，现象世界是个齐同的"一"，华严宗称此为"理法界"。然而，"事法界"的"多"与"理法界"的"一"并不是截然二分的，"理"就寓于"事"中，"事"就体现、显现着"理"，"理"与"事"原是圆融无碍、相即不离的。华严宗称此为"理事无碍法界"。现在，再从这个"理事无碍法界"出发来看现象世界时，现象世界就变样了，即再也不是一开始时所看到的千差万别、各自差别的样子了，而是各种不同的事法皆相即不离而圆融统一，构成了一个层层相因、相互关联、相反相成的整体存在。华严宗称此为"事事无碍法界"。在这里，华严宗比较深刻地揭示了事物存在的相反相成、对立统一的本性。

本是各自差别的事法现在为什么就相互关联而圆融无碍了呢？在华严宗看来，原来"事法界"不是别的，正是"理法界"的体现和显现，故事法之"多"本身就有个统一的"一"存在着而使得它们能圆融地统一为一个整体。很明显，当华严宗这么看问题时，已涉及到事物相反相成的矛盾本性、本质。华严宗也正是通过对事物矛盾本性的感悟和揭示，来阐发和论证其"事事无碍"说的，这就是它所讲的"六相圆融"、"一多依持"等思想理论。

所谓"六相"，是华严宗对宇宙万有之存在现象的一种概括分类，即总、别，同、异、成、坏之六相。华严宗认为，总、别等等的六相中，其两两之间是相互含蕴、相互摄入的，故它们可以融通为一。也就是说，看似对立的两个方面本来是统一的。例如，华严宗论总、别之相，说：

问：何者是总相？答：舍是。问：此但椽等诸缘，何者是舍耶？答：

椽即是舍。何以故？为椽全自独能作舍故。若离于椽,舍即不成;若得椽时,即得舍矣。问:若椽全自独作舍者,未有瓦等亦应作舍？答:未有瓦等时,不是椽,故不作,非谓是椽而不能作。今言能作者,但论椽能作,不说非椽作。何以故？椽是因缘。由未成舍时,无因缘故,非是椽也。若是椽者,其毕全成,若不全成,不名为椽。问:若椽等诸缘,各出少力共作,不全作者,有何过失？答:有断常过。若不全成但少力者,诸缘各少力。此但多个少力,不成一全舍故,是断也。诸缘并少力皆无全成,执有全舍者,无因有故,是其常也。若不全成者,却卸一椽时,舍应犹在。舍既不全成,故知非少力并全成也。问:无一椽时,岂非舍耶？答:但是破舍,无好舍也。故知好舍全属一椽,既属一椽,故知椽即是舍也。问:舍既即是椽者,余板瓦等应即是椽耶？答:总并是椽。何以故？去却椽即无舍故。所以然者,若无椽即舍坏,舍坏故不名板瓦等,是故板瓦等即是椽也。若不即椽者,舍即不成,椽瓦等并皆不成。今既并成,故知相即耳。一椽既尔,余椽例然。是故一切缘起法,不成则已,成则相即镕融,无碍自在,圆极难思,出过情量。法性缘起一切处准知。

第二,别相者,椽等诸缘,别于总故。若不别者,总义不成,由无别时,即无总故。此义云何？本以别成总,由无别故,总不成也。是故,别者即以总成别也。问:若总即别者,应不成总耶？答:由总即别故,是故得成总。如椽即是舍故,名总相;即是椽故,名别相。若不即舍不是椽,若不即椽不是舍。总别相即,此可思之。问:若相即者,云何说别？答:祗由相即,是故成别,若不相即者,总在别外,故非总也,别在总外,故非别也,思之可解。问:若不别者,有何过耶？答:有断常过。若无别者,即无别椽瓦,无别椽瓦砟,即不成总舍,故此断也;若无别椽瓦等而有总舍者,无因有舍,是常过也。(《华严一乘教义分齐章》卷四)

这是法藏对总相和别相关系的论述。我们在此之所以要引这一长段,一是为了了解法藏对总、别的相反相成关系的细致论说,以明法藏佛教哲学的思辨特色;二则是为了更全面、准确地把握华严宗关于总与别既对立又统一的辩证关系,不致于因只摘引个别结论性的语句而忽视和淹没了其思想的思辨性和理论性,以避免对其思想的独断论误解。法藏对总相与别相之对立统一关系的论述可谓细致、精到,这里再无必要作重复解说了。这里只想指出的是,法藏比较深刻、正确地看到了总、别之间既对立又统一的相反相成的本质。总之所以是总,正因为它内在地蕴含着别;别之所以为别,正因为它内在地蕴含有总。如果天下只有总或只有别,而不是相反相成的统一,那么所谓的总或别也就根本不存在了。法藏以房舍与椽瓦等的关系为例,明确、生动地说明了总与别对立统一的道理。房舍是个总体,是总相;但房舍这个总体是由椽子、砖、瓦等等的部分构成的,这些部分就是别相,如果没椽子等别相,房子这个总相是根本不会出现的。同理,就椽子、砖、瓦等言,它们是个别的存在,是别相;但这些别相之所以是别相,正是因为有房子这个总体即总相在,如果取掉了房舍这一总相,椽子就根本不是椽子了,它充其量只是一根一般的木头,根本就不会有"椽(子)"的名称,瓦、砖等等亦然。所以,在一栋房舍中,既有总相又有别相,总与别是相互依赖和相互渗透的,即总是别的总而别是总的别,总中有别而别中有总,总与别是圆融统一的。

关于同相和异相、成相和坏相之间的关系,如同论述总相和别相的关系一样,法藏在《华严一乘教义分齐章》卷四中作了较详细、深刻的分析和论说,这里就不再罗列引述了。总之,法藏通过理性思辨和逻辑分析,对总、别,同、异,成、坏六相间的对立统一性作了揭示。他说:"总相者,一舍多德故;别相者,多德非一故。别依止总,满彼总故。同相者,多义不相违,同成一总故;异相者,多义相望,各各异故。成相者,由此诸缘起成故;坏相者,诸义各住自法不移故。"(《华严一乘教义分齐章》卷四)法藏又以金狮子为例,说:"师子是总相,五根差别是别相。共从一缘起,是同相;眼耳等不相滥,是异相,诸根合会有师子,是成相;诸根各住自位,是坏相。"(《华严金师子章》)法藏将六相间的圆融无碍关系表述为一首颂:"一即具多名总相,多即非一是别相。多类自同成于总,各体别异现于同。一多缘起理妙成,坏住自法常不作。唯智境界非事识,以此方便会一乘。"(《华严一乘教义分齐章》卷四)

华严宗还通过对"一"、"多"关系的分析论述,说明了"一"与"多"之依持而圆融的思想。例如,它说:

> 一者十,何以故? 缘成故。十即一,何以故? 若无十,即无一故。……若一不即十,十即不得成,由不成十故,一义亦不成。何以故? 若无十,是谁一故。今既得一,明知一即十。(《华严一乘教义分齐章》卷四》)

一和十,表面看来是明显不同的两个数字,但实质上二者是内在关联而圆融统一的。一方面,一就是十,因为十个一相互联结为一个统一的整体,这就是十,这时的每一个一都是十的一,是十的有机部分,根本不是和不能是各自孤立的一,如果没有了这个十的总体,一个个的一就都将是个孤立的东西,它们也就不是一了;另一方面,十就是一,因为十是由十个一构成的,一个个的一是构成十的要素,如果没有这十个一个一个的一,十这个总体也就没有了。在这里,华严宗所说的一即十、十即一的关系,实际上涉及的是计数中数目和单位的关系。在计数即数数时,一方面要有数目,另一方面还同时要有单位,即位数,我们现在习惯用的 0、1、2、3、4、5、6、7、8、9 这十个数就既是数目又是单位。作为数目讲,每个数目之间是等同的,例如无论是 0 还是 1 还是 9 都只代表一个,且数字与数字之间是分立、分离、间断、分散的。但作为单位讲,一个数字与另一个数字之间就是连续、统一的,即后一位数字总要将前一位数字收摄在自身之中。比如 6,作为数目时它指的是状如……的六个点的存在,这六个点是分离、分立的;而作为单位时它指的则是状如——的存在,这时的六个点就被敛合住而为一个整体。所以,在计数中,一方面数目是单位的数目,另一方面单位是数目的单位,每一个数其本身就是数目和单位的有机统一,即一方面它表示着是几个;另一方面它又表示着是第几个。例如 3,比如说 3 个苹果吧,作为第 3 个言它只指着一个苹果,但作为 3 个言它就指着第 1、第 2、第 3 这 3 个苹果。法藏在这里讲的一与十的关系就是这样,十作为第十讲它就是个一,但作为十讲它则是个十。人们往往将法藏的一即十、十即一的思想说成是诡辩,其实这不是诡辩,而揭示的是计数中的单位和数目相反相成、对立统一的辩证性。

华严宗不仅讲一与十对立统一的圆融性,还更一般地讲一与多的对立统一的圆融性。法藏说:

> 一多相由成立。如一全是多，方名为一；又多全是一，方名为多。
> 多外无别一，明知是多中一；一外无别多，明知是一中多。良以非多然
> 能为一多，非一然能为多一。以不失无性，方有一多之智。（《华严经
> 义海百门》）

"一多相由成立"，这是说"一"与"多"是相反相成的。一之所以为一，正是
因为有多存在，如果压根就没有多，一也就不是一了；同理，多之所以为多，
正是因为有一存在，若根本无一，多也就不是多了。这是就"一"与"多"的
外在存在关系而言的。同时，多是一中多，一是多中一；一与多在内在本性
上既对立又统一，即二者圆融无碍。这里实际揭示了具体一与抽象"一"的
对立统一关系，即具体一是"多"，而抽象的、一般的一是"一"。

华严宗又从"依"、"持"，"摄"、"入"，"废"、"同"关系上来论证一与多
的圆融统一性。法藏指出：

> 依、持义者，一能持多，一有力，是故能摄多；多依一故，多无力，是
> 故潜入一。……是故由一望多，有持有依，全力无力，故能摄能入，无有
> 障碍；多望于一，有依有持，无力全力，故能入能摄，亦无有障碍。……
> 由一有体能摄多，由多无性潜同一，故无不多之一，亦无不一之多。一
> 无性为多所成，多有一空，即多亦尔。是故一望于多，有有体无体，故能
> 摄他同己，废己同他，无有障碍；多望于一，有无体有体，亦能废己同他，
> 摄他同己，亦无障碍。（《法界缘起章》）

这里说的"依"、"持"是关于对立面之间的相互依存而有机统一的关系。以
甲、乙为例来说，甲方依赖于乙方而存在，这对甲方言就是"依"，而对乙方
言就是拥有、持有了甲方，则是"持"；甲方"依"于乙方就是被容纳入乙方
中，这对甲方言是"入"，乙方把甲方包容于自身中，这对乙方言就是"摄"；
甲方被容纳于乙方中，这对甲方言是"废"，而乙方将甲方摄包于自身中，这
对乙方言就是"同"。可见，在甲、乙两方中，相互之间既依又持、既入又摄、
既废又同，是对立统一的圆融一体。

从依、持等关系出发,华严宗更得出了"异体相即"、"异门相入"的普遍结论。表面上是相异的一切东西,但由于相互间能依能持,能入能摄,能废能同,因而它们之间是相互依赖和统一的。故此,宇宙万有的一切就都处在相互关联的圆融关系中。法藏指出:"若缺一缘,余不成起;起不成故,缘义即坏。得此一缘,令一切成起,所起成故,缘义方立。是故一缘是能起,多缘及果俱是所起,是即多为一成。""若无一,则一切缘全失自体。何以故?以无一时,多无所成;无所成故,不是缘也。是故,有一即有一切,却一即却一切也。"(《华严经探玄记》)大千世界中的一切都相互依存而因缘合和,构成了一个圆融无碍的整体。法藏以这个整体为"十玄门"中的"因陀罗网境界门",是说宇宙中的纷然万法就像天帝的宝珠网一样重重无尽地相互含摄着。他说:"师子眼、耳、支节,一一毛处,各有金师子。一一毛处师子,同时顿入一毛中。一一毛中,皆有无边师子,又复一一毛,带此无边师子还入一毛中。如是重重无尽,犹天帝纲珠,名因陀罗纲境界门。"(《华严金师子章》)

总之,在讲"事事无碍法界"时,华严宗揭示了事事圆融无碍的本性,这有深刻的哲学意义和价值。

4.华严宗的"法界"说在隋唐佛学建构心性本体中的意义

华严宗的"法界"概念在哲学性质上相当于"存在"范畴,它可以将主客、心物、我法以及现象界的一切差别都包揽其中,并使其圆融统一;因此,在哲学思维形式上这个"法界"有些类似于谢林的"同一哲学"。那么,华严宗讲这个"法界",并细致地讲"理事无碍法界"和"事事无碍法界",其目的何在呢?它讲这些问题到底有何作用和意义?作为中国化了的一个佛教宗派,它讲这些东西的目的就是为了使人们从现象界的差别中能明确其圆融无碍的本性,从而达到入涅槃而成佛果。我们在此不谈这个目的和作用。如果把华严宗的"法界"说作为一种哲学思想来看待,把它放在隋唐佛学建构心性本体这一时代任务中来分析和解读,可以看出,华严宗的"法界"说是隋唐佛学在完成心性本体论建构任务过程中必不可少的环节。华严宗讲"法界",看起来是在讲宇宙万有的"存在"问题,不关心性,但实际上"统唯一真法界,谓总该万有,即是一心"(宗密《注华严法界观门》),问题的实质仍在心性上。

我们说,天台宗的"一念三千"说明确将哲学致思的方向导入到"念"或"心"上,标显出了"心"的存在,这是其巨大功绩。但在天台宗的"一念三千"说那里,逻辑地隐含着主体心与对象心的二元矛盾,天台宗实际上能够把握住的只是对象心,至于那个活着的真正起着主宰作用的本体"心"或"心"本身是深深隐藏着的,并未显现出来;这也就是说,在天台宗处,所谓的"念"或"心"仍是在既定的心、物关系中来存在的,并没有被真正独立出来。

到了唯识宗,通过其"八识"说,就将"心"独立出来了,即使"心"超越了心、物二分的既定关系而成为独立的存在,这就是唯识宗的"阿赖耶识"说。唯识宗将"心"独立了出来,这是其重大功绩。但是,唯识宗这里的"心"在存在形式上只是主体性的,即它只表现为人的主观意识类,还不是真正自本自根的本体。作为本体,无论是心本体还是物本体,其存在性质和方式是一样的,即都要有一"有、无"(或"有—无")性的本性和内在结构。那么,这个"有、无"(或"有—无")性结构从何而来呢?它正是一存在与他存在之并存这一存在前提和条件在每一存在者自身中内化、积淀的结果。有了内性上的这个"有、无"性后,每一存在才能自本自根地自我存在和显现,这时它才是本体和才能是本体。说了这一番关于本体存在的道理后,现在我们再说唯识宗的"阿赖耶识"说。唯识宗以"阿赖耶识"为根本识,它是其他一切识的存在根源;而"阿赖耶识"自身是有净有染的,这在原则上已具备了"有、无"性结构的雏形。这是唯识宗很重要的一个思想贡献。但在唯识宗这里,这个"阿赖耶识"是与末那识、意识、眼识等其他七识处在相对待和相关联中的,并未独显出来,故它本质上仍属人的意识类;就是说,唯识宗的这个"阿赖耶识"虽已有了"有、无"性结构的属性,在哲学性质上具备了作本体的条件,但它还未取得本体的形式,即"独"的存在形式。所以,只有将这个"阿赖耶识"即"心"从形式上独立出来,它才能是自本自根的本体,而这个工作正是由华严宗来接着做的。

从建构形而上的心性本体的思想理路来说,华严宗其实就是将唯识宗"阿赖耶识"中所隐含着的净、染性的二重性明确揭示出来以之成为其存在的本性、本质、结构。华严宗以"法界"这一范畴,明确将主客、心物、我法等等的对立面统一了起来,这实际上正是将唯识宗"阿赖耶识"中所潜含的净、染二重性矛盾公开了出来。其实,华严宗的"法界"就是"心"的存在和表现形式、方式,一方面它在"法界"形式下把"心"提升、独立了出来,使其取得了"独"的存在形式;另一方面,华严宗展开了对"法界"的细致分析,不仅将其分为"事法界"和"理法界"这样相反相成的两类,同时又分析了"理"与"事"既对立又统一的圆融性,还从"理""事"的圆融无碍性出发分析了原本是各各差别的"事"本身既对立又统一的圆融性。通过这些颇为深刻的辩证性的理论分析,这实际上就将"心"的"有、无"性结构展示出来了,有了这一"有、无"性结构,"心"的存在就是自因的和自本自根的,所以这时的"心"就是本体。可以说,至华严宗"法界"说这里,隋唐佛学关于建构心性本体论的思想任务从形式上已告完成了。这就是华严宗"法界"思想理论的重要贡献。

如此说来,隋唐佛学关于建构心性本体论的思想任务不是在华严宗这里已经得到完成了吗? 可以这么说,但也不能这么说。因为,如果单就心性本体的存在性质和形式言,经天台宗、唯识宗的努力和逼近,至华严宗处以其颇具深刻辩证性的对"法界"即"心"的"有、无"性结构的阐析,的确把"心"建构成了自本自根、自因的存在体,这就从形式上完成了关于心性本体论的建构任务。但这只是问题的一个方面。心性本体论还有另一个方面的问题是:它不同于宇宙本体那样可以将其外化在人的理性面前来作对象似的把握和认识,这样一来的话也就不会有心性本体了。心性本体之所以是心性本体,之所以区别于和不同于宇宙本体,正是因为人在谈这个本体、认识和把握这个本体时不能将它对象化到理性面前,如果这样做的话这个"心"就正好不是本体了,它就只是另一个活"心"的对象而已,是根本不会有本体的存在意义和价值的。在心性本体论这里,要使"心"成为真正独立的自本自根的本体,就一定要把握住那个活"心",要让这个活"心"露出其庐山真面目来。可见,到了华严宗这里很明显那个真正活的"心"还未闪面,这表明人的"心"这时还没能真正地抓住自己,"心"还没有取得真正独立自存的本体地位。从本体论的种类和理论上来说,隋唐佛学到了华严宗处，只是建构完成了本体Ⅰ即"有"本体，而心性本体真正所需要、要求的是本体Ⅱ即"无"本体。所以，接着华严宗隋唐佛学还有一个很艰巨的思想任务要完成，这就是如何消解掉"心"的对象性羁绊而使"心"真正地独立化为自本自根的本体。这个工作就轮到禅宗来做了。

（四）禅宗的"自心"说

禅宗①是最富有中国特色的、最有社会影响的佛教宗派，它产生后几乎成为中国佛教的代名词。禅宗的实际创始人是慧能②。禅宗虽说源于印

① "禅"是梵语 dhyana 的音译，全名为"禅那"或"驮衍那"，意译为"弃恶"、"静虑"、"思维修"、"功德丛林"等，音意合译为"禅定"。禅宗，是因以禅定作为修习之途而得名的。又因为它奉菩提达摩为中国禅的始祖，故称"达摩宗"；还因为它主张"教外别传，不立文字，直指人心，见性成佛"，以觉悟众生自心而彻见本有佛性为主旨，故又称"佛心宗"，简称为"心宗"；因它与天台、华严等的"教门"相对，故也称"宗门"。

　　据说禅宗是由佛祖释迦牟尼直接传下来的。《五灯会元》卷一说："世尊在灵山会上拈花示众，是时众皆默然，唯迦叶尊者破颜微笑。世尊曰：'吾有正法眼藏，涅槃妙心，实相无相，微妙法门，不立文字，教外别传，付嘱摩诃迦叶。'"因此，摩诃迦叶就是禅宗在印度的初祖，其第二十八祖为菩提达摩。达摩为南天竺僧人，于南朝宋末（一说为梁普通或大通元年）航海到广州，后到北魏，入嵩山少林寺"面壁而坐，终日默然"达九年，世称壁观婆罗门。达摩就是中国禅宗的初祖。中国禅宗的传法世系是：菩提达摩——慧可（487—593）——僧璨（？—606）——道信（580—651）——弘忍（601—674）——慧能（638—713）。中国禅宗的真正创始是从慧能开始的。慧能后，经几代传播，禅宗发展为五大支派，即沩仰宗、临济宗、曹洞宗、云门宗、法眼宗，它们都创立于唐末五代时期。

② 慧能是位不识字的和尚。他俗姓卢，原籍范阳（今河北涿县）。他父亲曾在范阳做官，被贬后流落岭南，他就生于岭南新州（今广东新兴东）。他三岁丧父，靠卖柴养母度日。一日慧能于卖柴途中闻人诵《金刚经》，有悟，他听说弘忍在黄梅弘扬此经，遂于龙朔元年（661 年）至黄梅参见。一见面弘忍就问他："汝何方人，欲求何物？"慧能曰："弟子是岭南新州百姓，远来礼师，惟求作佛，不求余物。"弘忍说："汝是岭南人，又是獦獠，若为堪作佛？"慧能曰："人虽有南北，佛性本无南北，獦獠身与和尚不同，佛性有何差别？"弘忍知他有根基，"更与欲语，且见徒众总在左右，乃令随众作务。"于是慧能去碓房舂米。有一天，弘忍让弟子们"各作一偈，来呈吾看，若悟大意，付汝衣法，为第六代祖。"时有神秀作偈曰："身是菩提树，心如明镜台。时时勤拂拭，勿使惹尘埃。"弘忍看了此偈说："汝作此偈，未见本性，只到门外，未入门内，如此见解，觅无上菩提了不可得。"后来慧能听人读神秀的偈，亦作一偈请人代书于壁，曰："菩提本无树，明镜亦非台。本来无一物，何处惹尘埃。"众见此偈，惊讶不已。弘忍"见众人惊怪，恐人损害，遂将鞋擦了偈，曰：'亦未见性。'众人以为然。"后弘忍叫慧能至，"三鼓入室，祖以袈裟遮围，不令人见，为说《金刚经》。至'应无所住而生其心'，慧能言下大悟：'一切万法，不离自性'。……三更受法，人尽不知。" 受法后的慧能就南下，回岭南隐居达十六年。唐高宗仪凤元年（676 年）〔一

度,但它实际上是地道的中国产物。吕澂说:"禅宗是佛学思想在中国的一种发展,同时是一种创作。在印度的纯粹佛学里固然没有这种类型,而它的基本理论始终以《起信论》一类的'本觉'思想贯穿着,又显然是凭借中国思想来丰富它的内容的。"①故禅宗最重心性问题,主张重视自家体验而反求诸己,以直悟心性本体。更重要的是,它将人对自己心性本体的体验与日常生活结合、融合起来,主张在日常日用中自然而然地直悟自心以见性成佛,故禅宗是最少宗教性和最多生活性的宗教。日本的铃木大拙说:"禅,是中国佛家把道家思想接枝在印度思想上,所产生的一个流派。""禅,是不是属于宗教?在一般所理解的意思来说,禅并不是宗教,因为禅并没有可作礼拜对象之神,也没有可执行的任何仪式,也不持有死者将转生去的叫做来世的东西,而且一个很重要之点,即:禅是连灵魂都不持有的。"②所以,禅是"思维修",是人对自己心性本体的直觉契悟。

这里从隋唐佛学建构心性本体论的问题出发,对禅宗思想讲以下几点:

1."自心"论

以慧能为代表的禅宗径直以"心"为本体,认为人的"自心"或"自性"就是本体,心外无别体。我们先看看慧能的一些言说:

> 无上菩提,须得言下识自本心,见自本性,不生不灭。于一切时中,念念自见,万法无滞,一真一切真,万境自如如,如如之心,即是真实。若如是见,即是无上菩提之自性也。(《坛经·行由》。这是慧能转述弘忍的话,也可看作是慧能的思想。)
>
> (五祖)为说《金刚经》,至"应无所住而生其心",慧能言下大悟:

说为武则天垂拱(685—688 年)年间]慧能在南海法性寺遇见了印宗法师。"值印宗法师讲《涅槃经》。时有风吹幡动,一僧曰:'风动',一僧曰'幡动',议论不已,慧能进曰:'不是风动,不是幡动,仁者心动。'一众骇然。印宗延至上席,征诘奥义。"慧能于是在法性寺落发,智光法师为授具足戒。第二年他回到韶州(今广东韶关),住曹溪宝林寺,为众说"直指人心,见性成佛"的顿悟法门。门人法海将慧能的言说汇编为《六祖法宝坛经》,简称为《坛经》(全名为《南宗顿教最上大乘摩诃般若波罗蜜经六祖慧能大师于韶州大梵寺施法坛经》)。这是中国佛教中仅有的一部能称为"经"的著作,影响甚巨。

① 吕澂:《禅宗》,见《中国佛教的特质与宗派》,大乘文化出版社 1978 年版,第 341 页。

② 铃木大拙:《禅佛教入门》,李世杰译,协志出版公司 1970 年版,第 12—13 页。

"一切万法,不离自性。"遂启祖言:"何期自性本自清净,何期自性本不生灭,何期自性本自具足,何期自性本无动摇,何期自性能生万法。"祖知悟本性,谓慧能曰:"不识本心,学法无益;若识自本心,见自本性,即名丈夫、天人师、佛。"(《坛经·行由》)

善知识,世人终日口念般若,不识自性般若,犹如说食不饱。口但说空万劫,不得见性,终无有益。……本性是佛,离性无别佛。(《坛经·般若》)

心量广大,犹如虚空,无有边畔,亦无方圆大小,亦无青黄赤白,亦无上下长短,亦无瞋无喜,无是无非,无善无恶,无头无尾。诸佛刹土,尽同虚空。世人妙性本空,无有一法可得。自性真空,亦复如是。(同上)

善知识,世界虚空,能含万物色相,日月星宿、山河大地、泉源溪涧、草木丛林、恶人善人、恶法善法、天堂地狱、一切大海、须弥诸山,总在空中。世人性空,亦复如是。善知识,自性能含万法是大,万法在诸人性中。若见一切人,恶之与善,尽皆不取不舍,亦不染著,心如虚空,名之为大,故曰摩诃。(同上)

善知识,心量广大,遍周法界,用即了了分明,应用便知一切。一切即一,一即一切。去来自由,心体无滞,即是般若。善知识,一切般若智,皆从自性而生,不从外入。(同上)

善知识,不悟即佛是众生,一念悟时众生是佛,故知万法尽在自心,何不从自心中顿见真如本性?……若识自心见性,皆成佛道。(同上)

善知识,我于忍和尚处,一闻言下便悟,顿见真如本性。是以将此教法流行,令学道者顿悟菩提,各自观心,自见本性。……三世诸佛,十二部经,在人性中,本自具足。……若识自性,一悟即到佛地。(同上)

汝当今信佛知见者,只汝自心,更无别佛。(《坛经·机缘》)

菩提只向心觅,何劳向外求玄?听说依此修行,西方只在眼前。(《坛经·疑问》)

慧能的这些论说足以表明,人自己的"心"、"性"就是本体、本原;所谓的

"佛""只涉自心,更无别佛",佛向心中求,"菩提只向心觅"。径直以"心"或"性"为本体,这是禅宗这个"宗门"区别于其他"教门"的显著特点。

后来的黄檗禅师①对禅宗的"自心即佛"思想有明确、精到而通俗的疏解,这里我们不妨摘引几段看看:

> 诸佛与一切众生,唯是一心,更无别法。此心无始已来,不曾生不曾灭,不青不黄,无形无相,不属有无,不计新旧,非长非短,非大非小,超过一切限量,名言踪迹对待,当体便是,动念即乖。犹如虚空,无有边际,不可测度。唯此一心即是佛,佛与众生更无别异。但是众生著相外求,求之转失。使佛觅佛,将心捉心,穷劫尽形终不能得。不知息念忘虑,佛自现前。此心即是佛,佛即是众生。为众生时此心不减,为诸佛时此心不添。乃至六度万行河沙功德,本自具足,不假修添。遇缘即施,缘息即寂。若不决定信此是佛,而欲著相修行以求功用,皆是妄想,与道相乖。此心即是佛,更无别佛,亦无别心。此心明净犹如虚空,无一点相貌。举心动念,即乖法体,即为著相。无始已来无著相佛,修六度万行欲求成佛,即是次第。无始已来无次第佛,但悟一心,更无少法可得,此即真佛。佛与众生一心无异,犹如虚空无杂无坏。如大日轮照四天下,日升之时照遍天下,虚空不曾明;日没之时暗遍天下,虚空不曾暗。明暗之境自相陵夺,虚空之性廓然不变。佛及众生心亦如此。若观佛作清净光明解脱之相,观众生作垢浊暗昧生死之相,作此解者,历河沙劫终不得菩提,为著相故。唯此一心,更无微尘许法可得,即心是佛。(《筠州黄檗山断际禅师传心法要》)

> 如今学道人,不悟此心体,便于心上生心,向外求佛,著相修行,皆是恶法,非菩提道。供养十方诸佛,不如供养一个无心道人,何故? 无心者无一切心也。如如之体,内如木石不动不摇,外如虚空不塞不碍。无能所,无方所,无相貌,无得失,趋者不敢入此法,恐落空无楼泊处,故

---

① 黄檗禅师名希运(? —885),他是南岳怀让系下百丈怀海的弟子,临济宗创立者义玄的老师。由于他长期住在高安(今江西高安县)黄檗山,故名。

望崖而退。例皆广求知见，所以求知见者如毛，悟道者如角。……诸大
菩萨所表者，人皆有之，不离一心，悟之即是。今学道人，不向自心中
悟，乃于心外著相取境，皆与道背。……此心即无心之心，离一切相。
众生诸佛更无差别。但能无心，便是究竟。学道人若不直下无心，累劫
修行终不成道，被三乘功行拘系，不得解脱。（同上）

此心是本源清净佛，人皆有之，蠢动含灵，与诸佛菩萨，一体不异。
只为妄想分别，造种种业果。本佛上实无一物，虚通寂静，明妙安乐而
已。深自悟入，直下便是，圆满具足，更无所欠。纵使三祇精进修行，历
诸地位，用语一念证时，只证无来自佛，向上更不添得一物，却观历劫功
用，总是梦中妄为。（同上）

这更明白地说明，"诸佛与一切众生，唯是一心"，"唯此一心即是佛，佛与众
生更无别异"，"此心即是佛，佛即是众生"。成佛的根据全在人"自心"中。
"心"的本体性是昭然的。

"自心"、"自性"就是本体，是成佛的唯一依据，只要能见心识性就能成
佛。但这样讲时就遇到了一个十分关键的问题，即这里的"心""性"是一种
什么样的心、性？人如何才能见心识性？这两个问题实际上是一个问题，即
"自心"、"自性"是一种什么哲学性质的存在？关于这个问题慧能提出了
"无念"、"无相"、"无住"的"三无"说。他指出：

善知识，我此法门，从上以来，先立无念为宗，无相为体，无住为本。
无相者，于相而离相；无念者，于念而无念；无住者，人之本性。（《坛
经·定慧》）

就是说，作为本体的"心"或"自心"不是也不能是对象性的心，即处在主体
心与对象心之二分构架中的、被放在主体面前来认识和把握的心，这样的心
明显是不自由的，是受制于主体心的，且是失去了活性的死对象，它当然成
不了本体。能成为本体的"心"是自心，它已从主体心与对象心之二分构架
中超越出来成了真正的自体；说它是自体，是因为它是独立的和自由的，即

它的存在是自本自根、自因的。慧能进一步对"心"的"三无"性作解释说:

> 念念之中,不思前境,若前念、今念、后念,念念相续不断,名为系缚。于诸法上,念念不住,即无缚也。此是以无住为本。
>
> 善知识,外离一切相,名为无相。能离于相,即法体清净,此是以无相为体。
>
> 善知识,于诸境上心不染,早无念。于自念上常离诸境,不于境上生心。若只百物不思,念尽除却,一念绝即死,别处受身,是为大错,学道者思之……善知识,无者,无何物? 念者,念何物? 无者,无二相,无诸尘劳之心;念者,念真如本性,真如即是念之体,念即是真如之用。(同上)

可见,所谓"无住"就是使"心"不被束缚在前念、今念、后念的念虑思想中,即使"心"不住于一法;所谓"无相"就是使"心"不被相所缚,以达法体清净;所谓"无念"就是使"心"常离诸境而不于境上生心。这里的"三无"都是针对心而言的,即不使"心"被系缚在对象身上而成为某种现成性、确定性的"什么",使"心"从对象身上解放出来而自体化和本体化,这也就是使"心"处在随缘而生的缘发构成中,这时它就是"念"而无念、"体"而无体、"住"而无住的活的自体和本体。所以,所谓"无念"并不是不让心去思去想,因为"心之官则思",心天生就是要思要想的,如果人为地不让它去思去想,它就不是心了,"若只百物不思,念尽除却,一念绝即死",这样的死心当然是没有用的,自然不能成为本体。作为本体的"心"是活的心,故它一定要去思去想的,即要处在生生不息的运行中。但这种思和想却不可被固定化、确定化和现成化,即不可被限缚在"是什么"的"什么"上,而应该是"是什么"的"是"本身,这时它是有念有思的,但却念而无念,思而无思,不念而念,不思而思,这就是自然之思和自然之念,就是"无念",这时的"心"就是真正的本体。"心"的"无住"、"无相"性亦如此。慧能在谈佛性时就表现出这种思想。如他说:"佛言:善根有二。一者常,二者无常,佛性非常非无常,是故不断,名为不二;一者善,二者不善,佛性非善非不善,是名不二;蕴之与界,凡夫见二,智者了达其性无二。无二之性,即是佛性。"(《坛经·行由》)这种"非常非无常"、"非善非不善"的"佛性",实际上正是人的真"心"和真"性",即"自心"和"自性"。正因为人真正的、自本自根的"自心"、"自性"是非念非不念、非住非不住、非体非不体的,故才能洞见到"无二之性"的"佛性"。慧能在此讲的"无念"等等的"心",与现代德国存在论者海德格尔的"Dasein"很有些哲学性质上的一致性。

关于作为本体的"自心"的特性,黄檗禅师也有论说,曰:

> 此法即心,心外无法;此心即法,法外无心。心自无心,亦无无心者。将心无心,心却成有,默契而已。绝诸思议,故曰言语道断,心行处灭。……此本源清净心,常自圆明遍照,世人不悟,只认见闻觉知为心;为见闻觉知所覆,所以不睹精明本体。但直下无心,本体自现,如大日轮升于虚空,遍照十方更无障碍。故学道人唯认见闻觉知施为动作,空却见闻觉知,即心路绝无入处。但于见闻觉知处认本心,然本心不属见闻觉知,亦不离见闻觉知;但莫于见闻觉知上起见解,亦莫于见闻觉知上动念;亦莫离见闻觉知觅心,亦莫舍见闻觉知取法。不即不离,不住不著,纵横自在,无非道场。世人闻道诸佛皆传心法,将谓心上别有一法可证可取,遂将心觅法,不知心即是法,法即是心,不可将心更求于心,历千万劫终无得日。不知当下无心,便是本法。(《筠州黄檗山断际禅师传心法要》)

黄檗禅师将"本源清净心"与"见闻觉知心"作了比较,指出作为本原、本体的本源清净心并不是完全孤立的存在,它与见闻觉知心是有关联的,即它就存在于见闻觉知心中;但却不可用见闻觉知心覆盖了"精明本体"的本源清净心,而要使本源清净心在与见闻觉知心的"不即不离,不住不著,纵横自在"中得以存在,这样方能显现出本源清净心或本心的存在,这就有了"自心"这种本体。

2."顿悟"论

禅宗以本源清净的"自心"为"精明本体"。但这里随即有了一个问题,即如何来得到这种本体"自心"? 而这个问题又包含两个方面的问题:一是关于如何获得"自心"的途径、方式、方法问题;另一则是关于这个"自心"在哪里,它是怎么存在的问题。获得"自心"的方式、方法与"自心"之存在的方式、方法息息相关。禅宗对这方面的问题也作了阐发,这就是它主张的"顿语"说。"顿悟"说既是禅宗获得"自心"本体的方法,同时也是它的修行理论和方法,即所谓的"放下屠刀,立地成佛"。

这里先看看禅宗关于"顿悟"的一些论说:

> 凡夫即佛,烦恼即菩提。前念迷即凡夫,后念悟即佛;前念著境即烦恼,后念离境即菩提。(《坛经·般若》)
>
> 不悟即佛是众生,一念悟时众生是佛。故知万法尽在自心,何不从自心中顿见真如本性。(同上)
>
> 若识自性,一悟即至佛地。(同上)
>
> 佛向性中作,莫向身外求。自性迷即是众生,自性觉即是佛。
> (《坛经·疑问》)

这些是慧能关于"顿悟"成佛的论说。关于"顿悟"说,当然不是始自慧能,东晋的竺道生就有此说。但慧能从他的"自心"本体出发,使"顿悟"的方法论、修行论与"自心"本体论统一了起来,从而"自心是佛"和"顿悟成佛"成为一个问题的两个方面,这却是慧能之功。慧能后,禅宗都将"顿悟"之法与"自心"本体统一起来,视"顿悟"法为把握"自心"本体以成佛的有效方式、途径。例如,《黄蘗断际禅师宛陵灵》载有黄蘗禅师与求法者的一次答问,云:

> 问:何者是佛? 师云:汝心是佛。佛即是心,心佛不异,故云即心即佛。若离于心,别更无佛。云:若自心是佛,祖师西来如何传授? 师云:祖师西来,唯传心佛。直指汝等心本来是佛,心心不异,故名为祖。若直下见此意,即顿超三乘一切诸位,本来是佛,不假修成。云:若如此,十方诸佛出世,说于何法? 师云:十方诸佛出世,只共说一心法。所以

佛密付与摩诃大迦叶，此一心法体，尽虚空遍法界，名为诸佛理。论这个法，届是汝于言句上解得他，亦不是于一机一境上见得他，此意唯是默契得，这一门名为无为法门。若欲会得，但知无心忽悟即得。若用心拟学取，即转远去。若无歧路心，一切取舍心，心如木石，始有学道分。……但莫生异见，山是山，水是水，僧是僧，俗是俗，山河大地日月星辰，总不出汝心。三千世界，都来是汝个自己，何处有许多般。心外无法，满目青山，虚空世界，皎皎地无丝发许与汝作见解。所以一切声色，是佛之慧目。

这里说到了两层意思：一是"佛即是心"、"即心即佛"，这明确是从"自心"本体方面来说的；二是"若欲会得，但知无心忽悟即得"，这明确是从"顿悟"方法上来说的。求法者问黄檗禅师，如果心即是佛，那么佛怎么向人说法呢？这个问题实际上是说，如果心即是佛，佛在心中，那么人如何才可得到自己的"心"呢？黄檗禅师说要靠"无心忽悟"即"顿悟"；如果不顿悟，而靠"拟心学取，即转远去"，是根本得不到自己"自心"的，当然也就成不了佛。靠顿悟直契清净本心，方是修行正道。

禅宗讲"顿悟"是为了获得本源清净的"自心"这一本体。那么，获得"自心"本体为什么非得用"顿悟"法呢？这正是由"自心"本体的存在性质和方式所决定的。"自心"究竟是一种什么"心"？是处在见闻觉知中的对象心吗？当然不是，因为这种心是已被对象化了的存在，它已失去了活性，是没有自本自根之本体性的。是纯粹主观的心吗？当然也不是，因为纯主观的心只是一种观念，是一种纯抽象符号，自然作不了本体。"自心"要成为本体，一方面它不可是纯粹主观的，它要与现象相关联；但另一方面它又不可被纯粹对象化而往而不返，又要有主体性的质。所以，作为本体的"自心"本身是既是主体而非主体，是对象而非对象；既在对象中又不在对象中，在对象中时它正要超越对象，既在主体中又不在主体中，在主体中时它又正要超越主体。如果将"自心"的这一存在性质换成哲学存在论的语言来说，就是"自心"在哲学性质上既是"有"又是"无"，即它有而非有无而非无，无而非无有而非有，有无相生而生生不息，这正是"自心"的"有—无"

性。正因为有"有—无"性的内在本性、本质,"自心"才不同于一般的心而是自本自根的本体。这种"无"本性的"自心"本体是如何存在的呢? 一句话,它是自己现象、显现、开显的。"自心"本体的此种存在,就是海德格尔所谓的作为"此在"(Dasein)之存在方式的"操心"(Sorge),"操心的规定是:先行于自身的——已经在……中的——作为寓于……的存在";或曰"先行于自身的——已经在(世界)之中的——作为寓于(世内)来照面的存在者的存在。"①海氏的说法有些晦涩。但海氏所说"操心"的"先行于自身的——已经在……中的——作为寓于……的存在"的三元结构,就是"自心"本体的"有—无"性结构之"无(—有)"——"(无—)有"——"无—有"式展开表现。这是"自心"的自我现象、显现,是"心"之体与用的圆融开显,是"将来"方向和维度牵引下的将来——过去——现在的一体存在和到时。此时已经没有主体与对象的二分区别,没有了通常的认识方式和结果,所有的和所能有的只是"自心"之自然地存在和展现。这,就是禅宗屡屡所讲的"顿悟"法。实际上,这也就是情境反思法。

由于本体"自心"不是对象心,是不可以被对象化的,所以它是不可说的,因为"说似一物即不中"(《坛经·机缘》),一说就被对象化了,就失却了"自心"的自本自根的本体性。因此,禅宗在讲这种"顿悟"法门时,不是用理论论证和逻辑推理的言说方式,而用的是设喻、比拟性的启发式,即让求法者在对某一事例、问题的体会、悟解中豁然开悟。这,就是禅宗中大量存在的"公案"和故事。例如,《古尊宿语录》卷一载有马祖道一禅师悟道的故事,云:

> 马祖居南岳传法,独处一庵,唯习坐禅,凡有来访者都不顾,师往彼亦不顾。师观其神宇有异,遂忆六祖谶,乃多方而诱导之。一日将砖于庵前磨,马祖亦不顾,时既久,乃问曰:作什么? 师云:磨作镜。马祖云:磨砖岂得成镜? 师云:磨砖既不成镜,坐禅岂能成佛? 祖乃离座云:如何即是? 师云:譬牛驾车,车若不行,打牛即是,打车即是? 又云:汝学

①　海德格尔:《存在与时间》(修订译本),三联书店 2006 年版,第 226、287 页。

> 坐禅,为学坐佛,若学坐禅,禅非坐卧,若学坐佛,佛非定相;于无住法不应取舍。汝若坐佛,即是杀佛;若执坐相,非达其理。马祖闻斯示诲,豁然开悟。

砖与镜是两种不同质的东西,要让砖变为镜子,必然要有个质变。当然,在日常生活中,砖是不可能转化为镜子的(除非通过特别的途径而将砖头的分子结构变为玻璃的分子结构,砖才能成为镜子)。正是通过这一事例,怀让禅师要让马祖明白:坐禅与心悟是两码事,其中有质的不同;要成佛就要由坐禅飞跃到心悟,以顿悟成佛。马祖开悟得道后,当有人问他"如何是修道"时,他说:"道不属修,若言修得,修成还坏,即同声闻,若言不修,即同凡夫。云:作何见解即得达道? 云:自性本来具足,但于善恶事上不滞,唤作修道人,取善捨恶,观空入定,即属造作,更若向外驰求,转疏转远。但尽三界心量一念妄想,即是三界生死根本,但无一念即除生死根本,即得法王无上珍宝。"(《古尊宿语录》卷一)

禅宗中有大量公案(大概有一千七百多个),通过设喻和机智的问答,来启示求法者契悟自性以成佛果。我们不妨举一二例。例如,《景德传灯录》卷八载有一"瓶中出鹅"的对话,云:

> 宣州刺史陆亘大夫问南泉:"古人瓶中养一鹅,鹅渐长大,出瓶不得。如今不得毁瓶,不得损鹅,和尚作么生出得?"泉召大夫,陆应诺。泉曰:"出也。"陆从此开解,即礼谢。

在瓶不毁、鹅不损的情况下,养在瓶中已长大了的鹅怎么从瓶颈中出来呢? 如果这样一味地想下去,只会走进死胡同。南泉普愿禅师解答这个问题的办法是:他高叫了一声"(陆)大夫",陆亘听到唤声后就自然、本能地应诺了一声,这时南泉普愿禅师就说"这不是出来了吗!"这里的意思是说,陆亘从对象性思维中解脱了出来,一下子跳出了现象界的束缚而开悟了。那么,陆亘究竟是怎么开悟的呢? 这里所涉及的真正问题是:主体与对象既是对立的又是统一的。问题就这么简单吗? 当然,就哲理、理路言的确如此;但理解起来并不简单。先举个例子看看:你手里拿了一个玻璃球,这时这个球中有一个你,而球中的你手里又有一个球,而球之中又有一个你……就这样,你中有球而球中有你,层层不绝,绵绵不断。那么,你与球到底是个甚么关系? 这个球究竟在你之外还是在你之中,你究竟在这个球之外还是在这个球之中? 可以说,球中有你而你中有球,你与球既是两个东西,同时又是一个东西,是一个你中有球而球中有你的一体;这不就是一种既对立又统一的关系嘛! 这说明,在对象与主体并存的二分构架中,能成就和真正成就的并不是单独存在的主体或单独存在的对象,而是主体与对象二者都在、都要,是对象化了的主体和主体化了的对象,这时是主体而非主体,是对象而非对象,这就是现象学、存在论所说的“回到事情本身”的现象、显现的识度。在日常活动中,人们习惯于只要一个而把另一个丢弃了,所以往往囿于“是什么”的“什么”上而难以超越,蔽莫大矣! 明白了这个道理,再体会南泉普愿禅师与陆亘问答的这则故事,陆亘的闻唤开悟也就可以理解了。其实,这里表明:鹅与瓶的关系就是这种两个都要、既是外在的又是内在的关系,故鹅在瓶中时它就在瓶外,而它在瓶外时就在瓶中。至于南泉普愿的叫与陆亘的答,这里正是通过声音而起到了一种情境反思的效果。

《五灯会元》卷十四载有一“开悟”的故事,云:

> 诣投子于海会,乃问:“佛祖言句,如家常茶饭,离此之外,别有为人处也无?”子曰:“汝道寰中天子敕,还假尧舜禹汤也无?”师欲进语,子以拂子撼师口曰:“汝发意来,早有三十棒也。”师即开悟,再拜便行。子曰:“且来,阇黎。”师不顾,子曰:“汝到不疑之地邪?”师即以手掩耳。

这是关于道楷禅师于海会参访投子义青禅师的故事。家常之言实乃真言,现象就是本体,并没有现象之外的本体和家常言之外的真言,如若说有,那就将一个本体悬空了,它也就不是本体了。道楷禅师不明白这个道理,于是投子义青禅师就用皇帝颁发敕令的事来启迪他。皇帝的敕令就是天下最高最后的命令,它之后和之外再没有别的什么东西来作主宰了,如若有主宰,那么皇命也就不是皇命了。听了这个比喻,道楷禅师似还未通悟,还想再问什么，投子义青禅师就说："汝发意来，早有三十棒也"，这是阻止道楷禅师再说什么，以免思维追逐在对象性认识中往而不返。听了这些话，道楷这下总算明白了，即直悟"自我"以契"自心"也。

禅宗中还有许许多多的公案故事。禅宗最反对人们问"什么是佛"、"什么是祖师西来意"之类的问题，因为当你一说"什么是佛"时，"佛"就被对象化而成为人"自心"面前的对象了，这时它就与"自心"成为二分的两截子，"自心"就永远契悟不到佛，当然也就无法成佛了。"乃白祖云：某甲有个会处。祖云：作么生？师云：说似一物即不中。"（《五灯会元》卷三"南岳怀让禅师"）"问如何是第一义？师曰：我向你道是第二义。"（《五灯会元》卷十"清凉文益禅师"）"说似一物即不中"，只要一说，一落入言筌，就被对象化了，就不是原来的真东西，所以被道出的永远是第二义的东西。真正的"佛"或"自心"是不可说的。但为了宣扬佛法，还得说，这怎么办呢？禅宗的诸多公案就是用来解决这个问题的。除公案外，禅宗也总要讲点如何得道成佛的道理和方法，这就有禅家所谓的"四料理"、"四宾主"、"五位君臣"等等的方法和理论。例如，关于"五位君臣"法，有记载说：

> 师因僧问"五位君臣旨诀？"师云："正位即空界，本来无物。偏位即色界，有万象形。正中偏者，背理就事。偏中正者，舍事入理。兼带者，冥应众缘，不堕诸有，非染非净，非正非偏，故曰虚玄大道，无著真宗。从上先德，推此一位，最妙最玄，当详审辨明。君为正位，臣为偏位，臣向君是偏中正，君视臣是正中偏，君臣道合是兼带语。"僧问："如何是君？"师曰："妙德尊寰宇，高明朗太虚。"曰："如何是臣？"师曰："灵机弘圣道，真智利群生。"曰："如何是臣向君？"师曰："不堕诸异趣，凝情望圣容。"曰："如何是君视臣？"师曰："妙容虽不动，光烛本无偏。"曰："如何是君臣道合？"师曰："混然无内外，和融上下平。"（《五灯会元》卷十三"曹山本寂禅师"）

这是曹山本寂关于"五位君臣"法的论述。这里以君、臣关系为喻，讲了正、偏、正中偏、偏中正、兼带（即不偏不正）这五种思维方式。这五种方式各有用途，但最好的当然是"兼带"位，它要达到的是"混然无内外"的体用圆融状态和境界。到了这时，自然就是"顿悟"了。

因注重"顿悟"而直契"自心"，所以禅宗反对读经礼佛。《五灯会元》卷七载有青原门下德山宣鉴禅师之语，曰："这里无祖无佛，达摩是老臊胡，释迦老子是干屎橛，文殊、普贤是担屎汉，等觉、妙觉是破执凡夫，菩提、涅槃是系驴橛，十二分教是鬼神簿、拭疮疣纸，四果三贤、初心十地是守古塚鬼，自救不了。"《古尊宿语录》卷四载有临济义玄禅师的话，曰："三乘十二分教皆是拭不净故纸，佛是幻化身，祖是老比丘，你还是娘生已否。你若求佛，即被佛魔摄，你若求祖，即被祖魔摄，你若有求皆苦，不如无事。……真佛无形，真法无相。你只么幻化上头作模作样，设求得者，皆是野狐精魅，并不是真佛，是外道见解。……你欲得如法见解。但莫受人惑，向里向外，逢着便杀，逢佛杀佛，逢祖杀祖，逢罗汉杀罗汉，逢父母杀父母，逢亲眷杀亲眷，始得解脱，不与物拘，透脱自在。"据《五灯会元》卷五载，邓州丹霞的天然禅师于"唐元和中至洛京龙门香山，与伏牛和尚为友。后于慧林寺遇天大寒，取木佛烧火向，院主诃曰：'何得烧我木佛？'师以杖子拨灰曰：'吾烧取舍利。'主曰：'木佛何有舍利？'师曰：'既无舍利，更取两尊烧。'主自后眉鬓堕落。"禅宗的所作所为看起来有些匪夷所思，但目的却是明确的，即要靠"顿悟"或心悟以把握自己的"自心"本体，这样方可入涅槃而成佛果。

3.禅宗"心"本体的功能性及对其理论的解读

禅宗是佛教宗派，但它的思想作用和影响力却大大超出了佛教的范围，人们读禅宗的言论和公案故事，总能得到神志愉悦的感觉。与庄子"逍遥游"的绝对精神自由相比，禅宗所讲的"自心"和"顿悟"没有庄学浪漫、高妙和超越，但禅宗所言却更有生活气息和生命韵味，能使人在日常、平淡的生活中感悟到心神的快乐和生命的意味。故禅宗的思想更富有内在的审美性。

从思维方式上讲，禅宗更深刻地呈现出了中国传统哲学的"实践（用）理性"特征。它不是对对象（包括物、心）作理论的分析和逻辑的阐明，而是在体用如一、即体即用的运用中以达到物我一体、主客合一的圆融境界。所以，禅宗的"自心"或"心"本体不是理论性的，而是功能性的。这种功能性就是"不见其事而见其功,夫是之谓神"(《荀子·天论》)的神妙功用、效果。魏晋玄学中郭象所谓的"独化"就是宇宙本体的功能性表现、显现。禅宗在讲"自心"本体时,所言也正是"自心"的功能性表现。就是说,与郭象讲物的"独化"性一样,禅宗实际上讲的是"心"的"独化"性。在禅宗这里,"自心"或"心"是本体。"心"是如何样自本自根地存在呢?这个道理禅宗未能明了地讲出,但它的确看到了"心"的自本自根的存在性功能,所以它就从功能上肯定和揭示了"心"的本体性存在。当慧能讲"心量广大,犹如虚空,无有边畔,亦无方圆大小,亦无青黄赤白,亦无上下长短,亦无瞋无喜,无是无非,无善无恶,无头无尾"(《坛经·般若》)时,讲"世界虚空,能含万物色相,日月星宿,山河大地,泉源溪涧,草木丛林,恶人善人,恶法善法,天堂地狱,一切大海,须弥诸山,总在空中。世人性空,亦复如是"(同上)时,讲"我此法门,从上以来,先立无念为宗,无相为体,无住为本。无相者,于相而离相;无念者,于念而无念;无住者,人之本性"(《坛经·定慧》)时,所说的"心"难道不正是功能性的吗?! 当黄蘖禅师讲"此法即心,心外无法;此心即法,法外无心。心自无心,亦无无心者。将心无心,心却成有,默契而已,绝诸思议,故曰言语道断,心行处灭。……此本源清净心,常自圆明遍照;……但直下无心,本体自现,如大日轮升于虚空,遍照十方更无障碍"(《筠州黄蘖山断际禅师传心法要》)时,所说的"心"难道不正是功能性的吗?! 当马祖道一说"汝寻诸人各信自心是佛,此心即是佛心。……夫求法者应无所求,心外无别佛,佛外无别心,不取善,不舍恶,净秽两边俱不依怙,……若了此心,乃可随时着衣吃饭,长养圣胎,任运过时,更有何事"(《景德传灯录》卷六)时,所讲的"心"难道不正是功能性的吗?! 有人问慧海禅师:"和尚修道,还用功否?""师曰:用功。曰:如何用功? 师曰:饥来吃饭,困来即眠。曰:一切人总如是,同师用功否? 师曰:不同。曰:何故不同? 师曰:他吃饭时不肯吃饭,百种须索,睡时不肯睡,千般计较,所以不同也。"(同上)这里也涉及到"心"的功能性存在。《五灯会元》卷四载:"问:'学人乍入丛林,乞师指示。'师曰:'吃粥也未?'曰:'吃粥了也。'师曰:'洗钵盂去。'其僧猛然省悟。"这是一位僧人和从谂禅师的一次对话。从谂禅师的启示就是对"心"体的直悟;而这个"心"作为本体也正是功能性的。总之,禅宗所讲的作为本体的"心"是功能性的。

　　讲"心"体的功能性,这是禅宗"心"本论的一个特点和长处。但从另一面看,这也正是禅宗理论的短处所在。就是说,这使得它的"心"本论缺少了理论上的论证力量。实际上,禅宗的"心"本论是有其理论性的,禅宗的功能心或心的功能性也就是现象学所说的情境反思问题,只不过禅宗未能将其揭示出来而已。

　　建构心性本体,这是时代赋予隋唐佛学的思想任务。如同郭象"独化"论在魏晋玄学建构宇宙本体论中所处的地位和所起的作用一样,禅宗的"心"或"自心"论在隋唐佛学建构心性本体论过程中也具有同样的地位和作用;就是说,它对隋唐佛学中的其他心性论思想作了整合和总结,以之完成了关于心性本体的建构任务。我们知道,天台宗以"一念三千"的命题标示出了"心"本原则。但在天台宗处,其"心"是在心、物的关系中运作着的,"心"还未能独立出来。不过,在天台宗的"心"或"念"中,已隐含了主体心与对象心的矛盾。至唯识宗,就将"心"从心、物的关系中超拔出来,使其成为一独立的存在形态,这就是其"八识"说。唯识宗的"识"并不是个光秃秃的纯主观性存在,它有眼、耳、鼻、舌、身、意、末那、阿赖耶识这八种,故这个"识"具有对象性和主体性的二元性质。由于"阿赖耶识"是一切识的根本,故这种主体性与对象性的二元性质也必然要在它身上体现出来,这就是"阿赖耶识"自身的净、染性。实际上,在唯识宗处,已经为"心"(即"识")的独立存在建构起了一相反相成的存在构架,只不过关于这个构架的存在性质或本性还未能揭示出来。华严宗的思想任务和所做的工作,就是来揭示"心"自身相反相成的存在构架和存在本性,这就是它在其"理事无碍法界"、"事事无碍法界",特别在"事事无碍法界"中所表现出来的丰富深刻的辩证法思想。华严宗所揭示的事事自身的相反相成、对立统一的辩证性,正是"心"自身"有、无"性本性及结构的反映、表现,所以华严宗实际上已为"心"建构了"有、无"性结构,这个"心"就有了自本自根的本体资格了。至此,隋唐佛学建构"心"本体的任务在思想形式上已示完成。然而,从天台宗经唯识宗至华严宗,当它们探讨"心"本体的建构时,都是在"我"或"心"的操纵中来运作的,故不论怎么运作,也不论为"心"的存在建构了什么样的存在本性及构架,都未能真正切中"心"自身,即那个真正活的"心"总未露出庐山真面目来。所以,当天台、唯识、华严诸宗从不同方面对"心"本体的存在做了准备性工作后,至禅宗就要对这些思想作总结和整合了。禅宗是如何来总结和整合的呢? 它要做相应的两方面工作:其一,要给"心"或"自心"自身明确赋予上"有—无"性的存在本性和构架;其二,要把"心"自身"有—无"性的存在本性展现、显现、开显出来。由于"心"本身是"有—无"性的,故"心"的存在既不是有也不是无,但同时既是有也是无,这就是"心"的缘构性活转过程,就是"心"本的功能性存在。禅宗关于"心"本体功能性的论说是比较充分的,虽然它没有也不可能从"无(一有)"——"(无—)有"——"无—有"的三元一体到时的运作方式上来揭示和把握"心"本体的存在。

禅宗毕竟是一种宗教,它的直接目的和目标在于引导人入涅槃而成佛果。那么,禅宗"心"的"有—无"性本性、本质是如何表现、体现在成佛修行中的呢? 其实,"心"的"有—无"性本质在成佛问题上的表现和体现就是关于生死的彻悟。佛教所讲的现实之苦,所讲的超脱因果轮回以入涅槃,都是对活人说的,是生时才有的。如果人死去了,这一切就都没有了,也自然就超脱了现实之苦和六道轮回了;至于说死后会不会有灵魂再入轮回,有没有一个西方的极乐世界,这都是无法证实的虚设。所以,从哲学上讲,死是人生的最大解脱,是最根本的入涅槃。宇宙中原本没有一个人的世界——人类社会,后来就是有了,这是从"无"到"有";当人死了后,这个人的世界对死者言就不存在了,这是从"有"到"无"。人活着是存在于人自己的世界中,但人这个作为"有"的世界其开端与终结都是"无",故"无"才是人文世界的本质所在。人活着,即当其"有"时,其意义、价值、任务就在于体验自己的"无"本质,如果能将这个"无"体验到或抓住,生的意义就表现出来了,这就是最大和最根本的解脱。但问题是如何在生时体验死,即在"有"时体会"无"呢? 这就是海德格尔所谓的"提前进入死亡状态"。如果将"提前进入死亡状态"的状态转换为哲学思想来说,就是"生—死"性的存在。这就是说,当人活着时就要抓住"正在死"或"已死"的情境。活着的人总是处在关系中的,总受制于名誉、地位、金钱、美色等等的羁绊。当人在死亡的瞬刻,就从一切关系的束缚中解脱出来,达到了或者说返回到了自己真"我"自身,这时"我"之外的一切都是无用的,无论你是什么,是皇帝还是乞丐,是富翁还是穷光蛋,是名满天下的伟人还是默默无闻的凡夫……,这时一切的一切在死亡面前都是没有意义的;权势、名誉、金钱,甚至骨肉至亲,都替代不了你的死亡,此时剩下的只有"我"在。这个"我"就是人真正的真面目,就是禅宗说的父母未生出你时的那个"你"自己。包括禅宗在内的佛教所谓的入涅槃、脱轮回的解脱,就是人在生时提前契悟到这个真正独立的"我"的存在。这在哲学思想理论上,很明显就是"心"的"有一无"性结构的运作。

当人提前进入死亡状态而契悟死时,或者说当人"顿悟""自心"本体时,这时的人就进入无思无虑、物我一体、天人合一的境界中;同时,这时的人又一定是个正常的活人,不会是死人或植物人,即这时人的"心"是活的,是处在正常思虑中的。"心"既要思虑又要无思无虑,人既是一个正常的活人又要入涅槃,这究竟要怎么做呢? 这就是和才是禅宗"顿悟"法门中最大最本质的思想问题和秘密所在。这里的实质就是情境反思问题,就是瞬刻的永恒化,即在瞬间达到永恒。这又如何能做到呢? 这就是对"时间"的体悟。李泽厚先生说:"禅宗这种既达到超越又不离感性的'顿悟'究竟是甚么呢? 这个'好时节'、'本无烦恼'、'忽然省悟'又到底是什么呢? 我以为,它最突出和集中的具体表现,是对时间的某种神秘的领悟,即所谓'永恒在瞬刻'或'瞬刻即可永恒'这一直觉感受。这可能是禅宗的哲学秘密之一。"①这个见解是不错的。禅宗要把握"心"本体,要使"心"处在非有非无且亦有亦无的存在状态中,亦即使"心"处在思虑的无思虑和无思虑的思虑状态中,这就离不开对"时间"的体悟,即让"心"一下子跃入"时间"中而与时间一起流动,这就叫与流偕行,也就是进入情境,这时就到了"心"本身。到了这时,即当心与时间同步运动时,心反而就感受不到运动和时间了,这就达到了瞬刻的永恒化。当然,禅宗不是专门讲哲学理论的,故它没有也讲不出关于情境反思、瞬刻永恒化等等的哲学理论。但它的确是对"时间"有

---

① 李泽厚:《庄玄禅宗漫述》,见《中国古代思想史论》,人民出版社 1986 年版,第 207 页。

体悟的,这就是对"时间"的功能性体悟,而这种体悟的表现就是对生机盎然的自然生命的感悟。所以,"青青翠竹,尽是真如;郁郁黄花,无非般若。"(《祖堂集》卷三)禅宗中有许多诗篇,吟颂了大自然的盎然生机。如云:"春雨与春云,资生万物新。青苍山点点,碧绿草匀匀。雨霁长空静,云收一色真。报言修道者,何物更堪陈。"(《汾阳录》卷下)"江月照,松风吹,永夜清宵更是谁?雾露云霞遮不得,个中犹道不如归。复何归?落叶团团团似镜,菱角尖尖尖似锥。"(《五灯会元》卷十七"黄龙惟清禅师")"春有百花秋有月,夏有凉风冬有雪。若无闲事挂心头,便是人间好时节。"(《无门关》第19则)这正是在对大自然盎然生机的赞许和契悟中来得道的。当"心"真正契悟到了自然生命的盎然生机时,就溶进和融入这生命生机中而与此生命一体同在;与自然生命一体同在,也就是与宇宙存在的大化流行一体存在,这样,只要宇宙存在着而不生不灭,人也就不生不灭,这就是永恒,就是解脱,就是入涅槃而成佛果。

三、隋唐佛学在心性本体论上的
贡献及所留下的问题

以上评析了隋唐佛学中天台、唯识、华严、禅宗诸派的佛学思想,以及这些思想在建构心性本体论方面的作用和意义。现在,从中国古代哲学本体论的思想发展来看看隋唐佛学在这方面的思想贡献及所留下的问题。这里概括讲以下几点:

第一,所谓本体就是自本自根的、自因的、独立自主的存在体。那么,本体的这个自本自根的"本"和"根"何在? 它是什么? 可以肯定,这个"本"、"根"一定在本体自身中,一定是本体自身的内性或内在结构。因为,只有立足于本体自身的内性或内在结构,才有"自"性可言,否则就成为"他"性了,这当然就非本体了。所以,当说到本体的时候,它绝对不是光秃秃的东西,一定是有内在结构的。这个内在结构就是本体之存在的源泉和动力。

那么,本体自身的内性或内在结构到底是什么? 就是其"有、无"或

"有—无"性。有了"有"性,本体就要有和能有,即有本体存在;但本体自身不可能和不可以只有"有"性这一种质性,因为这样的话它就会一有到底,一开始是什么就永远是什么,这样的本体明显是死的,要它也无益。所以,当本体自身有"有"性的同时还有一种"无"性在。有了"无"性,本体就要无和能无,即它就要由有向无转化,由存在向非存在转化。但本体自身不可能只有"无"性这一种性质,因为这样一来它就会一无到底,就会化为空无、虚无、零、没有,这显然是不行的和不可能的。所以,本体自身在有"无"性的同时还有一种"有"性。可见,真正的本体一定是"有、无"性的,它有而无之无而有之,既有非有既无非无,有无一体而生生不息。佛教讲因缘,讲一切现象的假有和性空,实际上讲的就是现象存在的本体性,亦即本体的"有、无"性问题。一切现象,即我、法从外表上看是有,它是个确定的"什么";但实际上,现象的这个有、这个"什么"都是因因缘才出现的,故现象在本质、本性上是"空"、"无"。但这个"空"、"无"并不是没有或虚无,"空"、"无"本身就是有,它表示的是一切现象都是随缘而起的,自己并没有固定不变的、现成的"什么"性,这就叫假有和性空的统一。如果将佛教的这个思想翻转成哲学理论,转换成本体论问题,很明显它所讲的是关于本体的"有、无"性本性或内在结构。

　　本体的"有、无"性本性或结构是怎么来的呢? 当然是本体自身所固有的,只要是本体,就必然要有和能有这种"有、无"性。但如果从认识角度,从发生的意义上来说,本体的这一"有、无"性结构是存在者之存在的外存在结构的内化结果。因为,现象界的事物本身就是一个相互关联之网,一物与他物之并存就是其存在结构或构架,这一外在的存在结构或构架是必然要内化为构成这一并存的一物和他物各自自身中的,即从外在的存在构架转化、内化为每一存在者的内存在构架或本性,这就是其"有、无"性。当然,如果从存在的角度讲,每一存在者之存在的外构架与内构架是同时并存的,是互为存在的前提条件的。正因为如此,才有现象与本体的圆融统一,才有体在用中、即体即用、体用如一、体用不二等等的存在表现、显现状态。所以,所谓建构本体或本体论的建构,关键就在于为本体建构起一"有、无"性内结构。

第二,隋唐佛学要完成关于心性本体的建构任务,就要为"心"建构起一"有—无"性结构。(提醒:行文中有时用"有、无"性,有时又用"有—无"性。这当然是不一样的,表示的是不同的思想,这就涉及到导论中阐述的关于本体Ⅰ和本体Ⅱ的问题。简单说,所谓本体Ⅰ就是人对本体的认识和把握,即把它搁在了人这个主体面前来说三道四,所以这个本体仍是对象性的"什么";而本体Ⅱ是人自己不是把本体搁在自己面前来把握,是与本体合一,即人在说本体时自己就在这个本体之中待着,与本体一体同在着,所以这时的本体不是对象性存在,而是情境,说这个情境就是情境反思)。天台宗讲"一念三千",表面看来是将三千大千世界统统收归于"一念"心中,但实质上它是在已有的三千大千世界与心的并存关系中来运思的。所以,在它这里,还谈不上为"心"建构起了一"有、无"性构架,只是为这一构架的建立做了必要的思想准备,这就是隐含于天台宗"念"或"心念"观念中的主体心与对象心的二元性矛盾。要说天台宗在建构心性本体论上的思想贡献,主要是两点:一是标示出了"心"("念")的存在,即将哲学本体论的运思方向转到了"心"上;二就是在"心"与三千大千世界的既定关系中作了运思,这实际上是"心"的现象化存在,即"心"存在于一种外存在构架中。这就为"心"的内存在结构的建立做了必要的准备。

唯识宗讲"万法唯识",表面看来与天台宗的"一念三千"说相似,但实际上意义是不同的。天台宗是在既定的三千大千世界与"心"的关系中来讲"心"的,而唯识宗则将三千大千世界的存在收摄在"心"("识")中,即万法都是由"识"生出的。这样,就将"心"从大千世界的既成、既定关系中提升了出来,使"心"有了独立的形式和意义。换言之,唯识宗将天台宗那里的"心"与三千大千世界之并存的关系内化到了"心"自身,使"心"自身有了主体心与对象心的并存关系。这,就是唯识宗的"八识"说。"识"的八种,表现出其对象性与主体性的二元性质;并且,这种二元性在作为根本的"阿赖耶识"中被确定了下来,这就是其净、染性。可见,在唯识宗处,已为"心"的存在建构起了一"有、无"性的构架形式。

华严宗讲"法界",讲"理法界"和"事法界",特别讲"理事无碍法界"和"事事无碍法界"。它讲的这些东西,如果从隋唐佛学建构心性本体论的意义上来说,就是为了把唯识宗处已成雏形的"心"的"有、无"性构架成熟化。华严宗有丰富深刻的辩证法思想。它为什么要讲这种佛学辩证法? 这正是隋唐佛学建构心性本体的需要。它通过"六相圆融"、"一多依持"等的辩证思想和方法,实际上揭示了"心"自身"有、无"性的矛盾性本质,这就从理论上阐发了"心"的本体存在。可以说,至华严宗处,"心"本体的"有、无"性构架已经在思想上孕育成熟了,隋唐佛学所需要的"心"本体已在思想形式上建构起来了。

之所以说华严宗只在思想形式上建构起了"心"本体,是因为这个"心"这时尚是对象性的存在,还不是真正的"心"自身或自身"心"。从天台宗经唯识宗至华严宗,说"一念三千"也好,说"万法唯识"也好,说"法界缘起"也好,当它们这么做的时候,这些"念"、"识"、"心"等等都是对象性存在,故它们作为本体在性质上只是"有"本体即本体 I。华严宗虽然在天台宗和唯识宗的思想基础上完成了"心"的"有、无"性结构的建构任务,但这个"心"作为本体在哲学性质上就是"有"而非"无"。当然,"有"本体也是本体,也是自本自根的、自因的存在,它表征、揭示的也是存在者之存在的本质、本性。这样性质的本体如果用来揭示宇宙的存在性,当然是行的;但用来揭示、表征人的存在性就不行了。因为,人尽管生存于宇宙之中,但当人们把握宇宙,揭示它的存在本质时,宇宙存在却是对象性的或者说是被对象化了的,所以这时人可以用"有、无"性结构的"有"本体来进行。现在要表征、揭示人的存在本质、本性,很显然,不能把人的"心"对象化,因为当这样说"心"时这个"心"已不是那个真正活着的"心"自身了,真正活的"心"这时总隐而未显,这当然就没有把握住"心"本身,所以也就不是建构了真的"心"本体。华严宗的作为和结果正是如此。它虽然为"心"的存在建构了"有、无"性构架,但这个"心"在存在性质、本质上是对象性的,它只是个"有"本体。因此,接着华严宗要做的就是把对象化了的"心"后面所隐藏着的活的真"心"揭示出来,或让它显现出来。禅宗所做的工作就在这里。

禅宗是"心"本体的接生婆,它的任务就是将已孕育成熟了的"心"自身暴露于世。这个工作的实质就是为"心"的存在建构起"有—无"性结构。"心"的"有—无"性结构表明,这时的"心"把自身从对象化存在中解放、解脱了出来,使自身真正地主体化,从而也使自身真正地本体化。禅宗的"自心"或"自性"说和"顿悟"说,就是阐述本体"心"的存在性质和存在方式的。隋唐佛学至禅宗处,就最后建构完成了"心"本体。

隋唐佛学经天台宗、唯识宗、华严宗、禅宗的连续努力,终于完成了关于心性本体的建构任务。

第三,隋唐佛学为什么要建构心性本体?这是基于两方面的需求,即一是为了得道成佛,二是为了中国古代哲学本体论的建立。佛教是一种宗教,它的直接目的是引导人修行以得道成佛。隋唐佛教虽然是中国化的佛教,但佛教的这一目的和目标是没有改变的。人怎么得道成佛呢?这就关系到对"佛"的看法问题。如果将"佛"看作人格化了的神,那么它就住在西天的极乐世界里;而所谓的成佛,也就是升往西方的佛国乐土,这实际上就是使人变为"佛"这种神。这是一般愚夫愚妇的成佛方式。这当然非"佛"之本义,不是真正的得道成佛。真正的得道成佛是不能将"佛"对象化的,而是要与"佛"融为一体。怎么与"佛"融为一体呢?当然不是人的肉体,而是人的"我"即"心",就是使心佛合一同在。《庄子·知北游》开篇讲知北游于玄水之上求"道"的故事,说的是如何得"道"的问题。当你真正得到"道"后,就与"道"融为一体了,这时你反而不知有"道"存在。关于得"道"的这个道理,同样适于成"佛"。要真正成"佛","佛"是不可被对象化的,人的"我"或"心"要与"佛"融而为一,这就叫"觉"或"悟"。《古尊宿语录》卷二载有百丈怀海禅师的话,曰:"西国云佛,此土云觉,自己鉴觉。……触恶住恶,名众生觉;触善住善,名声闻觉;不住善恶二边,不依住将为是者名二乘觉,亦名辟支佛觉;既不依住善恶二边,亦不作不依住知解名菩萨觉;既不依住亦不作无依住知解,始得名为佛觉。如云:佛不住佛,名真福田。"真正的"佛"就是"觉"。"觉"什么?就是觉"既不依住亦不作无依住知解",这实即是"心"的自"觉",即自觉"心"的非善非恶、非一非异、非有非无的缘构成本性,这也就是觉解"心"的"有—无"性。这样,就将"心"建构成了本体。我们前面引了不少慧能及其他禅师的话,说的都是得道成佛和建立"心"本体的问题。

如果从中国古代哲学本体论的思想发展来看,隋唐佛学建构心性本体论正是中国古代哲学本体论思想发展的需求。我们说,先秦儒、道在其关于社会政治问题的思想中摊出了一个形而上的本体论问题,但尚未真正开始关于本体论的建构工作。两汉在经学形式下,真正开始了本体论的思想建构任务,但这个建构尚是形式上的,即它只搭起了一个"天人之际"的形而上学、本体论的架子,而未能真正将天与人"际"起来。因为这个"际"既涉及到天的本质又涉及到人的本质;即既涉及到宇宙的存在本体又涉及到人的存在本体,即心性本体问题,这一点在汉代经学中是无法完成的。汉代的天实际上是自然之天,汉代的人实则是处在伦常关系中的人,这种人与天是难以合一的,即宇宙运行的必然性与人文社会的应然性是难以真正统一起来的。所以,汉代哲学就拈出了一个有目的、有意志的"天",让这个"天"来外在地将天与人结合起来。其实,汉代哲学的真正贡献在于提出和考察了宇宙生成问题,完成了关于宇宙生成论的理论建构任务。所以,接着汉代哲学来建构中国古代哲学本体论,就要先完成两个准备性的且十分必须的工作,这就是建构宇宙本体论和心性本体论。前一工作是由魏晋玄学来做的,玄学经正始玄学阶段王弼的"无"论、竹林玄学阶段的"自然"论、中朝玄学阶段裴頠的"有"论和郭象的"独化"论,终于建构起了一宇宙本体论。这后一工作则历史性地落在了隋唐佛学肩上,隋唐佛学在中国古代哲学中的地位和价值就在于心性本体论的建构。经天台宗、唯识宗、华严宗至禅宗,隋唐佛学终于建构起了一心性本体论,这就是禅宗的"自心"说。建构心性本体,这就是隋唐佛学的思想贡献。

第四,隋唐佛学建构的"心"本体是"有—无"性的结构存在,它是"无"本体。这就契合于人文世界"无"即"自由"的本质,从而高扬了人的独立、自由的本质、本性,这是十分重要的。

从哲学理论上说,禅宗的这个"心"本体即"有—无"性的"无"本体,本来是有如海德格尔所谓的"先行于自身的——已经在……中的——作为寓于……的存在"的"操心"(Sorge)规定和结构,所以"心"本体与宇宙存在是一体化的,它是真正"在世中"的。但是,隋唐佛学却不明白这个"心"本体的真正存在结构和方式,而把它抽象化、想象化甚至于神化了,这就最终使"心"本体枯萎了。从宗教修行方面言,隋唐佛教因成佛的逼迫和需要而发现了或者说逼出了"心"本体,然后从"心"本体出发来认识和把握得道成佛的目的和目标时,却恰恰没有了"在世中"这一根本维度。隋唐佛教主张出家,要抛开父母、妻子、儿女这些家庭关系,也要抛开君臣、财富、名誉、地位等等的社会关系;当人没有了这些存在关系时,人就真的露出了只是和只有"我"存在的真面目,这时的人倒真的能契悟到"自我"的存在。所以,佛教的出家理论和思想,就是海德格尔所谓的"提前进入死亡状态"说,这有其理论上的合理性的一面。但隋唐佛教(当然这是整个佛教的思想主张)对这一方面强调得过度了,它脱离开了社会和人的社会性,甚至是反人的社会性的,这就使得心性本体成了空洞的说教,最终是不适用于人的现实生存和生活的。实际上,人总是"在世中"生、活着的,总是处在种种社会关系中的。倘若真的完全脱离开了社会,人就倒退到了一般动物的存在水平,也就压根没有人的存在了。包括隋唐佛教徒在内的一切佛教徒,虽然实施着出家、脱离开红尘的主张,这表面看来是超出了人的社会关系,但实际上根本就没有也不可能超出人的社会关系。因为,不论佛教徒们怎么说和怎么做,他们总要吃饭、穿衣、住房子,而这些东西本身就是人类社会的产物,所以佛教徒事实上一直是处在社会关系中的。既如此,那么隋唐佛学所建构的心性本体就最终是空洞的和没有得到实现的。现在的问题和真正所需要的,就是把隋唐佛学所建构的"心"本体导入社会存在中,或曰让其实现于现实社会中。这,就是隋唐佛学的心性本体论留下的思想任务。

隋唐佛学虽然通过心性本体的建构而高扬了人的"自由"本质,但却不能现实地实现这一本质。这一本质的实现必定要实现在现实的社会关系中,这就一定离不开以家庭关系为基础和核心的伦常关系。所以,隋唐佛学最终是不可用于安顿人的生命的。接着隋唐佛学,一定要回归到极重视人的社会性关系的儒学思想上来。中国古代哲学形而上的本体论也要终究落实在人的伦理关系上,要以伦理学的形式出现。这,就是宋明理学的伦理学本体论问题了。

第五章 宋明理学:伦理本体论

——中国古代哲学本体论的建构完成

一、宋明时代与哲学

宋明时代是中国封建社会的后期阶段。这一阶段的时限是公元 960 年至 1911 年①。讲中国思想史、哲学史时,"宋明时代"或"宋明"这个名称一般是整个中国封建社会后期阶段的代称。

---

① 后周恭帝柴宗训显德七年(960 年)正月,后周的殿前都点检赵匡胤在陈桥驿发动兵变,率军回到开封,夺取了后周政权,国号宋,建元建隆,北宋始。北宋立国时,北方已有契丹族建立的辽国和女真族建立的金国。金灭辽后,于宋钦宗靖康元年(1126 年)分东西两路南下攻宋,于靖康二年四月初一掳徽、钦二帝及后妃、皇子、皇女和宗室贵戚等三千余人北去,北宋亡。金人虏掠徽、钦二帝及北宋王室北去后,宋徽宗的第九子,当时正以天下兵马大元帅的名义在河北从事建立帅府和组织部队事的康王赵构,在宋廷旧臣的拥戴下于靖康二年五月在归德(今河南商丘)即位,改元建炎,南宋始。
　　两宋时代,北方先后有辽、金、蒙古等政权。金哀宗天兴三年(1234 年)正月,蒙古灭金。南宋赵昺祥兴二年(1279 年),蒙古灭南宋。元世祖忽必烈于至元八年(1271 年)定国号元,都大都,元朝始。元朝至元顺帝时腐败达到极点,又加严重的天灾,故于元顺帝至正十一年(1315 年)爆发了由刘福通、徐寿辉领导的红巾军大起义。当红巾军与元军主力鏖战时,朱元璋发展起自己的势力。元至正二十八年(1368 年),朱元璋派徐达北伐,八月北伐军进大都,元亡。就在此年,朱元璋在南京即位,国号明,建元洪武,明朝始。
　　至明末,政治腐败,赋役沉重,民不聊生,农民起义蜂起。崇祯十七年(1644 年)三月十八日,李自成领导的农民军攻占了北京外城,十九日晨崇祯帝在煤山自缢,明亡。1644年五月一日,清军进京;九月,清顺治帝从沈阳迁北京,清朝始。至清溥仪宣统三年(1911年)十月十日革命党人在武昌起义,清亡。清朝的灭亡标志着整个中国封建社会的结束。

（一）宋明时期的社会经济、政治和思想文化

关于整个中国封建社会生产力的发展状况，有研究者说："从总的方面考察，我国封建时代社会生产的发展，大体上经历了两个马鞍形这样一个过程。自春秋战国之交进入封建制后，社会生产力由于基本上摆脱了奴隶制的桎梏，因而获得了显著的发展，到秦汉时期便发展到第一个高峰。魏晋以下，社会生产力低落下来，到隋唐有所恢复、回升，从而形成为第一个马鞍形。在唐代经济发展的基础上，宋代社会生产力以前所未有的速度迅猛发展，从而达到了一个更高的高峰。元代生产力急剧下降，直到明中叶才恢复到宋代的发展水平，这样便又形成了第二个马鞍形。从明中叶到清初，社会生产力虽然有所发展，但在一定程度上显现了迟缓和停滞，从而展现了中国封建制的衰落。"①在中国封建社会生产力发展的两个马鞍形中，宋代社会正处于关键的中间环节上，它既是第一个马鞍形的完成，又是第二个马鞍形的开始。这充分表明两宋时代作为中国封建社会后期阶段的开端地位。

两宋时代社会生产力有了较大发展。这具体表现在：一是冶铁技术和铁制农具的改进。至唐宋之际，特别是两宋时代，我国古代的冶铁技术和铁制工具②经历了第二次重要变革。变革的主要表现是：①灌钢法、百炼钢法的广泛使用。灌钢是"杂炼生鍒"而成钢的冶钢法；百炼钢是"但取精铁锻之百余火，每锻称之，一锻一轻，至累锻而斤量不减，则纯钢也"（见《梦溪笔谈》卷三）。这两种炼钢法都始创于魏晋六朝，但至宋代被推广而广泛化。

---

① 邓广铭、漆侠：《宋史专题课》，北京大学出版社 2008 年版，第 59 页。
② 中国之所以能从奴隶社会跨进封建社会，关键就在于春秋末战国初铁制农具的出现和牛耕的使用。到了战国秦汉时期，中国的冶铁技术有了更进一步的发展。战国初，利用"退火"法将白口铁或经"脱炭"而制成白心韧性铸铁，或经"石墨化"而制成黑心韧性铸铁。用这种铸铁锻制成的各种器具具有良好的韧性和耐磨损性，为大批量的农具制作创造了重要条件。当时的主要农具是犁的发明。战国时代已有了"V"形铁口犁，它替代了耒而用马牛等畜力牵引，大大提高了劳动生产率。至汉武帝时，将铸铁、铸钱、煮盐三大利收归国家，官府置工巧奴铸造各种农具，使农具制作批量化、规范化和制度化。武帝时制造出的"大田器"——犁重达十多公斤。犁在唐代有一次重大改进，它由犁底、压鑱等十一个部件构成，并由直辕改为曲辕，更加灵活和便于耕作。

宋代冶炼技术之进步,与煤的广泛使用有密切关系。宋代的冶铁技术不仅提高了,铁产量也在当时世界上首屈一指①。②农具制作上的创新。宋代广泛使用创始于唐代的曲辕犁,特别由于犁镵长1尺4寸、广6寸,犁壁长广皆1尺,深耕翻土之性能愈好了。更重要的是,宋代的犁有了"䎦刀"装置,也称为"开荒䎦刀",是专用于开垦荒田的。这是对犁的一项重大改进。

二是从事农业生产人口的增长。劳动者是影响和决定生产力水平的关键因素。在封建社会中,一定数量的人口是社会生产发展的必要前提。中国封建社会至宋代人口有了显著的增加,从事农业生产的劳动者也增加了,这对生产的发展起到了一定的促进作用。从西汉平帝元始二年(公元2年)起中国有了全国性的户口数字。在此后的近两千年间,户口是不断增长的。从总体上看,中国封建社会人口的特点,"恰好表现了两个马鞍形,即战国秦汉为人口增长的第一个高峰,魏晋六朝下降;隋唐回升,到宋代又形成第二个更高的高峰,元代又复下降;明又回升,至清又形成为新的高峰。人口增长过程中的两个马鞍形,与封建时代社会生产力发展总过程中的两个马鞍形,是如此的契合、一致,深刻地反映了这两者之间内在的本质的联系。"②宋代的人口在中国历史上占有突出地位③。宋代人口中劳动者这个层次包括富裕农民、自耕农、半自耕农、无地农民等,自耕农占到总人口的50%。据估计,宋代各阶层的农民在80%以上,这就为宋代生产的发展提供了可靠的劳动力保障。

---

① "估计宋神宗元丰元年(1078年)的铁产量在7.5万吨至15万吨之间,这一产量则为1640年英国产业革命时的2.5倍到5倍,同时还可与18世纪欧洲(包括俄国欧洲部分)诸国14万吨到18万吨的总产量相比。如果把这个估计的最低产量7.5万吨改为15万吨,可能更接近于当时的产量。这是因为,宋代农具所耗费的铁是巨大的。宋神宗元丰初年的主客户约1600万户,其中直接从事农业生产的农户将近1400万户。如果每个农户年均需铁以10斤计算,那么全国农户需铁1.4亿斤,亦即7万吨。加上其他方面的消耗,至少为15万吨。"(邓广铭、漆侠:《宋史专题课》,北京大学出版社2008年版,第63页)

② 邓广铭、漆侠:《宋史专题课》,北京大学出版社2008年版,第66页。另,这里的人口数字也出自此书。

③ 宋徽宗大观四年(1110年)户数达20882258户,以每户5口计,也超过了1亿,这是前代不曾有过的。宋代人口达到亿,若从宋太祖开皇九年(976年)算起,历时134年,平均每年增加13.34万户,年增长率为14.36‰。相比之下,唐代从唐太宗贞观初(627年)的300万户发展到唐玄宗天宝十四年(755年)的891万户,历时128年,平均每年增加4.7万户,年增长率为8.54‰。可见,宋代在人口增长方面大大超过了号称封建盛世的唐代。

三是垦田面积的扩大。土地是农业生产的基本生产资料,故土地开垦的数量对封建时代社会生产力的发展十分重要。在唐玄宗天宝年间,垦田数如杜佑所估计的为620万顷,合今5亿亩。相比较,至北宋神宗元丰五年(1082年)全国垦田当为8亿多亩,合今7.2亿亩多。可见,宋代的垦田数比以前明显增加了。从历史发展来看,"战国秦汉时期的垦田,以两汉平帝元始二年(公元2年)为最高峰,东汉一代的垦田均低于此,从而反映了东汉社会生产力的发展没有超过西汉;到唐玄宗天宝年间,垦田又回升到5亿亩以上,宋神宗时达到7亿至7.5亿亩,形成为第二个高峰;明中叶回升,到清初才又形成高峰。这样,在历代垦田方面,又形成了两个马鞍形。""在历代垦田中,宋代垦田又是极为突出的,它从宋太祖开宝末年的2.95亿亩,经过100多年的时间,发展到宋神宗元丰年间的7亿至7.5亿亩,比前此的汉唐固然要快要多,比后来明朝的发展也快得多。……宋代劳动生产者垦田的势头十足,他们与山争田、与水争田、与海争田,创造了无数的梯田、圩田和海涂田,改造了大面积的低洼地,这在历史上是不多见的。"①

四是亩产量的增加。亩产量②的提高是社会生产力发展的又一重要标志。在唐代,关中地区亩产量2石,一般地区为1石。至宋代,单位面积的产量有了较大幅度的提高。当时两淅路太湖流域和江东路圩田区是稳产高产的集中地,亩产量从北宋时的米3石发展到南宋时的5—6石或6—7石,高达600—700斤。这样的亩产量比战国时代提高了4倍,比秦汉时代提高了3倍,比唐代也提高了2—3倍。在这样的亩产量地区,一亩到一亩半地就可供给一个人的基本需要。

两宋时代是中国封建社会发展的第一个高峰。中国古代闻名世界的"四大发明",均在宋代才得到了真正的应用和发展。造纸技术始于东汉,

---

① 邓广铭、漆侠:《宋史专题课》,北京大学出版社2008年版,第70页。

② 战国时李悝在魏国变法时的亩产为1.5石,实际上仅四、五十斤,只够一个人一月的口粮。故李悝指出,一个拥有百亩之田的五口人家的小农,除去十一之税外连养家都很勉强。《管子·禁藏篇》说,一个人"率三十亩而足以卒岁"。当时20到30亩地才能养活一家人。秦汉时期的亩产量有了提高,在郑国渠水利灌溉条件好、土地肥沃的地方,亩产可达到200斤。魏晋时期的亩产量也有所提高,在江南某些地区亩产量提高到了3斛、200斤以上。

但普遍盛行和技术提高则在宋代;火药发明于唐代,但广泛采用却在宋代;雕版印刷术发明于唐末五代,宋代不仅被广泛使用了,且有了毕昇发明的胶泥活字印刷术;指南针则是宋代的发明。这些方面充分反映了宋代的科学技术水平。北宋沈括在《梦溪笔谈》中记载了很多科技事件,这表明宋代科技的进步。

宋代生产力的发展水平是处在整个中国封建社会生产力发展的两个马鞍形高峰区的中间,这充分反映了宋代作为中国封建社会后期阶段的开端地位。宋代后,在元、明、清时代,中国封建社会的生产力仍在程度不同的发展中。例如,明中叶采用了"生铁淋口"的技术,对锄、镰等小农具制作成功了"擦生"农具,这是冶铁技术和农具制作方面的进步。在垦田方面,据《明史·食货志》载,明太祖洪武二十六年(1393 年)垦田为 850762300 亩,神宗万历六年(1578 年)为 701397600 亩,而至万历三十年(1602 年)增至 1161894800 亩,之后到明光宗、熹宗、思宗三朝时又下降至 7.4 至 7.8 亿亩,与宋代的水平相当。在单位面积产量方面,明清时代没有超过宋代,两浙虽然是高产区,但亩产也仅维持在宋代的水平。不过在杂粮方面,由于玉米、甘薯等的传入,亩产量大增了。

中国封建社会后期阶段的社会生产力发展水平,基本上在两宋时代,特别在北宋时代已经定型,在以后六、七百年的发展中有过反复,但总体和整体上是处在这个水平上的。这一点不必多说。这里要特别指出的一点是,至明中叶,手工业脱离了农业而独立发展的趋势比以前更加明显。正是在手工业部门中出现了资本主义的萌芽。资本主义萌芽先是在纺织业中出现的。明代中叶,在江南的苏、松、杭、嘉、湖五府地区,特别在苏州城内及其所属的某些城镇中,有很多以织绢为生的机户,有的机户已拥有织机二十或四十余张,雇用工人数十人,已成为手工作坊主或手工工场主。而有些掌握了生产技术的织工,有的人没有自己的织机,就以出卖劳动力为主,他们与机户的关系是"机户出资,机工出力"的商品货币关系,资本主义萌芽在此出现了。接着在江南的浆染业、造纸业、榨油业、铸铁业、制瓷业中也有类似的情况。这些手工业虽然还带有很浓厚的封建性,但其资本主义的萌芽却是一种新的生产关系,它正要瓦解封建的生产关系。但在清朝统治时期,封建统治被暂时强化了,明代中叶兴起的资本主义萌芽受到了抑制。然而这种资本主义萌芽没有也不可能被完全消灭,它仍在清代的一些作坊和工场手工业中缓慢地发展着。

社会生产力的发展水平决定了社会的经济结构即生产关系。在宋明时代,与该时代的生产力发展水平相一致,有了不同于以前的社会经济结构即生产关系,这表现在阶级结构、土地占有情况、赋税制度等方面。

宋代的阶段结构是:①地主。宋代的地主基本上是庶族地主。宋代地主阶级的特点是:其一,非身份性的官僚地主是主体。其二,宋代的官僚地主不再区分为流品,在法律上和习惯上一般把一品到九品的官员之家称为"官户"。其三,宋代的官僚地主的政治、经济地位是不稳定的,能累世显达者几乎没有,一般是三世而后衰微。其四,宋代官户享有的特权比唐代的品官要少。②农民。至宋代,政府依土地占有情况将全国居民分为主户和客户两类。主户是指占有土地、承担赋役的户;客户是指住在农村、不占有土地而租种地主土地的农户①。③工匠类。与唐代工匠相比,宋代工匠的特点是:一是在官手工业中官奴婢之类的"贱民"已消失,代之以从民间招募来的厢军中的工匠即兵匠;二是官手工业一般不再无偿征调民间工匠服役,而是采用介于征调和雇募间的方式——"差雇";三是官手工业有时也用"和雇"的方式(所谓"和雇"就是雇主和工匠"彼此和同"即出于双方自愿的雇佣),这大大刺激了工匠的生产兴趣。④服役类。宋代家内服役者的身份地位有了提高,他们已非大批罪犯及被没籍入官的罪犯子女,而是受雇佣的劳动者"人力"和"女使"。人力和女使与雇主有雇佣契约,对期限、工钱、身钱等有明确书写,雇期届满后雇佣者可自由选择出路。

宋代依据土地占有情况,将居民划分为主户和客户;又将主户划分为五等。一是一等户,占田大约在三顷以上。这是大地主阶层。二是一等户中

---

① 宋代的农民阶级比较复杂,它大体上由以下几类组成:一是主户中第三等户中的大部分和第四等户的一部分组成的自耕农上层或富裕农民;二是由部分四等户和部分五等户组成的自耕农;三是由第五等下户组成的半自耕农;四是由客户组成的无地农民。宋代的客户占到总户数的35%左右。宋代的客户一般是租佃土地农民的专称。但宋代法律对客户的社会地位作出了明确规定,凡地主殴打佃客致死的要负法律责任;并对客户的迁移自由权作出了明确规定。

的丁、戊类和二等户、三等户中的一小部分,占田大约在一百五十亩到三、四百亩之间。这是中小地主阶层。三是第三等户中的大部分和第四等户中的一部分组成的自耕农上层或富裕农民,占田平均在六十亩多。四是部分四等户和部分五等户组成的自耕农,占田平均在四十亩多。五是由第五等下户组成的半自耕农,平均占田十五亩多①。宋代土地占有制的特点是:一是土地私有制的发展。宋朝人认为,本朝是"田制不立"(《宋史·食货志上一·农田》)。这正反映了宋代的土地制度不同于前代的各种授田制,而是一种私有化程度较高的地主和自耕农的土地所有制。二是土地所有权转移频繁。三是土地所有权的日益集中和经营的分散。宋代的地权一方面不断集中,但另一方面土地经营方式却是零星、分散的。四是官田显著减少。宋代仍有部分官田,但官田的名目繁多,有"官庄"、"屯田"、"营田"、"户绝没官田"、"逃田"等,这表明宋代的土地国有制已不占支配地位,只是土地私有制的一种补充形式②。总之,至宋代私人对于土地所有权,即对于某一确定土地的占有权和支配权的自由程度提高了。

在赋税方面,宋代的农业税分夏秋两次征收,宋初一般是按亩输一斗的定额课取谷物(有的地区,如江南、福建等地,则沿袭十国分立时的旧制,每亩每年纳税三斗),后来改为夏税纳钱,秋税纳米。除此之外,还有丁口之赋和杂变之赋。丁口之赋不分主客户全须交纳,而差役按宋政府规定主户中的第五等户一律免役,上四等户则量其资产而分别给以轻重之役。与晚唐以前的按丁口交纳租庸调相比,宋代按亩纳税的办法更有

---

① 在宋代,大地主占总户口的2%—3%,但却占全国垦田的40%—50%;中小地主占总户口的6%—7%,占全国垦田的20%。大地主和中小地主占垦田总数的60%—70%。自耕农的上层约占总户口的10%,自耕农占总户数的15%,半自耕农占总户数的25%,在熙宁之际,这些农民占到总户数的50%,但占总垦田的34%左右。无地的客户占总户口的43%左右,他们是宋代的租佃户,是农民阶层的最底层。

② 就宋代官田的数量看,比前代要少得多。例如,宋神宗熙宁七年(1074年)共有多种官田447000多顷,而这时全国的垦田为4450000多顷,官田占全国垦田的1/10强。熙宁十年后,由于变法而推行卖官田的政策,官田仅有六万多顷,约占全国垦田的1/75强(见《文献通考》卷七、卷四)。到南宋时,官田数量有所上升。但这只是暂时现象,由于国家不断售官田,至南宋孝宗乾道二年(1166年)出卖各路官田共收入5400000余贯,到第二年尚余价值1400000余贯官田未卖(见《宋会要缉稿》食货六一之三〇)。

益于封建经济的发展。更为重要的是,宋代的租佃关系有了一些发展,即地主阶级在一定程度上放松了对农民的人身束缚,采取了分散出租土地,让农民承佃纳租的办法;同时减轻了劳役地租,代之以实物地租,使农民的生产经营更为有利。宋代的实物地租有分成租和定额租两种形式。这两种地租形式在唐代已出现,但却普遍化于宋代。宋代的地主和农民之间普遍订有租佃契约,这种契约对地主言使其地租剥削得到了保障,就佃户言使其身份地位有了一种法律依据,这表明农民有了更多的人身自由。在宋代,有一些官员、地主承佃官田(因为官田的租额一般都比较轻),再转租给佃客耕种以收取地租,这就形成了类似于近代的"二地主"或"三地主"。

宋代作为中国封建社会后期阶段的开始,其经济结构(生产关系)方面的一些体制为尔后的封建王朝立了规矩。至明代,社会的阶级结构、土地占有、税赋制度等方面的大政方针与宋代相一致。但明神宗万历九年(1581年),张居正在丈量全国土地的基础上,把嘉靖初年已在福建、江浙等地施行的一条鞭法推行至全国。实行一鞭法的目的是为了均平赋役。它的主要内容是将原来按户、丁派役的办法改为按丁、粮派役,或丁六粮四,或粮六丁四,或丁粮各半,然后再与夏秋两税和其他杂税合编为一条,无论税粮、差役一律改为征银,差役俱由政府用银雇人充当。一条鞭法按丁、粮派役,这就将一部分差役逐渐转入到地亩中,使部分无地或少地的农民减轻了一些丁役负担。另外,一条鞭法规定让农民交银代役,这种折银制度的确立和被稳定化,进一步表明了农民对封建国家人身依附关系的松弛,客观上促进了明中叶以后商品货币经济的发展。清朝入关后宣布以明代的一条鞭法征派赋役,并免除一切杂派和"三饷"。到雍正时,清政府又采取了"地丁合一"、"摊丁入亩"的办法,把康熙五十年固定的丁银(人丁为2462万,丁银335万余两)平均摊入各地田赋银中一体征收。从此后丁银就完全随粮起征,这成为清代划一的赋役制度。清朝的永不加赋、地丁合一制是明代一条鞭法的继续和发展。

在一个社会中,除了由社会生产力所决定的社会经济结构、经济体制方面外,还有相应的社会政治体制。在宋明时代,封建社会政治体制的总体特征是中央集权制的加强①。

---

① 北宋立国后，统治者着重考虑两大问题：一是如何使唐末以来长期存在的藩镇割据局面不再出现；二是如何使北宋政权长治久安。这两大问题实际上是一个问题，即为了严防文臣、武将、女后、外戚、宗室、宦官等六种人的专权独裁，制订出一套集政权、兵权、财权、司法权等于一身的"祖宗家法"(《续通鉴长编》卷四八〇)。具体言，北宋的政治体制有：①收夺高级将领的兵权，取消殿前都点检和副都点检，次一级的军官用资望较浅、易于驾驭的人充当，且时常加以更调，使"兵无常将，将无常帅"，军队的屯驻地也经常更换。②限制宰相的权力，在宰相之下添设参知政事，并将晚唐五代时权宜设置的枢密使和三司使定为常设官员，以枢密使分取宰相的军政权，以三司使分取宰相的财政权，枢密使、三司使的事权与宰相不相上下。同时，枢密使可以和统兵的高级将领相互牵制，即高级将领虽统兵但发号施令之权却归枢密院，枢密院虽制令但却不统兵。③募兵制。唐代中后期随着均田制的破坏，实行了雇佣兵制度。北宋继续沿用此制。北宋的军队有禁军，它以戍守京城为职，是国家的正规军；厢军，主要是镇守各州；乡兵，由官府供给衣粮，主要在边区戍守。北宋实行募兵制的目的，不仅是为了解决兵源问题，还想将破产农民收入军队中以得到控制。北宋的晁说之在《元符三年应诏封事》中说："臣窃闻太祖既得天下，使赵普等二三大臣陈当今之大事可以为百代之利者。普等屡为言，太祖俾'更思其上者'。普等毕思虑，无以言，乃请于太祖。太祖为言：'可以利百代者，唯养兵也；方凶年饥岁，有叛民而无叛兵；不幸乐岁而变生，则有叛兵而无叛民。'普等顿首曰：'此圣略非臣下所能及！'"这大概是宋太祖将募兵制作为"祖宗家法"的真正目的所在。④科举制。科举制实行于隋唐，至北宋进一步强化。与唐代相比，宋代的科举制一是录取的数额增加；二是登第者多出身于乡户，即为一般地主和殷富农民；三是不准知举官与进士结盟；四是皇帝亲自监考，以防止知举官私弊；五是实行糊名弥封和誊录法、"锁院"和"别头试"等。科举制度的实行保证了中小地主知识分子的入仕，使中小地主阶层能进入封建统治行列中。这几个方面就是北宋的主要政治体制。随着社会的发展，北宋政治制度的一些方面也需要变革，故有以范仲淹为代表的"庆历新政"和以王安石为代表的"熙宁变法"。前者主要为解决吏制问题，后者则主要为解决财政问题。但因守旧派的反对，这两次变法都未能彻底成功。

至明朝，明太祖朱元璋继续加强中央集权制。他采取的措施是：①改变中央和地方的政权机构。在中央废去中书省和丞相，分相权于吏、户、礼、兵、刑、工六部，使六部直属于皇帝。又以兵部和五军都督府分掌兵事，以刑部、大理寺、都察院分典刑狱，使其互相牵制。在地方废除元代的行中书省，在全国设十三布政使司(俗称省)，并将各省的兵、民、钱、谷分别由布政使、按察使、都指挥使管理，布政使掌民政，按察使掌刑，都指挥使掌兵，称为"三司"。为了加强监察机构的职能，在都察院下设监察御史，它出为巡按御史，代皇帝巡视地方和弹劾百官。②加强武装力量。朱元璋创立了卫所制，将大约180万军队都编制在卫所中。军士皆别立户籍，叫军户，为世袭。军户皆由国家分给土地，令其屯田自养，平时军士由卫所官负责操练、屯田，一遇有事则拨归兵部派遣的总兵官统领，这样兵部、都督府、总兵官都不能独专军权。③实行比唐、宋更为完备的学校制和科举制。学校分国子学和府州县学两种，学生结业后可直接做官或通过科举做官。洪武三年(1370年)政府设科举，规定以八股文取士，考试专以四书五经命题，四书要以朱熹的注为据，这将知识分子的思想严格限制在了程朱理学上。经"靖难之役"后，燕王朱棣夺取了政权，是为明成祖。明成祖一方面削藩，另一方面加强中央政权，如正式设立内阁，内阁成员由皇帝在官僚中选拔，协助皇帝办理政事；在洪武十五年(1382年)设立的锦衣卫基础上，于永乐十八年(1420年)又设立了"东厂"，由皇帝信任的宦官统领。

宋明时代生产力的发展以及社会经济结构和政治体制方面的变化表明,中国封建社会进入了它的后期发展阶段,这是中国封建社会发展成熟和完善的表现。但中国封建社会无论怎样发展和变化,其封建的社会性质没有变也不能变。因此,在宋明时代这个封建社会的后期发展阶段中,社会的思想文化形势和任务与前期封建社会是一致的,即继续强化儒学这一统治思想;而且,随着封建社会在经济结构和政治体制方面的完善和成熟,强化儒学这一社会的思想文化任务更加迫切和突出了。就是说,如何从思想上真正把儒学一尊起来,成为中国后期封建社会重要的和中心的思想任务。在说西汉董仲舒的"天人感应"论时我们指出过,孔孟儒学由于重以血缘关系为根基的家庭伦理关系和对家庭这一基本社会生产单位的谐和、稳定,所以它适应了中国封建社会农业和手工业相结合的、以家庭为生产单位的自给自足的小农经济(自然经济)的经济结构,就历史地被选择为封建社会的指导思想。儒学被选择为社会指导思想,这个工作在政治上并不难做,封建皇帝的一纸诏令就可办到和生效。但要在思想文化上做这一工作却异常艰难,因为这归根结底关系到把儒学本体化,即把儒学伦理学本体化的问题。这就是说,要在思想文化上真正把儒学"一尊"起来,非得把它提升到本体地位不可。西汉董仲舒配合西汉王朝把儒学定于一尊的政治举措,所做的就是如何在思想文化上把儒学"一尊"起来的工作。但由于这个工作本身的思想理论难度,董仲舒未能真正完成这一时代重任,他仅以"天人感应"的目的论方式完成了伦理学本体论的形式;就是说,董仲舒拈出了有目的有意志的"天"为存在形式,但实际上却以自然之天的运行功能来把伦理学提升到了本体地位。所以,在以董仲舒为代表的汉代哲学中,真正成就的哲学思想是宇宙发生论的思想理论。可以说,董仲舒给以后的封建社会留下了一个总思想任务,这就是如何把伦理学本体化。魏晋玄学就是接着来做这个工作的。玄学以"无"、"自然"、"有"、"独化"这些本体论形式,在"名教"与"自然"的关系上,要把"名教"与"自然"统一起来,从而为"名教"存在建立起"自然"基础即本体。魏晋玄学给社会名教存在建构的是宇宙论的存在基础。隋唐佛学也是接着董仲舒提出的如何把伦理学本体化的思想任务来继续做这一工作的。在佛教的思想形式和话语体系中,隋唐佛学拈出了人的心性本体,这可以说是把伦理学建立在心性基础上。玄学和佛学所做的都是如何把伦理学本体化的基础性的思想工作,这当然是极有意义的,但毕竟还未直接回到伦理学问题本身。随着中国封建社会在发展成熟中由前期阶段向后期阶段的转变,至宋代,在中国封建社会正式步入它的后期发展阶段后,与封建社会的生产力发展水平以及相应的经济结构和政治体制相一致,如何完成伦理学本体化的思想任务就历史地摆在了时代面前。所以,作为中国封建社会后期发展阶段之开始的宋代,在思想文化任务上又逻辑地返回到了作为中国封建社会前期发展阶段之开始的西汉,即如何把伦理学本体论化。这当然是发展中的复归,是伦理学本体论的真正建构和完成时期。

宋代的思想文化方向和趋势在宋初三先生——胡瑗①、孙复②、石介③

①　胡瑗(993—1059年),字翼之,泰州如皋人,学者称安定先生。他的贡献在两方面:一是反对封建士大夫重辞赋的学风,以经义和时务为重点;二是他推崇孟子,对性与情的问题作了阐发。如他的弟子徐积发挥他的思想,说:"安定说《中庸》,始于情性。盖情有正与不正,若欲亦有正与不正,德有凶有吉,道有君子有小人也。若天地之情可见,圣人之情见乎辞,岂得为情之不正乎? 若我欲仁,斯仁至矣,岂为不正之欲乎? 故以凡言情为不正者非也,言圣人无情者亦非也。圣人岂若土木哉?"(《宋元学案·安定学案》)这是说情和欲本身并不是坏的。但情与性怎么统一之,胡瑗并不明白。另外,胡氏重视《春秋》和《周易》,有《春秋要义》三十卷、《春秋口义》五卷、《周易口义》十二卷、《中庸议》一卷等著作,但多亡佚。

②　孙复(992—1057年),字明复,号富春,晋州平阳人,学者称泰山先生。孙复的学术思想表现在三个方面:一是宣扬道统。他说:"文者,道之用也;道者,教之本也。……自汉至唐以文垂世者众矣,然多杨墨佛老虚无报应之事,沈谢徐庾妖艳邪侈之辞。始终仁义不叛不杂者,唯董仲舒、扬雄、王通、韩愈。"(《睢阳子集补》)他很推崇董仲舒,认为"暴秦之后,圣道晦而复明者,仲舒之力也。"(同上)二是力辟佛老异端。他指出:"夫仁义礼乐,治世之本也,王道所由兴,人伦所由正。……儒者之辱,始于战国;杨墨乱之于前,申韩杂之于后,汉魏而下则又甚焉。佛老之徒滥于中国,彼以死生祸福虚无报应为事,……去君臣之礼,绝父子之戚,灭夫妇之义。"(同上)这是以儒学为纲,对佛老思想作了摒弃。三是标榜封建社会的等级秩序。例如,他解说《春秋》大义说:"孔子曰天下有道,则礼乐征伐自天子出,非诸侯可得而专也。诸侯专之犹曰不可,况大夫乎?""诸侯受国于天子,非国人所得立也。""诸侯土地受之天子,不可取也。""城邑宫室高下大小,皆有王制,不可妄作。"(同上)孔子所讲虽然是春秋时的事,但孙复借此来为封建社会的等级作秩序张目。

③　石介(1005—1045年),字守道,号徂徕,兖州奉符人,学者称徂徕先生。石介对北宋初杨亿、钱惟演等人模仿唐代李义山而形成的辞多浮艳的西昆体大加反对,主张文以载道。石介的学术思想有:一是言必称道统。他说这个"道"乃是"尧舜禹汤文武之道",是"周公孔子孟轲扬雄文中子(王通)吏部(韩愈)之道",也就是"三才九畴五常之道。"(《徂徕

那里已露端倪。这预示着和要求着儒学的复兴和儒学伦理学本体论的建立。

（二）宋明理学之作为新儒学的思想主题和哲学任务

"理学"这个名称，可作狭义和广义的理解和使用。狭义上说，"理学"就是《宋史·道学传》所说的"道学"，它"是北宋末年和南宋初年才形成的一个学派，一直到11世纪末，即宋徽宗即位之前，在北宋的学术界是不存在理学这一学派的。"①这是说，狭义的"理学"是指在北宋末南宋初形成的宋代的一个学术派别。但从广义上说，"理学"就是整个儒家的道统之学和"性与天道"之学。《宋史·道学传》在一开始介绍"道学"这一名称及思想内容时说："道学之名，古无是也。三代盛时，天子以是道为政教，大臣、百

先生文集》卷五）他很推崇韩愈，写有《尊韩》篇，说"孔子之《易》、《春秋》，自圣人以来未有也。吏部《原仁》、《原道》、《对禹问》、《佛骨表》、《诤臣论》，自诸子以来未有也。"（同上，卷七）二是反对佛、道。他从儒家的道统出发，著《辨惑篇》，认为世间没有佛和神仙，"尧舜禹汤文王武王周孔之道，万世行不可易之道也。"（同上，卷五），"君臣父子皆出于儒也，礼乐刑政皆出于儒也，仁义忠信皆出于儒也。"（同上，卷七）而象佛、道那样"非君臣、父子、夫妇、兄弟、宾客、朋友之位，是悖人道也。"（同上，卷十）。三是从强化封建体制出发，将君统与道统结合起来。他说，"自伏羲、神农、黄帝、尧、舜、禹、汤、文、武、周公、孔子以至于今，天下一君也，中国一教也，无他道也。"（同上，卷十三）他还从历史发展上论述了圣人创制作乐的重要地位，云："厥初生人，无君臣、无父子、无夫妇、无男女、无衣服、无饮食、无田土、无宫室、无师友、无尊卑、无昏冠、无丧祭，同于禽兽之道也。伏羲氏、神农氏、黄帝氏、陶唐氏、有虞氏、夏后氏、商人、周人作，然后有君臣、有父子、有夫妇、有男女、有衣服、有饮食、有田土、有宫室、有师友、有尊卑、有昏冠、有丧祭。噫，圣人之作皆有制也，非特救一时之乱，必将垂万世之法。故君臣之有礼而不可黩也，父子之有序而不可乱也，夫妇之有伦而不可废也，男女之有别而不可杂也，衣服之有上下而不可僭也，饮食之有贵贱而不可过也，土地之有多少而不可夺也，宫室之有高卑而不可逾也，师友之有位而不可迁也，尊卑之有定而不可改也，昏冠之有时而不可失也，丧祭之有经而不可忘也；皆为万世常行而不可易之道也，易则乱之矣。"（同上，卷六）；四是将"道"作为天地万物的根本。石介认为，"道者何谓也？道乎所道也。""道之于仁义而仁义隆，道之于礼乐而礼乐备，道之谓也。"（同上，卷二十）这个"道"就是封建纲常的抽象化。故他说："立其法万世不改者，道之本也；通其变使民不倦者，道之中也。本，故万世不改也；中，故万世可行也。"（同上，卷十九）又说："夫父道也者，君道也；君道也者，乾道也。首万物者乾则以君况焉；尊万邦者君，则以父拟焉。"（同上，卷十七）这样，"道"就成了沟通天上与人间、自然与社会的共同原则。

① 邓广铭、漆侠：《宋史专题课》，北京大学出版社2008年版，第7页。

官、有司以是道为职业,党庠术序师弟子以是道为讲习,四方百姓日用是道而不知;是故盈覆载之间无一民一物不被是道之泽以遂其性于斯时也。道学之名何自而立哉? 文王、周公既没,孔子有德无位,既不能使是道之用渐被斯世,退而与其徒定礼乐、明宪章、删《诗》、修《春秋》、讚《易》象、讨论《坟》、《典》,期使三五圣人之道昭明于无穷,故曰夫子贤于尧舜远矣。孔子没,曾子独得其传,传之子思以及孟子,孟子没而无传。两汉而下,儒者之论大道,察焉而弗精,语焉而弗详,异端邪说起而乘之,几至大坏。千有余载,至宋中叶,周敦颐出于舂陵,乃得圣贤不传之学……"这里所说"道学"俨然就是儒学,也就是儒学所传的尧舜禹汤文武之道。这种"道"就渗透、体现在大臣百官有司的职业中,就表现、传播于庠序教育的讲习中,甚至昭显在日用而不知的百姓日常行为中,是社会和人生方方面面的行为准则。广义的"理学"就是这种儒学,即对儒家之"道"在新时代的发扬光大。

我们所说的"宋明理学"的"理学",就是指这种新儒学。与汉代经学儒学相比,人们也往往将宋明时代的儒学称为"新儒学"。那么它究竟"新"在何处呢? 有学者指出:"原典儒学(孔、孟、荀)的主题是'礼乐论',基本范畴是礼、仁、忠、恕、敬、义、诚等等。当时个人尚未从原始群体中真正分化出来,但它奠定了'生为贵'、'天生百物人为贵'的中国人本主义的根基。第二期儒学(汉)的主题是'天人论',基本范畴是阴阳、五行、感应、相类等等,极大开拓了人的外在视野和生存途径。但个人屈从、困促在这人造系统的封闭图式中。第三期儒学(宋明理学)主题是'心性论',基本范畴是理、气、心、性、天理人欲、道心人心等等,极大地高扬了人的伦理本体,但个人臣伏在内心律令的束缚统制下,忽视了人的自然。"①这是说,与汉儒的"天人论"相比,宋儒(即宋明理学)是"心性论";这种"心性论"的实质就是要建构起伦理本体论。即"以朱熹为首要代表的宋明理学(新儒学)在实质意义上更接近康德。因为它的基本特征是,将伦理提高为本体,以重建人的哲学。""如果从宋明理学的发展行程和整体结构来看,无论是'格物致知'或

① 李泽厚:《说儒学四期》,见李泽厚:《历史本体论 己卯五说》,三联书店 2006 年版,第154 页。

'知行合一'的认识论,无论是'无极''太极''理''气'等宇宙观世界观,实际上都只是服务于建立这个伦理主体(ethical subjectivity),并把它提到'与天地参'的超道德(trans-moral)的本体地位。"①一句话,如果说汉儒是以建构宇宙生成论为哲学任务和目标的话,那么宋儒则以建构伦理本体论为哲学任务和目标的。

经隋唐时代的过渡,至北宋中国封建社会步入了成熟期的后期发展阶段。在社会生产力发展的基础上,中国封建社会后期阶段的明显特征是:国有土地大量减少,国家再不能实行均田制那样的土地分配形式,土地这一最主要和最基本的生产资料基本上归中小地主和自耕农、半自耕农所有,土地的自由买卖频繁和经常;租佃关系正常化,农民有了较大的人身自由,实物地租成为主要的封建剥削方式;原来的在均田制基础上按丁、口交纳赋税的租庸调法遭到了破坏,代之而起的是在土地私有制基础上计亩纳税的两税法;以前的府兵制废弃,被募兵制所代替。与经济结构上的这些变化相一致,明显的阶级结构上的变化就是前期阶段的门阀士族被消灭,代之而起的是中小地主这种庶族地主,它们成了封建社会的阶级统治基础。在这种情况下,封建社会那种高度集中的中央政权与高度分散的小农经济之间的矛盾就表现为中央政权与中小地主之间的矛盾以及建立在租佃契约关系基础上的地主与农民的矛盾。现在,作为封建社会指导思想的儒学就要为解决这一矛盾提供理论依据和思想方案。那么,究竟如何有效地来解决这种矛盾呢?当然不能像前期封建社会那样靠强化中央集权、突出皇权的绝对权威来解决。在封建社会向成熟前进的前期阶段中,采取强化皇权的形式来解决高度集中的中央政权与高度分散的小农经济的矛盾,这是有利于封建体制的巩固和成熟的。但到了封建制已趋成熟的后期阶段,如果再采取此种方式就有碍于封建社会的存在和发展了。所以,在后期封建社会解决高度集中的中央政权与高度分散的小农经济矛盾的基点就不是和不能放在加强中央集权上,而要放在以家庭为基本生产单位的、自给自足的小农经济

① 李泽厚:《宋明理学片论》,见李泽厚:《中国古代思想史论》,人民出版社1986年版,第220页。

上，让高度集中的中央政权为高度分散的小农经济服务，这才真正合乎封建社会社会经济发展的客观要求。说到这里可能有人会问：在中国后期封建社会，宋、明都不是在强化中央集权吗，你上面在说宋明时代的政治体制时也不是这么说了吗，这里为什么又说在后期封建社会中解决高度集中的中央政权与高度分散的小农经济的矛盾时解决的基点不能放在强化中央政权上呢？因为，在中国前期封建社会中由于社会生产力的相对发展水平和相应的社会经济结构一定程度的不成熟性，才使得社会的政治体制得不到应有的强化，所以才要有意识地来强化这种中央集权，以此来化解高度集中的中央政权与高度分散的小农经济的矛盾。而在中国封建社会的后期阶段，正由于随着社会生产力的发展和社会经济结构的完善，政治体制本身得到了相应的强化，故这时才不能和不需要用再强化中央集权的方式来解决中央集权与小农经济的矛盾，而要通过强化、完善、调节小农经济自身来解决中央集权与小农经济的矛盾。这是时代使然。

那么，如何将高度集中的中央政权的政治融合到高度分散的小农经济中以有效解决二者的矛盾运动呢？首先必须承认和肯定各地主之间、各农民之间以及地主与农民之间的一定的平等和自由关系，这正像一个家庭中各个成员作为构成这个家庭的一个要素在身份、地位上是平等的一样；但其次，各地主之间、各农民之间以及地主与农民之间的平等与自由又不是和不能是绝对的，比如有如资本主义商品生产条件下的那种自由竞争关系，而是一种有条件和形式的自由、平等，这就是像家庭关系那样在一定辈分和身份关系中的平等、自由，因为这正深刻体现着以家庭为基本生产单位的小农经济经这一封建的经济基础。将这两个方面结合和统一起来，就是伦理关系的本体化，即把以血缘关系为基础的家庭人伦关系提升为自本自根、自因性的存在本体。所以，宋明理学是一种伦理本体论。这种伦理本体论既不同于孔、孟原始儒学那里的重在凸显了人的自觉自愿心理原则的心性论——因为这种"仁"、"心"等等只是一种心理原则，还没有外化、升华为一种必然性的外在力量，故从此种心理原则出发人既可以自觉自愿地来实施某种伦理行为，也可以自觉自愿地不实施甚至破坏某种伦理行为，所以孔孟原始儒学的心性说尚不能成为真正本体；也不同于汉儒那里突出了"天"的主宰性的神学目的论——因为这个"天"虽然有目的、有意志可以主宰社会人事，但它却是人之外的一种异己力量，它虽有强制性，但却缺乏人的自觉自愿的品格，人面对这种"天"既可以承认它，也可以不承认它。宋明理学即宋明新儒学所建构的这种伦理本体论与原始儒学和汉代儒学均有别，它实际上是将人的自觉自愿的心性本性升华、外化为一种外在的必然性力量，但同时又将这种外在的必然性力量导入到了人的心性中，从而将外在的必然性与内在的自觉自愿的应然性结合、统一了起来。李泽厚先生在论述以朱熹为代表的宋明理学的思想特点和实质时指出："朱熹庞大体系的根本核心在于建立这样一个观念公式：'应当'（人世伦常）＝必然（宇宙规律）。朱熹包罗万象的'理'世界是为这个公式而设：万事万物之所以然（'必然'）当即人们所必需（'应当'）崇奉、遵循、服从的规律、法则、秩序，即'天理'是也。尽管与万物同存，'理'在逻辑上先于、高于、超越于万事万物的现象世界，是它构成了万事万物的本体存在。'未有天地之先，毕竟是先有此理'（《朱子语类》卷一）。'宇宙之间，一理而已，天得之而为天，地得之而为地，而凡生于天地之间者，又各得之以为性，其张之为三纲，其纪之为五常，盖此理之流行，无所适而不在。'（《朱子文集》卷七十）'性即理也，在心唤作性，在事唤作理。'（《近思录集注》卷一）……这个超越天、地、人、物、事而主宰之的'理'（'必然'）也就正是人世伦常的'应当'：两者既相等同又可以互换。'天理流行，触处皆是，暑往寒来，川流山峙，父子有亲，君臣有义之类，无非这理。'（《朱子语类》卷四十）'事事物物皆有个极，是道理之极至，蒋元进曰：如君之仁，臣之敬，便是极。曰：此是一事一物之极，总天地万物之理，便是太极。太极本无此名，只是个表德。'（《朱子语类》卷九四）可见，这个宇宙本体的'理——太极'是社会性的，是伦理学的，'只是个表德'。它对个体来说，也就是必须遵循、服从、执行的'绝对命令'。"①

我们常说中国古代哲学的致思方向是"天人合一"。这个"天人合一"在宋明理学这里才真正地表现了出来，即宋明理学不仅在思想内容上要将

---

① 李泽厚：《宋明理学片论》，见李泽厚：《中国古代思想史论》，人民出版社 1986 年版，第 232—233 页。

人世伦常的"应当"与宇宙存在的"必然"相等同、导通而使之"合"起来,而且在思想理论形式上也表现出了"合"的样子。比如说,宋明理学在讲"理"时总要讲到"气",而"理"本身就是既"无极"又"太极"的,是"无"与"有"的统一,"气"本身也有"虚"、"实"两个方面;讲人性时总有"天地之性"与"气质之性";讲人心时总有"人心"和"道心";讲认知时总有"见闻之知"和"德性之知";讲物时总是"一物两体";等等。我们在前面讲本体问题时说过,本体并不是一个光秃秃的东西,这样的本体是不存在的;本体之所以为本为体,之所以是自本自根的和自因的,正在于它是有内在结构的,这个结构就是本体自身相反相成的矛盾性本质,正是依赖于自身的这个相反相成的矛盾性,本体才能自我存在和自我开启,即把自己启动起来而自我运动,这才是自本自根和自因。本体的这一特性、特征在宋明理学这里得到了充分的表现和体现。所以说,宋明理学的"理"本论即伦理学本体论是中国古代哲学本体论的完整形态和完全意义,它的形成标志着中国古代哲学本体论的建构完成。

二、宋明理学的本体思想

《宋史·道学传》在解释了"道学之名"及"道"的地位、作用和历史传承渊源后,指出:

> 千有余载,至宋中叶,周敦颐出于舂陵,乃得圣贤不传之学,作《太极图说》、《通书》,推明阴阳五行之理,命于天而性,论人者瞭若指掌。张载作《西铭》,又极言理一分殊之情,然后道之大原出于天者灼然而无疑焉。仁宗明道初年,程颢及弟颐寔生,及长,受业周氏,已乃扩大其所闻,表章《大学》、《中庸》二篇,与《语》、《孟》并行;于是上自帝王传心之奥,下至初学入德之门,融会贯通,无复余蕴。迨宋南渡新安,朱熹得程氏正传,其学加亲切焉。大抵以格物致知为先,明善诚身为要,凡《诗》、《书》、六艺之文与夫孔、孟之遗言,颠错于秦火,支离于汉儒,幽

沉于魏晋六朝者，至是皆焕然而大明，秩然而各得其所，此宋儒之学所
以度越诸子，而上接孟氏者欤。其于世代之污隆，气化之荣悴，有所关
系也甚大。道学盛于宋，宋弗究于用，甚至有厉禁焉。后之时君世主，
欲复天德王道之治，必来此取法矣。邵雍高明英悟，程氏实推重之，旧
史列之隐逸，未当，今置张载后。张栻之学亦出程氏，既见朱熹，相与博
约，又大进焉。其他程朱门人，考其源委，各以类从，作道学传。

这段史述说明了两个问题：一是宋代兴起的"道学"渊源甚早，它是尧、舜、
禹、汤、文、武、周、孔、孟之传承的"道"在新时代条件下的复兴和焕发，即宋
代儒学可直接上承先秦儒学；二是道学是如何在宋代兴起的，即由北宋周敦
颐、张载、邵雍、二程（程颢、程颐）的"造道"努力，至南宋朱熹而大成之。

现在，依《宋史·道学传》所述宋代"道学"之兴起的历史事实，通过分
析潜藏于这一历史事实中的思想演化逻辑，可对宋明理学形而上的本体论
思想作以下阐述：

（一）北宋五子的"造道"[①]工作

［一］周敦颐的"太极"论

北宋初的胡瑗、孙复、石介虽已提倡儒学，批评佛老，标举"道统"，但这
只是用儒学来整合释、道，以构建适合于封建社会后期发展需要的新统治思
想的思想创造工作的一个预示性开端，尚不是真正新思想的创造。真正新
思想的创造工作是由被尊为理学开山、"宋儒之首"的周敦颐（1017—1073
年）开始的。《宋元学案·濂溪学案上》有黄百家案语云："孔孟而后，汉儒
止有传经之学。性道微言之绝久矣。元公崛起，二程嗣之，又复横渠诸大儒

---

① 《张载集·后录上·遗事》曰："问：'《西铭》如何？'伊川先生曰：'此横渠文之粹者也。'
曰：'充得尽时如何？'曰：'圣人也。''横渠能充尽否？'曰：'言有多端，有有德之言。有造
道之言。有德之言说自己事，如圣人言圣人事也，造道之言则智足以知此，如贤人说圣人
事也。'"（《张载集》，中华书局1987年版，第336页）

辈出,圣学大昌。故安定、徂徕卓乎有儒者之矩范,然仅可谓有开之必先。若论阐发心性义理之精微,端数元公之破暗也。"这是说,周敦颐才是宋儒"心性义理"之学的道学即理学的实际创立者。

太　极　图

[宋]周敦颐

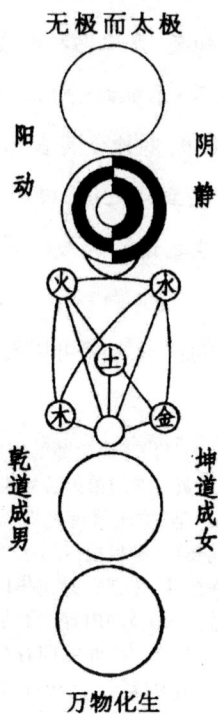

周敦颐是如何来为宋儒的"心性义理"之学作发端的呢? 周敦颐的哲学著作现存者有一幅从道教图录中改装了的《太极图》(见右图示)和二百余字的《太极图说》,还有不满三千字的《通书》①。他的理学思想的纲领就

----

① 周敦颐的《太极图说》即为《太极图·易说》,其《通书》即为《易通》。其考证见侯外庐等主编《宋明理学史》上,人民出版社 1997 年版,第 50—51 页。朱熹认为《太极图说》是《通书》的纲领之所在(见朱熹《太极图说通书书后》)。

在《太极图说》①一文中,这里论述了从宇宙到人类社会的起源、发展过程。周敦颐说:

> 无极而太极。太极动而生阳,动极而静;静而生阴,静极复动。一动一静,互为其根。分阴分阳,两仪立焉。阳变阴合,而生水火木金土。五气顺布,四时行焉。五行,一阴阳也;阴阳,一太极也;太极,本无极也。五行之生也,各一其性。无极之真,二五之精,妙合而凝。"乾道成男,坤道成女"。二气交感,化生万物,万物生生而变化无穷焉。惟人也得其秀而最灵。形既生矣,神发知矣,五性感动而善恶分,万事出矣。圣人定之以中正仁义而主静(自注云:无欲故静),立人极焉。故圣人与天地合其德,日月合其明,四时合其序,鬼神合其吉凶。君子修之吉,小人悖之凶。故曰"立天之道,曰阴与阳;立地之道,曰柔与刚;立人之道,曰仁与义。"又曰:"原始反终,故知死生之说。"大哉《易》也,斯其至矣!

从周敦颐说解《太极图》的这段文字可以看出:

---

① 关于周敦颐的《太极图》,朱熹认为是出于周敦颐的创造,是周氏"不由师傅,默契道体,建图属书,根极领要"的结果。但据黄宗羲的弟弟黄宗炎所作《图学辩惑》的考证,这个《太极图》是汉代的河上公所作,讲的是"方士修炼之术",原名为《无极图》。魏伯阳得到这个图,并作了一部书,就是《参同契》。钟离权得到这个图而传给了吕洞宾,吕洞宾和陈抟同隐华山,并将这个图传给了陈抟,陈抟把它刻在华山的一个石壁上,并把它传给穆修,穆修传给了周敦颐。黄宗炎对《太极图》的内容作了考证指出:"其图自下而上,以明逆则成丹之法。……其最下圈名为元牝之门。元牝即谷神。牝者窍也,谷者虚也,指人身命门两肾空隙之处,气之所由以生,是为祖气。……提其祖气上升为稍上一圈,名为炼精化气,炼气化神。……中层之左木火、右金水、中土相联络之一圈,名为五气朝元。……又其上之中分白黑而相间杂之一圈,名为取坎填离。……又使复还于无始而为最上之一圈,名为炼神还虚,复归无极。……盖始于得窍,次于炼己,次于和合,次于得药,终于脱胎求仙。真长生之秘诀也。"可见,道教的《太极图》原是方士修炼之法。周敦颐"得此图而颠倒其序,更易其名,附于《大易》,以为儒者之秘传。盖方士之诀,在逆而成丹,故从下而上。周子之意,在顺而生人,故从上而下。……更最上圈炼神还虚、复归无极之名,曰无极而太极。……更其次圈取坎填离之名,曰阳动阴静。……更第三圈五气朝元之名,曰五行各一性。……更第四圈炼精化气、炼气化神之名,曰乾道成男,坤道成女。……更最下圈元牝之门之名,曰万物化生。"(《宗元学案·濂溪学案下》)这是说,周敦颐对源于道教的《无极图》作了根本性的改造,将原来的修炼法颠倒之而用以表示从自然事物到人类社会的整个宇宙之演化的过程。

　　其一,明确的儒学方向和宗旨。从两汉经魏晋到隋唐,儒学虽然是中国封建社会的意识形态,但它在思想表现形式上,特别在形而上学、本体论的哲学特征上,并没有表现为统治思想,即两汉是经学,魏晋是玄学,隋唐是佛学,都不是直接的儒学"心性义理"之学的形而上学。宋学就是要扭转这种千余年来非儒学的学术方向和宗旨,要直接以儒学为宗。宋代思想学术的这一方向就是明确从周敦颐开始的,这在他的《太极图说》里就有表现。《太极图说》的最后说,"圣人'与天地合其德……'",这是引《易传·乾卦·文言》的话;"立天之道,曰阴与阳……",这是《易传·说卦》的话;"原始反终,故知死生之说",这是《易传·系辞上》的话。短短二百余字的解说文章,就频繁地引述了《易传》的话;而文章最后还直接说"大哉易也,斯其至矣!"这表明,周敦颐解说《太极图》,或者说他对道教《无极图》的改造,是以《易传》思想为根据和标准的。故《太极图说》又名为《太极图·易说》,这更合乎文章旨意。这个旨意有二:一是明确标示出了儒学思想的宗旨;二是更具体地将此宗旨放在《易传》上。在原始儒学中,孔孟多讲人的内在心性,这种心性多是以人的血缘关系为基础的心理原则和人格力量,还不是被升华到宇宙存在高度的形上原则。从宇宙存在的高度为儒学建构形上原则的是《易传》,它以"《易》有太极,是生两仪,两仪生四象,四象生八卦;八卦定吉凶,吉凶生大业"(《易传·系辞上》)这一明显的宇宙生成论模式表达了宇宙的存在本体或本体存在,这个本体就是"太极"。如果把孔、孟的心性论与《易传》的"太极"论联系起来,从儒学思想发展的逻辑来看,这实际上表现了将心性原则提高到宇宙存在高度以之使心性本体论化的方向,亦即将心性的应然性原则升华到宇宙存在的高度以之与宇宙存在的必然性原则相统一的方向。当然,在原始儒学中,这种方向也只是方向性和预示性的,它并没能实现之而变为现实。宋代儒学正是要将原始儒学处的方向性变为现实性,即要将心性的应然原则与宇宙存在的必然原则统一起来。又如何才能实现这二者的统一呢? 这里的关键就是如何将心性原则宇宙化即本体化,使可以自觉自愿但同时也可以不自觉不自愿的心性原则必然化和神圣化,使其升华为具有存在的必然性和约束力的力量,这样才能最终建立起儒学伦理本体论以确定儒学一尊的统治和主导地位。就宋明理学创立前的儒学思想来说,它的心性论思想是比较丰富的,其对人基于血缘关系的心理情感、心理原则和人格力量的揭示是比较深刻、充分的。但与当时的道、佛思想相比,儒学本体论的思想理论性就较差了,可以说无法抵御佛、道的进攻。在原始儒学中,唯一具有本体论思想形式和理论的是《易传》。现在宋代儒学要与佛、道相抗衡,要将儒学的心性论提升到宇宙存在的本体高度,要在化解和吸收佛、道本体思想的基础上来完成关于儒学伦理本体论的建构任务,就不得不充分挖掘和利用《易传》的思想资源。所以,在宋代理学思想的创立过程中对《易传》非常重视,例如周敦颐著有《太极图·易说》(即《太极图说》)、《易通》(即《通书》),张载著有《横渠易说》,邵雍有先天"象数"学,程颐有《伊川易传》,朱熹著有《易本义》、《易学启蒙》,等等。周敦颐的《太极图说》正是明确坚持了以《易》为思想标的的儒学宗旨,这对宋代理学即道学的建构是有重要意义的。

其二,"无极而太极"的本体论原则。宋代儒学被称为道学或理学,也被称为新儒学。它之所以"新",是因为它要超越汉儒的思想形式而回复到孔、孟儒学;但这只是其"新"的一个方面,即形式上的新。它更重要的"新"是在思想内容上,即要吸收、改造佛、道的本体论思想,以之把原始儒学的心性论原则提升到宇宙存在的本体高度,将心性的应然性与宇宙存在的必然性统一起来,这就是既不同于号称"新道家"的魏晋玄学的宇宙本体论,也不同于以外界存在为空幻的隋唐佛学的心性本体论,而是一种伦理本体论。理学作为本体论思想就是在周敦颐的《太极图说》中首先表现出的,这就是它开宗明义的第一句话——"无极而太极"。

关于"无极而太极"一语,有作"自无极而为太极"的①。将"无极而太

---

① 对此,朱熹说:"戊申[按:南宋孝宗淳熙十五年,即 1188 年]六月,在玉山邂逅洪景卢(洪迈)内翰,借得所修国史,中有濂溪、程(二程)、张(张载)等传,尽载《太极图说》,盖濂溪于是始得立传,作史者于此为有功矣。然此说本语首句但云'无极而太极',今传所载乃云'自无极而为太极',不知其何所据而增此'自'、'为'二字也。夫以本文之意,亲切浑全,明白如此,而浅见之士犹或妄有讥议。若增此字,其为前贤之累,启后学之疑,益以甚矣。谓当请而致之,而或者以为不可。昔苏子容特以为父辨谤之故,请删国史所记草头木脚之语,而神祖犹俯从之。况此乃百世道术渊源之所系耶?正当援此为例,则无不可改之理矣。"(《朱文公文集》卷七十一《记濂溪传》)

极"作"自无极而为太极",表面看来只是多了"自"、"为"二字,似乎关系不大,但反映在哲学思想上,特别是本体论上,关系就大了。从"自无极而为太极"看,这里的"无极"是最高概念,"太极"尚是从"无极"来的,理所当然这个"无极"就是本体、本原。"无极"概念出自《老子》①。老子的"无极"指的是没有差失的常"德"极真状态。如果用在宇宙本体论上,这个"无极"就是宇宙的本原、本体。"自无极而为太极",显然是说先有"无极"然后才有"太极",这明显是以道家思想为宗旨,是以道家来统帅儒家的。这里的"太极"概念出自《易传·系辞上》的"《易》有太极,是生两仪……"一语,认为整个《易》的卦象系统都是由"太极"来的;如果表现在宇宙本体论上,就是说宇宙的本原、本体就是"太极"。在"无极而太极"一语中,"无极"是个形容词,是用来形容、修饰"太极"的,即指的是"太极"无限制性的自因性和自本自根的本体性质,这就极大地凸显了"太极"的本体性质和地位。朱熹在《太极图说解》中指出:"谓之'无极',正以其无方所形状,以为在无物之前,而未尝不立于有物之后;以为在阴阳之外,而未尝不行于阴阳之中;以为通贯全体,无乎不在,则又初无声臭影响之可言也。""不言'无极',则'太极'同于一物,而不足为万化之根;不言'太极',则'无极'沦于空寂,而不能为万物之根。"这表明,当用"无极"来形容"太极"时,就将"无极"与"太极"有机地结合、统一了起来,这既保证了"太极"的本体性质和地位,同时也克服和改造了"无极"的虚无性和空疏性。故在"无极而太极"这里,明显突出的是儒学的原则和宗旨,道家思想是被吸收来为儒学服务的。

进而言之,"无极而太极"一语揭示了本体自身的"有、无"性本质。这里的"无极"强调和突出的是本体——"极"的"无"性,而"太极"则强调和突出的是本体——"极"的"有"性。本体之所以是本体,之所以是自本自根、自因的存在,就是因为本体自身的"有、无"性结构。依赖自身的"有、无"性结构,本体才能自我存在、自我启动和打开,才能即体即用、体用一源地运动。作为理学开山者的周敦颐,在《太极图说》中以"无极而太极"一语

---

① 《老子》第二十八章:"知其雄,守其雌,为天下谿。为天下谿,常德不离,复归于婴儿。知其白,守其黑,为天下式。为天下式,常德不忒,复归于无极。知其荣,守其辱,为天下谷。为天下谷,常德乃足,复归于朴。朴散则为器,圣人用之则为官长。故大制不割。"

明确揭示和确定了本体存在的原则——"有、无"性,这正是理学建构伦理本体论所必须的思想理论原则。我们前面谈魏晋玄学的宇宙本体论和隋唐佛学的心性本体论时多次说到,要完成一本体论其关键就在于为本体自身建构起"有、无"性结构,否则的话,本体的思想和理论是建立不起来的。至宋代理学,在作为理学开端者的周敦颐这里明确地为本体"极"赋上了"有、无"性的本性和结构,这不仅使本体有了存在的内在结构,也使本体具备了统贯天人、导通必然和应然的思想形式。这是一个很重要的思想贡献。

其三,宇宙本体论与宇宙生成论相混合的宇宙演化过程。有了"无极而太极"的本体论原则后,这个原则就绝不能束之高阁,它必定要贯彻下去和展现出来。那么,它是如何来展现的呢?《太极图说》这样说:"太极动而生阳,动极而静;静而生阴,静极复动。一动一静,互为其根,分阴分阳,两仪立焉。阳变阴合,而生水火木金土。五气顺布,四时行焉。五行,一阴阳也;阴阳,一太极也;太极,本无极也。五行之生也,各一其性。"在此,"太极动而生阳……一动一静,互为其根"这一段,讲的是宇宙存在的本体论。"太极"就是宇宙存在的本体、本原。"太极"为何能是宇宙存在的本体?因为"太极"本身是"动"与"静"或"阳"与"阴"的有机统一体,即"太极"是以"动—静"性或"阳—阴"性为内在结构的;正因为如此,这个"太极"就具备了自我打开、自我显现的根据和可能,这就是它能自我存在的源泉和动力,故它能是和才是自本自根的和自因的,它是本体。如果这个"太极"自身是单一的"动"或"静",或单一的"阳"或"阴",那它就不能自我打开和自我存在,它当然就不是和不能是本体了。"太极"既然是以"动—静"或"阳—阴"为"根"的,即"一动一静,互为其根",所以它就不可能是纯粹的动或纯粹的静,而必然是动而非动、静而非静的,即由动转静和由静转动的永恒的活转。接着讲的"分阴分阳,两仪立焉……五行之生也,各一其性"这一段,就讲到了具体的宇宙生成过程。既然"太极"自身中有"阳—阴"性之"根",这个"根"就要生发出来,这就有了"分阴分阳"的阴、阳,还有了水、火、木、金、土的五行,也出现了春、夏、秋、冬的四时,等等,总之就有了形形色色,各种各样的宇宙万物的存在。所以,在周敦颐的《太极图说》这里,是将宇宙生成论与宇宙本体论混合、搅合在一起的。

在宇宙观上,单讲本体论或单讲生成论,这都没有什么问题。但问题却在本体论与生成论的关系上,即如何使二者统一起来。宇宙生成论,这看似哲学问题,哲学史上早期的自然哲学家多谈此问题。但实际上这是个具体的自然科学问题,是天文学、天体物理学等学科所研究的对象;要真正弄清宇宙(例如我们的太阳系)的生成过程,这不仅要有数学模式,还要有具体的实验方案和数据,并不像哲学上讲这个问题时讲来讲去总是一些猜测和假设。随着哲学思维水平的提高和自然科学的发展,宇宙生成论问题会越来越科学化。相比之下,宇宙本体论问题却是哲学的永恒主题之一,无论科学如何发展和发达,是替代不了哲学关于宇宙存在的所以然之理与所当然之则问题探讨的;即使能用物质材料造出一个宇宙来,即使能用数学方程式解出这个宇宙的运行轨迹和存在寿命,但充其量只能说明和把握这个宇宙的所然和所是,只能知道它存在的如此状态,至于这个宇宙为什么是这么个状态而不是别的什么状态,这个宇宙为什么要如此这般地存在而不是那般地存在,即它能如此存在和要如此存在的原因和根据何在,这是科学所解决不了的问题,要用哲学来说明,这就是有关宇宙本体论的思想理论。所以,宇宙本体论与宇宙生成论是两种不同的思想理论和方法。真正的哲学宇宙论应该是宇宙本体论,而不是宇宙本体论与宇宙生成论的混合和搅和。

但也应看到,在哲学上将宇宙本体论与宇宙生成论混合起来,又是有合理一面的,即这是人们把握宇宙时的需要。当从科学上来探讨宇宙的起源即生成时,可以从某一源头开始,至于这个源头之存在的原因和根据问题则可以不去讨论。但在哲学上就不行了,当你将宇宙的起源归于某一源头时,就理所当然要问这个源头之存在的根据和可能问题,即要考察这个源头是不是源头和何以是源头,这就是宇宙存在的本体问题。所以,在中国古代哲学中,每当涉及到宇宙起源的生成论问题时,往往要与本体论扯上瓜葛。例如,《老子》第四十二章说:"道生一,一生二,二生三,三生万物;万物负阴而抱阳,冲气以为和。"这里的总体模式是宇宙生成论,即一→二→三→万物的宇宙生成模式。但是,作为开端的这个"一"是如何来的? 它又是由什么生出来的? 如果"一"是由别的什么东西生出的,那么这个别的东西又是由什么生出的呢? 这样就可推至无限而会最终消解掉宇宙得以生成的源头。

当然,问题是不能这样追下去的。原因就在于这种追溯是一种黑格尔所谓的"坏无限",本来就是追不出个头的。当你将宇宙存在归到某一源头时,所需要的不是无限地追下去,而是要问这个源头是不是真正的源头和何以是真正的源头,这自然就涉及到了这个源头之存在的原因和根据问题,这就是本体论。所以,《老子》的"道生一"一语是关于宇宙生成论问题,同时也是关于宇宙存在的本体论问题。这里不是考察如何从"道"中生出个"一"来,因为如果"道"能生"一"的话,这个"道"就必定是被别的东西生出的;而是意味着"道"是"一"得以存在的根据、原因所在。故《老子》这里的"道"与"一"在存在形式上是一样的,即都是混沌未分之态,但二者在哲学性质上却不一样,"道"展示的是"无",而"一"展示的却是"有"。因此说老子的宇宙论归根到底是以"道"为宇宙存在本体的。《老子》这里有宇宙本体论与宇宙生成论的纠葛,《淮南子》中亦有。现在,这个问题在周敦颐这里也出现了。与汉代哲学的目的、任务已截然不同,作为理学思想之开端者的周敦颐,本来讲的是本体问题,而且是从宇宙本体贯到人存在本体的"天人合一"的本体。但在无形中他却采取了宇宙生成论的表现方式,这表明他在哲学本体论理论建构上的尝试性和不成熟性。

其四,宇宙本体论和心性本体论相统一的伦理本体论的初步建立。作为中国封建社会后期阶段统治思想的宋明理学,在一开始建构时就是伦理本体论的需求和要求,即要将基于血缘关系的家庭伦理关系提升到宇宙存在的高度而使其本体化,因为这是中国后期封建社会存在和发展的根本要求。那么,究竟如何来建构伦理本体论呢?这里实际上涉及到心性本体与宇宙本体的有机统一问题。因为伦理关系和行为的存在一方面要有情感基础和心理原则,如果没有了基于血缘关系的心理情感和自觉自愿的心理原则,伦理行为是无法实施的。有了心理情感和自觉自愿的心理原则,伦理行为的实施固然有了内在动力,但这种原则又只是或然性的,即我既可自觉自愿地来实施某一伦理行为,也可以自觉自愿地不去实施那种伦理行为,这样一来就最终消解掉了伦理关系。这当然不行。所以,这就必须和有必要将伦理关系提升之,即将心理原则外化为和上升为必然如此的约束性力量,这也就是把心性存在提升到宇宙存在的高度而使其本体化,即将心性存在导入宇宙存在的基础上。这样,伦理关系和伦理行为的存在就有了必然如此的圣神性和力量,这就能保证伦理行为的社会意义和价值。但是,伦理关系毕竟是人的行为关系,是要靠人来实施和执行的;现在将人自觉自愿的心理原则升华为宇宙存在的必然性力量了,这固然保证了伦理行为的权威性和力量,但如果人不认同这种权威性力量,对它没有自觉自愿地执行的内在动力,那么尽管它具有权威性和约束力也最终是起不了作用的。所以,问题又得再将伦理关系和行为的存在由外向内导入,即将那种外在的必然性、约束性力量再导入到人的心理情感中来;从本体论的视角来说,这就是要将宇宙存在的本体性导回到人的心性基础上,即使宇宙本体论心性化。将人的心性升华为宇宙存在本体,或将宇宙存在的本体内化为人的心性存在,这在伦理本体论中是一致的,是同一个问题的两个有机方面。

宋明理学这一伦理本体论的思想趋向,在周敦颐《太极图说》中已表露了出来,即"无极之真,二五之精,妙合而凝,乾道成男,坤道成女。二气交感,化生万物,万物生生而变化无穷焉。惟人也,得其秀而最灵。形既生矣,神发知矣,五性感动而善恶分,万事出矣。圣人定之以中正仁义而主静(自注:无欲故静),立人极焉"。这里从"万物生生"的宇宙运行的必然说到了"得其秀而最灵"的人世伦常的应然,把自然的必然性与伦常的应然性结合、统一了起来。这是一个重要的思想贡献。

"无极之真,二五之精……万物生生而变化无穷焉"这一段是紧接着前面讲的宇宙生成过程而来的。这里不只是指出"万物生生而变化无穷"的既成自然现象,而是要说明如此这般存在着的自然现象的原因。宇宙万物如何能生生不辍而变化无穷? 这看来是水、火、木、金、土这五行运行的结果;但五行为什么要交替运行? 原因当在阴阳,即阴阳二气的交感;但阴阳为何要交感? 原因当在"太极",因为"太极"本身就是阴阳的统一体;而"太极"为什么能"分阴分阳,两仪立焉"? 这又得归之于"无极"。那么,这个"无极"究竟是什么? 它到底有什么神通呢? 原来它就是"神"。周敦颐在《通书·动静》中说:"动而无静,静而无动,物也。动而无动,静而无静,神也。动而无动,静而无静,非不动不静也。物则不通,神妙万物。"就物的存在现象看,是动而无静、静而无动,动、静是二分着的。但这只是物的存在现象,并不是物的存在本质。物的存在本质却不是也不能是这样的,它是动而无动、静而无静的,也就是"动极而静"、"静极复动","一动一静,互为其根"的,即"动—静"性的,这就是"神",它作为万物变化的源泉是神妙莫测的。这个"神"就是"无极"。可以看出,"无极"并不是与"太极"并列的一个概念,它是个形容词,实际上表征、揭示的是"太极"自身的"动—静"性或"阴—阳"性的本质。所以朱熹坚持说《太极图说》的首句应为"无极而太极",这是有道理的。周敦颐在这里说,天地万物的生生现象是由五行交替构成的,而五行之中就包含有阴阳,阴阳之中就包含有太极,而太极本来就是无极;正因为这样,天地万物的运行归根结底是由其"极"这一本质、本体所决定的。很明显,周敦颐在此揭示了宇宙万物之存在和运行的必然性。

而"惟人也,得其秀而最灵……"这一段,讲的是人的存在。作为万物之灵的人到底是怎么来的?这与宇宙生成问题一样,实际上也是一个自然科学问题①。当然,时处北宋初的周敦颐是不可能从科学上来说明人的形成问题的;同时,作为道学开创者的他也没有必要对人的起源作一步步的科学探讨。他只是把人的出现作为一个既定的事实肯定下来而已。但对周敦颐来说,这里的关键问题是这个人的世界是如何存在的?像"无极之真,二五之精……万物生生而变化无穷焉"的自然事物那样来存在吗?当然不是。人既然将自己从自然世界中提升了出来而成就了一个人文世界,就理应有这个人文世界存在的规则和章程,这就是"人极",即"圣人定之以中正仁义而主静,立人极焉"。这里关于人文世界所讲的显然是伦理道德方面的问题。人有了形体后,随之就有了感知、欲望、意念等等的属性。那么,人的本质性究竟是什么?《太极图说》说"五性感动而善恶分"。这里提到"五性"。"五性"是什么性?《通书·师》曰:"性者刚柔善恶中而已矣"。"刚

---

① 要解决这一问题,就要从科学上说明这样几个关键环节:怎样从无机小分子生成了有机小分子;怎样从有机小分子转化成了有机大分子;怎样从有机大分子转化为原始生命;原始生命怎样分化为植物和动物,动物又如何从原始的腔肠类动物演化为灵长类的类人猿的;类人猿又如何在制造和使用生产工具而从事劳动的活动中把自己从动物世界中提升出来而成为人(类)的。目前,分子生物学等科学已对上述的每一个环节出现有所说明。特别是马克思主义的唯物史观,从以制造和使用生产工具为实质和核心的劳动活动这一实践出发,解释了从类人猿到人的转化。

柔,为义,为直,为断,为严毅,为干固;恶,为猛,为隘,为强梁。柔善,为慈,为顺,为巽(即逊);恶,为懦弱,为无断,为邪佞。唯中也者,和也,中节也,天下之达道也,圣人之事也。"可见,"五性"就是刚善、刚恶、柔善、柔恶、中这五种人性。这五种人性中的前四种均是有过和偏的,只有"中"这种人性最好,它是圣人之所为。所谓"圣人定之以中正仁义而主静,立人极焉",所立之"极"就是"中正仁义"的这个"中"。这个"中"又如何才能达到呢?周敦颐《通书·圣学》在回答"圣可学乎?"问题时说:"一为要。一者,无欲也。无欲则静虚动直。静虚则明,明则通;动直则公,公则溥。明通公溥,庶矣乎!"这里的关键就是克制欲望、私欲,使人的喜、怒、哀、乐等等的情欲能不偏不过而合乎规矩。《中庸》说:"喜怒哀乐之未发谓之中,发而皆中节谓之和。中也者天下之大本也,和也者天下之达道也。致中和,天地位焉,万物育焉。"这就将"中"或"中和"提升到了宇宙存在的本体高度。周敦颐也是这么做的,他在此要建立的"人极"正是这个"中",这显然是伦理本体。

宇宙存在本体与人文世界的伦理本体这二者之间有没有关系呢?周敦颐肯定是有的。那到底有什么关系?周敦颐在《太极图说》的最后连续引用了《易传》的三段话,说"故圣人与天地合其德,日月合其明,四时合其序,鬼神合其吉凶";"故曰立天之道曰阴与阳,立地之道曰柔与刚,立人之道曰仁与义";"又曰原始反终,故知死生之说"。引这些话很明显表明,达到了"中正仁义"之道的圣人,其行为就与天地四时的运行相契合,即与"天地合德"、"日月合明"、"四时合序"、"鬼神合吉凶"。这话看起来有点神秘。但若从宋明道学合宇宙运行之必然与人世伦常之应然为一体的伦理本体论的方向、目标来看,则是自然的,这里实际上将天、地、人三道合而为一。周敦颐在《通书·理性命》中说:"厥彰厥微,匪灵弗莹。刚善刚恶,柔亦如之,中焉止矣。二气五行,化生万物。五殊二实,二本则一;是万为一,一实万分,万一各正,小大有定。"这不是明确将"中"与宇宙运行的"万一各正,小大有定"的必然性相提并论了吗?《通书·顺化》还说:"天以阳生万物,以阴成万物。生,仁也;成,义也。故圣人在上,以仁育万物,以义正万民。天道行而万物顺,圣德修而万物化;大顺大化,不见其迹,莫知其然之谓神。故天下之众,本在一人,道岂远乎哉?术岂多乎哉?"这里也将天地万物运行的秩序与人文世界的仁、义行为相并论了。

以上我们解析了周敦颐《太极图说》中所蕴涵的理学思想。可以看出，周敦颐对宋明理学建构伦理本体论这一任务的完成贡献主要有二：一是思想内容上的，二是思想形式上的。就思想内容而言，周敦颐借对"太极图"的解说，从宇宙论讲到了伦理学，即从宇宙存在的必然性下贯到了人世伦常的应然性，这就将宇宙存在与人世伦常统一了起来。从本体论上来说，这是将人的心理情感和心理原则这些心性外化到宇宙存在必然性的高度，或者说将宇宙的存在本体下贯到了人的心性上，搭建起了沟通宇宙本体与心性本体的伦理本体论构架。既然这是一种本体论构架，就要有一种本体的形式和样子。何谓本体的形式和样子？前面我们多次讲过，所谓本体并不是也不能是一个光秃秃的存在，它有"有、无"性的内性和结构。周敦颐的《太极图说》在论述由宇宙存在到人世伦常的运转时，一开始就讲"无极而太极"，即"无极"与"太极"的统一；这个统一表现为"太极"的内在结构，就是"一动一静，互为其根；分阴分阳，两仪立焉"的"动—静"性或"阴—阳"性。所以，在思想形式上，周敦颐的"太极"说将动静、阴阳、有无等等的对立性统一了起来，从而成为理学中较深刻的辩证法思想的开端。王夫之说："宋自周子出而始发明圣道之所由，一出于太极阴阳人道生化之终始。"（王夫之《张子正蒙注·序论》）正是由于从宇宙观到伦理学这种伦理本体论构架的建立，使得周敦颐成为宋明理学的开山者。

但也应当看到，周敦颐只是搭起了一个从宇宙观到伦理学的伦理本体论的构架，他并未真正完成关于伦理本体论的建构任务。这里的原因就在于他的宇宙本体论是不成熟的，即把宇宙本体论与宇宙生成论混合了起来，且以宇宙生成论为载体和形式来嫁接宇宙本体论，这实际上就消解或窒息了宇宙本体论。前面分析过，周敦颐在讲"无极而太极。太极动而生阳，动极而静；静而生阴，静极复动。一动一静，互为其根。分阴分阳，两仪立焉"时，这是很不错的宇宙存在的本体论思想和理论。但紧接着他就讲起了"阳变阴合，而生水火木金土"等等的宇宙生化过程了，即转到了宇宙生成论。这样以来，就等于将宇宙本体论生成论化了。由于将宇宙本体论转换成了生成论，故在讲到由宇宙观到伦理学的过渡时总有外在的人为痕迹，而缺少真正哲学理论上的圆融性。就是说，为什么要将宇宙存在的必然性下贯到人世伦常的应然性而使人文世界中的所作所为具有必然性的力量呢？周敦颐只能从人世伦常之存在的人的心理情感的或然性说起，这明显是功利性和实用性的，并不是哲学本体论的必然性。要讲哲学本体论的必然性，就不能从宇宙生成论出发向下贯渗或从人世伦常的具体善恶行性出发向上升华，这样做是填不平自然世界与人文世界之间的鸿沟的。这里必须以本体论为基点，即从宇宙存在的本体论到心性存在的本体论，这样就抛开了自然世界和人文世界在存在现象上的差异，而进到了这些存在现象之存在的所以然和所以是的本质和根据上；而这种本质和根据是同质的，本来就是一致的和统一的。这正如朱熹所言："宇宙之间，一理而已，天得之而为天，地得之而为地，而凡生于天地之间者，又各得之以为性，其张之为三纲，其纪之为五常，盖此理之流行，无所适而不在。"（《朱子文集》卷七十）又说："万物皆有此理，理皆同出一源。但所居之位不同，则其理之用不一。如为君须仁，为臣须敬，为子须孝，为父须慈。物物各具此理，而物物各异其用，然莫非一理之流行也。"（《朱子语类》卷十八）可见，在"理"这里自然世界的存在与人文世界的存在理所当然是一致的！所以，周敦颐的"太极"说所留下的问题就是：如何克服宇宙本体论的生成论形式，以之以本体论的理论形式来建构将宇宙存在的必然与人世伦常的应然统一起来的伦理本体论。

那么，接着周敦颐的思想方向北宋的造道者们又是如何做努力的呢？

［二］邵雍的"先天象数"论

邵雍①的"象数"学叫"先天象数"学。何谓"先天"？一种解释认为伏

---

① 与周敦颐一样，邵雍（1010—1077 年）也属宋代理学的奠基者。周敦颐的《太极图》源于道士陈抟（其传授为：陈抟——穆修——周敦颐），他将道教用于表示其内丹之修炼阶段和过程的《太极图》颠倒过来，用于表示宇宙演化的程序和过程，从而为宋代理学作了开端。邵雍的"象数"学也源于道士陈抟。《宋史·道学传·邵雍传》云："北海李之才摄共城令，闻雍好学，尝造其庐。谓曰：'子亦闻物理性命之学乎？'雍对曰：'幸受教。'乃事之才，受河图、洛书、宓牺八卦、六十四卦图象。之才之传远有端绪。而雍探赜索隐，妙悟神契，洞彻蕴奥，汪洋浩博，多其所自得者。"《宋史·儒林传·朱震传》说："陈抟以先天图传种放，放传穆修，修传李之才，之才传邵雍。"可见，邵雍的学术思想与道教有一定的渊源关系。朱熹指出："伯阳《参同契》，恐希夷（按：即陈抟）之学，有些是其源流。""邵子发

羲所画的八卦是"先天",周文王所演的六十四卦是"后天"。这种讲法有些表面化。另一种解释认为所谓"先天"是指"画前有易",即早在伏羲画卦以前就有八卦和六十四卦了,只不过这些卦是一部"无字天书",经伏羲和文王的努力后才使这"无字天书"成了"有字天书";"天地自然之数"就是这"无字天书"的内容,而六十四卦的那些横图和圆图就是用于表现这些内容的。其实,所谓六十四卦的横、圆图,是以"象"的形式表现和表达了其中的"数"的运演法则。

邵雍"先天象数"学的理学思想有:

其一,"学际天人"的理学宗旨和方向。"学际天人"或"天人之际"的问题,就是汉武帝在册问贤良文学之士时所提出的"欲闻大道之要,至论之极"(见《汉书·董仲舒传》)的问题,这个问题直接关乎到儒家形上本体的理论建构问题,董仲舒在上汉武帝策中所要论述的中心问题之一也就是这一问题。但由于历史和思想条件所限,汉代哲学并未能完成关于伦理学本体论的理论建构任务,它当时所能完成的只是一"天人感应"的带有神学意味的目的论,而这里的真正哲学问题则是宇宙发生论。后经魏晋玄学和隋

明先天图,图传自希夷,希夷又自有所传。盖方士技术,用以修炼,《参同契》所言是也。"(守山阁本《周易参同契考异·附录》)魏伯阳的《参同契》本是依托《周易》的,故名《周易参同契》。邵雍在《皇极经世》(一称《皇极经世书》)一书中不讲炉火、铅汞之事,而是以《周易》卦象为基础的,故"与《参同契》合"。这表明,邵雍的先天"象数"学虽与道教的象数思想有关,但他所吸收的也只是道教象数学的一些思想方法,而他的先天"象数"学的思想内容却是儒家的。邵雍的儿子邵伯温论述《皇极经世》一书的思想内容说:"《皇极经世书》凡十二卷。其一之二则总元、会、运、世之数,《易》所谓天地之数也。三之四以会经运,列世数与岁甲子,下纪帝尧至于五代历年表,以见天下离合治乱之迹,以天时而验人事者也。五之六以运经世,列世数与岁甲子,下纪帝尧至于五代,书传所载兴废治乱得失邪正之迹,以人事而验天时者也。自七之十则以阴、阳、刚、柔之数,穷律、吕、声、音之数,穷动、植、飞、走之数,《易》所谓万物之数也。其十之十二则论《皇极经世》之所以为书。"(蔡元定《皇极经世指要》)从邵雍《皇极经世》一书的内容结构可知,该书是要"以天时而验人事"和"以人事而验天时"的天时与人事互验的,这就是沟通了天道与人事。那么,又如何将天道与人事沟通起来呢?邵雍借助陈抟的象数学,讲起了"象"中之"数",即认为宇宙间的一切都有"数",一切事物都是按照"数"的法则来构成和发生的。周敦颐的"太极图"是一种"象",他的《太极图说》就是用来说解这个"象"的,即说明这个"象"所蕴涵的道理。邵雍所讲的先天"象数"论也是一种"象"。不过与周敦颐相比,邵雍着重讲的是"象"中之"数"。即把"象"中所蕴涵的道理以一种理性化和抽象化的"数"的法则表现出来,这是邵雍比周敦颐进步的地方。

唐佛学从不同方向上的努力和逼近,到了北宋这个中国后期封建社会的开端阶段,建构儒学形而上的本体论的任务就提上了议事日程。宋代理学号称不同于汉代儒学的新儒学,其根本的哲学任务就在于伦理学本体论的建立。如何建立呢? 这就是将人世伦常的应然性与宇宙运行的必然性统一起来,使应然必然化或使必然应然化。作为理学奠基者的周敦颐在这一方向上做出了可贵的努力。同样地,作为理学奠基者的邵雍在此方面也作出了可贵的贡献。

邵雍说:

> 学不际天人,不足以谓之学。(《皇极经世·观物外篇》。下引本书只注篇名)

这是说,真正的学问要达到穷究天人之际的境界。邵雍有一首《观易吟》云:"一物其来有一身,一身还有一乾坤。谁知万物备于我,肯把三才别立根。天向一中分体用,人于心上起经纶。天人焉有两般义,道不虚行只在人。"(《击壤集·观易吟》)只有达到了天人一体或天人合一的地步,这才是真学问。邵雍所讲的这个学问方向显然是理学的方向和宗旨所在。

邵雍论述说:

> 物之大者无若天地,然而亦有所尽也。天之大,阴阳尽之矣;地之大,刚柔尽之矣。阴阳尽而四时成焉,刚柔尽而四维成焉。夫四时、四维者,天地至大之谓也。凡言大者,无得而过之也,亦未始以大为自得,故能成其大,岂不谓至伟至伟者与!(《观物内篇》)
>
> 动之大者谓之太阳,动之小者谓之少阳,静之大者谓之太阴,静之小者谓之少阴。太阳为日,太阴为月,少阳为星,少阴为辰,日月星辰交而天之体尽之矣。静之大者谓之太柔,静之小者谓之少柔,动之大者谓之太刚,动之小者谓之少刚。太柔为水,太刚为火,少柔为土,少刚为石,水火土石交而地之体尽之矣。(同上)
>
> 日为暑,月为寒,星为昼,辰为夜,暑寒昼夜交而天之变尽之矣。水

为雨,火为风,土为露,石为雷,雨风露雷交而地之化尽之矣。暑变物之性,寒变物之情,昼变物之形,夜变物之体,性情形体交而动植之感尽之矣。雨化物之走,风化物之飞,露化物之草,雷化物之木,走飞草木交而动植之应尽之矣。(同上)

这里所说是天地万物的存在和运动,这是关于宇宙存在的必然性所在。

邵雍又论述说:

人之所以能灵于万物者,谓目能收万物之色,耳能收万物之声,鼻能收万物之气,口能收万物之味。声色气味者,万物之体也;耳目鼻口者,万人之用也。体无定用,惟变是用;用无定体,惟化是体;体用交而人物之道于是乎备矣。(《观物内篇》)

然则人亦物也,圣亦人也。有一物之物,有十物之物,有百物之物,有千物之物,有万物之物,有亿物之物,有兆物之物。生一一之物,当兆物之物者,岂非人乎! 有一人之人,有十人之人,有百人之人,有千人之人,有万人之人,有亿人之人,有兆人之人。生一一之人,当兆人之人者,岂非圣乎! 是知人也者,物之至者也;圣也者,人之至者也。物之至者,始得谓之物之物也;人之至者,始得谓之人之人也。以一至物而当一至人,则非圣人而何? 人谓之不圣,则吾不信也。何哉? 谓其能以一心观万心,一身观万身,一物观万物,一世观万世者焉;又谓其能以心代天意,口代天言,手代天工,身代天事者焉;又谓其能以上识天时,下尽地理,中尽物情,通照人事者焉;又谓其能以弥纶天地,出入造化,进退古今,表里人物者焉。(同上)

夫昊天之尽物,圣人之尽民,皆有四府焉。昊天之四府者,春夏秋冬之谓也,阴阳升降于其间矣;圣人之四府者,《易》、《书》、《诗》、《春秋》之谓也,礼乐污隆于其间矣。(同上)

这些论说说的是人事。这里以圣人为人的代表,认为圣人可以识天时,知地理,尽物情,照人事,能出入造化,弥纶天地,进退古今,故能做到人事与天时的统一。这里的圣人有点被神化的味道,已不仅是人伦关系的代表了。但不论怎么说,以圣人为代表的人能去"际"天人,能将宇宙运行的必然与人世运行的应然统一起来。这,就是邵雍"观物"思想的思想理路和方向。

其二,"一分为二"的"太极"运行原则和动力。将天道与人事统一起来,这是理学的宗旨和方向。提出这个宗旨,坚持这个方向,这倒不是十分困难的事。困难的事在于如何将天道与人事统一起来。因为天道运行所秉持的是必然性、规律性,而人事即人世伦常运行则是由有目的、有意志的人的行为和活动构成的,故所秉持的是应然的原则,这两种不同的运行原则和路径如何能统一? 这是理学所要解决的一个重大问题,这关乎到以儒学为代表的形上本体论能否建构完成的问题。周敦颐的《太极图说》借对"太极图"这个"象"的疏解,解说了如何由"太极"运动到"得其秀而最灵"的人世伦常的演化和转换问题,这是他的一个思想贡献。但周氏的论说是借宇宙生成论的思想模式来展开和运作的,缺乏本体论的理论性和思想力量,故在天道与人事如何统一的问题上有外在的人为痕迹。邵雍在此方面就进了一步,他讲"道",意在以"道"为统一的基础将天道与人事结合起来。邵雍指出:

> 《易》曰:"穷理尽性以至于命"。所以谓之理者,物之理也;所以谓之性者,天之性也;所以谓之命者,处理性者也;所以能处理性者,非道而何? 是知道为天地之本,天地为万物之本。以天地观万物,则万物为物;以道观天地,则天地亦为万物。道之道尽之于天矣,天之道尽之于地矣,天地之道尽之于物矣,天地万物之道尽之于人矣。人能知其天地万物之道所以尽于人者,然后能尽民也。天之能尽物,则谓之曰昊天;人之能尽民,则谓之曰圣人。(《观物内篇》)
>
> 天由道而生,地由道而成,物由道而形,人由道而行,天地人物则异也,其于由道一也。夫道也者道也。道无形,行之则见于事矣。如道路之道,坦然使千亿万年之行,人知其归者也。(同上)

在邵雍看来,天、地、人、物是相异的,各有各的形性,这当然是不可能合之为一而"际"起来的。但"其于由道一也",从"道"这个层次和角度来看,天、地、人、物之各种各样的存在都可归之为"一",即能统一起来。人就是尽天地万物之道的,"人能知其天地万物之道所以尽于人者",即人能够知道天地万物运行的必然性之所在;不仅知道天地万物运行的必然性之"道",还能利用这种"道"来为人类社会服务,"然后能尽民也",即为人世伦常立法建规,将人世伦常之所作所为外化为有如天道之运行一样的必然性力量。这样,就达到了宇宙之必然与人世伦常之应然的合而为一。邵雍在此在讲天道与人事之统一的道理时,援引了《易传·说卦》的"穷理尽性以至于命"的思想,试图从性、命、理的视角来论述天道与人事的合一。在他看来,"所以谓之理者,物之理也;所以谓之性者,天之性也;所以谓之命者,处理性者也;所以能处理性者,非道而何?"这里的"命"并非某种神秘的无可奈何的主宰性力量,而就是"道",它的内容则是"理"与"性"的统一。"理"是什么? 是物的必然性、规律性之所在;"性"是什么? 这里说是"天之性也",即可理解为天运行和存在的必然性。但邵雍又说:"天使我有是之谓命,命之在我之谓性,性之在物谓之理。"(《观物外篇》)这个"性"就是人的性,这当然是指人世伦常的应当一面,即人的仁义礼智各种伦理本性、本质。可见,"道"即"命"之作为"理"与"性"的统一,本来就是将天地万物存在之理与人世伦常存在之性合而为一的。邵雍并认为,"学际天人"的学就是来知这个"命"或"道"的,而知的过程则是由外向内的,即"理穷而后知性,性尽而后知命,命知而后知至。"(同上)这里已有了程朱理学"格物致知"的思想理路。但邵雍又说:"先天之学,心法也,故图皆自中起,万化万事生乎心也";"先天之学,心也。"(同上)这里又表现出陆王心学的迹象。这表明作为理学奠基者的邵雍,其理学思想上的某种不成熟性。他认为,"心为太极。又曰:道为太极。"(同上)这明显表明其思想尚介乎理学与心学之间。

以"道"来贯通天道与人事,即将宇宙运行之必然与人世伦常之应然合而为一,这在哲学理论上有明显的优越性。但问题是如何来以"道"合天人? 即"合"的方式、途径何在? 在这里,邵雍展开了他的"先天象数"论。他首先将"道"转换成了"太极"。他说:"天由道而生,地由道而成"(《观物内篇》)这是以"道"为天地之根;又说:"有生天地之始者,太极也。"(《观物外篇》)这是以"太极"为天地之根。很明显,在邵雍这里,"道"与"太极"是同类概念,它们都是天地万物之根。为什么要将"道""太极"化呢?目的就是为了借助《易》的象数思想,以"数"的推演过程来展开关于天地万物乃至人世伦常的运行。邵雍说:

> 太极即分,两仪立焉。阳下交于阴,阴上交于阳,四象生矣。阳交于阴,阴交于阳,而生天之四象,刚交于柔,柔交于刚,而生地之四象,于是八卦成矣。八卦相错,然后万物生焉。是故一分为二,二分为四,四分为八,八分为十六,十六分为三十二,三十二分为六十四。故曰"分阴分阳,迭用柔刚,故易六位而成章"也。十分为百,百分为千,千分为万,犹根之有干,干之有枝,枝之有叶,愈大则愈少,愈细则愈繁。合之斯为一,衍之斯为万。(《观物外篇》)

"太极"是最高、最大的"极",它就是"道",就是天地万物之根。作为天地万物之根的"太极"与万物不同。万物是生生化化的,处在生灭中,"太极"则不是,"太极不动,性也";"太极一也,不动;生二"(《观物外篇》)。"太极"不生不化,不生不灭,这是它的本性,即它是本体;但它却能"生二",即在它自身的"一"中孕育着"二"的性质,并将自身要一分为二,这就是阴、阳;然后阴与阳相交,就生出了太阴、少阴、少阳、太阳四象;四象再与阴、阳相交,就有了八卦;八卦再与阴、阳相交,就有了十六卦;十六卦再与阴、阳相交就有了三十二卦;三十二卦再与阴、阳相交就有了六十四卦了。当然,这是个开放系统,六十四卦仍可与阴、阳相交而有一百二十八卦,等等。这个按"加一倍法"(程颢语,见《程氏外书》卷十二)而构造出的六十四卦等的卦图,就是邵雍所谓的"先天之学"。朱熹在《答虞士朋书》中对邵雍的这个"先天之学"有个解说,说:"《易》有太极,是生两仪者,一理之判,始生一奇一偶,而为一画者二也。两仪生四象者,两仪之上各生一奇一偶,而为二画者四也。四象生八卦者,四象之上各生一奇一偶而为三画者八也。爻之所以有奇有偶,卦之所以三画而成者,以此而已。是皆自然流出,不假安排。圣人又已分明说破,亦不待更著言语,别立议论而后明也。此乃《易》学纲领,开卷第一义,然古今未有识之者。至康节先生始传先天之学而得其说,且以此为伏羲氏之《易》也。《说卦》天地定位一章,《先天图》乾一,兑二,离三,震四,巽五,坎六,艮七,坤八之序皆本于此。若自八卦之上又放此而生之至于六画,则八卦相重而成六十四卦矣。"(《朱文公文集》卷四十五)结合朱熹的解说,将邵雍这种"一分为二"地构造卦图的方法图示于下,即为:

太 极:☯

两 仪:– –、— (阴、阳)

四 象:⚏、⚍、⚎、⚌(太阴、少阳、少阴、太阳)

八 卦:☷☶☵☴☳☲☱☰(坤、艮、坎、巽、震、离、兑、乾)

十六卦:☱、☱……

三十二卦:☱、☱……

六十四卦:☱、☱……

…………

很明显,所谓的"先天象数",是关于"太极"自身的演化规律。这个"太极"就是"道",也就是"一",即"太极一也,不动"。"太极"作为一个"一"是没有什么东西与之相对的,没有什么东西与之相对就是一绝对,是一绝对就是本体。在这里,"太极"的不动只是其表现形式。因为"太极"既是本体,就要自根自本地存在,而这个"本"和"根"恰恰就在它自身内,即内性上的相反相成的本性,这就是其阴阳性或动静性,即"阴、阳"或"动、静"性,也可以说就是其"有、无"性。正是由于有了这个"有、无"性,才使得"太极"能作本体,也才能和才要自我运动之。邵雍说:

太极一也,不动;生二,二则神也。(《观物外篇》)

阳不能独立,必得阴而后立,故阳以阴为基;阴不能自见,必待阳而后见,故阴以阳为唱。阳知其始而享其成,阴效其法而终其劳。(同上)

人皆知天地之为天地,不知天地之所以为天地。不欲知天地之所以为天地则已,如其必欲知天地之所以为天地,则舍动静将奚之焉?夫一动一静者,天地之至妙者与!夫一动一静之间者,天地人之至妙至妙

者与!(《观物内篇》)

天生于动者也,地生于静者也,一动一静交而天地之道尽之矣。(同上)

这说明,"太极"之所以能作为最高、最大、最终的"极",即能作为本原、本体,正因为它是个包含有对立的统一体;它是个"一",但这个"一"内含有阴阳、动静等等的"二",在这里这个"阴"与"阳"或"动"与"静"是相反相成地存在和表现着,故处在相交的生生不息运动过程中,由此才有了"一"本身的自我存在和自我打开,它因此才能充当本体、本原。如果少了"一"自身中的这个"二",这个"一"或"太极"就丧失了自我存在、自我打开和自我运动的源泉和动力,这个"一"也就死了,它也就压根不可作本体了。周敦颐的《太极图说》讲"无极而太极。太极动而生阳,动极而静;静而生阴,静极复动。一动一静,互为其根",从而为理学本体论的建立开创了方向,即将本体的存在根据奠立在本体自身之相反相成或对立统一的本性上。邵雍的"先天象数"学仍在这一方向上作努力,他也明确将动静或阴阳作为"太极"本身的内在本性,由此就使"太极"有了自我开启和运动的动力。

其三,"神生数,数生象"的理性思辨倾向。将宇宙运行的必然与人世伦常的应然合而为一,这是理学的根本宗旨和任务。但宇宙运行的必然与人世伦常的应然是两种不同种类和性质的存在,如何能将这两种不同的"然"然起来呢?可以说理学的创建过程正是对这一问题寻求解决的过程。作为理学开端者的周敦颐,借助于道教内丹修炼的《太极图》的"图"来解说如何以"太极"为本从宇宙必然向人世伦常应然的下贯与导通。这种"图"明显是一种"象",借"象"的运演来说明从宇宙到人世的运动,明显具有宇宙生成论的痕迹和理路,这实质上并未能真正解决关于宇宙必然与人世应然的统一问题。从北宋理学思想的演化逻辑来看,邵雍的"先天象数"学正是接着周敦颐的"太极图"来作理论建构的,其目的和任务就是要化解周氏"太极图"之"图"的"形"性,使这种"形"进一步向抽象化、理性化的方向逼近。因为,在"形"的水平上来沟通宇宙必然与人世应然,这个"然"充其量只在宇宙存在与人世存在的所然、所是层面上,而并不是其所以然、所以是的层面；而宇宙必然与人世应然的"然"恰恰要求的是这二者之存在的所以然、所以是的"然"和"是"，而这个"然"和"是"是"形"的层次所说明不了的。正如邵雍所言："天以理尽，而不可以形尽。浑天之术，以形尽天，可乎？"（《观物外篇》）天要以"理"来尽之，同样，人世也要以"理"来尽之，在"理"的层次上天与人世才可以统一起来而合一。那么，邵氏所说的这个"理"是什么？它还不是我们常说的宋明理学的那个"理"，在邵雍处还没有抽象和提炼出一个有如二程所讲的"理"或"天理"范畴，他所讲的这个"理"实际上是"数"，就是他的"先天象数"说中的"数"。"象"与"数"在《易》的象数系统中虽然往往合称之，但"象"所显现的多是外在的形象性，而"数"所显现的则是"形"中的数则和关系，其理性的抽象性和思辨性明显要高于"形"。那么，邵雍是如何来看待"数"的呢？他说：

> 太极不动，性也。发则神，神则数，数则象，象则器，器则变。器之变复归于神也。（《观物外篇》）
>
> 太极一也，不动；生二，二则神也。神生数，数生象，象生器。（同上）

可见，"数"与"太极"的运动有关，它上接于"神"而下接于"形"，并通过"形"（"象"）而与具体器物相关联。这足以表现出"数"在本体（"太极"）和现象（"器"）间的作用和关系。

"数"如何与"太极"相关？这要通过"神"的作用来实现。何谓"神"？邵雍曰："潜天潜地，不行而至，不为阴阳之所摄者，神也。"（《观物外篇》）"二则神也。"（同上）"道与一，神之强名也。"（同上）"神者，易之主也，所以无方；易者，神之用也，所以无体。"（同上）"'神无方而易无体'。滞于一方则不能变化，非神也；有定体而不能变通，非易也。易虽有体，体者，象也。假象以见体，而本无体也。"（同上）"气一而已，主之者乾也。神亦一而已，乘气而变化，能出入于有无生死之间，无方而不测者也。"（同上）从这些论述看，很明显邵雍所说的"神"并非鬼神之类，而是一种神妙、神契、神性、神奇等等的特性或性能、性质。到底什么东西的什么性质需要用"神"来指称之呢？这就是"太极"的本性。"道与一,神之强名也。""太极"、"道"、"一"都可视为"神",即它们都有"神"的本性。究竟会是什么本性呢？一言以蔽之,就是"太极"自身中的"阴、阳"或"动、静"或"有、无"之类的性质、本性。"太极"中有了"阴、阳"或"动、静"性,它自己就处在非阴非阳且亦阴亦阳的阴阳相合,生生不息的运动中;或者说它就处在非动非静且亦动亦静的动静互为其根的活转中;不论是什么情况,此时的"太极"都是个活体,是能自我存在和自我打开的自本自根、自因性的本体、本原。"太极"自身的此种自我存在和打开的性质、本性,就是"神",这也正是"太极"之作为本体的本性所在。正因为如此,邵雍才讲"太极不动,性也;发则神";才讲"太极一也,不动;生二,二则神也"。

"太极"自身有了"二则神也"的"神"性后,它自然就要运动起来了。怎么运动,向哪里运动？"太极"这个"体"必然要向现象运动,即必定要运动到"用"中,即现实世界的具体存在中,这就是器(物)。"太极"是体,它何以能下贯到具体的器物中呢？这就涉及到哲学上关于体用如何统一,即体用如一、体用不二、即体即用、体在用中等等的问题。如何能将体用沟通之？邵雍讲起了"数"。"数"是如何来的？"神则数"或"神生数","数"原来就是"太极"本性即其"神"性的外化和表现。"太极"本身中的"二则神"的"神"性将自己显现出来,就表现为一种有数量间的确定性和必然性的数则、法则,这就是"数"。"数"是数量,它作为一种量有抽象性特征,这种抽象性当然要依赖于具体性来存在和展现,故"数"要被展现为"形",这就叫"数则象"或"数生象"。"象"作为"形"有了形象性,但一般的"象"仍有抽象性的痕迹,它还与具体的形象有距离,而它的存在终究是要依赖于具体形象的,故"象"又要被展现为"器",这就叫"象则器"或"象生器"。从"太极(神)"到"数"到"象"到"器",完成了本体向现象的运动。如果反过来看,现象界的具体器具是处在变化生灭中的,这就是其"变"。但这种"变"不是不可捉摸的,它可以为人所把握和认识,这就是逐步地寻求器具中的某种理则,而寻求的方式、途径就是器——象——数——神(太极)的思想运演过程,这是从现象到本体的运动。无论是从本体到现象还是从现象到本体,"形"、"数"、"神"都起有重要的中介作用,尤其是"数"的中介作用更为明显。从这里可以看出，邵雍讲"象数"之"数"，比周敦颐讲"太极图"之"象"，在思维水平上要进一步。

以上是对邵雍"先天象数"论中的"数"所作的本体论分析。这种分析当然是一种引申和发挥，但也并非纯粹妄断。比如说，邵雍之子邵伯温就说："夫太极者……与天地万物圆融和会，而未尝有先后始终者也。有太极则两仪、四象、八卦以至于天地万物，固已备矣，非谓今日有太极，而明日方有两仪，后日乃有四象、八卦也。虽谓之曰太极生两仪，两仪生四象，四象生八卦，其实一时具足，如有形则有影，有一则有二，有三，以至于无穷。皆然。"(《语录》，转引自《宋元学案》卷十)这里所说的"太极"生天地的过程就不是时间上的生出，即不是宇宙发生论的，而是"太极"之中"固已备矣"、"实一时具足"的有天地，这就是宇宙本体论的讲法。我们在这里进而强调这一点的目的是要指出，虽然邵雍的"象数"论中蕴涵有为理学奠基的本体论思想因素，但邵氏自己却远未能将这一本体论的思想因素阐发出来，他基本上囿于《易》的象数学传统，故将本应具有本体论意义和价值的、活的"数"论思想形式化和僵化了。且看邵雍的讲法：

太阳之体数十，太阴之体数十二；少阳之体数十，少阴之体数十二；少刚之体数十，少柔之体数十二；太刚之体数十，太柔之体数十二。进太阳少阳太刚少刚之体数，退太阴少阴太柔少柔之体数，是谓太阳少阳太刚少刚之用数。进太阴少阴太柔少柔之体数，退太阳少阳太刚少刚之体数，是谓太阴少阴太柔少柔之用数。太阳少阳太刚少刚之体数一百六十，太阴少阴太柔少柔之体数一百九十二。太阳少阳太刚少刚之用数一百一十二，太阴少阴太柔少柔之用数一百五十二。以太阳少阳太刚少刚之用数唱太阴少阴太柔少柔之用数，是谓日月星辰之变数。以太阴少阴太柔少柔之用数和太阳少阳太刚少刚之用数，是谓水火土石之化数。日月星辰之变数一万七千二十四，谓之动数；水火土石之化数一万七千二十四，谓之植数；再唱和日月星辰水火土石之变化，通数二万八千九百八十一万六千五百七十六，谓之动植通数。(《观物内篇》)

这些太阳少阳太刚少刚等等的体数、用数等是如何得出的？邵伯温注之曰："日为太阳，其数十；月为太阴，其数十二；星为少阳，其数十；辰为少阴，其数十二；石为少刚，其数十；土为少柔，其数十二；火为太刚，其数十；水为太柔，其数十二。太阳少阳太刚少刚之本数四十，太阴少阴太柔少柔之本数四十有八；以四因四十得一百六十，以四因四十八得一百九十二，是谓太阳少阳太阴少阴太刚少刚太柔少柔之体数；一百六十数之内退四十八得一百一十二[按：$40 \times 4 - 48 \times 1 = 112$]，一百九十二数内退四十得一百五十二[按：$48 \times 4 - 40 \times 1 = 152$]，是谓太阳少阳太阴少阴太柔少柔之用数也。阴阳刚柔互相进退，去其体数，而所存者谓之用数。……以一百一十二因一百五十二得一万七千二十四[按：$112 \times 152 = 17024$]，谓之水火土石之化数；以一百五十二因一百一十二得一万七千二十四，谓之日月星辰之变数。变数谓之动数，化数谓之植数。以一万七千二十四因一万七千二十四得二万八千九百八十一万六千五百七十六[按：$17024 \times 17024 = 289816576$]，是谓动植之通数，此《易》之所谓万物之数也。"这样来构筑天地万物之数，非科学性是很明显的。这样将天地万物"数"化，是很机械的作法，并不能反映出天地万物存在的数量关系和法则。

还有，邵雍将人类历史的运动也纳入了他的"数"模式中，并为世界存在编出了一个"年谱"。他用以计量时间的单位有元、会、运、世、岁、月、日、辰八个，然后这八个单位互相重叠，就得出了元之元、元之会、元之运、元之世、元之岁、元之月、元之日、元之辰、会之元……辰之辰六十四个时间段。这种做法显然是对《易》构卦法的附会。邵雍根据一年十二月，一月三十日，一日十二辰，一辰三十分的计量关系，认为"元之元一，元之会十二，元之运三百六十，元之世四千三百二十"（《观物内篇》）。这里的计算法是：一元＝12 会＝（12×30＝）360 运＝（360×12＝）4320 世＝（4320×30＝）129600年。十二万九千六百年，这就是世界终始的一个周期。这种说法显然是没有科学根据的臆断。

以上这些就是邵雍的"先天象数"学思想。怎么看待这种思想呢？首先应该肯定，邵雍这种"象数"论中突出了"数"的思想方向和立场，比周敦颐"太极图"说中突出"象"的思想方向和立场进了一步。因为虽然"数"和

"形"（"象"）都属于数学中量的方面，但"数"却比"形"抽象化和理性化。康德在《纯粹理性批判》的感性论中讲空间和时间，认为空间是外感官一切现象的先天直观形式，它是"形"存在的基础；时间是内感官一切现象的先天直观形式，它是"数"存在的基础。所以，"形"在空间构架中运作着，它所表现和突出的是现象存在的外在形象性一面；而"数"则在时间构架中运作着，它是内感觉，所表现和突出的是现象之存在的数量关系和规定，其抽象性和理性显然更为突出。还有，与"形"所表现和突出的是存在的具体性不同，"数"所表现和突出的是具体性和抽象性的中介性。举例言之，我们面前有五个苹果，从"形"的角度言，当我们说苹果时，它指的是一种红色的、圆形的、有芳香气味的、有酸甜滋味的实物，它有具体的大小和形状；而当我们说"苹果"时，这就是个概念，是个名称，它是没有形、没有状的东西，这就是个抽象，只能存在于思想上或理性上；而如果现在画一个苹果的像，即有一苹果之"形"的话，这个"形"就既非具体也非抽象，它是介于抽象与具体之间的。所以，"形"也具有介于抽象与具体之间的中介性的特征。但是，当"形"出现时，无论如何它所倾向的是具体性的一面，是偏向于具体性的，其抽象性的一面是较弱的和被淡化了的。"数"就不同了。比如当有五个苹果放在面前时，这个五是个具体；而当我们说"五"时，它是个名称，是个抽象的概念；而当说"5"时，这就是个数，它既非具体又非抽象，是介于具体与抽象之间的，但与"形"相比，它明显是偏向于抽象性的，其具体性的一面倒被弱化和淡化了。可见，邵氏在讲"先天象数"论时突出了"数"，这是他的理学抽象性比周敦颐较高的地方，这是个进步。

但邵雍实质上并没有从周氏的"象"学框架中超脱出来。不论是周敦颐还是邵雍，不论是周氏"太极图"的"象"论还是邵氏"先天象数"的"数"论，其总体思想理路和致思方向均在感性具体性上。这是因为，按照康德的论述，不论是存在于空间构架中的"形"还是存在于时间构架中的"数"，空、时只是感性直观的构架，故"数"与"形"一样在本质上属感性直观性领域。所以，尽管邵雍的"数"学比周敦颐的"象"学理性一些和抽象一些，这只是相比较而言，在总体实质上它们都是一致的，即都在感性具体性的方向上。这一致思方向表现在理学思想的建构上，其"太极"本体就始终纠缠于宇宙生成论框子中;当用"太极"作为本原、本体来统一宇宙运行的必然和人世伦常的应然时,就只能在二者之所然、所是的层面上来运作,尚未达到在二者之所以然、所以是的层面上来运作。所以说,周敦颐和邵雍均属理学思想的奠基者,尚不是理学理论体系的真正建构者。

接着周、邵的奠基性工作,理学思想的建构还要作两方面的工作:一是要继续在"太极"本体论上作努力,即要化解附着在"太极"身上的宇宙生成论痕迹,使"太极"真正本体化。这也就是要从宇宙必然与人世应然的所然、所是层面深入到其所以然、所以是的层面上。二是要进一步解剖宇宙本身的必然性和人世伦常的应然性,即要具体阐发宇宙自身是如何必然地存在和人世自身是如何应然地存在的。只有做了此两方面的工作后,才会有一理学理论。继周、邵后,接下来就有了"北宋五子"中张载和程颢、程颐兄弟的努力。

[三]张载的"太和"论

张载是个理学家①,他讲"气"的目的是为了阐发自己的理学思想,这一点是可以肯定的。《宋史》为张载作传时将他列入《道学传》中,而不是列入一般的《儒林传》中,这正标明了张载思想的倾向和方向。故此,梳理张载的理学思想,切不可简单地标示为"气"本论者。不以"气"本论来标示张载的理学思想,那以什么来标称他的理学思想呢? 我以为,可以"太和"论为题来标示张载的理学思想。在表现张载理学思想最重要和最主要著作——

---

① 张载(1020—1077 年)哲学思想的主旨是什么? 他是个唯物主义的气一元论者还是个理学家? 不错,张载的确大谈了一通"气",认为整个宇宙的存在是"气"不同形态的呈现,如云"太虚无形,气之本体,其聚其散,变化之客形尔。""气之为物,散入无形,适得吾体;聚为有象,不失吾常。太虚不能无气,气不能不聚而为万物,万物不能不散而为太虚。循是出入,是皆不得已而然也。"(《正蒙·太和》)等等。如果依此来立论,说张载是个唯物主义的"气"一元论者当然未尝不可。但问题是,张载为什么要讲"气"? 他讲"气"的目的和动机何在? 很明显,张载讲"气"的目的是为了论说他的理学思想,他没有也不是以一个自然科学家的身份和眼光、以专门探讨宇宙的构成和生成为目的来讲"气"的。所以,专把张载言"气"的那些话离分出来而对张载哲学思想作定性,视其为唯物主义的"气"一元论者,以之与二程、周、邵等的理学思想对立起来,这种做法有只见树木不见森林之嫌,是无益于把握张载理学思想的。

《正蒙》一书中,其第一篇为《太和篇》。"太和"就是最大、最高的和。张载在这里要"和"什么？他说:"由太虚,有天之名;由气化,有道之名;合虚与气,有性之名;合性与知觉,有心之名。"(《正蒙·太和》)他要"和"的是天、道与性、心,这实际上就是天道与人道的和,亦即天地运行的必然性与人世伦常的应然性的和,这就是"天人合一"之谓。《宋史·道学传》的《张载传》说:"(载)移疾屏居南山下,终日危坐一室,左右简编,俯而读,仰而思,有得则识之;或中夜起坐,取烛以书,其志道精思,未始须臾息,亦未尝须臾忘也。敝衣蔬食,与诸生讲学,每告以知礼成性、变化气质之道,学必如圣人而后已。以为知人而不知天,求为贤人而不求为圣人,此秦汉以来学者大蔽也。故其学尊礼贵德,乐天安命,以《易》为宗,以《中庸》为体,以孔、孟为法,黜怪妄,辨鬼神,其家昏丧葬祭率用先王之意而傅今礼。"这里总结了张载的勤奋治学精神和他的学问宗旨。这种宗旨就是要既知人又知天,即达到"天人合一";究竟怎么来"合"天与人呢？其途在于"变化气质"而为圣人。可见,天人合一或曰寻求天道必然与人道应然的统一,乃张载理学思想的根本方向所在。张载自己就明确讲:"儒者则因明致诚,因诚致明,故天人合一,致学而可以成圣,得天而未始遗人,《易》所谓不遗、不流、不过者也。"(《正蒙·乾称篇》)这里借用《中庸》的"自诚明,谓之性;自明诚,谓之教;诚则明矣,明则诚矣"的思想,以说明天与人的合一或统一;这个"合"的机制和理路显然在"性"上。可以看出,张载理学思想的主旨在于沟通天人,即达到天与人的最终合一,此即"太和"也①。因此,可以说张载理学思

---

① 前面我们讲邵雍"先天象数"学思想时说,继周敦颐、邵雍对理学的奠基性工作,理学思想的建构要作两方面的工作,即一是要摒弃掉附着在"太极"概念上的宇宙生成论痕迹,深入到宇宙存在的所以然和所以是的深层来建构本体,以达到宇宙存在与人存在的统一;二是要具体解剖和阐说天道运行与人道运行,切不可仅从宇宙生成论出发来断言人是"得其秀而最灵"(周敦颐语)者也。这前一方面的工作主要是由"二程"兄弟,特别是程颐来做的;而后一方面的工作则是由张载来做的。所以,严格说来,张载并未建构起理学的骨架,但他却较好地填充上了这个骨架中的筋肉。张载在"北宋五子"的"造道"工作中占有不可忽视的地位,这是因为他不仅提出了诸如"心统性情"、"立天理"而"灭人欲"、"天地之性"与"气质之性"、"德性所知"与"见闻之知"等宋明理学的基本命题和原则,而且他要以"性"为基础来导通天人,以实现天道和人道的合一。素被理学家们所称道的张载《西铭》,以"民胞物与"的精神和情怀,所展现的就是天与人的统一。

想是"太和"论,而不是人们习惯称之的"气"本论。

关于张载的理学思想,可作以下分疏:

1.宇宙生成论形式中的宇宙本体论内容

张载作为一个"造道"的理学家,首先谈到天道问题,这就是他的"气"论思想。张载说:

> 太和所谓道,中涵浮沈、升降、动静、相感之性,是生絪缊、相荡、胜负、屈伸之始。其来也几微易简,其究也广大坚固。起知于易者乾乎,效法于简者坤乎! 散殊而可象为气,清通而不可象为神。不如野马、絪缊,不足谓之太和。(《正蒙·太和篇》)

> 太虚无形,气之本体,其聚其散,变化之客形尔。(同上)

> 天地之气,虽聚散、攻取百途,然其为理也顺而不妄。气之为物,散入无形,适得吾体;聚为有象,不失吾常。太虚不能无气,气不能不聚而为万物,万物不能不散而为太虚;循是出入,是皆不得已而然也。(同上)

> 知虚空即气,则有无、隐显、神化、性命通一无二,顾聚散、出入、形不形,能推本所从来,则深于《易》者也。(同上)

> 气块然太虚,升降飞扬,未尝止息,《易》所谓"絪缊",庄生所谓"生物以息相吹"、"野马"者与! 此虚实、动静之机,阴阳、刚柔之始。浮而上者阳之清,降而下者阴之浊,其感通聚结,为风雨,为雪霜,万品之流形,山川之融结,糟粕煨烬,无非教也。(同上)

> 气聚则离明得施而有形,气不聚则离明不得施而无形。方其聚也,安得不谓之客? 方其散也,安得遽谓之无? 故圣人仰观俯察,但云"知幽明之故",不云"知有无之故"。盈天地之间者法象而已,文理之察,非离不相觌也。方其形也,有以知幽之因;方其不形也,有以知明之故。(同上)

> 气之聚散于太虚,犹冰凝释于水,知太虚即气,则无无。故圣人语性与天道之极,尽于参伍之神变易而已。(同上)

> 太虚者,气之体。气有阴阳,屈伸相感之无穷,故神之应也无穷;其

散无数，故神之应也无数。虽无穷，其实湛然；虽无数，其实一而已。阴阳之气，散则万殊，人莫知其一也；合则混然，人不见其殊也。形聚为物，形溃反原，反原者其游魂为变与！所谓变者，对聚散存亡为文，非如萤雀之化，指前后身而为说也。(《正蒙·乾称篇》)

这就是张载的宇宙观，即他所讲的天道。天究竟是什么？是有还是无？张载首先明确坚信，天是有而不是无。在此他对玄学化了的道家思想和佛教学说作了批评，认为"诸子浅妄，有有无之分，非穷理之学也"(《正蒙·太和篇》)。道、佛这些诸子究竟浅妄在何处呢？张载曰："若谓虚能生气，则虚无穷，气有限，体用殊绝，入老氏'有生于无'自然之论，不识所谓有无混一之常；若谓万象为太虚中所见之物，则物与虚不相资，形自形，性自性，形性、天人不相待而有，陷于浮屠以山河大地为见病之说。此道不明，正由懵者略知体虚空为性，不知本天道为用，反以人见之小因缘天地。明有不尽，则诬世界乾坤为幻化。幽明不能举其要，遂躐等妄意而然。不悟一阴一阳范围天地、通乎昼夜、三极大中之矩，遂使儒、佛、老、庄混然一途。语天道性命者，不罔于恍惚梦幻，则定以'有生于无'，为穷高极微之论。入德之途，不知择术而求，多见其蔽于诐而陷于淫矣。"(同上)在张载看来，无论是道还是佛，在天道问题上的共同病症是将体用分为两截，都在现实宇宙之外之上立一超现实的本体界，然后将现实世界存在的原因、根据归之于这个超越的本体界。现实世界有没有和要不要一个本体界？张载认为是有的，是要的，在这一点上他与道、佛并没有不同。但根本问题在于，这个本体界与现实世界即现象界是个什么关系、如何关系？道、佛均将这个关系两截化，使本体界与现象界的关系遂成为生成式的；殊不知，本体与现象本来就是体用如一、即体即用、体用不二的，这二者是内在的关系，不是也不能是外在的生成式关系。关于张载的这个思想，王夫之在注《正蒙·太和篇》的这段文字时有所阐说，谓："老氏以天地为橐籥，动而生风，是虚能于无生有，变化无穷；而气不鼓动则无，是有限矣，然则孰鼓其橐籥令生气乎？有无混一者，可见谓之有，不可见遂谓之无，其实动静有时而阴阳常在，有无无异也。误解《太极图》者，谓太极本未有阴阳，因动而始生阳，静而始生阴。不知动静所生之阴阳,为寒暑、润燥、男女之情质,乃固有之蕴,其絪缊充满在动静之先。动静者即此阴阳之动静,动则阴变于阳,静则阳凝于阴,一《震》、《巽》、《坎》、《离》、《艮》、《兑》之生于《乾》、《坤》也;非动而后有阳,静而后有阴,本无二气,由动静而生,如老氏之说也。"这里疏解了张载批评道家的思想。关于张载对浮屠的批评,王夫之疏解说:"浮屠谓真空常寂之圆成实性,止一光明藏,而地水火风根尘等皆由妄现,知见妄立,执为实相。若谓太极本无阴阳,乃动静所显之影象,则性本清空,禀于太极,形有消长,生于变化,性中增形,形外有性,人不资气而生而于气外求理,则形为妄而性为真,陷于其邪说矣。"王夫之的疏解应该说是合乎张载思想的,这是对张载思想的本体论解说。张载之所以批判玄学化了的道家"有生于无"论,批判佛教"实出于虚"说,本来就是要在用中见体,即在天地万物存在的所是、所然中以展现、呈现其存在的所以是、所以然,而不是和不能是在天地存在之外寻求一超越本体。所以,张载对天道的论说,其方向是理学的原则和方向,即要将宇宙存在之必然与人世伦常之应然合一,这也就是天道与人道的合一。

张载宇宙观的方向、原则是对的。但他在阐述这一方向、原则时所采用的"气"论方式却很有问题,即用宇宙生成论的方式或形式来论述或者说装载宇宙本体论的内容。张载之所以反对道、佛的宇宙观,就在于他认为道、佛在宇宙存在问题上割裂了体用,使体用成为两截子;他要的是体与用的统一,即体用如一或体用不二。又如何才能做到体用如一,如何在用中见体呢?这就要求这个"体"必须是现象存在的所以然、所以是,是现象存在的"理"、"则",而不是和不能是如同现象一样的有形者。张载反对佛教,也反对玄学化了的道家,这意味着他要超越隋唐佛学和魏晋玄学。然而,在超越佛、道后走向哪里呢?张载大概是要返回到汉代儒学"究天人之际"的问题上,这就是他所主张的"天人合一"论。张载理学的这个方向无疑是对的。但问题是,他返回到了汉儒的"天人之际"问题后,没能从"理"、"则"的视野和意义上来将天人"际"起来,而是为了从形式上与道、佛的"无"、"虚"之体区别开来,拾取了汉代的"气"论思想和形式;他要讲和想讲体用如一,但为了防止使"体"流于道、佛那样的"无"、"虚"结果,故就始终坚持使"体"保持一种实存性,这就是"气",他要用"气"作载体使体与用达到统一。从以上我们引出的那些材料可以看出,在张载看来,整个宇宙就是"气"的存在,这个"气"有两种表现形态或方式:太虚和万物。"太虚为清,清则无碍,无碍故神;反清为浊,浊则碍,碍则形。"(《正蒙·太和篇》)"神"一样的"太虚"究竟是什么?"太虚无形,气之本体,其聚其散,变化之客形尔";"太虚不能无气,气不能不聚而为万物,万物不能不散而为太虚;循是出入,是皆不得已而然也。"(同上)可见,"太虚"一点也不虚,它是"气"未聚合成万物的本然态。正因为这样,聚也好散也罢,或有形可象或清通不可象,皆是"气"的存在表现,不是也绝不能是道、佛所谓的"无"或"虚"。张载通过对"气"的论说,的确坚持和保持了"体"的实存性或实在性,并在实存性这个层次上使体与用达到了统一。这是张载"气"论在体用问题上所表现出的合理的一面。

但问题恰恰就出在这里,即"气"是一种具体的物质形态,它在哲学性质上只有具体性,而没有抽象性、普遍性、一般性。这正如同旧形而上学唯物主义以"原子"为本原一样,尽管"原子"在存在形式上是肉眼看不见的极微小的东西,但它终究是一具体的物质形态,根本不是"物质"范畴。所以,张载的"气"无论如何样存在,它始终是一种具体存在,而不是"存在"本身。显然,用这样的具体存在来统一天人是不可能的。因此,以《西铭》为代表张载所主张的"天人合一"的理学原则和方向尽管为"二程"、朱熹所称道,但他们一开始就对张载的"气"论持批评态度。如二程说:"又语及太虚,曰:'亦无太虚。'遂指虚曰:'皆是理,安得谓之虚?'天下无实于理者。"(《河南程氏遗书》卷三)"立清虚一大为万物之源,恐未安,须兼清浊虚实乃可言神。道体物不遗,不应有方所。"(同上书,卷一一)朱熹指出:"问:'横渠云:太虚即气。太虚何所指?'曰:'他亦指理,但说得不分晓。'"(《朱子语类》卷九九)"又问:'横渠云太虚即气,乃是指理为虚,似非形而下。'曰:'纵指理为虚,亦如何夹气作一处?'"(同上)"横渠说气'清虚一大',恰似道有有处,有无处。须是清浊、虚实、一二、大小皆行乎其间,乃是道也。其欲大之,乃反小之!"(同上)程、朱的意思都是说,作为万物之"体"者应是"理",而不是"气",因为"气"无论如何来描述、定谓它总是一具体的存在形态,是不能作本体的。总之,当张载用"气"来充任本体时,他通过"气"的不同存在形态来说明的体用不二原则，实质上不是一宇宙本体论理论，而是一宇宙生成论学说。所以，张载的宇宙观是宇宙生成论的。

如果说张载的宇宙论在理论形式上是一种宇宙生成论的话，那么包裹在这一宇宙生成论形式中的内容却是宇宙本体论的。何以见得？张载有言：

> 太和所谓道，中涵浮沈、升降、动静、相感之性，是生絪缊、相荡、胜负、屈伸之始。（《正蒙·太和》）
>
> 知虚空即气，则有无、隐显、神化、性命通一无二，顾聚散、出入、形不形，能推本所从来，则深于《易》者也。（同上）
>
> 两不立则一不可见，一不可见则两之用息。两体者，虚实也，动静也，聚散也，清浊也，其究一而已。（同上）
>
> 气本之虚则湛一无形，感而生则聚而有象。（同上）
>
> 天大无外，其为感者絪缊二端而已焉。（同上）
>
> 凡圆转之物，动必有机；既谓之机，则动非自外也。（《正蒙·参两篇》）
>
> 一物两体，气也；一故神（自注：两在故不测），两故化（自注：推行于一），此天之所以参也。（同上）
>
> 气有阴阳，推行有渐为化，合一不测为神。（《正蒙·神化篇》）
>
> 一物两体，其太极之谓与！阴阳天道，象之成也；刚柔地道，法之效也；仁义人道，性之立也。三才两之，莫不有乾坤之道。（《正蒙·大易篇》）
>
> 一物两体者，气也。一故神（自注：两在故不测），两故化（自注：推行于一），此天之所以参也。两不立则一不可见，一不可见则两之用息。两体者，虚实也，动静也，聚散也，清浊也，其究一而已。有两则有一，是太极也。若一则有两，有两亦一在。无两亦一在，然无两则安用一？不以太极，空虚而已，非天参也。（《横渠易说·说卦》）

这些论说就是人们所谓的张载的辩证法思想。很明显，张载讲的这些辩证法是"气"的辩证法,也就是"气"的存在本性、本质。在张载处,"气"就是宇宙本体。那么,这个"气"凭什么能是自本自根、自因的存在呢? 当然凭的是其内性、本性,这就是"气"自身既对立又统一的矛盾性。在《正蒙》第一篇《太和篇》中,一开篇张载就说"太和所谓道,中涵浮沈、升降、动静、相感之性,是生絪缊、相荡、胜负、屈伸之始。"这是说,作为宇宙存在之本的"气"本来就内涵有浮沉、升降、动静、相感、絪缊、相荡、胜负、屈伸等等的本性。这种本性张载将其抽象为一哲学命题或原则,就叫"一物两体"。"一物两体,气也";"一物而两体,其太极之谓与!"在张载处,"气"与"太极"是同类概念,都表示的是宇宙存在之本。"气"或"太极"本身中就充满了既对立又统一的相反相成的矛盾性。气在外形上是个一,但在内性上却是有、无等等的"两";或者说,气在存在本性上既是"一"又是"两"。有了"两"的本性,气就有了矛盾和斗争,就在对立统一中使自身获得了自我运动的动力,故就会有运动和变化,这就叫"两故化";但这种"两"明显是气自身的性质,是统一于气的,没有也不可能像两个实体那样分离着,所以"两"是统一于"一"的,这就叫"一故神"。"神"什么呢? 张载曰:"神者,太虚妙应之目";"太虚为清,清则无碍,无碍故神"、"清通则不可象为神"(《正蒙·太和篇》)"神"就是宇宙存在的"机",即气存在的契机所在,这个契机恰是矛盾性。张载在讲气的运动时,讲到了气自身的矛盾性,这是深刻的思想。本体之所以是自本自根、自因的存在,关键就在于其自身相反相成的矛盾本性,正是依赖于这个内在的矛盾性,本体才能自我存在、自我打开并自我收敛住,使自身处在活转中,这样方能达到体与用的如一。

所以,张载的"气"论虽然是宇宙生成论的形式,但内容却是宇宙本体论的,它深刻揭示了宇宙的自我存在,即揭示了宇宙存在的所以然之"理"。正因为这样,朱子虽然反对张载"气"论的形式,但却吸收了张载的"气"论思想来构建"理"本论的理论体系。周敦颐以"无极而太极"的理学纲领和原则,将无极与太极、阴与阳、动与静等等的相反相成的矛盾性统一在了"太极"中;邵雍以"一分为二,二分为四……""加一倍法"的"先天象数"论,也揭示了"太极"自身中相反相成的矛盾性。到张载这里,就在"气"的形式中明确提出了"一物两体"的矛盾性原则,从而为理学本体论的建构作出了可贵的贡献。可以说,宋明理学到了张载的"气"论这里,宇宙本体论的内容已经被建立起来了,所要继续刷新的当是"气"的形式。

2.人世伦常的原则规定

张载不只是讲"知太虚即气则无无"的"气"论;如果他只讲"气"论,那么他充其量只能是个一般的思想家,就不会是"造道"的理学家了。在理学思想的创建中,张载"气"论在宇宙生成论的形式中建立了宇宙本体论。同时,对人世存在的心性论问题,张载也作了诸多探索,这就是他关于人世伦常的一些原则规定。

一是关于"天理"与"人欲"说。理学本来就是要将人世伦常提升到宇宙存在的高度以建立伦理本体论。在做这一工作时,自然要涉及人的存在问题。人究竟是什么? 是一般的动物还是不食人间烟火的神仙? 这两者都不是,但与这两者都有关系。人是一肉体存在,有饮食欲求,这与一般动物有一致处;但人已把自己从动物世界中提升出来而成就了一人文世界,这就从本质上与一般动物区别开来,所以人是一理性的、社会的动物。因此,人有一超感性的理性世界存在,这与神仙又有了形式上的相似;但神仙有智的直觉,即能将目的、意志直接实现出来,而人却不行,人的目的、意志的实现必须通过物质手段来进行,这又与神灵根本区别开来。所以,在人身上集中了灵与肉、理性与感性、天理与人欲、义与利等等的对立和冲突。理学在将人世伦常的应然性提升到宇宙存在的必然性高度以建构伦理本体论时,就不得不涉及人的灵肉等等的对立方面,这就是理学中常讲的"天理"与"人欲"的问题。而这个问题正是在张载这里被明确提出的。张载说:

> 上达反天理,下达徇人欲者与!(《正蒙·诚明篇》)
> 烛天理如向明,万象无所隐;穷人欲如专顾影间,区区于一物之中尔。(《正蒙·大心篇》)

这里明确提出了"天理"与"人欲"的问题。人欲就是人的自然欲望。与人欲相对立的"天理"是什么? 张载曰:"所谓天理也者,能悦诸心,能通天下之志之理也。"(《正蒙·诚明篇》)孟子有言:"理义之悦我心,犹刍豢之悦我口。"(《孟子·告子上》)可见,能"悦诸心"的"天理"就是理义,也就是孟子所说的仁、义、礼、智之类的伦理原则和规范。张载说:"德不胜气,性命于气;德胜其气,性命于德。穷理尽性,则性天德,命天理,气之不可变者,独死生修夭而已。故论死生则曰'有命',以言其气也;语富贵则'在天',以言其理也。"(《正蒙·诚明篇》)这是说,天理就是"性命之理",它与"德"、"性"、"命"等是一致的。

张载明确将"天理"与"人欲"对立起来,认为人世伦常的"常"就是要循天理以灭人欲。他指出:"顺性命之理,则得性命之正,灭理穷欲,人为之招也。"(《正蒙·诚明篇》)"今之人灭天理而穷人欲,今复反归其天理。古之学者便立天理。"(《经学理窟·义理》)张载要人们"烛天理"、"立天理",以之来"灭人欲",即要自觉自愿地按人世伦常来施为。

如何来做到"烛天理"以"灭人欲"呢?张载主张循"礼"而行。他说:"礼者理也,须是学穷理,礼则所以行其义,知理则能制礼,然则出于理之后。"(《张子语录下》)"礼"和"理"或"天理"是一致的,"礼"就是"理"的表现。所以,要"立天理",按"天理"办,就理所当然要循"礼"。而循"礼"的具体内容就是"明庶物,察人伦。……明庶物,察人伦,皆穷理也。既知明理,但知顺理而行未尝以为有意仁义,仁义之名,但人名其行耳,如天春夏秋冬何尝有此名,亦人名之尔。"(同上)这是说,按"礼"而行,就是自然地循"理"尽"性",即将"天理"贯彻、落实在人的自然行为中。

二是关于"天地之性"与"气质之性"说。人之为人,必定有自己的"质",这就是人之"性"。关于人性,是中国古代哲学中一个极重要问题,从先秦到宋明均有讨论。先秦诸子在摊出了一形而上学、本体论问题时,也摊开了人性问题,这主要表现在儒家思想中。但先秦儒家的人性说只是摊开了人性问题的两个极端,这就是以孟子为代表的"性善"说和以荀子为代表的"性恶"说。但很明显,这两种人性论都有片面性,尚不是真实的人性。因为,如果人性仅仅是善的,那么人天生就是圣人,就不会有恶存在,因为人性中压根就没有"恶"的性质、因素,故即使有意教人为恶也不会使人变坏。相反,如果人性仅仅是恶的,那么人天生就是恶人,是魔鬼,这种人就根本变不了和变不好,因为他们的性中根本就没有能接受善的质性、因素。现实的人当然不是这样子的。现实人有好有坏，能变好也能变坏，这就表明在人的质性中原本就不是只有善或只有恶的单一性，而是既有善的可能也有恶的可能的双面性。事实上，孟子虽然力反告子，主张性善说，但他也不得不承认"富岁，子弟多赖；凶岁，子弟多暴，非天之降才尔殊也，其所以陷溺其心者然也"（《孟子·告子上》）。这说明人的行为的善与恶并不是固定不变的，而是能变的；既然能变，那么人性中就必定有变的质性、种子、根芽在，否则的话是变不了的，这个质性很显然是有善有恶的。荀子与孟子相反，虽然从人的自然欲望出发以说明人性本恶，但他讲人性恶的目的是为了论证"化性起伪"、"善者伪也"，即人的自然恶性是可以被改造成善的。荀子就十分明确地说"涂之人可以为禹"（《荀子·性恶》）。一般的路人可以变成大禹一样的圣人，凭什么？荀子曰："凡禹之所以为禹者，以其为仁义法正也。"（同上）可见涂之人成为禹的条件是接受礼法教化。这就有个问题：如果人性本是恶的，压根就没有善的质性，人何以能接受教化呢？荀子认为人能接受圣人的教化而变善，那么他就必然要承认人性中有变为善、接受善的质性和可能。可见，孟、荀的人性论只是人性的两个极致点，真正的、现实的人性是介于这两者之间的，即可善可恶的。正因为这样，先秦以后儒家的人性论就有了变化。例如，汉代的董仲舒就讲"圣人之性"、"斗筲之性"、"中民之性"的性三品，认为"圣人之性，不可以名性，斗筲之性，又不可以名性。名性者，中民之性"（《春秋繁露·实性》）。这是说，"圣人之性"和"斗筲之性"只是人性的两个极端，真正的人性是可善可恶的"中民之性"。汉代扬雄认为人性是善恶混，"人之性也善恶混；修其善则为善人，修其恶则为恶人"（《法言·修身》）。唐代韩愈作《原性》，也讲人性三品，认为"性之品有三，而其所以为性者五。情之品有三，而其所以为情者七"。这是说，人性有上、中、下三品，上品为善，下品为恶，中品是可以为善也可以为恶的。人性的内容就是仁、义、礼、智、信这五常。到了宋明理学，在讨论人性问题时有了明显的进步。这个进步的表现就是明确将善与恶都作为人所可能具有的质性。理学关于人性论的这一方向正是由张载开其端的。张载说：

形而后有气质之性；善反之则天地之性存焉。故气质之性，君子有

弗性者焉。(《正蒙·诚明篇》)

张载将人性分为两种，即"天地之性"和"气质之性"。这两种人性并不是截然分离的，它们都是人所固有的质性，是人性的两个不同方面。就是说，作为一个现实人，他的质性是既有善的一面（天地之性）也有恶的一面（气质之性）。张载讲这两种人性的目的与先秦的孟、荀倒一致，即为了变化气质之性以复天地之性，从而为封建的伦理秩序奠立人性基础。

张载认为，人的天地之性是受命于天的，故是纯善的。他指出："阴阳者，天之气也（亦可谓道）；刚柔缓速，人之气也（亦可谓性）。生成覆帱，天之道也（亦可谓理）；仁义礼智，人之道也（亦可谓性）。损益盈虚，天之理也（亦可谓道）；寿夭贵贱，人之理也（亦可谓命）。天授于人则为命（亦可谓性），人受于天则为性（亦可谓命）。形得之备（不必尽然），气得之偏（不必尽然）；道得之同，理得之异（亦可互见）。此非学造至约不能区别，故互相发明，贵不碌碌也。"(《张子语录中》)张载在此称"刚柔缓速"为"人之气"，这指的就是人的"气质之性"；而称"仁义礼智"为"人之道"，这指的就是人的"天地之性"。上引括号中的话为张载原注。张载在此不仅申明了"天地之性"与"气质之性"这两种人性，并阐明了这两种人性的不同来源，即"天地之性"是人受命于天的，"天之授于人则为命，人受于天则为性"。天命所在即为人之性。那么，"天"所"命"的是什么呢？"天所性者通极于道，气之昏明不足以蔽之。"(《正蒙·诚明篇》)就是说，由天所赋予的人性是通极于天道的，故禀气之昏明、清浊是不足以掩蔽的。张载又说："天所命者通极于性，遇之吉凶不足以戕之。"(同上)这是说天赋于人的吉凶寿夭之命通极于天地之性，故吉凶也不足以戕害它。所以他说："性通乎气之外，命行乎气之内，气无内外，假有形而言尔。故思知人不可不知天，尽其性然后能至于命。"(同上)

如果说天地之性是天命在人身上表现的话，那么"气质犹人言性气，气有刚柔、缓速、清浊之气也。质，才也。气质是一物，若草木之生亦可言气质，惟其能克己则为能变，化却习俗气性，制得习俗之气"(《经学理窟·学大原上》)。气质之性就是由物质本性所决定的生理、生存本能。张载说：

"湛一,气之本;攻取,气之欲。口腹于饮食,鼻舌于臭味,皆攻取之性也。"(《正蒙·诚明篇》)人的饮食男女之欲就是人的气质之性。关于气质之性的形成,张载说:"大凡宽褊者是所禀之气也,气者自万物散殊时各有所得之气,习者自胎胞中以至于婴孩时皆是习也。及其长而有所立,自所学者方谓之学,性则分明在外,故曰气其一物尔。气者在性、学之间,性犹有气之恶者为病,气又有习以害之,此所以要鞭辟至于齐,强学以胜其气习。其间则更有缓急精粗,则是人之性虽同,气则有异。天下无两物一般,是以不同。孔子曰:'性相近也,习相远也',性则宽褊昏明不得,是性莫不同也,至于习之异斯远矣。虽则气禀之褊者,未至于成性时则暂或有暴发,然而所学则却是正,当其如此,则渐宽容,苟志于学则可以胜其气与习,此所以褊不害于明也。"(《张子语录下》)这里用"气禀"说解释了"气质之性"的产生。人的形禀气而成,而"禀"就有正与偏之分,禀"正"者得"性"之全,而禀"偏"者则得"性"之偏,这就有了气质之性。

张载说:"故气质之性,君子有弗性者焉。"(《正蒙·诚明篇》)人虽然不能没有气质之性,但人之为人的目的却在于变化这个气质之性,而不能以它为根据来作为之,因为如果这样的话就不会有人文世界了。那么,人如何来变化气质之性呢?张载提出了一个"反"的方式、方法问题。"反"乃"返"也,即返回到人的本然之性——天地之性。"形而后有气质之性,善反之则天地之性存焉";"性于人无不善,系其善反不善反而已。"(同上)究竟如何来"反"呢?张载提出了"为学"之方,认为为学则可改变人的气质之性以回复到天地之性。他指出:"道理须从义理生,集义又须博文,博文则利用。又集义则自是经典,已除去了多少挂意,精其义直至于入神,义则一种是义,只是尤精。虽曰义,然有一意、必、固、我便是系碍,动辄不可。须是无倚,百种病痛除尽,下头有一不犯手势自然道理,如此是快活,方真是义也。孟子所谓'必有事焉',谓下头必有此道理,但起一意、必、固、我便是助长也。浩然之气本来是集义所生,故下头却说义。气须是集义以生,义不集如何得生?'行有不慊于心则馁矣。'义集须是博文,博文则用利,用利即身安,到身安处却要得资养此得精义者。脱然在物我之外,无意、必、固、我,是精义也。然立则道义从何而生?洒扫应对是诚心所为,亦是义理所当为也。"(《经学理窟·学大原下》)所谓"为学"就是自觉地认识和体察人世伦常的道义所在,当体察到了这种道义的必然性和必要性时,人就变化了气质之性而返回到了天地之性。

张载天地之性与气质之性的思想,成为整个宋明理学的基本宗旨,从二程到朱熹,在建构"理"本论的理学体系时莫不吸收了这一思想。

三是关于"心统性情"说。人不是只有天地之性和气质之性这样的人性,不是只有理欲之别,人还有"心"在。何谓"心"?孟子曰:"心之官则思"(《孟子·告子上》)。所谓心就是思想、意识等。人区别于一般动物的又一个重要特征就是人有心。动物在行动、行为时出于本能和遗传,它们是不可能从思想、理性上来知道、认识自己的行为的。人则不然,人在如此行为时是能知道和要知道自己行为的,要认识到自己行为的所以然和所以是,这就是"心"的作用。张载说:"由太虚有天之名,由气化有道之名,合虚与气有性之名,合性与知觉有心之名。"(《正蒙·太和篇》)"心"本来就是"合"性与知觉的。所谓"合"性与知觉,就是性与知觉的统一。如何才是性与知觉的统一呢?就是以"知觉"来"知""觉"这个性。所以,"心"本来就与"性"有不可分割的关系,这就是张载的"心统性情"说。《张载集·拾遗·性理拾遗》说:"张子曰:心统性情者也。有形则有体,有性则有情。发于性则见于情,发于情则见于色,以类而应也。"张载认为,人有"性",而且人能知觉自己的"性",即既知天地之性又知气质之性。人的天地之性如果称为"性"的话,那么气质之性就是"情"。故张载的"心统性情"命题说的是人对自己的天地之性与气质之性的自觉认识和把握。

对张载的"心统性情"命题,朱熹备加推崇,认为"伊川'性即理也',横渠'心统性情',二句颠扑不破"(《朱子语类》卷五)。朱熹对"心统性情"的涵义作了阐发。在朱子看来,所谓"心统性情"有两个方面的涵义:一是说心兼性情或心包性情。朱熹曰:"性是未动,情是已动,心包得已动未动。盖心之未动则为性,已动则为情,所谓心统性情也。"(《朱子语类》卷五)"性其理,情其用,心者兼性情而言。兼性情而言者,包括乎性情也。"(同上书,卷二十)"横渠'心统性情'之说甚善,性是静,情是动,心则兼动静而言,或指体,或指用,随人所看。"(同上书,卷六二)"心统性情,统犹兼也。"(同上书,卷九八)"心是包得这两个物事,性是心之体,情是心之用。"(同上书,卷百一十九)"仁义礼智,性也,体也;恻隐羞恶辞逊是非,情也,用也。统性情该体用者,心也。"(《朱子文集》卷五十六《答方宾王四》)二是说心主性情。朱熹指出:"性以理言,情乃发用处,心即管摄性情者也。"(《朱子语类》卷五)"性是体,情是用,性情皆出于心,故心能统之。统如统兵之统,言有以主之也。"(同上书,卷九八)"性者心之理也,情者心之用也,心者性情之主也。"(《朱子文集》卷六十七《元亨利贞说》)"性,本体也;其用,情也;心则统性情、该动静而为之主宰也。"(《朱子文集》卷七四《孟子纲领》)朱子从体用不二的原则出发,解说了张载的"心统性情"说,使这一学说有了理学"理"本论的建构意义。

理学的根本宗旨和目标是要建立伦理本体论,即将人世伦常的应然性提升为宇宙存在的必然性,这就是"理"。但问题在于如何来提升呢? 只是简单人为地规定出人世伦常就是宇宙必然吗? 这显然不行,因为这样的做法只能是一种神学目的论的宗教,而不是哲学或理学。再说,就算能简单地规定人世伦常就是宇宙存在的必然而将伦理本体论化,但这个本体终究还是要为人所认可、接受、理解的,倘若人不认可、不理解、不接受它,就算规定了也还是没有用的。所以,理学要建构"理"本论,这个建构的过程就内涵有认识、理解的过程,即人要对自己人世伦常的应然性作认识,要能自觉地认识、把握它,并在自觉认识的基础上自觉自愿地去接受它和秉持它。可见,将人世伦常的应然性升华到宇宙存在的必然性的过程本来就与人的自觉自愿的认识活动相一致。张载的"心统性情"说就是人心对性、情的自觉认识和在认识基础上的升华,故在理学"理"本论的建构中有重要作用。

四是关于"道统"说。受佛教"祖统"说的影响,唐代韩愈在《原道》一文中拟定了儒家"道统"说,曰:"斯吾所谓道也,非向所谓老与佛之道也。尧以是传之舜,舜以是传之禹,禹以是传之汤,汤以是传之文、武、周公,文、武、周公传之孔子,孔子传之孟轲;轲之死,不得其传焉。"这是说,儒家从尧到孟子有一个薪火相传的"道统",其血脉不断。但孟子后这个"道统"却中断了,韩愈说这个话的目的大概是要续这个"道统"的。但韩愈只续出了一个"道统"形式,真正续上这个"道统"内容的却是宋明理学。理学以新儒学号称，这个"新"就新在它要直返先秦孔、孟儒学，以继承其思想血脉，将儒学源远流长的"道统"接续下来。所以，"道统"思想是宋明理学的重要思想之一，是理学关于人世伦常的又一重要规定。宋明理学关于"道统"思想的发端就在张载这里。

《正蒙·作者篇》曰："'作者七人'，伏羲、神农、黄帝、尧、舜、禹、汤，制法兴王之道，非有述于人者也。"这是对《论语·宪问》中"作者七人"一语的解说。"作者七人"的七人究竟是哪七位？孔子并没有说明。张载在这里说了，说这七人就是从伏羲到商汤这七个人。这七个人"作"了什么重要事呢？张载在解说《易传·系辞下》的"古者包牺氏之王天下也……"一段时说："君逸臣劳，上古无君臣尊卑劳逸之别，故制以礼，垂衣裳而天下治，必是前世未得如此，其文章礼乐简易朴略，至尧则焕乎其有文章。然传上世者，止是伏牺、神农。此仲尼道古也，犹据闻见而言，以上则不可得而知。所传上世未必有自，从来如此而已。安知其间故尝有礼文，一时磨灭尔，又安知上世无如三代之文章乎！然而如《周礼》则不过矣，可谓周尽。今言治世，且指尧、舜而言，可得传者也。历代文章，自夫子而损益之，见其礼而知其政，闻其乐而知其德，不可加损矣。"（《横渠易说·系辞下》）从伏羲到商汤，所作的就是"制礼"的工作，后再经文、武、周公到孔子，将这种"礼"传承了下来。这就是"圣学"，也就是"道统"。张载虽未用"道统"之语，但"道统"的思想是明显的。

张载也认为，这个"圣学"的"道统"至孟子后就不被下传了。他说："今之人灭天理而穷人欲，今复反归其天理。古之学者便立天理，孔、孟而后，其心不传。"（《经学理窟·义理》）面对"道统"不传的情况张载要自觉传承之。他说："此道自孟子后千有余岁，今日复有知者。若此道天不欲明，则不使今日人有知者，既使人知之，似有复明之理。志于道者，能自出义理，则是成器。"（《经学理窟·义理》）又说："世学不明千五百年，大丞相言之于书，吾辈治之于己，圣人之言庶可期乎！"（《张子语录中》）张载自己就是个"志于道者"的"造道"之人，他要传承的正是从孟子始中断了的道统、圣学。他要"为天地立志，为生民立道，为去圣继绝学，为万世开太平"（同上），继往圣"绝学"以发扬光大，正是张载的志向所在。

以上这四个方面就是张载对人世伦常所作的一些基本规定,这就是他对人道的探讨。张载对人道的这些探讨已成为宋明理学"理"的基本内容之一,对理学关于"理"本体的建立有重要影响。

3.沟通天人的努力尝试

张载理学的另一个明显特点就是沟通天人。《正蒙·太和篇》讲的"由太虚有天之名,由气化有道之名,合虚与气有性之名,合性与知觉有心之名",就是从天到人"天人合一"的一个架构。在《正蒙·乾称篇》中,张载讲"因明致诚,因诚致明,故天人合一"。这里的"明"是认识活动,而"诚"是精神境界,即"圣"的境界。从认知活动达到境界,就是"天人合一"。我们说,宋明理学之所以为理学,之所以区别于先秦诸子、两汉经学、魏晋玄学、隋唐佛学,其一个明显的目的、目标和宗旨就是要建构伦理学本体论,即把人世伦常的应然性升华为宇宙存在的必然性,这也就是天道与人道的合一。与周敦颐、邵雍相比较,理学的这个宗旨、目标、方向至张载这里被明显提出了。

将天与人合起来,提出这个目标并不难;早在汉儒那里就提出了"究天人之际"的问题。但如何能将天与人"合"起来?"合"的途径、方式是什么?这却是一个很重要且很困难的哲学问题。在宋明理学中,当周敦颐从"无极而太极"的原则出发,讲太极→阴阳→五行→万物→"得其秀而最灵"的人(见《太极图说》)的演化时,所体现和贯彻的就是天与人合一的路线;当邵雍从"加一倍法"的"一分为二,二分为四……"的原则出发,讲"太极一也,不动;生二,二则神也。神生数,数生象,象生器"(见《观物外篇》)的"先天象数"学时,他所秉持的也是天人合一的原则。但在周、邵处,这种天与人的合一是以宇宙生成论的模式来展现的,故这种"合"尚在所然、所是的层面上,这还不是真正的"合"。至张载,当他自觉地沟通天人时,虽然他从"气"出发要由天道下贯到人道,还带有宇宙生成论的形式和尾巴,但他所讲的"合"的内容和原则却是本体论的,因为他为天、人找到了一个"合"的基点、契机、中介,这就是"性"。"性"范畴在张载思想中占有重要的地位,尤其表现在他沟通天人的尝试方面。当张载讲"由太虚有天之名……"的天人合一架构时,"性"就起着沟通天、人的中介作用。当他说"合虚与气有性之名"时,这里的"性"显然指的是天性,即天道,亦即天地运行的必然性所在;而当他讲"合性与知觉有心之名"时,这里的"性"已转向人性了,起码已将天性导入到了人的知觉上而为人所认识和把握,人既然认识和把握到了天性,天性的必然就转化成了人世的应当,宇宙论就落实在了伦理学上,这就是伦理学本体论的建构。所以,"性"在张子"天人合一"思想中至为重要,这是解读张载"天人合一"思想的一个契机点。

在张载处,"性"有三种含义:一是天性,二是人性,三是物性。张载所讨论、论述的主要是前两种"性"。他说:"天性,乾坤、阴阳也,二端故有感,本一故能合。天地生万物,所受虽不同,皆无须臾之不感,所谓性即天道也。"(《正蒙·乾称篇》)又说:"感者性之神,性者感之体(在天在人,其究一也)。惟屈伸、动静、终始之能一也,故所以妙万物而谓之神,通万物而谓之道,体万物而谓之性。"(同上)这讲的就是"天性"。天究竟有什么"性"?无非就是其"屈伸、动静、终始"、"阴阳"等等的本性,这也就是天的"一物两体"性,即"一物两体,气也;一故神(自注:两在故不测),两故化(自注:推行于一),此天之所以参也"(《正蒙·参两篇》)。天就是气,其本性就是阴阳、屈伸等的相反相成性,这就叫"道",而且是最大、最高的"道",即"太和所谓道,中涵浮沈、升降、动静、相感之性,是生絪缊、相荡、胜负、屈伸之始"。(《正蒙·太和篇》)。天正是在自己相反相成矛盾性的推动下,才能生生不息地存在,这就是宇宙存在的必然性,即天道。

张载在讲"天性"时又过渡到了"人性"。他指出:"至诚,天性也;不息,天命也。人能至诚则性尽而神可穷矣,不息则命行而化可知矣。"(《正蒙·乾称篇》)又说:"天道即性也,故思知人者不可不知天,能知天斯能知人矣。知天知人,与穷理尽性以至于命同意。"(《横渠易说·说卦》)这里将"诚"或"至诚"作为天之性,已包含有由天性向人性转化的契机。这种天性下贯、落实在人身上就是人性,故"天性在人,正犹水性之在冰,凝释虽异,如物一也"(《正蒙·诚明篇》)。既然天性与人性一致,故"性者万物之一源,非有我之得私也"(同上)。可见,正是以"性"为契机,以天性与人性的统一以达天人合一。所以张载每每论述说:"《易》一物而合三才:阴阳气也,而谓之天;刚柔质也,而谓之地;仁义德也,而谓之人。"(《正蒙·大易篇》)

"一物而两体,其太极之谓与! 阴阳天道,象之成也;刚柔地道,法之效也;仁义人道,性之主也。三才两之,莫不有乾坤之道。"(同上)天、地、人本来所遵循的就是同一种"道",故天人原本是合一的。论述到此,天道运行的必然性就转化为人道运行的应然性,天道就下贯于人道了,同时人道的伦理纲常就获得了天道一样的必然性而成为本体。我们在观览张载理学思想时,往往不理解他的"气"论地位,即不明了他为什么要大谈"虚气相即"的"气"本论,总感觉这种"气"论与理学宗旨不大合拍。现在从"性"出发,从"天人合一"的视野来看,张载讲"气"并不是无谓的,他的目的是为了将宇宙运行的必然性落实到人世伦常的应然性上以完成伦理本体的建构。

以"性"为契机将天与人统一起来,这是一种理学原则和思想理路,尚不是现实之合,要现实地将天与人合起来,是要有途径和方法的。对此,张载也作了许多努力。这方面的思想有:

一是关于"民胞物与"的圣人理想。理学讲天道与人道的合一,即要将人世伦常的应然提升到宇宙存在的必然以建立伦理本体论。那么,当建构起这种伦理本体后,人是一种什么样的感受呢? 人的精神处在了一种什么样的状态呢? 这时的人就获得了一种境界,这就叫天人一体,即孟子所谓的"万物皆备于我",这也就是张载所说的"有无一,内外合(自注:庸圣同)"(《正蒙·乾称篇》)。

张载有《西铭》一篇,描述了这种天人一体的精神境界。他说:

乾称父,坤称母;予兹藐焉,乃混然中处。故天地之塞,吾其体;天地之帅,吾其性。民,吾同胞;物,吾与也。大君者,吾父母宗子;其大臣,宗子之家相也。尊高年,所以长其长;慈孤弱,所以幼吾幼。圣其合德,贤其秀也。凡天下疲癃残疾惸独鳏寡,皆吾兄弟之颠连而无告者也。于时保之,子之翼也;乐且不忧,纯乎孝者也。违曰悖德,害仁曰贼,济恶者不才,其践形,唯肖者也。知化则善述其事,穷神则善继其志。不愧屋漏为无忝,存心养性为匪懈。恶旨酒,崇伯子之顾养;育英才,颍封人之锡类。不弛劳而底豫,舜其功也;无所逃而待烹,申生其恭也。体其受而归全者,参乎。勇于从而顺令者,伯奇也。富贵福泽,将

厚吾之生也;贫贱忧戚,庸玉女于成也。存,吾顺事;没,吾宁也。(《正蒙·乾称篇》①)

这讲的是一种精神境界,也是一种社会政治理想,即圣人理想。张载将天地即乾坤予以父母化,将人视为天地的儿子,认为人的身体充塞天地而与其同体,但人的心性却是天地的统帅。在整个天地中,人是我的亲兄弟,物则是我的同伴,我与人与物是一体相连而存在的。这表现在社会政治体制上,君主就是天地的嫡长子,而大臣就是君主的总管,故君臣、人我之间是亲密无间的,人就应该尊长爱幼,抚弱慈孤,共同营造一个大家庭般的和谐气氛。对一个人来说,能生于天地间而与人同类,这就是最好的归宿,故人应当乐天知命,富贵福泽固然是天厚生于人,而贫贱忧戚也是因天器重你而在成就着你的生存哩;生时我顺天知命而乐于所为,死后我也心安理得而宁静以待。张载所描述的这些的确是一种宁静、安适、平和、欢乐的精神境界,同时也是一种平静、和谐的理想社会的生活画面。这是在有限人生中达到的超人生的无限安宁,这就是人生命的终极安顿。道教讲长生不死,佛教讲人生是苦海而要超脱生的因果轮回以进入无生,这些都不是人生命的最终安顿。张载《西铭》所讲的这种"民胞物与"、"存顺没宁"的人生态度和生活方式,明显是一种理想且现实的生活途径,它作为一种人生理想和境界在气势上超过了道、佛。

二程对张载的《西铭》很是推崇,以之视为秦汉以来儒家最优秀的著作。他们说:"《订顽》之言极纯无杂,秦汉以来学者所未到。""孟子之后只有《原道》一篇,其间言语固多病,然大要尽近理。若《西铭》则是《原道》之宗祖也。""《西铭》,颢得此意,只是须得他子厚有如此笔力,他人无缘做得。孟子已后未有人及此文字,省多少言语。且教他人读书,要之仁孝之理备于此,须臾而不于此,则便不仁不孝也。"(见《张载集》之《张子语录·后录上》)朱熹也从"理一分殊"的意义上对《西铭》加以肯定(见《张载集》之《附

① 张载曾把《正蒙·乾称篇》的首段和末段录出,贴在东西窗上作为自己的座右铭,前者题为《订顽》,后者题为《砭愚》。对此,二程很是推崇,程颐改称《订顽》为《西铭》,《砭愚》为《东铭》。后来朱熹又把《西铭》从《乾称篇》中分出,另作注解,成为独立的一篇。

录·朱熹西铭论》)。这足以说明张载"民胞物与"的境界论和理想论对宋明理学的影响。

但二程对张载的《西铭》仍是有看法的。"问:'《西铭》如何?'伊川先生曰:'此横渠文之粹者也。'曰;'充得尽时如何?'曰:'圣人也。''横渠能充尽否?'曰:'言有多端,有有德之言,有造道之言。有德之言说自己事,如圣人言圣人事也。造道之言则智足以知此,如贤人说圣人事也。'"(《张载集》之《张子语录·后录上》)这是说《西铭》只是"贤人说圣人事"的"造道之言",尝算不得"圣人言圣人事"的"有德之言"。这里所谓的"贤人说圣人事",意思是将圣人的意境、境界予以言说了,这就把本来是天人一体的圣人境界对象化了;而所谓的"圣人言圣人事",是说圣人在言说这个天人一体的境界时自己就在这境界之中体会、体验着这个境界,故只有情境而无对象。用现象学的思想来说,前者是概念反思而后者乃情境反思。从本体论上来说,这大概是说,张载虽然将人世伦常升华到了宇宙存在的必然性高度,但他所成就的只是一种精神境界和理想,尚不是一种伦理本体论,因为张载的宇宙存在在形式上仍是生成论的。

二是关于"理一分殊"的"合一"原则。当天与人合起来时就有一总体、整体的"一"在,它就是本体;但这个"一"本体怎么存在? 它在哪里栖身呢?它当然就存在于天人之中,即天自身和人自身均有一"一"本体在。本体的这种存在方式就叫"理一分殊"。本体作为绝对者的"一",它有一"有一无"性内结构。所以,本体的存在方式就是一般与个别、普遍与特殊、抽象与具体等等的和谐和统一,用宋明理学的话说这就是"一"与"殊"的关系问题。当张载讲"一物两体,气也;一故神(自注:两在故不测),两故化(自注:推行于一),此天之所以参也"(《正蒙·参两篇》)时,这种"气"就内涵有"理一分殊"的存在方式。

"理一分殊"说是理学集大成者朱熹思想的一个重要的理论和方法论原则,而这一理论和方法在张载理学中已出现了。但张载自己并没有明确地这样讲这一原则,而是二程(特别是小程)和朱熹从其《西铭》的"天人合一"境界中分析出来的。程门弟子杨时看到《西铭》讲了许多尊老爱幼、博爱万物的话,便认为《西铭》之说与墨子的"兼爱"说一样。对此,程颐作了纠正,说:"《西铭》之论,则未然。横渠立言,诚有过者,乃在《正蒙》。《西铭》则为书,推理以存义,扩前圣所未发,与孟子性善养气之论同功(自注:二者亦前圣所未发),岂墨氏之比哉?《西铭》明理一而分殊,墨氏则二本而无分(自注:老幼及人,理一也。爱无差等,本二也)。分殊之蔽,私胜而失仁;无分之罪,兼爱而无义。分立而推理一,以止私胜之流,仁之方也。无别而迷兼爱,至于无父之极,义之贼也。子比而同之,过矣。且谓言体而不及用。彼欲使人推而行之,本为用也,反谓不及,不亦异乎?"(《河南程氏文集》卷九《答杨时论西铭书》)程颐将张载《西铭》所讲的尊老抚幼的思想与墨翟"兼爱"说作了区别,以说明张子思想所贯彻和体现的"理一分殊"原则和方法。如果抛开张载《西铭》和墨子"兼爱"所涉及的社会问题内容,而从哲学原则和方法上来看的话,墨子的"兼爱"说之所以错是因为他所贯彻和体现的是无差别的"同"的原则和方法,而张载《西铭》的天人合一思想所贯彻和体现的则是有对立和差别的"和"的原则和方法,即在"一物"中包含"两体"并在"两体"中体现"一物",这正合乎本体自身的存在本性和结构。故朱熹论《西铭》的思想主旨说:"天地之间,理一而已。然乾道成男,坤道成女,二气交感,化生万物,则其大小之分,亲疏之等,至于十百千万而不能齐也,不有圣贤者出,孰能合其异而反其同哉!《西铭》之作,意盖如此,程子以为'明理一而分殊',可谓一言以蔽之矣。盖以乾为父,以坤为母,有生之类,无物不然,所谓理一也。而人物之生,血脉之属,各亲其亲,各子其子,则其分亦安得而不殊哉!一统而万殊,则虽天下一家,中国一人,而不流于兼爱之弊;万殊而一贯,则虽亲疏异情,贵贱异等,而不牿于为我之私。此《西铭》之大指也。"(《张载集》之附录《朱熹西铭论》)朱熹对《西铭》"理一分殊"主旨的解说更富有"理"本论的意义。

三是关于"见闻之知"与"德性所知"的为学之方。张载作为一个"造道"的理学家,对宋明理学的修养论、功夫论也有贡献,这就是他讲的"见闻之知"与"德性所知"的为学法和"穷理尽性"与"穷神知化"的修养法。

《正蒙·大心篇》说:

> 人谓己有知,由耳目有受也;人之有受,由内外之合也。知合内外

于耳目之外,则其知也过人远矣。

　　大其心则能体天下之物,物有未体则心为有外。世人之心止于闻见之狭。圣人尽性,不以见闻梏其心,其视天下无一物非我,孟子谓尽心则知性知天以此。天大无外,故有外之心不足以合天心。见闻之知乃物交而知,非德性所知;德性所知不萌于见闻。

　　天之明莫大于日,故有目接之,不知其几万里之高也;天之声莫大于雷霆,故有耳属之,莫知其几万里之远也;天之不御莫大于太虚,故必知廓之,莫究其极也。人病其以耳目见闻累其心而不务尽其心,故思尽其心者必知心所从来而后能。

在这里,张载提出了两种知:见闻之知和德性所知。"见闻之知,乃物交而知",这是对外物的认识,也就是我们通常所讲的感觉经验方面的知识。和这种"见闻之知"相对的还有一种知识,这就是"德性所知","德性所知,不萌于见闻"。张载明确认为见闻之知与德性所知无关,完全是两种不同类型的知。这种看法是有偏的。

　　张载讲知识的侧重点当然在"德性所知"上。但他也并未完全否弃掉"见闻之知",他认为"耳目虽为性累,然合内外之德,知其为启之之要也"(《正蒙·大心篇》)。"人谓己有知,由耳目有受也;人之有受,由内外之合也"(同上)。见闻之知乃知识的来源,还是必要和重要的;而且它又是"合内外之德"的"德性所知"的"启之之要",故是不可少的。从这里来看,张载又试图将"见闻之知"与"德性所知"结合起来考察,认为二者之间在认识过程中还是有关联的。这个看法当然不错。

　　当然,张载所要说的还是"德性所知"。他指出:"言尽物者,据其大总也。今言尽物且来说到穷理,但恐以闻见为心则不足以尽心。人本无心,因物为心,若只以见闻为心,但恐小却心。今盈天地之间者皆物也,如只据己之闻见,所接几何? 安能尽天下之物? 所以欲尽其心也。"(《张子语录下》)又说:"尽天下之物,且未须道穷理,只是人寻常据所闻,有拘管局杀心,便以此为心,如此则耳目安能尽天下之物? 尽耳目之才,如是而已。须知耳目外更有物,尽得物方去穷理,尽了心。"(《张子语录上》)可见,若只用耳目去览天下之物的话，那是尽不了天下之物的，所以就要"尽心"；尽心就是穷理，这就是"德性所知"。

"德性所知"知的是什么？张载这样讲："'不识不知，顺帝之则'，有思虑知识，则丧其天矣。君子所性，与天地同流异行而已焉。"（《正蒙·诚明篇》）"有不知则有知，无不知则无知，是以鄙夫有问，仲尼竭两端而空空。《易》无思无为，受命乃如响。圣人一言尽天下之道，虽鄙夫有问，必竭两端而告之；然问者随才分各足，未必能两端之尽也。"（《正蒙·中正篇》）"无知者，以其无不知也；若言有知，则有所不知也。惟其无知，故能竭两端，《易》所谓'寂然不动，感而遂通'也。无知则神矣，苟能知此，则于神为近。无知者，亦以其术素备也，道前定则不穷。"（《横渠易说·系辞上》）原来，"德性所知"就是一种"无知"，即以"不知"为知或"知"而不知。到了这里，人心就达到一种"万物皆备于我"的天人一体境界，认识论就转化为境界论和修养论。张载的"德性"论与"大心"说是一种造境，有契合本体的方法论意义。

四是关于"穷理尽性"与"穷神知化"的修养之方。当张载讲"大心"以达到"德性所知"时，这里已经有了修养和方法问题。但这里的修养方法尚在认识论的大框架中。而当张载讲"穷理尽性"和"穷神知化"时，功夫论的修养思想就很明显了。张载认为，人由于气禀的不同，其道德品性是有差别的。那些全备"天理"的人，其性清净明洁，这些人就是"君子"、"圣人"；而有些人的性中存在着邪恶、淫欲的杂质，这就是"小人"。但人的气质是可以变化的，有气禀之偏的人，经后天的努力可以变化气质成为圣人、君子。怎样变化气质呢？就是修身成性。张载说："进德修业，欲成性也，成性则从心皆天也。所以成性则谓之圣者……若圣人则于大以成性"；"君子之道，成身成性以为功者也，未至于圣，皆行未成之地耳。"（《横渠易说·乾》）成身成性后，就可使精神境界达到"天德"的地位，即"成性则跻圣而位天德"，"位天德，大人成性也……大人成性则圣也化，化则纯是天德也。圣犹天也，故不可阶而升。圣人之教，未尝以性化责人，若大人则学可至也。位天德则神，神则天也，故不可以神属人而言。"（同上）要达到圣人、君子，就有个修养问题。而修养的方式、途径有"穷理尽性"和"穷神知化"之类。

"穷理尽性"语出《易传》,其《说卦》曰:"穷理尽性以至于命"。张载借此发挥了他的修养论。他很重视"穷理",认为"万物皆有理,若不知穷理,如梦过一生"(《张子语录中》)。怎样来"穷理"呢? 穷理的目的和结果是什么呢? 张载将"穷理尽性以至于命"作为三个不同等级而又相互连接的阶段。"穷理"是第一阶段,就是穷尽体现在万事万物中的"天理"。穷理的过程是个逐渐推进的过程。张载说:"穷理亦当有渐,见物多,穷理多,如此可尽物之性。"(《张子语录上》)穷理的方式是读书、学习,即"穷理即是学也,所观所求皆学也。长而学固谓之学,其幼时岂可不谓之学? 直自在胞胎保母之教,己虽不知谓之学,然人作之而己变以化于其教,则岂可不谓之学?"(《张子语录下》)"尽性"是第二阶段,即穷尽人所禀赋的道德品性,以达到与"天性"合一。张载说:"有无虚实通为一物者,性也;不能为一,非尽性也。"(《正蒙·乾称篇》)"尽性,然后知生无所得,则死无所丧。"(《正蒙·诚明篇》)尽得自身之性后,便可尽他人之性及万物之性,因为凡"性"均源于"天性"。"尽其性,则能尽人物之性。"(同上)"至于命"则是第三个阶段。当人穷尽了"天性"之后,就进入了"诚"的境界,即"至诚,天性也……人能至诚,则性尽而神可穷矣"(《正蒙·乾称篇》)。能尽"天性"而穷"神",就能达到对"天命"的最终体悟。"既穷物理,又尽人性,然后能至于命,命则又就己而言之也。"(《横渠易说·说卦》)

张载将"穷理尽性以至于命"分为三个阶段,二程表示反对。他们说:"理则须穷,性则须尽,命则不可言穷与尽,只是至于命也。横渠昔尝譬命是源,穷理与尽性如穿渠引源。然则渠与源是两物,后来此议必改来。""穷理尽性以至于命,三事一时并了,元无次序,不可将穷理作知之事。若实穷得理,即性命亦可了。"(《河南程氏遗书》卷二上)

穷理尽性以至于命就达到了"诚",这时"则性尽而神可穷矣。"(《正蒙·乾称篇》)尽性就能穷神,穷神就能知化。所以,与"穷理尽性"相应的还有一种修养方法,这就是"穷神知化"。"穷神知化"乃《易传·系辞下》语。张载在解说此语时说:"德盛者,神化可以穷尽,故君子崇之。""《易》谓穷神知化,乃德盛仁熟之致,非智力能强也。""穷神知化是穷尽其神也。""穷神知化,与天为一。"(《横渠易说·系辞下》)所谓"神"是太虚变化莫测的神妙、神奇功能,而"化"是太虚在"神"作用下的变化;"穷神知化"就是穷尽"天神"之奥秘,以达到与"天德"合一的天人一体境界。因为"神"不可知而只可体,故"穷神"之方就是"崇德",就是体悟。张载《正蒙》中有《神化篇》,专论"穷神知化"问题。张载论述说:"神化者,天之良能,非人能;故大而位天德,然后能穷神知化。"(《正蒙·神化篇》)"先后天而不违,顺至理以推行,知无不合也。虽然,得圣人之任者,皆可勉而至,犹不害于未化尔。大几圣矣,化则位乎天德矣。大则不骄,化则不吝。无我而后大,大成性而后圣,圣谓天德不可致谓神。"(同上)"穷神知化,乃养盛自致,非思勉之能强,故崇德而外,君子未或致知也。神不可致思,存焉可也;化不可助长,顺焉可也。存虚明,久至德,顺变化,达时中,仁之至,义之尽也。知微知彰,不舍而继其善,然后可以成人成性矣。圣不可知者,乃天德良能;立心求之,则不可得而知之。"(同上)"大"或"崇德"以扩充原有的至善之德,以达到与"天德"合的地步,这就泯灭了天人的界限,达到了"有无一,内外合(自注:庸圣同)"(《正蒙·乾称篇》)的"天人合一"境界。

张载在讲"穷理"时,还与《中庸》讲的"自明诚"和"自诚明"问题结合起来。他说:"儒者则因明致诚,因诚致明,故天人合一,致学而可以成圣,得天而未始遗人,《易》所谓不遗、不流、不过者也。"(《正蒙·乾称篇》)这里将"自明诚"与"自诚明"同作为达到"天人合一"的方法和途径。他认为,"自明诚,由穷理而尽性也;自诚明,由尽性而穷理也"(《正蒙·诚明篇》)。"穷理"是使人能懂得"天人合一"的道理;而真正达到了"天人合一"则是一种境界,这就是"诚"。由懂得"天人合一"的道理再至"诚"的境界,这就叫"自明诚";有了此种"天人合一"的境界后,再宣扬、说解这种道理,这就叫"自诚明"。这两种方式的目的都是为了达到"天人合一"的一体境界。到了这一步,理学所追求的目标也就达到了。

以上就是张载的理学思想。最后再简单概括一下:一、张载关于沟通天人的尝试和努力,其实也就是关于人世伦常的一些原则规定,只是这些规定有较明确的关于"天人合一"的方法与方法论原则,故我们才分开来说。二、与周、邵相比,张载的理学思想是很丰富的,宋明理学的一些基本原则和命题他都讲到了;即使与二程相比,张载理学思想的丰富、完整程度也并不差。所以,有人以张载为宋明理学奠基时期的代表者①,这是有道理的。

三、但是,就宋明理学的真正奠基和开创来说,张载仍是要让位于二程的。这里所涉及的关键问题就是:张载只是对天道自然和人世应然的具体方面作了规定和探讨,却未能建构起理学所根本需要的"理"本体;就是说,张载的宇宙论仍在宇宙生成论的衣衫中,这个衣衫虽然裹上了宇宙本体论的原则和内容,比如他关于"一物两体"的论述和关于"太和之道"的论述等等,但这些本体论的内容和思想却被宇宙生成论的外壳卡住了而不得出世,故理学"理"本论的原则是张载所未能建构起的,这个功劳要归于二程。张载去世后张门高足纷纷归于二程门下,这不能不说与这方面的因素有关。

[四]程颢、程颐的"理"论

理学在北宋创建的时候,经周敦颐、邵雍、张载的工作,特别是经过张载的努力,其枝叶已具,即关于天道与人道的运行原则和细节已有阐发②。但从周、邵到张,理学的创始工作并没有完成,关键就在于理学这棵已具备枝叶的大树还没得扎下深根,即理学一以贯之的"理"本体尚未建立起来。前面我们说过,无论是周敦颐"无极而太极"的"太极"运演原则,还是邵雍"一分为二,二分为四……"的"合一衍万"的"先天象数"论运演原则,都是在宇宙生成论的构架中运作的;即使张载的"气"论,其内容虽已是"一故神,两故化,此天之所以参也"(《正蒙·参两篇》)的本体论,但其形式仍是宇宙生成论的。所以,从周敦颐到邵雍到张载,理学所需要的能将天道与人道贯通之的形而上的本体始终没能建立起来。

最终完成理学形上本体之建构任务的人是程颢和程颐,特别是程颐。程颢(1032—1085年),字伯淳,后人称明道先生;程颐(1033—1107年),字

① 见李泽厚:《宋明理学片论》,载《中国古代思想史论》,人民出版社1986年版,第220—266页。

② 例如张载在"气"的形式下,从"一物两体"的"气"本性出发,论述了天道之运行的必然性,又从"天理"与"人欲"、"天地之性"与"气质之性"、"心统性情"、道统等方面论述了人道之运行的应然性,还试图从"民胞物与"的圣人理想、"理一分殊"的"合一"原则、"见闻之知"与"德性所知"的为学之方和"穷理尽性"与"穷神知化"的修养之方出发将天道与人道沟通起来。

正叔,后人称伊川先生。他们二人是亲兄弟,少年时曾受学于周敦颐,但他们的理学思想却是自己的省悟和创造。"明道尝曰:'吾学虽有所受,天理二字却是自家体贴出来。'"(《河南程氏外书》卷十二。以下简称《外书》)可见,作为理学根柢和关键的"天理"或"理"这个范畴和思想,完全是出于二程兄弟的体悟。以"理"或"天理"为标的,是二程共同的理学宗旨。程颐说:"我之道盖与明道同。"(《河南程氏遗书》之《附录》。以下简称《遗书》)"与大哥之言固无殊。"(《伊川文集》卷五)正是从二程开始,"理"或"天理"正式成为哲学基本范畴,也成为宋明理学的根本标志和思想核心。"理"或"天理"的提出为后期中国封建社会的官方哲学——理学奠定了基础。

那么,二程的这个"理"是什么? 二程以"理"为核心的理学说了些什么? 下面主要讲两个方面的问题:

1."理"本体的建立

以"理"为本,这是二程理学的显著标志。北宋五子的"造道"活动,至二程处终于有了结果,即造出了一个"道"或"理"。那么,二程为什么要造这个"道"或"理"呢?《宋史·道学传》的《程颢传》说:"(颢)自十五六时与弟颐闻汝南周敦颐论学,遂厌科举之习,慨然有求道之志。泛滥于诸家,出入于老释者几十年,返求诸六经而后得之,秦汉以来未有臻斯理者。教人自致知至于知止,诚意至于平天下,洒扫应对至于穷理尽性,循循有序。病学者厌卑近而骛高远,卒无成焉。故其言曰:道之不明,异端害之也。昔之害近而易知,今之害深而难辨;昔之惑人也乘其迷暗,今之惑人也因其高明,自谓之穷神知化,而不足以开物成务;言为无不周遍,实则外于伦理;穷深极微而不可以入尧舜之道。天下之学非浅陋固滞,则必入于此。自道之不明也,邪诞妖妄之说竞起,塗生民之耳目,溺天下于污浊,虽高才明智,胶于见闻,醉生梦死不自觉也,是皆正路之榛芜,圣门之蔽塞,辟之而后可以入道。"这说明,二程之"道"或"理"的提出是有明确的时代社会目的和意义的,即要明尧舜之道;这也就是他们"道"或"理"的重要内容之一。要倡"道"或"理"以明尧舜之道而平致天下,这个"道"或"理"显然就不是泛泛的,而是一个能统贯、一般的"道",即它具有本体、本原的性质和意义;或者换句话说,要平致天下而实现尧舜之道,就要将这些人世伦常向上提升,把它们提升到宇宙存在必然性的高度和地位。所以，《宋史·道学传》的《程颐传》中，叙述程颐之学的宗旨和特点时说："颐于书无所不读，其学本于诚，以《大学》、《语》、《孟》、《中庸》为标指而达于六经，动止语默一以圣人为师，其不至乎圣人不止也。……于是著《易》、《春秋》传以传于世。《易传·序》曰：易，变易也，随时变易以从道也。其为书也广大悉备，将以顺性命之理，通幽明之故，尽事物之情，而示开物成务之道也。圣人之忧患后世可谓至矣，去古虽远，遗经尚存。然而前儒失意以传言后学，诵言而忘味，自秦而下盖无传矣。予生千载之后，悼斯文之湮晦，将俾后人沿流而求源，此传所以作也。《易》有圣人之道四焉：以言者尚其辞，以动者尚其变，以制器者尚其象，以卜筮者尚其占。吉凶消长之理，进退存亡之道，备于辞，推辞考卦可以知变，象与占在其中矣。君子居则观其象而玩其辞，动则观其变而玩其占。得于辞还达其意者有矣，未有不得于辞而能通其意者也。至微者理也，至著者象也，体用一源，显微无间。观会通以行其典礼，则辞无所不备，故善学者求言必自近《易》。"这里特录了《周易程氏传》的序文，这说明二程的"道"或"理"的提出与儒家经典《易经》有关。《易》包括天道、地道、人道在内。程颐解《易》，从中厘析出"道"，就有将天道与人道统一起来的企图与尝试。二程要将人世伦常的人道提升到宇宙存在的天道高度，这就是理学关于"理"本论的建立，也就是宇宙必然等于人世应然的"理"的根本内涵的确立。

具体分疏一下，二程的"理"有这样一些含义：

其一，"理者，实也，本也。"二程，尤其是程颐，明确认为只有"理"才是真实存在的，才是本原、本体。他们说：

> 无非理也，惟理为实。（《河南程氏粹言》卷一。以下简称为《粹言》）
>
> 理者，实也，本也。（《遗书》卷十一）
>
> 天下无实于理者。（《遗书》卷三）
>
> 所以谓万物一体者，皆有此理，只为从那里来。（《遗书》卷二上）

在二程看来，"理"是实有，是"推至四海而准"（同上）的；与万物相比，"理"最实在，最真实，是真真切切的存在。一言以蔽之，"理"是本体。

具体言，二程"惟理为实"之"理"的"实"性表现在三个方面：第一是本之实，即实有其本。究竟以什么东西作为本，本的确定对北宋的"造道"者来说是颇费了一番思想功夫的。先是周敦颐、邵雍将本确定为"太极"，这看来蛮不错的，但这种本的存在方式却是生成论的，这实际上并未能真正建构起本或本体。至张载，直接用"气"来作本，看来也不错，因为"气"之聚也好散也好其体都是不灭的，故作为本是常存的。但这只是表面的，因为"气"在本质上是一种具体的物质形态，并非如张载从其外在存在状态出发所描述的那样，是"散入无形，适得吾体；聚为有象，不失吾常"（《正蒙·太和篇》）的常存，它在本性上是有生有灭的。所以，二程在建构"理"本体的时候，特别对张载的"气"作了批评，如谓："凡物之散，其气遂尽，无复归本原之理。天地间如洪炉，虽生物销铄亦尽，况既散之气，岂有复在？天地造化又焉用此既散之气？其造化者，自是生气。至如海水潮，日出则水涸，是潮退也，其涸者已无也，月出则潮水生也，非却是将已涸之水为潮，此是气之终始。开阖便是易，'一阖一辟谓之变'。"（《遗书》卷十五）"若谓既返之气复将为方伸之气，必资于此，则殊与天地之化不相似。天地之化，自然生生不穷，更何复资于既毙之形，既返之气，以为造化？近取诸身，其开阖往来，见之鼻息，然不必须假吸复入以为呼。气则自然生。人气之生，生于真元。天之气，亦自然生生不穷。至如海水，因阳盛而涸，及阴盛而生，亦不是将已涸之气却生水。自然能生，往来屈伸只是理也。盛则便有衰，昼则便有夜，往则便有来。天地中如洪炉，何物不销铄也。"（同上）"'形而上者谓之道，形而下者谓之器。'若如或者以清虚一大为天道，则乃以器言而非道也。"（《遗书》卷十一）"又语及太虚，曰：'亦无太虚。'遂指虚曰：'皆是理，安得谓之虚？'天下无实于理者。"（《遗书》卷三）"立清虚一大为万物之源恐未安，须兼清浊虚实乃可言神。道体物不遗，不应有方所。"（《遗书》卷十一）这些论述都说明，"气"这个东西只是具体存在，是有生灭的；有生灭的气是不能造化万物的，能造化万物的"自是生气"，是活的气，这个活气已不是一般的气，实质已是"道"了。所以，用"气"作本体是不可以的。"气，形而下者。"(《遗书》卷三)"有形总是气,无形只是道。"(《遗书》卷六)这样,二程就否定了"气"的本体性,而换上了"所以气"的"道"或"理"。在这里,就从天地万物之所在、所然、所是的现象层面深入了其所以在、所以然、所以是的本体层面。"理"作为存在者之存在的本质是真实的。

第二是体之实。佛教将本体视为"不可言说"、"不可思议"、"非有非无"、"非常非断"的东西,从而将本体归之为空寂。针对本体空寂的倾向,二程强调"理"是实有其体。"理"虽然看不见,摸不着,没有形体,但它却绝不是空的,不是空无或虚无,它是有,是实实在在存在着的,即"天下无实于理者"(《遗书》卷三)。二程,特别是程颐,多次论述到"理"的真实不妄性,如说:"天理云者,这一个道理,更有甚穷已? 不为尧存,不为桀亡。人得之者,故大行不加,穷居不损。这上头来更怎生说得存亡加减? 是它元无少欠,百理俱备。"(《遗书》卷二上)"理则天下只是一个理,故推至四海而准。须是质诸天地,考诸三王不易之理。"(同上)"这个义理,仁者又看做仁了也,知者又看做知了也,百姓又日用而不知,此所以'君子之道鲜矣。'此个亦不少,亦不剩,只是人看他不见。"(同上)"冲漠无朕,万象森然已具。未应不是先,已应不是后。如百尺之木,自根本至枝叶,皆是一贯,不可道上面一段事无形无兆,却待人旋安排,引入来教人涂辙。既是涂辙,却只是一个涂辙。"(《遗书》卷十五)这些都说明,"理"是真实存在的;它虽然无形状、方所而超越了感性,但它却是理性世界中真真实实的存在。

第三是用之实。程颐说:"天下物皆可以理照。有物必有则,一物须有一理。"(《遗书》卷十八)"理"是天地万物存在之"则",是天地万物存在的所以然之故与所当然之则。既如此,这个"理"就要存在于和应存在于具体事物中,不是也绝不能是脱离开具体事物的孤家寡人。所以,在二程这里,这个"惟理为实"的"理"还要表现为"用"之实,即实有其用。二程曰:"实有是理,故实有是物;实有是物,故实有是用;实有是理,故实有是心;实有是心,故实有是事。是皆原始要终而言也。"(《河南程氏经说》卷八。以下简称为《经说》)这里所谓的"皆原始要终而言",说的就是"理"本体的作用问题。理学所要究的已不是"火热"、"水寒"、"天高"、"地深"之类的具体现象,而是要究"火之所以热"、"水之所以寒"(《遗书》卷十九),"天地之所以高深"(《遗书》卷十五)的本体问题。但这个"所以然"、"所以是"的"理"本体却是不能脱离开具体事物的,它要寓于具体事物中,这就叫"离了阴阳更无道;所以阴阳者是道也,阴阳气也。气是形而下者,道是形而上者"(《遗书》卷十五)。形而上的"道"或"理"要存在和表现于形而下的气中,这就是"理"的实际表现和作用。"理"的这种存在方式,就是"体"与"用"的关系,即体在用中,即体即用,体用一源。关于这个思想,程颐在《周易程氏传》的《易传序》和《易序》中有明确阐说。他说:"至微者理也,至著者象也。体用一源,显微无间。观会通以行其典礼,则辞无所不备。"(《周易程氏传·易传序》)"象"在此不仅指《易》六十四卦的卦象,也可以说是泛指世上一切有形有状有象的存在者;"理"不仅是指《易》象所蕴涵的道理,也指一切存在物所具有的所以然之"则"。因为具体的存在是有状有象的,故是至著的存在;而"理"则是无形无状无象的,是关于事物的法则或理则,故是至微的。所谓至著的"象"和至微的"理",只是就"象"和"理"的不同存在形式而言的,若就实际的存在性质、状态言,"理"与"象"本不可分,即世上没有没有"理"的"象",也没有没有"象"的"理",凡"象"总有其所以是的一面,这就是其"理";而凡"理"总有其所是、所然的表现,这就是其"象"的一面;"理"在"象"中,"象"中有"理",它们是一而二、二而一的存在总体,这就是程颐所作的经典概括:"体用一源,显微无间。"《河南程氏外书》中有一则材料说:"伊川自涪陵归,《易传》已成,未尝示人。门弟子请益,有及《易》书者,方命小奴取书箧以出,身自发之,以示,门弟子非所请,不敢多阅。一日出《易传序》示门弟子,先生[按:指尹焞,字彦明、德充,号和靖]受之归,伏读数日后见伊川。伊川问所见,先生曰:'某固欲有所问,然不敢发。'伊川曰:'何事也?'先生曰:'至微者理也,至著者象也。体用一源,显微无间,似大露天机也。'伊川叹美曰:'近日学者何尝及此?某亦不得已而言焉耳。'"(《外书》卷十二,引吕坚中所记尹和靖语)程颐讲"体用一源,显微无间",这到底泄露了什么"天机"呢?程颐认为,"这个义理,仁者又看做仁了也,知者又看做知了也,百姓又日用而不知,此所以'君子之道鲜矣'。"(《遗书》卷二上)这个"理"是无时不在、无处不在,并随感而应的,故它时时处处就存在和表现于一切具体存在中,即表现在"用"中。一般的老百姓就这样用着"理",但并不知道其中所以然的道理;实际上也用不着去知道这个道理,因为不知道道理时尚能自自然然地将"理"置于"用"中而使之"体用一源,显微无间",但一旦知道了其中的道理,就知道了什么是"理"或理是"什么",这反而就将"理"与"用"分割为二了,这倒不利于"理"一源式的存在和表现。所以说,尹焞认为伊川讲"体用一源,显微无间",是"太泄露天机"了。其实,程颐讲"体"与"用"的不同和统一,能使人们更清晰地认识和理解"体""用"一体,将"体"自觉地实现于"用"中。

"体"要存在、实现于"用"中,从而达到"体用一源,显微无间"。但"体"怎么样存在方能与"用"达到"一源"而"无间"呢? 对此,程颐在《周易程氏传·易序》中说:"散之在理,则有万殊;统之在道,则无二致。所以'《易》有太极,是生两仪。'太极者道也,两仪者阴阳也。阴阳,一道也。太极,无极也。万物之生,负阴而抱阳,莫不有太极,莫不有两仪,絪缊交感,变化不穷。形一受其生,神一发其智,情伪出焉,万绪起焉。"这里所说的"散之在理,则有万殊;统之在道,则无二致",就是"理一分殊"的原则和方法,就是"理"如何存在、表现于"用"中从而达到"体用一源,显微无间"的方式。"理"是个"一",是个总体和整体,当它处在"用"中时,没有也绝不可将自身瓜分开来而一部分一部分地处在"用"中,如果这样子的话"理"就死了,就根本不是与"用""一源"的"理"了,"理"是将自身整个儿地、囫囵地处在"用"中,故全天下的每一存在中均有一个"理"在,这就叫"散则万殊","统之一理"也。程颐在《河南程氏经说》卷一《易说·系辞》中说:"圣人作《易》,以准则天地之道。《易》之义,天地之道也,'故能弥纶天地之道。'弥,遍也;纶,理也。在事为伦,治丝为纶。弥纶,遍理也。遍理天地之道,而复仰观天文,俯察地理,验之著见之迹,故能'知幽明之故'。在理为幽,成象为明。'知幽明之故',知理与物之所以然也。原,究其始;要,考其终;则可以见死生之理。"这里论述的也是"理"的存在问题,即"理"在具体事物中,亦即"体"在"用"中,"体用一源,显微无间"矣。

二程从实有其本、实有其体、实有其用几个方面,阐发了"理"的本体、本原性。

其二,"天下只有一个理"。这说的是"理"的唯一性和绝对性。"理"

作为本体,它当然是自本、自根的和自因、自足的。所以,一提到"理"这种本体,其题中应有之义就是它是独一无二的,是唯一的,是绝对的。二程对"理"的这种唯一性、绝对性有明确认识,认为"天下只有一个理"(《遗书》卷十八),"万物皆只是一个天理"(《遗书》卷二上),"理则天下只是一个理"(同上),"万理归于一理也"(《遗书》卷十八)。程颐说:"天理云者,百理俱备,元无少欠,故'反身而诚'。"(《遗书》卷二上)又说:"'万物皆备于我',不独人尔,物皆然。都自这里出去,只是物不能推,人则能推之。虽能推之,几时添得一分? 不能推之,几时减得一分? 百理俱在,平铺放着。几时道尧尽君道,添得些君道多;舜尽子道,添得些孝道多? 元来依旧。"(同上)又说:"理则天下只是一个理,故推至四海而准。"(同上)

"天下只是一个理",这不仅表明"理"在外延上只有一个,是唯一的和绝对的;而且也表明"理"在内性上的"一"性,即不管是自然界的存在还是人类社会的存在,也还是人伦理行为的存在,都有一个一以贯之的"理"或"则"。也就是说,这个"理"是包罗一切的,它将自然世界和人文世界的存在和运动都统一了起来。当二程说所谓"理"不是关于"水寒"、"火热"、"天高"、"地深"之类的问题,而是关于"水之所以寒"、"火之所以热"(《遗书》卷十九)、"天地之所以高深"(《遗书》卷十五)的问题时,这个"理"显然指的是宇宙运行的"理"或"则",是宇宙运行的必然性问题。同时,二程,特别是程颐,还认为人类社会的运行与自然界一样有确定不移的"理""则"存在着。程颐说:"天理具备,元无少欠。不为尧存,不为桀亡。父子君臣,常理不易,何曾动来? 因不动,故言寂然。虽不动,感便通,感非自外也。"(《遗书》卷二上)"父子君臣,常理不易",人类社会的运行也是有不变"常理"的。程颐在《周易程氏传》中借疏解《周易》思想,在不少地方发挥了人类社会的"常理"思想。例如,《周易》履卦的卦象是兑下乾上,故《易传·象传》说此卦是"上天下泽"之象。程颐在疏解这一思想时说:"天在上,泽居下,上下之正理也。人之所履当如是,故取其象而为履。君子观履之象,以辨别上下之分,以定其民志。夫上下之分明,然后民志有定。民志定,然后可以言治。民志不定,天下不可得而治也。古之时,公卿大夫而下,位各称其德,终身居之,得其分也。位未称德,则君举而进之。……农工商贾勤其事，而所享有限，故皆有定志而天下之心可一。后世自庶士至于公卿，日志于尊荣，农工商贾日志于富侈，亿兆之心交骛于利，天下纷然，如之何其可一也？欲其不乱，难矣。此由上下无定志也。君子观履之象，而分辨上下，使各当其分，以定民之心志也。"君子观履之卦以定民志到底要观出个甚呢？这就是"天而在上，泽而处下，上下之分，尊卑之义，理之当也，礼之本也，常履之道也"（《周易程氏传·履》）。又如，《周易》艮卦的卦象是艮上艮下；艮，止也，引申为静止之意。对此，程颐发挥说："艮其止，谓止之而止也。止之而能止者，由止得其所也。止而不得其所，则无可止之理。……夫有物必有则，父止于慈，子止于孝，君止于仁，臣止于敬，万物庶事莫不各有其所，得其所则安，失其所则悖。圣人所以能使天下顺治，非能为物作则也，唯止之各于其所而已。"（《周易程氏传·艮》）父慈子孝、君仁臣敬，这就是天下的"可止之理"，是不可改变的常则。《周易》的坤卦是坤上坤下，《易传·象辞》在解说这一卦象时有"厚德载物，德合无疆"一语，程颐疏解此句时说："资生之道，可谓大矣。乾既称大，故坤称至。至义差缓，不若大之盛也。圣人于尊卑之辨，谨严如此。万物资乾以始，资坤以生，父母之道也。"（《周易程氏传·坤》）尊卑之辨是"大之盛也"，是有如乾始万物、坤生万物一样是绝对必然的。所以，二程认为，"天地生物，各无不足之理。常思天下君臣、父子、兄弟、夫妇，有多少不尽分处"（《遗书》卷一）。"夫天之生物也，有长有短，有大有小。君子得其大矣，安可使小者亦大乎？天理如此，岂可逆哉？"（《遗书》卷十一）总之，"父子君臣，天下之定理，无所逃于天地之间。"（《遗书》卷五）

同时，二程还认为，这种"理"又是神圣的道德律令，是人之为人的本性所在。孟子曾把人与禽兽相比较，认为人之所以为人就在于人有仁义礼智这些先天的质性，如果少了这些质性人与禽兽就一样了。人有仁义礼智的质性，且人能认识自己的这些质性，这样以来，人的此种质性就不仅仅是一种质性，而同时就成了人自觉自愿的一种行为原则，从而成为人的道德律令。二程在讲"理"时，也将它视为人的自觉自愿的行为准则，使其具有了道德律令的神圣性。二程曰："人之所以为人者，以有天理也。天理之不存，则与禽兽何异矣！"（《粹言》卷二）"天理"就是人的道德规范，是人之为人的人性表现。被后期中国封建社会视为神圣律条的"饿死事小,失节事大"的说教,就是二程将封建礼教予以道德化的结果。"又问:或有孤孀贫穷无托者,可再嫁否?曰:只是后世怕寒饿死,故有是说。然饿死事极小,失节事极大。"(《遗书》卷二十二)这种说教已成为后期中国封建社会对待妇女的一条神圣枷锁,已成为一条吃人不吐骨头的血迹斑斑的杀人之"理",这一点清代戴震已揭露批判过,此处不多说了。这里要说的是,二程说"饿死事小,失节事大",是在道德律令与人的功利行为的比较中来谈的,二者相比较,道德律令具有神圣性、绝对性、超功利性、无条件性等本质特性;这与孔子所讲的"杀身成仁"(见《论语·卫灵公》)和孟子所讲的"舍生取义"(见《孟子·告子上》)是同类的意思和作用。在道德律令和功利行为发生了冲突时,人当然应选择前者而牺牲后者,因为这样做时尚不失是一个人;而如果相反,虽然人把生命保住了,但这时的人已把自己降到了一般动物的水准,已不是一个人了,其生何益?!

在二程兄弟中,如果说程颐要将"理"或"天理"转化为人自觉自愿的道德行为的话,那么程颢则要将它提升为人的一种"自然"境界。程颢有言:"天地万物之理,无独必有对,皆自然而然,非有安排也。每中夜以思,不知手之舞之,足之蹈之也。"(《遗书》卷十一)"《诗》曰:'天生蒸民,有物有则。'……万物皆有理,顺之则易,逆之则难。各循其理,何劳于己力哉?"(同上)"服牛乘马,皆因其性而为之。胡不乘牛而服马乎?理之所不可。"(同上)可见,在程颢这里,"理"是一种自然而然的趋势;人如果依"理"而为,其"心"也就处在了一种无思无虑、自然而然的境界。程颢的"理"有"心"学的意味和倾向,与程颐的"理"已有间了。

总之,在二程处,"理"是包揽、贯通天地人的总体,"天下只有一个理",它是一切存在的根据、本体。

其三,"所以阴阳者是道也"。前面在谈二程关于"理"实有其用的思想时说过,二程的这个"理"作为本体并不是空的、虚的,它是实的;实的表现就在"用"上,即实有其用。程颐在《周易程氏传·易传序》中用"体用一源,显微无间"一语概括了"理"体用不二的实有其用之性。要讲"理"的作用,就一定离不开具体的存在,离不开具体的理,也离不开具体的气。所以,二程在谈"理"时,吸收了当时对具体事物认识的一些思想成果,特别是吸收了"气"说的一些成果,从阴阳和所以阴阳的角度阐发了"理"的存在和表现。

程颐说:"天下物皆可以理照。有物必有则,一物须有一理。"(《遗书》卷十八)有物就有则,有一物就有一物的理。那么,天下到底有多少物呢?又会有多少理呢? 回答当然是:物是无限的,故作为具体之物的理亦是无限的。二程当然没有也不会一个物一个物地去探究其理。他们探讨的是事物之所以然、所以是的一般的"理"、"则"。比如说:《周易》否卦的上九爻辞说"倾否,先否后喜"。程颐解释说:"上九,否之终也。物理极而必反,故泰极则否,否极则泰。上九否既极矣,故否道倾覆而变也。先极,否也;后倾,喜也。否倾则泰矣,后喜也!"(《周易程氏传·否》)这里解说、阐发的就是"物极必反"、"否极泰来"的道理。《易传·象传》解说否卦的上九爻辞说:"否终则倾,何可长也!"程颐疏解说:"否终则必倾,岂有长否之理? 极而必反,理之常也。"(同上)"极而必反",这就是天下的一个"常理"。与否卦相反的是泰卦,泰卦的九三爻辞说"无平不陂,无往不复,艰贞无咎。勿恤其孚,于食有福"《易传·象传》。解说这一句说:"无往不复,天地际也。"程颐疏解说:"无往不复,言天地之交际也。阳降于下,必复于上;阴升于上,必复于下;屈伸往来之常理也。因天地交际之道,明否泰不常之理,以为戒也。"(《周易程氏传·泰》)阴阳运动有上有下,有往有复,有屈有伸,这是天地间不易之"常理"。但这一个"常理"在人的行为中如何体现和表现,则不可贸然预言之,故这是"不常之理";人们只能根据阴阳之道、否泰之理来认识人生,切不可将其死板化和公式化。《周易》归妹卦的卦辞说"归妹,征凶,无攸利"。《易传·象传》解释说:"归妹,天地之大义也。天地不交而万物不兴。……"程颐解说:"一阴一阳之谓道。阴阳交感,男女配合,天地之常理也。……天地不交,则万物何从而生? 女之归男,乃生生相续之道。男妇交而后有生息,有生息而后其终不穷。"(《周易程氏传·归妹》)这说的是阴阳交感、男女之合的"天地之常理"。《周易》恒卦的卦辞说"恒,亨,无咎;利贞,利有攸往"。《易传·象传》解说此语曰:"恒亨,无咎,利贞,久于其道也。天地之道,恒久而不已也。利有攸往,终则有始也……"程颐疏解道:"天地之所以不已,盖有恒久之道。人能恒于可恒之道,则合天地之理也。天下之理,未有不动而能恒者也。动则终而复始,所以恒而不穷。凡天地所生之物,虽山岳之坚厚,未有能不变者也,故恒非一定之谓也,一定则不能恒矣。唯随时变易,乃常道也。"(《周易程氏传·恒》)这是说,天地之"恒"并不是固静不变的一定,这样的"恒"只能是死恒或恒死;真正的"恒"是处在生生不息变化过程中的恒,此即变或变易也,这就叫"唯随时变易,乃常道也"。这些引述说明,二程,特别是程颐,从"有物必有则"的原则出发,对体现、蕴涵在具体事物中的"理"作了探讨,从而概括性地揭示了天地万物存在的一些"理"或"道"。这些"理"或"道"就是"天下只是一个理"的总体之"理"的存在方式。

可见,"理"的存在是要依赖和结合具体事物的,绝不可将其光秃秃地孤立化。正因为如此,二程在谈他们自家所体贴出来的"理"时,却对当时以张载为代表的"气"论思想作了吸收,进一步用以说明"理"的表现和存在方式。前面我们说过,以"气"作为本体,二程是坚决反对的,关键原因就在于"气"是一种具体的物质形态,是处在生灭变化中的东西,即"凡物之散,其气遂尽,无复归本原之理"(《遗书》卷十五)。所以,二程以"理"或"天理"、"道"为本体。但在谈到"理"的存在、作用时,二程并不反对"气",认为"理"要借助、依赖于"气"才能存在和作用。故程颐说:"离了阴阳更无道,所以阴阳者是道也。阴阳,气也。气是形而下者,道是形而上者。形而上者则是密也。"(《遗书》卷十五)"'一阴一阳之谓道',此理固深,说则无可说。所以阴阳者道,既曰气,则便是二。言开阖,已是感,既二则便有感。所以开阖者道,开阖便是阴阳。"(同上)"道"或"理"在哪里?原来就在阴阳之气中,即"一阴一阳之谓道"也,故"离了阴阳更无道"。"道"或"理"在阴阳中,这只是它的存在方式,但终究"道"或"理"与阴阳有质的不同,如果说阴阳作为具体的气是一种所然、所是的话,那么"道"或"理"则是"所以阴阳者",即阴阳之为阴阳的"理""则"所在。所以二程一再说:"有形总是气,无形只是道"(《遗书》卷六),不可将"气"与"道"混为一谈。"道"与"气"虽然有本质的不同,"道"能作本体而"气"则不能;但作为本体的"道"或"理"的存在却离不开"气"。程颢说:"气外无神,神外无气。或者谓清者神,则浊者非神乎?"(《遗书》卷十一)这里的这个"神"就是指"道"或"理",是就其"所以然"的作用而言的,即"化之妙者,神也";"所以运动变化者,神也。神无方。"(同上)"神"就是"道"或"理"在阴阳中所起的神妙、神奇之作用。这个"神"的表现当然要在阴阳气中,即"气外无神,神外无气";但"神"与"气"毕竟不同。总之,二程严格区分了"理"与"气"的不同,以"理"为本、为体;但本体"理"的现实存在却不可脱离开"气"。

张载有一个很重要的思想,就是"一物两体,气也"(《正蒙·参两篇》),这揭示了"气"本身相反相成、对立统一的本性、本质。"气"正是在其自身"有一无"性的推动下才能自我存在和自我打开,故才能自本自根、自因地存在,才是本体。所以我们在讲张载"气"论思想时说,张载的"气"是在宇宙生成论形式中表达的关于宇宙本体论的内容。二程现在将张载的"气"改造成为"理",且将"气"作为"理"存在的材料,这样,他们就将张载"气"论中的"一物两体"思想转化成了"理"的存在本性、本质,使"理"也赋上了"有、无"性本性。二程有言:"天地万物之理,无独必有对,皆自然而然,非有安排也。"(《遗书》卷十一)"万物莫不有对,一阴一阳,一善一恶,阳长则阴消,善增则恶减。斯理也,推之其远乎? 人只要知此耳。"(同上)"道无无对,有阴则有阳,有善则有恶,有是则有非,无一亦无三。"(《遗书》卷十五)"天地之间皆有对,有阴则有阳,有善则有恶。"(同上)"一二合而为三,三见则一二亡,离而为一二则三亡。既成三,又求一与二;既成黑,又求黄与白,则是不知物性。"(同上)"如天地阴阳,其势高下甚相背,然必相须而为用也。有阴便有阳,有阳便有阴,有一便有二。才有一二,便有一二之间,便是三,已往更无穷。老子亦曰:'三生万物'。此是生生之谓易。理自然如此。"(《遗书》卷十八)这些论述清楚地表明,在二程看来,天下的事事物物皆是"无独必有对"的,即均有相反相成的本性,这就叫"有一便有二,才有一二,便有一二之间,便是三"了;就这样,事物都在自身的矛盾推动下发生着生生不息的变化,即"物极必反"(《遗书》卷十五)、"事极则反"(《周易程氏传·大畜》)、"理当必变"(《粹言》卷一)也。一句话,事事物物均在自身矛盾本性的推动下处在生生不息的变化中。从作为万物存在之本的"理"来说,"理"自身就是"有、无"性的。二程给"理"赋予"有、无"性本性,这是在周敦颐"无极而太极"说、邵雍"一分为二,二分为四……"的"先天象数"说、张载"一物两体"说等思想基础上对宋明理学"理"本体的建构所作出的重大贡献。

这里顺便说一个问题,即如何看待二程关于封建等级秩序不变性的问题。二程承认变的永恒性。但一旦说到封建社会的统治秩序和纲常准则,他们则认为不变和不可变。如说:"父子君臣,天下之定理,无所逃于天地之间。"(《遗书》卷五)他们并把这种秩序上升为一般的哲学原则,认为"中者,只是不偏,偏则不是中。庸只是常,犹言:中者是大中也,庸者是定理也。定理者,天下不易之理也,是经也"(《遗书》卷十五)。如何看待二程的这些思想? 以往人们总说这是其思想落后、反动的表现,是形而上学的归宿,即将辩证法思想窒息在了形而上学的不变论中,云云。我却以为,二程这样讲与其承认矛盾和变的辩证法思想并不矛盾,也谈不上其思想的反动、保守与否。因为,封建社会之作为封建社会,自有其"质"的表现;如果将封建的秩序伦常变了,就等于将封建社会的"质"变了,这还有封建社会吗? 作为一个封建社会的思想家,不自觉来维护这个社会,而要想方设法地去使这个社会发生质变,得乎? 可乎? 进步乎? 倒退乎?

2.对人世伦常的"理"化提升

二程"理"范畴的提出,对宋明理学的理论建构有根本性的奠基意义。但有了这个"理"后,还有更重要的工作要作,这就是对"理"的自觉执行和把握,即对"理"的自觉认识和自愿践履,否则的话"理"虽然已经建立起来但却仍起不了本体的作用。这方面的工作就是对人世伦常作"理"化提升,也就是人进一步对"理"或"天理"的认识和执行。二程在此方面也作了很重要的工作。

其一,关于"格物致知"的认识方式。要将人世伦常提升到"天理"的地位并自觉地实践之,这首先要知道什么是"理"或"天理"。而要知道"理",就要从众理入手,从众理中把握一"理"。这个方法就是二程的"格物致知"说。

"格物致知"是《礼记·大学》讲的。《大学》原是《礼记》中一篇,唐代韩愈、李翱重视它,至二程则将它提升至"经书"地位。二程说:"《大学》,孔子之遗言也。学者由是而学,则不迷于入德之门也。"(《粹言》卷一)从《大学》怎样进入"入德之门"呢? 二程说:"学莫大于知本末终始。致知格物,所谓本也,始也;治天下国家,所谓末也,终也。治天下国家,必本诸身。其身不正,而能治天下国家者,无之。格犹穷也,物犹理也,若曰穷其理云尔。穷理然后足以致知,不穷则不能致也。"(同上)"格物,适道之始,思所以格物而已近道矣。是何也? 以收其心而不放也。"(同上)"《大学》于诚意正心皆言'其道',至于格物则不言,独曰'物格而后知至',此盖可以意得,不可以言传也。自格物而充之,然后可以至于圣人;不知格物而欲意诚心正而后身修者,未有能中于理者也。"(同上)可见,这个"入德之门"就是"格物致知"。二程以为,"格犹穷也,物犹理也",所谓"格物"就是去穷理,即从事事物物上去穷究其中的"理"。二程讲到:

　　或问:学必穷理。物散万殊,何由而尽穷其理? 子[按:即二程]曰:诵诗书,考古今,察物情,揆人事,反复研究而思索之,求止于至善,盖非一端而已也。又问:泛然,其何以会而通之? 子曰:求一物而通万殊,虽颜子不敢谓能也。夫亦积习既久,则脱然自有该贯。所以然者,万物一理故也。(《粹言》卷一)

　　凡一物上有一理,须是穷致其理。穷其理亦多端,或读书讲明义理,或论古今人物,别其是非,或应接事物,而处其当,皆穷理也。(朱熹《近思录》卷三《格物穷理》载程颐语)

　　格物穷理,非是要尽穷天下之物,但于一事上穷尽,其他可以类推。至如言孝,其所以为孝者如何,穷理如一事上穷不得,且别穷一事,或先其易者,或先其难者,各随人深浅,如千蹊万径,皆可适国,但得一道入得便可。所以能穷者,只是万物皆是一理,至如一物一事,虽小,皆有是事。(《遗书》卷十五)

　　物理须是要穷。若是天地之所以高深,鬼神之所以幽显。若只言天只是高,地只是深,只是己辞,更有甚? (同上)

　　人要明理,若止一物上明之,亦未济事,须是集众理,然后脱然自有悟处。然于物上理会也得,不理会也得。(《遗书》卷十七)

　　或问："进修之术何先？"曰："莫先于正心诚意。诚意在致知，致知在格物。格，至也，如'祖考来格'之格。凡一物上有一理，须是穷致其理。穷理亦多端；或读书，讲明义理；或论古今人物，别其是非；或应接事物而处其当，皆穷理也。"或问："格物须物物格之，还只格一物而万理皆知？"曰："怎生便会该通？若只格一物便通众理，虽颜子亦不敢如此道。须是今日格一件，明日又格一件，积习既多，然后脱然自有贯通处。"(《遗书》卷十八)

　　问："格物是外物，是性分中物？"曰："不拘。凡眼前无非是物，物物皆有理。如火之所以热，水之所以寒，至于君臣父子间皆是理。"又问："只穷一物，见此一物，还便见得诸理否？"曰："须是遍求。虽颜子亦只能闻一知十，若到后来达理了，虽亿万亦可通。"(《遗书》卷十九)

可以看出，二程的"格物致知"思想有如斯要点：一是格物就是穷理，即要知道"火之所以热，水之所以寒"，以及君臣父子间的"道"；二是格物的范围是很广泛的，从读书明理到讲问品评再到应接物事，都属于格物；三是格物是个知识、思想积累的过程，须要"今日格一件，明日又格一件"地积习之，不会只见一物就能得到"理"；四是格物的过程是从量的积累到质的飞跃，即在积习既久的基础上"脱然自有贯通处"，这时才可明白天下众理，也才可将众理聚于一理而得到一个唯一、绝对的"理"或"天理"。这时，这个"理"已超越了感官知觉的"闻见之知"，而进入了不假见闻的"德性之知"，即"心之所感通者，只是理也。知天下事有即有，无即无，无古今前后。至如梦寐皆无形，只是有此理。若言涉于形声之类，则是气也"(《遗书》卷二下)。到了这时，"格物致知"的认识论就与道德修养的功夫论一致了。其实，在宋明理学中，没有纯粹的认识论，理学家讲认识问题，并不是为了认识事物而认识之，而是为了明白事物存在的所以然之理，并将事物存在之理与人世伦常之理统贯之，所以理学的认识论总要落实在心性论、道德修养论上。二程亦是。

　　其二，"涵养用敬"的修养功夫。程颐说："一草一木皆有理，须是察。"(《遗书》卷十八)而察一草一木之理的目的则是为了明白"万物皆是一个理"(《遗书》卷二上)、"天下只有一个理"(《遗书》卷十八)的"理",即"天理"。那么,明白这个"理"或"天理"的目的又何在呢? 当然是要按"理"来行为,即要将这个"理"贯彻、落实在行动上,要自觉自愿地实践之。所以,在二程的"理"论中,本来就有个知与行的统一问题,也有个认识方法与修养功夫相统一的问题。

谈到修养问题,这就有个修养什么、怎么修养、修养要达到什么目标和结果等问题;而这一系列问题又都与修养的根据有关,即人之所以要修养、能修养的根据何在? 倘若修养没有根据,说修养就是一句空话。二程认为,人之所以要修养和能修养,当然是有根据的,这个根据就在人性。人有什么"性"呢? 二程曰:

> 生之谓性,性即气,气即性,生之谓也。人生气禀,理有善恶,然不是性中元有此两物相对而生也。有自幼而善,有自幼而恶,是气禀自然也。善固性也,然恶亦不可不谓之性也。盖生之谓性,"人生而静"以上不容说,才说性时,便已不是性也。凡人说性,只是说"继之者善者也",孟子言人性善,是也。夫所谓继之者善也者,犹水流而就下也。皆水也,有流而至海,终无所污,此何烦人力之为也。有流而未远,固已渐浊;有出而甚远,方有所浊;有浊之多者,有浊之少者;清浊虽不同,然不可以浊者不为水也。如此,则人不可以不加澄治之功。故用力敏勇则疾清,用力怠缓则迟清。及其清也,则却只是元初水也。亦不是将清来换却浊,亦不是取出浊来置在一隅也。(《遗书》卷一)

> 在天为命,在义为理,在人为性,主于身为心,其实一也。心本善;发于思虑,则有善有不善。若既发则可谓之情,不可谓之心。(《遗书》卷十八)

> 孟子言人性善是也;虽荀扬亦不知性也。孟子所以独出诸儒者,以能明性也,性无不善;而有不善者,才也。性即是理,理则自尧舜至于涂人一也。才禀于气,气有清浊,禀其清者为贤,禀其浊者为愚。(同上)

> 性出于天;才出于气,气清则才清,气浊则才浊。……譬犹木焉,曲直者,性也;可以为轮辕,可以为梁栋,可以为榱桷者,才也。才则有善

与不善,性则无不善。(《遗书》卷十九)

论性不论气不备,论气不论性不明。二之则不是。(《遗书》卷六)

在二程看来,人性本有两重或两种,一是"性即理也"(《遗书》卷二十二上)之性,这个性是从"理"或"天理"来的,即"在天为命,在义为理,在人为性,主于身为心,其实一也"。就是说,万物和人的存在都是得之于天道即"天理"的,从万物及人所得的"天理"说就叫"性",而从"天理"之付于万物及人来说则谓之"命",故"命"与"性"实则是一样的。由于人的"性"是"天命"即"天理"在人身上的存在和表现,故这种人"性"是善的。程颢说:"言天之自然者,谓之天道;言天之付与万物者,谓之天命。德性者言性之可贵,与言性善其实一也。"(《遗书》卷十一)正因为这样,人的本性是善的,"自性而行皆善也,圣人因其善也,则为仁义礼智信以名之"(《遗书》卷二十五)。另一则是气禀之性,即"气有清浊,禀其清者为贤,禀其浊者为愚"(《遗书》卷十八)、"有自幼而善,自幼而恶,是气禀有然也"(《遗书》卷一)。这是人的后天之性,由于禀气的清浊不同,就有了贤愚、善恶之分。二程与张载一样,都明确将人性分为两种,承认人按本然之性来说是"天理"、"天命"之在人身上的表现,故善,而按人的后天生存言则人性有善有不善。这种性、才之分,是对先秦以来儒家人性论的重大贡献。

二程论性有比张载进一步的地方。张载说"形而后有气质之性,善反之则天地之性存焉。故气质之性,君子有弗性者焉"(《正蒙·诚明篇》)。这是将"天地之性"与"气质之性"同时视为人所固有的。二程则从"理"本体出发阐发了人所具有的义理之性和气禀之性的必然性。"理"作为本体从来就不是纯粹空洞的,它自身是"有、无"性的,所以当这个"理"或"天理"表现在人身上成为人之"性"时,理所当然,人性就有了善与恶的两个方面,绝不是只善或只恶。二程曰:"天下善恶皆天理。谓之恶者非本恶;但或过或不及便如此,如杨墨之类。"(《遗书》卷二上)"事有善有恶,皆天理也。天理中,物须有美恶。"(同上)"万物莫不有对,一阴一阳,一善一恶,阳长则阴消,善增则恶减。斯理也,推之其远乎?人只要知此耳。"(《遗书》卷十一)"天地间皆有对,有阴则有阳,有善则有恶。"(《遗书》卷十五)这都说明,有阴有阳、有善有恶,皆是"理"或"天理"的本性、本质;也同时是人"性"的本性、本质。这就从本体论的高度论述了人"性"的两种存在。在论述张载的人性思想时我们说过,张子的"天地之性"和"气质之性"说是对先秦儒家人性思想的发展与完善,是有功于圣门的。二程则从本体论的高度和意义上进一步论证了人性的两重性,也是有功于圣门的。

人性中既然有义理之性和气禀之性这样两种属性,所以人的修养就有了可靠的根据,即修养既是可能的也是必要的。因为人性中本有天地之性,这就有了为善的可能、根芽,所以人才可以为善,人才能学好,圣人的教化也才可以起作用;如果人性中天生就没有为善的可能性,即使尧舜复生来教化人,也压根不可能使人学好。这,就是人进行修养的可能性所在。又因为人性中有气禀之性,人有学坏、变恶的可能性;如果不加强修养,放任自流,以人的欲望为转移,就会成为恶人、坏人。这,就是人进行修养的必要性所在。人进行修养既有可能性又有必要性,所以人修养就是必然的。

人必定要进行道德方面的修养。那么,又如何来修养呢?二程实际上讲了两种修养的方式、方法:一种是知识,另一种是功夫。前者就是知行统一,即在知先行后、重视知基础上的知与行的一致。后者乃是一种道德的自觉践履。二程认为,"致知,但知止于至善,为人子止于孝,为人父止于慈之类,不须外面只务观物理"(《遗书》卷七)。致知的目标、目的在"止于至善",即做到父慈子孝、君仁臣忠,这就是做人和为人,而不是只知道一些物理之事。故二程致知的目的、目标在道德修养上。人在自己的道德修养过程中之所以要致知求"理",主要是为了增强自己道德修养的自觉性和自愿性。二程说:"不致知,怎生行得?勉强行者,安能持久?除非烛理明,自然乐循理。"(《遗书》卷十八)在明"理"的情况下,人就有信心和决心来"乐循理",即乐于按"理"来行为之,这就将自觉的认识(知)转化为了自觉的行动(行)。程颐曰:"知至则当至之,知终则当遂终之。须以知为本。知之深则行之必至。无有知而不能行者。知而不能行,只是知得浅。饥而不食乌喙,人而不蹈水火,只是知。人不为善,只为不知。"(《遗书》卷十五)饥而欲食,这是人的自然本能,但人并不是在饥饿时什么都去吃,例如乌喙人就不会去吃,因为人知道它有毒,是食不得的;人要去某地是一定要走路的,但人绝不会因要走路而向水里、火里跳,因为蹈水踏火是危及到人生命的。同样地,人不可因自然之性而害了义理之性,因为人知道自己如果仅依自然之性来行为就与禽兽无异了。正是在对人性即"天理"体认的前提下,人才能自觉地按"天理"行为。所以,程颐认为"穷理尽性至命,只是一事。才穷理便尽性,才尽性便至命"(《遗书》卷十八)。这就将知与行统一起来,这种统一本身就含有道德修养的意义。

但知和行毕竟是两码事。知道了该事件的道理,固然能增强做该事的自觉自愿性,但终究是否实际去做,不只是一个"知"所能完全决定的;有时人是知道关于某事的道理的,但因某种目的、情感等因素人就是不想去做和没有去做某事。所以,要真正地将知与行统一起来,要将知转化为人自觉自愿的行为,其中还有个道德修养问题,即重在锻炼和提高人的主体性的意志性和力量,以一种"绝对命令"的主体意志力来践履人的伦理道德要求。二程对此极为重视,非常强调社会道德的自我修养,而修养的要害就是"涵养用敬"。程颐说:"涵养须用敬,进学则在致知。"(《遗书》卷十八)涵养就是包涵和修养,这是用意志来控制情绪的功夫;而此种涵养功夫的获得是要靠"敬"的。那么,究竟如何来用"敬"以达到涵养呢? 程颐指出:

> 学者先务,固在心志。有谓欲屏去闻见知思,则是"绝圣弃智"。有欲屏去思虑,患其纷乱,则是须坐禅入定。如明鑑在此,万物毕照,是鑑之常,难为使之不照。人心不能不交感万物,亦难为使之不思虑。若欲免此,唯是心有主。如何为主? 敬而已矣。有主则虚,虚谓邪不能入。无主则实,实谓物来夺之。今夫瓶罌,有水实内,则虽江海之浸,无所能入,安得不虚? 无水于内,则停注之水不可胜注,安得不实? 大凡人心不可二用,用于一事,则他事更不能入者,事为之主也。事为之主,尚无思虑纷扰之患,若主于敬,又焉有此患乎? 所谓敬者,主一之谓敬。所谓一者,无适之谓一。且欲涵泳主一之义,一则无二三矣。言敬,无如圣人之言。《易》所谓"敬以直内,义以方外",须是直内,乃是主一之义。至于不敢欺、不敢慢、尚不愧于屋漏,皆是敬之事也。但存此涵养,久之自然天理明。(《遗书》卷十五)

问："敬还用意否？"曰："其始安得不用意？若能不用意，却是都无事了。"又问："敬莫是静否？"曰："才说静，便入于释氏之说也。不用静字，只用敬字。才说著静字，便是忘也。孟子曰：'必有事焉而勿正，心勿忘，勿助长也。'必有事焉，便是心勿忘；勿正，便是勿助长。"（《遗书》卷十八）

昔吕与叔尝问为思虑纷扰，某答以但为心无主，若主于敬，则自然不纷扰。譬如以一壶水投于水中，壶中既实，虽江湖之水不能入矣。曰："若思虑果出入正，亦无害否？"曰："且如在宗庙则主敬，朝廷主庄，军旅主严，此是也；如发不以时，纷然无度，虽正亦邪。"（同上）

在程颐看来，人的心就像镜子一样，镜子的本性是毕照万物，如果不让镜子去照万物是不可能的，这时的镜子也就不是镜子了；心亦然，人心天生就能交感于万物，就能思虑和要思虑，如果硬不让心交感、思虑，心就不是心了。但是，心在交感、思虑之时往往会因外物的影响而欲望化、情感化，这就严重影响了人的义理之性的作用，所以就要人为地来控制心的交感、思虑作用，而控制的办法就是"唯是心有主"；如何"主"？"敬而已矣"，即突出一个"敬"字。什么又是"敬"？"主一之谓敬"，而"所谓一者，无适之谓一"。这就是说，要使意志力高度集中在某一方面，使心无可旁骛地专于某一点，以之训练和锻炼心的专一性、恒久性、主体性和力量性，从而达到对人世伦常的自觉自愿地执行、践履。这就很明显，程颐所讲的"敬"与佛教所讲的坐禅入定的"静"是根本不同的。"静"是入定，是要断除念虑知觉的，即要达到四大皆空；这样一来，人实际上就成了活死人，根本没有什么修养可言了。"敬"就不同，它不是要断除人的知觉思虑，作为一个活生生的现实之人，本来就在知觉思虑中存在着，但问题是不要随便地乱知觉、乱思虑，不要心随欲转而泯灭掉了人的本然善性，而要在正常的知觉思虑中保持住并发扬光大人的本然善性，这就要让心"主一"，就是"敬"。程颐举例说，人有了"敬"就像瓶器中注满了水一样，注满了水的瓶器是不会再接受别的水注入的，因为它心实有主矣；心亦然，有了"敬"的心就有了主心骨，就能自觉防止和抵御外来的欲望干扰，就能使人始终一贯地按人世伦常的要求来行为。

可见,这种"敬"就是一种崇敬、敬畏的心理和意志力,这里不仅有对"义"舍生求取的意志力,同时还有对"仁"自觉实施的情感力,是融"义"和"仁"为一体的丰满而实在的道德修养方式。所以,从"敬"出发就把对人世伦常的自觉认识(知)转化成了自觉实践(行),这就是修养功夫。

有了对人世伦常的自觉认识(知),又有了对它"主敬"的自觉践履,这可以说一个人的修养就到家了,修养的目的、目标也就达到了。但这只是对个体而言的,是个体所应当做的。一旦和社会条件、社会环境结合起来看,情况就复杂得多了,不是只谈个人道德修养就能解决的问题。那么,面对复杂、多变,往往夹杂着政治斗争的社会现实,人该如何办?即如何将人的个人修养与社会现实结合起来呢?在此方面二程兄弟有了不同的思想主张和分野。程颢主张识仁定性的自然境界论,而程颐则主张"安于义命"的处世论。程颢的自然境界论我们下面再说。这里先看看程颐"安于义命"的思想。

首先,安于义命是一种生活态度。程颐有言:"居来济之极,非得济之位,无可济之理,则当乐天顺命而已。若否终则有倾,时之变也;未济则无极而自济之理,故止为未济之极,至诚安于义命而自乐,则可无咎。……人之处患难,知其无可奈何,而放意不反者,岂安于义命者哉!"(《周易程氏传·未济》)又说:"虽在困穷艰险之中,乐天安义,自得其说(悦)乐也。时虽困也,处不失义,则其道自亨,困而不失其所亨也。能如是者,其唯君子乎!"(《周易程氏传·困》)又说:"君子当困穷之时,既尽其防虑之道而不得免,则命也。当推致其命,以遂其志。知命之当然也,则穷塞祸患不以动其心,行吾义而已。苟不知命,则恐惧于险难,陨获于穷厄,所守亡矣,安能遂其为善之志乎?"(同上)又说:"命谓正理,失正理为方命,故以即命为复也。方,不顺也。"(《周易程氏传·讼》)这是说,在困苦艰难之时,君子要安于义命,要顺命,要安时应变,不可妄动。故程颐曰:"凡处难者,必在乎守贞正。设使难不解,不失正德,是以吉也。若遇难而不能固其守,入于邪滥,虽使苟免,亦恶德也,知义命者不为也。"(《周易程氏传·蹇》)

其次,安于义命要谦下处事。面对艰难不利的局面,人除了要安于义、顺于命之外,在实际处事时就要谦下以待。程颐在解释《易·谦卦》时说:

"有其德而不居,谓之谦。人以谦巽自处,何往而不亨乎?……君子志存乎谦巽,达理,故乐天而不竞;内充,故退让而不矜。安履乎谦,终身不易。自卑而人益尊之,自晦而德益光显,此所谓君子有终也。在小人则有欲必竞,有德必伐,虽使勉慕于谦,亦不能安行而固守,不能有终也。"(《周易程氏传·谦》)程颐又说:"求安之道,唯顺与巽。若其义顺正,其处卑巽,何处而不安!"(《周易程氏传·渐》)又说:"君子之进,自下而上,由微而著,跬步造次,莫不有序。"(同上)总之,在危难艰贞时君子要谦下以处,不可冒进造次。

再次,安于义命要权变从事。安于义命就要谦下处事,但如何谦下呢?这并不是时时处处都唯唯诺诺做奴才,而是要懂得权变。程颐指出:"如二,可谓见机而作者也。夫子因二之见机,而机言知几之道,曰:'知几其神乎!……君子见几而作,不俟终日。……'夫见事之几微者,其神妙矣乎!……所谓几者,始动之微也,吉凶之端可先见而未著者也。……君子明哲,见事之几微,故能其介如石,其守既坚,则不惑而明,见几而动,岂俟终日也?……君子见微则知彰矣,见柔则知刚矣,知几知是,众所仰也。"(《周易程氏传·豫》)君子慎于审时而知机变,即能知几而行。程颐又说:"君子之道,为众所随,与己随于人,及临事择所随,皆随也。随得其道,则可以致大亨也。凡人君之从善,臣下之奉命,学者之徙义,临事而从长,皆随也。""君子之道,随时而动,从宜适变,不可为典要,非造道之深,知几能权者,不能与于此也。""君子观象,以随时而动。随时之宜,万事皆然。"(《周易程氏传·随》)这里所说的"不可为典要",就是指不要不看时机而死板为之,而要"随时而动,从宜适变"。程颐在解说《恒》卦时说:"夫所谓恒,谓可恒久之道,非守一隅而不知变也。……一定则不能常矣。"(《周易程氏传·恒》)只守一隅而不知机变者,是趟进了死胡同,是不可恒久的;只有知机权变者方能久长。程颐在释《艮》卦之九三爻辞时说:"行止不能以时,而定于一,其坚强如此,则处世乖戾,与物睽绝,其危甚矣。人之固止一隅,而举世莫与宜者,则艰蹇忿畏,焚挠其中,岂有安裕之理?"(《周易程氏传·艮》)不守一隅,唯变所适,知机权变,乃长久处世之道。

最后,安于义命还要进德修业。面对艰贞不利的时局,君子究竟何去何从？从孔子始，儒家就有发愤图强、积极进取的入世精神和情怀。孔子要"弘道"，要"知其不可而为之"（《论语·宪问》），孔子说他自己就是个"发愤忘食，乐以忘忧，不知老之将至"（见《论语·述而》）的人。后世学者以孔子为榜样，积极进取，进德修业，从而实现自己的生活价值。程颐也以一种积极入世的儒家情怀，主张在处世时要进德修业，绝不可消沉下去而醉生梦死地过一生。程颐在解说《易》时，在不少地方发挥了进德修业的思想。如说："圣人在下，虽已显而未得位，则进德修业而已。"（《周易程氏传·乾》）"君子观《升》之象，以顺修其德，积累微小，以至高大也。……学业之充实，道德之崇高，皆由积累而至。"（《周易程氏传·升》）"学术道德，充积于内，乃所畜之大也"，"人之蕴畜，宜得正道"；"若夫异端偏学，所畜至多，而不正者，固有矣。"（《周易程氏传·大畜》）"人之蕴畜，由学而大。在多闻前古圣贤之方与行，考迹以观其用，察言以求其心，识而得之，以畜成其德。"（同上）君子要以古圣前贤为榜样，安时处顺，见机而作；并要时时不忘进德修业，以成就自己的圣贤人格。

以上就是程颐主张的"涵养用敬"的修养之道。他谈的安于义命的人生哲学，也就是一种道德修养。人们在谈到程颐的这种道德修养方法，特别在说到他安于义命的处世之道时，总要指出其中的权变成分和消极性，并说这种思想为后世随风转舵的阴谋者张了目。我看则未必。赤箭青芝，在庸医手中也可杀人；败鼓之皮，在良医手中足以治病。从学术思想上讲，程颐讲的是一种人世伦常之"理"，没有什么不对；至于为后世人所用，那就是别的问题了。

其三，识仁定性的自然境界。二程兄弟都主张"用敬"修养，主张在日常行为中体认"天理"；但关于修养的效果、结果，兄弟二人并不相同。程颐要成就的是圣贤人格，他把这种"人格"当作一种神圣的"理""则"来对待之。而程颢所成就的则是一种圣贤气象，他把所体认的"天理"转化为一种自然而然的境界，并以和气的容颜表现出来。二程说："仲尼，元气也；颜子，春生也；孟子并秋杀尽见。仲尼无所不包，颜子示'不违如愚'之学于后世，有自然之和气，不言而化者也。孟子则露其才，盖亦时然而已。仲尼，天地也。颜子，和风庆气也。孟子，泰山岩岩之气象也。观其言皆可以见之矣。"(《遗书》卷五)圣人的气象是其道德修养的表现。二程这里谈的是孔、颜、孟的气象。其实,他们二人就表现为不同的气象。《河南程氏外书》有载:"明道先生每与门人讲论,有不合者,则曰:'更有商量。'伊川则直曰:'不然。'"(《外书》卷十一)"明道犹有谑言,若伊川则全无。问:如何谑语?曰:明道闻司马温公解《中庸》,至'人莫不饮食,鲜能知味'有疑,遂止。笑曰:我将谓从'天命之谓性'便疑了。伊川直是谨严,坐间无问尊卑长幼莫不肃然。"(《外书》卷十二引《震泽语录》)"伯淳谓正叔曰:'异日能尊师道是二哥。若接引后学,随人才成就之,则不敢让。'"(《外书》卷十二引《上蔡语录》)程颐在《明道先生行状》中说:"视其[按:指程颢]色,其接物也,如春阳之温。听其言,其入人也,如时雨之润。""先生[按:指程颢]接物,辨而不间,感而能通。教人而人易从,怒人而人不怨。"(《河南程氏文集》卷十一)程颐完全是一副严肃庄重、恭直威严的形象;而程颢则是一团和气、笑容可掬、和蔼可亲的形象。二兄弟这种不同的形象恰恰体现了其道德修养的不同结果。表现在对他们自家所体贴出来的"天理"的把握上,程颐则是以"理"为一种化外出去的、已与宇宙存在同等的、神圣的必然性力量,这就是以"理"为"则",即将人世伦常升华到了宇宙必然的地位;而程颢则以"理"为一种意境和境界,"理"已与他的主体"我"合而为一,已转化为"我"存在的自然行为。可见,如果说程颐建构的是"理"本体的话,程颢则建构的是"心"本体。

早在他们体贴"天理"时,两兄弟对"理"的体认就不同。如果说程颐所体认的"天理"就是一切存在的所以然、所以是的必然之"则"的话,那么程颢所体认的"天理"则是一切存在自然而然的趋势或形势之"势"。程颢有言:"天地万物之理,无独必有对,皆自然而然,非有安排也。每中夜以思,不知手之舞之,足之蹈之也。"(《遗书》卷十一)"《诗》曰:'天生蒸民,有物有则。'……万物皆有理,顺之则易,逆之则难。各循其理,何劳于己力哉?"(同上)"夫天之生物也,有长有短,有大有小。君子得其大矣,安可使小者亦大乎?天理如此,岂可逆哉?"(同上)"服牛乘马,皆因其性而为之。胡不乘牛而服马乎?理之所不可。"(同上)《河南程氏遗书》卷二上还有一条说:"万物只是一个天理,己何与焉?至如言'天讨有罪,五刑五用哉;天命有德，五服五章哉'，此都只是天理自然当如此，人几时与；与则便是私意。有善有恶，善则理当喜，如五服自有一个次第，以章显之。恶则理当怒，彼自绝于理，故五刑五用，曷尝容心喜怒于其间哉？"（《遗书》卷二上）这一条没有标明是程颢之语还是程颐之语。但《上蔡语录》上有谢良佐言："所谓格物穷理，须是认得天理始得。所谓天理者，自然的道理，无毫发杜撰。今人乍见孺子将入于井，皆有怵惕恻隐之心。方乍见时，其心怵惕，即所谓天理也。要誉于乡党朋友，纳交于孺子父母，恶其声而然，即人欲耳。……任私用意，杜撰用事，所谓人欲肆矣。……所谓天者，理而已。只如视听动作，一切是天。天命有德，便五服五章；天讨有罪，便五刑五用。浑不是杜撰做作来。学者只须明天理是自然的道理，移易不得。……明道尝曰：'吾学虽有所受，天理二字，却是自家拈出来。'"这段是讲述程颢思想的。结合此段来看，《遗书》卷二上的那一条当为程颢语。从程颢的这些论说可以看出，他认为"理"或"天理"是一种自然的趋势；这种自然之势自自然然、顺顺当当地表现在人的所作所为中，与人心浑然天成，难分彼此，这就是"心"与"理"为一的一体境界。

所以，当程颢谈人的道德修养时，其修养的目标和结果就是要达到"心"与"理"为一的、万物一体的境界。程颢说：

> 学者须敬守此心，不可急迫，当栽培深厚涵泳于其间，然后可以自得。但急迫求之，只是私己，终不足以达道。（《遗书》卷二上）

这就是程颢"敬"的修养方法。这种方法就是"涵泳于其间"，即涵泳于"理"之中，也就是在事事物物的自然存在中体认"天理"的流行，从而达到"心"与"理"一，即达到"我"与天地一体之境。程颢多次言此种境界说：

> 医书言手足痿痹为不仁，此言最善名状。仁者，以天地万物为一体，莫非己也。认得为己，何所不至？若不有诸己，自不与己相干。如手足不仁，气已不贯，皆不属己。故"博施济众"，乃圣之功用。（《遗书》卷二上）

学者须先识仁。仁者,浑然与物同体。义礼知信皆仁也。识得此理,以诚敬存之而已,不须防检,不须穷索。若心懈则有防,心苟不懈,何防之有?理有未得,故须穷索。存久自明,安待穷索?此道与物无对,大不足以名之,天地之用皆我之用。孟子言"万物皆备于我",须反身而诚,乃为大乐。若反身未诚,则犹是二物有对,以己合彼,终未有之,又安得乐?《订顽》意思,乃备言此体。以此意存之,更有何事?"必有事焉而勿正,心勿忘,勿助长",未尝致纤毫之力,此其存之之道。若存得,便合有得。盖良知良能无不丧失,以昔日习心未除,却须存习此心,久则可夺旧习。此理至约,惟患不能守。既能体之而乐,亦不患不能守也。(同上。后世称此段为《识仁篇》)

学者不必远求,近取诸身,只明人理,敬而已矣,便是约处。……至于圣人,亦止如是,更无别途。穿凿系累,自非道理。故有道有理,天人一也,更不分明。浩然之气,乃吾气也,养而不害,则塞乎天地;一为私心所蔽,则歉然而馁,却甚小也。"思无邪","无不敬",只此二句,循而行之,安得有差?有差者,皆由不敬不正也。(同上)

"天地之大德曰生","天地絪缊,万物化醇","生之谓性",万物之生意最可观,此元者善之长也,斯所谓仁也。人与天地一物也,而人特自小之,何耶?(《遗书》卷十一)

"仁者浑然与物同体",这就是人与天地万物之一体同在的境界。"浑然与物同体",这是程颢对宇宙和人生的看法。他认为,所谓学道就是要"识得此理"。但只"识"这个理还不行,因为"道"不是一种知识,人是要体"道"的,即要达到一种与"道"同体的境界,这个境界就是"仁"。可见,在程颢处已将宇宙必然之"理"导回到了人的主体"心"中,这就同时将"心"本体化了。

程颢还有《答横渠张子厚先生书》(另本题目作《答横渠先生定性书》。后世称为《定性书》)一篇,也阐发了与天地万物浑然一体的境界问题。书曰:

所谓定者，动亦定，静亦定，无将迎，无内外。苟以外物为外，牵己而从之，是以己性为有内外也。且以性为随物于外，则当其在外时，何者为在内？是有意于绝外诱，而不知性之无内外也。既以内外为二本，则又乌可遽语定哉？

夫天地之常，以其心普万物而无心；圣人之常，以其情顺万事而无情。故君子之学，莫若廓然而大公，物来而顺应。……苟规规于外诱之除，将见灭于东而生于西也。非惟日之不足，顾其端无穷，不可得而除也。

人之情各有所蔽，故不能适道，大率患在于自私而用智。自私则不能以有为为应迹，用智则不能以明觉为自然。今以恶外物之心，而求照无物之地，是反鉴而索照也。……与其非外而是内，不若内外之两忘也。两忘则澄然无事矣。无事则定，定则明，明则尚何应物之为累哉？

圣人之喜，以物之当喜；圣人之怒，以物之当怒。是圣人之喜怒，不系于心而系于物也。是则圣人岂不应于物哉？乌得以从外者为非而更求在内者为是也？今以自私用智之喜怒，而视圣人喜怒之正为如何哉？夫人之情，易发而难制者，惟怒为甚。第能于怒时遽忘其怒，而观理之是非，亦可见外诱之不足恶，而于道亦思过半矣。（《河南程氏文集》卷二）

张载说他希望达到"定性"，但总为外物所牵累以至于不能不"动"。张载的问题实质是人如何在接触物时不为外物所诱而迁于物。这个问题当然不是一个认识问题，而是一个道德修养问题。程颢认为，张载之失就在于以"己性为有内外"；既以"己性"为内，就以外物为外，这就必然会发生"己性"为外物所引诱而不能"定"的问题。程颢以为，"天地之常，以其心普万物而无心；圣人之常，以其情顺万事而无情"。天地本无自己之心，它以万物之心为心；圣人本就没有自己的情，它以万物之情为情。所以，圣人在世能应天地、顺万物，"廓然而大公，物来而顺应"，能做到内外两忘，无是无非，随感而应，自然无为。这时的圣人就达到了"定"，"定则明，明则尚何应物之为累哉？"圣人这时仍是有喜怒的，他以物之当喜为喜，以物之当怒为怒，"是圣人之喜怒不系于心,而系于物也",这就达到了有如以鑑照物的自然之境。如果修养到了此种地步,人道与天道浑然一体、"心"与"理"合而为一的境界就出现了。

可见,无论是程颢的《识仁篇》还是《定性书》,其思想趋向与精神实质都是一样的,就是要达到一种合"心"与"理"为一的天人一体境界。程颢不是将"理"视为一种定"则",而是视为一种天然、自然的趋势;他的"定性"、"识仁"的修养论正是"理"的"自然"性在人身上的贯彻、落实。而这一贯彻、落实的结果就是"心"本体的建立。一般言,二程兄弟共同体贴到了"理"或"天理",从而建构了宋明理学的"理"本论。但实际上,程颢和程颐的理学倾向和旨趣并不一致。程颐重"理",重那个具有神圣性、超越性、外在威慑性和力量的"理";但程颢却重"心",他注重的是"理"在人身上的自然、天然之表现,主张的是心而无心和无心而心的自然存在本性。我们前面一再说,宋明理学的根本主题是将天道与人道合而为一,将宇宙存在的必然与人世伦常的应然统而一之。这在哲学理论上就是要建构完成一种形而上的本体论,这个本体论当然应该是完全意义和完整形态的,即既要考虑到天又要考虑到人。那么,这种完全意义和完整形态的形而上的本体论在理论形式上究竟如何来表现之呢? 这就有了两种可能:或者将人世伦常的应然向宇宙存在的必然提升,这就等于将人世伦常之"则"提升、外化出去使其与宇宙存在的必然相合拍;或者将宇宙存在的必然下贯到人世伦常的应然,这就将宇宙存在之必然内化为人自觉自愿的自然行为。前者是"理"本论之建构,后者则是"心"本论之建构。当把人世伦常的应然提升到宇宙存在之必然的高度而形成为一"理"时,这个"理"就是个绝对者,它自本自根地存在着,这就是"理"的独化。同理,当把宇宙存在的必然下落到人世伦常的应然而形成为一"心"时,这个"心"也是个绝对者,是自本自根的本心,这就是"心"无思无虑、无是无非的自然状态,就是"心"的独化。理学的"理"本论和"心"本论的思想形式在二程这里均出现了,这是他们对宋明理学所作出的重大贡献。

事实上,宋明理学不论是建构"理"本论还是建构"心"本论都是有所偏的,这是理学本身所固有的矛盾。就"理"本论说,当把人世伦常外化到宇宙必然的高度后,这个"理"有了神圣性、威力性的力量,这是其所长;但无论这个"理"如何的神圣和权威,它总要靠人来实施之,要靠人来自觉自愿地践履之,孔子曰"人能弘道,非道弘人"(《论语·卫灵公》),即此之谓也。所以,当有了这个"理"后,为了执行这个"理",为了能让这个"理"的神圣性和权威性表现于世,就必须将它向人的内心导入,即将它奠立在人的心理情感基础上,以保证"理"实施的动力和力量性。孔子说"人而不仁,如礼何?人而不仁,为乐何?"(《论语·八佾》)说的就是这方面的意思。就"心"本论而言,当把宇宙存在的必然导入到人世伦常的应然后,外在的必然性、神圣性的"理"就获得了实实在在的情感基础,使"理"的实施有了自觉自愿性的动力和力量,这是其所长;但这样一来,这个"心"就被胶着在了心理情感的漩涡中,就被感性化了,这时的这个"心"虽然丰腴而充实,并充满了活力,但却根植在心理情感中而失去了本体的超越作用和力量。所以,宋明理学的"理"本论要向"心"本论转化,而"心"本论自身中又包含着因感性化而自我解体的因素和可能。这就是宋明理学的发展逻辑。这个逻辑在二程兄弟的思想中已潜伏了。

宋明理学经周敦颐、邵雍、张载、程颢、程颐的"造道"工作,至二程这里终于建构完成了其总体框架。当然,作为一所新的思想房舍,只建起框架还是不可居住的,还需要装饰。这方面的工作就主要由南宋朱熹来做了。

(二)朱熹的"理"学

朱熹(1130—1200年)①是宋代理学思想的集大成者。朱熹是程门的

---

① 《宋史·道学传》的《朱熹传》说:"朱熹,字元晦,一字仲晦,徽州婺源人。熹之学,既博求之经传,复遍交当世有识之士。延平李侗老矣,尝学于罗从彦;熹归自同安,不远数百里徒步往从之。其为学大抵穷理以致其知,反躬以践其实,而以居敬力主,尝谓圣贤道统之传散在方册,圣经之旨不明而道统之传始晦,于是竭其精力以研穷圣贤之经训。……黄干曰:'道之正统待人而后传。自周以来,任传道之责者不过数人,而能使斯道章章较著者一二人而止耳。由孔子而后,曾子、子思继其微,至孟子而始著;由孟子而后,周、程、张子继其绝,至熹而始著。'识者以为知言。"朱熹出身于"以儒名家"的"著姓",少时苦读儒经,后师事武夷的胡原仲、刘致中、刘彦冲,出佛入老,泛滥于百家。最后师事李侗,始贞定脚跟。李侗学于罗从彦,罗从彦学于杨时,杨时则受学于河南程氏兄弟,故朱熹是程门的四传弟子。

四传弟子,他的理学思想吸收了二程,特别是程颐的"理"论,以此为总纲;又吸收了周敦颐、邵雍、张载的一些思想,特别是张载的"气"论思想,从而建构了一个以"理"为本、理气统一的理学思想体系。他以"理—气"问题为骨架,多方面多层次地阐发了诸如形上形下、道器、无极太极、动静、一多等一系列哲学问题,并通过这些阐解将宇宙存在的必然与人世伦常的应然统一了起来,形成了一个以"理"为核心的一以贯之的思想体系,真乃"至广大"、"尽精微"。故近人将朱熹的"理"学比之于黑格尔的思想体系,足见他在理学中的集大成地位。

关于宋代理学的一些思想原则,这在北宋五子处已"造道"而出了。但这些理学原则尚缺乏一个系统、完整的理论体系。就宋代理学建构形而上的本体论之思想主旨而言,周敦颐的"太极"说是在宇宙生成论的思想框架中,邵雍的"太极"说则在象数易学的形式中,张载的"气"论尚未摆脱其存在的具体形态,故实质上仍在宇宙生成论的樊篱中,他们都未能建构起一形而上的本体论;至二程,特别是程颐,始抽象出了"理"范畴,从而奠立了理学本体论的基础,但这仍是一个总体架构,即虽已盖起了一所房舍,但这所房舍的外部修饰和内部装饰布局尚未进行,故还不能居住。朱熹"理"学上承二程,其所作的工作就是来修饰、装饰、布局这个"理"本体,使其系统化、条理化、理论化;而把"理"系统化的目的和作用就是将人世伦常的应然上升为宇宙存在的必然,从而使人世伦常与宇宙存在一体化,这就是中国封建社会所需要的、西汉董仲舒想建构而未能建构成的伦理学本体论。所以,朱子在宋明理学中的地位是很重要的。

关于朱熹的"理"本论,其主要思想有两点:

1.以"理"为本

以"理"为本原、本体,这是北宋理学经过艰苦的理论探索,而由二程兄弟"自家体贴"出来的理学的根本原则。朱熹就接受了二程,特别是程颐的"理"论,明确以"理"为天地万物存在之本。朱熹言道:"宇宙之间,一理而已,天得之而为天,地得之而为地,而凡生于天地之间者,又各得之以为性,其张之为三纲,其纪之为五常,盖此理之流行,无所适而不在。"(《朱子文集》卷七十)"天理流行,触处皆是:暑往寒来,川流山峙,父子有亲,君臣有义之类,无非这理。"(《朱子语类》卷四十)宇宙间就只一个"理",天之所以为天,地之所以为地,之所以有暑往寒来,川流山峙,这一切的一切的存在均是因有这个"理","理"乃天地万物存在的原因、根据;同样,人之所以为人,社会之所以为社会,种种人际关系的存在和运行,其原因和根据亦在于"理"。可见,"理"是贯通自然世界和人文世界的本、原、体。朱熹的"理"将人文世界的应然性提升为宇宙存在的必然性,此乃伦理学本体论或伦理学主体性的本体论①。这是朱熹"理"本体的一个显著特点。这个特点虽然在二程处已存在,但至朱熹始明确化和原则化、体系化了。朱熹的"理"本论有以下方面的内容:

(1)"理"是本体

朱熹继承了二程,特别是程颐的"理"思想,以"理"为本体。那么,朱熹的"理"有何哲学性质和规定呢?

其一,"理"的唯一性、绝对性、抽象性。朱熹肯定,天下只有"一理而已"。就是说,在朱熹看来,"理"是唯一的和绝对的。他说:

> 合天地万物而言,只是一个理。(《朱子语类》卷一)
>
> 未有天地之先,毕竟是先有此理。(同上)
>
> 未有天地之先,毕竟也只是理。有此理,便有此天地;若无此理,便亦无天地,无人无物,都无该载了。有理,便有气流行,发育万物。(同上)
>
> 问:"有是理便有是气,似不可分先后?"曰:"要之,也先有理。只不可说是今日有是理,明日却有是气;也须有先后。且如万一山河大地都陷了,毕竟理却只在这里。"(同上)
>
> 或问先有理后有气之说。曰:"不消如此说。而今知得他合下是先有理,后有气邪;后有理,先有气邪?皆不可得而推究。然以意度之,则疑此气是依傍这理行。及此气之聚,则理亦在焉。盖气则能凝结造

---

① 将宋明理学概括为"伦理学主体性的本体论",乃李泽厚先生在《宋明理学片论》一文中所言。见李泽厚:《中国古代思想史论》,人民出版 1986 年版,第 236 页。

作,理却无情意,无计度,无造作。只此气凝聚处,理便在其中。且如天地间人物草木禽兽,其生也莫不有种,定不会无种子白地生出一个物事,这个都是气。若理,则只是个净洁空阔底世界,无形迹,他却不会造作;气则能醖酿凝聚生物也。但有此气,则理便在其中。"(同上)

徐问:"天地未判时,下面许多都已有否?"曰:"只是都有此理,天地生物千万年,古今只不离许多物。"(同上)

问:"未有一物之时如何?"曰:"是有天下公共之理,未有一物所具之理。"(《朱子语类》卷九十四)

太极只是个极好至善的道理。……周子所谓太极,是天地人物万善至好的表德。(同上)

无极而太极,不是说有个物事光辉辉地在那里,只是说当初皆无一物,只有此理而已。……惟其理有许多,故物有许多。(同上)

形而上者,无形无影是此理;形而下者,有情有状是此器。(《朱子语类》卷九十五)

凡有形有象者,即器也;所以为是器之理者,则道也。(《朱子文集》卷三十六《与陆子静书》)

若在理上看,则虽未有物而已有物之理;然亦但有其理而已,未尝实有是物也。(《朱子文集》卷四十六《答刘叔文》)

朱熹认为,"合天地万物而言,只是一个理",这表明了"理"的唯一性,即天下只有一个统一的、共同的"理",它就是天地万物存在的根和本,即"做出那事,便是这里有那理。凡天地生出那物,便是那里有那理"(《朱子语类》卷一百一)。"理"是唯一的,同时也就说明"理"是绝对的,即天地万物的一切存在均以"理"为本,这个唯一的"理"是自本自根、自因的存在,它是无待的,故是绝对的。所以朱熹才说"未有天地之先,毕竟是先有此理";"万一山河大地都陷了,毕竟理却只在这里"。这正是"理"绝对性的表现。"理"不仅是唯一的、绝对的,同时又是抽象的,即这个"理"与物不同,物是有形有状有象的存在,"理"却无形象情状,它只是事物存在的所以然和所当然,故"理"不是靠感觉器官去把握,它存在于人的理性上。朱熹反复指出,"太极只是个极好至善的道理";"无极而太极,不是说有个物事光辉辉地在那里,只是说当初皆无一物,只有此理而已";"形而上者,无形无影是此理";"凡有形有象者即器也,所以为是器之理者则道也";等等。总之,"理"是个"无情意,无计度,无造作"的"一","只是个净洁空阔底世界","未尝实有是物也",只是一抽象存在。

"理"是唯一的、绝对的、抽象的,这就是"理"的哲学规定性。正因为"理"有如此的规定性,所以它才是和才能是本体。

其二,"理"的实在性。"理"是形而上者,是抽象存在,这是作为本体之"理"的一个特征。同时,"理"是抽象的,但它并不是空的、虚的,它是实的,即实有是"理"。为了论述"理"的实在性,朱熹将理学的"理"与释、老的"空"、"无"作了对比,在批评释、老"空"、"无"本体虚幻性的同时阐发了"理"的真实存在性。《朱子语类》载:

> 正淳问"谷神不死,是为玄牝"。曰:"谷虚。谷中有神,受声所以能响,受物所以生物。"(《朱子语类》卷一百二十五)
>
> 问"谷神"。曰:"谷只是虚而能受,神谓无所不应。它又云'虚而不屈,动而愈出。'有一物之不受,则虚而屈矣;有一物之不应,是动而不能出矣。"问:"'玄牝',或云玄是众妙之门,牝是万物之祖。"曰:"不是恁地说。牝只是木孔承笋,能受底物事。如今门閫谓之牡,鐶则谓牝,锁管便是牝,锁鬚便是牡。雌雄谓之牝牡,可见。玄者,谓是至妙底牝,不是那一样底牝。"(同上)
>
> 问"谷神不死"。曰:"谷之虚也,声达焉,则响应之,乃神化之自然也。'是谓玄牝'。玄,妙也;牝,是有所受而能生物者也。至妙之理,有生生之意焉,程子所取老氏之说也。"(同上)
>
> 玄牝盖言万物之感而应之不穷,又言受而不先。(同上)
>
> 沈庄仲问:"'谷神不死,是谓玄牝',如何?"曰:"谷神是那个虚而应物底物事。"(同上)

这是朱熹对老子"谷神不死"思想的诠释。《老子》第六章云:"谷神不死,是谓玄牝。玄牝之门,是谓天地根,绵绵若存,用之不勤。"老子在此以"谷神"喻"道",说的是"道""虚而不屈,动而愈出"(《老子》第五章)的性质。但老子的总体思想是"天下万物生于有,有生于无"(《老子》第四十章),将本体"道""无"化了。朱熹的解释是反对老子"无"化思想的,即不可将"道"单纯化为"无"。朱熹认为,所谓"谷神"只是个比喻,喻"道"体之"虚而不屈,动而愈出"之性,即"谷中有神,受声所以能响,受物所以生物";"谷只是虚而能受,神谓无所不应";"谷神是那个虚而应物底物事"。这说明,"道"作为本体并不是单纯的"无",它是"无"中有"有","虚"中有"实",即"虚而不屈"的。朱熹指出,老子所说的"玄牝"也是喻"道"体的,"玄牝盖言万物之感而应之不穷,又言受而不先",即说的是"道"的即有即无、即虚即实的本性,而绝不是"无"。通过对老子"道"的分疏,朱熹反对本体的"无"性,同时也说明了"理"的实在性。

朱熹也反对佛家的"空"。《朱子语类》道:

　　谦之问:"佛氏之空,与老子之无一般否?"曰:"不同,佛氏只是空豁豁然,和有都无了,所谓'终日吃饭,不曾咬破一粒米;终日著衣,不曾挂着一条丝'。若老氏犹骨是有,只是清净无为,一向恁地深藏固守,自为玄妙,教人摸索不得,便是把有无做两截看了。"(《朱子语类》卷一百二十六)

　　谦之问:"今皆以佛之说为空,老之说为无,空与无不同如何?"曰:"空是兼有无之名。道家说半截有,半截无,已前都是无,如今眼下却是有,故谓之无。若佛家之说都是无,已前也是无,如今眼下也是无。'色即是空,空即是色'。大而万事万物,细而百骸九窍,一齐都归于无。终日吃饭,却道不曾咬着一粒米;满身著衣,却道不曾挂着一条丝。"(同上)

　　问:"释氏之无,与老氏之无何以异?"曰:"老氏依旧有,如所谓'无欲观其妙,有欲观其徼'是也。若释氏则以天地为幻妄,以四大为假合,则是全无也。"(同上)

　　儒释言性异处,只是释言空,儒言实;释言无,儒言有。(同上)

吾儒心虽虚而理则实。若释氏则一向归空寂去了。（同上）

释氏虚，吾儒实；释氏二，吾儒一。释氏以事理为不紧要而不理会。（同上）

释氏只要空，圣人只要实。释氏所谓"敬以直内"，只是空豁豁地，更无一物，却不会"方外"。圣人所谓"敬以直内"，则湛然虚明，万理具足，方能"义以方外"。（同上）

问："释氏以空寂为本？"曰："释氏说空，不是便不是，但空里面须有道理始得。若只说道我见个空，而不知有个实底道理，却做甚用得？譬如一渊清水，清泠彻底，看来一如无水相似，它便道此渊只是空底，不曾将手去探是冷是温，不知道有水在里面。佛氏之见正如此。今学者贵于格物、致知，便是见得到底。"（同上）

徐子融有"枯槁有性无性"之论。先生曰："性只是理，有是物斯有是理。子融错处是认心为性，正与佛氏相似。只是佛氏磨擦得这心极精细，如一块物事，剥了一重皮，又剥一重皮，至剥到极尽无可剥处，所以磨弄得这心精光，它便认做性，殊不知此正圣人之所谓心。故上蔡云：'佛氏所谓性，正圣人所谓心；佛氏所谓心，正圣人所谓意。'心只是该得这理。佛氏元不曾识得这理一节，便认知觉运动做性。如视听言貌，圣人则视有视之理，听有听之理，言有言之理，动有动之理，思有思之理，如箕子所谓明、聪、从、恭、睿是也。佛氏则只认那能视、能听、能言、能思、能动底便是性。视明也得，不明也得；听聪也得，不聪也得；言从也得，不从也得；思睿也得，不睿也得；它都不管，横来竖来，它都认做性。它最怕人说这'理'字，都要除掉了，此正告子'生之谓性'之说也。"（同上）

朱熹在此比较了道与释、儒与释在本体观上的差异。他对道家的"无"基本是持肯定态度的，只是认为人们没有正确理解它，因为这个"无"并非单纯的空无或没有，它实质上仍是有的、实的。而佛教所讲的"空"就不同了，它的实质就是空、无，是虚而无实的东西。所以，释氏之"空"作为本体，就与儒者（实乃理学家）所言的本体"理"有了根本区别，即儒者所言的"理"是抽象的但却是实的,即实有是"理"也。朱熹多次讲到,"合天地万物言,只是一个理";"有此理便有此天地,若无此理,便亦无天地,无人无物,都无该载了"。若没有这个"理",天地万物的存在就没有了根据,故"万一山河大地都陷了,毕竟理却只在这里"。这样的"理"作为本体,岂非实哉!

其三,"理"的"动、静"性。"理"作为本体,到底是"动"的还是"静"的?在本体的动静性问题上,道家老子讲"归根曰静",而释氏则主张"寂",都走向了"静"。作为理学开山者的周敦颐,始言"太极动而生阳,动极而静;静而生阴,静极复动。一动一静,互为其根"(《太极图说》)。"动而无静,静而无动,物也;动而无动,静而无静,神也。动而无动,静而无静,非不动不静也。物则不通,神妙万物。"(《通书·动静》)这说明"太极"作为本体本身是"动、静"性的,它不是单纯的动也不是单纯的静,而是动与静的有机统一,即"动而无动,静而无静";"动极而静"、"静极复动"。朱熹继承了周子的动静观,肯定"理"作为本体自身是动与静的合一。朱熹说:

> 太极自是涵动静之理,却不可以动静分体用。盖静即太极之体也,动即太极之用也。譬如扇子,只是一个扇子,动摇便是用,放下便是体。才放下时,便只是这一个道理;及摇动时,亦只是这一个道理。(《朱子语类》卷九十四)

> 梁文叔云:"太极兼动静而言。"曰:"不是兼动静,太极有动静。"(同上)

> 问:"太极之有动静,是静先动后否?"曰:"一动一静,循环无端。无静不成动,无动不成静。譬如鼻息,无时不嘘,无时不吸;嘘时则生吸,吸尽则生嘘,理自如此。"(同上)

> 问:"太极动然后生阳,则是以动为主?"曰:"才动便生阳,不是动了而后生。这个只得且从动上说起,其实此之所以动,又生于静;上面之静,又生于动。此理只循环生去,'动静无端,阴阳无始。'"(同上)

> "太极动而生阳,静而生阴。"非是动而后有阳,静而后有阴,截然为两段,先有此而后有彼也。只太极之动便是阳,静便是阴。方其动时,则不见静;方其静时,则不见动。然"动而生阳",亦只是且从此说

起。阳动以上更有在。程子所谓"动静无端,阴阳无始",于此可见。
（同上）

问:"'太极动而生阳',是有这动之理,便能动而生阳否?"曰:"有
这动之理,便能动而生阳;有这静之理,便能静而生阴。既动,则理又在
动之中;既静,则理又在静之中。"曰:"动静是气也,有此理为气之主,
气便能如此否?"曰:"是也。既是理,便有气;既是气,则理又在乎气之
中。"（同上）

问:"动静,是太极动静? 是阴阳动静?"曰:"是理动静。"问:"如
此,则太极有模样?"曰:"无。"问:"南轩云'太极之体至静',如何?"
曰:"不是。"问:"又云'所谓至静者,贯乎已发未发而言',如何?"曰:
"如此,则却成一不正当尖斜太极!"（同上）

太极未动之前便是阴,阴静之中自有阳动之根,阳动之中又有阴静
之根。动之所以必静者,根乎阴故也;静之所以必动者,根乎阳故也。
（同上）

朱熹的这些论说都是阐发周敦颐《太极图说》"太极动而生阳,动极而静;静
而生阴,静极复动。一动一静,互为其根"说的。朱熹认为"太极自是涵动
静之理",即"太极"自身中就既有"动"的性质又有"静"的性质,是动静统
一体;这就是"阴静之中自有阳动之根,阳动之中又有阴静之根。动之所以
必静者根乎阴故也,静之所以必动者根乎阳故也"。这,就是"太极"或"理"
本身所固有的"动、静"性。

朱熹对"理"的"动、静"性的认识是比较深刻的。理学的开山者周敦颐
认为"太极"是"一动一静,互为其根"的;邵雍在讲"先天象数"学时,认为
"太极不动,性也;发则神,神则数,数则象,象则器,器则变,复归于神也"、
"太极,一也,不动;生二,二则神也"（《观物外篇》）,这是说"太极"本身是
不动(静)与动的统一;张载讲"气"时说"凡圜转之物,动必有机。既谓之
机,则动非自外也"（《正蒙·参两篇》）。而这个动"机"就是"气"本身的
"一故神,两故化"（同上）的内在矛盾本性;当二程体贴出"理"后,他们认
为这个"理"本身是运动的,即"天下之理,未有不动而能恒者也"（《周易程

氏传·恒》),"理"的动则不是纯动,而是动静统一,即"静中便有动,动中自有静"(《河南程氏遗书》卷七)。朱熹吸收了理学前辈的这些思想,明确揭示了"理"本身的"动—静"性,这是他的思想贡献。"理"作为天地万物的存在本原、本体,它自己绝不可能是一个静止不动的死东西,它要与现象相涉,这就是它的运动;但动又不可以一动到底,而必然是有动有静的,这就是"理"的"动—静"性本质,同时亦是"理"的"机"所在。"周贵卿问'动静者,所乘之机'。曰:'机,是关捩子。踏着动底机,便挑拔得那静底;踏着静底机,便挑拔得那动底。'"(《朱子语类》卷九十四)朱熹认为,"机"就是关节点,这个关节点之所以关键,是因为它是一种契机,是动与静的契机点,它本来就是既动又静的,是可以由动入静,由静入动的,这就是"动、静"性。"理"本身有"动、静"性,故"理"是运动的,是活的,所以它才是天地万物的存在本体。"理"之"机"即"动、静"性,是就"理"的内在本性而言的。至于"理"的具体运动,这要依赖于"气"。故当有人问朱熹"动静者,所乘之机"一语的含义时,朱熹反复指出:"机,言气机也";"太极理也,动静气也。气行则理亦行,二者常相依而未尝相离也";"理搭于气而行"(同上)。这是说,"理"之"机"要具体表现在气中。这已涉及到理气关系问题,下面再说。

其四,"理"的"有、无"性。"理"作为本体,它有"动、静"性,也有"有、无"性,这是从不同视角来说的。从运动方面来说,"理"是"动、静"性的;从存在方面来说,"理"则是"有、无"性的。这些揭示的都是"理"的存在本质、本性。朱熹认为,"理"作为自本自根的本体,其内性是"有、无"。朱熹指出:

"无极而太极",只是一句。如"冲漠无朕",毕竟是上面无形象,然却实有此理。(《朱子语类》卷九十四)

"无极而太极"。盖恐人将太极做一个有形象底物看,故又说"无极",言只是此理也。(同上)

"'无极而太极',只是说无形而有理。所谓太极者,只二气五行之理,非别有物为太极也。又云:以理言之,则不可谓之有;以物言之,则不可谓之无。"(同上)

"无极而太极"，只是无形而有理。周子恐人于太极之外更寻太极，故以无极言之。既谓之无极，则不可以有底道理强搜寻也。（同上）

问"无极而太极"。……曰："无极者无形，太极者有理也。周子恐人把作一物看，故云'无极'"。曰："太极既无气，气象如何？"曰："只是理。"（同上）

周子所谓"无极而太极"，非谓太极之上别有无极也，但言太极非有物耳。如云"上天之载，无声无臭"。故云"无极之真，二五之精"，既言无极，则不复别举太极也。（同上）

原"极"之所以得名，盖取枢极之义。圣人谓之"太极"者，所以指夫天地万物之根也。周子因之而又谓之"无极"者，所以大"无声无臭"之妙也。（同上）

问："《太极解》引'上天之载无声无臭'，此'上天之载'即是太极否？"曰："苍苍者是上天，理在'载'字上。"（同上）

无极是有理而无形。如性，何尝有形？太极是五行阴阳之理皆有，不是空底物事。若是空时，如释氏说性相似。又曰：释氏只见得个皮壳，里面许多道理他却不见，他皆以君臣父子为幻妄。（同上）

这些是朱熹对周敦颐《太极图说》"无极而太极"一语的解说。"太极"就是"理"或"天理"。"太极"作为本体，它本来就是"有、无"性的。"太极"或"理"的"有、无"性本质，正是其自本自根存在的根源和动力所在。

当朱熹揭示了"理"的"有、无"性本质后，就内在而深刻地揭示了"理"的辩证本性。就是说，朱熹关于事物的相互关系及运动变化的辩证法思想，并不是简单的经验直观，而是基于对"理"的"有、无"性本性的认识和把握。所以，与张载、二程的有关辩证法思想相比较，朱熹的辩证法思想有较深刻的一面。朱熹说：

天地间无两立之理，非阴胜阳，即阳胜阴，无物不然，无时不然。

（《朱子语类》卷六十五）

都是阴阳,无物不是阴阳。(同上)

无一物不是阴阳、乾坤。(同上)

天地之间,无往而非阴阳,一动一静,一语一默,皆是阴阳之理。至如摇扇便属阳,住扇便属阴,莫不有阴阳之理。(同上)

"易"字义只是阴阳。(同上)

《易》只消道"阴阳"二字括尽。(同上)

《易》只是个阴阳。(同上)

《易》只是一阴一阳,做出许多般样。(同上)

这是关于"阴阳"的思想。朱熹明确认为,天地间均是阴阳,"无物不是阴阳",如果没有阴阳,天地万物也就不存在了。他并肯定,这种阴阳对立统一的矛盾性是天地间普遍的,"无物不然,无时不然"。这种看法与我们今天所说的矛盾无处不在、无时不在的思想何其相似!

朱熹又说:

天地间道理,有局定底,有流行的。(《朱子语类》卷六十五)

阴阳有个流行底,有个定位底。"一动一静,互为其根",便是流行底,寒暑往来是也;"分阴分阳,两仪立焉",便是定位底,天地上下四方是也。(同上)

阴阳,有相对而言者,如东阳西阴,南阳北阴是也;有错综而言者,如昼夜寒暑,一个横,一个直是也。伊川言"易,变易也。"只说得相对底阴阳流转而已,不说错综底阴阳交互之理。言"易",须兼此二意。(同上)

阴阳对立统一是天地间的普遍法则。那么,阴与阳是怎样具体地对立统一的呢? 朱熹认为,阴与阳的关系方式有二:一是"局定"的或叫"定位"的,另一叫"流行"的。所谓"定位"的,是指阴、阳间的一种外感关系,比如说天与地、上与下、东与西、南与北、男与女等等,这些之间也是一种相反相成的对立关系,但却是外在的,是关于一物与他物间的对立统一关系。而所谓"流行"的,则是指阴阳间的一种内感关系,这是关于阳与阴的交错作用,如寒暑、昼夜就是,即寒往则为暑,暑往即为寒,寒与暑并非外在的两截子关系,而是寒转化为暑,暑转化为寒,二者处在生生不息的流转、变化中。朱熹对阴阳关系的如此揭示显然是比较全面、深刻的。

朱熹还进一步从"交易"与"变易"的角度论证了阴阳的不同关系方式。他说:

> "易"有两义:一是变易,便是流行底;一是交易,便是对待底。(《朱子语类》卷六十五)
>
> 至之曰:"《正义》谓'易者变化之总号,代换之殊称,乃阴阳二气生生不息之理。'窃见此数语亦说得好。"曰:"某以为'易'字有二义:有变易,有交易。《先天图》一边本都是阴,一边本都是阳,阳中有阴,阴中有阳;便是阳往交易阴,阴来交易阳,两边各各相对。其实非此往彼来,只是其象如此。然圣人当初亦不恁地思量,只是画一个阳、一个阴,每个便生两个。就一个阳上,又生一个阳一个阴;就一个阴上,又生一个阴一个阳,只管恁地去。"(同上)
>
> 问:"'易'有交易、变易之义如何?"曰:"交易是阳交于阴,阴交于阳,是卦图上底,如'天地定位,山泽通气'云云者是也。变易是阳变阴、阴变阳,老阳变为少阴,老阴变为少阳,此是占筮之法,如昼夜寒暑、屈伸往来者是也。"(同上)

所谓"交易",就是阳交于阴、阴交于阳,"两边各各相对"也,这显然是阴、阳间的一种外在关系,即"定位"的或"对待"的关系。而所谓"变易",就是阳变而为阴,阴变而为阳,"阳之退便是阴之生,不是阳退了又别有个阴生"(《朱子语类》卷六十五)。这就是"每个便生两个。就一个阳上又生一个阳一个阴;就一个阴上又生一个阴一个阳,只管恁地去"(同上)。这显然是阴与阳之间内在的相反相成的本性。朱子的这一看法显然是深刻的,可以说是对他之前张载、二程辩证法思想的总结和深化。他指出:"问:'天下之理,无独必有对。有动必有静,有阴必有阳,以至屈伸消长盛衰之类莫不皆然。还是他合下便如此耶?'曰:'自是他合下来如此。一便对二,形而上便对形而下。然就一言之,一中又自有对。且如眼前一物,便有背有面,有上有下,有内有外,二又各自为对。虽说'无独必有对',然独中又自有对。且如棋盘路两两相对,末稍中间只空一路,若似无对,然此一路对了三百六十路。此所谓一对万,道对器也。'"(《朱子语类》卷九十五)这里不仅阐述了程子"天下之理,无独必有对"的思想,且解说了所谓"独""又自有对",这就深入到了"理"本身的矛盾本性。所以,朱熹对张载的"一物两体"说大为推崇,曰:"'一故神,两故化',两者,阴阳消长进退。'一不立则两不可得而见,两不可见则一之道息矣。'横渠此说极精。非一则阴阳消长无自而见,非阴阳消长则一亦不可得而见矣。""问:'一故神。'曰:'横渠说得极好,须当仔细看。……凡天下之事,一不能化,惟两而后能化。且如一阴一阳始能化生万物,虽是两个,要之亦是推行乎此一尔。'"(《朱子语类》卷九十八)这里肯定了张载"一物两体"的思想,且揭示了"一"与"两"的内在矛盾性。

(2)"理一分殊"

"理"是天地万物的本原、本体,当然就要与具体存在相关涉。"理"与具体存在是怎么关系的呢? 朱熹以为,天下"只是一个理",但"及在人,则又各自有一个理"(《朱子语类》卷一);天下"只是此一个理,万物分之以为体"(《朱子语类》卷九十四);"天下之理未尝不一",但表现在事事物物身上则"未尝不殊"(《中庸或问》)。这就是朱熹的"理一分殊"说。朱熹论述说:

> 太极只是天地万物之理。在天地言,则天地中有太极;在万物言,则万物中各有太极。(《朱子语类》卷一)
>
> 问理与气。曰:"伊川说得好,曰:'理一分殊'。合天地万物而言,只是一个理;及在人,则又各自有一个理。"(同上)
>
> 德元问:"万物各具一理,而万理同出一原。"曰:"万物皆有此理,理皆同出一原。但所居之位不同,则其理之用不一。如为君须仁,为臣须敬,为子须孝,为父须慈。物物各具此理,而物物各异其用,然莫非一理之流行也。"(《朱子语类》卷十八)

行夫问:"万物各具一理,而万理同出一源,此所以可推而无不通也。"曰:"近而一身之中,远而八荒之外,微而一草一木之众,莫不各具此理。……然虽各自有一个理,又却同出于一个理尔。如排数器水相似,这盂也是这样水,那盂也是这样水,各各满足,不待求假于外。然打破放里,却也只是个水。此所以可推而无不通也。所以谓格得多后自能贯通者,只为是一理。释氏云:'一月普现一切水,一切水月一月摄。'这是那释氏也窥见得这些道理。濂溪《通书》只是说这一事。"(同上)

或问:"万物各具一理,万理同出一原。"曰:"一个一般道理,只是一个道理。恰如天上下雨,大窝窟便有大窝窟水,小窝窟便有小窝窟水,木上便有木上水,草上便有草上水。随处各别,只是一般水。"(同上)

或问太极。曰:"太极只是个极好至善底道理。人人有一太极,物物有一太极。"(《朱子语类》卷九十四)

太极非是别为一物,即阴阳而在阴阳,即五行而在五行,即万物而在万物,只是一个理而已。因其极至,故名曰太极。(同上)

周子谓:"五殊二实,二本则一。一实万分,万一各正,大小有定。"自下推而上去,五行只是二气,二气又只是一理。自上推而下来,只是此一个理,万物分之以为体,万物之中又各具一理。所谓"乾道变化,各正性命",然总又只是一个理。此理处处皆浑沦,如一粒粟生为苗,苗便生花,花便结实,又成粟,还复本形。一穗有百粒,每粒个个完全;又将这百粒去种,又各成百粒。生生只管不已,初间只是这一粒分去。物物各有理,总只是一个理。(同上)

问:"'理性命'章注云:'自其本而之末,则一理之实,而万物分之以为体,故万物各有一太极。'如此,则是太极有分裂乎?"曰:"本只是一太极,而万物各有禀受,又自各全具一太极尔。如月在天,只一而已,及散在江湖,则随处而见,不可谓月已分也。"(同上)

这说明,"理"作为本原、本体,它是绝对的、唯一的,即天下只有一个"理",

这是"理"的"一"性;但这个"理"并不是与天地万物无涉的光秃秃的存在,它本来就寓于天地万物之中,这又是"理"的"多"性。"理"从本性、本质上说既是"一"又是"多",是"多"中"一"和"一"中"多",即"一、多"性。而"理"的这一本性之表现就是"理一分殊",即作为"一"的"理"不是也不能像切西瓜一样将自身分割为碎块而分给万物,而是在保持自身"一"性不变的前提下将自身整个儿、囫囵地处在万物中;这样,万物中就各有了一个"理"。朱熹用"月映万川"的比喻说明了这个道理。天上只有一轮明月,但映在地上时则海里、河里、湖里、水桶里、水碗里等等莫不有一轮完整的明月在着。

朱熹注"四书"时,在有些地方就贯彻了"理一分殊"的思想。如他在注《中庸》第三十章"万物并育而不相害,道并行而不相悖,小德川流,大德敦化,此天地之所以为大也"句时说:"天覆地载,万物并育于其间而不相害;四时日月,错行代明而不相悖。所以不害不悖者,小德之川流;所以并育并行者,大德之敦化。小德者,全体之分;大德者,万殊之本。"(《四书章句集注·中庸章句》)在注《论语·里仁》"吾道一以贯之"章时说:"盖至诚无息者,道之体也,万殊之所以一本也;万物各得其所者,道之用也,一本之所以万殊也。"(《四书章句集注·论语集注》)从一理之本来理解万物之殊,又从万物之殊来认识一理之本,这就既认识了万物存在的本体,又理解了本体存在的方式。《朱子语类》卷二十七载:"或问'理一分殊'。曰:'圣人未尝言理一,多又言分殊。盖能于万殊中事事物物、头头项项理会得其当然,然后方知理本一贯。不知万殊各有一理,而徒言理一,不知理一在何处。圣人千言万语教人,学者终身从事,只是理会这个。要得事事物物、头头件件各知其所当然;而得其所当然,只此便是理一矣。'"就"理"的存在方式而言,是从理"一"到分殊;而就认识、把握"理"言,则是从分殊到理"一"。但对"理"的认识也好,"理"的存在也好,都有个"一"与"多"的关系问题,此即"理一分殊"的思想和方法。

(3)"理依于气"

从"理"的"一、多"性来说,它的存在方式是"理一分殊"。但作为"一"的"理"与作为"多"的万物是不同质的东西,"理"如何能存在于万物中?

"理一分殊"的"分殊"方式又是如何发生的？这就涉及到了理气关系问题。"气"这个理学家们常谈的范畴，从本质上言是具体的物质形态，有具体性；但同时，气又与一般的具体物事不同，具体物事是特殊质料，而"气"又是质料一般（即 Matter），故它又有抽象性一面。正因为如此，"气"就成了"理"存在的质料、料材，"理"的实际存在就是通过"气"来表现、实现的，这就是朱熹的"理依于气"或"理在气中"说。

关于理气问题，朱熹论述说：

> 天下未有无理之气，亦未有无气之理。（《朱子语类》卷一）

> 问理与气。曰："有是理便有是气，但理是本，而今且从理上说气。"（同上）

> 问："先有理，抑先有气？"曰："理未尝离乎气。然理形而上者，气形而下者。自形而上下言，岂无先后！理无形，气便粗，有渣滓。"（同上）

> 或问："必有是理，然后有是气，如何？"曰："此本无先后之可言。然必欲推其所从来，则须说先有是理。然理又非别为一物，即存乎是气之中；无是气，则是理亦无挂搭处。气则为金木水火，理则为仁义礼智。"（同上）

> 或问："理在先，气在后"。曰："理与气本无先后之可言。但推上去时，却如理在先，气在后相似。"又问："理在气中发见处如何？"曰："如阴阳五行错综不失条绪，便是理。若气不结聚时，理亦无所附著。"（同上）

> 或问先有理后有气之说。曰："不消如此说。而今知得他合下是先有理，后有气邪；后有理，先有气邪？皆不可得而推究。然以意度之，则疑此气是依傍这理行。及此气之聚，则理亦在焉。盖气则能凝结造作，理却无情意，无计度，无造作。只此气凝聚处，理便在其中。且如天地间人物草木禽兽，其生也莫不有种，定不会无种子白地生出一个物事，这个都是气。若理则只是个净洁空阔底世界，无形迹，他却不会造作；气则能酝酿凝聚生物也。但有此气，则理便在其中。"（同上）

问:"有是理便有是气,似不可分先后?"曰:"要之,也先有理。只不可说是今日有是理,明日却有是气;也须有先后。且如万一山河大地都陷了,毕竟理却只在这里。"(同上)

问:"动静者,所乘之机。"曰:"理搭于气而行。"(《朱子语类》卷九十四)

问:"动静者,所乘之机。"曰:"太极理也,动静气也。气行则理亦行,二者常相依而未尝相离也。太极犹人,动静犹马;马所以载人,人所以乘马。马之一出一入,人亦与之一出一入。盖一动一静,而太极之妙未尝不在焉。此所谓'所乘之机',无极、二五所以'妙合而凝'也。"(同上)

天地之间,有理有气。理也者,形而上之道也,生物之本也;气也者,形而下之器也,生物之具也。是以人物之生,必禀此理,然后有性;必禀此气,然后有形。(《朱文公文集·答黄道夫》)

所谓理与气,此决是二物。但在物上看,则二物浑沦,不可分开,各在一处,然不害二物之各为一物也。若在理上看,则虽未有物,而已有物之理。然亦但有其理而已,未尝实有是物也。(《朱文公文集·答刘叔文》)

这些就是朱熹理气观的主要思想。朱熹在此从宇宙构成论和本体论两个方面对理气关系问题作了阐说。从本体论方面说,"理"是本,是体,这个"理"当然是在气之先的,即"有是理后生是气"(《朱子语类》卷一),"先有个天理了,却有气"(同上),"此气是依傍这理行"(同上),"未有天地之先,毕竟也只是理。有此理便有此天地,若无此理,便亦无天地,无人无物,都无该载了! 有理,便有气流行,发育万物"(同上)。从这个意义上说,理、气是两个东西,"此决是二物"。但一旦从宇宙构成论上说,从理的现实存在状态来看,则这个"理"就要处在气中,即"只此气凝聚处,理便在其中"(同上),"但有此气,则理便在其中"(同上),"然理又非别为一物,即存乎是气之中"(同上);若"无是气,则是理亦无挂搭处"(同上),"若气不结聚时,理亦无所附著"(同上),故"理搭于气而行"(《朱子语类》卷九十四)也,气是理的乘载体,理与气的关系犹如人与马的关系。从这个意义说,理气是浑沦一体的,本不可分先后看。故朱熹明确说:"天下未有无理之气,亦未有无气之理"(《朱子语类》卷一);"理未尝离乎气"(同上)。朱熹从宇宙构成论上和宇宙本体论上分别来考察"理"与"气"的关系,这是有道理的,是思维水平提高的表现。但朱熹在从宇宙构成论上阐述理气一体不分的关系时,处处不忘突出"理"的本原、本体性,反复强调"理形而上者,气形而下者"(同上),"然必欲推其所从来,则须说先有是理"(同上),"然以意度之,则疑此气是依傍这理行"(同上)。

"理"是天地万物存在之本,故"有此理便有此天地,若无此理便亦无天地,无人无物,都无该载了!"(同上)"若无太极,便不翻了天地!"(同上)正是有"理"这一本原、本体在,才能有和才要有天地万物存在及化育流行,即"有理,便有气流行,发育万物。曰:'发育是理发育之否?'曰:'有此理,便有此气流行发育。'"(同上)因此,朱熹从"理依于气"的理气关系出发,还论述了气的发育流行,这实际上仍是关于宇宙生成的问题。

关于宇宙生成或形成问题,首先涉及到的是宇宙的起源。对此,朱熹说:"天地初间只是阴阳之气。这一个气运行,磨来磨去,磨得急了,便拶许多渣滓;里面无处出,便结成个地在中央。气之清者便为天,为日月,为星辰,只在外常周环运转,地便只在中央不动,不是在下。"(《朱子语类》卷一)"天运不息,昼夜辗转,故地�在中间。使天有一息之停,则地须陷下。惟天运转之急,故凝结得许多渣滓在中间。地者,气之渣滓也,所以道'轻清者为天,重浊者为地'。"(同上)"天以气而依地之形,地以形而附天之气。天包乎地,地特天中之一物尔。天以气而运乎外,故地�在中间,隤然不动。使天之运有一息停,则地须陷下。"(同上)"地却是有空阙处,天却四方上下都周匝无空阙,逼塞满皆是天。地之四向底下却靠着那天。天包地,其气无不通。恁地看来,浑只是天了。气却从地中迸出,又见地广处。"(同上)又说:"阴阳气也,生此五行之质。天地生物,五行独先。地即是土,土便包含许多金木之类。天地之间,何事而非五行?五行阴阳,七者滚合便是生物底材料。"(《朱子语类》卷九十四)朱熹关于天地起源的思想,是对已往"浑天说"和"元气说"思想的综合应用。从天的结构来说,地在中央,天包于外,这就像蛋黄在鸡蛋的中央一样。天的如斯结构是如何形成的呢？朱熹从元气说出发，认为从元气中生出了阴阳二气，这二气"磨来磨去，磨得急了，便拶许多渣滓。里面无处出，便结成个地在中央"。这个看法虽然传统、朴素，但在道理上却是可取的。正因为天地都是阴阳之气运行的结果，故朱熹承认和强调天地运转变化的不息。他举例论述说："常见高山有螺蚌壳，或生石中，此石即旧日之土，螺蚌即水中之物。下者却变而为高，柔者变而为刚，此事思之至深，有可验者。"(同上)又说："今高山上多有石上蛎壳之类，是低处成高。又蛎须生于泥沙中，今乃在石上，则是柔化为刚。天地变迁，何常之有？"(同上)这里生动、具体地说明了天地万物的运动变化。

说到宇宙的形成，还关系到宇宙有无终始的问题。对此，朱熹也有所论说。"问'自开辟以来，至今未万年，不知已前如何？'曰：'已前亦须如此一番明白来。'又问：'天地会坏否？'曰：'不会坏。只是相将人无道极了，便一齐打合，混沌一番，人物都尽，又重新起。'"(《朱子语类》卷一)"问'动静无端，阴阳无始。'曰：'这不可说道有个始。他那有始之前，毕竟是个甚么。他自是做一番天地了，坏了后又恁地做起来，那个有甚穷尽？某自五六岁便烦恼道："天地四边之外，是什么物事？"见人说四方无边，某思量也须有个尽处。如这壁相似，壁后也须有什么物事。其时思量得几乎成病。到而今也未知那壁后是何物。'或举天地相依之说云：'只是气。'曰：'亦是古如此说了。'"(《朱子语类》卷九十四)这是说，整个宇宙的存在是无始无终的，并没有个开端和终结。朱熹援引邵雍关于"一元之数"的说法，说："方浑沦未判，阴阳之气，混合幽暗。及其既分，中间放得宽阔光朗，而两仪始立。康节以十二万九千六百年为一元，则是十二万九千六百年之前又是一个大辟阖，更以上亦复如此，直是'动静无端，阴阳无始。'"(同上)以十二万九千六百年为一个一元之数，这只是就宇宙存在的某一段来说的，在此段时间以前和以后，必定会有不少的"大辟阖"，故整个宇宙的存在是无终始的。

在说到宇宙起源的时候，总要关涉到人类的起源问题。朱熹对这个问题亦有论说。他言道："天地之初，如何讨个人种？自是气蒸结成两个人后，方生许多万物。所以先说'乾道成男，坤道成女'，后方说'化生万物'。当初若无那两个人，如今如何有许多人？那两个人便如而今人身上虱，是自然变化出来。《楞严经》后面说,大劫之后世上人都死了,无复人类,却生一般禾谷,长一尺余,天上有仙人下来吃,见好后只管来吃,吃得身重遂上去不得,世间方又有人种。此说固好笑,便某因此知得世间却是其初有个人种如他样说。"(同上)就人的具体生产说,是由最初的两个人这一"人种"来的。但"人种"又是从何来的? 朱熹认为"自是气蒸结成"的。这种说法未必科学,但原则上却是对的。总之,从天地万物到人类,均是气的运行结果。

以上就是朱子以"理"为本的本体论思想。朱熹不仅较全面深刻地阐发了"理"的本原、本体性,还阐发了"理"的存在方式,并以此为基础论述了宇宙的形成过程。这些思想都是可取的。一句话,朱熹在前人理气思想的基础上,集大成地建立了一"理"本论思想体系。

2.以"理"为则

"理"作为本体,当然在内容上是关于自然界和人类社会的统一,即它既是自然界存在和运行的必然,也是人文世界存在和运行的应然。但如何把宇宙必然与人世应然现实地统一起来呢? 这个统一的基点当然在人这里,即人在自己的生活和行动中,亦即在人的社会活动和实践中来将宇宙存在的必然与人文世界的应然相导通而合二为一,不能和不可能把人的社会活动及其应然性消解掉而使人倒退回人的动物式本能活动的必然性,以此来合于自然世界的必然性。所以,关于宇宙存在之必然与人文世界之应然相统一这一"理"的内容的实现问题,就是关于人的生活、活动的问题,亦即人如何在自己的行为中来贯彻和实施"理"的问题,这就是"以'理'为则"的思想理论。

怎样以"理"为则来调剂人类社会和人的生活呢? 此方面朱熹有如下思想:

(1)"性者,人物之所以得生之理也"

要将人世伦常的应然性与宇宙存在的必然性统一起来,就有个统一的基础和根据问题,即这二者的结合要有一契机点,否则是难以做到二者的统一的。那么,这个契机或"几"是什么? 在此朱熹由"理"转向了"性",并由物性转向了人性。他说:

天下无无性之物。盖有此物则有此性,无此物则无此性。(《朱子语类》卷四)

问:"枯槁之物亦有性,是如何?"曰:"是他合下有此理,故云天下无性外之物。"因行街,云:"阶砖便有砖之理。"因坐,云:"竹椅便有竹椅之理。枯槁之物谓之无生意则可,谓之无生理则不可。如朽木无所用,止可付之爨灶,是无生意矣。然烧甚么木,则是甚么气,亦各不同,这是理元如此。"(同上)

问:"曾见《答余方叔书》,以为枯槁有理。不知枯槁瓦砾如何有理?"曰:"且如大黄、附子,亦是枯槁。然大黄不可为附子,附子不可为大黄。"(同上)

问:"枯槁有理否?"曰:"才有物便有理。天不曾生个笔,人把兔毫来做笔。才有笔,便有理。"又问:"笔上如何分仁义?"曰:"小小底,不消恁地分仁义。"(同上)

问:"理是人物同得于天者。如物之无情者亦有理否?"曰:"固是有理,如舟只可行之于水,车只可行之于陆。"(同上)

这是说,一切存在必然有如此存在之"理",也就有如此存在之"性";从枯槁之物到一般的物,从一般的物到草木、鸟兽等等的生物,从生物到人都莫不有"理",也莫不有"性"。在这里,"性"与"理"是同等意义的概念。但讲"性"就与不同存在者的质性联系了起来,这在方法论上有益于从宇宙存在之必然向人世伦常之应然过渡。

过渡的第一步是由无生物向生物转化。朱熹认为,"性"是一切有生命之物如草木、鸟兽、昆虫、人所具有的天理。他说:"性者,人物之所得以生之理也。"(《孟子集注·离娄》)这是说,"理"是人与别的生物得以存在的根据。既然人与别的生物所具有的根据是相同的,那为什么人与别的生物不同呢?

于是,过渡的第二步就是由一般的生物向人转化。朱熹指出:

性者,人之所得于天之理也;生者,人之所得于天之气也。性,形而

701

上者也；气，形而下者也。人、物之生莫不有是性，亦莫不有是气。然以气言之，则知觉运动人与物莫不异也；以理言之，则仁义礼智之禀岂物之所得而全哉？此人之性所以无不善，而为万物之灵也。告子不知性之为理，而以所谓气者当之，徒知知觉运动之蠢然者人与物同，而不知仁义礼智之粹然者人与物异也。（《孟子集注·告子》）

人、物之生，同得天地之理以为性，同得天地之气以为形。其不同者独人于其间得形气之正而能有以全其性，为少异耳。虽曰少异，然人、物之分实在于此。（《孟子集注·离娄》）

朱熹认为，"性"作为天之所赋包括两方面的因素：一是理，另一是气。就"理"言，人禀得全而物禀得偏；就"气"言，人能得形气之正以全其性，而草木、禽兽则不能得形气之正以全其性，这就有了人与一般生物的差别。《朱子语类》卷四载："问：'虎狼之父子，蜂蚁之君臣，豺獭之报本，雎鸠之有别，物虽得其一偏，然彻头彻尾得义理之正。人合下具此天命之全体，乃为物欲、气禀所昏，反不能如物之能通其一处而全尽，何也？'曰：'物只有这一处通，便却专。人却事事理会得些，便却泛泛，得以易昏。'"草木、禽兽禀形气之偏，但却有利于其"一处通"，在某一点上专之；而人虽禀得形气之全、正，但却要"事事理会得些"，这就走向了泛泛，故易昏。那么，面对人性的如斯方面如何办呢？

这就有了第三步的过渡，即关于"天命之性"与"气质之性"的两种人性规定。将人性分为天命之性与气质之性，首功归张载，二程赞同并承此说。朱熹在人性问题上吸收了这些思想，比较全面地阐述了人性问题。朱熹说：

性只是理。然无那天气地质，则此理须安顿处。但得气之清明则不蔽锢，此理须发出来。蔽锢少者，发出来天理胜；蔽锢多者，则私欲胜。便见得本原之性无有不善。孟子所谓性善，周子所谓纯粹至善，程子所谓性之本，与夫反本穷源之性，是也。只被气质有昏浊，则隔了。（《朱子语类》卷四）

人之性皆善。然而有生下来善底，有生下来便恶底，此是气禀不同。且如天地之运,万端而无穷,其可见者,日月清明气候和正之时,人生而禀此气,则为清明浑厚之气,须做个好人;若是日月昏暗,寒暑反常,皆是天地之戾气,人若禀此气,则为不好底人,何疑! 人之为学,却是要变化气禀,然极难变化。……看来吾性既善,何故不能为圣贤,却是被这气禀害。(同上)

人性虽同,禀气不能无偏重。有得木气重者,则恻隐之心常多,而羞恶、辞逊、是非之心为其所塞而不发;有得金气重者,则羞恶之心常多,而恻隐、辞逊、是非之心为其所塞而不发。水火亦然。唯阴阳合德,五性全备,然后中正而为圣人也。(同上)

朱熹肯定,人性有天地之性和气质之性两种,天地之性是"理"或"天理"在人身上的体现,故它是纯善的;而气质之性就有了可善可不善的一面。如果人能禀得气之全、正,那么他就可得善之性,否则就得不善之性。朱熹指出:"禀得精英之气,便为圣,为贤,便是得理之全,得理之正。禀得清明者,便英爽;禀得敦厚者,便温和;禀得清高者,便贵;禀得丰厚者,便富;禀得长久者,便寿;禀得衰颓薄浊者,便为愚、不肖,为贫,为贱,为夭。天有那气生一个人出来,便有许多物随他来。"(《朱子语类》卷四)

将人性分为天地之性和气质之性,这的确是宋明理学的重大贡献之一。先秦儒家孟子讲性善,荀子讲性恶,各走向了一个极端,并未真正揭示出人性的本质。经汉唐的发展,至宋代理学家方将人性之善、恶两端统一了起来,这才是现实的人性。人性有善有恶,但朱熹在论述人性问题时没有简单地讲天地之性,而是对气质之性赞许有加。"道夫问:'气质之说,始于何人?'曰:'此起于张、程。某以为极有功于圣门,有补于后学,读之使人深有感于张、程,前此未曾有人说到此。如韩退之《原性》中说三品,说得也是,但不曾分明说是气质之性耳。性那里有三品来! 孟子说性善,但说得本原处,下面却不曾说得气质之性,所以亦费分疏。诸子说性恶与善恶混。使张、程之说早出,则这许多说话自不用纷争。故张、程之说立,则诸子之说泯矣。因举横渠"形而后有气质之性,善反之则天地之性存焉。故气质之性,君子有弗性者焉。"又举明道云"论性不论气不备,论气不论性不明,二之则不是。"且如只说个仁义礼智是性,世间却有生出来便无状底,是如何? 只是气禀如此。若不论那气,这道理便不周匝,所以不备。若只论气禀,这个善,这个恶,却不论那一原处只是这个道理,又却不明。此自孔子、曾子、子思、孟子理会得后,都无人说这道理。'谦之问:'天地之气,当其昏明驳杂之时,则其理亦随而昏明驳杂否?'曰:'理却只恁地,只是气自如此。'又问:'若气如此,理不如此,则是理与气相离矣!'曰:'气虽是理之所生,然既生出,则理管他不得。如这理寓于气了,日用间运用都由这个气,只是气强理弱。'"(《朱子语类》卷四)从人的气质之性入手来变化它以反于天地之性,这个过程正是将人世应然提升为宇宙必然的过程,这就是理学的伦理学本体论的建立。

(2)"格物致知"的认识论

变化人的气质之性以复天地之性,以此为途径来达到宇宙必然与人世应然的统一而建构伦理学主体性的本体论,这是朱熹人性思想的可取之处。但要真正步入此途以走完这条路,就有相应的两方面工作要做:一是认识问题,二是修养问题。因为,要变化气质之性,这就要对人性作认识,还要对"性即理"的"理"作认识和把握,如果不知道这个"理",也就难以明了人的天地之性,自然也就不可能进行修养以变化人的气质之性了。所以,朱熹在将人世伦常的应然性提升为宇宙存在的必然性以建构"理"本论时,是不能不谈"格物致知"的认识问题的。

关于"格物致知"说,朱熹在为《大学》第五章作的补传中有论,曰:

> 右传之五章,盖释格物致知之义,而今亡矣。此章旧本通下章,误在经文之下。间尝窃取程子之意以补之,曰:所谓致知在格物者,言欲致吾之知,在即物而穷其理也。盖人心之灵莫不有知,而天下之物莫不有理,惟于理有未穷,故其知有不尽也。是以《大学》始教,必使学者即凡天下之物,莫不因其已知之理而益穷之,以求至乎其极。至于用力之久,而一旦豁然贯通焉,则众物之表里精粗无不到,而吾心之全体大用无不明矣。此谓格物,此谓知之至也。(《四书章句集注·大学章句》)

朱熹认为，所谓"格物致知"，就是"欲致吾之知，在即物而穷其理也"。他具体注解说："格，至也。物，犹事也。穷至事物之理，欲其极处无不到也。""致，推极也。知，犹识也。推极吾之知识，欲其所知无不尽也。"可见，所谓"格物致知"包含有两个相应的环节和过程：一是穷究事物之理，"欲其极处无不到也"；另一是推极自己的知识，"欲其所知无不尽也"。这就是由认识外物之理以达到推极自己的知识，即"物格者，物理之极处无不到也。知至者，吾心之所知无不尽也。知既尽，则意可得而实矣；意既实，则心可得而正矣。"（同上）这里实际上包含了认识与修养的统一过程，即由增进对具体事物的知识到提高人的精神境界。

"格物致知"当然先要"格物"。怎样来"格"？"格"的结果又如何呢？朱熹有言：

> 上而无极、太极，下而至于一草一木一昆虫之微，亦各有理。一书不读，则阙了一书道理；一事不穷，则阙了一事道理；一物不格，则阙了一物道理。须著逐一件与他理会过。（《朱子语类》卷十五）
>
> 盖天下之事，皆谓之物，而物之所在，莫不有理。且如草木禽兽，虽是至微至贱，亦皆有理。（同上）
>
> 目前事事物物皆有至理。如一草一木，一禽一兽，皆有理。（同上）

这是说，"格物"的具体实施方式是从一草一木、一禽一兽这些至微至贱的东西开始，即认识、把握每一具体存在之"理"。这样做当然是好的。但天下的具体事物何止亿万，如此来"格"之，何时才可穷尽呢？朱熹以为，格物的确要从一草一木开始入手，但人们并不必要格尽天下所有之物，而是当对一定数量的具体之物格了一段时间后，就会"豁然贯通焉"，这时就会达到"众物之表里精粗无不到"的结果。那么，这可能吗？在朱熹看来这当然是不无可能的。因为，"理"的存在方式和途径是"理一分殊"，每一物中都有一囫囵之"理"，故通过认识一定数量的事物之后就可把握天下那个总"理"。朱熹说："万物皆有此理，理皆同出一原。但所居之位不同，则其理之用不一。……物物各具此理,而物物各异其用,然莫非一理之流行也。"(《朱子语类》卷十八)"近而一身之中,远而八荒之外,微而一草一木之众,莫不各具此理。……然虽各自有一个理,又却同出于一个理尔。……此所以可推而无不通也。所以谓格得多后自能贯通者,只为是一理。"(同上)只因为天下只是一"理",万理归于一"理",故通过认识散在事事物物上的理就可以"豁然贯通"之,一下子就能把握到天下的那个总"理",这就叫"物理之极处无不到也"。

达到"物理之极处无不到",这只是达到了"格物"的结果和目的,但对整个"格物致知"言还不够;再说,人们并不是为了格物而格物,格物只是手段,目的在于"致知",即"吾心之所知无不尽也"。那么,如何由认识外物的"格物"转到尽吾心之知的"致知"呢? 朱熹认为,这原来就是一码子事。他论述说:

> 致知、格物,只是一个。(《朱子语类》卷十五)
>
> 致知、格物,一胯底事。先生举左右指来比并。(同上)
>
> 致知、格物,便是"志于道"。"据于德",却是讨得个匡格子。(同上)
>
> 叔文问:"格物莫须用合内外否?"曰:"不须恁地说。物格后,他内外自然合。"(同上)
>
> 问:"格物须合内外始得?"曰:"他内外未尝不合。自家知得物之理如此,则因其理之自然而应之,便见合内外之理。"(同上)
>
> 致知、格物,只是一事,非是今日格物,明日又致知。(同上)

可见,格物与致知本来就是一事,向外认识外物的过程与向内尽心明理的过程本来就是合一的。所以,由格物转向致知就是理所当然的。

但"格物"与"致知"毕竟还是有区别的。朱熹指出:"格物,以理言也;致知,以心言也。"(同上)"格物,是逐物格将去;致知,则是推得渐广。"(同上)"剡伯问格物、致知。曰:'格物,是物物上穷其至理;致知,是吾心无所不知。格物,是零细说;致知,是全体说。'"(同上)"格物,只是就事上理会;

知至,便是此心透彻。"(同上)"格物,便是下手处;知至,是知得也。"(同上)就是说,格物是就物上穷其理,致知则是使人心透彻,"'致'字,是推致"(同上),即推致人内心之知也。这里仍有个内、外区别的问题。如此说来,朱熹是反对格物与致知是一回事? 当然不是。在朱熹看来,格物与致知的确是统一的,由格外物之理可达到致吾心之知。朱熹之所以要指明格物与致知的区别,只是为了说明格物只是手段,致知才是最终目的。什么目的呢? 朱熹曰:"格物之论,伊川意虽谓眼前无非是物,然其格之也,亦须有先后缓急之序,岂遽以为存心于一草木器用之间而忽然悬悟也哉? 今为学而不穷天理、明人伦、讲圣言、求世故,乃兀然存心于草木器用之间,此是何学问? 如此而望有所得,是炊沙而欲其成饭也。"(《朱文公文集·答陈齐仲》)这就说得很明白,格物的目的并不是要存心于草木器用之间往而不返,关键是要"穷天理、明人伦、讲圣言、求世故",即明人世伦常的应然之理。所以,朱熹在讲"格物致知"问题时屡屡言到仁、义、礼、智等方面的事。他说:"格物穷理,有一物便有一理。穷得到后,遇事触物皆撞着这道理;事君便遇忠,事亲便遇孝,居处便恭,执事便敬,与人便忠,以至参前倚衡,无往而不见这个道理。若穷不至,则所见不真,外面虽为善,而内实为恶,是两个人做事了!"(《朱子语类》卷十五)"张仁叟问致知、格物。曰:'物莫不有理,人莫不有知。如孩提之童,知爱其亲;及其长也,知敬其兄;以至于饥则知求食,渴则知求饮,是莫不有知也。但所知者止于大略,而不能推致其知以至于极耳。致之为义,如以手推送去之义。凡经传中云致者,其义皆如此。'"(同上)"问:'知如何致? 物如何格?'曰:'"孩提之童,莫不知爱其亲;及其长也,莫不知敬其兄。"人皆有是知,而不能极尽其知者,人欲害之也。故学者必须先克人欲以致其知,则无不明矣。"致"字,如推开去。譬如暗室中见些子明处,便寻从此明处去。忽然出到外面,见得大小大明。人之致知,亦如此也。格物是"为人君止于仁,为人臣止于敬"之类'"(同上)。可见,真正的格物并不是去格外物,而是格人世之理;格外物之理只是格人世之理的一种诱发性手段而已。如何诱发? 自然世界中的一草一木皆有其存在的必然性,这就是外物之理。人类社会的存在虽与自然事物不同,因为人世中的一切都是人为的结果,而人是有目的、有意志的存在,故人世中的一切都是人的主观目的和意志的表现和展现，这就是应然性。但这种应然性却恰恰是人文世界的本性所在，人本来就要并就应如此地来行为的，这样，这个应然性就具有了必然如此的必然性意义，这就将人世伦常的应然上升到了宇宙存在之必然的高度。

所以，通过"格物致知"这种认识论，以认识事物的外在之理为手段和诱发条件，由外转向内，以明人自身之理；明白了人自身的理，就明白了人为什么是人和如何才能是人，这就增强了做人的自觉自愿性。到了这时，人也就从认识上的自觉自愿性转到了行为上的自觉自愿性，这就由知到了行，即由认识论转到修养功夫论了。

（3）"持敬"的修养论

认识到外物之理，并在外物之理的诱发下认识人世之理，以之将人世之理升华到宇宙存在的地位和高度以建构伦理学主体性的本体论，这是朱熹"格物致知"论的思想核心。在这个过程中，当然能够增强和锻炼人的自觉自愿性。但认识并不等于践履，自觉自愿地去认识那个融宇宙必然与人世应然为一体的"理"是一回事，而自觉自愿地去执行、奉行、实践这个"理"又是另一回事。要将自觉自愿的认识转化为自觉自愿的践履，这里还有个修养的过程和功夫问题。

但修养又是离不开认识的，践履要以认识为前提，因为否则的话践履活动就降低为一般动物的本能活动了。对此，朱熹有明确的认识。他在论知行问题时说：

> 知、行常相须，如目无足不行，足无目不见。论先后，知为先；论轻重，行为重。（《朱子语类》卷九）
>
> 圣贤说知，便说行。（同上）
>
> 致知、力行，用功不可偏。偏过一边，则一边受病。如程子云："涵养须用敬，进学则在致知。"分明自作两脚说，但只要分先后轻重。论先后，当以致知为先；论轻重，当以力行为重。（同上）
>
> 学者工夫，唯在居敬、穷理二事。此二事互相发。能穷理，则居敬工夫日益进；能居敬，则穷理工夫日益密。譬如人之两足，左足行则右

足止,右足行则左足止。又如一物悬空中,右抑则左昂,左抑则右昂,其实只是一事。(同上)

主敬、穷理虽二端,其实一本。(同上)

持敬是穷理之本;穷得理明,又是养心之助。(同上)

学者若不穷理,又见不得道理。然去穷理,不持敬,又不得。不持敬,看道理便都散,不聚在这里。(同上)

致知、敬、克己,此三事以一家譬之:敬是守门户之人,克己则是拒盗,致知却是去推察自家与外来底事。(同上)

"知、行常相须",此言不妄! 对人来说,人的行为不是自然的本能活动,行中本来就有目的、办法、计划、方案等等的知在;而人的知也不是为知而知,知的目的是为了行,只知不行等于不知。所以,朱熹认为"主敬、穷理虽二端,其实一本"。但在具体实施知与行的过程中,这两者还是有区别的,即"论先后,知为先;论轻重,行为重"。人类的活动到底是先有行还是先有知? 如果从源头上说,当然是先有行,即一定是先有上古之人的劳作等实践活动,然后才有了人对天地万物的知,也才有了对人自身即人类社会的知。但就已有的人类活动言,人却是先有知后有行的,即先学习、继承前人积累的知识,然后再去进行实施。所以,朱熹认为"论先后,知为先"是有一定道理的。如果就知、行的轻重言,行当然重于知,因为行是知的目的所在,只知不行等于不知。因此,在朱熹的认识论和修养论中,他是重修养、重功夫的,目的就是要将对人世伦常的知落实在人的行为中,这种落实的过程也正是伦理学主体性的本体论之建构的过程。

人修养什么? 将修养的功夫下在何处? 朱熹看到,人之所以是人,是因为人有主体"我"即"心"在,谈修养问题就只能修这个"心",将功夫放在收"心"上。朱子曰:

自古圣贤皆以心地为本。(《朱子语类》卷十二)

圣贤千言万语,只要人不失其本心。(同上)

古人言志帅、心君,须必有主张,始得。(同上)

心若不存,一身便无所主宰。(同上)

人只有个心,若不降伏得,做甚么人!(同上)

人只一心。识得此心,使无走作,虽不加防闲,此心常在。(同上)

人精神飞扬,心不在壳子里面,便害事。(同上)

未有心不定而能进学者。人心万事之主,走东走西,如何了得!

(同上)

可见,人之所以为人就在于人有"心";正因为人心乃人之主帅,现在谈修养就理所当然要抓住人的"心"。又如何来抓?由谁来抓呢?当然仍要由"心"来抓,而具体抓的方式、方法就是使此心"常惺惺"。朱熹言道:

人心常炯炯在此,则四体不待羁束而自入规矩。只为人心有散缓时,故立许多规矩来维持之。但常常提警,教身入规矩内,则此心不放逸,而炯然在矣。心既常惺惺,又以规矩绳检之,此内外交相养之道也。(《朱子语类》卷十二)

心常惺惺,自无容虑。(同上)

大抵学问须是警省。且如瑞岩和尚每日间常自问:"主人翁惺惺否?"又自答曰:"惺惺"。今时学者却不如此。(同上)

心只是一个心,非是以一个心治一个心。所谓存,所谓收,只是唤醒。(同上)

人惟有一心是主,要常常唤醒。(同上)

人不自知其病者,是未尝去体察警省也。(同上)

人常须收敛个身心,使精神常在这里。似担百十斤担相似,须硬着筋骨担。(同上)

这是说人心时常要处在警觉、警惕中,即"常惺惺"也,且不可使心放任自流随物欲而行。故朱熹强调"学者须常收敛,不可恁地放荡。"(同上)"大抵是且收敛得身心在这里,便已有八九分了。却看道理有窒碍处,却于这处理会。为学且要专一。理会这一件,便只且理会这一件。若行时心便只在行上,坐时心便只在坐上。"(同上)"学者为学,未问真知与力行,且要收拾此心,令有个顿放处。若收敛都在义理上安顿,无许多胡思乱想,则久久自于物欲上轻,于义理上重。须是教义理心重于物欲,如释令有低昂,即见得义理自端的,自有欲罢不能之意,其于物欲自无暇及之矣。苟操舍存亡之间无所主宰,纵说得,亦何益?"(同上)

做到"一心是主","心常惺惺",这就是一种修养功夫。而此种功夫的具体表现就是"敬"或"持敬"。"敬"是程颐的修养主张。"或问敬。子曰:'主一之谓敬。''何谓一?'子曰:'无适之谓一。''何以能见一而主之?'子曰:'齐庄整敕,其心存焉;涵养纯熟,其理著矣。'"(《河南程氏粹言》卷一)程颐的修养名言是"涵养须用敬,进学则在致知"。(《河南程氏遗书》卷十八)朱熹秉持了程颐的修养思想,也主张要用敬、持敬。他指出:

> "敬"字工夫,乃圣门第一义,彻头彻尾,不可顷刻间断。(《朱子语类》卷十二)
>
> "敬"之一字,真圣门之纲领,存养之要法。一主乎此,更无内外精粗之间。(同上)
>
> 敬则天理常明,自然人欲惩窒消治。(同上)
>
> 人能存得敬,则吾心湛然,天理粲然,无一分着力处,亦无一分不着力处。(同上)
>
> 大凡学者须先理会"敬"字,敬是立脚去处。程子谓"涵养须用敬,进学则在致知。"此语最妙。(同上)

朱熹把"持敬"功夫提到了很高的地位,将其视为"圣门第一义"、"圣门之纲领"、人的"立脚去处"。"敬"为什么能有如此的地位? 关键就在于当人存敬时,"则吾心湛然,天理粲然,无一分着力处,亦无一分不着力处",这时人"心"就与"天理"天然合一,天理之流行的过程也正是人心之作用的过程,心理一体同在。这,就是精神境界。

那么,人如何具体地来做到"敬"? 即"敬"的功夫如何来施行呢? 朱熹说:

因说敬,曰:"圣人言语,当初未曾关聚。如说'出门如见大宾,使民如承大祭'等类,皆是敬之目。到程子始关聚说出一个'敬'来教人。然敬有甚物? 只如'畏'字相似,不是块然兀坐,耳无闻,目无见,全不省事之谓。只收敛身心,整齐纯一,不恁地放纵,便是敬。"(同上)

"坐如尸,立如齐","头容直,目容端,足容重,手容恭,口容止,气容肃",皆敬之目也。(同上)

持敬之说,不必多言。但熟味"整齐严肃","严威俨恪","动容貌,整思虑","正衣冠,尊瞻视"此等数语,而实加工焉,则所谓直内,所谓主一,自然不费安排,而身心肃然,表里如一矣。(同上)

若论为学,则自有个大要。所以程子推出一个"敬"字与学者说,要且将个"敬"字收敛个身心,放在模匣子里面,不走作了,然后逐事逐物看道理。……心地光明,则此事有此理,此物有此理,自然见得。(同上)

敬非是块然兀坐,耳无所闻,目无所见,心无所思,而后谓之敬。只是有所畏谨,不敢放纵。如此则身心收敛,如有所畏。常常如此,气象自别。存得此心,乃可以为学。(同上)

问:"敬何以用工?"曰:"只是内无妄思,外无妄动。"(同上)

敬,只是一个"畏"字。(同上)

敬,只是收敛来。又曰:敬是始终一事。(同上)

敬,只是此心自作主宰处。(同上)

只敬,则心便一。(同上)

这些就是朱熹所论述的为"敬"之目。可以看出,"为敬"或"持敬"的内容是广泛而丰富的。归纳一下,为"敬"的功夫大体上有这样几类:一是容止严威,这有"坐如尸,立如齐"等等,这是一副恭、严、威、肃的相貌。二是心里畏谨,这就是时刻要有一种畏惧感,好像自己的一举一动都有人监视一样,使人时刻处在不敢放纵、战战兢兢的地步。三就是主一,即要始终如一,心无旁骛,也就是要心念专注,精神集中,一心一意,始终专一。朱熹说:"敬,莫把做一件事看,只是收拾自家精神,专一在此。今看来诸公所以不进,缘是但知说道格物,却于自家根骨上煞欠阙,精神意思都恁地不专一,所以工夫都恁地不精锐。"(同上)当然,为"敬"功夫的这三个方面是统一的,要求人从外貌到内心,从静坐到行为,都要时刻警觉省察,以做到自觉地并自然地按"理"行动。这样的"敬"当然是活的,是功夫与修养、认识等的统一。朱熹曰:"敬有死敬,有活敬。若只守着主一之敬,遇事不济之以义,辨其是非,则不活。若熟后,敬便有义,义便有敬。静则察其敬与不敬,动则察其义与不义。如'出门如见大宾,使民如承大祭',不敬时如何?'坐如尸,立如齐',不敬时如何?须敬义夹持,循环无端,则内外透彻。"(同上)死敬是为敬而敬,敬被表面化和形式化了;活敬则是"敬义夹持"的敬义统一。"敬者,守于此而不易之谓;义者,施于彼而合宜之谓。"(同上)这里既有内心的专一畏谨,又有应事的得当要求;既有精神的专注精锐,又有行为的中矩中规;这样的"敬"当然是活生生的。这,就是修养功夫,也是修养目的。修养达到了这一步,知与行就达到了统一,道德认识与道德践履融而为一,这时人世伦常的应然就与宇宙存在的必然合一了。

朱熹是宋明理学"理"本论思想的集大成者。宋代理学到了朱熹这里,终于将宇宙存在的必然与人世伦常的应然统而为一,建构起了"究天人之际"的"理"本论这一中国古代哲学的完整形态和完全意义的形而上学,这是中国古代哲学思想的重要成就。

(三)陆九渊、王阳明的"心"学

北宋五子的"造道"努力,至南宋朱熹终于结出了丰硕果实,这就是宋明理学"理"本论的建立。"朱熹庞大体系的根本核心在于建立这样一个观念公式:'应当'(人世伦常)=必然(宇宙规律)",朱熹完成了"伦理学主体性的本体论"[①]的建构任务。程朱"理"学成为中国后期封建社会占统治地位的意识形态,其作用是不可小视的。

那么,程朱"理"学就是宋明理学唯一、成熟的理论体系吗?宋明理学

---

① 李泽厚:《宋明理学片论》,见《中国古代思想史论》,人民出版社 1986 年版,第 232、236 页。

到此就逻辑地和历史地走完它的历程了吗？未必！实际上，"理"本论并不是一个完全成熟的思想理论。何以见得呢？首先从学理上说。宋明理学之所以是理学，之所以不同于以往的哲学思想，就是因为它一出现就是关于"究天人之际"的问题，即要将天与人合而为一；而这个"合"的内涵就是将人世伦常的应然与宇宙存在的必然统一起来。既然是将人世伦常的应然与宇宙存在的必然统一之，那么这个统一的形式就既可以在宇宙必然上也可以在人世应然上，并不是必然要表现为宇宙必然这一种形式。但是，朱熹的"理"本论在理论形式上却恰恰表现的是宇宙必然性的一面，这就在学理上有所偏了。既然朱子能将人世伦常的应然向"理"或"天理"的地位升华，人们为什么就不可以将"理"的必然性向人世伦常的应然性下移呢？为什么不可以以人的主体意识和意志为中心来融摄"天理"呢？这当然是可以的。事实上，早在程颢和程颐兄弟处，当小程热衷于构建"理"本论时，大程就在其《识仁篇》中以"仁者浑然与物同体"为宗旨和方向开了"心"本论的先河。

其次从目的和动机上说。宋明理学是伦理学主体性的本体论，即要把人的主体意志、目的、力量等这些主体性的东西外化出去使其成为一种具有必然性和约束力的客观力量。理学为何要这样做？因为人不同于一般动物，人是有主观意志和目的的。这表现在伦理学上就是行为的自觉自愿原则。但是，人的意志是自由的，人既可以自觉自愿地去实施某种伦理行为，也可以自觉自愿地不去实施某种伦理行为；人可以以公心来实施某一行为，但也可以以私心来实施某一行为。这怎么办呢？现在就要将人的这种自觉自愿性向外提升，以消解掉它的主观性成分，使其客观化为一种具有强制力和约束性的力量。宋明理学中"理"学的建构就是对人主体性的外化，即把它升华出去与宇宙存在的必然性相平行，使其成了一种客观性和必然性的力量。正是在这个意义上，我们才一再说"理"学建立的是伦理学主体性的本体论。但这样做只是问题的一个方面。人的意志本来是自由的，故人才能为并才要为自己的行为负责。现在倒好，将人的自由意志外化了出去，使其必然化、神圣化了，这就消解了意志的自由本质。人的意志一旦没有了自由，一旦全受制于必然性，人就可以不对自己的行为负责任了，伦理行为也就根本谈不到了。可见，程朱"理"学将人世伦常提升为宇宙必然，这看来是增强了人的意志力,但实际上却是消解了人的意志力,从而使人的伦理行为没有了根本的内在力量,这当然不行。所以,为了保证人的伦理行为的内在性动力,就需要突出和凸显人的自由意志力,即将宇宙必然向人世应然转化,这就必定要注意和突出人"心"的地位和作用。

再次从认识和实践上说。当朱熹集以往理气思想之大成建立起"理"本体并从多方面多层次包罗万象地来论说这个"理"时,这个"理"正好是人理性面前的一个对象,这时人的主体"我"即"心"与这个"理"是两截子的,"心"与"理"处在主、客二分构架中。在这个构架中,人是无法真正得到"理"的,人虽然可以言说"理",关于"理"的道理可以讲得蛮广泛和充分,但结果却只能是"说说而已",人未必就能按"理"的规定和要求办。这样一来,这个"理"就会流于形式而失去生命力和意义。这当然不行。这也不是朱子建构"理"本论的初衷所在。朱子建构"理"本体,就是为了要人依"理"行动,让人把"理"自觉自愿地贯彻在行为中;朱子讲"格物致知"的认识论和"持敬"的修养论,就是要使人得到这个"理",要把"理"融贯在行为中的。但要做到这一点,就必须将认识形式转化为实践形式,将知转化为行;这在思维方式上就要将主、客二分式转化为天人合一式;这就表现为由知识论向审美境界论转换,即由认知向体悟转换。而要谈境界,要讲体悟,要讲人自觉自愿的行为,这一切就都离不开"心"。

最后从本体论上说。宋明理学的"理"本论尚缺乏真正的本体论质素。为什么这么说呢? 因为,本体之所以是本体,就因为它是自本自根的、自因的存在;而它的这个"本"、"根"、"因"就是它的"有、无"性的内性和结构。本体的"有、无"性这一内性结构意味着甚么呢? 就意味着本体在自性、本性上的既"有"又"无"的相反相成的对立统一性。正因为本体的如此内性,才使得本体能够不依赖于它之外的他存在而能自己存在,所以才能表现出绝对的、唯一的存在状态。但是,当人们振振有辞地来说本体如何如何唯一、绝对时,正好它不唯一、不绝对了,因为这时的本体是与人的"我"或"心"处在相互关系中,这从本质上讲仍是一种主客二分的架构。因此,当说本体、讲本体时,不论说、讲得如何好,如何深,如何全,这个本体实际上只有相对性,因为这时本体的"有、无"性是递进式的线性存在,而并未真正达到一体同在和开显,这就是我们所谓的本体Ⅰ即"有"本体的意思。按理说,就本体真正的自本自根、自因性的本性而言,本体自身的"有"和"无"不是也不应是相对性关系,而是绝对性的关系,故这二者不是和不能是以"、"号连接,而是以"—"号连接的,即"有—无"性,这就是本体Ⅱ即"无"本体,这时本体自身的"有"与"无"已相互导通而显现着;这时的本体已不是主体"我"或"心"面前的对象,实际上此时也已没有了"我"或"心"的存在,有的和能有的只是浑然一体的境界。所以,真正的本体是超越了通常的理论形式和方法的,是不可和不能理论性地来说的。但程朱的"理"学却正是用来说道的,故被陆九渊、王阳明,特别是王阳明屡屡指责为"析心与理而为二也"(见《传习录》中篇《答顾东桥书》等)。"理"学既然是将"心"与"理"析而为二的,这就表明,宋明理学的本体论到朱子处尚未完全完成,有必要从"理"本论再作转向和深化。这自然就与"心"学相关了。

"心"学思想虽然在程颢处已有,但作为"心"本论,其开端是南宋的陆九渊,而最后完成于明代的王阳明。

[一]陆九渊"心"学

关于陆九渊①的"心"学思想,可分疏为下列两点:

---

① 陆九渊(1139—1193 年),字子静,抚州金溪(今江西临川)人。因讲学于江西贵溪应天山(后改为象山),人称象山先生。关于陆九渊的生平,《宋史·儒林传》之四有传。《宋史》本传中讲述的陆九渊思想特点,与南宋杨简作《象山先生行状》所言一致,云:"先生幼不戏弄,静重如成人。三四岁时,常侍宣教公[引者按:即陆九渊之父陆贺,曾赠宣教郎]行,遇事物必致问。一日,忽问天地何所穷际,宣教公笑而不答,遂深思至忘寝食。角总经夕不脱衣,履有弊而无坏,韈至三接,手甲甚修,足跛未尝至庖厨。常自扫洒林下,宴坐终日。立于门,过者驻望称叹,以其端庄雍容异常儿也。五岁读书,纸隅无捲摺。六岁侍亲会嘉礼,衣以华好,却不受。季兄复斋年十三,举《礼经》以告,先生乃受。与人粹然乐易,然恶无记者。读书不苟简,外视虽若闲暇,而实勤于考索。伯兄总家务,常夜分起,必见先生秉烛检书。伊川近世大儒,言垂于后,至今学者尊敬讲习之不替。先生独谓简曰:'丱角时,闻人诵伊川语,自觉若伤我者。亦尝谓人曰:"伊川之言,奚为与孔子、孟子之言不类。"初读《论语》,即疑有子之言支离。'先生生而清明,不可企及,有如此者。他日读古书,至宇宙二字,解者曰'四方上下曰宇,往古来今曰宙',忽大省曰'宇宙内事乃己分内事,己分内事乃宇宙内事。'又尝曰:'东海有圣人出焉,此心同也,此理同也。西海有圣人出焉,此心同也,此理同也。南海、北海有圣人出焉,此心同也,此理同也。千百世之上有圣人出焉,此心同也,此理同也。千百世之下有圣人出焉,此心同也,此理同也。'"(《陆九渊集》卷三十三)陆九渊从小就表现出了"心"学思想倾向。

1."心即理"的本体论

以"理"为本原、本体，乃程朱"理"学的思想标的。但陆九渊却不以为然，他明确主张以"心"为本。南宋孝宗淳熙二年（1175年），朱熹、陆九渊等人在江西信州的鹅湖寺聚集，面对面地讨论了学术问题。陆九渊作有一诗，头两句云："墟墓兴哀宗庙钦，斯人知古不磨心。"（《陆九渊集》卷三十四《语录》上。下引该书只注卷次和相应的章名）这标立的就是"心"学的宗旨。陆九渊明确以"心"为本体，与程朱的"性即理"说不同，主张"心即理"。他为什么要将"理"导入"心"而以"心"为本体呢？据《象山先生行状》云："先生生而清明，……他日读古书，至宇宙二字，……忽大省曰'宇宙内事乃己分内事，己分内事乃宇宙内事。'又尝曰'东海有圣人出焉，此心同也，此理同也……'"从这里大体可以看出陆九渊主张"心即理"时的思想动机，即在他看来，人之所以为人，之所以不同于一般动物，是因为人有"心"这个主体"我"在；而这个"心"不是也不能是空、虚的，它必然有所涉着和认同，即既要涉着和认同天地万物的存在性，又要涉着和认同人的存在性，也就是说，"心"能体认到宇宙天地存在的必然性和人文世界的应然性，并能体认到这二者的统一和同一，这正是程朱所讲的那个"理"。所以，陆九渊不是不承认"理"，他对朱子讲的"理"是完全认同的，认为"塞宇宙一理耳。学者之所以学，欲明此理耳。此理之大，岂有限量？程明道所谓有憾于天地，则大于天地者矣，谓此理也。"（卷十二《与赵詠道》）"此理在宇宙间，未尝有所隐遁。天地之所以为天地者，顺此理而无私焉耳。人与天地并立而为三极，安得自私而不顺此理哉？"（卷十一《与朱济道》）陆九渊指出"心"，意在强调那个"塞宇宙"的"理"是由人来认识、把握、秉持、实施的，如果离开了人"心"，这一切都就无从谈起了。可见，陆九渊"心即理"的命题突出和凸显了"心"的主体和本体地位。

把"理"导入"心"，给"理"的认可、秉持、实施找到主体根据，这当然有积极的思想意义，有合理的一面。但是，把"理"导入"心"后，"心"本身怎么办？这个"心即理"的"心"在哲学性质上应该是什么？很明显，这时的这个"心"应是本体，即应是自本自根、自因的存在。而"心"作本体与"理"作本体的要求是不一样的。以"理"为本，这个"理"是"有、无"性结构即可；

而以"心"作本体时,这个"心"就不能是"有、无"性结构,因为这样的话它与"理"实际上在哲学本质上就是一样的,"心"作为本体必是"有—无"性的结构,这样才能使自身最终超越主体性、主观性的羁绊而真正独立化、本体化。那么,陆九渊"心即理"命题中的"心"达到了这一点吗? 从形式上看似乎是达到了,因为在"心即理"命题中"心"与"理"可以相等同,这就有了"心—理"的形式。但实际上陆九渊的"心"还没有真正达到"有—无"性之结构。因为,当"心"真正达到了"有—无"性后,这个"心"是不能说和不可说的,起码不能用通常的方式、方法来说,即不能用说"理"一样的方式、方法来说。但陆九渊却说了,即用与朱熹说"理"一样的方式来说"心"了。当朱熹说"理"时,一定有个从事着说活动的心在,这时就是"析心与理为二",是在主客二分的架构中运作着的;同样,现在陆九渊要说"心"时,也一定有个从事着说这一活动的心在,这时就是"析心与心为二"了,被说的和能说的只是被对象化了的"心",真正那个活的心仍隐而未显,故"心"尚未达到自本自根的本体存在。因此,在陆九渊"心即理"命题这里,只是将"理"的存在导入"心"中,展示出了"心"学的宗旨和方向,至于这个"心"的本体性尚未建构起来,只是凸显了"心"的主体性质而已。且看陆九渊所言:

> 人皆有是心,心皆具是理,心即理也。(卷十一《与李宰》)
>
> 心,一心也;理,一理也。至当归一,精义无二。此心此理,实不容有二。(卷一《与曾宅之》)
>
> 万物森然于方寸之间,满心而发,充塞宇宙,无非此理。(卷三十四《语录》上)
>
> 宇宙内事乃己分内事,己分内事乃宇宙内事。(卷三十六《年谱》)
>
> 宇宙便是吾心,吾心即是宇宙。(同上)

这很明显,思想主旨和方向在"心"上,的确是突出、凸显了"心"的存在意义和地位。但当振振有词地说"心皆具是理,心即理也"、"心,一心也;理,一理也。至当归一,精义无二。此心此理,实不容有二"等等时,难道这个"心"不是被正在说着的对象吗,难道这个"心"在存在性质和方式上与

"理"不是一样的吗？

据《年谱》记载,"绍兴二十一年辛未[按:即 1151 年],先生十三岁,因宇宙字义,笃志圣学。"陆九渊因"宇宙"二字的涵义悟到了什么？"忽大省曰:'元来无穷。人与天地万物,皆在无穷之中者也。'乃援笔书曰'宇宙内事乃己分内事,己分内事乃宇宙内事。'……故其启悟学者,多及宇宙二字。如曰:'道塞宇宙,非有所隐遁。在天曰阴阳,在地曰刚柔,在人曰仁义。仁义者,人之本心也。'又曰:'是理充塞宇宙,天地顺此而动,故日月不过而四时不忒;圣人顺此而动,故刑罚清而民服。'又曰:'此理塞宇宙,谁能逃之,顺之则吉,逆之则凶。'又曰:'宇宙不曾限隔人,人自限隔宇宙。'"（卷三十六《年谱》)陆九渊归于圣学所悟到的"道"就是"宇宙内事乃己分内事,己分内事乃宇宙内事"的"心即理"说。这里明确表明了两点:一是陆九渊的"心"学宗旨和方向;二是这个宗旨的主要涵义在宇宙观上,即"心"本体的本和体是在宇宙观上表现的,并未真正在"心"自身上。陆九渊"心"本体的本体性是在宇宙观上表现的,这是什么意思呢？ 也就是说,在陆九渊的"心即理"这一命题中,"心"的原则和形式的确是本体性的,但"心"的性质却是主体性的,即不过是把朱子"理"的客体性化归为人的主体性而已。"心"在存在性质上是主体性的,但在存在形式上或者说其要求却是本体性的,这怎么办呢？ 在这里,陆九渊的"心"学表现出了某种"理"化倾向,即把本应是本体的"心"投射、折射到了"理"上,而展开了对朱子"理"的批评和改造,试图给"理"赋予"心"的存在形式,以此来映射"心"的本体性。所以,陆九渊"心即理"的命题在形式上是本体论的,但实际在内容上是宇宙论的,即重在对"理"的改造以表现出一种新的宇宙观。

那么,陆九渊是怎样对朱子的"理"本体作改造,以"理"来映现"心"的呢？ 的确,在朱熹那里,"理则只是个净洁空阔底世界","理却无情意,无计度,无造作","无形迹",即"理"在哲学性质上是个抽象、一般、普遍。这样的"理"当然与具体事物的个别、特殊是有质的不同的。净洁空阔的"理"如何与具体事物相结合呢？ 这里不得不需要一个结合的中间环节,这就是"气"。"及此气之聚,则理亦在焉","只此气凝聚处,理便在其中","但有此气,则理便在其中"（《朱子语类》卷一)。"气"是"理"得以运行的材料,

"太极(理)犹人,动静(气)犹马。马所以载人,人所以乘马。马之一出一入,人亦与之一出一入。……此所谓所乘之机,无极、二五所以妙合而凝也。"(《朱子语类》卷九十四)朱熹所讲的"气"当然也是一般,尚不是那些具体的事事物物。但与"理"相比,"气"却不是净洁空阔的,它在质上与具体事物可以导通,即"气"这个一般可以连贯到具体事物。这样以来,有了"气"作中介、材料,"理"这个"净洁空阔的世界"就可以由抽象走向具体,可以与具体的天地万物相沟通。所以,朱熹将"理"与"气"结合起来,为理学"理"本体的建构完成作出了贡献。但也应看到,"气"毕竟与"理"不同,它无论如何是不能不和不得不表现出具体性的性质的。程、朱之所以反对张载的"气"论,就是因为这个"气"无论在形式上多么一般、抽象,但在存在内容上却脱不了具体性、特殊性。朱熹现在将"气"纳入"理"中,虽"然以意度之,则疑此气是依傍这理行"(《朱子语类》卷一),但"理"却不得不受到"气"的左右和限制,"气虽是理所生,然既生出,则理管它不得!"(《朱子语类》卷四)"气"大有脱离"理"支配的趋势,"理"本体面临着解体之危。

当陆九渊从事理学问题思考时,他是明确承认"理"的存在的,认为"塞宇宙,一理耳"。(卷十二《与赵詠道》)但为了保证"理"本体的神圣性和纯粹性,他却要重新厘定"理""气"关系。在《与朱元晦》的书信中,陆九渊说:

> 至如直以阴阳为形器而不得为道,此尤不敢闻命。《易》之为道,一阴一阳而已,先后、始终、动静、晦明、上下、进退、往来、阖辟、盈虚、消长、尊卑、贵贱、表里、隐显、向背、顺逆、存亡、得丧、出入、行藏,何适而非一阴一阳哉?奇偶相寻,变化无穷,故曰"其为道也屡迁,变动不居,周流六虚,上下无常,刚柔相易,不可为典要,惟变所适。"《说卦》曰"观变于阴阳而立卦,发挥于刚柔而生爻,和顺于道德而理于义,穷理尽性以至于命。"又曰"昔者圣人之作《易》也,将以顺性命之理。是以立天之道曰阴与阳,立地之道曰柔与刚,立人之道曰仁与义。"《下系》亦曰"《易》之为书也广大悉备,有天道焉,有人道焉,有地道焉。兼三才而两之,故六。六者非他也,三才之道也。"今顾以阴阳为非道而直谓之

形器,其孰为昧于道器之分哉?(卷二《与朱元晦》二)

朱熹认同程颐的思想,认为阴阳者为气,所以阴阳者为"道"。陆九渊反对这个看法,他在此直接论述了《易传·系辞上》"一阴一阳之谓道"的思想,认为"一阴一阳即是形而上者","《易》之为道,一阴一阳而已",这就直接将"气"化为"理"("道")。在他看来,"自形而上者言之谓之道,自形而下者言之谓之器。天地亦是器,其生覆形载必有理。"(卷三十五《语录》下)原来,所谓"道"或"理"并不是形而下的气之外的东西,一阴一阳就是形而上的"道"或"理"所在。这看来是将"道"寓在了气中,实质上是消解掉了"气"的具体性质地,将"气"化为了"理"。这是陆九渊纯化"理"本体的第一步。

把"气"化为"理",这是不是直接把"气"销溶于"理"而不要"气"了呢?当然不是。"气"还是要要的,正如朱熹所言,"无是气,则是理亦无挂搭处"(《朱子语类》卷一),"理搭在阴阳上,如人跨马相似"(《朱子语类》卷九十四),如果没有"气","理"就失去了承载者,它也就彻底成了孤家寡人而根本不能作本体了。所以,陆九渊这里表面上是化"气"为"理",实质上并没有彻底消掉"气",实际上是把"气"的物质性的质地化去了,而使其具有了一定的形式性。何以见得呢?陆九渊有一篇说《易》数的文章,叫《三五以变错综其数》,说:

> 数偶则齐,数奇则不齐,唯不齐而后有变。故主变者奇也,一、三、五、七、九,数之奇也。一者数之始,未可以言变。自一而三,自三而五,而其变不可胜穷矣。故三五者,数之所以为变者也。
>
> 有一物必有上下,有左右,有前后,有首尾,有背面,有内外,有表里,故有一必有二,故曰"一生二"。有上下、左右、首尾、前后、表里,则必有中,中与两端则为三矣,故曰"二生三"。故太极不得不判为两仪。两仪之分,天地既往,则人在其中矣。三极之道岂作《易》者所能自为之哉?错之则一、二、三、四、五,总之则为数十五。三居其中,以三纪之,则三五十五。三其十五,则为《洛书》九章四十有五之数。九章奠

位，纵横数之，皆十五。此可见三五者数之所以为变者也。

九章自一至九而无十。然一与九为十，三与七为十，二与八为十，四与六为十，则所谓十者固在一、二、三、四、五、六、七、八、九之间矣。虽无十，而十固在其间。所谓十五者，五即土之生数，十即土之成数。然则九章之数虽四十有五，而其天地五十有五之数，已在其中矣。由是观之，三五之变可胜穷哉？

天地人为三才，日月星为三辰，卦三画而成，鼎三足而立。……盖三者，变之始也。天有五行，地有五方，一、二、三、四、五则五行生数，六、七、八、九、十则五行成数；一、三、五、七、九为天数，二、四、六、八、十为地数。……五位相得而齐有合：一与六为合，盖一与五为六，故一六为合。二与七为合，盖二与五为七，故二七为合。三与八、四与九、五与十皆然。故天地之数五十有五，而五为小衍，五十为大衍。盖五者，变之终也。参五以变，而天下之数不能外乎此矣。

天地既位，人居其中，乡明而立，则左右前后为四方。天以气运而为春夏秋冬，地以形处而为东西南北，四数于是乎见矣。然后有四方。中与四方，于是为五。故一生水而水居北，二生火而火居南，三生木而木居东，四生金而金居西，而五生土而土居中央。（卷二十一《三五以变错综其数》）

这是陆九渊对《易》数的论述。之所以在此要冗繁地引述这些文字，一是为了明白陆九渊关于"数"的思想全貌，二则是为了作概述性分疏，以见其思想。这里要说的是，陆九渊以"一"为"数之始"；而"数即理也。人不明理，如何明数。"（卷三十五《语录》下）所以，陆九渊在此论述"数"如何从"一"始而构成的过程，实则就是"理"如何从"一"始而构成的过程。这里就将"理"给"数"化了。

陆九渊既化"气"为"理"，又化"理"为"数"或曰用"数"释"理"，他到底要对"理"作什么改造呢？这里其实仍是在改造着"气"，即还是上面我们所讲的话题，就是要化掉"气"内容上的具体性的质性而使其表现为形式上的一般性、抽象性。因为，尽管将"气"化归为"理"，即一阴一阳就是"道"，但这只是一种思想原则,如何在形式上表现出这一原则并使这一原则有可操作性? 这时就不能直接讲"理"或"气"了,而必须找到"理"与"气"能结合、统一的中介体,这就是"数"。"数"不同于"形",它有沟通抽象与具体的功能①。陆九渊用"数"来释"理",就有将抽象的"理"与具体事物连接起来的倾向与意图。当"理"被"数"化而有了"数"的性质后,这就将抽象与具体统一了起来。实际上,在陆九渊这里,"气"、"数"范畴均有"反思范畴"的意义,也有海德格尔所谓的"形式显示"的意义和价值,只是他没有当然也无法用西方现代哲学的现象学、存在论的思想和语言把这一问题讲出来罢了。经陆九渊说解和改造了的"气"、"数"概念,特别是"数"概念表现在本体论上,本体之"理"就有了"中"的性质。这一点,陆九渊在与朱熹讨论"无极而太极"问题时有明确论述。陆九渊说:

> 来书本是主张"无极"二字,而以明理为说,其要曰:"于此有以灼然实见太极之真体。"某窃谓尊兄未曾实见太极,若实见太极,上面必不更加"无极"二字,下面必不更着"真体"字。上面加"无极"字,正是叠床上之床,下面着"真体"字,正是架屋下之屋。虚见之与实见,其言

---

① 这里我们援引一下康德在《纯粹理性批判》(蓝公武译本)第二卷第一章"纯粹悟性概念之图型说"中的论述,是不无益处的。康德指出:"在对象包摄于概念之下时,对象之表象必须与概念为同质;易言之,概念必包有对象(包摄于此概念下者)中所表现之某某事物。此即所谓'对象包摄于概念下'之实际意义所在。故'盘'之经验的概念与'圆'之纯粹的几何学的概念为同质之事物。盖后者中所思维之圆形,能在前者中直观之也。""但纯粹悟性概念与经验的直观(实与一切感性直观),全然异质,决不能在任何直观中见及之。盖无一人谓范畴(例如因果范畴)可由感官直观之,且其自身乃包含在现象中者。然则直观如何能包摄于纯粹概念下,即范畴如何能应用于现象?""此必有第三者,一方与范畴同质,一方又与现象无殊,使前者能应用于后者明矣。此中间媒介之表象,必须为纯粹的,即无一切经验的内容,同时又必须在一方为智性的,在他方为感性的。此一种表象即先验的图型。"这个先验的图型是什么呢? "时间为内感所有杂多之方式的条件,因而为一切表象联结之方式的条件,包有纯粹直观中所有之先天的杂多。至时间之先验的规定,以其为普遍的而依据于先天的规律,故与构成时间统一之范畴同质。但在另一方面,因时间乃包含于'杂多之一切经验的表象'中,故又与现象无殊。是以范畴之应用于现象,乃由时间之先验的规定而成为可能者,此种时间之先验的规定乃悟性概念之图型为现象包摄于范畴下之媒介。"康德以"时间"为连接纯粹知性概念与感性直观的媒介,而"时间"作为内感直观的先天条件又是"数"得以形成的依据。所以,康德以"时间"为先验图型就是以"数"为先验图型,故"数"有沟通抽象与具体的中介作用。

固自不同也。又谓:"极者,正以其究竟至极,无名可名,故特谓之太极,尤曰举天下之至极,无以加此云耳。"然令如此,又何必更于上面加"无极"字也? 若谓欲言其无方所,无形状,则前书固言,宜如《诗》言"上天之载",而于其下赞之曰"无声无臭"可也,岂宜以"无极"字加之太极之上? ……《中庸》曰:"中也者,天下之大本也,和也者,天下之达道也,致中和,天地位焉,万物育焉。"此理至矣,外此岂更复有太极哉?(卷二《与朱元晦》二)

在这里,陆九渊表面上是反对朱熹在"太极"之上再加上"无极"的做法,是反对"无极"的;但实际上他连"太极"也反对。而他真正的主张是"中",即"以极为'中'"(同上)。这个"中"有何哲学性质和意义呢? 从认识上说,无论你把本体视为什么,视为"理"还是"道",也还是"无极"或"太极",本体就都是人理性面前的对象,这时的主体"我"或"心"与本体是两截子的。如果从本体上说,本体之所以是自本自根之体,乃因它自身的"有、无"性;但这个"有、无"性又怎么存在和表现呢? 这时如依于"有"或依于"无"的单向线性递进都不好,都是偏,都不是真理,也都无法呈现出本体之为本体的本性,只有处在"有"与"无"的缘构成中而即有即无,方能呈现出本体的真正本性。"有"与"无"的缘构成就正是"中"。其实,当陆九渊这样费心地来改造"理"时,目的就是为了把"理"本体的"有、无"性结构转化为"有—无"性结构,这就真正成了"心"本体。但陆九渊说不出这种思想,故用"数"、"中"等来一再改造和表现"理"的存在性。陆九渊这里用"中"释"极",将本体视为既非"无极"亦非"太极"的"中",正是对朱子"理"本体的加工完成。能以"中"的性质和面目出现的"理",自然就是融"理"与"气"为一体者。

可见,陆九渊在"心即理"的本体论命题中,实际上是加工、完成了由朱熹集大成的"理"本体。至于"心"本体自身,陆九渊尚未建构完成。但作为"心"学的开创者,陆九渊毕竟是拈出了"心",将"理"的存在依据导入"心"的方向上,这是对理学有贡献的。

2."切己自反"、"发明本心"的认识论和修养论

既然将"理"的存在根据导入"心",那么就要能把握住这个"心";而一

切问题的关键也正在于如何来把握这个"心"。这既是一个认识问题，又是一个修养和体悟问题。陆九渊在此将认识论与修养论、功夫论等揉在了一起。陆九渊说：

> 近有议吾者云："除了先立乎其大者一句，全无伎俩。"吾闻之曰："诚然。"（卷三十四《语录》上）

"先立乎其大者"，是陆九渊的学问宗旨；这个"大者"就是"心"，"先立大者"也就是首先确定"心"的主体地位。陆九渊认为，"学者须是打叠田地净洁，然后令他奋发植立。若田地不净洁，则奋发植立不得。古人为学即'读书然后为学'可见。然田地不净洁，亦读书不得。若读书，则是假寇兵、资盗粮。"（卷三十五《语录》下）所谓"打叠田地净洁"，就是先确立"心"的主体性、主宰性，即先找到"本心"。这也叫"收拾精神，自作主宰"。"收拾精神，自作主宰。万物皆备于我，有何欠阙！""人精神在外，至死也劳攘，须收拾作主宰。收得精神在内时，当恻隐即恻隐，当羞恶即羞恶，谁欺得你？谁瞒得你？见得端的后，常涵养，是甚次第。"（同上）

先确立"心"的主体性、主宰性地位，这只是一种思想原则和学问方向。问题在于如何来立起"心"这个"大者"？即立的途径、方式如何呢？陆九渊的心学在此涉及到了认识论和修养论两个方面。

在认识论上，要树立"心"的主体性、主宰性地位，就首先要对其作认识，即先要认识到"心"的性质、本质、功能、作用等，倘若对"心"的性质、作用等等没有自觉和认识，有如禽兽样浑浑然，那就根本谈不上树立其"大者"——"心"了。又如何来认识"心"呢？陆九渊认为：

> 古人教人，不过存心、养心、求放心。此心之良，人所固有，人惟不知保养而反戕贼放失之耳。（卷五《与舒西美》）
>
> 只"存"一字，自可使人明得此理。此理本天所与我，非由外铄。明得此理。即是主宰。真能为主，则外物不能移，邪说不能惑。（卷一《与曾宅之》）

这是人对自己"心"的认识和确立,即认识、意识到人之所以为人正是因为人有这个"心"在。在这里,实际上是人对自己主体"我"的发现和确认。

发现、确认了人的主体"我"即"心"后,就需要进一步确认"心"的性质、内涵、功用等。人的"心"不是也绝不能是空洞的。孟子说"心之官则思"(《孟子·告子上》),有"心"就要思,有思就要涉着对象;而这个对象既包括天地万物也包括人文世界。但在陆九渊这里,"心"当然不是泛泛地思考一切事物,而在于思考、思索天之"理"所在。他说:"人须是闲时大纲思量:宇宙之间,如此广阔,吾身立于其中,须大做一个人。文子云:'某尝思量我是一个人,岂可不为人?却为草木禽兽。'先生云:'如此便又细了,只要大纲思。且如"天命之谓性",天之所以命我者,不殊乎天,须是放教规模广大。若寻常思量得,临事时自省力,不到得被陷溺了。'"(卷三十五《语录》下)就是说,人用"心"要思的是"天命之谓性"之类的"天道"与"人性"合一之类的问题,而这也正是陆九渊"心即理"的思想涵义所在。陆九渊说:

> 万物森然于方寸之间,满心而发,充塞宇宙,无非是理。(卷三十四《语录》上)
>
> 孟子云:"尽其心者知其性,知其性者则知天矣。"心只是一个心,某之心,吾友之心,上而千百载圣贤之心,下而千百载复有一圣贤,其心亦只如此。心之体甚大,若能尽我之心,便与天同。为学只是理会此。(卷三十五《语录》下)
>
> 义理之所在人心,实天之所与,而不可泯灭焉者也。彼其受蔽于物而至于悖理违义,盖亦弗思焉耳。诚能反而思之,则是非取舍盖有隐然而动,判然而明,决然而无疑者矣。(卷三十二《思则得之》)
>
> 女耳自聪,目自明,事父自能孝,事兄自能弟,本无欠阙,不必他求,在自立而已。(卷三十四《语录》上)

这些就是陆九渊所说的"大纲思量"的认识活动,所思的内容就是人与宇宙相统一的"天人合一"问题,这也就是那个"理",它既是宇宙存在的必然性也是孝悌忠信等等的人世伦常的应然性,人的活动和存在与宇宙的运动和存在是一体同在的。这也正是陆九渊所体悟出的"宇宙内事乃己分内事,己分内事乃宇宙内事"(卷三十三《象山先生行状》)的"心即理"说。

有了对"心"的认识、体认后,无疑会增加、强化人行动的自觉自愿性。但是,认识和行为毕竟是两码事,知并不能自然地转化为行。特别是在关系到人世伦常的应然性方面,知道某种人伦义理是一回事,要能自觉自愿地将这种知转化为行为表现又是一回事,这中间是有不小距离的。但对宋明理学家而言,特别对陆九渊而言,正是要将所知道的人伦之理自觉地并自然地转化为行为的,使知与行合起来,即思想与行为相统一。如何才能做到这一点呢? 这就不可只讲认知,而要有修养、有功夫。所以,在陆九渊这里,认识论又往往与修养论相结合和相混合,认识论中渗透有修养论。

人为何要修养? 陆九渊说:

> 此理塞宇宙,所谓道外无事,事外无道。舍此而别有商量,别有趋向,别有规模,别有形迹,别有行业,别有事功,则与道不相干,则是异端,则是利欲,谓之陷溺,谓之窠臼。说即是邪说,见即是邪见。(卷三十五《语录》下)
>
> 道遍满天下,无些小空阙,四端万善,皆天下之所予,不劳人妆点。但是人自有病,与他相隔了。(同上)
>
> 此理在宇宙间,何尝有所碍,是你自沉埋,自蒙蔽,阴阴地在个陷阱中,更不知所谓高远底。要决裂破陷阱,窥测破个罗网。(同上)
>
> 道塞宇宙,非有所隐遁。在天曰阴阳,在地曰柔刚,在人曰仁义。故仁义者人之本心也。……愚不肖者不及焉,则蔽于物欲而失其本心;贤者智者过之,则蔽于意见而失其本心。(卷一《与赵监》)

这说的是修养的必要性。按理说,"道塞宇宙"、"道遍满天下";而这个"道"或"理"又与人"心"同在,即"人同此心,心同此理,心即理也"。但这只是按人的本性来说的。现实生活中的人却不是本然的、理想的人;故人的性也非本然的、理想的。现实生活中的人是生活在实际功利中的,是不能不受功利、欲望影响的;有了利、欲、私等的影响,就限制了人的本然之"心",

限制了人"心"与宇宙存在的合一,这就叫"宇宙不曾限隔人,人自限隔宇宙"(卷三十四《语录》上)。人既然自己限隔了"心"与宇宙的相通,这就要去掉这个限隔,而去掉的方式、途径正是修养。

关于修养的途径,陆九渊主张用两种相关的方法,这就是"剥落""物欲"与"切己自反"。陆九渊认为,人的"本心"是清明、至善的,但一旦"逐物"而有了"物欲"后就受到了蒙蔽。他指出:"愚不肖者之蔽在于物欲,贤者智者之蔽在于意见,高下污洁虽不同,其为蔽理溺心而不得其正,则一也。"(卷一《与邓文范》)贤、智、愚、不肖虽受蒙蔽的方面不同,但都受到蒙蔽而使"本心"陷溺了,这却是一样的。所以,人就应该去掉蒙蔽"本心"的灰尘以使"本心"得到恢复而清明。陆九渊说:"人气禀清浊不同,只自完养,不逐物即随清明,才一逐物便昏眩了。……人心有病,须是剥落,剥落得一番即一番清明,后随起来,又剥落,又清明,须是剥落得净尽方是。"(卷三十五《语录》下)又说:"将以保吾心之良,必有以去吾心之害。何者? 吾心之良吾所固有也。吾所固有而不能以自保者,以其有以害之也。有以害之而不知所以去其害,则良心何自而存哉? 故欲良心之存者,莫若去吾心之害。……夫所以害吾心者何也? 欲也。欲之多则心之存者必寡,欲之寡则心之存者必多。故君子不患夫心之不存,而患夫欲之不寡,欲去则心自存矣。"(卷三十二《养心莫善于寡欲》)是物欲、私心等蒙蔽了人的"本心",剥落"物欲"后就能使人的"本心"得到复原。

与"剥落""物欲"相一致,还有"切己自反"。"或问先生之学当来自何处入? 曰:'不过切己自反,改过迁善。'"(卷三十四《语录》上)所谓"切己自反",就是反省内求以直接发明"本心";实际上就是反省、内省人所本有的伦理道德之性。陆九渊说:"下愚不肖之人所以自绝于仁人君子之域者,亦特其自弃而不求之耳。诚能反而求之,则是非美恶将有所甚明,而好恶取舍将有不待强而自决者矣。移其愚不肖之所为,而为仁人君子之事,殆若决江疏河而赴诸海,夫熟得而御之?"(卷三十二《求则得之》)这种"反而求之"就是"切己自反",即内省人自己的"事父自能孝,事兄自能弟,本无欠阙,不必他求"(卷三十五《语录》下)的本性。

"剥落""物欲"与"切己自反"是同一个修养过程的两个不同方面,所达到的结果、目的、目标是一样的，即都是为了发明"本心"，以树立起"本心"之"大者"。所以，在陆九渊这里，为学功夫重在发明"本心"，"先立乎其大者"，而他所反对的就是那种"终日簸弄经语"（卷一《与曾宅之》）的读书穷理之法。故他所讲的"格物"与朱熹所谓的"今日格一物，明日格一物"的方法大相径庭。陆九渊说："圣人之言自明白，且如弟子入则孝，出则弟，是分明说与你入便孝，出便弟，何须得传注。学者疲精神于此，是以担子越重。到某这里，只是与他减担，只此便是格物。"（卷三十五《语录》下）陆九渊的此种"格物"法当然不是去"格""物"，而实则在"格""心"，即发明"本心"。故他主张的不是"道问学"而是"尊德性"。淳熙二年（1175 年），朱、陆在鹅湖聚会时，曾就为学之方法问题有激切争论。陆九渊认为朱熹那种读书穷理的方法太"支离"和烦琐，而朱熹则认为陆九渊发明"本心"的"减担"法太过空疏，"其病却在尽废讲学而专务践履，于践履中要人提斯省察，悟得本心，此为病之大者。"（《朱文公文集》卷三一《答张敬夫》之十八）这场关于为学方法的争论以各持己见而结束。

以上是陆九渊的"心"学思想。总结一下，陆九渊的思想贡献在于将"理"导入"心"，并拈出了"心"的主体性、主宰性。所以，陆九渊实际开拓了"心"学的方向。至于真正将"心"自身建构为本体，陆九渊的"心"学尚未能如愿。"心"学仍需发展。

［二］王阳明"心"学

关于王阳明①的"心"学思想，可作以下两点分疏：

---

① 王阳明（1472—1528 年），名守仁，字伯安，浙江余姚人。因常讲学于会稽山阳明洞，世称阳明先生。关于王阳明的生平，《明史》卷一百九十五有传。至于他的思想发展，王阳明《年谱》说，年十八岁时"舟过广信，谒娄一斋谅，语格物之学，先生甚喜，以谓圣人必可学而至也。后遍读考亭遗书，思诸儒谓众物有表里精粗，一草一木皆具至理，因见竹取而格之，沈思不得，遂被疾。""先生二十七岁，读考亭《上光宗疏》，有曰：'居敬持志为读书之本，循序致精为读书之法。'乃悟前日用力虽勤而无所得者，欲速故也。因循序以求之。然物理吾心终判为二，沈郁既久，旧疾复作。闻道士谈养生之说而悦焉。""先生三十七岁，春三月，至龙场驿。……因沉思圣人处此，更有何道。忽中夜大悟格物致知之旨，不觉呼跃而起，从者皆惊。始知圣人之道，吾性自足，向之求理于事物者误也。""先生四十三岁。……是年，始专以'致良知'训学者。"《明儒学案》卷十《姚江学案》记述有王阳明

1."心外无物"、"心外无事"、"心外无理"的本体论

陆九渊以"心即理也"的命题将理学的方向、宗旨由"理"本论导向"心"本论,这是一个重要贡献。但陆九渊只是开拓了"心"本论的思想主场和方向,而并没有完成"心"本体的建构任务。他的"心即理"命题具有"心"本论的形式,但在内容上实际上是"理"本论的,即把朱熹对"理"本性的定性式分析和静态化阐释发展为动态式存在,这是对"理"本体的进一步完善①。所以,在陆九渊"心即理"的"心"学中,拈出的虽然是"心"本论的思想宗旨和方向,但实际上完成的却是对"理"本体的改造和完善,至于"心"本身问题,陆九渊只是确定了它的主体性、主宰性,但并没有能将它本体化。把"心"本体化的工作是由明代的王阳明来完成的。

王阳明是如何完成"心"本体的建构任务的? 这当然关系到王阳明哲学的思想体系问题,即从何入手来解析他的"心"学思想。王阳明的大弟子钱德洪说:"大学问者,师门之教典也。学者初及门,必先以此意授。……门人有请录成书者,曰:'此须诸君口口相传,若笔之于书,使人作一文字看

思想的形成,以"龙场悟道"为界限,他的思想有前"三变"和后"三变"的发展。曰:"先生之学始泛滥于词章;继而遍读考亭之书,循序格物,顾物理、吾心终判为二,无所得入;于是出入佛老者久之。及至居夷处困,动心忍性,因念圣人处此更有何道,忽悟格物致知之旨,圣人之道吾性自足,不假外求。其学凡三变而始得其门。自此之后,尽去枝叶,一意本原,以默坐澄心为学的,有未发之中,始能有发而中节之和,视听言动大率以收敛为主,发散是不得已。江右以后,专提致良知三字,默不假坐,心不待澄,不习不虑,出之自有天则。盖良知即是未发之中,此知之前更无未发;良知即是中节之和;此知之后更无已发,此知自能收敛,不须更主于收敛,此知自能发散,不须更期于发散。收敛者感之体,静而动也;发散者寂之用,动而静也;知之真切笃实处即是行,行之明觉精察处即是知,无有二也。居越以后,所操益熟,所得益化,时时知是知非,时时无是无非,开口即得本心,更无假借凑泊,如赤日当空而万象毕照。是学成之后又有此三变也。"

① 本体自身有"有一无"性本性,正是靠此本性本体才能自本自根、自因地存在。朱熹通过对无极与太极、有与无、动与静、一与多等等的对立统一性的揭示,正好揭示了"理"作为本体的内在本性,这一点在"理"本体的建构中是异常重要的。但"无极—太极"或"有一无"等等的本性在"理"身上到底是怎么存在和表现的? 很明显,朱熹所作的只是一种定性分析和静态描述,并非"理"存在的动态过程。定性、静态地讲,"理"当然是"无极"与"太极"的统一。但究竟如何现实地统一起来? 在"理"的具体存在时,它既不可只表现为"无极"也不可只表现为"太极",但又不能不表现为"无极"和不能不表现为"太极",这到底如何来表现呢? 这只能是既"太极"又"无极"且既非"太极"又非"无极"的"中"。所以,陆九渊在《与朱元晦》书中通过与朱熹的论辩而解"太极"为"中",这正好揭示了"理"本体的动态存在性,这当然是对"理"本体的进一步完善。

过，无益矣．'嘉靖丁亥八月，师起征思田，将发，门人复请，师许之。"（《王阳明全集》①之《大学问》后附注。下引此书只注篇名）"嘉靖丁亥"年即 1527年，这是王阳明去世的前一年。可见，《大学问》作为王阳明教学生的入门书，是他最后的著作，代表了他的最后哲学见解，故它可视为王阳明哲学思想的纲领所在。解析王阳明"心"学思想，当从《大学问》入之。

王阳明《大学问》曰：

"《大学》者，昔儒以为大人之学矣。敢问大人之学何以在于明明德乎？"阳明子曰："大人者，以天地万物为一体者也。其视天下犹一家，中国犹一人焉。若夫间形骸而分尔我者，小人矣。大人之能以天地万物为一体也，非意之也，其心之仁本若是，其与天地万物而为一也。岂惟大人，虽小人之心，亦莫不然，彼顾自小之耳。是故见孺子之入井，而必有怵惕恻隐之心焉，是其仁之与孺子而为一体也，孺子犹同类者也。见鸟兽之哀鸣觳觫，而必有不忍之心焉，是其仁之与鸟兽而为一体也。鸟兽犹有知觉者也，见草木之摧折，而必有悯恤之心焉，是其仁之与草木而为一体也。草木犹有生意者也，见瓦石之毁坏，而必有顾惜之心焉，是其仁之与瓦石而为一体也。是其一体之仁也，虽小人之心亦必有之，是乃根于天命之性，而自然灵照不昧者也。是故谓之明德。……是故苟无私欲之蔽，则虽小人之心，而其一体之仁犹大人也。一有私欲之蔽，则虽大人之心，而其分隔隘陋，犹小人矣。故夫为大人之学者，亦惟去其私欲之蔽，以自明其明德，复其天地万物一体之本然而已耳。非能于本体之外而有所增益之也。"

曰："然则何以在亲民乎？"曰："明明德者，立其天地万物一体之体也；亲民者，达其天地万物一体之用也。故明明德必在于亲民，而亲民乃所以明其明德也。……君臣也，夫妇也，朋友也，以至于山川鬼神、鸟兽草木也，莫不实有以亲之，以达吾一体之仁，然后吾之明德始无不明，而真能以天地万物为一体矣。……是之谓尽性。"

① 《王阳明全集》上、下册，吴光等编校，上海古籍出版社 1992 年版。

曰："然则又乌在其为止至善乎?"曰："至善者,明德、亲民之极则也。天命之性,粹然至善,其灵昭不昧者此其至善之发见,是乃明德之本体,而即所谓良知者也。至善之发见,是而是焉,非而非焉,轻重厚薄,随感随应,变动不居,而亦莫不自有天然之中。是乃民彝物则之极,而不容少有议拟增损于其间也,少有拟议增损于其间,则是私意小智,而非至善之谓矣。"

"故致知必在于格物。物者,事也。凡意之所发必有其事。意所在之事谓之物。格者,正也,正其不正以归于正之谓也。正其不正者去恶之谓也,归于正者为善之谓也。夫是之谓格。《书》言'格于上下','格于文祖','格其非心',格物之'格',实兼其意也。良知所知之善,虽诚欲好之矣,苟不即其意之所在之物而实有以为之,则是物有未格,而好之之意犹为未诚也。良知所知之恶,虽诚欲恶之矣,苟不即其意之所在之物而实有以去之,则是物有未格,而恶之之意犹为未诚也。今焉于其良知所知之善者,即其意之所在之物而实为之,无有乎不尽;于其良知所知之恶者,即其意之所在之物而实去之,无有乎不尽。然后物无不格,而吾良知之所知者,无有亏缺障蔽,而得以极其至矣。夫然后吾心快然,无复余憾而自谦矣。夫然后意之所发者始无自欺而可以谓之诚矣。故曰:格物而后知至,知至而后意诚,意诚而后心正,心正而后身修,盖其功夫条理,虽有先后次序之可言,而其体之惟一,实无先后次序之可分。其条理功夫,虽无先后次序之可分,而其用之惟精,固有纤毫不可得而缺焉者。此格、致、诚、正之说,所以阐尧舜之正传,而为孔氏之心印也。"

《大学问》的这些文字是易懂的,思想是明确的。这里的前几段讲的是"心"体问题,即人之"心"与天地万物为一体,这是一种本体,也是一种境界。这里的后一段讲的是功夫问题,即如何通过《大学》所讲的格、致、诚、正之方法以达到"心"与天地万物为一体。这种功夫有认识也有修养,本来就是认识与修养的统一。有本体境界,有修养功夫,这就构成了一"心"本论思想。所以说,宋明理学的"心"学到了王阳明处才建构完成了。

现在把王阳明在《大学问》中讲的"心"本论的思想总纲分解开来,结合他在《传习录》等著作中所讲,王阳明"心"本论的理论建构工作可分疏为下列三步:

一是确立"心"的主体性、主宰性。王阳明"心"学的这个方向与陆九渊"心"学是一致的。陆九渊说"宇宙内事乃己分内事,己分内事乃宇宙内事";"宇宙便是吾心,吾心即是宇宙。"(《陆九渊集》卷三十六《年谱》)他为什么要讲这种看起来是非常主观唯心的话呢? 难道陆九渊真的看不到宇宙的亘古存在,以为宇宙是随人"心"而起的幻影吗? 当然不是。陆九渊不会连宇宙的真实存在都熟视无睹,他是承认宇宙存在的。但问题是,如果没有人的话宇宙当然可以存在,但它的存在却没有"存在"的意义和价值。人之外的宇宙,或者说没有人的宇宙,是谈不上存在与否的问题的,更谈不上其存在的所以然和所以是之类的本体论问题。人们如今能谈宇宙存在,能考察宇宙存在的所以然、所以是的本原、本体问题,正是因为有人在,即有"心"在,所以才能考察宇宙存在的问题。正是从这个视角来说,才能有和要有"宇宙便是吾心,吾心即是宇宙"的讲法。所以,陆九渊将宇宙存在,以及将"理"本体都导入"心",以突出人"心"的主体性和主宰性,这个"心"学方向是可取的,是其思想贡献所在。王阳明"心"学正是在陆九渊"心"学的这个方向上起步的。且看王阳明的论说:

> 朱本思问:"人有虚灵方有良知,若草木瓦石之类亦有良知否?"先生曰:"人的良知就是草木瓦石的良知。若草木瓦石无人的良知,不可以为草木瓦石矣。岂惟草木瓦石为然,天地无人的良知亦不可为天地矣。盖天地万物与人原是一体,其发窍之最精处是人心一点灵明。"(《传习录》下卷"钱德洪录")
>
> 问:"人心与物同体,如吾身原是血气流通的,所以谓之同体。若于人便异体了,禽兽草木益远矣,而何谓之同体?"先生曰:"你只在感应之几上看,岂但禽兽草木,虽天地也与我同体的,鬼神也与我同体的。"请问。先生曰:"你看这个天地中间,甚么是天地的心?"对曰:"尝闻人是天地的心。"曰:"人又甚么教做心?"对曰:"只是一个灵明。""可知充塞天

地中间,只有这个灵明,人只为形体自间隔了。我的灵明便是天地鬼神的主宰。天没有我的灵明,谁去仰他高?地没有我的灵明,谁去俯他深?鬼神没有我的灵明,谁去辨他吉凶灾祥?天地鬼神万物离却我的灵明,便没有天地鬼神万物了;我的灵明离却天地鬼神万物,亦没有我的灵明。如此便是一气流通的,如何与他间隔得?"又问:"天地鬼神万物千古见在,何没了我的灵明便具无了?"曰:"今看死的人,他这些精灵游散了,他的天地鬼神万物尚在何处?"(《传习录》下卷"黄以方录")

先生游南镇[按:即浙江会稽山,它在隋文帝开皇年间被封为南镇]。一友指岩中花树问曰:"天下无心外之物,如此花树在深山中自开自落,于我心亦何相关?"先生曰:"你未看此花时此花与汝心同归于寂,你来看此花时则此花颜色一时明白起来,便知此花不在你的心外。"(《传习录》下卷"钱德洪录")

这是主观唯心主义的呓语吗?当然不是。王阳明看到,人们说天说地说万物,说鬼说神说禽兽,这一切的一切之所以能被说和要被说,之所以能有这些存在,正是因为有人的"心"在;倘若没有了人的这个"心",谁去仰天的高,去俯地的深,去察辨鬼神的吉凶,去判定禽兽的非义?天之所以有高,地之所以有深,鬼神之所以有吉凶,这一切的一切都是因为有人"心"在。由此可见,宇宙存在的全部意义和价值均在人"心"上;或者说"理"的存在,无论它是宇宙存在之必然还是人世伦常之应然,都依于人"心"而在。这就将存在问题的根据导入"心"上。王阳明指出:"人者,天地万物之心也;心者,天地万物之主也。心即天,言心则天地万物皆举之矣。"(《答季明德》)这就是"心"的主体性、主宰性的确立。

二是阐发"心"的意向性、涉物性。既然人有"心",这个"心"就不是空的、虚的,它就不会没有作用和功能。事实上,"心"本来就有一种涉物的意向、作用和功能,这就是"心"的意向性①。当王阳明确立了"心"的主体性、

---

① 在现代西方哲学中,胡塞尔(Husserl)从布伦塔诺(Brentano)那里继承了关于意识的"意向性"理论。布伦塔诺说:"每一心理现象可以用中世纪经院哲学家所说的对象的意向性

主宰性后，他在对"心"活动作进一步阐发时，就涉及到了关于意识的"意向性"问题。王阳明称之为"意之所在便是物"。关于"心"的意向性功能问题，王阳明从不同方面做了阐发。他说：

> 心不是一块血肉，凡知觉处便是心。如耳目之知视听，手足之知痛痒，此知觉便是心也。（《传习录》下卷"黄以方录"）

> 九川疑曰："物在外，如何与身、心、意、知是一件？"先生曰："耳、目、口、鼻、四肢，身也，非心安能视、听、言、动？心欲视、听、言、动，无耳、目、口、鼻、四肢亦不能。故无心则无身，无身则无心。但指其充塞处言之谓之身，指其主宰处言之谓之心，指心之发动处谓之意，指意之灵明处谓之知，指意之涉着处谓之物，只是一件。意未有悬空的，必着事物。故欲'诚意'，则随意所在某事而格之，去其人欲而归于天理，则良知之在此事者无蔽而得致矣。此便是'诚意'的功夫。"（《传习录》下卷"陈九川录"）

> 心者身之主宰，目虽视而所以视者心也，耳虽听而所以听者心也，口与四肢虽言、动，而所以言、动者心也。故欲"修身"，在于体当自家心体，常令廓然大公，无有些子不正处。主宰一正，则发窍于目自无非礼之视，发窍于耳自无非礼之听，发窍于口与四肢自无非礼之言、动，此便是"修身"在正其心。（《传习录》下卷"黄以方录"）

的（亦即心灵的）内存在（Inexistenz），以及我们略为含糊地称之为对一内容的指称、对一对象（不一定指实在的对象）的指向、或内在的客体性这样的东西来刻划。""这种意向性的内存在是为心理现象所专有的。没有任何物理现象能表现出类似的性质。所以，我们能够为心理现象下这样一个定义，即它们都意向性地把某个对象包含于自身之中。"（转引自张祥龙：《海德格尔思想与中国天道》，三联书店1996年版，第30页）这种意识"意向性"的意思是说，心理现象与物理现象不同，心理现象指的是表象活动本身，而物理现象则是被表象的东西。所以，没有哪个心理现象可以是一个纯粹的表象活动而不含有被此活动表象出来的东西；任何一个心理现象都有一种内在的双层结构，即表象过程、被表象的东西以及两者间的关系。当王阳明确立了"心"的主体性、主宰性后，他在对"心"的活动作进一步阐发时，就涉及到了关于意识的"意向性"问题。当然，这不是说王阳明已有了有关现代西方哲学现象学那种"意向性"的思想理论，而只是说王阳明"心"学中有这方面的意思，起码可以用意识的"意向性"思想理论来诠解之。

这是从身、心关系上所说的"心"的意向性功能。这里的"心"不是指"一块血肉",而是能"知觉"者;既然是能知觉者,那就必然要涉着知觉者,这就是眼、耳、鼻、舌、四肢之人身。

王阳明又指出:

> 意未有悬空的,必着事物。(《传习录》下卷"陈九川录")
>
> 意之涉着处谓之物。(同上)
>
> 心者,身之主也,而心之虚灵明觉,即所谓本然之良知也。其虚灵明觉之良知应感而动者,谓之意。有知而后有意,无知则无意矣。知非意之体乎?意之所用必有其物,物即事也。如意用于事亲,即事亲为一物;意用于治民,即治民为一物;意用于读书,即读书为一物;意用于听讼,即听讼为一物。凡意之所用,无有无物者。有是意即有是物,无是意即无是物矣,物非意之用乎!(《传习录》中卷《答顾东桥书》)

这是从心、物关系上所说的"心"的意向性功能。"心"不是也不能是"悬空的",它要思要想;而思、想自然要涉着到被思想的对象,有思想的内容。所以,"心"天生就有意向性、涉物性的性质和功能。王阳明揭出"心"的如此特性和功用,这是很有贡献的。但王阳明在此却将物与事混在了一起,认为"意之所用必有其物,物即事也"。事是事件,是人为的;而物则是实物,有固有的实在性。王阳明说"意必着事物",说的是"意"着"事"的一面,即意在事亲、治民、读书、听讼等等,这些都是人为之事,这当然是意所涉着的。而物,虽然不是意之事,但就意的意向性而言,也是必然要被涉着的。所以,尽管王阳明混同了物与事的区别,有以事代物的倾向,但就"心"的意向性、涉物性而言,还是对的,即"心"的确不悬空,必然要涉着事物。

三是建立"心"本体。"心"是整个宇宙存在的主体、主宰,这是"心"的超越性一面;但这个作为主体、主宰的"心"又不是纯粹的超越,它本来就有意向性、涉物性的一面。"心"的此种既超越又非超越,即既抽象又具体,既一般又个别,既普遍又特殊的特性、本质,就决定了"心"与天地万物"妙合"的"感应之几"(见《传习录》下卷"黄以方录")。于是王阳明言道:

　　良知之虚便是天之太虚,良知之无便是太虚之无形。日、月、风、雷、山、川、民、物,凡有貌象形色,皆在太虚无形中发用流行,未尝作得天的障碍。圣人只是顺其良知之发用,天地万物俱在我良知的发用流行中,何尝又有一物超于良知之外,能作得障碍?(《传习录》下卷"钱德洪录")

　　良知即是《易》:"其为道也屡迁,变动不居,周流六虚,上下无常,刚柔相易,不可为典要,惟变所适。"此知为何捉摸得? 见得透时便是圣人。(《传习录》下卷"黄以方录")

就这样,人的"心"("良知")与天地万物在"感应之几"中"妙合而凝"地一体同在着。这时的"心"是体,但这个"体"就在"用"中,它是即体即用,"体用一源,显微无间"的。到了这时,王阳明的"心"体在存在形式上就与朱熹的"理"体相一致了。朱子说"理"时言道:"体用一源者,自理而观,则理为体,象为用,而理中有象,是一源也;显微无间者,自象而观,则象为显,理为微,而象中有理,是无间也。"(《朱文公文集·答何叔京》)认为"理""正以其无方所形状,以为在无物之前,而未尝不立于有物之后;以为在阴阳之外,而未尝不行于阴阳之中;以为通贯全体,无乎不在,则又初无声臭影响之可言也。"(朱熹《太极图说解》)"理"是体用、有无、无极太极、动静、阴阳、一两等等的统一体。而现在王阳明的这个"心"亦然。朱子的"理"之所以成为本体,正由于"理"自身"有、无"性的本性结构。现在,王阳明讲"心",通过"心"的意向性性质,将"心"的主体性、主宰性的超越性与它的涉物性的非超越性统一了起来,这就在哲学性质上揭示出了"心"的"有、无"性本质;同时,更重要的是,"心"以其自身意向性、涉物性的性质和功能,就有了自我显现、现象的功用和方式,它能自然地把自己开显出来而物化之,这样它就消解、化解了主与客的分立,使主与客合而为一而以一种意境、境界展现之。所以,在王阳明"心"的"感应之几"与天地万物"妙合而凝"的存在中,对象心与那个活的主体"心"就都显露了出来而一体同在,这就使"心"的"有、无"性转化为"有—无"性,它的存在结构和方式有如海德格尔"操心"(Sorge)的"先行于自身的—已经在(世界中的)—作为寓于(世内照面的存在者)的存在"①结构方式,这就真正实现了"心"的本体化。王阳明关于"心"的意向性、涉物性思想以及"心"与天地万物"妙合"的"感应之几"思想很重要,很有哲学价值,这实际上已有了胡塞尔"范畴直观"、拉斯克"反思范畴"和海德格尔"形式显示"等的一些思想痕迹,尽管王阳明自己压根就不可能知道这些思想理论。

这样,王阳明就建立起了"心"本体。这在陆九渊"心"学中是未能做到的,因为陆九渊"心"学只确立了"心"的主体性、主宰性原则,尚没有"心"的意向性、涉物性原则和方法。在王阳明看来,"心"是主体,同时亦是本体。他反复指出:"心即理也,天下又有心外之事、心外之理乎?"(《传习录》上卷"徐爱录")"身之主宰便是心,心之所发便是意,意之本体便是知,意之所在便是物。如意在于事亲,即事亲便是一物;意在于事君,即事君便是一物;意在于仁民、爱物,即仁民、爱物便是一物;意在于视、听、言、动,即视、听、言、动便是一物。所以某说:'无心外之理,无心外之物。'"(同上)"仁、义、礼、智也是表德。性一而已,自其形体也谓之天,主宰也谓之帝,流行也谓之命,赋于人也谓之性,主于身也谓之心。心之发也,遇父便谓之孝,遇君便谓之忠。自此以往,名至于无穷,只是一性而已。"(《传习录》上卷"陆澄录")"这视、听、言、动皆是汝心。汝心之视发窍于目,汝心之听发窍于耳,汝心之言发窍于口,汝心之动发窍于四肢。若无汝心,便无耳、目、口、鼻、四肢。所谓汝心,亦不专是那一团血肉。若是那一团血肉,如今已死的人那一血团还在,缘何不能视、听、言、动?所谓汝心,却是那能视、听、言、动的,这个便是性,便是天理。有这个性,才能生这性之生理,便谓之仁。这性之生理,发在目便会视,发在耳便会听,发在口便会言,发在四肢便会动,都只是那天理发生,以其主宰一身故谓之心。这心之本体,原只是个天理,原无非礼。这个便是汝之真己。"(《传习录》上卷"薛侃录")正因为这样,所以"心外无物,心外无事,心外无理,心外无义,心外无善"(《与王纯甫书》二),"心外无学"(《紫阳书院集序》)。"心"就是本体。

王阳明对建构"心"本体是颇为自觉的。这个自觉就表现在他对程朱

---

① 海德格尔:《存在与时间》(修订译本),三联书店 2006 年版,第 361 页。

理学"理"本体所表现出的"心"与"理"二分的弊端有明确认识。他说:"诸君要认得我立言宗旨。我如今说个'心即理'是如何?只为世人分心与理为二,故便有许多病痛。"(《传习录》下卷"黄以方录")他在《答顾东桥书》中指出:"夫物理不外于吾心,外吾心而求物理,无物理矣;遗物理而求吾心,吾心又何物邪?心之体,性也,性即理也。故有孝亲之心即有孝之理,无孝亲之心即无孝之理矣;有忠君之心即有忠之理,无忠君之心即无忠之理矣。理岂外于吾心邪?晦庵谓'人之所以为学者,心与理而已,心虽主乎一身而实管乎天下之理,理虽散在万事而实不外乎一人之心',是其一分一合之间,而未免已启学者心、理为二之弊。此后世所以有'专求本心遂遗物理'之患,正由不知心即理耳。……心一而已,以其全体恻怛而言谓之仁,以其得宜而言谓之义,以其条理而言谓之理。不可外心以求仁,不可外心以求义,独可外心以求理乎?"(《传习录》中卷)"朱子所谓格物云者,在即物而穷其理也。即物穷理是就事事物物上求其所谓定理者也,是以吾心而求理于事事物物之中,析心与理而为二矣。夫求理于事事物物者,如求孝之理于其亲之谓也。求孝之理于其亲,则孝之理其果在于吾之心邪?抑果在于亲之身邪?假而果在于亲之身,则亲没之后吾心遂无孝之理欤?见孺子之入井,必有恻隐之理,是恻隐之理果在于孺子之身欤?抑在于吾心之良知欤?其或不可以从之于井欤,其或可以手而援之欤?是皆所谓理也。是果在于孺子之身欤?抑果出于吾心之良知欤?以是例之,万事万物之理莫不皆然,是可以知析心与理为二之非矣。"(同上)可见,王阳明之所以斥朱子"理"论之非,并非他不知有"理"和不承认"理",对这个"理"他和陆九渊一样是确信不疑的。但问题在于如何来把握和贯彻、执行这个"理"。按朱子"理"论的讲法,是处在主客二分的思想构架中,的确是"析心与理为二"的。而问题的关键在于得"理",使"理"融于"心"中,这时就需要把那个一直在执行着说"理"活动的活"心"现象、显现出来,这也就是主体心与对象心的合一;当真正把那个活"心"显现出来后,就是无思无虑的境界存在。对此,王阳明有明确的主张。这就是著名的王门"四句教",即"无善无恶是心之体,有善有恶是意之动,知善知恶是良知,为善去恶是格物"(《传习录》下卷"钱德洪录")。

对"四句教",阳明弟子们有不同的理解。《传习录》下卷"钱德洪录"说：

> 丁亥年九月,先生起复,征思、田[引者按:思,指思恩,在今广西武鸣县西北;田,指田州,在今广西百色东],将命行。时德洪与汝中论学,汝中举先生教言曰:"无善无恶是心之体,有善有恶是意之动,知善知恶是良知,为善去恶是格物。"德洪曰:"此意如何?"汝中曰:"此恐未是究竟话头。若说心体是无善无恶,意亦是无善无恶的意,知亦是无善无恶的知,物是无善无恶的物矣。若说意有善恶,毕竟心体还有善恶在。"德洪曰:"心体是天命之性,原是无善无恶的。但人有习心,意念上见有善恶在。格、致、诚、正,修此正是复那性体功夫。若原无善恶,功夫亦不消说矣。"是夕侍坐天泉桥[引者按:王阳明府内碧霞池上的一座桥],各举,请正。先生曰:"我今将行,正要你们来讲破此意。二君之见,正好相资为用,不可各执一边。我这里接人,原有此二种:利根之人,直从本原上悟入,人心本体原是明莹无滞的,原是个'未发之中',利根之人一悟本体,即是功夫,人己内外一齐俱透了;其次不免有习心在,本体受蔽,故且教在意念上实落为善去恶,功夫熟后,渣滓去得尽时,本体亦明尽了。汝中之见是我这里接利根人的,德洪之见是我这里为其次立法的。二君相取为用,则中人上下皆可引入于道;若各执一边,眼前便有失人,便于道体各有未尽。"既而曰:"已后与朋友讲学,切不可失了我的宗旨:'无善无恶是心之体,有善有恶是意之动,知善知恶是良知,为善去恶是格物。'只依我这话头,随人指点,自没病痛,此原是彻上彻下功夫。利根之人世亦难遇,本体功夫一悟尽透,此颜子、明道所不敢承当,岂可轻易望人?人有习心,不教他在良知上实用为善去恶功夫,只去悬空想个本体,一切事为俱不着实,不过养成一个虚寂,此个病痛不是小小,不可不早说破。"是日德洪、汝中俱有省。

这就是著名的"天泉证道"。《王阳明全集》卷三十五《年谱三》"六年丁亥"的"九月壬午发越中"条亦有录,但文字有出入,如论本体说:"良知本体,原本无有。本体只是太虚,太虚之中日、月、星、辰、风、露、雷、电、阴霾、噎气,何物不有? 而又何一物得为太虚之障? 人心本体亦复如是。太虚无形,一过而化,亦何费纤毫气力? 德洪功夫须要如此,便是合得本体功夫。""天泉证道"中王阳明的确阐发了"心"体的无善无恶本性。这次证道的时间是嘉靖六年(1527年)丁亥,时王阳明56岁,即他去世的前一年,所以此次"证道"当为王阳明晚年定论。

将"心"本体确立为"无善无恶"的"无",虽是在"天泉证道"时所言,但这却是王阳明一贯的思想。《王龙溪全集》卷一《天泉证道记》说:"阳明夫子之学以良知为宗,每与门人论学,提四句为教法:'无善无恶心之体,有善有恶意之动,知善知恶是良知,为善去恶是格物。'"可见,这"四句教"的提出并不只在"天泉证道"之时。事实上,《传习录》等著作中不乏类似的讲法,如说:"无善无恶者理之静,有善有恶者气之动。不动于气即无善无恶,是谓至善。"(《传习录》上卷"薛侃录")"心之本体原无一物,一向着意去好善恶恶,便又多了这分意思,便不是廓然大公。《书》所谓'无有作好作恶',方是本体。"(同上)"黄勉叔问:'心无恶念时,此心空空荡荡的,不知亦须存个善念否?'先生曰:'既去恶念,便是善念,便复心之本体矣。譬如日光被云来遮蔽,云去光已复矣。若恶念既去,又要存个善念,即是日光之中添燃一灯。'"(《传习录》下卷"黄修易录")"无善无不善,性原是如此。"(《传习录》下卷"钱德洪录")"性之本体,原是无善无恶的。"(同上)"先生曰:'无知无不知,本体原是如此。譬如日未尝有心照物,而自无物不照。无照无不照,原是日的本体。良知本无知,今却要有知;本无不知,今却疑有不知,只是信不及耳!'"(同上)"问'通乎昼夜之道而知'。先生曰:'良知原是知昼知夜的。'又问:'人睡熟时,良知亦不知了。'曰:'不知,何以一叫便应?'曰:'良知常知,如何有睡熟时?'曰:'向晦宴息,此亦造化常理。夜来天地混沌,形色俱泯,人亦耳目无所睹闻,众窍俱翕,此即良知收敛凝一时。天地既开,庶物露生,人亦耳目有所睹闻,众窍俱辟,此即良知妙用发生时。可见人心与天地一体,故"上下与天地同流"。今人不会宴息,夜来不是昏睡即是妄想魇寐。'曰:'睡时功夫如何用?'先生曰:'知昼即知夜矣。日间良知是顺应无滞的,夜间良知即是收敛凝一的,有梦即先兆。'"(同上)等。这都说明，王阳明是一贯主张"心"本体原是"无善无恶"的。

以"无善无恶"的"无"来定谓"心"，意义何在？其意义和价值就在于发现、发掘了"心"体的"无"性；而这个"无"性本质恰恰就是"心"的"有—无"性结构。此时的"心"化解了善恶性，成为无善无恶的"中"性存在，这就是心的"无"性本质，也就是它的"有—无"性结构。从认识上讲，此时的"心"就消解了主客二分的认知构架而处在了天人合一的境界或意境中。从"心"体的动态存在方式上讲，此时的"心"就将"善"与"恶"或"有"与"无"整合在了一起，使二者处在了缘发构成的境域中，这就是"心"的缘构和活转，有如"目无体，以万物之色为体；耳无体，以万物之声为体；鼻无体，以万物之臭为体；口无体，以万物之味为体；心无体，以天地万物感应之是非为体。"（《传习录》下卷"钱德洪录"）这就是"中"的性质和形态。一句话，这时的"心"不是观念反思意义上的存在，而是情境反思意义的存在。再从"心"体的最终目的、目标来看，这时的"心"在本性、本质上是"无"，这才真正体现了人类"无"即"自由"的本性、本质，而不仅仅是人的主体要求和愿望，故它才是真本体。一言以蔽之，心学到了王阳明这里就建构完成了"心"本体。

2."致良知"与"知行合一"的认识论、动机论、修养论、功夫论

陆九渊讲"心即理也"（《陆九渊集》卷十一《与李宰》），王阳明讲"心外无物"、"心外无事"、"心外无理"（《与王纯甫》其二），这些都是"心"学的宗旨和方向。但心学的这个宗旨和方向不能只这么讲讲和说说。如果只这么说讲一番，那只是论说了以"心"为本的道理，充其量只能提高人的认识上的自觉性，尚不能使这种"心"本体实实在在地落实在人的行为上；这样以来，心学也就成了只说说而已的说教了。王阳明之所以反对朱子的"理"学宗旨和方法，就是因为理学讲的"理"只流于说教，是"析心与理为二矣"（《传习录》中卷《答顾东桥书》），未能直接、自然地将"理"落实在人的行为上。当然，朱熹也不是只说说"理"而已，他也很强调要将这种"理"落实在人的行为上，要人对忠君、孝父等等的"理"自觉自愿地去践履。但由于朱子"格物穷理"的方法所限，原本是融宇宙存在的必然与人世伦常的应然为一体的"理"却分离而偏向于宇宙必然的一面，这使得对"理"的认识和把握

在起手处就倒向了外在一方,即"是物物上穷其至理"(《朱子语类》卷十五)矣。朱熹的"理"学对"理"的把握是在认识论、知识论的构架中,故作为认知主体的"心"与作为认知对象的"理"是"析为二的"。如果说此种做法在朱熹的"理"学体系中是可以暂时容身的话——因为朱熹的"理"学原本就将人世伦常的应然提升出去使其归宿为宇宙存在之必然了;那么,到了陆、王"心"学这里,这种"即物穷理"而"析心与理为二"的方法就从根本上危害和动摇了"心"学的基础——因为"心"学与"理"学相反,它是将宇宙存在之必然下移到了人世伦常的应然中,所以此时的"心"就不是和不能是认知性的,而要是行动性的,是要将所认知的"理"自觉自愿且自然地融贯在人的行为中的。所以说,如果说"理"学偏重于知的色彩的话,那么"心"学则要偏重于行的色彩。这就是"心"学更重视和突出境界论、修养论、功夫论等问题的原因。

"心"学是如何来完成从认知向践履过渡的呢？这里的第一步就是转换"理"学的理论重心,将"理"的宇宙必然性维度向人世伦常的应然性维度转移。这一点,整个"心"学在确立"心"本体的原则和方向时就已确定了,这就是陆、王都讲的"良知"。陆九渊说:"汝耳自聪,目自明,事父自能孝,事兄自能弟,本无欠阙,不必他求,在自立而已。"(《陆九渊集》卷三十五《语录》下)这说的就是"良知"。王阳明也恪守这一方向和宗旨。他说:"理也者,心之条理也。是理也,发之于亲则为孝,发之于君则为忠,发之于朋友则为信。千变万化,至不可穷竭,而莫非发于吾之一心。"(《书诸阳卷》)"知是心之本体,心自然会知。见父自然知孝,见兄自然知弟,见孺子入井自然知恻隐。此便是良知,不假外求。"(《传习录》上卷"徐爱录")王阳明确信,"良知"是人先天固有的一种知是知非、知善知恶的能力。承认和确信"良知",陆、王皆然。然而,与陆九渊事实上只完成了对"理"的加工改造工作,只确立和突出了"心"的主体性和主宰性,而并未能完成"心"本体的建构任务的做法相一致,在认识论和修养论方面,陆九渊也只是突出了"良知"这一行为方向,至于如何把握到这个"良知"并将它的"知"性转化为"行"性,他并未讲,起码未明确、专门来讲。王阳明就不同了,他讲了,专门讲了如何来把握这个"良知"并将它转化为行为的问题,这就是他的"致良知"说。冯

743

友兰先生指出:"照王守仁的说法,良知的'知'是每一个人都有的,无论什么人,遇到什么事情,他的良知都启示他应该怎样做,怎样做是善,怎样做是恶。就这一方面说,'满街都是圣人'。但并不是任何人,遇见任何事,都能照着良知去做,都能'致良知'。是圣人或不是圣人,关键在于那个'致'字。陆九渊说了许多话,着重在于说明人都有良知;王守仁也说了许多话,着重在于'致良知'。就是说,陆九渊对于'行'说得不够,王守仁特别着重'行'。"①所以,在王阳明处,"良知"是知,"致良知"是行;"致良知"就是知与行相统一的过程,即"知行合一"也。王阳明的"致良知"与"知行合一"说是一致的,是融认识论、修养论、动机论、功夫论为一体的修养论。但就思想侧重面说,"致良知"是重于知的问题,"知行合一"是重于行的问题。

王阳明说:"吾生平讲学,只是'致良知'三字。"(卷二十六续编一《寄正宪男手墨二卷》)《阳明先生行状》说,"甲戌,升南京鸿胪寺卿,始专以良知之旨训学者。"据《年谱一》,王阳明升任南京鸿胪寺卿是在明武宗正德九年(1514年),时年他四十三岁。王阳明曾郑重宣告,他的"致良知"学说是"圣门正法眼藏"(卷五文録二《与邹谦之》),"是孔门正法眼藏"(卷五文録二《寄薛尚谦》)。可见"致良知"学说在王阳明"心"中的重要性。如何"致"这个"良知"?"良知"在形式上毕竟是一种知,所以要"致良知"就首先得对"知"的内容、范围等作以确定。王阳明在《答顾东桥书》中这样说:"朱子所谓格物云者,在即物而穷其理也。即物穷理是就事事物物上求其所谓定理者也,是以吾心而求理于事事物物之中,析心与理而为二矣。夫求理于事事物物者,如求孝之理于其亲之谓也。求孝之理于其亲,则孝之理其果在于吾之心邪?抑果在于亲之身邪?假而果在于亲之身,则亲没之后吾心遂无孝之理欤?"(《传习录》中卷)孝之"理"到底在哪里?在亲身上抑还在人"心"中?看来,孝之"理"在亲身上,因为没有亲存在的话何来孝之"理"?但细思之,却并非如此。诚然,没有亲的话"孝"这个理就没有了承载体而失去了存在的意义与价值;但"孝"这个理的提出却完全在人世,如果没有了人,即使有"孝"之理存在,那也毫无价值。所以,还是王阳明讲得

---

① 冯友兰:《中国哲学史新编》下卷,人民出版社1999年版,第242页。

有道理:"我的灵明,便是天地鬼神的主宰。天没有我的灵明,谁去仰他高?地没有我的灵明,谁去俯他深? 鬼神没有我的灵明,谁去辨他吉凶灾祥? 天地鬼神万物离却我的灵明,便没有天地鬼神万物了。"(《传习录》下卷"黄以方录")可见,知善知恶的"良知"并不是去知外物之"理",而是"心"对人世伦常之"理"的体悟和直觉,这就是"致"的方式和意义。王阳明说:

> 若鄙人所谓致知格物者,致吾心之良知于事事物物也。吾心之良知即所谓天理也,致吾心良知之天理于事事物物,则事事物物皆得其理矣。致吾心之良知者,致知也;事事物物皆得其理者,格物也。是合心与理为一者也。合心与理而为一,则凡区区前之所云,与朱子晚年之论,皆可以不言而喻矣。(《传习录》中卷《答顾东桥书》)

对《大学》讲的"格物致知"之法,朱熹解之曰:"致,推极也;知,犹识也。推极吾之知识,欲其所知无不尽也。格,至也;物,犹事也。穷至事物之理,欲其极处无不到也。"(《四书章句集注·大学章句》)朱熹认为,所谓"格物"就是去穷事物之理;所谓"致知"就是将所穷的事物之理尽力推扩开来,由少到多,由隐到显,由微到著,最终达到"众物之表里精粗无不到,而吾心之全体大用无不明矣"。(同上)这在原则上仍是知识论的框架和方法。王阳明解"格物致知"云:"格者,正也,正其不正以归于正之谓也。正其不正者,去恶之谓也;归于正者,为善之谓也。夫是之谓格。""致者,至也。如云'丧致乎哀'之'致'。《易》言'知至至之'。知至者,知也;至之者,致也。致知云者,非若后儒所谓充广其知识之谓也,致吾心之良知焉耳。"(《大学问》)在王阳明看来,所谓"格物"其实是在格心,即为善去恶的功夫;而所谓"致知"就是"心"得到了"良知",就像得到"道"一样,此时"心"就与"良知"融为一处。到了此时,人的"心"中就并没有"良知"概念,并不知道有"良知"与否,但此时人的行为表现却恰好就是"良知",从心所欲,中规中矩,自自然然,无有雕饰。这就是一种境界,既是本体境界,也是功夫境界,二者合而为一。

王阳明指出:

良知者，……是乃天命之性，吾心之本体，自然灵昭明觉者也。凡意念之发，吾心之良知无有不自知者，其善欤，惟吾心之良知自知之；其不善欤，亦惟吾心之良知自知之，是皆无所与于他人者也。故虽小人之为不善，既已无所不至，然其见君子则必厌然掩其不善，而著其善者，是亦可以见其良知之有不容于自昧者也。今欲别善恶以诚其意，惟在致其良知之所知焉尔。何则？意念之发，吾心之良知既知其为善矣，使其不能诚有以好之而复背而去之，则是以善为恶，而自昧其知善之良知矣。意念之所发，吾心之良知既知其为不善矣，使其不能诚有以恶之而复蹈而为之，则是以恶为善，而自昧其知恶之良知矣。若是，则虽曰知之，犹不知也，意其可得而诚乎？今于良知所知之善恶者无不诚好而诚恶之，则不自欺其良知，而意可诚也已。（《大学问》）

良知昭然不昧，知善即去为善，知恶即去恶恶，自自然然，实实落落，知行统一，动机、目的、行为、结果相一致。故王阳明说："尔那一点良知，是尔自家底准则。尔意念着处，他是便知是，非便知非，更瞒他一些不得。尔只不要欺他，实实落落依着他做去，善便存，恶便去，他这里何等稳当快乐！此便是'格物'的真诀，'致知'的实功。"（《传习录》下卷"陈九川录"）"人但得好善如好好色，恶恶如恶恶臭，便是圣人。直初时闻之，觉甚易，后体验得来，此个功夫着实是难。如一念虽知好善恶恶，就不知不觉又夹杂去了。才有夹杂，便不是好善如好好色，恶恶如恶恶臭的心。善能实实的好，是无念不善矣；恶能实实的恶，是无念及恶矣。如何不是圣人？故圣人之学只是一诚而已。"（《传习录》下卷"黄直录"）"良知"的表现就是知善就去好之，知恶就去恶之，动机与行为统一，直截了当，实实在在。故王阳明认为，"此'致知'二字，真是个千古圣传之秘，见到这里，'百世以俟圣人而不惑'。"（《传习录》下卷"陈九川录"）

"致良知"之"致"的过程，已不是知而是行了，即将知之"理"直接、自然地转化为行为而表现了出来。所以，王阳明讲"致良知"的修养论，与其"知行合一"说是内在一致的，这也是一种修养说。不过，如果说"致良知"的修养论偏于认知功夫的话，那么"知行合一"的修养论则偏于实践功夫。

"知行合一"说是王阳明的又一立言宗旨。《年谱一》说,明武宗正德四年(1509 年),王阳明三十八岁,"是年,先生始论知行合一"。王阳明为什么要讲"知行合一"呢?《传习录》有载:

> 问知行合一。先生曰:"此须识我立言宗旨。今人学问,只因知行分作两件,故有一念发动,虽是不善,然却未曾行,便不去禁止。我今说个知行合一,正要人晓得一念发动处便即是行了。发动处有不善,就将这不善的念克倒了,须要彻根彻底,不使那一念不善潜伏在胸中。此是我立言宗旨。"(《传习录》下卷"黄直录")
>
> 爱[按:即徐爱]曰:"如今人尽有知得父当孝、兄当弟者,却不能孝、不能弟,便是知与行分明是两件。"先生曰:"此已被私欲隔断,不是知行的本体了。未有知而不行者,知而不行只是未知。圣贤教人知行,正是要复那本体,不是着你只恁的便罢。故《大学》指个真知行与人看,说'如好好色,如恶恶臭'。见好色属知,好好色属行,只见那好色时已自好了,不是见了后又立个心去好;闻恶臭属知,恶恶臭属行,只闻那恶臭时已自恶了,不是闻了后别立个心去恶。如鼻塞人虽见恶臭在前,鼻中不曾闻得,便亦不甚恶,亦只是不曾知臭。就如称某人知孝、某人知弟,必是其人已曾行孝、行弟,方可称他知孝、知弟。不成只是晓得说些孝、弟的话,便可称为知孝、知弟? 又如知痛,必已自痛了方知痛;知寒,必已自寒了;知饥,必已自饥了。知行如何分得开? 此便是知行的本体,不曾有私意隔断的。圣人教人必要是如此,方可谓之知。不然只是不曾知,此却是何等紧切着实的功夫! 如今苦苦定要说知行做两个是什么意? 某要说做一个是什么意? 若不知立言宗旨,只管说一个两个,亦有甚用?"(《传习录》上卷"徐爱录")

王阳明之所以要讲"知行合一",是为了针砭时弊,即世人将知与行视作两个东西、两种功夫。这样做的结果是,知与行分为两截,使知流于空疏,使行滑于邪恶,造成了对社会的直接危害。正如徐爱所问的,当时的人并不是不知道对父当孝、对兄当悌的道理即"理",道理他们是了然于胸的,但却在行为上有不孝、不悌的事发生,这正是没有将知转化为行的结果。所以,王阳明讲"知行合一",就是要将动机、目的、行为、功夫统一起来,使对"理"的认识和践履一次完成。这就叫"圣学只一个功夫,知行不可分作两事"。(《传习录》上卷"陆澄录")

正因为"圣学只一个功夫",知与行是构成这"一个功夫"的两个方面和环节,故知与行的关系就可以相互导通和转化。对此,王阳明论述说:

> 知是行的主意,行是知的功夫;知是行之始,行是知之成。若会得时,只说一个知,已自有行在;只说一个行,已自有知在。(《传习录》上卷"徐爱录")

> 行之明觉精察处便是知,知之真切笃实处便是行。若行而不能精察明觉,便是冥行,便是"学而不思则罔",所以必须说个知;知则不能真切笃实,便是妄想,便是"思而不学则殆",所以必须说个行,元来只是一个工夫。(卷六文录三《答友人问》)

> 知之真切笃实处便是行,行之明觉精察处便是知。若知时其心不能真切笃实,则其知便不能明觉精察,不是知之时只要明觉精察,更要真切笃实也。行之时其心不能明觉精察,则其行便不能真切笃实,不是行之时只要真切笃实,更不要明觉精察也。(同上)

知是行的宗旨、方向,行是知的落实、践履;知是行的开始,行是知的结果。如果懂得了这个道理,讲知时知中有行,讲行时行中有知,"知行原是两个字说一个工夫"(《答友人问》)。所以,只要是真的知,"知之真切笃实处便是行";只要是真的行,"行之明觉精察处便是知","元来只是一个工夫"(同上)。王阳明讲的知行关系,正是人类实践活动的本质特征所在。王阳明从人的伦理行为出发讲人在实践活动过程中的知、行关系,不能不说有一定道理。至于批评王阳明"知行合一"说为"以知为行"、"销行以归知"(见王夫之《尚书引义》卷三),未必合王学宗旨。

知行虽然是"一个功夫",但这个功夫的完成却有知与行这两个方面,并不可只要一个而不要另一个;另外,"元来只是一个工夫"的知与行,在成

就这一功夫时所起的作用、所占的地位也不是平分秋色,而是有侧重的。故王阳明指出:

> 知行原是两个字说一个工夫,这一个工夫须着此两个字方说得完全无弊病。若头脑处见得分明,见得原是一个头脑,则虽把知行分作两个说,毕竟将来做那一个工夫,则始或未便融会,终所谓百虑而一致矣。若头脑见得不分明,原看作两个了,则虽把知行合作一个说,亦恐终未有凑泊处,况又分作两截去做,则是从头至尾更没讨下落处也。(《答友人问》)

> 古人所以既说一个知,又说一个行者,只为世间有一种人懵懵懂懂的任意去做,全不解思维省察,也只是个冥行妄作,所以必说个知,方才行得是。又有一种人,茫茫荡荡悬空去思索,全不肯着实躬行,也只是个揣摸影响,所以必说一个行,方才知得真。此是古人不得已补偏救弊的说话,若见得这个意时,即一言而足。今人却就将知行分作两件去做,以为必先知了然后能行。我如今且去讲习讨论做知的功夫,待知得真了方去做行的功夫,故遂终身不行,亦遂终身不知。此不是小病痛,其来已非一日矣。某今说个知行合一,正是对病的药,又不是某凿空杜撰,知行本体原是如此。今若知得宗旨时,即说两个亦不妨,亦只是一个;若不会宗旨,便说一个,亦济得甚事? 只是闲说话。(《传习录》上卷"徐爱录")

知行合一,知中有行,行中有知;所知的就自然表现在行为上,所行的就自然明白其道理,这才是"两个字说一个工夫"。人们必须时刻明白这个道理并身体力行之,这才无有弊病;否则,就会将知与行分作两截子,"此不是小病痛"。古人有时也单说知或单说行,那只是为了对症下药,并不是为了真正将知行分开来。王阳明始终坚持的为学宗旨就是将知与行合为一体。

"知行合一",这本来就是一种功夫,一种修养,并不是一个只说说而已的理论。所以,王阳明在讲"致良知"和"知行合一"时,时刻教导人们要从自身做起,要锻炼和培养修养功夫。《传习录》载:

　　一日，论为学功夫。先生曰："教人为学，不可执一偏。初学时心猿意马，拴缚不定，其所思虑多是人欲一边，故且教之静坐，息思虑。久之，俟其心意稍定，只悬空静守，如槁木死灰，亦无用，须教他省察克治。省察克治之功则无时而可间，如去盗贼，须有个扫除廓清之意。无事时将好色、好货、好名等私欲逐一追究搜寻出来，定要拔去病根，永不复起，方始为快。常如猫之捕鼠，一眼看着，一耳听着，才有一念萌动即与克去，斩钉截铁，不可姑容，与他方便，不可窝藏，不可放他出路，方是真实用功，方能扫除廓清。到得无私可克，自有端拱时在。虽曰'何思何虑'，非初学时事。初学必须思省察克治，即是思诚，只思一个天理，到得天理纯全，便是'何思何虑'矣。"（《传习录》上卷"陆澄录"）

陆九渊说"宇宙不曾限隔人，人自限隔宇宙"。（《陆九渊集》卷三十四《语录》上）王阳明说："人心是天渊，心之本体无所不该，原是一个天。只为私欲障碍，则天之本体失了。心之理无穷尽，原是一个渊，只为私欲窒塞，则渊之本体失了。如今念念致良知，将此障碍窒塞一齐去尽，则本体已复，便是天渊了。"（《传习录》下卷"黄直录"）陆九渊要找寻回人的"本心"，王阳明则要恢复"心之本体"。"心之本体"在何处？当然就在"心"本身，"心"与天一体同在。只是这个"心"被私欲限隔了，故才有昏暗不明之时。现在的任务就是要去掉私欲，克去私念，以恢复"心"的本然面目，这就找回了"心之本体"。而要克去私欲、私念，就要修养，如猫捕鼠一般，时刻警惕着私念的动静，一有萌动就马上将它逮住消灭掉。这样一贯地做下去，就可存天理而灭人欲，"心"的本体就恢复了。有一次陆澄问王阳明："偏倚是有所染著，如著在好色、好利、好名等项上，方见得偏倚。若未发时，美色、名、利皆未相著，何以便知其有所偏倚？"王阳明说："虽未相著，然平日好色、好利、好名之心原未尝无。既未尝无，即谓之有；既谓之有，则亦不可谓无偏倚。譬之病疟之人，虽有时不发，而病根原不曾除，则亦不得谓之无病之人矣。须是平日好色、好利、好名等项一应私心扫除荡涤，无复纤毫留滞，而此心全然廓然，纯是天理，方可谓之喜、怒、哀、乐'未发之中'，方是天下之'大本'。"（《传习录》上卷"陆澄录"）不是等到私欲表现出来后才着手用功去克治,而是在萌芽处就将其克倒和消灭干净,这才是"知行合一"的真功夫。

等到克去私欲而恢复了本然"心",这时的这个"心"就"如明镜然,全体莹彻,略无纤尘染著"(《传习录》上卷"陆澄录");"圣人之心如明镜,只是一个明,则随感而应,无物不照。"(同上)这,不正是那个"无善无恶心之体"的"心"本体吗?! 修养功夫到此,就是本体功夫或功夫本体的本体与功夫合一了。

宋明理学的"心"学由北宗程颢肇始,经南宋陆九渊的标举、宣扬,至明代王阳明集成之而建构完成了"心"本体。"心"本体的建构完成,标志着整个宋明理学建构"天人合一"这一中国古代哲学形上本体论任务的完成。

三、宋明理学的伦理本体论对中国古代哲学的贡献及其走向

第一,宋明理学是什么? 或者说宋明理学是一种什么性质的哲学思想? 它是伦理学本体论,或曰伦理学主体性的本体论。理学的这个"理",其哲学内涵就是"宇宙存在的必然=人世伦常的应然",即把人世伦常的应然性升华到了宇宙存在必然性的高度和地位,或者说把宇宙存在的必然性下落、贯彻、体现在了人世伦常的应然性中,将自然世界的存在和人文世界的存在导通和打通了,这就是"天人合一"。无论是理学中的"理"本论还是"心"本论,其结果方向和宗旨都是一致的,即天与人的统一。人们说中国古代哲学的特征是天人合一,这在宋明理学这里得到了实现和表现。所以,宋明理学是中国古代哲学完整形态和完全意义的形上学、本体论。也就是说,中国古代哲学的形而上本体论思想肇始于先秦儒道,经汉代经学、魏晋玄学、隋唐佛学诸阶段的发展,至宋明理学始发展成熟了。

第二,建构伦理学本体论,或曰建构伦理学主体性的本体论,这是宋明理学根本的思想任务。这一思想任务的完成经历了一番艰难的理论创造过程,它始于北宋五子的"造道"工作,至南宋朱熹集成和建构了理学的"理"

本论,到明代王阳明在南宋陆九渊"心"学方向的基础上建构完成了理学的"心"本论。

周敦颐素来被视为宋明理学的开山者,如王夫之说"宋自周子出,而始发明圣道之所由"(王夫之《张子正蒙注·序论》)。周敦颐所发明的"圣道"可概括为两点:一是"无极而太极"说,二是太极→阴阳→五行→万物(包括人)的宇宙生成说。前一点是周敦颐为理学所奠定的宗旨、方向,是理学的伦理学本体论的根本建构原则。建立本体,无论这个本体是什么性质的,是宇宙论的还是心性论的,是伦理学的抑或是宇宙论与伦理学相统一的,既然是本体,就必须具有"有、无"性内性和结构,否则就不是本体,或者说本体就建构不起来。周敦颐《太极图说》的第一句话"无极而太极",使"太极"与"无极"内在地关联起来,这实际上就给"太极"这个本体赋予了"有、无"性结构,故这开创了理学建构本体论的方向和基础。但是,周敦颐对"太极"本体的"有、无"性结构的揭示、阐发却是不到位的,他用的是宇宙生成论的架子来嫁接本体论的思想内容,这当然不成功。但周敦颐在宇宙生成论的架子中从"太极"一直讲到"得其秀而最灵"的人,这就将天与人"合"了起来,这是他的贡献。但这种宇宙生成论的架子终究解决不了宇宙存在的必然与人世伦常的应然相统一的问题,解决这个问题必须要本体论的架构。所以,如何创造出一个本体论的形式和架子,来容纳宇宙与人的统一、同一存在,这就是周敦颐"太极"(图)说所留下的理论任务。

邵雍在这个方向上作努力,提出了"先天象数"学思想。周敦颐讲"太极"本体时用的框架是引自道教内丹修炼的"太极图"的"图","图"就是"形",故周敦颐的"太极"论是借"形"来运作的,这就使其思想有了外在性一方。因为按康德所讲,"形"是在空间这种外感构架中运作的。邵雍就有了进步。邵雍援引的是儒家易学系统,此即他所谓的"先天象数"学。这个"象数"系统的最高范畴仍是"太极",它就是本体。关于这个"太极"本体的存在,邵雍说:"太极不动,性也;发则神,神则数,数则象,象则器,器则变,复归于神也。""太极,一也,不动;生二,二则神也。神生数,数生象,象生器。"(《观物外篇》)"太极"本性是不动的,但却能发之而生"二",这又是动的。周敦颐说"太极动而生阳,动极而静,静而生阴,静极复动,一动一静,互为其根。"(《太极图说》)又说"动而无静,静而无动,物也。动而无动,静而无静,神也。……物则不通,神妙万物。"(《通书·动静》)周敦颐又以"动、静"性为"太极"本性。邵雍所讲与周敦颐的这个思想相似,即认为"动、静"性是"太极"的本性。所以,邵雍的"太极"与周敦颐的"太极"都有本体性的意义。但在具体阐述这个"太极"本体的存在时,邵雍却借助于"数",以"数"的运演来展开和展示"太极"的存在,这就是他的"一分为二,二分为四,四分为八,八分为十六,十六分为三十二,三十二分为六十四。……犹根之有干,干之有枝,枝之有叶,愈大则愈小,愈细则愈繁。合之斯为一,衍之斯为万"(《观物外篇》)的运演原则和过程。在这里,以"数"代替"图"("形")来展示"太极"本体的存在,有思想深入和顺畅的一面,因为"数"是在时间这种内感构架中运作的;另外,"数"的表现形式比"形"更抽象,运作更规则和规整、顺当,更显出了必然性的一面,这都是邵雍的"象数"学比周敦颐"太极图"进步的一面。但以"数"代替"形"来表现、展示"太极"的存在,其本质并无变化,因为康德说过在空间构架中运作的"形"和在时间构架中运作的"数"在本质上都是感性的,用这种感性化方式当然不能最终揭示"太极"本体的存在本性,也终究建构不起一个本体论。再说,邵雍"象数"的"数"形式比周敦颐"太极图"的"形"形式更抽象化,照此方向发展下去,建立本体论的工作会流于抽象和空疏,反而会消解掉本体的内容。邵雍那个"加一倍法"(程颢语)的方式就表现出了呆滞和形式化的倾向。所以,邵雍"先天象数"学整齐化、抽象化的形式方面将周敦颐开创的"太极"本体向前推了一步,但离真正"太极"本体的建构完成还有相当距离。

张载在建构理学本体论的方向上继续作努力。与邵雍将理学本体论向形式化、抽象化方向引进不同,张载的努力主要在理学本体论的内容上。"周、邵都不过是开端发引,真正为宋明理学奠定基础的,是提出'心统性情'、'天理人欲'、'天地之性'与'气质之性'、'德性所知'与'见闻之知'和《西铭》这些宋明理学基本命题和基本原则的张载。张载《正蒙》一书尽管由弟子编定,但其以《太和篇》始以《乾称篇》终的外在序列(由'太和''参两''天道''神化'经'动物''诚明''大心'而达到'乾称'[西铭]),在表现宋明理学从宇宙论到伦理学的体系结构上,具有非常鲜明的时代意义。"①关于张载在理学上的贡献,可概括为三点:一是他提出了诸多的理学范畴,大大丰富、充实了理学的思想内容;二是他明确讲"一故神,两故化"(《正蒙·参两篇》)的"气"的对立统一性,这里就以"气"为本体、形式,揭示了本体本身的"有、无"性内性,这乃建构本体的关键;三是他明确主张天与人的合一,认为"由太虚有天之名,由气化有道之名,合虚与气有性之名,合性与知觉有心之名"(《正蒙·太和篇》),这就由宇宙存在贯通到了人的心性,即由宇宙论下贯到了伦理学。而且,这种下贯没有宇宙生成论的外形,直接是本体论式的。这些都是张载理学思想在宋明理学上的重要贡献。然而,张载理学思想中有一致命的硬伤,就是他的"气"本论。以"气"为本体,通过"气"的虚、实两种形式来揭示"气"本体的"有、无"性本性,这个方向原本不错,且这样做能使本体的内性显得具体、充实,比周、邵的那种讲法富有真实性,这是好的一面。但无论如何讲,"气"属于具体的物质形态,脱不了具体性;如果说这个"气"是气的一般,类似于我们今天说"物质"时指的物质一般,这虽然在形式上可以暂时避免具体性问题,但在内容上呢? 在内容、内涵上,无论如何讲,"气"都带有实在性、具体性的质性。用这种具体性的东西充任本原、本体,其不可行性早在魏晋玄学的正始玄学那里就讨论过了。所以,二程、朱熹等人虽然很赞赏张载《西铭》的思想和"理一分殊"的原则,也吸收了张载提出的不少理学概念和思想,但唯独对他的"气"论予以否定,原因就在于这个"气"不符合宋明理学的本体论理论要求,因为"气"本体充其量只可说明自然世界的存在,是无法说明人文世界存在的(如果硬要说明的话,人就被降低为一般动物了),更无法说明宇宙存在的必然与人世伦常的应然合一的问题。可见,理学发展到张载处,已被填上了比较丰富、充实的内容,但却缺乏能将这些内容贯通起来的一个本体化的形式和架子。

给理学构筑形式和架子的工作是由程颢、程颐兄弟来做的。二程兄弟曾受学于周敦颐,但他们从周子那里学来的并不是包裹在宇宙生成论形式

---

① 李泽厚:《宋明理学片论》,见《中国古代思想史论》,人民出版社 1986 年版,第 223 页。

中的"无极而太极"的"太极"论思想。程颢说:"吾学虽有所授受,天理二字却是自家体贴出来。"(《河南程氏外书》卷十三)他们直接抛掉了周子的宇宙生成论外衣而径直趋进到了本体论,这就是"天理"或"理"。"理"者何也?《说文·玉部》:"理,治玉也。"即"理"是对璞的治理、琢磨。治玉时当然不可乱治,要依着玉的纹路来做。故《广韵·止韵》曰:"理,文也。"即"理"为纹路。某物表现着和展现着自己的纹理,就表明某物以应该存在的方式存在着;某事表现着自己的纹理,就表明某事以应该存在的方式存在着,它们都处在了自己该处的位置和方式中,这就是合宜、合义,这就是事物的存在本性。所以,所谓"天理"或"理"就是事事物物之存在的所以然、所以是的内性、本质,这就具有了本体的意义和价值。二程的"理"正是如此。他们说:"夫有物必有则,父止于慈,子止于孝,君止于仁,臣止于敬。万物庶事,莫不各有其所。得其所则安,失其所则悖。圣人所以能使万物顺治,非能为万物作则也,惟止之各于其所而已。"(《周易程氏传·艮》)"在天为命,在义为理,在人为性,主于身为心,其实一也。"(《河南程氏遗书》卷十八)这就是说,天(自然)的存在和人(社会)的存在虽有所不同,即天的存在是依其自然必然性的,而人的存在是依其自觉自愿的应然性的,但它们的存在在存在本性、方式上却是一致的,即都应处在自己应处的"所"上,这就是"理"或"天理"。所以,以"理"为本,就能够将天的存在与人的存在整合、统一起来,"理"能够充当自然世界和人文世界共同的存在本原。就这样,北宋理学的"造道"工作到了二程处终于造就了"理"本论,"理"本体的架子终于搭起来了,这是二程的思想贡献。至于理学的一些具体思想内容和原则,比如说"天理"与"人欲"的问题、"天地之性"与"气质之性"的问题、"天地万物之理,无独必有对"的问题、"涵养用敬"的修养问题等等,二程则吸收了周敦颐、张载等人的思想。另外,还须注意的是:当二程拈出"理"本体后,这个"理"的内涵就是宇宙存在必然与人世伦常应然的统一。但究竟以宇宙必然和人世应然的哪一方为统一之载体呢?即这个"理"在形式上究竟偏于哪一方?程颢和程颐兄弟在此有了思想分化。程颢表现出了将宇宙存在之必然导入人世伦常之应然的倾向,要以应然来统一、综揽必然,这已表现出了"心"学方向。而程颐则要将人世伦常的应然提升、外化到宇宙必然的高度和地位，即把人文世界的应然升华为宇宙必然的法则和力量，这就是"理"学的方向。

南宋朱熹作为"理"学的集大成者，是在程颐思想方向上向前推进的。到了朱子时，理学的思想内容和理论形式均已有了，他要做的工作是集成，即对已有的理学思想作系统化、理论化加工，当然这样做本身就是创新，并非简单的资料收集。朱熹的思想贡献在于：一是理论性地论述了"理"的内在本性，这就是其"有、无"、"动、静"、"一、多"、"无极、太极"、"体、用"、"隐、显"等等的本性。因此，朱子建构完成了理学的"理"本体。二是他把"气"引进来，使"理"有了载体和运作、实施的材料，故将"理"与"气"整合在了一起，从而使"理"的存在有了现实的实现方式和途径。三是他明确讲"理一分殊"，这是"理"本体的存在方式，也是人把握它的方式。综此三点，朱子的确是"理"本论的集大成者，至此终于完成了理学"理"本论的建构任务。

但朱熹集成的"理"本论是有理论缺陷的，即其一，"理"是理性对象，它与人"心"处在二分结构中。这一点从朱熹"格物穷理"的方法中就可看出。所以，程朱的"理"作为本体原则上是一认知体系中的本体，是在主客二分的认知构架中存在着的。其二，"理"作为本体是定性存在，还不是现实形态的存在。也就是说，朱熹通过对"理"的"有、无"性等本性的揭示，使"理"有了自本自根、自因地存在的内性依据，这样的"理"的确是本体。但"理"的"有、无"性结构究竟如何来存在、展现？即怎样才能将"理"自身的"有"、"无"性统一化地展现出来呢？很明显，这时的这个"理"不能只表现为"有"性，也不能只表现为"无"性，而必须做到有而无之、无而有之的非有非无且亦有亦无，这就是"有"和"无"的缘发构成，这势必是一种"中"态存在。但朱熹的"理"却不是这样子的，他虽然讲到即体即用，讲到"体用一源，显微无间"，但他更多地是从定性的视角来论述"理"的"有、无"性结构的，如说"不言'无极'，则'太极'同于一物，而不足为万化之根；不言'太极'，则'无极'沦于空寂，而不能为万化之根"（《太极图说解》）等等，并没有在"中"的现实存在形态上来展示"理"的"有、无"性结构。其三，"理"本体的重心和方向偏于宇宙必然性，这并不完全符合宋明理学的总体原则和要求。理学之所以为理学,它作为中国后期封建社会的意识形态,其根本目的、目标、任务就是将宇宙存在的必然与人世伦常的应然合而为一,而此种"合"的中心和重心当在人世伦常上,而非在宇宙必然上,这与汉儒将人世伦常予以宇宙必然化(如董仲舒就将父慈子孝、君仁臣忠等等的社会伦常的应然归于天地阴阳运行的必然)的做法正好相悖,故宋明理学是伦理学本体论或曰伦理学主体性的本体论,这是要高扬人的伦理性,要以它为整个宇宙存在之基。朱熹的"理"本论显然不是这样,它是将人世伦常升华到宇宙必然的高度,这看似是对人世伦常的提升,但实际上是把人的主体性外化了出去,这就等于将人世伦常的应然消解为宇宙存在的必然了,这当然不合乎人存在的需要,有违宋明理学的宗旨。综此三点,可以看出,朱子的"理"本论虽然"至广大"而"尽精微",是个很有概括性和包揽性的本体论,但却仍不是宋明理学所需要和追求的本体论,"理"本论要发展,这就是"心"本论的建构。

"心"学的端倪在程颢处已显露,但这只是一种方向和倾向,尚不是原则和体系。"心"学原则的确立始于南宋陆九渊。陆九渊以"宇宙便是吾心,吾心即是宇宙"、"宇宙内事乃己分内事,己分内事乃宇宙内事"(《陆九渊集》卷三十六《年谱》)的思想主张,标新出"心"学的宗旨和方向,即把整个宇宙存在的依据导入人"心"上,这就矫正了将人世伦常的应然性外化出去使之宇宙必然化的"理"学方向。这是陆九渊"心"学思想的重要贡献。但陆九渊只是确立了"心"学的原则和方向,实际上他只确立了"心"的主体性和主宰性,尚未能把"心"本体化,即未能完成关于"心"本论的建构。不过,陆九渊在"心"学的宗旨和框架中却完成了对"理"本体的改造工作,这实际上是把建构"心"本体的工作和任务转移、落实在了"理"本体上,这就是他通过与朱熹关于"无极而太极"说的书信辩论,将"太极"确定为"中"。这一确定的重要理论价值在于:将"理"本体的"有、无"性境域化、缘构化地展现了出来,这就成熟了"理"本体。

在陆九渊"心"学方向上,将他所确立的"心"的主体性、主宰性本体化,这个工作是由明代王阳明来完成的。王阳明的学问宗旨是"致良知"和"知行合一"。而对"良知"的"致"也好,对"知行"的"合一"也好,都是由"心"

来执行的。在这里，"心"的主体性、主宰性是确然的。但这时的"心"不是认知性的，而是实践性的，故当"心"知"良知"时"良知"并不是"心"面前的一个认知对象，这时"心"本身就是"良知"，它就良知着，即以"良知"的方式存在着和行动着、践履着。这样，王阳明的"心"学就克服了朱子"理"学"将心与理析为二矣"的痼疾，使"理"与"心"合而为一，"理"再也不是"心"面前的对象，"心"与"理"融在了一起。"心"得"理"后，"心"是个什么状态呢？就是无知无虑、自然而然、心如明镜、随感而应的意境、境界！从本体论上说，"心"到了无思无虑的存在境界，就将通常认知活动中"心"的"有、无"性结构转化为"有—无"性结构了。这时的"心"不知道有"理"存在，也不知道有"心"自己存在，但人的整个行为本身此时就正好是"理"也正好是"心"。王阳明的"致良知"和"知行合一"所要"致"的、所要"合"的，就是这个"有—无"性结构的"心"本体。王阳明用"无善无恶心之体"一语来表示"心"本体的此种状态。到了王阳明这里"心"本体就建构完成了。

"心"本论的建构完成，标志着整个宋明理学伦理学本体论的建构完成。

第三，宋明理学所建构的伦理本体论或曰伦理学主体性的本体论，在中国古代哲学中有何意义和价值呢？一句话，它是中国古代哲学本体论的完成形态。所谓中国古代哲学，主要是中国封建社会的哲学，或者说就是中国封建社会的哲学。中国古代哲学发端于春秋战国时代，这个时代是中国奴隶制解体封建制形成的时代，所以这个时代的哲学就是中国封建社会哲学的开端。此时的诸子，特别是儒家和道家所提出的一些哲学问题，就是中国封建社会哲学思想的形成雏形。那么，先秦儒、道究竟提出了什么哲学问题呢？只能笼统地说是社会政治哲学。因为当时奴隶制已在解体中，故为这个正在解体的社会谋划一种哲学思想和理论，这是不需要的也是不可能的，即使谋划的话也是某种哲学乌托邦而已。从原则上说，此时封建社会倒处在形成时期，完全有必要和可能为即将到来的新社会谋划一种哲学思想和理论。但这只是原则上说罢了，当时尽管封建制已在建立中，社会经济结构方面的一些变化已经表现了出来，但毕竟还没有正式形成封建制的政治体制和社会制度，即封建国家尚未出现，所以就没有相应的社会指导思想的问题,也就不会有一种相应的哲学思想理论形式。所以,先秦儒、道提出的一些哲学问题不乏深刻性,但很难说就一定是中国封建社会的一种什么哲学理论形式,只能说它们是中国封建社会哲学的活水源头。

至秦汉时期,中国封建社会正式形成了。封建社会有它自己的经济结构(生产关系)和政治体制,就一定要有相应的社会指导思想,这就要有一种相应的哲学思想理论。秦王朝曾以法家为社会指导思想,但因它不合乎中国封建社会的经济基础而导致了秦的加速灭亡。汉承秦制后,开国时的近七十年时间是用黄老道家为社会指导思想的,实践证明这的确有用和有效,为西汉经济的恢复、发展和社会稳定起了重要作用。但随着封建社会经济、政治体制的健全和稳固,实践证明道家思想也最终不合乎封建社会的经济结构。所以,到汉武帝时期,就正式提出了究竟以什么思想为中国封建社会指导思想的大问题。经汉武帝册问,经董仲舒等时代精英们的对策,儒学正式成为封建社会的指导思想。在诸子百家中,儒家之所以能被选为封建社会的指导思想,根本原因在于它提出和主张的一整套伦理道德思想,能够强化、稳固以血缘关系为基础的家庭组织,而家庭正是中国封建社会最基本的社会生产单位;所以,儒学切中了中国封建社会的社会经济结构,被历史地选择为社会的指导思想。汉武帝将儒学定为一尊,这是一个很大的思想文化贡献。在政治上把儒学定于一尊并不难,但相应的思想一尊就很难了。因为,要把儒学在思想上定为一尊,这就是要把它提升到本体的地位;这也就是把儒学的伦理学思想内容上升为本体,这就是伦理学的本体化或曰伦理学主体性的本体化问题。董仲舒的那个"天人感应"论做的就是伦理学本体化的工作。显然,由于这个任务的艰巨,董仲舒未能完成关于伦理学本体论的建构任务,这标志着整个汉代哲学没有也不可能完成伦理学本体论的任务。但汉代哲学却为伦理学本体论的逐步建构作了必要的理论贡献,这就是汉代哲学所探讨的天人关系问题,其思想成果就是宇宙生成论的思想理论。

至魏晋时代,中国封建社会进入它的前期发展阶段。既然是封建社会,其指导思想就不会变,所以建构伦理学本体论的哲学任务也就不会变。魏晋玄学虽然看似玄远、超越,但它的哲学问题仍与建构伦理学本体论的根本思想任务有关。玄学以"名教"与"自然"的关系为形式,所讨论的就是伦理学本体论的建构问题。不过,与中国前期封建社会发展阶段的社会经济、政治条件相一致,魏晋玄学的哲学问题是宇宙本体论的思想理论,这是建构伦理学本体论的必要思想准备。

至隋唐时期,中国封建社会处在由前期向后期的过渡阶段。这个过渡阶段的社会性质当然仍是封建社会,所以其时代的思想任务仍是关于伦理学本体论的建构问题。当然,与社会经济、政治的发展变化相一致,隋唐时代的哲学问题是心性问题,即关于心性本体论的建构问题。当时有儒、释、道三教并存,三方思想都涉及到人的心性问题。但佛教在修行成佛的思想形式下最深刻、全面地探讨了心性问题,经天台宗、唯识宗、华严宗诸宗的努力,至禅宗完成了心性本体的建构任务,这就是禅宗的"自心"或"自性"论。隋唐佛学的心性本体论,当然也是建构伦理学本体论的必要思想准备。

汉代解决了宇宙起源问题,说明了包括人在内的天地万物的来源,即这个宇宙是如何出现和存在的;魏晋时代解决了宇宙存在的原因和依据问题,即我们这个如此存在着的宇宙为什么会如此存在和能如此存在,存在的原因和根据何在;隋唐时代解决了人的存在问题,即人及其社会如此存在的原因和依据何在。至宋明时代,一方面中国封建社会进入了它的后期发展阶段,这标志着中国封建社会已走向成熟,建构伦理学本体论的时代任务更加紧迫和必要;同时,另一方面,有了以前的宇宙生成论、宇宙本体论、心性本体论诸种思想理论,建构伦理学本体论的思想条件已趋成熟。所以,宋明理学作为整个中国封建社会后期发展阶段的指导思想,其任务就是关于伦理学本体论的建构完成。可见,宋明理学与汉代经学所面临的哲学任务是一致的,都是建构伦理学本体论;如果说汉代哲学对这个问题作了开端,搭起了思想架子的话,宋明理学则对这个问题作了终结,最终完成了伦理学本体论的建构任务。

第四,宋明理学的"心"本论建构完成之时,也就是它的解体之日。李泽厚先生有《宋明理学片论》一文,分析了理学思想体系中的内在矛盾。他分析朱子"理"本论中的矛盾,说:"由于本体界与现象界没有阻隔割裂,本体领域可以渗入情感(如上述的'孔颜乐处')、经验,这样,它就使感性本身取得了重大的地位。再由于对人和世界的感性存在的承认和肯定,在人性论上也就必然承认人的感性欲求和需要。既然'天地之大德曰生',那么顺应感性自然的生长发展的要求、意向——其中包括感性欲求的自然规律,就不仅不是恶,而且还是善;既然'理'必须依存于'气'而体现,那么天理人欲如何分界也就很难。'恶'并不能具有原罪式的本源的强固地位。'恶'只是对'善'——宇宙和群体的和谐、生意的背离或破坏而已,它与'善'不能是平等的对立地位,而只有从属的次要位置。善恶的本源性的对立既不存在,如何具体区分也就相当艰难。……这样,一方面,纯粹理论上肯定了感性自然的生存发展,并不要求本体与现象世界的分离,另方面实际又要求禁锢、压制甚至否定人的感性自然要求,伦理本体必须与现象世界划清界限。这个重大矛盾,在宋明理学的核心——人性论的'心统性情'的理论中,由潜伏而走向爆发。"①在朱子的"理"中,"理与欲,性与情,道心与人心,伦理与自然,既来自截然不同甚至对立的两个世界(本体世界与现象世界、理性世界与感性世界),却又要求它们一致、交融甚至同一,这的确是很艰难的。像'仁'这个理学根本范畴,既被认作是'性'、'理'、'道心',同时又被认为具有自然生长发展等感性因素或内容。包括'天'、'心'等范畴也都如此:既是理性的,又是感性的;既是超自然的,又是自然的;既是先验理性的,又是现实经验的;既是封建道德,又是宇宙秩序……本体具有了二重性。这样一种矛盾,便蕴藏着对整个理学破坏爆裂的潜在可能"②朱子"理"本论中的这种矛盾,是导致"理"体系解体的内因。而陆王"心"学中也有同样的矛盾,甚至这一矛盾的表现比在朱子的"理"本论中更为突出。李泽厚指出:"作为理学,陆王与程朱同样为了建立伦理学主体性的本体论,都要'明天理去人欲';其不同处在于,程朱以'理'为本体,更多地突出了超感性现实的先验规范,陆王以心为本体,更多地与感性血肉相联。于是前述的潜伏在朱熹和理学中的困难和矛盾,到王阳明和心学中便成为主要矛盾了。""这当中即已蕴藏着破裂其整个体系的必然矛盾。""这种破裂首先表现为由于

---

① 李泽厚:《中国古代思想史论》,人民出版社 1986 年版,第 238—239 页。
② 李泽厚:《中国古代思想史论》,人民出版社 1986 年版,第 241 页。

强调'道心'与'人心'、'良知'与'灵明'的不可分离,二者便经常混在一起,合为一体,甚至日渐等同。尽管'心'、'良知'、'灵明'在王阳明那里被抽象提升到超越形体物质的先验高度,但它毕竟不同于'理',它总与躯壳、物质相关连。从而理性与感性常常变成了一个东西而紧密相纠缠以至不能区别,于是再进一步便由理性统治逐渐变成了感性统治。"①就这样,阳明"心"学后来终于流向了李贽的"童心"、"人欲"论而走向了解体。李泽厚先生的这个分析很中肯和深刻,颇富思想启发性。

李泽厚先生是就"理"本论和"心"本论的社会作用来分析其思想矛盾的,故认为朱子"理"本论的思想矛盾与王阳明"心"本论的思想矛盾是一致的。但如果从本体论思想自身来看,朱子"理"本论的矛盾与王阳明"心"本论的矛盾并不一样,故它们各自的思想贡献和解体的意义也不同。就朱熹的"理"本论而言,它的矛盾是那个主客二分的认识构架。也就是说,朱熹的"理"具有"有、无"性结构,的确是自本自根的存在,是本体,这也正是朱熹对理学的重要贡献。但对于这个涵容宇宙存在的必然与人世存在的应然于一体的"理",朱子却要讲、要说、要道,这就把"理"搁置在了人"心"面前,使"理"与"心"成了两截子;这样一来,那个本来是容宇宙必然与人世应然于一身的"理",在存在性质上就不是"有、无"性结构了,而实际上变成了单一的"有"性存在,这就是朱子的"理"突出和凸显宇宙存在必然性一面的本体论原因。它的解体或者说要被超越的原因也就在于此。王阳明的"心"本论显然是克服了朱子"理"本论的思想矛盾,即终于把那个主客二分的认识构架打破了或消解了,它达到了主体心与对象心的一体化,这就是境界。所以,王阳明的"心"本体已不是"有、无"性结构,而是"有—无"性结构,它的确优越于朱子的"理"本体,的确是真正自本自根的、自因的存在体。这样的本体,是真正独立的和自洽的,所以是不会走向解体的。这就是阳明"心"学在宋明理学以及整个中国古代哲学中的重要思想贡献。既如此,那么阳明"心"学在明末为什么还是走向了解体呢? 我以为,这里有两方面的原因。一方面,是时代发生了根本变化。就是说,随着明代中期以后

---

① 李泽厚:《中国古代思想史论》,人民出版社 1986 年版,第 244、245 页。

资本主义萌芽的出现,古老的中国封建社会要解体了;相应地,作为中国封建社会指导思想的儒学也意味着要退出历史舞台了,因此作为把儒学"尊"起来的伦理学本体论也就应该退出思想领域了。阳明"心"学的解体,正是这一时代形势在思想上的反映。明代中叶以后,不光是阳明"心"学受到自然主义人性论的巨大冲击而走向了解体,整个社会都面临着自然主义人性论的巨大冲击力,如《金瓶梅》之类小说的出现就是例证。另一方面,与中国古代哲学对本体的认识、把握有直接关系。我们在导论中说过本体有Ⅰ、Ⅱ之别。本体Ⅰ是"有"本体,本来就是用来指谓、表征、把握自然世界的存在的,故它可以用通常的抽象范畴来表示、表达,这本来就是在主客二分的认识构架中存在和运作的。但本体Ⅱ是"无"本体,它是关于人文世界的存在本性、本质,表征的是人的世界的"无"即"自由"的本性。这个"无"本体的结构是"有—无"性,它的存在和展开是有如海德格尔"操心"(Sorge)的"先行于自身的—已经在(世界中的)—作为寓于(世内照面的存在者)的存在"的三元结构,把握这个结构的本体,根本不能用通常的抽象概念法,而要用"范畴直观"、"反思范畴"、"形式显示"等等的情境反思的思想方式。但很明显,王阳明的时代是不会有这些哲学思想和方法的,故他就只能用中国传统的境界形式和方法来反复描述、指称这一"心"本体了。他自己当然可以这么做,这不会影响他对"心"本体的把握。但对别人言,就会用通常的抽象概念法来把握这个"心",这不仅真正把握不了它,其结果就是将它感性化。这是阳明"心"学走向解体的思想认识原因。

第五,先秦诸子、两汉经学、魏晋玄学、隋唐佛学、宋明理学这些哲学思想和理论,都是中国封建社会的哲学;这些哲学都是围绕着如何从思想上将儒学一尊化这一中国封建时代的思想文化的中心任务来运转的,其共同的目的和目标就是建构伦理学本体论。至宋明理学,建构伦理学本体论的思想任务终于完成了,中国古代哲学的理论形态也就完善和成熟了。

黑格尔有言:"一个有文化的民族竟没有形而上学——就像一座庙,其他各方面都装饰得富丽堂皇,却没有至圣的神那样。"①一个古老的民族,一

① 黑格尔:《逻辑学》上卷,杨一之译,商务印书馆1966年版,第2页。

个古老而文明的民族,一定不能没有和不会没有自己的精神和灵魂,否则,这个民族就失去了存在的意义和价值,就不可能有悠久的存在历史。我们中华民族是古老而文明的伟大民族,三千多年来它历经沧桑和磨难而经久弥坚,青春焕发,正是因为它有自己的精神和灵魂,这就是中国古代的形而上学、本体论思想。中国古代哲学的形而上学、本体论,从汉代的"天人感应"论,经魏晋时代的宇宙本体论,隋唐时代的心性本体论,至宋明理学的伦理学本体论,不仅在思想内容上不断深化着,而且在理论形式上不断完善着。很明显,宋明理学的伦理学本体论是中国古代本体论思想理论的完整形态。因为,一个有意义有价值的本体论一定是天人合一的。如果这个世上没有人和人文世界,自然世界的存在就没有意义和价值,所以那种纯粹的宇宙本体论严格说来是不存在的,即使建构了它也非完全意义和完整形态的本体论;而如果彻底抛开自然世界的存在,人是存在不了的,也就没有了人文世界的存在,所以纯粹谈人的存在问题,那种纯粹的心性本体严格说来也是不存在的,这种类型的本体论也是非完全意义和完整形态的本体论。真正的、完全的、完整的哲学本体论一定是和必须是自然世界存在与人文世界存在的统一。相比较而言,宋明理学的伦理学本体论就达到了自然世界和人文世界的统一,即它把宇宙存在的必然与人世伦常的应然结合、统一了起来,使这两个世界可以导通和转换。因此说,至宋明理学这里,中国古代哲学本体论取得了完全意义和完整形态。这标志着中国古代形而上学、本体论的完成。

《庄子·齐物论》说:"六合之外,圣人存而不论。"这是中国传统文化,尤其是中国古代哲学的基本立场和精神。中国古代没有古希腊那样的自然哲学,没有对外在自然存在的专门探索;中国古代哲学的总体方向和精神在人的问题上,它是人学。探讨人的存在问题远比探讨自然存在复杂和艰难。自然存在本来就是人面前的对象,因此人可以和能够把它作为对象来把握和处理,这就是本体Ⅰ即"有"本体思想;对于它,揭示出其"有、无"性结构即可,这个结构可以用认识论的框架来承载。而人的存在,即人文世界本来就不是人面前的对象,它是人生活于其中的世界,是人自己构成、构造的世界,人与这个世界本来就水乳交融而一体相生,是不能和无法将其对象化的,这样的话它就死了。所以,人的世界或存在是活的,是由人自己的活动构成的和正在构成着的存在本身,这就是本体Ⅱ即"无"本体;它作为本体而言当然具有和具备"有、无"性结构,但却不可和不能仅以此种结构存在和展现,因为如此一来这个本体Ⅱ即"无"本体就转化为本体Ⅰ即"有"本体了,本体Ⅱ即"无"本体就不存在了,所以本体Ⅱ即"无"本体的真实结构是"有—无"性;这个结构所蕴含的意思是,人与自己的世界一体同在,这就是境界之谓。中国古代哲学作为人学,作为形而上的本体论,所要成就的和应成就的就是这种本体Ⅱ即"无"本体。这一哲学方向在先秦儒家孔子和孟子,先秦道家老子和庄子处就明显表现出来了,尔后也屡有表现,比如说在魏晋郭象的"独化"论中,在隋唐禅宗慧能的"自心"说中,在宋明王阳明的"心"学中,都有所表现,且有强烈的表现。但是,中国古代哲学中确有本体Ⅱ即"无"本体的思想和表现,但却没有关于这种本体的相应思想理论,因此把本来是本体Ⅱ的"无"本体当作本体Ⅰ的"有"本体来述说和把握了,这就造成了哲学思想上的含混性。还有,中国古代哲学不仅没有本体Ⅱ的理论,且对本体Ⅰ也没有明确、充分的思想和理论,往往用文学性的描述、状摹式的话语来表达本体问题,这也造成了哲学思想上的含混性。这些就是中国古代哲学形而上学、本体论思想的缺陷所在。这些缺陷严重影响了中国古代哲学的哲学性和它的思想价值,使本来应该有深意的本体Ⅱ即"无"本体的思想未能发挥出其思想光辉。

第六,明代中叶以后,在江南的一些手工业部门中出现了资本主义萌芽,这是中国封建社会走向寿终的信号。1644年清王朝取代了明朝的统治地位后,虽然在一段时期内强化了封建统治,但世界范围内资本主义的发展已成为时代主流,包括中国封建社会在内的封建社会必定要被资本主义所取代。1840年,西方资本主义商品经济的重炮终于轰开了古老的中国封建社会的大门,中国封建社会的灭亡是必然的。

中国封建社会灭亡了,作为封建社会指导思想的儒学也自然就退出思想舞台了,因此作为儒学一尊之哲学表现的伦理学本体论这种本体论,也就自然要退出哲学思想的舞台了。那么,继中国封建社会后,继中国哲学伦理学本体论的形而上学、本体论思想后,中国哲学思想向哪里发展,怎么发展呢？就总的哲学倾向而言，要走出传统的伦理道德心性论的思想范围了，与世界范围内资本主义发展的时代局势相适应，要转向人的自然存在，要注重人的自然人性内容，要面向自然世界的存在，要探讨它的存在本质问题，等等，等等。这表现在本体论上，就是要明确、充分、大力、全面地建构本体Ⅰ即"有"本体，使这种本体完全成熟起来，以配合和促进认识论和科学技术的大发展。当做了和做完了这个工作后，再转向本体Ⅱ即"无"本体问题的探讨，这将能大大发掘出"无"本体的意义和价值。当然，继伦理学本体论后的中国哲学并没有必要按部就班地步西方哲学发展的后尘，即先让本体Ⅰ即"有"本体充分发展，然后再来探索本体Ⅱ即"无"本体；中国哲学可以借鉴西方哲学发展的经验教训，将本体Ⅰ和本体Ⅱ一齐纳入思想沉思的目标和范围中，使这两种本体有比较、有借鉴、有互补、有促进地共同发展。这样做可乎？可乎？可乎？

结束语　中国古代形而上学、
本体论的理论得失

关于中国古代形而上学、本体论思想的理论特色,可用"一天人的形上追求"一语来概括。前已指出,中国传统哲学源于氏族时代的巫术祭祀活动,巫觋在祭祀中与鬼神相交通而达到的就是天人合一。但这尚是一种原始宗教,还不是哲学。然而在这种宗教活动中"天人合一"的形式和内容却是肯定的。正是在这种漫长而原始的巫术祭祀活动中,孕育下了中国传统哲学"天人合一"的形上思想的基本内容和取向。历史的步伐跨进文明时代——奴隶社会的门槛后,产生了中国传统哲学,从此孕育在巫术祭祀活动中的"天人合一"的思想内容和取向就成为中国传统哲学基本的形而上学或本体论思想。中国古代形而上学、本体论思想的理论得失何在呢?

一、乘机之"势"
——一天人的哲学性质

中国古代哲学的形而上学、本体论思想从思想内容上说就是中国传统哲学的"天人合一"论。这种天与人相"合"的思想,就其横向内容来看有五个方面:(1)"尽心—知性—知天"的对人的道德本性的省察式之合;(2)"制天命而用之"的对自然之天的改造、利用式之合;(3)阴阳五行之系统运行的功能、功用式之合;(4)"通天下一气"的宇宙生成式之合;(5)"道通为

767

一"的本体式之合。一般而言,这五个方面都是中国古代哲学的形而上学或本体论方面的思想。但在这五种思想中,所蕴涵和所表现出的天与人之"合"的哲学性质却是不同的。

就"制天命而用之"的对自然之天的改造、利用式之"合"言,这是一个生产实践问题,用马克思主义哲学语言来说就是在生产实践活动中客体主体化和主体客体化相统一的过程。任何时代的任何一个社会,其存在的基础是生产劳动。在改造和利用自然的生产劳动中,人和自然界就联系起来,这就叫"体",即人与自然的一体化。这时的人和自然都被"体"化了,人叫主体而自然叫客体。在这一主体客体化和客体主体化的有机统一的生产实践过程中,人与自然就相统一而"合"起来了。马克思把人类历史的形成、发展过程叫作"自然界对人说来的生成过程"①,即自然界在人的实践活动中不断"人化"而介入社会生活的过程。中国古代的荀子等人在讲"制天命而用之"(《荀子·天论》)的对自然的改造、利用以达到人与天合一的思想时,虽然没有也不可能讲生产实践这一人与自然(天)合一的基础问题,更讲不出主体客体化和客体主体化的有机统一思想,但他们讲的天与人之合只能是也应该是生产实践意义和性质上的"合"。

就秦汉时代有关阴阳五行系统运行的功能、功用之"合"言,这是关于宇宙系统论方面的问题。由于阴阳、五行是一个系统,所以这个系统中的各个元素不仅相互作用和影响着,且各元素都对整个系统有作用和影响,这样就构成和形成了一个有层次结构的、有序的运动系统。既然是一个系统,就是一个系统的整体,其中就有信息的传递和交换。所以,汉代阴阳五行的系统思想中,融系统、信息于一体。正因为是一体,才使得此系统表现出了不同于个别事物存在的功能和意义,有时甚至是奇特和神秘的功能和意义。举一例子:象棋游戏就是一个系统整体。就每一个棋子来看,它们是各自独立的和分立的、分离的,一个棋子的存在与另一个棋子的存在是不相干的,一个棋子形成不了对另一个棋子的影响和作用。但事实上却不然,因为在这个棋盘整体中,每一个棋子都是该整体中的一个有机成分,当某个棋子发

---

① 《马克思恩格斯全集》第42卷,人民出版社1979年版,第131页。

生变化（即位置移动）后，都直接影响到和决定了该整体棋局的变化，而整个棋局的变化会反过来影响和作用到每一个棋子的存在和变化，因此棋子与棋子之间就表现出了关系和影响，这就有了某种形式上的"感应"性。董仲舒的那个似有不少神秘性的"天人感应"论，其立论点就在阴阳五行之系统运行的功能性上；《黄帝内经》讲的人体经络理论和对疾病的施治理论，也是如此。当然，董仲舒等人并不明白什么是"系统"和"系统论"，也不懂得系统、信息相统一的理论和方法。但是，汉代的阴阳五行说在哲学性质上应该是一种系统整体思想却应肯定。可见，阴阳五行之系统运行中的功能性之"合"是可以借助现代系统论、信息论等理论和方法予以说明和解读的。

　　关于"通天下一气"的宇宙生成式之"合"，这属于宇宙学问题和内容。元气论认为天地万物始于混沌之气。但怎么从混沌之"气"演化为天地、万物、人呢？中国古人解决不了这个问题，其说只能是一种哲学原则和猜测。1755年德国康德著《自然通史和天体论》一书，从引力和斥力相互作用的理论出发，提出了太阳系起源于原始星云的假说。1796年法国的拉普拉斯在《宇宙体系论》一书的附录中也提出了太阳系起源于星云的学说，并给出了数学、力学的证明。20世纪40年代，美国的伽莫夫把宇宙膨胀理论和基本粒子的运动理论联系起来，提出了"大爆炸宇宙"论，认为宇宙起源于"原始火球"的大爆炸。这个理论虽然目前仍在进一步探索中，但已得到越来越多的天文观测事实的支持。大爆炸理论指出，我们的宇宙有一段从热到冷、从密到稀的演化历史，即原始物质→基本粒子→原子核→原子→气状物质→各种天体→生命，经过这样的漫长演化而形成了我们今天的宇宙。宇宙中有了原始生命后，就开始了漫长的生物进化过程，即非细胞形态的原始生命→细胞形态→藻菌生态系统的形成→真核生物的出现→植物种系和动物种系的各自进化；在动物系统的进化中，从原生动物→腔肠动物→两侧对称动物→后口动物→棘皮动物→无头类的原始脊索动物→原始有头类动物→有颚类动物→鱼类→两栖类→爬行类→哺乳类→人类。这是从科学的角度所揭示的关于宇宙的形成和人类产生的整个过程。这个过程表明，人与大自然（天）本来就是相联系和相统一的，人（类）并非来自宇宙之外的上帝天国,本来就是宇宙自身存在和演化的结果。这就是宇宙生成论意义上的天人之合,这种"合"实际上是具体科学的性质和内容的。

可见,中国传统哲学中"制天命而用之"、阴阳五行的系统论、宇宙生成论这三种类型的天人合一思想在性质上均与科学有关,严格来说是科学性的而非哲学性的。中国古代哲学中真正具有哲学性的天与人之"合"是关于"尽心—知性—知天"的道德性省察式之合和"道通为一"的本体式之合。

道德省察式之合和本体式之合是中国传统哲学关于"天人合一"的两种基本形式,二者是既区别又联系的。其联系可从两方面来看:其一,二者所"合"的对象在形式上是一致的。就省察式之合言,所合的对象是"心"或"性",即首先必须把"心""性"作为本体、本原确定下来,然后才能谈"尽心"—"知性"—"知天"的"天人合一"思想路线。这实质上是以心(主体)去合"心"(本体、本原)。就本体式之合言,所合的对象是"道"(或"理",或佛教所讲的"真如"佛性),人要体悟到"道",才能与"道"合一,这也是以心(主体)去合"道"(本体)。所以,无论是省察式还是本体式的"合",实质上都是本体性的,即所合的对象都是本体、本原。所不同的是,省察式之合所确立的是主观性本体,即"心""性";而本体式之合所确立的是客观性本体,即"道"或"理"。其二,二者所"合"的方式也是一致的,即都是体悟或"悟"。在这里,语言失去了作用,经验观察法和逻辑分析法都宣告失效,只有"悟"才是把握"心"、"道"的有效方式、方法。老子讲"道可道,非常道;名可名,非常名"(《老子》第一章),庄子认为"劳神明为一而不知其同也,谓之'朝三'"(《庄子·齐物论》),禅宗慧能讲"说似一物即不中"(《坛经·机缘》),德山宣鉴呵佛骂祖(见《五灯会元》卷七),这些都是对经验认识和逻辑认识的否定,旨在引导人们去体悟作为本原、本体的"道"。可以说,通过"悟"把握住"道"而与之为"一",这才是中国古代哲学关于天人之"合"的精神实质。

解读中国古代哲学"天人合一"的形上思想,最难把握处就在这个"悟"上。提出一个善"心"或"性",提出一个"道"或"理",以之作为本原、本体,这对哲学思想来说并不困难。最困难的地方在于,如何才能把握到这个"心""性"或"道""理"。通常人们在讲中国传统哲学时,总把这些"心"、

"道"等作为抽象概念来处理,对其作以分析、剖判,作概念反思式的把握。在讲"尽心—知性—知天"或"道通为一"的"天人合一"本体思想时,总用逻辑方法予以诠解。比如说:人的本性和天的本性是一致的,是同一个"性",所以人通过发挥自己"心"的认识功能和作用就能认识到自己的善的本性,由此也就认识到了天的本性;再比如说:"道"是"一",是包括人在内的天地万物的总根源,所以人与天在"道"中是合一或统一的,云云。这样诠解当然没有错。但这样讲的人和听这样讲的人能把握到"心"或"道"吗?不行! 因为,当这样做时,"心"或"道"永远是人的主体"我"面前的对象,主体"我"永远与"心"或"道"二分着,所以人根本把握不住"心"或"道"。换言之,处在逻辑认识中的"心"或"道"是死的而非活的,这时的主体"我"只能把握到或认识到对象化了的"心"或"道",而无法把握到"心"或"道"自身,无法看到其真面目。所以,要真正做到省察式或本体式之"合",只能去体悟。

怎么体悟? 这里的关键是要打破主体"我"与对象化了的"心"、"道"二分对峙的思维定势和构架,即我们通常所谓的主客二分式构架,建构主客合一或天人合一的思维构架和形势。如果建构起了天人合一式思维构架的话,就自然有了体悟,这时所具有的是主体与对象合一的情境式反思而非观念式反思,这时主体"我"与"心"或"道"就合而为"一"了。那么,又怎么去打破主客二分的思维构架而建构起天人合一的思维构架呢? 打破不是简单地抛掉,建构也不是人为地将主体"我"与"心"或"道"外在地排放在一起。这里唯一的方法是造"势",即在主体"我"与"心"或"道"之间造就一种势或势域,或者说是一种位势或场。"势"是一种趋势、形势、态势,是激荡于主客两极之间的一种动平衡张力。"势"是虚的和空的,但它是实的背景或境域,它能御实和驭实,使实在化去、化掉自身的"形"性而"象"性化。如果我们把实(存在者)称为通常意义上的"有"或"存在"的话,那么"势"就是"无"或"非存在"。"无"或"非存在"并不是没有或不存在,它是"有"或"存在"的基础、背景。"有"之所以能有,正因为有这个作为背景或境域的"无"存在着。"无"的真正意义在于它使"有"成为活的而非死的,成为动的而非静的,使"有"本身时间化和历史化。正是在"无"之"势"的统御、驾驭下,"有"才如大海中的蛟龙,若隐若显,若动若静,若有若无,若翕若辟,它才是活的。

说了这么多的"势",究竟如何去"造""势"？怎样"造"才能有"势"呢？就哲学理论言,中国古代郭象的"独化"论和惠能的"心""性"论是富有启发性的思想。"独化"概念就表面看是指事物的个体性存在和变化。但是,如果一事物脱离开与他事物的关系和联系而真"独"了的话,该事物是不能现实存在的,遑论其变化了。因此,每个事物能有和能表现出其"独"的存在性质和形态,"独化"本身一定是有结构的,这就是其"有、无"(或"有一无")性。郭象反对单纯的"无"本论,也反对单纯的"有"本论,正是因为单纯的"有"和"无"均是死的,只有融"有""无"于一体的具有"有一无"性结构的"独化"才是活的。可见,"独化"的确是事物的真正本体、本原,此时的事物处在了自我显现、开显、现象中,即事物是"显""象"性的。当然,把握这种"独化"不能用经验法和逻辑法,只能用郭象所说的"冥而忘迹"的体悟法。禅宗惠能讲"心""性",主张"明心见性",他的"心性"本体正具有"独化"的性质,此时的"心"或"性"也是自我现象、显现、开显的"显""象"性的。把握此种"心"或"性"自然要用体悟。禅宗常教导人去想父母未生出你时你自己的真面目是什么。这话听起来有些奇怪,但问题的症结恰就在这里。一旦你被生出来后,就有了你,你就与世界处在分立中了;只有你未出生时,才没有你与世界的二分对峙,这时的你才是真你。所以,禅宗的说教看似有些奇怪,但它的思想的确有深刻合理的一面,它要引导人去解构掉那种主客二分的思维构架;如果解掉了主客二分的思维构架,"势"就自然造成了,天与人的合一也就达到了。关于造"势"的道理只能讲到这个份上。文学作品中的艺术审美或意境,就是一种造"势"法;佛教讲的"止观并重"、"定慧双修"的修养方法,也是一种造"势"法;老子讲的"日损"法,庄子讲的"心斋"、"坐忘"法,还是造"势"法;儒家讲道德修养,讲"反身而诚,乐莫大焉"(《孟子·尽心上》),亦是一种造"势"法。到底怎样造"势",还要靠体悟。这实际上就是由通常的概念、观念式反思转化为情境式反思。

中国古代哲学形而上学、本体论的真正涵义在于它的境域性或境界性。我们用"乘机之'势'"一语来概括之。那么,这个乘机之"势"的哲学性质究竟是什么呢？中国传统哲学没有思考过此类问题。现在，如果我们借鉴当代西方哲学中海德格尔的现象学存在论思想和方法来看问题的话，倒可以发现，中国古代哲学的形而上学、本体论具有现象性质。海德格尔认为，西方哲学从古希腊柏拉图、亚里士多德始就将方向搞错了，错就错在他们以"理念"、"有"（"存在"）为抽象概念，将其作为最高的实体和本体，从此哲学的任务就是去研究、探索这个对象之"有"（"存在"）的是什么。海氏指出，这样的"存在"实际上并不是真正的存在本身，它只不过是存在者而已。因为抽象的"存在"是个死的，而真正的存在是活的，它不是也不能是抽象性的而是现象性的，即它是与人的存在息息相关的显现、打开而活生生地在场。他说，苏格拉底前的古希腊哲学中的"physis"（古希腊文为"eon"）是不同于后来亚里士多德那种抽象性"存在"的真正的存在，这种存在的原义是："出于自身的开放（比如一朵玫瑰花的开放），自身打开着的展现，以及那在此展开中显现自身并保持在那里、经受住它［的状态］；简言之，即那样一个开展着的和逗留下去的存在域（das Walten）"。① 海氏认为，古希腊哲学中的"逻各斯"（logos）也不是后来所说的"逻辑"，后者是前者的退化形态。"逻各斯"的原义是"收拢"或"收集"，即"逻各斯是这种稳定的收拢、存在或在的内在的结合。……逻各斯在一种新的但又古老的意义上刻画着存在：那存在着的在自身中直立着和显明着，在其自身中和凭借其自身被收拢起来，并且在此收拢中保持住自身。eon 或存在从根本上就是 xynon 或被收拢着的在场。Xynon 并不意味着'普遍的'，而是那在自身中收拢所有事物并将其保持在一起者"②。海氏对古希腊前苏格拉底哲学中的"physis"、"logos"所以作如此解释的目的就是为了说明，真正意义上的存在不是那种抽象的"存在"概念，而是活的存在自身，这种活存在自己存在着并自己打开着、开显着自己；但在打开自身时并不是一去不返，而是在打开的同时自己又保存住、隐蔽住自己。这就是活存在的现象性。正因为活存在是现象

---

① 海德格尔《形而上学引论》。这里转引自张祥龙《海德格尔思想与中国天道》，三联书店 1996 年版，第 53 页。本节对海氏思想的介绍参考了张祥龙此书，特此注出。

② 海德格尔《形而上学引论》。转引自张祥龙《海德格尔思想与中国天道》，三联书店 1996 年版，第 56 页。

性的,所以海德格尔认为真正的存在或活存在不是"有"而是"无"。1929年7月24日,海氏在弗莱堡大学作了题为《形而上学是什么?》的教授就职讲演。在讲演中他指出,"无"才是真正的形而上学问题。他说:"如果要追问这样的'有'的问题是形而上学的包罗一切的问题,那么追问'无'的问题就表明为这样的问题:它笼罩形而上学整体。""但对存在者作形而上学的研讨的工作却是和追问'无'的问题在同一平面上进行的。""我们追问无的问题是要把形而上学本身展示于我们之前。""在追问'无'的问题中,就出现这样一种超出作为存在者整体的存在者之上的情况。因此这个问题就表明即为'形而上学的'问题。"他认为,科学也应该以"无"为基础,"如果科学不好好地认真对待'无',那么科学号称明达与优越都将变成笑话。只是因为'无'是可以弄明白的,科学才能把存在者本身作为研究对象。"那么,"无"究竟是什么? 海氏认为,"'无'既不是一个对象,也根本不是一个存在者。'无'既不自行出现,也不依傍着它仿佛附着于其上的那个存在者出现。'无'是使存在者作为存在者对人的此在启示出来所以可能的力量。'无'并不是在有存在者之后才提供出来的相对概念,而是原始地属于本质本身。在存在者的存在中'无'之'不'就发生作用。"在他看来,"假如此在自始就不将自身嵌入'无'中,那么,此在根本就不能和存在者打交道,也就根本不能和自己本身打交道。"他以为,"'无'是否定的根源,而不是相反的情况。""只有当这个'不'的渊源,即一般的'无'之'不'的作用,亦即'无'本身,已不复蔽而不明的时候,这个'不'才能够被显示出来。这个'不'并非由否定而生,而否定倒是根植于由'无'之'不'的作用中产生的这个'不'上的。否定还只不过是进行'不'的活动之一种方式,也就是说,只不过是事先就以'无'之'不'的作用为依据的活动之一种方式。"①

　　海德格尔如此讲"无",其目的就是为了说明:是"无"而不是"有"才是真正的、活的存在自身。换用我们的话说,当真的解构掉了主客二分的思维构架后,我们所能把握到的就只有存在自身。存在自身如何存在呢? 它就

---

① 　以上引文均引自海德格尔《形而上学是什么?》一文,见孙周兴选编:《海德格尔选集》上,上海三联书店1996年版,第135—153页。

是"无"，即它自我打开，使自己显现出来；但同时又自我遮蔽住，使自己隐而不显，以不失掉自身的存在。这正是一种"势"，是一种趁机之"势"。"无"在"势"中，就使自己处在既有又无，既无又有，有无相生，生生不息的活的历史中。海德格尔在《形而上学是什么?》这篇讲演的最后说了这样一句话："最后，让此飘摇状态飘摇够了，终于一心回到此直逼'无'本身处的形而上学基本问题中：为什么就是存在者在而'无'倒不在?""为什么就是存在者在而'无'倒不在"，这是莱布尼茨的一句名言。究竟为什么? 因为存在者在所以"无"不在；又因为"无"不在所以存在者才在；只有"无"不在才能成就存在者的在；正因为存在者要在和能在所以"无"不在和不能在。这样作解读说明了什么呢? 似乎什么也没说，但这正是"无"的实质所在。因为，"无"作为一种"势"是存在者（有）之存在的基础，它自己却不能公开暴露于外而存在，因为这样一来的话它就死了，"无"只能现象存在者而不能自显于外。老子讲"有生于无"，慧能讲"菩提本无树，明镜亦非台，本来无一物"，佛家讲"物无自性"或"性空缘起"，王阳明讲"无善无恶心之体"，将中国古代哲学中所讲的这些"无"与海氏的"无"相发明，倒有助于更好地理解中国古代哲学关于省察式和本体式"天人合一"之"合"的哲学现象学性质。

二、契几之"象"
——一天人的思维方式

现在从思维方式这个角度来考察一下中国古代形而上学、本体论的哲学意蕴是有必要的。中国古代哲学不是纯粹的认识论，它是认识与实践（道德践履、审美体验）的统一，即知与行的统一。所以，它讲的"天人合一"之"合"的形而上学、本体论往往是在修养践履活动中以实现人（主体"我"）对天（"心"、"性"或"道"、"理"等）的体悟和把握。然而，修养践履活动中仍有认识问题，只不过是将认识活动转化为践履活动而已。这就值得思考：与修养践履活动相关或同类的认识是什么? 换言之，中国古代哲学形而上学、本体论所蕴含的认识论究竟是什么性质、什么意义的认识论？概言之，它是一种情景反思或情境反思，这就是"象"认识。

中国古代哲学中的"象"认识论具体表现在《易》系统的象数论思想中。关于《易经》和《易传》的"象""数"论思想，第一章的有关部分已述。这里要说的是，"象"和"数"，特别是"象"是《易》系统的精髓所在。为什么要制作卦象？《易传·系辞上》认为是"圣人有以见天下之赜，而拟诸其形容，象其物宜，是故谓之象。"《周易本义》将此处的"赜"解为"杂乱也"，误。《小尔雅·广诂》："赜，深也。"此处的"赜"正是幽深玄妙的意思。《易传》认为，天下的事物有其幽深玄妙处，这就是它们的"几"，也就是"神"①。圣人看到了天下之赜的"几"和"神"，并用象征、形容的方式将这种"几"、"神"表现、展示出来，这就是《易》之卦象，即"象"。所以，《易》之"象"是天地万物之存在和运动的玄妙之"理"或"道"的表征。更重要的是，《易》之"象"不仅象征、表征了天地万物的玄"道"妙"理"，而且是以现象的性质和方式来象征之的。《易传·系辞上》说："是故法象莫大乎天地，变通莫大乎四时，悬象著明莫大乎日月……"；"是故天生神物，圣人则之；天地变化，圣人效之；天垂象，见吉凶，圣人象之；河出图，洛出书，圣人则之。"这里讲"法象"、"悬象"、"垂象"，这就使"象"有了现象、显现的意义和性质。天地万物有"几"和"神"，但这种"几"、"神"是怎么表现出来的呢？它们是"象"（动词）出来的，即天地万物自我打开，自己把自身现象、显现、展露、绽放出，把自身的"本质"悬示于外。如果人为地从天地万物中抽象、抽绎出其"几"、"神"的话，这是生吞活剥，就将天地万物的"几"、"神"弄死了，所抽象出的"几"、"神"也就成了僵死的概念而非事物活的本质了。只有让事物自己去显现、现象、展示、绽开自己，自己把自己打开而呈露于外，事物才是真的、活的，其"几"、"神"也才能是真的、活的。所以，《易》系统中所讲的"象"具有现代西方哲学海德格尔存在论所讲的"现象"的意义，即"从显现的东西本身那里如它从其本身所显现的那样来看它"②。当然，在《易经》

---

① 《易传·系辞下》："几者，动之微，吉之先见者也。"《易传·系辞上》："阴阳不测之谓神"；《易传·说卦传》："神也者，妙万物而为言者也"。

② 海德格尔：《存在与时间》（修订译本），陈嘉映等译，三联书店2006年版，第41页。

和《易传》的时代，《易》系统的制作者们不可能明确提出"现象"和"现象学"之类的概念和理论，但《易》系统中的确有"象"认识思想却不可否认。

《易》的卦象"象"（像）物象，而物象又"象"（现象、显现）着天下之赜的"几""神"这种形而上之"道"，这就是《易》的"象"思想。可贵的是，《易》没有将天下之赜的"几""神"之"道"抽象化，没有将它厘定为一纯抽象概念，由此而以语言（文字）为思维符号来对其作概念化、观念化地思考、描述和分析，而是将"几""神"之"道"现象化，即将它作为一个"象"，以"象"为思想符号来把握之。《易传》虽然在形式上使用的是语言文字系统，即以文字符号来诠解、描述《易经》中的卦象思想，但它仍是"象"系统，即以"象"的运作来对《易》之"理"、"道"作发掘和说明。后来的《易》学义理派彻底偏离了《易》系统的象数本义，要"得意忘象"，从而走向了抽象思维之途。而《易》学象数派虽能固守《易》的象数宗脉，但并未真正发掘出其"象"的现象学真义，而是狗尾续貂，走上了神秘之路。所以，《易》学史上的义理派和象数派都未能真正继承《易》的"象"论思想。

"象"是《易》系统的运作符号。"象"符号与语言文字符号有本质的区别。语言文字符号是"名"或"言"，它是抽象的概念，具有纯符号的性质和意义，一个"名"的本身涵义是什么完全靠人来规定，所以"名"是个套子。例如，"人"这个符号表示的是人，但从这个符号本身能看出它与人的联系吗？不能。如果规定"人"这个符号不发 ren 的音，也不表示人而去表示别的什么东西，是完全可以的，这并不违反什么（当然，当一个名约定俗成后就有了确定的涵义，就不能随便乱改了）。但"象"就不同了，它不是抽象的而是形象、现象的，它具有符号形式但并不是纯符号性的，它并没有与事物相割裂，它现象、显现、显示着它所表现的事物。还以"人"为例，如果这时的"人"不是个文字符号而是一个人的像或象形号，例如甲骨文中的象形"人"字，一看便知这个符号与人这种动物有直接关联，它决不能随便被赋予别的指示意义。可见，"名"只有形式而没有内容，而"象"既有形式又有内容，所以"象"有现象的性质和意义。《易》系统的独特性正在于它的"象"性。或曰：《易经》的卦象是由"－－"和"——"组成的，这与由"、"（点）、"丿"（撇）、"乀"（捺）等组成的文字没有什么区别，都是一种符号。

不错,《易经》六十四卦的卦形是一些符号,但它不是文字符号,而是卦"象"符号,文字的意义在于去"谓"、去"表",而卦象的意义在于去"象"、去"拟"。所以,《易》系统的卦象是"象"性的。它像着物象,更现象着物象之赜的"几""神"之"道"。所以,《易》之卦象不仅象征着万事万物的形而且象征、现象着万事万物的"几""神"之"道",这个"象"本身就是现象与本质的统一。圣人通过《易》之卦象,不仅可以把握到事物的形,而且能把握到事物的"理"或"道"而"以顺性命之理"(《易传·说卦传》),这就是"与天地合其德,与日月合其明,与四时合其序,与鬼神合其吉凶,先天而天弗违,后天而奉天时"(《易传·乾·文言》)的"天人合一"的形而上学、本体论思想。

如果说"象"是《易》系统的运行构架的话,那么"数"就是这个系统的运行程式和指令。"象"的运行离不开"数"。少了"数"的话"象"就失去了生命力而被僵化了,整个《易》系统也就不是具有现象意义的"象"系统,而会变成像抽签那样的死模式了。有了"数"给"象"输入的程式和指令,这个"象"系统就活(动)起来,就表现出它应有的现象性的性质和功能。关于《易》"数"的思想前已有述,这里要强调的是,《易》之"数"在表面上是一种占筮的程式和方法,是占筮的手段,但实际上这个"数"却是"象"的运作程序和指令。通过"数"的运演,"象"本身就流动起来,在具体的"象"与"象"之间就连成了通路,就会象象流转而左顾右盼、前后相随、上下交替、层层相因,这就是"象"系统。《易》之所以能占,之所以有相当高的预测功能,之所以能旁逮各门而有极灵活的解释余地,就是因为有"数"作为"象"运行的程式和指令。"数"指挥着"象"以现象天与人相"一"的形而上学。

康德说,"形"观念是在作为人外感觉的空间构架中形成的,而"数"观念则是在作为人内感觉的时间构架中形成的。康德将空间、时间作为人感性直观的先天构架,所以常被人们批评为先验唯心主义者。关于人为什么会有空、时这种感性直观构架,此处暂且不论。但康德将"数"与"时间"联系起来的确很有道理。数的确与形不同。数有数目性和单位性二重性,数目性是数的离散性、个体性,而单位性则是数的收敛性、整体性。数自身就是以单位性为主导的数目性和单位性的统一。正是数的单位性使得数的数目性成为连续的整体,成为一个活动流。所以,"数"与"时间"有本质的联系。表现在认识上,数的运算是内感觉的心运算。因此,在《易》的象数系统中,"数"按理来说有双层的意义和作用:一层意义和作用是启动"象"的运转,即它作为"象"系统的程式和指令使"象"得以运行;另一层意义和作用则是启动"心"(或"意")的运转,使"心"在"数"的运演中得以流动起来,形成一个连绵不断的心流或意识流,使"心"("意")在永恒的流动中得以自我显现、开显、现象。但可惜的是,由于时代条件的限制等原因,《易》象数系统中"数"的第二层意义未能在该系统中得以萌发。"数"在《易》系统中只是一个用以占筮的工具和手段。以后的象数派《易》学更把"数"功利化,将其推进了神秘和庸俗的死胡同。而在中国古代的科学中,则将"数"的运演予以"形"化,即将数的运算转化为单纯机械的空间位置上的移动,使数失去了连绵流转的时间性维度,中国古代的算筹和算盘就是将"数"予以"形"化的典型。但自从二进位制创立后,特别是二进位制被用在电子计算机上后,"数"的"形"化的意义似乎别开生面。但这是另一个问题。中国古代将"数"予以"形"化而掩盖了"数"中所蕴涵的时间性的维度和价值,却是不可忽视的历史事实。

《易》象数系统中"数"的第二层意义虽然未能在《易》系统自身得到开发和运用,但却在《易》系统外的思想中得到了开发和利用,这就是隋唐佛学"止观并重"、"定慧双修"的佛学修养论和认识论思想。佛教以"佛性"、"真如"为本体,所谓成佛就是要契悟、把握住这些本体。所以,成佛的过程实际上是个修养和认识合一的过程。运作这个过程的方法就是"止观并重"、"定慧双修"。如何"修"? 其实质不外乎以"心"捉"心",即以主体心去把捉对象"心"(或"性")。主体心如何才能把握住与其异质的对象"心"("性")呢? 这里的途径和方法就是在两个异质的"心"之间建构一个心之"象";这个心"象"就是"时间"。这个"时间"不是抽象的时间概念或观念,而是时间流,是融坐禅与慧观为一体的修行过程。在此,"心"在禅定中绵密恒转,自我显现、开显、现象而生生不息,这就是意识流,也就是时间流,是主体与对象合一的情景、情境反思。至此,所谓的大觉大悟的慧解也就达到了。因此,佛教修行的实质是对"时间"本身的觉解。有学者指出,禅宗"最突出和集中的具体表现，是对时间的某种神秘的领悟，即所谓'永恒在瞬刻'或'瞬刻即可永恒'这一直觉感受。这可能是禅宗的哲学秘密之一"①。这是有见地的。在隋唐佛教诸宗中，禅宗之所以能异军突起，雄视八方，关键就在于它突出了"时间"和对"时间"的体悟。慧能讲得很清楚："善知识：我此法门，从上以来，先立无念为宗，无相为体，无住为本。无相者，于相而离相；无念者，于念而无念；无住者，人之本性。"（《坛经·定慧》）这种"无念"、"无相"、"无住"的三"无"就是"时间流"。人不可能没有"念"，但不能将此"念"概念化，而要将此"念"放在念流中去，使"念"自念而无以为念，这就是建构的"时间流"。慧能不厌其烦地讲："佛向性中作，莫向身外求"（《坛经·疑问》）、"三世诸佛、十二部经，在人性中，本自具有。……若识自性，一悟即至佛地"（《坛经·般若》），这等等的说教都是教导人在自家的心性中见性以成佛。怎么见性成佛呢？慧能讲"顿悟"。这个"顿悟"的秘密就在于对"时间"的把握，实际上就是使主体"心"与对象"心"均处在一种"时间流"中。禅学中有诸多公案，的确离奇莫解。但禅师们的目的恰恰不要你去从理论上索解这些公案，而要你悟"心"，即主体"心"抓住那个佛心、佛性的"心"，抓的方法仍是对"时间"的体悟。

综上所述，《易》象数系统是"象——数——时"一体化的信息运演系统。"象"是卦象，它象（象征）着物象，而物象则"象"（现象、显现）着事物的存在本质。"数"是占筮的方式，但它是启动"象"的工具，是"象"系统之运行的程序和指令。"时（时间）"是"数"的思维构架，从这个意义上言它是启动"数"的，是"数"系统之运演的思维程序和构架。"象——数——时"的一体化模式最深刻、独特地表现了中国传统哲学"天人合一"的形上思想。

有的学者将《易》的"象数"思想与古希腊毕达哥拉斯的"数"思想作比较研究②，以之透视中国传统文化与西方传统文化的基础性差异，倒饶有兴

---

① 李泽厚：《庄玄禅宗漫述》，见《中国古代思想史论》，人民出版社 1986 年版，第 207 页。
② 张祥龙：《〈周易〉象数与毕达哥拉斯之数——中西哲理的潜在构架》，载方克立主编：《中西会通与中国哲学的近现代转换》，商务印书馆 2003 年版。此处的引文除特别注出者外，均引自张祥龙此文。

味。研究者认为，"易象卦爻是一个极为特殊的符号系统：它是深层多维的，有数、形、位、时等多个维度；在每个维度上都是可以合理推演的；而且各个维度之间也是可变换沟通的。这样就造成了一种比'镜屋'还更巧妙的相互投映的'全息'效应，具有很强的构象能力，比西方古代和现代的公理化系统从本质上要更聪灵。""然而，毕达哥拉斯派对于数、形所做的思想和语言赋值的大部分具体工作都失败了，这些努力被后世的哲学家们视为幼稚、牵强、神秘，甚至是荒诞。相比之下，《易》象数在中国古代思想中却成功得多，解《易》是历代中国哲人形成和表达自己最深刻的思想的一种常用的方式。这样一个成败对比的事实后面的原因何在？""最重要的一个原因是毕达哥拉斯派固守十进制的数字结构和几何形状结构，使得这种意义上的'数'与'言'（表达哲学思想的自然语言）的有机联系无法在稍微复杂一点的层次上建立起来。……""总之，在毕达哥拉斯派之数与哲理之言之间未出现居中的象，再加上西方文字的拼音特点，致使毕达哥拉斯派的数与言的沟通努力大多流产。后来的巴门尼德抛弃了绝大部分毕达哥拉斯之数，只保留了 1 和圆形，并提出'存在（是）'这一自然语言中的范畴来对应之，开创了西方哲学两千年之久的'存在论'传统。在'圆形'的、'静止'的'1'被突出到无以复加的程度的同时，毕达哥拉斯派通过推演结构来演绎思想和语言的良苦用心就几乎完全被忽视了。柏拉图和亚里士多德企图在一定程度上恢复推演的结构性，但主要不再靠数、形，而是步巴门尼德的后尘，力图通过自然语言中似乎最接近'数'的'理式'（理念）和'范畴'，以及理式与理式、范畴与范畴之间的'辩证法'、'逻辑'来获得某种系统内的结构推演力。当然，这种观念化或范畴化的转换也付出了沉重的代价，'范畴演绎'和'辩证逻辑'一直缺少数学系统所具有的那种有自身内在依据的推演机制。所以，成为像数学或数学化的物理学那样的严格科学，同时又具有解释世界与人生现象的语义功能，这一直是西方哲学的梦想。""莱布尼兹的伟大思想天才使得他可以在真实的意义上承接并大大改进毕达哥拉斯的传统，重新将哲学与数学及数学化的逻辑直接挂起钩来。"为此，他"提出了'普遍表意文字'的设想，将这个古老难题一下子推向了今天的人类还在苦苦寻求解决的新问题视野中。""这个思想的新颖之处在于，它已不满足于如何为某个演绎系统找到较合适的语义解释，而是要直接去寻找一种本身就能推演的语言或文字，或一种能够像文字那样表达思想的推演系统。它将使'思想的演算'成为可能。"莱布尼兹通过和在中国的德国传教士交往，接触到了中国的《易》卦象，"于1679年形成了数字二进制的思想"，二进制使"数字本身获得了某种不同于几何图形的'象'性，与《易》象的表示法有某种同构关系。""如果我们说普遍表意文字设想是将文字向可推演系统方面推动的话，那么二进制算术则可理解为是将可推演系统向直观显示意义的表意文字方向上引。"可见，古希腊毕达哥拉斯的纯"数"理论是不成功的，而中国《易》象数系统的"象——数——（时）"理论则很成功。近代莱布尼兹从中国古《易》象数论中得到启发，提出了"二进制"法，以之使他的"普遍表意文字"的思想在直观显示意义上表现了出来。

我们不仅可以将中国古《易》象数系统的"象—数"思想与西方哲学中某些思想相比较，以发掘《易》象数系统的意义和价值；我们还可以也应该将《易》象数系统中所蕴含的"时（间）"思想与西方哲学中的有关思想相比较，更进一步发掘其意义和价值。在西方哲学中，亚里士多德、奥古斯丁、康德、海德格尔等都对"时间"有论述。尤以康德和海德格尔对"时间"的论述有深义。康德曾把"时间"和"空间"作为人的感性直观的认识活动得以可能的先天构架。更重要的是，他以"时间"为内感觉，并以之作为感性直观与纯知性范畴得以结合的"图型"（或"图几"、"几象"）。康德指出："纯粹悟性概念与经验的直观（实与一切感性直观），全然异质，决不能在任何直观中见及之。盖无一人谓范畴（例如因果范畴）可由感官直观之，且其自身乃包含在现象中者。然则直观如何能包摄于纯粹概念下，即范畴如何能应用于现象？""此必有第三者，一方与范畴同质，一方又与现象无殊，使前者能应用于后者明矣。此中间媒介之表象，必须为纯粹的，即无一切经验的内容，同时又必须在一方为智性的，在他方为感性的。此一种表象即先验的图型。""时间为内感所有杂多之方式的条件，因而为一切表象联结之方式的条件，包有纯粹直观中所有之先天的杂多。至时间之先验的规定，以其为普遍的而依据于先天的规律，故与构成时间统一之范畴同质。但在另一方面，因时间乃包含于'杂多之一切经验的表象'中，故又与现象无殊。是以范畴之应用于现象,乃由时间之先验的规定而成为可能者,此种时间之先验的规定乃悟性概念之图型为现象包摄于范畴下之媒介。"①可见,康德认为"时间"构架是联结感性直观和知性范畴这两种异质东西的媒介。正因为是媒介,它自身就不能是实像,也不能是抽象,但又要具有实像和抽象的品格,这就是"现象"。当然,康德没有用现代西方哲学现象学存在论意义上的"现象"概念,他在《纯粹理性批判》第一版中提出了"想像力"概念,认为它是一种"再生之综合"的能力,处于"直观中感知之综合"与"概念中认知之综合"之间②。这个"想象力"已有"现象"的性质。后来的海德格尔倒揭明了这一点。1929 年海氏出版了《康德与形而上学问题》一书(学界习惯于称为《康德书》),书中分析了康德关于"时间"图型的思想,尤重康德在《纯粹理性批判》第二版中作了改写、而在第一版中大谈的"想像力"问题。海氏认为,"想像力"是直观和知性这两个认知能力之综合的"共根",它是"结构性的",因此它是直观和知性所从出的本质。所以,康德的"想像力"是一种"几象"。这也正是"时间"的实质所在。海氏在 1927年发表的《存在与时间》一书中,认为"时间是可据以对任何种在获得了解的地平线"③。这个"时间"当然不是抽象的"时间"概念,也不是可用钟表来记录的日常生活中的时间,而是具有"几象"、"现象"意义的时间。这样的"时间"与中国古《易》象数系统中的"象——数——时"的思想倒有相通之处。

三、无我之"境"

——一天人的审美功能

中国古代哲学从总体上讲不是理论性、逻辑性的思想理论,而是富有情景、情境和韵味的、怎样做人的修养、修行论。也就是说,中国古代哲学不是

① 康德:《纯粹理性批判》,蓝公武译,商务印书馆 1960 年版,第 142—143 页。
② 参见康德:《纯粹理性批判》,蓝公武译,商务印书馆 1960 年版,第 122—127 页。
③ 海德格尔:《存在与时间》,见《存在主义哲学》,商务印书馆 1963 年版,第 3 页。

去从理论上、逻辑上探求人如何与他之外的天合而为"一",而是在实践、实用中,在对人的道德本性的践履(儒家)中,在修"道"、悟"道"(道家、佛家)中以达到人与"道"、"天"(道德化了的天)的合一。所以,这样的"合"不是理论性的,而是功能性、实践性的。中国古代哲学的形而上学、本体论是一种知行一体的实践论。

究竟怎样才是功能性、实践性上的天人一体的形上存在呢? 东晋陶渊明有诗言:"采菊东篱下,悠然见南山","此中有真意,欲辨已忘言"(《饮酒》诗之五)。这对陶本人来说大概已进入了天人合一的形上情境。但别的采菊人也能是这样的吗? 不尽然。再说,如果一个为生计所迫、饥寒交加的小姑娘去南山下采菊,她此时也能"悠然"地见南山吗? 肯定不会。那么,问题出在哪里呢? 关键在人的心境上。心境不同,对事物的体会就不一样。唐代青原惟信禅师说过这样一段话:"老僧三十年前未参禅时,见山是山,见水是水。及至后来,亲见知识,有个入处,见山不是山,见水不是水。而今得个休歇处,依前见山只是山,见水只是水。大众,这三般见解,是同是别? 有人缁素得出,许汝亲见老僧。"(《五灯会元》卷十七)这典型地道出了心境与对象的关系。三种心境,三种境界。大自然的山水变了吗? 从发展的观点看山水在变,但此种变化颇小;再说,山水总有其质的规定性,它在一段时间中是保持不变的。那为什么在青原惟信的眼中三十年来山水就有三般之"变"呢? 当然是"心"境不同。所以,尽管从道理上讲,说中国古代哲学是体用不二、即体即用的,是功能、功用和实践性的,是天人合一的,但真正要达到天与人合一的形上境界的话仍要返回到人的主体"我",即"心"。

那么,这个"我"或"心"要做什么呢? 就是要将自己"无"化,即建立起"无我之境"。关于"无我之境",近代学者王国维从审美角度倒作了一个很好的解说。他说:"有有我之境,有无我之境。'泪眼问花花不语,乱红飞过秋千去','可堪孤馆闭春寒,村鹃声里斜阳暮'。有我之境也。'采菊东篱下,悠然见南山','寒波澹澹起,白鸟悠悠下',无我之境也。有我之境,物皆著我之色彩。无我之境,不知何者为我,何者为物。此即主观诗与客观诗之所由分也。古人为词,写有我之境者为多,然非不能写无我之境,此在豪杰之士能自树立耳。"又说:"无我之境,人惟于静中得之。有我之境,于由动之静时得之。故一优美,一宏壮也。"①王国维认为,"有我之境"是"物皆著我之色彩",即人把自己的情感反映在、表现在物上。这就是德国的叔本华在《世界是意志和表象》中说的"在抒情诗和抒情的心境中……主观的心情,意志的影响,把它的色彩染上所见的环境。"而"无我之境"是"不知何者为我,何者为物",即物我两忘。对此,叔本华在《世界是意志和表象》中说:"每当我们达到纯粹客观的静观心境,从而能够唤起一种幻觉,仿佛只有物而没有我存在的时候……物与我就完全融为一体。"北宋邵雍在《皇极经世·绪言》中说:"圣人之所以能一万物之情者,谓其能反观也。所以谓之反观者,不以我观物也。不以我观物者,以物观物之谓也。既能以物观物,又安有(我)于其间哉。""以物观物,性也;以我观物,情也。性公而明,情偏而暗。"王国维的"有我之境"和"无我之境"的思想,是受叔本华的影响而提出的。但他的这个"无我之境"说却颇合中国传统哲学"天人合一"的韵味。人不能没有这个"我"或"心",否则人就不是人了。但是,也正因为有了这个"我"或"心",人把自己从自在世界中提升了出来,并与之对立起来;同时,人把自己与他人也分开而对立起来;还使得人有了目的、意识、欲望、要求等等,从而使人处在无尽的冲突、矛盾、对立、斗争中,即使人在观物时也难免不带上这个"我"的色彩。所以,佛家认为人的最大烦恼是"欲""心",这是有道理的。问题是,面对人的这个"我"或"心"怎么办呢?人不可能随便去掉这个"我"或"心",但又不能任其所为,所以就要修心。怎么"修"?就是"忘",即无心或使心无化。老子讲"日损"(《老子》第四十八章);庄子讲"坐忘"(《庄子·大宗师》)、"心斋"(《庄子·人间世》);禅宗慧能讲"无念为宗,无相为体,无住为本"(《坛经·定慧》),讲"还父母未生时面目来"(《禅宗传》);王阳明讲"无善无恶心之体"(《传习录》下)等等,都是要"忘"心或"无"心。"忘"的结果并不是将"心"灭掉,而是建立起"无我之境"。这正如庄子所言:"鱼相忘乎江湖,人相忘乎道术"(《庄子·大宗

---

① 王国维:《人间词话》,见《人间词话新注》,齐鲁书社 1986 年版,第 34、35 页。关于叔本华的话引自此书的注。

师》)。相忘于道术就是建立起"无我之境"。

"无我之境"的"境",就不是逻辑的而是审美的,不是功用的而是情趣的,不是知的而是乐的,不是色的而是味的,不是形的而是神的。在中国传统哲学中,儒、道、佛都不同程度、不同方式地谈审美,这就是它们的"天人合一"论。如果说儒家的审美是悦心悦意的话,那么道、佛的审美则是悦神悦志的。比如孔子讲"乐"。他说:"学而时习之,不亦说乎? 有朋自远方来,不亦乐乎? 人不知而不愠,不亦君子乎?"(《论语·学而》)"饭疏食饮水,曲肱而枕之,乐亦在其中矣。不义而富且贵,于我如浮云。"(《论语·述而》)叶公曾向子路询问孔子是怎么样一种人,"子路不对。子曰:'女奚不曰,其为人也,发愤忘食,乐以忘忧,不知老之将至云尔'。"(同上)这是一种人生态度,也是一种生活的原则和方法,即以"乐"直面人生。但"乐"的不是肉体享受,而是乐心悦意。孔子曾赞扬颜回:"贤哉,回也! 一箪食,一瓢饮,在陋巷,人不堪其忧,回也不改其乐。贤哉,回也!"(《论语·雍也》)颜回究竟"乐"什么呢? 显然不是肉体上的享乐,而是心意上的快乐,即"回也其心三月不违仁"(同上),他是以行"仁"为乐。孔子曾让他的学生子路、曾晳、冉有、公西华各谈自己的志向,曾晳(名点)说他的志向、志趣是"莫春者,春服既成,冠者五六人,童子六七人,浴乎沂,风乎舞雩,泳而归"。"夫子喟然叹曰:'吾与点也!'"(《论语·先进》)他很赞同曾晳所向往的那种安谧恬静的田园般生活方式,这也是心意之乐。孔子讲"知者乐水,仁者乐山;知者动,仁者静;知者乐,仁者寿"(《论语·雍也》)。他赞赏的也是恬静生活中的心意之乐。孔子以这种"乐"的态度面对大自然时,他深切地感悟到了它的生命真机。"子在川上,曰:'逝者如斯夫! 不舍昼夜。'"(《论语·子罕》)河水滚滚奔流,永不停息,这正是天(大自然)的真谛、真机之所在。孔子说:"天何言哉? 四时行焉,百物生焉,天何言哉!"(《论语·阳货》)天无言无语,但却孕育出了生机盎然的万物,四季交替,万木葱茏,生机勃勃,一片生命的气息。《庄子·知北游》曰:"天地有大美而不言"。这种难以言论的大美正是天地的生机所在。人如果能领悟到这种天地之大美,难道还不足以达到"天人合一"的境界吗?! 后来的孟子从人的人性上来讲审美,讲人与天的合一。他的著名思想就是"尽其心者,知其性也;知其性,则知天矣"(《孟子·尽心上》)。孟子的这个"尽心—知性—知天"并不是一种逻辑推演,而是审美式道德本性的外化。因为,当他讲"心—性—天"的合一或统一时,以"诚"为基础,"诚者,天之道也;思诚者,人之道也。至诚而不动者,未之有也;不诚,未有能动者也。"(《孟子·离娄上》)至诚能动。怎么样"动"?"万物皆备于我矣,反身而诚,乐莫大焉。"(《孟子·尽心上》)这是在一种审美与伦理一体化的"乐"的境界中达到天与人的合一。

如果说儒家"天人合一"的审美式之"合"是悦心悦意的话,那么道家和佛家(禅宗)的"天人合一"的审美式"合"则是悦神悦志的。儒家是入世的,道、佛则讲出世,尽管它们在骨子里仍眷怀着现世,但在形式上却主张抛开红尘俗务以求"道"。所以,道、佛更能以一定的距离感来审视世界,以之在"神遇"、"神游"中契悟天地之"大美"。因之,同样讲"乐",庄子眼中的"乐"就不是孔子所谓的"有朋自远方来,不亦乐乎"(《论语·学而》)、"饭疏食饮水,曲肱而枕之,乐亦在其中矣"(《论语·述而》)之类的乐,他说:"与天和者,谓之天乐。"(《庄子·天道》)"知天乐者,其生也天行,其死也物化……无天怨,无人非……以虚静推于天地,通于万物,此之谓天乐。"(同上)他认为"钟鼓之者,羽旄之容,乐之末也"(同上)。他主张"忘仁义"、"忘礼乐"以达到"堕肢体,黜聪明,离形去知,同于大通"的"坐忘"之境(《庄子·大宗师》),要"若一志,无听之以耳而听之以心;无听之以心而听之以气。听止于耳,心止于符。气也者,虚而待物者也。唯道集虚,虚者,心斋也。……虚室生白,吉祥止止"(《庄子·人间世》)。以一种宁静、空灵的心境去面对大自然,这样就能扣合、契合住事物以达神乐。"庄子与惠子游于濠梁之上。庄子曰:鲦鱼出游从容,是鱼乐也。惠子曰:子非鱼,安知鱼之乐? 庄子曰:子非我,安知我不知鱼之乐? 惠子曰:我非子,固不知子矣,子固非鱼也,子之不知鱼之乐全矣。庄子曰:请循其本,子曰汝安知鱼乐云者,既已知吾知之而问我,我知之濠上也。"(《庄子·秋水》)惠、庄究竟谁"知之濠上"? 这里有两种不同意义和方式的"知",惠施是认识之知,是逻辑之知;庄子则是审美之知,是"移情"之知,是情境之知。面对一条鱼,庄之以审美的态度和方式对待之;面对万事万物的大自然,他更以审美的态度、方式去对待。庄子笔下的庖丁"为文惠王解牛……以神遇而不以目视，官知止而神欲行"（《庄子·养生主》）；轮扁斫轮"不徐不疾，得之于手而应于心，口不能言，有数存焉于其间"（《庄子·天道》）；"梓庆削木为鐻，鐻成，见者惊犹鬼神"，梓庆则说他"以天合天，器之所以疑神者，其由是欤"（《庄子·达生》）；纪渻子训练斗鸡，成，"望之似木鸡矣，其德全矣，异鸡无敢应，见者反走矣"（同上）；"工倕旋而盖规矩，指与物化，而不以心稽，故其灵台一而不桎"（同上）等等，这是一种神与物化的天人合一的形上情境，在这种"合"中所得到的就是悦神。

佛教东传，至隋唐时形成了有中国特色的诸宗，其中尤以禅宗最具中国传统哲学之神髓。禅宗讲"无"，讲"无念为宗，无相为体，无住为本"（《坛经·定慧》）。慧能悟"道"时所作的偈就是"菩提本无树，明镜亦非台，本来无一物，何处惹尘埃？"（《坛经·行由》）临济（义玄）云："道流，佛法无用功处，只是平常无事，屙屎送尿，著衣吃饭，困来即卧。愚人笑我，智乃知焉。"（《古尊宿语录》卷四）这些讲的都是"无心"。无心也就无意，也就无知，心就处在自然的"显""象"中。这时的"心"就真正契入大自然的盎然生机中，这时所见到的、看到的、听到的、想到的皆是天地万物的生机神运，人也就与天地万物一体同在，万古长存了。所以禅宗特看重大自然，"春有百花秋有月，夏有凉风冬有雪。若无闲事挂心头，便是人间好时节"（《无门关》）；"青青翠竹，尽是真如；郁郁黄花，无非般若"（《祖堂集》卷三）；"时有白云来闭户，更无风月四山流"（《景德传灯录》传第四）；"春来草自青"（《五灯会元》卷十五）；"常忆江南三月里，鹧鸪啼处百花香"（《五灯会元》卷十一）；"看山不碍白云飞"（《五灯会元》卷三）……大自然总是生机勃勃的，总充溢着永不枯竭的生命力，万古长青。人如果能契悟到大自然的玄机妙神，人不就是永不生灭的"佛"吗?!所以，禅宗对大自然的契悟是一种悟"道"方式，也是一种审美的态度和情趣。更重要的是，这种审美是以韵味胜，是悦神悦志，是人所透视到的大自然的神髓。

中国古代哲学中这种具有审美功能的"天人合一"的形上思想，对中华民族的民族文化和民族心理影响颇深。这已不是一种纯粹的哲学思想，已经渗透到一般士大夫知识分子的生活中,成为人们的生活态度和人生信仰。人们常说儒道互补。儒道互补的真正意义和价值正在于儒家的悦心悦意和道、佛的悦神悦志这两种"天人合一"的形上思想相辅相成、相得益彰而共同塑造了中华民族的人生理想和价值观,代替了宗教而具有准宗教的巨大功能作用。中国一直没有形成西方那样的全民族信仰的宗教,没有西方基督教那样的上帝。有人说儒学就是儒教。但儒学在整个封建社会中最主要的是一种思想文化,而不是宗教,东汉时谶纬迷信昌盛,曾把孔子神化,但也并未因此而使孔子成为公开的教主,使儒家思想成为一整套宗教仪式和教义。中国一代代的知识分子从小就接受儒学的教育和熏陶,都抱定了一颗"修齐治平"之心,都有"致君尧舜上,再使风俗淳"(杜甫诗句)的宏图抱负。如果科举及第,则抱着"达则兼善天下"(《孟子·尽心上》)的志向,积极建功立业,以求名标青史。但社会生活往往是非常复杂的,不见得人人都能科举得中,即使得中者也不见得就能官场得意,失意落魄的事时有发生。正是在失意的逆境中,中国的士大夫知识分子们并没有就此完全垮掉,而是以"穷则独善其身"(同上)的信条来自慰。怎么样来"独善"呢? 老庄、佛禅这时就发生了强有力的作用。他们往往寄情于山水,在平淡的生活中透悟和契悟大自然的生机神运,以求得人格上的独立、完满和精神上的超脱。所以,以士大夫知识分子为代表的中华子民,无论是得是失,都有自己的精神家园,得即儒而失即庄、禅,没有也不会走向对超越的人格神的崇奉和膜拜。中国文化中没有西方那种宗教文化,也没有西方那种死后得救的"罪感"观念。中国文化是乐感型的,那种"春风得意马蹄急,一日看尽长安花"(唐孟郊诗句)的高兴固然是乐,而那种"饭疏食饮水,曲肱而枕之,乐亦在其中矣"(《论语·述而》)的生活也是乐,甚至"一箪食,一瓢饮,在陋巷,人不堪其忧,回也不改其乐"(《论语·雍也》)的乐更是一种大乐和真乐;即使致仕穷居,"采菊东篱下,悠然见南山"(陶渊明诗句)的平谈生活仍是一种乐,是一种神乐;或"濠上观鱼",以见鱼之倏忽出游的乐,也是一种乐,是情乐和志乐,等等。这些"乐"就是中国传统哲学"天人合一"的形上旨趣。

四、浑璞之"朴"

——天人的思想局限

　　中国古代哲学的"天人合一"的形上思想在漫长的中国封建社会土壤中繁衍着、生息着,哺育着中华民族的精神文化和文化精神。但1840年"鸦片战争"后,古老的中华民族连同它的这种"天人合一"的形上思想文化取向,受到了严峻的挑战。在事关民族存亡的关头,有识之士不得不抛下自己民族的文化,而发出了向西方列强学习的呐喊。魏源是其中的第一人,他提出"师夷长技以制夷"的号召。这是中国人向西方学习的第一阶段,即学习西方的先进技术。19世纪七八十年代,洋务运动兴起,王韬、薛福成、郑观应等人主张不仅要学习西方的先进技术,还要同时学习其先进的社会政治体制。这是向西方学习的第二阶段。至1949年"五四"运动,陈独秀等人提出要学习西方的"民主"与"科学",即要学习西方的思想文化。这是向西方学习的第三阶段。在此阶段,要学习西方的先进思想文化,即要学习和接受西学那种逻辑的、科学的思维方式,中国传统的那种"天人合一"的形上文化和思维方式受到了根本性挑战,面临灭顶之危。尽管其时有梁漱溟著成《东西文化及其哲学》(1922年发表),敢冒天下之大不韪来为中国传统文化辩护,但他已无力回天。中国传统文化,特别是其"天人合一"的形上思想取向和方式,似已到寿终正寝之时了。

　　但斗转星移,过了半个多世纪以后,中国人又把自己的传统文化视为宝贝,并特看重中国传统哲学"天人合一"的形上思想,认为它是解决目前全球生态环境问题的指导思想和良方。西方当代的一些哲学大家也看到了他们那种传统的主客二分式思维方式和文化倾向的严重不足,认为它将西方的科学带进了危机的深渊(如胡塞尔、海德格尔等人对西方科学技术的反思、批判),他们或自觉不自觉地向中国传统哲学"天人合一"的形上思想倾斜。外国一些世界级的科学家也声称中国的传统文化和思想给予了他们丰富的思想营养。比如，日本的汤川秀树因提出 Ⅱ 介子理论而获 1949 年度的诺贝尔物理学奖，他自己就很欣赏《庄子·应帝王》中的"浑沌"故事，他说："最近我又发现了庄子寓言的一种新的魅力。我通过把倏和忽看成某种类似基本粒子的东西而自得其乐。只要他们还在自由地乱窜，什么事情也不会发生，直到他们从南到北相遇于浑沌之地，这时就会发生像基本粒子碰撞那样的一个事件。按照这一蕴涵着某种二元论的方式来看，就可以把浑沌的无序状态看成把基本粒子包裹起来的时间和空间。在我看来，这样一种诠释是可能的。"1965 年 9 月在京都召开了纪念介子理论提出三十周年的基本粒子国际会议，在一次宴会上，汤川把《庄子·秋水》中的惠、庄"游于濠梁之上"的故事译成英文给大家看，科学家们都觉得很有趣①。量子力学哥本哈根派领袖玻尔于 1937 年春访问了中国，他发现他的"协变原理"竟在中国的古老文化中有其先河，中国的"阴阳"图就是协变性的一个最好标志。美国当代物理学家惠勒于 1981 年 10 月访问中国，他在观看舞剧《凤鸣岐山》时，陪同者告诉他，姜子牙手中拿的指挥一切的旗子上的字"無"的含义是"Nothing"，惠勒听后极为兴奋，一定要记下汉字"無"的字样，因为他近年正在倡导"质朴性原理"，即"几乎整个物理学大厦是建筑在几乎一无所有之上"，他没想到，他的这种科学哲学观竟在中国古代思想中有先驱②。这等等的事例说明，中国传统哲学的"天人合一"思想的确有其生命力。

现在，我们究竟应该如何对待中国传统这个"天人合一"的形上思想呢？显然，像"五四"时那样将它视为敝屣而弃之，是不对的。但像现在一些人那样一味地抬高它，认为它是万能的思想宝贝，现代重大的科学、哲学思想都可在其中找到源泉，这也不对。我们可用"浑璞之'朴'"一语来概括中国传统哲学中"天人合一"的形上思想的优劣得失。首先，应当充分肯定，中国古代哲学中的这个"天人合一"的形上思想是个"朴"，或者说它有"朴"的重要意义和价值。"朴"即"樸"。《说文解字》："樸，木素也。"清段

---

① 汤川秀树：《创造力和直觉：一个物理学家对东西方的考察》，周林东译，复旦大学出版社 1987 年版，第 50、143 页。

② 惠勒：《物理学和质朴性：惠勒演讲集》，方励之编，安徽科学技术出版社 1982 年版。

玉裁注曰："素，犹质也。以木为质，未雕饰，如瓦器之坯然。"《玉篇·木部》："樸，真也。"后又引申"樸"为朴质、厚重貌。老子始以"朴"为哲学概念，曰："朴散则为器"（《老子》第二十八章）、"见素抱朴，少私寡欲"（《老子》第十九章）、"敦兮其若朴"（《老子》第十五章）。老子之所以用"朴"，是因为它的本义是朴素，即纯大然的未雕琢者。纯而未琢，是朴，也就是自然。这个"自然"不仅作名词用，同时亦作动词用，即自然而然地存在和表现。所以，这个"朴"大有海德格尔所解读出的古希腊前苏格拉底哲学中的"自然"（physis）的涵义，即自然地存在，自然而然地显现、现象出自己的存在。这就像一朵玫瑰花自然地开放一样，它自己把自己打开，自己把自己绽放出，自己把自身显露于外，自己把自己现象出来，但同时又将自己保留住、收敛住。所以，"朴"有现代西方哲学中存在论者海德格尔所说的"现象"性质和意义。中国古代哲学中"天人合一"的形上思想就是个"朴"。"朴"不仅有"势（域）"性，也有"（几）象"性，还有境界性，用它来概括中国古代哲学的取向和特色倒也恰当。

其次，我们也应当充分肯定，中国古代哲学中天人合一的形上思想这个"朴"是个未经加工、雕琢的浑"璞"。《玉篇·玉部》："璞，玉未治者。"《尸之》卷下："郑人谓玉未理者为璞。"璞在质上是玉，但它是一块未经雕琢的玉。常言道"玉不琢，不成器"。一块再好的璞，如果没有能工巧匠的如切如磋、如琢如磨式加工的话，它终不成器。中国古代哲学中"天人合一"的形上思想就是个"璞"，它有玉的质地，在性质上是个"朴"，但它是浑璞，还不是一件精美的玉器而能登上辉煌的殿堂。那么，这个"璞"浑在哪里呢？应该怎样对其进行刨磨呢？主要要用西方传统哲学那种主客二分的思维构架来加工它。中国传统哲学少逻辑、抽象，少真正意义上的认识论。中国的春秋战国时代不同于古希腊社会，由于历史源渊和现实社会环境，中国传统哲学在萌发的"轴心时代"就未能形成抽象的本体论（Ontology）理论，有如古希腊柏拉图的那个"理念"论、亚里士多德的那种"存在"（或"有"）论。在以后的发展中，虽然也有一些具有抽象意义的本体论思想，如魏晋玄学中何王的那个"无"，隋唐佛学中华严宗的那个"理"，还有宋明理学中程朱的"理"即如此，但这并未在整个思想取向上形成抽象的形而上学、本体论理论,这些已有的形而上学、本体论紧紧与社会政治问题、伦理道德问题、修养功夫问题等搅和在一起,是为社会政治问题等来服务的,所以中国古代哲学中没有西方那种"Ontology"(本体论)的理论。与此相适应,中国古代哲学中缺少认识论和逻辑学。真正的认识论要以主、客的分立为前提和基础,即人一定要把自己作为主体从客观世界中分离出来,充分突出人的主体性地位和力量。西方近代哲学是认识论理论,正是因为它自文艺复兴以来将人从神的统治中解放了出来,大大张扬了人的主体性。被海德格尔认为康德在其《纯粹理性批判》第一版中所讲的颇具现象学存在论意义和价值的"想像力",到出第二版时被改为关于"纯统觉"的综合统一性,也正是在康德看来他的那个"想像力"有违西方近代哲学主体性的总轨道;胡塞尔虽然主张用"悬括法"将一切问题、思想统统括起来而直面"事情本身",但他的"现象学"思想仍摆脱不了西方近代强大的主体性的梦魇。但中国传统哲学中却一直未分离出这种主体性。虽然中国先贤讲人"最为天下贵"(荀子语),但这不是从认识论的意义上讲的。因此,中国传统哲学中没有真正的认识论。荀子、僧肇、王夫之,特别是王夫之讲过"能"与"所",这有认识主体与认识对象二分的意义,但这在中国古代哲学中不占主流。由于缺乏认识论和逻辑学,中国古代哲学那种"天人合一"的形上思想总是模糊、混沌的,缺少逻辑清晰的分疏。

　　用西方传统哲学那种主客二分的思维构架,充分发展认识论、逻辑学、本体论等思想理论,看来是接着中国传统哲学要做的工作。其实,在中国哲学自身的发展中,明清之际的实学思潮在哲学取向上已开始重视了经验归纳法等认识论问题。后来戴震讲伦理学式的认识论,颜元讲经验论,至近代谭嗣同、康有为、章太炎、孙中山等人多重认识论问题,已肇始着中国传统哲学要走一段西方传统哲学的路子。只有走过了这样一段路之后,再回过头来看中国古代哲学"天人合一"的形上思想,才会看得更清楚。苏轼有言:"不识庐山真面目,只缘身在此山中"。站在山中,终究难见其真面目;如果能跳出山外而临空俯视,山的全貌就能被认识到。黑格尔说:"正像同一句格言,在完全正确理解了它的青年人口中,总没有阅世很深的成年人的精神中那样的意义的范围,要在成年人那里,这句格言所包含的内容的全部力量才会表达出来。"①等中国古代哲学经历了那种主客二分式思维的训练和洗礼而成为一位成熟的老人后,再来审视其"天人合一"的形上论,它的全部内容和力量方可展现出来。

---

① 黑格尔:《逻辑学》上卷,杨一之译,商务印书馆1966年版,第41页。

主要参考书目

1.《二十五史》,上海古籍出版社 1986 年版。

2.《论语注疏》,李学勤主编:《十三经注疏(标点本)》第十分册,北京大学出版社 1999 年版。

3. 杨伯峻:《论语译注》,中华书局 1980 年版。

4.《孟子注疏》,李学勤主编:《十三经注疏(标点本)》第十分册,北京大学出版社 1999 年版。

5. 杨伯峻:《孟子译注》,中华书局 1960 年版。

6.《老子》,《诸子集成》本,中华书局 1954 年版。

7. 高明:《帛书老子校注》,中华书局 1996 年版。

8. 陈鼓应:《老子注译及评介》,中华书局 1984 年版。

9.《庄子》,《诸子百家丛书》本,上海古籍出版社 1989 年版。

10. 郭庆藩:《庄子集释》,中华书局 1961 年版。

11. 陈鼓应:《庄子今注今译》,中华书局 1983 年版。

12. 王德有点校:《老子指归》,中华书局 1994 年版。

13. 王卡点校:《老子道德经河上公章句》,中华书局 1993 年版。

14. 董仲舒:《春秋繁露》,【清】凌曙注,中华书局 1975 年第版。

15. 楼宇烈点校:《王弼集校释》,中华书局 1980 年版。

16. 郭象注、成玄英疏:《南华真经注疏》,曹础基、黄蘭发点校,中华书局 1998 年第版。

17. 戴明扬校注:《嵇康集校注》,人民文学出版社 1962 年版。

18. 杨伯峻:《列子集释》,中华书局 1979 年版。

19. 余嘉锡:《世说新语笺疏》,中华书局 2007 年版。

20. 朱铸禹:《世说新语汇校集注》,上海古籍出版社 2002 年版。

21. 僧肇著、张春波校释:《肇论校释》,中华书局 2010 年版。

22.《龙树六论》,民族出版社 2000 年版。

23. 智顗:《摩诃止观》,载石峻等选编:《中国佛教思想资料选编》第二卷第一册,中华书局 1983 年版。

24. 智顗:《法华玄义》,载石峻等选编:《中国佛教思想资料选编》第二卷第一册,中华书局 1983 年版。

25. 法藏:《华严经义海百门》,载石峻等选编:《中国佛教思想资料选编》第二卷第二册,中华书局 1983 年版。

26. 法藏:《华严一乘教义分齐章》,载石峻等选编:《中国佛教思想资料选编》第二卷第二册,中华书局 1983 年版。

27. 法藏:《华严金师子章》,载石峻等选编:《中国佛教思想资料选编》第二卷第二册,中华书局 1983 年版。

28. 窥基:《成唯识论述记》,载石峻等选编:《中国佛教思想资料选编》第二卷第三册,中华书局 1983 年版。

29. 慧能:《六祖大师法宝坛经》,载石峻等选编:《中国佛教思想资料选编》第二卷第四册,中华书局 1983 年版。

30. 周敦颐:《周敦颐集》,陈克明点校,中华书局 1990 年版。

31. 张载:《张载集》,章锡琛点校,中华书局 1978 年版。

32. 程颢、程颐:《二程集》,王孝鱼点校,中华书局 1981 年版。

33.【宋】黎靖德编:《朱子语类》,王星贤点校,中华书局 1986 年版。

34. 陆九渊:《陆九渊集》,锺哲点校,中华书局 1980 年版。

35. 王阳明撰:《王阳明全集》,吴光等编校,上海古籍出版社 1992 年版。

36. 胡适:《中国哲学史大纲》卷上,商务印书馆 1919 年初版,1987 年影印版。

37. 汤用彤:《魏晋玄学论稿》,载《汤用彤学术论文集》,中华书局 1985 年版。

38. 汤用彤:《汉魏两晋南北朝佛教史》,北京大学出版社 2011 年版。

39. 冯友兰:《中国哲学史新编》,人民出版社 1998 年版。

40. 张岱年:《中国哲学大纲》,江苏教育出版社 2005 年版。

41. 汤一介:《郭象与魏晋玄学》(增订本),北京大学出版社 2000 年版。

42. 崔大华:《庄学研究》,人民出版社 1992 年版。

43. 任继愈主编:《中国哲学发展史》(先秦、秦汉、魏晋南北朝、隋唐卷),人民出版社 1983 年、2985 年、1988 年、1994 年出版。

44. 侯外庐等:《中国思想通史》五卷本,人民出版社 1957 年、1959 年、1960 年、1956 年出版。

45. 金春峰:《汉代思想史》,中国社会科学出版社 2006 年版。

46. 李泽厚:《中国古代思想史论》,人民出版社 1986 年版。

47. 李泽厚:《历史本体论 己卯五说》,三联书店 2006 年版。

48. 李泽厚:《论语今读》,天津社会科学出版社 2007 年版。

49. 张祥龙:《海德格尔思想与中国天道》,三联书店 1996 年版。

50. 张祥龙:《现象学导论七讲》,中国人民大学出版社 2011 年版。

51. 王淼洋、范明生主编:《东西方哲学比较研究》,上海教育出版社 1994 年版。

52.【古希腊】亚里士多德:《形而上学》,吴寿彭译,商务印书馆 1959 年版。

53.【德】康德:《纯粹理性批判》,蓝公武译,商务印书馆 1960 年版。

54.【德】黑格尔:《逻辑学》上下卷,杨一之译,商务印书馆 1966、1976 年版。

55.【德】黑格尔:《哲学是讲演录》第一、二、三、四卷,贺麟、王太庆译,商务印书馆 1983 年版。

56.【德】海德格尔:《存在与时间》,陈嘉映、王庆节译,三联书店 2006 年版。

57. 北京大学哲学系外国哲学史教研室编译:《西方哲学原著选读》上卷,商务印书馆 1981 年版。

58.《古希腊罗马哲学》,三联书店 1957 年版。

责任编辑:毕于慧
封面设计:石笑梦
版式设计:王春峥

图书在版编目(CIP)数据

中国古代哲学的本体论/康中乾 著. —北京:人民出版社,2016.3
ISBN 978－7－01－015791－7

Ⅰ.①中…　Ⅱ.①康…　Ⅲ.①古代哲学-本体论-研究-中国　Ⅳ.①B21

中国版本图书馆 CIP 数据核字(2016)第 021295 号

中国古代哲学的本体论
ZHONGGUO GUDAI ZHEXUE DE BENTILUN

康中乾　著

人民出版社 出版发行
(100706　北京市东城区隆福寺街 99 号)

北京龙之冉印务有限公司印刷　新华书店经销

2016 年 3 月第 1 版　2016 年 3 月北京第 1 次印刷
开本:710 毫米×1000 毫米 1/16　印张:50.25
字数:770 千字

ISBN 978－7－01－015791－7　定价:128.00 元

邮购地址 100706　北京市东城区隆福寺街 99 号
人民东方图书销售中心　电话 (010)65250042　65289539